불교연구총서 6

불교의 중국 정복
중국에서 불교의 수용과 변용

The Buddhist Conquest of China by E. Zürcher
Copyright © 2007 by Koninklijke Brill NV, Leiden, The Netherlands
All Rights reserved.

Korean translation edition © 2010 by CIR Communication
Published by arrangement with Koninklijke Brill NV, The Netherlands
Through Bestun Korea Agency, Seoul, Korea
All rights reserved.

이 책의 한국어 판권은 베스툰 코리아 에이전시를 통하여 저작권자와 독점 계약한 CIR 커뮤니케이션에 있습니다.
저작권법에 의해 한국 내에서 보호를 받는 저작물이므로 어떠한 형태로든 무단 전재와 무단 복제를 금합니다.

불교연구총서 6

불교의 중국 정복

The Buddhist Conquest of China

중국에서 불교의 수용과 변용

에릭 쥐르허 E. Zürcher 저   최연식 역

씨
아이
알

본 불교연구총서는 사단법인 불교학연구지원사업회에서 추진하는 교육불사의 일환으로 불교학의 학문적 발전을 위한 시도로 기획된 것입니다. 사단법인 불교학연구지원사업회는 불교를 연구하는 소장학자들을 위해 스님들과 신도들이 뜻을 한데 모아 설립한 단체입니다.

차례

초판 서문 _ ii
제2판 서문 _ v
제3판 해제: 사회사와 문화접촉으로서의 불교사 서술 – 스티븐 F. 타이저 _ viii

제1장 서론

중국 불교 | 3
'사족士族'과 '사족 불교' | 9
교양있는 승려들 | 11
초기 자료들 | 18
    가. 역사-전기 자료 | 18
    나. 초기의 호교-포교 문헌 | 20

● 제1장 주석 | 32

제2장 역사적 흐름 개관 : 불교 수용부터 4세기 초까지

I. 한대의 불교 | 39

일반 역사문헌 속의 불교 | 40
불교 전래에 관한 여러 전설들 | 42
서북쪽으로부터의 침투 | 48
중국 내 외국인의 종교로서의 불교 | 49
중앙아시아에서 불교를 수용한 중국인 : 경로景盧와 반용班勇 | 51
초왕楚王 영英 : 기원후 65년의 팽성彭城 불교 | 54
기원후 193/194년의 팽성 지역 불교 | 57
낙양의 불교 : 최초의 흔적 | 59
《사십이장경》의 문제 | 60

2세기 후반 낙양의 불교 교단 | 61
안세고安世高 | 65
안현安玄과 엄불조嚴佛調 | 69
지참支讖 | 69
다른 초기의 번역가들 | 71
166년의 황실 제사 : 양해襄楷의 상주문 | 72
관료조직과의 관련성 | 75
'사원/가람'의 중국식 용어 | 76
전사轉寫 체계 | 77
후한대의 영역 확대 | 79

II. 삼국시대(220-265/280년)의 불교 | 82

정치·사회적 변화 | 82
사상 분야의 변화 | 85
오(吳, 220-284년)나라의 불교 : 번역가와 번역문헌 | 88
지겸支謙 | 91
강승회康僧會 | 95
위(魏, 220-265년)나라의 불교 | 102

III. 서진西晉(265-317년)의 불교 | 106

정치적 상황 | 106
서진시대의 불교 개관 | 109
주사행朱士行의 우전(호탄) 구법여행 | 113
창원倉垣의 교단과 《2만5천송반야경》의 번역 | 116
축법호(竺法護, 다르마락샤Dharmarakṣa) | 119
축법호의 번역과 중국의 대표적 대승불교 경전 | 126
서진西晉시대의 다른 번역가들 | 128
사족士族불교의 형성 | 130
백원帛遠과 백법조帛法祚 | 138
유원진劉元眞과 축도잠竺道潛 | 140
축숙란竺叔蘭, 지효룡支孝龍, 강승연康僧淵 | 142

• 제2장 주석 | 146

제3장 건강建康과 동남지역의 불교(약 320-420년)

I. 역사적 배경 | 177

'영가永嘉의 난難'과 남쪽으로의 대이동(304-317년) | 177
'동진東晉'의 수립과 문벌 가문들 | 184
명교名敎와 현학玄學 | 186
정시正始시대(240-249년) | 188
향수向秀-곽상郭象의 《장자주莊子注》 | 193
청담淸談 | 198

II. 첫 번째 시기(310-346년) | 204

왕王씨, 유庾씨, 하충何充의 패권 및 주요 정치적 사실들 | 204
남쪽 수도와 동남부 지역 최초의 '고승들' | 206
석도보釋道寶 | 207
축도잠竺道潛 | 208
축법의竺法義와 강법창康法暢 | 210
지민도支愍度 | 210
지민도의 심무의心無義 | 212
남쪽의 외국 승려들 : 강승연康僧淵 | 216
시리밀라尸梨蜜羅 | 218
궁정불교의 시작 | 220
승가의 자율성에 관한 논쟁(340년) | 224
하충의 불교 후원 | 228

III. 두 번째 시기(약 346-402년) | 231

환桓씨, 사謝씨, 사마도자司馬道子의 집권과 주요 정치적 사실들 | 231
345-400년 시기 중국 영토 내 불교의 전체적 동향 | 237
지둔[支遁(지도림支道林), 314-366년] | 240
지둔의 가르침 | 253
지둔의 대표적인 재가신자들 | 266
동남부 지역의 승려 공동체 : 축도잠과 지둔의 동료 및 제자들 | 278

원화사元華寺의 고승들 | 284
축법숭竺法崇 | 290
호구산虎丘山과 약야산若耶山의 고승들 | 290
은둔자들 | 293
4세기 후반의 수도와 궁정의 불교 | 296

Ⅳ. 마지막 단계 : 환현桓玄의 찬탈과 유유劉裕의 등장(402-420년) | 309

손은孫恩 | 309
환현의 쿠데타 | 311
교단과 국가의 갈등(403-404년) | 313
동진東晉의 마지막 시기(405-420년) | 314
결어 | 316

- 제3장 주석 | 318

부록 A : 340년의 논쟁에 관한 자료들 | 350
부록 B : 봉법요(奉法要, 가르침의 요체) | 357
부록 C : 지둔支遁의 〈석가문불상찬서釋迦文佛像贊序〉 | 379

제4장 양양襄陽, 강릉江陵, 여산廬山의 불교 중심지와 북조 불교의 영향

양양襄陽과 업鄴의 불교, 312-349년경 | 403
격의格義 | 408
북쪽에서의 도안道安 및 그 제자들(349-365년) | 409
도안道安의 양양襄陽에서의 활동 – 사원 생활과 조직 | 414
양양襄陽에서의 사족 및 왕실과의 교류 | 418
양양襄陽에서의 종교적 활동 | 419
신앙 | 425
양양襄陽에서의 학술 활동 | 427
양양襄陽 함락과 공동체의 분산 | 432

강릉江陵의 불교 거점 | 434
다른 제자들 | 435
장안長安 시절의 도안道安(379-385년) | 436
장안 궁정과의 관계 | 437
번역 활동 | 439
석혜원釋慧遠(334-417년) | 443
양양襄陽에서의 젊은 시절(334-378년) | 445
고승과 산의 관계 | 448
혜원의 공동체 : 동료, 제자, 재가신자 | 450
궁정 및 사족과의 교류 | 455
여산廬山에 있던 혜원의 재가 추종자들 | 464
'선정禪定' 수행과 아미타신앙 | 468
불신佛身 | 475
다른 종교적 활동들 : 계율과 아비다르마 | 485
학문적 활동 | 487
승가의 지위를 둘러싼 402년의 논쟁 | 488

● 제4장 주석 | 505

부록 : 혜원慧遠의 전기 | 528

제5장 신앙의 수호 : 4세기에서 5세기 초 시기의 반反승려주의 및 불교옹호론

사족 사회의 불교 배척 : 반反승려주의의 유형들 | 567
　(1) 반反승려주의 : 정치적 경제적 측면의 논의 | 570
　(2) 반反승려주의 : 공리주의적 논의 | 582
　(3) 반反승려주의 : 문화적 우월의식 | 587
　(4) 반反승려주의 : 도덕적 측면에서의 논의 | 617

● 제5장 주석 | 626

부록 : 《주서이기周書異記》와 본래의 《죽서기년竹書紀年》 | 642

제6장 화호化胡 : 불교-도교 갈등의 초기 역사

"도교道敎" | 649
화호化胡설 | 653
불교 측의 반응 | 685

● 제6장 주석 | 706

참고문헌 _ 721
역자 후기 _ 731
색인(찾아보기) _ 736

일러두기

1. 이 책은 E. ZÜRCHER, *THE BUDDHIST CONQUEST OF CHINA : The Spread and Adaptation of Buddhism in Early Medieval China* 제3판 (Brill, Leiden, 2007)의 온전한 번역이다.
2. 주석은 원서의 경우 전체 본문의 뒤에 두었지만 번역본에서는 각 장의 뒤에 두었다. 부록에 붙은 주석들은 본문과 구별하여 장별 부록 뒤에 두었다.
3. 저자보주 및 역자주는 본문 중에 각주로 처리하였다. 단 주석에 대한 저자의 보주 및 역자주는 해당 주석 내용 중에 첨가하였다.
4. 서양 및 일본의 인명과 지명은 현지 발음, 중국의 인명과 지명은 한국식 한자 발음에 의거하여 표기하였다.
5. 본문에서는 한자를 사용해야 할 경우 한글과 한자를 병기하였지만 (예, 무위無爲) 주석에서는 한글을 병기하지 않고 한자만 사용하였다.
6. 본문과 주석, 색인에서 인용된 이 책의 페이지는 원서의 페이지이다. 원서의 페이지는 [ ]안에 넣어 본문에 별도로 표시하였다.
7. 원서에 보이는 내용상의 착오는 역자주로 밝혀두었지만 단순한 인쇄상의 착오에 의한 오자 및 탈자 등은 이를 밝히지 않고 수정하였다.

초판 서문

이제 학문적으로 형성되는 단계에 있는 중국 불교에 관한 책을 약간의 '불교적' 훈련을 받은 중국학 전공자가 써야 할지 아니면 중국에 대해 약간의 지식을 가지고 있는 인도 불교 전문가가 써야 할지 결정하기 쉽지 않다. 두 가지 접근 방식 모두 분명한 결점을 가지고 있고, 따라서 그중 하나의 방식을 채택한 사람은 아마도 양쪽 모두에서 제기될 진지한 비판을 견딜 준비를 해야 할 것이다.

그렇지만 이 연구의 중심 주제와 관련된 내용 – 사족士族(Gentry) 불교의 형성 및 불교와 중세 중국 주류적 사상의 융합 – 은 기본적으로 중국학 분야에 속하는 것이다. 그리고 나는 의식적으로 나 자신과 독자들의 주된 관심을 중세 중국 사회에서 발전해 가고 있던 불교 사원의 위상과 역할에 맞추었으므로 이 책은 중국학 연구자들을 대상으로 하여 쓰여진 것이며, 그들에게 이 책이 조금이라도 도움이 될 수 있기를 기대하고 있다. 그렇지만 이 책의 내용 중에 인도 불교를 공부하는 사람들과 일반 역사 및 사회과학을 공부하는 사람들도 관심을 가질 만한 내용이 약간이나마 담겨 있다고 한다면 나에게는 대단히 만족스러운 일이 될 것이다.

여기에서 다루려는 주제는 대단히 광범위하고 복잡하다. 오랜 시간에 걸쳐 이루어진 중국 불교의 성장과 동화를 서양 언어로 검토하려는 이 최초의 시도가 완전하거나 결정적일 수 없음은 다시 말할 필요가 없을 것이다. 이 분야 연구자들의 수가 점점 많아지고 있고, 새로운 연구 방법들이 개척되어 가고 있으므로, 앞으로의 연구에 의해 이 책의 내용 중 상당 부분이 부정될 수도 있을 것이다.

많은 사람들이 직접 혹은 간접적으로 이 책을 준비하는 데 도움을 주었다. 누구보다도 먼저 돌아가신 두이벤다크J. J. L. Duyvendak 교수님에게 감사를 드리고 싶다. 그의 깊은 통찰력과 해박한 지식, 그리고 특별히 모든 역사학 연구에 있어서 문헌학적 엄밀성을 요구하는 태도는 그의 지도를 받을 기회를 가졌던 사람들 모두에게 영감을 불러일으켰다.

나는 또한 이 서문에서 다 나열할 수 없을 정도로 많은 방식으로 나에게 도움과 충고를 주었던 라이덴 대학 중국학연구소의 이사와 소장, 직원들 모두에게 감사를 표한다. 그리고 이 연구에서 일부 다루기는 했지만 충분히 검토하지 못한 중국 불교의 교리적 문제들에 관하여 – 이 문제들에 대하여는 머지않아 보다 자세히 다루려고 생각하고 있다 – 소중한 시간을 할애해 주었던 파리의 드미에르빌P. Demiéville 교수에게도 감사를 표한다. 또한 사회사와 참고문헌에 관하여 전문가적 충고를 해주었던 자랑스러운 친구들인 파리의 발라스Et. Baláz와 캠브리지의 론P. van der Loon, 그리고 그들의 연구가 나에게 큰 도움을 주었던 같은 길을 가는 동료인 스탠포드의 라이트A. F. Wright와 워싱턴의 허비츠L. Hurvitz, 아울러 이 책에 흥미를 가지고 고고학에 관한 정보를 제공해 주었던 캠브리지의 정덕곤程德昆교수 등에게도 감사를 표한다.

과거와 현재의 많은 극동지역의 학자들에게도 감사의 인사를 하고 싶다. 내가 그들을 개인적으로 만난 적이 없다는 사실이 그들에 대한 나의 존경심을 줄어들게 하지는 않는다. 중국 불교를 공부하는 많은 학자들과 마찬가지로 나는 북경의 탕용동湯用彤 교수에게 가슴속 깊은 곳으로부터의 감사를 표한다. 그의 연구들은 매우 귀중한 도움을 주었다. 또한 교토의 츠카모토 젠류塚本善隆 교수를 비롯한 많은 이 분야의 뛰어난 동양의 대가들에게도 감사를 표한다.

나는 또한 필요한 많은 문헌을 구입하고 이 책을 출판할 수 있도록 자유롭게 사용할 수 있는 연구비를 제공해 준 네덜란드 교육부와 1955년, 1956년, 1958년 중 여러 차례에 걸쳐 파리에서 연구할 수 있도록 도와준 네덜란드 순수연구협의회(Z.W.O.)와 국립과학연구센터에도 고마움을 표한다.

모든 원고를 타이핑해 주고 색인을 만들어주었을 뿐 아니라 많은 면에서 나의 연구를 도와주었던 아내의 지치지 않는 도움에도 뜨거운 감사를 표해야 할 것이다.

마지막으로 브릴출판사(E. J. Brill, 라이덴)와 엑셀시오르출판사(Exelcior, 헤이그)가 짧은 시간 동안에 이 책의 인쇄를 마쳐준 데 대하여 감사를 표한다.

1959년 4월 5일, 라이덴에서,
에릭 쥐르허 E. Zürcher

제2판 서문

　인쇄체의 중국 한자를 추가한 것을 제외하면 이 제2판의 내용은 13년 전에 출판된 것과 거의 달라지지 않았다. 사식(photostatic)을 이용한 복각으로 교정과 보충을 위한 공간에 한계가 있었으므로 최근의 연구 결과들을 추가할 가능성이 많지 않았다.

　하지만 설혹 다른 형태로 제2판을 내게 되었다고 하더라도 실질적으로 내용의 변화는 없었을 것이다. 나는 여전히 중국 불교의 첫 번째 단계의 발전과정에 대한 연구는 외국의 신앙에 대한 중국의 반응 및 그러한 신앙이 그들에게 전해졌을 때의 구체적인 역사적 상황에 대한 자세한 분석을 통해 수행되어야 한다고 믿고 있다. 그리고 이 책에서 바로 그것들을 다루고 있다.

　그렇지만 일부 내용들은 이 책에서 다룬 것보다 더 자세히 검토되었어야 했다. 초기의 불교 번역문헌에 관한 추가적 연구를 통하여 한나라 때의 불교에 대하여 이 책의 제2장 앞부분에서 이야기한 것보다 더 많은 사실들을 알 수 있게 되었다. 초기 번역문헌에 대한 더 세밀한 분석을 통하여 번역 용어와 번역 기술 및 문체적 특성, 그리고 이를 통한 초기 단계의 다양한 '번역 집단'과 불교-도교의 상호작용에 관련된 많은 재미있는 자료들도 볼 수 있었다.

　보다 더 자세히 검토했어야 할 또 다른 분야는 유물들 – 불상과 고고학적 자료들 – 이다. 초기의 건축 활동에 관한 설명에서는 중국과 외국의 불교 사원의 원형 및 중국 불교 사원 건축의 발전과정에 대한 내용들이 자세히 다루어졌어야 했다.

외국의 문학적 영향력을 전달하는 수단으로써 불교가 중국의 세속 문학에 미친 전례없는 영향에 대하여도 더 많이 이야기되었어야 했다. 이 분야에서는 불교적 문학 양식이 아무런 반응을 일으키지 못한 분야들 – 서사시, 운을 맞추지 않는 시가, 축약 반복 등 – 못지않게 불교가 성공적으로 영향을 미친 분야들도 – 불교 문헌의 상투어구의 사용, 초기 산문체의 발전, '교훈 설화'의 불교적 원형 등 – 많이 있었다.

기원후 400년경에 우주론과 우주구조론, 물리적 세계에 대한 사고방식 등에서 '중국의 불교적 하위문화'라고 부를 수 있는 것들이 생겨나기 시작한 것도 주목되어야 할 것이다. 이것은 중국 초기과학의 주목할 만한 이분법의 시작이었다. (인도의) '4대 원소'와 (중국의) 음양오행사상, 인도의 '4대륙' 관념과 한나라 때 이래의 전통적인 '중국' 관념, 우주의 주기적 멸망과 윤회재생을 기반으로 하는 (인도의) 우주적 시간관념과 중국의 단절되지 않는 순환 운동 관념, 다양한 세계에 서로 다른 생명체가 살고 있다는 불교의 관념과 지구 중심적인 중국의 세계관 등이 함께 공존하였다. 이와 같이 복잡한 외국의 사상들이 초기 중국 백과사전에 나타나고 있는 '공식적' 세계관에 아무런 영향을 미치지 않은 채 고립적으로 수용되어 문화적으로 이식되는 과정은 당나라 때에 이르러 절정에 도달하였다. 7세기에 편찬된 불교 문헌 《법원주림法苑珠林》의 앞부분 몇 장과 (비非불교 문헌인) 《태평요람太平要覽》의 해당 부분을 비교해 보면 두 책 모두 우리가 살고 있는 우주에 대하여 다루고 있음에도 불구하고 비슷한 내용이 전혀 없음을 볼 수 있다. 5세기 초의 학식있는 승려들이 구할 수 있던 정보에 기초하여 만들어진 초기의 불교적 하위문화의 발전은 중세 중국 지성사의 주요한 요소로 간주되어야 할 것이다.

독자들은 문화변용의 과정에 대한 설명에서 내가 중국의 입장을 지나치게 강조했다고 여길 수도 있을 것이다. 문화변용을 위해서는 양측이 필요하다는 점에서 독자들의 판단은 옳은 것이다. 의식적으로 혹은 무의식적으로 중국의 대중과 그들의 요구에 반응하였던 외국의 승려들의 '발신자' 입장이 더 많이 강조되어야 했을 수도 있다. 구마라집은 그러한 대표적 사례가 될 수 있을 것이다.

제2판에는 이 분야의 전문가와 동료들이 서평이나 사신으로 이야기해 준 유익한 비평의 흔적이 분명하게 남아 있다. 나는 – 부분적으로 그들의 비평의 결과 – 전근대의 대중운동을 '혁명적'이라고 부르는 것을 조심했어야 했다고 생각하게 되었고, 이 책에서 다루는 초기 시대의 정치 구조와 소수 지배층을 '(준)봉건'과 '사족'라는 용어로 부르는 것도 잘못되었다고 생각하게 되었다.

나의 책에 대한 비평 모두에 감사하게 생각하지만 특별히 한 사람의 이름을 언급하고자 한다. 북경대학의 주일량 周一良 교수는 다른 많은 일들로 바쁨에도 불구하고 책 전체를 검토하고 많은 잘못된 내용을 지적한 후 1964년에 그것을 나에게 전해주는 친절을 베풀었다. 나는 그의 친절을 진정한 학문은 – 그때나 지금이나 – 우리들을 갈라놓고 있는 어떠한 장벽도 넘을 수 있다는 하나의 상징으로 받아들이고 있다.

1972년 2월, 라이덴,
에릭 쥐르허 E. Zürcher

제3판 해제: 사회사와
문화접촉으로서의 불교사 서술

스티븐 F. 타이저Stephen F. Teiser

거의 50년 전에 처음 간행되었던 책을 2007년에 다시 간행하는 것은 단순한 출판상의 사건만이 아니다. 이것은 지난 반세기 동안 이 분야의 연구가 얼마만큼 발전되어 왔는지 보여주는 동시에 이 책이 여전히 기초적 연구로서 가치가 있음을 보여준다는 점에서 초기 중국 불교에 관한 학술적 연구의 이정표를 세우는 작업이라고 할 수 있다.

왜 이 고전적 저술을 다시 간행하는 것인가? 그동안 서양의 학자들이 두 세대에 걸쳐 비슷한 주제에 대하여 글을 써왔고, 이를 통해 기존의 자료들에 대한 새로운 학문적 이해를 추가해 왔다. 이『불교의 중국 정복』 The Buddhist Conquest of China이 처음 출현했을 때와 비교할 때 현재의 불교학 연구자들은 불교와 지역 사회의 상호 관계에 대하여 훨씬 많은 관심을 가지고 있다. 중국 불교는 종교학계에서 제도화된 전공분야로 자리잡았고, 이 분야의 많은 연구자들이 중국의 다양한 종교 전통에 대하여 전문적 지식을 가지고서 이제는 진부하게 되어버린 유교, 도교, 불교, 민중종교들의 차이점에 대하여 논의하고 있다. 또한 문화혁명이 끝나고 중국의 교육제도가 재건되면서 중국의 학문적 전통도 새롭게 태어나게 되었다. 지난 20년 사이에 중국어가 중국 불교학 분야에서 일본어와 함께 공통의 언어로 사용되게 되었고, 중국학자들이 불교학 연구와 관련된 미술품, 사본, 금석문 분야의 새로운 자료들에 대한 해석을 주도해 가고 있다. 오랫동안 중국 전통문명에 대한 연구에 있어서 세계의 중심적 역할을 담당해 왔던 일본의 학자들 역시 이 분야의 주요한 업적들을 계속하여 생산해 내고 있다.

단순히 1950년대의 중국학과 불교학 분야의 연구 상황을 알기 위해서가 아니라 이 책의 주장 자체를 이해하기 위해서『불교의 중국 정복』을 새롭게 읽어야 하는 것은 무엇 때문인가? 왜『불교의 중국 정복』은 단순히 그것이 쓰여졌던 시대의 흔적으로써가 아니라 여전히 이 주제에 관한 그리고 이 주제를 구성하는 역사서로써 중요하게 받아들여지고 있는가? 이러한 질문들에 대답하기 위해서 우리는 먼저 이 책의 주제와 핵심적 내용들을 검토할 필요가 있을 것이다. 그리고 나서 이 책이 서술될 당시의 학문적 맥락에 대해 언급하고, 아울러 이 분야에서의 최근 연구상황에 대하여 이야기하고자 한다.

『불교의 중국 정복』의 주장

『불교의 중국 정복』의 가장 중요한 주장은 이 주제에 관한 이론 – 비록 이 책이 그러한 중요한 명제들을 포함하고 있지만 – 자체가 아니라 이 주제를 어떻게 연구하여야 하는가 하는 방법론에 관한 것이다. 이 책은 초기 중국 불교에서의 '사회적 환경'을 강조하고 있다(p.1).• 쥐르허는 단순히 모든 종교가 '사상의 역사' 이상의 것이라는 이유에서 이러한 관점이 필요하다고 주장한 것은 아니다. 중국 불교는 불교 승가의 형성에서 분명하게 드러나는 것처럼 하나의 '생활방식'이었다 (p.1). 따라서 이 책의 주제를 단순히 4세기에서 5세기 초까지의 중국 불교철학으로 한정하지 않고 오히려 특정한 시간과 장소에서의 특정

• 여기에 인용된 페이지는 번역본이 아니라 원서의 페이지이다. 이하의 본문, 주석, 색인의 경우도 마찬가지이다. 번역문에 원서의 페이지를 [ ]안에 넣어 제시하였다.

사회 계급에 관한 연구로 기획하였다. 그는 불교 전체가 아니라 '현저하고 대단히 중요하지만 불교신자들 중 상대적으로 소수층, 즉 교양 있는 상류계급과 상류계급의 문화생활에 참여할 수 있는 문학적 소양을 가지고 있던 승려들'의 불교에 관심이 있었다(p.2). 쥐르허는 '사족'을 교육을 받고 이를 통해 관직에 접근할 수 있었던 남성들로 정의하고 있다(p.4). 그는 나아가 이 계급의 토지소유와 재산, 그리고 정부에서의 실제적 역할 등에 대하여 보다 자세한 내용을 이야기하고 있다. 이 책의 제2판 서문에서 그는 이 책에서 다루는 시기의 중국 사회계급에 관한 최신의 연구들로 인해 그가 사용한 용어들을 바꾸어야 될지도 모른다고 이야기하고 있다(1972년판 p.xiii). 하지만 이 계급에 대한 정의와 그들이 권력을 획득하는 방식, 그리고 그들이 대단히 중요함에도 소수에 불과하다는 기본적인 이해는 이 책의 세 가지 판본 모두에 동일하게 나타나고 있다. 『불교의 중국 정복』 제2장에는 외국 승려(안세고, 지루가참, 강승회, 축법호), 문헌, 정치적 후원 등에 관한 내용이 매우 자세하게 정리되어 있지만, 이 책 전체의 구성으로 볼 때 이 내용들은 중국인 엘리트들의 출현을 자세하게 다루고 있는 제3장과 제4장의 주요 사건들의 배경에 불과하다. 시대, 지역, 인물로 구성되어 있는 이 제3장과 제4장에서는 중국 출신 승려인 지둔(지도림), 도안, 혜원 등의 생애와 사상이 중요하게 서술되고 있다.

　『불교의 중국 정복』의 제5장과 제6장은 이 책의 두 번째로 중요한 주장인 인도와 중국 사상의 상호작용에 관하여 다루고 있다. 쥐르허는 한나라 때부터 시작된 '인도 세계에서 발전된 불교가 과연 중국의 생활양식에 적응될 수 있는가' 하는 논쟁에 독자적인 입장을 제시하였다. 일부의 사람들은 이 문제에 대하여 완전히 부정적인 해답을 제시하였다. 불교는 윤리적이지 못한 행위를 요구하는 이민족의 신앙이고 황제보다 높은 권위를 인정하므로 금지되어야 한다고 하였다. 다른 사람들은 불교를 받아들일 수 있는 여러 가지 해답을 제시하였다. 예를 들어 불교의 열반 개념은 노자와 다른 중국 사상가들이 이야기한 무위無爲와 다르지 않다고 주장하였다. 근대 세계의 국제적 갈등에 영향받았던 쥐르허의 이 문제에 대한 해결 방식은 이 논쟁의 용어들을 다시 정의하는 것이었다. 그는 인도문화와 중국문화를 각기 서로 분리되고 구별된 체계로 상정하지 않았고 오히려 두 문화가 각기 하나의 단일한 성격만을 가지고 있다는 생각을 깨뜨리려고 노력하였다. 이 책은 제목에 나타나 있는 '정복'이 아니라 이미 중국화된 용어들을 매개로 한 인도 사상과 중국 사상의 상호작용을 보여주고 있다. 외국에서 태어난 포교자들과 문헌 번역자들은 (당시에) 완전히 이질적이었던 인도의 불교 사상을 중국의 토양에 그대로 옮겨 심으려 하지 않았다. 쥐르허에 의하면 오히려 그들은 그들이 생각하기에 중국의 청중들이 읽고자 하는 문헌들을 골라서 번역하였다. 중국의 지식인들은 산스크리트어 개념과 중국어 개념의 대응 혹은 대응의 부재를 탐구하기 위하여 자신들의 언어세계 바깥으로 나가지 않았다. 반대로 중국의 기존 범주들이 중국 지식인들에게 불교에 대하여 이야기할 수 있는 용어들을 제공하였다. 그래서 『불교의 중국 정복』에서는 여러 페이지에 걸쳐서 당시 사족 불교인들이 접하고 있던 지적 맥락 – '불교 이전의' 혹은 '토착적인' 사상으로 간주되는 현학 및 청담의 수사법 등 – 에 대하여 설명하고 있다. '정복' 혹은 '중국화'라는 용어 대신에 쥐르허는 '적응', '변용', '선택', '흡수', '재구성', '혼성', '구획화 compartmentalization' 등의 개념을 선호하였다.[1] 불교 옹호자와 그 반대자 사이의 논쟁에 대한 제5장과 제6장의 분석은 현재까지도 영어로 된 가장 훌륭한 해석으로 남아 있는데, 이 부분을 읽어보면 그 논쟁의 당사자들이 모두 동일한 어휘와 종족 표현법, 수사학적 기법 등을 사용하고 있다는 사실에 놀라지 않을 수 없다. 뒤에서 우리는 쥐르허가 수백 년 뒤의 유럽과 중국의 사상적 상호작용에 대한 분석에서도 동일한 설명적인 입장을 잘 활용하고 있음을 보게 될 것이다.

쥐르허는 사회사와 문화의 접촉이라고 하는 자신의 두 가지의 기본적 주장을 전개하기 위하여 이 책에 사용할 자료들을 대단히 주의 깊게 선택하였다. 가장 중요한 자료들은 두 종류의 중국 불교 문헌들에서 선별되었다. 한 종류는 유명한 남녀 승려들의 초기 전기자료와 중국 불교 문헌들의 형성에 관한 역사적 기술로 구성되었다. 두 번째 종류는 쥐르허가 '초기의 호교 및 포교 문헌'이라고 이야기한 문헌들, 즉 세속과 사원의 독실한 불교 신앙인들이 불교를 무시하는 지식층들의 비판으로부터 자신들의 믿음을 옹호하기 위하여 쓴 문헌들이다. 여기에는 윤회재생과 인과 등의 불교 사상에 대한 설명, 불교를 비판하는 주장들에 대한 반박, 국가 통제로부터 불교 승려의 독립성에 대한 옹호 등이 포함되어 있다. 『불교의 중국 정복』에서 쥐르허가 선택하여 제시한 1차 자료들은 이 분야의 초보자나 전문 역사학자들 모두에게 의미있는 것이었다고 생각된다. 그렇지만 우리는 여기에서 잠시 쥐르허가 제외한 것들이 무엇이었는지 살펴보고, 그가 호의적이지 않아서 이야기하지 않은 전통의 중요성에 대해서도 검토해 볼 필요가 있다. 쥐르허는 의도적으로 그가 다루는 시기에 산스크리트어와 다른 인도 언어들로부터 번역된 많은 분량의 한문 경전들을 무시하였다. 쥐르허가 다른 곳에서 이야기하고 있는 것처럼 이 경전들은 놀라울 정도로 풍부하였다. 중국 불교를 제대로 반영하기에 충분할 정도의 분량을 갖추고 있었다. 그러나 쥐르허에게 있어서 이 자료들은 균형 잡히지 못하고 오해를 일으키게 하는 것들로 생각되었다. 그는 "이 자료들의 풍부함에 의해서 역사적 현상으로써의 중국 불교에 대한 우리의 이해는 크게 왜곡된다"고 이야기하였다(Zürcher 1982b, 161). 『불교의 중국 정복』에서 인용되고 있는 중국에서 찬술된 문헌과 한문으로 번역된 인도 문헌들은 모두 중국인들 중 적지만 영향력 있는 소수자들, 전체 인구의 약 2%에서 5% 사이의 사람들에게 제한되어 있었다. 아래에서 보게 되겠지만, 『불교의 중국 정복』을 간행한 이후 쥐르허는 이 번역 자료에 관한 깊이 있는 연구를 진행하면서 새로운 질문들을 제기하고 많은 새로운 해답들을 찾을 수 있도록 도와주었다. 하지만 어떠한 자료를 활용하든 그는 증거를 사회사학자의 기본적인 질문들에 활용하려고 하는 태도를 견지하였다. 쥐르허는 "일반적인 문헌학적 질문들에 더하여 각각의 문헌들에 대해 다음과 같은 비판적 질문들이 제기되어야 한다. 어떠한 차원에서 그것이 만들어졌는가? 어떤 종류의 사람들에 의해서 만들어졌는가? 어떠한 종류의 후원에 의해서 만들어졌는가? 어떠한 종류의 사람들을 위하여 만들어졌는가?"라고 이야기하였다(Zürcher 1982b, 174).

쥐르허의 이력과 『불교의 중국 정복』의 지성사적 맥락

쥐르허의 방식을 따라서 『불교의 중국 정복』의 저자에 관해 같은 질문을 제기해 보도록 하자. 에릭 쥐르허Erik Zürcher는 고등학교에서 고전 교육을 받았고, 라이덴Leiden 대학에서 중국학을 공부하였다. 그의 가장 중요한 스승은 라이덴 대학 중국학연구소의 설립자이자 초기 중국사상 연구자로서 국제적으로 명성이 높은 얀 두이벤다크 Jan J. L. Duyvendak(1988-1954)였다. 학부를 마친 후에 쥐르허는 스톡홀름에서 오스발트 시렌Osvald Sirén과 함께 중국 미술에 대하여 연구하고 미술에 관한 에세이를 간행하기도 하였다. 하지만 결국에는 자신의 박사논문을 초기 중국 불교에 대하여 다루기로 결심하였다. 1950년대에 중국에서 연구한 유럽의 학자는 거의 없었는데, 쥐르허도 예외는 아니었다. 새롭게 건설된 중화인민공화국은 토지 개혁과 교육제도에 대한 정화작업, 대약진운동의 실패, 한국전쟁에의 개입, 소련과의 관계 변화 등을 겪고 있었다. 따라서 쥐르허는 불교 사상 분야의 저명한 학자인 폴 드미에르빌Paul Demiéville과 함께 공부하기 위하여 파리로 갔다. 쥐르허의 박사논문은 라이덴 대학에 제출되었으며 『불교의 중국 정복』의 초기 판본이 되었다. 1961년에 쥐르허는 라이덴 대학 극동역사학 교수로 임명되었다. 이전에 식민지 역사 분야 연구자에게 주어졌던 이 자리는 쥐르허의 취임에 즈음하여 '특히 동양과 서양의 관계에 대한 동아시아의 역사'로 새롭게 이름 붙여졌다. 쥐르허의 강의에는 중국사개설과 중국 역사자료 세미나 등이 포함되어 있었는데, 그의 연구 세미나는 중국 불교가 아니라 중국인들과 예수회의 상호작용이 주된 내용이었다. 1969년에 쥐르허는 현대중국문헌 센터를 창설하였고, 이것은 이 분야의 연구를 촉진하는 중요한 연구기관이었다. 1975년부터 1992년까지 그는 네덜란드와 프랑스가 함께 간행하는 중국학 잡지인 『통파오通報』 *T'oung Pao*의 공동 편집인이었다. 1993년에 65세의 나이로 은퇴한 후 그는 강의와 행정적 임무를 모두 중단하였지만 연구와 저술은 계속하였다. 그의 학문적, 행정적 경력은 중국 역사의 모든 시대를 포괄하고 있고, 역사, 문학, 종교, 철학 뿐 아니라 정치와 경제에 대해서도 다루고 있지만 그의 연구의 대부분은 중국 전통과 외국 종교의 상호작용에 관한 것이었다.

쥐르허가 1950년대 후반 『불교의 중국 정복』을 집필할 당시 중국 불교 연구에서의 지배적인 학문적 모델은 무엇이었을까? 어떠한 사람들이 무슨 목적에서 그리고 어떠한 연구 주제에 따라서 중국 불교에 대한 학문적 연구를 하고 있었을까?

당시 중국 불교는 세 가지의 서로 구별되는 그렇지만 완전히 배타적이지 않은 학문적 관점에서 연구되고 있었다. 첫 번째는 세계 종교로서의 불교에 대한 연구로서 1881년에 토마스 리스 데이비스Thomas W. Rhis Davids에 의해 설립된 팔리성전협회의 후원하에 진행되고 있었다. 영국의 남아시아 식민지 경영과 연결되어 있던 팔리성전협회는 (현재에도) 인도와 스리랑카, 네팔 그리고 동남아시아에서 발견된 팔리어 및 다른 인도 언어들로 쓰여진 불교 문헌의 보존과 연구에 중점을 두고 있다. 이 문헌 연구 기관의 원칙적 입장은 팔리 문헌들이 인도 초기 불교에 대한 가장 믿을 수 있는 모습을 보여준다는 것이었다. 대부분의 해석학적 불교 연구들은 기원에 관심을 쏟고 있었다. 불교의 기원에 가장 가까이 있는 것이 다른 것들보다 학문적 연구에 있어서 훨씬 확실하고 가치 있다고 생각되었다. 이러한 역사 이해에 있어서는 인도 이외의 지역에서 만들어진 불교 문헌들은 불교가 언어와 문화를 넘어서 어떻게 전달되었는지를 보여준다는 점에서만 중요한 것이었다. 이러한 불교학 연구에서는 철학적 학파들을 연구하면서 그들이 어떻게 갈려나갔는지 혹은 산스크리트 원전이 정확하게 번역되었는지 알아보기 위하여 중국과 티베트의 번역본들을 조사하였다. 이러한 관점을 지지하는 일부의 사람들은 또한 불교를 종교적 운동이 아니라 기본적으로 철학이라고 믿고 있었다. 불교는 마술이나 정치권력, 의례 등이 아니라 인식론, 형이상학, 명상, 개인적 도덕성 등에 중점을 두었다는 것이다.[2] 불교에 대한 이러한 해석은 쥐르허가 『불교의 중국 정복』에서 비판하고 있는 여러 전통 중의 하나이다. 쥐르허는 불교에 대하여 인도중심적 입장을 갖는 대신 중국 불교 연구를 위해서는 중국적 맥락이 가장 중요한 분석틀이 되어야 한다고 주장하였다. 쥐르허는 인도 원전에서 중국어로 번역된 경전·율장·논서 등의 문헌에 주목하는 대신 중국에서 만들어진 문헌과 중국인들이 찬술한 문헌들을 1차 자료로 선택하였다. 약간의 예외는 있지만 그의 가장 중요한 관심은 인도 원전이 아니라 중국에서 초기 불교 전파자들이 맞서야 했던 불교 이전의 중국 토착 사상들이었다. 쥐르허는 또한 중국 불교가 비정치적 성격이었다는 장밋빛 환상을 갖지 않았다. 『불교의 중국 정복』은 중국 불교가 사회생활, 중국의 가족 구조, 정치 질서 등의 문제들과 폭넓게 연루되어 있었고 그로 인해 비판자들과 지지자들 사이에 논쟁이 생겨났다는 사실을 강조하고 있다.

1950년대의 학계에서 중국 불교에 관한 일본인 학자들의 연구 또한 중요한 역할을 하였다. 일본의 불교학은 한편으로는 일본 불교의 제도에 의해서, 다른 한편으로는 유럽의 학문 전통에 의하여 형성되었다. 토쿠가와 막부가 18세기에 지역민의 호적을 불교 사찰에 등록하게 한 이래 일본인들은 자신들을 하나 혹은 그 이상의 일본 불교의 종파 – 하나 이상인 적은 거의 없다 – 의 신자로 여기는 데 익숙해져 있었다. 종파의 기구들은 근대 초기의 일본에서 중요하였으며, 불교를 연구하는 대학들은 불교를 서로 배타적 학파와 종파로 구분하는 인식으로부터 자유롭지 않았다. 1932년–36년에 처음 간행되었고 현재도 동아시아 불교 연구에 있어서 가장 중요한 참고문헌인 모치즈키 신코望月信亨의 『불교대사전佛教大辭典』은 – 비록 각주에는 거의 나타나고 있지 않지만 – 쥐르허의 책에서 중요한 역할을 담당하였다. 1942년에 간행된 츠카모토 젠류塚本善隆의 북위北魏 불교에 대한 연구는 쥐르허의 책에 비하여 훨씬 짧은 시기와 제한된 지역을 다루고 있지만 역시 중요한 참고가 되었다. 그렇지만 한편으로 『불교의 중국 정복』은 이러한 기념비적 저작들을 비판하는 것이기도 하였다. 쥐르허는 근대 불교학자들이 자신들이 속한 현대 종파의 기원을 앞 시기의 중국적 형태에서 찾으려는 경향에 반대하였다. 최근의 연구들에서 확인되고 있는 것처럼 당나라 이전의 시기에서 – 그리고 혹은 송나라 때에 – 종파의 설립자 혹은 선구자를 찾는 설명들은 대부분 허구적인 것이었다.[3] 한편으로 쥐르허는 다른 모든 근대 학자들과 마찬가지로 뛰어난 일본의 연구들에 제시된 문헌학적 연구와 치밀한 문헌 검토, 전근대 중국 역사에 대한 해박한 지식에 크게 빚지고 있었다.

중국 역사학자 탕용동湯用彤(1893-1964)에 의해 1938년에 처음 간행된 『한위양진남북조불교사漢魏兩晉南北朝佛教史』에 제시되고 있는 중국 불교 연구의 세 번째 패러다임이야말로 『불교의 중국 정복』에 가장 큰 영향을 미친 것으로 이야기할 수 있다. 탕용동의 이 대작은 당나라 이전의 불교에 대해 쓰여진 여러 나라의 저술들 중에서 여전히 가장 중요한 책으로 여겨지고 있다. 탕용동은 청화淸華대학에서 학부생으로 공부하였고, 하버드대학에서 산스크리트와 팔리어를 공부한 후 1922년 중국에 돌아왔다. 그는 1940년대 북경北京대학 철학과에 자리 잡고 있었으며, 1949년 이후에는 중화인민공화국의 교육제도 정비에 중심적 인물로 활약하였고, 북경대학 부총장과 전국인민대표자회의 상임위원회의 일원이 되었다. 탕용동의 중국 불교사는 5세기에서 6세기까지를 포괄하여 쥐르허의 책보다 넓은 시간 범위를 다루고 있으며 여러 장들에서 북쪽 지역의 불교에 대하여도 서술하고 있다. 하지만 탕용동의 선구적인 중국어 저술은 여러 가지 측면에서 『불교의 중국 정복』에 대해 기초와 뼈대를 제공하였다. 탕용동 저술의 각 장별 제목을 살펴보는 것만으로도 중복되는 것을 분명하게 알 수 있다. 탕용동 저술의 20개 장의 제목은 다음과 같다.

1. 불교의 중국 전래에 관한 전설들
2. 영평永平연간(58-75)에 불교 수용을 위해 파견되었던 서역 사행에 관한 문헌 자료 검토
3. 《사십이장경四十二章經》에 대한 문헌 연구
4. 한나라 때의 불교의 전파와 확산
5. 불교-도교
6. 불교 현학玄學의 기원
7. 양진兩晉 시대의 유명한 승려와 문인들

8. 석도안釋道安

9. 석도안 시대의 반야 철학

10. 구마라집과 그 문도들

11. 석혜원釋慧遠

12. 번역과 서역으로의 구법여행 및 남북조시대의 불교

13. 남조의 불교 전통

14. 북조의 불교 전통

15. 남북조시대의 불교 저술들

16. 축도생竺道生

17. 열반과 불성佛性에 대한 남조의 여러 이론들

18. 남조에서의 《성실론成實論》 유행과 반야 삼론三論 학파의 부흥

19. 북조의 선법, 정토, 계율

20. 북조에서의 불교학

    탕용동의 책과 쮜르허 책의 기본적 유사성에는 다음과 같은 항목들이 포함되고 있다. 중국 토착 사상의 배경, 특히 도교에 대한 강조, 지리적 다양성과 지역사의 중요성, 1차 자료의 문제들에 대한 자세한 사료적 분석, 인도와 중국 사이의 쌍방향적 교류에 대한 관심, 북중국과 남중국 사이의 커다란 차이점, 계율의 중요성 등. 마찬가지로 두 학자는 모두 인도와 중앙아시아 언어로부터 중국어로 번역된 불교 문헌들의 철학적 내용에 대하여는 (비록 무시하지는 않았지만) 크게 중요시하지 않았다. 쮜르허는 이러한 문헌들을 거의 무시하였고, 탕용동은 그의 책 15장에 제시한 여섯 종류의 불교 저술들 – 주석문헌, 논문, 번역과 모음집, 역사와 전기, 목록집, 위경僞經 – 중 세 번째에 위치시켰다.

    두 책의 이와 같은 유사성이 그들 각각의 중요한 차이점을 가리지

는 않는다. 쥐르허는 사회 계급의 문제에 대하여 훨씬 더 중점을 두고 있으며, 실제로 탕용동이 검토한 같은 자료들로부터 새로운 질문과 새로운 해답을 찾아내고 있다. 그는 탕용동보다 호교적 문헌에 대하여 더 많은 관심을 가지고 있었으며, 구마라집을 자신의 서술에서 제외함으로써 중국에 불교가 들어온 초기 4세기 동안의 가장 중요한 문제가 무엇이었는지에 대하여 보다 분명하게 주장하였다. 하지만 어쨌든 탕용동의 저술에 대한 쥐르허의 의존도는 대단히 높았다고 생각한다. 탕용동의 책은 복잡한 1차 자료들의 여러 문제에 대한 자세하고 근대적 안내서로서 지금까지도 초기 중국 불교에 관한 어떠한 의미있는 연구에서도 간과할 수 없는 출발점으로 여겨지고 있다. 쥐르허의 탕용동 인용은 근대 학계에서의 두 위대한 전통의 상호 연결에 대한 증거로써, 과거의 사례일 뿐 아니라 미래의 나아갈 방향을 보여주는 것이라고 할 수 있다.

동일한 시기의 중국 불교를 폭넓게 다루고 있는 서양 언어로 쓰여진 연구가 1959년 이후 - 번역서를 제외하면 - 하나도 출판되지 않았음은 중요한 사실이다. 북위 시기의 불교사를 다루는 츠카모토의 책이 1985년에 영어로 번역되었지만 앞에서 언급한 것처럼 츠카모토의 지역적, 시대적 관심은 북위 왕조 (386-594년)에 집중되어 쥐르허의 책과 아주 적은 부분만 겹치고 있다. 1964년에 출판된 케네스 첸 Kenneth Ch'en의 1권짜리 통사 『중국 불교』*Buddhism in China: A Historical Survey*는 개관적 성격이 강한 책이다. 첸은 넓은 범위를 다루려고 하였지만 이 책에서 가장 풍요로운 두 부분은 쥐르허와 탕용동의 저술에 크게 의존하고 있는 이른 시기에 관한 부분(Ch'en 1964, p.21-183)과 첸 자신의 1차 자료에 대한 연구에 기초하고 있는 당나라 시기에 관한 부분이다(Ch'en 1964, p.213-388). 다른 서양에서 훈련받은 학자들도 - 드미에르빌, 리벤탈Liebenthal, 링크Link, 류

Ming-wood Liu, 로빈슨Robinson 등을 포함하는 – 이른 시기의 특정한 철학자와 사상 집단에 대하여 중요한 연구들을 발표하였다. 그들의 명백한 철학적 주제에 대한 관심은 『불교의 중국 정복』의 관심사에 대한 보완이 될 수 있을 것이다. 교리에 대한 이 연구들은 쥐르허의 초기 불교의 사회적 역사에 대한 분석을 따르거나 분명하게 인용하면서 거기에서부터 연구를 시작하고 있다.

비록 일본 학자들이 초기 중국 불교 연구에 있어서 많은 연구를 진행하였지만 지난 40년간 일본어로 쓰여진 중국 불교사에 대한 개설서들은 대부분 『불교의 중국 정복』을 무시하여 왔다.4) 중국어로 쓰여진 이 시기 중국 불교에 대한 개설적 연구들은 1998년 이전에 출판된 것과 그 이후에 출판된 것, 두 부류로 구분된다. 1998년에 이사롱李四龍과 배용裴勇에 의해 쥐르허 책의 완역본이 나온 점에서 이 해는 중요한 의미를 갖는다.5) 하나의 사례로서 쥐르허의 책의 중국어 번역본이 나오기 전에 출판된 담세보譚世保의 책에서는 쥐르허와 다룬 것과 같은 주제들을 다루면서도 대부분 탕용동의 방법을 따르고 있다(譚世保 1991). 하지만 대조적으로 팽자강彭自强은 불교와 도교 사상의 조화와 불교의 호교론적 문헌에 대한 분석에 있어서 『불교의 중국 정복』의 중국어 번역본을 이용하고 있다(彭自强 2000). 또 왕청王青도 아미타신앙, 미륵신앙, 관음신앙 등의 사회적 배경을 분석함에 있어서 쥐르허의 책을 광범위하게 인용하고 있다(王青 2001).

초기 중국 불교 연구의 새로운 경향

그렇다면 쥐르허의 책은 어떠한 근거에서 비판될 수 있을까. 『불교의 중국 정복』은 어떠한 측면에 결점이 있으며, 이 책이 간행된 이후 학계에서는 이것을 어떻게 발전시켜 왔는가? 비판은 두 가지 문제의 영역에서 제기되었으며, 쥐르허 스스로도 『불교의 중국 정복』에서는 단지 문제제기만 하였던 방향으로 연구를 심화시키면서 여러 분야의 연구를 새롭게 시작하였다.

사회사 분야의 연구는 중국사회의 고대, 중세, 근대의 사회구성에 대한 논쟁과 재개념화를 통하여 상당한 정도로 발전되었다. 쥐르허가 처음『불교의 중국 정복』을 쓸 당시, 그는 종교 사상에 대한 연구에 있어서 중도적 방법을 제공하였다. 후외려侯外廬와 같은 중국의 마르크스주의 학자들은 불교 철학을 오직 순수한 마르크스-레닌주의에 의해서만 교정될 수 있는 현실을 전도시키는 관념주의의 한 형태로 간주하였다. 쥐르허는 유럽사를 연구한 아날학파 역사학자들과 마찬가지로 역사의 장기 발전 과정과 관련하여 정신적 요소와 물질적 요소 모두를 중시하였다. 종교의 성격을 결정짓는 경제적 요소와 정치 구조를 강조하면서도 쥐르허는 독자들에게 자기 책의 결론이 오직 중국 사회의 소수 엘리트인 사족들에게만 적용된다고 주의하는 것을 잊지 않았다. 그는 당시 중국 사회의 구조에 대한 가장 최신의 연구들에 의존하였다. 당장유唐長孺의 초기 연구 등이 그의 참고문헌에 나타나고 있다. 그동안 중국 초기 중세의 사회 구조에 대한 학문적 연구들도 많이 발전되었다. 당장유는 토지 소유권의 형태와 지주-소작농 사이의 관계에 관하여 대단히 자세하게 분석하면서 자신의 결론을 더욱 발전시켰다(唐長孺 1957; 1983). 미야자키 이치사다宮崎市定는 관직 보유의 역동성에 대한 훨씬 자세한 분석을 통하여 - 1959년에 쥐르허와 다른 사람들이 단일한 집단으로 생각하였던 - 사족계급 내부의 다양한 계층들에 대한 보다 나은 설명을 제시하였다(宮崎市定, 1992). 그리고 모한광毛漢光은 금석문 자료를 집중적으로 분석하여 사족들의 저술에는 나타날 수 없었던 지역과 시대에 따른 다양한 모습들을 보여주고 있다(毛漢光 1988, 1990). 초기 중국의 사회 구조에 대한 이해가 심화하면서 종교와 사회 구조의 상관관계에 대한 쥐르허의 결론 중 일부 역시 수정되지 않을 수 없게 된 것도 분명한 사실이다.

『불교의 중국 정복』에 대한 또 다른 문제는 접촉과 변화를 겪고 있는 두 문화에 대한 기본적 모델에 관한 것이다. 나는 이 책의 주요 주장 중 하나가 인도 불교와 중국적 생활양식의 상호작용이 복잡하였으며 그 과정에서 양측이 모두 변화되었다는 것이라고 이야기하였다. 나는 또한 쥐르허가 이 과정을 설명하기 위하여 유연한 언어를 사용하면서 양쪽을 구체적으로 표현하는 것을 피하였음에도 주목하였다. 그럼에도 불구하고 문화 갈등이라는 개념은 여전히 구별되는 두 존재 – 한쪽의 '인도', '인도 불교' 혹은 '불교'와 반대쪽의 '중국' – 사이의 근본적 대립과 차이를 가정하는 경향이 있다. 과거 20년 사이의 사회과학과 인문학의 연구 경향들은 민족국가 혹은 민족 문화라는 근대적 개념을 인도와 중국을 포함하는 전근대의 정치체에도 적용할 수 있는지에 대하여 많은 의문을 제기해 왔다. 아무리 잘 정의한다고 하여도 중국화의 모델은 중국적인 것의 기준에 달려 있다. 즉 연구 주제를 불교가 중국화되는 과정으로 정의함으로써 중국화라는 패러다임은 '중국적'인 것이 무엇인지 설명하지 않고 그것을 당연한 것으로 상정하는 경향을 띠게 된다. 이와 달리 '중국'과 '중국적인 것' 자체가 특정한 역사적 상황에서 구성된 혼성적 개념이라는 사실에 주목함으로써 최근의 역사학자들은 중국 불교를 바라보는 새로운 시각을 제시하고 있다.[6] 동시에 인도 불교에 대한 우리들의 이해 역시 많은 수정을 겪었다. 학자들은 점차적으로 인도의 초기 불교도들도 중국의 불교도들과 마찬가지로 공덕의 축적과 조상을 기념하는 것에 많은 관심을 가지고 있었음을 알게 되었다.[7] 우리의 발송자-문화[인도]와 전해진 대상[불교]에 대한 이해가 변화되고 있으므로 수취자-문화[중국]에서 무슨 일이 일어났는지에 대한 평가 역시 변화될 것이다. 그리고 각 문화의 확실성에 대한 학자들의 이러한 의심은 중국 불교를 문화적 상호작용의 사례로 설명하는 패러다임에까지 확대될 수 있을 것이다.

또 다른 문제들과 『불교의 중국 정복』에서 간과되었던 것들이 쥐르허 자신에 의해 다시 검토되고 수정되었으며, 그들 중 일부에 대해서는 자세한 연구가 발표되었다. 쥐르허는 연구 활동을 하던 초기에 초기 불교 번역문헌의 언어학적 특성에 주목하였었다. 무엇보다도 초기 경전들은 구어체 중국어의 발달모습을 자료화하는 데 대단히 중요하였다. 초기의 불교 번역문헌들은 현재 남아 있는 다른 형태의 중국 문헌들보다 훨씬 풍부한 속어 어휘들을 담고 있으며 속어 – 서력 기원후 초기 4세기 동안의 언어 – 문법의 많은 흔적을 보존하고 있다. 쥐르허는 이러한 초기 문헌에 대한 면밀한 최초의 연구 결과를 1972년에 『중국어교사협회지』 *the Journal of the Chinese Language Teachers Association*에 발표하였다.[8] 이 논문은 기원후 약 150년에서 220년 사이에 전체 29개 문헌들을 번역한 서로 다른 다섯 팀의 번역자들이 서로 구별되는 언어적 특징을 보여주는 자료를 남겼음을 보여주고 있다. 이 초기 번역문헌들에는 약 천 개의 합성어가 보존되어 있는데 그들 중 대부분은 (한문 2글자로 이루어진) 2음절어들이다. 문어체의 고전 중국어가 압도적으로 1음절 단어를 많이 사용하고 있는 것과 달리 과거와 현대의 구어체 중국어는 2음절어로 구성되어 있다. 초기 문헌들은 (동사보어의 사용, 대명사와 지시형용사의 제한된 숫자, 고전 중국어에서 대단히 중요한 불변화사의 제한적 사용 등과 같은) 구어체 중국어의 또 다른 언어적 특성들을 가지고 있기 때문에 반半–속어 반半–고전어로 간주될 수 있을 것이다. 이와 같이 쥐르허가 분석한 초기 불교 문헌들은 서력기원후 초기의 구어체 중국어를 연구하는 데 있어 귀중한 자료들이다. 쥐르허의 주장이 학계에 완전히 새로운 것은 아니었지만 그는 불교 문헌 자료들에 초점을 맞추어 그와 같은 현상을 깊이 있고 체계적이며, 문법적으로 훌륭하게 분석한 최초의 근대 학자였다. 그의 논문이 간행된 이후 전 세계의 학자들이 이 주제를 연구하기 시작하였다. 초기 중국 문학에 대해 연구하는 학자들은 초기 불교 문헌에 보이는 다양한 단어층과 문법에 큰 관심을 가지고 있으며,9) 불교학자들은 개별 번역자들의 어휘를 분석하기 시작하였다.10)

쥐르허의 이 영역에 대한 연구가 구어체와 문어체 중국어의 역사 자체로 한정된 것은 아니었다. 문법을 분석할 때에도 그의 관심은 불교 사상이 중국 문화권에 전파되는 과정에 대한 사회적, 지성적 변화상에 있었다. 이후의 연구에서 그는 자신의 문법적, 어휘적 연구들이 초기 중국 불교의 번역 과정에 어떠한 의미를 갖는지 정리하고 있다.11) 초기 중국 번역문헌에 속어적 요소들이 보존되어 있다는 놀라운 언어학적 사실에서 출발한 쥐르허는 번역팀들의 작업 수행 방식에 대한 초기의 설명들을 매우 구체적으로 재검토하였다. 산스크리트 혹은 프라크리트로 되어 있는 원전을 고전적 혹은 준고전적 중국어 번역물로 옮기는 작업을 진행하는 과정에서 어느 누구도 원래의 언어와 중국어 둘 다 완전하게 구사하지 못하였다. 인도 혹은 중앙아시아 출신의 번역자는 자신의 모국어와 함께 산스크리트어를 알고 구어체 중국어에 대한 약간의 소양이 있었다. 하지만 그들은 대부분 문어체 중국어는 거의 알지 못하였다. 대조적으로 중국 측 인사들은 문어체 및 구어체 중국어를 잘 알았지만 산스크리트에 대하여는 거의 지식이 없었다. 그 결과 번역 과정은 많은 단계를 거쳐야 했다. (외국 출신의) 번역자가 산스크리트 문헌을 (쓰여진 자료가 아니라 암기된 경우가 많았다) 읊조리면서 구어체 중국어로 초벌 번역을 하면, 그의 중국인 파트너가 그것을 문자로 기록하였다. 이후에 번역팀의 중국 측 사람들이 초벌 원고를 단계적으로 보다 세련된 고전 중국어로 바꾸는 작업을 하였다. 양쪽 모두 전체를 살펴볼 수 있는 능력이 없었기 때문에 번역

작업은 다양한 종류의 대화와 오해, 수정을 반복하여야 했다. 이와 같이 쥐르허의 연구는 초기 불교의 사회언어학적 측면과 외국 승려들의 중요성, 실질적으로 중국 불교의 표준적 '교회 언어'로 확립된 구마라집역 경전들의 언어적 특성 등을 새롭게 살펴보게 해주었다.

중국과 일본의 중국학에는 항상 중국의 불교와 도교를 함께 연구하는 강한 전통이 있으며, 겉보기에는 전혀 다른 것처럼 보이는 두 종교가 상대방과 분리되어서는 제대로 이해될 수 없음을 보여주었다.12) 『불교의 중국 정복』에서 쥐르허는 이러한 방법을 도교 철학에 대한 검토에서 채택하였고, 이후의 후대 도교의 종교운동에 관한 연구에도 활용하였다. 쥐르허는 처음에 123종의 (천사도天師道, 상청파上淸派, 영보파靈寶派 등을 포함하는) 초기 도교문헌들을 자세히 읽으면서 불교 사상이 도교에 미친 영향에 관한 자료들을 수집하였다.13) 그의 결론은 영역에 따라 영향에 크고 작은 차이가 있다는 것이었다. 그는 불교의 우주론이 도교의 의례 공간에 영향을 미쳤고, 대승불교의 윤리가 도교에 영향을 미쳤으며, 불교의 업業과 윤회재생에 대한 관념이 도교의 죄와 벌에 대한 인식을 변화시키는 등 불교의 영향이 대단히 강하였음을 발견하였다. 하지만 기氣에 기초한 우주론과 신체의 불멸에 대한 관념, 자연을 종교적 문헌으로 보는 도교의 관념과 같은 다른 중요한 영역들에서는 불교의 영향을 거의 받지 않았다. 다른 글에서 쥐르허는 다른 방향 즉 도교에서 불교로도 영향이 미치고 있음을 지적하였다.14) 이 글에서 그는 초자연적인 힘에 의해 도래할 이 세상의 파괴적 종말 및 구세주 관념과 관련하여 토착적 도교 사상의 중요성을 강조하였다. 쥐르허는 비록 인도 불교 전통에서도 그러한 관념이 전혀 없었던 것은 아니지만, 3세기에서 6세기 사이의 중국 불교에 보이는 종말론과 구세주에 대한 기대는 도교에서 비롯된 것이 많다고 생각하였다. 그는 우리가 "두 개의 분리된 종교 전통이 서로에게 '영향을 미쳤다'는 생각 자체를 완전히 포기하여야 한다. 우리가 '중국 불교'와 '도교'라고 부르는 것은 실상은 추상적인 것이고, 이는 두 위대한 전통을 만들고 유지해 온 성직자 조직의 최상층의 모습에만 주목한 결과이다. 그러한 차원에서는 두 종교는 완전히 구별된다. 하지만 우리가 좀 더 아래로 내려가면 그들은 부분적으로 겹쳐지고, 어떤 특정한 영역에서는 서로 완전히 뒤섞여 있다"고 생각하였다.15) 보다 최근의 연구들은 이러한 생각에 의문을 제기하거나 더 발전시키고 있으며, 많은 학자들이 불교-도교의 구세주사상, 의례 문헌, 치료 의례, 귀신퇴치, 장례 의례, 사원 생활, 역사 서술방식, 신성 문헌에 대한 관념 등을 연구하면서 이러한 기본적 패러다임을 따르고 있다.16) 하지만 중국의 불교와 도교가 함께 연구되어야만 한다는 원칙에 대해서는 누구도 이견을 제시하지 않고 있다.

쥐르허의 후기 연구의 주요한 분야는 민중 불교이다. 그는 『불교의 중국 정복』에서 이미 사족 불교의 문헌들에도 귀신퇴치, 극단적 금욕주의, 마술, 천국에서의 윤회재생에 대한 일반인들의 열망 등과 같은 모습들이 나타나고 있는 것에 주목하였다. 하지만 그는 언제나 그가 사용하는 자료들이 전체의 매우 적은 사람들에 관한 증거를 제공하고 있다는 것을 예리하게 인식하고 있었다. 보다 후대의 연구들에서 그는 일반 대중들이 신앙했던 불교의 형태들을 설명하기 위해 노력하고 있다. 그는 '정상' - 규범적이라고 이야기해야 할 것이다 - 불교에 관한 토론에서 다음과 같이 이야기하고 있다. "우리가 무엇이 중세 중국 불교의 정상적 모습인지 정의하려면 우리는 비정상적인 것들에 관심을 가져야 할 것이다." 그는 '경전과 주석서, 학식있는 전문가, 감명 깊은 의례와 풍부한 보시 등의 세계로부터 멀리 떨어져 있는 일반인들 사이에 존재하였던, 지방에서의 불교적 생활의 사례들에 나타나는 많은 작은 전통들'을 검토하기 위하여 초기의 전기 자료들을 살펴보았다.17) 이 분야에서도 쥐르허는 넓은 학문적 동향의 중심에 위치하고 있었다. 일부 학자들은 비문의 내용을 이용하여 지방 차원에서의 불교신앙을 이해하려 노력하였고, 다른 학자들은 보시 행위를 기념하기 위하여 만들어진 조각에 새겨진 기도문에 대한 사회학적, 교리적 분석을 하고 있다.18) 5세기 이전의 중국 사회에서 문자를 모르는 사람들의 생활과 경전에 기초하지 않은 불교 신앙에 대한 증거는 거의 찾기 힘들다. 조각, 사찰, 비석, 무덤과 다른 종류의 미술품들이 이른 시기에 관한 정보를 제공하는 중요한 자료가 될 수 있으며, 일부 연구들에서는 불교 신앙에 관하여 이러한 증거들이 이야기하는 것에 주목하고 있다.19) 이와 관련된 자료들은 20세기 초 중국 서쪽의 (감숙성) 돈황 지역에서 발견된, 이전에 알려지지 않았던 많은 그림과 필사본, 사원문서, 대중문학, 일상생활 문서 등의 발견으로 크게 늘어나게 되었다. 쥐르허 자신도 불교 사원에서의 문학과 교육체계를 연구하기 위하여 이 사본들을 이용하였다.20) 전세계의 학자들은 제도사, 일상 종교생활, 선 연구, 불교 연희예술 등의 분야를 개척하기 위하여 돈황의 자료들을 활용하고 있다.21)

초기 중국 불교 연구자가 불교를 중국으로 전해준 많은 외국 승려들의 본국에 대하여 관심을 가지는 것은 당연한 것이라고 할 수 있다. 중세 중국인들의 세계관에서는 오늘날 칭하이靑海와 신장新疆 지역, 그리고 티베트, 네팔, 인도, 파키스탄, 아프가니스탄에 걸쳐 있는 다양한 제국과 도시국가들은 모두 서역(서쪽 지역)으로 통칭되었다. 쥐르허는 초기 중국 역사자료에 기초하여 중앙아시아 불교에 관한 여러 편의 연구를 발표하였다.22) 다른 학자들은 중앙아시아에서 발견된 비非-중국어 사본들에 나타나는 증거들을 보다 면밀하게 검토하고 있다.23)

문화 갈등의 문제

나는 앞에서 『불교의 중국 정복』의 주제를 단순히 중국 불교에 관한 것으로 생각하는 것은 잘못된 것이라고 이야기하였다. 이 책은 넓은 범위에서 종교를 연구하는 방법과 문화들 사이의 상호작용을 분석하는 방법에 대하여 중요한 내용들을 담고 있다. 앞에서 간단히 이야기한 것처럼 쥐르허는 이후의 연구들에서 이 두 가지 광범위한 주제를 탐구해 왔다. 1962년 라이덴 대학 교수직에 취임할 때에 했던 근대 중국사에 관한 취임 강의에서 쥐르허는 변증법적 용어로 문화의 상호작용 문제에 대하여 의견을 개진하였다. 그 강의의 주제는 "오해의 대화 Dialoog der Misverstanden"로써 의사소통과 의사소통의 실패에 관한 내용을 담고 있다.24) 쥐르허에게 선험적 이론가 혹은 후기식민주의 문학비평의 선구자라는 별명을 붙이는 것은 시대착오적이고 걸맞지 않은 것이 될 것이다. 하지만 국가를 초월하는 물질과 사상의 흐름에 관심을 가지고 있는 현대 학자들이라면 쥐르허의 연구방법에서 많은 것을 얻을 수 있을 것이다. 중국 불교 다음으로 쥐르허가 관심을 가졌던 주제는 16-17세기 중국에서의 기독교와 서양 문화의 이상에 대한 논쟁이었다. 그는 많은 일련의 논문들에서 그 시대 선교사들이 남겼거나 그들에 관해 쓰여진 다양한 글들을 집중적으로 검토함으로써 중국 청중들에게 유럽과 기독교의 사상을 번역해 주려 하였던 광범위한 노력을 분석하였다. 그의 논문들은 라틴어의 수사적 용어들을 중국어로 번역하는 문제에서부터 지방 유교 관료들의 도덕적 가르침에 (예수의 강림을 제외한) 기독교의 사상을 활용하려는 시도, 일상 종교생활에 기독교의 사상을 담으려는 노력, 예수회의 중국 독자들을 위한 간략한 유럽 역사 소개 등을 포괄하는 매우 다양한 주제들을 검토하고 있다.25) 비슷한 관심에서 그는 개봉開封 지역 유대교도들의 역사와 문화혁명기에 서양에서 중국이 어떻게 인식되고 있는지에 관하여도 글을 썼다.26) 오직 한족이 중국을 통치하지 않았던 10세기에서 14세기의 시기와 중국의 이슬람에 대한 반응만이 쥐르허의 학문적 관심사에서 벗어나 있었던 것처럼 보인다.27)

문화 사이의 갈등에 대한 강한 관심이 에릭 쥐르허와 그의 동료였던 자크 제르네Jaques Gernet – 1975년부터 1992년 사이에 프랑스 콜레쥬 드 프랑스의 중국 사회사 지성사 담당교수였고 쥐르허와 함께 중국학 잡지『통파오』Toung P'ao의 공동 편집자였다 – 두 사람의 연구 경력에 있어서 가장 두드러진 특징이었음은 우연이 아니다. 쥐르허와 마찬가지로 제르네의 초기 연구는 중국 불교에 관한 것이었다. 그는 초기 선문헌의 사본에 관하여 연구하였다. 하지만 그의 진정한 대작은 넓게 이야기해서 5세기에서 10세기 사이의 중국 경제에서 불교와 불교 사원의 위치를 분석한 개척적인 연구였다.28) 제르네의 저술은 모든 사회 계급들의 불교 신앙활동을 다루고 있으며, 돈황 사본에 대한 연구에 기초하고 있다. 또 다른 중요한 연구로써 제르네는 중국에 파견된 첫 세대 예수회 선교사들에 대한 중국인들의 반응을 중심으로 한 중국의 기독교에 대한 연구로 옮겨갔다.29) 1988년에 쥐르허는 제르네의 초청으로 파리에서 외국 승려에 의해 소개된 불교가 중국인들의 생활의 다양한 측면에 자리 잡는 데 성공한 반면 17-18세기에 예수회와 다른 선교사들에 의해 전파된 기독교가 실패한 이유에 관하여 강의하였다. 그는 선교사들의 활동과 개종 방식에 대한 두 종교의 전혀 다른 입장 차이에 해답이 있다고 쓰고 있다. 쥐르허는 그들의 동화에 대한 근본적으로 다른 관점을 다음과 같이 정리하고 있다.

> … 접촉을 통한 자발적 침투와 외부에서 기획된 도입; 특별한 교육을 받지 않은 외국 승려와 조심스럽게 훈련된 선교사들; 사원 공동체와 고립된 주거지; 교회와 독립되어 교회 바깥에 있는 일반

신자들과 선교사들의 통제를 받는 기독교인들; 다원주의와 강요된 통일성; 종교 전문가들의 일관되고 잘 정리된 역할과 '선교사-지식인'들의 이중적 역할. 이처럼 상반되는 것들이 많은데, 이들은 모두 예수회라는 잘 관리된 조직에서 공통적으로 발생한 것이었다. 그러한 관리가 바로 중국에서 기독교가 허약하고 비판을 받은 원인이었던 반면 불교의 경우 조정 역할의 결여, 신앙의 자발적 성격, 중앙 통제의 완전한 부재 등이 강점과 영향력의 근원이었다는 사실은 대단히 역설적이다.30)

쥐르허에 의하면 중국과 서양의 상호작용도 사상의 경쟁이었다. 쥐르허는 때때로 중국 전통문화의 사고방식이 후기 르네상스시대 기독교의 원칙들과 잘 맞지 않았다는 제르네의 결론을 인정한다. 하지만 여러 중요한 연구들에서 쥐르허는 그가 보기에 중국적 맥락에서 볼 때 기독교 교리의 이국적 성격이 분명하게 나타나는 사례들을 지적하고 있다. 즉 쥐르허는 비록 오래 지속되지는 못하였을지라도 문화 융합적인 번역이 동화의 전략하에 시도되었다면 성공할 수 있었음을 이야기하고자 한 것이다. 미리서 소통될 수 없는 문화적 혹은 언어적 차이를 가정하는 대신 쥐르허는 그 문제에 대한 해답을 찾기 이전에 문화들 사이의 의사소통이 이루어지는 내용과 맥락을 검토하였다. 그는 다음과 같이 이야기하고 있다.

… 초기 복건福建 지역 기독교에 관한 풍부한 자료는 서양 교리의 충격과 중국인들의 반응에 대한 우리들의 일반적 가설을 검토하는 것을 가능하게 한다. 이들은 동화가 전술적 방법에서만이 아니라 문화적 원칙에 있어서도 가장 효과적인 선교 활동이었다는 주장을 확인해주고 있다. 이러한 방법 이외의 다른 방법은 없었다.

이것은 (쟈크 제르네에 의해 훌륭하게 제시된) 중국인들은 문화적 선입견에 물들어 있기 때문에 기독교의 기본 사상에 동화되는 것이 실질적으로 불가능하다고 하는 주장과 모순된다. 『일기』는 우리들에게 그와 반대되는 놀라운 사실들을 보여주고 있다. 여기에는 선교사들과 상층 개종자들이 신자들의 '정주적인' 지역 공동체와 달리 전국적 범위의 유동적 네트워크에 속해 있음을 잘 드러내고 있다. 이것은 외국 선교사들이 담당해야 했던 다양한 역할들 사이의 기본적 모순들을 극적인 방식으로 묘사하고 있다. 그들은 신의 나라를 전하기 위하여 왔지만 처음부터 그 자체가 분리된 왕국이었던 것이다.31)

쥐르허의 다양한 주제에 대한 연구들을 관통하는 기본적 생각은 문화들이 서로 접촉을 통하여 자신들의 도덕적, 지적 경향 - 그 자체가 복잡하고 유동적인 것이지만 - 을 드러낸다는 것이다. 또는 그가 표현한 것처럼 "개인들 사이에서와 마찬가지로 문화들도 교류와 갈등을 통해서 참된 모습이 드러난다"는 것이다.32) 그러한 갈등이 인도 종교와 중국 사회 사이의 것이든 유럽의 기독교 문화와 중국 사상 사이의 것이든 혹은 문화, 정치, 경제적 측면에서의 최근의 국제적 대립에 관한 것이든 『불교의 중국 정복』은 기여하는 바가 적지 않을 것이다.33)

1) 이 개념들에 대한 체계적 설명과 구체적 사례에 관하여는 Zürcher 1980a; 1989c 를 참조.
2) 팔리성전협회와 초기 불교학에서의 해석학적 관점에 대하여는 Almond 1988; De Jong 1997; Hallisey 1995; Masuzawa 2005; Silk 2004 등을 참조.
3) 초기 중국 불교에서 '학파/종파'가 어떠한 성격을 가졌는지에 관하여는 湯用彤 1938: 718-19, 834-39; 湯用彤 1962; 湯用彤 1986: 128-248, 특히 128-30; Weinstein 1987 등을 참조. 종파적 연구에 대한 비판은 禪宗에 관한 연구에서 가장 철저하게 이루어졌다. Faure 1991; Faure 1993; Foulk 1993; McRae 2003: 1-21 등을 참조.
4) 예를 들어 鎌田茂雄(Kamata Shigeo) 1982; 小林正美(Kobayashi Masami) 1993 등을 보라.
5) 번역은 적절하게 이루어졌으며, 번역자들은 여러 곳에 역자주를 붙이고 있다. 번역판 후기에서 번역사들은 쥐르허의 湯用彤의 방법론상의 차이점에 대하여 이야기하고 있는데, 湯用彤이 사상의 세계[心法]를 주로 다룬 반면 쥐르허의 책에서는 물질의 세계[心所法]에 관심을 쏟고 있다고 이야기하고 있다.
6) 불교학 연구에서 중국화 모델에 대한 고전적 정의에 대해서는 Ch'en 1973; Gregory 1991; Hu 1937 등을 참조. 이에 대한 비판과 대안에 대해서는 Elverskog 2006; Gimello 1978; Sharf 2002: 1-30; Teiser 2000 등을 참조.
7) DeCaroli 2004; Egge 2002; Schopen 1997 참조.
8) Zürcher 1977; 중국어 번역은 Zürcher 1987b. 이 주제에 대한 쥐르허의 계속적인 관심에 대해서는 Zürcher 1991; Zürcher 1996; Zürcher 1999 등을 참조.
9) Cao 1990; Harbsmeier 1981; Liang 2001; Mair 1994; Zhu 1992 참조.
10) Boucher 1996; Harrison 1993; Karashima 1998; Karashima 2001; Nattier 2003 참조.
11) Zürcher 1991.
12) 예를 들어 唐長孺(Tang Changru) 1957; 吉岡義豊(Yoshioka Yoshitoyo) 1956-1976 참조.
13) Zürcher 1980b 참조.
14) Zürcher 1982a; Zürcher 1982c 참조.
15) Zürcher 1982c, 47.
16) Bokenkamp 1983; Bokenkamp 2004; Campany 1993; Davis 2001; Kobayashi[小林正美] 1990; Kohn 2003; Seidel 1970; Seidel 1984a; Seidel 1984b; Strickmann 1996; Strickmann 2002; Verellen 1992 참조.
17) Zürcher 1982b: 162, 165. 또한 Strickmann 1994; Zürcher 1990a: 43-94; Zürcher 1995f 등도 참조.
18) 5세기와 6세기 북조에 관하여는 劉淑芬(Liu Shufen) 1993; 侯旭東(Hou Xudong) 1998 을 참조.
19) 영어로 쓰여진 대표적 연구로서는 Abe 2002; Rhie 1999-; Wong 2004; Wu

1986 등을 참조. Zürcher 1995a는 중국 불교 문헌 자료 중의 미술에 대한 체계적 토론을 개관한 것으로서, Soper 1959를 보충하고 있다.
20) Zürcher 1989a.
21) 제도사와 관련하여서는 竺沙雅章(Chikusa Masaaki) 1982; 湛如(Zhanru) 2003 참조. 사원 경제에 대해서는 Gernet 1956; 姜伯勤(Jiang Boqin) 1987을 참조. 남녀 승려들의 일상 생활에 관하여는 郝春文(Hao Chunwen) 1998 참조. 매년의 축제에 관하여는 譚蟬雪(Tan Chanxue) 1998; Teiser 1988l Trombert 1996; Wang-toutain 1996 참조. 사후세계에 대하여는 Soymié 1966-1967; Teiser 1994 참조. 대중 연희에 관하여는 Mair 1989 참조. 禪에 관하여는 篠原壽雄(Shinohara Hiasao) 1980; 柳田聖山(Yanagida Seizan) 2004 참조.
22) Zürcher 1968, Zürcher 1990b; Zürcher 1999a.
23) Nattier 1990; Skjaervø 2002; Zieme 1985; Zieme 1992; Zürcher 1999b.
24) 이 강의에서 그는 일반 학자들을 위하여 근대 중국의 역사를 만들어간 몇 가지 갈등에 대하여 이야기하였다. 그의 주된 관심은 서양의 과학과 기독교, 페미니즘, 유럽 정치사상 등을 포함하는 주류 유교주의의 바깥에서 비롯된 사상과 운동들이 중국 정치문화에서 어떻게 수용되고 토론되며 결정되었는지에 관한 것이었다. 이것은 그 자체로 여러 세력들의 복잡한 구성물인 근대 중국이 어떻게 전혀 다른 이상들을 조화시켰는지에 대한 설명을 제시하는 것이다.
25) Zürcher 1971; 1978; 1985b; 1987b, 1988; 1990a; 1990d; 1993a; 1993b, 1995c; 1997a; 1997b; 2000; 2001; 2004; 2006a; 2006b.
26) Zürcher 1995b; 1973a; 1973b.
27) 쥐르허의 아들인 Erik Jan Zürcher가 근대 터키와 오스만제국의 역사를 연구하고 있음을 주목할 필요가 있다. Erik Jan Zürcher 1984; 1991; 2004 참조.
28) Gernet 1956; 영어 번역본은 Gernet 1995.
29) Gernet 1982; 영어 번역본은 Gernet 1986; 2판은 Gernet 1991.
30) Zürcher 1990a: 37. 불교와 예수회 선교사 사이의 동화 이론에 대한 보다 자세한 비교에 관하여는 Gernet 1985: 64-10 참조.
31) Zürcher 1990c: 456.
32) Zürcher 1990a: 37. '도덕과 지적 경향'에 관해서는 Zürcher 1990a: 13을 참조.
33) 쥐르허의 경력과 네덜란드에서의 아시아학 연구의 역사를 검토하는 데 있어서 Wilt Idema의 도움을 받았음을 밝힌다. 또한 이 글의 초고에 대해 조언해 준 Huaiyu Chen과 Benjamin A. Elman, Howard L. Goodman, Matin Hdijdra, Robert H. Sharf, Stuart H. Young 등에게도 감사를 표한다.

참 고 문 헌

1. 쥐르허의 저작

1955. "Zum Verhältnis von Kirche und Staat in China während der Frühzeit des Buddhismun." *Saeculum* 10.1: 73-81.
1956. "Imitation and Forgery in Ancient Chinese Paintings and Calligraphy".: *Oriental Art*, n.s. 1.4: 141-56.
1959. *The Buddhist Conquest of China: The Spread and Adaptation of Buddhism in Early Medieval China.* 2 vols. Leiden: E. J. Brill. [제2판은 Zürcher 1972. 중국어번역본은 Zürcher 1998.]
1962a. *Buddhism: Its Origin and Spread in Word, Maps, and Pictures.* London: Routledge and Kegan Paul.
1962b. *Dialoog der Misverstanden: Rede Uitgesproken bij de Aanvaarding van het ambt van Hoogleraar in de Geschiedenis van het Verre Oosten aan de Rijksuniversiteit te Leiden op 2 maart 1962.* Leiden: E. J. Brill.
1968 "The Yuezhi and Kaniṣka in Chinese Sources." In *Papers on the Date of Kaniṣka: Submitted to the Conference on the Date of Kaniṣka, London, 20-22 April, 1960*, ed. A. L. Basham, 346-90. Austrailian National University Centre of Oriental Studies, Oriental Monograph Series, 4. Leiden: E. J. Brill, 1968.
1971. "The First Anti-Christian Movement in China (Nanjing, 1616-1621)." *Acta Orientalia Neerlandica: Proceedings of the Congress of the Dutch Oriental Society, Held in Leiden on the Occasion of Its 50th Anniversary, 8th-9th May 1970*, ed. P. W. Pestmann, 188-95. Leiden: E. J. Brill.
1972. *The Buddhist Conquest of China: The Spread and Adaptation of Buddhism in Early Medieval China.* 2 vols. Leiden: E. J. Brill. Revised second ed.
1973a. "China en de Derde Wereld." in *China Nu, Balans van de Culturele Revolutie*, ed. Erik Zürcher and D. W. Fokkema, 260-88. Chinese Bibliotheek, Studies en Teksten, 1. Amsterdam: Uitgeverij de Arbeiderspers.

1973b. "Inleiding: een Historische Terugblik." In *China Nu, Balans van de Culturele Revolutie*, ed. Erik Zürcher and D. W. Fokkema, 7-36. Chinese Bibliotheek, Studies en Teksten, 1. Amsterdam: Uitgeverij de Arbeiderspers.

1977. "Late Han Vernacular Elements in the Earliest Buddhist Translations." *Journal of the Chinese Language Teachers Association* 13.3: 177-203. [중국어 번역은 Zürcher 1987b]

1978. "'Western Expansion and Chinese Reaction': A Theme Reconsidered." in *Expansion and Reaction: Essays on Europeon Expansion and Reaction in Asia and Africa*, ed. H. L. Wesseling, 59-77. Comparative Studies in Overseas History, Publications of the Leiden Centre for History of European Expansion. Leiden: University of Leiden.

1980a. "Buddhism in a Pre-Modern Bureaucratic Empire: The Chinese Experience." In *Studies in the History of Buddhism: Papers Presented at the International Conference on the History of Buddhism at the University of Wisconsin, Madison, WIS, USA, August, 19-21, 1976*, ed. A. K. Narain, 401-11. Delhi: B. R. Publishing Corporation.

1980b. "Buddhist Influence on Early Daoism: A S urvey of Scriptual Evidence." *T'oung Pao* 66.1-3: 84-147.

1982a. "Eschatology and Messianism in Early Chinese Buddhism." In *Leyden Studies in Sinology: Papers Presented at the Conference Held in Celebration of the Fiftieth Anniversary of the Sinological Institute of Leyden University, December 8-12, 1980*, ed. W. L. Idema, 34-55. Leiden: E. J. Brill.

1982b. "Perspecitves in the Study of Chinese Buddhism." *Journal of the Royal A Asiatic Society*, 161-76.

1982c. "Prince Moonlight: Messianism and Eschatology in Early Medieval Chinese Buddhism." *T'oung Pao* 68: 1-75.

1984. "'Beyond the Jade Gate': Buddhism in China, Vietnam and Korea." In *The World of Buddhism: Buddhist Monks and Nuns in Society and Culture*, ed. Heinz Bechert and Richard Gombrich, 193-211. New York: Facts on File.

1985a. "*Mahā Cina*: La réinterprétation bouddhique de l'histoire de la Chine." *Comptes rendus des séances de l'année 1985*, 476-92. Académie des

Inscriptions et des Belleslettres. Paris: Auguste Durand.

1985b. "The Lord of Heaven and the Demons: Strange Stories from a Late Ming Christian Manuscript." In *Religion und Philosophie in Ostasien: Festschrift für Hans Steininger zum 65. Geburtstag*, ed. Gert Naundorf, Karl-Heinz Pohl, Hans-Hermann Schmidt, 359-75. Würzburg: Köninghausen und Neumann.

1987a. "Buddhism in China." In *The Encyclopedia of Religion*, 16 vols., ed. Mircea Eliade, vol. 2: 414a-21a. New York: Macmillan. [1989b로 재수록.]

1987b. "Giulio Aleni et ses relations avec le milieu des lettrés chinois au XVIIᵉ siècle." In *Venezia e l'Orient*, ed. L. Lanciotti, 107-35. Firenze: Leo S. Olschki.

1987c. 許里和(Zürcher). 「最早的佛經譯文中的東漢口語成分」『語言學論叢』14: 197-225. [Zürcher 1977의 중국어번역본; 將紹愚 번역]

1988. "Purity in the Taiping Rebellion." In *The Quest for Purity: Dynamics of Puritan Movements*, ed. Walter E. A. van Beek, 203-15. Religion and Society, 26. Berlin: Mouton de Gruyter.

1989a. "Buddhism and Education in Tang Times." In *Neo-Confucian Education: The Formative Stage*, ed. Wm. Theodore de Bary and John W. Chaffe, 19-56. Berkeley: University of California Press.

1989b. "Buddhism in China." In *Buddhism in Asian History*, ed. Jodeph M. Kitagawa and Mark D. Cummings, 139-50. New York: Macmillan. [Zürcher 1987a의 재수록본]

1989c. "The Impact of Buddhism on Chinese Culture in an Historical Perspective." In *The Buddhist Heritage: Papers Delivered at the Symposium of the Same Name Convened at the School of Oriental and African Studies, University of London, November 1985*, ed. Tadeusz Skorupski, 117-28. Buddhica Brittanica, 1. Tring, U.K.: Institute of Buddhist Studies.

1990a. *Bouddhisme, christianisme et société chinoise: Conférences, essais et leçons du Collège de France*. Paris: Julliard.

1990b. "Han Buddhism and the Western Regions." In *Thought and Law in Qin and Han China: Studies Dedicated to Anthony Hulsewé on the Occasion of His Eightieth Brithday*, ed. W. L. Idema and E. Zürcher, 158-82.

Sinica Ledensia, 24. Leiden: E. J. Brill.

1990c. "Introduction." In *The Humanities in the Nineties: A View from the Netherlands*, ed. Erik Zürcher and T. Langendorff, 9–12. Amsterdam: Rockland, MA: Swets and Zeitlinger.

1990d. "The Jesuit Mission in Fujian in Late Ming Times: Levels of Response." In *Development and Decline of Fukien Province in the 17th and 18th Centuries*, ed. E. B. Vermeer, 417–57. Leiden: E. J. Brill.

1990e. "Summing Up." In *The Humanities in the Nineties: A View from the Netherlands*, ed. E. Zürcher and T. Langendorff, 355–72. Amsterdam: Rockland, MA: Swets and Zeitlinger.

1990f. and T. Langendorff, eds. *The Humanities in the Nineties: A View from the Netherlands*. Amsterdam: Rockland, MA: Swets and Zeitlinger.

1991. "A New Look at the Earliest Chinese Buddhist Texts." In *From Benares to Beijing: Essays on Buddhism and Chinese Religion in Honour of Prof. Jan Yün-hua*, ed. Koichi Shinohara and Gregory Schopen, 277–304. Oakville, Ontario: Mosaic Press.

1993a. "A Complement to Confucianism: Christianity and Orthodoxy in Late Imperial China." In *Norms and the State in China*, ed. Chun-chieh Huang and Erik Zürcher, 71–92. Sinica Leidensia, 28. Leiden: E. J. Brill.

1993b. "Un 'contrat communal' chrétien de la fin des Ming: Le Livre d'andmonition de Han Lin(1641)." In *L'Europe en Chine: Interactons scientifiques, religieuses et culturelles aux XVIIe et XVIIIe siècles, actes du colloque de la Fondation Hugot* (14–17 october 1991), ed. Catherine Jami and Hubert Delahaye, 3–22. Mémoires de l'Institut des Hautes Études Chinoises, 34. Paris: Collège de France, Institut des Hautes Études Chinoises.

1993c. and Huang, Chun-chieh eds. *Norms and the State in China*. Sinica Leidensia, 28. Leiden: E. J. Brill.

1994. "Middle-class Ambivalence: Religious Attitudes in the *Dianshizhai huabao*." *Études chinoises* 13.1–2: 109–143.

1995a. "Buddhist Art in Medieval China: The Ecclesiastical View." In *Function and Meaning in Buddhist Art: Proceedings of a Seminar Held at Leiden University 21–24 Ocotber 1991*, ed. K. R. van Kooij and H. van der

Veere, 1-20. Groningen: Egbert Forsten.

1995b. *In de Uiterste Diaspora: de Joden van Kaifeng*. Koninklijke Nederlandse Akademie van Wetenschappen, Mededelingen van de Nederlandse Afdeling Letterkunde, Nieuwe Reeks, 58.2. Amsterdam: Koninklijke Akademie van Wetenschappen. [이 강의의 영어 요약문은 Wilkinson 1995.]

1995c. "In the Beginning: 17th-Century Chinese Reactions to Christian Creationism." In *Time and Space in Chinese Culture*, ed. Chun-chieh Huang and Erik Zürcher, 132-66. Sinica Leidensia, 33. Leiden: E. J. Brill.

1995d. and Huang Chun-chieh. "Cultural Notions of Space and Time in China." In *Time and Space in Chinese Culture*, ed. Chun-chieh Huang and Erik Zürcher, 3-14. Sinica Leidensia, 33. Leiden: E. J. Brill.

1995e. and Huang Chun-chieh. eds. *Time and Space in Chinese Culture*. Sinica Leidensia, 33. Leiden: E. J. Brill.

1995f. "Obscure Texts on Favourite Topics: Dao'an's Anonymous Scriptures." In *Das andere China: Festschrift für Wolfgang Bauer zum 65. Geburtstag*, ed. Helwig Schmidt-Glintzer, 161-81. Wolfenbütteler Forschungen, 62. Wiesbaden: Otto Harrassowitz.

1996. "Vernacular Elements in Early Buddhist Texts: An Attempt to Define the Optimal Source Materials." *Sino-Platonic Papers* 71: 1-31.

1997a. "Aleni in Fujian, 1630-1640: The Medium and the Message." in *Scholar from the West: Guilio Aleni S.J. (1582-1649) and the Dialogue between Christianity and China*, ed. Tiziana Lippiello and Roman Malek, 595-616. Annali Fondazione Civiltà Bresciana, 9. Monumenta Serica Monograph series, 42. Brescia and Sankt Augustin: Fondazione Civilà Bresciana and Monumenta Serica.

1997b. "Guilio Aleni's Chinese Biography." In *Scholar from the West: Giulio Aleni S.J. (1582-1649) and the Dialogue between Christianity and China*, ed. Tiziana Lippiello and Roman Malek, 85-127. Annali Fondazione Civiltà Bresciana, 9. Monumenta Serica Monograph series, 42. Brescia and Sankt Augustin: Fondazione Civiltà Bresciana and Monumenta Serica.

1998. 許里和(Zürcher). 『佛教征服中國』 海外中國研究叢書. 南京, 江蘇人民出版社. [Zürcher 1972의 중국어번역본; 李四龍, 裴勇 등 번역.]

1999a. "Buddhism across Boundaries: The Foreign Input." In *Buddhism across*

　　　　Boundaries-Chinese Buddhism and the Western Region: Collection of Essays, 1993, ed. Erik Zürcher and Sander, 1–59. Sanchong, Taiwan: Fo Guang Shan Foundation for Buddhist and Culture Education.

1999b. and Lenore Sander, eds. *Buddhism across Boundaries-Chinese Buddhism and the Western Region: Collection of Essays, 1993*. Sanchong, Taiwan: Fo Guang Shan Foundation for Buddhist and Culture Education.

2000. "Christian Social Action in Late Ming Times: Wang Zheng and His 'Humanitarian Society.'" In *Linked Faiths: Essays on Chinese Religions and Traditional Culture in Honour of Kristofer Schipper*, ed. Jan A. M. De Meyer and Peter M. Engelfriet, 269–86. Sinica Leidensia, 46. Leiden: E. J. Brill.

2001a. "China and the West: The Image of Europe and Its Impact." In *China and Christianity: Burdened Past, Hopeful Future*, ed. Stephen Uhallye, Jr. and Xiaoxin Wu, 43–61. Armonk, NY: M. E. Sharpe.

2001b. "Xu Guangqi and Buddhism." In *Statecraft and Intellectual Renewal in Late Ming China: The Cross-cultural Synthesis of Xu Guangqi (1562–1633)*, ed. Catherine Jami, Peter Engelfriet and Gregory Blue, 155–169. Leiden: Brill.

2002. "Tidings from the South: Chinese Court Buddhism and International Relations in the Fifth Century A.D." In *A Life Journey to the East: Sinological Studies in Memory of Giuliano Bertuccioli (1923–2001)*, ed. Antonino Forte and Frederico Masini, 21–43. Kyoto: Italian School of East Asian Studies.

2004. "Transcultural Imaging: The Jesuits and China." *Jing Feng: A Journal on Christianity and Chinese Religion and Culture*, n.s., 5.4: 145–61.

2006a. "Buddhist Chanhui and Christian Confession in Seventeenth Century China." In *Forgive Us Our Sins: Confession in Late Ming and Early Qing China*, ed. Nicolas Standaert. Monumenta Serica Monograph series, 55. Sankt Augustin: Monumenta Serica Institute.

2006b. Kouduo richao, *Li Jiubiao's "Diary of Daily Admonitions," a Late Ming Christian Journal: Translation with Introduction and Notes*. Monumenta Serica Monograph series, 56. Sankt Augustin: Monumenta Serica Institute.

2. 다른 학자들의 저작

a. 서구어 문헌

Abe, Stanley K. 2002. *Ordinary Images*. Chicago: University of Chicago Press.

Almond, Philip C. 1988. *The British Discovery of Buddhism*. Cambridge: Cambridge University Press.

Bokenkamp, Stephen R. 1983. "Sources of the Ling-pao Scriptures." In *Tantric and Doaist Studies in Hounour of R. A. Stein*, vol.2 (Mélanges chinois et bouddhiques, 21), ed. Michel Strickmann, 434-86. Brussels: Institut Belge des Hautes Études Chinoises.

――――――. 2004. "The Silkworm and the Boddhi Tree: The Lingbao Attempt to Replace Buddhism in China and Our Attempt to Place Lingbao Daoism." In *Religion and Chinese Society: A Centennial Conference of the École fraçaise d'Extrême-Orient*, ed. John Lagerwey, 317-39. 2 vols. Hongkong and Paris: Chinese University Press and École fraçaise d'Extrême-Orient.

Boucher, Daniel. 1996. "Buddhist Translation Procedures in Third-century China: A Study of Dharmarakṣa and His Translation Idiom." Ph.D. dissertation, University of Pennsylvania.

Campany, Robert F. 1993. "Buddhist Revelation and Daoist Translation in Early Medieval China." *Daoist Resources* 4.1: 1-30.

Ch'en Kenneth K. S. 1964. *Buddhism in China: A Historical Survey*. Princeton: Princeton University Press.

――――――. 1973. *The Chinese Transformation of Buddhism*. Princeton: Princeton University Press.

Conze, Edward. 1960. Review of Zürcher 1959. *The Middle way* 34.4: 173-76. Reprinted in Conze 1975, *Further Buddhist Studies: Selected Essays*, 182-85. Oxford: B. Cassirer.

Davis, Edward L. 2001. *Society and the Supernatural in Song China*. Honolulu: University of Hawaii Press.

DeCaroli, Robert. 2004. *Haunting the Buddha: Indian Popular Religions and the Formation of Buddhism*. New York: Oxford University Press.

Demiéville, Paul. 1956. "La pénétration du bouddhisme dans la tradition philsophique chinoise." *Cahiers d'histoire mondiale* 3.1 (1956): 19–38. Reprinted in 1973 in *Choix d'études bouddhiques*, 241–60. Leiden: E. J. Brill.

Egge, James R. 2002. *Religious Giving and the Invention of Karma in Theravada Buddhism*. Curzon Studies in Asian Religion. Richmond, England: Curzon.

Elverskog, Johan. 2006. *Our Great Qing: The Mongols, Buddhism and the State in Late Imperial China*. Honolulu: University of Hawaii Press.

Faure, Bernard. 1991. *The Rhetoric of Immediacy: A Cultural Critique of Chan/Zen Buddhism*. Princeton: Princeton University Press.

_____. 1993. *Chan Insights and Oversights: An Epistemological Critique of the Chan Tradition*. Princeton: Princeton University Press.

Foulk, T. Griffith. 1993. "Myth, Ritual, and Monastic Practice in Song Ch'an Buddhism." In *Religion and Society in Tang and Song China*, ed. Patricia Buckley Ebrey and Peter N. Gregory, 147–208. Honolulu: University of Hawaii Press.

Gernet, Jacques. 1956. *Les aspects économique du bouddhisme dans la société chinoise du Ve au Xe siècle*. Publications de l'École fraçaise d'Extrême-Orient [영어번역은 Gernet 1991]

_____. 1982. *Chine et christianisme: Action et réaction*. Biblithèque des histories. Paris: Gallimard. [영어번역은 Gernet 1985. 재판은 Gernet 1991]

_____. 1985. *China and the Christian Impact: A Conflict of Cultures*, trans. Janet Lloyd. Cambridge and Paris: Cambridge University Press and Éditions de la Maison des Sciences de l'Homme. [Gernet 1982의 영어번역]

_____. 1991. *Chine et chirstiansme: La première confrontation*, rev. ed. Bibiothèque des histoies. Paris: Gallimard.

_____. 1995. *Buddhism in Chinese Society: An Economic History from the Fifth to the Tenth Centurries*, trans. Franciscus Verellen. New York: Columbia Universty Press. [Gernet 1956의 영어번역]

Gimello, Robert M. 1978. "Random Reflections on the 'Sinicization' of Buddhism." *Society for the Study of Chinese Religions Bulletin* 5: 52–89.

Gregory, Peter N. 1991. *Tsung-mi and the Sinification of Buddhism*.

Princeton: Princeton University Press.

Haft, Lloyd, ed., 1993. *Words from the West: Western Texts in Chinese Literary Context, Essays To Honor Erik Zürcher on His Sicty-Fifth Birthday.* CNWS Publications, 16. Leiden: Centre of Non-Western Studies.

Hallisy, Charles. 1995. "Roads Taken and Not Taken in the Study of Theravāda Buddhism." In *Curators of the Buddha: The Study of Buddhism under Colonialism*, ed. Donald S. Lopez, Jr., 31-62. Chicago: University of Chicago Press.

Harbsmeier, Christoph. 1981. *Aspects of Classical Chinese Syntax.* Monograph Series, Scandinavian Institute of Asian Studies, 45. London: Curzon Press.

Harrison, Paul M. 1993. "The Earliest Chinese Translations of Mahāyāna Sūtras: Some Notes on the Works of Lokkṣema." *Buddhist Studies Review* 10.2: 135-77.

Hart, Roger. 1999. "Translating Worlds: Incommensurability and Problems of Existence in Seventeenth-Century China." *Positions: East Asia Cultures Critique* 7.1: 95-128

Hu, Shi. 1937. "The Indianization of China: A Case Study in Cultural Borrowing." In *Independence, Convergence, and Borrowing in Institutions, Thought, and Art*, ed. Harvard Tercentenary Conference of Arts and Sciences, 219-47. Cambridge, MA: Harvard University Press.

De Jong, J. W. 1997. *A Brief History of Buddhist Studies in Europe and America.* Tokyo: Kosei.

Karashima Seishi.(辛嶋靜志) 1998. *A Glossary of Dharmarakṣa's Translation of the Lotus Sutra.* Bibliotheca Philologica et Philosophica Buddhica, 1. Tokyo The International Research Institute for Advanced Buddhology, Soka University.

―――――. 2001. *A Glossary of Kumārajīva's Translation of the Lotus Sutra.* Bibliotheca Philologica et Philosophica Buddhica, 4. Tokyo The International Research Institute for Advanced Buddhology, Soka University.

Kohn, Livia. 2003. *Monastic Life in Medieval Daoism: A Cross-Cultural Perspective.* Honolulu: University of Hawaii Press.

Kuriyama, Shigehisa. 1999. *The Expressiveness of the Body and the Divergence of Greek and Chinese Medicine.* New York: Zone Books.

Liebenthal, Walter. 1968. *Zhao Lun: The Treatises of Sengzhao.* (재개정판) Hong Kong: Hong Kong University Press.

Link, Arthur E. 1958. "Biography of Shi Dao'an." *T'oung Pao* 46: 1-48.

_____. 1961. "The Earliest Chinese Account of the Compilation of the Tripitaka." Parts I and II. *Journal of the American Oriental Society* 81.2: 87-103; 81.3: 281-99.

Liu, Ming-Wood. 1994. *Madhyamaka Thought in China.* Leiden: E. J. Brill.

Mair, Victor H. 1989. *Tang Transformation Texts: A Study of the Buddhist Contribution to the Rise of Vernacular Fiction and Drama in China.* Harvard-Yenching Institute Monograph Series, 28. Cambridge, MA: Harvard University Press.

_____. 1994. "Buddhism and the Rise of the Written Vernacular: The Making of National Languages." *Journal of Asian Studies* 53.3: 707-51.

Masuzawa, Tomoko. 2005. *The Invention of World Religions, of, How European Universalism Was Preserved in the Languages of Pluralism.* Chicago: University of Chicago Press.

McRae, John R. 2003. *Seeing through Zen: Encounter, Transformation, and Geneology in Chinese Chan Buddhism.* Berkeley: University of California Press.

Nattier, Jan. 1990. "Church Language and Vernacular Language in Central Asian Buddhism." *Numen* 37.2: 195-219.

_____. 2003. *A Few Good Men: The Bodhisattva Path according to the Inquiry of Ugra* (Ugraparipṛcchā). *Studies in the Buddhist Traditions.* Honolulu: University of Hawaii Press.

Rhie, Marylin Martin. 1999-. *Early Buddhist Art of China and Central Asia.* (2권까지 간행) Volume One: *Later Han, Three Kingdoms and Western Jin in China and Bactria to Shanshan in Central Asia.* Volume Two: *The Eastern Jin and Sixteen Kingdoms Period in China and Tumshuk, Kucha and Karashahr in Central Asia.* Handbook of Oriental Studies, China, 12. Leiden. E. J. Brill.

Robinson, Richard H. 1967. *Early Mādhyamika in India and China.* Madison:

University of Wisconsin Press.

Schopen, Gregory. 1997. *Bones, Stones, and Buddhist Monks: Collected Papers on the Archaeology, Epigraphy, and Texts of Monastic Buddhism in India*. Studies in the Buddhist Traditions. Honolulu: University of Hawaii Press.

Seidel, Anna K. 1970. "The Image of the Perfect Ruler in Early Doaist Messianism." *History of Religions* 9: 216-47.

──────. 1984a. "Le sūtra merveilleux du Ling-pao supreme, traitant de Lao Tseu qui convertit les barbares (le manuscript S. 2081)." In *Contributions aux études de Touen-houang*, ed. Michel Soymié, 305-52. Paris: École fraçaise d'Extrême-Orient.

──────. 1984b. "Daoist Messianism." *Numen* 31.2: 161-74.

Sharf, Robert H. 2002. *Coming to Terms with Chinese Buddhism: A Reading of the "Treasure Store Treatise."* Kuroda Institute, Studies in East Asian Buddhism, 14. Honolulu: University of Hawaii Press.

Silk, Jonathan A. 2004. "Buddhist Studies." In *The Encyclopedia of Buddhism*, 2 vols., ed. Robert S. Buswell, Jr., 94a-101a. New York: Macmillan Reference USA.

Skjaervø, Prods Oktor. 2002. *Khotanese Manuscripts from Chinese Turkestan in the British Library: A Complete Catalogue with Texts and Translations*. Corpus Inscriptionum Iranicarum, Part 2: Inscriptions of the Seleucid and Parthian Periods and of Eastern Iran and Central Asia, vol. 5, Saka, 6. London: The British Library.

Soper, Alexander Coburn. 1959. *Literary Evidence for Early Buddhist Art in China*. Ascona: Artibus Asiae.

Soymié, Michel. 1966-1967. "Notes d'iconographie chinoise: Les acoytes de Ti-tsang." *Arts Asiatiques* 14: 45-78; 16: 141-70.

──────. 1979. "Les dix jours de jeûne de Ksitigarbha." In *Contributions aux études sur Touen-houang*, ed. Michel Soymié, 135-59. Centre de Recherches d'Histoire et de Philologie de la IVe section de l'École pratique des Hautes Études, 2, Hautes Études Orientales, 10. Geneva: Librairie Droz.

Stickmann, Michel. 1994. "Saintly Fools and Chinese Masters (Holy Fools)." *Asia Major*, third series, 6.2: 1-83.

_____. 1996. *Mantras et mandarins: Le bouddhisme tantrique en Chine.* Paris: Gallimard.

_____. 2002. *Chinese Magical Medicine.* Edited by. Bernard Faure. Asian Religions and Cultures. Stanford: Stanford University Press.

Teiser, Stephen F. 1988. *The Ghost Festival in Medieval China.* Princeton: Princeton University Press.

_____. 1994. *"The Scripture on the Ten Kings" and the Making of Purgatory in Medieval Chinese Buddhism.* Kuroda Institute Studies in East Asian Buddhism, 9. Honolulu: University of Hawaii Press.

_____. 2000. "Chinese Buddhism before China." Unpublished paper presented at conference on "Religion and Chinese Society: The Transformation of a Field and Its Implications for the Study of Chines Culture." Chinese University of Hong Kong, May 2000.

_____. 2005. "Buddhism in China." In *Encyclopedia of Religion*, 제2판 ed. Lindsay Jones, 2: 1210-21. New York: Macmillan Reference USA.

_____. 2006. *Reinventing the Wheel: Paintings of Rebirth in Medieval Buddhist Temples.* Seattle: University of Washington Press.

Trombert, Éric. 1996. "La fête du 8e jour du 2e mois à Dunhuang d'après les comptes de monastères." In *De Dunhuang au Japon: Études chinoises et bouddhiques offertes à Michel Soymié*, ed. Jean-Pierre Drège, 25-72. École pratique des Hautes Études, -Sciences Historiques et Philologiques, Collège de France, Institut des Hautes Études Chinoises, 2, Hautes Études Chinoises, 31. Geneva: Librairie Droz.

Verellen, Franciscus. 1992. "'Evidential Miracles in Support of Daoism': The Inversion of a Buddhist Apolgetic Tradition in Late Tang China." *T'oung Pao* 78.4-5: 217-63.

Wang-Toutain, Françoise. 1996. "Le sacre du printemps: Les cérémonies bouddhisques du 8e jour du 2e mois." In *De Dunhuang au Japon: Études chinoises et bouddhiques offertes à Michel Soymié*, ed. Jean-Pierre Drège, 73-92. École pratique des Hautes Études, Sciences Historiques et Philologiques, Collège de France, Institut des Hautes Études Chinoises, 2, Hautes Études Chinoises, 31. Geneva: Librairie Droz.

Weinstein, Stanley. "Buddhism, Schools of: Chinese Buddhism." In *The Encyclopedia* of Religion, 16vols., ed. Mircea Elliade, 2: 482-87. New York: Macmillan.

Wilkinson, Hugh. 1995. "Lecture 1995-05-25 (Special), Eight Centuries in the Chinese Diaspora: The Jews of Kaifeng, Dr. Erik Zürcher." The Asiatic Society of Japan Bulletin, no. 7. http://www.asjapan.org/Lectures/1995/ Lecture/lecture-1995-05-special.htm (2005년 11월 5일 접속) [Zürcher 1995b 의 요약]

Wong, Dorothy. 2004. *Chinese Steles: Pre-Buddhist and Buddhist Use of a Symbolic Form*. Honolulu: University of Hawaii Press.

Wright, Arthur F. 1961. Review of Zürcher 1959. *Journal of Asian Studies* 20.4: 517-20.

Wu, Hung[Wu, Hong]. 1986. "Buddhist Elements in Early Chinese Art (2nd and 3rd Centuries A.D.)." *Artibus Asiae* 47.3/4: 263-352.

Zieme, Peter. 1985. *Buddhistische Stabrtimdichtungen der Uiguren*. Schriften zur Geschichte und Kultur des alten Orients, Berliner Turfantexte, 13. Berlin: Akademie-Verlag.

_____. 1992. *Religion und Gesellschaft im Uigurischen Königreich von Qočo: Kolophone und Stifter des alttürkischen buddhsitschen Schrifttums aus Zentralasien*. Abhandlungen der Rheinisch-Westfälischen Akademie der Wissenschaften, 88. Opladen: Westdeutscher Verlag.

Zürcher, Erik Jan. 1984. *The Unionist Factor: The Role of the Committee of Union and Progress in the Turkish National Movement, 1905-1926*. Leiden. E. J. Brill.

_____. 1991. *Political Opposition in the Early Turkish Republic: The Progressive Republican Party, 1924-1925*. Social Economic and Political Studies of the Middle East, 44. Leiden. E. J. Brill.

_____. 2004. *Turkey: A Modern History*. 제3판. New York: I. B. Tauris.

b. 동아시아어 문헌

曹仕邦(Cao, Shibang[Tso, Sze-bong]). 1990. 『中國佛敎譯經史論集』東初智慧海 16. 臺北: 東初出版社

竺沙雅章(Chikusa Masaaki). 1982. 『中國佛敎社會史研究』東洋史研究叢刊 34. 東京: 同朋舍出版

郝春文(Hao Chunwen). 1998. 『唐後期五代宋初敦煌僧尼的社會生活』唐硏究基金叢書. 北京: 中國社會科學出版社

侯外廬(Hou Wailu), 趙紀彬(Zhao Jibin), 杜國庠(Du Gouxiang). 1956-60. 『中國思想通史』全5卷. 北京: 人民出版社

侯旭東(Hou Xudong). 1998. 『五六世紀北方民衆佛敎信仰: 以造像記爲中心的考察』東方歷史學術文庫. 北京: 中國社會科學出版社

_____. 1998b. 「誤譯叢生的一部書-佛敎征服中國中譯本鎖議」『中華讀書報』 1998년 8월 19일. http://www.gmw.cn/01ds/1998-08/19/GB212%5EDS1107. htm. (2005년 11월 29일 접속)

姜伯勤(Jiang Boqin). 1987. 『唐五代敦煌寺戶制度』中華歷史叢書. 北京: 中華書籍

鎌田茂雄(Kamata Shigeo). 1982. 『中國佛敎史』第1卷: 初傳期の佛敎. 東京: 東洋大學出版會

小林正美(Kobayashi Masayoshi). 1990 『六朝道敎史研究』東京: 創文社

_____. 1993. 『六朝佛敎思想の研究』東洋學叢書. 東京: 創文社

梁曉虹(Liang Xiaohong). 2001 『佛敎與漢語詞彙』佛光文選叢書. 臺灣 三重: 佛光

劉淑芬(Liu Shufen). 1993 「五至六世紀華北鄕村的佛敎信仰」『歷史語言硏究所集刊』 63.3: 497-544.

毛漢光(Mao Hanguang). 1988. 『中國中古社會史論』臺北: 聯經出版事業公司

_____. 1990. 『中國中古政治史論』臺北: 聯經出版事業公司

宮崎市定(Miyazaki Ichisada). 『宮崎市定全集』第7卷 六朝. 東京: 岩波書店

望月信亨(Mochizuki Shinko). 1954-1963. 『佛敎大辭典』第3版 塚本善隆(編) 全10卷. 東京: 世界聖傳刊行協會

彭自强(Peng Ziqiang). 2000. 『佛敎與儒道的衝突與融合: 以漢魏兩晉時期爲中心』儒道釋博士論文叢書. 成都: 巴蜀書舍

篠原壽雄(Shinohara Hisao) 編. 1980. 『敦煌佛典と禪』講座敦煌 8. 東京: 大東出版社

譚蟬雪(Tan Chanxue). 1998. 『敦煌歲時文化導論』敦煌學導論叢刊 14. 臺北: 新文豊出版公司

譚世保(Tan Shibao). 1991. 『漢唐佛史探眞』廣州: 中山大學出版社

唐長孺(Tang Changru). 1957. 『三至六世紀江南大土地所有制的發展』上海: 上海人民出版社

_____. 1983. 『魏晉南北朝史論拾遺』北京: 中華書籍

湯用彤(Tang Yongtong). 1938. 『漢魏兩晉南北朝佛教史』1976年 再版本. 臺北: 書籍

_____. 1957. 『魏晉玄學論稿』北京: 人民出版社

_____. 1962. 「論中國佛教無'十宗'」[湯用彤 1995에 재수록, 164-79]

_____. 1963. 「中國佛教宗派問題補論」[湯用彤 1995에 재수록, 180-213]

_____. 1986. 『隋唐及五代佛教史』慧炬文庫 54. 臺北: 慧炬出版社

_____. 1995. 『湯用彤集』(黃夏年 編 近現代著名學者佛學文集) 北京: 中國社會科學出版社

塚本善隆(Tsukamoto Zenryu). 1942. 『支那佛教史硏究: 北魏篇』東京: 弘文堂 [영어번역본은 1985. A History of Early Chinese Buddhism: From Its Introduction to the Death of Huiyuan. trans. Leon Hurvitz. 2 vols. Tokyo: Kodansha]

王靑(Wnag Qing). 2001. 『魏晉南北朝時期的佛教信仰與神話』北京: 中國社會科學出版社

柳田聖山(Yanagida Seizan). 2004. 『唐代の禪宗』學術叢書: 禪佛教. 東京: 大東出版社

吉岡義豊(Yoshioka Yoshitoyo)編. 1959-1976. 『道教と佛教』全3卷 東京: 學術振興會

湛如(Zhanru). 2003. 『敦煌佛教律儀制度硏究』華林博士文庫 2. 北京: 中華書籍

朱慶之(Zhu Qingzhi). 1992. 『佛教與中古漢語詞彙硏究』大陸地區博士論文叢刊 18. 臺北: 文津出版社

제 1 장

서 론

제1장 서론 [p.1]

중국 불교

 본 연구는 기원후 4세기에서 5세기 초에 중국의 남부지역과 중부지역에서 발전하였던 불교의 주요한 모습들에 대하여 설명하고자 하는 시도이다. 제일 먼저 초기 중국 불교는 독자적인 체계를 갖고 독립적으로 발전되어온 결과물로서, 그것이 발전되어온 문화적 환경과 여기에서 검토하려는 시기의 중국인들의 지배적 세계관과 관련하여 연구되고 이해되어야 한다는 점을 이야기하고 싶다. 따라서 이 믿음의 순수한 교리적 측면에 대한 설명을 하기에 앞서 중세 초기 중국 사회에서 불교의 형성과 확산을 촉진하였던 다양한 문화적, 사회적 요소들에 대하여 관심을 가져야 할 것이다. 이 연구에서는 이와 같은 사회적 측면에 가장 관심을 두고자 한다. 또한 가능한 한 – 지금까지 무시되어 온 – 중국 불교의 이러한 측면을 교리 분야에 대한 현재의 이해와 관련하여 설명하고자 한다.

사회 환경에 대한 이와 같은 강조는 어떠한 종교 운동도 – 아무리 초세속적인 것이라 할지라도 – 순수하고 단순한 '사상의 역사'로만 연구될 수는 없다는 저자의 신념에 의한 것일 뿐만 아니라, 불교 자체의 성격에서 자연적으로 비롯되는 것이기도 하다. 불교는 지금까지 우주를 설명하는 '이론'으로 존재하지 않았다. 오히려 구원과 생활양식에 관한 것이었다. 불교의 중국 전래는 단순히 특정한 종교적 관념만이 아니라 사원 공동체인 승가라고 하는 새로운 형태의 사회 조직의 확산이기도 하였다. 불교는 중국인들에게 언제나 승려들의 이론이었다. 중국에서 불교 교단의 존재로 인해 발생하는 영향과 그에 대한 반발, 지식인층과 정부의 태도, 승려들의 사회적 배경과 위상, 중국 중세사회에서 사원 공동체의 점차적인 통합 과정 등은 초기 중국 불교를 형성하는 데 있어서 결정적인 역할을 하였던 대단히 중요한 의미를 가진 사회적 현상이었다.

사회적 양상에 대한 연구는 본질적으로 변용에 대한 연구이며, 이것은 '순수한' 종교적 발전과정에도 그대로 적용될 수 있다. 자료의 부족으로 우리들은 이러한 발전과정의 일부밖에 검토할 수 없다. 중국어로 번역된 문헌의 막대한 분량은 얼핏 보기에 많은 정보를 담고 있는 것처럼 보인다. 하지만 교리의 분야에서조차도 전형적인 중국적 모습을 검토하기 위해서는 훨씬 양이 적은 (중국인들이 생산한) 토착 문헌에 의존하지 않으면 안 된다. 이 토착 문헌들에 나타나는 사상들은 인도 불교 연구자들에게는 대단히 기초적이고 이상한, 그리고 때로는 전혀 불교적이지 않은 것으로 보일 수도 있다. 하지만 수용은 선택을 의미한다는 점에서 조금도 놀라운 것이 아니다. 아주 초기부터 외국의 교리체계는 수용되고 통합될 수 있는 – 기존의 중국적 관념과 신앙에 실제 혹은 가상적으로 일치되는 – 요소로 제한되어 있었다. 이와 같은 철저하고 지속적인 선택과 혼합의 결과물은 중국 신자들이 충실하게 필사하면서 암기, 독송하였던 수입된 외국 경전의 내용과는 크게 다른 것이었다. 외국의 경전들은 중국의 불교신자들이 자신들의 자유로운 사색을 전개시킬 수 있는 기초 자료를 제공하는 데 불과하였으며, 중국어로 번역된 수백 권의 초기 불교 경전들은 – 인도 불교사를 위한 주요 자료이지만 – 실망스럽게도 거기에 담겨진 내용들이 어떻게 이해되었는지에 대하여 아무런 내용도 알려주고 있지 않다.

심지어 이 이른 시기에 있어서는 중국의 승려들조차도 완전한 체계나 일관된 교리체계를 가진 불교(의 하나 혹은 그 이상의 학파)와 접하지 못하고 있었다. 인도 학파들의 온전한 이식은 – 유식학파의 경우 7세기에 이루어졌다 – 훨씬 후대의 현상이었다. 초기 중국의 승려들은 서로 다른 시대의 서로 다른 학파에서 생산된 다양한 대승경전과 소승경전, 계율, 주문, 전설, 논서들이 복잡하게 제시되어 있는 상황 속에서 그들의 의견을 찾아내는 절충주의자가 될 수밖에 없었다.

중국에 소개된 교리들의 상호 이질적인 성격은 그러한 경전이 생겨난 문화적 환경에 대한 불완전한 지식과 결합되어 더욱 어려운 상황을 만들었다. 가장 큰 문제점은 언어적인 것이었다. 외국인 화상(아차리야)들 중 극히 일부만이 중국어를 자유로이 구사하였고, 4세기 후반 이전에 산스크리트에 대하여 조금이라도 알고 있는 중국인은 거의 없었다.[1] 따라서 중국 승려들은 오직 자의적이고 결락이 심하여 거의 이해할 수 없는 왜곡된 번역물을 통하여 교리를 알 수 있었고, 이와 같은 잘못된 상황은 다시 기존의 중국 용어들 – 그것들은 이미 일정한 철학적 의미를 가지고 있고, 따라서 비불교적 내용을 담고 있었다 – 을 사용하는 것에 의해 더욱 악화되었다. 이와 같은 모든 요소들이 불교의 완전한 중국화 – 심지어 승려 집단에서까지도 중국적 심성으로 이해되고 중국적 사고방식으로 번역하는 중국적 모습의 불교의 형성 – 에 기여하였다.

사람들은 이러한 신앙을 일반적으로 불리고 있는 것처럼 순수하고 단일한 '초기 중국 불교'라고 부르려 할 것이다. 그렇지만 우리들이 이용할 수 있는 자료의 성격과 한계를 고려할 때 그러한 명명법은 아무리 편의적인 것이라고 할지라도 지나친 일반화라고 할 수 있다. 대부분의 중국 중세 문학작품들과 마찬가지로 (아래에서 언급하게 될) 초기 자료들은 지식층들이 자신들을 위해 쓴 것으로서, 초기 중국 불교라는 거대하고 복잡한 현상 중의 일부분을 오직 하나의 측면에서만 다루고 있다. 이 문헌들에 담겨져 있는 교리의 성격과 철학적이고 도덕적인 주제에 관한 그들의 미묘하고 심원한 사색, 그리고 그것들을 표현하고 있는 세련되고 수식적이고 화려한 언어표현들에서 알 수 있는 것처럼 이 문헌들의 유통범위는 불교신자들 중에서 특별한, 대단히 중요하지만 상대적으로 소수에 속하는 사람들, 즉 교양있는 상층계급과 상층계급의 문화생활에 참가할 만한 문학적 교육을 받은 승려들로 제한되어 있었다.

[p.3] 동일한 시기에 중국 땅에 존재하였던 다른 – 똑같이 중요한 – 불교의 모습들에 대하여 거의 아무것도 알 수 없다는 사실은 대단히 유감스러운 일이다. 제국의 다양한 지역에 존재하였던 민중 불교의 초기 발전 단계, 지역적으로 달리 나타나는 대중적 신앙의 성장, 글을 모르는 대중들에게 불교 교리가 설교되는 방식, 시골 공동체에서 교회의 사회적 종교적 기능 등과 같은 초기 중국 불교를 연구하는 데 있어 대단히 중요한 의미를 지니는 많은 주제들에 대하여는 거의 아무것도 언급할 수 없다. 자료들에서 억지로 뽑아낸 몇 안 되는 정보들은 너무 흐릿하고 단편적이어서 깊이 있는 검토의 대상이 될 수 없다. 민중 불교의 초기 단계는 자신들에 관해서 어떠한 문서나 경전을 남기고 있지 않으며, 도교에서 볼 수 있는 것 같은 중국의 공식 역사책에 기록될 만큼 강력하거나 위험하고 멋진 종교적 혹은 준종교적 대중

운동을 일으키지도 않았다.2)

　이처럼 초기 중국 불교에 대한 연구는 자료 자체의 성격에 의하여 좁혀지지 않을 수 없다. 4세기 불교 교단 및 신자들의 삶과 신앙을 보여주는 또 하나의 돈황 문헌과 같은 뜻밖의 발견이 없는 한 우리들은 파편적인 글들과 엉성하고 뒤섞인 문장들 - 유식한 승려와 불교를 좋아하는 교양있는 문신관료들이 쓴 철학적인 글, 성장하는 불교 교단과 정부 당국자들 사이의 갈등을 보여주는 논쟁적인 글, 승려와 세속 지식인들 사이의 우아한 대담과 치열한 토론에 대한 단편적 기록, 고승들에 대한 표준화된 전기 자료, 세련된 서문들, 상당한 분량의 서지적 정보, 약간의 편지와 시 - 만을 가지고 있는 것이다.

　이러한 사실을 깨닫게 되면 우리들에게는 초기 중국 불교의 사회적 측면에 대해 연구할 수 있는 유일한 방법론만이 남게 된다. 불교 교단이 처음부터 의식적으로 지배층을 - 승가가 승려들에 대한 도움과 후원을 요청하거나 아니면 최소한 그들의 존재를 인정해 줄 것을 부탁하였던 중앙과 지방의 권력자들 - 향하였다는 사실을 고려하면 우리는 무엇보다도 먼저 불교 교단과 그 교리가 중세 중국 사회의 상층부 및 최상층부에 침투되어 가는 과정에 주목해야 할 것이다. 우리들은 불교의 침투가 이들 계층에 일으킨 다양한 반응을 검토하면서 불교에 대한 우호 혹은 반대의 태도 및 지배층에서의 지배적인 신앙을 살펴보고, 이러한 관점에서 그러한 침투가 일어났던 특정한 상황의 흔적을 보여주는 교리적 발전을 조사하여야 한다. 우리는 중세 중국 역사에서 매우 중요한 의미를 갖는 이러한 (불교 침투의) 과정이 기원후 4세기 초경에 시작되는 모습과 그 이후 불교의 영향이 중국 문화의 많은 분야에서 점차적으로 뚜렷하게 되어가는 과정을 살펴보게 될 것이다.

　초기 중국 불교가 불교 지식인들의 신앙이라고 하는 고유한 형태를 획득하게 된 것은 바로 이와 같은 인정받기 위한 노력을 통하여서였다. 중국 불교는 새로운 – 특히 외국에서 기원된 – 종교가 기존의 오래된 신앙을 완전히 대체하는 새로운 신앙으로서 받아들여지지 못하는 일반적 현상의 가장 분명한 사례를 보여준다. 불교는 당시 중국 사상의 주류, 즉 유교와 중국인들에게 현학玄學이라고 알려져 있던 – 서양인들에게는 '신도교新道敎'로 잘못 알려져 있다 – 영지적이고 존재론적인 사고방식과 겹쳐지고 융합되었던 것이다.3) 앞에서 이야기한 것처럼 이것은 상층계급의 신자들과 교양있는 승려들 모두에게 해당한다. 한편으로 중국 지식층 내부의 불교에 대한 비판은 이 신앙의 옹호자와 포교자들로 하여금 불교 교리를 전통적 중국 사상과 융합시키는 옹호론을 만들게 하였고, 이것은 융합의 과정을 더욱 자극하고 강화하였다. 뒷부분에서 우리는 융합 과정이 의식적인 호교 전술의 적용에 의한 것인지, 또한 그것을 어느 정도 반영한 것인지 하는 어려운 문제에 대하여 이야기할 것이다.

  이 책에서 주로 당시 진晉왕조에 의해 통치되고 있던 남쪽, 즉 현대 중국의 중부와 남부 지역에서의 중국 불교의 발전만을 검토하는 것은 단순히 공간을 실용적으로 구분한 것만은 아니다. 기원후 310년경부터 북쪽은 비중국계• 왕조들의 지배하에 들어갔고, 일부 왕조는 자신들의 통치 범위 내에서 불교의 발전을 촉진하였다. 하지만 이와 같은 '야만족' 지배자와 불교의 긴밀한 연결은 북조 불교로 하여금 사회현상과 신앙 두 측면 모두에서 독자적인 형태를 발전시키고 독자적인 길을 걷게 하였으며, 그 결과 중국 중부 및 남부의 사족•• 사회에 침투된 불교와는 매우 다른 모습을 갖게 하였다. 한편으로 북쪽에서는 남쪽에서의 급격한 교리의 '중국화'의 주요 원인이었던 (다른 불교

• 이 책에서는 '중국'을 '한족漢族'과 같은 의미로 사용하고 있다-역자
•• 원서의 gentry를 사족士族으로 번역하였다-역자

지역으로부터) 중국 불교의 고립현상은 그렇게 심하지 않았다. 특히 불교의 중심지 장안은 대륙을 횡단하는 비단길의 노선상에 위치하고 있던 관계로 '서역'(돈황과 카시미르 사이의 광범위한 지역을 가리키는 애매한 호칭이다)과의 관계가 매우 긴밀하였다. 이러한 상황의 결과 북쪽의 불교에 대한 적절한 기술은 중국만으로 제한될 수 없으며, 당시 중앙아시아와 북서 인도 지역에서의 발전상황 (및 그와 관련된 모든 어려운 문제들)에 대하여 모두 고려하지 않으면 안 된다. 시기적으로뿐만 아니라 지리적 측면에서도 정당화될 수 있는 분야로 제한하기 위하여 이 책에서는 중국 남부의 사족 불교의 발전을 연구의 주된 관심사로 정하였으며, 북쪽에 대하여는 남쪽에서 일어난 일들을 더 잘 이해하기 위하여 필요하다고 생각되는 경우에 한하여 주목하고자 한다.

'사족士族'과 '사족 불교'

우리는 중세 중국 사회의 교양있는 상류계급을 가리킬 때에 논란이 많기는 하지만 편리한 '사족'이라는 용어를 사용하고, 위에서 언급한 형태의 불교에 대하여는 '사족 불교'로 부르고자 한다.4)

영어권의 독자들은 '사족'이라는 용어를 대토지 소유와 연결시키지 않기를 바란다. 여기에서 말하는 사족은 지배층인 관료가 될 수 있는 자격을 가진 사람들을 가리킨다. 그들은 관료가 될 수 있는 전통적 문학 교육을 받을 수 있는 기회를 가진 사람들이며, 이는 그들이 자신들의 젊은 남자들을 몇 년 동안 문학 교육에 전념하도록 지원할 수 있는 재산과 신분을 가진 집안 출신임을 의미한다.

모든 사족 집안이 어느 정도의 토지를 소유한 지주들이었다고 생각하는 것이 타당할 것이다. 중국에서 토지는 언제나 정상적이고 선호 [p.5] 되는 투자 형태였다. 그렇지만 토지 재산을 사족계급 일반의 배타적인 유일한 소득원으로 생각하는 것은 옳지 않다. 사족들을 봉건 귀족처럼 묘사하려고 하는 사람들은 - 그들이 상류층의 일반적 특징이라고 생각하는 - 그러한 그림이 실제로는 사족들 중의 비교적 소수의 사람들 즉 문벌門閥(=대가문)에만 타당하다는 것을 모르고 있다. 문벌은 제국의 실질적 주도층이었고 중세 전체를 통하여 중국의 모든 정치·경제적 권력을 실질적으로 독점하였던 고대의 봉건 가문들로서, 낭야琅琊와 태원太原의 왕王씨, 양하陽夏의 사謝씨, 연릉燕陵의 유庾씨, 그 밖의 몇몇 집안이었다. 이 가문들은 조상 대대로 물려받은 막대한 규모의 영지를 소유하였으며, 이 토지는 노비와 여러 종류의 농노 및 소작인들에 의해 - 그들의 이름은 지방의 호적에 자신들이 인두세와 노동력을 바쳐야하는 주인의 이름 밑에 등록되어 있었다 - 경작되었다. 3세기 초 무렵에 이미 10,000명 이상의 사람들을 보유하고 있는 영지에 관한 기록이 있으며, 이 숫자는 호적에서 누락된 채[무명無名] 봉건 영지로 도망쳐 온 유랑자[유민流民]들에 의하여 훨씬 더 많아졌다. 유랑자들은 주로 전쟁과 대토지 소유자의 침탈, 그리고 국가의 세금과 노동력 동원 등의 부담 때문에 - 도망자들로 인해 남은 사람들의 부담은 그만큼 더 커져갔다 - 자신들의 토지를 버릴 수밖에 없었던 떠돌이 가족[유리지가流離之家]들이었다. 그렇지만 이러한 문벌들의 숫자는 제한되어 있었다. 중세 중국의 문벌에 대한 왕이동王伊同의 자세한 연구에는 단지 68개의 집안만이 나타나고 있으며,[5] 이 고위 사족 가문에 속하는 사람들의 전체 숫자는 당시 제국의 관료 기구를 구성하였던 방대한 규모의 고급 및 하급 관료들 중의 매우 적은 부분에 불과하였다.

    사족들은 사실 동일한 집단이 아니었다. 그들은 상층귀족을 형성하면서 최고 관직과 엄격한 배타적 특권을 유지하고 있던 오래된 집안들(구문舊門, 고문高門, 호족豪族)과 교양은 있지만 상대적으로 가난한 집안의 사람들, 오래된 사족 집안과는 어울릴 수 없는 신분으로 관료

기구의 하위층을 담당하였던 신흥계급 등 여러 계급으로 나뉘어져 있었다. 관료층의 절대 다수를 구성하고 있던 중급이나 하급 관료들을 엘리트 봉건 토지 소유자로 간주하는 것은 지나친 평가라고 할 수 있다. 비록 그 집안이 상당한 규모의 토지를 소유하였다고 하여도 돈을 수송할 수 있는 적절한 수단이 없는 상황에서 집안의 근거지로부터 멀리 떨어진 지역들로의 빈번한 이동과 관료들을 조상 대대로의 영지로부터 남쪽으로 달아나게 만들었던 4세기 초 이후의 이민족 통치자에 의한 북쪽 지역의 점령은 관료들 대부분이 주로 혹은 절대적으로 그들의 급료와 고관들의 재량에 의한 다양한 – 비공식적인 – 수단들에 의존하지 않을 수 없게 하였을 것으로 생각된다.[6]

전체 사족계급의 기본적 성격은 정부 관료가 될 수 있는 자격인 – 모두 관료가 되는 것은 아니었다 – 일정한 표준화된 고전 문학 교육이었다(이 시기에는 과거 시험이 없었다). 따라서 '사족'과 '지식인'은 거의 [p.6] 동일한 용어로 사용될 수 있다. 이 책의 주제와 관련하여 두 단어의 차이는 '지식인'에는 교양있는 승려들이 포함되는 반면, 관료 체계에서 특정한 관직을 맡고 있거나 맡을 수 있는 사람들로 규정한 '사족'에는 그들이 포함될 수 없다는 점이다. 이제 교양있는 승려들의 문제를 검토하기로 하자.

교양있는 승려들

우리가 앞으로 살펴보게 되겠지만 기원후 3세기 후반에서 4세기 초에 걸쳐 교양있는 승려들로 구성된 전혀 새로운 형태의 지적 엘리트들이 중국에 등장하였다. 이들은 불교 교리와 중국 전통학문을 효과적으로 결합하여 상류층 사이에 특정한 형태의 불교를 발전시킬 수 있었다. 그것이 이 책에서 말하는 '사족불교'이다.

4세기에서 5세기 초의 교양있는 중국 승려들은 그들의 특별한 사회적 지위와 역할에도 불구하고 오직 그들의 문학적 소양 - 그들이 그것을 어떻게 획득하였는지에 관계없이 - 덕분에 동시대의 사족 문화를 공유하고 때로는 그 문화에 깊은 영향을 줄 수 있었던 것일까? 아니면 사족 사회에서 불교 교리를 설교하고 이를 통해 사족 계층에 불교를 퍼뜨리는 데 우호적인 환경을 만들었던 이들 학식있는 '도사道士'• 들은 실제로는 좋은 집안 출신의 잠재적 관료 후보로서 정규 고전 교육을 받았지만, 어떤 이유에선가 관료가 되는 대신 새로운 형태의 거사居士인 학자-승려의 길을 택하고 이후 여전히 자기 계층의 사람들과의 관계를 유지하면서 그들에게 자신들로 하여금 속세의 소란스러움으로부터 벗어나도록 하였던 가르침을 선양하였던 사족의 일원이었을까? 아니면 그들은 교육받지 못한 민중 출신이었지만 어떠한 방식으로든가 사원 내부 혹은 외부에서 교양있는 일반인들을 상대할 수 있을 정도의 문학 교육을 받아서 사족 사회를 대상으로 한 포교활동에 나갈 수 있었던 신흥계급에 속하는 사람들이었던 것일까? 이러한 질문들을 축약시키면 당시 중국의 승려 지식인들은 본래 사족계급 출신으로 그 계급에 속한 사람들이었던 것일까, 아니면 일종의 '지식 프롤레타리아' 혹은 그에 상응하는 계층이었던 것일까 하는 것이 될 것이다.

이러한 질문에 대한 대답을 찾기 위해서는 약간의 명백한 결점에도 불구하고 초기 사족 불교의 가장 중요한 자료가 되는 《고승전》(승려 혜교慧皎가 530년경에 편찬함)을 살펴보아야 할 것이다.7)

이 자료에서 발견되는 첫 번째 사실은 우리가 살펴보고자 하는 시기의 유명한 승려들 중 다수가 승려가 되기 이전에 비교적 가난하고 어려운 환경에서 생활하였다는 점이다. 혜원慧遠은 공부하는 데 필요

• 남북조시기에 승려들은 도사道士로도 불리었다-역자

한 초와 다른 물건들을 살 수 없을 만큼 가난하였다.⁸⁾ 도항道恒은 매우 가난하여서 그림과 자수를 만들어 겨우 생활할 수 있었다.⁹⁾ 승조僧肇는 서점에서 필경사로 일하였고,¹⁰⁾ 혜예慧叡는 납치되어 노비가 되었다가 상인이 몸값을 내주어 풀려났다.¹¹⁾ 담옹曇邕은 복건 지역의 군대 사령관이었는데, 383년의 비수淝水 전투에서 겨우 죽음을 피한 뒤 승려가 되었다.¹²⁾ 재가신자인 위사도衛士度는 가난한 집안[한문寒門] 출신이었고,¹³⁾ 담계曇戒는 매우 가난하였다고 이야기되고 있다.¹⁴⁾ 승도僧度는 '가난하고 보잘 것 없는 (집안)' 출신이었고,¹⁵⁾ 축법광竺法曠은 자신과 계모를 봉양하기 위하여 들에 나가 일해야 했다.¹⁶⁾ [p.7]

하지만 이 자료들은 주의해서 볼 필요가 있다. 가난은 승려들의 미덕 중 하나였고, 중국 정사의 관료들에 대한 전기와 마찬가지로¹⁷⁾ 《고승전》은 전통적으로 정해진 틀에 따라서 주인공들의 인생을 표준화하는 경향이 있다. 이상적인 승려는 가난하여야 했다. (실제로 중국의 승려들은 자신들을 '빈도貧道'라는 인도의 승려들은 사용하지 않았던 칭호로 일컬었다.) 승려가 된 초기에는 중요한 재가신자나 승려들이 그들의 특별한 능력을 인정할 때까지 무시되었다. 그들의 지식과 지혜는 빠르게 성장하여서 그의 보잘 것 없는 외모와는 대조를 이루었다. 그들은 아주 짧은 기간 동안에 아주 많은 분량의 문헌을 한 글자도 빠뜨리지 않고 암기하였다. 그들은 미래나 먼 과거의 일을 알아내거나 무서운 동물을 길들이고, 귀신이나 인간 이외의 다른 존재들과 대화할 수 있는 초자연적인 능력을 터득하였다. 그들은 자신이 죽을 날짜를 미리 알았고, 그들이 죽을 때에는 환상이나 다른 초자연적인 현상들이 일어났다. 그러므로 승려들의 가난과 관련된 보편적 이야기에 대하여 중국 전통 문학의 상투화된 주제인 학자들의 목가적이고 단순한 삶에 대한 서술 이상의 의미를 부여할 필요는 없을 것이다.

하지만 고승 전기의 결점이나 문체적 수식을 감안한다고 하더라도 그러한 문장들에서 특정한 교양있는 승려가 가난한 집안 출신이라고 이야기하는 것의 의미를 충분히 이해할 수 있는 것은 아니다. 그 가난은 유랑하는 농민 가정의 극단적인 빈곤인가 아니면 하급 관료 집안 출신의 상대적인 빈곤인가? 위사도는 '한문' 출신이라고 하는데, 전기 자료에 빈번하게 나타나고 있는 이 '한문'이라고 하는 용어는 상대적으로 보잘 것 없는 사족 집안을 가리키는 것이 분명하다. 마찬가지로 빈곤한 집안 출신이라고 하는 축승도는 승려가 되기 전에 양덕신楊德愼이라는 지방 사족의 딸과 약혼 상태에 있었다. '가난 속에 살았다'고 한 담계는 실제로는 같은 전기 자료에 의하면 극양棘陽 지역의 지방장관인 탁잠卓潛의 동생이었다. 적어도 이들 세 사람의 사례로 볼 때 그들 집안의 빈곤에 대한 이야기는 감안해서 받아들여야 한다. 그들은 보통이거나 '비교적' 가난한 사족 집안의 구성원(혹은 이전의 구성원)으로 간주되어야 할 것이다.

두 번째로는 매우 많은 승려들이 고아의 신분으로 사원에 들어갔다는 사실에 주목할 필요가 있다.[18] 이러한 사실이 이야기되는 상황을 보면 고아의 어려운 상황은 - 그들이 부유한 집안 출신이라면 그렇지 않겠지만 - 그들이 승려가 되는 것과 일정한 인과관계를 가지고 있던 것으로 보인다.

세 번째로, 이 문제와 관련된 반증할 수 없는 하나의 논의가 매우 중요한 의미를 갖는다. 《고승전》에 전기가 수록되어 있는 중국 승려들 중 80% 이상의 경우에 (승려 성씨가 아닌) 원래의 성씨 - 및 많은 경우 출신지도 - 가 나타나고 있지 않은데, 그들이 화려한 집안 출신이라면 이러한 현상이 나타날 수 있을지 의심스럽다. 실제로 《고승전》에서는 한 단락 전체를 도보道寶라는 승려에 대하여 서술하고 있는데, 그는 단순히 재상 왕도王導(267-339)의 동생이라는 이유만으로 수록된 것으로 보인다.

네 번째로, 《고승전》에 수록된 4세기의 승려 약 80명 중에서 사족 집안 출신으로 확인되는 사람은 겨우 11명에 불과하며, 그 중 6명만 [p.8] 특정한 관료나 학자 집안과의 가족 관계가 확인된다.

(1) 백원帛遠과 (2) (동생) 백법조帛法祚(약 300년경)는 만위달萬威達(다른 자료에는 보이지 않는다)이라고 하는 유학자의 아들들이었다.
(3) 축도잠竺(道)潛(286-373)은 장관이자 반역자였던 왕돈王敦(266-324)의 동생이었다.19)
(4) 석도보釋道寶는 장관 왕도(267-330)의 동생이었다.20)
(5) 담계曇戒는 (하남성) 극양현령 탁잠(다른 자료에는 보이지 않는다)의 동생이었다.21)
(6) 승략僧䂮은 낭중령인 부가傅假(다른 자료에는 보이지 않음)의 아들이었다.22)
(7) 축법아竺法雅(4세기 전반기)는 '어렸을 때는 세속의 학문에 뛰어났지만 자라서는 불교의 이치에 밝았다(少善外學 長通佛理).'23)
(8) 지둔支遁(314-366)은 남조의 수도의 사족 사회에서 가장 뛰어난 불교 전파자로서 승려가 되기 이전에 이미 왕몽王濛(309-347) 같은 최상층 집안의 구성원들과 관계를 가지고 있었다.24)
(9) 석도안釋道安(312-385)은 유학자 집안 출신이다.25)
(10) 석혜원釋慧遠(334-416)은 346년에 외삼촌과 함께 허창許昌과 낙양洛陽에 가서 7년 동안 문학 교육을 받았다.26)
(11) 석혜지釋慧持(337-412)는 혜원의 동생으로서 역사학과 문장을 짓는 데 뛰어났다.27)

위의 명단은 사족계급에 속하였음을 알 수 있는 예외적인 승려들에 대한 것이다. 여기에는 4세기 중국 불교의 역사에 있어서 가장 중요한 이름들이 모두 포함되어 있는 바, 이는 불교가 중세 중국 사회의 상층부 및 최상층부에 어떻게 영향을 미칠 수 있었는지를 잘 보여주고 있다.

사족층에서 불교의 확산은 전적으로 중국인들에 의한 것으로, 외국 승려들은 전혀 관여하지 못하였다. 그 작업은 이 책에서 앞으로 계속하여 등장하게 될 뛰어난 명성과 신분을 지닌 소수의 중국 승려들에 의해 4세기에 이루어졌다. 백원, 축도잠, 지둔, 축법아, 석도안, 석혜원, 석혜지 등은 사족 사회에 불교를 전파하는 데 있어 주도적인 역할을 하였던 사람들이며, 위의 명단은 그들 모두가 사족 가문 출신임을 분명하게 보여주고 있다. 말하자면 그들은 중국 불교계의 문화적, 사회적 선도자들로서 학식있고 존경받는 '사족-승려'들로서, 출생과 교육을 통해 자신들이 속하였던 사회를 자유롭게 돌아다니면서 중국인 학자의 권위와 청담 전문가로서의 뛰어난 재능을 가지고 자신들이 이해한 교리를 강의하였던 것이다. 중국의 전통 학문에 대한 소양이 사족들로 하여금 불교와 그 가르침에 접할 수 있게 하는 매개역할을 하였으며, 이것은 초기 사족 불교의 고유한 성격에 대해 많은 것을 설명하고 있다.

[p.9] 그렇지만 위의 자료에서 볼 수 있는 것처럼 사족 집안 출신의 사람들은 예외적이었고, (적어도 그들의 전기가 《고승전》에 수록될 정도의 가치가 있다고 평가되었던) 뛰어난 고승들의 대부분은 상대적으로 낮은 신분 출신이었던 것으로 보인다. 교양있는 승려들은 계급 차별로부터 비교적 자유로왔다는 점에서 다른 중국 지식층들과 구별되었으며, 이 사실은 계급이 중요하였던 중세 중국의 사회사와 관련하여 흥미로운 내용이다.28)

이 점에 있어서 중국의 승려 공동체는 인도의 불교 전통과 동일하였다. 삭발하고 승복을 걸친 사람들은 '석가의 아들에 속하는 금욕주의자들(=사문沙門)'이 되었으며, 그들에게 있어서 모든 세속적 차별이나 신분은 더 이상 의미가 없었다.29) 세상의 계급적 차별은 순전히 세속적이고 사회적인 제도로 간주되었고, (계급에 따른) 업무와 노동의 구별은 이미 먼 과거의 것으로 여겨졌다. 계급은 브라흐마니즘처럼 종교적인 의미를 갖거나 정당화되지 않았다. 유명한 경전의 구절은 모든 계급적 차별이 사라진 승려 공동체를 다섯 개의 큰 강에서 흘러왔지만 더 이상 구별되지 않는 큰 바다의 물에 비유하고 있다.30)

이런 점들로 볼 때 사원은 학문과 문화의 중심지가 되면서부터 낮은 집안 출신의 재능있는 구성원들로 하여금 사족들의 문화생활을 어느 정도 공유할 수 있게 해주었으므로 그들에게 대단히 매력있는 곳이 되었다고 생각할 수 있다. 4세기의 사원들이 세속적인 학문과 교육을 위한 기관이라는 부수적 기능을 발전시켜 가고 있음을 보여주는 많은 증거들이 있다. 323년에 11세의 나이로 사미가 되었던 도안의 경우 적어도 그가 받은 교육의 일부분은 사원에서 이루어졌다.31) 담휘曇徽가 같은 나이에 도안의 문하에서 사미가 되었을 때 도안은 그에게 세속의 문장을 공부하도록 하였고, '그는 2-3년 동안 고전과 역사를 공부하였다.'32) 또 다른 도안의 제자인 도립道立은 소년 시절에 사미가 되었는데, 후에 나이 들어 《노자》, 《장자》, 《역경》 등의 전문가로 알려진 것을 보면33) 그가 사원에서 이 책들을 공부하였다고 – 아마 강의도 하였을 것이다 – 생각할 수 있다. 승려가 된 이후에 '(유교의) 6경과 (불교의) 삼장에 정통하게 되었다'고 하는 승략僧䂮34)이나 11살에 사미가 된 후 스승으로부터 세속의 학문을 열심히 공부하라고 권유받은 도융道融35) 등도 마찬가지 경우이다. 혜원의 제자 중 한 사람인 승제僧濟는 혜원이 유교의 《예기》와 《시경》을 강의한 것으로 알려져 있는 유명한 여산의 사원에서36) 스승의 지도하에 불교경전과 함께 불교 이외의 경전들도 공부하였다.37)

새로운 지식 엘리트인 교양있는 승려들은 매우 다양한 성격을 가진 집단이었다고 결론지을 수 있다. 4세기 동안에 불교계의 실질적 지도자들은 거의 예외없이 사족 집안 출신 출가자들이었다. 하지만 교양 있는 승려들의 절대 다수는 사회의 낮은 계층 출신이었다. 이것은 중국 문화사에서 새로운 현상이었다. 불교가 인도 문화의 일부로서 중국에 전해준 사원의 이상은 중세 중국 사회의 엄격한 계급 차별로부터 자유롭고, 다양한 출신의 사람들이 지적 활동에 종사할 수 있는 새로운 형태의 사회조직을 창조하였던 것이다. 학문과 문화의 중심지로서 사원의 발전은 사원 생활의 이러한 모습과 밀접하게 관련되어 있었다.

[p.10] ## 초기 자료들

전체적으로나 부분적으로 이 책에서 연구하려는 주제에 관한 내용을 담고 있는 중국의 문헌은 거의 없다. 불교의 사족 사회로의 침투와 사족 불교의 발전에 관한 정보는 매우 다양한 자료들로부터 수집되어야만 한다. 동시대의 자료는 매우 드물며 대부분은 양梁나라와 당唐나라 즉 6세기와 7세기의 찬술자들이 기록한 내용에 의존하지 않을 수 없다.

우리의 연구 주제와 관련된 내용을 담고 있는 초기 불교 문헌들은 역사-전기 자료와 호교-포교 문헌의 두 종류로 구분된다.

가. 역사-전기 자료

(1) 《고승전高僧傳》(전14권)은 초기 불교 교단의 역사를 다루는 데 있어서 가장 중요한 자료이다. 이 책은 약 530년경에 혜교慧皎 (497-554)에 의해 편찬되었으며, 1세기 중엽에서 519년까지 활동

한 고승 257인의 전기와 부수적으로 기록된 승려 243인의 전기를 수록하고 있다. 역사자료로서뿐만 아니라 문학 작품으로서도 뛰어난 이 문헌은 후대 불교 전기집의 원형이 되었다. 하지만 이 책은 비판적으로 이용되어야 한다. 앞 시기의 대중적 전설과 설화 모음집에 의거한 결과, 역사적 사실들이 종종 성인전설 자료들과 뒤섞여 있으므로 다른 증거들, 특히 가능하면 비불교적 자료들과 대조하여 검토하여야 한다. 《고승전》의 내용 및 저자, 자료, 그리고 이 책에 관한 동양과 서양근대학자들의 연구를 개관한 것으로는 아서 라이트Arthur F. Wright의 훌륭한 연구인 「혜교의 《고승전》」"Huijiao's *Lives of Eminent Monks*"(『교토대학인문과학연구소 25주년기념논문집』, 교토, 1954, p.383-432)이 추천할만 하다.

(2) 《출삼장기집出三藏記集》(전15권)은 승우僧祐(435-518)에 의해 515년에 처음 편집되었으며 같은 저자에 의하여 그가 죽기 바로 직전에 개정되었다.38) 혜교가 《고승전》 후기에서 인용 자료로 언급하고 있는 18종의 문헌들 중에서 이 책만이 그대로 전해지고 있다. 제목이 나타내는 것처럼 이 책은 기본적으로 중국 삼장의 형성 과정 및 구성에 대하여 정리한 것으로, 승우는 이전의 여러 목록들, 특히 374년에 도안(314-385)에 의해 편찬된 《종리중경목록綜理衆經目錄》에 들어 있는 내용들을 모아놓았다. 마지막 3권에는 번역자 혹은 주석자로 유명한 32명의 고승의 전기를 수록하고 있다. 이 승려들에 대한 혜교의 《고승전》의 내용은 이 문헌을 토대로 하였으므로 두 책에 수록된 전기는 거의 같은 내용이다. 이 책의 다른 부분에 수록되어 있는 많은 서문과 제기題記•

• 제기題記는 책의 뒷부분에 간행 시기 및 간행자, 후원자 등에 대하여 기록한 글이다. -역자

들에는 매우 귀중한 당시의 자료들이 담겨 있다. 제12권에는 지금은 전해지지 않는 중국 불교 문헌 모음집인《법론法論》(465년 직후에 육징陸澄이 103권으로 편집)의 목록이 수록되어 있다.39)

(3)《비구니전比丘尼傳》(4권)은 517년에 보창寶唱에 의해 편찬되었으며, 4세기 중엽에서 516년까지 활동하였던 65명의 유명한 여승들의 전기를 수록하고 있다.

(4)《명승전名僧傳》은 혜교가《고승전》을 편찬할 때 이용한 주요 자료 중 하나로 역시 보창에 의하여 저술되었다. 원본은 얼마 지나지 않아 혜교의 보다 광범위하고 잘 정리된 책(=《고승전》)으로 대체되어서 지금은 전해지지 않는다. 510년에 편찬이 시작되어 519년에 완료되었다. 약간의 인용문이 일본 승려 슈쇼宗性가 1235년 (일본의) 나라 동대사東大寺에 보관되어 있던《명승전》필사본의 내용을 발췌한《명승전초》와 역시 그의 저술인《미륵여래감응초彌勒如來感應抄》에 전해지고 있다. 슈쇼는 자신의 특별한 종교적 관심과 관련된 주제들(주로 보살들의 자비로운 출현)만을 발췌하였기 때문에 역사적 자료로써의 가치는 높지 않다.《명승전초》는 도쿄에서 『속장경』의 일부(II. 2,7.1)로 간행되었으며, 슈쇼가 발췌한 인용문 전체는 카스가 레이치春日禮智의 논문 (「정토교사료로써의《명승전지시초》《명승전요문초》및《미륵여래감응초》제4권에 인용된《명승전》에 대하여」『종교연구』 12, 1936, pp.53-118)에 인용되어 있다. 아서 라이트의 앞의 책(p.408 이하)도 참조된다.

나. 초기의 호교-포교 문헌

불교의 사족 사회로의 침투는 많은 양의 호교 문헌 및 포교 문헌들을 만들어 냈으며, 그들 중 일부가 전해지고 있다. 사족 불교의 가장 특징적인 모습을 보여주는 이 문헌들은 일반적으로 문학 및 철학적 수준은 떨어지지만 중세 중국의 사상과 사회에 미친 불교의 영향을 보여주는 동시대의 자료로써 중요한 가치를 갖고 있다.

인도 불교와 중국 불교에서 논쟁된 문제들은 동일하지 않았다. 인도 불교에서는 대부분의 근본적 개념들은 당연한 것으로 여겨졌다. 업業, 윤회재생, 인생의 고통과 덧없음 및 거기에서 벗어나기 위한 종교적 생활의 이상, 겁劫을 단위로 하는 우주의 순환, 무수히 많은 세계의 존재, 공덕의 덧없음 등의 개념들은 당시 인도의 일반적 세계관에 속하였고, 결코 불교 교리만의 특징이 아니었다. 하지만 중국에서는 이러한 것들은 신기한 개념이었고, 종종 기존 중국 사상계의 전통적 개념들과 조화되지 못하였다. 중국의 신자들은 자신들 스스로를 방어하여야 했고, 전체적으로 매우 성실하게 그것을 수행하였다.

한편으로 인도 불교의 가장 핵심적 요소로서 다른 학파들과 구별되는 교리인 무아無我(영원한 자기의 부재)는 5세기 이전까지 중국의 신자들에게 - 승려와 신자를 막론하고 - 완전히 오해되고 있었다. 중국인들은 윤회재생의 교리를 사후의 영혼[神神]의 재생을 인정하는 것(神불멸神不滅)으로 여겼으며, 이는 결코 근거 없는 것이 아니었다. 따라서 4세기에서 5세기 초의 시기에 중국의 불교도들은 육체적 사망 이후에 영혼이 없어지거나 변화한다고 주장하는 전통주의자들의 공격에 맞서 영혼의 불멸성을 옹호하는 - 괴상한 상주론자常住論者(satkāyadṛṣṭi/아견론자我見論者)가 되는 - 이상한 상황을 연출하고 있었다.40) [p.12]

일반적으로 중국 호교 문헌들의 논리전개는 정형화되어 있다. 같은 질문과 같은 대답이 지겹도록 반복되는 것을 볼 수 있다. 표준적인 형태는 가상의 논쟁자들과의 대론이며, 교리적 주제에 대한 논쟁이 중요한 부분을 차지하고 있다.

저자들은 - 교양있는 세속인인 경우가 많았다 - 자신들의 입장에 의거한 불교의 교리나 사원 생활의 우월성을 주장하기보다 - 그들의 교리에 대한 불완전한 지식으로는 그러한 주장을 하기 어려웠을 것이다 - 불교의 개념과 신앙을 기존의 중국적 사고방식과 조화시키는 것으로 '세속 사도'로서의 자신들의 역할을 수행하고 있다. 이 호교 문헌들이 저자의 지식과 믿음을 어느 정도 반영하고 있는지, 외부에서 전해진 교리에 대한 그들의 이해 수준을 제대로 반영하고 있는 것인지는 알기 어렵다. 일반적으로 볼 때 이러한 종류의 문헌들에 나타나는 극도의 유사성은 개별 작자들에 의한 무의식적이고 연속된 차용과 모방의 결과로 생각된다. 앞에서 언급한 것과 같은 이유로 중국의 승려들조차도 원래의 (인도인의 관점에서 볼 때) '순수한' 불교 교리에 대하여 막연한 이해를 가지고 있었을 뿐이다. 그들이 지식인 사회에서 설교하거나 불교 교리를 옹호할 때에는 자신들의 동료나 반대자들에게 자신들이 스스로 이해한 불교의 흐릿한 모습을 보여줄 수밖에 없었다.

그렇지만 적어도 몇몇의 경우에 있어서는 중국의 전통 철학과 문학을 매개로 하여 외국의 이론을 중국의 지식 대중에게 설명하기 위한 이론으로써 혼합주의가 의도적으로 사용된 사례들도 있었다. 혜원(334-416)이 업과 윤회재생, 영혼의 불멸에 대해 설명하고 승려들의 권리를 옹호하기 위하여 쓴 여러 글들 - 아래의 (6), (8), (9), (10), (11), (12), (13) - 에는 《노자》《장자》《문자文子》(위서이다)《역경》 및 다른 고전 문헌들로부터의 인용과 그에 대한 언급으로 가득하다. 하지만 그가 구마라집과 주고받은 일련의 글들에는[41] - 단 한번 '음양'이라는 용어를 사용한 것을 제외하면 - 중국 경전에 대한 언급이나 중국 철학 용어의 사용을 하나도 볼 수 없다.[42] 이러한 재미있는 사실은 이미 러시아의 중국학자인 쉬추케이J. Ščuckij의 논문 「중국 불교의 도교도」 "Ein Dauist im chinesischen Buddhismus"(W. A. Unkrig에 의해 번역되어 Sinica XV(1940), pp.114-129에 수록되었다)에 의해 주목되었다.

도안의 제자로 있던 시절 혜원은 스승에 의해 특정 불교 용어의 의미를 설명하는 데 《장자》를 이용하는 것을 허락받았다.43) 즉 도안은 그의 총애하는 제자가 특정한 불교 용어들 특히 수數의 범주에 관한 것들을 설명할 때 중국 전통 철학에서 비롯된 개념들을 이용하는 격의의 방식을 계속 활용하는 것을 인정하였다. 도안과 축법아竺法雅에 의해서 시작된 이 격의의 방법은44) – 후에 도안 자신은 이것을 그만두었다45) – '훌륭한 집안의 학자들[衣冠士子]' 즉 교양있는 세속인들을 위하여 고안된 것이었다.

불교를 옹호하면서 왜 불교 경전이 아닌 중국 문헌만을 인용하느냐는 힐난에 대하여 모자牟子가 다음과 같이 대답한 것이 주목된다.

"그것은 당신이 내가 인용하는 (중국 고전의) 내용을 알고 있기 때문이다. 만일 내가 불교 경전을 이야기하면서 열반[무위無爲]의 핵심적 내용을 설명한다면 이는 장님에게 다섯 가지 색을 이야기하고, 귀머거리에게 다섯 가지 소리를 연주하는 것과 같을 것이다."46) [p.13]

대부분의 호교 문헌 및 포교 문헌들은 승우에 의해 515년에서 518년 사이에 편찬된 《홍명집弘明集》47)과 도선道宣에 의해 664년에 편찬된 《광홍명집廣弘明集》에 수록되어 있다. 다음은 이러한 종류의 글 중에서 가장 중요한 초기의 것들이다.

(1) 《모자牟子》 혹은 《이혹론理惑論》(《홍명집》 권1, 타이쇼대장경 제52책 1.2-7.1)

이 책은 저자 자신의 생애를 정리한 서문과 38절의 짧은 대론들,

그리고 가상의 상대방이 불교의 우월성을 인정하는 결론 부분 등으로 구성된 논쟁서이다. 여가석余嘉錫은 – 아래에 언급할《모자》에 관한 논문에서 – 이 논쟁서의 원래 이름은 《치혹론治惑論》인데 '치治'자가 당나라의 피휘에 의해 '이理'로 바뀌었다고 이야기하고 있다. 서문에 의하면《모자》– 이 책의 일반적 호칭이다 – 는 기원후 2세기 말에 중국 제국의 먼 남쪽 지방 – 교주交州의 창오蒼梧 – 에서 불교를 신봉하는 중국인 학자-관료에 의해 쓰여졌다고 이야기되고 있지만, 그 사실 여부는 전혀 알 수 없다. 이 책이 오래되었다고 하더라도 그 초기의 상황은 전혀 알려져 있지 않다. 육징陸澄 (425-494)이 중국의 불교 문헌들을 모은《법론》– 465년 직후 편찬, 《출삼장기집》권7 82.3.29에 목록 수록 – 에 이 책을 수록하였던 5세기 후반 이전에 이 책에 대해 언급하거나 인용하는 사례는 확인되지 않고 있다. 하지만 첫 출현 이후《모자》는 지속적으로 큰 인기를 얻었다. 일부 대표적 학자들은 이 책을 위조된 것이라고 하여 신뢰하지 않았다. 양계초는 동진이나 유송劉宋시대의 누군가에 의해 위조되었다고 하였고,[48] 토키와 다이죠常盤大定는 혜통慧通(약 426-478)이 꾸민 것이라고 하였다.[49] 현재 유통되는 텍스트의 신뢰성을 부정한 최초의 인물은 호응린胡應麟(1551년 출생)으로 그는 자신의《사부정위四部正僞》에서 이 책이 '육조六朝시대의 진晉이나 송의 학자에 의해 위조된 것'이라고 추정하였다.[50][TP 19 (1920) pp.279-280의 P. Pelliot의 언급 참조] 반면에 훨씬 많은 수의 학자들은 이 책을 신뢰하고 있으며, 중국 불교의 초기 역사에 관한 중요한 정보들을 담고 있는 책으로 간주하고 있다. 손이양孫詒讓,[51] 여가석,[52] 호적,[53] 탕용동,[54] 앙리 마스페로,[55] 펠리오[56] 등이다. 마스페로는《모자》와《태자서응본기경》에 나오는 부처의 출생담이 정확히 대응하고 있음을 발견하였고, 따라서 이 책이 3세기의 두 번째 사분기에 찬술되었을 것으로 보고 있으며, 펠리오는 이 책에 대한 자신의 역주 서문에서 그러한 입장을 밝히고 있다. 마지막으로 후쿠이 코쥰福井康順은 《모자》에 대한 방대한 연구에서 이러한 여러 이론 및 의견들을 비교, 재검토한 후 이 책이 기원후 3세기 중반경에 쓰여졌다고 결론지었다.57) 이 책의 진위 문제에 관하여는 양측 모두 자신들의 주장을 뒷받침할 수 있는 확실하고 설득력 있는 증거들을 제시할 수 있다는 사실 때문에 쉽게 정리되지 않고 있는데, 그 내용들을 여기에서 모두 설명할 수는 없다. 현재의 문헌을 진짜로 신뢰하는 가장 중요한 근거는 이 책의 서문에 수록된 정보들이 내용상 전혀 별개 [p.14] 의 것임에도《후한서》나《삼국지》에 나오는 역사적 사실에 대한 설명과 일치하고 있다는 점이다. 서문에는 이름이 명시되지 않은 두 사람 – 예장豫章과 교주交州의 지방관 – 이 형제로 언급되고 있는데, 마스페로가 (앞에 언급한 글에서) 정교하게 증명한 것처럼 이 두 사람은《후한서》와《삼국지》에 각기 등장하는 주부朱符와 주호朱皓이다. 역사서에는 이들의 가족관계에 대한 언급이 없지만 성씨가 동일하므로《모자》서문에 나오는 내용들과 연결시켜 보면 형제일 가능성이 높다고 생각된다.

그렇지만 펠리오처럼 이 사실이 진짜임을 입증하는 결정적 증거라고 낙관적으로 생각할 수만은 없다. '중국의 위서는 내용이 수미일관하지 않기 때문에 쉽게 그것을 알아차릴 수 있'고 '서문은 엄밀한 정확성에 의거하지 않는'[Pelliot, 앞의 글, p.265] 것은 사실이다. 하지만 근대의 학자들이 서문에 언급된 내용과《삼국지》및《후한서》의 대응되는 내용을 연결시킬 수 있었다면 4세기나 5세기의 불교학자가 그러한 알려진 자료들에 있는 내용을 토대로 새로운 이야기를 만들어내는 반대 과정의 일을 하지 않았다고 가정할 근거는 없을 것이다.

어느 경우가 되었든 《모자》는 5세기 중엽에는 실제로 존재하였으며, 또한 초기 중국 불교의 호교 문헌으로서 가장 자세하고 재미있는 사례이다. 따라서 이 책의 진위에 대한 학자들의 최종 판단과 관계없이 이 책을 이용할 수 있다고 생각한다. (잠정적으로) 이 책이 2세기 혹은 3세기보다 훨씬 후대에 편찬되었다고 생각된다. 이 책의 체계적이고 매우 발전된 논쟁의 성격으로 볼 때 – 훨씬 후대의 같은 종류의 책에서 비슷한 모습이 보인다 – 4세기 혹은 5세기 초에 만들어진 것으로 보이기 때문이다. 또한 다음과 같은 시대에 맞지 않는 기술들도 볼 수 있다. ① 5절에서 '대론자'는 불경의 방대한 규모에 관하여 이야기하고 있는데 – 이는 틀림없이 큰 분량의 방광(=대승) 경전을 가리키는 것이다 – 이러한 종류의 경전으로서 중국에 알려진 가장 이른 시기의 것은 축법호가 기원후 286년에 번역한 《2만5천송반야경》이다. ② 15절에는 베산타라-쟈타카의 내용을 인용하고 있는데 이 이야기의 중국어본은 247년에서 280년 사이에 번역된 《육도집경六度集經》에 수록된 내용이 가장 이른 시기의 것이다. ③ 불교의 중국 전래에 관한 《모자》의 내용이 작자미상의 《사십이장경》 서문 내용으로부터 많은 영향을 받고 있음을 보여주는 증거들이 많은데, 이 서문은 정확한 연대는 알 수 없지만 첫머리에 '옛날 한나라 효명황제가 밤에 꿈에서 신인을 보았다'는 내용으로 시작하고 있는 것으로 볼 때 한나라 이후에 쓰여진 것이 분명하다. 《모자》의 작자는 이 사실을 알고 있었던 것으로 보이며 따라서 이 서문의 첫머리를 인용하면서 주도면밀하게 '한나라'라는 말을 생략하고 있다. ④ 35절에서 '대론자'는 자신이 호탄을 방문하여 불교 승려 및 사제들과 대화를 나누었다고 이야기하고 있는데, 당시 중국과 중앙아시아의 정치적 상황으로 볼 때 그런 일이 있었을 가능성이 전혀 없을 뿐 아니라 2세기에 이미 호탄이 불교의 중심지로서 – 그것도 남부 중국에 – 알려져 있었다고는 생각하기 힘들다.

《모자》의 서문에 대하여 한 가지만 더 언급하도록 하자. 토키 [p.15] 와 다이죠는 '모자'라는 인물은 후대의 작자가 – 앞에 언급한 것처럼 그는 혜통으로 보고 있다 – 여러 자료들로부터 역사적 사건과 성격을 재구성하여 만들어낸 상상의 인물이라고 이야기하고 있다. 서문의 내용이 자전적 서술이 아니라 찬미적인 성격이라는 점에서 이러한 토키와의 견해가 타당하다고 생각된다. 중국의 학자가 자신의 책에 서문을 쓰면서 어떻게 자신을 '양주楊朱와 묵적墨翟을 물리친' 맹자에 비견할 수 있으며, 스스로 자신이 '박학다재'하고 '군사적 문제뿐 아니라 행정 능력도 탁월하며 (어떤 상황에서도) 독자적으로 대처할 능력이 있'어서 형주荊州에 파견되었다고 이야기할 수 있단 말인가? 실제로 이 서문은 속세의 혼란함에서 벗어나 은자로 지내면서 계속해서 자신에게 주어진 관직을 거부하다가 마침내 도덕적인 이유 때문에 명예로운 임무를 맡게 되었지만, 어머니가 돌아가시면서 그것도 다시 포기하고 여생을 학문과 명상 속에서 보낸 이상적인 학자-관료의 모습을 그리고 있다.

(2) 《정무론正誣論》(저자미상. 《홍명집》 권1 7.1–9.1)

지금은 전해지지 않는 논쟁서에 담겨 있던 일련의 불교 비판 및 그에 대한 반론으로 구성되어 있다. '수도 낙양[京洛]'이라는 언급 (8.2.22)은 이 책이 316년 건강建康으로 천도하기 이전의 것임을 보여주고 있다. 하지만 마지막 부분에는 주중지周仲智의 죽음이 언급되고 있는데, 그의 전기 (《진서晉書》 권61 2a–3b)에 의하면 그는 324년에 처형되었다. 이때가 이 책의 성립 하한 연대가 될 수 있다.

(3) 종병宗炳(375-443)의 《명불론明佛論》(《홍명집》 권2 9.2-16.1)

부분적으로 대화체로 되어 있는 중요한 논서로서 저자는 발문에서 이 글이 50일간 여산에서 함께 생활하였던58) 혜원(334-416)의 생각에 기초하고 있음을 밝히고 있다. 하지만 《명불론》은 혜원이 죽은 지 한참 뒤에 쓰여졌다. 하승천何承天에게 보내는 433년으로 확인되는 편지(아래 (5) 참조)의 끝부분에서 종병은 자신이 이 글을 쓰고 있다고 이야기하고 있다. 이 글의 일부는 리벤탈W. Liebenthal에 의해 번역되었다.59)

(4) 손작孫綽(약 300-380)의 《유도론喩道論》(《홍명집》 권3 16.2-17.3)

(5) 혜림慧琳의 《백흑론白黑論》60) 내용에 대한 찬반을 둘러싸고 종병과 하승천何承天(370-447)이 주고받은 (위의 (3) 참조) 5통의 왕복 편지들(《홍명집》 권3, 17.3-21.3). 이 편지들은 433년경에 쓰여졌다 (탕용동, 『불교사』 p.422 참조).

(6) 혜원의 《사문불경왕자론沙門不敬王者論》(《홍명집》 권5 29.3-32.2 = 《집사문불응배속등사集沙門不應拜俗等事》 권2 타이쇼대장경 제52책 449.1.1-451.2.10)

세속의 통치자들에게 존경을 표하지 않을 수 있는 승려들의 권리를 옹호하고 있는 중요한 논서이다. 이 글은 환현桓玄의 반승려 정책에 대한 대응으로 쓰여졌다. 서문과 다섯 개의 절(마지막 절은 주제와 관련된 내용이 거의 없으며 단지 영혼 불멸에 대하여 공들여 이야기하고 있다), 그리고 '천자의 불명예 기간 동안' 즉 환현의 정권 찬탈 기간(404년 1월2일부터 8월 18일까지) 동안에 지었다고 이야기하고 있는 제기 – 이 제기는 《집사문불응배속등사》에는 들어 있지 않다 – 등으로 구성되어 있다. 대략적인 내용은 《고승전》에 제시되어 있는데(권6 360.3.19 이하), 다섯 번째 절의 요약된 내용과 비교할 때 현재의 텍스트는 불완전한 것으로 생각된다. 일부 내용이 리벤탈에 의해 번역되었으며,61) 『중국-인도 연구』 *Sino-Indian Studies* 제5권(리벤탈기념논문집)에 허비츠가 「초기 중국 불교에서의 '시이저의 것은 시이저에게' - 혜원의 〈사문불경왕자론〉」 "'Render unto Caesar' in Early Chinese Buddhism: Huiyuan's Treatise on the Exemption of the Buddhist Clergy from the Requirements of Civil Etiquette"이라는 제목으로 전체를 번역하였다.

(7) 나함羅含(4세기 후반)의 《갱생론更生論》(《홍명집》 권5 27.2.3)

윤회재생에 관한 논문으로 역사가 손성孫盛의 반론과 그에 대한 나함의 재반론이 함께 수록되어 있다. 리벤탈은 늦어도 390년에는 쓰여진 것으로 보고 있지만,62) 그보다 더 올라갈 수 있다고 생각된다. 손성의 전기에서는63) 그가 334년에 죽은 도간陶侃의 휘하에 참군으로 있었다고 하는데, 당시 그는 이미 성년이었다 (전기 앞부분에 이미 '성년이 되어 학문을 넓게 연마하고 명리名理를 잘 이야기하였다'는 내용이 있다). 또한 그 이전에 은호殷浩의 밑에서 다른 관직을 역임하였다고 하였으므로 304년 이전에 태어났다고 추정할 수 있다.64) 또한 그가 10살 때에 '양자강을 건넜다'고 하였으므로 - 틀림없이 흉노의 북쪽 지역 점령으로 남쪽으로의 대규모 피난이 있었던 310년에서 315년 사이일 것이다 - 그는 300년에서 305년 사이에 태어났을 가능성이 높다. 그가 71세로 죽은 것을65) 고려하면 이들의 논쟁은 376년 이후에 있었다고 할 수 없다. 나함과 손승이 함께 장군 환온桓溫(312-373) 밑에서 벼슬하고 있던 373년 이전에 쓰여졌을 가능성이 높다.66)

(8) 혜원의 《사문단복론沙門袒服論》(《홍명집》 권5 32.2-33.2)

승려들이 왼쪽 어깨를 드러낸 옷을 입는 것과 관련된 짧은 글로서 하무기何無忌(?-410)의 반론과 혜원의 대답이 수록되어 있다. 하무기가 진남장군鎭南將軍으로 언급되고 있는 사실로부터67) 이 편지들은 하무기가 그 지위에 있던 409년에서 그가 죽은 410년 사이에68) 쓰여진 것을 알 수 있다.
 (9) 혜원의《명보응론明報應論》(《홍명집》권5 33.2-34.2)
업보에 관한 짧은 글로서 환현의 편지에 대한 대답으로 쓰여졌다. 리벤탈에 의해 번역되었다(앞의 주 61번 참조).
(10) 혜원의《삼보론三報論》(《홍명집》권5 34.2)
세 가지 종류의 업보에 관한 글로서, 부분적으로 391년에 혜원의 요청으로 여산에서 승가제바가 번역한《아비담심론阿毘曇心論》의 내용에 의거하고 있다. 리벤탈에 의해 영어로 번역되었다(앞의 주 61번 참조).
(11) 세속의 지배자들에게 경의를 표하지 않을 수 있는 승려들의 권리를 주제로 환현桓玄(369-404)과 왕밀王謐(360-407)이 주고받은〈논도인응경왕사論道人應敬王事〉를 비롯한 8통의 편지들(《홍명집》 권12 80.3-83.2).
402년초에 쓰여졌다.
(12) 환현과 혜원이 같은 주제에 대하여 주고받은(《고승전》권6 360.3.4 참조) 편지 3통(《홍명집》권12 83.3-84.2).
402년에 쓰여졌다.
(13) 혜원이 환현에게 보낸 편지인〈논료간사문서論料簡沙門書〉(《홍명집》 권12 85.3).
402년경에 쓰여졌다(《고승전》권6 360.2.18 참조).
(14) 지도림支道林, 즉 유명한 지둔支遁(314-366)이 승려들의 호적 등록과 관련하여 환현에게 보낸 편지라고 하는〈지도림법사여환현론주부구사문명적서支道林法師與桓玄論州符求沙門名籍書〉(《홍명집》 권12 85.3)
물론 이 글은《홍명집》에서 이야기하는 것처럼 지둔에 의하여 쓰여진 것이 아니지만 그렇다고 가짜라고도 할 수 없다.69) 편지 자체에서는 지둔이나 환현에 대한 언급이 전혀 보이고 있지 않을 뿐 아니라 복수 형태인 '수도에 있는 (우리) 사문들이 공손히 아룁니다'라는 말로 시작하고 있고, 작자들은 자신들을 '(우리) 빈도들'이라고 표현하고 있다.

(15) 극초郄超(336-377)의 《봉법요奉法要》(《홍명집》 권13 86.1-89.2) 리벤탈의 책 (Thee Book of Zhao, p.156, 주석 678번)에는 (제목을) '법의 요체를 제시함'으로 잘못 번역되어 있다. 재가신자들을 위한 일종의 강요서로서, 3장의 부록에 이 글의 번역을 수록하였다.

(16) 대규戴逵(?-396)의 《석의론釋疑論》 및 그것을 둘러싸고 대규, 혜원, 주속지周續之(377-423)가 주고받은 8통의 편지들(《광홍명집》 권18 타이쇼대장경 제52책 221.3-224.1). 혜원의 여산 신도들 중 한 사람인 주속지는 이 편지들을 쓸 때 19살을 넘지 않았을 것이다. 그의 동료로서 386년생인 뇌차종雷次宗이 402년에 여산의 신자집단에 참여하면서 아미타불 앞에서 서원을 할 때(《고승전》 권6 353.3.18) 16살이었음을 고려하면 결코 불가능한 것이 아니다.

정리하면 기본 자료들은 역사 기록과 호교 문헌, 그리고 교리 문제에 관한 편지들로 구성되어 있으며, 마지막 두 부류는 위의 16종류의 제목에 포괄된 40개 글로 이루어져 있다.70) 이들은 대부분 380년에서 433년 사이의 것이며, 이 16종류의 글들 중 (《모자》의 저자는 논외로 하고) 겨우 7종류 – (5), (8), (9), (10), (12), (13), (14) – 만이 승려들에 의해 쓰여진 것이고, 작자미상의 (2) 하나를 제외한 나머지 글들은 모두 재가신자들이 쓴 것이다. 추가될 수 있는 자료들 – 이 연구 주제와 관련된 내용을 몇 줄 혹은 몇 단어 포함하고 있는 수많은 일반 중국 문헌자료들 – 은 별도로 언급하지 않고, 참고문헌에 제시하였다.

1) 산스크리트를 익숙하게 한 것으로 알려진 최초의 중국인은 4세기 후반의 번역자 竺佛念(p.202 참조)이었다. 그 이전에 聶道眞, 聶承遠(p.68 참조), 帛遠(p.76 참조) 등의 몇몇 중국 승려와 세속 신자들이 외국 번역자의 조수로서 약간의 언어적 훈련을 받았던 것으로 보인다. 한편 몇몇 외국 승려들은 중국어에 능통하였다(康僧會, 支謙, 竺法護, 鳩摩羅什 등). 그렇지만 이 시기의 가장 뛰어난 중국인 대가와 주석자들인 支遁, 道安, 竺法汰, 慧遠 등은 산스크리트를 완전히 무시하였다. H. van Gulik, *Siddham, an Essay on the History of Sanskrit Studies in China and Japan* (Nagpur, 1956) 특히 pp.12-14 참조.
2) 적어도 남부 지역에서는 없었다. '異民族' 왕조의 통치를 받았던 북쪽 지역에서는 약간의 불교적 색채를 띤 혁명적 운동의 흔적을 볼 수 있다. J. Gernet, *Les aspects économiques du bouddhisme* (Paris, 1956) p.278 이하와 p.183 참조.
3) 玄學과 新道敎에 관하여는 이 책 아랫부분의 p.87과 p.289의 내용 참조.
4) E. G. Pulleyblank, "'Gentry Society': some remarks on recent work by W. Eberhard", *BSOAS* XV, 1953 p.588 이하 참조.
5) 王伊同, 『五朝門第』 全2卷 (金陵大學中國文化硏究所, 成都, 1943).
6) H. Franke, *Sinologie*, pp.112-113 및 거기에 인용된 자료들 참조.
7) 이 문헌에 대한 설명은 아래 p.10의 '역사-전기 자료' (1)번 참조.
8) 《고승전》 권6, 358.1.6.
9) 같은 책, 권6 364.2.27.
10) 같은 책, 권6 365.1.9.
11) 같은 책, 권7 367.2.1.
12) 같은 책, 권6 362.3.15.
13) 같은 책, 권1, 327.3.8.
14) 같은 책, 권6 356.2.26.
15) 같은 책, 권4 351.1.6.
16) 같은 책, 권5 356.3.8.
17) H. Franke, "Some remarks on the interpretation on the interpretation of Chinese Dynastic Histories", *Oriens* III (Leiden, 1950) pp.112-122 참조. 특히 '가난'에 대하여는 p.121 이하 참조.
18) 法顯(《고승전》 권3 337.2.21), 道邃(같은 책, 권4 350.2.13), 道安(같은 책, 권5 351.3.4), 法曠(같은 책, 권5, 356.3.7), 道恒(같은 책, 권6 364.2.26), 僧撤(같은 책, 권7 370.3.3) 등의 사례를 참조하라.
19) 같은 책, 권1 327.1.13 및 327.2.29.
20) 같은 책, 권4 347.3.12.
21) 같은 책, 권4 350.3.12.
22) 같은 책, 권5 356.2.25.

23) 같은 책, 권6 363.1.29.
24) 같은 책, 권4 347.1.18.
25) 같은 책, 권4 348.2.8.
26) 같은 책, 권5 351.3.3.
27) 같은 책, 권6 357.3.20.
28) 승려 공동체의 다른 중요한 측면들 및 적어도 4세기 후반의 유명한 불교 중심지 중 한 곳의 특징이었던 '정치적 중립성'에 관하여는 아래의 p.216 이하 참조.
29) *Hōbōgirin*《法寶義林》, Busshi(佛氏) 항목 참조.
30) 카스트의 기원에 관한 불교의 기본 자료는 *Agaññasutta*, Dīgha XXVII. 21 이하 = *Dialogues* III. 77 이하 참조. 大洋의 비유는《增一阿含》권21 (T125, 658.3.10) 참조. 또한 불타가 깨달음을 얻기 전날 밤의 다섯 가지 꿈 중의 네 번째에는 - 네 개의 카스트를 상징하는 - 서로 다른 색깔의 네 마리의 비둘기들이 사방에서 날아와 불타의 발에 앉아 흰색으로 변하였다는 이야기도 있다. *Aṅguttara* III. 240 = *Gradual Sayings* III p.176; *Mvst*, II. 136 (J. J. Jones 번역본 II p.131).
31)《고승전》권5 356.1.3.
32) 같은 책 권5 356.2.3에는 曇微로 나온다. 그런데 여기에는 연대적 착오가 있다.《고승전》에 의하면 曇徽의 생년은 323-395년으로써 그가 사미가 되었을 때 (자료에는 333년) 도안은 겨우 21세로서 아직 佛圖澄의 제자가 되기 이전이다.
33) 같은 책, 권5 356.2.17.
34) 같은 책, 권6 363.2.3.
35) 같은 책, 권6 363.2.22.
36) 같은 책, 권6 361.1.23. 湯用彤, 『漢魏兩晉南北朝佛敎史』(이하『불교사』로 줄임), pp.359-360.
37) 같은 책, 권6 362.2.12.
38) P. Pelliot *TP* XIX, 1920, p.266, 주석 2번 참조.
39) P. Pelliot *TP* XIX, 1912, p.392 및 *TP* XIX, 1920, p.266, 주석 1번 참조.
40) 사후의 영혼의 윤회재생 이론에 관해서는 津田左右吉,「神滅不滅の論爭に就いて」『東洋學報』29-1 (1942), pp.1-52; 29-22. pp.33-80; 板野長八,「慧遠の神不滅論」『東洋學報』14-3 (東京, 1943), pp.1-40; 朱伯昆,「晉南北朝時期無神論者反對佛敎中靈魂不死信仰的鬪爭」『北京大學學報』(人文科學) 2 (1957), pp.29-60; W. Liebenthal, "Shi Hui-yüan's Buddhism as Set Forth in his Writings", *JAOS* LXX (1950) pp.243-259 및 같은 저자의 자료를 잘 정리한 "The Immortality of the Soul in Chinese Thought". *Mon. Nipp.* VIII (1952) pp. 326-397 (이 주제에 관한 중국 자료의 목록은 pp.338-340);《魏書》釋老志 주석에 제시된 塚本善隆의 언급 [*Yünkang*, XVI, 부록 p.33 이하, Leon Hurvitz 번역] 등을 참조. 神 및 玄學과 초기 중국 불교에서의 神의 역할에 관해서는 뒤에서 다시 논의할 것이다.
41) 405년에서 409년 사이에 혜원이 지은 18편의 글은 구마라집의 답변과 함께 470

년에서 600년 사이에 《大乘大義章》 혹은 《鳩摩羅什法師大義》(3권)로 묶여졌다. 아래의 p.226 이하 참조.
42) 《鳩摩羅什法師大義》(T1856) 권1 (두 번째 편지) 大正藏45 123.3.1.
43) 《고승전》 권6 358.1.11. 357년경의 일이다.
44) 같은 책, 권4 347.1.18. 湯用彤, 『불교사』 pp.234-238 참조.
45) 같은 책, 권5 355.1.25.
46) 〈牟子理惑論〉 26절 (《홍명집》 권1 5.3.4) 번역은 Pelliot, TP XIX, 1920, p.316.
47) P. Pelliot, TP XIX, 1920, p.269-271 참조.
48) 「牟子理惑論辨僞」(『佛學硏究十八篇』 제2부).
49) 『支那に於ける佛教と儒教道教』 pp.89-100.
50) 《四部正譌》 권3 (顧詰剛 編, 《古籍考辨叢》 p.46).
51) 《籀高述林》 권4.
52) 「牟子理惑論檢討」 『燕京學報』 XX (1936) pp.1-23.
53) 「與周叔迦論牟子書」 『論學近著』 1책 pp.151-154.
54) 湯用彤, 『불교사』 pp.76-77.
55) "Le songe et l'ambassade de l'empreur Ming; étude critique des sources", BEFEO X (1901) pp.95-130.
56) "Meou-tseu ou les doutes levés", TP 19 (1920) pp.255-286 및 '보충주석' pp.42-433 (여기에는 常盤大定의 견해에 대한 반박이 담겨 있다).
57) 福井康順 『道教の基礎的硏究』 (東京, 1952) pp.332-436.
58) 이것은 그가 402년에 여산에서 아미타불 앞에서의 집단적 '서원'에 참여한 사실을 가리키는 것으로 생각된다(《고승전》 권6, 358.3.19 및 아래의 p.218 참조).
59) Monumenta Nipponica VIII (1952) pp.378-394.
60) 《白黑論》은 《홍명집》 및 《광홍명집》에 수록되어 있지 않지만 《宋書》 권97 6b 이하에 수록되어 있다. 번역은 W. Liebenthal in Mon. Nipp. VIII (1952), pp.365-373.
61) JAOS LXX (1951) pp.243-359. 수정판은 Monumenta Nipponica VIII (1952) pp.354-365.
62) Monumenta Nipponica VIII (1952) pp.343의 본문 역주 4번.
63) 《晉書》 권82 6b.
64) 《晉書》 권82 7b에 의하면 庾亮의 막내아들인 放은 庾亮이 荊州刺史를 역임하던 334-338년 사이에 7살 혹은 8살이었다고 한다. 따라서 庾放은 332년 이전에 태어났음을 알 수 있다. 【이 주석의 내용은 본문의 내용과 상응되지 않는다. 착각이 있었던 것으로 생각된다-역자】
65) 《晉書》 권82 7a.
66) 《晉書》 권92 19a 참조.
67) 《晉書》 권10 6a.
68) 《晉書》 권85 7a-b

69) 湯用彤, 『불교사』 p.352에서는 僞作으로 보고 있다.
70) 이 글에서 빈번히 인용됨에도 불구하고 북쪽 지역에서 쓰여진 것이어서 목록에서 제외된 중요한 자료가 있다. 404년에서 414년 사이에 장안에서 쓰여진 僧肇의 다섯 가지 (혹은 네가지) 글 [〈物不遷論〉(410년경), 〈不眞空論〉(410년경), 〈般若無知論〉(405년경), 〈答劉遺民書〉(408년에 廬山慧遠의 속인 제자인 劉程之가 408년에 보낸 질문 편지에 대한 답변), 〈涅槃無名論〉(진위가 의심스럽지만 5세기 전반의 글이다. 湯用彤, 『불교사』 p.670 및 石峻, 「讀慧達肇論疏述所見」『北平圖書館圖書集刊』 新5-1 (1944) 참조. 두 사람은 모두 위작으로 보고 있다. W. Liebenthal, *The Book of Chao*, pp.167-168에서는 후대에 일부 내용이 첨가된 진본으로 보고 있다. 橫超慧日, 『肇論研究』(京都, 1955), p.190 이하에서는 진본이라는 관점에서 다양한 의견과 논쟁 내용을 정리하고 있다)]이다. 서론 형식의 글인 〈宗本義〉에 대해서는 모든 전문가들이 후대의 위작으로 보고 있다. 승조의 글들은 6세기 전반에 《肇論》(T1858 大正藏45)이라는 이름의 책으로 묶여졌다. 『肇論研究』 pp.1-109는 塚本善隆과 그 동료들에 의한 훌륭한 일본어 번역이다(저자의 연대를 374-414년으로 보고 있다). W. Liebenthal의 *The Book of Chao* (Mon. Ser. Monograph XIII, Beijing, 1948)은 대단히 자유롭고 때로 오해하게 하는 번역이다. 【원서에는 이 부분이 주석 69 뒤에 붙어 있지만 내용상 별도의 주석으로 생각되어 적절한 곳에 따로 제시하였다-역자】

제 2 장

역사적 흐름 개관:
불교 수용부터 4세기 초까지

I. 한대의 불교 [p.18]

　이 책의 핵심적 연구 주제인 4세기의 중국 불교, 특히 당시 양자강 남쪽에서 번성하였던 전형적인 사족 불교는 불교가 최초의 중국 지식인 출신 신자를 갖게 된 때부터 시작된 일련의 과정의 마지막 단계였다. 언제 최초의 지식인 출신 불교신자가 등장하였는지는 알 수 없다. 앞에서 이야기한 것처럼 '상류층' 중국 불교의 구체적 모습, 즉 사족 출신 승려들의 활동 모습이 나타나고, 교양있는 사회 상층계급의 생활과 사상에 불교가 영향을 미치는 사례는 3세기 말에서 4세기 초에 처음 보이고 있다. 그리고 여러 가지 정황들로 볼 때 이러한 흐름은 이보다 그다지 이르지 않은 시기에 시작되었을 것으로 생각된다.
　하지만 그렇다고 해서 이 연구에서 – 비록 자세한 내용이 알려져 있지는 않지만 – 처음 전래된 때에는 외국인들의 신앙으로서 그다지 주목받지 못하다가 얼마 후 도교적인 불사不死의 신앙으로 받아들여졌던 중국 불교의 초기 단계에 대한 검토를 빠트릴 수는 없을 것이다. 이 장에서 독자들은 중국 불교의 최초 단계의 기본적 사실들을 접하게 될 것이다. 이 주제에 대해서는 이미 많은 연구들이 이루어져 있는데, 구체적인 사실을 거의 알 수 없는 이 시기의 불교가 다른 어떤 시기의 중국 불교보다도 더 면밀하게 연구되었다는 사실은 재미있는 일이라고 할 수 있다. 필요할 때마다 선행 연구자들의 의견과 결론을 언급하거나 부연하여 설명하게 될 것이다. 여러 선행 연구들 중에서도 특히 탕용동湯用彤의 연구에 가장 많이 의거하고 있는 바, 그의 『한위양진남북조불교사』(이하 『불교사』)의 앞부분에는 이 시기의 불교가 대단히 뛰어난 방식으로 서술되고 있다.

이 장에서 이야기할 역사적 흐름에 대한 개관은 – 단지 다음 장들의 내용에 대한 역사적 배경 설명으로서 – (불교가 전래된 이후) 두 세기 이상의 시기에 있었던 발전 모습을 대략적으로 이야기하는 데 불과하다. 초기 중국 불교에서의 '선禪' 수행법과 (비슷한 성격을 띠는) 도교적 수행법의 관계 및 초기 역경 활동과 관련한 대단히 복잡한 서지학적 내용 등의 문제에 대해서는 간략하게 언급하는 데 그칠 것이다. 이 주제들에 대해 제대로 이야기하기 위해서는 단지 배경 설명에 불과한 이 장에서 할애할 수 있는 것보다 훨씬 많은 분량이 필요할 것이다.

일반 역사문헌 속의 불교

중국 불교의 초기 단계의 모습에 대한 – 역경 활동에 관한 내용들을 제외한 – 신뢰할 수 있는 정보들을 얻기 위해서 주로 세속의 일반 역사문헌들에 의존해야 한다는 것은 대단히 아쉬운 일이다. 곧 살펴보게 되겠지만 불교 문헌에 보이는 불교 전래에 관한 내용들은 명백히 전설적이어서 그대로 따르기 힘들다. 그나마 관련되는 문헌들이 거의

[p.19]

없다는 사실은 더욱 안타까운 일이다. 중국의 역사가들은 일반적으로 정치나 정부 조직과 직접적으로 관련되지 않는 한 종교에 대하여 관심을 갖지 않았으며, 중국 땅의 외국인들의 종교에 대해서는 더욱 그러하였다.

따라서 이른 시기의 중국 역사문헌들에 등장하는 불교에 관한 그나마 얼마 되지 않는 내용들은 역사가가 다른 이야기를 하는 과정에 우연히 언급된 것들이다. 4세기에 편찬된 후한 왕조에 대한 역사서인 《후한기後漢記》에 보이는 몇 구절을 제외하면 불교와 관련된 기록들은 불교 자체에 대하여 이야기하려는 목적에서 쓰여진 것들이 아니었다. 일례로 기원후 65년에 반포된 황제의 조칙에 불교에 관련된 내용이 언급되고 있지만, 《후한서後漢書》의 편찬자는 이것을 황태자의 행적과 관련하여 인용하고 있을 뿐이다. 다른 사례로는 황제의 방탕한 행동을 비판하는 상주문에 불교와 관련된 내용이 언급되고 있다.• 그밖에 한 지방 장관의 불교 사원 건립에 관한 대단히 흥미로운 서술이 보이고 있지만 이 역시 그 지방 장관의 분별없는 노동력과 재물의 낭비 사례로 이야기된 것이었지 결코 불교 사원 건립과정을 묘사하기 위한 것은 아니었다.•• 기원후 65년의 유영劉英•••의 불교 신앙 행위에 대한 기사 전체는 자신이 받게 될 처벌에 대한 자발적인 속죄 및 그러한 선행에 대한 황제의 반응에 관한 것으로, 만약 그 해에 황제의 조칙에 의해 속죄할 수 있는 기회가 주어지지 않았다면 중국의 공식 역사책은 유영(=초왕)의 종교적 열의에 대하여 아무런 언급을 하지 않았을 것이고, 그랬다면 우리들에게 중국의 불교는 한 세기 뒤인 2세기 중엽에 비로소 시작하는 것으로 알려졌을 것이다.

• 뒤에 나오는 양해襄楷의 상주문을 가리킨다-역자
•• 뒤에 나오는 착융笮融의 사례를 가리킨다-역자
••• 황제의 아들로서 초왕楚王에 봉해져 있었고, 중국 상류층에서 불교를 수용한 최초의 인물로 이야기되고 있다-역자

제2장 역사적 흐름 개관 41

이런 점을 고려할 때 우리는 초기의 기록들을 지나치게 중요하게 생각하지 않도록 주의할 필요가 있다. 그 기록들은 중국에서 불교의 시작을 명확하게 제시하지 않을 뿐 아니라 그 기록들이 쓰여지던 시기에 신앙되고 있던 불교의 모습을 대표하는 것으로도 보기 힘들다. 그 기록들은 외부 상황과 운 좋게 결합한 덕택에 '우연히' 기록될 수 있었던 것으로서, 사건의 징후 정도의 중요성을 갖는 데 불과하다. 초기의 불교 관련 기록들로부터 우리가 얻을 수 있는 가장 중요한 결론은 - 중국의 역사문헌에 언급되고 있다는 사실 자체가 보여주는 것처럼 - 그와 같은 매우 이른 시기에 이미 불교가 어떠한 방식으로든 사회의 상층부와 연결되어 있었다는 사실이다.

불교 전래에 관한 여러 전설들

불교의 최초 전래 및 초기 역사는 후대 중국 위서僞書들의 주요한 주제였다. 그 이야기들 중 다수는 분명히 포교를 위해 만들어진 것이었다. 성공적으로 황궁에 받아들여지고 즉각적으로 황제가 개종하였다는 이야기나 중국 땅에 매우 이른 시기부터 불교가 존재하였다는 이야기들은 불교 교단의 권위를 높이는 데 기여하였을 것으로 생각된다.

이 주제와 관련해서는 뒤에 다시 논하기로 하고[5장의 내용을 참조], 여기에서는 단지 비교적 위작의 성격이 적고 근대의 학자들에 의해 실제 역사적 사실로 받아들여진 사건들에 대하여 간략하게 이야기하고자 한다. 주로 문제가 되는 여러 전설과 설화들에 대하여 소개하고 그에 대한 선행 연구자들의 결론에 대하여 언급하는 것으로 그칠 것이다.

(1) 실리방室利防이라는 승려가 이끄는 한 무리의 승려들이 다수의 불경을 가지고 진시황제(기원전 221-208)의 수도에 도착하였다. 불교를 받아들이려 하지 않았던 시황제는 그들을 즉시 감옥에 가두었다. 하지만 밤중에 16척의 금인金人이 나타나 감옥을 열고 승려들을 풀어주었다. 이 기적에 감동된 시황제는 머리를 땅에 찧으면서 사죄하였다. [p.20]

양계초梁啓超(1873-1929)는 이 전설을 받아들였던 초기 근대 연구자들 중 한 사람이지만 – 중국 초기 불교의 다른 문제들에 대한 그의 지나치다 싶게 비판적인 태도와는 전혀 다른 모습이다 – 실리방 일행이 아쇼카왕이 파견한 불교 포교단일 수 있다는 그의 주장은 더 이상 받아들여질 수 없다.[1] 597년에 편찬된 《역대삼보기歷代三寶記》에 등장하는 이 이야기는 비교적 후대의 것으로 볼 수 있다.[2] 《역대삼보기》에는 실리방 스스로 자신이 중국으로 가지고 온 불경의 목록을 정리했다는 《고(경)록古(經)錄》을 함께 수록하고 있다.[3]

(2) 기원전 120년에 곤명지昆明池라는 거대한 호수를 파던 중에 – 이것은 실제 역사적 사실이다[4] – 아주 깊은 곳에서 신비한 검은 물질이 발견되었다. 황제가 유명한 학자 동방삭에게 그 기원에 대하여 물었을 때, 동방삭은 자신은 알지 못한다면서 서쪽에서 온 외국인들에게 물어볼 것을 제안하였다. 서쪽에서 온 외국인들에게 물어보자 그들은 한 겁劫이 끝날 때 발생하는 화재의 결과물이라고 대답하였다. 이것은 3세기 후반에 만들어진 편찬자를 알 수 없는 《삼보고사三輔故事》에 등장하는 이야기이다.[5]

프랑케O. Franke는 이 이야기를 기원전 2세기 후반에 장안에 불교 승려가 있었음을 증명하는 것이라고 하였다.[6] 하지만 마스페로Maspero

는 프랑케의 논문에 대한 서평에서 이 이야기의 초기 이본들을 조사한 후, 조비曹毗(3세기 후반)가 편찬한 《지괴志怪》에 이 이야기가 처음으로 등장한다고 결론지었다.7) 그런데 여기에서는 이야기가 전혀 다르게 나타나고 있다. 동방삭이 대답하지 못하자 황제는 굳이 다른 사람들에게 물어보려고 하지 않았고, 나중에 명제(58-75) 때에 낙양에 도착한 외국 승려들 중 한 사람이 위와 같은 내용의 설명을 제시하였다.8) 《고승전》에도 같은 이야기가 전하고 있는데, 거기에서는 축법란竺法蘭(뒤의 (7) 참조)이 검은 물질의 성격에 대해 설명하고 있다.9) 이 이야기는 분명히 명제의 꿈 및 낙양에 도착한 첫 번째 승려들에 관한 전설에 기초하고 있으며, 따라서 3세기 이전으로 거슬러 올라갈 수 없음이 분명하다. 탕용동은 종병의 《명불론》(433년경 찬술, 앞 장의 문헌 (3) 참조)에 인용되어 있는 또 다른 이본을 소개하고 있는데, 거기에서는 동방삭 본인이 그 문제를 해명하고 있다.10)

(3) 북위의 역사서 《위서魏書》의 편찬자인 위수魏收(506-572)는 불교와 도교에 대해 다룬 〈석로지釋老志〉에서 기원전 138년에 월지국으로 파견되어 서역길을 개척하였던 유명한 장건張騫이 중국에 돌아와 인도의 불교에 대하여 보고하였고, 그때에 중국 사람들이 불교에 대해 처음으로 듣게 되었다고 이야기하고 있다.11) 보다 그럴듯한 같은 내용의 전설이 664년에 편찬된 도선道宣의 《광홍명집》에도 나오고 있다.12) 하지만 장건의 서역 여행에 대하여 강조하고 있는 《후한서》의 편찬자들이 불교에 대하여 아무런 언급을 하고 있지 않는 것으로 볼 때 이 전설은 후대에 지어낸 것에 틀림없다. 기원전 2세기 후반에 활약하였던 장건은 명제의 꿈과 관련된 전설(아래의 (6) 참조. 시대착오적이게도 이 꿈과 관련된 사건은 기원후 64년경에 있었던 일이다)의 초기 이본들에서도 중요한 역

할을 하고 있다. 그렇지만 위수의 경우 명제의 꿈에 관해서는 장건이 등장하지 않는 《고승전》의 내용을 따르고 있는 것으로 보아 장건과 관련된 두 전설이 직접 연결되지는 않았던 것으로 생각된다.

(4) 기원전 120년에 한나라 장수 곽거병霍去病이 카라노르 전투에서 빼앗은 흉노 국왕의 유명한 금제 조각상은 초기 자료에는 휴도休屠 왕이 하늘에 제사할 때 사용한 금인상金人像으로 나타나고 있는데,13) 종종 불상으로 간주되기도 하였다. 3세기의 주석가 장안張晏의 주석에 벌써 그러한 해석이 보이고 있는 것으로 볼 때14) 이러한 잘못된 해석이 불교에서 시작된 것은 아니었다고 생각된다. 그렇지만 후대의 불교 측 자료에는 훨씬 더 발전된 내용이 보이고 있다. 조각상은 10척이 넘었으며, 중국으로 옮겨져서 감천궁에 안치되었고, 무제는 그 앞에서 제사지낼 때 고기를 사용하지 않고 단지 기도하고 향을 피울 뿐이었다고 한다. 그리고 이를 통해 불교가 (중국에) 점차 퍼지게 되었다고 한다.15)

(5) 유준劉峻(? -521)은 《세설신어》 주석에서 유향(劉向, 기원전 80-8)이 지은 것으로 알려진 《열선전列仙傳》(신선이 된 사람들의 전기)의 서문을 인용하고 있다. 서문에 의하면 《열선전》의 편찬자는 146명의 선인仙人들의 전기를 수집하였는데, "그중 74명에 관한 전기 내용은 불교 문헌에 수록되어 있는 것이므로 (단지) 72개의 전기만을 수록하였다"고 이야기하고 있다.16)

현존하는 《열선전》에는 보이지 않는 이 인용문으로부터 서로 다른 추론이 도출되었다. 프랑케는 (앞에 인용한 그의 책에서) 현재 전해지는

《열선전》이 3세기 혹은 4세기에 편찬되었다는 판단하에 이 책의 편찬자를 유향으로 보는 견해를 비판하고 있지만, 그와는 별개로 위의 인용문은 기원전 1세기경에 불교가 이미 중국에 존재했음을 보여주는 믿을 수 있는 증거라고 이야기하고 있다. 마스페로는 《열선전》의 저자를 유향으로 볼 수는 없지만 응소應邵의 《한서음의漢書音義》(2세기 후반)에서 이 책을 두 차례나 인용하고 있는 점으로 볼 때 한나라 때의 문헌임에 틀림없다고 보고 있다. 또한 현재 전하고 있는 《열선전》은 결락 부분이 많고, 원래의 서문 중 일부만이 남아 있는 것이므로 현전하는 책에 위의 인용문이 없다고 해서 이를 후대에 첨가된 것으로 볼 수는 없다고 하였다. 마스페로는 위의 인용문이 본래의 《열신진》에 있었던 것으로 굳게 믿고 '이것은 양해襄楷의 상주문과 함께 일반 문헌에 보이는 불교에 관한 가장 이른 시기의 언급'이라고 이야기하고 있다.17) 탕용동은 이 이야기가 5세기 초에 활약한 종병에게 알려져 있었다는 사실을 지적하는 동시에 안지추顔之推(531-595)가 자신의 《안씨가훈》에서 이미 후대에 추가된 것이라고 지적하였음을18) 언급하면서 그 견해를 따르고 있다(『불교사』p.14).

5세기 초 이후에는 또 하나의 더욱 신비스런 전설이 등장하였다. 진시황의 분서갱유 당시에 몰래 감추어졌던 산스크리트 불경 60권을 유향이 천록각天錄閣에서 발견하였다는 것이다.19) 잃어버린 문헌에 관한 종병의 주장(이에 대해서는 5장에서 언급할 것이다)은 아마도 이 전설에 영향 받았을 것이다.

[p.22]   (6) 한나라 명제(58-75) 때 불교가 '공식적'으로 수용되었다는 전설은 매우 유명하며, 근대에 들어와 허구로 판명될 때까지 역사적 사실로 널리 받아들여졌다. 꿈에서 계시를 받은 명제는 사신들을 월지국으로 보내 – 가장 오래된 이본에서는 기원전 2세기 후반에 죽

은 장건을 사신단의 대표라고 이야기하고 있다 – 불경을 구해오게 하였다. 사신들이 출발한 시기는 기원후 60년 혹은 61년, 64년, 68년 등으로 이야기되고 있다. 3년(어떤 이본에서는 11년) 후에 사신들은 《사십이장경》의 원본(혹은 번역본)을 가지고 귀국하였다. 그들은 최초의 외국 승려들과 함께 귀국하였는데, 5세기 후반 이후로 외국 승려들의 이름은 섭마등과 축법란으로 확립되었다. 명제는 낙양에 백마사를 건립하여 그들을 머물게 하였다.

마스페로와 탕용동은 이 전설의 여러 이본들을 매우 자세하게 분석하였으며, 자세한 설명은 생략하지만 두 사람 모두 이 이야기를 사실로 받아들일 수 없다고 결론지었다.20) 하지만 두 사람의 입장에는 약간의 차이가 있다. 탕용동은 이 전설의 배경에 실제 역사적 사실들이 있었을 가능성이 있다고 보는 반면, 마스페로는 이 이야기 전체를 역사적 사실과는 아무런 관련이 없는 순전히 포교적 목적에서 꾸며낸 것으로 보고 있다. 마스페로에 의하면 이 이야기는 3세기에 불교도들 사이에서 만들어져서 4세기와 5세기를 거치며 더 다듬어졌고, 5세기 말에 현재와 같은 형태로 완성되었다고 한다.21)

명제의 꿈 및 월지국에 파견된 사신 이야기는 모두 《사십이장경》의 서문이라는 하나의 자료에서 비롯되었다. 6세기 초의 《출삼장기집》에 수록된22) 이 서문의 찬술 시기는 상당히 구체적으로 알 수 있다. 첫 부분에서 '옛날 한나라 효명황제'라고 시작하고 있기 때문에 한나라 이후에 만들어진 것이 분명하다. 또한 불교가 중국 사신에게 전해진 내용을 기록하고 있는 《위략魏略》(3세기 중엽)에 이 전설과 관련된 내용이 보이지 않는 것으로 보아 3세기 중엽 이후에 나타난 것임을 알 수 있다. 명제 때라는 시대 설정은 명제 때에 인도 승려가 중국에 도착하였다는 《지괴》(2세기 후반, 위의 (2) 참조)의 내용에 영향 받은 것으로 생각된다.

(7) 명제 때에 불교가 수용되었다는 이야기는 이후 황제에 의해 69년에 궁중에서 (인도에서 온) 승려와 도교 도사들 사이의 도력 대결이 개최되었고, 그 결과에 따라 황제의 (불교로의) 개종과 중국인 수백 명의 출가, 낙양 주변 10개 사원의 건립이 이루어졌다는 내용으로 발전되었다. 이 환상적인 이야기는 《한법본내전漢法本內傳》이라는 날조된 문헌에 자세히 서술되었다. 이 책은 전해지지 않지만 그 내용이 후대의 불교 저술들에 인용되고 있다. 6세기경에 만들어진 것으로 생각되는 이 《한법본내전》의 이야기는23) – 시간이 지나면서 명백한 시대착오적 내용들을 제거하는 동시에 '실제의' 사실들을 추가해서 점점 더 역사적 사실로 보이게 된 명제가 파견한 사절단 이야기와는 달리 – 너무나 뻔한 허황된 내용이어서 대부분의 근대 학자들에 의해 꾸며낸 이야기라는 평가를 받게 되었다.

서북쪽으로부터의 침투

[p.23] 실제로 불교가 언제 중국에 들어왔는지는 알려져 있지 않다. 아마도 서북쪽으로부터 두 갈래 길을 거쳐 돈황으로 들어오고 다시 그곳에서 감숙성의 회랑지대와 '관중關中' 지역을 거쳐 후한의 수도 낙양이 위치하고 있던 북중국의 평원지대로 이어지는 육상 실크로드를 따라서 천천히 침투되었다고 보아야 할 것이다. 그리고 이러한 침투는 중앙아시아에 중국의 세력이 강화되던 기원전 1세기 전반부터 당시의 중국 문헌에 불교의 존재가 확인되고 있는 기원후 3세기 중엽까지의 시기에 이루어졌다고 생각된다.

중국 내 외국인의 종교로서의 불교

불교는 처음에 자신들의 나라에서 중국으로 그것을 가져온 외국인들 – 상인, 피난자, 사신, 포로 등 – 사이에서 신앙되었다. 앞에서 이야기한 것처럼 중국의 공식 역사서는 중국 땅에 있는 외국인들의 – 집단적이건 개인적이건 – 활동에 대하여 언급하고 있지 않다. 유교적 세계관에서는 주변의 황무지에 사는 이민족들과 '중심 왕국[中國]' 사이에는 오직 하나의 관계만을 인정하고 있다. 먼 곳에 사는 이민족들은 황제의 덕에 감화되어 복종의 징표로 자신들의 지역에서 나는 '공물'을 바치기 위하여 중국에 올 뿐이다. 그러한 많은 종류의 '공물'들이 한나라의 연대기에 기록되어 있는데, 중국 역사 전체를 통하여 그러한 공물의 수수가 중국 왕실과의 표준적인 교역 형태였다는 사실을 고려하면 당시 공물을 바친 사절들 역시 정치적 기능 이외에 상업적 활동을 하였음을 알 수 있다.

후대의 불교 전기 자료에서 확인되는 내용들은 한나라 불교의 이러한 모습을 더욱 자세하게 보여주고 있다. 비록 이 자료들은 후대 – 2세기 말에서 3세기 초 – 의 것들이긴 하지만 본질적으로 그 이전부터 있었던 상황을 묘사하는 것들로 볼 수 있다. 많은 승려들이 국경을 건너 중국에 들어온 것이 아니라 중국 내의 외국인 가정에서 태어났거나 혹은 종교가 아닌 다른 활동을 위해 일반인으로서 중국에 들어왔다가 나중에 출가한 것으로 나타나고 있다. 안현安玄은 181년에 상인으로서 중국에 들어왔다가 나중에 그의 유명한 동향인인 안세고安世高가 이끄는 불교공동체에 들어갔다.[24] 월지국 출신인 지겸支謙의 할아버지는 영제(靈帝, 재위 168-190) 때에 수백 명의 동포들과 함께 중국에 정착하였다.[25] 유명한 축법호는 3세기 전반에 여러 대에 걸쳐 돈황에 살고 있던 월지족 집안에서 태어났다.[26] 축숙란竺叔蘭은 3

세기 전반경에 가족을 거느리고 조국을 떠나 중국의 하남지방에 정착한 인도인 다르마시라[達摩尸羅]의 아들로 중국에서 태어났다.27) 2세기 말에 낙양의 유명한 번역가 중 한 사람으로 활약한 강맹상康孟詳의 조상은 강거康居, 즉 소그드 출신이었다.28) 강승회康僧會는 3세기 초에 중국의 최남단에 있는 교지交趾에서 소그드 상인의 아들로 태어났다.29)

이와 같이 불교는 비교적 이른 시기부터 흩어져 있는 외국인 가족과 집단, 정착지 등에 '비공식적'으로 존재하고 있었으며, 이것이 중국 자료에 처음으로 언급되기 이전의 불교의 모습이었다고 생각된다.30) 그리고 이러한 사실은 지금까지 이 분야 연구자들의 관심을 끌지 못했던 다음의 자료를 통해서 더욱 확실해진다. 《출삼장기집》 권13의 지겸 전기 -《고승전》의 내용과는 조금 다르다 - 에 의하면 많은 양의 산스크리트 불교 문헌들이 3세기 초에 중국에 유통되고 있었던 것이다.

[p.24]

"그는 훌륭한 가르침이 신앙되고 있음에도 경전들이 대부분 '오랑캐[胡]'말 - 후대의 자료에는 산스크리트[梵]로 나타난다 - 로 쓰여져 있어서 아무도 이해하지 못한다는 사실을 깨달았다. 그는 중국말과 오랑캐[戎] 말에 모두 능숙하였으므로 그 경전들을 전부 모아 중국말로 번역하였다."31)

지겸이 모은 불경들은 서로 다른 성격의 짧은 문헌들로, 단지 하나만이 2권 이상의 분량이었다. 그는 이 문헌들을 남쪽으로 이주하기 이전에는(220년경) 낙양에서, 남쪽으로 옮긴 후에는 오나라 수도 건업建業에서 수집하였다. 그리고 224년부터 건업에서 번역을 시작하였다. 그가 번역한 문헌의 수는 자료에 따라 다르게 나타나고 있다. 27종(지겸의 전기) 혹은 30종(《축삼장기집》 권2에 수록된 도안의 목록)이라 하기도

하고, 많은 경우는 129종(《역대삼보기》 권5, 《대당내전록》 권2)이라고 이야기되기도 한다. 지겸의 활동과 그가 번역한 문헌들에 대해서는 뒤에서 다시 살피기로 하고, 여기에서는 위의 인용문을 통해 알 수 있는 것처럼 한나라 말기에 불교가 여전히 주로 외국인들 – 새로운 이주자 혹은 이주민의 후손들 – 의 종교였고, 그들 사이에 인도 혹은 중앙아시아의 불교 문헌들이 유통되고 있었음을 지적하는 데 그치고자 한다.

중앙아시아에서 불교를 수용한 중국인 :
경로景盧와 반용班勇

기원후 1세기의 초기 수십 년 사이에 많은 수의 중국 관료들이 중앙아시아의 불교 국가들에서 군사적 혹은 행정적 임무를 담당하였다는 사실도 불교의 중국 전래에 있어 중요한 역할을 하였을 것이다. 이 관료들 중 다수는 적어도 불교의 존재는 알게 되었을 것이다.

3세기 초 이전으로 소급되는 전승에 의하면 기원전 2년에 월지국에 파견되었던 중국 사절의 일원이었던 박사제자博士弟子 경로(景盧, 후대의 이본에는 경려景慮, 진경秦景, 진경헌秦景憲, 경익景匿 등으로 다양하게 나타나고 있다)는 월지국의 태자로부터 불경(들)의 가르침을 배웠다고 한다. 이 이야기는 3세기 중엽 어환魚豢이 편찬한 《위략魏略》〈서융전西戎傳〉에 수록되어 있던 거의 원형을 알 수 없게 되어버린 인도에 관한 기사에 처음 나타나는 것으로, 배송지裴松之의 《삼국지》 주석(429년 간행)에 인용되고 있다.32) 해당 내용은 다음과 같다.

"옛날 한나라 애제哀帝 원수元壽 원년(기원전 2년)에 박사제자 경로가 대월지왕의 사신인 이존伊存으로부터 구전으로 불교 경전의 가르침을 받았다."(昔漢哀帝元壽元年 博士弟子景盧受大月氏王使伊存口授浮屠經)

이 기록을 그대로 해석한다면 경로는 불교의 가르침을 중국에서 - 틀림없이 수도에서 - 중국에 사신으로 온 월지인으로부터 배운 것이 될 것이다. 하지만 샤반느는 《위략》 서융전의 역주에서 이 문장에 [p.25] 대하여 숙고한 끝에 서로 다른 두 가지 이본에 의거하여 다음과 같이 수정하였다.[33)]

"…박사제자 경로는 대월지로 가는 사신이 되었다. (대월지의) 왕은 그에게 불경(의 가르침)을 구전으로 가르쳐 주도록 태자에게 명령하였다."(博士弟子景盧受大月氏王使 王令太子口授浮屠經)

샤반느의 《위략》 수정이 맞다면 상황은 정반대가 된다. 무대는 월지국 궁정이 되고 쿠샨왕조의 어느 국왕 - 이 왕조의 연대기는 대단히 불분명하기 때문에 어느 왕인지 특정할 수 없다 - 이 자신의 아들에게 불교 경전(들)의 가르침을 중국의 사절로 서역에 파견된 경로에게 가르쳐 주라고 명령한 것이 된다. 샤반느의 견해는 대단히 뛰어난 것임에 틀림없지만, 어쨌든 다양한 가능성들 중에서 주관적으로 결정한 것이다. 존存은 태자太子를 하나로 뒤섞은 실수로 볼 수 있지만, 이伊를 령令의 혼동으로 설명하기는 어렵다. 오히려 령令과 같은 뜻을 갖는 글자인 사使의 오자로 보아야 할 것이다.• 탕용동이 샤반느보다 더 많은 이 이야기의 이본들을 수집하여 주의 깊게 비교한 후 반대되는 결론을 얻은 사실도 주목할 필요가 있다. 그는 무대가 중국이고, 이존은 월지의 사신이며, 위의 이야기는 《위략》이 편찬될 때까지 전해지고 있던 이존이 전해준 불교 문헌에 의거하였을 것이라고 하였다. 아울러 후한대의 불교 전래 과정에 월지인들이 중요한 역할을 담당하였을 고려할 때 (이 이야기에서) 월지인이 불경(들)을 구술하거나 설명하

• 원서에는 사使와 령令의 위치가 바뀌어 있다-역자

였다고 하는 것은 대단히 중요한 사실이라고 하였다.34)

이러한 모든 설명은 가설 위에 다시 가설을 세우는 것으로서 대단히 위험한 것이다. 《한서》에는 기원전 2년에 중국에 찾아온 월지의 사신이나 월지로 파견된 중국 사신에 관한 모습은 보이지 않고 있다. 따라서 앞의 이야기 전체를 의심해 볼 필요가 있다. 중국의 사절이 월지의 태자로부터 구전의 가르침을 받았다거나 월지의 사신이 중국의 학자에게 불경을 전해주었다는 사실 자체는 전혀 불가능한 것이 아니다. 하지만 2세기 이상 어떤 자료에도 보이지 않다가 의미도 명확하지 않고 등장하는 중국인의 이름, 월지인의 역할, 사건이 일어난 장소 등에 차이가 있는 7종류의 이본으로 갑작스럽게 나타나고 있는 이 이야기를 신뢰할 수 있는 역사적 자료로 이용할 수는 없을 것이다.

또 다른 사례로는 중앙아시아에서 30년 이상을 보낸 위대한 정복자 반초(班超, 32-102)의 막내아들인 반용班勇의 이야기를 들 수 있다. 반용은 107년에 흉노에 대한 정벌에 참여하였고, 123년에는 서역장사西域長史가 되었으며, 그 후로는 중앙아시아의 군사작전에 참여하였다. 그는 127년에 관직을 박탈당하고 투옥되었으며 얼마 후에 죽었다.35) 107년의 첫 전쟁 참여 이전에도 그는 부친과 함께 중앙아시아에 있었던 것으로 보인다. 반초는 그를 100년에 중국 조정으로 보냈고, 그는 황제에게 부친을 중국으로 돌아오게 해달라고 요청하였던 것으로 보인다.36) 당시에 반용이 파르티아의 사절과 함께 낙양으로 갔다는 사실은 중요한 의미를 갖는다.37) 《후한서》〈서역전〉의 편찬자 범엽(范曄, 445년 사망)은 전한시대의 자료 중에 인도에 불교가 있었음을 이야기하는 자료는 하나도 없다고 이야기하고 있다. 한대에 관한 두 역사서(《사기》와 《한서》)의 지리지에는 인도에 대하여 아무런 언급도 보이지 않으며, 장건(張騫, 기원전 2세기 후반)은 (인도에 대해) 기후가 매우 덥고 습하다는 것과 전쟁에 코끼리를 사용하는 것만을 이야기하고 있다. [p.26]

"반용이 '그들은 부처를 신앙하고 (그러한 이유로 다른 사람들을) 죽이거나 공격하지 않는다'고 이야기하였지만 그는 훌륭한 경전과 좋은 가르침으로 사람들을 인도하는 것에 대해서는 아무것도 전하지 않았다."[38]

여기에 인용된 반용의 말은 중앙아시아에 대한 일종의 보고서나 기록에 있었던 내용일 가능성이 높다. 다만 반용의 저술이 전해지지 않고 있기 때문에 구체적인 것은 알 수 없다.[39] 앞에서 언급한 경로에 관한 매우 의심스러운 이야기를 제외하면 반용의 이야기는 한나라 때에 중국인 고관이 중국 밖에서 불교를 접하였거나 적어도 그 존재 및 가장 중요한 도덕적 원리에 대하여 알고 있었음을 보여주는 유일한 사례이다.

초왕楚王 영英 : 기원후 65년의 팽성彭城 불교

기원후 1세기 중엽에 불교는 이미 회수淮水 북쪽의 하남성 동부, 산동성 남부, 강소성 북부 등의 지역에 퍼져 있었던 것으로 보인다. 제국의 이 지역에 외국인 집단이 존재하였음은 쉽게 설명될 수 있다. 이 지역의 가장 중요한 도시인 팽성彭城은 교역의 최고 중심지였다.[40] 이 도시는 낙양과 대륙 실크로드의 동쪽 연장지역인 (중국) 동남부를 잇는 간선도로 상에 위치하였고, 외국인들은 그 길을 따라 이곳에 도착하였다. 또한 이곳은 북서쪽으로는 산동성 남부의 낭야琅琊, 남동쪽으로는 오군吳郡과 회계會稽에 연결되었는데, 이 지역들은 모두 주요한 해양무역의 중심지들로서 반우(潘禺, 광주廣州)를 거쳐 인도차이나와 말레이시아의 무역항들에 연결되었다. 한대의 불교는 주로 남부지역을 중심으로 하였으며 이후 해양 중심지를 따라 중국 전역으로 퍼져갔다는 양계초의 가설을 증명할 수 있는 확실한 증거가 없기 때문에 그대로 받아들이기는 힘들지만,41) 약간의 불교적 영향이 바로 이 길을 따라서 전해졌을 가능성을 배제할 수는 없다.

기원후 65년에 후한 광무제(재위 25-58)의 아들인 초왕楚王 유영劉英의 궁정에서 (틀림없이 외국인인) 승려들과 중국인 재가신자들로 구성된 최초의 불교공동체의 존재가 확인되는 것도 바로 이 지역에서였다. 유영은 39년부터 초楚의 제후(41년부터는 楚王)로 임명되어 있었고, 52년부터 71년까지는 오늘날 산동성 남부와 강소성 북부 지역으로 이루어진 자기 왕국[초楚]의 수도인 팽성에 거주하고 있었다.《후한서》에 실린 그의 전기에 의하면 그는 도교[황로黃老]42)에 깊은 관심을 가지고 있었으며 동시에 '부처를 위하여 금식[재齋]하고 제사를 지냈다[爲浮屠齋戒祭祀]'고 한다.43) 이와 같이 중국 역사문헌에 보이는 최초의 불교에 대한 언급에서 불교는 이미 육체적 불사不死를 위한 수행으로서 1세기 중엽에 궁정과 왕족들 사이에서 크게 유행하고 있던 황로신앙 즉 도교의 수련과 밀접하게 연결되어 나타나고 있다.44) 탕용동은 유영(65년)과 환제桓帝(166년)의 사례에서 ① 불교는 황로와 함께 언급되고 있고, ② 제사와 관련되어 있으며, 한대의 도교의식에서 여러 신과 정령들에 대한 제사는 행운을 가져오고 불행을 피하는 데 중요한 역할을 하였음을 강조하였다.45) 실제로 후대에는 역사문헌에서 그와 같은 의식을 가리키는 데 사용되는 용어인 '음사淫祀'가 불교 의례에도 적용되고 있다.46) 유영과 그의 궁정에 있던 중국인 신자들에게 있어 금식과 제사는 단순히 당시 행해지던 도교의식의 일종의 변형으로 간주되었을 수 있다. 이와 같은 불교와 도교적 요소의 독특한 결합 모습은 한대 불교의 전반적인 특성이었다.

[p.27]

기원후 65년에 명제明帝는 사형을 선고받은 죄인들 모두에게 대속代贖할 기회를 준다는 칙령을 내렸다. 중앙정부에 대한 충성심이 의심받고 있던 유영은 – 다음에 설명하듯이 그는 5년 후에 반란을 모의했다는 이유로 폐위되었다 – 예방적 조치로서 이 기회를 적극적으로 활용하였다. 그는 관리를 시켜 자기의 죄를 대속할 수 있는 노란색과 흰색의 비단 30필을 낙양으로 가지고 가게 하였다. 이에 대해 명제는 다음과 같은 칙령을 내렸다.

> "초왕은 황로의 미묘한 말을 암송하고 부처에 대한 좋은 제사를 경건하게 지내고 있다. 3개월 동안의 재계와 단식을 마친 후 신들에게 엄숙한 맹세를 하였다. 그의 참회에 대하여 어떠한 미움과 의심이 있을 수 있겠는가. 그가 보낸 대속물은 재가신자[伊蒲塞]와 승려[桑門]•들을 풍성하게 대접하는 데 사용하도록 돌려보낸다."47)

모든 왕자들에게 유영의 고결한 행위를 알리기 위하여 이 칙령은 여러 영지로 보내졌다. 하지만 초왕의 행운은 오래 지속되지 못하였다. 그가 독립하기 위하여 도교의 술사[方士]들을 시켜 예언서와 상서를 조작하면서 멋대로 사람들을 제후로 책봉하거나 지방장관과 장군들을 임명한다는 소문이 퍼져갔고, 기원후 70년에 그는 심한 경우 사형에 처해질 수 있는 '대역부도大逆不道'의 죄로 고발되었다. 황제는 여전히 그에 대해 우호적인 태도를 가지고 있었으므로 사형 대신 보다 가벼운 벌을 주었다. 유영은 폐위된 후 많은 자신의 신하들과 함께 안휘성 남쪽의 단양丹陽 근처에 있는 경현涇縣으로 옮겨가 계속하여 꽤 좋은 대접을 받으며 지내게 되었다. 하지만 유영은 단양에 도착한 다음 해(71년)에 곧바로 자살하였다.

• 伊蒲塞과 桑門은 재가신자와 승려를 가리키는 '우바새優婆塞'와 '사문沙門'의 다른 표기법이다–역자

기원후 193/194년의 팽성 지역 불교

유영이 떠난 이후에도 팽성의 불교 조직은 그대로 유지되었던 것으로 보이지만 그들의 구체적 상황에 대한 기록은 백 년 이상 보이지 않고 있다. 그러나《삼국지》의 기록을 다른 자료와 함께 비교 검토하면 2세기 말에 이 지역의 불교공동체가 번창하고 있었음을 알 수 있다.

193년에 악명 높은 장군 착융笮融이 서주徐州 자사(刺史, 당시는 사실상 독립적 지배자였다) 도겸陶謙의 휘하에 들어갔고, 도겸은 그에게 광릉廣陵, 하비下邳, 팽성 – 모두 현재의 강소성 지역이다 – 지역의 곡물수송을 맡겼다. 착융은 이 조용하고 대단히 수익이 높은 자리에 오래 있지 않았다. 194년초에 도겸이 죽자 착융은 약 만 명의 동조자와 기병 3천의 사병을 거느리고 광릉으로 가서 연회 중에 (광릉의) 태수를 죽였다. 그 후 곧바로 예장(豫章, 지금의 강서성 남창南昌)을 공격하여 태수를 죽이고 그 자리를 차지하였다. 하지만 195년에 전임 양주揚州 자사 유요(劉繇, 151-195)에게 패배하여 산으로 달아났다가 곧 살해되었다.[48] [p.28]

광릉, 하비, 팽성 등의 곡물수송을 – 실제로는 이 세 군현의 수입을 횡령하는 직책이었다 – 맡고 있을 때,

"그는 큰 불교 사원을 건립하였다.[49] 청동으로 사람의 형상을 만들어 몸에 금칠을 하고 수놓은 비단옷을 입혔다. (건물의 꼭대기에는) 9중의 동반(銅槃, 구리 쟁반)이 매달려 있고, 아래에는 회랑이 딸린 중층의 누각이 있었다.[50] (그 건물에는) 3천여 명이 들어갈 수 있었으며 모두 불경을 읽고 공부하였다.[51] 착융은 (자신이 다스리는) 지역과 인근 지역의 불교 신자[好佛者]들에게 가르침을 듣고 실천하라고 하였다[受道]. 그는 (신자들을) 끌어들이기 위해 그들의

노역을 면제해 주었다. 이 때문에 멀고 가까운 곳에서 (사원으로) 몰려든 사람들이 5천을 넘었다.52) 부처를 목욕시키는 의식[浴佛]을 거행할 때마다53) 그는 (사람들에게 나눠줄 수 있는) 많은 양의 술[원문 그대로이다!]과 음식을 제공하였고, 길에 자리를 깔았는데 수십 리에 이르렀다. (이때에는) 수만 명의 사람들이 참여하여 구경하고 음식을 먹었다. (이 행사의) 비용으로 (현금) 수만이 들었다."54)

이 자료는 가장 이른 시기의 중국 사원에 대한 묘사라는 점에서도 중요하지만 그것보다도 이른 시기의 역사문헌에 수록된 일반인들의 불교신앙의 모습을 보여주는 극히 드문 사례라는 점에서 더욱 중요한 의미를 갖는다. 여기에 보이는 설명, 특히 숫자는 틀림없이 과장되었을 것이다. 하지만 건물의 거대한 크기, 대중 집회, 무차별적 자선 행사 등은 대규모 사원 공동체가 존재하였음을 보여주는 것이며, 이 공동체의 대다수는 중국인 승려들이었을 것이다. 번역활동에 대한 언급은 보이지 않으며, 어떤 종류의 경전이 암송되거나 연구되었는지도 이야기되지 않고 있다. 축하 행사에 참여한 사람들에게 술이 제공되었다는 사실은 축융의 사원에서 신앙된 불교가 순수한 종류의 것이 아니었음을 보여준다. 사원 건물은 아마도 하비에 있었을 것이다.55)

착융은 쉽게 예상할 수 있듯이 후대의 중국 불교 문헌에 관대한 시주의 이상적 모습으로 등장하지 못하고 있다. 오히려 4세기 초의 불교를 비판하는 측의 주장에서 그는 도덕적 타락과 신앙이 결합된 대표적 사례로 언급되고 있다.56) 불교 측 자료에는 전혀 등장하지 않고 있다.

낙양의 불교 : 최초의 흔적

또 다른 한대 불교의 중심지인 낙양에 대해서는 보다 많은 사실들이 알려져 있다. 2세기 중엽 이전의 신뢰할 만한 자료들에 낙양의 불교가 분명하게 나타나지 않는다고 해서 그 이전에 낙양에 불교가 존재하지 않았던 것은 아니다[이 장 첫 부분의 서술 참조]. 따라서 낙양의 교단을 팽성 교단의 후예로 간주하는 마스페로의 견해에는 동의할 수 없다.57) (낙양의) 지리적 위치는 그러한 가설을 반박하고 있다. 중앙아시아의 대상로를 따라서 서북쪽으로부터 점차적으로 들어온 불교가 북중국의 가장 큰 도시인 장안과 낙양에 머무르지 않고 그냥 지나쳤다가 중국 동부지역에 퍼진 후인 기원후 1세기 말에 이르러서야 다시 서쪽으로 돌아와서 낙양에 도착하였다는 것은 있을 수 없는 일이다. [p.29]

유명한 파르티아 및 대월지 출신의 지도자와 번역조직을 가진 조직화된 종교공동체로서의 낙양의 불교 교단은 2세기 이전의 신뢰할 만한 자료에는 보이지 않고 있다. 하지만 지리적 요소들을 고려할 때 비록 문헌적 증거는 없다고 하더라도 팽성의 공동체보다 이른 시기 혹은 적어도 비슷한 시기에 낙양의 불교 교단이 독자적으로 존재했다고 보는 것이 타당할 것이다. 그러나 어쨌든 이와 관련된 문헌적 증거는 전혀 남아 있지 않다.

이와 관련하여 첫 번째로 중요한 사실은 앞에서 인용한 《후한서》의 내용에 황제의 칙령 중에 우바새와 사문이 언급되고 있다는 것이다. 이것은 이들 인도(혹은 중앙아시아)의 불교용어들이 황궁 내부에 알려져 있었으며, 황제나 칙령을 작성하는 낙양의 궁정신료들이 그 의미를 이해하고 있었음을 보여주는 것이다. 이러한 추론이 옳다면 이미 1세기 중엽에 낙양에 불교가 알려져 있었고, 결코 1세기 말에 팽성의 불교 조직을 통하여 수도에 전래된 것이 아니라고 결론지을 수 있을 것이다.

두 번째로 한대의 대표적 문학작품인 장형(張衡, 78-130)의 〈서경부

西京賦〉에도 비슷하게 불교의 존재를 슬쩍 암시하는 내용이 보인다. 이것은 중국 순수문학 중에서 불교를 언급한 최초의 사례이다. 장안의 화려함 특히 왕궁 여인들의 매력있는 아름다움을 묘사하면서 시인은 "(고결한) 전계展季58)나 사문[桑門]조차도 그들에게 홀리지 않을 수 있겠는가"59)라고 감탄하고 있다. 이 글의 맥락에서 사문[桑門]이라는 용어는 조금 부적절한 것처럼 보이기도 한다. 하지만 이 단어는 장안을 묘사하기 위하여 사용된 것으로서 글자 그대로 받아들일 수 없는 수사적 표현으로 보아야 할 것이다.

《후한서》(권89)에 실려 있는 그의 전기에 의하면 장형은 〈서경부〉를 영원永元년간(89-104)에 짓기 시작하여 10년 후에 완성하였다고 하는데,60) 그때에 그는 이미 낙양으로 옮겨가 살고 있었다. 그다지 중요하지 않게 보이는 이 구절은 기원후 100년경 낙양에서 활동하고 있던 장형이 사문이라는 용어를 잘 알고 있었고 이를 당시의 일반적 지식층들을 대상으로 한 시에 사용하고 있었다는 점에서 중요한 의미를 갖는다. 이것은 또한 1세기 말에서 2세기 초에 수도 지역에 불교가 상당히 강한 영향력을 미치고 있었음을 보여주는 것이기도 하다.

《사십이장경》의 문제

일반적으로 최초의 한문 불경으로 여겨지고 있는 《사십이장경四十二章經》이 출현한 것도 같은 시기 즉 1세기 말에서 2세기 초 사이였다. 후대의 전승에 의하면 이 경전은 섭마등(攝摩騰, Kāśyapa Mātaṅga?)과 축법란(竺法蘭, Dharmaratna?)이라는 두 명의 인도 승려에 의해 전해졌고, 기원후 67년에 축법란에 의해 번역되었다고 한다. 이 책의 기원은 전설 속에 파묻혀 명확하지 않지만, 166년에 양해襄楷가 쓴 상주문에 이미 인용되고 있는 것으로 볼 때 이 책의 시원적 형태는 매우 오래되었음에 틀림없다. 그럼에도 불구하고 이 책의 진위는 계속하여 문제가 되어왔다.61) 이 경전은 42개의 독립된 장들로 구성되어 있는데, 《효경》이나 《도덕경》과 비슷한 이 책의 체제가 산스크리트 원본을 그대로 번역한 것인지 아니면 중국에서 편집된 것인지조차 해결되지 않고 있다.62) 원본은 내용면에서 틀림없이 소승불교의 성격을 띠고 있다. 많은 판본들 중에서 고려대장경에 수록되어 있는 것이 전체적으로 원래의 텍스트에 가까운 것으로 보이며, 나머지는 모두 후대에 첨가된 내용이 들어 있다.63) 고려대장경본조차도 후대에 개정된 모습을 보이고 있다. 초기의 《사십이장경》의 인용문과 현재의 텍스트들은 글자가 일치하지 않고 있다.64)

2세기 후반 낙양의 불교 교단

기원후 148년, 파르티아[안식安息] 출신 포교승 안세고의 낙양 도착은 활발한 불교 신앙 시대의 시작을 알리는 것이었다. 불행하게도 2세기 후반 수도 낙양 지역에서 번창하고 있던 불교공동체에 관한 정보는 대단히 제한되어 있다. 일반 역사자료에서는 불교공동체의 존재에 대해서 언급조차 하고 있지 않으며, 불교 측의 자료에는 불교 문헌의 번역에 관한 내용들만 나오고 있다. 역경승들의 전기를 수록하고 있는 《고승전》이나 《출삼장기집》 같은 6세기의 문헌에는 전설적인 내용만 가득할 뿐 그들의 구체적 생애에 대한 내용은 극히 빈약하며, 따라서 대단히 신중하게 활용되어야 한다. 하지만 《출삼장기집》에는 빈약하기는 하지만 비교적 이른 시기의 (때로는 동시대의) 생애 자료를 제공하는 다수의 제기題記와 서문들이 수록되어 있다.

서지학 분야에 있어서도 상황은 그다지 낫지 않다. 여기에서는 서지 정보를 담고 있는 문헌들에 대한 평가 자체가 중요한 문제가 되고 있다. 한대 불교에 관한한 후대의 목록들은 거의 의미가 없는데, 그 중에서도 가장 심각한 것은 730년에 편찬된 《개원석교록》(T2154, 타이쇼대장경 제55책)으로 여기에는 이전의 목록들에 비하여 두 배 내지 여섯 배 정도 많은 수의 한대 번역 문헌들을 수록하고 있다.

현존하는 가장 오래된 불전 목록은 6세기 초에 편찬된 《출삼장기집》인데, 이 책의 서지 부분(제2부에서 제5부까지)은 앞서 편찬되었던 도안의 《종리중경목록綜理衆經目錄》(374년)을 발전시킨 것이다.65) 따라서 도안의 목록은 실질적으로 《출삼장기집》에 그대로 반영되고 있으며, (《출삼장기집》의 편찬자인) 승우 자신이 도안의 목록에 있는 문헌과 그렇지 않은 문헌들을 구별하여 제시하고 있으므로 도안의 목록의 내용과 체제에 대하여 상당히 많은 내용을 알 수 있다.

도안의 목록은 후대의 불전 목록 편찬자들의 모범이 되는 뛰어난 학문적 기준을 제시한 것으로서, 당시에 새로 등장하기 시작한 학문 분야의 중요한 업적이었다. 그리고 한편으로 이러한 탁월성과 상대적으로 이른 시기에 편찬되었다는 사실 때문에 후대의 학자들은 도안 목록의 내용을 의심의 여지가 없는 사실로 받아들이는 경향을 갖게 되었다. 하지만 한대의 번역에 관해 검토할 때에는 – 물론 다른 시대의 것도 마찬가지이지만 – 번역자의 문제를 잘 검토해야 한다. 도안은 아마도 그 이전의 편찬자들이 만든 번역 문헌 목록을 이용할 수 있었을 것이다.66) 하지만 번역자에 관한 내용의 대부분은 그 스스로 결정하였다. 그가 특정 경전의 번역자를 확정할 때에 제기題記, 역주譯註, 서문 등과 같은 외형적 기준을 이용하였지만, 동시에 때로는 오직 해당 문헌의 문체적 특성에만 의거하여 결정하였다는 사실이 그의 목록집 내용과 도안의 업적에 대한 후대의 전승에 분명하게 나타나고 있다. (한대에 번역된 불전들 중) 아주 드문 몇몇 경우에만 동시대 혹은 비슷한 시기의 자료들에 의하여 번역자가 확인되고 있을 뿐이다.67) 따라서 다른 문헌들에 대해서는 – 반복하여 말하지만 그들의 목록이 완전한 사실이라고 확정할 수 없음에도 불구하고 – 도안과 승우의 목록에 기록된 번역자의 내용을 따를 수밖에 없다. 초창기 중국 불교에 대하여 다룰 때에 후대의 목록들에 보이는 양이 점점 늘어나는 번역문헌 리스트나 사실로 보기 어려운 연대기적 자료들에 의거할 수는 없는 것이다.

2세기 중엽부터 3세기의 첫 번째 10년 동안에 출신이 다양한 다수의 외국인 불교 포교자와 번역가들이 낙양에서 활동하고 있었다. 초기의 문헌들은 이 기간 동안에 상당한 양의 불경을 번역한 수십 명의 아차리[화상和尙]에 대하여 이야기하고 있다(도안의 목록에는 55명이 언급되고 있다). 현존하는 초기의 제기題記들 중 일부에는 번역 작업이 이루어지는 구체적 과정에 관하여 이야기하고 있는 것들도 있다. 아차리[화상]는 자기 소유의 원본을 가지고 있거나 원본을 암송하고 있는 인물로, 드문 경우이긴 하지만 만일 그가 충분한 중국어 실력이 있다면 직접 구두로 번역을 하고[구수口授], 그렇지 못하면 두 가지 언어를 할 수 있는 사람의 통역으로 번역된다[전역傳譯]. 이것을 중국인 조수들 – 승려 혹은 속인 – 이 받아 적고[필수筆受], 다시 마지막으로 내용을 다듬는다[정의正義 혹은 교정校定]. 번역 작업 도중에 혹은 별도로 아차리[화상]는 번역하는 경전의 내용에 대하여 구두로 해설을 하며 [구해口解], 이 해설 내용이 때때로 본문에 슬쩍 포함되기도 한다. 대부분의 번역 문헌에는 주석이 포함되어 있으며 한대의 번역문헌 중 적어도 하나에는 본문과 주석이 구분할 수 없는 형태로 섞여 있다.68) 때로 해설은 별도의 주석문헌으로 전해지기도 한다.69) 많은 초기 불경 주석서들의 전체 혹은 대부분의 내용은 해당 경전을 번역할 때 행해진 구두 해설에 의거하고 있다. 번역 작업을 위한 물자들은 (번역을) 권유하고 도와주는 속인들[권조자勸助者]이 공급하는데, 179년경의 그러한 신심있는 시주자 두 사람의 이름이 제기에 남아 있다.70)

알려진 바에 의하면 이와 같은 공동작업은 낙양의 불교 사원들에서 처음으로 폭넓게 행해졌다. 중국 불교사에서 이러한 공동작업은 불경 번역의 표준적 방법으로 후대까지 지속되었지만 이러한 체계의 충분히 발전된 형태가 이미 후한대에 나타나고 있다는 사실에 주목할 필요가 있다.

　후한대의 낙양에 얼마나 많은 사원이, 어디에 자리잡고 있었는지는 알려져 있지 않다. 전설적으로 중국 불교의 요람이자 한대의 가장 중요한 불교 사원으로 알려져 온 백마사白馬寺는 289년 이전의 동시대 자료에는 보이지 않고 있다.71) 기원후 65년이라는 이 사찰의 건립연대와 백마사라는 명칭은 명제의 꿈 및 섭마등과 축법란의 낙양 도착이라는 가공의 이야기와 밀접한 관련을 맺고 있다. 그러한 전설의 등장 - 3세기 후반경? - 자체가 낙양의 백마사의 존재를 전제한 것이긴 하지만 이 사찰이 실제로 한대부터 있었음을 입증하는 것은 아니다. 그렇지만 사찰의 이름은 나중에 붙인 것이라고 하여도 후대의 자료에 백마사로 불리게 된 건물 자체는 고대의 제기 중에 《반주삼매경》을 교정을 마친 곳으로 언급되고 있는 불사佛寺와 같은 것일 수 있다.72) 또한 같은 제기(208년)에는 허창사許昌寺도 언급되고 있다. 마스페로가 설득력있게 이야기한 것처럼(주석 57번 참조) 이 사찰은 아마도 본래 유명한 불교신자였던 초왕楚王 영英의 사촌이었던 용서후龍舒侯 허창許昌의 저택에 건립되었을 것으로 생각된다. 그 경우 이 사찰은 팽성의 불교 교단과 낙양의 불교계를 연결하는 지점이었을 가능성이 있다. 사찰로서 허창사는 그다지 중요하였던 것으로는 보이지 않는다. 이 사찰의 명칭은 《반주삼매경》의 제기에만 보이고 있을 뿐이다.

　낙양 불교공동체의 실제 규모와 내부 조직에 대하여는 알려진 내용이 거의 없다. 가장 기본적인 계율들이 아마도 최초의 포교자들에 의하여 구두로 전해졌던 것으로 생각되며, 상대적으로 작은 규모의 승려와 신참자들에게는 이것으로 충분하였을 것이다. 초기 목록에 보이는 한대의 번역 문헌들 중에 율律은 보이지 않고 있다.73) 초기 자료에서 우리는 다양한 승려들의 지위를 가리키는 기본적 용어들을 볼 수 있다; 승려[桑門, 沙門, 比丘], 신참자[沙彌], 화상[阿祇梨] 등. 승려와 재가 신자 모두에게 보살이라는 용어가 사용되고 있는데, 이는 대단한 낙관주의자 이 호칭의 본래적 의미에 대한 깊은 이해가 결여되어 있었음을 보여주는 것이라고 할 수 있다.

낙양의 전도자들은 매우 이질적인 사람들로 구성되어 있었다. 거기에는 두 명의 파르티아인[승려 안세고安世高와 재가신자 안현安玄]과 세 명의 월지인[지루가참支婁迦讖=지참支讖, 지요支曜, 지참의 제자 지량支亮], 두 명의 소그드인[강맹상康孟祥과 강거康巨], 세 명의 인도인[축삭불竺朔佛 혹은 불삭佛朔, 축대력竺大力, 담과曇果] 등이 있었다.

안세고安世高

이러한 전도자들 중 가장 시기적으로 앞서고 유명한 인물은 파르티아 출신의 안세고이다. 그는 중국 불교에서 실제의 행적이 확인되는 최초의 인물이었다. 체계적인 불전 번역 체계를 창안하고 최초의 번역팀을 구성한 것도 안세고일 것으로 생각되고 있으며, 이 점에 있어서 그의 중요성은 정말로 대단한 것이라고 할 수 있다. 비록 초보적 형태이긴 했지만 그의 번역은 전체적으로 볼 때 중국 문화의 가장 특징적인 성취 중 하나로 간주될 수있는 문학 활동의 한 장르•를 개척한 것이라고 할 수 있다.

그의 이름은 명확하지 않다. 안식(安息, Arsak 즉 아르사키데스 왕조의 파르티아)을 가리키는 민족성씨인 첫 번째 글자 '안安'을 제외한 나머지 글자는 원래의 발음을 적은 것이기보다 번역어로 생각된다. 박치Bagchi는 세고世高를 산스크리트어 로코따마Lokkotama의 번역어일

• 불전佛典 번역을 가리킨다—역자

것으로 추정하였지만 이를 입증할 수 있는 증거는 없다.74) 그렇지만 어쨌든 그의 이름은 명예로운 칭호였을 것이다. 후대의 전기들은 그의 이름이 안청安淸이고, 세고는 자字라고 이야기하고 있지만, 이때의 자字가 중국식 별칭을 가리키는 것이 아님은 분명하다. 청淸과 세고世高라는 두 가지 이름이 3세기 중엽의 자료들에 보이고 있지만,75) 이보다 오래된 자료들에서는 단지 '안식 출신의 보살로서 이름[자字]은 세고'라고 이야기하고 있을 뿐이다.76)

매우 이른 시기의 전승에 의하면 안세고는 파르티아의 왕세자였지만 종교적 삶을 살기 위하여 왕위를 포기하였다고 한다.77) 후에 그는 – 아마도 피난민으로서78) – 동쪽으로 왔으며 148년에 낙양에 정착하여 이후 20년 이상을 그곳에서 살았다.

그의 삶에 대해서는 더 이상 알려져 있지 않다. 《출삼장기집》과 《고승전》에 기록된 그의 중국 남부지방 편력에 관한 일화들은79) (실제 역사적 사실이 아닌) 성인 전설의 영역에 속하는 것으로 보아야 할 것이다. 안세고를 서양 자료에 등장하는 파르티아의 왕자에 비정하려는 시도는 아무런 성과를 얻지 못하였다.80) 그러한 시도가 성과를 낼 수 없는 이유에 대해서는 마스페로가 지적한 바가 있다. 아르사키데스 왕조하의 파르티아(기원전 250년경–기원후 224년)는 통일된 국가가 아니라 작은 왕국들의 연합체로서 안세고는 아마도 그러한 작은 왕국의 지배가문의 일원이었을 것이다.81)

안세고와 그의 협력자들이 번역한 불전의 양이 얼마나 되고, 어떤 문헌들인지도 아직 확정되지 않은 문제이다. 후대의 불전 목록들에서 그가 번역하였다고 하는 문헌의 수는 약 30종에서 176종까지로 다양하다. 확인할 수 있는 가장 오래된 자료인 도안의 목록 – 총 374종의 문헌이 수록되어 있다 – 에는 34종의 문헌이 제시되어 있는데 이중 4종에 대해서는 확실하지 않은 태도로 안세고의 번역이라고 이야기하고 있다. 나머지 30종 중에서 19종의 문헌이 전해지고 있지만[82] 그중 4종만이 초기의 제기나 서문 등을 통하여 이 중국 불교 개척자(=안세고)의 저술로 확인되고 있다.[83] 이 4종의 문헌 및 그와 그의 학파의 번역으로 볼 수 있는 가능성이 높은 나머지 15종의 문헌들 어디에서도 대승불교의 영향은 찾아볼 수 없다. 번역한 문헌의 성격으로 판단할 때 안세고의 가르침의 중요한 주제는 다음의 두 가지로 볼 수 있다.

(1) 중국 문헌에서 일반적으로 선禪이라고 불리는 정신 수련의 체계. 보다 정확하게는 '불교 요가'라고 일컬어지는 것으로,[84] 호흡을 헤아림으로써 정신집중에 이르는 예비 기법인 안반(ānāpānasmṛti 安般, 수식관數息觀이라고도 한다)을 비롯하여 육체가 여러 요소들로 구성된 무상하고 불결하며 고통스러운 것이라는 명상, 다양한 색채의 내적 혹은 외적 영상을 시각화하는 훈련 등으로 구성되어 있다.

(2) 6입六入, 5음五陰, 4신족행四神足行, 5력五力, 4의지四意止 등과 같은 숫자로 된 범주들에 대한 설명. 안세고가 번역하였다고 하는 문헌의 대다수를 이루는 짧은 경전들은 이러한 분류법에 대하여 설명하는 것들이다.

위에서 언급한 '선'의 수련법, 특히 안반 즉 수식관은 외형적으로 도교의 호흡 기법과 비슷하며, 때문에 많은 사람들은 2세기에 불교의 그러한 수련법이 인기를 끌게 된 중요한 요인 중 하나로 (기존 종교인) 도교에 그와 같은 정신 및 육체 수련법이 이미 존재하였던 것을 이야기하고 있다. 도교의 영향은 초기 역경에서 불교 용어들을 번역할 때에 많은 도교적 표현들을 사용한 것에서 더욱 잘 나타나고 있다. 하지만 도교 용어 사용의 중요성은 과장된 감이 있다. 고대 중국의 불

[p.34] 교 어휘 중에서 확실하게 도교에서 온 것은 실제로는 극히 일부에 불과하고, 대부분은 어떠한 중국 자료에서도 발견되지 않는 용어나 초기 번역가들에 의해 새롭게 고안된 용어들로 이루어져 있다.

안세고의 번역본을 비롯한 초기 번역 불전들은 몇 가지 측면에서 대단히 흥미로운 자료들이다. 불교 전체의 역사에서는 초기 번역의 대략적인 연대를 통하여 인도 불교에서의 원전 성립의 하한연대 혹은 해당 원전의 당시까지의 발전 단계를 알 수 있다. 또한 중국 초기불교사의 측면에서는 번역 대상이 된 문헌과 그들을 번역할 때 사용된 용어들을 통해 한대 불교의 기본적 성격을 알 수 있다. 한편 문학적 관점에서는 중국 문학의 새롭고 외래적 요소인 번역문헌들이 문체적으로 중국의 문장 규범에서 크게 벗어나면서 때때로 그것과 충돌하고 있는 것을 볼 수 있다. 또한 언어적 관점에서 보면 이 번역물들은 구어적인 표현과 구문들을 많이 사용하고 있기 때문에 앞으로 더 자세히 분석하면 2세기 중국 북부지역의 구어에 관한 많은 흥미로운 정보를 발견할 수 있을 것이다.

초기의 번역 문헌들은 일반적으로 번역의 질이 좋지 못하다. 후대의 중국 불전 목록 편찬자들 특히 도안과 같은 초기 번역에 정통한 전문가가 안세고와 그 학파에 의한 번역물들을 걸작 혹은 번역 기술의 고전적 모범이라고 칭찬하고 있는 것은 놀라운 일이다. 그러한 칭찬이 중국 사회의 전통적인 고전작품, 조사祖師, 원형 등에 대한 (형식적인) 칭찬 이상의 의미를 갖는 것이라고 한다면 그것이 실제적으로 어떤 기준에 의한 것인지 이해하기 어렵다. 대부분의 초기 번역들은 실질적으로는 원전의 내용을 자의적으로 번역하거나 발췌한 것으로서, 불분명하고 표준화되지 않은 표현들로 가득차 있고 대단히 혼란스러운 언어로 이야기되고 있다. 따라서 해당 문헌의 인도 원전이나 후대의 보다 잘 정리된 문어체의 중국어 번역본을 가지고 있다고 하여도 그 내용을 이해할 수 없는 경우가 대부분이다.

안현安玄과 엄불조嚴佛調

안세고는 동향의 재가신자인 안현安玄 및 임회臨淮 출신의 중국인 엄불조(嚴佛調, 佛은 浮 혹은 弗로도 씀)와 함께 번역 작업을 수행하였다. 안현은 181년에 상인 신분으로 낙양에 들어왔다가 정확하게 알려져 있지 않은 공적에 의하여 중국의 기도위騎都尉에 임명된 인물이었고,[85] 엄불조는 최초의 중국인 승려였다.[86] 안현은 엄불조와 함께 《법경경法鏡經》(Ugradattaparipṛcchā, T322, 타이쇼대장경 제12책)을 번역하였는데, 이는 3세기 중엽에 쓰인 강승회의 글에 의하여 확인되고 있다.[87] 그런데 이들이 이 경전을 번역하였다는 사실은 상당히 놀라운 일이다. (안세고 학파가 소승경전만을 번역하였던 것과 달리) 이 경전은 보살의 행적에 대한 요약집으로서 사상적으로 순수한 대승에 속하고 있기 때문이다.

이러한 사실에도 불구하고 엄불조는 자신을 안세고의 제자로 생각하였으며, 안세고가 죽은 이후에 쓴 〈사미십혜장구서沙彌十慧章句序〉[88] (《출삼장기집》 권10 69.3)에서 스승의 덕행을 칭송하고 있다. 그는 매우 이른 나이에 불교 신앙을 받아들였던 것으로 보인다.[89] 이와 같이 초기 중국 불교 전체의 특징이라고 할 수 있는 소승과 대승의 공존은 이미 2세기에 활동한 세 사람의 '모방하기 어려운 영웅들[난계難繼]'[90] – 두 사람의 파르티아인과 한 사람의 중국인 협력자 – 에게서 보이고 있다.

지참支讖

[p.35]

대승불교는 주로 제2세대 번역가들에 의해 소개되었는데, 그들 중 가장 대표적인 인물은 월지 출신의 지루가참支婁迦讖 즉 '월지 출신의 루가참 Lokaṣema'이었다. 그는 안세고보다 약 20년 뒤인 168년에서 188

년 사이에 중국에 들어왔다. 그의 협력자로는 인도 출신의 축삭불竺朔佛과 세 명의 중국인 재가신자인 낙양 출신의 맹복孟福, 남양(南陽, 하남성) 출신의 장련張蓮, 남해(南海, 광주성) 출신의 자벽(子碧, 子는 분명히 성이 아니다)이 있다. 여기에서 또다시 도교의 영향과 만나게 되는데, 대단한 우연이지만 탕용동은 이 협력자들 중 두 명의 이름을 181년과 183년에 만들어진 두 개의 한나라 때 금석문에서 – 불행히도 거의 훼손되었다 – 발견하였다. 그 금석문에서 두 사람은 하북성 원씨현元氏縣의 지역 도교 의례의 참여자로 나타나고 있으며, 그들 중 한 명인 '곽치郭稚 자자벽字子碧'은 제주祭酒의 직함을 가지고 있다.91)

지참에 대하여 이야기할 때 우리는 다시 그가 번역한 불전을 확인하는 문제에 접하게 된다. 승우의 목록에는 14종을 기록하고 있지만, 도안의 목록에는 12종만 기록되어 있고, 그중 9종도 추정이라고 언급되어 있다. 나머지 3종 중에서 2종이 전해지고 있다. 10권으로 된 《도행반야경》(T224 타이쇼대장경 제8책)92)과 《반주삼매경》(T417·418 타이쇼대장경 제13책)이다.93) 4세기 초의 자료에 의하면 그는 또한 185-186년에 《수능엄삼매경》을 처음으로 번역하였던 것으로 보인다.94) 《수능엄삼매경》과 《도행반야경》의 번역은 축승불이 인도에서 가져온 사본에 의거한 것이었다. (지참이 번역한) 세 가지 경전은 대승불교의 문헌 중에서 가장 기초적인 경전으로서 3-4세기에 큰 영향을 미쳤으며 그 시기에 여러 차례 다시 번역되었다. 지참과 축승불을 이 경전들의 최초의 번역자라고 하는 것은 오래된 전통이지만 다른 많은 초기 번역물들과 마찬가지로 《도행경》과 《반주삼매경》의 본래 번역본은 후대에 적지 않은 수정을 거친 것으로 생각된다. 특히 《반주삼매경》의 두 가지 번역본(T417·418)은 아직도 해결되지 못한 텍스트 비판의 문제들을 가지고 있다.95) 같은 4세기 초의 기록에 의하면 현존하는 다른 두 종류의 대승경전인 《아사세왕경阿闍世王經》(T626 타이쇼대장경 제15책)과 《돈진다라소문여래삼매경他眞陀羅所問如來三昧經》(T624 위와 같음) 등도 지참이 번역한 것이라고 한다. 이중 후자는 도안의 목록에 역자 미상의 문헌으로 수록되어 있는 것을 볼 때[96] 3세기 중엽에는 이미 존재했음이 분명하다.

지참은 일반적으로 중국에 대승불교를 처음 소개한 인물로 여겨지고 있다. 그의 《도행반야경》(일부분) 번역은 이 책의 가장 중요한 주제의 등장과 긴밀하게 관련되는 것이기도 하다. 3세기 말에서 4세기 초에 불교가 교양있는 상류층에 수용되기 시작하였을 때 사족층에게 가장 인기있던 것은 – 주로 당시 유행하고 있던 현학玄學 사상과의 외형적인 유사성 때문에 – 대승불교의 그노시스 학파의 기본 경전들(《반야경》과 《유마 [p.36] 경》)에서 이야기되고 있는 '모든 존재가 공空하다'는 이론이었다. 안세고와 그의 학파에 의해 도입된 '선禪'의 흐름은 초기 중국 불교 내 중요한 흐름으로 유지되었지만 그 영향력은 사원 공동체라는 상대적으로 제한된 범위에 한정되어 있었다. 상층 사족의 저택에 거주하는 청담의 전문가들보다는 사원에 일시적으로 머무르는 속인수행자들 중에서 불교 요가 수행에 관심있는 교양있는 재가신자들을 볼 수 있었다.

다른 초기의 번역가들

후대의 자료들은 지참과 동시대에 활동하였던 소그드 출신의 번역가 강거康巨에 대해서도 언급하고 있는데, 그는 《고승전》에 처음으로 언급되고 있다.[97]

190년에 권력을 장악하고 있던 재상 동탁董卓이 낙양을 불태우고 꼭두각시 황제를 장안으로 옮겼지만 낙양의 불교 교단은 그 참화를 견뎌냈다. 기원후 200년을 전후한 시기에 낙양에서 활동하던 또 다른 번역 집단이 확인된다. 지참의 제자인 월지인 지량支亮[98]과 그의 세속 제자로 훗날 양자강 하류 지역에서 가장 뛰어난 번역자가 되는 지겸支謙[지월支越이라고도 함, 자字는 공명恭明]이 대표적인 대승불교 문헌의 번역가였다. 지량은 지참이 번역한 《수능엄삼매경》의 번역본을 지겸에게 전하였고, 지겸은 그것을 토대로 더 잘 정리된 번역본을 만들었던 것으로 생각되고 있다. 그 외에 카필라바스투(Kapilavastu) 출신이라고 하는 인도 승려 담과(曇果, Dharmaphala?)는 동향의 축대력(竺大力, Mahābala?) 및 소그드 출신의 강맹상과 함께 번역 작업을 하였다. 이들은 현존하는 가장 오래된 부처의 전기집인 《중본기경中本起經》(T196, 타이쇼대장경 제4책)과 《수행본기경修行本起經》(T184, 타이쇼대장경 제3책)을 번역하였다.99)

한의 멸망 및 위魏의 건국(220년) 직전 10년 동안의 낙양 불교 교단의 모습은 확인되지 않고 있다. 일부의 지도자들은 남쪽으로 피신하였다. 지겸은 220년경에 오吳의 수도 건업建業에 나타났고, 안세고 학파에 속하는 세 사람의 중국 재가 불교도 - 남양 출신의 한림韓林, 영천 출신의 피업皮業, 회계會稽 출신의 진혜陳慧 - 는 3세기 중엽에 《안반수의경》에 대한 안세고의 해설서를 교지交趾에서 온 소그드계 중국인 강승회에게 강의하였다.100) 낙양의 교단은 위魏왕조(220-265)에서도 계속되었지만 이전과 같은 번성을 다시 누리지는 못하였다. 3세기에 들어서 불교 활동의 주요 조직들은 처음에는 양자강 하류의 건업으로, 그 후에는 장안으로 이동하였다.

166년의 황실 제사 : 양해襄楷의 상주문

낙양에서 불교 교단과 황실이 관계를 가졌다는 어떠한 증거도 확인되지 않고 있다. 우리가 검토할 유명한 양해襄楷의 상주문에는 일종의 불교적인 의식이 궁궐에서 개최되었다는 내용이 보이고 있지만, 그것은 기본적으로 도교적인 의식에 약간의 불교적 요소가 가미된 것으로서, 이미 백여 년 이전에 초왕 영의 궁정에서 거행되었던 것과 같은 성격의 의식이었다. 그러한 의식의 실행 자체는 결코 낙양 불교 교단의 궁궐에 대한 영향력을 보여주는 것으로 해석될 수 없다.

문제가 되는 행사는 166년에 거행되었다. 그 해에 이전의 황제들과 마찬가지로 도교에 깊은 관심을 가지고 있던 환제(桓帝, 147-167 재위) [p.37] 는 탁양궁擢陽宮의 화려하게 장식된 제단에서 직접 노자老子에게 제사를 지냈다. 제사에 사용되는 그릇들은 금과 은으로 만들어졌고, 1년에 두 차례 하늘에 제사를 지낼 때 사용하는 음악을 연주하면서 의식이 거행되었다.101) 165/166년에 적어도 두 차례 황제의 명령으로 노자의 고향으로 전해지는 고현(苦縣, 하남성)에서 제사를 지낸 것에서102) 알 수 있듯, 이러한 제사는 특별한 것이 아니었다. 그렇지만 《후한서》 편찬자인 범엽范曄은 다른 곳에서 황제가 이때에 노자와 부처에게 함께 제사를 지냈음을 이야기하고 있으며,103) 이것은 대단히 흥미로운 당시의 문서, 즉 학자 양해가 166년에 황제에게 올린 상주문에 의해 사실로 확인되고 있다.

양해는 습음(濕陰, 산동성 남부) 출신으로, 특히 당시에 유행하고 있던 천문과 음양에 조예가 깊었다. 수도에 도착한 직후 그는 1400자가 넘는 상주문을 환제에게 올려 당시의 궁정의 양태에 불만을 가진 하늘이 보여주고 있는 불길한 징조들에 대해 자세하게 논하였다. 양해는 학자들의 대변인으로서 상주문의 전체적 내용은 주로 환관들을 겨냥하고 있었다. 한나라의 황제들은 사족 출신 유학자들의 권력과 특권을 견제하기 위하여 '제3세력'인 환관들에게 점점 더 의존하는 경향을 보이고 있었다. 상주문 – 그로 인해 양해는 투옥당할 뻔했다 – 말미에서 양해는 황제가 감각적 즐거움에 탐닉하고 있음을 다음과 같이 이야기하고 있다.

"더욱이 궁궐에서 황로黃老와 부처[浮圖]에게 제사를 거행하였다고 들었습니다. 그들의 가르침은 깨끗함과 비어 있음을 가르치고, 무위無爲를 높이며, 살리는 것을 좋아하고 죽이는 것을 미워하며, 욕망을 억제하고 방종을 없앤다고 합니다. 그런데 지금 황제께서는 욕망을 없애지 않으시고, 사람을 죽이고 형벌을 적용하는 것이 적절함을 잃었습니다. (황제께서) 그 가르침을 따르지 않는데 어떻게 그것으로부터 복을 받을 수 있겠습니까? 어떤 사람들은 노자가 야만의 지역으로 가서 부처가 되었다고 이야기합니다. 부처는 오래 머무르면 애착이 생길 것을 염려하여 '(같은) 뽕나무 아래에서 세 밤을 지내지 않았'습니다. 이것은 정신을 원진하게 한 깃입니다. 천신이 그에게 아름다운 여인을 주었지만 부처는 '이들은 피로 채워져 있는 가죽 주머니에 불과하다'고 하면서 아무런 관심을 두지 않았습니다. 만약 이러한 정신집중[수일守—104)]의 경지에 도달할 수 있다면 도道를 깨달을 수 있습니다. 그런데 지금 폐하의 여인과 후궁들이 이 세상에서 가장 아름답고, 폐하의 음식과 술의 맛이 이 세상에서 가장 뛰어난데 어떻게 황로와 같이 될 수 있겠습니까?"105)

양해의 상주문은 여러 가지 사실들을 알려주고 있다. 첫째로 황로와 부처에 대한 합동 제사가 환제에 의해 거행된 사실에 대해 언급하는 동시에 그것이 '궁정불교'가 아니라 약간의 불교적 색채가 있는 궁정도교와 관련된 것임을 분명하게 이야기하고 있다. 둘째로 양해의 상주문은 부처가 노자의 화신이라고 하는 '화호化胡설'에 대한 최초의 언급을 담고 있다[화호설에 대해서는 6장의 내용을 참조]. 셋째로 상주문은 《사십이장경》으로부터 두 가지 내용을 인용하고 있는데, 이를 통해 ① 양해가 이 경전의 내용을 잘 알고 있었음과 ② 이 경전 원본 출현 시기의 하한, ③ 이 경전의 현존 최고본과 원본 사이에 - 양해가 원본을 충실하게 인용하였다고 전제할 때 – 내용상에 상당한 차이가 있었음 등을 알 수 있다.

상주문 첫머리에서 양해는 또한 '우길의 신비한 책[우길신서于吉神書]'에 대해 언급하고 있다. 이 책은 170권으로 된 《태평경太平經》의 원본으로서 산동성 남부의 낭야琅琊에 살던 도사 우길于吉이 제자 궁숭宮崇에게 전하였고, 궁숭은 순제(順帝, 재위 126-144) 때에 수도로 가져가 황제에게 바쳤다. 2세기의 마지막 10년 동안 《태평경》은 황건과 도교 사상의 근본 경전이었다.106) 양해 자신이 같은 지역(산동성 남부) 출신이고 그 지역이 도교의 근거지였다는 사실도 후한대의 도교와 불교가 밀접한 관련을 맺고 있었음을 보여주는 것이다.

관료조직과의 관련성

낙양의 불교 교단과 그것을 둘러싼 환경과의 관계에 대해서는 아무 것도 알려져 있지 않지만 교단이 고립된 외국 문화의 영역으로만 존재하지 않았던 것은 분명하다. 교단은 중국인 재가신자들을 받아들이고 그들에 의지하고 있었으며, 그들 중 일부는 교양계급에 속하였다. 자료 부족으로 그들의 사회적 배경에 대하여 알 수는 없지만 그들은 아마도 도교적 취향으로 인하여 여러 가지 방식으로 불교와 접촉하였던 하급 사족 가문이나 하급 관료 출신이었을 것으로 추정된다. 이 교양있는 세속인들은 외국 아차리[화상]의 제자로서 종교적 생활을 실천하는 한편 그들의 조수로서 스승이 읽어주는 불경의 내용을 받아적고, 번역 작업의 교정자나 편집자로서 번역 원고를 중국인들이 읽을 수 있는 형태로 정리하면서, 때때로 자신들의 생각이나 해설을 텍스트에 덧붙이기도 하였다. 그들의 행적은 자세히 알려져 있지 않지만 그들이 세속인으로서 외국 승려와 중국의 교양계급을 연결하는 역할을 하였다는 것은 분명하다. 설혹 그들이 정부의 하급 기구에서 일하였다고 하더라도 그들과 승가의 관계는 개인적이고 비공식적인 성격이었다.

수도의 불교 공동체가 정부 기구, 구체적으로 외교를 담당하는 대홍려大鴻臚와 공식적인 관계를 맺고 있었는지도 명확하지 않다. 한대의 매우 중요한 기구였던 대홍려는 외국 사절에 대한 접대와 통제, 외국 군주에 대한 의식의 집행 등을 담당하였다. 9경 중 하나인 대홍려(경)大鴻臚(卿)이 장관이었고, 후한대에는 55명의 관원이 배치되어 있었다.107)

'사원/가람'의 중국식 용어

불교 사원을 '사寺'라는 특별한 단어로 표현한다는 사실은 수도의 불교 승려들과 이 기구[=대홍려(시)大鴻臚(寺)]와의 특별한 관계를 보여주는 것으로 볼 수 있다. 초기 자료들 중 일부에 사寺와 함께 사祠가 사용되고 있는 것으로 볼 때 – 알려진 바로는 불교 문헌들은 아니다 – 사寺는 거의 같은 발음의 사(祠, 예배나 제사를 드리는 곳)의 음차어라는 마스페로의 이론108)을 그대로 받아들이기는 힘들다(1921년에 이미 오타니 쇼신 大谷勝眞 역시 이런 이론을 제기하긴 했지만 같은 글에서 곧바로 그와 약간 다른 설명이 더 타당하다고 이야기하였다109)). 사祠가 불교 사원을 가리키는 애초의 단어였다고 하더라도 마스페로의 이론은 구체적이고 명확한 개념을 가지고 있던 시*(寺, 한대의 문헌에서 이 글자는 오로지 관청에만 사용되었다)가 어떤 과정을 거쳐서 불교적 의미를 띠게 되었는지, 그리고 그것이 어떻게 고대에서의 제사의 중요성에 비추어 볼 때 훨씬 적절하다고 할 수 있는 본래 용어인 사祠를 대체할

[p.39]

• 寺는 관청의 의미일 때는 시, 사찰의 의미일 때는 사로 읽는다–역자

수 있었는지 제대로 설명하지 못하고 있다. 마스페로는 다른 논문에서 사寺가 불교 사원을 가리키는 가장 빠른 사례로서 저자미상의 《반주삼매경》 제기(208년)를 들고 있지만110) 그보다 더 앞서는 사례는 안세고가 번역했다고 전해지는 옛 문헌에서도 발견되고 있다.111)

어느 것이 더 오래된 사례이건 시寺가 사원의 의미를 띠게 된 것은 이 단어의 일반적 의미인 관청, 보다 구체적으로는 외국인들에게 있어 가장 상급의 관청이던 홍려시鴻臚寺의 명칭에서 비롯되었다고 생각하는 것이 합리적일 것이다. 불행하게도 한대의 자료에는 이 관청이 홍려'시'로 불린 사례는 발견되지 않는다. 후대에 이 기구의 공식 명칭이었던 홍려시는 6세기 이후의 자료들에만 보이고 있다. 그렇다고 해서 위의 가설이 완전히 잘못된 것이라고는 할 수 없다. 홍려시라는 이름이 공식 명칭으로 확립되기 훨씬 전부터 사용되었을 수 있기 때문이다. 이러한 방식 이외에 시寺가 불교 사원을 의미하게 된 이유를 설명하기는 쉽지 않다.

전사轉寫 체계

불교 문헌에 보이는 전사轉寫 체계도 대홍려와 불교 교단의 관련성을 보여주는 또 다른 사실이다. 불교 문헌 번역의 초기부터 번역가들 – 및 보다 구체적으로는 번역을 기록하는 일을 담당했던 중국인 문인들 – 은 인도의 고유명사와 불교 용어들을 중국의 한자로 표현해야 하는 어려운 문제에 접하게 되었다. 상형문자인 한자는 다른 표음문자에 비하여 전사에 훨씬 어려움이 많았다. 혼란과 오해의 위험성을 피하기 위하여 – 모든 한자들을 전사에 사용하였다면 혼란과 오해의 위험성은 대단히 높았을 것이다 – 기록자들은 전통적으로 제한된 글자들만을 전사에 사용하였던 것으로 보인다. 쉽게 생각할 수 있는 것처럼 일상적 문자 생활에서 잘 쓰이지 않는 글자들이 주로 사용되었다(薩 闍 鞮 伊 曇 등). 그런데 한편으로는 매우 일반적인 글자들(山 尸 于 門 車 沙 등)도 불교 전사어에 자주 보이고 있다. 초기에는 '전사체계'라고 할만한 것을 발견하기 힘들다. 중국어 발음으로 바뀐 외국 단어들은 임의적으로 음절 단위로 구분되었고, 각각의 음절을 앞에 제시한 글자들로 기록하였다. 하나의 음절은 다양하게 기록될 수 있었고(*źjän*: 善 膳 鄯 [p.40] 禪 饍 繟, *b'uāt*: 較 鈸 颰 跋), 하나의 한자가 매우 많은 외국어 음절에 사용될 수 있었다(*b'uā*에 해당하는 婆 혹은 陂가 va, vā, pā, bā, pha, bhā, vat, vajra, ava, upa, sphā 등에도 사용되었다). 개별 단어들의 전사는 아직 표준화되어 있지 않았다.(buddha는 浮屠, 浮圖, 浮頭, 佛 등으로 음사되었다) 그렇지만 초기의 음성적 전사나 훨씬 후대의 잘 발전된 규칙적 음사체계 모두에서 의미 없이 소리만을 나타내는 오로지 전사에만 사용되는 특정한 제한된 한자들이 기호처럼 사용되고 있음을 볼 수 있다.

그런데 이러한 초기의 전사체계는 불교에서 창안한 것이 아니었음에 주목해야 한다. 이러한 전사체계의 기원은 전한대의 세속 문헌에서도 사용되고 있다. 이러한 음사체계는《한서》와《후한서》의〈서역전〉에서 보이고 있다. 두 책의〈서역전〉에는 약 200개의 외국 단어들이 - 주로 지명들 - 전사되고 있는데, 여기에 사용된 소리를 나타내는 한자들 중 80퍼센트 이상이 - 즉 93글자 중 73글자 - 불교 문헌의 전사에 주로 사용되는 글자와 일치하고 있다. 이러한 사실에 대해 만족할 만한 설명을 할 수는 없지만 이러한 글자들의 기원에 관한 설명으로서 대홍려의 활동을 생각해 볼 수 있다.

한대에 대홍려가 외국과 교섭하거나 중국에 거주하는 외국인들을 관리할 때의 구체적인 행정 사무가 어떠하였는지 알 수 없다. 그렇지만 대홍려의 관원 중에 통역들이 있었음에 틀림없고,112) 그들의 행정

업무 중 첫 번째는 외국의 이름을 음사하는 규칙을 만드는 것이었음이 분명하다. 특히 기원전 2세기의 마지막 수십 년 동안에 중국은 처음으로 대륙 내부로 영토를 확장하여 서쪽 지역에 중국의 군대와 행정 기구들을 설치하였는데, 이 기구들에 머무는 중국인들을 위하여 상당한 숫자의 통역들이 고용되었던 사실에 주목할 필요가 있다. 전한대 중앙아시아 지역의 23개의 중국인 중심지에 '통역 우두머리[석장釋長]'가 있었음이 확인되고 있다.113) 중국 정부기관에서 – 대홍려일 가능성이 높다 – 개발한 음사체계가 어떻게 불교 번역가들이 사용하게 되었는지는 자세히 알 수 없다.

후한대의 영역 확대

〈지도 1〉에는 앞에서 불교와 관련하여 언급된 모든 지역들(불교 활동의 중심지, 승려와 세속 신자들의 출신지 및 체류지)을 표시하였고, 〈지도 2〉에는 후한대의 주요 도로와 교역 중심지를 표시하였다. 두 지도를 비교하면 동쪽을 향하는 간선도로를 따라 불교가 전래되었음을 알 수 있다. 〈지도 1〉은 극히 제한된 단편적 자료에 의거한 것으로서 거기에 비어 있는 공간, 특히 제국의 북서부 지역에 불교가 존재하지 않았다고는 할 수 없다. 3세기의 첫 십여 년 동안에 먼 남쪽 지역에 [p.43] 처음으로 불교의 흔적이 보이고 있다. 당시에 교주交州는 불교 중심지였음에 틀림없다. 소그드계 중국인 포교사인 강승회가 이곳에서 태어나 승려가 되었다. 지도에 표시된 남해南海[광주廣州]의 경우 – 지참의 동료 중 한 사람의 출신지이다 – 불교가 존재하였다는 확실한 자료는 없다. 그렇지만 해양 교역의 주요 근거지인 남해가 교주로부터 바다를 통해 불교가 처음으로 전파된 지역에 속할 가능성은 대단히 높다.

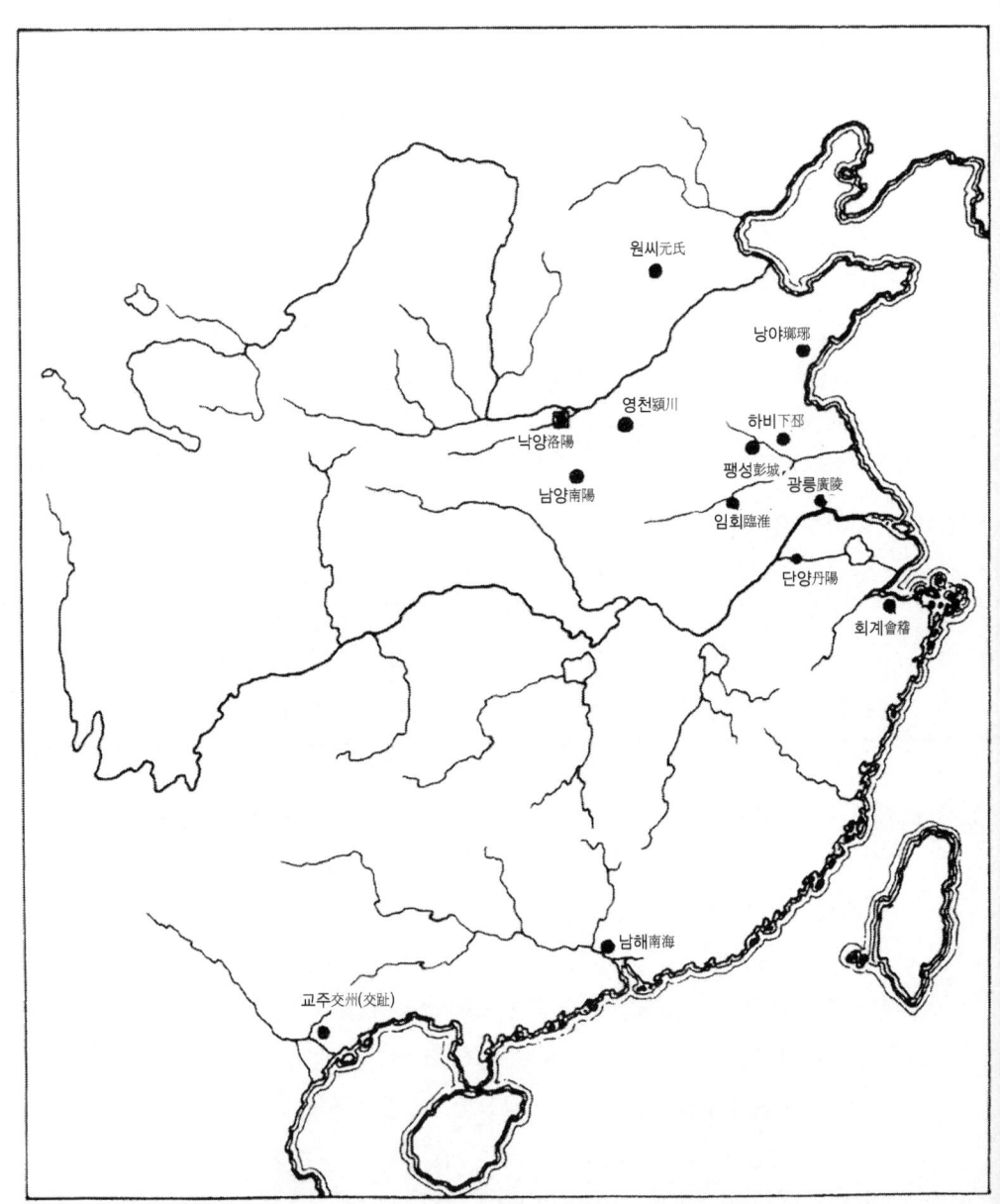

〈지도 1. 후한대(25-220)의 불교〉

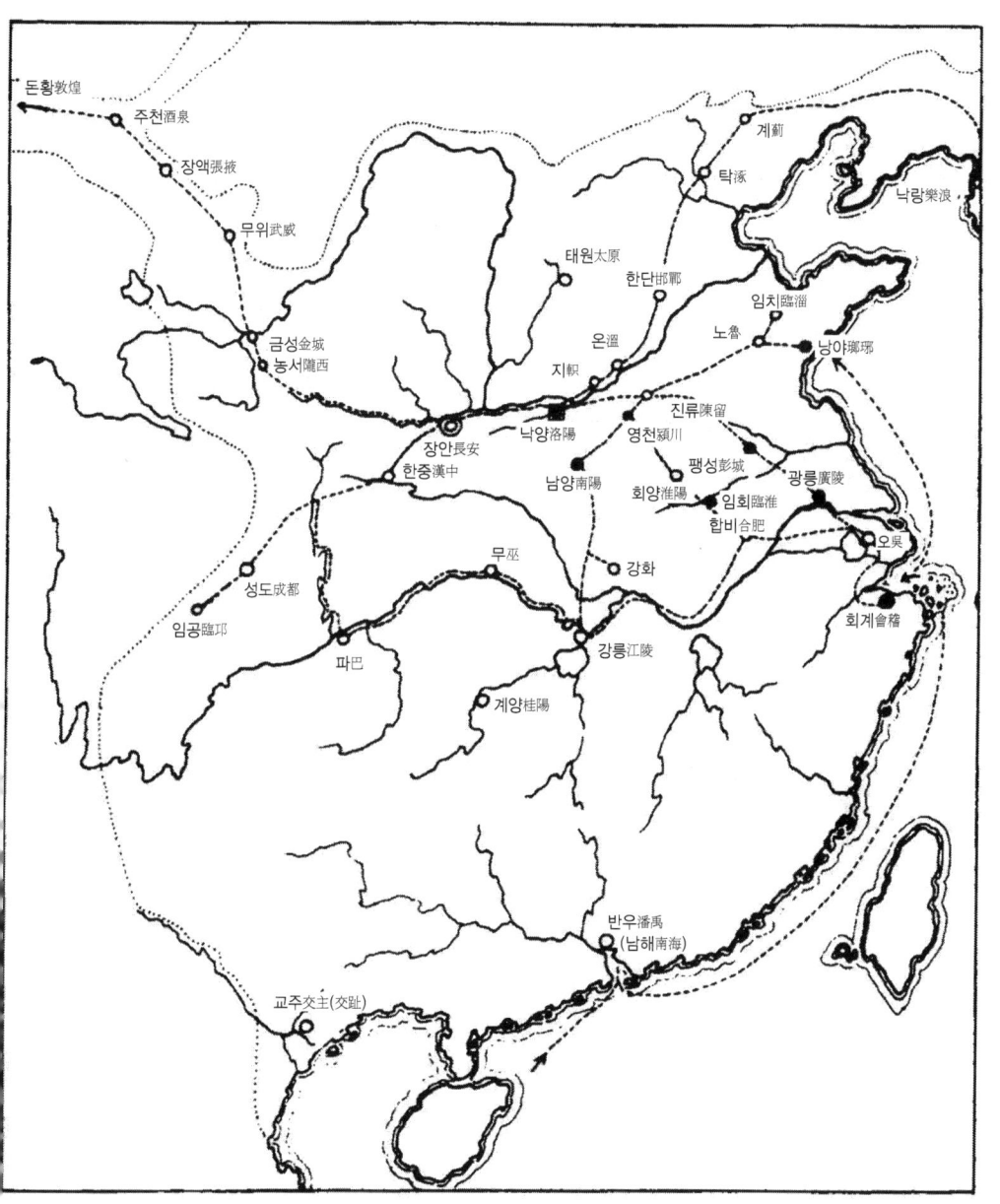

〈지도 2. 후한대의 간선도로와 교역 중심지〉

II. 삼국시대(220-265/280년)의 불교

정치·사회적 변화

한제국의 분열은 2세기부터 시작되었다. 대립하는 여러 군벌들의 등장, 환관과 문인 관료들의 치열한 대립, 지방 태수들의 독립적 경향 등이 심화되면서 중앙정부의 힘은 점점 약화되어 갔다. 184년 제국의 여러 지역에서 도교의 지도하에, 혹은 도교를 가장하여 일어난 대규모 혁명운동인 황건적의 난은 제국을 완전히 붕괴시켰다. 황건적의 난에 대한 폭력적 진압과 환관집단 및 그들의 꼭두각시 황제를 겨냥한 군사 개입(189년) 이후 통제를 벗어난 군벌들이 각축을 벌이면서 정치적 혼돈 상태에 빠지게 되었다.

북쪽에서는 여러 세력들이 점차적으로 최고 군벌이면서 '왕조의 수호자'였던 조조(曹操, 155-220)에 의해 통합되었다. 정치가, 장군, 시인으로서 탁월한 능력을 가지고 있던 조조는 군량을 안정적으로 제공하기 위한 둔전의 설치, 세금 감면, 소금 전매의 부활, 황폐화된 농촌

지역에의 재정착사업 추진 등을 통하여 북중국 전지역에 대한 정복과 통합을 달성하였다. 그는 자신의 최종적 목표였던 제국의 재통합과 새로운 왕조의 개창이 이루어지기 직전에 세상을 떠났다. 한편 같은 기간에 남쪽에서는 두 개의 독립된 정치적 중심지가 등장하였다. 한나라 황실의 방계 자손인 유비(劉備, 166-222)는 현재의 사천성인 촉蜀에 근거지를 마련하였고, 양자강이라는 천연 장벽 뒤에 자리잡은 무창武昌에서는 '오후吳侯' 손권孫權이 조조에 대한 복종에서 벗어날 기회를 엿보고 있었다.

220년 12월 11일, 한나라의 마지막 황제가 조조의 아들인 조비曹丕에게 황위를 공식적으로 물려주는 의식을 통하여 조비는 '정당한' 제국의 계승자로서 위魏왕조(220-265)의 첫 번째 황제가 되었다. 5개월 후에 유비는 성도成都에서 한의 황제에 즉위하였고, 229년 5월에는 222년 이후 위와 공공연히 대립하고 있던 손권이 스스로 오吳왕조의 황제를 자처하고 수도를 무창에서 건업(建業, 현재의 남경)으로 옮겼다.

북쪽에서 (위왕조의 실질적 개창자인) 조조는 오로지 능력에 의해서 선발된 국가 관료집단을 양성함으로써 중앙 정부의 힘을 강화하는 한편 대토지를 소유한 문벌 가문의 영향력을 제한하기 위한 다양한 수단을 강구하였다. 위나라 초대 황제에 의해 계승된 이러한 정책은 시대착오적인 것이었다. 사회 구조가 급격하게 변한 상황에서 – 진나라와 한나라 지배자들의 이상이었던 – 중앙집권적인 관료 국가를 재건하려 [p.44] 는 시도는 실패할 수밖에 없었다. 문벌 가문은 나라를 황폐화시키고 인구를 격감시켰던 수십 년의 내전을 견뎌왔다. 그들은 사병의 보호 하에 요새화된 영지에 거주하면서 그들의 가신이나 농노가 되기를 원하는 수많은 소농민과 피난민들을 포섭하며 지배력을 확대해 갔다. 사회의 '재봉건화'로 불리기도 하는 이러한 흐름이 중세 중국의 특수한 환경을 창조하였다. 그렇지만 그 결과는 세습적인 귀족들에 의하여 계승되는 실질적 독립 지역들로 구성된 '봉건국가'는 아니었다. 북쪽 지역의 통합과 함께 - 이론적으로 결코 사라진 적이 없었던 - 관료조직이 활성화되게 되었으며, 문반과 무반의 최고위직을 장악한 비교적 소수의 고위 사족 가문들이 바로 이 관료조직을 통하여 국가의 모든 정치권력을 독점할 수 있었다.

이러한 상황하에서 조씨 집안의 행운은 오래 지속될 수 없었다. 문벌 가문들은 조조의 독재적 통치에 위협을 느꼈지만, 얼마 지나지 않아 249년의 쿠데타로 국가의 실권을 장악한 장군 사마의(司馬懿, 179-251)가 자신들과 같은 편임을 알게 되었다. 문벌 가문의 권력은 조조 혹은 조비에 의해 도입된 관료 선발제도*에 의하여 더욱 강화되었다. 이 제도는 정부의 감독하에 지방의 사족 중에서 관료 후보들을 재빨리 확보하기 위하여 마련된 것으로써 그 단순성이 조조에 의해 추진된 과감하고 실험적인 정책들과 잘 조응하는 것이었다. 중정中正이라고 불린 고관은 - 후보자들과 같은 지역 출신이어야 했다 - 후보자들의 인격과 능력에 대한 사람들의 의견을 모아서 후보자의 능력에 대해 간단한 평가를 내린 후 그에 기초하여 각각의 후보자들에게 9등급[九品] 중의 하나를 배당하였다. 이 평가는 후보자의 앞으로의 출세에 결정적인 영향을 미쳤다. 쉽게 생각될 수 있는 것처럼 이 제도는 문벌 가문들이 제국의 관료기구 전체를 지속적으로 장악할 수 있는 강력한 도구로 활용되었다.

265년에 사마의의 손자인 사마염司馬炎은 위나라의 마지막 황제를 퇴위시키고 스스로 진晉왕조(265-420)를 개창하였다. (유비의) 한나라는 이미 263년에 멸망하였으며, 오나라의 정벌을 통한 제국의 통일은 단지 시간 문제였다. 북쪽과 서쪽으로부터 진나라의 공격을 받은 오나라는 280년에 멸망하였다.

---

* 9품중정제를 가리킨다-역자

중세 초기에 있어서 오나라의 역할은 대단히 중요하였다. 오나라에 의하여 남쪽의 오랑캐들이 드문드문 거주하면서 넓은 처녀지를 화경수누火耕水耨, 즉 잡초를 태우고 물을 대는 원시적 농사법으로 경작하고 있던 중국 남부지역의 '중국화'가 시작되었다. 중앙아시아와 연결되어 있던 순수한 대륙국가였던 위나라와 달리 오나라는 지리적 여건상 남부 및 해안지역을 향하였다. 건업의 궁정은 '산맥 너머 지역'(광동, 광서, 인도차이나)으로부터 생산물을 받고 그 지역의 노동자들을 이용하였다. 부남扶南과 임읍林邑 등 남쪽 왕국의 사신 및 상인들이 정기적으로 오나라 궁정을 방문하였으며, 오나라 역시 캄보디아 남쪽에까지 사신들을 파견하였다. 남부 지역에서의 행정 및 문화의 중심지로서 건업의 성장은 이후에 일어날 상황의 기반을 마련하는 것이었다. 오나라의 멸망으로부터 30년쯤 후에 북쪽 지역이 흉노의 군대에 점령되고 궁궐과 사족들이 남쪽으로 대규모 탈주를 감행하였을 때, 건업은 다시 중국 피난 정부의 수도이자 문화의 중심지로 등장하게 되었다. [p.45]

사상 분야의 변화

2세기 말에서 3세기 초에 일어난 커다란 사회적, 정치적 변화는 사상계의 활발한 움직임에 수반되거나 혹은 전조가 되고 있었다. 한나라 시기 전체에 걸쳐서 - 완전하게 법가 사상의 영향을 입고 있었던 - 유교는 다른 사상들을 배제하고 국가의 공식적 이데올로기로써 정부에 봉사하였다. 유교는 정부에 군주와 백성들의 행동과 상호관계를 규제하는 표준적 도덕 윤리와 의례 규범을 제공하였다. 수도의 대학大學에서는 국가의 임명을 받은 '박사博士'들이 장래 관료가 될 사람들에게 그들의 임무에 필수적으로 요구되는 표준화된 도덕 원리들 - 효도, 성실, 황제에 대한 충성 - 을 교육하였다. 유교 고전들은 초인적인 성인이 밝히고 확정한 영원한 가르침을 담은 신성한 경전으로 간주되었다. 황제의 후원하에 개최된 교리회의를 통하여 경전에 대한 권위 있고 정통적인 해석을 확정하려는 시도가 여러 차례 있었다. 경전 해석에 있어서는 음양오행의 우주론적인 사고가 지배적이었으며, 그 결과 모든 현상들을 분류하고 상호관련성을 해명하는 거대한 - 스콜라주의적 몰두라고 할 수밖에 없는 - 이론 체계들이 제시되었다.

서력기원이 시작하던 시기에 전통적 주석서들의 정당성에 도전하면서 자신들의 이론이 순수한 원래의 경전 내용에 기초하고 있다고 주장한 보다 합리주의적인 '고문古文학파'가 대두하였다. 기존의 해석 - 후대 '금문今文학파'로 불리게 된다 - 에 대한 이들의 비판은 기원후 1세기 동안에 큰 세력을 이루었다. 그렇지만 당시의 모든 이론가들은 유교만이 정부가 따라야 할 유일한 가르침이라는 주장을 공유하고 있었다. 그들은 고대의 이상적 제도의 복원, 의례규범과 사회적 의무의 엄격한 준수, 사회의 기반이 되는 가족의 강화, 힘이나 법률이 아닌 '덕'에 의한 통치 등을 주장하였다.

2세기 후반 한제국의 중앙집권적인 조직이 붕괴하기 시작하면서 유교는 이전과 같은 권위를 갖기 어렵게 되었다. 유교는 세계의 분열을 막을 수 없었으며, 중앙정부와 운명을 함께하는 집단들의 위상을 보호할 수도 없었다. 실망한 학자-사족들은 다른 수단과 방법을 추구하기 시작하였다. 그 결과 짧은 시간에 다양한 학파들이 다시 일어나 - 기원전 3~4세기와 비슷한 투쟁을 벌이며• - 이미 실패한 이론을 대체하거나 수정하려고 노력하였다.

질서와 평화에 대한 열정적 추구는 '상과 벌에 의한 통치'와 '상황에 따른 대응'을 주장하는 법가주의를 확실하게 부흥시켰으며, 이는

• 전국시대 제자백가의 논쟁을 가리킨다-역자

조조의 독재정치의 기반이 되었다. 그리고 이와 함께 법률이나 규정된 윤리가 없는 원시사회의 목가적 단순성으로의 회귀를 주장하고 자신의 본성을 추구하여 자연의 운행과 신비적으로 합일됨으로써, 개인적 행복을 추구할 것을 주장하는 도가철학 또한 새로운 관심을 끌게 되었다. 심지어 묵가와 형명가形名家 같은 고대학파들도 다시 일정한 영향력을 회복하였다.

3세기에는 상황이 다시 바뀌었다. 조조의 법가주의 정책은 실패하였다. 사마씨의 승리는 이념적으로 전통과 덕행, 의례를 강조하는 유교의 승리를 의미하였다. 그런데 승리한 것은 유교의 고문학파였다. 금문학자들의 우주론적 이론은 더 이상 중심적 지위를 차지하지 못하게 되었다. 또한 정치, 사회적 사상체계로 축소된 유교는 기존의 과장된 스콜라주의적 형이상학을 포기하였고, 이러한 유교의 공백지대는 3세기에 들어와 결코 유교와 구별되거나 유교에 반대되는 학파라고는 할 수 없는 새로운 이론과 개념들로 채워지게 되었다. 이 중국철학의 새로운 경향은 '현학玄學'으로, 전통적으로 하안(何晏, ?-249)과 천재 왕필(王弼, 226-249)로부터 시작된 것으로 알려져 있다. 현학은 기본적으로 《역경易經》의 철학에 기초하면서 초기 도가사상의 – 주로 《노자》와 《장자》 – 이론을 받아들인 것이지만, 동시에 그들을 완전히 재해석한 것이었다. 현학의 '형성'에 있어서 하안의 역할은 잘 알려져 있지 않지만, 왕필의 《역경》과 《도덕경》(=《노자》)에 대한 주석서는 현학의 가장 권위 있는 세 가지 문헌 중 두 가지이다. 나머지 하나의 문헌은 곽상(郭象, ?-312)의 《장자》에 대한 주석서로써, 이 책에는 앞 시기 향수(向秀, 223-300년경)의 주석이 대부분 계승되고 있다. 곽상의 저술은 현재까지도 현학에 대한 가장 종합적이고 분명한 설명서로 여겨지고 있다(다른 대부분의 중국철학들과 마찬가지로 현학도 잘 정리된 이론체계나 교리를 가지고 있지 않았다). 현학은 이 책에서 검토하는 시기 전체에 걸쳐서 교양있는 사족들의 대표적인 사고방식이었다. 거기에는 그럴만한 이유가 있었다. 현학은 본질적으로 일상생활의 실제적 업무로부터 신비적이고 존재론적인 문제들로 관심이 옮겨간 세련되고 귀족적인 유한계급의 철학 – 많은 경우에는 지적 오락 – 으로써, '근원적 무[本無]'와 현상세계의 관계, 성인에게도 감정이 존재하는지의 여부, 음악의 본질, 언어가 표현 가능한 범위 등과 같은 대단히 사변적인 주제들을 다루고 있었다. 아래에서 그와 같은 공空과 무無에 관한 담론의 성행이 초기 중국 사족 불교의 발전에 있어서 대단히 중요한 요인이었음을 보게 될 것이다.

오(吳, 220-284)나라의 불교
번역가와 번역문헌

[p.47] 손권 정권의 수도는 221년부터 229년까지는 무창이었고, 229년에 건업으로 정부가 이동하였다. 225년을 전후하여 세 명의 불교 번역가가 무창에서 활동하고 있었는데, 그들 중 두 명은 229년 직후에 새로운 수도로 옮겨갔다. 이 단순한 사실은 3세기 전반의 남부지역 불교의 주목할 만한 특징을 보여주는 것으로 생각된다. 불교계는 사회의 최상층과 정부, 궁정을 향하고 있었던 것이다.

오나라 불교계를 대표하는 두 명의 중요한 인물인 월지계 재가신자 지겸과 소그드계 승려 강승회는 모두 중국에서 태어나 중국어로 교육받은 사람들이었다. 한 사람은 번역가이고 한 사람은 설교가였지만 두 사람 모두 낙양의 초기 전도자들과는 크게 달랐다. 낙양의 아차리[화상]들이 전혀 다른 문화권 출신으로서 완전히 새로운 세계에서 '이민족'의 신앙 원리들을 서투른 중국어로 설명하려고 노력하였던 것과 달리 '재능과 학식이 깊고 불교와 세속의 가르침에 완전히 통달'한 지겸114)과 '(유교의) 6경을 모두 읽고 … 통치술에 정통하며 문장에도 뛰어'났던 강승회115) 등은 토착 지식인들이었다.

224년에 인도의 승려 유기난(維祇難, Vighna)과 축장염(竺將炎, (竺)律炎이라고도 함)이 무창에 들어왔다.116) 전승에 의하면 -《고승전》에 처음으로 보인다 - 유기난은 브라만 출신으로서 불교로 전향하여 승려가 되었고, 아함의 전문가였다.117) 축장염에 대해서는 자세히 알려져 있지 않다. 무창에서 그들과 함께 번역에 참여하였던 지겸의 생애와 활동에 대해서는 아래에서 검토할 것이다. 그들은 함께 다르마트라타(Dharmatrāta)가 편집한 불교 시가집《다르마파다》*Dharmapda*를 대략적으로 번역한 후《법구경》으로 명명하였다. 번역은 500편의 시가를 수록한 26장짜리 인도의 원본을 저본으로 한 것으로, 현존하는 팔리어《다르마파다》와 거의 일치하고 있다.118) 현재까지도 중국에서 가장 인기있는 불교 문헌인《법구경》은 유기난의 도착 이전에 이미 보다 오래된 번역본으로 중국인들에게 알려졌던 것으로 보인다. 안세고가 이 책을 번역하였다는 전승은 잘못된 것으로 보인다. 초기의 〈법구경서〉에는 '근래에 갈씨葛氏에 의하여 700편의 시가집이 번역되었다'는 내용이 보이고 있다.119) 이 서문의 작자는 명기되어 있지 않지만 지겸이 지었음에 틀림없다.120) 이 글은 유기난, 축장염 및 그들의 중국인 조수들에 의한 번역 작업을 보여주는 동시대의 중요한 자료이며, 아울러 인도 문헌의 번역과 관련된 일반적인 문제들에 대하여도 이야기하고 있다. 이 글은 당시 번역가들의 불교 번역 작업 모두에 내재되어 있는 근본적 어려움, 즉 (중국인들의 취향에) 어색하지만 원전에 충실한 축어적 번역을 할 것인지 아니면 중국 지식층의 취향에 적합하도록 내용보다는 세련된 문체를 중시한 '중국 독자들을 고려한 불교' 번역을 할 것인지의 문제를 의식하고 있었음을 보여주고 있다. 중국 비평가들에게 있어서 이러한 양자택일적 상황은 종종 전통적인 질(質:단순함, 진실됨과 함께 조잡함, 촌스러움을 의미한다)과 문(文:우아함과 함께 형식적 세련됨을 의미한다)의 구분으로 여겨지기도 하였다.121) 자신들의 번역에 대한 인도 출신의 승려들의 태도와 중국인 협력자들의 반응을 보여주고 있는 다음의 문장은 대단히 흥미롭다.

[p.48] 　처음에 나는 번역이 세련되지 못함을 싫어하였다. (이에 대해) 유기난은 "부처님의 말씀에 대해서 우리는 그 의미만을 중시하고 표현에는 신경 쓸 필요가 없습니다. 거기에 담겨 있는 가르침을 이해하는 것은 문장의 꾸밈과 관계없습니다. (다른 언어로) 불경을 번역하는 사람들은 반드시 이해하기 쉬우면서, 그 의미를 잃어버리지 않게 하면 됩니다. 그것으로 번역은 잘된 것입니다"라고 하였다. 그 자리에 있던 사람들 모두 "노자께서 '아름다운 말은 믿을 수 없고, 믿을 수 있는 말은 아름답지 않다'122)고 말씀하셨고, 공자께서도 '글은 말을 완전하게 표현할 수 없고, 말은 완전하게 생각을 표현할 수 없다'123)고 하셨습니다. 이는 성인의 뜻이 헤아릴 수 없이 깊음을 드러낸 것입니다"라고 하였다.124)°

유기난의 이야기는 지겸에게 아무런 영향을 주지 못하였던 것으로 보인다. 얼마 후 지겸과 축장염은 건업에서 732편의 시가를 39장으로 편집한 훨씬 이해하기 쉽고 '세련된'《법구경》번역본을 만들었다. 이것이 현재까지 유기난의 이름으로 전해지는 경전이다[T210, 타이쇼 대장경 제3책].

° 유기난의 말은 《佛說遺日摩尼寶經》(支讖역, T350/大正藏12 189.3)의 '듣는 사람은 그 법만을 듣고 그 꾸밈은 취하지 않는다(所聞者 但聞取法 不取嚴飾)'과 《법경경法鏡經》(安玄역, T322/같은 책 20.2)의 '그 뜻에 의거하고 그 문장에 의거하지 않아야 한다(所有依其義不以文)'는 구절을 딴 것으로 생각된다―저자보주

지겸支謙

지겸은 지월[支越, 자字는 공명恭明]이라고도 하며125) 영제 때에 낙양에 정착한 월지인의 손자이다. 그는 12살 때 이민족의 글[胡書]을 배우기 시작하여 6개의 언어를 습득하였다.126) 낙양에서 그는 같은 지역 출신으로 지참의 문인이었던 지량의 속인 제자가 되었으며,127) 그 결과 그는 낙양의 월지계 전도자들이 중심을 이룬 유력한 대승불교 학파에 속하게 되었다.

220년 직전에 그는 남쪽의 무창으로 내려갔다가 229년 이후에는 건업으로 갔다. 건업에서 그는 많은 불경을 번역하기 시작하였다. 경전의 원본은 대부분 그 지역에서 스스로 모은 것이었다. 이러한 사실은 3세기 초에 양자강 하류 지역에 이미 불교가 존재하였음을 보여주는 것이다. 전통적으로는 247년에 건업에 도착한 강승회가 강남 지역에 처음으로 불교의 가르침을 전파한 것으로 여겨져 왔다(재가신자인 지겸은 경전 번역은 할 수 있었지만 직접 전도활동을 할 수는 없었다). 그렇지만 이러한 전통적 인식은 사실에 기초한 것이라고 볼 수 없다. 건업지역의 불교는 이미 그 이전에 북쪽의 회淮 분지 혹은 무창에서 양자강을 따라 전해졌음에 틀림없다. 또한 강승회가 건업에 도착하기 몇 년 전에 이미 불교 승려가 그곳에 있었음을 보여주는 추가 자료가 있다.

《십이문경十二門經》의 서문(약 350년)에서 도안은 축도호竺道護라는 승려가 동원(東垣, 하남성 동북지역)의 사족이 소장하고 있던 경전 중에서 "가화 7년(238)에 건업의 주사예周司隸의 집에서 필사하였다"[嘉禾七年在建業周司隸舍寫]는 제기가 있는 《십이문경》의 옛 사본을 발견하였다고 이야기하고 있다.128) 사예(본래는 사예교위司隸校尉)는 수도의 치안 부대의 사령관으로서 상당히 중요한 직책이다. 불행하게도 역사자료

[p.49] 에서 3세기 전반에 이 직책을 맡았던 주씨는 확인되지 않고 있다. 도안이 인용하고 있는 제기가 정확한 것이라면 – 그것의 진실성을 의심할 아무런 이유가 없다 – 당시 건업에 (틀림없이 이 경전의 필사를 감독하였을) 불교 승려가 있었고, 정부의 고위 관료가 후원자로 나타나는 것으로 보아 그들의 영향력이 상층부에까지 미쳤음을 알 수 있다.

《출삼장기집》과 《고승전》의 전기에는 지겸이 오나라 지배자 손권(재위 229-252)과 만났던 사실이 기록되어 있다.

> 손권은 (지겸이) 아는 것이 많고 지혜가 뛰어나다는 것을 듣고서 곧바로 궁궐로 불러들였다. 손권이 경전의 (특정 구절의) 숨어 있는 깊은 뜻을 묻자 (지支)월越(=지겸)은 자유롭게 어려운 내용들을 설명하여 모든 의심을 풀어주었다. 손권은 크게 만족하여 그를 박사로 삼아 동궁을 가르치게 하고, 더욱 총애하며 벼슬을 높여주었다.129)

《고승전》에는 지겸이 유명한 유학자이자 《오서吳書》의 편찬자인 위요(韋曜, 원래 이름은 소昭, 약 200-273)와 함께 그 직책을 맡았다고 한 후 다음 구절을 덧붙이고 있다.

> 그런데 (지겸이) 외국인이었으므로 《《삼국지》 중의) 〈오지吳志〉는 그에 대해 기록하지 않았다.130)

실제로 《삼국지》나 다른 당시의 자료들에 지겸이 궁정에서 (동궁의 스승으로) 근무하였다는 사실은 나타나고 있지 않지만 이 이야기는 꾸며낸 것으로 보이지 않는다. 탕용동이 설명하고 있는 것처럼(『불교사』 p.131) 여기에 나오는 동궁은 손등孫登으로 229년에 동궁으로 책봉되었다가 241년에 죽었다. 그의 전기에 의하면 손등은 많은 학자와 스승에게 지도를 받았으며 그는 그들과 형식적이지 않은 매우 친밀한 관계를 맺고 있었고, 그 때문에 그는 일반적으로 '다사'(多士, 《서경》의 편명의 이름)로 불렸다고 한다.131) 그런데 위요는 당시에 겨우 관료로 등장한 때였으므로 지겸이 그와 함께 동궁에 있었을 가능성은 거의 없다. 위요는 242년부터 250년까지 동궁으로 있던 손화孫和의 스승이었다.132) 반면에 지겸은 손등이 죽은 후, 즉 241년 혹은 그 직후에 수도를 떠났다고 이야기되고 있다.

지겸의 전기에는 손권의 후계자인 손량(孫亮, 재위 252-257)이 지겸의 죽음을 애도하며 승려들에게 보낸 편지(《여중승서與衆僧書》)의 내용도 인용되어 있다.133) 만약 이 편지가 진짜라면 이는 건업에서의 불교와 궁정의 교류를 보여주는 또 다른 자료가 될 것이다.

241년 혹은 그 직후에 궁륭산(穹隆山, 강소성 오현吳縣 남서쪽)으로 은거한 지겸은 그곳에서 (중국인?) 승려인 축법란(竺法蘭, Dharmaratna?)과 합류하였다. 그런데 다른 내용은 《출삼장기집》의 내용을 그대로 따르고 있는 《고승전》에 이 사실은 보이지 않고 있다. 이는 아마도 (《고승전》 편찬자인) 혜교가 《고승전》 제일 앞부분에서 유명한 명제의 꿈에 대해 이야기하면서 67년에 낙양에 들어온 최초의 인도 승려 중 한 사람으로 축법란을 거론하였기 때문일 것이다. 혜교에게는 지겸이 3세기 중엽에 축법란과 교류하였다는 것은 대단히 시대착오적 이야기 [p.50] 로 여겨졌을 것이다. 그런데 승우의 (《고승전》보다 조금 이른 시기에 편찬된) 《출삼장기집》에서는 (명제의 꿈과 관련된) 최초의 인도 승려들의 이름을 언급하고 있지 않다. 따라서 지겸이 축법란과 교류하였다는 이야기의 사실성을 의심할 이유는 없다. 지겸이 그의 밑에 있으면서 '(재가신자를 위한) 5계를 지키고, 승려들과만 교류하였다'134)고 한 축법란에 대해서는 더 이상의 자료가 없지만, 약 50년 후에 비슷한 지역에 있었던 중국인 승려 우법란于法蘭과는 다른 인물일 것이다.135) 지겸은 다시는 수도로 돌아가지 않았고, 손량이 다스리던 시기 즉 252년에서 257년 사이에 입적하였다.

200년에서 252년 – 손권의 통치 시기와 겹친다 – 사이에 지겸은 상당한 분량의 경전을 번역하였다.136) 그는 4세기 이전 중국 남부 지역의 유일한 주요 번역가였다.

6세기 초에 승우가 그의 번역이라고 이야기한 36종 중에서 23종이 전해지고 있다.137) 이들 중 대부분은 대승불교에 속하며 대부분 처음 중국어로 번역된 경전들인데, 그중에서도 현재까지 중국에서 가장 중요한 경전으로 존중되고 있는 《유마힐경》(T474, 타이쇼대장경 제14책)이 가장 중요하다고 할 수 있을 것이다. 3세기 초에서 7세기 중엽에 걸쳐 이 경전은 중국어로 일곱 차례나 번역되었고, 7세기 이전에 이미 적어도 9종류의 주석서가 찬술되었다. 《유마힐경》은 교양있는 사족들의 불교 수용에 큰 역할을 하였다. 이 경전의 훌륭한 문학적 표현과 심원한 철학적 내용은 그들에게 호소력이 있었다. 지겸은 또한 후대 동아시아 불교에서 중요한 역할을 담당하게 되는 아미타신앙의 근본 경전인 《아미타경》(T362, 타이쇼대장경 제12책)도 번역하였다. 그와 함께 부처 생애의 전반부에 대한 번역으로서 이러한 종류의 문헌 중에 가장 인기가 있었던 《태자서응본기경太子瑞應本起經》(T185, 타이쇼대장경 제3책)의 번역 또한 중요한데, 이 책은 《수행본기경》(T184, 위와 같음)이라는 이름으로 2세기 말에 이미 번역되었던 책의 새로운 번역이었다.

지겸의 번역은 매우 자유로웠다. 모든 자료들은 그의 뛰어난 언어 실력과 우아한 문체에 대하여 강조하고 있지만 때로는 수사적 표현들을 추가하고, 고유명사에 포함된 단어들까지도 모두 번역하며, 길고 반복되는 원본의 문장을 요약하여 제시하는 그의 번역방식에 대한 비판도 보이고 있다.138) 불교 교리를 교양있는 사족들의 취향에 맞게 제시하려는 그의 의지는 기존 번역본의 개정 작업으로도 나타나고 있다. 그는 지참이 번역한 《수능엄삼매경》을 '매끈하게' 개정하였고,139) 역시 이전에 지참에 의해 번역되었던 《도행반야경》을 다시 번역하였다.140) 또한 유기난이 번역했던 《법구경》의 증보판을 내고, 강맹상이 번역했던 《수행본기경》을 개정하였으며, 보다 우아한 문체의 《사십이장경》 개정본도 만들었다고 한다.141)

지겸은 또한 최초로 불경의 독송[전독轉讀] 중간에 악기에 맞추어 부르는 중국의 불교찬가[범패梵唄, 찬讚]를 작곡하였다고 전해지고 있다. 그의 전기에서는 그가 지은 〈찬보살연구범패讚菩薩連句梵唄〉를 언급하면서142) 6세기 초까지도 전해지고 있다고 이야기하고 있다.143) 아래에서 이야기하겠지만 5세기 중엽 이후에 나타나는 – 위작임에 틀림없는 – 다른 전승에서는 최초의 중국 불교찬가의 작곡자를 유명한 진사왕陳思王 조식(曹植, 192-232)이라고 이야기하고 있다.

강승회康僧會

지겸이 건업을 떠난 몇 년 후인 247년에 유명한 소그드계 승려 강승회가 수도(=건업)에 들어왔다. 그는 제국의 가장 남쪽 지역인 교주의 치소 교지(交趾, 지금의 하노이 근처) 출신이었다. 그의 가족은 여러 세대에 걸쳐 인도에 살다가 상인인 그의 아버지 때에 이 중요한 상업 도시에 정착하였다.

당시에 교지는 이미 중국 문화의 거점이었다. 2세기 말엽 이래 중부와 북부지역으로부터 다수의 중국인 관료와 학자들이 이 부유하고 상대적으로 평화로운 지역으로 피난하여, 실질적 자치 지역이었던 이곳에서 중국인 지배층을 형성하였다. 그러나 중국인 이외의 다른 외국인들의 숫자도 작지 않았다. 이미 2세기에 인도와 로마제국의 동쪽 지역으로부터 오는 여행자들은 부남(扶南, 메콩강 하류지역), 임읍(林邑, 참파), 일남日南, 교주 등을 경유하였다.144) 226년에는 진륜秦倫이라는 로마제국 동쪽 지역의 상인이 교주에 도착하였다.145) 243년에 손권에게 사절을 보냈던 부남의 왕은146) 그보다 몇 년 전에는 자신의 친척을 인도에 사절로 보냈었다.147) 이러한 상황이었으므로 중국과 인도 문명의 중심지 사이에 있던 이 변경지역의 지식인들은 양쪽 문명의 영향을 모두 받고 있었다. 교주에서 중국 문명의 절대적 영향력은 의심의 여지가 없었다. 204년 이래 교주를 통지하고 있던 사섭(士燮, 177-266)은 남쪽지방에서 주요한 중국문화의 후원자 중 한 사람이었다. 하지만 한편으로 그와 그의 형제들은 - 그의 가족은 1세기 초 이래 이 지역에 거주하였다 - 비중국적 환경의 영향도 받고 있었다. 그들이 행차할 때에는 인도의 지방관들과 마찬가지로 플루트, 종, 북 등을 연주하는 악사를 동반하고, 그들이 탄 마차 양쪽에는 수십 명의 호인 胡人들이 향을 피우며 따르게 하였다. 또 다른 교주자사였던 장진張津의 비중국적 행동은 정도가 더 심하였다. "그는 옛 성인들의 규범과 가르침을 버리고 한나라의 법칙을 폐지하였으며, 보라색 터번을 두르고 류트를 연주하였으며, 향을 피웠다. 또한 이단의 삿된 책들을 읽으면서 그것이 (자기 정부의) 교화에 기여할 것이라고 이야기하였다."148)

강승회는 십대에 고아가 되었다. 부모가 죽은 후 승려로 출가하였는데 이는 3세기 초 당시 교지에 조직화된 불교공동체가 있었음을 보여주는 것이다. 그가 커다란 애정과 존경을 가지고 이야기하고 있는 초기 스승들에 대하여는 알려진 것이 없다. 아마도 그가 북쪽으로 가기 전에 죽었던 것으로 생각된다.149) 강승회는 산스크리트를 알았으며 삼장三藏에 대한 해박한 지식을 가지고 있었다고 - 실제라기보다는 상투적 찬사일 것이다 - 이야기되고 있다. 하지만 한편으로 그는 '(유교의) 6경을 두루 읽었고 천문과 도圖·위緯에도 정통하였다'고 하는데 이는 그가 중국의 학문을 배웠음을 의미하며 실제로 그의 문장에는 그러한 모습이 풍부하게 나타나고 있다. 이와 같은 사실들은 중국의 최남단 지역에서 중국적 사고의 영향을 받은 혼성적인 불교가 발전하고 있었으며, 중국적 교양을 지닌 소수 엘리트와 외국 승려의 교류가 존재하였음을 보여주는 것이다. 모자牟子의 《이혹론理惑論》으로 알려진 호교적 논서는 - 비록 스스로 주장하는 것처럼 2세기 말로 거슬러 올라가지는 않고 4세기 이후의 것으로 생각되지만[1장 참조] - 바로 이러한 고도로 중국화된 불교의 산물로 볼 수 있다. [p.52]

건업에 도착한 직후(247년) 강승회는 궁정 및 지배 가문과 접촉하였던 것으로 보인다. 불행하게도 《출삼장기집》(권8)과 《고승전》(권1)에 나오는 그의 생애에 대한 설명은 전설로 뒤덮여 있다.150) 이 전기들에 의하면 그는 황제의 명령으로 체포되어 심문을 받게 되었다. 그는 새로운 종교가 진리임을 증명하는 확실한 증거를 제시하기 위해서 부처의 사리를 만들어내는 기적을 행하였고, 이를 본 손권은 곧바로 그를 위해 남쪽 수도 최초의 사찰인 건초사建初寺를 지어주었다. 264년부터 280년까지 통치한 제4대이자 마지막 황제인 손호孫皓는 할아버지(=손권)의 불교에 대한 우호적 태도를 따르지 않았다. 하지만 불교 사원들을 파괴하려던 그의 계획은 불교의 가르침이 지속될 필요성을 역설한 강승회의 뛰어난 웅변 이후 취소되었다. 그의 전기에는 당시의 토론 내용이 수록되어 있는데, 이것이 진짜라면 (불교의) 선악업보에 관한 교리와 하늘이 스스로 통치자의 덕과 죄에 대해 상서나 길조로 반응한다는 중국의 자연감응설이 결합된, 대단히 흥미로운 자료라고 할 수 있다. 하지만 이 이야기는 모두 후대에 꾸며낸 것으로 보인다.

그 후에도 손호의 신성모독적 의지는 흔들리지 않았다. 궁정 후궁의 정원에서 불상이 발굴되자 그는 이것을 오줌통이 있는 곳으로 가지고 가서 스스로 '관불灌佛' 의식을 행하면서 신하들과 함께 즐거워하였다. 하지만 곧바로 신비하고 고통스런 병에 걸린 이 독재자는 부처의 힘을 인정하게 되었다. 그는 5계를 받고, 건초사를 확장하였으며, 모든 신하들로 하여금 부처님을 칭송하게 하였다. 280년에 오나라는 진에 정복되었고, 같은 해에 강승회도 죽었다.

이상과 같은 성인전설의 내용이 실제 역사적 사실에 의거하였는지는 알 수 없지만 두 가지 사실에 주목할 필요가 있다. 첫째로 비록 손호가 황제가 되기 몇 해 전의 일이기는 하지만 실제로 불교 탄압이 있었다. 그리고 그것은 불교만을 대상으로 한 것이 아니라 모든 '이단적인 신앙'에 대한 탄압이었다. 손침(孫綝, 231-258)이라는 장군의 전기에 의하면 그는,

"사람들이 신앙하는 신들을 모욕하였다. 그 후 큰 다리 입구[大橋頭]에 있는 오자서吳子胥의 사당을 불태웠으며151), 다시 불교 사찰들을 파괴하고 승려들을 처형하였다."152)

손침의 철저한 탄압은 주로 대중들의 불교 신앙을 향하였던 것으로 보이며 건초사에 대해서는 언급하지 않고 있다.

둘째로 손권의 재위 마지막 시기에 강승회가 궁정과 실제로 연결되었을 가능성이 없는 것은 아니다. 앞에서 이미 지겸이 궁정에서 벼슬을 맡았다는 전설에 대하여 살펴보았었다. 손권은 - 특히 만년에 - 도사들의 가르침과 수행을 열심히 믿었다. 241년에 손등은 그에게 '황로술을 닦고 (이를 통해) 부지런히 정신의 빛[神光]을 기를' 것을 강조하였다.153) 3세기 중엽에 활약한 왕표王表라는 신인神人은 세상을 돌

아다니며 일반 사람들과 마찬가지로 말하고, 먹고, 마셨다. 251년에 손권은 그를 궁궐로 부른 후 창룡문 바깥에 집을 지어 살게 하고 자주 신하들을 보내 술과 음식을 선물하였다. 왕표는 황제와 더불어 홍수나 가뭄 같은 장래 일어날 일들에 대하여 이야기하였는데, 자주 '그가 말한 것처럼 되었다.' 그는 251년에 손권에게 연호를 태원太元으로 바꾸라고 하였다. 고위 관료와 장군들은 그를 방문하여 복을 빌었다. 252년에 손권이 죽자 왕표는 수도에서 달아났다.154) 이 왕표라는 인물은 - 전기에 의할 때 왕표와 마찬가지로 황제의 마음을 끌기 위해 기적을 행하는 동시에 '업보의 (실재를 입증하는) 외형적 증거를 제시하는 가르침만을 제시하는 데 그쳐야 했던'155) - 강승회의 도교 측 상대자라고 할 수 있다. 이러한 사실들을 고려할 때 강승회를 4세기의 다른 불교 고승들이 종종 그러하였던 것처럼 궁궐에 소속되어 있던 일종의 '불교 주술사'로 보는 것도 가능할 것이다.

번역가로서 강승회의 활동은 상당히 제한적이었다. 아바다나(=부처의 전생담)를 모은 《육도집경》156)과 구舊《잡비유경雜比喩經》157) 등 2종의 경전이 그의 번역으로 전해지는데, 이중 후자는 오래된 불전 목록에는 나타나지 않고 있다. 도안은 (강승회의 번역으로) 5권 10품으로 이뤄진 《오품吳品》을 이야기하고 있는데, 이것은 아마도 《8천송반야경》의 이역본으로 생각되며, 승우 때에는 이미 전해지지 않고 있었다.158)

강승회의 불교는 선정을 강조하는 북쪽의 안세고, 안현, 엄불조 학파를 계승한 것이었다. 그는 회계 출신의 진혜陳慧와 함께 이 학파의 기본 경전인《안반수의경》주석서를 지었다. 이 책은 '경'이라는 제목과 달리 경전과는 성격을 전혀 달리하며, 상가락샤(Saṅgharakṣa)가 지은 《도지경道地經》이나 《대비바사론》같은 논서 중의 식념(息念, ānāpānasmṛti) 부분과 거의 같은 내용을 담고 있다.159) 현재의 《안반수의경》(T602,

타이쇼대장경 제15책)은 오래된 주석서의 내용이 섞여 있는데, 아마도 강승회와 진혜의 설명에 도안(312-385)이 주석을 붙인 것으로 생각된다. 강승회는 또한 안현과 엄불조가 번역한《법경경》의 주석서도 지었다. 그가 지은 두 주석서의 서문이 전하고 있는데, 거기에는 자신의 인생에 대한 약간의 흥미로운 내용 – 어렸을 때 부모가 사망할 때의 상황, (교지에서의) 스승이 죽었을 때의 슬픔, 종교적 수행을 불가능하게 했던 수 년간의 전쟁과 혼란, 안세고 학파에 속하는 3인의 스승을 만났을 때의 기쁨 등 – 도 들어 있다.

[p.54] 교리적 관점에서 가장 중요한 자료는《육도집경》의 여섯 장 중 다섯 장에 붙인 – 반야바라밀장은 전해지지 않는다 – 강승회 자신의 서문이다.160) 선정의 네 단계에 대하여 자세히 설명하고 있는 다섯 번째 장 서문의 분량이 나머지 서문 네 편 전체의 분량과 거의 같다는 사실에서도 그의 '선정' 학파와의 관련성이 잘 드러나고 있다.

또 다른 매우 이른 시기의 주석서 두 편이 전해지고 있는데, 거기에 담겨 있는 내용으로 보아 3세기 중엽에 오吳 지역에서 쓰여진 것으로 보인다. 먼저《음지입경주》(T1694, 타이쇼대장경 제33책)는 안세고 학파의 소송 '선정'에 대한 문헌으로, 서문에는 안세고의 재능과 덕행이 칭송되고 있다. 불전 목록에는 진씨陳氏 혹은 강승회와 함께《안반수의경》주석을 지었던 진혜의 저술이라고 되어 있지만, 서문에서는 저자가 자신을 밀密이라고 이야기하고 있다. 이 책에서는 설명의 첫 부분에 '스승이 말씀하시길[師云]'로 시작하는 부분이 많은데, 이 책의 저자 및 그 스승이 어떤 인물인지는 전혀 밝혀져 있지 않다. 이 책에 인용된 13종의 문헌 중에는 앞에서 언급한 강승회의《안반수의경》주석서를 가리키는 것으로 보이는 '안반해安般解'가 포함되어 있으며, 이로 볼 때 이 책에서 이야기하는 스승[師]은 강승회일 것으로 생각된다. 소승경전에 대한 주석서인 이 책에서 경전의 내용을 설명하기 위하여 여러 차례 대승 문헌을 인용하고 있는 점도 주목된다. 지겸이 번역한 《대명도경》과 《유마힐경》이 각기 3회와 1회 인용되고 있다.161)

두 번째 주석서에서도 – 지겸이 번역한 《대명도경》의 첫 번째 장에 수록되어 있는 저자미상의 문헌이다 – 비슷한 모습이 보이고 있다. 같은 (대승과 소승의) 경전들을 인용하고 있으며, 많은 해설들이 '스승이 말씀하시길[師云]'로 시작하고 있는 것으로 보아 앞의 책과 같은 학파의 작품으로 생각된다. 사용되고 있는 용어나 문체로 볼 때 이 '스승'은 중국인이거나 완전히 중국화된 외국인으로 생각된다.162) 이 3종의 현존하는 중국에서 가장 오래된 경전 주석서들에 대한 자세한 검토는 초기 중국 불교의 사상 경향을 이해하는 데 많은 도움을 줄 것이다.

두 주석서의 인용문들로 판단하건대 3세기 중엽의 중국 남부지역의 불교에서 가장 중요한 경전들은 다음의 문헌들이었던 것으로 보인다.

A. 《안반수의경》《음지입경》《도지경》《법경경》: 낙양의 안세고 학파가 번역한 경전.

B. 《둔진경屯眞經》[혹은 《순진경純眞經》], 《돈진타라소문여래삼매경 伅眞陀羅所問如來三昧經》: 지루가참의 번역으로 추정되는 경전.

C. 《대명도경》, 《유마경》, 《노모경老母經》[혹은 《노여인경》], 《혜인삼매경》《요본생사경了本生死經》: 지겸이 번역한 경전.

D. 《법구경》(《게偈》로도 일컬어짐): 유기난이 번역하고 축장염과 지겸이 증보한 경전.

E. 《중심경中心經》[혹은 《중심정행경中心正行經》](T743, 타이쇼대장경 제17책): 3세기 초에 번역된 번역자 미상의 경전(《역대삼보기》 (597년) 및 후대의 불전 목록에는 4세기 후반의 번역가 축담무란竺曇無蘭의 번역으로 잘못 기록되어 있다).163)

위(魏, 220-265년)나라의 불교

　남쪽 수도에서의 불교 발전의 주요 흐름이 비교적 분명한 것과 달리 북쪽 왕조에서의 불교 전개 과정은 자료가 거의 남아 있지 않아 제대로 알기 어렵다. 한제국의 마지막 십 년에서 3세기 중엽까지에 대해서는 아무런 정보가 없으며, 그 뒤의 20여 년에 대한 약간의 사실도 후대의 자료들을 통해서만 알 수 있다. 경전 번역의 측면에 있어서 – 초기 중국 불교에 관하여 우리가 비교적 충분한 정보를 가지고 있는 유일한 분야이다 – 위나라에서는 아무런 번역 활동도 확인되지 않는다. 초기의 목록가인 도안과 승우는 이 시기의 번역가와 번역문헌에 대해서 아무런 기록도 남기지 않고 있다. 《고승전》과 후기의 불전 목록들에는 약간의 외국인 승려들이 언급되고 있다. 인도 출신의 법시(法時, Dharmakāla, 초기 자료에는 이상하게 담가가라曇柯迦羅로 음사하고 있다), 소그드 출신의 강승개康僧鎧, 파르티아 출신의 담무제曇無諦와 안법현安法賢 등이다.164) 이들은 모두 250년 직후에 당시까지도 여전히 북부지역 불교의 거점이었던 낙양에 도착하였다. 그들의 번역으로는 그다지 중요하지 않은 약간의 문헌들만이 알려지고 있다.

　이 시기에 있어서의 순수한 서지학적 정보 이상의 중요한 의미를 갖는 유일한 사실은 계율에 관한 여러 종류의 문헌들이 갑작스럽게 등장하였다는 것인데, 이는 문헌의 형태로 된 계율이 중국에 처음으로 전래된 것을 보여주는 것이다. 마스페로가 이야기하고 있는 것처럼 계율에 관한 – 특히 승려의 출가에 관한 – 일부 내용들은 아마도 구전을 통하여 그 이전에도 중국에 알려져 있었음에 틀림없다. 법시가 중국에 들어오기 이전에는 단순히 삭발만으로 출가식이 이뤄졌다는 《고승전》의 내용은 신뢰하기 힘들다.165) 아마도 이 시기에 일정한 능력을 갖춘 외국인 아차리[화상]들이 수도에 존재하지 않게 되면서 계율의 구전과 정상적인 승려의 출가의식이 더 이상 행해지지 않게 되었던 것으로 생각된다. 이러한 추정은 아무런 번역 활동의 흔적이 보이지 않는 약 40년간의 자료의 부재 상황과도 일치하는 것이다. 적절한 능력을 갖춘 종교 지도자의 부재는 《고승전》에 묘사되고 있는 다음과 같은 비정상적 상황을 낳기에 이르렀다.

"수계를 하지 않고서 삭발한 머리만으로 일반인들과 구별되는 승려들이 존재하였다. 재齋와 계戒를 행할 때에는166) (비불교적인) 제사의식을 모방하였다"167)

3세기 중엽에 계율 문헌들이 번역된 것은 당시 낙양의 불교인들이 종교적 생활을 위한 보다 엄격하고 자세한 규정을 필요로 하고 있었 [p.56] 음을 보여주는 것이다. 250년에 법시는 《승기계본僧祇戒本》 중 바라제목차•를 중국어로 번역하였다. 바로 이어서 강승개는 담무덕파의 백갈마白羯磨인 《담무덕율부잡갈마曇無德律部雜羯磨》(T1432, 타이쇼대장경 제22책)를 아마도 프라크리트 원본을 이용하여 번역하였고, 같은 내용을 담무제가 255년에 《갈마羯磨》(T1433, 위와 같음)로 다시 번역하였다.168) 당시에 낙양의 불교 교단과 교양있는 상층계급이 접촉하였다는 자료는 발견되지 않는다. 현존하는 번역본에는 중국 문예 전통의 흔적이 보이지 않으며, 위나라 시기의 대표적 철학자, 시인, 문인들의 글에도 불교의 영향은 보이지 않고 있다. 어환魚豢의 혼란스럽고 이해할 수 없는 불교에 대한 설명은 틀림없이 3세기의 자료에 근거한 것으로써 관료층의 불교의 역사와 교리에 대한 완전한 무지를 반영하는 것이다.

후대의 불교 문헌에서는 불교와 위나라 황실이 관계를 맺고 있던

• 계율의 조항들을 가리킨다. 계본戒本이라고도 한다-역자

것으로 이야기하고 있지만 이들은 모두 신뢰하기 힘들다. 그러한 자료 중 하나에서는 조조가 불교에 대한 믿음을 이야기한 학자 공융(孔融, 2세기 후반)에게 보낸 답신을 언급하고 있다.169) 이 글은 처음 언급된 5세기 중엽에는 전해지고 있었던 것으로 보이지만 《홍명집》과 같은 불교 자료집에 수록되어 있지 않고 다른 호교 문헌들에도 인용되고 있지 않아서 어떤 내용이었는지 알 수 없다. 이런 점에서 조조의 편지는 훌륭한 위작이거나 작자가 잘못 알려진 것으로 보아야 한다고 생각된다.

또 다른 전승에서는 조조의 네 번째 아들인 유명한 시인 조식(曹植, 192-232)에 대해 불교 사상의 열렬한 찬미자였을 뿐 아니라 불교 노래인 범패의 창시자라고 이야기되고 있다. 동아(東阿, 산동성)로 파견되었던 그가 어산魚山을 방문했을 때 천상의 노랫소리에 영감을 받아 3천 곡 이상의 범패를 작곡하였고, 그중 42곡이 후세에 전해졌다는 것이다. 이 이야기 역시 명백히 후대에 꾸며낸 것이다. 자기 아버지와 마찬가지로 도사들의 수행에 대해 회의적인 태도를 가지고 있던 조식이 당시까지 도교와 매우 긴밀하게 연결되어 있던 불교 교리에 깊은 관심을 보였을 가능성이 거의 없다. 최근의 논문에서 휘테이커 부인(Mrs. Whitaker)은 이 이야기의 초기 형태가 - 5세기에 편찬된 신기한 이야기 모음집인 유경숙劉敬叔의 《이원異苑》에 수록된 두 가지 이야기 중 하나이다 - 명백히 도교적 색채를 띠고 있었음을 보여주었다. 불교적으로 변형된 가장 이른 시기의 이야기 -《이원》에 수록되어 있다 - 는 도교의 이야기를 바꿔놓은 것에 불과하며 형식에 있어서도 후대의 모습을 드러내고 있다. 유명한 시인인 진사왕陳思王 조식의 이름을 사용한 것은 포교를 위하여 불교 교단의 권위를 높이고자 한 것이었다.170) 조식이 도교를 선전하는 이야기에 등장하는 것은 그 이전에도 있었다. 《포박자》의 두 번째 장에서 갈홍(葛洪, 약 259-300년)은 조식의 《석의론釋疑論》을 인용하고 있는데, 여기에서 조식은 도사들의 신비적 능력을 전적으로 신뢰한다고 이야기하고 있다.171) 《석의론》이 조식의 일실된 저술 중 하나일 수는 있지만 – 《수서隋書》〈경적지經籍志〉에 전하는 그의 저술 30권 중 3분의 1만이 전해지고 있다 – 인용된 내용은 《변도론辨道論》에 보이는 그의 도교 수행에 대한 대단히 비판적이고 회의적인 태도와는 – 그런 이유로 이 글은 불교의 자료집인 《광홍명집》에 수록되었다 – 매우 대조적이다.172) 갈홍이 인용하고 있는 《석의론》은 유명한 시인을 도교의 옹호자로 만들기 위하여 도교 측에서 의도적으로 꾸며낸 문헌일 가능성이 높다.

세 번째 이야기는 위나라 명제(明帝, 재위 227-240)가 낙양에 큰 불교 사찰을 건립하였다는 것으로, 6세기 중엽 이후에 처음 보이며 – 위수(魏收, 502-572)가 편찬한 《위서魏書》〈석로지釋老志〉에 처음 등장한다 – 전혀 신뢰할 수 없는 내용이다.173)

III. 서진西秦(265-317년)의 불교

정치적 상황

제국의 재통일 이후 수십 년간은 사마씨의 권력이 안정되어 있었다. 초대 황제인 무제(재위 265-290)의 치세는 혼란스럽던 삼국시대와 앞으로 다가올 암흑의 시기에 잠시 끼어 있던 질서 있고 상대적으로 번성하던 시기였다. 오나라 정복으로 제국은 하나의 중앙 정권하에 재통합되었으며, 당시 최고 집권자의 위상은 변경 지역의 이민족들까지 포함한 전체 인민들에게 호조(戶調, 세대별 세금)라는 새로운 세금을 부과할 수 있을 정도로 강력하였다. 정부는 또한 문벌 가문의 영향력을 보증하면서 동시에 경쟁하는 이들 가문에 일정한 한계를 두고자 하는 황실의 욕구를 확립하기 위하여 관료들의 토지 소유 상한액와 고관들의 사적 예속민 및 노예의 보유 상한액을 정함으로써, 그들의 특권을 인정하는 동시에 그것을 제도로 규제하는 조치를 취하였다.174) 하지만 유교주의 외관하에 귀족들의 영향력은 지속적으로 확대되었다. 이는 관료 후보자들의 문예 교육을 담당하고 있던 태학太學이 224년에 재건된 이래 계속하여 제대로 운영되지 못한 반면,175) 귀족 자제들을 위한 배타적 교육기관인 국자감國子監은 226년 처음 개설된 이후 2년 만에 규모를 확대하고 조직을 재정비하여 – 한나라 때 이래의 교육기관인 – 태학의 영향력을 능가하고 있던 사실에서도 확인된다.176)

낙양 궁정의 상대적 힘과 위신은 265년에서 290년 사이에 중앙아시아와 동아시아의 지배자들과 중국 정부 사이의 빈번한 교류에서도 잘 나타나고 있다. 271년, 283년, 285년, 287년에 선선(鄯善, 롭노르), 우전(于寘, 호탄), 구자(龜玆, 쿠차), 언기(焉耆, 카라샤르), 대완(大宛, 페르가나) 등으로부터의 사절 혹은 공물 기록이 보이고, 268년, 284년, 285년, 286년, 287년, 289년에는 임읍(참파), 부남(메콩강 하류) 등으로부터의 사절에 관한 기록이 남아 있다.177) 285년에 중국의 사신이 [p.58] 대완의 지배자에게 왕의 칭호를 전하기 위하여 파견되었고,178) 비슷한 시기에 무제는 중국으로부터 왕의 칭호를 부여받은 선선, 우전, 언기, 구자, 소륵(疏勒, 카시가르)의 지배자들과 우호적인 관계를 유지하고 있었다.179) 그런데 290년 이후 이처럼 연이어지던 외국 사절들은 더 이상 보이지 않게 된다. 이후 서진이 멸망할 때까지 연대기에는 중국 조정과 주변 국가들과의 교류에 관한 기사는 전혀 나타나지 않는다.

무제의 사후 제국 북부에서 정부가 완전한 혼란과 붕괴에 이를 때까지의 20여년 동안의 상황 변화에 대해서는 개략적으로밖에 알려져 있지 않다. 제국의 붕괴과정은 세 단계로 나누어 정리될 수 있다.

(1) 궁정에서의 경쟁하는 가문들 사이의 대립. 무제의 재위 마지막 시기에 황후의 가까운 친척인 양楊씨 가문이 국정을 주도하게 되

었다. 291년에 어린 새 황제의 섭정을 맡게 된 황후 가賈씨 중심의 사마씨 및 가씨 연합세력이 양씨와 충돌하였다. 양씨를 축출하고 가씨가 정권을 장악하였지만 이어지는 사마씨의 정변(300년)으로 황후 가씨와 그녀의 친척들 역시 같은 상황을 맞게 되었다.

(2) 사마씨의 황자 중 한 사람에 의한 황제의 축출과 황위 찬탈은 황자들 사이의 - 그들은 이민족이 일부 포함된 대규모 군대를 거느리고 제국의 주요 지역을 군사적으로 통치하고 있었다 - 유례없는 치열한 대규모 전쟁으로 발전되었다. 6년 동안(301-307) 지속된 사마씨 황자들 사이의 전쟁은 국가를 황폐화시키고, 백성과 황족의 수를 격감시켰다. 중앙정부의 타락, 지방의 군사적 자립, 기근, 대규모 도적 떼의 발생, 메시아적 농민반란 등과 같은 익숙한 붕괴의 조짐들이 나타났다.

(3) 중국 역사상 처음으로 정치적 공백이 국경 너머의 (이민족) 세력에 의하여 채워졌다. 290년 이래 '다섯 흉노부족의 최고 지배자'로 임명되어 있던 완전히 한족화된 흉노 군주 유연(劉淵, ?-310)이 몇 년간의 준비를 거쳐 304년에 '한왕漢王'을 자처하고 - 스스로 자신의 조상이라고 주장한 - 한제국의 영토 회복을 위한 정복을 시작하였다. 산서성 서부와 남부의 근거지에서 출발한 흉노의 군대는 지방 도적의 우두머리와 중국인 반란집단의 도움을 받으면서 점차적으로 북중국의 대부분을 점령하였다. 낙양(311년)과 장안(316년)의 함락 이후 중국인에 의한 북중국 통치는 3세기 가까이 단절되게 되었다. 북서쪽에 있는 양주(涼州, 감숙성)는 장張씨에 의해 세습되는 독립적인 국가가 되었다[전량前涼, 314-376]. 304년에는 익주(益州, 사천성 북부지역)의 자사가 스스로 성(成, 304-347) 왕조의 국왕을 자처하고 - 306년에는 황제가 되었다 - 사

천성과 운남성의 대부분의 지역을 병합하였다. 그렇지만 과거 오나라의 영역이었던 제국의 동남부 지역은 중세 전시기를 통하여 그곳에서 연달아 일어난 '정통' 중국 왕조들의 거점 – 조금 과장된 표현이다 – 이 되었다. 흉노와 그들의 연합 세력이 도시지역을 약탈하던 서진의 마지막 몇 년 사이에 많은 고관들이 관직을 버리고 남쪽으로 피난하였다. 또한 겨우 살아남은 도시의 주민들도 – 흉노가 낙양을 함락한 311년에 3만 명이 학살당했다고 한다 – 같은 행동을 취하였다. 307년 이래 남부지역의 군사령관으로서 건업에 파견되어 있던 사마예司馬睿의 주변에는 피난 온 사족들이 모여들었으며, 317년에 그는 건업에서 건강建康으로 이름을 바꾼 새로운 수도에서 황제로 즉위하였다[동진왕조, 317-420]. [p.59]

서진시대의 불교 개관

265-300년 사이에 북중국에서 불교가 갑작스럽게 발전한 것은 제국의 다른 지역 및 중앙아시아 불교국가들과의 긴밀한 교류와 직접적인 관련이 있었다. 앞에서 연달아 중국 궁정을 찾아온 외국사절들에 대하여 이야기하였지만, 무제(재위 265-290) 이후 서역에서 중국의 영향력이 회복된 것은 중앙아시아 지역에서 발굴된 공문서들을 통해서도 분명하게 나타나고 있다.[180] 중국의 상대적 번영과 정치적 안정은 국제 교역과 교통의 발전을 촉진하였다. 중국 북부와 북동지역의 주요 도시들에는 모국의 본점 및 동료들과 정기적으로 연락을 주고받는 외국 상인집단이 자리잡고 있었다. 중국의 관문이자 중국인과 이민족이 섞여 사는 주요 상업 거점인 돈황(감숙성 서부)은 3세기 중엽 선진적인 농업 및 관개기술이 도입된 이래 더욱 번영을 구가하며 경제적 독립을 누리고 있었다.[181]

3세기 후반의 중국 불교는 이와 같은 발전의 모습을 보여주고 있다. 불교 활동의 모습이 확인되는 지역들은 대륙 관통도로(=실크로드)의 동쪽노선을 따라 자리잡고 있는 주요 도시인 돈황, 주천酒泉, 장안, 낙양, 진류陳留 등이었다. 농촌지역에서의 불교의 전파에 대해서는 아무런 흔적이 확인되지 않는다. 일반적으로 불교 활동에 관한 자료들은 도시에서의 번역 활동에 관한 간략한 내용들로 제한되고 있다. 실제로 우리가 알고 있는 한 초기 중국 불교는 처음 시작부터 분명한 도시적 현상이었다. 불교 교단은 외국인들이 모여 사는 도시지역에서 시주자와 신자들을 확보할 수 있었다. 3세기 중엽에 불경을 구하려는 최초의 중국 불교 구도자들이 다시 접근할 수 있게 된 중앙아시아 지역을 여행하였다. 중앙아시아의 오아시스 지역으로부터 승려와 문헌들이 들어오면서 번역활동이 전례 없이 활성화되었다. 돈황에 주요 불교 사원이 건립되면서 – 실질적으로 장안 교단의 분원이라고 할 수 있다 – 이 지역이 중국 불교의 영향권에 들어가게 되었다.

300년경에 상황은 변화되었다. 전쟁과 혼란이 중국 전역에 퍼져나가면서 서역과의 교통로도 막히게 되었다. 300년을 전후한 시기에 세 가지 대단히 중요한 일들이 발생하였다. 첫 번째로 불교가 점차 – 3세기의 마지막 몇 십 년 사이에 일어난 현상이다 – 황족인 사마씨를 비롯한 다수의 상층 및 최상층 사족들에게 수용되기 시작하였다. 두 번째로 남부지역으로의 대규모 피난과 건강에서의 동진 정부의 수립을 계기로 중국과 이민족 문화가 혼합된 상류층의 불교가 양자강 하류지역으로 [p.60] 전해졌고, 곧 남쪽 수도지역 귀족들의 정신생활에서 중요한 역할을 담당하게 되었다. 이 남쪽지역 귀족 불교의 고유한 사상과 실천에 대해서는 – 이것이 이 책의 주제이다 – 뒷부분에서 자세히 설명할 것이다. 세 번째로 후조後趙의 흉노족 지배자 석륵(石勒, 재위 319–333)의 궁정에 불교가 수용되었다. 이것을 계기로 많은 측면에 있어서 – 심지어 순수한 학문, 예술 활동까지도 – 비중국계 왕조의 지배자들로부터 긴밀한 후원과 동시에 통제를 받는 국가불교적 성격을 띠는 특수한 형태의 불교 – '북조'불교 – 가 시작되었다. 국가의 후원을 받는 북조불교는 589년 제국의 재통일 이후의 불교 교단의 발전에 커다란 영향을 미치게 되었다.

이와 같이 주요한 흐름은 명확하게 드러나고 있다. 4세기에 들어오면 북조와 남조 모두에 있어서 불교의 전개과정에 대해서 점점 더 많은 사실들이 기록되고 있다. 하지만 290년경 이전의 불교 교단의 역사는 여전히 90퍼센트가 번역의 역사라고 할 수 있다. 번역가의 전기와 제기, 불전 목록의 내용들은 중국 불교의 기본 경전들이 형성되어 가는 과정에 대하여 꽤 구체적인 – 그대로 다 신뢰할 수는 없지만 – 정보를 제공하고 있다. 하지만 이 자료들에는 넓은 의미에서 역사적으로 의미 있는 정보는 거의 담겨져 있지 않다.

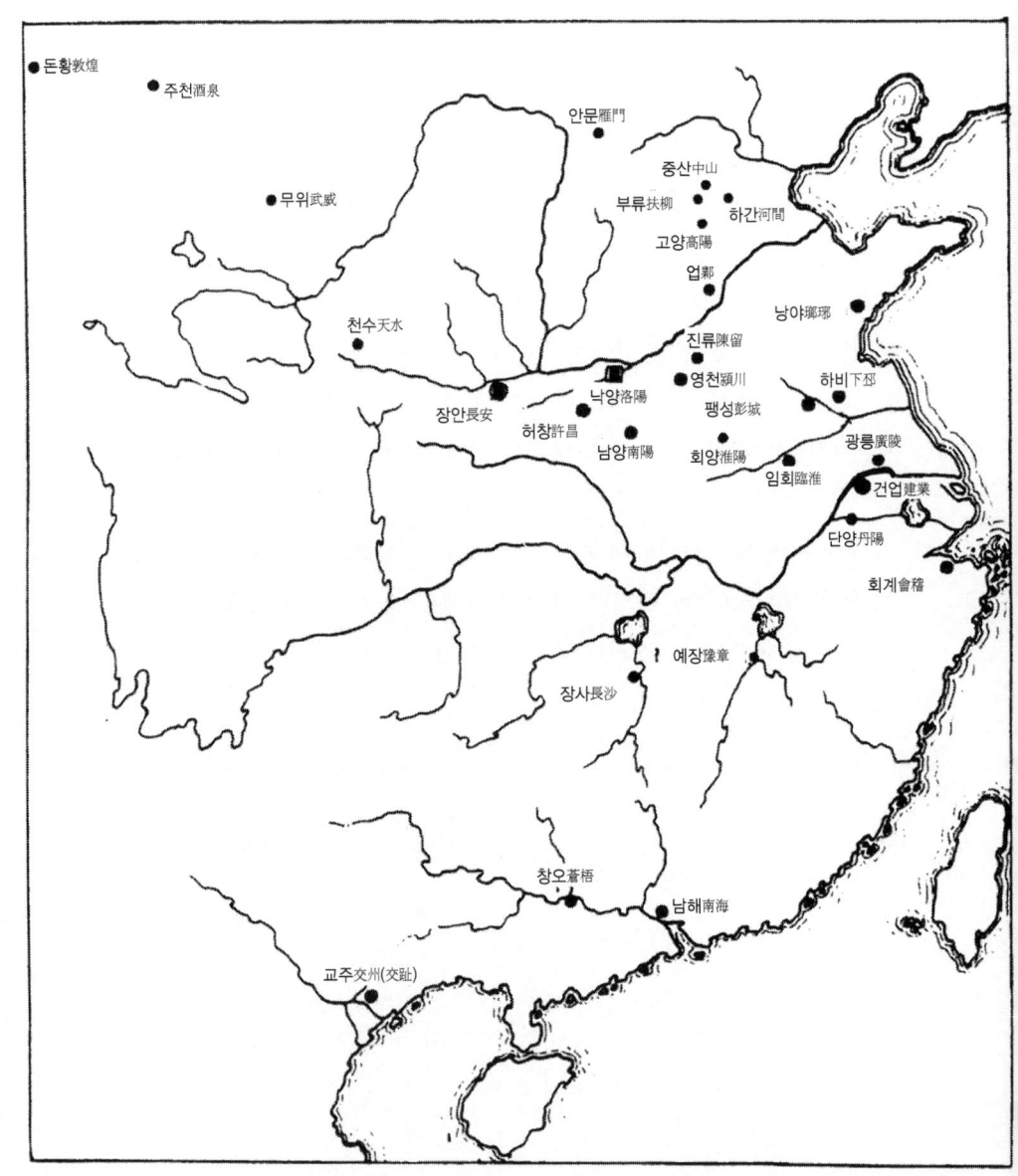

〈지도 3. 1세기부터 3세기 말까지의 불교〉

주사행朱士行의 우전(호탄) 구법여행

3세기 후반의 중국 불교사는 중국 승려 주사행朱士行의 우전(호탄)으로의 구법여행이라고 하는 대단히 흥미로운 사건으로 시작되었다. 이것은 불경을 구하기 위해 모국을 떠난 중국인에 관해 기록되어 있는 최초의 사례인 동시에 중앙아시아 지역의 불교에 대해 현지의 경험을 토대로 서술한 최초의 중국 측 기록이다.

주사행은 영천(潁川, 하남성 동부의 허창許昌 근처) 출신인데, 이 지역은 불교가 이른 시기부터 전래되어 있던 곳이다. 강승회의 중국인 스승 혹은 지도자 중 한 사람도 이곳 출신이었다. 주사행은 3세기 전반에 태어난 것으로 보이며, 출가한 후에는 낙양으로 가서 《8천송반야경》을 공부했다. 당시 그가 볼 수 있는 이 경전의 유일한 중국어본은 거칠고 때로는 이해할 수 없는 문장으로 된 지참 번역의 《도행경》이었다. 지겸이 번역한 보다 세련된 《대명도경》은 아직 북쪽에는 알려져 있지 않았다. 낙양에서 이 경전을 공부하던 사람들은 '보다 완전한' 《반야경》 즉 훨씬 '많은 분량의' 《반야경》, 특히 《2만5천송반야경》이 있다는 사실을 듣고 있었다. 근대 불교학에서는 《8천송반야경》을 후대의 다른 반야계 경전들의 기초가 된 최초의 반야계 경전이라고 생각하고 있지만, 초기의 중국 불교인들은 이 경전을 보다 많은 내용을 담고 있는 경전의 원본을 대충 요약한 발췌본에 불과하다고 생각하고 있었다.[182]

260년경에 주사행이 낙양에서 서역으로의 힘든 여행을 떠날 때[183] 그는 후대의 중국인 구법 여행자들이 그랬던 것과 마찬가지로 특정 경전에 대한 보다 좋은 텍스트를 구해서 본국의 불교에 대한 이해와 수행에 기여하게 하겠다는 구체적이고 분명한 목적을 가지고 있었다. 많은 구법여행의 경우, 특히 가장 탁월하였던 여행의 경우에 있어서,

[p.61] 불교의 신성한 지역들을 방문하고 경의를 표하는 것은 부차적인 것이었다. 예배, 동경, 헌신 등의 의미가 담겨 있는 '성지순례'라는 용어는 중국에서 일반적으로 '구법求法' 즉 가르침을 구하기 위한 것으로 표현되는 승려들의 서역여행을 가리키기에는 부적절하다고 할 수 있다.

주사행은 아주 멀리까지 가지 않아도 되었다. 그는 비단길 중 서역 남로 상에 있는 가장 큰 왕국인 우전(호탄)에서 《2만5천송반야경》의 산스크리트 원전을 발견할 수 있었다.184) 비록 주사행의 여행 이전에 중국에서 활동한 우전 출신의 전법가나 번역가는 거의 알려져 있지 않지만 불교 중심지로서 우전의 명성은 이미 중국의 수도에 널리 알려져 있었던 것으로 생각된다.

우전의 초기 역사는 다른 대부분의 중앙아시아 왕국들과 마찬가지로 단지 단편적으로만 알려져 있다. 중국과 티베트의 자료에 보이는 이 나라의 성립과 불교 수용 – 기원전 1세기 후반에 있었다 – 에 관한 내용들은 대부분 전설적인 것이다.185) 우전에서 연대를 알 수 있는 최초의 불교 관련 자료는 유명한 카로슈티 문자로 된 《다르마파다》(=법구경)의 프라크리트 사본으로서, 1892년에 뒤트뢰이Dutreuil de Rhins 와 그레나르Grenard에 의해 그 주요 부분이 발견된 이 사본의 연대는 2세기경으로 추정되고 있다.186) 중국 정사의 서역열전에는 분량은 많지 않지만 신뢰할 수 있는 정확한 정보들이 수록되어 있다. 중앙아시아 남부의 오아시스 국가들에 대한 우전의 주도권은 1세기 후반에 – 이 시기에 군사지도자에 의해 수립된 왕조가 강력한 사차(沙車, 야칸드 Yarkand)를 물리치고, 니야[정절精絶]에서 카시가르[소륵疏勒]에 이르는 남부 비단길에 위치한 13개 국가들로 세력을 확장하였다 – 성립되었던 것으로 보인다.187) 중국의 서역경영에 있어서 우전의 중요성은 77년부터 91년까지 중국 총독의 본부가 이곳에 설치되어 있었고,188) 2세기에 중국이 우전의 동쪽으로의 팽창을 막기 위하여 여러 가지 노력을 하였던 것에서 잘 드러나고 있다.189) 위나라(220-265) 시기에도 우전은 비단길 서역남로의 서쪽 지역 전체를 장악하면서 이 지역의 주도적 지위를 유지하고 있었던 것으로 보인다.190)

주사행의 여행에 관한 기록 – 가장 이른 시기의 기록은 4세기 초의 것이다191) – 은 우전에 대승불교가 있었음을 언급하고 있는 최초의 중국 측 기록이다. 우전에서 대승불교가 성행하였음은 후대의 다른 사례들에서 많이 확인되고 있다. 291년에 《2만5천송반야경》을 번역한 무라차(無羅叉, Mokṣala)는 우전출신이었고, 몇 년 후(296년)에 다른 산스크리트 사본을 가지고 장안에 들어온 기타미트라Gītamitra 역시 우전 출신이었다. 5세기 초에 지법령支法領은 우전에서 《화엄경》(T278, 타이쇼대장경 제9책)192)의 일부분을 발견하였고, 401년에 우전에서 3개월을 보낸 법현法顯은 왕실의 후원을 받는 대승의 가르침을 따르는 수만 명의 승려들로 이루어진 대규모 불교 교단에 대하여 이야기하고 있다.193) 이러한 상황들로 볼 때 주사행이 260년 혹은 그보다 뒤에 우전에 도착하였을 때 이곳은 – 소승불교가 주도적이었던 비단길 서역북로의 중심지인 쿠차와 달리 – 이미 중앙아시아의 대승불교 거점이었을 가능성이 높다.

그의 전기에 의하면 주사행은 대승불교의 경전이 중국에 들어가기를 원치 않는 우전의 소승불교 신봉자들의 방해를 받았다. 그들은 이 해로운 '바라문 책'을 중국으로 보내는 것을 금지시켜 달라고 국왕에게 요청하기도 하였다. 이에 중국으로의 반출이 금지될 것을 염려한 주사행은 이 책을 불 속에 넣어 시험해 볼 것을 요청하였고, 불 속에 던져진 《반야경》 사본이 아무런 손상도 입지 않음에 따라 소승불교 신봉자들의 바람은 이루어지지 않게 되었다. [p.63]

이 이야기가 어떠한 역사적 사실을 반영하는 것이라면 그것은 3세기 중엽에는 우전에서도 소승불교가 우세하였으며, 대승불교는 아직

무시되고 있던 소수파였던 것을 보여주는 것이라고 볼 수 있다.194)
그렇지만 이 이야기는 전체적으로 볼 때 사실이라고 하기 힘들다. 신
성한 문헌이 불 속에서도 타지 않았다는 이야기는 - 경전은 파괴할 수
없는 부처님의 사리와 마찬가지로 그 속에 담겨 있는 영원한 법의 성질을 가
지고 있음을 나타낸다 - 중국 불교 성인전설에서 자주 보이는 내용이
다. 또 다른 《2만5천송반야경》의 사본이 4세기 초에 중국에서 큰 화
재에도 불구하고 그대로 보존되었다는 기적적인 이야기가 전해지고
있으며,195) 그보다 얼마 후에는 《수능엄삼매경》에도 같은 일이 일어
났다.196) 431년에 포판(蒲坂, 산서성)에서 일어난 큰 화재에도 여러 종
류의 불경들이 무사하였다.197) 무엇보다도 우전에서의 불 속에 넣는
실험은 유명한 불교 위서인 《한법본내전漢法本內傳》에 수록되어 있는,
명제의 참관하에 불교 승려와 도교 도사들이 이적을 겨룬 이야기를
연상시키고 있다[앞의 주석 23번 참조].

그렇지만 이 전승은 이른 시기부터 있던 것으로, 스승의 사후 중국
으로 돌아와 스승을 다비할 때 일어났던 또 다른 신기한 현상을 전해
주었던 주사행의 제자 법익(法益, 우전출신?)이 전한 이야기일 가능성
이 있다.198) 주사행은 79세에 우전에서 입적하였다고 전해진다.

창원倉垣의 교단과 《2만5천송반야경》의 번역

주사행이 중국에 보내온 사본의 이후 행로에 대해서는 매우 자세한
내용들이 알려져 있다. 우전에서 주사행은 90품 60만자(字, 여기에서
는 음절의 의미로서 약 2만송에 해당한다)로 이루어진 산스크리트 원본을
필사하였다.199) 혜교에 의하면 자작나무 껍질[皮葉]에 쓰여진 그 필사
본은 6세기 초까지도 예장(預章, 지금의 남창南昌, 강소성)에 있는 사찰
에 보존되어 있었다고 한다.200) 282년에 주사행은 우전 출신의 제자

법요(法饒, Puṇyadhana?)201)를 시켜 – 다른 전승에는 다른 9명의 승려와 함께 – 산스크리트 사본을 중국으로 보냈다.202) 낙양에서 3년, 허창에서 2년을 머문 후 법요는 진류 근처 창원倉垣에 있는 수남사水南寺에 도착하였다. 291년에 우전 출신의 무차라(無叉羅, 무라차無羅叉라고도 함)와 인도계 중국인 우바새 축숙란은 이곳에서 중국어 번역을 준비하고, 경의 이름을 첫 번째 품의 내용에 의거하여 《방광경放光經》(설법을 시작하기 전에 부처님께서 '빛을 발하는 경전')이라고 하였다. 구두 번역을 두 명의 중국인 재가신자가 받아 적었고, 창원 지역의 모든 명사들이 – 대표적 신자와 시주자로서 – 훗날 중국 불교 사상의 형성에 가장 중요한 역할을 담당할 이 경전의 번역을 격려하고 후원하였다.

376년 무렵에 도안은 《방광경》과 당시에 새로 발견된 축법호의 (《2만5천송반야경》)번역본을 비교하고 양자를 종합하는 개정본을 편집하였는데, 그 서문이 전해지고 있다. 여기에서 도안은 《방광경》이 중국 지식층에게 미친 커다란 영향을 이야기한 후 – 다음의 해석이 옳다면 – 대단히 중요한 의미를 갖는 사건에 대하여 언급하고 있다. [p.64]

> 《방광경》은 출현하자마자 중국의 수도(낙양)에 널리 유통되었고, 수많은 '마음을 고요히 하는 은퇴한 사족'[息心居士]들이 베꼈다. 중산中山의 지支화상은 사람을 보내 이 경전을 비단에 베껴오게 하였고, 이것이 중산에 도착하자 중산왕中山王과 모든 승려들은 성의 남쪽 40리 밖에까지 나와 깃발[幢幡]을 나열하고 환영하였다. (이 경전은) 이와 같이 하여 세상에 유통되었다.203)

중산(中山, 지금의 정현定縣, 하북성 중부)에 불교가 전해진 것은 늦어도 3세기 전반으로 생각되며, 250-350년 사이에 활동한 승려들 중에 이곳 출신이 여러 명 있다.204) 그렇지만 지支라는 성이나 민족성씨를

갖는 중산에서 활동하였던 중국인이나 외국인 승려는 확인되지 않고 있다.205)

그런데 더 중요한 것은 도안의 글에서 경전에 대해 경의를 표하였다고 한 중산왕이 누구였는가 하는 것이다. 역사자료를 검토할 때 그 이전에 제남왕濟南王이었다가 277년에 중산왕으로 임명되었던 황자 사마탐司馬耽으로 비정된다.206) 같은 해에 황자들에게 그들의 희망과 달리, 수도를 떠나 자신의 책봉지에 상주하라는 황제의 칙령이 내려졌으므로 그는 실제로 중산에 살고 있었으며,207) 《진서》에 의하면 그는 《방광경》의 번역이 완료된 직후인 292년 10월 9일에 죽었다.208) 이 경전의 번역 작업은 291년 7월 28일부터 12월 31일까지 진행되었는데,209) 번역이 완료된 때로부터 사마탐이 사망할 때까지의 9개월 사이에 창원에서의 경전 필사와 중산에서의 장엄한 환영식이 충분히 실행되었을 수 있다. 이 일은 중국의 황실 구성원에 대한 불교의 영향력을 보여주는 최초의 현상으로서, 대단히 중요한 역사적 의미를 갖는 사건이다.

《방광경》의 문헌사에 있어서 창원의 불교 조직의 역할은 이것으로 끝난 것이 아니었다. 몇 년 지나지 않아 빈번한 전사와 무성의한 필사의 결과 유통되는 사본들은 많은 오류와 오독, 탈자脫字들로 가득하게 되었다. 이 근본 경전에 대한 완전하고 권위있는 판본을 만들려는 소망을 가지고 축숙란과 다른 한두 명의 중국 승려들은 이 경전에 대한 두 번째 개정 작업에 착수하였다. 이 작업은 전통 중국학계의 신중함과 성실성에 기초하여 이루어졌다. 개정본은 산스크리트 원본 및 다섯 종류의 중국어 번역본에 의거하였으며, 창원의 또 다른 사찰(수북사水北寺)에서 5개월 동안(303년 12월 10일에서 304년 5월 22일까지) 진행되었다.210) 《고승전》에는 보다 중요한 구체적 이야기가 추가되어 있다. 무차라의 원래 번역본은 권의 구분이 없었고 각 품의 제목도 붙어 있지 않았는데, 개정자들이 이를 20권으로 나누고 각 품에 제목을 붙였다고 한다.[211] 현재의 《방광경》은 그와 같은 형태를 하고 있으며, 따라서 303년에서 304년 사이의 개정본과 같은 것으로 생각된다.

한 세기 이상 이 번역본은 중국에서 접할 수 있는 반야바라밀 이론 [p.65] 에 대한 가장 명확하고 자세한 설명서의 역할을 하였다. 구마라집이 번역한 《소품반야바라밀경》(8천송반야경; T227, 타이쇼대장경 제8책, 408년 번역)과 《마하반야바라밀경》(2만5천송반야경; T223, 타이쇼대장경 제8책, 403-404년 번역) 및 후자에 대한 거질의 중관계의 주석서(《대지도론》 T1509, 타이쇼대자경 제25책, 402-405년 번역)가 등장하여 단번에 이 분야의 기존 번역들을 구식으로 만들어버린 5세기 초에 이르러서야 《방광경》과 지루가참이 번역한 《도행경》은 더 이상 이용되지 않게 되었다. 그렇지만 그 사이에 중국 불교는 구체적 성격을 갖추었다. 4세기에 등장하는 불교 지식층의 여러 이론적 학파들은 모두 기본적으로 반야계 경전의 오래된 번역본 특히 《방광경》과 《도행경》에 기초하였다. 대단히 세련되고 '중국적' 문장으로 된 지겸의 《8천송반야경》 번역본인 《대명도경大明度經》의 경우 비록 3세기 전반의 초기 중국 주석서들에는 일정하게 인용 혹은 언급되고 있음에도 불구하고 4세기 중국 불교계에는 별다른 영향을 미치지 못하였던 것으로 나타나고 있는데, 이 역시 주목해야 할 사실이다.

축법호(竺法護, 다르마락샤Dharmarakṣa)

서진 시기 동안에, 북중국 지역의 오랜 불교 거점이었던 낙양은 왕조 개창 직후 이전에 없던 발전을 보인 장안(의 불교)에 의해 빛을 잃어갔다. 모든 (장안 불교) 활동의 중심에는 구마라집 이전의 위대한 불교 번역가인 월지 출신의 축법호(竺法護, 다르마락샤 Dharmarakṣa 266-308년경 활동)가 있었다.

축법호는 230년경 돈황에서 태어났다. 그의 가족은 이곳에서 여러 세대에 걸쳐 살고 있었다. 그는 돈황에서 축고좌竺高座라는 경칭[4세기 초에 건강에서 활동하였던 쿠차출신의 백시리밀다라帛尸梨密多羅 Śrīmitra도 같은 경칭으로 불리었다212)]으로 불린 인도출신 승려의 제자로 출가하였다. 지리적 위치로 볼 때 그 이전에 불교가 들어와 있었음에 틀림없지만 돈황이 불교와 관련하여 이야기되는 것은 이것이 최초의 사례이다.

이 시기쯤에 일반화된 관례에 의하여 축법호는 스승의 민족성씨인 축(竺, 인도출신)을 자신의 종교적 성씨로 사용하였다.213) 하지만 일부 자료에는 그의 이름이 지(支, 월지출신)로 나타나고 있다.214)

축법호의 삶은 중국 제국의 변경 지역에 살던 비중국인이 완전히 중국화된 또 하나의 사례이다. 강승회와 마찬가지로 축법호는 아마도 가족의 어린 일원에게 중국식 교육을 시킬 수 있었던 부유한 상인 집안 출신으로서, 불교 문헌에 대한 지식과 함께 '(유교의) 6경을 두루 읽었고, (중국 철학의) 백가의 가르침을 잘 알고 있었다.'215) 이후에 그는 주사행처럼 불경 원전들을 수집하기 위하여 서역의 나라들로 떠났으며, 중앙아시아의 - 아마도 인도까지도 포함하는 - 여러 나라들에 대한 광범한 여행을 통하여 36개 언어를 습득하였다고 한다. 이 숫자는 과장된 것으로 생각된다. 36이라는 숫자는 한나라 때의 자료들에 무제(기원전 140-87) 때 서역에 있던 것으로 언급되고 있는 (특정되지 않은) '36국'에서216) 비롯된 것이 분명하며 따라서 '중앙아시아의 모든 언어'를 의미하는 것이었다.

[p.66]

많은 양의 원전을 가지고 중국으로 돌아온 그는 번역 작업을 하면서 돈황을 경유하여 장안으로 들어갔다. 장안에서 '돈황보살'로 불린217) 그는 대단히 활발한 활동을 시작하였다. 그가 번역한 문헌으로 도안은 154종, 승우는 159종을 열거하고 있다(《출삼장기집》의 축법호전기에 기록된 149종은 159종의 착오로 보인다. 한편 《고승전》은 그가 165종을 번역하였다고 이야기하고 있는데 그 근거는 알 수 없다).218) 이 엄청난 분량의 번역 중 절반 조금 안 되는 것들이 전해지고 있다(승우가 이야기한 159종 중에서 72종). 흔히 그러하듯이 후대의 목록에는 더 많은 문헌이 그의 저술로 이야기되고 있다(《역대삼보기》 210종, 《개원석교록》 175종 등). 도안의 목록은 충분히 신뢰할 수 있다. 29종의 경우 번역된 날짜가 기록되어 있는데 이는 적어도 이 문헌들의 경우에는 날짜가 기록된 이른 시기의 제기들에 의거한 것임을 알 수 있다. 도안은 아마도 축법호의 저작에 대한 오래된 목록 – 축법호 자신에 의해 정리되었거나219) 아니면 축법호의 가까운 동료였던 중국인 재가신자로서 축법호가 번역한 문헌을 연구하였던 섭도진聶道眞이 정리하였을 것이다220) – 을 이용하였을 가능성이 있다.

도안의 목록에 제시된 날짜들이 축법호의 번역활동 시기를 대표한다고 가정하면 그가 가장 활발하게 활동한 시기는 284-288년(57권, 그중 30권이 286년)과 291-297년(36권 그중 26권이 291년)이다. 그렇지만 이 단편적 내용들보다 훨씬 중요한 것은 주로 《출삼장기집》에 수록되어 있는 날짜가 기록되어 있는 많은 자료(제기 및 서문)들로써 여기에는 축법호가 번역 작업을 하였던 구체적 상황에 대한 귀중한 정보들이 담겨져 있다.221)

그의 전기 작가들은 축법호를 중국의 불교화에 있어 다른 누구보다도 많은 공헌을 한 인물로 칭송하고 있다.222) 이것은 과장된 표현일 수 있지만 당시까지 보잘것없던 장안의 불교공동체를 북중국의 주요한 불교 거점으로 만든 인물이 다름 아닌 축법호이고, 그의 사후 약 70년 뒤에 도안에 의해 재개되고 그 후 구마라집과 그 문도들이 완성하게 되는 위대한 업적의 기초를 놓았다는 것은 틀림없는 사실이다. 그의 활동은 동시에 낙양과 돈황 불교계의 활동에도 큰 자극이 되었다. 또한 4세기 초에 남조의 불교계를 대표하는 인물 중 일부가 장안과 직접적으로 연결되어 있었으므로 남조의 수도에서 번성하였던 전형적인 현학 불교가 실제로는 축법호 일파를 중심으로 하여 장안과 낙양의 지식층 승려와 사족 신자 집단에서 개발된 사상 및 수행과 직접적으로 연결되었다고 추정하여 무리 없을 것이다.

축법호는 아마도 이전의 여행의 결과로서 서역의 불교 중심지들과도 계속 관계를 맺고 있었던 것으로 보인다. 284년 그가 돈황에 머물고 있을 때 (후)정약(候)征若이라는 카시미르 출신의 우바새가 상가락샤(Saṅgharakṣa)의 《수행도지경修行道地經》(Yogācārabhūmi) 필사본을 가지고 왔다. 축법호는 이 인도출신의 방문자와 함께 그 책을 번역하였다.223) 같은 해에 쿠차의 사절은 그에게 《불퇴전법륜경不退轉法輪經》 Avaivartikacakrasūtra(阿維越致遮經)의 사본을 가져다주었고,224) 286년에는 장안에서 우전(호탄)출신의 기다라(祇多羅, Gītamitra)라는 승려로부터 《2만5천송반야경》의 산스크리트 텍스트를 구하였다.225) 또 289년에는 낙양에서 '서역 출신의 사문'으로부터 《문수사리정율경文殊師利淨律經》(Paramārthasaṃvṛtisayanirdeśa)의 완성되지 않은 필사본을 얻었고,226) 300년에는 카시미르 출신의 승려로부터 《현겁경賢劫經》(Bhadrakalpāvadāna)의 텍스트를 구하였다.227)

또한 축법호는 정기적으로 불교의 중심지들을 돌아다녔던 것으로 보인다. 265년 돈황에서 장안으로 온 후 이곳은 그의 상주하는 장소가 되었다. 하지만 284년에는 돈황에서 그가 중국인 및 비중국인 협력자들과 함께 두 가지 중요한 문헌을 번역하였고,228) 289년과 290년에는 낙양에 있었던 사실이 확인되고 있다.229) 294년에는 주천(酒泉, 감숙성 중부)에서 번역을 하고 있는데, 이는 그가 다시 돈황으로 가던 중이거나 그곳에서 돌아오고 있었음을 보여주는 것이다.230) 특히 축법호 집단과 그의 고향인 돈황은 긴밀한 관계를 맺고 있었다. 280년경에 중국인 제자 법승法乘은 장안을 떠나 돈황으로 옮겨가 큰 사찰을 창건하고 그 지역 사람들에게 불교의 가르침을 정력적으로 전파하였다.231) 축법호가 돈황을 방문하였을 때는 틀림없이 그 사찰에 머물렀을 것이다. 장안의 모교단과 마찬가지로 이곳 역시 번역의 중심지였다고 생각된다. 도안이 '양(涼, 감숙성) 지역의 별도의 경전'이라고 이야기하고 있는 59종의 역자미상의 경전들은 아마도 돈황의 법승 일파에 의하여 번역되었을 것이다.232) 전해지는 자료들은 오직 번역자로서의 축법호에 대해서만 이야기하고 있지만 지금까지 언급한 것처럼 우연히 덧붙여진 내용들을 통하여 순회 설교자, 교단의 조직자이자 감독자라는 그의 생애와 업적에 대한 다른 측면들을 살펴볼 수 있다.

그의 전기에 의하면 축법호는 사마씨의 황자들 사이의 싸움이 절정에 달하고 장안이 독재자 사마옹司馬顒과 꼭두각시 황제 혜제惠帝의 임시 수도로 정해진 304년 혹은 그 직후에 장안을 떠나 동쪽으로 피신하였다가 민지(澠池, 낙양 근처)에서 병이 들어 77세의 나이로 입적하였다. 일찍이 탕용동이 이야기한 것처럼(『불교사』, p.161) 축법호는 《보요경普曜經》(Lalitavistara)을 번역한 308년까지 여전히 장안에 생존해 있었을 가능성도 있다.233) 하지만 축법호가 동쪽으로 가지 않고 아마도 고향인 돈황으로 돌아갔을 것이라는 탕용동의 결론에는 동의할 수 없다. 탕용동의 이론은 두 가지 추론 –(1)낙양을 가리키는 것으로 생각되는 동쪽 지역은 당시 전쟁으로 황폐화되어 있어서 피난지로 선택되기에 적당하지 않고,(2)돈황지역에 《광찬반야경》이 보존된 것은 축법호가 말년에 그 지역에 은거하였음을 보여준다 – 에 근거하고 있다. 311년 흉노의 군대에 의하여 완전히 파괴되기 직전의 7년 동안 낙양이 거듭하여 전쟁과 약탈의 무대였음은 사실이다. 그러나 어떤 식으로든 불교 활동은 지속되고 있었다. 306년경에 인도출신의 승려이자 의사 겸 마술사인 기역(耆域, Jīvaka)이 낙양에 와서 수도의 거대한 불교 사원들의 사치스러운 장식과 화려함에 놀람과 실망을 표현한 사실이 기록되어 있다.234) 후대의 전승에 의하면 같은 해에 흥성사興聖寺가 건립되었다고 한다.235) 또한 나중에 흉노 황제의 궁정 승려가 되는 유명한 불도징이 310년에 낙양에 도착하였다.236) 그리고 무엇보다도 축법호가 동쪽으로 갈 때 낙양을 최종 목적지로 하였다고 하는 증거는 어디에도 보이지 않는다.

[p.68] 《광찬경》(《2만5천송반야경》의 축법호 번역본)과 관련하여서는 이 문헌이 4세기 후반까지 양주(감숙성)에 감추어져 있었다는 사실이 어떤 상황을 증명하는 것은 아니다. 법승의 돈황 사찰은 장안교단의 분원이었으므로 장안교단과 마찬가지로 이곳에 축법호가 번역한 문헌의 사본들이 보존되는 것은 당연한 일이었다고 할 수 있다. 《광찬경》은 286년에 장안에서 번역되었고, 앞에서 살펴본 것처럼 축법호는 294년에 돈황을 방문하였을 가능성이 대단히 높다. 흉노족이 침략하던 혼란스러운 시기에 세속의 경전들과 함께 – 311년의 낙양점령은 중국 역사상 세 번째의 '분서焚書'로 유명하다 – 수많은 불교 경전들이 사라졌다. 이 시기에 《광찬경》은 중국 본토에서는 사라졌지만 비교적 평화로운 지역이었던 돈황에서는 계속 유통되고 있었던 것이다. 그러나 340년 무렵까지는 적어도 《광찬경》의 일부 내용은 산서성과 하남성 북부에서 계속 연구되고 있었다.237)

축법호의 전기에 의하면 장안에 있던 그의 제자는 수천 명 이상이었으며, 그중에는 그에게 배우기 위하여 멀리에서 찾아온 사람들이 적지 않았고 사족[士]과 평민[庶]이 섞여 있었다. 이것은 흔히 볼 수 있는 상투적 표현처럼 보이기도 하지만 상당히 많은 지식층들이 축법호 학파와 교류하였다는 것은 의심의 여지가 없다. 실제로 그와 가까이 교류했던 많은 인물들을 확인할 수 있기 때문이다. 이를 통해 사원 생활과 번역 작업에 교양있는 재가신자들이 담당하였던 중요한 역할을 확인할 수 있다. 당시의 제기들에는 장안, 낙양, 돈황, 주천 등지에 있던 축법호의 제자 및 협력자들의 이름이 언급되고 있는데, 그 중 7명이 재가신자이다. 축법호의 가장 긴밀한 협력자는 중국학자인 섭승원聶承遠으로 그는 6종의 제기에 필수筆受로 나타나고 있다. 그는 또한 축법호의 《초일(명)삼매경初日(明)三昧經》 번역 초고를 윤문하여 수정본을 만들기도 하였다.238) 섭승원과 그의 아들 섭도진聶道眞은 승려가 아니었음에도 《고승전》에 전기가 수록되는 영예를 누렸다.239) 후대의 불전 목록들에는 많은 경전들이 섭도진의 번역으로 이야기되고 있지만(《개원석교록》 24종, 《역대삼보기》 54종), 도안이나 승우는 이들을 전혀 언급하지 않고 있다.240)

축법호의 비중국인 협력자 중에는 인도인과 함께 쿠차인, 월지인, 우전[호탄]인, 그리고 소그드인으로 보이는 인물들이 확인되고 있다.241) 약 20명의 시주 및 후원을 한 재가신자들의 이름도 확인되는데, 돈황 지역에서의 제기(284년)에 기록된 비중국계 시주자들의 명단이 특히 흥미롭다. 이들 중 한 명만이 확실한 중국인인데, 이는 중국 제국의 서쪽 변경에 있던 이 국제적 도시에서도 불교가 여전히 외국인들의 종교였음을 보여주는 것이다.242) 장안의 시주자 명단 중에 축덕성竺德成과 축문성竺文盛이라는 두 명의 중국인 승려가 보이는 것도 주목되는 사실이다. 전형적인 중국식 이름으로 볼 때 그들을 중국에 살고 있는 인도[竺] 출신의 재가신자로 보기는 어렵다.243) 그들은 아마도 번역 작업에 물질적으로 기여하였던 부유한 집안의 일원 (혹은 일원이었던) 사람들일 것이다. 승려들이 개인적으로 돈을 가지고 있는 것은 전혀 특별한 일이 아니었던 것으로 보인다. 축법호 자신이 장안

[p.69] 의 귀족[甲族] 가장에게 2십만전의 돈을 빌려준 일이 있다. 축법호의 관대함을 시험하고자 했던 그 귀족은 축법호가 자신의 돈을 거리낌 없이 빌려주는 태도에 감명받아 수백 명의 가족들과 함께 불교로 귀의했다고 한다.244) 이 이야기 자체는 후대에 꾸며낸 것으로 생각되지만 이러한 전승의 존재 자체가 승려들이 큰 액수의 돈을 운용하는 것이 특별한 일이 아니었음을 증명하는 것이다.

축법호의 번역과 중국의 대표적 대승불교 경전

축법호 학파의 성과불은 번역 기술의 발전에 있어서 중요한 단계가 되었다. 그의 번역본은 이전의 어떤 것보다도 더 원문에 충실하였다. 거기에 사용된 중국식 불교용어들은 훨씬 이해하기 쉽고 전문적이었다. 하지만 한편으로 원문에 충실하려는 시도는 그의 번역을 때때로 모호하거나 읽기 어렵게 하였다. 전체적으로 그의 번역에는 아직 구마라집 번역에서 볼 수 있는 정도의 자연스러운 유려함이 – 이러한 측면에서 구마라집 이상의 뛰어난 번역은 없었다 – 결여되어 있었다. 그렇지만 불교 번역에 있어서 문체나 문학적 자질은 주로 해당 문헌의 중국인 교정자들의 수준에 달려 있다는 것도 유념할 필요가 있다. 구마라집 번역의 경우에는 특히 그러하였다. 축법호 번역본들의 서투른 문체는 그가 이중언어 사용자로서 중국인 협력자들에게 덜 의존하였다는 사실에서 비롯되었다고도 볼 수 있다.

축법호가 번역한 수많은 경전들 중에서 가장 중요한 것으로는 먼저 최초로 《법화경》 전체를 번역한 《정법화경正法華經》(T263, 타이쇼대장경 제9책)을 들 수 있다. 모든 신자들에게 부처가 될 수 있는 길이 열려 있다는 일불승一佛乘의 가르침에 의거하여 부처님의 영원함과 전지전능함을 강조하고 있고, 대단히 풍부한 이미지와 비유를 담고 있는

《법화경》은 곧 중국 불교에서 가장 널리 신봉되는 근본 경전이 되었다. 이 경전은 일종의 비밀스런 계시로서 대승불교 경전들 중에서 특별한 위치를 차지하였는데,245) 6세기 후반의 천태학파에서는 이를 발전시켜《법화경》의 가르침을 부처님의 가르침 중 가장 최상의 것인 다섯 번째의 완전한 가르침이라고 하였다.•

축법호가《법화경》에 대한 최초의 완역본을 만들던246) 상황과 중국 대중들의 첫 반응에 대한 몇 가지 흥미로운 구체적 사실들이 알려져 있다.247) 이 책은 장안에서 3주일간이라는 짧은 시간에 번역되었다(286년 9월 15일부터 10월 6일까지). 축법호가 두 가지 언어를 할 수 있었다는 사실은 그가 '인도의 원본을 손에 든 채 입으로 (번역을) 이야기하였다[手執胡本口宣]'는 것으로도 알 수 있다(그는 이와 같이 이야기된 최초의 번역가였다). 그는 세 명의 중국인 조력자[필수筆受]의 도움을 받았는데, 물론 섭승원도 들어 있었다. 원본인 산스크리트 사본은 장안에 보존되었던 듯하며 7세기 초까지도 전해지고 있었던 것으로 보인다.248) 이 번역본은 두 명의 비중국인 전문가 - 인도 출신의 승려 축력竺力과 쿠차 출신 우바새 백원신帛元信 - 에 의해 개정되었으며, 248년 3월에 두 번째 개정이 행해졌다. 290년에 이 경전은 이미 낙양에 유통되었고, 곧바로 큰 관심을 불러일으켰다. 11월 18일에 한 무리의 중국인 재가신자들이 새로 필사된 책을 들고 축법호에게 찾아와 - 그는 늦어도 289년 봄부터 낙양의 백마사에 머무르고 있었다249) - 이 경전의 핵심적 내용에 대하여 토의하였다. 그 며칠 후인 11월 3일의 포살일布薩

• 부처의 가르침을 다섯 단계로 구분하는 5(시)교판五(時)教判은 남북조시대 이래 중국 불교학의 주요한 특징 중 하나였다. 천태교학에서는 부처의 가르침에 대해 시간 순서에 따라 화엄시華嚴時, 아함시阿含時, 방등시方等時, 반야시般若時, 법화(열반)시法華(涅槃)時의 다섯 단계, 가르침의 내용에 따라 장교藏教[아함], 통교通教[반야], 별교別教[화엄], 원교圓教[법화, 열반]의 네 가지로 구분하였는데,《법화경》은 각기 최상의 가르침인 법화열반시와 원교에 해당하였다-역자

日에는 하루 낮과 밤을 온통 이 경전을 해설하고 독송하는 특별한 모임이 개최되었다. 이 모임에서 이 경전은 세 번째로 개정되었다.250)

축법호의 《법화경》 번역으로 초기 중국 불교 사상의 발전에 가장 큰 영향을 미치게 될 다섯 종류의 대승불교 경전(《반야경》《수능엄삼매경》《유마경》《법화경》《아미타경》)이 모두 갖춰지게 되었다. 축법호가 이 경전들 모두를 새로 번역하였다는 사실은 -《법화경》을 제외한 나머지 네 경전은 이미 번역되어 있었다 - 그가 중국 대중들의 관심과 요구에 얼마나 민감하게 반응하였는지를 잘 보여주고 있다. 이처럼 그는 《법화경》에 더하여 《유마경》의 완전한 번역과 요약본[刪]을 만들었고, 《수능엄삼매경》과 《아미타경》, 《2만5천송반야경》을 다시 번역하였다. 《광찬경》이라고 이름 붙여진 《2만5천송반야경》의 번역은 기다라(祇多羅, Gītamitra 다른 곳에는 기다밀祇多蜜이라고 함)251)가 우전[호탄]에서 가져온 사본에 의거한 것으로 축법호와 기다라에 의해 286년에 번역되었다. 앞에서 살펴본 것처럼 《광찬경》은 4세기 초에 중원 지역을 파괴한 전쟁 중에 사라졌지만 양주에서는 - 아마도 축법호 학파의 돈황 분원 - 계속 유통되었고, 도안은 이 지역으로부터 376년에 이 경전의 사본을 받았다.252) 다른 축법호의 번역본들과 마찬가지로 이 책은 - 3세기 중국어의 기준에서 - 대단히 축어적이었고 알기 쉬운 번역은 아니었다. 도안은 이 책을 이해하기 위하여 무라차(無羅叉, Mokṣala)가 번역한 《방광경》의 도움을 받아야했다.253)

서진西晉시대의 다른 번역가들

무라차, 축숙란, 축법호 이외에 다른 번역가들이 북쪽 지방에서 활동하고 있었지만 그들에 대해서는 알려진 것이 많지 않고 초기의 자료에 거의 나타나지 않고 있다. 도안은 오직 290-306년 사이에 출신미상의 승려 법거法炬가 번역한 4종과 법거와 승려 법립法立이 함께 번역한 2종의 문헌에 대해서만 이야기하고 있다.254) 승우는 법립이 많은 양의 번역을 하였지만 필사되어 유통되지 못하고 영가(永嘉, 307-313)의 혼란기 동안에 모두 사라졌다고 이야기하였고, 혜교 역시 《고승전》에서 이러한 설명을 반복하고 있다.255) 후대의 목록들에서는 법립보다도 법거에게 많은 번역을 귀속시켰다. 6세기 말의《역대삼보기》에서는 132종의 문헌을 그의 번역이라고 하였고, 조금 엄격한 기준을 가진《개원석교록》에서는 40종으로 줄어들었다.256) 물론 일부 문헌들이 후대에 재발견될 수도 있지만 승우가 법거에 대하여 아무런 언급을 하고 있지 않는 것은 이해하기 힘들다. 초기 중국 불교 연구에 있어서 귀중한 안내서가 되는 도안의 목록은 300년경의 문헌들을 수록하고 있다. 비록 그가 374년에 양양에서 이 책을 편집하였고, 385년에 입적할 때까지 새로운 사항들을 추가한 것으로 보이지만, 서진 멸망 이후에 번역된 문헌은 하나도 수록하지 않았다. 4세기의 초기 수십 년 동안에 수많은 문헌들이 사라지고 구할 수 없게 되었다는 사실이 그가 자신의 목록에 새로운 문헌들을 추가하지 못한 주된 이유라고 할 수 있다.

 3세기 말에 활동한 덜 중요한 번역가들 중에서는《역대삼보기》를 비롯한 후대의 목록에서 281-306년 사이에 5종류의 문헌을 번역한 것으로 이야기되는 안법흠安法欽만이 확인되고 있다. 그의 번역 중에는 아쇼카왕에 대한 전설적 역사책인《아육왕전》(T2402, 타이쇼대장경 제50책)이 포함되어 있는데, 이 책은 다음에 살펴보는 것처럼 초기 중국 불교에서 대단히 독특한 기능을 하였. [p.71]

 마지막으로 남쪽 변경지역에서의 불교 활동의 모습에 대하여 살펴보도록 하자. 서진 건국 직후인 256년에 월지인 지강량접支疆梁接이 교주에서《법화삼매경法華三昧經》을 번역하였다. 그와 그의 중국인 조

수 도형道馨은 후대의 자료들에만 보이고 있으며, 그가 번역하였다는 6권본은 승우의 목록에서 이야기하는 역자미상의 1권본과는 같은 책이라고 볼 수 없다.257) 지강량접은 281년(혹은 266)에 광주에서 《십이유경十二遊經》을 번역한 강량루지疆梁婁至와 같은 인물로 생각되지만 확실하지는 않다.258)

사족士族불교의 형성

3세기 말에서 4세기 초의 시기에는 이후 중국 상류층에게 침투될 완전히 중국화된 교리의 창조자이자 전파자가 되는 중국인 및 귀화한 외국인 승려들로 구성된 지식층 엘리트 사제 집단의 존재가 분명하게 확인되고 있다. 비록 290년경 이전의 시기에 관하여 알 수 있는 정보가 극히 제한되어 있어서 이 문제에 대하여 분명하게 이야기하기 어렵지만 그럼에도 불구하고 290-320년의 시기를 대단히 중요한 발전의 시기로 볼 수 있는 몇 가지 사실들이 있다.

초기 불교 전기 자료들(《출삼장기집》과 《고승전》)에 보이는 290년 이전의 승려와 중국의 교양있는 상류계급의 교류 사례는 무시할 수 있을 정도이지만, 3세기 말에서 4세기 초에 활동한 승려들의 경우에는 그런 사례가 지속적으로 증대하고 있다. 물론 이에 대해서는 중국 불교의 최초의 시기에 대한 전기 자료의 부족 때문이라고도 볼 수 있을 것이다. 그렇지만 세속의 문헌들도 같은 모습을 보이고 있다. 중국 중세 초기의 문헌들 중 일부만이 전해지고 있지만 이 일부도 상당한 분량으로서 전체를 반영한다고 볼 수 있다. 300년 이후 시기와 관련해서는 《진서》(및 7세기에 편찬된 이 책의 토대가 되었던 현존하는 단편적 자료들)에 사족 및 궁정 불교에 대한 상당히 많은 정보가 담겨져 있지만, 이 왕조의 전반기에 대한 서술에는 불교가 전혀 언급되지 않고 있다. 마찬가지로 《삼국지》 및 그에 대한 배송지裵松之의 주석, 그리고 《세설신어》 중의 3세기 귀족들의 언행을 다루고 있는 부분에는 불교가 거의 언급되지 않고 있다. 3세기의 철학적, 사변적, 예술적 문헌들의 경우도 마찬가지이다. 이들 문헌에서 확실하게 불교의 영향이라고 볼 수 있는 것은 거의 찾아볼 수 없다. 당시에는 이미 불교의 존재를 알고 있었을 이들 문헌의 저자들이 불교 혹은 불교적인 것에 대하여 전혀 언급하고 있지 않다는 사실은 당시에 불교가 사회의 다른 부분이나 계층에는 급속히 퍼져가고 있었다고 하더라도 아직 사족들의 생활에까지는 스며들지 못하였음을 보여주는 것이다. 불교는 여전히 사족들의 활동과 관심의 바깥에 존재하고 있었던 것이다.

이보다 더 중요한 또 하나의 사실이 현존하는 문헌 자료들에 나타나고 있다. 초기 사족 불교의 가장 독특한 산물은 다방면에 걸친 호교 문헌들인데 - 주로 짧은 논서와 편지들로 구성되어 있다 - 이들은 중국의 지식층 승려들과 불교에 호의적이거나 적대적인 문인 및 정부관료들 사이의 토론 혹은 다소간은 적대적인 교류의 결과이다. 현존하는 이러한 종류의 문헌들 중 일부에 대해서는 앞에서 언급하였는데(1장 참조), 육징陸澄이 편찬한 《법론法論》의 목차(《법론》은 465년 직후에 편찬되었으며, 그 목차는 《출삼장기집》 권7 82.3 이하에 수록되어 전해지고 있다)를 보면 이러한 문헌의 수량과 발전 상황을 더 잘 이해할 수 있다. 그런데 103권이나 되는 방대한 분량의 이 순수한 중국적 불교 문헌에 4세기 초 이전의 것은 단 하나도 포함되어 있지 않다.259) 이것은 이른바 '사족 불교'가 3세기 말에서 4세기 초의 시기에 처음으로 시작되었음을, 즉 사마씨 황자들 사이의 다툼과 흉노족에 의한 북중국의 정복이 있던 혼란스러운 시기의 산물임을 분명하게 보여주는 것이라고 할 수 있다. 그 이전 시기의 중국 불교는 신자들의 두드러진 열정과 대단히 많은 분량의 번역 경전들에도 불구하고 여전히 후한대 낙양에서 행해지던 신앙의 확대된 형태, 즉 약간의 중국화된 외국인과 무식한 일부의 대중들, 그리고 상대적으로 소수인 사회적 배경을 알 수 없지만 상층귀족에는 속하지 않았음이 분명한 지식층 혹은 준지식층 개인들에 의해 지지되던 '이단적'이지만 관용되고 있던 종교에 불과하였던 것이다.

마지막으로 환현이 〈답왕밀서答王謐書〉(402년) 중에서 최상층의 불교 신앙이 당시에 비교적 최근의 일이었음을 분명하게 보여주는 문장을 인용해 보기로 하자.

> "이전에는 중국인[晉人] 중에는 불교신자가 거의 없었다. 승려들은 대부분 외국인이었고 (중국의) 통치자들은 그들과 접촉하지 않았다. 그래서 (정부가) 그들의 풍속을 용인하고 그들이 (자신들의 종교를 신앙하는 것을) 금지하지 않았다. 그러나 근래에는 통치자와 최고층 (관료들)이 부처를 존경하고 개인적으로 종교 행사에 참여하는 등 상황이 이전과 완전히 달라졌다."[260]

불교가 최근에 들어 상류층의 종교가 되었다는 환현의 이야기가 그의 반종교적 감정에 의한 것이 아님은 불교신자인 학자 습착치(習鑿齒, 383년경 사망)가 도안에게 보낸 편지(365년)에서 같은 의견을 이야기하고 있는 것에서 알 수 있다.

> "큰 가르침이 동쪽에 퍼진 지 4백 년 이상이 지났습니다. 비록 변방의 통치자[261]와 개인들이 신자가 된 경우는 있었지만 여전히 앞 세대에서는 (일반적으로, 오직) 중국의 옛 가르침만을 받아들였습니다.[262]

초기 중국 불교를 언제까지로 볼 것인지에 대하여 다음과 같은 중요한 시기들을 상정할 수 있을 것이다. 2세기 말의 대승불교 경전의 전래, 장안에서의 도안의 활동(379-385), 구마라집의 장안 도착 및 이어지는 중관학 문헌의 소개(402년) 등. 그렇지만 이러한 구분은 종교의 역사를 텍스트의 역사로 취급하는 순수한 철학적 접근법의 결과라고 할 수 있다. 만일 초기 중국 불교의 발전을 중세 중국의 사회사 및 문화사의 한 양상으로 서술하고자 한다면 우리는 300년 무렵이 가장 분명한 전환점이라고 결론짓지 않을 수 없을 것이다. 불교 교리의 [p.73] 상층 사족층에의 침투는 중국 불교가 이후 수십 년간 나아갈 방향을 사실상 결정하였다. 이에 의하여 불교가 중국을 '정복'해 나가는 승리의 길이 닦이게 되었다.

3세기의 마지막 십여 년 사이에 여러 가지 요소들이 이러한 발전을 촉진하였다. 사상의 영역에서는 현학이 최상의 지위를 누리고 있었다. 향수와 곽상의 활동에 의하여 현학은 이 시기에 마지막 창조적 단계로 접어들고 있었다. 사족층에서는 철학적, 형이상학적 문제들에 대한 토론이 한창 활성화되고 있었다. 2세기의 도사들이 불교의 삼매와 명상 수행에서 새롭고 보다 효과적인 영생의 길을 발견하였던 것처럼 3세기 말의 지식인들은 공空이라는 외국의 이론에서 새로우면서도 왠지 모르게 익숙한 사고방식을 발견하였다. 두말할 것도 없이 이 이론에 대한 그들의 해석은 그들 자신의 문화적 배경에 대한 일방적인 주제선택, 그리고 그들에게 설명된 언어 자체에 의하여 변색되고 왜곡되었다. 지혜[智 prajñā], 공[空/明, śūnyatā], 적정[寂, śānti], 방편(upāya) 등과 같은 대승불교의 개념들은 자연스럽게 그리고 의식하지 못하는 사이에 신성함[聖], 비어 있음[虛], 존재하지 않음[無], 고요함[靜], 무위無爲, 자연自然, 감응感應 등과 같은 현학의 유사 개념들에 융합되어 갔다. 지식 계급에게 있어서 대승불교 - 특히 반야사상 - 는 이와 같은 표면적 유사성 때문에 호소력이 있었다. 불교는 동일한 것처럼 보이는 근본적 개념들을 다루면서도 이 개념들을 새로운 시각으로 바라봄으로써 새롭고 더 심오한 의미를 부여하고, 속세를 벗어난 계시의 분위기를 제공하였다. 불교는 모든 존재의 근원이자 원동력인 동시에 각각의 존재들에게 타고난 몫을 기계적으로 나눠주는 엄격한 자연의 법칙을 강조한다는 점에서 중국의 사상과 일치하는 것처럼 보였다. 하지만 불교에 있어서 이 개념 – 보편적 법칙 혹은 업보의 과정 – 에는 다른 의미가 담겨 있었다. 우주 전체에서 기계적이고 엄격하게 작용하는 동시에 인간 개인의 생각과 행동에서 비롯되고 그에 의거하는 도덕적 원칙이었다. 같은 방식으로 불교는 도덕적으로 무미건조한 자연의 법칙을 초세속적인 공정한 정의의 도구로 바꾸었다. 더욱이 여기에 윤회재생의 교리 혹은 중국인들이 일반적으로 해석한 것처럼 '영혼의 불멸'을 도입함으로써 이 개념에 논리적 의미를 부여하였다. '공空과 성인의 지혜', '죄의 과보', '영혼의 불멸', 이것이 4세기에서 5세기 초 시기 불교의 가장 기본적이고 논쟁적인 원칙들이었다. 이것은 또한 중국 지식층들이 처음으로 관심을 갖게 된 요소들이었을 것이다.

 물론 신앙의 측면도 있었을 것이다. 하지만 초기 중국 불교에서 이러한 측면에 대해서는 잘 알려져 있지 않다. 단순한 믿음과 신앙이 대중 신앙에 있어서 중요한 역할을 하였을 터이지만 그에 관한 정보는 거의 남아 있지 않다. 4세기의 세련된 불교인들 – 승려와 재가신자 모두 – 과 관련된 부처님의 무한한 사랑이나 자비에 대한 북받치는 감정 등의 이야기는 거의 전해지지 않고 있다. 그들의 불교는 분명히 이성적이고 지적인 성향의 것으로서, 그들의 이상은 초인간적인 구원자에 대한 조용한 복종이 아니라 장자가 이야기한 '제물齊物'의 실현이라고 할 수 있는, 몽환적인 무위의 상태를 유지하면서 모든 현상을

[p.74]

'비추는[照]' 성인의 지혜 – 그들에게는 이 지혜가 열반, 반야, 삼매, 여여 如如, 보리 등이 하나로 융합된 모호한 개념과 거의 동일시되었다 – 를 추구하는 것이었다. 이 책의 뒷부분에서는 중국의 지식인들이 – 한 손에 《도덕경》을 들고서 – 불교 형이상학의 밀림에서 길을 찾아 나서면서 출현하게 된 혼성불교의 특성들을 충분히 살펴볼 수 있을 것이다.

3세기 말쯤에 지식층 사족들로 하여금 갑자기 이국적 교리에 관심을 갖게 하고, 때로는 승복을 걸치고서 '집이 없는 상태[出家]'로 나아가게 한 주된 사상적 관심사는 바로 이와 같은 것들이었다.

하지만 물론 사상적 요인들만 있었던 것은 아니었다. 당시는 혼돈스러운 시기였고, 전쟁과 정치적 혼란의 시기가 늘 그러하듯이 관료들의 생활은 고난과 위험으로 가득 차 있었다. 사원은 조세회피자나 집 없는 떠돌이들뿐 아니라 관료 생활로부터 벗어나려는 지식층인 '은둔 사족'들에게도 숨을 곳을 제공하였다. 불교공동체는 (자신의 재능을 숨긴 채 도덕적 순수함을 지키고 자연과 조화된 목가적 생활을 즐긴다고 하는) 전통적 은둔의 이상에 은둔자처럼 세속의 혼란에서 벗어나 살면서 모든 존재의 구원을 위하여 노력하는 사문[승려]의 고귀한 삶이라고 하는 새로운 사상적 명분을 더해 주었다. 그 결과 사원에서의 생활은 종종 '은둔'의 이상과 동일시되게 되었다. 마찬가지로 역사책에 종종 보이는, 정부가 '숨은 인재들을 초빙하여' 국가에 봉사하게 하는 일들이 통치자나 고관들이 뛰어난 승려들에게 승단을 떠나 관료가 되라고 빈번히 권유하거나 때로는 강요하기까지 하는 모습으로 변화되어 나타나게 되었다.

세 번째로 앞에서 언급한 것처럼 관료기구의 모든 고위직들이 문벌 가문에 의해 독점되고 있는 상황에서 가난하고 상대적으로 보잘 것 없는 사족 가문 출신에게는 커다란 전망이 있는 것이 아니었다. 그들에게 상층 관직으로 향하는 문은 언제나 닫혀 있었다. 이런 사람들 중 다수가 사원으로 향하였고, 그에 따라 사원은 곧 학문과 문화의 중심이 되었다. 그들은 이곳에서 그들의 문학적, 철학적, 예술적 재능을 마음껏 발휘하였다.

마지막으로 4세기의 처음 몇 년 사이에 있었던 남쪽으로의 대이주 이후, 이 지역에서의 불교 교단의 지위 또한 중요한 역할을 하게 되었다. 지겸과 강승회의 활동에 대한 전통적 설명이 사실을 조금이라도 반영하는 것이라면 건업 지역에서 불교와 오나라 궁정은 긴밀한 관계를 맺고 있었다고 보아야 할 것이다. 낙양이 흉노에 의해 정복된 311년은 강승회의 입적과 오나라의 멸망으로부터 불과 31년밖에 경과하지 않은 때로써 궁정의 관료들과 궁중 불교는 여전히 옛 수도이자 307년 이래 사마씨 황자의 - 그가 후일 동진 최초의 황제가 되었다 - 근거지가 된 이 지역에 남아 있었다. 건강의 궁정 관료와 고관들 중 북쪽으로부터 피난 온 사람들은 일부에 지나지 않았으므로 본래 그곳에 살고 있던 남쪽 귀족들 사이에서 불교의 인기가 동진 성립 직후의 불교의 확산을 촉진하였을 것이다.

승려와 사족의 접촉이 일단 시작된 이후 많은 분야에서 불교의 영향이 갑작스럽게 드러나게 되었다. 승려들이 청담 토론에 참여하였고, 설교자, 종교인, 조언자, 친구로서 황궁과 귀족 가문의 영지를 방문하게 되었다. 승려들은 유교 의례의 의미에 대하여 설명하고, 《노자》와 《장자》에 대하여 주석하였으며, 문장과 정치, 고대문화 등에 관한 질문에 대답하고, 영향력 있는 속인들과 정기적으로 서신을 교환하면서 그 속에 불교 교리 및 다른 주제에 대한 자신들의 의견을 개진하였다. 그들이 편찬한 중요한 전기문헌, 목록집, 지리지 등에는 중국의 문학과 역사에 대한 백과사전적 지식이 잘 표현되고 있음을 볼 수 있다. '여가를 즐기는 사족'이었던 그들은 학자가 갖추어야 할 필수적인 소양들을 갖추고 있었다. 그들은 5언의 시詩와 4언의 찬讚,

정교한 서序와 명銘, 논論, 부賦 등을 각각의 장르에 맞게 대단히 화려하고 형식을 잘 갖춘 문체로 지었으며, 그들 중 일부는 또한 서예의 대가로 유명하였다.

동시에 교양있는 사람들도 새로운 가르침에 폭넓은 흥미를 갖게 되었다. 그들은 교단의 후원자가 되어 사원과 예배당을 창건하고 승가에 돈과 음식, 건축재료, 불상을 비롯하여 신앙에 필요한 다양한 물품들을 제공하였다. 때때로 그들은 불경 번역 비용을 대기도 하였다. 최상층 귀족의 구성원이 승려가 된 약간의 사례도 있었지만 그들 대부분은 관심있는 외부자 혹은 '가정에 머무르면서[在家]', 즉 모든 종류의 사회생활에 적극적으로 참여하면서, 속인을 위한 다섯 가지 계율(불살생·불투도·불사음·불망어·불음주) 및 매 2주마다의 금식기간에 지켜야하는 추가적인 세 가지 계율•을 준수하는 정식 재가신자였다. 기도하고, 향을 사르고, 학식있는 승려와 대화하거나 그의 설교를 듣기 위하여 사원을 방문하는 것은 일상적인 일이 되었고, 반대로 유명한 설법가들도 외부에서의 설교나 토론을 위하여 일상적으로 사원 바깥으로 - 간혹은 황궁으로 - 초청되었다. 신심 깊은 속인들은 일정 기간 동안 - 때로는 몇 년 동안 - 사원에 머무르면서 예배에 참여하거나 경전 번역에 협력하였다. 때때로 통치자와 고관들은 세속적 문제 해결을 위한 조언자로 승려들을 등용하였고, 때로는 그들에게 승려 신분을 버리고 관료가 될 것을 요구하기도 하였다. 4세기에는 불교적 주제가 당대 예술과 문학에 중요한 역할을 담당하였다. 사족 화가들은 사원과 예배당의 벽화를 그렸을 뿐 아니라 학자의 서재에 보관되는 휴대용 두루마리에 불교적 장면들을 그리기도 하였다. 불교 경전

• 크고 높은 자리에 앉지 않음[不坐高大廣牀戒], 화려한 장신구를 갖추고 가무를 즐기지 않음[不着華瓔珞戒 및 不習歌舞戱樂戒], 오후에 식사를 하지 않음[非時食戒] 등이다. 앞의 다섯 가지 계율과 합하여 재가신자가 지켜야 하는 8계八戒가 된다-역자

의 영창[범패]도 중국 음악의 영역에 포함되게 되었다.

이 모든 일들은 최초의 사족 불교에 관한 기록이 보이는 서진시기의 마지막 십여 년에서 5세기 초까지의 한 세기 정도에 불과한 기간에 일어났다. 그 진행 과정 및 그것의 가장 특징적인 모습들은 이 책의 뒷부분에서 다루어질 것이다. 그 이전 시기에 대한 역사적 개관은 그들의 활동과 사회적 교류로 볼 때 사족 불교의 선구자라고 볼 수 있음에도 불구하고 우리들에게 잘 알려져 있지 않은 3세기 말의 불교 승려와 문인들에 대하여 이야기하는 것으로 정리하고자 한다.

[p.76] **백원帛遠과 백법조帛法祚**

그러한 인물들 중에 가장 중요한 인물은 법조法祖라는 자字로 더 잘 알려져 있는 백원帛遠이다.263) 그는 교양있는 집안 출신이었다. 하남성 북부 출신의 유학자인 아버지 만위달萬威達은 지방 정부가 그에게 제시한 모든 관직을 거절한 '은사'였다. 후일 승려 백법조帛法祚가 되는 그의 동생은 이러한 가문의 전통을 계승하여 수도에 있는 태학의 박사 직위를 거절하였다. 두 형제는 모두 불교에 깊은 매력을 느끼고 있었으며, 아버지 만위달은 오랜 숙고 끝에 그들이 승려가 되는 것을 허락하였다.

축법호 학파가 한창 활약하고 있던 장안에서 백원은 정사를 개창하였다. 그의 전기에 의하면 '그의 제자가 되어 가르침을 받으려고 찾아온 승려와 속인들이 거의 천여 명을 헤아렸다'고 한다.264) 백원의 스승이 누구였는지는 알려져 있지 않은데, 그의 승려 성씨로 볼 때 쿠차인이거나 이 승려 성씨를 사용하였던 중국인 아차리[화상]였을 것이다. 두 형제의 법명인 법조法祖와 법조法祚는 축법호의 협력자 중 한 사람인 백법거帛法巨265)와 관련이 있을 수도 있다. 승려의 자字는 흔하지 않은데, 스승과 제자의 자 사이에 일정한 관련성을 보이는 한 가지 사례가 있다. 지겸의 자는 공명恭明이었는데, 그는 기명紀明이라는 자를 가진 지량支亮의 제자였다고 전해진다.266) 백원이 약간의 번역을 할 정도의 일정한 산스크리트 지식을 가졌던 것도 그의 학파와 축법호 학파 사이의 일정한 관련성을 보여주는 것으로 생각된다. 백원의 활동시기(혜제惠帝의 재위기, 290-306)는 축법호 활동시기의 후반부와 겹치며, 특히 그 시기는 축법호가 《수능엄삼매경》을 번역하고 백원이 그에 대한 주석을 지었던 때이다.267)

백원은 최고위 사족 그중에서도 황실의 강력한 구성원과 개인적 관계를 맺었던 사실이 알려져 있는 최초의 중국인 승려이다. 304년에 수상이었던 악명 높은 하간왕河間王 사마옹(司馬顒, ?-306)은 힘이 없는 혜제를 수도로부터 납치한 후 장안에서 다른 최고위 귀족들과 함께 자신의 세력기반을 구축하였다. 사마옹은 백원의 친구이자 찬미자였다. 그는 백원과 함께 '조용한 아침이나 고요한 저녁에 항상 도와 덕을 토론하였다[談講道德]'268)고 한다. 또 다른 명사들도 이 청담의 자리에 참여하였었다.

"그때에 (장안의) 서쪽 궁궐이 건립되자 많은 뛰어난 인재들이 모였다.269) 말을 잘하는 선비[能言之士]들이 모두 그의 심원한 지혜의 뛰어남에 감복하였다."270)

조금 후에 정치적 상황이 점점 위험해져 가는 것을 본 백원은 장안을 떠났는데, 여기에서도 그가 최고위층과 관계를 맺고 있는 모습이 나타나고 있다. 그는 304년에 진주(秦州, 감숙성 동부)자사로 임명되었던 장보張輔와 함께 서쪽으로 떠났다. 그런데 이 관계는 전형적인 동시에 비극적인 그의 죽음으로 이어졌다. 이 사족 승려의 재능에 감탄

[p.77] 한 장보는 그에게 환속하여 자신에게 봉사하라고 명령하였지만 백원은 이를 거절하다가 고문 끝에 죽게 되었다.271)

그가 자신의 비참한 죽음을 예언하였고, 티베트 부족들이 백원의 처형에 대한 복수로써 천수天水에 있는 장보의 거처를 공격한 후, 백원의 유골을 가져다가 탑에 넣었다는 《출삼장기집》과 《고승전》의 백원 전기에 보이는 내용들은 후대의 위작으로 생각된다.

역사적 사실에 의거한 것으로 생각되는 또 다른 전승에서는 불교와 도교 중 어느 쪽이 더 오래되었고, 더 우월한가를 둘러싼 도사 왕부王浮와의 논쟁에 관하여 이야기하고 있다. 계속해서 백원에게 패배한 왕부는 이때에 유명한 《노자화호경》을 지어냈다고 이야기되고 있다[이에 대해서는 4장의 내용 참조].

백원의 동생인 백법조의 생애와 활동에 대해서는 조금밖에 알려져 있지 않다. 그는 형을 따라서 서쪽으로 갔다가 양주(梁州, 사천성 북부) 자사인 장광張光과 관계를 가졌던 것으로 보인다. 백원이 환속하기를 거부하여 처형되었다는 소식을 들은 장광은 백법조에게 같은 요구를 하였고, 같은 결과를 빚었다. 백법조는 306년 혹은 그 직후에 살해되었다.272) 그는 《방광경》 주석서와 《현종론顯宗論》을 지었는데, 후자는 자료에 등장하는 중국 최초의 불교논서로서 《중경목록》273)이 편찬되던 594년까지도 전해지고 있었다.

유원진劉元眞과 축도잠竺道潛

초기 중국 불교에서 재가신자들이 중요한 역할을 담당한 것에 대해서는 앞에서 이미 언급한 바 있다. 유원진劉元眞은 3세기 말경 낙양에서 불교 설교자로 활약하였던 인물이다. 그는 장관이자 반역자인 왕돈(王敦, 266-324) 동생 - 훗날 남부 사족 불교의 가장 유명한 인물 중 한
[p.78]

사람이 될 젊은 귀족 축도잠(竺道潛 자字는 법심法深 286-374) - 의 스승이었다. 그의 뛰어난 제자가 설교하고 실천한 불교의 모습으로 보건대 유원진은 사교계에서 현학과 불교의 혼합물을 해설하는 설교자였던 것으로 생각된다. 이것은 그의 신비한 통찰력과 세련된 언어, 지혜로운 가르침에 대하여 칭찬하고 있는 유명한 불교학자 손작(孫綽 300-380년경)의 〈유원진찬劉元眞贊〉274)의 내용에서도 확인된다. 그런데 이런 종류의 글이 대부분 그러하듯 이 찬문에는 해당 인물에 관한 구체적 정보는 거의 이야기되지 않고 있다. 유원준은 4세기 초의 불교계에서는 꽤 유명하였던 것으로 보인다. 지둔(314-466)이 (어떤 인물인지 알려져 있지 않은) 고구려 승려[高驪道人]에게 보낸 편지에는 축도잠이 '중주中州 유공劉公의 제자'로 거론되고 있다.275) 그리고 446년에 북위의 태무제가 반포한 유명한 칙령 - 모든 승려의 처형과 모든 불교 건물 및 불구佛具들의 파괴를 명령하고 있다 - 에서는 불교가 다름 아닌 유원진과 여백강呂伯彊이라는 인물이 《노자》, 《장자》와 '서쪽 이민족의 쓸모 없는 이야기'들을 뒤섞어 만든 흉측한 위조품이라고 이야기되고 있다.276) 유원진에 대한 더 이상의 정보는 보이지 않는다. 289년의 제기에 낙양의 시주자로 언급되고 있는 유원모劉元謀277)와는 가족 관계가 있을 수도 있지만 유劉라는 성씨와 원元으로 시작되는 이름은 너무 많아서 단순한 추정에 그칠 뿐이다. 어쨌든 그는 당시에 불교 연구에 전념하였던 유일한 중국인 재가 학자는 아니다. 급군(汲郡 산서성 서남부)의 가난한 지식인 가정 출신인 재가신자 위사도衛士度는 290-306년 사이에 지(루가)참이 번역한 《방광반야경》의 요약본을 지었다.278)

축숙란竺叔蘭, 지효룡支孝龍, 강승연康僧淵

또 다른 유명한 불교 우바새로는 인도계이지만 중국에서 태어나 완전히 중국화되었던 축숙란竺叔蘭을 들 수 있다. 장안에서 《방광경》이 번역될 때에 그가 담당한 역할에 대해서는 앞에서 언급하였다. 축숙란은 장안의 인도인 가정에서 태어났다. 《출삼장기집》에서 이야기하고 있는 그의 가족사에 대한 자세한 이야기는 후대의 자료에 근거한 것으로, 위작으로 생각된다.279) 축숙란은 산스크리트와 함께 중국어를 알았고, 중국 문학과 역사에 대하여 널리 읽었다. 불교식 교육을 받았고, 승려가 된 두 명의 외삼촌들이 모범을 보여줬음에도 불구하고 축숙란은 술과 방탕한 생활을 하였다. 그는 정기적으로 4-5말의 술을 마시고 길가에서 쓰러져 잠들었다. 어느 날 취중에 그는 낙양에서 장관의 관청으로 쳐들어가 소란을 피우다 감옥에 갇히게 되었다. 그는 이와 같이 비정상적인 방식으로 당시 수도의 장관을 맡고 있던 악광(樂廣, ?-304)을 만나게 되었는데,280) 청담의 전문가이자 애주가였던 악광은 이 이상한 죄수의 재치와 화술에 크게 감명 받았다.281)

축숙란은 《이유마힐경異維摩詰經》을 번역하였고, 《수능엄삼매경》도 새로 번역하였던 것 같다.282) 축숙란의 주벽과 거친 행동에 대하여 좋지 않게 여긴 불교 전기작가들은 그가 나중에 존경받을 만한 생활 태도를 갖게 되었다는 대단히 있을 법하지 않은 이야기를 급히 덧붙이고 있지만, 그러한 행동은 중세 초기 문화의 중요한 한 측면을 반영하는 것으로 볼 수 있다. 즉 자연스러움, 반反형식주의, 엉뚱함, 일반적으로 받아들여지는 행동 양식으로부터 벗어나 그것을 무시하는 태도 등은 당시에 '달達'이라는 용어로 표현되던 이상적인 삶의 모습이었다. 여기에서 우리는 귀화한 인도 불교도가 이와 같은 전통에서 벗어난 생활방식의 계발 및 실천을 통하여 3세기 일부 사족 집단에서 유행되고 있던 구속받지 않는 자유의 이상적 모습과 일치하는 삶을 살아가는 것을 보게 된다. 그러한 이상적 모습의 고전적 모델은 물론 죽림7현竹林七賢이었으며, 그와 같은 삶을 살아감으로써 그는 지배층의 존경을 받게 되었다.

비슷한 사례를 회양(淮陽, 하남성 동부) 출신으로 《반야경》을 전공하였던 중국인 승려 지효룡支孝龍에게서 볼 수 있다. 전기에서 그는 청담 전문가들의 재능을 묘사하는 대표적 용어들로 표현되고 있다.

> "젊었을 때에 그는 세련된 태도로 크게 존중되었다. 이에 더하여 그의 용모가 대단히 고상하고 뛰어났으며, 토론할 때에는 고상한 말을 상황에 맞게 하였다."283)

지효룡은 수도의 가장 유명한 두 명의 지식인들과 가깝게 교유하였다. 한 사람은 유명한 완적(阮籍, 210-263)의 종손從孫인 진류陳留 출신의 완첨(阮瞻, ?-313년경)이었다. 그는 그의 가족들 대부분과 마찬가지로 대단히 엉뚱하였으며 아름다운 문장과 비파 솜씨로 유명하였다.284) 또 한 사람은 당시에 가장 명망있는 집안의 일원인 영천潁川 출신의 유애(庾敳, 262-311)였다. 그는 곽상(앞의 p.46 참조)의 친구로서 그와 마찬가지로 《노자》와 《장자》의 권위자였다.285) [p.79]

그 전후 시대의 유명한 사족들과 마찬가지로 지효룡과 그의 동료들은 대중들에게 '8달八達'로 불리었다. 이 명칭이 의미하는 바는 4세기 초에 같은 이름으로 불리었던 또 다른 뛰어난 사람들의 집단에 대한 이야기로 짐작할 수 있을 것이다.

> "호모보지胡母輔之, 사곤(謝鯤, 280-322), 완방(阮放, ?-330), 필탁畢卓, 양만羊曼, 환이(桓夷, 275-327), 완부阮孚는 발가벗은 채 닫힌

방 안에서 헝클어진 머리로 함께 둘러앉아 며칠째 계속해서 술을 마시고 있었다. (호모보지의 부하로서 오랫동안 보지 못하였던) 광일 光逸이 찾아와 문을 열고 들어오려고 하였지만 문지기가 허락하지 않았다. 이에 그는 문밖에서 옷과 모자를 벗어 던지고서 개구멍으로 고개를 집어넣은 채 그들을 향하여 크게 짖었다. (호모)보지가 놀라 '다른 사람이라면 저렇게 할 수 없다. 저 사람은 틀림없이 맹조(孟祖=광일)임에 틀림없다'고 말하고 곧바로 그를 들어오게 한 후 쉬지 않고 하루 종일 함께 술을 마셨다. 당시 사람들이 그들을 '8달八達'이라고 불렀다."286)

사족 승려인 지효룡이 이와 같은 모임에 참여하였는지는 – 아마도 그러지는 않았을 것이다 – 알 수 없다. 그렇지만 한편으로 미리서 이러한 모습(수많은 사례들이 있다)들을 타락한 귀족들의 괴팍함의 발현으로 단정하여서는 안 된다. 이러한 모습들이 중국인들, 심지어 불교 승려들에 의해서조차도 비난되지 않은 이유가 있다. 기묘하게 행동하고 도덕과 예의를 드러내 놓고 무시하면서 술과 마약, 섹스를 즐기는 것은 자유의 황홀한 느낌을 경험하게 하는 것으로써, 형식적이고 엄격한 계급 차별, 복잡한 사회적 행위 규범으로 운영되던 중세 사족의 삶을 살아가는 데 있어서 상당히 실질적인 기능을 하는 것이었을 수 있다. 이러한 시각에서 바라본다면 불교가 사족계급에 침투된 직후부터 불교 승려들이 그들의 소돔과 고모라적인 행동에 이의를 제기하지 않고 종종 그러한 사족들과 교유하였던 것은 일반적으로 생각되는 것처럼 그렇게 이상한 것은 아니었다. 본래 순수한 도교적 배경에서 시작되었던 그러한 기묘한 행위는 마침내 중국 승려집단 자체에도 스며들었다. 기묘함과 개인적 자유라는 사족들의 이상은 세상의 규율과 원칙의 바깥에 서서 그것들을 무시하는 유랑하는 승려 주술사의 이상과 결합되었으며, 그것은 중국 불교사에 빈번하게 등장하는 '미치광이 승려[狂僧]'의 모습으로 나타났다.

마지막으로 또 한 명의 중국화된 외국 승려 강승연康僧淵을 들 수 있다. 그는 이름으로 볼 때 소그드 출신으로 생각된다. 축숙란 및 지효룡과 마찬가지로 그는 《반야경》(《방광경》과 《도행경》)의 전문가였다. 그는 326년 이후에 남쪽 수도(건강)으로 옮겨와 사족 불교의 가장 영향력 있는 인물 중 한 사람이 되었는데, 북쪽에서의 그의 활동은 거의 알려져 있지 않다.

지금까지 이 역사적 개관에서 우리는 번역 활동 이외의 중국 불교 [p.80] 교단의 초기 역사에 관한 주요 사실들을 살펴보았다. 마지막 부분에서는 새롭고 대단히 중요한 현상의 초기 모습에 대하여 검토하였다. 뒤의 장들에서는 그러한 현상이 5세기 초에 완성될 때까지 제국의 다양한 지역에서 다양한 분야에 걸쳐 전개되는 과정을 추적하고자 한다.

1) 梁啓超, 『佛學硏究十八篇』 제2장 佛敎之初輸入 pp.1-2. 羽溪了諦, 『西域之佛敎』 (중국어 번역본, 제2판, 1933년, p.32)와 小野玄妙, 『佛敎解說大辭典』 7권 p.18 등도 같은 입장이다. 이 학자들은 그들이 반복해서 인용하고 있는 Terrien de Lacouperie의 영향을 받은 것으로 보인다. 室利防의 이야기는 Terrien de Lacouperie의 *Western Origin of Early Chinese Civilization* (London, 1894)에서 믿을 수 있는 역사적 사실로 이야기되었지만 이미 1882년에 S. Beal에 의해 설화로 평가되었다(*Buddhist Literature in China*, pp.1-2).

2) 《歷代三寶記》 권1. 法琳의 《破邪論》(《광홍명집》과 《법원주림》 수록)에도 같은 이야기가 나온다. 이 자료들은 모두 道安과 朱士行의 목록을 인용하고 있다. 하지만 《出三藏記集》(大正藏55)에 들어 있는 道安의 목록에는 室利防에 대한 언급이 없으며(아래 주석 168 참조), 《역대삼보기》에 종종 인용되고 있는 이른바 《朱士行漢錄》은 3세기의 원본을 대체하기 위해 후대에 만들어진 의심스러운 문헌으로 《역대삼보기》 이전의 문헌 목록에는 보이지 않고 있다. 더욱이 《역대삼보기》의 편찬자 스스로 자신은 그것을 보지 못하였다고 이야기하는 것으로 보아 실제는 독립적인 문헌으로 존재하지 않았을 가능성이 높다. 林屋友次郎, 『經錄硏究』 (東京, 1941) pp.241-281 및 常盤大定, 『後漢より宋齊に至る釋經總錄』 (東京, 1938) pp.77-86 참조. 室利防에 대해서는 湯用彤, 『불교사』 pp.7-8도 참조된다.

3) 《역대삼보기》 권15의 '失經錄' 항목. 《大唐內典錄》 권10 (大正藏55 336.2.12), 《開元釋敎錄》 권10 (大正藏55 572.3.5), 《貞元釋敎目錄》 권18 (大正藏55 897.1.5) 등에도 보임. Bagchi, *Canon* 서문 xxxii-xxxiii 및 林屋友次郎, 위의 책, p.222 이하 부분 참조. 이 室利防의 목록은 전혀 인용되거나 언급되는 곳이 없으며, 僞書로서조차도 존재하지 않았던 것으로 생각된다.

4) 《漢書》 권6 15a.

5) 《二酉堂叢書》(1821년에 張澍가 편집한 일화집) 5b.

6) O, Franke, "Zur Frage der Einführung des Buddhismus in China", *MSOS* XIII, 1910, pp.295-305.

7) *BEFEO* X, 1910, pp.629-636, 특히 p.631 이하 부분.

8) 《初學記》 권7에 인용되어 있음.

9) 《고승전》 권1 325.1.19.

10) 《홍명집》 권2 12.3.8에 수록되어 있음.

11) 《魏書》 권114 1a '及開西域 遣張騫使大夏 還傳其傍有身毒國一名天竺 始聞浮屠之敎'; J. R. Ware, "Wei shou on Buddhism", *TP* 30 (1933), p.110; 湯用彤, 『불교사』 pp.9-10; 小野玄妙, 『佛敎解說大辭典』 권18, pp.18-19. 번역은 Hurvitz, p.28.

12) 《광홍명집》 권2 101.1.19. '及開西域 遣張騫使大夏 還云身毒天竺國有浮圖之敎'

13) 《史記》 권110 18a;《漢書》 권94上 19b-20a 및 권55 7b. 休屠의 屠에 대하여 顏師古 (581-645)는 '儲'로 발음되었을 것으로 이야기하고 있다. 休屠(흉노의 종족이나 지역

이름으로 생각된다)는 샤반느에 의해 涼州(현재의 甘肅省 武威)로 비정되었다. 더 자세한 내용은 羽溪了諦, 「休屠王の金人に就いて」『史林』 3-4 (1918), pp.31-46; Shiratori Kurakichi[白鳥庫吉], "On the territory of the Xiongnu Prince Hsiu-t'u wang and his metal statues for Heaven worship", Mem. of the Research Dept. of the Toyo Bunko no. 5 (1930), pp.1-79; H. H. Dubs, "The 'Golden Man' of Former Han times" TP 33 (1937), pp.1-41 특히 p.10 이하 및 같은 글의 追記 pp.191-192; Ware, "Once more the Golden Man", TP 34 (1938), pp.174-178 및 Yünkang vol. XVI, 부록 p.27의 Tsukamoto Zenryu[塚本善隆]의 이야기 등을 참조.

14) 《漢書》 권55 7b의 顔師古의 注에 보이고 있다. "張晏云 佛徒祠金人也"
15) 《世說新語》 권1下 16b의 주석에 인용되고 있는 《漢武故事》;《魏書》 권114 1a; Ware, 앞의 글, pp.107-109;《법원주림》 권12 大正藏53 378.3 등 참조. 보다 요약된 형태는 《광홍명집》 권2 101.1.16에 보인다.
16) 《世說新語》 권1下 16a의 주석.
17) 주석 7에 인용된 서평 p.635.
18) 《顔氏家訓》 권17 〈書證〉 (諸子集成本 p.37). 해당 인용문은 5세기 초에 이미 불교도들에 의해 호교적 목적으로 활용되고 있었다. 宗炳,《明佛論》(《홍명집》 권2 12.3.8 '劉向列仙敍七十四人在佛經' 참조)《法苑珠林》 권12에는 《文數師利般涅槃經》의 내용에 기초한 보다 자세한 이야기가 수록되어 있다. 이에 의하면 문수보살은 부처의 열반으로부터 450년 뒤에 雪山에서 500 tirthikas(仙人으로 번역됨)들에게 설교하였다고 한다. 《법원주림》의 편찬자 道世는 雪山을 葱嶺(파미르고원)이라고 하면서 이 경전에 이야기된 仙人들을 총령 동쪽의 중앙아시아의 나라들에 사는 사람들이라고 하였다. 葱嶺은 이 나라들이 중국과 국교를 맺었던 前漢 때부터 이미 잘 알려져 있었다.
19) Bagchi, Canon, p.xxxiii; Maspero, in BEFEO X (1910), p.114; P. Demiéville, in BEFEO XXLV (1924), p.6 각주 1번; 林屋友次郎, 앞의 책, pp.231-232.
20) H. Maspero, in BEFEO X, 1910, p.95-130; 湯用彤, 『불교사』 2장 (pp.16-30).
21) Maspero, 같은 글, pp.129-130.
22) 《출삼장기집》 권6 42.3.15 이하.
23) 《漢法本內典》은 520년에 황제의 후원으로 개최된 승려와 도사의 논쟁에 대한 서술에서 처음 인용되고 있으며(《속고승전》 권23 624.3.26 및 《광홍명집》 권1 100.3.10), 아마도 북중국에서 만들어진 것으로 생각된다[H. Maspero, in BEFEO X (1910); P. Pelliot, in TP XIX (1920) 참조]. 이 책은 5권으로 이루어져 있으며 《續集古今佛道論衡》(大正藏52 397.2-401.3)과 《광홍명집》(권1 98.3.11 이하)에 내용이 요약되어 있다. 또 《법원주림》 권18 416.3, 권40 600.2, 권55 700.2 등에도 인용되고 있다. 《광홍명집》의 찬자는 《한법본내전》의 내용을 요약한 후 《吳書》에도 동일한 69년의 승려와 도사의 논쟁이 기록되어 있음을 근거로 이 책을 아무런 역사적 근거가 없는 꾸며낸 책이라고 하는 일부의 비판을 부정하고 있다. 그런

데 《오서》(마찬가지로 《속집고금불도논형》과 《광홍명집》에 인용됨)가 《고승전》과 《한법본내전》의 내용을 토대로 훨씬 뒤에 만들어진 조작된 책이라는 점에서 같은 내용을 수록하고 있는 것은 당연하다고 할 수 있다.

24) 《고승전》 권1 324.2.27.
25) 《출삼장기집》 권4 42.3.15 이하.
26) 《고승전》 권1 326.3.3.
27) 《출삼장기집》 권13 98.2.11.
28) 같은 책 96.1.20.
29) 같은 책 96.2.1; 《고승전》 권1 325.1.13.
30) 전한 시기에 이미 중국 영토 내에 출신 지역의 이름을 딴 외국인 거주지가 존재하고 있었다. 《漢書》 地理志에는 현재의 감숙성에 해당하는 安定郡에 속된 21개 縣 중의 하나로 月氏道縣이 수록되어 있고(《한서》 권28B 5a), 上郡(산서성)에 소속된 현으로서 龜玆縣이 보이고 있다(같은 책, 6a). 모든 주석가들은 해당 지역을 월지와 쿠차 출신 사람들이 — 여기의 월지는 기원전 2세기 중엽성에 박트리아로 이동하여 정착한 '大月支'가 아니라 감숙성 서부지역에 살던 '小月支'일 것이다 — 살았던 곳으로 보고 있다. 감숙성의 구자현과 산서성의 '악수인(Aqsu)'에 대하여는 P. A. Bodberg, "Two notes on the History of the Chinese Frontier", *HJAS* I (1936), pp.283-307 특히 pp.286-291을 참조. 감숙성 중부에 '알렉산드리아(Alexandria, 驪靬)'가 존재하였을 가능성에 대하여는 H. H. Dubs, *A Roman city in Ancient China* (The China Society, London 1957) 참조. 한나라 초기의 문학과 미술에 희미하지만 틀림없는 불교 영향의 흔적이 보이는 것은 이와 같은 초기 서역 이민자들의 존재에 의한 것임에 틀림없을 것이다. Chavannes는 일찍이 《淮南子》에 불교적 주제가 나타나고 있음에 주목하였으며(*Cinq cents contes et apologues* vol.I, pp.xiv-xv), 또 다른 분명한 미술 분야의 예로는 滕縣(산동성)에서 발견된 1세기 중엽경의 부조상에 새겨진 여섯 개의 상아를 가진 두 마리의 코끼리 형상을 들 수 있다(Lao Gan[勞幹], "Six-tusked elephants on a Han ba-relief", *HJAS* XVII (1954), pp.366-369; 이 논문 및 *Corpus des pierres sculptées Han* (Beijing 1950), vol.I, pl. 113에 수록된 사진 참조). 물론 이러한 영향은 대단히 간접적인 것으로써, 그것들의 불교 유래나 본래적 의미에 대하여는 알지 못하였던 것으로 생각된다.
31) 《출삼장기집》 권13 (97.3.8); 《고승전》 권1 (325.1.27)도 참조.
32) 《三國志》 魏志 권30 366b의 《魏略》 西戎傳을 인용하고 있는 주석 내용. Lévi (*J.As.* 1897, I, pp.14-20 및 1900, I, pp.447-468), Ed. Chavannes (*TP* VI, 1905, pp.541, 543, 547의 주석들), O. Franke ("Beitrage aus chinesischen Quellen zur Kenntnis der Türkvölker und Skythen in Zentral-Asien", *Bah. der königl. pruss. Akad. der Wiss.*, Berlin 1904, p.91 이하), Pelliot (*BEFEO* VI, 1906, pp.361-400), Maspero (*BEFEO* X, 1910, pp.98 주석 2번), Pelliot (*TP* XIX, 1920, p.390 주석 298번), 湯用彤 (『불교사』 pp.49-51), L. de la Vallée-Poussin (*L'Inde aux temps des Mauryas et des Barbares, Grecs, Scythes, Parthes et Yue-tchi*, Paris 1930,

pp.346-347) 등 참조.
33) Ed. Chavannes, "Les Pays d'Occident d'après le Wei-lio", *TP* VI (1905), pp.519-576, 특히 p.380 이하. Pelliot는 *BEFEO* VI (1906), p.376에서 해당 문장을 다음과 같이 수정하였다. "博士弟子景憲盧使大月氏 王令太子口授浮屠經"
34) 湯用彤,『불교사』, p.51.
35)《後漢書》권77 11b 이하. 班勇 전기의 번역은 Chavannes, in *TP* VII (1906) pp.245-255. Chavannes, in *TP* VIII (1907) p.218도 참조.
36)《後漢書》권77 班超傳 9b.
37)《후한서》권77 班超傳 9b의 주석에 인용되어 있는《東觀漢記》의 내용.
38)《후한서》권118 18a "班勇雖列其奉浮圖不殺伐 而精文善法導達之功靡所傳述" 같은 책 10a에도 비슷한 '修浮圖不殺伐'이라는 구절이 나오고 있다.
39) 范曄의《後漢書》西域傳(권118)의 전체 내용은 실제로 125년에 班勇이 작성한 보고서에 기초하고 있다.《후한서》권118 4b 및 Chavannes (*TP* VII (1907), p.145) 참조.
40) 한대의 도로에 대해서는 孫毓棠,「漢代の交通」『中國社會經濟史集刊』 7-1, 1944; 勞榦,「論漢代之陸運與水運」*ZYYY* 15, 1947, pp.69-91; 宇都宮清吉,『漢代社會經濟史研究』(東京, 1955) 특히 제3장 西漢時代の都市 참조.
41) 梁啓超, 앞의 책, pp.7-10.
42) Maspero가 지적한 것처럼(*J.As.* 1934, p.90 주석 1번) 한대의 문헌에 보이는 黃老는 초기 도교의 신들 중 주요한 신이고 황건적들이 신앙하였던 黃老君이라는 하나의 신을 가리키는 것이 타당하다. 黃老가 黃帝와 老子 두 인물을 가리킨다는 것은 후대의 학자들에 의한 해석으로 생각된다.
43)《후한서》권72 4b.
44) 湯用彤,『불교사』p.54.
45) 위 책, p.55 및 pp.100-101.
46)《고승전》권9 385.3.4 =《晉書》권95 12b (王度와 王波가 335년경에 흉노 군주 石虎에게 올린 상주문) 3세기 중엽에 孫綝은 '이단 신앙' 전체에 대한 공격의 일환으로 불교를 박해하였고(p.52 참조), 마찬가지로 446년에 북위에서 불교를 박해할 때에 불교는 오랑캐의 나쁜 귀신을 섬기는[事胡妖鬼] 종파로 규정되었다(《魏書》권114 6a; J. Ware, "Wei Shou on Buddhism" *TP* XXX(1933), p.140; 번역은 Leon Hurvitz, pp.66-67).
47)《後漢書》권12 5a;《後漢記》권10 4b;《東觀漢記》권7 6a;《資治通鑑》권45 526b(仁祠 대신에 仁玆). Chavannes (*TP* VI (1905), p.450 이하); Pelliot (*BEFEO* VI (1906), p.388 주석 2번); Maspero, "Les origines dela communauté boudhiste de Luoyang". *J.As.* 1934, pp.87-107 특히 pp.88-89; 湯用彤, 앞의 책, pp.53-55; 福井康順,《道敎の基礎的硏究》, pp.99-106; Maspero, *Essay sur le Taoïsme*, 3장 "Le Taoïsme et les débuts du Bouddhisme en Chine", *Mélanges posthumes* vol.II, 1950, p.185 이하 등 참조.
48)《三國志》吳志 권4 515b;《후한서》권103 11a; Maspero. (*BEFEO* X, 1910, pp.103-105)

49) 浮圖祠. 여기에서의 祠는 사원을 의미한다. 아래의 p.39 참조.
50) 《三國志》吳志. '垂銅槃九重 下爲重樓閣道': 보다 세련된 《후한서》에서는 '上累金盤 下爲重樓'라고 하였다. 大谷勝眞(「支那に於ける佛寺造立の起原について」『東洋學報』9, 1921, pp.69-101 특히 p.90)은 '垂'를 '金'으로 읽어야 한다고 이야기하고 있지만 이러한 수정은 문장의 의미 구조를 더 명확하지 않게 한다. 垂는 동사로 사용되었다고 보아야 할 것이다. 槃 혹은 盤[종종 承露盤으로도 불린다]은 탑의 꼭대기에 수직으로 세운 축에 끼운 둥근 판들로 부다가야에 있는 마하보디사 스투파에서 그 인도적 원형을 볼 수 있다. 위의 인용문에서는 둥근 판들이 가운데의 축에 매달려 있는 것으로 본 것이다.
51) '悉課讀佛經': 《후한서》에는 여기부터 아래의 '부처를 목욕시키는 의식을 거행할 때마다[每浴佛]' 앞까지가 실려 있지 않다.
52) '五天餘人戶': 人戶는 人口의 잘못으로 생각된다(福井康順, 앞의 책, p.93).
53) 중국어 자료에 처음으로 보이는 음력 4월 8일의 불탄일에 전통적으로 행해진 '부처를 목욕시키는 의식[浴佛, 灌佛會]'에 관한 자료이다. 이 의식에서는 태어난 직후 첫 걸음을 떼면서 유명한 최초의 '사자후'【天上天下唯我獨尊'을 가리킨다–역자】를 토하는 아기 싯달타의 모습을 한 불상을 노래로 찬미하면서 다섯 종류의 향이 들어 있는 물[五香水]로 씻긴다. 이 행사는 부처가 태어난 직후에 신과 용들이 부처를 씻긴 것을 기념하기 위하여 개최되었다(2세기 말에서 3세기 초의 《修行本起經》권1, 京都本 14-3, 226.B.1). 이 의식의 절차는 현재까지 전해지는 한문대장경 중의 여러 문헌에 보이고 있다[《灌洗佛形像經》(권1, 法炬譯, 300년경), 《摩訶刹頭經》(권1, 聖堅(혹은 法堅)譯, 400년경), 8세기 초에 寶思經(Ratnacinta)와 義淨이 각각 번역한 두 종류의 《浴像 (혹은 佛)功德經》(T697·T698)]. 위의 인용문에서는 착용이 이 (연례적) 행사를 여러 차례 거행한 것처럼 이야기하고 있지만[每浴佛輒多設飮飯], 그의 전기에 의하면 그는 이 지역에 1년 이상 머물지 못하였다. 이것은 기록자의 정확함에 대한 부주의 혹은 착용의 방탕함을 강조하려는 의도에서 기인한 것으로 생각된다. 그러나 한편으로는 2세기 말경에는 浴佛 의식이 아직 4월 8일에만 거행되는 연례적 종교의식으로 확립되지 못하였을 수도 있다. T698에는 이 의식이 매일 행해지는 의식의 일부로 기록되어 있는데 이는 義淨이 자신의 《南海寄歸傳》(권4, 大正藏54 123.3.1; 번역은 Takakusu, p.147)에서 자세하게 설명하고 있는 인도의 풍습과 일치하는 것이다.
54) 중국어 자료는 주석 48번 참조. 가장 이른 시기의 자료는 3세기 초에 袁曄이 편찬한 《獻帝春秋》이다(《후한서》해당 문장의 李賢의 주에 인용되어 있다). Pelliot(*BEFEO* VI, 1906, pp.394-395); 주석 50번에 인용한 大谷勝眞의 논문; 湯用彤, 『불교사』 pp.71-73; 福井康順, 앞의 책, pp.93-99; Maspero(*J.As.* 1934, p.92) 참조.
55) Maspero, 위의 글; 福井康順, 앞의 책, pp.95-96.
56) 《正誣論》(4세기 전반, 《홍명집》권1 8.3.13) 불교도인 《정무론》의 저자는 窄融이 불교의 네 가지 기본 계율(살생, 거짓말, 도둑질, 음주 등의 금지)을 어겼으므로 용서할 수 없는 죄인이라고 서둘러 주장하고 있다. 428년경에 쓰여진 것으로 생각되는

불교 논서인 慧叡의 《喩疑論》(번역은 W. Liebenthal, "A Clarification (Yü-i Lun)", *Sino-Indian Studies* V.2, 1956, pp.88-99)은 착융의 불교에 대하여 '한나라 말기에서 위나라 초기에는 광릉과 팽성의 태수가 출가하여 함께 (가르침의) 큰 빛을 유지하였다(漢末魏初 廣陵彭城二相出家 並能任持大照)'고 언급하고 있다. '광릉의 태수'는 착융을 가리킴에 틀림없지만 엄격히 이야기하면 당시 그 자리는 다른 고관인 趙昱이 맡고 있었다(福井康順, 앞의 책, pp.98-99에서는 趙昱을 가리키는 것으로 보고 있다). 194년 당시 팽성의 태수였던 薛禮는 실제로 착융과 관계를 맺고 있었던 것으로 나타나고 있지만, 그의 불교 신앙에 대해서는 아무것도 알려져 있지 않다(湯用彤, 『불교사』 p.73).

57) H. Maspero, "Les origines de la communauté boudhiste de Luoyang", *J.As.* 1934, pp.87-107; *Mélanges posthumes* vol.II pp.188-189. 마스페로의 이론은 208년의 題記(《출삼장기집》 권7 48.3.9 〈般舟三昧經記〉, 연대에 대해서는 Maspero의 글 p.95 주석 2번 참조)에 낙양의 許昌寺라는 이름의 사찰이 보인다는 하나의 사실에 기초하고 있다. 許昌은 劉英의 외삼촌의 손자로 기원후 58년에 許氏 집안의 가장이 된 인물의 이름이다. 마스페로는 이 절이 본래 수도 낙양에 있던 허창의 저택이었는데, 유영이 몰락하고 초국이 폐지된 이후에 그가 유영의 후원을 받던 팽성의 승려들과 함께 낙양으로 돌아온 후에 그들에게 시주한 것으로써 그의 시주를 기념하기 위하여 사찰의 이름을 그의 이름으로 하였을 것이라고 이야기하였다. 마스페로의 추론은 뛰어나고 설득력이 있다. 최초의 중국인 불교신자의 조카의 이름이 사찰의 이름이 된 것은 우연이 아닐 것이다. 湯用彤, 『불교사』 p.68에서는 - 마스페로의 논문을 알지 못하였던 것으로 보인다 - 허창을 하남성 중부에 있는 도시의 이름에서 왔을 가능성을 이야기하고 있다. 하지만 모든 초기의 문헌에서 許縣이 221년에 허창으로 바뀌었다고 이야기하고 있으며, 위의 題記의 날짜가 잘못되었을 가능성도 없다. 그렇지만 마스페로가 전체 낙양의 불교가 중국 동쪽에서 온 한 사람의 귀족과 승려들이 건립한 단 하나의, 그것도 그다지 중요하지 않은 사원 혹은 예배당에서 비롯하였다고 보고, 그럼으로써 지리적 위치와 수도에 있던 외국인들의 존재라는 두 가지 중요한 요인을 간과한 것은 지나친 해석이라고 생각된다. 마스페로가 자신의 이론에 대한 보조적 증거로써 팽성의 '도교적 불교'와 후대 낙양 불교 교단의 그것이 대단히 유사하다는 점을 이야기한 것(같은 글, p.106)은 분명히 잘못되었다. '도교적 불교'가 지역에 따라 다른 모습을 보인다는 것이야말로 놀라운 일일 것이다. 초기의 중국 불교는 거의 전국적 차원에서 형성되었으며, 지식층들의 관념과 신앙은 거의 동질적이었다. 팽성, 낙양을 비롯한 - 돈황과 제국의 남쪽 끝에 대하여도 곧 살펴볼 것이다 - 어디에서나 같은 요소들이 합하여서 같은 특성의 혼합물을 형성하였다.

58) 展季는 展獲이라고도 불리는데 일반적으로는 柳下惠로 알려져 있다. 기원전 7세기 -6세기 魯나라의 대부로서 높은 도덕적 기준과 덕행으로 유명하다. 《論語》 衛靈公 13 및 微子 2와 8; 《孟子》 梁惠王下 9 참조.

59) 《文選》 권2 (萬有文庫版 p.45) '展季桑門 雖能不營' 번역은 E. von Zach, *Übersetzungen*

    aus dem Wenxuan (Batavia, 1935), p.5.
60) 《후한서》 권89 1a.
61) 梁啓超, 앞의 책, v.1, pp.5-7; 常盤大定, 「漢明求法說の硏究」『東洋學報』 10 (1920) pp.25-41, 『譯經總錄』 pp.481-485 수록; 望月信亨, 『佛敎大辭典』 1811.1; 境野黃洋, 『支那佛敎精史』 p.57.
62) 《사십이장경》과 《孝經》의 유사성은 이미 《역대삼보기》(권4, T2034 大正藏49 49.3)의 저자에 의하여 주목되었다. 양계초는 이 책과 《도덕경》의 유사성을 지적하였다(위의 글). 이 책이 짧은 독립된 문장으로 구성되어 있다는 점에서 - 대부분의 문장은 '부처님께서 말씀하시기를[佛說]'로 시작된다 - 《論語》와의 체제상의 유사성도 생각해 볼 수 있다. 이 책은 불경의 특성을 전혀 갖추고 있지 않으며, 湯用彤이 지적한 것처럼(앞의 책, p.31) 초기의 자료들[《출삼장기집》 권6 42.3.22의 〈四十二章經序〉(3세기?) 및 《출삼장기집》 권2 5.3.17에 인용되어 있는 《舊錄》(아마도 支愍度의 목록으로 4세기 중엽으로 생각된다)]에서는 단지 '불경(佛經)에서 뽑은 42개의 장章[佛經四十二章]'이나 '효명황제의 42개의 장'[孝明皇帝四十二章]으로 부르고 있다.
63) T784(大正藏17) 번역은 L. Feer, Le Sūtra en Quarante-deux articles, Textes Chinois, Tibétain et Mongol, 1878; S. Beal, Catena of Buddhist Scriptures, London 1871, pp.188-203l de Harles, Les quarante-deux leçons de Bouddha, ou le King des XLII sections, Brussels 1899. 비평적 주석을 붙인 번역으로는 H. Hackmann, "Die Tekstgestalt des Sūtra der 42 Abschintte", Acta Orientalia V, 1927, pp.197-237. 《출삼장기집》에 수록된 〈서문〉의 번역은 Maspero, BEFEO X, 1910, pp.99-100. 더 자세한 내용은 Pelliot, TP XIX, 1920, p.258 이하 및 p.293의 주석 302번; 湯用彤, 『불교사』 3장(pp.31-46); Tang Yongtong, "The Editions of the Ssu-shi-erh-chang-jing", HJAS 1, 1936, pp.147-155 참조.
64) 湯用彤, 『불교사』 pp.38-39 참조.
65) 도안의 목록에 대한 가장 자세한 연구는 林屋友次郎의 『經錄硏究』 (東京, 1941)로, 이 책에서는 중국 불전 목록의 초기 발전과정을 검토한 후 도안의 목록을 재구성하고 그 형식과 내용을 자세히 검토하고 있다. 도안의 《綜理衆經目錄》은 374년에 완성되었지만 (Pelliot, TP XII, 1911, p.675 참조), 그 후에 그가 약간의 정보를 추가하였음을 보여주는 내용들이 있다(林屋友次郎, pp.351-362). 도안의 목록은 아마도 (도안의[安公])'구록(舊錄)'으로 지칭되는 2권으로 구성된 초기의 것과 1장으로 구성된 후기의 것 등 두 가지 형태가 있었던 것으로 생각되는데, 6세기 초까지는 둘 다 전해지고 있었다(林屋友次郎, pp.363-381). 그런데 常磐大定는 (도안의[安公])'구록(舊錄)'을 같은 목록의 별칭에 불과하다고 보고 있다(『譯經總錄』 p.90). 《綜理衆經目錄》은 安世高와 支讖이 번역한 문헌들로부터 3세기 후반에 번역된 문헌에 이르는 약 6백 종의 문헌 이름을 수록하고 있으며, 300년경 이후에 번역된 문헌은 수록되어 있지 않다. 도안은 古譯과 新譯를 구분하지 않았던 것으로 생각된다. 그러한 구분을 최초로 시도한 것은 승우였던 것으로 보인다(《출삼장기집》 권1,

4.3-5.2).
66) 林屋友次郎, 앞의 책, 2장(pp.213-330).
67) 後漢代의 번역자와 번역 문헌에 대한 정보를 담고 있는 초기의 자료들은 다음과 같다.
   (1) 嚴浮調(다른 곳에는 嚴佛調로 나오기도 함)의 〈沙彌十慧章句序〉(2세기 후반) [《출삼장기집》 권10. 69.3.19] : 낙양지역의 설교가 및 번역가로서의 안세고에 대한 현재까지 알려진 가장 시기적으로 앞서는 언급이 있음.
   (2) 작자미상의 〈道行經後記〉[《출삼장기집》 권7. 47.3.4] : 기원후 179년 11월 24일의 題記가 正光 2년[正元 2년(255)의 잘못으로 생각됨. 湯用彤, 『불교사』 p.67 참조]에 다시 쓰여짐. 竺朔佛과 支讖 및 그들의 중국인 조수들에 의한 《道行般若經》의 번역 상황 및 중국인 시주자들에 대하여 서술하고 있음.
   (3) 〈般舟三昧經序〉[《출삼장기집》 권7. 48.3.9] : 208년의 題記(Maspero, J. As. (1934), p.95 주석 2번 참조)에는 支讖과 竺朔佛이 이 경전을 179년(光和 2) 11월 24일에 이 경전을 번역하였다는 재미있는 사실을 기록하고 있다[위의 (2)번 참조]. 아마도 두 경전이 같은 기간 동안에 함께 번역되었으므로 두 경전의 번역이 같은 날 완성된 것으로 기록된 것으로 생각된다. 실제로 두 제기에는 같은 이름의 중국인 조수들(孟福 字元士와 張蓮 字少安)이 보이고 있다.
   (4) 支謙이 쓴 것으로 생각되는 〈法句經序〉(3세기 전반. 이 책 p.47 이하의 내용 참조) [《출삼장기집》 권7. 50.1.6] : 다른 곳에는 보이지 않는 한대의 번역가 두 사람(藍調와 葛氏)을 비롯하여 安世高, 安玄, 嚴佛調 등을 언급하고 있음.
   (5) 康僧會의 〈安般守意經序〉(3세기 중엽) [《출삼장기집》 권6. 42.3.29] : 안세고에 대한 찬사를 담고 있음.(특히 43.2.17 이하에서).
   (6) 강승회의 〈法鏡經序〉[《출삼장기집》 권6. 46.2.20] : 안현과 엄불조의 활동에 대하여 서술하고 있음(특히 46.3.3 이하에서).
   (7) 密이라는 인물(아래의 p.54 참조)이 쓴 《陰持入經注》(T1694 大正藏33)의 서문(p.9) : 안세고에 대한 찬사를 담고 있음.
   (8) 支愍度의 〈合首楞嚴經記〉(300년경) [《출삼장기집》 권7. 49.1.17] : 支讖에 의한 이 경전의 번역과 支亮에 의한 이 책의 유포에 대하여 이야기하고 있음.
68) T608 《安般守意經》.
69) 이러한 성격의 안세고 혹은 안현이 저술하였다고 하는 매우 이른 시기의 번역 문헌이 전해지고 있다[《阿舍口解(十二因緣經)》 T1508 大正藏25]. 이 문헌과 이 문헌의 12가지 '내적' '외적' 인연이라는 흥미로운 이론에 대하여는 《佛書解雪大辭典》 제1책, p.4 (赤沼智善 집필) 참조. 경전의 암송 혹은 구두 해설 및 그에 기초한 초기 불경 주석서에 대하여는 湯用彤, 『불교사』, pp.114-119 참조.
70) 시주자들의 이름은 孫和와 周提立이며 작자미상의 〈道行經後記〉에 기록되어 있다 (《출삼장기집》 권7 47.3.7).
71) 《출삼장기집》 권7의 題記들[51.2.12(289년 5월 14일), 50.2.8(289년 12월 30일)]에 나타나고 있다. 그러나 그보다 앞선 266년에 長安에 白馬寺가 보이고 있으며(《출삼

장기집》 권7 48.2.23 '於長安靑門內白馬寺中…'), 비슷한 시기에 荊城(湖北省 중부의 鍾祥 근처)에 같은 이름의 사찰이 3세기의 安世高에 의하여 창건되었다(《고승전》 권1 324.1.18에 4세기에 庾仲雍이 지은 〈荊州記〉를 인용하고 있음). 3세기의 안세고의 행적은 2세기에 활동한 유명한 동명의 인물의 전기에 혼합된 것으로 생각되고 있다 (주석 50번에 인용한 大谷勝眞의 논문, pp.78-80 참조). (낙양) 성벽 서쪽의 雍門 바깥에 있었다고 하는 고대 백마사의 위치를 고려할 때 魏나라 때인 255년(위의 주석 67번의 (2)번 참조)에 낙양의 성벽 서쪽에 菩薩寺가 있었다는 사실은 주목할 필요가 있다(《출삼장기집》 권7 47.3.7).

72) 《출삼장기집》 권7 48.3.14.
73) Pelliot, *TP* XIX, 1920, pp.344-346 주석 64번 참조.
74) Bagchi, *Canon*, p.8 주석 1번
75) 《출삼장기집》 권6 43.2.17 (康僧會의 〈安般守意經序〉). "有菩薩者 安淸 字世高"
76) 《출삼장기집》 권10 69.3.25 (嚴浮調의 〈沙彌十慧章句序〉). "有菩薩者 出自安息 字世高" T1694(《음지입경주》)의 서문과 《출삼장기집》 권7 50.1.6 등에도 비슷한 내용이 보인다.
77) 〈陰持入經註〉(T1694 大正藏33) 서문 "安侯世高者 普見菩薩也 捐王位之榮 安貧樂道"《출삼장기집》 권6 (康僧會의 〈安般守意經序〉 43.1.1) "安息王嫡后之子 讓國與叔 馳避本土".
78) 위의 〈安般守意經序〉의 '馳避本土'에서 유추된다.
79) 《출삼장기집》 권8 95.1.28 이하. 《고승전》 권1 323.2.13 이하. 大谷勝眞, 앞의 글, p.78 이하. Bagchi, *Canon*, pp.9-10 주석 1번. 또한 아래의 p.208의 내용도 참조.
80) Léon Wieger의 *Histore des croyances religieuses* (1922) p.351에서 그러한 시도가 행해졌다.
81) Maspero, "Essay sur le Taoisme", *Mél. posth.*, vol.II, p.189.
82) 《長阿含十報法經》(T13), 《人本欲生經》(T14), 《一切流攝守因經》(T31), 《本相猗致經》(T36), 《是法非法經》(T48), 《漏分布經》(T57), 《普法義經》(T98) (이상 大正藏 1 수록), 《五陰比喩經》(T105), 《轉法輪經》(T109), 《八正道經》(T112), 《七處三觀經》(T150a), 《九橫經》(T150b) (이상 大正藏 2 수록), 《大方等大集經》(T397) (大正藏 13 수록), 《大安般守意經》(T602), 《陰持入經》(T603), 《禪行法想經》(T605), 《道地經》(T607) (이상 大正藏 15 수록), 《法受塵經》(T792) (大正藏 17 수록), 《阿毘曇五法行經》(T1557) (大正藏 28 수록). 도안이 안세고의 번역으로 확실하게 이야기하지 않는 문헌 중 하나도 전해지고 있다(《四諦經》(T32, 大正藏 1 수록). 《개원석교록》 권13 616.2.26에 의하면 도안과 승우의 목록에 수록된 두 종류의 《안반수의경》은 실제로는 동일한 문헌으로써 하나가 다른 것의 첫 번째 장에 해당한다고 한다(大谷勝眞, 「安世高の譯經に就いて」『東洋學報』13 (1924), pp.546-583 참조).
83) 《人本欲生經》(T14), 《大安般守意經》(T602), 《陰持入經》(T603), 《道地經》(T607).
84) P. Demiérville, "La Yogācārabhūmi de Saṅgharakṣa", *BEFEO* XLIV (1954), p.340 참조.
85) 3세기 초의 〈法鏡經序〉(《출삼장기집》 권7 50.1.5)에 처음 나오며 "安侯世高都尉弗調

譯胡爲漢", 3세기 중반의 강승회의 〈法句經序〉(《출삼장기집》 권6 46.3.3)에도 "騎尉 安玄"이 보인다. 안현의 전기는 《출삼장기집》 권8 96.1.8 이하와 《고승전》 권1 324.2.25 이하에 수록되어 있다. 梁啓超가 安玄의 實在를 의심하면서 안세고와 동일인으로 추정한 이유는 명확하지 않다(양계초, 앞의 책, 제1책, p.9의 주석 2번).

86) 3세기 초의 〈法句經序〉(《출삼장기집》 권7 50.1.6)에 처음 보이며 전기는 《출삼장기집》 권13 96.1.16 이하과 《고승전》 권1 (324.2.25 이하)에 수록되어 있다. 자세한 내용은 Maspero의 글(*BEFEO* X, 1910, pp.228-229)과 Pelliot의 글(*TP* XIX, 1920, pp.344-345 주석 6번) 참조. 스승의 출신 국가(종족)의 명칭을 '종교적 성씨'로 채용하는 관습은 이때까지는 확립되지 않았던 것으로 보인다(아래의 p.189와 p.281 참조). 승려이지만 엄불조는 자신의 세속의 성씨를 사용하고 있다. 하지만 그의 이름 (혹은 字?) 佛調(=Buddhadeva)는 불교적 호칭이 분명하며, 아마도 출가할 때에 받은 것으로 생각된다.

87) 《출삼장기집》 권6 46.2.19.

88) 이 책 제목의 의미는 명확하지 않다. 十慧는 《안반수의경》에서 말하는 십힐十黠 즉 安般守意의 여섯 가지 수행법(數息, 相隨, 止, 觀, 還, 淨)과 그러한 수행으로 얻게 되는 네 가지 진실[四諦]과 같은 것으로 생각된다. 초기 불교 용어로 사용된 黠은 실제로 1세기 초의 지방 어휘집인 《方言》(권1, 1a)에 관중 동쪽지역과 趙, 魏 즉 산서성과 하남성 북쪽 지역에서 慧와 같은 의미로 사용되는 단어로 기록되어 있다. 그러나 제목에 보이는 沙彌[산스크리트 śrāmaṇera가 쿠차어(samāne 혹은 sanmir)나 호탄어(ssamanā)를 거쳐서 만들어진 말일 것이다]가 무엇을 가리키는지는 알 수 없다. '沙彌十慧章句'(서문에는 그 의미에 대하여 아무런 언급도 하지 않고 있다)라는 것이 사미들이 지켜야 할 10가지 규율 및 그에 대한 해설이라고는 생각되지 않는다.

89) 강승회의 〈法鏡經序〉(《출삼장기집》 권6 46.3.3) "年在齠齔 弘志聖業". 다만 이 내용은 안현과 엄불조 두 사람 모두에 대한 이야기이다.

90) 難繼라는 말은 안세고, 안현, 엄불조를 가리키는 말로서 3세기 초의 〈법구경서〉(《출삼장기집》 권7 50.1.6)에서 처음 사용되었다. 한편 도안의 〈摩訶鉢羅若波羅蜜經抄序〉(《출삼장기집》 권8 52.3.12)에서는 지참과 안세고를 '南繫' (원문 그대로!)라고 일컫고 있다 【南繫는 難繼와 중국어 발음이 같아서 혼동된 것으로 생각된다-역자】.

91) 湯用彤은 181년에 건립된 〈三公碑〉의 옆면에 새겨진 "處士房土孟□卿 處士河□□元士"라는 구절을 인용하고 있다(『불교사』 pp.69-70). 《반주삼매경》의 題記(208, 《출삼장기집》 권7 48.3.12)에는 '河南洛陽孟福字元士'가 보이고 있으며, 비슷한 시기의 《도행경》의 題記에도 보이고 있다(《출삼장기집》 권7 47.3.5). 湯用彤은 이에 의거하여 〈삼공비〉 옆면의 두 번째 구절을 '處士河南孟元士'로 재구성될 수 있다고 생각하였다. 고대의 금석문 탁본 중에 〈삼공비〉의 본문이 남아 있는 것은 많지만 옆면의 내용을 전하는 것은 거의 없다. 楊殿珣이 편찬한 《石刻題跋索引》(上海, 1941) p.584에 의하면 옆면의 내용은 沈濤가 편찬한 《常山貞石志》(1842)에 수록되어 있다고 한다. 나는 《常山貞石志》를 보지는 못하였지만 陸增祥이 편찬한 《八瓊室金石補正》(5.26a, 32b)에 《常山貞石志》의 주석과 함께 수록되어 있다. 湯用彤이 인용하는 두 번째 금

석문은 183년에 건립된 〈白石神君碑〉의 陰記로서 翁方綱이 편찬한 《兩漢金石記》 11 장 16a에 수록되어 있다. 여기에 나오는 '祭酒郭稚(字)子碧'은 《道行經》 題記(《출삼장기집》 권7 47.3.7)에 보이는 '南海子碧'과 같은 사람임에 틀림없다. 도교에서의 祭酒의 직위에 대해서는 이 책 4장의 주석 34번 참조. 다만 이 기록의 빠른 연대를 고려할 때 여기에 나오는 祭酒가 황건적 집단의 고위직을 가리키는 것으로는 생각되지 않는다. 한대의 '祭酒'는 지방의 학식있는 사족들에게 수여되는 명예직으로서 그들은 주로 지방관에게 자문역을 맡았다. 그들은 공식 관직을 맡지는 않았지만 제주는 주로 뛰어난 사람들에게 주어지는 직함이었다. 嚴耕望,「漢代地方行政制度」 ZYYY 25 (1954), pp.135-236, 특히 p.154와 p.177 참조.

92) 《출삼장기집》 권2 6.2.10. 작자미상의 題記가 《출삼장기집》 권7 (47.3.4 이하)에 수록되어 있으며 (앞의 주석 67번의 (2) 참조), 도안이 자신이 지은 《도행경》에 붙인 서문이 《출삼장기집》 권7 47.1.12에 수록되어 있다. 도안에 의하면 이 경전의 번역은 축숙불이 낙양으로 가지고 온 사본에 의거하였다고 한다[(47.2.16. "齎詣京師)' '齎'라고 표현은 텍스트를 암기한 것이 아니라 실제 사본을 가져온 것을 가리킨 것으로 보인다]. '道行'이라는 말은 첫 번째 장의 원래 제목 (Sarvākarajñatācaryā)을 자유롭게 번역한 것이다. 초기의 불전 목록들에는 축삭불 혹은 지참이 번역한 1권으로 된 《도행경》(혹은 그 일부)의 다른 번역을 언급하고 있는데, 이에 대하여 많은 불교 문헌학자들이 폭넓은 연구를 하였다[특히 境野黃洋 및 같은 내용을 이야기하고 있는 Matsmoto Tokumyo, Die Prajñāpāramitā-literatur, 1932, pp.18-19 참조].

93) 《출삼장기집》 권2 6.2.12. 작자미상의 題記 (《출삼장기집》 권7 (48.3.9 이하), 앞의 주석 67번 (3) 참조).

94) 이 경전의 네 종류의 번역본을 모은 책에 붙인 支愍度의 서문〈合首楞嚴經合記序〉(300년경)에 처음 언급되고 있다(앞의 주석 67번의 (8) 참조). 《출삼장기집》 권2 6.11과 권7 49.1.14에서는 번역이 완성된 날짜를 186년 1월 16일(中平二年十二月八日)이라고 이야기하고 있다. 이 경전은 이미 6세기 초에 逸失되었다.

95) 이 경전의 초기 중국어 번역본의 텍스트 변천사는 매우 복잡하다. 많은 일본인 학자들이 이 주제에 대하여 연구하였지만 서로 다른 결론을 제시하였다. 林屋友次郞는 이전 학자들의 의견(주로 境野黃洋과 望月信亨의 연구)을 검토한 후 두 판본을 면밀히 비교하여 3권본(T418)이 지참이 번역한 원래의 번역본이고, 1권본(T417)은 이전의 긴 내용을 축약한 것이라는 결론을 제시하였다[『經錄研究』 pp.544-578]. 이 두 이본 이외에도 역시 한대에 번역된 것으로 생각되는 짧은 초기 번역본(《拔陂菩薩經》(T419))이 있다. 주로 아미타불 신앙과 여러 부처들이 자기 눈앞에 있는 것처럼 하는 정신집중 방법("現在佛悉在前立三昧")에 대하여 이야기하고 있는 《般舟三昧經》은 4세기 말에서 5세기 초 여산의 혜원 교단의 염불수행에 대단히 중요한 역할을 하였다[Demiérville(BEFEO XLIV, 1954), p.353 주석 4번 및 아래의 p.220 이하 참조].

96) 《출삼장기집》 권3 18.1.1. 승우의 목록에서는 지참의 번역이라고 하면서 '현재 전해지지 않는'다고 말을 덧붙이고 있다(《출삼장기집》 권2 6.2.13). 도안 이전에 이미 支敏度에 의하여 지참의 번역으로 이야기되었다(《출삼장기집》 49.1.22). 현재 전

하는 텍스트(T624)의 진위에 대한 의견이 다양하다. 사카이노 코요는 지참의 번역이 아니라고 하고[『支那佛敎史講話』 1권, 東京, 1927, pp.44-45], 林屋友次郞는 지참의 번역으로 보고 있다[『經錄硏究』 pp.625-627].

97) 《고승전》 권1 324.3.7.

98) (支亮에 대해서는) 지민도의 글(《출삼장기집》 권7 49.1.24)과 《출삼장기집》에 수록된 내용[권13 97.2.23, 《고승전》의 내용 (325.1.19)과 동일함] 참조. 도안이 지량을 칭찬한 내용은 《고승전》에 보이고 있다.

99) 《고승전》 권1 324.3.10. 《중본기경》의 인도 원전은 曇果가 카필라바스투(迦維羅衛)로부터 가져왔다. 迦維羅衛라는 중국어 음사는 프라크리트에 의거한 것이 틀림없다. Pelliot는 그 원형을 kavilawai로 추정하였다(J. As. 1914, p.383). 이른 시기의 중국어로 된 부처의 전기에 대하여는 Pelliot, TP 1920, pp.263-264 참조. 다만 매우 이른 시기에 지금은 전해지지 않는 중국어로 된 부처의 전기가 있었을 것이라는 그의 가설은 (내 생각에는 위작으로 생각되는) 《모자》가 실제로 2세기 후반에 쓰여진 작품이라는 견해를 지지하기 위한 것이다. 현재의 《중본기경》은 삽입된 인도 고유명사의 번역 등에서 후대의 개작의 흔적을 보여주고 있다[예를 들어 "[她]她晉言寶稱"(149.1.15), "[須]晉言善溫"(156.1.9), "[瞿師廐]晉言美言(혹은 美音)"(157.1.15) 등. 이들은 단순히 후대에 추가된 것일 수 있지만 뒤의 두 단어의 경우 뒷부분의 본문에서도 '善溫', '美音' 등 중국 번역어가 사용되고 있음에 주목해야 한다]. 《수행본기경》은 승우의 목록은 물론 거기에 인용된 도안의 목록에도 들어 있지 않지만 이것은 실수로 생각된다. 다른 모든 후대의 목록에서는 이 경전이 도안의 목록에 들어 있다고 이야기하고 있기 때문이다.

100) 강승회의 〈안반수의경서〉(《출삼장기집》 권6 43.2.27).

101) 《후한서》 권7 13b-14a. 《후한기》 권22 12a. 《東觀漢記》 권3 8b.

102) 이 책 6장의 주석 31번 참조.

103) 《후한서》 권7 15a. 환제에 대한 史論 "設華蓋以祠浮圖老子" 및 권118 10a(西域傳) "後桓帝好神 數祀浮圖老子".

104) 도교의 수련을 표현하는 용어인 守一을 초기의 불교 번역서에서는 종종 삼매(samādhi)의 번역어로 사용하였다. Maspero, "Essay sur le Taoisme" *Mél. posth.*, vol.II, p.141 이하와 p.196; 湯用彤, 『불교사』, pp.110-111 참조.

105) 《후한서》 권60 18b. Pelliot *BEFEO* VI, 1906, pp.387-389 및 湯用彤, 『불교사』 pp.55-57 참조.

106) Pelliot, *TP* XIX, 1920, p.407 주석 366번 참조. 湯用彤은 이 도교 경전에 불교의 영향을 보여주는 구절이 대단히 많이 들어 있음을 보여주었다[『불교사』 pp.57-61 및 pp.104-114; 「讀太平經書所見」『國學季刊』 5, 1935).

107) 《후한서》 권35 7b-8a. 훨씬 후대인 당나라 때에는 이 기구는 부분적으로 외국에 관한 다양한 정보를 수집하고 지도를 제작하는 정부 정보기구의 기능을 하였다(des Rotours, *Traité des fonctionnaires* p.110 및 p.199의 주석 2번 참조). 당시에 홍려시와 불교 교단이 깊은 관계를 맺고 있었음은 여러 자료에 잘 나타나고 있

다. 842년까지 모든 불교와 도교 사원들은 鴻臚寺의 감독을 받았다(같은 책, pp.348-385, 388, 390 참조). 다른 자료에는 이 기구의 중국인 관료가 산스크리트를 알고 있었고, 676-678년 사이에 불경 번역에 참여하였음이 나타나고 있다[杜行顗라는 인물이다. 《續古今譯經圖記》(T2152 大正藏55) 368.3.20 및 《개원석교록》(T2154 大正藏55) 564.1.27 참조].

108) Maspero, J.As. 1934. pp.97-98.
109) 주석 50번에 제시한 大谷勝眞의 논문. 특히 pp.70-73. 望月信亨, 《佛敎大辭典》 (p.1711.1)도 참조.
110) 《출삼장기집》 권7 48.3.9.
111) 《佛說四諦經》(T32, 大正藏1) 814.3.3.
112) 《한서》 권19上 8a. 홍려시의 관원 중에는 譯官令, 譯官丞 등이 보인다. 이와 관련하여 이 관청의 이름인 鴻臚에 대하여 鴻은 소리[聲], 臚는 전한다[傳]는 의미로써 '소리를 전한다'는 의미라는 전통적 해석이 주목된다[《한서》 해당 부분에 대한 顔師古의 주석에 인용된 應劭(2세기 중엽)의 설명 참조].
113) 《한서》〈서역전〉 권96上 4a, 6b, 7a, 7b, 8a, 8b, 16b, 20b, 권96下 8b, 9a, 9b, 14a, 14b, 15a, 15b, 16a, 16b, 17a. 한대의 번역가들의 공식적 지위에 대한 정보는 확인되지 않는다. 《한서》〈서역전〉에서 釋長은 중국 도독이 다스리는 중앙아시아의 국가들에서만 보이고 있다.
114) 《고승전》 권1 325.1.20.
115) 《출삼장기집》 권8 96.2.4 = 《고승전》 권1 325.1.17.
116) 《출삼장기집》 권8 96.1.25 =《고승전》 권1 326.2.24. 律炎은 《고승전》에 처음 보이는데, 당시에 쓰여진 〈法句經序〉(《출삼장기집》 권7, 50.1.10 및 50.1.25) 및 도안의 목록 (《출삼장기집》 권2 6.3.12에 인용) 등을 볼 때 將炎이 맞는 것으로 생각된다.
117) 《고승전》 권1 326.2.14.
118) S. Lévi, "L'Apramāa-varga; étude sur les recensions des Dharmapadas", J.As. 1912. pp.203-294, 특히 pp.207-223 참조.
119) 《출삼장기집》 권7 (50.12 이하). 이 서문은 위의 Lévi의 논문 pp.205-207에 번역되어 있고, S.Beal, Dhammapada (London, 1878)에도 부분적으로 번역되어 있다. T210(大正藏에 수록된 《법구경》)에는 알 수 없는 이유로 21장과 22장 사이에 서문이 삽입되어 있는데(大正藏3, 566.3.2), 이것은 《출삼장기집》본의 '譯胡爲漢' 부분을 '譯梵爲秦'으로 바꾼 것으로 볼 때 4세기 혹은 5세기 초에 개작된 것으로 보인다. 여기에 언급된 '葛氏'가 누구인지는 전혀 알 수 없다. 이 서문 중의 다음 구절에도 확인되지 않는 인물('藍調')이 보이고 있다("唯昔藍調 安侯世高 都尉 佛調 譯胡爲漢 悉得其體", 50.1.6). 湯用彤은 藍調를 잘못 쓰여진 글씨로 간주하지만 그렇게 생각할 이유는 없다. 두 글자는 모두 불교 음사어에서 자주 사용되는 글자들로서 초기 번역가의 이름을 가리킨다고 생각된다. 다만 '갈씨'와 마찬가지로 다른 자료에는 보이지 않고 있다.
120) 湯用彤, 『불교사』, pp.130-131 참조.

121) 《論語》雍也 "子曰 質勝文則野 文勝質則史 文質彬彬 然後君子" 참조. 불교 번역의 올바른 방법을 이야기하는 비슷한 주장은 《출삼장기집》권7 49.2.28 【辭旨如本不可文飾 飾近俗 質近道 文質乘 唯聖有之耳"-역자】 참조.
122) 《도덕경》 제81장. "美言不信 信言不美"
123) 《역경》 繫辭上 (注疏本 권7 30b). "子曰 書不盡言 言不盡意 然則聖人之意 不可見乎"
124) 《출삼장기집》 권7 50.1.12. Lévi, *J. As.* 1912, pp.206-207에 번역되어 있다. Lévi는 "佛言依其義不用飾 取其法不以嚴"을 '부처님께서는 그 뜻을 따르면 꾸밀 필요가 없고, 그 법을 취하는 것은 아름다움 때문이 아니라고 말씀하셨다'고 번역하였지만 부처가 그와 같은 이야기를 한 것을 확인할 수 없다. 전통적인 '佛言'의 의미와 '其'의 용법을 고려할 때 이 구절은 위와 같이 "부처님의 말씀에 대해서…"로 해석하는 것이 낫다고 생각한다.
125) 《출삼장기집》 권8 97.2.13에 전기가 있으며 《고승전》에는 강승회의 전기에 간략하게 수록되어 있다(권1 325.1.18). 가장 빠른 전기 자료는 지민도의 〈合首楞嚴經記〉(《출삼장기집》 권7 49.1.22)에 보인다. 謙과 越의 두 가지 이름에는 약간의 문제가 있다. 가장 빠른 자료의 기록은 다음과 같다. '支越字恭明'(지민도의 〈合首楞嚴經記〉), '優婆塞支恭明'(《출삼장기집》 권8 58.2.21), '高士河南支恭明'(《출삼장기집》 권6 45.2.20), '支越'(《출삼장기집》 권8 52.3.13), '支恭明'(서문의 저자명, 《출삼장기집》 권7 51.3.17), '支恭明'(孫亮이 승려들에게 보낸 – 진위가 의심스러운 – 편지, 《출삼장기집》 권8 97.3.17). '支謙'은 승우가 쓴 전기문(《출삼장기집》 권2 7.1.25, 권5 37.3.3) 및 지겸의 전기('支謙字恭明 一名越')에 보인다. 여기에서는 일반적인 용례를 따라서 지겸으로 쓰지만 초기의 자료들은 예외없이 그를 지월 혹은 지공명으로 일컫고 있다.
126) 《출삼장기집》 권8 97.2.22 = 《고승전》 권1 325.1.22.
127) 《출삼장기집》 권7 49.1.24 및 위의 주석 60의 자료 참조.
128) 《출삼장기집》 권6 46.2.28.
129) 《출삼장기집》 권8 97.3.5 후대의 전승에서는 吳나라 황실은 建業으로 천도하기 이전부터 불교에 관심이 있었다고 이야기하고 있다. 1258-1269년에 편찬된 《佛祖統紀》 권35 (T2035 大正藏49, 331.3.9)에는 손권의 정식 부인인 潘夫人이 武昌에 慧寶寺를 창건하였다고 기록하고 있다. 하지만 당시의 자료에는 이 사실이 보이지 않는다.
130) 《고승전》 권1 325.1.27.
131) 《삼국지》 吳志 권14 593a. 孫登은 242년 이전에 이미 尙書郞으로 활동하고 있었는데(吳志 권20 633b), 그때 이미 지겸과 교류하였을 가능성도 있다.
132) 《삼국지》 吳志 권20 633b 및 권14 595a.
133) 《출삼장기집》 권8 97.3.17. 《고승전》에는 인용되어 있지 않다.
134) 《출삼장기집》 권8 97.3.14. 《고승전》에는 해당 내용이 없다. Pelliot(*TP* XIX, 1920), p.393 참조.
135) 于法蘭의 연대는 알려져 있지 않다. 그의 전기(《고승전》 권4 349.3.22 이하)에 의

제2장 역사적 흐름 개관 159

하면 그는 하북성 북쪽의 高陽 출신으로 지겸의 전기에 나오는 축법란과 마찬가지로 산속에 은거한 유명한 인물이었다. '나중에' 그는 남쪽으로 내려가 절강성 서쪽 剡縣의 산속에 들어갔는데, 많은 고승들이 북쪽에서 피난해 오던 310년대의 일로 생각된다. 당시 사람들이 그를 庾元規 즉 庾亮(289-340)과 비교하였다고 하는 것으로 보아 둘은 같은 시기의 인물일 것이다. 그와 제자 于道邃는 남쪽 길을 통해 인도로 들어가려다 실패하고, 동남아시아의 象林에서 죽었다. 우도수는 우법란이 상림으로 가기 전에 북쪽 지방에서 15살의 나이로 그의 제자가 되었고, 상림에서 30살에 죽었다고 하므로(《고승전》 권4 350.2.13에 전기가 있다), 우법란이 양자강 남쪽으로 내려온 때(310-320)부터 죽을 때까지 15년이 안 되었음을 알 수 있다. 우법란이 남쪽 지역에서 활동한 기간은 310-325년 혹은 320-335년이 될 것이다. 《法苑珠林》(T2122, 大正藏53) 권28(492.1)과 권54(694.3)에 인용된 《冥祥記》(5세기 말)에 의하면 우법란은 280-290의 시기에 북쪽 지역(中山, 주석 204번 참조)의 '비밀' 窟院에서 활동하였다고 한다. 그렇지만 이 이야기는 후대에 지어낸 것으로 생각된다.

136) 번역가로서 지겸의 활동 시기에 대하여 지민도는 '黃初연간(220-226)에서 建興연간(252-253)까지'로 이야기하고 있고(약 300년, 《출삼장기집》 권7 49.1.29), 승우는 '황초 원년부터'라고 보다 구체적으로 이야기하고 있다(《출삼장기집》 권12 97.3.10). 초기의 자료에 보이는 번역 경전의 숫자는 27종(《출삼장기집》 권12 97.3.10)과 49종(《고승전》 권1 325.2.2)으로 차이가 있다. 지민도는 지겸의 번역 문헌 목록을 보았던 듯한데(《출삼장기집》 권2 49.2.1 "自有別傳記錄 亦云出此經") 애매하게 '數十本'이라고만 이야기하고 있다(고려대장경본에는 '數十卷'임).

137) 《佛說釋摩男本四子經》(T54), 《佛說賴吒和羅經》(T68), 《梵摩渝經》(T76), 《佛說齋經》(T87, 이상 大正藏1), 《佛說月明菩薩經》(T169), 《佛說太子瑞應本起經》(T185, 이상 大正藏3), 《佛說義足經》(T198, 大正藏4), 《大明度經》(T225, 大正藏8), 《佛說菩薩本業經》(T281, 大正藏10), 《佛說阿彌陀三耶三佛薩樓佛檀過度人道經》(T362, 大正藏12), 《佛說維摩詰經》(T474), 《佛說阿難四事經》(T493), 《私呵昧經》(T532), 《菩薩生地經》(T533), 《佛說七女經》(T556), 《佛說龍施女經》(T557), 《佛說老女人經》(T559), 《佛說八師經》(T581, 이상 大正藏14), 《佛說慧印三昧經》(T632, 大正藏15), 《了本生死經》(T708, 大正藏16), 《佛說四願經》(T735), 《佛說字經抄》(T790, 이상 大正藏17), 《佛說無量門微密持經》(T1011, 大正藏19) 이중 《佛說賴吒和羅經》은 道安의 목록에 들어 있지 않다.

138) 지겸의 번역 방식에 대한 평가는 다음과 같다.
지민도의 〈합수능엄경기〉(《출삼장기집》 권7 49.1.26) "以季時尚文 時好簡略 故其出經頗從文麗 然其屬辭析理 文而不越 約而義顯"; 도안의 〈반야경초서〉(《출삼장기집》 권7 52.3.13) "巧則巧矣 懼嫟成而混沌終矣": 僧肇의 〈유마힐경서〉(《출삼장기집》 권8 58.2.9) "恨支[謙]竺[法護]所出 理滯於文 常懼玄宗墮於譯人" 가장 심한 것은 慧叡의 〈思益經序〉(403, 《출삼장기집》 권8 58.1.4)
의 내용이다. "이전의 지겸의 번역은 문장을 화려하게 하느라 그 뜻을 잃어버렸다. 그래서 훌륭한 문체가 잘못된 글로 인해 왜곡되고 지극한 풍미가 화려함으로 싱거워졌다(恭明前譯 頗麗其辭 仍迷其旨 是使玄標乖於謬文 至味醱於華艷)".
139) 《출삼장기집》 권7 49.2.1. 湯用彤, 『불교사』 p.134 참조
140) 《[大]明度[無極]經》이다(《출삼장기집》 권2 7.1.8). 이 경전의 첫 번째 장에 대한 주석에 대해서는 p.54 참조. '바라밀다'(pāramitā 통달, 우월, 완성)를 度(=渡)로 번역한 것은 어원을 pāram(건너편, 반대편)과 itā(가버린)으로 잘못 추정한 것에서 비롯된 오류이다[Chavannes, Cinq cents contes et apoogues 1권, p.2 참조]. '度無極'은 실제로는 이중번역이다. 하지만 '바라밀다'를 '건너편으로 가버린'으로 번역하는 것은 분명히 인도에서부터 비롯된 것이다[Abh. Kosa (《구사론》) IV p.231 및 Lamotte, Traité p.701 참조]. 티베트에서의 '바라밀다' 표준적인 번역어(pha rol tu phyin pa)도 같은 의미이다. 바라밀다에 대한 더 기막힌 설명은 도안의 〈摩訶鉢羅波羅蜜經抄序〉의 마지막 구절에 나오는 '摩訶大也 鉢羅若智也 波羅度也 蜜無極' 이다. 이것은 바라밀다를 pāra(건너편)와 amita(무한)으로 나눈 것인데, 두 개의 단모음 a가 합쳐지면 ā가 되어 pāramitā가 된다는 사실을 알지 못한 것이다.
141) 지겸이 개정본을 만들었다는 것은 그 《사십이장경》이 인도의 원본에 의거한 것이 아님을 보여준다. 그는 아마도 기존의 중국어 번역본을 세련되게 개정하였을 것이다. 그렇지만 지겸이 그러한 개정본을 만들었다는 것 자체도 의심의 여지가 있다[Pelliot, TP XIX, 1920 p.393 참조].
142) 《출삼장기집》 권7 97.3.12 = 《고승전》 권1 325.2.3.
143) 《출삼장기집》 권7 97.2.2.
144) 《후한서》 권118 8b(大秦), 10a(天竺); 《梁書》 권54 1a 南蠻傳序文.
145) Chavannes, TP X, 1909, p.202 주석 2번 참조.
146) Chavannes의 위의 논문 및 BEFEO III, 1903, p.430 주석 참조.
147) Pelliot, BEFEO III, 1903, pp.271, 275-279, 303, 430 및 Chanvannes 위의 논문, p.430의 주석 참조.
148) 《삼국지》 吳志 권4 518a. 胡適, 「與周叔迦論牟子書」 『論學近著』 I, pp.151-154 및 福井康順, 앞의 책, pp.109-110, 勞幹, 「論漢代之陸運與水運」 ZYYY 15 (1947), pp.69-91 특히 90-91 참조. 胡適과 福井康順이 향을 피우는 胡人을 刺史에 의해 고용된 인도 혹은 중앙아시아계의 불교 승려로 간주한 것은 타당하다고 생각된다. 胡는 그쪽 지역 사람들을 가리켰다. 남쪽 국가들의 토착민들은 일반적으로 蠻으로 불렸다. 法顯 및 다른 구법승들이 기술한 불교 의식과 어느 정도 비슷한 것을 이유로 이 글에서 묘사된 내용을 불교의 행렬이라고 한 福井康順의 설명에는 동의하기 힘들다. 張津에 대해서는 《삼국지》 〈오지〉의 주석 482.b 참조.
149) 강승회의 〈安般守意經序〉(《출삼장기집》 권6 43.2.24)와 〈法境經序〉(같은 책, 46.3.9) 참조. 강승회가 건업으로 오기 전에 얼마 동안 중국 본토를 편력하거나 살았을 수도 있다. 湯用彤에 의하면 〈안반수의경서〉는 그가 죽던 280년으로부터 51년 이전인 229년 이전에 쓰여졌다고 한다(『불교사』 p.136). 湯用彤은 강승회가 이 글을 쓸 당시에 중년이었으므로 90살 이상 살았을 것이라고 이야기하고 있다. 그럴 가능성이 없는 것은 아니지만 그러한 내용은 - 중국의 전기 자료에서 중요하게

기록하는 사실임에도 불구하고 - 어디에도 보이지 않는다. 그런데 강승회가 안세고의 활동을 이야기할 때에는 낙양을 경사京師라고 불렀지만 229년(손권이 오나라 황제를 자칭한 해) 이후에는 낙양 대신에 건업을 '경사'라고 하였다는 湯用彤의 주장은 옳지 않다. 3세기 중엽에 남부지역에서 쓰여진 저자미상의 《陰持入經注》(大正藏33 수록, 아래 p.54 참조)에서도 같은 일을 회상하면서 낙양을 '경사'로 부르고 있다. 낙양이 흉노족에 의해 함락된 지 13년이 지나고, 중국의 수도가 建康으로 옮겨진 지 7년 후에 쓰여진 《正誣論》(p.12 참조)에서도 '京洛(서울 낙양)'이라는 용어를 쓰고 있다

150) 《출삼장기집》 권8 96.2.1, 《고승전》 권1 325.1.13이 보다 자세하며 Chanvannes, "Seng-houei", *TP* X (1909), pp.199-212에 번역되어 있다. 더 전설적인 것은 강승회의 오나라 궁정에서의 전도 활동을 그리고 있는 후대의 불교도들이 꾸며낸 《吳書》의 내용이다. 이 책은 원래의 《오서》(韋搖 등이 3세기의 세 번째 4반세기에 편찬)가 없어진 뒤인 6세기 후반에 만들어진 것으로 생각된다[Maspero, *BEFEO* X (1910), pp.108-109 참조]. 《오서》는 《속집고금불도논형》(大正藏52 402.1.9) 이하에 자세히 인용되고 있으며[Maspero, 위의 글, pp.109-110에 번역됨], 《법원주림》 권60 (700.3)에도 인용되어 있고, 《광홍명집》 권1 (大正藏52 99.3.13)에도 발췌되어 있다. 위요가 지겸과 관련되었다는 이야기에 기초하여[앞의 p.49 참조] 불교계 위서의 모태로서 《오서》가 선택되었을 가능성이 있다. 이 가짜 《오서》에서 손권의 中書令인 闞澤(?-243, 〈吳志〉 권8 543b)이 불교 교리의 우월성을 찬미하는 중요한 역할을 맡고 있는 것은 아마도 이 고관이 242년에 四明山(절강성)에 德潤寺를 건립하였다는 또 다른 후대(13세기)의 전승으로《불조통기》 권53 大正藏49, 463.2.25]과 관계된 것으로 생각된다. 이 전승 역시 해당 사찰의 이름인 '덕윤'이 감택의 자와 같다는 사실에서 비롯되었을 것이다.

151) 이 사당에 대해서는 盧弼의 《三國志集解》 (北京, 1957) 권64 28b 참조.
152) 〈吳志〉 권19 629a. 《梁書》 권54 5b 참조.
153) 〈吳志〉 권14 593b. "修黃老之術 篤養神光"
154) 〈吳志〉 권2 497a-b.
155) 《출삼장기집》 권8 97.1.11 = 《고승전》 권1 326.1.18.
156) 번역은 Chavannes, *Cinq cents contes et apoogues* 1권, p.1-347.
157) 《고승전》 권1 326.1.21의 강승회 전기에 처음 언급되고 있다. 번역은 Chavannes, 위의 책, pp.347-428.
158) 《출삼장기집》 권2 7.1.28. 《출삼장기집》의 강승회 전기(권8 97.1.14)에서는 《道品(반야경)》이라고 하였고, 《고승전》에서는 《小品》이라고 하였다(권1 326.1.20).
159) 《출삼장기집》의 강승회 전기에 다른 저술들과 함께 이 주석서가 언급되고 있다.(권8 97.1.13) 반면에 같은 책의 목록 부분에는 《六度集經》과 《吳品》만 수록되어 있다(권2 7.1).
160) 다섯 편의 서문 중에서 첫 번째(보시), 두 번째(계율), 네 번째(정진)는 Chanvannes 에 의하여 번역되었지만(*Cinq cents contes* I), 세 번째(인욕)와 다섯 번째(선정)는

아직 번역되지 않았다(같은 책, p.154 주석 1번 및 p.267 주석 1번에서 언급하고 있음). 선정에 대한 서문은 3세기 중국 불교의 중요한 문헌 중 하나로써 강승회의 〈안반수의경서〉(《출삼장기집》권4)와 함께 검토될 필요가 있다.
161)《대명도경》으로부터의 인용은 10.2.13, 13.2.22, 21.2.19.《유마힐경》으로부터의 인용은 15.1.18.
162) 湯用彤이 이야기하고 있는 것처럼 지겸 스스로 이 해설들을 붙였을 수도 있다(『불교사』p.134). 지겸 자신도 주석서를 지었으며, 도안과 승우는 그가《了本生死經》주석서를 저술하였음을 이야기하고 있다(《출삼장기집》권6 45.2.21 및 권8 97.3.13(=《고승전》권1 325.2.4)].
163) 湯用彤, 『불교사』p.138 참조.
164) 도안과 승우는 이들에 대해 아무런 언급을 하고 있지 않다.《역대삼보기》에 처음 등장하는 安法賢을 제외한 나머지 인물들은《고승전》(권1 324.3.15 이하)에 처음 보인다. 후대의 목록들이 (지금은 없어진) 모두《魏世錄》(釋道流에 의해 편찬되고 竺道祖에 의해 419년경에 완성됨, Pelliot, TP XXII, 1923, p.102 참조)을 언급하고 있는 것으로 보아《고승전》의 내용도 이 책에 의거한 것으로 생각된다. 승우는《魏世錄》《吳世錄》《晉世(雜)錄》《河西錄》등 네 종의 문헌을 전혀 인용하거나 언급하지 않고 있는데, 이 책들의 존재를 몰랐던 것으로 보인다.
165) Maspero, BEFEO X, 1910, p.225 이하. Pelliot, TP XIX, 1920, p.344의 주석 64도 참조.
166) 원본의 '設復齋戒'에서 復는 設을 잘못 쓴 것이 -두 글자의 초서체는 거의 비슷하다- 나중에 본문으로 첨가된 것으로 생각된다.
167)《고승전》권1 324.3.28. "亦有衆僧 未稟歸戒 正【止?-역자】以剪落殊俗耳 設復齋戒 事法祠祀"
168) 白羯磨(Karmavācanā)는 문답 형태의 '행위(karman)' 규정집으로서 수계식에서 독송되는 기본 문헌이다. 여러 언어의 다양한 판본들에 대해서는 Bailey, "The Tumshuq Karmavācanā":, BSOAS XIII, 1949/1950, p.549 이하 참조. dharmaguptaka를 曇無德으로 轉寫한 것은 프라크리트인 dhammauttaka를 반영하는 것으로 생각된다(Bagchi, Canon, p.79 참조). 강승개와 담무제의 번역을 통하여 다르마굽타에 의해 창설된 - 전설에는 부처님의 제자 목건련으로부터 시작된다고 한다 - 化地部의 일파인 담무덕파의 계율이 처음으로 중국에 소개되었다. 후대에 이 부파의 계율의 더 많은 내용이 중국어로 번역되었다. 5세기 초에 담마야사에 의해 번역된《四分律》(T1428 大正藏22)은 담무덕파의 계율 전체에 해당한다. 한편《장아함경》(T1 大正藏1, 曇摩耶舍 譯)과《사리불아비담론》(T1548 大正藏28, 曇摩耶舍·曇摩崛多 共譯)이라는 이름의 아비달마 논서도 이 부파의 문헌으로 여겨지고 있다(Bareau, Les sectes Bouddhiquws du Petit Véhicule, 1955, p.190 이하 참조).
169) 陸澄(465년경)의《法論目錄》과《출삼장기집》권7 (83.1.12 및 85.1.12)에 언급되고 있다.《홍명집》권14 96.1.3, 湯用彤, 『불교사』pp.125-126, K. P. K. Whitaker,

"Tsaru Jyr and the Introduction of Fannbay 梵唄 into China", *BSOAS* XX, 1957, pp.585-597 특히 p.589 참조.
170) 앞에서 인용한 Whitaker의 논문 참조. 湯用形, 『불교사』 pp.133-134와 *Hōbogirin*《法寶義林》, Bombai(梵唄) 항목 pp.95-96, 《고승전》 권8 415.1.13, 《법원주림》(大正藏 53 576.1) 등도 참조.
171)《抱朴子》2 〈論仙〉 (諸子集成本 p.4).
172)《광홍명집》권5 (118.3.21 이하). 교감본은 1865년에 편찬된 丁晏의《曹集銓評》(재판본, 北京, 1957) p.155-159에 수록되어 있다.
173)《魏書》권114 3a. Ware, "Wei-Shou on Buddhism", *TP* XXX, 1933, pp.121-122. 번역은 Leon Hurvitz p.46.
174)《晉書》권26 食貨志 8a. Lien-sheng Yang, "Notes on the Economic History of the Chin dynasty", *HJAS* IX, 1945-47, pp.107-185 특히 115-116 및 168-169 참조.
175)《魏志》권13 176a의《魏略》을 인용하고 있는 주석 및《宋書》권14 (17b) 이하 참조.
176)《진서》권3 9a 및 권24 8b-9a.
177)《진서》권3 5b, 6b, 12b, 13a, 13b, 14b.
178)《진서》권97 大宛傳 8a. M. Aurel Stein(편), *Ancient Khotan* (Oxford 1907)에 실린 Chavannes 논문의 부록A p.545 참조.
179) Niya 유적에서 발견된 공문서의 단편(문서 N. xv. 93a, b.)를 보라[Chavannes, 위의 논문 부록A p.537에 원문과 해석이 수록되어 있다]. 이 문서에 거론되는 칭호들이 焉耆의 국왕인 龍會에게 주어진 것이라는 샤반느의 해석은 옳지 않다. 王國維는 이 공문서의 단편에 이어지는 다른 단편을 확인하였으며 양자를 연결하여 해석하면 진나라와 긴밀한 관계를 맺고 진나라의 고위 관직에 책봉되어 있던 鄯善, 焉耆, 龜玆, 疏勒, 于寘 등의 국왕['晉守侍中大都尉奉晉大侯親晉鄯善焉耆龜玆疏勒于寘王']이 함께 반포한 포고문이거나 그들에게 전달된 황제의 칙서로 생각된다.【내용상 위 직함은 한 사람에게 하사된 것으로 생각된다-역자】중국의 연대기에 보이지 않지만 스타인이 중앙아시아에서 발견한 공문서의 단편에 기록된 또 다른 흥미로운 사실은 268년에 중국 정부가 高昌(투르판)에 대한 군사작전을 전개하였다는 것이다[Maspero, *Les documents chinois de la troisieme expédition de Sir Aurel Stein en Asie centrale* (London 1953), p.60 참조].
180) Aurel Stein과 Sven Hedin이 Niya와 Loulan에서 발견한 문서들의 원문과 번역은 Chavannes, 주석 149의 글, pp.537-545; Chavannes, *Documents chinois découverts par Aurel Stein* (Oxford 1913), pp.155-200; A. Conrady, *Die Chinesischen Handschiriften und Kleinfunde Sven Hedins in Loulan*, (Stockhom 1920); Maspero, 주석 150의 글, pp.52-78; 王國維·羅振玉, 『流沙墜簡』 제2판(1935년 이전, 연대미상) 등을 참조.
181)《진서》식화지 46. L. S. Yang, "Notes on the Economic History of the Chin dynasty", *HJAS* IX, 1945-47, pp.154-155. 이러한 개혁은 열정적인 돈황태수

皇甫隆(251년경 부임)에 의한 것이었다.
182) 4세기에 8천송 혹은 2만5천송 반야경에 대한 여러 종류의 중국어 번역이 이뤄졌는데, 하나의 동일한 경전의 확대 혹은 축소된 내용들로 여겨진 다양한 변종들에서 오는 혼란스러움은 인도에 또 다른 변종들이 있다는 소문을 통하여 더욱 증대되었다. 문헌학적 기질이 강한 중국의 종교 지식인들은 다양한 이론을 도입하여 이들 텍스트의 계보관계를 파악하려고 노력하였다. 《8천송반야경》이 《2만5천송반야경》의 요약본이라는 것이 최초의 설명이었다. 지둔(314-346)은 〈大小品對比要抄序〉(《출삼장기집》 권8 55.2.16)에서 "나는 이전의 모든 학자들로부터 부처님이 입적하신 후 《대품》을 요약하여 《소품》을 만들었다는 이야기를 들었다"고 하였고, 도안은 〈道行經序〉(《출삼장기집》 권7 47.2.15)에서 "부처님의 열반 이후 외국의 훌륭한 학자가 (2만5천송반야경의) 90품을 요약하여 〈道行品〉(=8천송반야경)을 만들었다"고 하였다. 인도에는 이러한 이론은 알려져 있지 않다. 하지만 그와 같은 불경의 '요약본'을 만드는 것이 유행하고 있던 시기에 중국인들이 - 근대 불교학의 견해와 반대로 - 분량이 적은 것이 보다 방대한 내용을 요약한 후대의 산물이라고 결론짓는 것이 자연스러운 일이었다고 생각된다. 그런데 지둔은 또 다른 견해도 이야기하고 있다(같은 책, 56.1.23). "한편 나는 이전에 《대품》과 《소품》이 모두 《본품》을 요약한 것이라는 이야기를 들었다. 《본품》은 60만 단어로 이루어졌으며 현재 인도에서는 유통되고 있지만 중국에는 아직 들어오지 않았다. 두 요약본(《대품》과 《소품》)은 모두 《본품》을 요약한 것이지만 요약 방식은 같지 않았고, 《소품》이 (둘 중에서) 더 일찍 만들어졌다. 비록 두 경전이 모두 《본품》의 요약이기는 하지만 때때로 다른 내용을 담고 있다. 《대품》에 없는 내용이 《소품》에 있으며, 반대의 경우도 있다." 지둔이 언급한 《본품》이 무엇을 가리킨 것인지는 분명하다. 그는 틀림없이 가장 분량이 풍부한 대승경전인 10만송반야경에 대한 이야기를 들었던 것으로 생각된다. 60만 단어[字]라는 표현은 잘못된 것이다. 다른 곳에서는 이 숫자가 2만5천송반야경의 인도 텍스트의 내용을 가리키는 데 사용되고 있다(p.63 참조). 가장 방대한 반야경을 용수가 용궁에서 발견하였다는 (훨씬 후대에 생겨난 것으로 생각되는) 전승(M. Walleser, "The life of Nāgārjuna from Tibetan and Chinese Sources", Asia Major Hirth 기념호, pp.1-37, 특히 p.10에 인용된 Tāranātha의 Tgya-gar chos-'byuṅ 및 Et. Lamotte, Traité p.941 참조)은 아마도 당시에는 중국에 알려지지 않았던 것으로 보인다. 이 이야기는 구마라집이 지었다고 잘못 알려진 《용수보살전》(T2047 大正藏50)에 처음 보이고 있다. 吉藏(549-623)은 《大品經遊意》(T1696 大正藏33, 67.3.29)에서 반야경의 가장 방대한 본을 《光讚經》(T222 大正藏8, 쓰法護 譯)의 원본이라고 이야기하고 있다. 하지만 이는 명확히 잘못된 견해로 《광찬경》은 《2만5천송반야경》(이것은 지둔의 시대에는 아직 알려지지 않았다. p.70 참조)의 불완전한 번역본에 불과하다. 길장의 이론은 아마도 마찬가지로 이해할 수 없는 《대지도론》(T1509, 大正藏25 권67 529.2.23)의 내용[(반야경 중에는) 권수가 많은 것도 있고 적은 것도 있다. 가장 많은 것이 《광찬경》이고, 중간이 《방광경》이며, 가장 적은 것이 《도행경》이다(卷有多有少 有上中下 光讚放光道行)]에 의거한 것으로 생각된다. 《대지도론》이 실제로 인도

의 원전을 번역한 것이라면 번역자가 (인도의 본래 경전 이름들 대신에) 잘 알려져 있던 세 종류의 중국어 반야경 번역본들의 이름을 대체한 것으로 볼 수 있다. 하지만 마지막 부분[光讚放光道行]은 구마라집이 추가한 해설로 생각되기도 한다. 어느 경우이건 지둔의 이야기는 10만송반야경이 이미 4세기 전반에 – 현장에 의해 660-663년에 번역되기 3세기도 전에 – 존재하고 있었음을 보여주는 자료라는 점에서 중요하다.

183) 《출삼장기집》과 《고승전》에 수록된 朱士行의 전기를 비롯한 모든 후대의 자료들은 주사행이 260년에 우전에 도착하였다고 기록하고 있다. 그러나 다른 초기 자료인 《方光經》의 題記(《출삼장기집》 권7 47.3.11)에는 주사행이 그 해에 출가한 것으로 나오고 있다. 이 경우 주사행이 여행에 나선 것은 260년보다 이후가 될 것이다. 이 자료는 정확한 것으로 생각되며, 이에 의거할 때 주사행이 여행에 나선 지 22년이 되는 282년에야 비로소 《2만5천송반야경》의 필사본을 중국에 보낸 이유도 비로소 이해될 수 있다.

184) 원래 제목은 *Pañcaviṃśat(isāhasri)kā Prajñāpāramitā*이다.

185) 티베트의 전승에 의하면 – 그 내용은 현장이 전한 이야기와 주요한 점에서 일치하고 있다 – 우전의 불교는 – 전설적 인물인 – 비쟈야삼바바(Vijayasaṃbhava)왕의 통치 시기에 바이로챠나(Vairocana)라는 이름의 카쉬미르 출신 승려에 의하여 전래되었다.

186) 이 사본의 발견과정 및 Ms. Dutreuil de Rhins의 문헌학적 업적에 관하여는 S. Lévi의 논문(*J.As.* 1912) pp.213-215 및 H. W. Bailey, "The Khotan Dharmapada", *BSOAS* XI (1943-46), p.488 이하 참조.

187) 《후한서》 권118 5b.

188) 《후한서》 권77 班超傳 3a 및 7b.

189) 《후한서》 권118 15b 이하.

190) 《삼국지》 위지 권30 366b의 《위략》 西戎傳을 인용하고 있는 주석 내용 참조. 우전과 롭노르의 중간 지역에 있는 니야에서 발견된 한자와 카로슈티 문자로 된 문서들은 이 지역이 동쪽과 서쪽 세력의 교차지역이었음을 잘 보여주고 있다. Maspero, *Documents chinois* p.53 참조. 남아 있는 수많은 불탑과 카로슈티 문서에 보이는 전형적인 불교식 승려 및 재가신자들의 이름(부다미트라, 담나팔라, 품냐데바, 아남다세나) 등을 통해 불교의 발전을 볼 수 있으며, 이 시기에 중앙아시아 지역의 공용어였던 초기 프라크리트 방언과 함께 중국어가 토착 지배자들의 칙령(주석 179번 참조)은 물론 니야 왕족들 사이의 사적인 편지에도 사용되고 있었다(Chavannes, *Documents chinois* pp.940-947 참조).

191) 〈方光經記〉(《출삼장기집》 권7 47.3.11) 및 이 기록에 의거한 것으로 보이는 朱士行의 전기들(《출삼장기집》 권8 97.1.18, 《고승전》 권4 346.2.10).

192) 《출삼장기집》 권2 11.3.9; 권4 61.1.1; 14 104.1.19.

193) 《高僧法顯傳》(T2085 大正藏51) 857.2. (Beal 번역본 xxv-xxvii; Giles 번역본 pp.4-7).

194) 狩溪了諦(앞의 책, p.212)와 望月信亨(『佛敎大辭典』 p.222.3)의 의견이다.

195) 《고승전》권10 389.2.16, 《법원주림》권18 417.2.12에 인용되고 있는 5세기 말의 《冥祥記》내용도 참조.
196) 위의 《법원주림》에 인용되고 있는 《冥祥記》의 내용.
197) 위와 같음.
198) 《고승전》권4 346.3.12 주사행의 우전에서의 소승불교도와의 갈등 및 경전을 불 속에 넣는 실험에 관한 이야기는 428년경에 쓰여진 변론서인 慧叡의 《喩疑論》에 처음 보인다. 《출삼장기집》41.3.26 및 Liebenthal, *Sino-Indian Studies* V.2, 1956) pp.94-95 참조. 그 내용은 《고승전》과 거의 일치하고 있는데, 《고승전》편찬자가 〈유의론〉을 베낀 것이 아니라면 두 문헌은 하나의 공통 자료(法盆에 의해 구술되거나 기록된 이야기?)에 기초하였을 것이다. 주사행의 우전에서의 화장과 관련된 전승은 孫綽의 《正像論》에 수록되었으며, 그중 일부가 《고승전》(권4 346.3.13)에 인용되었다. 불 속에 넣는 실험과 주사행의 화장에 관한 이야기는 물론 5세기 말의 《명상기》(《법원주림》권28 491.1 수록)에도 보이고 있다.
199) 《고승전》권7 47.3.13.
200) 《고승전》권4 346.3.6.
201) 그의 이름은 弗如檀(《출삼장기집》권7의 題記 47.3.14), 不如檀(《출삼장기집》의 朱士行 전기), 分如檀(《출삼장기집》권7 48.1.4의 도안의 언급) 등으로 다양하게 轉寫되고 있다. Puṇyatāra로 재구성한 境野黃洋의 견해(앞의 책, p.102)는 따르기 힘들다. Puṇyadhana 혹은 Pūrṇadharma로 추정되는데, 후자의 경우 마지막의 -t는 종종 r로 바뀐다.(Karlgren *TP* XIX, 1920, pp.108-109 참조) Pūrṇadharma는 중국어로 번역된 이름 法饒와도 의미가 가깝다. 다만 - dharma는 -曇으로 옮기는 것이 일반적이다.
202) 《출삼장기집》권8 97.1.29.
203) 《출삼장기집》권7 48.1.15.
204) 中山 출신의 중국인 승려 康法朗(3세기 후반)은 서역 여행을 마치고 중국으로 돌아와 수백 명의 제자들과 함께 다시 중산에 정착하였다(《고승전》권4 347.1.28 이하. 그의 서역 여행에 대해서는 《법원주림》(권95 988.1)에 인용된 《명상기》의 내용을 참조). 중산은 또한 唱導師인 帛法橋(약 260년 출생, 《고승전》권13 413.2.25)의 고향이다. 《고승전》권9(387.1.8)에는 佛圖澄의 유명한 제자인 竺法雅도 중산 출신으로 나오지만 다른 곳(권4 347.1.18)에서는 동쪽으로 수백 리 떨어져 있는 하간(河間, 하북성) 출신이라고 이야기하고 있다(A. F. Wright, "Fo-t'u-teng", *HJAS* XI, 1948 p.367 및 p.369 주석 52번 참조). 《법원주림》(권28 492.1 및 65 694.3; 《명상기》로부터의 인용)에 실려 있는 280-290년 사이에 중산에 있던 비밀 석굴에 대한 근거가 의심스러운 이야기도 참조.
205) 境野黃洋은 이 '支和尙'을 303-304년에 竺叔蘭이 《방광경》을 개정할 때에 함께 공부하였다고 《고승전》에서 이야기하고 있는 支孝龍으로 추정하고 있다(앞의 책, v.I p.107). 그러나 이것은 옳지 않다. 《고승전》(권4 346.3.7과 23)에 의하면 지효

룡은 倉垣에서의 개정 작업에 개인적으로 참여하고 있는 반면 지화상은 중산에 있으면서 사람을 보내어 필사본을 만들어 오게 하였다.

206) 3세기 말에서 4세기 초의 사이에 여러 인물이 中山王으로 임명되었다. 성장해 가던 흉노제국의 왕좌를 찬탈하여 劉淵 다음의 황제가 된 劉聰은 한 311년에 자신의 조카 劉曜를 중산왕으로 임명하였다(《진서》권102 2a). 323년에는 흉노 장군 劉岳이 이 직위를 받았지만(《진서》권103 8b), 1년 조금 지나서 그는 경쟁자인 다른 흉노 장군 石勒에게 패배하여 살해되었다(《진서》권103 10a. 이 전쟁에 대하여는 《고승전》권9 佛圖澄傳 大正藏50 384.1.28 이하, Wright의 번역 p.343 참조). 석륵이 劉氏 왕조를 몰아내고 後趙의 황제가 된 이후인 331년에는 그의 조카 石虎가 중산왕에 임명되었다(《진서》권105 7a). 그렇지만 이 세 사람은 도안이 언급한 중산왕에는 해당되기 힘들다. 석호는 불교 승려 불도징에 대한 (극진한) 태도로 유명하지만 도안이 이야기하고 있는 것과 같은 새로 번역된 경전에 대한 환영식이 그 경전의 등장으로부터 40여 년 후에 있었다고 보기 어렵다는 점에서 제외되다. 불도징은 311년 서륵에게 가기 이전에 이미 《방광경》이 널리 유행하고 있던 낙양에 머무르고 있었으며, 필사자들을 창원으로 보냈다는 사실은 번역이 바로 직전에 완료되었음을 보여주는 것이다. 유요의 경우 흉노 황실의 구성원 중 불교와 관련을 맺었던 사람은 아무도 없었다. 석륵과 싸우던 몇 달 동안만 중산왕의 직위를 가지고 있던 유악은 실제 중산에 머무르지는 못하였던 것으로 보인다.

207) 《진서》 권3 9b.
208) 《진서》 권4 2a.
209) 《출삼장기집》 권7 47.3.16.
210) 《출삼장기집》 권7 47.3.23에 의하면 축숙란은 竺法寂(다른 행적은 알려져 있지 않음)이라는 승려와 함께 개정 작업을 하였다. 《고승전》 권4 346.3.7에는 지효룡이 개정에 참여하였다고 한 반면 축법적에 대해서는 이야기하고 있지 않다(湯用彤, 『불교사』 p.166). 이것은 필사자의 잘못일 수 있지만 실제로 지효룡은 당시 창원에 머무르고 있었다. 지효룡의 전기(《출삼장기집》 권4 346.3.23)에 의하면 그는 《방광경》이 완성된 직후 10여 일간 그 내용을 연구한 후 그 내용을 설명할 수 있었다고 한다(주석 205번 참조).
211) 《고승전》 권7 47.3.16.
212) 《고승전》 권1 327.3.13. Bagchi, Canon, p.83 주석 2번 참조. 高座(=법의 해설자)라는 경칭은 이미 2세기 후반에 번역된 《中本起經》(下卷)에서 이미 이러한 의미로 사용되고 있다(T196 大正藏4, 157.3.7).
213) 3세기 중엽의 신비한 승려인 竺法蘭(중국인? p.49 참조)과 축법호가 가장 이른 시기의 사례이다. 嚴浮調(p.34 참조)나 축법호와 동시대 인물인 朱士行 같은 중국 승려들은 출가 이후에도 자신들의 본래의 성을 사용하였다.
214) 저자미상의 題記들(《출삼장기집》 권7 50.2.6, 권8 56.3.16, 권9 63.2.14) 및 지민도의 〈合首楞嚴經記〉(《출삼장기집》 권7 49.2.8).

215)《출삼장기집》권8 97.3.23;《고승전》권1 326.3.6.
216)《한서》권96上 1a;《삼국지》위지 권7 97a의《한서》(사실은《후한서》)를 인용하고 있는 謝承(3세기 전반)의 주석.
217)《삼장》권7 50.3.27, 권8 57.3.20, 권9 63.2.14;《고승전》권1 327.1.12.
218)《출삼장기집》권2 7.2.7-9.3.4;《출삼장기집》권8 98.1.2 (전기);《고승전》권1 326.3.13.
219)《역대삼보기》와 후대의 자료들에 언급되고 있는 이른바《(竺)法護(衆經)目錄》이 실재하였던 것인지 의심스럽다. 이 책은 전혀 인용되지 않고 있다.《출삼장기집》권9 63.2.11에서 '護公錄'을 언급하고 있기는 하지만《출삼장기집》에 제시된 축법호의 저술 중에는 이러한 종류의 책은 보이지 않는다. 이 '호공록'은 도안 혹은 승우 본인이 작성한 축법호의 번역 문헌 목록일 가능성이 있다.
220) 이에 대해서는 林屋友次郎, 앞의 책, p.296 이하 참조.
221) (1) 작자미상〈須眞天子經記〉266년, 장안,《출삼장기집》권8 48.2.22.
(2) 도안〈合方光光讚略解序〉286년 번역, 장안,《출삼장기집》권7 48.1.1 및 도안〈摩訶鉢羅若波羅蜜經抄序〉《출삼장기집》권8 52.2.8.
(3) 작자미상〈普曜經記〉308년, 장안《출삼장기집》권7 48.2.27.
(4) 작자미상〈賢劫經記〉300년, 장안?《출삼장기집》권7 48.3.2.
(5) 지민도〈合首楞嚴經記〉(《勇伏定經》의 題記를 인용) 291년 번역, 장안《출삼장기집》권7 49.1.22.
(6) 王僧孺(465-522)〈慧印三昧經及濟方等學二經序讚〉(《濟方等經》의 題記 인용) 연대미상, 酒泉?《출삼장기집》권7 50.3.27.
(7) 작자미상〈阿維越致遮經記〉284년, 돈황,《출삼장기집》권7 50.2.1.
(8) 작자미상〈魔逆經記〉289년, 낙양《출삼장기집》권7 50.2.6.
(9) 작자미상〈聖法印經後記〉294년, 주천《출삼장기집》권7 50.2.4 및 51.1.27.
(10) 작자미상〈文殊師利淨律經記〉289년, 낙양,《출삼장기집》권7 51.2.8.
(11) 작자미상〈正法華經記〉286년 번역, 장안; 288년 개정(元年이 아니라 九年이라는 湯用彤의 견해를 따름), 장안《출삼장기집》권8 56.3.16.
(12) 작자미상〈正法華經後記〉(290년 낙양에서의 이 경전의 필사 및 강의에 대하여 언급하고 있음)《출삼장기집》권8 56.3.25.
(13) 작자미상〈持心經記〉286년 장안《출삼장기집》권8 57.3.19.
(14) 작자미상(道安?)〈漸備經十住胡名幷書叙〉(《漸備一切智德經》의 題記 인용) 297년, 장안《출삼장기집》권9 62.2.5.
(15) 작자미상〈如來大哀經記〉291년, 장안《출삼장기집》권9 63.2.13.
(16) 작자미상《修行道行經》(T606 大正藏15) 권7의 題記(230.2) 284년 돈황.《출삼장기집》에는 없음. P. Demiéville의 번역(BEFEO XLIV, 1954, pp.348-349)이 있음. 그리고 주로 題記들에 의거하여 쓰여진《출삼장기집》권8 97.3.20과《고승전》권1 326.3.2에 수록된 초기의 전기들이 있다.
222)《출삼장기집》권8 98.1.3(=《고승전》권1 326.3.4). "經法所以廣流中華者 護之力也"

223) 《修行道行經》 권7의 題記 (주석 221번의 (16) 참조). 候는 이름의 일부가 아니라 직위를 가리키는 것으로 보인다. Demiéville의 글(BEFEO XLIV, 1954) p.348 주석 1번 참조.
224) 《출삼장기집》 권7 50.2.3 (주석 221번의 (7) 참조)
225) 《출삼장기집》 권7 48.1.2 및 권9 62.3.1의 도안의 글(주석 221번의 (2)와 (14)) 참조. 뒤의 글은 《출삼장기집》에는 '未詳作者'로 되어 있지만 내용으로 볼 때 도안의 글임을 알 수 있다.(湯用彤,『불교사』p.198 참조)
226) 《출삼장기집》 권7 51.2.8. (주석 221번의 (10) 참조)
227) 《출삼장기집》 권7 48.3.2. (주석 221번의 (4) 참조)
228) 주석 221번의 (7)과 (16) 참조.
229) 주석 221번의 (10)[289년 5월 14일], (8)[289년 12월 30일], (12)[290년 11월 3일] 참조.
230) 주석 221번의 (9) 참조.
231) 《고승전》 권4 347.3.5에 수록된 法乘의 전기 참조.
232) 승우의 《출삼장기집》 권3 18.3.3 이하에 수록되어 있는 도안의 〈涼土異經錄〉에 59종의 경전이 나열되어 있다. 승우 당시(6세기 초)에는 이들 중 오직 6종만이 전해지고 있었다. 林屋友次郎, 앞의 책, p.1038 이하 참조.
233) 주석 221번의 (3). 《普曜經》은 그 題記에서 축법호가 297년에 장안에서 번역한 《漸備一切智德經》의 題記(《출삼장기집》 권7 48.2.27; 주석 221번 (14) 참조)에 보이는 帛法巨를 축법호의 筆受로 언급하고 있는 것으로 볼 때 장안에서 번역된 것으로 생각된다.
234) 《고승전》 권10 388.1.25.
235) 法琳,《辯正論》 권3 (626) [T2110 大正藏52, 502.3.11].
236) 《고승전》 권9 382.2.18. 번역은 Wright, HJAS XI, 1948, p.337.
237) 《출삼장기집》 권7 48.1.19 및 권4 62.2.25의 도안의 글 (주석 221번의 (2) 및 (14)) 참조.
238) 《출삼장기집》 권2 9.3.5의 도안과 승우의 글 및 그의 전기(《출삼장기집》 권3 98.1.23 =《고승전》 권1 327.1.3)에 이야기되고 있다. 축법호의 보다 긴 원래의 번역본(《출삼장기집》 권2 8.3.15) 역시 2권으로 구성되어 있었다. 섭승원은 반복되는 문장을 줄이고 약간의 문체상의 수정을 더한 것으로 보인다. 그의 수정본이 전해지고 있다(T638 大正藏15).
239) 《고승전》 권1 327.1.1.
240) 林屋友次郎,, 앞의 책, pp.285-290 참조.
241) 인도인-竺力(장안), 征若(돈황); 쿠차인-帛元信(장안), 帛法巨(번역 내용을 중국어로 받아적는 筆受로 활약하였으므로 그가 외국인이라면 완전히 중국화된 인물이었음에 틀림없다); 월지인-支法寶(돈황); 우전(호탄)인-기타미트라(祇多羅); 소그드인-康殊(이 사람도 筆受로 활약).
242) Demiérville BEFEO XLIV, 1954, pp.348-349 및 앞의 주석 221번의 (16) 참조. 그 명단의 이름을 명확하게 구분하고 사람들의 숫자를 헤아릴 수 없지만, 湯用彤은 다음과 같이 구분하고 있다(『불교사』, p.158).'賢者 李應榮 承索烏子 剡遲

時 通武 支晉 支晉寶等 三十餘人…'

243) 《출삼장기집》 권8 56.3.21[주석 221번의 (11)] 그들이 시주자였음은 '共勸助歡喜'라는 표현으로 알 수 있다.
244) 《출삼장기집》 권8 98.1.11의 전기; 《고승전》 권4 347.2.25의 法乘의 전기.
245) 구마라집은 《법화경》과 다른 대승불교 경전들의 근본적 차이를 혜원에게 보낸 편지[《大乘大義章》(T1856 大正藏45) 권1 126.3.5 및 권2 133.2.19]에서 이야기하고 있다. 《반야경》과 《법화경》, 一乘의 교리의 관계에 대하여는 僧叡(혹은 慧叡)의 〈小品經序〉(《출삼장기집》 권9 54.3.22)와 〈法華經後序〉(같은 책, 57.2.24), 慧觀의 〈法華宗要〉(같은 책, 57.1.4)를 보라. 구마라집 및 그의 문하의 사람들은 -《대지도론》 권100(T1509 대정장25, 754.2.20)에서 '비밀스런 가르침(guhyadharma)'이라고 이야기한- 다른 경전들과 차이가 있고 때로는 대립하기까지 하는 《법화경》의 독특한 성격에 대하여 잘 알고 있었음이 분명하다.
246) 우리가 알고 있는 한 축법호 이전에는 역자미상의 불완전한 번역인 《薩曇芬陀利經》(1권 T265 大正藏9)만이 전해지고 있었다. 이 책은 축법호와 구마라집 번역본의 10-12품에 해당하며 현재의 산스크리트 텍스트 제11장(parivarta)에 해당한다. 삽입되어 있는 번역자의 해설로 볼 때 이 책은 후한 혹은 삼국시대의 번역으로 생각된다.
247) 주석 221번의 (11) 및 (12).
248) 闍那崛多가 번역한 《添品妙法蓮華經》의 서문(T264 大正藏9, 134.3) 참조.
249) 앞의 주석 229번 참조.
250) 《출삼장기집》 권8 57.1.1.
251) 도안은 祇多羅라고 하였고[《출삼장기집》 권7 48.1.2과 권9 62.3.1], 승우는 祇多蜜이라고 하였다[같은 책, 권2 12.1.19]. 후자는 실수로 그를 東晉시대의 번역가 중에 포함시켰다. 湯用彤, 『불교사』 p.159 참조.
252) 주석 221번의 (2) 참조.
253) 《출삼장기집》 권7 48.1.11.
254) 《출삼장기집》 권2 9.3.19-10.1.3.
255) 《출삼장기집》 권8 98.1.27.
256) 《역대삼보기》 권6(T2034 大正藏49) 66.3-68.1; 《개원석교록》 권2(T2154 大正藏55) 499.2.2 이하. Bagchi, *Canon*, pp.136-147 참조.
257) 《출삼장기집》 권4 30.2.26[=《衆經目錄》(法經等撰, T2146 大正藏55) 권1 121.2.12; 《衆經目錄》(彦悰撰, T2147 대정장55) 권1 153.1.4; 《衆經目錄》(靜泰撰) T2148 大正藏55) 권1 184.3.8; 《大唐內典錄》(T2149 대정장55) 권9 319.3.18].
258) 支疆梁接에 대해서는 《역대삼보기》 권556.3, 《대당내전록》 권2 227.1.23, 《고금역경도기》 권1 352.2.23, 《개원석교록》 권2 491.2.24, 《貞元新定釋敎目錄》 권3 788.3.22 및 小野玄妙, 앞의 책, 7권 p.47 등을 참조. 《고금역경도기》와 《개원석교록》에 의하면 그의 《법화삼매경》은 (僞作인) 주사행의 목록과 5세기 초에 쓴 道祖가 편찬한 《魏世錄》에 수록되어 있었다. 그의 이름의 轉寫는 명확하지 않은

데, (正)無爲로 번역된다. Bagchi는 원래의 이름을 Kālaśiva로 추정하였는데 (Canon, p.308), 처음 두 음절은 kāla의 鼻音化된 남쪽지방의 轉寫로서, 비슷한 사례를 5세기 초의 번역가 畺良[疆梁]耶舍(時稱, 《고승전》 권3 343.3.11; 《대당내전록》 권4 260.1.15)의 이름에서 볼 수 있다. S. Lévi는 疆梁婁至(眞喜로 번역)에서 같은 음절이 眞으로 번역된 것을 지적하면서 해당 부분을 Kalyāna-로 읽을 것을 제안하였다(J.As. 1934, p.16). 疆梁婁至에 대해서는 《역대삼보기》 권4 65.1; 《대당내전록》 권2 236.1.8, 과 243.2.6; 《고금역경도기》 권2 354.1.26; 《개원석교록》 권2 497.2.18; 《정원신정석교목록》 권4 794.3.6; Pelliot, "La théorie des Quatre Fils du ciel", TP XXII (1923), pp.97-126 특히 p.100 이하; Bagchi, Canon pp.114-116; S. Lévi, 위의 글; 小野玄妙, 앞의 책, 7권 p.58 등을 참조. 支疆梁接과 疆梁婁至는 같은 인도 이름의 전사로서, 불교 전사에 잘 사용되지 않는 接은 婁(妻로 쓰임)를 잘못 쓴 것일 수 있다. 하지만 Bagchi가 이야기하고 있는 것처럼 이들 중 한 사람만이 支라는 민족 성씨를 가지고 있으며 이름의 번역도 전혀 다르다.
259) 〈牟子〉(1상 p.13 이하 참조)와 위작이 명백한 '조조의 편지'(p.50 참고)는 예외이다.
260) 《홍명집》 권7 81.2.7.
261) 원문은 蕃王으로 '분봉된 황제의 친척' 혹은 '변경 지역의 통치자'를 의미하는데, 여기에서는 석륵, 석호, 부견 등과 같은 비한족 통치자들을 가리키는 것으로 생각된다.
262) 《홍명집》 권7 76.3.23.
263) 帛遠의 전기는 《출삼장기집》 권15 107.1.24 및 《고승전》 권1 327.1.12. 帛法祚의 전기는 《고승전》 권1 327.2.29. 백원과 王浮의 토론, 백법조 및 衛士度의 생애에 대하여 서술하고 있는 고려대장경본 《출삼장기집》의 후반부는 《고승전》의 내용을 옮긴 것이다. 틀림없이 원래의 모습을 반영하는 것으로 생각되는 다른 본들에는 백원의 墓塔 건립 및 그의 번역에 대해 이야기하는 약간의 문장만 수록되어 있다. 아래의 6장의 주석 33번 참조.
264) 《출삼장기집》 권15 107.2.3 = 《고승전》 권1 327.1.18.
265) 《출삼장기집》 권7 48.2.1. (주석 221번의 (3) 참조)
266) 《출삼장기집》 권7 49.1.24의 지민도의 글; 《출삼장기집》 권8 97.2.23 = 《고승전》 권1 325.1.19.
267) 《출삼장기집》 권15 107의 교감주 37번 (내용 중에 音楞嚴이라고 한 것은 首楞嚴의 잘못이다); 《고승전》 권1 327.2.28.
268) 《출삼장기집》 권15 107.2.5 = 《고승전》 권1 327.1.20.
269) 《출삼장기집》에는 俊又其盛으로 옳게 쓰여져 있지만 고려대장경본 《고승전》에는 '後又…', 다른 판본의 《고승전》에는 '俊又…'로 되어 있다.
270) 주석 268번과 같음.
271) 《출삼장기집》 권15 107.2.9; 《고승전》 권1 327.2.6.
272) 《고승전》 권1 327.3.4. 《출삼장기집》에는 그의 이름을 일관되게 法作으로 적고

있지만, 그의 형의 법명에 袓(부수 示)가 쓰이는 것을 고려할 때 祚가 맞다고 생각된다. 그의 이름을 法祚로 잘못 읽은 Maspero는 백원의 동생이 불도징의 전기에 그의 제자 중 한 사람으로 한 차례 나오는 法祚와 같은 사람이라고 하였다 (BEFEO X p.224 주석 3번). 그러나 이 승려는 백원의 동생과 같은 인물이 될 수 없다. 그는 백원의 동생이 살해된 때로부터 40년 이상 지난 뒤인 불도징의 입적(349년 1월 13일) 며칠 전에 등장하고 있다.

273) 《고승전》 권1 327.3.5; 法經의 《중경목록》 권6(T2146 대정장55, 148.2.12).
274) 《고승전》 권4 347.3.14.
275) 《고승전》 권4 348.1.12.
276) 《위서》 권114 6b; 번역은 Ware, p.141(여기에서는 유원진과 여백강의 이름을 엉뚱하게 설명하고 있다. "즉 Jack Robinson과 John Doe")와 Hurvitz, p.67 참조.
277) 《출삼장기집》 권7 51.2.13; 앞의 주석 221번의 (10) 참조.
278) 《출삼장기집》 권2 10.1.19; 《고승전》 권1 327.3.7.
279) 축숙란의 전기는 《출삼장기집》 권8 98.2.3에 수록되어 있고, 《고승전》 권4 346.3.1의 전기는 덜 자세하다. 그의 인도식 이름의 원형은 알려져 있지 않으며, Śuklaratna(Bagchi, Canon, p.121, 주석 1번) 혹은 Saṅgharakṣa(Matsumoto, Prajñāpāramitā-Literature, p.23)라는 재구성은 그다지 설득력이 없다. 《출삼장기집》에는 축숙란의 할아버지와 아버지, 삼촌들에 대하여 자세하게 이야기하고 있는데, 이 이야기의 다양한 요소들은 축숙란이 잠시 동안 죽은 상태였을 때 지옥에 내려갔다는 명백히 전설적인 이야기와 유기적으로 잘 연결되고 있다. 축숙란의 전기에도 자세하게 이야기되고 있는 이 주제는 중국 불교의 성인전설의 일반적인 주제이다. 승우는 《명상기》와 같은 교훈적 이야기 모음집으로부터 이 이야기를 따온 것으로 생각된다. 이 이야기가 후대의 것임은 축숙란의 아버지의 이름인 Dharmśiras에 대하여 '齊나라 말로는 法首(齊言法首)'라고 이야기하고 있는 것에서 드러나고 있다. 齊는 479년부터 501년 사이에 존재한 왕조이다. 《출삼장기집》의 다른 전기들에서는 해당 내용이 일반적으로 '여기에서는 ⋯라고 한다(此云⋯)'라고 표현되고 있다.
280) 樂廣의 전기는 《진서》 권43 12a-13b 참조.
281) 《출삼장기집》 권8 98.2.19.
282) 《출삼장기집》 권2 9.3.12. 축숙란이 번역한 《수능엄삼매경》은 도안의 목록에는 수록되어 있지 않다. 이 책을 축숙란의 번역으로 이야기한 것은 지민도의 목록(4세기 전반)이 처음인 것으로 생각된다. 지민도는 〈합수능엄경기〉(《출삼장기집》 권7 49.2.8)에서도 이에 대해 언급하고 있다.
283) 《고승전》 권4 346.3.13. '少以風姿見重 加復神彩卓犖 高論適時'
284) 《진서》 권49 3a-4a에 전기가 수록되어 있다.
285) 《진서》 권50 41-5a에 전기가 수록되어 있다.
286) 《진서》 권49 14b-15a.

제 3 장

건강建康과 동남지역의 불교
(약 320-420년)

I. 역사적 배경

'영가永嘉의 난亂'과 남쪽으로의 대이동(304-317년) [p.81]

   사마씨 황자들 사이의 권력 다툼은 북부와 중부 지역에 정치적 공백과 그로 인한 총체적 혼란과 고통을 가져왔다. 사회의 내부 깊숙이에서 움직이고 있던 화산활동의 징후들은 진晉 왕조의 마지막 몰락을 가져오는 듯했다. 하지만 4세기 초에 새로운 세력의 등장으로 이러한 '정상적'인 사건의 흐름이 중단되었다. 당시 중국 본토의 북부와 북서부에 들어와 정착하고 있던 이주민 부족들의 침입이 그것이었다. 그들은 2세기 이상의 점진적 이주를 통하여 해당 지역 인구의 상당 부분을 차지하고 있었다. 역대 왕조의 통치자들에 의해 허용되거나 때로는 권장되었던 중국 본토로의 이주는 특히 현재의 산서성과 장안 지역에 집중되어 있었다. 299년의 문서에 의하면 장안 지역에 정착한 외국인들의 숫자가 50만에 달하였는데, 이것은 전체 인구의 절반에 해당하였다.[1]

이러한 방식으로 중국 영토에 정착한 다양한 종족집단들 중에서 흉노가 가장 중요하고 위험하였다. 흉노는 오르도스 지역에서 산서성 남부까지 들어와 있었고, 본래 흉노족의 중앙아시아지역 분파였던 갈羯족은 산서성 동남부에 집중되어 있었다. 몽골계 선비鮮卑족의 두 집단은 동북쪽(요녕성 지역)과 서북쪽(감숙성)을 경유하여 들어왔고, 롭 노르 지역과 감숙성 서부지역에 살고 있던 티베트계의 저氐족과 강羌족은 서쪽에서 들어와 감숙성 동부와 섬서, 사천성 등지에 다수가 거주하고 있었다.

이들 이주민 집단이 현지의 중국인들과 어떻게 지내고 있었는지, 또한 그들이 어느 정도 새로운 환경에 적응하고 있었는지는 잘 알려져 있지 않다. 그렇지만 그들이 압도적으로 농경 국가인 중국에서 자신들의 고유한 유목이나 목축 생활을 지속할 수 있었다고는 생각하기 힘들다. 다수의 변경지역 사람들은 이미 중국으로 이주하기 이전부터 상당한 정도로 중국화되었던 것으로 생각된다. 중국에 들어온 이후 그들은 소수의 피지배민이 되었다. 일부 자료들에는 빈궁한 외국인으로서 중국인 대중들에 무시되며 살고 있는 그들의 모습이 나타나고 있다. 현지의 고관들 역시 그들을 병사나 노동자로 징발하여 가혹하게 일을 시켰고, 때로는 그들을 노예로 팔아 부를 축적하기도 하였다. 그런데 이러한 환경에서도 중국에 정착한 많은 이민족 집단들이 자신들의 고유한 부족 조직을 보존하고 있었다는 것은 대단히 중요하였다. 북중국에서 마침내 최초의 독립국가를 세웠던 흉노와 갈족은 자신들의 토착적 제도를 유지하고 있었다. 《진서晋書》 권97에서는 흉노 이주민 집단 중의 '자신들의 고유한 정착지를 가지고 다른 부족과 섞이지 않고 있던' 19개 부락을 열거하고 있는데, 각 부락은 모든 지도적 지위를 세습하고 있던 귀족 가문에 의해 통치되고 있었다.2)

[p.83]

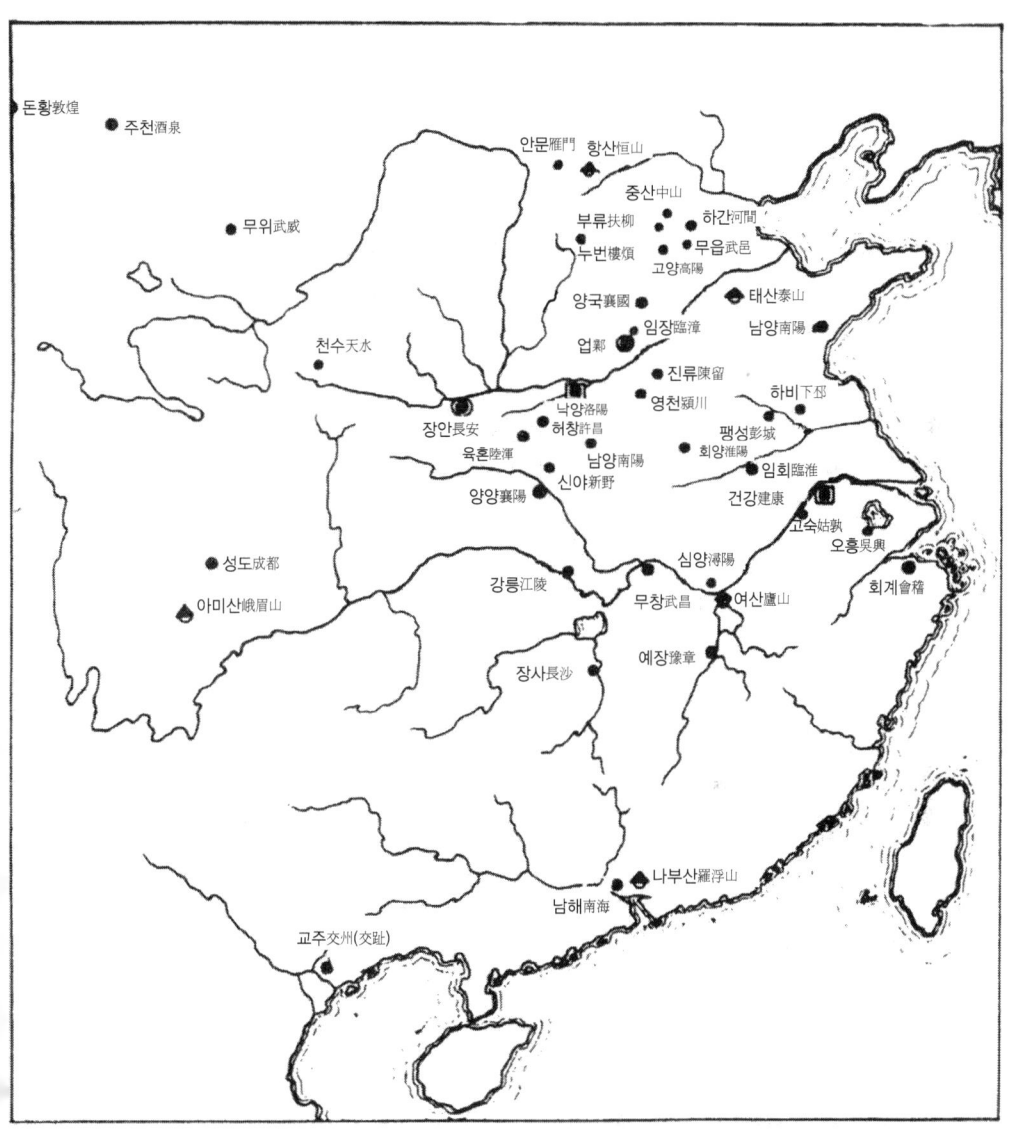

〈지도 4. 1세기 중반부터 4세기 말까지의 불교〉

이러한 성격 때문에 그들이 쉽게 국가의 대단히 위험한 요소가 될 수 있다는 것은 명백하였다. 능력있는 지도자가 다른 집단들을 – 굳이 같은 종족이 아니더라도 – 자신의 지휘하에 통합한 후 기존의 부족적 제도들을 중국의 정치기구와 결합시키는 순간, 기존의 이민족 거주지들은 무서운 군사조직의 근거지로 변화될 수 있었다. 3세기의 마지막 십여 년 사이에 실제로 이러한 일이 일어났다. 완전히 중국화된 흉노 귀족 유연劉淵은 산서성에 정착하고 있던 흉노족 다섯 부락의 지배자가 되었고, 이 지위는 중앙정부에 의해 공인되었다. 그 이전에 유연은 시종(사실상의 인질)으로 낙양의 궁궐에서 근무했었는데, 거기에서 그는 약간의 능력있는 친구들을 사귀었다. 그들 중 한 사람인 왕미王彌는 후일 유연의 장군이 되어 북중국 정벌에 중요한 역할을 하였다. 혼란과 위험의 시기에 유연은 자신에게 피난 온 다수의 중국인 전문가들과 사족 변절자들의 도움을 받아 흉노 국가의 재건을 이룰 수 있었다.

흉노족들에게 민족의식은 대단히 강하였다. 기원전 2세기의 유명한 군주였던 모둔冒頓의 제국을 회복하려는 다양한 민족주의적 운동이 계속되었고, 유연 역시 그의 후손을 자처하였다.[3] 그런데 3세기말 중국 제국의 정치적 분열은 그보다 더 넓은 목표를 제시하였다. 유연은 한제국의 복원을 주창하면서, 흉노의 지배층을 한나라 황실과 결합시켰던 과거의 결혼관계에 대한 언급으로 이를 정당화하였다.

중국 영토 내의 흉노군대가 사마씨 황자들의 내전을 통하여 중국의 군사기술과 전략에 정통하게 되었다는 것도 중요한 점이었다. 사마씨 황자들은 상대방을 공격하기 위하여 유연의 도움을 요청하였고, 때로는 이민족 용병과 노예들로 자신들의 군대를 보강하였다. 유연과 그의 군대가 (주로 선비족과 오환족으로 구성되어 있던) 사마등司馬騰의 군대를 물리쳤던 304년의 전투 등을 통하여 흉노의 군대는 공격력을 높일 수 있었을 뿐 아니라 중국 정부의 극도의 허약함과 불안정성을 알 수 있게 되었다.

그렇지만 가장 중요한 사실은 흉노족들이 정복 전쟁 마지막 단계에서 당시 제국의 여러 지역에서 잇달아 일어나고 있던 농민 반란과 같은 중국 내부의 혁명적 운동들을 잘 활용하였다는 것이다. 그러한 운동들은 비록 대단히 격렬하게 여러 지역으로 퍼져나갔지만 적절한 지도력과 조직의 부재로 인하여 대부분 순간적인 발작에 머무르고 말았다. 여러 해 동안의 준비를 통하여 강고하게 조직된 군사력을 이용한 흉노족의 군사행동과 달리, 그러한 운동들은 지방 대중들의 자발적 폭동으로서 무법자나 '주술사' 혹은 폭발된 에너지를 다른 방향으로 돌리거나 자신들의 목적에 활용하려는 모험적인 지방 관료들에 의해 주도되었다. 유연과 마찬가지로 당시의 선동자들 중 일부는 '한왕조의 복원'을 주장하였다.4) 흉노와 그 연합세력들이 304년에 시작한 대규모 공격에서 그와 같은 운동들을 이용하고 자극하였음은 분명하다. 306년에 유연의 오랜 친구이자 동료였던 왕미가 산동에서 시작되어 하북과 하남으로 급속하게 확산된 대규모 혁명을 일으킨 것은 우연이 아니었다. 왕미는 307년에 공식적으로 자신의 군대와 유연의 군대를 통합하였는데, 그 이전부터 그가 유연의 지원을 받고 있었음에 틀림없다. 같은 해(307년)에 갈족의 족장 석륵石勒과 중국 장군 급상汲桑이 지휘하는 중국인과 이민족의 혼성 반란군이 산동과 하남에서 봉기하였으며, 두 지휘자는 곧 유연에게 합류하였다. [p.84]

그 이후 중국의 역사가들이 일반적으로 '영가의 난(永嘉之亂, 307-312)'이라고 부르는 북중국 대부분 지역의 정복과 서진의 멸망으로 이어지는 수많은 사건들이 일어나게 되는데, 그 개략적인 경과를 살펴보면 다음과 같다. 310년에 유연이 죽고 그의 동생 유총(劉聰, 재위 310-318) – 중국 역사상의 아틸라*라고 할 수 있다 – 이 정복전쟁을 계속 진행하였다. 311년에 흉노는 낙양을 함락시키고 대규모 살육을 자행하였다. 기근이 중원지역을 황폐화시켰다. 장안은 두 차례(311년, 316년) 함락되어 황폐화되었다. 서진의 마지막 황제는 포로가 되었다가 얼마 후 살해되었다.

낙양의 함락(311년)은 진나라의 저항을 확실하게 무너뜨렸다. 네 개의 흉노 부대가 도시를 포위하기 직전에 수도의 사족들 – 관료 및 궁정 신료들 – 중 '80에서 90퍼센트'가 달아났으며, 그들 대부분은 남부 지역을 향하였다. 같은 해 장안이 함락되면서 왕조의 운명은 끝나게 되었다. 장안지역은 완전히 황폐화되어 도시 전체에 불과 수백 호의 사람들만 남아 생활하게 되었다. 수도와 제국의 멸망 소식은 중국 전역에 퍼졌고, 중앙아시아의 무역 거점들에까지 그 영향이 나타났다. 소그드 상인 나나이 반닥Nanai Vandak이 313년 6/7월에 사마르칸드에 있는 자신의 고용주에게 보낸 편지에는 당시의 공포와 혼란이 잘 나타나고 있다.

"…그리고, 주인님, 마지막 황제 – 그들이 그렇게 부르는 – 는 기근 때문에 사락(SaraY, 낙양)에서 달아났습니다. 그리고 그의 굳건한 거처는 불타버리고 도시는 (파괴되었습니다.) 이제 사락은 더 이상 존재하지 않고, 나가프[(ə)Ngap(a), 업鄴]도 더 이상 존재하지 않습니다! (그들은) 니님(N'yn'ymh)에서 나가프에 이르는 지역을 모두 약탈하였습니다. 어제까지 황제에 예속되어 있던 이 흉노족들이! … 그리고, 주인님, 제가 만일 중국이 겪고 있는 어려움을 모두 다 쓴다면 (그리고 이야기한다면) 대단히 근심과 걱정스러운 내용뿐이어서 아무런 도움도 되지 않을 것입니다…"5)

• 5세기 전반 동유럽 지역을 침략하였던 훈족의 통치자–역자

유충의 후계자인 유요劉曜는 319년에 수도를 장안으로 옮겨 한제국의 역대 황제들의 고대 수도에 중앙정부를 수립함으로써 유연의 목표를 완성하였다. 그리고 나서 그는 왕조의 이름을 한에서 조趙로 바꾸었다. 이러한 상징적 행동은 '상서로운' 것으로 여겨졌지만, 서쪽으로의 수도 이동은 석륵에게 동쪽에서 자신의 지위를 강화할 수 있는 기회를 준 것이었고, 결국 10년 후 흉노제국 멸망의 간접적 원인이 되었다.

조나라는 후에 북중국에서 그 후계자가 된 다른 '이민족' 제국들과 마찬가지로 국가구조를 쉽게 분열시킬 수 있는 내부적 갈등 요소를 가지고 있었다. 흉노의 귀족적 정치형태 – 본질적으로 지배씨족의 가족 문제라고 할 수 있다 – 를 관료조직을 갖춘 통치체제로 바꿔야 할 필요성, 흉노 지배층과 그들의 지휘를 받는 다른 이민족 지배층과의 경쟁 관계, 정부 운영의 모든 분야에서 활용해야 하는 동시에 그 권력과 영향력을 제한해야만 하는 중국 사족들에 대한 지배자의 애매한 관계 설정 등이었다. 그 결과 북중국 최초의 이민족 제국은 단명으로 그치고 말았다. 제국이 존속하였던 몇 십 년 동안 권력을 유지하기 위하여 전적으로 군사적 전제주의와 폭력에 의존해야만 하였던 매우 불안정한 국가였다. [p.85]

319년에 이미 걸족의 장군 석륵은 북서쪽에서 양국(襄國, 현재의 하북성 남부 형대邢臺 근처)에 수도를 둔 경쟁 국가를 수립하고 있었다. 그는 유요와의 전쟁을 시작한 지 10년 만인 329년에 '전조前趙'를 멸망시키고 제국을 칭하였다. 이 석씨의 '후조(後趙, 329-350)' 왕조, 특히 석륵의 후계자 석호(石虎, 333-349)가 지배하던 시기는 중국의 연대기들에 엄청난 폭력의 시대로 알려져 있다. 이 왕조는 350년에 극적으로 멸망하였다. 석호의 중국계 수양손자가 지휘한 중국 반란군은 이전에 없던 종족적 증오 속에 석씨 일족은 물론 그들이 생포한 걸족을 완전히 몰살시켰다.

'동진東晉'의 수립과 문벌 가문들

북쪽이 정복되던 시기에 양자강 하류지역 - 옛 오나라의 영토 - 은 한 세기 전 후한말의 혼란기 때와 마찬가지로 이주 사족들의 피난처가 되었다(p.36 참조). 낭야왕琅琊王 사마예司馬睿는 안동장군安東將軍이자 양주와 강남의 군사적 지휘관으로서 손권의 옛 수도인 건업(建業, 현재의 남경 근처)에 주재하고 있었다. 북쪽으로부터의 대이주는 310년경에 시작되었으며, 311년의 낙양 함락은 수많은 피난민들을 남쪽으로 향하게 하였다. 그들은 남쪽의 평화로운 환경 속에서 건업에 새로운 정부 조직의 토대를 구축하였다. 북쪽의 흉노 지배자들은 아직 많은 전쟁과 새로 차지한 영토의 안정화에 몰두하고 있었고, 양자강이라는 거대한 장벽은 남쪽의 군사적 약점을 보완해주었다.

새로운 수도(이제 건강建康으로 이름이 바뀜)의 중심인물은 자타가 공인하는 망명 사족의 지도자이자 정부의 실질적 조직자였던 낭야 왕씨 집안의 왕도(王導, 276-339)였다.6) 그는 곧 전제 권력을 행사하게 되었다. 그는 310-317년 사이에 피난자들로부터 가장 뛰어난 인재들을 모으는 한편 토착 사족 지도자들7) - 그들은 오나라 고관의 후손인 남쪽 명문 집안 구성원들로 처음에는 자신들의 특권을 빼앗는 위협세력인 새로운 이주자들에 대해 적대적 태도를 취하였다 - 의 협력을 얻어 새로운 정권의 기반을 닦았다.

318년에 사마예는 황제의 지위에 올랐다(원제元帝, 재위 318-322). 남쪽에서 진왕조의 복원은 사실상 - '공식적'이지는 않지만 - 남북조시대의 시작을 의미하였다. 매우 급하게 관료조직의 구성이 완료되었다. 318년에 20만 명의 관료들이 임명되었다.8)

동진(317-420) 시기 내내 문벌 가문들이 최고 권력층으로 군림하였다. 3세기의 마지막 수십 년 동안에 끊임없이 다투고 있던 사마씨의

힘은 완전히 위축되었고, 정부는 끝없는 권력 투쟁 속에서 서로 밀어
내고, 싸우고, 대체하던 몇몇 문벌 가문의 지도자들에 의해 운영되는 [p.86]
일종의 과두지배체제가 되었다. 황제는 순전히 명목상의 권위만을 행
사하였다. 동진의 15명의 황제 중에서 6명만이 6년 이상 재위하였으
며, 그들 대부분은 당시의 주도 정파에 의해 황제의 자리에 올랐을
때 아직 어린아이였다. 수도 바깥의 변경 지역에서의 사마씨 영향력
은 더욱 보잘것없었다. '군사적 지휘관' - 가장 중요하고 선망되는 자리
였다 - 의 자격을 가진 지방의 장군들이 해당 지역의 왕王으로 책봉된
황제의 가까운 친척들을 압도하면서 제국의 대부분 지역을 장악하고
있었다. 책봉된 왕들 중에서 오직 한 사람[사마도자司馬道子, 아래 내용
참조]만이 동진의 정치사에서 중요한 역할을 수행하였다.

   4세기에서 5세기 초의 역사는 몇 개의 분명하게 구분되는 시기들
로 나눠지는데, 각각의 시기는 특정 가문의 지배로 특징 지워지고
있다.

주도가문	황제
I. 약 310-325 왕王씨 지배기	원제元帝 307(317)-323
[왕도王導, 왕돈王敦]	명제明帝 323-326
약 325-345 유庾씨 지배기	성제成帝 326-343
[유량庾亮, 유빙庾氷, 유익庾翼]	강제康帝 343-345
345/346 하충何充이 유씨의 권력을 깨뜨리고 환桓씨와 저褚씨를 지원함	목제穆帝 345-366

II. 346-373 환씨의 지배기 　　　　　사마혁司馬奕 366-371(폐위)
　　　[환온桓溫] 　　　　　　　　　간문제簡文帝 371-373
　　373-385 사謝씨의 지배기　　　　효무제孝武帝 373-397
　　　[사안謝安]
　　385-403 사마도자司馬道子파와　　안제安帝 397-403
　　　환현桓玄파의 대립

III. [막간극 : 403/404 환현에 의한 제위찬탈과 새 왕조 수립의 실패.
　　유유劉裕가 환씨를 추방하고 진왕조를 회복함]
　　404-420 유씨의 지배기　　　　　안제安帝(복위) 404-419
　　　[유유劉裕]　　　　　　　　　공제恭帝 419-420
[420년, 유유가 공제를 폐위시키고 유劉씨의 송宋왕조(420-479)를 세움]

이 연대표는 이 시기의 정치사에만 해당하는 것은 아니다. 앞으로 살펴보게 될 사족 불교, 특히 수도와 그 동쪽 지역 사족 불교의 초기 역사는 지배 가문의 흥망성쇠와 긴밀하게 연결되어 있었다. 따라서 이 연대표에 따라 동남부 지역의 불교에 대하여 서술하고자 한다. 그렇지만 그에 대한 서술에 앞서서 사족 불교의 발전과 가장 밀접하게 관련되어 있는 4세기 사족 문화의 여러 측면들에 대하여 간략하게 살펴볼 필요가 있을 것이다.

명교名敎와 현학玄學

두 가지의 사상 조류가 중국 중세 교양계급의 지적 생활에 주도적 역할을 하였다. 하나는 정부의 실제적 문제와 밀접하게 관련된 것으로써 사회적 의무, 예절, 법률, 인물평론 등을 중시하였다(인물평론은 [p.87] 각 개인들에게 '배당될[分]' 임무를 효율적으로 나누어 줌으로써 '이름[名]'과 '실체[實]'를 조화시키기 위하여 개인들의 능력을 명확하게 하려는 것이었다). 이와 같이 유가와 법가 양측의 개념과 원칙을 혼합한 것을 일반적으로 명교名教 – 명분의 가르침 – 라고 일컬었다. 이것은 중국 중세철학 중의 보다 보수적이고 현실주의적인 경향을 대표하였다.

두 번째 사상 조류는 존재론적 문제에 대한 깊은 관심으로 특징지어진다. 이것은 변화하는 세계의 바탕이 되는 영원한 기반, 즉 모든 '존재'들 – 모든 시간적, 공간적으로 제한된 현상, 모든 '이름 붙일 수 있는' 것, 모든 운동과 변화와 차이들 – 을 만들고, 드러내고, 유지시켜 주는 무한하고, 이름 붙일 수 없고, 움직임이 없고, 변화하지 않으며, 차이가 없는, 그래서 '존재하지 않음'이라고밖에 표현될 수 없는 기본 원칙을 추구하는 것이었다. 여기에서의 근본 문제는 '근원적인 없음[本無]'과 '구체적인 있음[末有]'의 관계 즉 '본질[體]'과 '작용[用]'으로 표현되는 관계이다. 이것은 '있음'과 '없음'이 비록 다르다 하더라도 서로 배타적으로 대립되는 짝이 아님을 의미한다. 이 학파의 근본 문헌 중 하나인 《도덕경》의 표현에 의하면 '그들은 함께 생겨났지만 이름이 다른 것[同出而異名]'(《도덕경》 1장)이며, 이러한 결합은 '심오한 것 중의 심오한 것으로서 모든 오묘함의 통로[玄之又玄 衆妙之門]'(같은 책)이다. 이러한 사상은 보통 현학玄學 – 심오함에 대한 학문 혹은 어두움에 대한 가르침 – 으로 불린다. 이것은 중국 중세철학 중의 보다 추상적이고 탈속적이며 이상적인 경향을 대표한다.

명교와 현학을 단순히 두 개의 대립하는 학파로 생각해서는 안 된다. 많은 경우에 있어 두 가지 경향은 동시에 존재하면서 하나가 다른 하나의 형이상학적 보충물로 작용하였다. 때때로 현학의 존재론적 가르침은 근본적 진리 곧 '본질[體]'로 해석되었고, 명교의 세속적 가르침은 일시적인 현상 곧 '작용[用]'으로 해석되었다.9) 이러한 이중적 진리의 개념은 대승불교의 세속제(saṃvṛti)와 승의제(paramārthasatya)라는 개념의 전조가 되는 것이었다. 마지막으로 중세 초기철학을 가장 포괄적이고 분명하게 표현하고 있는 향수向秀(혹은 곽상郭象)의《장자》주석에서는 명교와 현학이 완전하게 조화, 융합되어 나타나고 있다.

현학을 도교 철학의 재생품으로 간주하는 경향이 있지만, 현학은 도사나 은둔자, 동굴에 거주하는 신비주의자들이 아니라 정치인이나 국가 관료와 같은 지식인들에 의해 지식인들을 대상으로 하여 만들어졌다는 사실을 특별히 명심할 필요가 있다.10) 불사를 추구하고 극단적인 반의례주의를 펼쳤던 도교의 정신에 대단히 가까운 혜강(嵇康, 223-262)과 같은 사상가는 현학의 영역에 잘 부합되지 않으며, 당시의 가장 뛰어난 도교 사상가인 갈홍(葛洪, 약 250-330)은 분명히 현학과 청담에 대립하는 입장이었다.11)

정시正始시대(240-249년)

현학의 첫 번째 발전단계는 3세기 전반에 활동하였던 종회(鍾會, 225-264), 하안(何晏, ?-249), 왕필(王弼, 226-249)과 같은 지식인들의 이름과 연결되어 있다.12) 그들의 사상적 출발점은 중국철학 일반의 출발점으로써, 지혜와 초자연적인 통찰력을 가지고 우주적 원리에 순응함으로써 스스로 개입하거나 인위적인 노력을 하지 않고도 세상의 모든 일들이 저절로 순조롭게 운영되게 할 수 있는 성인 군주에 대한 것이었다. 이러한 성인 군주에 대해 구체적으로 묘사하고 있는 것은 고대 점술서인《역경》으로, 여기에는 다양한 상황을 상징하는 64괘卦를 비롯하여 각 괘와 그것을 구성하는 효爻에 대한 비밀스런 설명, 그리고 추가적 설명 등이 수록되어 있었다. 3세기 전반에는 《역경》에 대한 연구가 크게 성행하였다.

스콜라적 체계화가 광범위하게 성행하였던 앞 시기의 한대 유교에서는 우주론적 사고에 입각하여 '하늘(즉 운명의 흐름)을 예견하고, 하늘은 (그가 예견한 것으로부터) 벗어나지 않으며' 또한 '하늘의 조화를 공경하며 따르는'13) 성인군주의 개념을 도입한 《역경》의 해석이 성행하였다. 자연의 흐름과 성인군주의 위치는 음양과 5행의 상호작용이라는 용어로 이야기되고 설명되었다. 3세기에 들어와서 경전의 근본적 의미 혹은 원리[理]를 이해하려는 새로운 해석 방식이 점차 한대의 스콜라적 해석을 대신하였고, 그에 따라 앞의 내용들도 새로운 의미를 갖게 되었다. 성인군주는 모든 발전('변화')의 본질에 대한 통찰력으로 세계를 인도한다고 생각되었으므로, (성인으로 하여금 모든 사건의 흐름을 예견할 수 있게 하는) 이러한 근본 원리를 모든 변화와 차별화의 바탕에 있는 변함없는 일자—者 혹은 모든 운동의 원천이 되는 고요함으로 정의하는 새로운 시도들이 등장하였다. 그 결과 현학에서는 《역경》의 성인군주에 대한 새로운 이해 방식이 자연스럽게 본체론적 문제로 변화되어 갔다. 물론 본체론과 정치 철학의 관련성이 완전히 단절되지는 않았다.

그와 같은 영원한 기체基體의 개념은 《역경》 자체에, 즉 〈계사전〉의 다음과 같은 문장에 이미 나타나고 있다.

"변화[易]에는 커다란 궁극적 존재[太極]가 있으며 그것이 두 가지 형태[陰陽]를 만든다"14)

한대에는 이 태극이 모든 존재가 형성되기 이전에 존재하는 형태가 없는 '원초적 기운[元氣]'으로 해석되어 본래의 혼돈 상태의 통일성과 이후의 차별화 사이에 시간적 관계를 상정하였다. 하지만 새로운 해석에서는 이러한 시간적 관계를 논리적 관계로 변화시켰다. 이제 태극은 마치 하나(숫자 1)가 모든 다른 숫자들에 항상 나타나는 것처럼 모든 변화하는 세계에 드러나는 영원한 기체基體가 되었다.15)

3세기 전반의 다양한 고대 철학학파들의 부흥은 서로 다른 학파의 요소들의 혼합과 결합이라는 일반적인 경향으로 이어졌다. 유교의 국가이론과 부흥한 법가이론이 혼합하여 명교가 되었고, 이 시기의 《역경》 주석서들에는 고대 도교의 철학자들 특히 노자와 장자의 저술에서 논거를 찾는 경향이 등장하였다. 그리고 '실체'-'기능'('단일체'-'다양성', '정지'-'움직임')의 개념이 전혀 다른 사상 분야에서 비롯된 또 다른 상대 개념 즉 고대 도교의 '없음[無]'과 '있음[有]'의 개념과 동일시되면서 마지막 단계로 나아갔다. 이와 같은 《역경》 사상과 (철저하게 재해석된) 일부 도교 철학 요소들의 융합이 현학의 특성이었다. '유'

[p.89] 와 '무'는 현학 이론의 가장 기본적 용어가 되었다. 실제로 당시의 문헌들에서는 현학 전문가들의 주된 관심사에 대하여 '유와 무에 대한 담론', '공과 무에 대한 담론' 등으로 풍자하고 있다. 역사가들에게도 유와 무는 하안과 왕필 사상의 가장 핵심적 내용으로 간주되었다.

"그들은 하늘과 땅 및 모든 존재들의 근저에 '무'가 있다는 이론을 수립하였다. 이 '무'는 – 그들의 생각에 의하면 – '모든 존재를 만들어 내고 임무을 완수하며'16) 어느 곳에나 존재하는 것이다. 음과 양은 이것에 의지하여 (모든 것을) 변형시키고 만들어내며, 수많은 존재들은 이것에 의지하여 자신들의 형태를 실현시킨다…"17)

그리고 4세기의 《역경》 주석가인 한백韓伯은 '한번 음陰하고 한번

양陽하는 것이 도이다'는 구절에 대하여 다음과 같이 설명하고 있다.

"도道란 무엇인가? 그것은 '무'를 가리키는 것으로, 모든 곳에 존재하고 그것으로부터 모든 것이 생겨난다. 그것은 고요하며 비실재적인 것이고, 어떠한 상징으로도 표현될 수 없다. '유'의 쓰임[用]이 궁극에 달하면 그때에 비로소 '무'의 이루어짐이 나타난다."18)

어떠한 단어나 이름, 상징도 '하늘과 땅의 마음을 구성하는' '고요하고 절대적인 무'를 표현할 수 없다는 사실이 반복해서 강조되었다.19) 모든 용어들은 정의하는 것이기 때문에 그것은 이야기하는 사람의 마음을 특정한 사물과 고정시키거나 연결시킨다(묶는다). 하지만 '신비함[玄]'은 비록 일시적으로 '도道', '무無', '대大' 등의 단어로 표현되기는 하지만 모든 것을 포괄하기 때문에 정의될 수 없다. 예를 들면 왕필은 《도덕경》 1장에 대하여 다음과 같이 이야기하고 있다.

(원문 : 동일체는 신비함이라고 한다. 신비하고 또 신비하다[同謂之玄 玄之又玄])
주석: 신비함[玄]은 어두움[冥]이다.20) 이것은 고요한 무존재로써 거기에서 '시작'과 '어머니' – 도의 두 가지 측면 – 가 생겨난다. 이것에 (특정한) 이름을 부여할 수 없기 때문에 이것은 이야기할 수 없다. (원문에서) '동일체는 신비함이라고 한다'라고 하였는데 우리가 이것에 대해 이야기할 때 그것을 '신비함'이라고 이름한 것은 비록 (실제로는) 이름을 붙일 수 없지만 단지 그러한 종류의 호칭을 선택해야 하기 때문이다. 그와 같은 호칭으로 부를 때에 우리는 그것에 하나의 '신비함'(이라는 생각)을 고정시키지 않아야 한다. 만약 그렇게 하면 그것은 (다른 것들과 마찬가지의) 이름이

되고 만다. 이것은 진리에서 크게 벗어난 것이다. (원문에서) '신비하고 또 신비하다'고 한 이유이다.

왕필은 《도덕경》 14장에 대해서는 다음과 같이 이야기하고 있다.

"우리는 이것이 '무'이지만 모든 존재들이 그것에 의해 완성된다고 이야기할 수 있다. (한편으로는) 이것이 '유'이지만 그 형태를 느낄 수 없다고 이야기할 수 있다." 《도덕경》 6장에 대한 주석과 거의 같은 내용임)

왕필은 《도덕경》 25장에 대해서는 또 다음과 같이 이야기하고 있다.

(원문 : 나는 그것의 본래 이름을 알지 못하므로 '도'라고 부른다. 굳이 이름을 붙인다면 '대大'라고 하겠다[吾不知其名 字之曰道 强爲之名曰大].)
주석 : 이것은 부를 수 있는 칭호 중에서 가장 포괄적인[大] 것을 골라야하기 때문이다. 그러나 만일 이 '대'(라는 용어가) (특정한 사물의 개념)과 결합되면 그것은 불가피하게 차이를 갖게 되고, 차이가 있게 되면 궁극적 (진리)를 드러내지 못하게 된다. 그러므로 (노자께서는) '굳이 이름을 붙인다면'이라고 말씀하셨다…

이와 같은 모든 언어적 표현의 불완전함이 현학의 특성이었다. 언어와 실체의 관계 – 명교와 현학 모두에 중요하였다 – 는 언어가 생각[意]이나 원리[理]를 완전하게 표현할 수 있는지에 관한 다양한 이론과 논쟁을 낳았다. 양쪽 모두 확실한 경전의 근거에 의거하였다. 왕필과 같이 '언어는 (성인의) 생각을 완전하게 표현할 수 없다[言不盡意]'고 주장한 사람들은 《역경》의 유명한 다음 문장을 인용하였다.

"글은 말을 다 표현할 수 없고, 말은 뜻을 다 표현할 수 없다."21)

반면에 다른 견해를 가진 사람들은 같은 《역경》의 다른 구절을 이용하여 자신들의 입장을 방어하였다.

"성인은 생각을 완전하게 표현하기 위해서 (《역경》의) 괘들을 만드셨고, (그것들의 의미를) 말로 완전하게 표현하기 위하여 거기에 설명을 덧붙이셨다[繫辭]."22)

언어는 내부의 실체에 대한 불완전한 표현이고 숨겨져 있는 근원에 대한 외면적 드러냄에 불과하다는 관점은 더 먼 곳에까지 영향을 미쳤다. 공자 본인과 그의 가르침조차도 이러한 방식으로 이해되었다. 공자는 내적으로는 무無라는 궁극적 실체를 깨달은(=체현한[體]) 성인이지만23) 외적으로는 임시적 가르침 즉 그때그때의 실용적 요구에 부합하는 임시적인 규율들을 이야기하였다는 것이다. 이러한 관점에 선 사람들은 《역경》과 도교 철학자들의 저술들뿐 아니라 애매한 《논어》의 구절들에서도 이를 입증하는 근거들을 찾았다.24) 이러한 '감춰져 있는 성인의 본질'과 경전 가르침의 임시적 성격이라는 개념은 대승불교의 '방편' 개념과 결합하면서 사족 불교의 발전에 대단히 중요한 역할을 수행하게 되었다.

향수向秀-곽상郭象의 《장자주莊子注》

현학의 다음 단계는 위에서 이야기한 두 가지 사상 조류, 즉 왕필과 같은 '귀무貴無론자'들이 주장하는 영지주의와 보다 현실주의적인 명교를 지지하는 '숭유崇有론자'들의 이론을 조화시키려는 시도였다.25) 곽상(郭象, 312년 사망)에 의해 최종적으로 완성된 유명한 향수(向秀, 약 221-300)의 《장자주》에 담겨 있는 세계관은 본질적으로 이들 두 관점의 결합 혹은 타협이었다.26) 이러한 과정은 필연적으로 고대 도교 문헌에 대한 급진적인 재해석을 의미하였다. 《장자》에 대한 이 새로운 주석서는 장자를 속박되지 않는 자유와 무정부주의, 무아상태와 같은 자신들의 이상을 주장하는 위대한 예언자로 파악하였던 완적(阮籍, 210-263)과 혜강(嵇康, 223-262) 등의 반反유교주의, 반反의례주의 지식인들의 해석에 대한 명백한 반발이었다.27) 향수·곽상의 주석서는 대승불교가 중국사상에 충격을 주기 직전에 현학이 도달한 마지막 창조적 단계의 고전적 모습이라고 할 수 있다.

향수·곽상의 출발점은 순전히 명교적 주제인 분(分; 몫, 분수)이었다.28) 모든 존재들은 타고난 능력, 기술, 소질, 취향, 사고, 욕구 등에서 각자의 '몫'이 있으며, 그에 따라 각자에게 가장 잘 맞는 인생의 위치, 환경, 임무 등이 결정된다. 어떤 존재도 다른 존재와 같을 수 없으며, 따라서 모두의 '몫'은 서로 다르다. 이상적인 삶의 방식은 각자 자연이 자신에게 부여한 한계 안에서 자신의 타고난 '몫'과 완벽하게 조화를 이루면서 살아가는 것이다. 이것이 도교의 이상인 '무위'에 대한 향수·곽상의 해석으로써, 여기에서 '무위'는 각자의 고유한 '분수'를 넘으려고 노력하지 않으면서 각자의 개성과 정확하게 조화하여 부드럽고 '자연스럽게' 살아가는 것을 의미한다.

성인(언제나 그러하듯이 이상적 통치자를 의미한다)은 자신의 초자연적 지혜를 가지고 모든 존재의 몫에 맞추어 행동하는 존재로서, 이는 그가 그들 모두의 차이를 초월하고 있음을 의미한다.29) 그는 자연[天·自然·道] - 모든 '몫'들의 원천이자 총체인 자연 - 그 자체와 마찬가지로 보편적이고 모든 것을 포용한다. 성인(통치자)은 모든 판단과 의견, 감정, 도덕적 기준 등을 초월하고 있으며, 이러한 모든 제한된 개념들은 특정한 상황에서 특정한 개별자들에게만 해당될 뿐이다. '선' '악' '참' '아름다움' '이것' 등의 개념은 각자의 고유한 몫에서 그것과 일치하거나 그것을 가지고 있는 개별자를 가리킬 뿐이다. 성인에게는 이런 모든 차별들이 완전히 사라져 있으며, 따라서 그의 마음은 완전히 비어 있다.

(본문 : 오직 축(을 잡는 것)에 의해서만 둥근 것의 중심을 잡고 무한(한 변화)에 대응할 수 있다'樞始得環中 以應無窮'.)
주석 : 옳음과 그름(의 개념)은 무한히 서로를 좇으면서 돌아간다. 그것을 '둥근 것[環]'이라고 이야기하였다. '둥근 것의 중심[環中]'은 비어 있음이다. 옳음과 그름을 둥근 것이라고 생각하고 그 중심을 잡으려는 사람은 옳음과 그름(이라는 개념)이 없어야 한다. 옳음과 그름(이라는 개념)이 없을 때 옳음과 그름에 대응할 수 있으며, 옳음과 그름이 끝이 없으므로 그의 대응도 끝이 없다.30)

(본문 : 닮음과 다름은 서로 비슷한 (개념)이다. 그러므로 (나의 말은) 다른 사람의 말과 다르지 않다[類與不類 相與爲類 則與彼無以異矣].)
주석 : (성인은) 옳음과 그름을 버리고 나서 다시 자신의 버린다는 (생각을) 버린다. 버리고 또 버림으로써 그는 더 (이상) 버릴 것이 없는 경지에 이르게 된다.31) 거기에서는 버리지 않아도 더 이상 버리지 않는 것이 없으며, 옳음과 그름도 저절로 사라지게 된다.32)

이러한 냉정하고 초월적인 '하늘' 혹은 '자연'과의 합일은 '명冥'(흐릿함, 사라짐)이라는 용어로 표현된다. 성인(통치자)은 모든 논리적 추론으로부터 자유로우며 그의 행동은 세상을 향상시키려는 의식적 행위가 아니라 자신에게 미치는 자극[感]에 대한 자동적인 반응[應]이다.

"그러므로 의식적 생각 없이 그는 신비롭게 반응하며 (자신에게 다가오는) 자극을 따를 뿐이다. 그는 어떠한 인위(적 노력) 없이도 동쪽과 서쪽으로 왔다 갔다 하는 묶이지 않은 조각배와 같다."33)

그렇기 때문에 그는 그의 외적 행위에 의하여 아무런 영향을 받지 않는다. 내면적 성질은 자취를 만드는[所以迹] 것이고, 그것의 계속하여 변화하는 외면적 드러남이 '자취[迹]'이다.34) 이러한 근본적 구분은 《장자주》의 여러 문장에 자세히 이야기되고 있다.

하지만 모든 다양함의 기반을 이루고, 성인이 자신의 내적 본성으로 깨닫게 되는 '하늘' 혹은 '자연'은 무엇인가? 왕필에게 있어서 기본적 가정이었던 영원한 기체基體로서의 '무無'라는 개념은 절대적으로 부정된다. 어떠한 기체도 존재하지 않는다. 다양함의 기반이 되는 어떤 것도 존재하지 않으며 단지 다양함의 원리 자체만 있을 뿐이며, 거기에서는 모든 것이 하나가 된다. 이것이 향수·곽상의 본체론이 기초하고 있는 위대한 역설로서, 이런 입장에서 그들은 분명하게 '숭유론자'에 속하게 된다. '없음'은 원칙적으로 어떠한 것도 만들 수 없고, 어떠한 다른 방식의 만드는 행위도 그 이전의 '있음'을 전제하기 때문에 (총체로서의) '있음'은 결코 '만들어진 것'이 아니다.35) 여기에서 모든 '존재'는 '저절로' 생겨났고, 모든 것은 스스로 만들어진 것이며, 모든 존재는 저절로 현재의 존재가 된 것이라는 결론이 도출된다. 변형의 과정은 어떠한 기체나 창조적 힘과 무관하게 '혼자서' 이루어지며[獨化]36), "사물을 사물로 만들거나 사물들로 하여금 사물들이 되도록 하는 것은 존재하지 않는다."37) '하늘'이나 '천지'는 영원한 실체를 가지고 있지 않으며, '천지는 천지의 실체를 형성하는 수많은 존재들 전체의 이름이다.'38) 각 개별적 사물들은 그것대로 존재하며, 각각은 '그러하며[然]', 이것이 도의 본질이다.39) 그러므로 성인은 어떠한 '근

본적 무'를 지닌 존재가 아니라 신비하게 '사물과 함께 사라지는[與物冥]' 존재이다.40)

　정치·사회사상 분야에서 향수·곽상의 결론은 그들의 존재론적 이론과 일치하고 있다. 그들은 정적주의, 방기, '무'의 영역이라는 신비한 환상 등을 거부하였다. 세속적 사업 – 관료 경력 – 은 인간 활동의 유일한 영역이었고, 모든 개인들이 자신들의 타고난 능력과 한계에 정확하게 맞추어 살아가고 행동한다면 여기에서 저절로 '무위'가 실현될 수 있었다.41)

　분分의 개념에는 명백히 강한 결정론적 혹은 숙명론적 경향이 있었다. 향수·곽상은 왜 그들에게 서로 다른 '몫'이 주어졌으며, 왜 '저절로' 어떤 사람은 왕으로, 다른 사람은 거지로 태어나고, 또 어떤 사람은 성인으로, 다른 사람은 바보로 태어나게 되었는지 설명하지 못하고 있다. 이러한 결정론은 엄격한 계급 차별이 있는 중세 사족들의 이상 사회를 반영하는 것이 분명하다.

"각자는 타고난 성질로 획득한 자신의 기본적 몫[本分]이 있다. 누구도 거기에서 벗어날 수 없고, 누구도 거기에 더할 수 없다."42)

"그 시대(의 사람들)에게 존경받는 사람이 왕이고, 그의 능력이 그 시대(의 요구)에 맞지 않는 사람이 신하이다. (그들의 위치는) 하늘이 자연적으로 높고 땅이 자연적으로 낮으며, 손이 자연적으로 위에 있고 발이 자연적으로 아래에 있는 것과 같다. 어떻게 그 위치가 바뀔 수 있겠는가?"43)

"우주는 대단히 크고 사물은 대단히 많다. 그러나 우리가 만나는 것은 모두 그 안에 들어 있는 것이다… 우리가 만나지 못하는 것은 우리가 만날 수 없는 것이고, 우리가 만나는 것은 만나지 않을 수 없는 것이다. 우리가 하지 않는 것은 우리가 할 수 없는 것이고, 우리가 하는 것은 우리가 하지 않을 수 없는 것이다…"44)

불교는 이와 같은 '자연적인 몫'의 우연한 분배를 사상적으로 정당화하는 보편적인 보상의 이론 - 업과 윤회재생 - 으로서 (현학의) 대단히 심각한 빈틈을 채워주었다. 초기 중국 불교도들에게 업이라는 우주적 정의는 이미 《장자주》에서 - 상당히 다른 의미로 - 사용되었던 '자연적' 혹은 '자동적 보상'[自然之報]이라는 용어로 이해되었다. 45)

[p.93] ## 청담清談

'청담'이라는 용어는46) 3세기 이후 교양있는 상류계층 사이에서 크게 유행하였던 철학적 혹은 다른 주제들에 대한 수사적 토론 방식을 의미한다. 청담은 인물평론을 강조하고 개인을 중시하는 점에서 명교 名敎를 낳은 것과 동일한 시대적, 지적 분위기에서 발생하였다. 또한 개인의 성격과 능력에 대한 어느 정도 형식화된 토론은 정치적 생활에서 대단히 구체적이고 실용적인 기능을 가지고 있었다. 3세기 초 이래 사람들의 특성을 평가하는[目] 일 즉 그들의 특별한 재능과 결점들을 짧은 형식으로 기술하는 일은 관료들을 선발하는 임무를 맡은 고관인 중정中正들의 임무였다(앞의 p.44 참조). 중정들은 개인적 관찰이나 해당 인물에 대한 사람들의 의견에 기초하여 평가를 내렸다. 한편으로 능력있는 중정들은 자신들의 인물 평가 혹은 사람들 - 개인, 어느 가문 사람들, 어느 지역 사람들 - 의 특성에 대한 공공연한 토론 등을 통해 여론에 영향을 미칠 수 있었다. 자기 일파를 홍보하고 반대파들의 결점을 드러냈으며, 심지어는 자신들의 덕행을 광고하기도 하였다. 4세기에도 '인물평가'가 정치적 목적으로 사용된 많은 사례들을 볼 수 있다.

그렇지만 중국 중세사상의 일반적 발전 경로와 마찬가지로 그러한 수사적 토론의 주제들도 곧 구체적이고 실용적인 것에서 이론적이고 철학적이며 미학적인 것으로 바뀌었다. 마침내 현학이 지배적 영향력을 행사하게 되었다. 4세기 초에는 이미 청담의 모임은 상층 사족들의 세련되고 배타적인 오락이 되었다. 최정예의 사족들이 철학적 토론과 수사적 경쟁을 벌이면서 명구들을 조합하여 특정 주제를 난해하면서도 우아하고 간결하게 표현하는 능력을 과시하는 일종의 살롱 모임과 같이 되었던 것이다. 이러한 모임의 구체적 과정에 대해서는 자료가 많이 남아 있지 않다. 가장 중요한 자료인《세설신어》및 그에 대한 귀중한 주석서는47) 단지 가장 핵심적 내용 – 약간의 명구와 재기있는 표현, 재치있는 즉답, 유명한 '인물평가', 결론들 – 만을 전하거나 모임의 전체 과정과 그것이 개최된 상황을 단 몇 개의 단어로 이야기하고 있다.

그렇지만 바로 이 시기에 대단히 인기가 있었던 그러한 논쟁들이 행해지는 모습을 그대로 반영하는 것으로 생각되는 형식의 문학 장르가 있다. 이론적 혹은 철학적 주제를 다루는 많은 대화 형식의 짧은 논서들이다. 4세기 이후부터 거의 모든 불교의 호교적 혹은 포교적 논서들이 저자(=주인/主)와 가상의 대론자(=손님/賓)가 차례대로 자신들의 견해와 반론을 제시한 후 대론자가 최종적으로 패배를 인정하고 승복하는 대화체의 형식을 취하고 있다는 사실은 중요하다. 우리는 곧 불교 승려들이 청담의 모임에서 중요한 역할을 담당하였고, 불교의 사상과 이론이 토론의 인기있는 주제가 되었음을 보게 될 텐데, 대단히 복잡한 대화체로써 우아한 표현법과 명구, 기타 수사학적 장치들을 끊임없이 활용하고 있는 이러한 논서들이 교양있는 승려와 당시의 '말 잘하는 부유층'의 모임에서 실제로 행해진 토론들을 문자로 기록한 것일 가능성이 대단히 높다.

[p.94] 위에서 이야기한 것처럼 사람들에 대한 '인물평가'는 토론자들이 보다 철학적이고 미학적인 주제들에 관심을 쏟던 4세기 혹은 그 이후에도 청담의 중심 주제들 중 하나였다. 그렇지만 이러한 후기의 '인물평가'들은 또한 대단히 형식화되고 세련되었다. 그것들은 정치의 영역에서 문예의 영역으로 전환되었다. 특성을 평가하는[目] 일은 직업적 업무에서 수사적 기술로 발전하였다. 인물에 대한 평가를 표현하는 능력과 사람의 본성에 대한 통찰력을 드러내려는 욕구가 이러한 인물 평가를 청담의 기본적 요소 중 하나로 남게 한 원인이었다.48) 몇몇 사례들을 살펴보면 다음과 같다.

"왕공(王公; 왕도王導 276-339)은 태위(=왕연王衍)를 '8천 척尺의 높이를 가진 높은 바위산'이라고 평가하였다."49)

"유중랑(庾中郞; 유애庾敳 262-311)은 당시 사람들에게 '자존심이 강하면서도 스스로를 잘 감추고 있다'고 평가되었다."50)

"왕승상(王丞相; 왕도王導)은 '조협刁協의 완전한 깨끗함! 대엄戴儼의 바위 같은 고상함! 우뚝 솟은 산봉우리 같은 변호卞壺!'라고 이야기하였다.51)

"진서鎭西장군 사(謝; 謝尙, 308-357)는 왕수王修에 대해서 '그의 글은 놀라움에 가득차 있고 참신하다'고 평가하였다."52)

"유담(劉惔, 4세기 중엽)은 강관江灌에 대해서 '말을 할 줄은 모르지만 말하지 않을 줄은 안다'고 이야기하였다.53)

"환현(桓玄, 369-404)이 태상경 유(劉; 劉瑾)에게 '나와 태부 사(謝; 謝安)를 비교하면 어떠한가?'라고 묻자 유근은 '당신은 높고, 태부는 깊습니다'라고 대답하였다. 환현이 다시 '당신의 외삼촌인 왕헌지王獻之와 비교하면 어떠한가?'라고 묻자 유근은 '아가위와 배, 귤과 유자는 각기 좋은 맛을 가지고 있습니다'라고 대답하였다."54)

이러한 중심 주제와 함께 다른 몇 가지 주제들 - 일반적인 명구, 재치 있는 즉석 대답, 짧은 몇 마디 단어로 상황을 잘 묘사하는 능력 등 - 도 예찬되었다.

"정서장군征西將軍 환(桓; 桓溫, 312-373)은 강릉의 성벽을 매우 멋지게 수리한 후에 손님과 부하들을 초대하여 강가에서 그것을 감상하다가 '이 성벽을 잘 표현할 수 있는 사람에게는 상을 주겠다'고 하였다. 손님으로 참석하였던 (유명한 화가인) 고개지顧愷之가 '멀리서 몇 겹이나 겹쳐 있는 성벽을 바라보니 붉은 누각은 새벽의 구름과 같다'[遠望層城 丹樓如霞]고 표현하였다. 환 장군은 그에게 두 명의 여자 노예를 상으로 주었다."55)

"고개지가 회계會稽에서 돌아오자 사람들이 그에게 그곳 산천의 아름다움에 대하여 물었다. 고개지는 '천 개의 봉우리가 높이를 다투고, 만 개의 물줄기가 다투어 나아간다. 그 위에서 자라는 약초와 나무들은 새벽 하늘에서 생겨나 붉은 하늘 빛을 가리는 구름과 같이 그들을 감추고 있다'[千峰競秀 萬壑爭流 草木蒙籠其上 若雲興霞蔚]고 하였다."56)

"곽박(郭璞, 276-324)의 '숲에는 조용한 나무가 없고, 강은 흐름이 멈추지 않는다'[林無靜樹 川無停流]는 시에 대하여57) 원부阮孚가 '(이 시에서 표현하고 있는) 거대한 고독함과 황량함은 정말로 언어를 초월하고 있다. 나는 이 시구를 읽을 때마다 몸과 마음이 초월하는 것 같다'고 말하였다."58)

"왕휘자(王徽子, 388년 사망)가 사공(謝公; 謝安)을 찾아뵙자 공이 그에게 물었다. '칠언시는 어떠한 것인가?' 왕휘자는 즉석에서 (두 구절의 칠언시로) 대답하였다. '준마와 같이 달려가서 헤엄치는 오리와 같이 조용하게 흘러갑니다[昂昂若千里之駒 泛泛若水中之鳧]'."59)

[p.95] 그렇지만 대화는 일반적으로 보다 철학적인 성향을 띠었다. 인간의 본성, '자연'과 '능력'의 관계, '의례'와 '예의 바름'의 문제,《역경》의 괘에 대한 (드러난) 설명과 숨은 의미, 언어와 생각의 관계, 성인聖人에게 감정이 존재하는지의 여부 등이 대화의 주된 주제가 되었으며, 이들 대부분은 분명히 현학의 영역에 속하였다.《세설신어》는 '현담玄談' '석리析理' '담리談理' '담허무談虛無' 등으로 다양하게 불리고 있는 이러한 토론들 일부의 생생한 내용을 수록하고 있다. 이러한 종류의 대화의 기원은 전통적으로 최초의 위대한(드러난) 현학자들 - 특히 왕필과 하안 - 이 활동하였던 정시(正始, 240-249)시대와 관련된 것으로 생각되어 왔다.

"중군장군中軍將軍 은(殷; 殷浩, 356년 사망)이 유공(庾公; 庾亮)의 장사長史로서 수도에 오자 왕승상(=왕도)이 그를 위해 연회를 베풀었다. 환공(=환온), 왕王장사(=王濛), 왕술王述, 진서장군 사(謝; 謝尙) 등이 참석하였다. 왕승상이 주미麈尾60)를 허리띠에 꽂은 채 일어나 장막을 밀치면서 은(호)에게 '오늘 나는 개인적으로 그대와 이치를 분석하는 대화를 나누고자 한다'고 말하였다. 곧바로 그들은

'청담'에 몰두하였고, 3경에 이르기까지 지속되었다. 논쟁은 승상과 은(호) 사이에서 이루어졌고 다른 사람들은 거의 끼어들지 못하였다. 양측이 모두 만족하였을 때 승상이 탄식하며 말하였다. '이전에 토론할 때에는 우리는 (지금 우리가 한 것과 같이) 이치를 그 원천까지 추구할 줄 몰랐다. 말과 비유(를 다루는 우리들의 능력)에 있어서 우리는 서로에게 양보하지 않았다.' 정시시대의 모습은 틀림없이 이와 같았을 것이다."61)

"중군장군 은(=은호), 손성孫盛, 왕(=왕몽), 사(=사안) (그밖의) 유명한 토론가들이 회계왕의 저택에 모였다. 은(호)와 손(성)이 《역경》의 괘들이 눈에 보이는 형상을 초월하였는지에 대하여 토론을 벌였다. 손(성)의 이야기는 체계적이었고 그 생각은 심오하였다. (그렇지만) 그 자리에 모인 사람들은 모두 손(성)의 주장에 만족하지 않았다. 하지만 아무도 그를 물리칠 수 없었다. (회계)왕은 화가 나서 탄식하며 말하였다. '유담劉惔을 이 자리에 부르도록 하자. 그는 틀림없이 저 사람을 꼼짝 못하게 할 수 있을 것이다!' 유담이 올 것이라는 생각에 손(성)은 벌써 자신의 주장이 설득력이 없어지는 것을 느꼈다. 유담은 도착하여서 손(성)에게 (그의 주장의) 기본 원리를 말해보라고 하였다. 손(성)은 (이전의) 자신의 주장을 대략적으로 반복하면서 앞서만 못하다는 것을 느꼈다. 유담은 2백 마디의 짧지만 설득력있는 반박을 하였고 그로써 손(성)의 주장은 (완전히) 무너지고 말았다. 모든 청중들은 동시에 환호하며 크게 웃고 그를 오랫동안 칭찬하였다."62)

아래에서 살펴보겠지만 청담의 풍조는 최상층 사족 사회에 불교가 전파되는 데 있어서 가장 중요한 요인이었다.

II. 첫 번째 시기(310-346년)

왕王씨, 유庾씨, 하충何充의 패권 및 주요 정치적 사실들

원제(元帝, 재위 317-323)와 명제(明帝, 재위 323-326)의 치세 동안 낭야 왕씨의 지배적 위상은 확고하였다. 이 세력은 앞에서 이야기한 왕도와 그의 사촌 왕돈(王敦, 266-324) – 그는 거칠고 독재적인 성격이었으며 왕도와 함께 원제가 남쪽에서 새 정부를 수립하고 지역 사족들의 지지를 얻는데 협조하였다 – 이 이끌었다. 원제 때에 왕씨의 세력은 절정에 달하였다. 왕도는 승상으로서 모든 정무를 관장하였고, 왕돈은 대장군으로서 군대 총사령관이 되었다. 그러한 상황은 당시에 유행하였던 '왕씨와 (사)마씨가 천하를 나누고 있다[王與馬共天下]'는 표현에 잘 나타나고 있다.63) 원제는 왕씨의 세력을 통제하기 위하여 사족 지도자들 중에 그들과 대립하는 조협刁協, 유외劉隗와 같은 인물들에 의지하려는 무의미한 시도를 하였다. 왕돈의 권력이 정점에 달하였던 322년에 원제는 그들에게 군대를 주어 왕돈을 반역자로 처벌하도록 파견하였다. 왕돈은 황제의 군대를 물리치고(323년), 전략적 요충인 무창(武昌, 호북성 악성鄂城)에 근거지를 확보한 후 그곳에서 수도를 마음대로 운영하였다. 그는 고위 관료들을 마음대로 임명하고 지방에서 조정으로 보내는 공물을 몰수하였다. 324년의 (원제의) 두 번째 시도는 전쟁으로 확대되었지만 같은 해에 왕돈이 사망하면서 곧바로 수습되었다.

이러한 일들은 이 사건에서의 역할을 의심받게 된 왕도의 위상을 심각하게 훼손시켰다. 실제로 왕돈이 강력한 사촌의 후원 없이 자신의 계획들을 실행에 옮겼을 것으로는 생각하기 힘들다. 왕도는 궁정에서 원로의 지위를 유지하였지만 324년 이후 그의 위상은 유庾씨 일파의 우두머리인 유량(庾亮, 289-340)에 비해 점점 위축되어 갔다. 유량은 명제의 처남이었으며 그러한 관계는 그의 위상을 강화하는 데 크게 기여하였다. 326년 명제가 죽자 유량의 여동생은 황태후의 자격으로 4살된 성제成帝의 섭정이 되었다. 그녀는 왕도, 유량 및 왕도 일파인 변호卞壼와 함께 정부를 이끌었지만 '크고 중요한 문제들은 모두 유량에 의하여 결정되었다.'64) 327년에 사족 지도자인 소준蘇峻에 의하여 유씨의 세력을 깨뜨리려는 시도가 있었지만 실패하였다(328년). 왕씨와 유씨 일파의 대립은 점점 더 심화되었고, 왕도의 사망(339년) 직전에 유량은 그를 징벌하는 군사 행동을 취하자고 다른 사족 지도자를 설득하기도 하였다. 하지만 한 사람에 의한 독재보다 분열된 불안정한 통치를 선호하였던 다른 세력의 지도자들은 이를 거부하였다.65) 최고 권력은 4세기 중엽 직전까지 유씨의 수중에 있었다. 유량 - 그는 자신의 최대 경쟁자가 죽은 다음 해인 340년에 죽었다 - 이외에 유씨를 대표하는 인물은 유빙(庾氷, 296-344)과 유익(庾翼, 345년 사망) 등이었다. 유익은 유량의 주요한 직책들 - 육주제군사六州諸軍事, 안서장군安西將軍, 형주荊州 자사 - 을 계승하였고, 왕돈이 그랬던 것처럼 무창에 있는 자신의 군사 본부에서 수도를 통치하였다. 유빙은 343년에 그의 후계자가 되었고, 같은 해에 유씨는 상서령 하충(何充, 292-346)의 음모를 물리치고 자신들의 꼭두각시인 강제康帝를 황제의 자리에 앉혔다. 그렇지만 바로 그 해부터 하충의 행운이 시작되었다. 그는 옛 왕도 일파의 일원이자 그의 후원을 받던 인물이었다. 왕도는 자신의 승상 지위를 그가 계승할 수 있도록 조정을 설득하기도 하였다.66) 실제로 343년에서 346년까지의 하충의 행동은 다른 성씨를 내세운 왕씨 일파의 부흥으로 볼 수도 있다.

유익이 죽은 345년에 하충에게 기회가 찾아왔다. 그는 2살 된 목제穆帝를 황제로 앉히고 스스로 섭정이 되어 자신의 조카딸을 황후가 되게 하였다. 하충은 346년에 죽을 때까지 권력을 유지하였는데, 그의 역할은 대단히 중요하였다. 정치적으로는 그가 후원하였던 장군 환온(312-373)이 345년에 유익의 직책들을 맡은 이후 다음 수십 년간 정국을 주도하게 되었고, 특별히 본 연구와 관련하여서는 그가 당시의 정치인들 중에서 남쪽 수도에서의 불교의 발전에 가장 크게 기여하였기 때문이다. 이런 점에 346년을 동남부지역 사족불교의 첫 번째 시기 – 이 시기 동안에 불교는 사회 최상층부에 파고들어 뿌리를 내렸다 – 가 끝나는 시점으로 간주할 수 있다.

남쪽 수도와 동남부 지역 최초의 '고승들'

남쪽 수도에서 처음 불교가 번성하게 된 것은 당시 왕도와 왕돈에 의해 통솔되고 있던 낭야 왕씨의 패권과 밀접하게 관련되었다. 4세기에 이 집안만큼 불교에 도움을 주는, 저명한 재가신자가 있었던 집안은 없었다.

황제를 옹립한 이 집안의 새로운 종교에 대한 우호적 태도는 자연히 궁정의 태도에도 영향을 미쳤다. 왕씨의 전제적 태도를 타도하려는 의도를 가지고 있었던 원제 역시 당시의 지도적 승려 중 적어도 한 사람과 관계를 맺고 있었으며, 왕도와 왕돈의 권력이 정점에 달하였던 시기에 제위에 있던 명제는 공공연히 불교에 대한 공감과 흥미를 표현한 최초의 중국인 황제였다. 이 집안의 (기원은 명확하지 않지만) 친親불교적 태도는 4세기초 수십 년 동안의 왕씨의 우월한 지위와 결합하여 수도와 동남부 지역의 귀족층에 불교가 성공적으로 확산되는 데 있어 결정적 원인이자 시발점이 되었다고 생각된다.

낭양 왕씨67)와 불교의 특별한 관계는 이 집안에서 적어도 두 사람의 승려가 나왔다는 사실 – 두 사람 모두 왕도·왕돈과 매우 가까운 친척이었다 – 로도 확인된다. 이는 4세기에서 5세기 초의 다른 문벌 가문에서는 볼 수 없는 매우 예외적인 일이었다.

석도보釋道寶

이 사족 출신 승려 중 한 사람은 왕도의 동생이었던 석도보釋道寶였다. 그의 출가 모습은 《고승전》에 다음과 같이 서술되어 있다.

> 젊어서 마음에 느낀 바 있어 세속을 떠나 영화로운 생활을 벗어나고자 (결심)하였다. 친척과 오랜 친구들이 그를 타일러 그만두게 하려고 하였지만 그의 뜻을 꺾을 수 없었다. 그는 (자신을 정화하기 위하여) 향탕香湯에 목욕한 후 머리를 삭발하면서 다음과 같은 시를 읊었다. '누가 만 리萬里의 긴 강물이 한 잔의 물에서 시작되었음을 알겠는가?' 후일 그는 학행으로 유명하게 되었다.68)

석도보의 귀의 방식은 초기의 사족 승려들이 활동하였던 달라진 환경을 잘 반영하는 문학적 분위기를 풍기고 있다. 종교적 생활은 새로

[p.98] 운 의미를 갖게 되었다. '생노병사의 고통'을 없애기 위하여 '집이 없는 상태로 살아가는' 편력하는 수행자의 이상은 관료로서의 바쁘고 위험한 생활보다 학문과 예술을 즐기는 '은거생활'을 선호하는 은둔 사족-학자들의 이상과 융합되었고, 수행 생활의 청정함은 전통적으로 은둔 사족의 이상적 생활로 여겨지던 도덕적 고결함 및 목가적 단순함과 결합되어 갔다.

축도잠竺道潛

그다지 유명하지 않은 왕도의 동생보다 훨씬 중요한 또 다른 사람은 왕도의 사촌이자 왕돈의 동생인 축도잠(竺道潛, 字는 法深, 286-374)이었다.69) 석도보와 마찬가지로 그는 가문이 북쪽에 있을 때인 어린 시절(17살 때)에 출가하였다(303년). 그는 장안에서 명성이 높던 신비스러운 인물 유원진(劉元眞, p.67 참조) 문하에서 수학하였다. 하지만 그의 승려 성씨[竺]는 그가 인도 출신 스승에게 수학하였음을 보여준다. 흉노족의 침입으로 장안이 파괴되기 직전이던 당시의 장안에는 여전히 축법호 학파가 영향력을 발휘하고 있었다. 308년에 '돈황보살'(=축법호)은 아마도 장안에서 활동하고 있었을 것이다(p.67 참조). 축竺이라는 성씨는 축도잠이 그의 제자였을 가능성을 보여주고 있다.

309년경에 그는 이미 《법화경》과 《대품반야경》에 대한 강의와 수사적 능력으로 유명한 인물이 되어 있었다.

> 그의 교묘한 언어는 영향력이 있었으며 그의 명성은 서쪽 (수도)의 궁궐에까지 알려졌다. 그의 태도와 표현은 진중하고 위엄이 있었다…70)

그는 일찍이 환영桓穎 - 그는 후대의 환씨 집안의 권력 기반을 구축한 인물이다 - 과 함께 출가하였는데,71) 후일 남쪽의 수도에서 축도잠의 지인이자 숭배자 중 한 사람이었던 환이桓彛는 환영의 아들이었다. 이 사족출신 승려의 활동은 이와 같이 서진 말기까지 거슬러 올라가는데, 같은 시기에 백원, 축숙락, 지효룡 등이 같은 지역(=장안)에서 같은 학파의 구성원으로서 활약하고 있었다.(앞의 p.76 참조)

그는 건강에서 - 그는 310년에서 320년 사이에 이곳으로 옮겨왔다고 생각된다 - 곧바로 궁정과 수도 귀족들 사이에서 가장 저명한 불교 포교자가 되었다. 그는 원제와 명제로부터 크게 존중되었다. 그들은 '방외지사方外之士'로 불리던 그에게 승려 복장을 한 채로 궁궐에 자유롭게 드나들도록 허락하였다.72) 그의 성공은 사촌 왕도와 유량의 절대적 위상 및 황실의 후원과 밀접한 관련을 가지고 있었다. 노년이 되어 젊은 세대들에게 비판되었을 때 그는 과거 자신의 최상층과의 관계를 언급하기도 하였다.

> 노란 부리(의 병아리들)는 어른을 비판해서는 안 된다. 나는 과거에 황제인 원제와 명제, 재상인 왕공, 유공과 함께 어울렸었다.73)

《고승전》에서는 또한 왕도 일파로서 340년에 불교의 수호자로서 대단히 중요한 역할을 담당하였던 하충何充과의 교유관계에 대해서도 이야기하고 있다. 축도잠의 포교활동과 지배 가문들의 흥망성쇠와의 긴밀한 관련성은 마지막 보호자였던 유량이 죽고 반反불교적인 유빙庾氷이 정권을 잡게 된 340년에 그가 다른 유명한 승려 및 다수의 추종자들과 함께 수도를 떠나 다른 지역에 정착한 사실에서 더 잘 드러나고 있다. 축도잠은 제자들과 함께 섬산(剡山, 지금의 절강성 승嵊현 근처)으로 들어갔다. 이후의 그의 활동은 오吳와 회계會稽 지역의 초기 [p.99]

불교 교단에 대한 설명에서 다시 언급될 것이다.

축법의竺法義와 강법창康法暢

왕도의 후원을 받은 또 다른 인물로 축도잠의 제자이며 그와 마찬가지로 《법화경》의 전문가였던 축법의(竺法義, 출신미상, 307-380)가 있다. 《고승전》의 전기에는 그의 출가와 관련된 일화 - 이후의 불교의 새로운 지적 분위기를 잘 보여주는 - 가 기록되어 있다. 축도잠은 어려운 《논어》의 문장에 대해 뛰어난 해석을 하는 열두 살짜리 소년의 영특함에 감동해서 그에게 승려가 될 것을 권유하였다.74)

한편 청담 전문가인 강법창康法暢은 그의 토론술이 《고승전》에 특별히 언급되고 있으며,75) 유량과 '청담'을 나누는 구체적 모습이 《세설신어》에 서술되어 있다.76) 그의 청담에 대한 관심, 특히 당대의 유명 인물들에 대한 '인물평가'(p.94 참조) 능력은 그가 《인물(시의)론人物(始義)論》이라는 책을 저술하였던 것에서도 알 수 있다. 《세설신어》 주석에 인용되고 있는 이 책의 일부 내용들로 볼 때77) 이 책은 '인물평가'를 주제로 한 것으로 보인다. 그 인용문 중에는 자신의 능력에 대한 묘사 - "신비하고 예리한 지성과 타고난 말재주와 웅변술[悟銳有神 才辭道辯]" - 도 보이고 있다('자기 평가'는 당시 일반적으로 행해지고 있었다). 다른 승려들과 마찬가지로 강법창은 북쪽의 전쟁지역에서 피난 온 이주민이었다. 《고승전》에 의하면 그는 새로운 지식인 승려 집단을 대표하는 두 명의 다른 승려와 함께 326년에 양자강을 건넜다.

지민도支愍度

그 두 명의 지식인 승려 중 한 사람은 지민도支愍度였다.78) 그의 남조 귀족들과의 구체적 관계는 알려져 있지 않지만 그가 교양계급 출신인 것은 분명하다. 그는 목록학자로서 중요한 업적을 남겼을 뿐 아니라 - 그보다 더 중요한 사실로서 - 그의 이름이 최초의 중국의 토착적 불교학파 중 하나를 대변하는 독자적 사상가였다. 지민도는 가장 오래된 불경목록 중 하나로 알려져 있는 《경론도록經論都錄》을 편찬하였다. 이 책은 도안의 목록(앞의 p.30 참조)과 마찬가지로 그 자체는 전해지지 않지만 내용 중 일부가 승우의 《출삼장기집》의 목록 부분에 포함되어 있어서 도안 목록의 공백을 메워주고 있다. 《경론도록》이 편찬될 때 북쪽지역에 생존해 있던 도안 자신은 이 책의 존재를 전혀 알지 못했으며, 다른 초기의 목록들과 마찬가지로 이 책은 곧 6세기에 편집된 보다 내용이 풍부한 목록들에 의해 대체되거나 더 이상 쓸모없는 것으로 여겨지게 되었다. 6세기 말에는 이 책은 이미 전해지지 않게 되었다.[79]

지민도의 또 다른 저술 활동으로는 일부 주요 대승경전들 - 《유마경》《수능엄삼매경》 - 의 중국어 번역본의 합본合本 편찬 작업으로서, 그 책의 서문들이 전해지고 있다.[80] 그런데 이 저술들은 기본적으로 문헌학적 이유로 편찬된 것이 아니었다. 이 책들은 초기 중국 불교에서 [p.100] 매우 독특하고 중요한 기능을 담당하였다. 직접 경전에 대해 설명해 줄 수 있는 외국인 승려가 부재한 가운데 (뒤에서 살펴보듯이 남부지역에서는 4세기 말까지 외국인 승려가 대단히 드물었다) 중국인 학자들은 특정 경전에 대한 기존의 여러 번역본들을 비평적으로 비교하는 방법으로 본래의 의미에 가능한 한 가장 가깝게 해석하려고 노력할 수밖에 없었다. 3세기 초부터 사용된 방식대로[81] 여러 번역본들 중에서 하나를 기본 텍스트 - 모母 - 로 삼고서, 거기에 나머지 텍스트들 - 자子 - 의 차이나는 내용을 한 문장씩 대조하여 기록하되, 사소한 차이점들은 기록하지 않았다.[82] 이러한 책들은 현재 하나도 남아 있지 않지만 초기의 불전 목록들에는 중세의 승려 지식인들에 의해 편찬된 여러 종류의 경전 합본들을 언급하고 있다.[83]

지민도의 심무의心無義

지민도는 이른바 '학파'[家, 宗]의 창시자로서 더 잘 알려져 있다. '학파'라는 용어는 잘못된 것이고, 초기의 자료들에 사용되고 있는 – 의견, 해석, 이론 등의 의미를 갖는 – 의義라는 용어가 보다 적절할 것이다. 그 이론들은 실제로 모든 주관적·객관적 현상들이 환상에 불과하다고 하는 대승불교의 보편적인 '공空'의 교리에 대한 다양한 현학적 해석들을 의미하였다. 모든 존재 요소들이 실체가 없다고 하는 교의 [법공(法空, sarvadharamaśūnyatā)] – 기본적으로 영원한 자아(ego)의 부재[무아(無我, anātmya)]를 강조하는 – 가 소승불교에 전혀 없었던 것은 아니다. 하지만 이 공의 교리는 대승불교의 가장 기본적인 가르침 중의 하나였다. 서로 다른 시기에 만들어진 다양한 분량의 – 최종 발전 단계에 있어서는 한 음절의 경전에서부터 10만 이상의 구절로 이루어진 경전까지 존재하였지만 그들 대부분은 두 가지 기본적 형태˙를 확대하거나 축약한 것들이었다[84] – '지혜의 완성'(반야바라밀 Prajñāpāramitā)이라고 불린 핵심적인 대승 문헌들에서 장황하게 설명하고 있는 것이 바로 이 가르침이었다. 전체적으로 이 문헌들은 보살이 수행 과정에서 얻게 되는 여섯 가지 바라밀(pāramitā)의 마지막이자 최상의 것인 보살의 신비한 지혜(prajñā)의 본질에 대하여 이야기하고 있었다.

모든 현상들의 본래 성격[자성(自性, Svabhāva)]은 공空하여서 정의할 수 없기 때문에 그것을 내면적으로 깨닫는다고[내증內證] 하여도 어떠한 용어로도 묘사하거나 정의할 수 없다. 최고 진리인 본래 모습[여

• 《8천송반야경》과 《2만5천송반야경》을 가리킨다-역자

(如, tathatā)]을 표현하기 위하여 반야바라밀에서는 모든 신비적 문헌들의 공통적인 방법인 부정과 역설(패러독스)을 사용하고 있으며, 이들은 본질적으로 – 불가피하게 잘못될 수밖에 없는 – 인식형태를 만들지 않으면서 기존의 모든 사고방식과 개념들을 무너뜨리고 없애는 역할을 하고 있다. 여기에서는 모든 현상이 공空하다는 사실이 특별한 의도를 갖지 않고 담담하게 이야기되고 있다(여기에서는 중관학파의 스콜라적 문헌들에 보이는 것 같은 예리한 이론적 분석방법 – 모든 가능한 주장들에 대한 귀류논증적 부정법 – 은 사용되지 않고 있다). 그러한 부정의 공식은 의사-실재(pseudo-personality)인 4대 원소와 여섯 가지 감각기능, 그 대상 등에 적용되는 것은 물론, 이 문헌들에서 언급되고 있는 주요한 개념인 부처, 깨달음, 열반, 지혜 등에도 그대로 적용되고 있다. 어떠한 개념도, 무엇에 대한 어떤 '집착'도, 어떠한 '이름'도 버텨낼 수 없다. 공空이라는 생각 그 자체를 중요하게 생각하는 마지막 장애물이 무너졌을 때 수행자는 형태가 없는 '공空'하고 '움직임이 없[무작(無作 apraṇihita)]'으며, '미묘[묘(妙 sūkṣma)]'하고 '특성이 없[무상(無相 ānimitta)]'는 등등의 '모든 존재들의 참된 모습[법성(法性 dharmatā; 제법실상諸法實相 sarvadharma-bhūta-lakṣaṇa)]'을 느낄 수 있게 된다. 그런데 이러한 용어들은 단지 '관습적인 명칭[자字 (prajñapti, saṃketa)]'에 불과한 것으로서 그것들에 어떠한 정신적 '표상'은 물론 어떠한 종류의 '이해'나 집착을 일으켜서는 안 된다. 이러한 내용들은 결코 체계적이거나 일관된 형태로 제시되지 않았다. 초기의 반야바라밀 문헌들은 형태가 확정되지 않은 지겨울 정도로 계속 확대되는 공식 및 끝없는 부정의 반복문구 등으로 구성되어 있었고, 그 속에서 위에서 설명한 내용들이 정리되지 않은 상태로 흘러 다니다가 나가르주나(Nāgārjuna, 龍樹) 및 그 학파의 사변적 논서들에 의해서 비로소 구체적으로 정리될 수 있었다.

[p 101]

4세기의 중국에는 이러한 종류의 문헌들 중 단지 두 가지 기본적 텍스트 – 8천송 계통과 2만5천6송 계통 – 만이 알려져 있었고, 두 문헌 모두 여러 종류의 중국어 번역본이 만들어졌다. 4세기의 불교 문헌들 중에서 가장 영향력 있던 반야바라밀 경전들에 의거하여 형성된 중국 불교 사상계의 최초의 '학파들'은 다음의 세 가지 요인들에 자극받아 등장하였다. (1) 공空의 교리와 현학의 일부 기본 개념들 사이에 분명한 유사성이 있었고, (2) 이 (반야바라밀) 교리는 혼란스럽고 산만하며 때때로 비밀스러운 방식으로 이야기되고 있어서 보다 이해할 있는 용어로 체계화되고 다시 설명될 필요가 있는 동시에 매우 다양한 해석의 여지를 남겨두었으며, (3) 자유롭고 원시적인 이 경전들의 초기의 번역본에서 유有, 무無, 도道, 자연自然, 성性 등의 중국의 전통적 철학 용어들을 활용한 것은 사용된 용어의 의미에 대해 잘못된 이해를 불러일으켰다. 이들 '이론들' 중에서 최초의 것으로 알려진 이른바 '심무의心無義'는 애초에 지민도와 관련되어 있었다.

    이 이론에 대한 보다 자세한 논의를 알고 싶은 독자들은 진인각陳寅恪, 탕용동, 리벤탈Liebenthal 등의 연구를 참조할 수 있다.[85] 하지만 이 이론 및 다른 초기 '이론들'에 대하여 확인할 수 있는 자료들은 대단히 부족하기 때문에 많은 부분이 불분명한 상태로 남아 있다. 일반적으로 해당 이론들에 있어 가장 중요한 문제는 '모든 존재(혹은 요소, skandhas)들은 공空하다'고 하는 경전의 내용이 정확히 무엇을 의미하는가 하는 것이었다. 《2만5천송반야경》의 3세기 말 중국어 번역본인 《방광경放光經》의 기본 주장 중에는 다음과 같은 내용이 있다.

> 보살이 반야바라밀을 행할 때에는 보살이 있다는 것도 생각하지 않고 어떠한 이름[字]도 생각하지 않고, 또한 반야바라밀도 생각하지 않는다. 이러한 것들은 모두 볼 수 있는 것이 아니며, (보살

은) 보지도 않고 행하지도 않는다. 어째서 그러한가. 보살이 공空하고, 명칭[字]도 공하기 때문이다. 공空에는 오음(五陰 : five sknadha, 의사-실재의 다섯 가지 요소)이 없다…. 오음은 곧 공이고, 공은 곧 오음이다. 어째서 그러한가. 단지 명칭이기 때문이다…. 실제에 있어서는 태어나는 것도 없고 없어지는 것도 없다. 집착도 없고, (집착을) 끊는 것도 없다. 보살이 이와 같이 수행한다면 태어나는 것도 보지 않고 없어지는 것도 보지 않게 될 것이다. 또한 집착도 없고 (집착을) 끊는 것도 없게 된다. 어째서 그러한가. 공을 법法으로 보기 때문이다…. 보살은 모든 법의 명칭을 보지 않는다. (거기에는) 볼 수 있는 것이 없기 때문이다. 그래서 (어느 것에도) 들어가는 바가 없다.86)

중국인 학자들에게 있어서 이 공空이 객관적 상황인 '외계外界의 사물'의 본성에 속하는 것인지 아니면 주관적 경험인 '성인聖人의 마음' [p.102]에 속하는 것인지는 어려운 문제였다. 공空이 존재론적 사실인가, 아니면 성인의 마음과 같은 내면적 공백과 같은 마음의 특정한 상태 - 혹은 더 정확하게는 마음이 없는 상태 - 를 가리키는 것인가. 모든 이원성과 (상반되는 것들의) 상대성을 절대적으로 부정하는 (반야바라밀의) 교리에서는 그와 같은 양자택일의 문제가 있을 수 없다는 사실을 알지 못하였던 지민도는 두 번째 해석을 택하였던 것으로 보인다. 그는 물질[색色, rūppa), 오음의 첫 번째]을 객관적으로 존재하는 구체적 실체로 생각한 반면 공空은 모든 의식적 생각이나 욕망, 집착 등이 없는 '비非-존재'[無]인 성인의 마음이라고 생각하였다. 외계의 현상을 실제로 존재하는 것으로 간주했다는 점에서 지민도의 이론은 현학 중의 숭유崇有의 경향과 관계된 것으로 보인다(p.90 참조). 그의 생각은 성인은 '존재[有]'의 세계에 접하면서도 내면적으로 '비어' 있고 정신적

으로 얽매이지 않는다는 향수/곽상의 생각과 대단히 비슷하다.87)

'심무의'의 이론은 많은 공격과 비판을 받았지만88) 적어도 5세기 초까지는 지속되었다. 그때에 장안에서 구마라집과 그 학파가 새로운 이론을 제시하게 되면서 비로소 다른 초기 학파들과 마찬가지로 사라지게 되었다.

남쪽의 외국 승려들 : 강승연康僧淵

얼마나 많은 외국 승려들이 중국인 동료나 제자들과 함께 남쪽으로 이주하였는지는 명확하지 않다. 어쨌든 앞에서 서술한 중국인 학승들의 역할과 비교할 때 남쪽 수도에서 외래적 요소는 그다지 중요한 역할을 하지 못하였다. 자료에서 확인되는 4세기 전반에 활동한 유명한 승려 중 중국 출신이 아닌 사람은 단지 두 명뿐이고, 게다가 그중의 한 명인 강승연康僧淵은 완전히 중국화된 인물이었다.

강승연은 강법창 및 지민도와 함께 건강에 왔다. 그의 전기에 의하면 그는 '서역' 출신이지만 - 그의 성씨 강康이 스승으로부터 물려받은 승려 성씨가 아니라면 소그드 출신임을 나타내는 것이다 - 장안에서 태어났다. "그의 얼굴은 인도인[梵] 같지만 그의 말은 중국인과 똑같았다."89) 그의 뛰어난 동료들과 마찬가지로 그 역시 대품과 소품《반야경》연구의 전문가였다. 건강에 도착한 이후 그는 346-353년의 시기에 정계의 주도적 인물이 된 은호(殷浩, 356년 사망)와 교유하면서 강승연과는 세속 문헌과 불교 경전(의 우월성)에 관하여 토론하였고,90) 유량 및 왕도 - 왕도가 자신의 비非중국적 외모를 놀린 것에 대한 대답이 강승연의 유명한 명구가 되었다91) - 등과도 교유하였다. 축도잠과 마찬가지로 340년경에 수도에서 물러났는데 이는 당시 궁정 주도 세력의 반反불교적 태도 때문이었던 것으로 보인다(아래 내용 참조). 이 '깊은 눈과 우뚝한 코'를 가진 외국인 청담 전문가는 예장산(豫章山, 절강성 남쪽)의 암자로 물러났는데, 그곳은 곧바로 많은 제자와 신자들로 가득하게 되었다. 《세설신어》에는 아마도 당시 사람들의 기술한 것으로 생각되는 그 한가로운 은거생활 – 수도자의 생활과 사족의 이상인 '은둔생 [p.103] 활', 종교와 자유로운 자연생활에 대한 숭배가 완전히 융합되어 있는 – 에 대한 묘사가 실려 있다.

> "강승연이 예장豫章에 살 때 그는 성벽에서 수십 리 떨어진 곳에 암자를 지었다. 암자는 산맥에 기댄 채 긴 강을 마주하고 있었다. 문과 회랑 앞으로는 향기로운 숲이 뻗어 있고, 건물과 정자 사이에는 깨끗한 개울이 흐르고 있었다. 그는 그곳에 편하게 머물면서 연구하고 (경전을) 해설하면서 (참된) 가르침을 맛보고자 하였다. 유공庾公[92]과 다른 사람들이 종종 그를 방문하였다…."[93]

사족 불교의 첫 번째 시기의 이론적 내용에 대해서는 앞에서 이야기한 지민도의 이론에 관한 약간의 단편적 내용을 제외하면 알려져 있는 것이 거의 없다. 축도잠의 제자 중 한 사람이 지민도 이론의 전파자였던 것을 보면[94] 축도잠도 지민도와 일정한 관계를 맺고 있었을 가능성이 높다. 더 많은 내용을 알기 위해서는 동남 지방에서의 지둔과 그 제자들의 활동, 양양 지역에서의 도안과 그 학파의 활동이 나타나는 두 번째 단계까지 기다려야 한다. 어쨌든 건강 지역에서 최초의 사족 승려들에 의해 설해진 불교는 이미 현학과 불교의 혼합물로서, 관심은 있되 제대로 이해하지 못하는 사람들에게 설해지고 있었다.

시리밀라尸梨蜜羅

이러한 융합의 과정의 중심에 있던 인물이 유명한 다라니 전문가인 [백帛]시리밀라尸梨蜜羅이다. 중국 사족 불교의 고립된 존재로 알려져 있는 유일한 순수한 외국인 승려인 그는 이 시기에 수도의 상류층으로 들어와 크게 존경받았다.95) 이른 시기의 전승에 의하면96) 그는 쿠차의 왕자로서 승려가 되기 위하여 왕위를 버렸다고 한다. 영가년간(307-312)에 중국인 피난민들 속에 뒤섞여 남쪽을 떠돌던 그는 건강에서 다름 아닌 왕도王導에 의해 '발견'되어 수도의 귀족 사회에 소개되었다.

이후 숭배자들에 의해 '고좌高座' 즉 높은 자리(의 승려)로 불렸던 그는 청담의 모임들에 참여하였으며, 그곳에서 기백있는 대답 – 통역을 통해서이지만 – 과 멋진 행동으로 많은 사람들의 존경을 받게 되었다. 그가 활발하게 불교의 가르침을 설하였다거나, 그의 인기가 기본적으로 종교적 측면에서 비롯되었다고 하는 자료는 전혀 보이지 않는다. 이와는 반대로 그는 존경스러운 기묘한 인물로 간주되었고, 남쪽 수도에서의 그의 행적을 이야기하는 일화들에는 약간의 – 중세 사족 문화에 전형적이었던 – 기괴함의 분위기도 나타나고 있다. 시리밀라는 중국말을 하지 못하였거나 아니면 못하는 척하였지만97) 그를 초대한 사람들이 하는 이야기의 내용을 통역해 주기 이전에 알아맞추어 그들을 놀라게 하였다. 이는 청담의 이상들 중의 하나였던 '묵회黙會(은밀한 깨달음)'의 일종으로 생각되었다. 그는 또한 보다 전문적인 방법으로 그들을 놀라게 하기도 하였다. 다라니의 전문가로서 그는 주문을 독송하는 능력이 있었는데, 그의 전기에 의하면 그것들은 항상 효과가 있었다고 한다.98) 그는 또한 진언집 세 편의 번역자로 알려져 있으며,99) 그의 진언 독송법은 (중국인?) 제자 멱력覓歷에게 전해졌다고 한다.100) 멱력은 비구니를 위한 율장律藏을 편집 혹은 조작하였는데, 후에 지둔(314-366)과 축법태竺法汰에 의해 이단적인 내용이라고 비판되었다.101)

시리밀라의 동료와 추종자 중에는 당시의 가장 유력한 사람들이 다수 포함되어 있었다. 왕돈과 왕도, 왕도의 라이벌 유량과 그 일파인 변호卞壺, 장군 환이桓彝 – 그는 축도잠과도 친교가 있었다 – 와 그 아들이자 나중에 집권자가 된 환온桓溫, 그리고 미래의 황제인 간문제 등이 그들이다. 시리밀라에 관해서는 더 자세한 것은 알려져 있지 않다. 아마도 당시에는 그와 같은 인물들이 더 많이 있었을 것이다. 《세설신어》의 약간 애매한 문장은 왕도의 저택에서 열린 모임에 참여한 몇 명의 '외국인[胡人]'들에 대하여 언급하고 있는데, 그들은 외국 승려였을 가능성이 있다.102) 우리가 아는 한도 내에서 시리밀라는 위대한 설법가로서 존경받았던 것 같지는 않지만 그렇다고 해도 그의 활동이 사족 사회에 불교의 가르침을 전파하는 데 간접적으로나마 기여하였음은 틀림없다. 권위와 마법의 능력을 가진 외국인 수도자는 사족 사회의 새로운 요소였고, 그에 대한 호기심 섞인 감탄은 (불교의) 가르침을 받아들이는 계기가 되었을 것이다. 전기에 의하면 왕도가 '외국인들 중에서 (이처럼 뛰어난 사람은) 당신이 유일하다'라고 감탄한 것에 대하여 시리밀라는 '내가 여러분들과 같다면 내가 왜 여기에 있겠습니까?'라고 대답하였다고 한다.103) 왕도의 손자인 왕민(王珉, 351-398)이 지은 시리밀라에 대한 찬사에서도 이와 같은 비非중국적 존재의 뛰어남에 대한 놀라움, 더 나아가 중국 도덕의 우월성에 대한 부정 등이 보이고 있다.

이처럼 같은 세대의 사람들을 능가하는 뛰어난 인물이 때때로 저쪽(=외국)에서 나오고, 무리 중의 탁월한 재능을 가진 인물이 여기(=중국)에서 (그들과) 상대가 된다. 그러므로 탁월함과 위대함은 하늘이 준 것임을 알 수 있다. 어찌 중국인 혹은 외국인이라는 것에 의함이겠는가?104)

시리밀라는 335-343년 사이에 80세를 넘은 나이로 죽었다. 그는 늘 자신이 종교적 수행을 하였던 언덕 근처에 묻혔다. 성제(成帝, 326-343)는 그곳에 찰몽소(刹蒙所, 차이티야caitya)를 세우라고 명하였다.˙ 이것은 초기 자료에 보이는 황제에 의한 헌신 행위의 최초의 사례이다.

궁정불교의 시작

이 황제의 재위 기간 동안에 이미 불교는 황제 본인에게까지 미쳤으며, 이는 불교 교단과 가르침의 위상을 높이는데 중요한 역할을 하였음에 틀림없다. 우리는 이미 앞에서 군사 독재자 왕돈의 동생 축도잠과 원제(307/317-323)의 교유에 대하여 살펴보았지만, 그러한 관계를 제외하면 초기 자료들에서 원제가 불교에 대하여 우호적 태도를 보였음을 보여주는 내용은 보이지 않는다. 법림法琳의 《변정론辯正論》에서는 원제가 건강에 와관사瓦官寺와 용궁사龍宮寺를 건립하고 단양丹陽과 수도 출신의 승려 천 명을 그곳에 머물게 하였다고 이야기하고 있지만105) 이것은 명백한 잘못이다. 와관사는 364년 즉 열렬한 불교신자인 애제哀帝 때에 승려 혜력慧力의 요청을 수용한 황제의 명령으로 건립되었다.106) 그리고 원제가 용궁사를 건립하였다는 다른 자료도 확

• 《고승전》의 원문은 '成帝懷其風 爲樹刹塚所'로써, '成帝가 그(=시리밀라)의 덕을 사모하여 그의 무덤이 있는 곳[塚所]에 찰刹(=사찰)을 세웠다'고 해석된다. '총소塚所'를 '몽소蒙所'로 잘못 읽고, 찰몽소刹蒙所를 차이티야로 잘못 해석한 것으로 생각된다-역자

인되지 않고 있다. 이 사찰은 초기 문헌에는 나타나지 않고 있다.

명제(明帝, 323-326)가 독실한 불교신자였음을 보여주는 분명한 자료들이 전하고 있다. 법림은 이 황제가 수도에 흥황사興皇寺와 도량사道場寺를 창건했다고 하는데,107) 이 역시 초기 자료들에서는 확인되지 않고 있다. 5세기 초에 도량사는 수도의 주요 사찰들 중 하나였다. 구나발타라가 415년 경부터 429년에 입적할 때까지 이곳에 머물렀으며,108) 법현이 417-418년에 《대반열반경》을 번역한 곳도 이곳이었다.109) [p.105]

《비구니전》에 의하면 명제는 또한 371년에 건문제와 대화를 나누었던 도용니道容尼의 추종자이기도 하였다.110) 하지만 도용니의 전기에는 전설과 신비로운 이야기가 많이 포함되어 있기 때문에 지나치게 신뢰하지 않는 것이 나을 것이다. 실제로 《법원주림法苑珠林》과 비교해보면111) 대부분의 이야기는 5세기 말에 왕염王琰이 신비롭고 교훈적인 이야기들을 모아 편찬한 《명상기冥祥記》의 내용을 베낀 것으로 확인된다. 하지만 매우 이른 시기의 자료 중 하나에도 명제의 신앙심을 극찬하는 내용이 보이고 있다. 습착치(習鑿齒, 383년경 사망)가 도안道安에게 보낸 편지(365년)가 그것이다.

> 하늘이 내려주신 덕을 품고 계시던 옛 황제 명제께서는 이 가르침을 받들었던 첫 번째 (군주)이셨습니다. 손수 여래의 모습을 그리셨으며 입에는 삼매의 달콤한 침을 머금고 계셨습니다. 산속의 수행자보다도 (보살)계를 엄격히 지키셨으며, 그윽한 도리로 (모든 존재들의) 무생無生의 이치를 밝게 깨치셨습니다. '큰 땅덩어리가 (폭풍우 같은) 소리를 내고 모든 구멍들이 울부짖는 소리를 낼 때'112)에 어질고 지혜로운 모든 군자들이 (황제의 모범에 감동되어서) 참된 가르침에 귀의하였습니다.113)

이런 종류의 글들이 으레 그렇듯이 내용 중 어느 부분이 사실을 이야기한 것이고 어느 부분이 수사적 내용인지 구분하기 쉽지 않다. 습착치는 명제가 직접 부처의 모습을 그렸고, 재가신자가 지켜야 할 5계를 수계하였으며, 그러한 행동을 한 최초의 중국 황제였음을 이야기하려고 한 것으로 생각된다. 그밖의 나머지 내용들은 수사적인 것으로써, 이 신앙심 깊은 황제가 삼매 수행을 하거나 무생법인無生法忍을 깨달았다고 생각해서는 안 된다.

이 황제의 그림 취향에 관해서는 또 다른 언급할 이야기들이 있다. 명제는 유능한 화가로 알려져 있다(당시는 회화가 사족들의 취미로 자리 잡기 시작하는 시기였다). 현존하는 가장 오래된 화론집인 사혁(謝赫, 480년경)의 《고화품록古畵品錄》에서 명제는 다섯 번째 등급에 위치하고 있으며, 다음과 같이 평가되고 있다.

> 형태를 그대로 옮기는 데는 부족함이 있지만 기운과 활력이 충만하고 붓의 놀림이 대단히 뛰어나다.114)

장언원張彦遠에 의하면115) 황제는 왕도의 사촌이자 원제 때의 장군이었고 또한 불화 불화를 그린 적이 있는 왕이(王廙, 276-322) - 내가 아는 한 불화를 그린 최초의 사족 화가이다 - 의 제자였다. 명제가 그린 그림 8축은 6세기 전반까지도 수나라 황실 수장품으로 전해지고 있었다.116) 명제가 낙현당樂賢堂에 그린 부처의 초상은 그가 죽은 지 6년 후인 332년에 논쟁의 대상이 되었다. 당시 (불교를 옹호하던) 팽성왕 사마굉(司馬紘, 342년 사망)은 명제의 그림 덕분에 이 건물이 파괴를 면하였으므로 이를 위한 송頌을 짓게 하자고 황제에게 건의하였다. 하지만 태상경 채모(蔡謨, 281-356)는 '불교는 야만인들의 속된 믿음으로 (유교) 경전의 가르침에 부합하지 않는다'는 이유로 반대하여 실행되지 못하였다.117) 하지만 개인적인 시도는 금지되지 않았던 듯 유량의 [p.106] 먼 친척인 시인 유천庾闡이 지은 〈낙현당송樂賢堂頌〉의 일부가 전해지고 있다.118)

초기 자료에 나타나는 성제 때 궁정의 불교에 대한 유일한 우호적 태도는 시리밀라의 무덤에 기념물을 세우는 것이었다119)(앞의 내용 참조). 그의 재위 후반부는 수도에서의 불교의 쇠퇴기로써 특히 340년 직후가 가장 심하였다. 교단 초기의 후원자였던 왕도와 유량이 죽고 정부는 섭정 유빙에 의하여 장악되었다(앞의 p.96 참조). 이 기간 동안에 사족층의 불교 활동 중심지가 회계 지역(현재의 절강성)으로 옮겨갔고, 축도잠은 수도를 떠났다.

> 원제와 명제가 죽고(326년) 왕도와 유량 또한 죽자(339/340년) 그는 당시의 어려운 상황들을 피해서 섬산(剡山, 회계 남쪽)에 은거하였다. 그러자 그의 가르침을 따르던 사람들 역시 (섬산의) 사찰에 따라와 정착하였다.120)

같은 시기에 수도의 가장 유명한 사족 승려인 지둔(314-366) - 당시는 아직 20대에 불과하였다 - 역시 수도를 떠나 같은 지역으로 이주하였다가 상황이 우호적으로 바뀐 애제의 집권 초기(362년경)에 수도로 돌아왔다.121) 이들 승려와 그 제자들은 회계에서 후에 간문제(재위 371-373)가 되는 회계왕 사마욱司馬昱이라는 열렬한 신자를 발견하였다. 앞에서 우리는 강승원이 비슷한 시기에 수도를 떠나 예장산의 한가로운 암자로 옮겨간 사실을 보았다.

(《고승전》과 《출삼장기집》의) 전기자료들은 불교계의 지도적 승려들이 수도를 떠난 이유에 대하여 아무런 언급도 하지 않고 있다. 하지만 우리가 다른 자료들 -《홍명집》에 수록되어 있는 일련의 문장들 - 을

살펴보면 어떤 일이 있었는지 분명해진다. 불교는 수도의 두 지배적 정파의 갈등에 연루되어 있었고, 340년 바로 그 시점에 최상층 내부에서 심각한 논쟁이 시작되었다.

승가의 자율성에 관한 논쟁(340년)

340년에 유빙과 유익庾翼이 이끄는 유씨 정파의 세력은 정점에 달하였다. 앞에서 본 것처럼(p.96), 왕도가 사촌(=왕돈)의 반란 실패 이후 점차적으로 인망을 상실하는 가운데 그와 권력을 분점하고 있던 경쟁자 유량의 계책에 의해 유씨가 패권을 잡게 되었다. 앞에서 언급한 초기 단계의 사족 불교와 왕씨 집안과의 특별한 관계를 고려할 때 유씨 일파의 지도자들이 상대파에 의해 후원받는 신앙이 정부 내에서 영향력과 인기를 확대해가는 것에 반대하였음은 극히 자연스럽다고 할 수 있을 것이다. 유량은 여전히 축도잠, 강법창, 시리밀라 등의 저명한 승려들과 친밀한 관계를 유지하였다. 하지만 그가 죽자마자 유빙은 어린 성제의 섭정으로서 자신이 사용할 수 있는 방법을 모두 활용하여 교단 세력을 억제하려고 하였다. 자연히 그가 제안한 방법들은 이제는 왕도의 오래된 동지이자 가장 절친한 동료였던 하충(何充, p.96 참조)이 이끄는 왕씨 일파의 반대에 부딪치게 되었다. 정치가로서 하충은 유씨의 세력을 성공적으로 침식시키는 한편 – 특히 345년에 최종적으로 승리한 이후 – 적극적으로 불교 교단을 육성하고 후원하였다. 논쟁의 초점은 불교 교단이 군주에게 존경을 표하지 않을 권리, 즉 세속 정부의 권위에 종속되지 않는 자율적 조직을 구성할 것을 주장한 것이었다. 중국 불교의 가장 본질적이고 특징적인 모습이라고 할 수 있는 이 갈등의 일반적 성격에 대해서는 다른 장에서 검토할 것이다. 오랜 논쟁 끝에 유빙의 계획은 철회되었다. 하지만 찬탈자

[p.107]

환현이 승가를 자신의 권력에 종속시키려고 하였던 403년에 또 다시 논쟁이 일어났다. 이때에도 왕씨 일파의 지도자가 승려들이 세속과 다른 집단으로 남아 있을 권리를 성공적으로 방어해 준 사실은 불교 교단 – 특히 수도의 – 의 성쇠가 대표적 사족 집안 혹은 정파들의 정치적 갈등 및 투쟁과 긴밀하게 연결되어 있음을 보여주는 명확한 증거이다.

관련되는 자료들122) – 그들은 모두 이 장의 부록에 번역하여 제시하였다 – 에서는 이 논쟁에 참여한 유빙 일파의 이름을 언급하고 있지 않지만, 유빙의 휘하에서 관직을 시작하였던 채모蔡謨가 그들 중 한 사람이었음은 틀림없다. 그는 유빙 집권기에 최상위 관직으로 승진하였다가 유씨 세력이 몰락한 직후(345/346년)에 모든 관직을 박탈당하였고, 350년에는 죄인으로 처벌되어 서인으로 신분이 강등되었다.123) 앞에서 그가 이미 332년에 불교를 '야만인들의 속된 믿음'이라고 표현하면서 불교에 대한 비판적 태도를 지니고 있었음을 언급하였는데, 그뿐 아니라 도선이 편집한 《광홍명집》에 불교에 대한 대표적 '박해자' 중 한 사람으로 그의 이름이 등장하고 있다.124)

이 글들에는 하충 일파의 인물 네 사람의 이름이 들어 있는데, 그들이 어떠한 인물인지를 검토해 보면 불교에 대한 논쟁이 두 정파의 갈등과 밀접한 관련이 있다는 견해가 더욱 확실해진다. 그들 중 한 명인 사광謝廣은 어떤 인물인지 확인되지 않지만, 두 번째 인물인 저삽(褚翜, 275-341)125) – 그는 340년에 (하충이 장관을 맡고 있던) 상서성의 제1차관(=상서좌복야)을 맡고 있었다 – 은 왕도의 가까운 동료로서 이미 327년에는 시중侍中을 역임하였다.126) 하충은 저褚씨 집안, 특히 강제康帝의 황후 저씨의 부친인 저부褚裒 및 저부의 삼촌인 저삽과 밀접한 관계를 맺고 있었다. 저삽의 불교에 대한 공감은 더 이상 알려진 것이 없지만 저황후 및 그의 부친은 모두 불교 신자였다.

저삽의 동료로서 상서성의 제2차관(=상서우복야)를 맡고 있던 제갈회(諸葛恢, 284-345)[127] 역시 왕도의 중요한 협력자로서, 그는 321년부터 이 직책을 맡고 있었다. 마지막 인물인 풍회馮懷에 관해서는 잘 알려져 있지 않고, 《진서》에도 전기가 수록되어 있지 않다. 《세설신어》의 주석에 인용되고 있는 풍씨의 족보(《풍씨보馮氏譜》)에 그에 관한 내용이 일부 보이고 있는데,[128] 여기에서 그는 태상太常의 관직과 호국장군護國將軍이라는 작위를 가지고 있는 것으로 나타나고 있다. 그의 불교에 대한 공감 혹은 관련성은 그가 건강에 있는 백마사에서 유명한 승려 지둔과 토론하는 모습을 묘사하고 있는 《세설신어》(권1하 19a)에 보이고 있다.

유빙의 출발점은 신성한 인간적 관계라는 유교의 이념, 즉 '현재 왕조에 의해 폐기될 수 없는 원칙과 법률의 위대한 형식'(첫 번째 칙령)에 기초하고 있는 세속 정부의 보편성이었다. 인간적 관계로 구성되어 있는 이 세계는 '이 세계 너머에 있는 것에 관심을 보여서'는 안 되며, '어중이떠중이들이 함부로 법을 무시하게 해서'도 안 된다(첫 번째 칙령). 고대의 위대한 성인 군주들은 누구도 '외국의 풍습이 정부의 통치를 방해하거나 과장되고 허황된 이야기들이 (통치자의) 교화에 섞이는 것을 용납'하지 않았다(두 번째 칙령). 질서와 정부에 대한 존중이야말로 국가의 가장 중요한 기초로써 '정부의 모든 기본적 원리는 이에 의거하여야' 했다(두 번째 칙령). 어떠한 권력도 군주의 유일하고 절대적인 권위와 함께 존재할 수 없으며, '오직 하나의 (정부의 가르침만이) 있을 수 있다. 만약 둘이 있게 되면 그 결과는 무질서'가 된다(두 번째 칙령).

승려들도 예외적 존재가 아니므로 그들은 특권을 주장할 수 없다. 그들은 '단지 진나라의 백성'일 뿐이다(첫 번째 칙령). 그들의 가르침은 '우원하고 애매하며 확실하지 않은' 쓸모없는 것으로, 누구도 부처가 실제로 존재하였는지를 확인할 수 없다(첫 번째 칙령). '그리고 설사 실제로 존재하였고, 그 가르침이 참이라 하더라도, 사람들은 그것은 자신의 정신 속에서 깨닫고 자신의 마음속에 간직하면 된다. 그 이상은 안 된다'(첫 번째 칙령).

누구나 자유롭게 불교의 가르침을 믿을 수 있지만 종교와 실제 생활은 분리되어야만 하였다. '그들이 개인적으로 혹은 가정 내에서 신앙 행위를 하는 것은 아무런 문제가 없다. 하지만 그것을 국가적으로 혹은 궁중에서 행하는 것은 안 된다'(두 번째 칙령). 관료들은 국가를 위하여, 즉 복종과 질서를 위하여 자신들의 개인적 취향을 포기하여야만 하였다. 그들은 사적인 대화에서는 불교에 대한 호감을 표현할 수 있지만 '정부의 문제를 토론할 때에는 국가의 기본적 원칙을 강조하여야만 한다'(첫 번째 칙령).

유빙의 이야기는 사족 내부의 반反불교적 집단 전체의 전형적인 입장으로서, 불교 교단이 사회의 상층부로 파고들어가면서 지배계급의 관심을 끌고 있을 때에 직면하였던 거대한 이념적, 실제적 장애물이 어떠한 것이었는지 잘 보여주고 있다.

한편 이러한 논의에 대항하여 하충과 그의 일파가 제시한 반론들은 훨씬 미약해 보인다. 그들은 일반적으로 역사적 선례들의 권위에 의존하였다. 이전의 황제들은 결코 승려들의 자유를 제한하지 않았으며, 그러한 입장에서 벗어날 이유가 없다고 이야기하였다(첫 번째 탄원서). 또한 불교가 국가에 크게 도움이 되므로 정부는 불교를 장려해야 한다고 하였다. 즉 첫째로, 불교는 유교와 마찬가지로 덕행을 강조하므로 불교 신자들은 법률을 잘 지키는 선량한 신민들이 될 것이며, 불교 신자들이 지키는 '5계는 군주의 교화 행위에 크게 도움을 줄 수 있다'(두 번째 탄원서). 즉 불교 계율을 성실하게 지키는 것은 세속의 의례와 예절과 마찬가지인 것이다(세 번째 탄원서). 둘째로, 불교

의례의 초자연적 영향력으로 인하여 '(불교 승려들이) 불러오는 축복은 언제나 (국가에) 도움이 되'며, 승려들은 모든 종교적 의식에서 국가의 안녕을 빌면서 '국가가 무한한 즐거움을 누리도록 한량없는 감정으로 기원하는' 등 군주에 대하여 철저한 충성을 보이고 있다(세 번째 탄원서). 칙령처럼 승려들에 대한 규제를 실시하는 것은 그 가르침을 파괴하는 것인데, '선행을 장려하는 풍습'-불교를 의미한다-은 국가의 안녕에 꼭 필요한 것이다. 따라서 현재의 상황이 계속 유지되어야 한다(두 번째 탄원서).

[p.109] ## 하충의 불교 후원

반대파 세력을 물리친 후 하충 일파와 그들의 동맹자인 저씨 집안은 수도의 불교를 육성하기 위하여 많은 노력을 하였다. 하충은 축도잠, 지둔과 친밀한 관계를 맺었는데, 그는 실제로 최고위층 관료 중에서 최초의 진실된 신자였다. 그의 전기에 의하면 '그는 불교 경전(의 가르침)을 좋아하였으며, 거대한 (규모의) 불교 사원을 건립하였고, 수백 명의 승려들과 사귀었다. (그 과정에서) 그는 막대한 재산을 아무런 거리낌 없이 쓰면서도 가난하게 된 친척이나 친구들에게는 아무것도 주지 않았다.'129) 《세설신어》주석에 인용되고 있는130) 손성(孫盛, 302-373년경)의 《진양추晉陽秋》라는 진나라 역사서에는 '하충은 양주자사로 있을 때에 (불교 사원을 건립하기 위하여) 관료와 백성들을 노역에 동원하였고, (이 공사를 위한) 공덕을 쌓는 일에 수만 금을 썼다. 이 때문에 그는 가깝고 먼 곳의 모든 사람들로부터 놀림받았다'고 기록되어 있다. 하충의 헌신을 조롱하는 다음과 같은 이야기도 전해지고 있다.

하차도(何次道, 하충)는 종종 와관사瓦官寺131)에 가서 대단히 열심히 (부처를) 예배하였다. 완사광(阮思曠, 阮裕, 300-360년경)이 그에게 '각하의 야망은 우주보다 크고, 각하의 용기는 과거와 현재의 (영웅들을) 능가합니다'라고 하였다. 하충이 '그대는 오늘 왜 갑자기 나를 그렇게 칭찬하는가'라고 묻자 완유는 '저는 수천 호를 다스리는 자사가 되려고 하여도 아직 되지 못하였는데, 각하께서는 부처님이 되려고 하시니 그렇게 큰 것이 아니겠습니까'라고 대답하였다.132)

두 명의 극씨 - 극음郄愔과 극담郄曇 - 는 도교 신자이고, 두 명의 하씨 - 하충과 동생 하준何準 - 는 불교 신자인데, 모두 돈으로 (자신들이 믿는 각각의 신을) 매수하려고 하였다. 사만謝萬이 말하기를 '두 명의 극씨는 도교의 신에게 아첨하고, 두 명의 하씨는 부처의 환심을 사려고 한다'고 하였다.133)

하충의 동생 하준 역시 열렬한 불교 신자였다. 그에게 부여된 어떠한 관직도 받아들이지 않고 은둔 학자로 지내면서 '오직 불교 경전을 읊고 사원을 건립하면서'134) 지냈다. 그는 목제穆帝의 황후 하씨의 부친이었다.

죽기 직전에 하충은 비구니 명감明感의 요청에 의해 남쪽 수도에 최초의 비구니 사찰을 건립하였다. 명감은 다른 수십 명의 비구니들과 함께 양자강을 건너왔는데, 당시 사공司空이었던 하충은 그녀를 크게 칭송하고 그녀에게 자신의 저택 중 하나를 주어 건복사建福寺로 이름하였다.135) 이곳에는 이후에 344년에 남쪽 수도에 도착한 또 다른 피난민인 팽성 출신의 혜담慧湛 비구니도 주석하였다.136) 몇 년 후인 354년에는 하충의 조카딸인 하황후가 비구니 담비曇備를 위하여 또 다른 비구니 사찰인 영안사永安寺 - 나중에 하후사何后寺로 불리게 되었다

— 를 창건하였다.137)

하황후는 어린 황제 – 겨우 두 살 때인 354년에 즉위하여 18세가 되는 361년에 사망하였다 – 의 주위에 있던 유일한 여성 불교 신자가 아니었다. 하충 일파인 저부褚裒의 딸인 저褚황후는 384년에 죽을 때까지 다섯 황제의 치세 동안 궁중에서 가장 영향력 있는 인물이었다. 그녀는 강제(재위 343-345)의 황후였고, 목제(재위 345-361), 애제(재위 363-366), 쫓겨난 황제 사마혁(司馬奕, 재위 366-371), 그리고 효무제(재위 373-397)의 섭정을 담당하였다.

[p.110]   361년에 저태후는 황제를 치료하기 위하여 의료 기술로 명성이 높던 우법개于法開를 궁중으로 불렀다.138) 345년에 그녀는 비구니 승기僧基를 위하여 연흥사延興寺를 세웠고,139) 수도에 청원사靑園寺를 세우도록 명령하기도 하였다.140) 후에 이 절은 430년경에 용광사龍光寺로 이름이 바뀌었다.141) 법림은 이 유명한 사찰이 애제에 의해서 건립되었다고 하는데, 실제로 그의 치세 동안에 건립되었을 가능성이 있다.142) 370년에 찬탈자 환온에 의하여 불행한 사마혁이 퇴위되던 (아래 내용 참조) 때에도 '(저)태후는 법당에서 향을 사르고 있었다고' 한다143)(다른 자료에는 경전을 읽고 있었다고 한다144)). 이와 같이 하충과 그 일파인 저씨의 활동은 여러 방면으로 궁정에서 불교의 위상을 공고화하는 데 기여하였다. 비구니들이 담당한 역할의 중요성도 주목될 필요가 있다. 4세기 중엽 황실의 비구니들에 대한 후원은 궁정과 정부에 대한 그녀들의 영향력을 생겨나게 하였다. 그 영향력은 5세기 초에는 위험한 모습을 띠게 되었다.

III. 두 번째 시기(약 346-402년)

환桓씨, 사謝씨, 사마도자司馬道子의 집권과 주요 정치적 사실들

4세기 후반은 군사 행동의 시기였다. 외국의 오랑캐들로부터 북쪽 지역을 수복하려는 몇 차례의 시도와 함께 내부적으로는 환桓씨 집안의 군사독재 및 이 집안의 장군들에 의한 황위 찬탈 시도들이 있었다.

하충은 유씨 일파를 제압하기 위한 정책으로 군사적 성향을 지닌 신흥 가문에 의지하였다. 형주출신의 강력한 대토지 소유자인 환씨 집안은 귀족 계보를 자랑할 수 없었다. 환씨 집안은 장군 환이(桓彝, 276-328) 때부터 유명해지기 시작하였고, 이후 한나라 때까지 거슬러 올라가는 계보를 만들기 위한 시도들에도 불구하고 여전히 벼락출세한 집안으로 간주되고 있었다.145) 환씨는 자신들의 임무를 확실하게 수행하였다. 345년에 이미 유씨 집안의 두 중심적 인물인 유방지庾方之와 유원지庾爰之를 예장으로 유배 보냈고,146) 이후에도 환온은 여러 차례에 걸쳐 유씨 세력을 제거하였다.147) 같은 해인 345년에 환온은 많은 문·무의 직위를 차지하면서 곧바로 제국에서 가장 큰 권력을 가진 인물이 되었고, 이 직위들을 373년에 죽을 때까지 그대로 차지하였다. 이후 새로운 집단이 수도와 동남부 지역을 차지하고 궁정의 주도권을 장악하게 되었지만 중부 지역에서의 환씨 세력은 흔들림이 없었다. 환온의 아들 환현의 재등장은 404년의 성공적인 쿠데타와 단명에 그친 초楚왕조의 성립으로 이어졌다.

궁정은 처음에는 저부褚裒와 섭정 사마욱司馬昱, 왕도의 조카이자 유명한 서예가인 왕희지 등의 지원을 받는 은호殷浩에게 의지함으로써 환온에 맞서려고 하였다. 은호는 반대파를 이끌고서 위험한 장군(=환온)의 세력에 맞서야 하는 입장이었고, 그는 이 역할을 자신의 정책이 완전히 실패하고 몰락하는 353년까지 잘 수행하였다.

두 정파는 모두 자신들에게 불멸의 명예를 가져다주고 반대파를 영원히 침묵시킬 수 있는 업적, 즉 추방된 사족들의 '민족적 치욕'을 끝[p.111]낼 수 있는 북쪽 지역의 '해방'을 성취하고자 하였다. 그리고 350년에 멋진 기회가 찾아왔다. 석호石虎의 제국(=후조)이 붕괴되고 황실 일족은 20만 명의 갈羯족과 함께 학살되었다(앞의 p.85 참조). 북쪽 지역은 전체적으로 다시 혼란에 빠져들었다. 서로 다른 종족의 군사 지도자들과 살아남은 석石씨 집단, 북서쪽의 선비족 국가 연燕의 장수들이 '후조後趙'의 유산을 차지하기 위하여 싸우고 있었다. 그렇지만 유리한 상황은 오래 지속되지 않았다. 진공 상태는 곧 다시 채워졌다. 350-352년에 연은 북서부 지역을 정복하고 수도를 현재의 북경 근처에 건립한 후, 진晉에 대한 명목상의 충성을 던져버리고 선비족 모용慕容씨가 다스리는 제국을 수립하였다. 갈족 제국(=후조)의 다른 지역에서는 같은 원原티베트 종족인 포蒲씨와 요姚씨의 두 장군 가문이 유력하게 대두하였다. 350년에 포씨의 지도자는 경쟁자를 물리친 후 (신탁에 따라서) 자신의 성을 부苻로 바꾸고 스스로를 '대도독대장군대

선우삼진왕大都督大將軍大單于三秦王'이라고 칭하였다. 352년에는 그의 아들 부견苻堅이 진(秦=전진前秦)의 황제가 되었다. 그의 제국의 영역은 중부 지역과 위魏 분지로 구성되어 있었고 수도는 장안에 두었다. 요씨의 중심인물 요양姚襄은 일시적으로 진晉으로 망명하여 자신의 군대와 함께 한족 군대의 장군으로 있으면서 북쪽의 권력을 장악할 기회를 기다리고 있었다.

남쪽의 건강 정부는 349/350년의 중요한 시기에 북쪽에 대한 공격을 망설이고 있었고, 그 결과 군사 행동을 위한 절호의 기회를 놓치고 말았다. 그리고 350-352년의 시기에 4세기의 유일한 위대한 장군이었던 환온은 세력을 급속하게 확장해가고 있는 부견을 공격해도 좋다는 중앙 정부의 허가를 받기 위하여 필사적으로 노력하고 있었다. 하지만 (환온에 대하여) 두려움을 가지고 있던 궁정은 그의 요청에 회답하지 않았다. 352년에 중앙정부는 반대되는 움직임을 보였다. 환온의 경쟁자인 은호가 북쪽을 공격하라는 명령을 받은 것이다. 하지만 이것은 완전한 실패로 끝났다. 은호 부대 일부의 지휘권이 티베트족인 요양에게 맡겨져 있었다는 믿기 어려운 사실 때문이었다. 353년에 요양은 갑자기 은호를 공격하여 그의 군대를 약탈하고 연으로 달아났다. 불행한 총사령관은 부대의 남은 무리를 이끌고 건강으로 돌아오고 말았다. 이 패배는 은호와 그 정파의 궁정에서의 운명에 종지부를 찍고 말았다. 의기양양해진 환온은 은호의 처벌을 요구하였고, 궁정은 그에 굴복할 수밖에 없었다. 같은 해(353년)에 은호는 서인 신분으로 강등되어 동양東陽의 신안(信安, 절강성 서부)으로 유배되었고, 그곳에서 356년에 죽었다. '그때부터 궁정과 (수도) 바깥의 최고의 권위는 모두 환온의 수중에 들어가게 되었다.'148)

354년에 환온은 군대를 이끌고 북쪽으로 가서 수년 동안 연과 진秦을 공격하였다. 이들 지역에 사는 한족들 사이에서, 특히 356년에 그가 요양이 지휘하는 연의 군대를 몰아내고 거의 50년 동안 이민족이 차지하고 있던 옛 수도 낙양을 성공적으로 탈환한 이후에, 그의 명성과 인기는 계속 높아져 갔다. 이 '해방 전쟁'에 대한 다음과 같은 묘사는 환온의 군사적 명성과 농촌 주민들 사이에서의 깨어나는 민족주의를 잘 보여주고 있다.

[p.112] 사람들은 다투어 고기와 술을 가지고 (군대를) 환영하였다. 남자와 여자들은 길 양 옆에 서서 그들을 바라보았다. (이민족에게 정복당하기 이전의 시대를 기억하는) 노인들은 눈물을 글썽이며 말하였다. '우리는 지금까지 관군官軍을 다시 보리라고 생각하지 못하였다!'149)

환온은 북쪽에서의 명성을 이용하기 위하여 곧바로 수도를 건강에서 낙양으로 옮기려고 시도하였다. 하지만 이 계획은 그의 의도를 잘 알고 있던 정부에 의하여 거부되었다. 환온의 애국심의 참된 동기는 그가 자신의 계획이 실패하자 곧바로 북쪽을 버리고 달아난 것에서 잘 드러나고 있다. 결과적으로 부견은 357-376년 사이에 북쪽 지역을 별다른 저항없이 장악할 수 있었다. 360-373년 사이에 환온은 오래된 적인 은씨와 유씨를 무자비하게 숙청하고 자신의 지위를 확고하게 하였다. 하지만 같은 시기에 환온 휘하에서 경력을 쌓은 장군들인 사謝씨 집안 사람들 – 사안謝安, 사상謝尙, 사혁謝奕, 사만謝萬 – 에 의하여 새로운 정파가 형성되었다. 환온의 가장 가까운 동료이자 궁정에서의 대변인은 극초(郄超, 336-377)였다. 그의 불교에 대한 신앙과 지식에 대해서는 나중에 자세히 살펴보게 될 것이다. 두려움이 많았던 극초는 환온과 함께 황위 찬탈을 계획하였다. 하지만 371년에 어린 (황제) 사마혁을 폐위시킨 후 황위를 찬탈하려던 계획은 실패로 돌아갔다. 다음의 꼭두각시 황제인 건문제(재위 371-373) – 학자이자 불교에 공감하던 청담 전문가 – 는 황위를 환온에게 넘길 것으로 기대되었지만 373년에 환온이 죽음으로써 전체적인 계획이 실패로 돌아가고 말았다.

궁정의 권력은 사안과 그 일파의 수중으로 들어가게 되었는데, 그 과정에서 저태후가 중요한 역할을 하였다(앞의 p.109 참조). 사씨 지도자들의 명성 역시 군사적 성공에서 비롯되었는데, 이 경우에는 방어적인 것이었다. 376년 이래 북중국 전역과 중앙아시아의 교통로를 장악하고 있던 전진의 황제 부견은 제국 재통일을 위한 마지막 단계로 나아갔다. 379년에 양양襄陽, 순양(順陽, 현재의 호북성 광화光化 지역) 같은 전략적 도시들이 함락되었고, 티베트 제국의 다른 군대가 회수淮水 지역으로 진군하였다. 다시 383년에 대규모 공격이 있었다. 네 개의 대규모 부대로 구성된 백만 명 이상의 군인들이 남쪽으로 진군하였다. 그때 도저히 믿을 수 없는 일이 일어났다. 회수의 남쪽 지류인 비수淝水에서 전진의 군대와 중국 군대 사이의 전투가 벌어졌는데 티베트 군대와 그 동맹군 사이에서 돌연한 공포가 발생하였다.[150] 그에 뒤이은 학살과 혼란은 실질적으로 전진 제국의 종말을 가져왔고, 그 잔해 위에서 마침내 승자가 된 요양姚襄이 후진(後秦, 384-417) 제국을 건설하였다.

사안이 위대한 승리를 거두고 돌아오면서 상황은 다시 변하였다. 그의 일파 중 일부가 새로운 정파를 형성하여 수도와 궁정의 권력을 장악하였다. 이 정파의 중심 인물은 그의 사위인 왕국보王國寶와 그의 조카이면서 효무제(재위 373-397)의 동료였던 회계왕 사마도자司馬道子였다. 그들의 책략에 의하여 사안과 그 일파는 곧 수도의 거점을 상실하였다. 사안은 요새화된 도시인 양자강 북쪽의 광릉(廣陵, 현재의 강소성 강도江都 근처)으로 물러나 385년에 죽을 때까지 그곳에 머물렀다.

[p.113]   이때부터 동남부 지역과 수도의 모든 정치적 권력은 왕국보(및 그 조카 왕서王緒)와 사마도자(및 그 아들 사마원현司馬元顯)에 의해 독점되었고, 이들이 궁정을 마음대로 운영하였다. 두 명의 독재자와 그들의 꼭두각시 황제 주위에 소규모 파벌과 정파들이 모여들어 유례없는 부패와 착취 속에서 자신들의 몫을 챙기려 하였다. 하지만 진나라 중부 지역의 야망을 가진 고관과 장군들 - 왕공王恭, 은중감殷仲堪, 극회(郗恢, 환온의 동료 극초의 친척), 왕밀(王謐, 왕도의 손자) 등 - 을 중심으로 사마도자 일파에 대한 저항세력이 생겨났고, 이들은 비밀리에 공포에 젖은 황제와 태후의 지원을 받았다. 저항세력의 중심지는 392년부터 은종감이 자사로 있던 형주(荊州, 현재의 호북성과 대략 일치함)였다. 하지만 환씨의 영지가 자리하고 있는 강릉江陵에 거점을 두고 있던 은중감은 곧바로 이 지역 세력가인 환현(369-404)에게 주도권을 넘겨주게 되었다. 환현은 373년에 진나라 찬탈의 성공 일보 직전에까지 갔던 환온의 아들이었다. 능력있고, 대단히 부유할 뿐 아니라 자신의 동료와 적들, 특히 그를 수도에서 멀리 떨어진 낮은 위치에 두려고 노력하였던 사마도자에게 두려움의 대상이었던 환현은 환씨 가문의 영광을 회복하고 자기 아버지의 이루지 못한 사업을 완성하려는 야심을 가지고 있었다.

　　396년에 긴장은 더욱 심화되었다. 사마도자와 왕국보는 효무제를 암살한 후 말도 못하고 스스로 옷도 갈아입을 수 없어서 항상 누군가가 돌봐주어야 하는 저능아 - 안제(安帝, 재위 397-419) - 를 황제의 자리에 앉혔다. 397년에 왕공, 은종감, 환현을 중심으로 한 군사적 동맹이 결성되었고, 이들은 왕국보의 처형을 요구하였다. 두려움을 갖게된 사마도자는 자신의 동료를 처형하였다. 환현의 권력은 증대되었다. 398년에 그는 강주江州 자사의 지위를 차지하였고, 399년에는 이웃 지역인 형주를 혼란에 빠뜨린 홍수를 틈타 형주를 공격하여 자사 은중감을 죽이고 자신의 영토에 편입시켰다. 1년 뒤(400년) 그는 정부로부터 형주와 강주의 자사 및 여덟 개 지역 군사 지휘관의 직위를 인정받았다. 이때부터 그는 제국의 실질적 주인이 되었다. 중앙정부는 단지 양주(절강성과 강소성 남부)만을 통치하였는데, 이 시기에 이 지역은 군사 지도자이자 도교 '주술사' 손은孫恩의 군대에 의하여 약탈되고 있었다(아래에 서술). 손은과의 전쟁은 402년에 환현의 군대가 수도에 들어갈 수 있는 기회를 제공하였으며, 이 사건은 이 책에서 구분하는 동진의 세 번째이자 마지막 시기의 시작이 된다.

345-400년 시기 중국 영토 내 불교의 전체적 동향

앞에서 4세기 후반에 진나라의 중부와 동부지역이 두 개의 세력권을 형성하는 것을 살펴보았다. 즉 수도와 제국의 동부 및 동남부 지역('동토東土' 즉 강소성 남부와 절강성 지역)은 황실의 지배하에 있었던 반면 중부지역 특히 강주와 형주 지역(대략 현재의 강서성 및 호북성 지역)은 대부분 반半독립적인 지방장관과 군사령관들에 의하여 지배되고 있었다. 이 시기의 불교에도 이러한 정치적 상황의 흔적이 나타나고 있다. 수도와 동부지역에서는 황실과 귀족층 그리고 수도의 정치적 삶과 밀접한 관련을 맺고 있는 새로운 불교 거점들이 생겨났다. [p.114] 반면에 지방 사족들의 후원을 받는 중부지역에서는 궁정과 간접적인 관계만을 맺는 다른 중요한 (불교) 공동체들이 발전하였다. 사상적으로 그들은 더욱 독립적이고 창조적이었으며, 동시에 북쪽으로부터의 영향에 훨씬 개방적이었다. 365-379년 시기의 양양(襄陽, 호북성 북쪽의 한수漢水 유역에 위치)과 380년경 이후의 여산(廬山, 강서성 북부의 구강九江과 성자星子 사이에 위치), 형주의 치소인 강릉 등이 그러한 지역이었다. 이들 지역의 불교 지도자 — 양양의 도안道安과 여산의 혜원慧遠

- 및 그들의 많은 제자들은 북쪽에서 온 사람들이었다. 그들의 교리적 입장은 북쪽 불교 – 경건한 수행과 명상, 주술을 중시하고 초기에 번역된 경전에 의거하고 있었다 – 와 남쪽 사족 불교 – 현학 및 《반야경》과 《유마경》에 의거한 대승불교의 개념과 존재론적 사고가 독특하게 혼합되어 있는 보다 지적인 성격이었다 – 를 결합한 것이었다. 수도와 동부지역에서 유행하고 있던 사족 불교 역시 이들 지역의 불교로부터 반복적으로 새로운 영향을 받고 있었다. 다른 지역들에도 불교는 계속 확대되어 갔다. 고립된 사천지역과 먼 남쪽의 광주 근처의 나부산羅浮山 지역에 확립되어 있던 초기 공동체들은 해당 지역의 도교 근거지에 불교적 요소들을 침투시켜 가고 있었다.

북쪽에서는 불교가 독자적으로 발전하고 있었다. 310-380년의 시기에 대해서는 후조 황실의 궁정 승려로 활약하였던 불도징佛圖澄과 그 제자들의 주술적 활동 이외에는 아무것도 알려져 있지 않다. 3세기 불교의 두 중심지인 장안과 낙양의 이 시기의 운명에 대해서는 아무런 정보도 남아 있지 않다. 379년에 티베트족 황제 부견이 정복한 양양에 있던 도안을 장안으로 옮겨오게 한 후에 북쪽 불교의 새로운 시대가 열리게 되었다. 중앙아시아와 인도로부터 새로운 전도자와 경전·사상이 유입되었고, 국가의 보호와 감독하에 대규모 번역 사업이 시작되었으며, 새로운 경전 해석법 및 번역 기술과 함께 다수의 (소승과 대승 양쪽의) 경전과 연구 문헌들이 출현하게 되었다. 5세기 초기 수십 년 동안에 북쪽 불교의 요소들이 점차적으로 남쪽 – 특히 장안의 구마라집 학파와 밀접하게 교류하고 있던 혜원이 거주하는 여산 – 에도 전해지게 되었다. 한나라 말기 이후 세 번째 승려들의 대규모 남하가 일어났고, 그에 따른 새로운 사상과 이론의 전파는 남쪽 불교를 완전하게 변화시켜 마침내 중국적 학파들을 탄생시키게 되었다.

4세기 말에서 5세기 초의 북쪽 불교의 역사는 별도의 연구로 다루

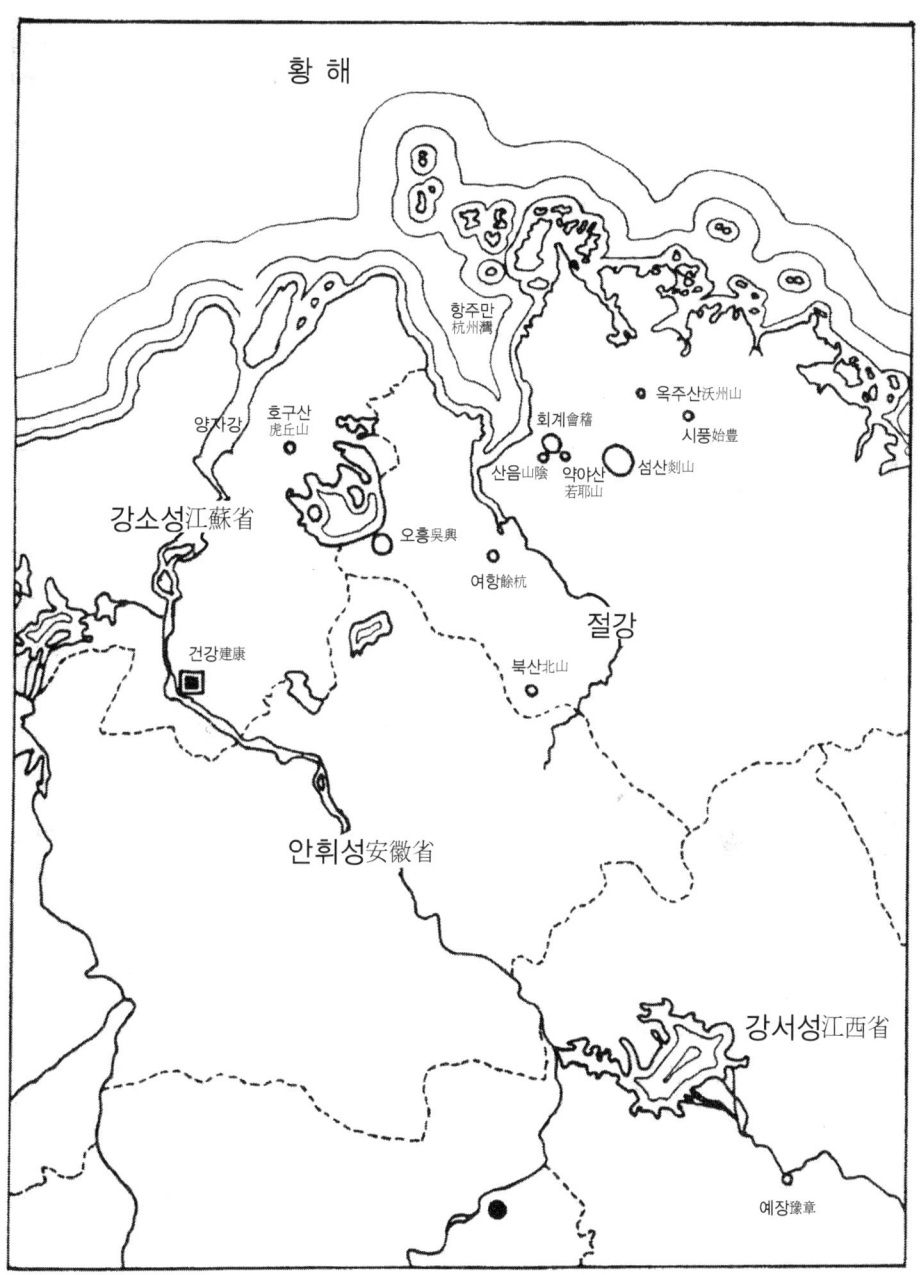

〈지도 5. 4세기 '동쪽 지역'의 불교〉

제3장 건강建康과 동남지역의 불교(약 320-420년)

어야만 할 대단히 복잡한 주제로써, 장안과 북서부 지역의 상황뿐 아니라 같은 시기 중앙아시아와 인도에서의 불교의 동향, 동북부 지역 선비족 탁발씨 위나라(=북위)와 한반도의 고구려와 신라에서의 불교의 수용, 그리고 이민족 통치자들의 불교 교단과 사상에 대한 태도 및 그러한 태도의 배후에 있는 동기들을 전체적으로 검토해야 할 것이다. 여기에서는 이러한 내용을 모두 다룰 수 없으므로 단지 같은 시기의 남쪽에서 일어난 일들과 직접적으로 관계되는 북쪽 불교의 양상들에 대하여만 살펴보고자 한다.

[p.116]

양자강 분지에서 불교는 최상층 사족 사회에 뿌리를 굳게 내리고 있었다. 현직에 있는 고위 관료와 장군들은 물론 그들과 반대로 공직 생활의 어려움과 위험으로부터 벗어나기 위해 은둔하고 있는 학자들 사이에도 신자들이 존재하였다. 첫 번째 형태의 신자들이 수도와 동부지역을 주도하였고, 두 번째 형태의 신자들은 젊은 귀족 출신 신자들의 회합처이자 피난처라는 중요한 부차적 기능을 담당하고 있던 여산의 불교 거점에 많았다.

지둔[支遁(지도림支道林), 314-366년]

궁정에서 승려들의 위상에 대한 논쟁이 일어났던 340년 및 그 직후에 지도적 승려 몇 사람이 수도에서 동부 지역(강소성 남부와 절강성) – 주로 회계와 섬(剡, 현재의 항주만 남쪽의 승嵊 지역) 지역의 산들 – 으로 옮겨갔다. 이 지역은 4세기 말까지도 반란군이나 군사 집단에 의해 방해받지 않던 비교적 평화로운 지역이었다. 불교는 상당히 이른 시기부터 동부지역으로 침투해 들어갔던 것으로 보인다. 앞에서 언급한 전승에 의하면 이미 3세기 중엽 이전에 지겸은 수도에서 물러나 강소성 남쪽의 산으로 들어갔다(p.49 참조).《고승전》제4권에는 4세기 후반에 이 지역에서 활동하면서 정기적으로 혹은 황실의 초청에 의하여 수도에 머무르던 많은 고승들의 전기가 수록되어 있다. 340년 이후에 회계로 왔던 저명한 축도잠과 마찬가지로(p.98 참조) 그들은 모두 교리연구[의학義學]에 뛰어났고 현학과 청담의 전문가이며 고상한 예술과 세속 문학에 능숙한 '사족-승려'라는 새로운 집단에 속하였다. 이러한 승려들 중에서 가장 유명하고 가장 대표적인 인물이 도림道林이라는 자字로 더 잘 알려져 있는 지둔(支遁, 314-366)이다.

지둔의 본래 성씨는 관關이었다. 그의 집안은 고대 불교 중심지인 중국 동부의 진류陳留 출신이며 '여러 세대에 걸쳐 불교신앙을 가지고' 있었다. 《고승전》에서 인용하고 있는 또 다른 전승에서는 그를 현재의 하남성 북쪽 임林현에 해당하는 임려林慮 출신이라고 이야기하고 있다. 출가하기 전에 그는 여항산(餘杭山, 절강성 북쪽)에 있는 사찰에서 《반야경》을 공부하였다. 338년에 출가하기 이전에 그는 이미 최상층 사족들과 교유를 맺고 있었다. 지둔의 전기에서는 그를 왕필과 비교하면서 크게 칭찬하였던 왕몽(王濛, 309-347경),[151] 그를 당대의 뛰어난 천재인 위개衛玠와 같은 인물이라고 감탄하던 은호의 아저씨 은융殷融, 사미 시절의 지둔이 어려움 없이 공부하고 책을 순식간에 읽어버리는 모습(당시의 이상인 천재의 전형적인 모습이었다)을 칭찬하였던 사안謝安 - 당시 그는 회계에서 관직을 갖지 않고 '은둔 사족'으로 생활하고 있었다 - 등의 말을 소개하고 있다.[152]

출가(338년) 후 지둔은 수도로 갔고, 그의 주변에는 많은 유명한 동료와 신자들이 모여들었다. 하충, 왕도의 아들 왕흡(王洽, 323-358), 은호(?-356) 등의 인물이었다. 그런데 지둔의 초기 생애에 관한 《고승전》의 기록은 뒤죽박죽으로 되어 있다.[153] 실제로 그의 전기 전체는 짧은 일화들의 모음집으로써 - 그 일화들 중 일부는 《세설신어》나 다른 자료들에도 개별적으로 수록되어 있다[154] - 이 일화들이 시간적 순서대 [p.117]

로 배열되어 있는지도 상당히 의심스럽다.

어쨌든 지둔의 첫 번째 수도 체재는 오래 지속되지 않았다. 자신의 〈팔관재시八關齋詩〉 서문에서 지둔은 자신이 오현(吳縣, 강소성 남부)에서 표기(장군) 하충 외 22명의 승려 및 재가신자들과 함께 금식 의례를 지킨 사실을 구체적으로 이야기하고 있다.155)• 하충은 342년부터 표기장군에 임명되었고, 343년에는 양주자사의 직책을 맡아서 오吳 지역에 있었다.156) 그 시기에 지둔은 이미 수도를 떠나 동쪽으로 와 있었고, 이곳에서 362년까지 지냈다.

이 시기에 지둔은 개인적인 연고 혹은 공적 임무로 이 지역에서 활동하고 있던 귀족들과 가깝게 교류하였는데, 그들은 모두 사안 일파에 속하는 사람들이었다. 358년 이래 오흥吳興에 있던 사만謝萬, 회계會稽에 있던 사안, 왕희지, 허순許詢, 손작孫綽, 나중에 간문제가 되는 회계왕 사마욱(司馬昱, 320-372) 등이 그들이다. 지둔은 처음에는 오吳 지역에 머물다가 나중에는 수백 명의 제자들과 함께 섬剡산으로 옮겨 그곳에 두 개의 사찰을 창건하였다.157) 하지만 그는 위에 언급한 귀족들의 저택을 자주 방문하였고, 《세설신어》에 나오는 지둔에 관한 일화들의 대부분은 회계와 그 인근의 산음山陰 - 허순은 나중에 이곳에 사찰을 지었는데 아마도 지둔을 위한 것으로 보인다 - 에서의 행적을 이야기하고 있다.158)

당시의 저명한 세속인들 사이에서 활동하는 이 생생한 일화들에서 지둔은 완전하게 융합된 '사족-승려'로서 나타나고 있다. 당시의 청담 방식대로 지둔은 동시대인들에 대한 '인물평가'를 하고, 그들로부터 '평가'되었다.

• 팔관재 때에는 오후에 음식을 먹지 않고 하루를 지낸다-역자

(지도)림 법사가 '왕경인(王敬仁=왕수王脩)은 뛰어난 이해력을 가진 인물'이라고 말하였다.159)

(지도)림 법사는 "사주(司州, 왕호지王胡之)를 만나면 깜짝 놀랄 이야기가 계속해서 나온다. 그의 이야기를 듣는 사람은 누구나 그것을 멈출 수 없을 뿐 아니라 피곤함조차도 잊게 된다"고 말하였다.160)

누군가가 (지도)림 법사에게 "왕호지를 두 명의 사謝씨(=사안과 사만)와 비교하면 어떻습니까?"라고 물었다. (지도)림 법사는 "그는 틀림없이 (사)만을 손에 잡고서 (사)안을 붙잡고 오를 것이다"라고 대답하였다.161)

왕희지는 … (지도)림 법사에 대해 "뛰어난 능력과 높은 정신을 가지고 계신다'고 칭찬하였다.162)

그는 이상한 행동도 즐겨하였다. 사찰에 많은 말을 키우고 있는 것이 계율에 어긋나지 않느냐고 이야기하는 사람에게 '가난한 승려인 저는 그들의 고상한 정신을 즐길 뿐입니다'라고 이야기하였고,163) 친구로부터 얻은 학 몇 마리의 날개를 잘랐다가 그들이 슬퍼하자 다시 자라게 하기도 하였다.164) '말 잘하는 사족'으로서 멋진 표현을 만들고 칭찬 혹은 풍자의 문구를 짓는 데에도 뛰어났다.165) 많은 일화들은 불교뿐 아니라 세속적 주제에 관해 토론하는 청담의 모임에서 활약하는 그의 모습을 전하고 있다. 몇 가지 사례를 살펴보도록 하자. [p.118]

지도림, 허순 등의 사람들이 회계왕(후일의 건문제)의 서재에 모였다. 지(둔)이 법사法師, 허(순)이 도강都講166)을 맡았다. 지(둔)이 자신의 견해를 설명할 때마다 참석자들은 모두 크게 만족하였고,

허(순)이 반대 의견으로 반론을 제기할 때마다 청중들은 모두 (기뻐서) 박수 치고 춤을 추었다. 그들은 논의된 이론의 내용을 구분하지 않고 두 전문가를 칭찬할 뿐이었다.167)

불교도들은 (일반적으로) 삼승三乘의 의미를 설명하는데 어려움을 느낀다. 지도림은 그것을 잘 분석하여 삼승을 분명하게 구분하여 주었다. 좌석에 앉아서 (그의 말을) 듣고 있던 사람들은 모두 자신들도 그것을 설명할 수 있다고 생각하였다. 지둔이 앉고, 다른 사람들이 그 주제를 스스로 논의하였다. 그들은 두 차례까지는 이야기를 주고받았지만 세 번째 차례가 되자 혼란스럽게 되(어 더 이상 진행할 수 없)었다. 제자들이 지둔의 새 해설을 전해주었지만 그들은 (그 의미를) 제대로 이해할 수가 없었다.168)

지도림과 은호가 함께 재상인 (회계)왕 (=후일의 건문제인 사마욱)의 저택에 있었다. (회계)왕은 두 사람에게 말하였다. "(두 사람의) 논쟁을 시작합시다. 그런데 '재능과 천성'169)(의 토론)에 있어서는 은호가 효함관崤函關처럼 튼튼하니, 스님은 주의하셔야 합니다." 처음에 지(둔)은 그 주제로부터 벗어나려고 다른 주제들을 꺼냈다. 하지만 네 차례 정도 이야기를 주고받은 후에 (은호의) 덫에 걸려들고 말았다. (회계)왕은 웃으면서 지둔의 어깨를 두드리고 "이것은 정말로 그의 장기입니다. 당신이 어떻게 그와 겨룰 수 있겠습니까?"라고 하였다.170)

지도림, 허(순), 사(안) 등의 뛰어난 사람들이 왕(몽)의 집에 모였다. 사(안)이 주위를 둘러보고 다른 사람들에게 말하였다. "오늘 우리는 특별한 모임을 가지고 있습니다. 시간은 흘러가면 다시 돌이킬 수 없고, 이 모임도 계속될 수 없습니다. 우리 다 같이 우리의 감정을 이야기해봅시다."그러자 허(순)이 주인에게 《장자》를 가져오라고 한 후 〈어부漁父〉편171)을 펼쳐 들었다. 사(안)은 그 제목을 보고서 모든 참가자들이 차례대로 (그 내용에 대하여) 이야기해보자고 하였다. 지도림이 첫 번째로 나서서 약 700자字 정도로 (그 편의) 취지를 세련되고 아름답게 이야기하였다. 그의 (설명은) 대단히 재기 넘치고 우아하였고, 모든 청중들은 그를 칭찬하였다….172)

그는 토론이 지나치게 사적으로 흐를 때에는 두 논쟁자 사이에서 중재자의 역할을 하였고,173) 논쟁에서 패배할 때에는 흥분하여 화를 내기도 하였다.174) 또한 《세설신어》에는 그에 대한 최상층 사족들의 존경과 감탄의 모습뿐 아니라 그들과의 즐겁지 못한 접촉들 – 그의 육체적 추함에 대한 혐오감, 특히 그의 승려 신분에 대한 경멸과 조롱 – 도 담고 있다. 물론 이러한 일화들은 《고승전》의 전기에는 당연히 보이지 않고 있다.

모두 완유阮裕가 그들과 함께 지도림에게 가기를 원하였지만 완(유)는 "나는 그의 이야기를 듣고 싶기는 하지만 그의 얼굴을 보기는 싫다네"라고 하였다.175)

왕휘지가 사만을 방문하였다. (지도)림 법사도 이미 다른 손님들과 함께 있으면서 그들로부터 크게 존경받고 있었다. 왕(휘지)가 "수염과 머리카락을 자르지 않았더라면 (지도)림 법사의 모습이 훨씬 더 인상적이지 않았겠습니까?"라고 하자 사(만)이 대답하였다. "입술과 이빨은 서로에게 필요하며 하나가 없으면 다른 것도 있을 수 없습니다. 삭발이 정신적 깨달음과 무슨 관계가 있습니까?" (지도)림 법사는 크게 화를 내며 "오늘 이 보잘 것 없는 사람176)은 당신들 두 사족을 (나의 친구로부터) 제외하겠습니다."177) 지도림이 동쪽으로 가서 왕휘지와 그 동생 (왕헌지)를 보았다. 그가 돌아오자 어떤 사람이 왕씨 형제에 대한 그의 의견을 물었다. 지둔은 "나는 단지 목이 하얀 까마귀들을 보고 그들이 시끄럽게 떠드는 것을 들었을 뿐입니다"라고 대답하였다.178)

왕탄지와 (지도)림 법사는 전혀 잘 지내지 못하였다. 왕(탄지)는 (지도)림 법사를 '신뢰할 수 없는 궤변가'라고 불렀고, 법사는 그에 대하여 "기름기 있는 얼굴에 학자의 관과 거친 홑옷179)을 걸친 채 《좌전》을 손에 들고 정강성鄭康成180)의 수레 뒤를 따라다니고 있는데, 나는 이 먼지와 때로 가득한 주머니 같은 인물이 누구인가 했다"라고 이야기하였다.181)

(지도)림 법사는 왕탄지와 사귀려 하지 않았다. 왕탄지는 '승려는 훌륭한 사족으로 간주될 수 없다'는 내용의 글을 썼다. 그 요지는 뛰어난 사족은 조화롭고 즐거운 정신적 자유라는 특성을 갖는데, 승려들은 세속을 초월한 척하면서 반대로 (자신들의) 교리에 얽매이고 있으므로, 자신의 타고난 감정을 즉각적으로 깨닫는 경지에 도달할 수 없다는 것이었다.182)

왕위지王褘之는 (지도)림 법사를 무시하였다. (부친) 왕술王述은 그에게 "너의 형(=왕탄지)를 흉내내지 말거라! 너의 형은 그분만 못하다"고 이야기하였다.183)

왕탄지는 그의 글에서 반反승려적 내용을 드러냈지만 아래에서 보듯이 다른 승려들과는 교유관계를 맺고 있었다. 지둔에 대한 그의 개인적 반감은 지둔이 당시《장자》전문가 중의 한 사람이었다는 사실에서 기인하였던 것으로 생각된다. 충실한 유학자였던 왕탄지는 순자와 양웅을 존경하였으며, 《장자》를 연구하고 장자가 주장한 제한 없는 자유와 개인주의라는 이상을 추구하는 것이 바로 당시의 도덕적 정치적 타락의 원인이라고 하는 전통주의자들의 일반적 견해에 동의하고 있었다.184) 유명한 《장자》의 첫 번째 편인 〈소요유逍遙遊〉에 대한 지둔의 주석은 이른 시기의 저술로 생각된다. 《세설신어》의 내용에 의하면 그는 이 편의 의미에 대하여 건강의 백마사에서 하충 일파인 풍회(馮懷, 앞의 p.107 참조)와 토론하였다고 하는데,185) 아마도 그가 수도에 처음으로 머물던 340-343년 시기의 일일 가능성이 높다. 몇 년 후 회계로 옮겨온 지둔은 회계 태수이던 왕희지의 요청으로 이 편의 사상에 대하여 설명함으로써 그의 존경을 받게 되었다.186) 이 강의는 그가 항상 초대되는 손님의 한 사람으로서187) 왕희지의 저택에서 열리는 청담 시회詩會에 참석하였던188) – 이때의 모임은 후대에 중국 서예사에서 가장 훌륭한 작품이자 후대에 문장의 모범으로 인정받은 왕희지의 〈난정집서蘭亭集序〉(난정에서 개최된 시회에서 지어진 시들에 붙인 서문)로 인하여 영원히 기억되고 있다189) – 353년 이전의 일이었음에 틀림없다. 지둔의 《장자》해석에 대해서는 그의 현학과 불교 사상을 이야기하는 부분에서 다시 조금 더 이야기하기로 하자.

애제가 즉위한 362년에 지둔은 황제의 명령에 의해 수도로 소환되었다(이후 황제의 명령으로 승려를 부르는 것은 관례가 되었다). 그는 환온의 권력이 정점에 달하였던 365년까지 수도에 머물렀지만 독재자와 직접 교유하였던 것 같지는 않다. 하지만 수도에서 환온의 대리인이 [p.120] 었던 겁쟁이 극초는 지둔의 대표적인 세속인 추종자였다. 수도에 있으면서 지둔은 동안사東安寺에서 《도행반야경道行般若經》(=소품반야경에 해당)을 강의하였는데, '승려와 속인들이 감탄하고, 관료와 일반인들이 즐거이 (그의 가르침에) 따랐다.'190)

애제가 죽기 직전인 365년에 지둔은 동쪽 지역의 산으로 다시 물러가기를 원하였다. 그의 조정에서의 준관료적 지위 때문에 떠나기 위해서는 황제의 허가가 필요하였고, 물러나기를 요청하는 규정된 관료적 절차를 따라야 했다. 그는 수도로부터 물러나는 것을 허락해줄 것을 요청하는 공식 탄원서를 황제에게 바쳤다. 이 흥미로운 문서의 내용은 《고승전》의 전기에 수록되어 있다.191) 이 글에는 구체적 요구사항 앞에 긴 서문이 있는데, 여기에서 지둔은 사원 생활, 세속 군주와 종교와의 관계, 현학의 '무위' 원리에 부합하는 완전한 정부의 이상적 상태에 도달하는 방법 등에 대한 자신의 견해를 이야기하고 있다.

지둔은 탄원서의 첫 번째 문장에서 사원 생활의 미덕과 청정함에 대하여 강조하고 있다.

"저 (지)둔은192) 머리 숙여 아룁니다. 재주 없는 저는 감히 세속을 벗어나 사는 (삶의) 방식을 갈망하였지만 (말을) 제대로 채찍질하지 못하여 신령스런 변화를 실현시키지 못하였습니다. 사문의 올바른 도리는 부처님의 신성함을 따르는 것입니다. 순수함을 닦아서193) 소박함을 회복하고, 욕망을 제거하여 근원으로 돌아가는 것입니다. (또한) 비어 있고 신비한[虛玄] 넓은 세계에 노닐면서 '안으로는 신성함[內聖]'의 원리를 유지하고, 5계의 순수함을 지키면서 '밖으로는 임금[外王]'의 교화를 돕는 것입니다.194) 소리 없는 음악에 맞추면서 스스로 만족하는 것으로 조화를 이루고, 자비와 사랑의 마음을 지극하게 하여 (땅속의) 꿈틀거리는 생명들에게도 해를 끼치지 않습니다. 보호하고 안타까이 여기는 마음을 품고서 언제나 어질지 못한 사람을 불쌍하게 여기는 것입니다."

이러한 현학과 불교 도덕, 유교 윤리와 수사적 문장을 흥미롭게 혼합한 내용에 이어서 지둔은 승려와 군주 상호간의 태도에 대하여 이야기하고 있다. 그의 이야기에는 그가 처음 수도에 머물던 기간 동안에 발생하였던 340년 논쟁의 그림자가 드리워져 있다. 그의 주장은 당시 그의 동료 하충이 한 이야기와 거의 일치하고 있다.

"(승려는) 겉으로 드러나지 않은 (원리와 권위에) 순응함으로써 전생의 (나쁜 업보를) 막고, (공식적) 지위 없이 절개를 지키면서 (겉으로는) 복종하지 않지만 후회할 일을 하지 않습니다. 때문에 지혜로우신 임금님들은 '남면南面하는' 절대적 권위를 가지고서도 그들의 고상한 행실을 존중하고 법도에 어긋난 태도를 용인하시면서 그들의 (속으로) 순종하는 마음을 인정하여 형식적 경의를 생략하는 것을 허락하셨습니다. 역대의 군주들은 (이러한 신조를) 대대로 더욱 새롭게 하셨습니다."

이에 이어서 지둔이 불교를 군주 자신의 지위와 왕조의 통치를 강화하는 수단으로서 옹호하는 대단히 흥미로운 문장이 나오고 있다. 앞에서 살펴본 것처럼 이 글은 환온의 권력이 정점에 달하였던 시기에 쓰여졌으며, 극초와의 관계에도 불구하고 지둔은 반反환온파의 지 [p.121] 도자인 사안과 가까운 관계를 맺고 있었다.195) 물론 그는 자유롭게 이야기할 수 없었지만 황제에게 암시적으로 - 보통 그렇듯이 역사적 사례들에 빗대어서 - 주의를 주고자 한 것은 분명하다. 황제는 도덕을 실행하고 진리를 따라야 하며 다른 사람들의 비방과 위험한 이야기에 귀를 기울여서는 안 된다. 상황은 노나라 제후의 권위가 맹손, 숙손, 계손 등 세 집안에 장악되고, 그중 계손씨가 거리낌 없이 황실과 제후의 특권을 찬탈하여 태산에서 제사를 올렸던《논어》〈팔일八佾〉6절 참조) 공자의 시대와 비슷하였다. 하지만 황제는 유일한 신성한 통치자가 되어야 했다. 오직 그만이 하늘에 제사지낼 수 있는 권리를 가지고 있었다. 그는 도덕 – 문맥상 이것은 불교를 가리킨다 – 의 실행을 통한 신비로운 힘을 통하여 (특정되지 않은) 사람들의 '사적인 행동'을 막고 자신의 지위를 유지할 수 있다. 그렇게 하면 우주의 행복이 뒤따르고 '대진大晉'의 운도 영원히 보장될 것이다. 이 모든 것이 다음과 같은 문장의 본질적 내용이었다.

엎드려 바라건대 폐하께서는 두가지 힘[음양陰陽]을 조절하시고 (은혜로운 조정의) 지극한 교화를 널리 펴시어 '진신陳信의 사악한 주술'196)을 제거하고 '공자님의 기도'197)와 같은 커다란 계책을 따름으로써 진흙탕으로 가는 샛길을 피하고 평평한 큰 길로 나아가십시오. 그렇게 하신다면 '태산은 (무엄한) 계씨季氏의 제사로 더럽혀지지 않'을 것이고 (그 결과로) '불변의 진리를 얻어[得一] 신령하게[靈] 되고'198) (합법적인) '군주는 오직 원구圓丘에서만 (하늘에) 제사를 드리고'199) (그 결과로) '불변의 진리를 얻어[得一] 영원히 다스리실 수 있'을 것입니다…. 군주가 (참된) 군주라면 아랫사람들이 사적인 행동을 하지 않고, 신이 (참된) 신이라면 기도(혹은 주술)가 그들의 신령함을 더해주지 않을 것입니다. (군주와 신의) 신비한 덕이 섞여 퍼지면 사람들은 은밀한 보호를 받아, 넓은 우주는 좋은 행복으로 가득차고 위대한 대진大晉은 크고 막힘없는200) (덕으로) 가득찰 것입니다.

그렇지만 사형을 포괄하는 정부의 운영이 어떻게 '불살생不殺生'을 첫 번째 계율로 하는 불교의 가르침과 조화될 수 있을까. 이러한 기본적 딜레마에 대하여 통치자의 '무위無爲'라고 하는 중국적 개념은 대단히 유용한 해결책을 제시해 주었다. 일찍이 343년에 불도징은 흉노족 군주 석호가 스스로 자신의 친척들을 죽였을 때 다음과 같이 이야기하였다고 전해진다.201) '사적으로 형벌을 내려서는 안 됩니다. 그러한 행위는 자비(의 원리)와 어긋납니다. 황제가 자신의 손으로 직접 처벌을 시행해서는 안 됩니다.' 하지만 법은 집행되어야 하고, 정의에 의거한 사형 집행은 통치자에게 나쁜 업보를 가져오지 않는다. 또 다른 상황에서 이 흉노족 독재자가 사람들을 처형하지 않고서는 나라를 조용하게 만들 수 없다고 주장하였을 때 '황제와 국왕들의 부처님에 대한 숭배는 직접 경의를 표하고, 마음으로 따르며, 삼보를 숭상하는 것입니다. 그리고 (백성들을) 잔혹하게 다스리거나 무고한 사람을 죽이지 않는 것입니다. 그렇지만 죄를 지은 후 교화를 통해서도 고쳐지지 않는 악인과 무뢰한은 사형에 처해져야 하고, 나쁜 죄를 지은 사람들은 그에 따라 처벌되어야 합니다. 황제께서는 처형되어야 할 사람들만을 처형하고, 처벌 받아야 할 사람들만을 처벌하십시오'라고 이야기하였다.202) 비슷한 문제가 431년에 있었던 유송劉宋의 문제文帝와 인도 출신의 승려 구나발타라 사이의 흥미로운 대화의 주제가 되었다.203) 지둔도 자신의 탄원서에서 마찬가지 방식으로 이야기하고 있다.

[p.122]

"항상 무위無爲하시면 만물이 근원으로 돌아가고, 대상大象204)을 잡으시면 천하가 스스로 움직일 것입니다. 나라를 다스리고 형벌을 집행하는 일에는 그것을 담당하는 사람들이 있습니다. (폐하께서) 혜택을 베푸는 (마음) 없이 살리시면 상이 저절로 베풀어진 것이고, 화내는 (마음) 없이 죽이시면 벌이 (폐하에게 아무런 업보를 남기지 않고) 저절로 시행되어진 것입니다. 이와 같이 하시면 공기(公器, 상과 벼슬)를 널리 펴서 신들의 뜻을 만족시키고, 저울[銓衡,

형벌을 의미함]을 들어 올려 알기 어려운 무게를 헤아릴 수 있습니다. 이것이 이른바 '하늘이 무슨 말을 하겠는가. 단지 사시四時가 운행할 뿐이다'라는 것입니다."205)

공식적 절차에 따라서 황제는 지둔이 수도를 떠나는 것을 허락하는 칙령을 내렸다. 수도의 귀족을 대표하는 인물들이 개최한 지둔의 환송 모임에 대한 서술은 그의 대단한 인기를 보여주는 동시에 그들 사이에 유행하던 일부러 예의를 무시하는 태도를 경쾌하게 묘사하고 있다.

지도림이 동쪽으로 돌아갈 때에 당시의 명사들이 모두 그를 전송하는 연회가 개최된206) 정로정征虜亭207)으로 왔다. 채계蔡系가 제일 먼저 와서 (지도)림 법사 옆에 앉았고, 사만은 늦게 와서 법사와 멀리 떨어진 곳에 앉게 되었다. 채계가 잠시 나갔다 오자 사만이 그의 자리에 앉았다. 채계가 돌아와서 사만이 자신의 자리에 앉은 것을 보고서 사만을 방석과 함께 들어 올려 땅에 내동댕이친 후 다시 자신의 자리에 앉았다. 그로 인해 사만의 모자가 땅에 떨어졌다. 사만은 천천히 일어나서 옷을 털고 자신의 자리로 돌아갔다. 그는 거의 인상을 쓰지 않아서 아무도 그가 화가 났다고 생각하지 못하였다. 그는 조용히 자리에 앉은 후 채계에게 말하였다. '당신은 이상한 사람입니다. 거의 내 얼굴을 망가뜨릴 뻔하였습니다.' 채계는 이에 대해 '사실 나는 당신의 얼굴에는 관심이 없습니다'라고 대답하였다. 그 후로 두 사람은 더 이상 (이 일에) 신경 쓰지 않았다.208)

《고승전》에서는 '이와 같이 그는 당시의 명사들에게 존경받고 있었다'고 덧붙이고 있다.209)

지둔은 회계로 돌아와서 지내다가 366년에 52세로 섬剡 지역의 산에서 죽었다.210) 수도에 있던 그의 학자 친구들이 그의 전기를 지었다. 그를 위해 극초는 서序를, 유명한 유교 역사가 원굉(袁宏, 328-376)은 명찬銘贊을, 주담보周曇寶라는 인물은 뇌誄를 지었다. 또 손작은 자신이 지은 《도현론道賢論》이라는 명문집銘文集에서 지둔을 유명한 《장자》 주석가 향수에 비견하였다.211) 승려이자 학자로서 지둔의 명성은 그가 죽고 난 몇 년 후에 은둔화가인 대규(戴逵, 396년 사망)가 회계에 있는 그의 무덤을 지나면서 다음과 같은 말을 남기게 할 정도였다.

그의 덕행에 대한 명성은 아직도 들리지만 그의 무덤은 나무들만 무성하다. 그의 정신[神理]이 영원히 남아서 육체[氣運]처럼 허무하게 사라지지 않기를 바랄 뿐이다.212)

지둔의 가르침 [p.123]

동시대의 선배인 지민도와 마찬가지로 지둔은 초기 중국 불교의 소위 '학파'의 창시자 중 한 사람으로 알려져 있다. 다른 '학파'들과 마찬가지로 이것은 대승경전들에 보이는 공空의 개념 및 공과 구체적 세계 – 색(色, rūpa)이라는 용어로 불렀다 – 와의 관계를 정의하는 특정한 설명 방법[義] 해석을 의미하였다. 지둔의 이름과 관련된 해석 방법은 '사물 본래 그대로'라는 뜻의 '즉색의卽色義'로 알려져 있다. 그의 저술213) 중에서 이 이론을 설명하는 단편들 일부가 전해지고 있는데, 모두 거의 같은 용어로 근본적으로 동일한 생각을 이야기하고 있다. 일부 내용을 살펴보도록 하자.

"색色의 본질은 (색이) 스스로 색으로 존재하는 것이 아니다. 따라서 비록 색(으로 실재하는 것처럼 보)이지만 색은 공空이다. 그러므

로 색은 공과 같으며 또한 (실재하는 것처럼 보이기 때문에) 공과 다
르다고 이야기된다."214)

"나는 '색은 본래 그대로 공空이며, 색은 공(에 도달하기 위하여) 제
거될 필요가 없다'215)고 주장한다. 이 말은 가장 높은 (진실을) 표
현한다. 왜 그러한가. 색의 본질은 색이 스스로 색으로 존재하는
것이 아니다.216) 따라서 비록 색(으로 실재하는 것처럼 보)이지만
색은 공空이다. 마찬가지로 식識은 스스로 아는 것[識]이 아니다.
그러므로 식識은 (움직이는 것처럼 보이지만) 항상 고요하다."217)

"색에 대하여 말하는 사람들은 색이 (어떠한 기체基體가 없는) 색 그
자체라는 것을 깨달아야 한다. 색이 색을 색으로 만들어주는 어떤
것[色色]에 의존하여서 색이 되는 것은 있을 수 없다."218)

이 문장들은 모두 명확하지 않지만, (모든 주관적, 객관적 현상의 총
체인 오음五陰의 첫 번째 요소인) 색은 – 그리고 두 번째 인용문에서는 식識
도 – '본래 그렇게' 존재한다고 이야기한다. 즉 '색色을 색色이 되게 하
는' 어떠한 기체基體나, 생성하고 유지해주는 원리는 없다. 이러한 지
둔의 이론은 세속적 사고와 불교적 사고의 혼성물이다. 향수와 곽상
은 이미 사물[物]의 배후에 있는 창조적 힘이나 영원한 기체基體를 명
확하게 부정하였다. "사물을 사물로 만들어주는 것은 없으며[物物者無
物],"219) 모든 사물은 저절로 그렇게 존재한다. 지둔의 이론은 이러한
생각을 불교적으로 정교화한 것이다. 불교의 연기 이론에 의하면 색
色과 식識 – 즉 오음(五陰), 그런데 이 오음은 향수·곽상의 사물[物]과 달리
모든 정신 현상까지를 포괄한다 – 은 '스스로' 존재하지 않는다. 사실 그
들은 존재한다고도 존재하지 않는다고도 이야기될 수 없다. 그들은

연기 과정에서 순간적 상황으로써, 연기 이외에는 어떠한 실체도 없는 영원한 원인과 결과의 순환고리로써 존재할 뿐이다. 지둔에 의하면 이러한 연기의 원리, 이러한 조건적 존재야말로 공의 의미였다. 따라서 공은 색과 떨어진 어떤 것이 아니고, 색을 드러내는 토대도 아니다. 공은 단지 색과 같을 뿐이다. "공에 도달하기 위하여 색을 제거할 필요는 없다."

엄밀하게 말하면 지둔의 해석은 모든 것이 공이라는 대승의 사상보다는 소승의 사상에 가깝다. 공을 모든 '사물'의 연기적 성질로 - 즉 인因과 연緣의 조합[因緣和合]으로 - 이해하는 그의 해석은 모든 현상과 [p.124] 생각 - 연기 자체까지도 - 을 환영으로 파악하는 대승의 공에 대한 개념과는 큰 차이가 있다. 이 때문에 그의 이론은 5세기 초의 승조僧肇에 의해서 철저하지 못하다고 엄하게 비판되었다. 중국 최초의 중관中觀 전문가(=승조)에 의하면 지둔은 모든 현상들이 조건적이고 연기적이라는 것만을 이해하였을 뿐 조건과 연기 그 자체도 아무런 실체가 없는 단지 이름뿐이라는 완전한 진리는 깨닫지 못하였던 것이다.220)

지금까지의 내용들은 지둔의 가르침에 대하여 막연한 모습만을 보여주고 있다. 앞에서 살펴본 애매한 단편적 문장들보다 훨씬 많은 정보를 제공하는 것은 현존하는 지둔의 〈대소품대비요초서大小品對比要抄序〉221)이다. 이 글은 지둔의 현학과 초기 불교 사상에서의 위치를 보다 정확하게 보여주는 중요한 자료이다.

서문의 첫 부분에 경전의 요지를 서술하는 당시의 관습에 따라서 지둔은 제일 먼저 반야바라밀에 대해서 성인으로 하여금 지무至無 - 유有와 무無를 초월하는, 모든 것이 통일성을 깨달을 수 있는 신비한 비非-지각의 상태 - 를 얻게 하는 선험적인 지혜라고 정의하고 있다.

"반야바라밀은 '모든 오묘함'222)의 깊은 창고이고, 모든 지혜의 신비한 근원이다. 이것은 정신적 군주들이 따르는 길이고, 여래가 획득한 (신비한) 깨달음[照]이다. 이 경전은 지무至無가 넓게 펼쳐져 있는 것이고, 고요하게 사물이 없는 것이다. 이것은 사물 (그 자체)에서 사물의 없음(을 깨닫는 것)이므로 모든 사물을 고르게 할 수 있고, 지혜 (그 자체)에서 지혜의 없음(을 깨닫는 것)이므로 지혜를 활용할 수 있다."223)

그렇지만 이러한 이해만으로는 충분하지 못하다. 수행자들은 반야 그 자체를 비롯하여 부처가 되기 위한 보살의 열 단계[十住]를 포함하는 모든 개념을 없애야만 한다. 이러한 것들은 수행자들의 마음을 인도하기 위한 인습적이고 임시적인 기호에 불과하며, 그 목적을 다하는 순간 버려져야 할 것들이다.

"십주十住는 아직 불충분한 (이해의) 이름으로부터 일어났고224) 반야의 지혜는 (단지) 가르침의 자취로부터 생겨났다. 그러므로 말을 하면 '이름'이 생겨나고, 가르침을 임시적으로 베풀면 지혜가 (구체적 사물과) 연루된다. (경전에서 설해진) 지혜는 구체적 사물과 연루되지만 (궁극적) 실체는 자취가 없다. 이름은 대상225)으로부터 생겨나지만 (궁극적) 이치는 언어를 초월한다. 왜 그러한가. 지극한 이치는 어두운 (텅 빈) 골짜기와 같아서 (모든 것이) 이름 없는 상태로 돌아가기 때문이다. 이름이 없고 시작이 없는 상태가 도道의 본질[體]이고, '할 수 있는 것도 없고 할 수 없는 것도 없는'226) (성인의 드러난 행위의 영역)이 성인의 삼가(하는 태도)이다. 성인이 (사람들을 불쌍하게 여기는 마음을 가지고) 이 이치로 (세상의) 움직임에 응할 때에는 (자신의 가르침을) 말로 표현하지 않을 수 없다."227)

이것은 모두 이미 초기 현학 사상가들의 저술에 나타났던 사상을 불교적으로 정교화한 것이다. '사상을 이해하기 위하여서는 상징을 잊어야' 하고(왕필), 성인의 내적인 지혜 – 자취가 생겨나게 하는것 [所以流] – 에 도달하기 위해서는 성인의 자취[流], 즉 겉으로 드러난 이론과 원칙 너머를 보아야 한다(향수·곽상). 이것은 불교의 '반야(내적인 지혜)'와 '방편(구원을 위한 수단)'이라는 형식이 불변하는 '성인의 내적 마음'과 항상 변화하는 성인의 '구체적 가르침'이라는 중국적 구분법과 융합된 명확한 사례라고 할 수 있다. 지둔이 사용한 용어들은 향수·곽상의 용어로부터 많은 영향을 받았다. 그의 서문에는 '소이所以' (…하는 까닭/…이 생겨나게 하는 것)라는 용어가 다양하게 사용되고 있는데, 이러한 용어는 전형적인 향수·곽상의 철학 어휘로서 외적 현상과 상대되는 '본체(substance)', 근원의 의미로 사용되었다(앞의 주석 34번 참조).

[p.125]

"(성인이 언어로 진실을) 표현하는 까닭[所以寄]을 잘 알아야 하고, (성인이) 말하는 까닭[所以言]을 잘 이해해야 한다. 이치가 (신비한 이해를 통해) 아득해지면 모든 언어가 사라지고, 깨달음(이라는 생각)을 잊었을 때 지혜가 완전해진다."228)

"(지혜를) 보존하려는 (마음을) 가지고 있는 것[存乎存]은 그것을 보존하는 (올바른) 방법이 아니다. 없음을 바라는 것[希乎無]은 없음을 구하는 (올바른) 방법이 아니다. 왜 그러한가. (그런 사람들은) 없음이 없음이라는 것을 알기는 하지만 없음이 생겨나게 하는 것[所以無]을 알지 못하고, (지혜를) 보존하는 것이 보존하는 것이라는 것을 알기는 하지만 보존하게 하는 것[所以存]을 알지 못하기 때문이다."229)

대승불교의 이론과 현학이 융합된 이러한 사상의 핵심 주제는 여전히 통치자로 표현되면서 동시에 초인적인 성격을 갖는 완전한 인간인 성인聖人 혹은 지인至人이었다. 성인 혹은 지인은 자비로운 가르침으로 모든 존재들로 하여금 자신들의 목적을 이룰 수 있도록 인도하는 우주적 통치자이자 지혜의 화신이다. 그는 변화하는 세계의 너머에 있으면서 가르침을 통하여 이 세계에 메아리와 같이 반응한다. 세계에 대한 그의 관여 행위는 자연적인 반응이며, 지혜와 보살핌 그 자체인 그의 불변하는 '본질'에는 아무런 영향을 미치지 않는다. 그는 변화하는 세계가 아니라 현상적 존재와 논리적 추론에서 완전하게 벗어나 있는 절대적 진리의 영역에 존재하고 있다. 이 진리는 '질서, 원칙'이라는 뜻을 갖는 리理라는 중국 철학의 기본적 용어로 표현되고 있다. 이 용어는 한나라 이전 시기부터 많은 철학자들이 다양한 의미로 사용하였지만 여기에서는 – 우리가 아는 한 최초로 – 중국의 우주적 혹은 자연적 질서라는 개념과 불교의 초월적 진리인 '(본래) 그러함'[如如, tathatā]230)이라는 개념이 혼합된 새롭고 보다 추상적인 의미로 사용되었다. 이것은 불교의 중국 사상에 대한 중요한 기여로써 후대에 커다란 영향을 미치게 되는데, 그것이 다음과 같은 문장에서 처음으로 보이고 있다는 사실은 대단히 중요하다.

> "따라서 참된 이치[理]는 변화[變](하는 세계)와 다르고, 변화는 참된 이치와 다르다. (표현된) 가르침은 (지혜 혹은 성인의 내면의 마음의) 본질[體]과 다르고, 본질은 가르침과 다르다. 그렇기 때문에 (이 현상적 세계의) 수많은 변화들은 모두 참된 진리의 (영역) 바깥에 있다. 어찌 (성인의) 정신[神]이 그것 때문에 움직이겠는가. 움직이지 않기 때문에 무한한 변화에 응할 수 있는 것이다… (부처님의) 가르침이 (우리에게) 남겨진 것은 변화(하는 세계) 때문이고,

(가르침의) 그와 같은 임시방편적 성격 때문에 참된 진리에 장애가 있게 된다."231)

"수많은 (다른) 소리들이 종을 울리더라도 (이 모든 다른 소리들에 대해 종은) 한결같은 울림으로 반응한다. (마찬가지로) 수많은 존재들이 성인에게 (서로 다르게) 자극하여도[感] 성인은 그들에게 (한결같은) 고요함[寂]으로써 반응한다. 그러므로 (서로 다른) 소리들이 울림과 같지 않은 것처럼 (가르침의) 말이 성인(의 내면의 지혜)와 같지 않음이 분명하다."232)

[p.126]

"(사람들은) 성인이 가르침을 만든 것은 알지만 (성인이) 그러한 가르침(을 제시)한 까닭은 알지 못한다."233)

이상적인 상태는 모든 감정과 의식이 없어진 정신적 무감각으로써, 그것이 성인의 완전한 '잊음'[忘]이다. 이런 점에서 지둔의 이론은 지민도의 '심무의心無義' – 의식적인 마음이 없음 – 와 비슷하다. 그에게 있어서도 '무無' 혹은 '공空'이라는 개념은 내면의 경험을 의미하고 있었다.

"완전한 없음[盡無]에서는 그윽함[玄](조차)도 잊고, (없음의 최상의 진리인) 그윽함[玄]을 잊었으므로 아무런 생각이 없다[無心]."234)

이것이 지둔이 말한 '유有와 무無는 저절로 모두 사라지고, 높음을 잊어서 낮음이 없게 된'235) 상태로서, 이것은 '정신의 아득함[冥神]', '생각의 없음[無心]', '완전한 없어짐[冥盡]' 등과 같은 말로 표현되고 있다.

지둔의 사상에 대한 평가는 쉽지 않은 문제이다. 불교적 요소는 – 적어도 여기에서는 – 차별적인 생각의 한계 너머에 있는 (무진無盡·현玄

·리理 등의 현학의 용어로 표현되고 있는) '(본래) 그러함'[如如, tathatā]이라는 절대상태에 한정되고 있다. 이것은 중국 사상의 새로운 단계의 시작을 보여주는 것으로써, 이 사실의 중요성은 아무리 강조해도 지나치지 않을 것이다. 초기 중세 사상의 동향과 관련하여 살펴보면 이것은 대립하는 두 관점을 통합하는 새로운 고차원의 개념을 도입함으로써 이전의 무無를 중시하는 귀무파貴無派와 유有를 강조하는 숭유파崇有派 사이의 논쟁(앞의 p.90 참조)에 새로운 출발점을 제공한 것으로 볼 수 있다. 여기에서 '유'와 '무'는 하나가 다른 하나의 기능 혹은 드러남이라는 대비되는 하나의 쌍이 아니라 양자를 포괄하고 초월하는 동일한 신비함의 두 가지 측면으로 간주되고 있다. 지둔의 뛰어난 재가신자 중 한 사람인 손작은 "(한편으로) 이것은 하는 것 없이[無爲] 텅 비고 고요하며 저절로 (존재하면서), 동시에 모든 것을 행하며[無不爲] 수많은 존재들을 정신적으로 변화시킨다"236)고 말하였다. 이와 같이 '유'와 '무'를 한 단계 높은 차원에서 통합하는 것이 중세 중국 사상에서 선례가 없었던 것은 아니지만 – 왕필의 《도덕경》주석은 이러한 발전의 선구이다237) – 이러한 사상은 4세기 중엽 이후의 불교 사상가들에 의하여 가장 강력하게 강조되고 정교화되었다. 이것을 사변적 철학의 방향 전환이라고 이야기하는 것은 충분하지 않다. 사변적 철학 즉 현학이 이 시기에 와서 새로운 형태의 사람들 즉 교양있는 승려들 – 지둔은 그중의 가장 두드러진 경우이다 – 의 활동 분야가 되었다는 것이야말로 근본적인 사실이다. 이때까지는 현학 – 및 철학 일반 – 은 지식층 즉 현재적 혹은 잠재적 관료층에 의하여 생산되고 훈련되었고, 이상적 정부와 그것을 실현하기 위한 방법이 그러한 철학의 – 겉보기에는 세속적인 것과 거리를 둔 것 같이 보이는 경우에도 – 중심 주제였다. 4세기 초 승려 지식층의 등장과 함께 현학은 세속적인 문제들로 가득한 복잡한 세상으로부터 어느 정도 격리된 사원 생활로 옮겨졌고, 이곳

에서 현학은 처음으로 사회적, 정치적 사상과 분리되어 대승불교의 특정한 요소들과 결합되게 되었다. 이처럼 세속과 관련된 문제들로부 [p.127] 터 분리되어 정신적 가치와 종교적 경험을 강조하는 것은 – 중국 역사상 선례가 없는 것으로써 – 사원 생활의 이론과 실천, 그리고 이상과 직접적으로 관련되는 것이었다. 유교 국가에서의 종교 공동체의 자율성은 사회적, 종교적으로 대단히 중요한 것이었다. 세속의 지식인과 정치인들 사이에서는 결코 실현될 수 없었던 사회, 정치 철학으로부터 형이상학의 해방은 승가가 추구했던 일반 사회와 구별되는 비非정치적인 공동체에서만 발생하였고, 발생할 수 있었다. 이와 같이 중국에서의 형이상학적 사상의 시작은 정신적 현상 못지않게 사회적 현상으로써, 중세 중국 사회에서 불교공동체의 전체적 위상 및 역할과 유기적으로 관련되어 있어 있었다.

지둔과 같은 학자-승려의 저술이 어느 정도까지 사원 생활의 전형적인 모습을 반영하고 있는지는 판단하기 쉽지 않다. 열반의 즐거움과 감각적 사고를 없애는 것에 대한 이야기들이 – 비록 수사적이고 진부한 것이기는 하지만 – 특정한 종교적 경험을 문학적으로 표현한 것일 수 있다. 중국 불교의 초기 단계에서 종교적 생활의 가장 중요한 측면을 담당하였던 선정(dhyāna)의 역할은 4세기 동남부 지역 사족 불교에서는 확실히 덜 지배적인 것이었다. 아래에서 살펴보겠지만 당시 그 지역에서 선정 수행에 뛰어났던 승려들은 상당히 다른 환경에서 활동하고 있었다. 알려진 자료에 의하면 그들은 지둔과 같은 지도적인 사족 승려와 직접적인 교류를 갖지 않았고, 지식층의 재가신자들과도 거의 교류하지 않았다. 하지만 명상과 무아상태는 사원 생활의 정기 수행의 일부였고, 지둔 역시 수행법에 관심을 가졌던 것으로 보인다. 그는 중국 불교의 초기 단계의 기본적 선정 문헌인 《안반수의경》 주석서를 저술하였다.238) '공空'을 내적 경험으로 정의하는 것 역시 그러한 모습을 보여주고 있다. 그가 그러한 해석을 하였음은 지둔의 재가 신봉자 극초가 지은 《봉법요奉法要》 – 이에 대해서는 아래에서 자세하게 검토할 것이다 – 의 내용에서 분명하게 나타나고 있다. 극초는 다음과 같이 이야기하고 있다.

> "공空은 '모든 감정을 잊은 것'을 말하는 것으로 관청이나 집(과 같은 공간)이 없다고 말하는 것이 아니다. 무無는 진짜로 없는 것으로 (그 이상의 것이 아니다.) 무(라는 생각)을 가지면 (그것에 의해) 방해 받고 제한된다. (마찬가지로) 유有는 진짜로 있는 것이고 (그 이상의 것이 아니다.) (유와 무) 둘 다 잊으면 신비한 해방이 있게 된다."239)

지둔은 이러한 경험을 '사물 그 자체가[卽色] 자연히 공空하고, 공과 유는 서로의 자취에 섞여 있으며, 아득함[冥]과 앎[知]은 비추는 기능을 하지 않는다'240)는 시구로 표현하고 있다. 이와 같은 구절은 드물지 않은데, 모든 문장들마다 넘쳐나는 수사적 문구와 상투문구들로 내용이 분명하지 않아서 실제의 개인적 경험을 어느 정도 감추거나 드러내는지 정확하게 알기 어렵다.

지둔의 세계관은 다른 동남부 지역의 뛰어난 사족층 승려나 재가신자들과 마찬가지로 대단히 지적이었으며, 신앙보다는 지혜를 추구하는 것이었다. 물론 신앙이 결여된 것은 아니었다. 《광홍명집》 권15에는 지둔이 지은 여러 부처와 보살들을 찬양하는 많은 찬讚들이 수록되어 있지만, 대부분은 특별한 내용이나 영감을 드러내지 않는 수사적인 것들이다. 그런데 이들 중 하나는 불교의 가장 대표적 신앙 대상인 서방 극락세계의 부처, 즉 아미타불에 대한 것이다. 지둔은 그 서문에서 무량광불(無量光佛 : 한량없는 빛의 부처님)이 자신의 자비에 의해 이곳에 태어나 영원한 행복을 누리는 사람들에게 둘러싸여 계시는 서방의 안양국(安養國, 극락세계)에 대하여 이야기하고 있다. 중국학자인 지둔에게 있어서 극락세계는 도연명이 이야기한 도화원桃花園의 불교적 변형에 해당하는 하나의 이상세계로 간주되었다.

"이 나라에는 왕의 명령이나 관작, 서열 같은 것이 없다. 부처님이 임금이고 삼승이 가르침이다."241)

서문의 마지막 문장은 더욱 흥미롭다.

"감각적 즐거움만을 추구하는242) 현재의 이 진晉나라에서 부처님을 받들고 바르게 계율을 지키며《아미타경》243)을 염송하고 (더욱이) 그 나라(=극락)에 (다시) 태어나기를 서원하여 그 마음을 바꾸지 않는 사람은 생명이 다하여 영혼이 떠나갈 적에 기적과 같이 그곳으로 가서 부처님을 보고 정신의 깨달음을 얻어서 도道를 얻게 될 것이다. 나 (지)둔은 이 말세에 태어나서 (겨우) 남아 있는 (가르침의) 자취를 좇기 바라니, 감히 나의 마음이 그 신령한 나라로 갈 수 있다고 기대하지 못한다. 그래서 나는 장인에게 부탁하여 (부처님의 모습을) 그림으로 그려 신성함의 상징으로 세워두고 (부처님의) 고상하신 모습을 경건히 우러러보면서 하늘처럼 숭배하는 분 앞에서 나 자신을 검토한다."244)

아미타신앙의 기원을 3세기 초의 불교학자 위사도(衛士度, 앞의 p.78 참조)에게서 구하는 후대의 전승을 제외하면245) 신자들이 아미타불의 구원력에 의지하면서 불상 앞에서 서방 극락세계에 태어나기를 서원하는 모습이 나타나는 것은 이 글이 처음이다. 불상과 명상이 결합된 비슷한 성격의 신앙 의례는 도안이 제자들을 모아 미륵불상 앞에서 도솔천에 왕생하기를 서원하였던 양양(370년경)과246) 혜원이 123명의 재가신자들과 함께 아미타불상 앞에서 비슷한 의식을 거행하였던 여산(402년)에서도 확인되고 있다.247)

마지막으로 《장자》 첫 번째 편인 〈소요유逍遙遊〉에 대한 지둔의 번역에 대해서 살펴보도록 하자(앞의 p.119 내용 참조). 〈소요유〉편은 큰 것과 작은 것, 도가 수행자들의 절대적 자유의 경지와 실리적 생각과 사회의 규율에 묶여서 '소요유'의 경지를 따르지 못하는 '정신적 장님과 귀머거리'들의 좁은 식견을 대조하는 10개의 우화들로 구성되어 있으며, 도가의 '초인'을 세속의 '소인'들과 대조하여 – 하늘 높이 날아오르는 커다란 붕鵬새와 그를 비웃으면서 덤불 사이를 이리저리 뛰어다니는 매미와 메추라기, 초월한 은자 허유와 요임금, 현자 연숙連叔과 평범하면서 남을 믿지 않는 견오肩吾, '하늘에 떠 있는 구름처럼 크지만 생쥐를 잡지 못하는' 힘센 이우犛牛와 먹이를 찾아 이리저리 뛰어다니다가 마침내 덫에 걸려 죽는 족제비 등으로 비교하고 있다 – 찬양하고 있다.

향수와 곽상의 유명한 《장자》에 대한 주석이 이 편의 기본 취지를 완전히 오해하고 왜곡하였다는 것은 의심의 여지가 없다. 그들은 모든 존재는 – 크건 작건, 붕새나 메추라기나 – 각각의 타고난 성격과 능력, 성향의 몫[分]이 있으며, 성공과 행복, 질서, 그리고 이상적인 정부의 실현 등은 모두 개개의 존재가 하늘로부터 '부여받은' 능력과 한계에 맞추어 사는 것에 달려 있다고 생각하였다. 성인에게는 성인의 몫이 있고, 바보에게는 바보의 몫이 있으며, 각기 '자신의 몫에 따라' 적절하게 살아가면서 자신이 될 수 없는 존재가 되려고 무리하지 않으면 양자 모두 완전한 '자유'를 누리고 '소요'할 수 있다는 것이다.

지둔은 《장자》 전문가로 알려져 있다. 앞에서 우리는 그가 〈소요유〉편의 의미를 둘러싸고 건강과 회계에서 각기 풍회 및 왕희지와 토론한 것을 살펴보았다(앞의 p.119 참조). 《고승전》의 전기에도 다음과 같은 내용이 실려 있다.

(건강의) 백마사에서 지둔은 유계지(劉系之, 다른 곳에 보이지 않음) 및 다른 사람들과 함께 《장자》의 〈소요유〉편에 대해서 토론하였다. 누가 "자신의 천성에 맞추어 사는 사람은 누구나 '소요逍遙'하는 것으로 볼 수 있다"고 하자 지둔이 반박하였다. "그렇지 않다. (독재자) 걸桀왕이나 (도둑) 척跖은 파괴적이고 남을 해치는 천성을 가지고 있었는데, 타고난 성품을 따르는 것을 (완전한 자유를) 실현하는 것으로 여긴다면 결국은 (그들도) 역시 '소요'한 것이 될 것이다." 이에 그는 물러나 〈소요유〉편에 대한 주석을 지었는데 모든 지식인과 경험있는 학자들이 모두 탄복하였다.248)

지둔의 〈소요유〉편 주석은 불행하게도 전해지지 않고 있다. 이 책은 어떤 문헌 목록에도 보이지 않고 있지만 적어도 7세기 초까지는 전해지고 있었던 것으로 보인다. 그의 주석에 사용된 어휘 중 일부가 육덕명(陸德明, 陸元朗, 550-625)의 《장자음의莊子音義》에 인용되고 있다.249) 또한 《세설신어》주석(권1下 19a)에 인용되어 있는 《소요론逍遙論》의 문장도 전해지고 있어서 그의 새로운 해석이 어떠한 것이었는지 살펴볼 수 있다. 이 글에서 지둔은 향수와 곽상의 견해를 철저하게 부정하고 있다. 그에게는 《장자》에서 붕새로 상징되고 있는 지인至人과 '하늘의 올바른 길을 제대로 얻어서 완전한 자유 속에서 무한하게 소요하는' 성인의 '지족至足' – 자신의 천성을 따라서 얻게 되는 것으로 단순히 '(개개인에게) 만족스럽게 보이는 것에 만족하는[足於所足]' 세속적인 행복과는 구별되는 것이다 – 이야말로 이상이었다.

지둔의 해석은 불교 사상을 배경으로 하여 살펴볼 필요가 있다. 첫째로 모든 구성원이 자신의 행동이 스스로의 '타고난' 능력과 경향에 부합하기만 하면 어떠한 삶도 정당화된다는 향수·곽상의 비도덕적인 사회관은 우주가 도덕적 법칙에 의하여 지배된다고 하는 불교적 인식과 분명하게 배치되는 것이다. 둘째로 '하지 않는 것은 할 수 없는 것이고, 하는 것은 하지 않을 수 없는 것'이라는 향수·곽상의 엄격한 결정론적인 철학은 개인의 인격이 향상될 수 있고, 성인 – 지둔이 이야기하는 지인至人 – 은 정신적 훈련과 도덕, 신앙에 의하여 성취될 수 있다고 하는 불교의 사고방식과는 조화될 수 없다. 특히 후자는 실제로 불교의 특성으로 간주되었다. 지둔의 후원자인 간문제의 (약간 애매한) 이야기를 인용하고 있는 《세설신어》의 문장은 의미심장하게도 '불교의 경전에 의하면 성인은 정신적 정화[袪練神明]를 통하여 도달될 수 있다'는 말로 시작하고 있다.250)

[p.130]

최고의 '지인至人'은 부처 – 인간으로서가 아니라 신화로서의 – 이다. 초기 중국 불교의 문헌들에서 – 비슷한 시기 인도 대승불교의 설출세부說出世部와 마찬가지로 – 부처는 진리의 화신이자 완전히 탈인격화된 지혜의 결정체로 그려지고 있다. 그 문헌들에서 자신의 법신法身에 깃들어 있는 영원한 부처는 도를 체현한[體道] 현학적 성인의 이상과 융합되어 있다. 석가모니부처의 일생을 현학적 용어로 멋지게 묘사한 지둔의 〈석가문불상찬釋迦文佛像讚〉의 서문이 전해지고 있는데,251) 이것은 《모자》나 손작의 《유도론》에 보이는 초기 중국 불교작가들에 의한 철학적이고 시적인 서술과 유사한 것이다.252) 이 서문의 주요 부분은 이 장의 부록에 번역하여 수록하였다. 문장의 지나친 수식과 의도적 애매함 때문에 충분히 완전하게 번역되지는 못하였다.

지둔의 대표적인 재가신자들

《고승전》의 지둔 전기에는 그의 '수백 명의 제자들'이 언급되고 있지만 자료들에는 이들 중 단지 몇 명의 이름만이 보이고 있다. 그들에 대해서는 뒤에서 다시 살펴보겠다. 그런데 그의 재가신자들에 대해서는 훨씬 많은 사실이 알려져 있다. 주요 자료들(《고승전》《세설신어》)은 지둔이 약 35명의 인물들과 대화하는 모습을 전하고 있는데, 그들 대부분은 유명한 최상층 사족이었다. 지둔은 수도와 '동부지역'에서 활동한 25년 동안 그들과 어느 정도 정기적으로 접촉하고 있었다. 대부분의 경우 이 사람들과 지둔법사의 관계는 청담 모임에서의 형식적인 사교적 접촉 이상이 아니었고, 광범위한 사상적 영향을 미치지도 않았다. 하지만 이 사족 지도자들 중 일부는 지둔이 대표하던 사상과 생활방식에 대단히 큰 영향을 받기도 하였다. 이 경우에는 유명한 사족-승려(=지둔)와의 대화 및 그에 대한 찬탄은 불교 사상에 대한 깊은 관심이나 일정한 지식과 함께 표현되고 있다. 이 신자들 대부분이 당시 정치권의 지도적 인물들이었다는 사실이 중요하다. 강력한 장군인 환온은 그들에 포함되지 않았다. 그와 불교 승려들의 접촉은 드물었을 뿐 아니라 매우 형식적이었던 것으로 보이며,253) 앞에서 살펴본 것처럼 지둔이 그의 위험한 독재 정책에 반대하였다고 생각할 충분한 근거가 있다. 반대로 환온의 가까운 동료인 극초(郄超, 336-377)는 지둔의 개인적 친구이자 열렬한 추종자였다. 그와 마찬가지로 수도와 동남부 지역에서 활동하였던 지둔 주변의 대표적인 재가신자로는 하충(앞의 p.109 참조), 은호(356년 사망), 손작(300-380년경), 왕흡(323-358), 허순(연대미상, 4세기 중엽), 그리고 지둔의 가장 고귀한 후원자인 회계왕 사마욱이 있다. 회계왕은 즉위하기 이전은 물론 황제(간문제, 재위 371-373)로 재위하는 기간에도 지둔 및 축도잠과 친구로서 교류하였다.

    은호는 이미 중국화된 소그드(?) 출신 승려 강승연과 수도에서 교류하였다(앞의 p.102 참조). 하지만 그가 불교와 가장 가깝게 관계를 가진 것은 경쟁자였던 환온의 사주에 의해 관직에서 파면되고 서민으로 강등되어 절강성 서쪽의 신안信安으로 유배되었던 인생의 마지막 [p.131]

어두운 시기(353-356)였다(앞의 p.111 참조). 《세설신어》에 의하면 그는 《반야경》의 여러 가지 번역본을 연구하였다고 한다. 그는 매우 세심하게 검토하였으며, 의미가 명확하지 않은 수백여 문장을 발견하고 그 의미에 대하여 지둔과 토론하고자 하였다(당시 지둔은 신안에서 동북쪽으로 수백 리 떨어진 섬산에 거주하고 있었다). 하지만 지둔의 설명을 듣지는 못하였다.[254] 다른 일화는 은호가 신안에 머무르면서 '많은 불경을 읽고' 숫자로 된 범주들 - 5온, 12연기 등 - 을 제외한 나머지 내용을 모두 이해하였으며, 자신이 이해하지 못한 것을 승려들을 만날 때마다 질문하는 모습을 전하고 있다.[255] 그의 진지한 불교 연구는 356년에 죽음과 함께 끝나게 되었다. 그가 발견한 새로운 지혜의 원천에 대한 관심에도 불구하고 경전과 불교 사상에 대한 그의 비판적 태도는 흔들리지 않았다. 《세설신어》는 그가 불경을 보고난 후에 "이치[理]는 틀림없이 거기에 담겨진 것보다 더 높을 것이다!"라고 이야기한 사실을 전하고 있다.[256] 다른 곳에는 그가 반야경전들의 형식에 대하여 비판한 내용이 있다. (이 문헌들을 잘 아는 사람이라면 누구도 그를 비판하지 않을 것이다) 그의 생각에 긴 경전(무라차無羅叉가 번역한 《방광경》)은 너무 장황하고, 짧은 경전(지루가참이 번역한 《도행경》)은 너무 간결하였다. 그는 대품의 《반야경》을 읽고 난 후에 접하게 된 《유마힐경》에 대한 연구를 좋아하였는데, 그가 본 것은 아마도 3세기 초의 지겸의 번역본(《불설유마힐경佛說維摩詰經》T474, 타이쇼대장경 제14책)일 것이다.[257]

    4세기 중국 지식층 사이에서 《유마경》이 불교 문헌 중 가장 훌륭한 작품으로 여겨지며 인기를 누렸던 이유는 쉽게 설명될 수 있다. 첫 번째로 이 경전은 교리를 연극의 형식으로 서술하고 있다. 계속해서 변화하는 장면과 함께 격자 형식으로 교묘하게 연결된 스토리를 배경으로 다양한 등장인물 집단 사이의 여러 가지 대화들 - 부처, 성문, 보살과 유마거사의 대화, 유마거사와 문수보살 및 다른 보살들 사이의 대화 등 - 을 통하여 대단히 다양한 교리적 문제들을 다루고 있다. 부처와 보살들의 놀라운 능력, 소승에 대한 대승의 우월성, 불신佛身의 선험성, 불이不二의 개념 등 다양한 주제들이 다뤄지고 있다. 한편 이 모든 주제들은 경전 전체의 기본적 주제 - 유마거사 본인과 같이 모든 중생들을 구하기 위하여 '존재의 고통'을 자발적으로 겪는 보살의 애정과 구원 능력 - 에 대한 변주와 구체적 사례로써 다뤄지고 있다. 그리하여 이 경전은 대승불교 교리 전체의 개요로서 - 실제로 그러한 성격을 가지고 있다 - 간주되었다.258) 이러한 이유 때문에 이 경전은 극동에서 가장 존중받고 영향력 있는 불교 문헌의 지위를 유지해 왔고, 동시에 하나의 주제에 독특한 이론을 담고 있는 《법화경》, 《열반경》, 《아미타경》 및 삼론학파의 논서들 - 《중론》《백론》《십이문론》 - 같은 대승경전들과 달리 후대 중국 불교의 특정한 학파에서 선호되는 경전이 되지 못하였다.

두 번째로 《유마경》은 중세 중국의 지식층들에게 매우 매력적인 특 [p.132] 별한 성격들을 가지고 있다. 초기부터 불교 경전의 문학적 형식이었던 대화체는 이 책에서 매우 세련되게 사용되어지고 있다. 주제들을 점점 상승되게 배열함으로써 전체 이야기와 개별 대화 모두 극적인 긴장감을 유지하고 있다(불행히도 다른 대부분의 불교 경전들에는 이것이 결여되어 있다). 4세기의 중국 지식층들에게 있어서 이 경전의 문학적 특질만이 호소력 있었던 것은 아니었다. 그들에게 있어서 이 경전의 본론 부분에 서술되어 있는 내용 - 유마거사와 그 손님들과의 대화 - 은 틀림없이 약간의 철학적 주제를 둘러싸고 행해지는 자신들의 토론 모임을 연상시켰을 것이다. 부유하고 명성이 있으며 토론술에 뛰어난 바이살리의 유명한 가장 - 중국어로는 거사(居士, 은둔 학자) - 이었던 유마는 뛰어난 청담 전문가라는 자신들의 이상형과 닮은 존재였다. 모든 생명체를 그들의 특성 및 요구에 부응하여 구해주는 그의 '상황에 맞는 능력'은 현학에서의 성인의 '반응하는' 행위와 거의 일치하였고, 절대적인 것을 가장 정확하게 표현한 유마의 유명한 침묵은 진리는 말로 표현할 수 없고 '고요한 가운데 이해[默解]'해야 한다는 현학의 개념과 가까웠다. 또한 역설과 수수께끼 같은 표현을 빈번하고 교묘하게 사용하는 것은 청담에서의 모습과 비슷한 것이었다.

이런 이유들 때문에 《유마경》은 사족 불교에서 가장 영향력 있는 경전 중 하나가 되었다. 은호는 이 경전을 연구하였으며, 앞에서 살펴본 것처럼 지둔은 색色과 공空의 근본적 동일성을 정식화할 때 주로 이 경전의 내용에 의거하였다. 지둔과 허순은 회계왕의 저택에서 이 경전의 의미에 관해 토론하였고,259) 비슷한 시기에 '유마의 침묵'은 이미 우아한 대화에서 비유로 사용되고 있었다.260) 극초 또한 《봉법요奉法要》에서 이 표현을 여러 차례 사용하였다. 마지막으로 유마는 화가 고개지(顧愷之, 345-411)의 가장 유명한 작품의 주제였다.261) 이 모든 사실들은 4세기 중엽의 교양인들에 의하여 이 경전이 '발견되어졌음'을 보여주는 것이다.

은호의 불교 연구에 대해서는 단지 몇 가지 개별적 사실들만이 알려져 있지만 왕희지의 일파이자 피보호자였던 손작(孫綽, 약 300-380)의 불교 사상 혹은 의사疑似 불교 사상에 대해서는 비교적 많은 사실들이 알려져 있다. 그는 짧은 풍자시와 찬문의 작자로 유명하였는데, 전자는 당시 유행하던 사람에 대한 '평가'의 문학적이고 고도로 형식화된 대응물이었다. 유명한 승려들에 대한 그의 짧은 묘사는 인용문으로 - 주로 《고승전》에 - 많이 전해지고 있다. 〈명덕사문찬名德沙門讚〉, 〈명덕사문제목名德沙門題目〉, 《도현론道賢論》 등의 단편들도 전해지는데, 특히 후자는 앞 시기에 활동했던 유명한 승려와 세속의 학자를 둘씩 짝지어서 비평하고 비교한 작품이다.262)

사상적 관점에서 더 중요한 작품은 《홍명집》에 수록되어 있는 《유도론喩道論》이다.263) 이 책은 현학의 용어와 대단히 세련된 언어, 불교와 중국 전통 사상을 잘 융합시킨 '불교 현학'의 흥미로운 사례가 된다. '불교 현학'은 그들 사회에서 바로 그때에 유행하고 있었으며, 손작 [p.133] 은 자신이 참여하였던 -《세설신어》 권1하 18a-b에 묘사된 - 와관사 모임 등에서의 학식있는 승려들과의 교류와 토론을 통하여 이를 수용하였다.

손작의 《유도론》의 중심 주제는 탈속적이고 비非사회적인 불교 신앙과 사회적 덕행을 강조하는 유교의 - 즉 방외方外와 방내方內의 - 조화였다. 이 책의 첫 번째 장에서 저자는 '최상의 덕은 요堯와 순舜에 의해 모두 이야기되었고, (진리의) 은미한 이야기는 《노자》와 《역경》에 완전히 표현되었다'고 주장하면서 '현세 너머까지 미치는 (불교 사상의) 훌륭한 내용과 고리의 중심[環中]과 같은 (성인의) 놀라운 비추는 (지혜)'를 알지 못하는 세속적 지식인의 편협함을 비판하고 있다.264)

최고의 진리는 부처가 밝혀낸 것이다. 그런데 '부처'란 무엇인가? 손작은 편리하고 광범위한 설명을 제시하였으며 이는 현재의 관점에서도 놀랍도록 정확하다. "'부처'는 '도道를 체현한 사람'이다[佛也者 體道者也]." 즉 진리를 깨달은 사람이라는 것이다. 하지만 그의 추가적 설명은 다시 현학으로 돌아가고 있다. "그는 (모든 존재의 요구에) 부응하여 모든 (세상의) 자극에 감응하는 존재이고, 아무것도 하지 않으면서[無爲] 하지 않음이 없는[無不爲] 존재이다." 다시 말하여 부처는 의식적인 노력 없이 자신의 '교화의 영향력'이 모든 곳에 미치게 하는 신성한 '무위無爲의' 통치자로서 그는 세상의 요구에 구애됨 없이 그것들에 저절로 반응하는 존재이다. 부처는 고요함과 움직임, 지혜와 돌봄 즉 열반과 방편이라는 이중의 측면을 지닌 우주적 통치자이다. "움직임이 없이 텅 비어 고요하며 스스로 존재하고[自然], 두루 행하면서 모든 존재들을 정신적으로 교화시킨다." 이 두 구절에 사족 불교의 본질 – 순수한 교리적 측면에서의 – 이 들어 있다.

다음으로 불변의 정의 – 세속의 정부에 대한 우주적 대응물인 업보(業報, karman)라고 하는 '자연의 법칙' – 가 존재한다. "이것은 (모든) 군주의 변함 없는 법칙이고, (모든) 관료들이 공유하는 (원칙)이다." 하지만 업보는 세속의 모사품보다 더 정확하고 적절하게 작용한다. 이것을 증명하기 위하여 중국 역사의 여러 사례들이 업보의 효율적인 작용을 보여주는 사례로 열거되고 있다. 이것은 불교의 변론 및 선전 문헌에서 선호되는 주제이며, 중국 사상에서 역사적 선례가 갖는 중요성을 고려할 때 빠뜨릴 수 없는 것이다.

이러한 설명을 통하여 손작은 다음과 같은 결론에 도달하고 있다. "주공周公과 공자孔子는 부처와 같고, 부처는 주공, 공자와 같다. 안과 바깥이라는 (가르침을) 가리키는 이름에 (차이가) 있을 뿐이다." 그는 향수向秀의 적(迹, 성인의 드러난 자취)와 소이적(所以迹, 자취를 생겨나게 하는 성인의 내적 본질)의 구분을 활용하여 불교와 유교의 모든 차이들을 단순한 방편적인 차이에 불과한 것으로 축소시키고 있다. 자취 즉 드러난 유교의 성인과 부처의 가르침은 그들이 이야기되고 받아들여진 서로 다른 상황 때문에 차이가 있지만 그 가르침의 원천이자 동력인 성인들의 내적 본질은 동일하고 차이가 없다. 이 내적 본질은 '깨달음[覺]' 즉 '부처'이다.

[p.134] 이 글의 후반부는 불교가 효孝의 이상을 부정하는 것이 아니라 오히려 가장 완전한 모습이라는 것을 입증하려는 긴 논쟁으로 구성되어 있다. 손작이 다양한 사상들을 조화시키려는 융합주의를 불교만이 아니라 도교에도 적용시켰다는 사실은 흥미로운 일이다. 《초학기初學記》에 인용되어 있는 그의 〈노자찬老子讚〉 일문 중에 이러한 모습이 잘 나타나고 있다. 이 글에서 그는 《유도론》에서 부처에 대해 사용하였던 것과 거의 같은 표현을 도교의 성인(=노자)에게 그대로 사용하고

있다. "노자는 행함이 없으면서 모든 것을 행한다. 그의 도는 요堯와 공자의 도와 일치하지만 그의 (드러난) 자취는 더욱 신성하고 뛰어나다."265)

왕흡(王洽, 323-358)은 왕도의 셋째 아들로서 4세기 중엽에 오흥(吳興, 절강성 북부) 태수가 되어 동부지역에서 생활하였다. 그도 지둔과 사상적으로 약간의 교류 관계를 맺고 있었다. 육징의 《법론》에서는 색과 공의 관계를 논한 지둔의 《즉색유현론卽色遊玄論》에 관해 그와 지둔이 주고받은 몇 통의 편지를 언급하고 있는데, 이들 중 하나 - 왕흡의 편지 - 가 《광홍명집》에 수록되어 있다.266) 이러한 종류의 대부분의 글들과 마찬가지로 이 편지는 많은 수사적 문구와 상투어구로 이루어져 있다. 왕흡은 지둔에게 그의 글이 너무 멀리 나가 "'유'와 '공'에 관한 논의가 혼란스럽고 크게 갈라져서 (저와 같은) 후학들이 당황하고 의심에 가득차서 (이 문제를) 어떻게 정리해야 할지 알 수 없으므로" 법사의 이론을 좀 더 자세히 설명하여 서로 다른 수많은 의견들로부터 올바른 길로 자신을 이끌어달라고 부탁하고 있다. 진정한 중국의 학자로서 그가 '경전적 근거'를 요구하는[徵之於文] 모습은 대단히 흥미롭다. 법사의 《도행지귀道行指歸》에서 색의 공에 대하여 훌륭하게 밝혔지만" 어디에 그러한 설명이 있는지는 명확하지 않아서, "경전에 명확하게 (법사의 이론에 부합하는) 그러한 내용이 있는 것인지 아니면 (법사께서) '(경전에 씌어 있는) 기호의 바깥[象外]'에서 (얻은) 통찰력으로 비유의 방법을 이용하여 설명하신 것인지 잘 모르겠습니다"라고 이야기하고 있다.

허순許詢267)은 대표적인 청담의 대가이자 당시의 유명한 5언시 작가였다.268) 4세기 중엽에 그는 은퇴하여 회계에서 생활하고 있었다. 그는 사안과 사마욱을 중심으로 한 귀족 그룹에 속하였고, 그들은 그가 여유로운 은거생활을 할 수 있도록 물질적 후원을 하였다(이는 4세기에 많은 사례가 보이는 특별한 습관이었다269)). 그는 지둔의 오래된 친구인 왕몽의 저택에서 열린 청담 모임에 참여하였으며 지둔의 손님으로서 회계의 서사西寺에 모습을 나타냈다.270) 다른 문장(앞의 p.118에 번역)에는 허순과 지둔이 사마욱의 저택에서 불교적 주제 - 주석에 의하면 《유마경》에 관한 것이다 - 를 논의하는 경쟁자로 등장하고 있다.

지둔을 따르는 재가 인사들 중에서 불교의 가르침을 가장 독실하게 믿고 공부한 사람은 다름 아닌 환온의 유력한 동료 극초(336-377)였다. 왕궁을 위협하였던 그는 주로 수도에서 활동하였으며, 이곳에서 지둔과 사귀었던 것으로 보인다. 그의 전기에는 지둔에 대한 그의 열렬한 찬미가 잘 드러나고 있으며,271) 《고승전》에 인용되고 있는 벗에게 보낸 편지[與親友書]에서도 지둔의 덕행에 대하여 칭송하고 있다.272) 한편 지둔 역시 극초를 대단히 존경하였으며 그에 대하여 많은 칭찬을 하고 있다.273)

극초의 집안은 종교적 관점에서 대단히 흥미롭다. 그의 집안은 도교와 불교 양쪽으로부터 큰 영향을 받았다. 이 집안의 도교에 대한 공감이 불교를 신앙할 수 있는 기반을 마련했다고 볼 수도 있을 것이다. 열렬한 도교 신앙을 가지고 있으면서 초기 사족 불교의 역사에서 대단히 중요한 역할을 담당하였던 낭야 왕씨 집안과 비슷한 경우라고 할 수 있다. 극초의 부친인 극음(郄愔, 313-384)은 도교계 '천사도天師道'의 신자였고 대단히 부자였다. 또한 도교 집단의 매우 중요한 일원이었다.274) 하지만 도교 신앙에도 불구하고 그는 병이 들자 유명한 승려 의사 우법개를 불렀다.275) 극초의 삼촌 극담郄曇 역시 열렬한 도교 신자로 알려져 있지만276) 그의 이름[曇=다르마]은 불교와의 관련성을 보여주고 있다. 377년에 자식이 없는 극초를 계승하여 집안의 가장이 되었던 순수한 불교식 이름을 가지고 있던 극초의 조카 승시(僧施, Saṅghadāna)도 비슷한 모습을 보여주고 있다.277) 극담의 아들 중

한 사람인 극회(郄恢, 403년 사망)는 《고승전》에서 티베트족이 세운 전진의 고관을 역임하면서 불교를 후원하였던 승려 도정道整의 친구로 언급되고 있다.278) 여기에서 불교와 도교가 혼합된 '집안 전통'의 분명한 사례를 또 하나 확인할 수 있는데, 아마도 이러한 전통이 초기 사족 불교의 확산에 있어 가장 중요한 요소들 중 하나였을 것이다.

극초는 우리가 아는 한 사족 신자들 중에서 상당한 분량의 불교에 관한 글을 썼던 유일한 인물이다. 14편 이상의 글의 제목이 알려져 있는데, 대부분은 승려 및 재가신자들과 교리적 문제에 대하여 주고받은 편지들이다. 이들 중 일부는 논쟁적인 성격의 글로써 지둔의 견해를 옹호하면서 다른 이론가들을 비판하고 있다.279)

다행히 그의 가장 중요한 글인 《봉법요奉法要》라는 이름의 긴 논문이 《홍명집》 권8 (86.1-89.2)에 전해지고 있다. 이 글은 사족 불교 최초기의 중요한 인물에 의해 쓰여진 일종의 불교식 교리문답서로써 대단히 중요한 문헌이다. 이 글은 당시의 사람들이 불교의 가르침을 어느 정도 이해했는지 혹은 - 마찬가지로 중요한 문제인데 - 오해했는지, 교리의 가장 중요한 내용으로 어떠한 주제를 선택하였는지, 그들이 어떤 경전들을 주로 읽었는지, 새롭게 습득한 이 지식들을 자신들의 전통적인 유교적 세계관에 어떻게 통합하였는지를 보여주고 있다. 초기 중국 불교 사상사에서 이 문헌의 중요성을 고려하여 《봉법요》 전체의 번역을 이 장 뒷부분에 〈부록 B〉로 제시하였다.

다음으로 환온에게 봉사하였던 다른 두 사람의 중요한 지식인인 나함(羅含, 310-380년경; 전기는 《진서》 권92)과 손성(孫盛, 302-373; 전기는 《진서》 권82)에 대하여 이야기하고자 한다. 나함은 꽤 유명한 현학자이고, 손성은 주로 《위씨춘추魏氏春秋》(20권)와 《진양추晉陽秋》(32권) 등을 편찬한 역사가로 알려져 있다. 나함은 《갱생론更生論》이라는 윤회재생에 대한 짧은 글을 지었는데, 이에 대한 손성의 반론 및 나함의 재반론 등과 함께《홍명집》권5에 수록되어 있다[이 문헌들에 대해서는 앞의 p.16의 (7) 참조]. 나함과 직접 관계를 가졌던 불교 승려는 알려져 있지 않지만 손성은 지둔과 알고 지냈던 것으로 보인다(《세설신어》권1下 17a). 하지만 두 사람 모두 불교신자였다고는 보기 힘들다. 나함은 향수와 곽상의《장자》주석에 이야기되고 있는 변형의 과정을 사후에도 영혼이 존속된다는 이론과 조화시키기 위하여 노력하였다. 그의 주장은 전혀 불교적이지 않다. 정해진 숫자의 존재들의 총체인 이 세계는 늘어나거나 줄어들지 않는 자족적인 통일체를 이루고 있으므로, 거기에는 자연스럽게 이른바 일종의 '에너지 불변의 법칙'이 작용하고 있다. 생명[즉, 영혼]은 계속하여 죽음에 의하여 없어지고 있으므로 만약 영혼들이 어떤 방식으로건 계속 존재하거나 다른 형태로 되돌아오지 않는다면 세계의 영혼들은 이미 오래전에 '다 사라졌어야'만 했을 것이다. 이와 같은 기묘한 윤회재생 이론의 '과학적' 정당화에서 불교적 요소는 최소한도에 그치고 있음을 – 업보의 개념조차도 언급되고 있지 않다! – 분명히 알 수 있다. 윤회재생은 환영받고 있지만 모든 존재에게 결부되어 있는 영원한 고통이라는 불교적 개념은 전혀 언급되고 있지 않다.

손성의 반론은 가장 전통적이고 상투적인 것이었다. 몸이 분해되면 '영혼'도 그와 함께 사라진다는 것이다. 손성이 반反불교 진영에 속하였는지는 분명하지 않지만 그가 반反현학 진영에 속하였음은 분명하다. 왕필을 비판하고 있는 그의《위세춘추魏世春秋》에 그러한 태도가 나타나고 있으며,280) 〈노자의문반신老子疑問反訊〉이라는 유교를 옹호하고 노자를 비판하는 글에 더욱 잘 나타나고 있다. 이 글은《광홍명집》권5에 수록되어 있지만 불교의 영향은 전혀 나타나지 않고 있다.

여기에서 또 다른 은둔 학자인 사부謝敷에 대하여 언급해야 할 것이다. 그는 회계에서 태어나 줄곧 거기에서 살았다.《속진양추續晉陽秋》

의 일문에 의하면 그는 "불교(의 교리)를 존경하고 신앙하였다. 처음 그는 태평산 – 절강성 소흥의 동남쪽 – 에 들어가 10년 이상 생활하면서 장재長齋를 (지키고 승가를) 공양하였다."281) 그는 '도교신자'인 극초의 아버지 극음 – 이 집안에서 두 종교가 상호공존하고 결합되어 있음을 보여주는 또 다른 사례이다 – 의 보호를 받았다. 비록 자료들에는 그에 관한 내용이 보이지 않지만 사부가 지둔과 개인적인 관계를 가졌을 가능성은 매우 높다. 《법론》(《출삼장기집》 권7)의 목차에는 극초가 사부에게 보낸 다섯 통의 편지와 사부가 – 식삼본識三本, 삼식三識 등의 – 교리 문제와 관련하여 '지도인支道人' 혹은 '우도인友道人'에게 보낸 편지가 보이고 있다. '지도인'은 – 육징이 원칙적으로 지둔을 도인이 아니라 법사로 지칭하기는 하였지만 – 지둔을 가리킬 가능성이 높고 '우도인'은 남동 지역에서의 축도잠의 제자 중 한 사람인 축법우竺法友일 것이다. 사부는 극초의 보호를 받았던 유명한 은둔 화가 대규戴逵와도 편지를 주고받았다. 불교도로 보이는 대규가 지둔의 무덤에서 슬픈 어구를 남겼음은 앞에서 살펴보았는데[앞의 p.122], 그는 틀림없이 지둔이 사귀던 사람들 무리에 속하였을 것이다.282) 이와 관련된 자료들은 모두 없어졌고, 사부의 글 중에 전해지는 것은 《출삼장기집》에 수록되어 있는 자신의 《안반수의경》 주석서 – 지둔이 같은 경전에 대한 주석을 지은 적이 있다 – 에 붙인 서문과283) 이선李善의 《문선》 주석 중에 인용 [p.137] 되어 있는 극초에게 보낸 편지 중의 짧은 구절 – "지극한 이치는 고요하고 오묘하여서 언어나 기호로 설명될 수 없다[至理深玄 非言象所喩也]" – 밖에 없다.284) 약간의 표현만 달리하여 초기 중국 불교 문헌들 대부분에 보이고 있는 이 주장은 지둔 시대의 많은 교양있는 신자들이 불교에서 추구하였던 것이 무엇이었는지를 잘 보여주고 있다. 그것은 말로 표현할 수 없는 도道, 이름 붙일 수 없는 이름[名]의 신비함[玄]을 정의하는 새로운 시도, 즉 한 세기 이상 토착적인 현학 사상의 중심 주제였던 것과 완전히 같은 개념에 대한 새로운 접근방법이었다.

현학의 전문가들이 주로 불교의 철학적 측면에 관심을 가졌다면 다른 신자들 혹은 불교에 관심을 가진 일반인들은 불교의 도덕적 가르침의 가치를 중시하였다. 실제로 자신들의 교리에 대하여 설명하고 있는 초기 불교도들의 글은 서로 다른 두 가지의 불교 개념을 설명하고 있는데, 이들은 각기 중국의 세속적 사상 중의 보다 철학적인[=현학적] 경향 및 압도적으로 도덕적-의례적인[=유교적] 경향과 정확하게 대응되고 있다. 극초의 《봉법요》는 분명하게 두 번째 유형에 속하는 것으로서 철학적 요소는 거의 중시하지 않고 불교는 주로 선행과 악행에 대한 과보의 가르침, 자비·중용·청정의 가르침으로 이야기되고 있다. 이와 같이 불교를 순수하게 도덕적으로 평가하는 또 다른 좋은 예로는 지둔과 교제하였던 유명한 역사가 원굉(袁宏, 328-376)이 《후한기》에 제시한 짧은 서술을 들 수 있다.285) 여기에는 표현하기 어려운 공空이나 무아無我와 같은 신비한 내용에 대해서는 한 마디도 언급하고 있지 않다. 원굉은 불교를 '선과 자비를 계발하는 것을 가장 중요한 교리로 삼는 가르침'으로 정의하고 있다. 이 가르침을 믿는 사람들은 '살아 있는 생명을 죽이지 않으며 청정과 적정을 추구'하고, 불교는 윤회재생과 모든 행위의 과보를 이야기하므로 '불교도들은 자신들의 영혼을 순화하기 위하여 선행의 실천과 도道의 계발을 중시하며' 이러한 실천은 결국 윤회재생의 중단과 성불로 인도한다고 이야기하고 있다.

동남부 지역의 승려 공동체 : 축도잠과 지둔의 동료 및 제자들

기원후 340년 이래 유명한 축도잠(286-374, 위의 p.98 이하에서 언급됨)은 많은 제자들과 함께 절강성 북쪽의 섬剡산 지역에 살고 있었다. 이곳에서 그는 인생의 마지막 30여 년을 보냈다. 애제(哀帝, 재위 362-366) 때에 궁중의 《대품반야경》 강의를 위해 초청되어 수도에 잠시 머물렀던 때에 유일하게 그의 '동쪽 지역'에서의 활동이 잠시 중단되었었다. 앙산仰山에 있는 산속 암자에 머물면서 이 승려-학자는 승려와 재가신자들에게 혼성적 가르침을 전파하였다.

> 그는 어떤 때는 《방광(경)》(즉 《반야경》)을 강의하였고, 어떤 때는 《노자》와 《장자》를 강의하였다. 그래서 그를 따르고 존경한 사람들에게 내교(內敎, 불교)와 외교(外敎, 세속의 철학)는 결합되고 조화된 것으로 여겨졌다.286)

이처럼 현학과 반야사상이 융합된 기반 위에서 그는 자신의 고유한 해석방법 즉 후대의 자료들에서 '본무이종本無異宗'이라고 불리게 되는 '이론'을 발전시켰다. 전체 내용을 알 수 없는 축도잠의 글의 일문에서는 사물과 '사대[四大; 지地, 수水, 화火 풍風]'를 '본무本無'에서 생겨난 것이라고 하면서, (모든 것들이 거기에서 생겨나는 무형의 '없음'인) '본무'와 현상 세계의 관계를 일시적인 것으로 이야기하고 있다.287) 후대의 작가들 - 승조와 길장 - 은 이 이론을 전혀 불교적이지 않은 이단의 학 [p.138]
설이라고 맹렬하게 비판하였다. 여기에서는 이 이론의 내용과 배경에 대하여 자세하게 검토할 수 없다. 자료가 전혀 없기 때문에 가설적인 해석 이외의 어떠한 설명도 가능하지 않기 때문이다.

축도잠의 가까운 동료와 제자들은 자신들의 유명한 스승과 대단히 유사한 생활 방식을 가지고 있었다. 앙산의 공동체에서는 불교적 문장뿐 아니라 세속적 문장과 예술이 탐구되었다.

그 중에는 최초의 불교 전기 작가로 알려져 있는 축법제竺法濟도 있었다.288) 그는 효무제 시기(373-397)에 -《역대삼보기》에 한 권이라고 되어 있는 -《고일사문전(高逸沙門傳)》을 편찬하였다.289)《세설신어》주석에는 이 책으로부터 인용된 뛰어난 사족 출신 승려인 축도잠, 지둔 및 다른 '고상한 은둔'[嘉遁] - 제목의 일(逸; 구속되지 않음, 자유로움, 관습에서 벗어남)에 담긴 의미이다 - 을 실천한 이상적 인물들에 관한 꽤 긴 분량의 내용이 수록되어 있다.《고승전》서문에 의하면 혜교가《고승전》을 편찬할 때에도 이 책을 활용하였다. 그런데 전해지는 내용들 중에서 지둔이 낙양에서 죽었다고 이야기하고 있거나 자신의 스승인 축도잠의 본래 성씨를 알지 못하고 있는 사실들로290) 볼 때 이 책의 정확성과 신뢰도는 적지 않게 의심된다.

이 공동체의 또 다른 승려인 강법식康法識291) - 그의 승려 성씨[康]는 그가 축도잠의 직접 제자가 아님을 보여주고 있다 - 은 교리 연구자[義學]이었을 뿐 아니라 뛰어난 서예가이기도 하였다. 그는 사실 현재까지 알려진 중국 역사상 최초의 '승려 서예가'였다. 이 시대에 이미 서예는 대부분의 뛰어난 지식인과 정치가들이 수련하는 교양있는 예술로 자리잡고 있었다. 초기의 유명한 서예가 중에는 왕도, 왕흡, 유량, 극음, 극초, 환현 등과 같은 저명한 인물들이 포함되어 있었다. 불교의 가르침과 승려들이 교양있는 상류층의 생활에 일정한 역할을 담당하게 되면서 곧바로 서예의 기술 혹은 예술이 사원에 흘러들어 온 것은 당연한 일이었다고 보아야 할 것이다.

강법식은 당시 가장 유명한 서예가인 강흔康昕과 글씨 경쟁을 벌였다고 전해지고 있다. 강흔은 외국인 - 아마도 소그드 출신 - 이었지만 서예가로서의 활동으로 볼 때 완전히 중국화된 인물이었으며, 확인된 바로는 승려가 아니었다. 그에 관한 언급은 서예가 양흔(羊欣, 5세기 전반)의《채고래능서인명采古來能書人名》과 왕승건(王僧虔, 5세기 후반)의《논서論書》에 처음 보이고 있는데,292) 앞의 책에서는 강흔을 '외국인

[胡人]'으로 부르고 있다. 한편 《논서》에서는 강흔과 강법식 – 식도인識
道人으로 불리고 있다 – 을 같은 문장에서 언급하고 있다.293) 《고승전》이
외에 강법식을 서예가로 언급하고 있는 것은 이것이 유일한 자료이다.

경전에서 그 자체가 공덕 있는 종교적 실천으로 강조되고 있는 불
경의 필사는 서예에 종교적 경건함과 예술적 즐거움이 결합된 새로운
분야를 제공하였다. 강법식이 서예으로 쓴 경전 사본들은 대단히 높게 [p.139]
평가되었으며,294) 사부(謝敷, p.136 참조)와 행적이 잘 알려져 있지 않
은 사정謝靜이라는 인물이 쓴 불경 필사본들 역시 크게 존숭되었
다.295)

다음으로 축도잠의 제자인 축법우竺法友가 있다. 그는 스승으로부터
'아비다르마'를 배웠다.296) 그 아비다르가마 어떤 종류의 것인지는
명확하지 않은데, 아마도 이미 안세고와 그 학파에 의해 번역된 적이
있던 일련의 분류된 용어와 개념들 – 이른바 수數 – 를 담고 있는 짧은
발췌문과 경전들로 생각된다. 소승불교의 기념비적인 논서들은 4세
기 말까지도 중국에 알려지지 않았으므로 전혀 대상이 될 수 없다.

축법우는 이러한 어렵고 대단히 기술적인 문헌들을 암기하는 데 뛰
어났다. 축도잠이 이 학문적 취향을 가진 제자에게 이야기했다는 다
음과 같은 말이 흥미롭다.

"한 번 눈에 본 것을 그대로 암송하는 능력은 옛 사람들에 의해 칭찬
되었다. 석가모니께서 이 대진大晉에 다시 출현하신다면 틀림없이
너를 5백 명 중의 한 명 – 즉 부처가 돌아가신 후 왕사성의 모임에서
부처님의 가르침을 암송하여 경전을 결집하였던 5백 아라한 중의 한 명 –
으로 선택하셨을 것이다."297)

축법우는 아마도 사부(p.136 참조)와 일정한 교유관계를 가졌을 것

이다. 후에 그는 섬산에 자신의 사찰인 법대사法臺寺를 창건하였다.

이론 분야의 활동에 관해서는 《대품반야경》(=《방광경放光經》)에 대한 연구와 해석에 뛰어났던 축도잠의 제자 축법온竺法蘊이 알려져 있다. 그는 후대의 자료들에 축법온竺法溫으로 불린 인물과 같은 사람으로서,298) 심무의心無義를 주장한 사람으로 여겨지고 있다. 같은 이론은 조금 먼저 지민도에 의해서도 주장되었다(p.100 참조). 두 이론가 및 그들의 이론이 어떠한 관계를 가지고 있는지는 전혀 알려져 있지 않다. 축법온의 〈심무론心無論〉 중의 매우 짧은 문장만이 약간 다른 두 가지 형태로 전해지고 있는데, 두 가지 자료는 모두 안쵸(安澄, 주석 298 참조)가 6세기의 저자미상의 저술(=《산문현의山門玄義》)에 인용되어 있는 축법온의 글을 다시 인용한 것이다. 이 글에서는 사물이 존재하지 않는다[空]는 가르침이 '(수행자의) 내면의 마음(의 활동)을 중지시키기' 위한 경건한 책략 즉 방편으로써 경전에 이야기되었으며, 시각적 형태를 가지고 있는 존재는 실체를 가지고 있다는 주장이 이야기되고 있다. 존재하지 않음 즉 공空은 객관적 사실이 아니라 단지 '외부 세계의 사물들이 더 이상 내면의 감정에 존재하지 않는' 상태를 의미하는 것에 불과하다.299)

지둔의 제자들에 대하여는 훨씬 적은 정보가 전해지고 있다. (축도잠과 지둔) 두 고승은 서로 잘 알고 있었음에 틀림없다. 《세설신어》, 《고일사문전》, 《고승전》 등의 잘 알려진 이야기에 의하면 지둔은 축도잠에게 사람을 보내어 앙산 근처의 작은 산자락을 팔 것을 요청하였다(아마도 그 땅의 실제 소유자인 축도잠의 사원에 요청하였을 것이다). 축도잠은 다음과 같은 유명한 대답과 함께 심부름 온 사람을 돌려보내었다.

"그대가 오면 그대가 곧바로 그것을 갖게 될 것이다. (유명한 은자인) 소부巢父와 허유許由가 은거하기 위하여 산자락을 샀다는 말을 들은 적이 있는가?"300)

후에 지둔은 어떤 '고구려 승려[高驪道人]'에게 편지를 보냈는데 – 한 [p.140] 국 왕조의 불교와 관련된 최초의 언급이다 – 그 내용 일부가 《고승전》에 인용되어 있다. 여기에서 지둔은 축도잠의 덕과 능력을 극찬하면서 자신이 이전에 수도에서 했던 전법 활동과 현재 앙산에서 하고 있는 교화와 주석 작업에 대하여 이야기하고 있다.301) 또한 지둔과 북쪽 출신의 한 승려가 논쟁을 할 때 그 자리에 손작과 축도잠이 함께 있었다. 이 논쟁은 364/365년에 수도의 와관사에서 행해졌으므로, 당시 두 고승은 건강에 있었음을 알 수 있다.302) 이상과 같은 사실들은 모두 지둔과 축도잠이 서로 잘 알고 있었음을 보여주는 것이며, 사족 불교의 두 조직들 사이에는 정기적인 접촉이 있었을 것으로 생각된다.

하지만 지둔의 제자들에 대해서는 알려진 바가 거의 없다. 자료들에는 몇몇 승려들의 이름이 나올 뿐이다. 지둔의 대단히 뛰어난 동료인 법건法虔에 대해서 어느 정도의 사실이 알려져 있는데, 그는 지둔이 죽기 직전인 365년에 죽었다. 그를 대단히 존중하였던 지둔은 그의 죽음을 크게 슬퍼하였다. 《세설신어》의 이야기는 친한 친구를 잃은 슬픔이 그의 죽음을 초래하였을 가능성을 암시하고 있다. 이 부분에서 중국의 문학 전통의 힘이 다시 한 번 나타나고 있다. 지둔은 벗의 죽음을 추모하여 〈절오장切悟章〉이라는 이름의 철학적 만가輓歌를 짓고 있는데, 전통적인 주제들을 활용하여 자신의 슬픔과 외로움의 감정을 이야기하고 있다. 축법태 역시 가장 아끼던 제자가 죽었을 때 비슷한 형태의 문장을 지었다.303)

지둔의 제자 중 한 명은 – 이름은 알려져 있지 않다 –《수능엄삼매경》의 주석서를 지었으며 그 서문이 《출삼장기집》에 전해지고 있다.304)

주석은 지둔의 설명으로 이루어져 있는데, 해당 승려는 자신이 스승의 강의를 듣고 정리하였다고 이야기하고 있다. 서문에는 현재까지도 대단히 영향력 있는 이 경전의 취지에 대하여 현학의 용어로 간략하게 설명하고 있다. 자신의 저술에 대한 결점을 인정하고 후대의 학자가 부족한 부분을 보충하고 잘못된 부분을 고칠 것을 기대한다고 이야기하는 전통적인 표현으로 서문을 마치면서 이 성명미상의 주석가는 지둔의 지혜와 통찰력을 칭송하고 나아가 그의 가르침의 기본 주제들에 대하여 언급하고 있다.

"사문 지둔의 종교적 마음[道心]의 훌륭함은 이전 세대의 어느 누구보다도 뛰어나다. 그의 정신적 통찰력은 타고난 소질에서 비롯된 것이다. 초월적인 (지성의) 명석함과 꿰뚫는 이해력으로 그는 '사물의 비어 있음[色空]'을 신비하게 살피며, 숙겁의 (결정된) 운명으로 (탐구를) 시작하여 삼승의 (의미를) 조리있게 드러내고 있다. (앞의 p.118 참조)"305)

원화사元華寺의 고승들

기원후 4세기경 섬산 지역에는 축도잠 및 지둔의 조직과는 구별될 뿐 아니라 서로 경쟁하는 또 다른 사족 불교의 거점들이 있었다. 이들 역시 두 고승의 조직과 마찬가지로 교양있는 재가신자들과 밀접한 관계를 맺고 있었다. 이것은 4세기 초 고양高陽 출신의 우법란于法蘭과 그 제자 우법개于法開, 우도수于道邃 등에 의해 창건된 원화사元華寺였다.

자료들에는 우법란의 가르침 내용에 대해서는 아무런 언급을 하고 있지 않다(그의 활동 시기에 대해서는 2장의 주석 135번 참조). 그런데 그의 두 제자들은 모두 《반야경》의 전문가였고, 특히 우법개는 《법화경》

도 공부하였다. 이들의 학문 내용은 스승의 모범을 따른 것으로 생각된다. 한편 우법란의 전기는 그가 산속에서 대단한 인내심과 정력으로 고행과 참선 수행을 하였음을 이야기하고 있다. 특히 그의 마지막 여행에 관한 이야기는 대단히 흥미롭다. 섬산 지역의 석성산石城山에 정착하여 머물다가 그는 갑자기 불교의 발상지에 가서 더 많은 완전한 경전들을 구하고 그 가르침을 제대로 배우겠다는 생각을 하게 되었다. 325년과 335년 사이의 어느 때 그는 우도수와 함께 인도로 출발하였다. 그들은 교주交州를 경유하는 남쪽 길을 택하였지만 아무런 결과도 얻지 못하였다. 인도차이나 반도의 상림象林에서 스승과 제자 모두 병들어 죽고 말았다. 우도수는 그때 겨우 서른 살이었다. 종산 출신으로 그들보다 조금 앞서 중앙아시아 지역으로 갔던 강법랑(康法朗, 2장의 주석 204번 참조)과 함께 그들은 선구자 주사행 이후 최초의 중국인 '순례자'들로 알려져 있다. 대부분의 초기 불교 여행자들은 중앙아시아 오아시스 지역의 불교 중심지들 너머로 가려고 하지 않았다. 우법란과 그의 제자는 인도에 도달하려고 노력했던 최초의 순례자들로 알려져 있다.

우도수는 지둔과 같은 참된 사족 승려였다. 그는 《반야경》의 전문가이면서 동시에 '명석한 토론자'였다. 청담의 풍조를 따라서 그의 스승은 그를 '고상하면서 간략하고, 세련되면서 진지한 옛 사람들의 풍모를 지닌' 사람이라고 평가하였다.306)

또한 그는 보다 유명한 우법개와 마찬가지로 '약물(제조)에 뛰어난' 능력있는 의사였는데, 이러한 모습은 이 학파의 전통이었던 것으로 보인다. 중국 불교의 초기 단계부터 의술은 외국 승려들의 활동과 긴밀하게 연결되어 있었고,307) 우도수와 우법개는 의학 분야에서 뛰어났다고 이야기되고 있는 최초의 중국인 승려였다.

우법개(310-370경)는 우법란의 가장 뛰어난 제자였다. 수도에서 법관의 손에서 벗어난(주석 138번 참조) 직후인 362년경에 그는 스승이 떠난 뒤 자신이 이끌고 있던 원화사를 크게 확장하였다. 그는 당시의 가장 유명한 의사 중 한 사람이었고, 그의 의술 활동에 관한 다양한 일화들이 여러 자료들에 보이고 있다.308) 그는 – 본질적으로 '치료'임을 주장하는 – 불교의 원칙과 잘 조화시키면서 자신의 의료 행위에 대하여 '4마(四魔; 번뇌, 업, 죽음, 마라)에 의한 (정신적) 질병을 제거하기 위하여 6바라밀을 밝히고, (동시에) 바람과 추위로 인한 질병을 치료하기 위하여 아홉 종류의 맥박[九候]을 살핌으로써 자신을 물론 다른 사람들에게 이로움을 베푸는 것이니 어찌 허용될 수 없는 것인가'라고 정당화하였다.309)

우법개는 306년경 낙양에 들어왔던 4세기 초의 인도출신 마술사 겸 전법가였던 기역(耆域, Jīvaka)의 의술을 전하였다고 주장하였지만310) 그의 진찰과 치료법은 근본적으로 중국적인 것이었다. 어찌되었든 이러한 지식은 손작이 '(의료) 기술로 가르침을 전파[以數術弘教]'했다고 표현한 – 수술數術이라는 용어는 일반적으로 다양한 점술과 예술적 재능을 가리키는 것이지만 여기에서는 분명히 의술을 의미하고 있다 – 이 설법자에게 최상층 사족들이 문호를 개방하게 하는데 기여하였다. 그의 재가 후원자로는 사안, 왕탄지(그와 지둔 사이의 우호적이지 못한 관계에 대해서는 앞의 p.119 참조) 등이 있었으며, 몇 년 후에는 애제(재위 362-366)도 확인되고 있다.

이곳 원화사와 그가 나중에 창건한 영취사靈鷲寺에서 우법개는 자신의 독자적인 이론을 발전시켰으며, 이로 인해 지둔, 그리고 그의 '색공色空' 즉 '즉색卽色' 이론과 갈등을 빚게 되었다. 이러한 동남지역 사족 불교의 두 주요 중심지 사이의 갈등은 불교 승려와 그들을 따르는 각각의 재가신자들 사이의 열띤 논쟁을 일으켰다.

우법개의 이론은 후대의 자료들에는 식함종(識含宗, 의식(의 감각)을 포함하고 있다는 주장)으로 불리고 있다. 다른 이론들과 마찬가지로 이 이론도 〈혹식이제론惑識二諦論〉이라는 짧은 논문에 담겨 있는데, 그중 한 문장이 전해지고 있다.

> 삼계(三界)는 (삶과 죽음의) 긴 밤이 머무는 곳이고, 심식心識은 (존재의) 큰 꿈의 주요 원인이다. 우리들이 지각하고 있는 모든 존재(의 감각)은 그 꿈속에서 보는 것이다. 우리가 큰 꿈에서 깨어나고 긴 밤이 밝아오면 곧바로 잘못된 의식들은 사라지고 삼계는 모두 텅 비어 있(음을 깨달)게 된다. 그때에 완전하게 깨달은 (마음에는) '그것을 낳은 것도 없으며, 그것으로부터 생겨나지 않는 것도 없다.'[311]

이 이론에는 다양한 요소들이 담겨져 있다. 지둔은 모든 존재 속의 영원한 실체인 절대자가 현상 세계 그 자체에 드러나 있으며[卽色], 따라서 절대자에 도달하기 위하여 현상세계를 없앨 필요가 없다[非色滅空]는 이론을 주장하고 있다. 이러한 입장은 윤회와 열반, 세속과 승의勝義를 본질적으로 동일하다고 보는 중관사상 견해의 선구적 모습을 보여주는 것이다. 우법개는 자신의 이론에서 대승불교 사상의 다른 측면, 즉 모든 존재들이 완전히 헛된 존재라고 하는 환화幻化를 강조하고 있다. 이를 위하여 그는 모든 존재들이 걱정스런 꿈에 잠겨 긴 잠을 자는 '긴 밤' – dīrgharātra, 직역하여 '긴 밤'[長夜]로 번역하였지만 산스크리트에서는 주로 형용사형인 dīrgharātram의 형태로 '오랜 시간(동안)'이라는 의미로 사용되고 있다 – 이라는 비유를 사용하고 있다. 그는 대승불교 문헌에서 모든 존재들의 허무한 성격을 나타내기 위하여 종종 사용하는 – 일반적으로 아홉 혹은 열 가지로 이루어져 있는 – 유명한 일련의 비유들 – 마술적 환상[幻], 꿈[夢], 메아리[響], 빛(의 반사된 모습)

[光], 그림자[影], 변신[化], 물거품[水中泡], 거울에 비친 모습[鏡中像], 신기루[熱時炎], 물 속에 비친 달[水中月] 등312) – 로부터 영감을 받았을 수도 있다.

우법개는 의식[識, 여기에서는 분별지vijñāna의 의미]이 꿈의 세계를 만들어 내는 이 '긴 밤'과 반대되는 정신적 깨달음의 상태로서 각覺을 제시하고 있는데, 여기에서는 글자 그대로 잠으로부터 깨어나는 의미로 사용되고 있다. 이와 같이 진리를 향하여 '깨어나면' 사람들은 환상의 밤으로부터 공空의 실재의 영역으로 들어가게 된다.

이 이론에서 중국적 요소를 평가절하해서는 안 된다. 꿈은 불교만이 아니라 도가에서도 즐겨 사용되는 주제였다. 우법개는 '긴 밤'과 함께 '큰 꿈'이라는 용어를 사용하고 있는데, 이는 의심의 여지없이 《장자》 제2편의 유명한 문장으로부터 차용한 것이다.

"죽은 사람들이 이전의 삶에 연연해했던 것을 후회하지 않는다는 것을 어떻게 알 수 있는가? 잔치를 즐기는 꿈을 꾼 사람들이 아침이 되어 통곡하며 눈물 흘릴 수 있고, 통곡하고 눈물 흘리는 꿈을 꾼 사람들이 아침에 사냥(을 즐기러) 나갈 수 있다. 꿈을 꿀 때에는 자신들이 꿈꾸고 있다는 것을 알지 못한다. 꿈속에서 사람들은 자신들의 꿈을 해석하려고 (노력)하기도 한다. 깨어난 이후에 비로소 사람들은 그들이 꿈꾸었다는 것을 알게 된다. 이와 같이 큰 깨어남[大覺]이 있으면 그때에 비로소 이 큰 꿈을 알게 된다…. 공자와 너는 모두 꿈속에 헤매고 있다. 네가 꿈을 꾸고 있다고 하는 나 역시 꿈을 꾸고 있는 것이다. 이것은 허황된 이야기처럼 들릴 것이다…."313)

모든 초기 불교 이론가들과 마찬가지로 우법개는 인간 내면에 영원한 정신적 원리[神]가 존재하고 있으며 그것이 이 세상의 영향에 의하여 더럽혀지고 어두워질 수 있음을 인정하고 있다. 이 미래의 깨달음의 기반은 신체의 속박으로부터 정화되고 해방되어 마침내 존재의 높은 차원에서 신비롭게 '어두워질[冥]' 수 있지만 결코 없어지거나[滅] 사라지지는[盡] 않는다. 종병(宗炳, 375-443) 역시 - 그의 《명불론明佛論》(433년경)에는 우법개의 사상적 영향이 나타나고 있다314) - 법신法身은 '어떠한 물질적 요소도 갖지 않는 순수한 정신적 존재'라고 주장하고 있다.315) 우법개의 '깨달은' 정신은 초기 중국 불교의 이러한 근본 개념을 다른 방식으로 이야기한 것에 불과하다. 이것은 일종의 아집我執으로서, 천천히 구마라집과 후대의 승려들이 주장한 더 '정확한' 불교적 견해에 천천히 굴복되어갔다.

지둔과 우법개 학파 사이에는 강한 경쟁의식이 있었으며 이는 지리적 인접성으로 인해 더욱 심화되었던 것으로 보인다. 일정한 시기 동안 두 학파는 섬 지역의 석성산에 - 지둔의 서광사棲光寺와 우법개의 원화사 - 자리하고 있었다. "우법개는 지둔의 '색공色空' 이론을 비판하였다. (그 토론회장에서) 여강廬江 출신의 하묵(何黙, 다른 곳에 보이지 않음)이 우법개의 반론을 설명하였고, 고평高平 출신의 극초가 지둔의 설명을 체계화하였다. (이 논쟁에 관한 문서들은) 모두 전해지고 있다"316)는 이야기를 볼 수 있다. 또 다른 자료에는 지둔과 우법개 제자 법위法威 사이의 논쟁이 보이고 있다. 법위는 스승에 의해 산음(山陰, 회계會稽지역)으로 보내졌는데, 당시에 지둔은 그곳에서 - 아마도 사마욱司馬昱의 저택에서 《소품반야경》에 대하여 강의하고 있었다.317) 지둔의 재가 후원자 중에서 가장 중요한 사람은 극초였고, 우법개의 지원자 중에는 다른 곳에 보이지 않는 하묵과 왕탄지가 있었다. 그들이 지둔에 대해 반감을 가진 것은 이론적인 것보다 개인적인 동기에서 비롯되었을 것으로 생각된다. 육징陸澄이 언급하고 있는 극초와 우법개 사이의 서신 왕래는318) 틀림없이 이 논쟁의 주제에 관해서였던 것으로 보이며, 앞에서 언급한 (논쟁에 관한) 문서들은 바로 그 편지들을 가리키는 것으로 생각된다.

축법숭竺法崇

얼마 뒤인 4세기 후반에는 축법숭竺法崇319)이라는 또 다른 학자-승려가 섬剡 지역에서 활동하였다. 그는 갈현산葛峴山에서 학자-운둔자로서 목가적 생활을 영위하였다. 그는 유명한 사족 출신으로 이상적인 은사의 삶을 살아간 공순지孔淳之320)와 교류하였다. 그는 축법숭 및 그의 전기에 언급된 다른 동료들과 마찬가지로 '천성적으로 산수의 아름다움을 사랑하였다.' 그는 회계의 산지를 거닐면서 자신에게 제시된 모든 공직을 거절하고, 축법숭과 함께 '인간세계의 바깥에서 노니는 것[人外之遊]'에 몰두하였다. 그들이 자신들의 목가적 즐거움을 묘사하고 있는 시적인 언어-《고승전》에 인용되어 있다 - 는 사원의 삶이 사족 계층에서 차지하고 있는 새로운 기능과 중요성을 잘 보여주고 있다. 축법숭은《법화경》전문가로서도 중요하다. 그는 이 경전에 대해 주석서를 지은 최초의 중국인으로 알려져 있다. 그의 4권짜리 《법화의소法華義疏》321)는 다른 모든 초기 중국 불교계의 주석서들과 마찬가지로 전해지지 않고 있다.

호구산虎丘山과 약야산若耶山의 고승들

마지막으로 수도의 동쪽 지역에 있던 불교 중심지 중의 다른 두 곳 - 오(吳, 강소성 남쪽의 소주蘇州)의 북서쪽에 위치한 호구산虎丘山과 지금의 소흥(紹興, 절강성) 남쪽에 위치한 약야산若耶山 - 에 대하여 언급하고

자 한다. 양쪽 지역에서 활동한 가장 유명한 고승은 축도일(竺道壹, 330-400경)322)이었다. 그는 축법태의 제자로서 370년경에서 387년까지 수도에서 생활하였다. 축도일은 오 지역 출신으로, 동시대의 많은 승려 및 속인들과 마찬가지로 수도의 번잡한 생활보다 이 산지에서의 생활을 선호하였다. 왕궁에서 단양(丹陽, 남경 동쪽)의 지방관에게 그를 수도로 돌려보내라는 명령이 내려왔을 때 그는 이상한 항의 편지를 보내었고(아래에 서술), 이후 정부는 그가 평화롭게 살도록 허락하였다.

그는 또 다른 학자-은사인 승려 백도유(帛道猷, 아래 참조)와 함께 약야산에서 여러 해를 보냈는데, 지방관 왕회(王薈, 왕도의 막내아들)는 가상사嘉祥寺를 짓고 도일을 책임자로 삼았다. 이곳에서 이 학자 승려는 그의 많은 유명한 동료들과 마찬가지로 '내교(=불교)와 외교(=세속)의 가르침에 몰두하면서,' 경전의 내용을 설명하고, 불화와 불상의 제작을 권유하고,323) 엄격한 사원의 규율을 유지하면서 여러 지역 출신의 많은 제자들을 불러 모았다. 그 결과 그는 '9주州의 유나維那'로 불리게 되었다. 그가 후대의 자료들에서 '환화종幻化宗'으로 표현되고 있는 자신의 이론을 발전시킨 것도 아마 이곳이었을 것이다. 《신이제론神二諦論》으로 알려진 글의 일문에서 그는 모든 존재[法, dharma]는 일시적인 것[幻化]으로서 세속의 진리[世諦]가 되고, 지혜와 깨달음의 기반인 신神은 '없는' 것이 아니라 오히려 최고 진리[第一義]의 본질이라고 하였다. 또한 '신'이 없으면 어떤 것도 '깨달아질' 수 없다고 이야기하고 있다.324) 더 이상의 자료가 없기 때문에 그의 이론이 다른 동시대의 해석 방법들과 어떻게 달랐는지는 알기 어렵다. 축도일은 인생의 말년에 자신의 고향인 오 지역으로 돌아와서 400년경에 호구산에서 죽었다.

비슷한 시기에 호구산에는 창도사唱導師 지담약支曇籥이 살고 있었다.325) 그는 아마도 중국에서 활동한 월지 출신의 마지막 설법가 중한 사람으로 보인다. 그에 관해서는 거의 알려진 사실이 없다. 그의 가족은 수도에 살았는데, 아래에서 보듯이, 4세기의 마지막 4반세기에 그는 신앙심 깊은 효무제(재위 373-397)의 스승으로 궁궐에 초빙되었다. 지담약은 새로운 형식의 범패를 도입하였고, 이것은 곧 매우 성행하게 되었다. 그는 많은 수의 여섯 음절로 된 불교 노래[六言梵唄]들을 작곡하였는데, 이들은 6세기 초까지도 유행되고 있었다.326)

약야산에는 365년경부터 축법광竺法廣327)이라는 승려도 활동하고 있었다. 그의 집안은 북쪽에서 내려와 – 강소성 북쪽의 오래된 불교 중심지인 하비下邳 출신이다 – 오 지역에 살고 있었다. 이곳에서 축법광은 [p.145] 사안과 교류하였고, 이후에 회계 지역으로 와서 약야산에 정착하였다. 그의 활동은 의술-퇴마술과 불교 신앙의 흥미로운 결합을 보여주고 있다. 후자의 측면은 그가 《법화경》과 《무량수경》의 전문가로서 어디에서나 이 두 경전을 암송했다는 사실에 나타나고 있다. 약야산에서 축법광은 자신의 사원에 아미타상을 봉안하였는데 – 축도린竺道鄰이라는 승려 장인이 만들었다 – 아마도 정신집중의 대상으로 이용하였던 것으로 보인다. 한편으로 그는 치료의 효험이 있는 '주문'들을 많이 알고 있었고, 동쪽 지역에 역병이 퍼졌을 때 많은 환자들을 치료하였다. 약야산에서는 지둔의 재가신자들 – 특히 극초와 사부 – 과 교류하였다. 효무제 시기에 그는 수도로 소환되었고, 그곳에서 402년에 죽었다.

약야산에서 활동한 또 다른 흥미로운 인물은 승려이자 '은거 학자'인 백도유이다.328) 그 역시 동쪽(회계 근처의 산음山陰) 지역 출신인데, 이미 축도일과 관련하여 그의 이름을 언급하였다. 그의 전기는 서예가로서의 능력과 산속에서의 목가적 삶에 대하여 이야기하고 있다. 그는 약야산으로 축도일을 방문하였고, 거기에서 함께 거닐면서 '불교의 경전과 글씨로 즐겼다[以經書自娛].' 이 표현은 사원의 이상적인 생활이 어떻게 형성되었으며 또 얼마나 세속화되었는지를 잘 보여주고 있다. 이러한 모습은 《고승전》에 인용되어 있는 백도유가 축도일에게 보낸 초청장에 더욱 분명하게 나타나고 있다.

> 이제야 비로소 산림 속에서 자유롭게 거닐면서 공자와 석가의 책을 마음껏 볼 수 있게 되었습니다. 감정에 닿는 것마다 시가 되고, 산봉우리에 올라 약초를 캐어 달여 먹어 병을 없애니 즐거움이 넉넉합니다. 다만 그대와 함께 날을 보내지 못하니 그것이 안타까울 뿐입니다. 그래서 시를 지어 보냅니다.
> 　늘어진 산봉우리는 수천 리에 걸쳐 있고,
> 　줄지어 선 나무들은 고요한 나루를 감싸고 있네.
> 　구름이 지나가니 먼 산이 어두워지고
> 　바람이 다가오니 거친 수풀이 막히게 되네.
> 　띠 집은 흐릿하여 보이지 않지만
> 　닭 우는 소리 있어 사람 있음을 알겠네.
> 　천천히 샛길을 걸어보니
> 　곳곳에 땔나무 버려져 있네.
> 　이제야 백대百代 뒤에도
> 　여전히 태고의 백성이 살고 있음을 알겠네.329)

은둔자들

지금까지 살펴본 사족 승려들의 바로 이웃에 있으면서 실제적으로나 이론적으로 다른 세계를 지향하던 많은 '은둔자들' 즉 '산속의 노인들'이 존재하고 있었다. 그들은 동굴과 외딴 산속의 오두막에 살면서 선정수행, 주술, 샤머니즘 등의 전통을 지속하고 있었다. 《고승전》

의 일부 문장들은 이러한 종류의 고승들이 소수의 제자들과 함께 명상과 고행에 전념하는 한편 그들의 초자연적 능력에 대한 소문과 호랑이나 지역의 산령들에 대한 교화활동 등을 통하여 대중들의 환상을 자극하고 있는 모습을 보여주고 있다.

[p.146] 백승광帛僧光이라는 선정 수행자는 한 번에 7일 동안 계속 선정 상태에 들어간 적이 있었다. 53년 동안 그는 석성산에 있는 암자와 제자들이 그를 위해 건립한 은구사隱丘寺에서 생활하였다. 그는 397년에 110세의 나이로 죽었지만, 고행을 통해 정화된 그의 육체는 부패하지 않았을 뿐 아니라 수십 일 후까지도 명상하는 자세 그대로 앉아 있었다.330)

비슷한 시기에 주술사이자 퇴마사인 축담유竺曇猷가 활동하였다. 그는 백승광과 마찬가지로 사나운 동물들을 비롯하여 산령, 도교의 신들과 정기적으로 교류하였다. 376-397년 사이의 어느 시기엔가 그는 조정으로부터 '사악한 별'의 영향을 없애라고 요청받았다. 5일 동안의 퇴치기도 - 아마도 다라니를 암송하는 방법이었을 것이지만 구체적인 내용은 전하지 않는다 - 를 마치자 파란 옷을 입은 '신령한 아이'가 나타나서 사악한 힘이 사라졌다고 알려주었다. 그는 390년경에 산속에 있는 자신의 굴에서 죽었다.331)

같은 종류의 신비한 이야기들이 선정 수행자인 청주(青州, 산동지역) 출신의 지담란支曇蘭에 관해서도 전해지고 있다. 그는 4세기 말에 섬산에 정착하였다가 나중에 시풍(始豊, 현재의 절강성 서부 천태天台 근처)으로 옮겼다.332)

이러한 이야기들은 모두 중국 불교의 다른 차원에 속하는 것이다. 그것은 불교적 요소가 현학이 아닌 도교 및 다른 대중적 종교들과 혼합된 것으로써, 이러한 혼합이 최초 시기부터 현재에 이르기까지 교육받지 못한 대중들의 불교 혹은 유사불교적 신앙을 구성해왔다. 이것은 교양있는 재가신자나 현학, 청담, 학문, 문학 및 예술적 활동 등과는 아무런 관련이 없는 대신 기적이나 고행, 무아상태, 황홀경 등과 직접 관련되는데, 이러한 요소들은 지둔이나 축도잠 같은 4세기의 상류층 승려들의 전기에는 전혀 나타나지 않는 것들이다.

이방인의 지배하에 있던 북쪽에서는 상류 계층에서도 샤마니즘적 측면들이 계속하여 대단히 중시되었다. 이러한 모습이 불도징 등이 가르침을 폈던 석륵과 석호 시대의 왕궁 불교를 완전하게 주도하였고, 상당히 중국화되어 있던 (부견의) 전진과 (요흥의) 후진의 왕궁에서도 사제와 위대한 주문 – 그 자체가 가르침으로 여겨졌다 – 의 주술적 능력이 훨씬 더 중시되었다.

남쪽 지역이 보다 창조적이었음은 의심의 여지가 없다. 이곳에서 4세기는 불교의 이론적 연구, 즉 '의학義學'이 가장 활발한 시기였다. 반면에 북쪽 지역에서는 4세기의 마지막 십 년 이후 계속 방대한 양의 번역 작업이 이루어졌다(번역 작업은 한대 이래 계속된 것으로 전형적인 북쪽 지역의 현상이었다. 본래 북쪽 출신으로 남쪽에서 활동했던 지참이 유일한 중요한 예외이다). 5세기의 초기 십여 년 동안에 장안의 구마라집 학파에서 발전하였던 후대의 '의학'은 의심할 바 없이 화려하며 이후의 중국 불교에 있어 대단히 중요한 것이었다. 하지만 승조와 같은 사상가들에 의해 제시된 사상의 독창성에는 의문의 여지가 적지 않다. 그들은 분명히 구마라집이 번역한 새로운 문헌과 강의로부터 자극받았지만, 그들의 기본적 사상과 개념들은 – 그들의 논쟁 방법과 마찬가지로 – 양양의 도안에 의해 처음 계발되었고, 이후에 장안으로 전파되었던 초기 불교 현학의 성격을 계승하고 있었다.

이러한 중국 사족 불교의 특성을 이루는 기본적 사상과 사고방식들의 전체적인 모습은 4세기 중엽경의 동남부 지역의 불교 이론가들 – 그들의 전기와 활동에 대해서는 앞부분에서 간략하게 검토하였다 – 의 저술에 처음으로 등장하였다.

[p.147] 한편 수도 건강에서는 다른 요인들이 작용하고 있었다. 황제 및 중앙 정부와 직접 교류하고 있던 그곳에서는 전형적인 남쪽의 궁정 불교가 발전하고 있었다. 불교는 지배 정파와 궁정의 여러 도당들의 음모에 점점 더 연루되었고, 4세기 말경에는 상당한 정도의 정치적 힘과 영향력을 획득하게 되었다. 이것은 다시 다음 세기의 처음 몇 년 사이에 – 독재자 환현과 불교계의 관계에서 볼 수 있는 것처럼 – 불교 교단과 세속 정부 사이의 새로운 갈등으로 발전하였다.

같은 시기에 정치적으로 덜 오염된 이론가와 설법가들은 '중국적'인 의학 연구를 수행해 갔다. 그들은 일시적으로 수도의 큰 사원에 머무르고 있던 동쪽의 동료들과 마찬가지로 '이론들'을 계발하고 확산시켜 나갔다. 수도 불교계의 이론적 발전은 중부지역 내 다른 불교 중심지들의 영향하에 반복적으로 활성화되었다.

4세기 후반의 수도와 궁정의 불교

수없이 많았던 수도의 승려들 중에서 오직 소수의 이름만이 알려져 있다. 수도 바깥에 살면서 이따금 수도를 방문하여 설법했던 축도잠, 지둔, 우법개 등을 제외하고, 수도 건강에서 인생의 많은 시간을 보내면서 수도 불교계의 발전에 중요한 역할을 담당하였던 대표적 고승으로는 축승부(竺僧敷, 300-370경)와 축법태(竺法汰, 320-387) 두 사람이 알려져 있다. 두 사람 모두 북쪽 출신이었다.

축승부333)는 310-320년 사이에 건강에 도착한 북쪽 출신의 피난민이었다. 그가 당시에 이미 와관사에 머물렀다고 하는 《고승전》의 기록은 잘못된 것이다. 이 사찰은 363/364년 이후에야 건립되었기 때문이다. 그는 아마도 363/364년 이후에 새로 건립된 와관사로 옮겨갔을 것이다. 축법태도 365년 이후에 이 사찰에 머물게 되었는데, 두 고승 사이의 논쟁이 행해진 곳도 바로 이곳이었다. 당시의 거의 대부분의 저명한 사족 승려들과 마찬가지로 축승부 역시 《반야경》 - 《방광반야경》과 《도행반야경》 - 의 전문가였고, 이 경전에 대한 그의 설명은 수도의 승려들에게 매우 존중되었다. '(승)부 스님이 (《반야경》의) 미세한 내용들을 연구하는 방법은 대단히 뛰어나서 우리 중 누구도 (이 점에 있어서) 그에 견줄 수 없다.' 도숭道嵩이라는 승려는 당시 아직 북쪽에 생존해 있던 도안에게 보내는 편지334)에서 이와 같이 이야기하고 있다.

축승부는 주로 주석을 짓는 활동을 하였다. 그는 위에 언급된 경전들의 주석서를 지었고, 당시의 이론적 토론에 적극적으로 참여하였다. 당시 건강의 승려 사회에는 '영혼은 (물질적) 형태[形]를 가지고 있으며, 이 영혼(의 본질)은 수많은 (현상 세계의) 물체들(의 본질) 보다 더 오묘하다[妙]'는 이론 - 다른 자료에는 보이지 않는다 - 이 유행하고 있었다. 이 이론을 논박하기 위하여 축승부는 자신의 《신무형론神無形論》이라는 글에서 - 아무런 형태도 없고 완전히 비非물질적인 - 영혼[神]은 영원한 원리로서 존재의 제한된 영역 너머에 있으며 (존재와는) 전혀 다른 것이라는 이론을 전개하였다.335) 이를 통하여 그는 수도의 승단에 존재하던 '물질주의' 이단들을 물리쳤다고 한다.

365년 직후에 다수의 제자들과 함께 건강에 도착한 축법태에게 축승부는 커다란 인상을 주었다. 축법태의 독자적인 '본무의本無義' 이 [p.148] 론 - 그 구체적 내용은 전혀 알려져 있지 않다 - 은 그가 도안에게 보낸 편지에서 언급하고 있는 수도에서의 축승부와의 논쟁336)의 결과이거나 아니면 그의 이론에 영향받은 것으로 보인다. 축법태가 도안에게 보낸 여러 편지에서 축승부의 이론을 설명하였다고 하는 것으로 볼 때 그가 축승부의 사상 - 현재 남아 있는 그의 글의 단편들로 판단컨대 영혼[神]의 개념이 매우 중요하였던 것 같다 – 으로부터 영향 받았을 가능성이 매우 높다. 그 편지들은 이미 6세기 초에 전해지지 않고 있었다.337)

축법태(320-387)338)는 동완(東莞, 현재의 산동성 중부 기수沂水) 출신으로 젊었을 때에 업鄴에서 도안과 함께 – 흉노 군주인 석륵과 석호의 궁정 승려 역할을 담당했던 (소그드인으로 생각되는) – 유명한 주술사 겸 전도사 불도징 문하에서 공부하였다. 그는 349년 직후에 업을 떠나 당시 이미 유명하였던 도안을 따라 북쪽과 중부 지역을 편력하였다. 다수의 추종자들과 함께 최종적으로 양양으로 피난했던(365년) 도안은 축법태를 40명 이상의 제자들과 함께 수도로 보내면서 '그곳에는 (교양있는 승려들의) 풍류를 알아보는 많은 군자들이 있다'는 의미심장한 말을 하였다.339)

축법태는 형주(荊州, 호북성 강릉江陵 근처)에서 병으로 쓰러졌지만 자사 환활(桓豁)340)에게 극진히 대접받고, 도안이 양양에서 일부러 보낸 혜원의 시중을 받았다. 형주에서 지체하는 동안에 '심무心無'를 주장하는 도항道恒이라는 승려와 축법태의 총애하는 제자 담일曇一 사이에 뜨거운 논쟁이 벌어지는 흥미로운 일이 있었다. 논쟁의 둘째 날에 도항은 담일과 – 역시 논쟁에 참여하고 있던 – 혜원에게 굴복하였다.341) 이에 관한 《고승전》의 내용에 의하면 심무설은 특히 형주 지역에서 크게 성행하고 있었던 것으로 보인다. 형주는 수 세대에 걸쳐 환씨 일가의 기반이었는데, 환온의 아들이자 후계자인 환현은 실제로 이 이론의 동조자였던 것으로 보인다.342)

365년 직후 축법태와 그의 제자들은 새로 건립된 건강의 와관사에 정착하였다. 여기에서 그는 그에게 큰 인상을 준 축승부 – 위에서 언급함 – 를 만나게 되었다. 축법태는 곧 수도와 궁정에서 큰 인기를 얻게 되었다. 그의 (공식적인 것으로 보이는) 《반야경》 설법에는 그 강의를 듣기 위해 동쪽 지역의 여러 곳에서 운집한 수천 명의 사람들과 함께 황제(건문제, 재위 371-373)와 최상층 귀족, 궁정관리들이 참여하였다. 축법태는 후대의 자료들에서 독자적인 이론을 주창한 고승 중의 한 사람이었다. 그의 주장은 '본무이종本無異宗'으로 불리었다. 실제로 그는 이 주제에 관하여 극초와 여러 차례 편지를 교환하였다.343) 하지만 이 분야에서의 그의 활동에 관한 더 자세한 정보는 확인되지 않는다. 또한 비구와 비구니들의 계율에 관한 보다 좋은 텍스트를 구하려 한 그의 노력 -《출삼장기집》에 수록된 동시대의 제기題記 두 편에 언급되고 있다344) - 에 관해서도 구체적인 내용은 거의 알 수 없다. 과거 동료였던 도안과 마찬가지로 사원 조직에 대한 관심과 흥미를 가지고 있던 그는 수도에 도착하자마자 와관사를 작은 절에서 건강의 가장 중요한 사원으로 발전시켰다. 이 과정에서 그는 마침 자신의 저택이 [p.149] 이 절과 붙어 있어서 공사를 방해하였던 여남汝南 왕의 아들 사마종司馬綜에 맞서는 강한 용기를 보여주었다.345)

그의 학파에서는 불교학에 대한 연구와 함께 세속 학문에 대한 연구도 성행하였다. 제자인 담일과 담이曇二는《노자》와《역경》의 전문가였으며, 이 분야에서 혜원과 동등한 실력을 갖추었다고 이야기되었다.346) 그의 가르침을 받은 사람들 중에는 나중에 5세기 초에 구마라집 밑에서 수학한 후 당시의 대표적 불교 이론가가 된 젊은 도생道生이 있었다.347)

4세기의 세 번째 사분기에는 불교적 요소가 건강 궁정생활의 일상적 모습으로 등장하기 시작하였다. 이는 물론 4세기 중엽 이래의 하충과 그의 일파인 저褚씨 집안의 친불교적인 태도의 결과였다(앞의 p.109 참조). 궁정에서 궁정관리와 상층귀족 등의 특별한 청중들을 위한 불경(주로《반야경》) 해설 모임 - 이러한 모임에는 황제가 친히 참석하는 것도 드물지 않았다 - 을 위하여 유명한 설법자들을 초청하는 것이 관례화된 것도 바로 이 시기였다.

궁정불교가 크게 발전하였던 애제(재위 362-266) 때에는 동쪽 지역에 있던 여러 명의 유명한 설법가들이 수도로 초청되었다. 지둔은 362년에 동안사에서 《소품반야경》을 설법한 후 그곳에서 3년 동안 머물렀는데(p.119 참조), 동쪽으로 돌아가려 할 때 황제의 명령으로 모든 여행에 필요한 물품들이 제공되었다.348) 같은 362년에 황제는 축도잠에게 수도로 돌아와 《대품반야경》 - 무차라가 번역한 《방광경》 - 을 궁궐에서 강의하라고 명령하였다.349) 또한 같은 시기에 4년 전에 목제의 생명을 구하는데 실패했던 승려 의사 우법개가 궁정에 초빙되어 《8천송반야경》을 강의하였고, 그 대가로 황제로부터 많은 돈과 비단, 수레, 여름옷과 겨울옷 등을 받았다.350)

뛰어난 승려들에 대한 궁정으로부터의 초청은 어느 정도 강제적 성격을 띠고 있었으며, 물론 이러한 공식적 '명령'은 모든 세속의 의무로부터 벗어나려는 승려들의 자유와 맞지 않는 것이었다. 여기에서 다시 종교적 생활의 자율성과 전제주의적인 유교국가 사이의 관계에 대한 오래된 문제가 등장하게 된다. 축도일竺道壹의 사례에서 전형적인 모습을 볼 수 있다(p.144 참조). 387년 이후 어느 때엔가 단양태수는 궁정으로부터 당시 오 지역에 살고 있던 축도일을 수도로 보내라는 명령을 받았는데, 축도일은 이를 반기지 않았다. 그는 항의 편지를 보내어 현재 궁정에서 불교의 발전을 위해 노력하고 있는 상황이므로, 유명한 은사들은 자신들의 완전한 이동의 자유를 보장받고 종교적 삶을 선택한 사람들은 평화롭게 지낼 수 있어야 함을 정부에 납득시키려고 노력하였다. '지금 (정부가) 만일 그들을 호적에 등록하고 일반 백성들[編戶]과 함께 일하도록 한다면, 배회하는 고귀한 사람들은 이 성스러운 (정부의) 시대에 (외딴) 벼랑 위로 나아가고 (신선 같은) 사람들은 가볍게 위로 날아올라 당당히 떠나서 다시는 돌아오지 않을

까 두렵습니다.' 이 편지 이후 그를 소환하라는 명령은 취소되었다.351)

잘 알려진 수도의 큰 사원들이 이 시기에 건립되었다. 364년경에 승려 혜력慧力은 황제에게 수도의 가마터 자리에 작은 절을 짓는 것을 허락해달라고 요청하였고, 이것이 나중에 축법태에 의해 확장되어 동남부 지역의 주요 불교 거점 중 하나로 발전하게 된 유명한 와관사의 토대가 되었다.352) [p.150]

또 다른 사찰인 안락사安樂寺는 승려 혜수慧受의 꿈에서 비롯되었다. 그는 수도에 도착하여(365년경) 자신이 건강에 있는 왕탄지의 개인 정원에 사찰을 짓는 꿈을 반복해서 꾸게 되었다. 그는 여러 번 망설이다가 자신의 무의식세계(=꿈)를 정원의 주인에게 말하였고, 왕탄지는 그가 자신의 정원에 작은 절을 짓는 것을 허락하였다. 혜수는 계속 적극적으로 움직였다. 계속되는 예언적 꿈의 결과 안락사는 왕탄지의 정원 대부분을 차지하게 되었고, 이어서 인접해 있는 단양태수 왕아王雅, 동연東燕태수 유투劉鬪, 예장豫章태수 범녕范寧의 정원들이 차례차례 포함되어 갔다. 혜교가 《고승전》을 편찬하던 6세기 초에는 이 절은 수도의 가장 훌륭한 사원 중 하나로 되어 있었다.353)

건문제(사마욱, 320-372)는 황제가 되기 전은 물론 황제의 자리에 오른 뒤에도 불교에 많은 관심을 가지고 있었다. 이미 앞에서 그가 백시리밀다라(p.104), 축도잠과 지둔(p.106, 107, 118, 130) 등과 같은 고승들과 교류하면서 존숭한 사실들에 대해서 살펴보았지만, 그는 또한 축법태의 벗으로서 그를 거듭 궁정에 초청하여 《8천송반야경》을 강의하게 하였다.354)

그의 짧은 통치 기간 동안에 중국 궁정에서 불교 승려의 수행의 힘을 이용하여 나쁜 징조를 피하고 상서로운 조짐을 불러오려 한 최초의 알려진 사례가 있었다(불교 의례와 고대 중국의 징조에 대한 믿음 사이의 관계에 대해서는 5장에 제시된 '아쇼카왕의 유적'에 관한 자료들을 참조하라). 373년에 황제는 당읍(堂邑, 현재의 남경 근처 육합六合)태수 곡안원曲安遠을 약야산에 있는 축법광(p.144 참조)에게 보내어 자신의 건강과 '사악한 별[妖星]'의 해로운 영향을 물리칠 수 있는 방법에 대해 물어보게 하였다. 이 천문 현상은 '화성이 태미성으로 역행해 들어간' 것으로 2월 18일에 발생하였다.355) 이 불길한 징조는 황제에게 큰 영향을 미쳤다. 황제는 이 현상을 당시 권력의 정점에 있던 환온의 제위 찬탈 시도가 다가오고 있음을 보여주는 명백한 신호로 받아들였다. 그는 이 현상의 의미에 대하여 극초와 논의하였는데, 이 열렬한 불교신자가 황제로 하여금 축법광에게 상의하도록 권유한 것으로 생각된다.356) 몇 년 후 효무제(373-397) 때에는 퇴마사인 축담유도 비슷한 요청을 받게 되었다(p.146). 애제와 건문제는 모두 도사들의 주술적 의례도 활용하였는데 – 애제의 죽음은 도교의 '불사약'을 과도하게 복용한 결과였다 – 여기에서도 두 종교는 나란히 공존하였다.357) 하지만 건문제의 불교에 대한 관심은 주로 철학적인 것이었다. 그는 현학에 정통한 유명한 청담학자였다.358)

법림에 의하면359) 건문제는 옛 장간사長干寺 탑이 있던 곳에 대단히 크고 아름다운 사원을 새로 짓도록 하였다. 장간은 건강에서 남쪽으로 수 리里 떨어진 교외 지역의 이름이었다. 옛 장간사는 《광홍명집》에 수록된 건문제 때보다 약 40년 정도 앞선 함화(咸和, 326-335) 년간에 신비한 불상을 발견한 전설적인 이야기360) 속에 등장하고 있다. 법림이 이야기한 새로 지은 사찰은 《고승전》에서 혜달이 부처의 사리들을 발견했다고 하는 3층탑이 있던 사찰361)과 같은 것이다.

그렇지만 불교가 궁정에서 가장 큰 성공을 거둔 것은 효무제(373-396) 때였다. 황제는 즉위 당시 겨우 열 살이었고, 376년까지 (친불교적인) 저褚태후(p.109)가 섭정을 하였다. 황제의 정비인 왕王황후(360-380)는 명백히 불교식인 법혜法慧라는 이름을 가지고 있었다.362) 그녀는 이 황제 때에 궁정에서 큰 영향력을 행사하였던 장군 왕공(王恭, 398년 사망)의 여동생이었다. 왕공에 대해서는 다음과 같이 이야기되고 있다.

> 그는 불교의 가르침을 독실하게 믿었다. 그는 불교 사원을 세우고 이를 크고 위엄있게 장식하기 위하여 사람들에게 (추가) 세금을 매기고 불상을 만드는 노역을 부과하였다. 이 때문에 사족과 일반인들이 다 같이 분하게 여겼다. 처형장으로 갈 때(398년)에도 그는 여전히 불경을 암송하였다.363)

374년에 축도잠이 죽자 황제 - 실제로는 저황후 - 는 그의 장례식에 10만전을 제공하라는 포고문을 반포하였다.364) 이러한 행위 및 지급된 금액은 당시의 일반화된 관습이었던 것으로 보인다. 380년에 축법의(竺法義, p.99 참조)가 죽었을 때 황제가 10만전으로 그가 묻힐 신정강新亭崗의 땅을 사고 그의 무덤 위에 3층탑을 세우게 하였다.365) 387년의 축법태의 장례식 때도 황제는 다시 10만전을 제공하였다.366) 효무제 재위 기간에는 승려와 불교에 대한 다른 우호적 행위들도 전해지고 있다. 375년에는 축법의를 수도로 초청하였고,367) 도안과 영종니宗尼에게 칭송하는 편지를 보냈으며,368) 391년에 장간사 옆의 작은 절에 3층탑을 건립하라는 명령을 내렸다.369)

궁정 불교의 가장 위대한 승리는 381년에 발생하였다.

> 봄 정월(381년의 2월에서 3월 사이)에 황제는 처음으로 (공식적으로) 불교의 가르침 (즉 보살계)을 받들었다. 궁궐 안에 정사가 세워지고 그곳에 거주하도록 승려들이 초빙되었다.370)

황제의 공식 개종에 관한 사실은 《고승전》에서도 확인된다. 여기에서는 효무제가 즉위 초에 중국화된 지담약(支曇籥, p.144 참조)을 수도로 불러 '그로부터 5계를 받고 그를 자신의 스승으로 섬겼다'고 이야기하고 있다.371) 그는 또한 중국인 고승 축법광(327-402, 위의 내용 참조)을 수도로 불러 스승으로 섬겼다고도 이야기되고 있다.372)

불교 경전들이 황실 도서관에 들어가게 된 것은 아마도 궁궐에 정사가 건립된 이후일 것이다. 완효서阮孝緖가 편찬한 초기 문헌 목록인 《칠록七錄》(534년, 《광홍명집》에 인용되어 있음)에는 그 이전의 목록에 수록된 책의 숫자에 대하여 이야기하고 있는데, (4세기의?) 《진중경부晉中經簿》에는 진나라 황실 도서관에는 총 16권의 - 선제 20,935권에 비하면 보잘 것 없는 분량이지만 - 불교 경전이 있었다고 한다. 431년에 편찬된 《비각사부서목록秘閣四部書目錄》(같은 《칠록》에 인용되어 있음)에 의하면 불교가 궁정의 지적 생활을 완전하게 지배하고 있던 5세기 전반기에도 황실 도서관에 소장된 전체 15,074권 중에 불교 경전은 438권에 불과하였다.373) 이것은 중국의 교양있는 상류계급 사람들이 비록 불교 사상과 이론에 관심을 가지고 있었음에도 불구하고 불교 경전들을 진지하게 공부하지는 않았음을 보여주는 상징적인 사실이다. 은호, 극초, 사부와 같은 인물들은 4세기와 5세기에는 대단히 예외적인 사람들이었다. 축법태와 지둔의 강의에 관심을 가지고 참여하였던 신앙심있는 수강자들 중에 단 한 사람이라도 승려들이 강의한 경전을 직접 읽으려고 노력한 사람이 있었는지 대단히 의심스럽다.

효무제의 귀의는 분명히 중국 궁정에서의 불교의 지위를 - 종교조직의 측면과 이론적 측면 모두에서 - 확고하게 하였음에 틀림없다. 몇 차례의 중단과 일시적인 반反불교적 움직임들에도 불구하고 불교는 이후 최소한 4세기 동안 이러한 지위를 유지하는데 성공적이었다.

법왕法王(dharmarāja) 효무제의 명성이 이미 당시 중국인들이 알고 있던 세계의 끝까지 미치고 있었다는 사실을 보여주는 놀라운 일화가 있는데, 이것은 서로 다른 여러 자료들을 통하여 의심할 수 없는 분명한 역사적 사실로 확인되고 있다. 395년 혹은 그 직후에 틀림없이 황제의 종교적 열정에 감동받았던 세일론[師子國, 스리랑카]의 국왕이 사문 담마억(曇摩抑, Dharmayukta?)374)을 중국에 보내어 황제에 대한 정성의 징표로 4척 2촌 크기의 옥으로 만든 귀한 불상을 바쳤다.375) 알 수 없는 이유로 그의 여행은 10년 이상 걸렸고, 그 귀한 선물은 결국 효무제가 죽고 나서 몇 년 후인 의희(義熙, 405-418) 연간에 안제에게 헌상되었다. 이 사절은 또한 중국과 스리랑카의 교류의 시작이기도 하였다.

황제의 개종에 대한 소식이 어떻게 스리랑카의 왕궁에 전해졌는지는 알 수 없다. 이 섬을 방문했던 최초의 중국인은 법현으로 알려져 있다. 그는 자신의 위대한 여행 마지막에 이곳에 1년 이상(412-413) 머물렀다. 그가 미사새율(彌沙塞律, T1421, 타이쇼대장경 제22책)의 산스크리트 사본을 구한 곳도 이 섬이었다.376) 그가 아누라다푸라에서 '상인이 중국에서 만들어진 하얀 비단 부채를 공양'하는 것을 보았지만 그것이 395/405년 이전에 두 나라 사이에 공식적인 관계가 있었음을 보여주는 것은 아니다. 어쨌든 법현은 스리랑카 사절이 출발한 때로부터 여러 해가 지난 후에 이곳에 도착하였다.

하지만 10년은 세일론에서 건강까지의 – 해상을 통한 – 여행으로는 아무리 4세기라고 하더라도 너무 긴 시간이다.377) 10년이라는 숫자는 중국 역사가들에 의한 연대 계산의 결과일 가능성이 높다. 10년은 (선물을 바칠 대상이었던) 효무제의 죽음(396년)으로부터 사절이 도착했다고 알려진 시기인 의희 연호가 사용된 최초의 해(405년)까지의 최소한의 기간이다. (중국에서는 전통적으로 시작하는 해 – 여기에서는 396년 – 를 포함하여 기간을 계산한다는 것을 고려해야 한다.) 물론 그들은 그렇게 하는 과정에서 스리랑카 왕궁이 중국 황제의 죽음에 관한 최신의 정보를 얻을 수 있는 가능한 수단이 없다는 사실은 생각하지 않았다. 사절은 396년보다 한참 뒤에 출발했다고 생각된다.378)

[p.153] 역사적 요약(p.113)에서 살펴본 것처럼 효무제 통치기의 마지막 10년과 안제(397-418)의 초기 몇 년 동안 궁정은 안제의 삼촌인 사마도자(司馬道子, 364-402) 일파에 의해 완전히 주도되었고, 그 반대파는 환현(369-404)이 이끄는 군부로 대표되었다. 환현은 마침내 402년에 사마도자를 쫓아내고 자신의 정권을 수립하였다.

사마도자가 열렬한 불교신자로서 자신의 신앙심을 표현한 풍부한 시주행위를 하였고, 여러 정파들의 비열한 음모에 불교 승려들이 일정한 역할을 담당하였다는 것 등이 후일 환현의 두드러진 반反불교적 정책을 취한 이유를 설명해 준다.

> 당시(388년경) 효무제는 직접 정무를 관장하지 않았다. 그는 (사마)도자와 함께 연회를 열고 나이 든 여성들379) 및 비구니, 비구들과 매우 편안하게 대화하며 즐길 뿐이었다… 더욱이 (도자는) 부처의 가르침을 존경하고 믿었다. 그가 (종교적 목적을 위해 많은 돈을) 낭비했기 때문에 일반 백성들의 생활을 고통스럽게 하였다.380)

389년에 장군 허영許榮은 포고문에서 궁정에서 성행하고 있는 나쁜 행실들에 대하여 언급하고 있는데, 여기에서 그는 승려들의 역할을 가장 강한 어조로 비판하고 있다.

> 비구와 비구니, 유모들은381) 앞 다투어 정파에 가담하고 있다…. 나는 부처가 청정함과 심원한 지식, 신비한 공空의 신이라고 들었

다. 그는 음주와 방탕을 금지하는 5계의 기초 위에 가르침을 설하였다. 하지만 근래의 신자들은 모두 사악하고 무례하며 비굴하고 술과 여자에 탐닉하고 있다… 비구와 비구니들은 함께 모여서 그들의 복장(에 결부되어 있는 권위)에 의지하고 있지만 자세하고 미묘한 (사원의 계율은) 말할 것도 없고, 5계와 같은 가장 기초적인 규율조차 지키지 못하고 있다. 그럼에도 불구하고 미혹된 사람들은 앞 다투어 그들을 존경하고 섬기고 있다. 더욱이 승려들은 부를 축적하는 것을 지혜로 여기면서 백성들을 억압하고 착취하고 있는데, 이는 (불교의) 자비의 원칙과 맞지 않는 것이다.382)

자료에서는 비구니들의 영향을 반복하여 이야기하고 있다. 수도의 최초의 비구니들이 4세기 중엽 하충과 그 일파의 후원을 받았고, 최초의 비구니 사원이 허황후와 저황후에 의해 창건되었다는 사실(p.109)을 기억할 필요가 있다. 이것은 처음부터 수도의 비구니 사원과 궁정, 특히 황후 사이에 긴밀한 관계가 있었음을 보여주는 것이다.

4세기 마지막 수십 년 사이의 진나라 궁정에서 승려들의 영향력을 보여주는 가장 분명한 사례는 효무제와 안제의 시기에 여러 정파들의 음모에 중요한 역할을 담당하였던 출신을 알 수 없는 묘음妙音이라는 비구니의 활동에서 보여지고 있다. 그녀의 전기에 의하면

"그녀는 불교와 다른 주제에 대하여 폭넓은 지식을 가지고 있었고, 문장 실력도 뛰어났다… 황제 및 태부(즉 사마도자), 내궁(의 관리), (궁정의) 문인들과 함께 토론을 하고 문장을 지었다…"383)

385년에 사마도자는 묘음을 간정사簡靜寺 - 그가 그녀를 위해 건립한 사원이었다 - 의 수백 명 여승들의 책임자로 임명하였다.384) 이 이후로

[p.154] "재주와 덕행을 가진 사람들은 승려와 속인을 막론하고 승진을 위해 그녀에게 의지하였다. 그녀는 (그들로부터) 막대한 선물을 받았고, 그녀의 재산은 수도를 압도하였다. 부자와 가난한 사람들 모두 그녀를 존경하고 섬겼다. 매일같이 (그녀의 사원의) 문에는 (방문자들의) 백여 대의 수레와 말들이 서 있었다."385)

398년에 능력있는 장군인 왕공을 형주자사로 임명하려 하자 환현은 이 경쟁자가 자신의 계획에 대한 장애물이 될 것을 염려하여 묘음에게 사람을 보내어 황제(혹은 사마도자)를 설득하여 약하고 경험이 부족한 은중감(殷仲堪, ?-399)을 그 자리에 임명하게 해달라고 부탁하였다. 그의 계획은 성사되어 398년 11월에 은중감이 형주자사가 되었다. 얼마 후에 환현은 그를 공격하여 죽이고 그 지역을 자신의 영지에 병합하였다.386)

마찬가지로 사마도자파의 일원인 왕국보(王國寶, ?-387)는 궁정에서 자신의 지위가 위태롭다고 느끼자 같은 편인 원열지袁悅之를 묘음에게 보내어 황태자의 어머니가 있는 곳에서 황제에 대한 자신의 충성을 칭찬해 달라고 부탁하였다. 이 계획도 비록 원열지의 목을 희생하기는 하였지만 결국 성공을 거두었다.387)

IV. 마지막 단계 : 환현桓玄의 찬탈과 유유劉裕의 등장(402-420년)

손은孫恩

399년에 사마도자 일파와 환현이 이끄는 중부지역 군사지도자들 사이에 전쟁이 일어날 뻔했지만 사마도자는 무력을 갖추는 한편 해당 지역에 대한 환현의 권위를 인정함으로써 이를 회피하였다(p.155 참조). 하지만 같은 시기에 제국의 통치권 내부에서 중앙 정부의 힘을 점점 더 많이 침식해 가는 또 다른 적이 있었다. '주술사' 손은孫恩이 이끄는 수도 동쪽과 동남쪽에 근거지를 둔 해적 및 대중 군사집단이었다.

이 움직임은 이미 380년대에 낭야 출신의 도사 손태孫泰에 의하여 시작되어 짧은 시간에 항주지역의 농민과 지역 사족들 사이에 많은 동조자가 생겨났다. 불교 및 도교에 대해 황제와 관심을 공유하고 있던 왕아王雅는 손태를 효무제에게 소개하였고, 황제는 손태를 신안(新安, 절강성 淳安 서쪽)태수로 임명하였다. 손태는 이곳에서 2백 년 전에 성공적으로 한제국을 붕괴시켰던 황건적과 다르지 않은 준종교적이고 준군사적 집단을 형성하였다. 393년에 그는 자신의 군대를 동원하여 서쪽으로 가서 (사마도자의 경쟁자인) 왕공을 처벌하려고 하였다. 하지만 이 이상한 집단의 본래 목적에 의심을 가지고 있던 사마도자는 그와 그의 아들들을 체포하여 처형하였다. 손태의 조카인 손은은 군대와 함께 주산舟山 군도로 달아나 그곳을 거점으로 양자강 하류에서 광서지역에 이르는 육지지역을 노략질하였다. 399년에 그가 회계 지역을 장악하자 대중들은 반란을 일으켜 지방관들을 죽이고 손은의 '장생군長生軍'에 합류하였다. 장생군의 규모는 며칠 사이에 수십만 명으로 늘어났다. 손은은 스스로 '정동征東장군'이라고 칭하며 수도로 진군해 왔다. 이후 진정한 의미의 '지구전'이 지속되었다. 손은은 기습 공격으로 정부군을 거듭하여 패배시킨 후 곧바로 군대를 해안가의 섬으로 물러나게 함으로써 모든 반격을 성공적으로 피할 수 있었다. 이 전쟁 기간 동안에 진나라 장군 유뢰지劉牢之 휘하의 지휘관이었던 유유劉裕 - 그는 20여 년 후에 (유씨) 송宋왕조의 첫 번째 황제로 즉위하게 된다 - 의 이름이 처음으로 등장하였다.

이러한 상황은 쇠퇴의 마지막 단계에 있는 왕조에서 나타나는 전형적인 모습이었다. 한나라의 마지막 수십 년간과 마찬가지로 왕조의 마지막 붕괴는 조직화된 대규모 반란운동과 제국의 핵심 영역에 있는 관료조직의 지속적인 해체과정의 결합에 의해 발생하였다. 그리고 그때에 다음 왕조 건설자는 반란군에 대한 토벌 작전에서 경력을 쌓아가는 군사적 야심가로 존재하고 있었다. 마지막으로 189년의 동탁의 실패한 반란이 조조의 최종적 승리의 기반을 제공했던 것처럼 진나라 황제를 폐위시키고 새로운 왕조를 건설하려고 하였던 환현의 헛된 시도가 유유의 집권에 선행하면서 그것에 간접적인 영향을 미쳤다. 이 일은 402/404년 사이에 발생하였다.

환현의 쿠데타

401년 6월 28일, 손은은 갑자기 대규모 군대와 약 천여 척의 '누각전선樓閣戰船'을 이끌고 회계에 나타나 양자강을 거슬러 올라왔다. 그는 수도 바로 근처에서 유유의 군대와 만났다. 400년 이후 형주자사와 여덟 지역의 군사사령관을 겸하고 있던 환현은 이 기회를 노렸다. 그는 군대를 이끌고 '황제를 보호한다'는 명분으로 건강으로 진군하였다. 하지만 그 사이에 손은의 군대는 벌써 패배하여 자신의 섬으로 퇴각한 상태였다. 이전에 환현과 대립하고 있던 진나라의 유일한 능력있는 장수 유뢰지가 자신의 군대를 이끌고 환현에게 넘어오면서 (402년 3월 31일) 환현의 승리가 확실하게 되었다. 환현은 의기양양하게 수도에 들어와 사마원현司馬元顯을 처형하고 얼마 후에는 사마도자도 죽였다(4월 27일). 그는 자신의 친척과 가까운 동료 왕밀王謐, 은중문殷仲文, 변범지卞範之 등을 가장 중요한 자리에 앉히고 현재의 안휘성 동부 당도當塗 지역인 고숙姑孰으로 물러났다. 이곳에서 그는 가장 중요한 문제들은 직접 결정하고 일상적인 정부의 행정업무는 수도에 있는 관리자들에게 맡기면서 독재 권력을 행사하였다.

환현은 처음에는 궁정 관리와 수도의 사족들로부터 위대한 해방자로 환영받았다. 하지만 그의 인기는 곧 그의 힘으로도 바꿀 수 없는 상황들로 인해 시들해졌다. 사족들은 손은과 - 402년 이후 - 그를 계승한 노순盧循의 지속적인 본토 공격으로 인해 경제적 어려움을 겪고 있었을 뿐 아니라 환현 일파의 음모와 파당주의, 부패 등으로도 고통을 겪고 있었다. 정부 조직을 개혁한다는 구실로 사소한 문제들에 대한 수많은 포고문과 칙령을 반포하는 한편 작은 실수로도 관료들을 강등시키거나 유배 보내는 가혹함과 그 자신의 사치 행위 - 그는 중국 역사상 최초의 예술품 수집가로 알려져 있다 - 로 인해 환현은 제위를 찬탈하기 이전부터 인기를 잃고 있었다. 한편으로 환현이 단행한 정책의 결과를 예견한 많은 사족들은 그에 등을 돌리고 당시에 여전히 노순의 해적집단과 싸우고 있던 유유를 지지하게 되었다.

[p.156]   환현은 오래 기다리지 못하였다. 403년 10월 16일 그는 스스로 상국相國과 초왕楚王을 자처하였고, 12월 20일에는 안제가 퇴위하면서 왕밀을 통하여 환현에게 국새를 넘겼다. 그리고 404년 1월 2일에 환현은 초楚왕조의 초대 황제로 즉위하기 위하여 건강에 도착하였다. 그는 자신의 아버지 환온을 선무제宣武帝로 추증하였다. 하지만 종묘에 모실 충분한 숫자의 유명한 조상들을 확보하는 데 어려움을 겪기도 하였다(주석 145번 참조). 퇴위한 안제는 심양(尋陽, 호북성 동남부의 황매黃梅 북쪽)으로 추방되었다.

환현의 '초' 왕조는 3개월밖에 지속되지 못하였다. 자신에 대한 대중들의 호평을 잘 알고 있던 유유는 곧바로 독재자를 쫓아내고 '진왕조를 회복하려는' 음모를 주도하였다. 주로 사병들로 구성된 소규모의 반란군이 건강에 도달하자 환현은 가까운 친척 및 동료들과 함께 처음에는 전前 황제가 있는 심양으로 도망갔다가, 다시 그곳에서 그 병든 소년을 강요하여 함께 강릉(호북성)으로 달아났다. 계속해서 유유의 장수들에게 패배하자(6월 11일), 환현은 황제의 지위를 버리고 동쪽으로 달아났다. 강릉에서 멀지 않은 곳에서 그는 자신의 장교에게 살해되어 35세로 생을 마쳤다(404년 6월 20일). 그의 일파들 중 다수는 중국 서북쪽에 자리잡은 '티베트' 왕조 후진後秦으로 달아나 그곳에서 고위 관직을 차지하였다. 나머지 사람들은 중앙 정부의 권위가 빨리 회복되고 있지 않던 중부 지역들에서 전쟁을 계속해 갔다. 환현 일파의 저항은 406년까지 지속되었다.

폭력적이고 변화무쌍한 움직임에도 불구하고 지금까지의 모든 일들은 실제로는 비슷한 성격의 한 정파에서 다른 정파로 권력이 넘어간 표면적인 변화에 불과하였다. 중세 사회의 기반이 되는 대가문들의 힘은 흔들리지 않았다. 이것은 건강에 돌아온 유유가 환현의 가장 강력한 동료이자 관리인이었던 왕밀에게 감히 어떠한 조치도 취하지 못했던 것에서 잘 드러난다. 유유는 곧바로 왕밀을 상서사로 임명하고 양주자사라는 중요한 직책을 맡겼다. 왕밀의 할아버지 왕도(p.95)의 영향력이 여전히 미치고 있었던 것이다. 단기간의 많은 정치적 변화와 동요에도 불구하고 일찍이 동진을 수립하고, 환온에게 독재권력을 맡기고, 다시 그 아들 환현이 황제를 쫓아내는 것을 도왔던 낭야왕씨 집안은 다시 황폐화된 진왕조를 회복하고 얼마 후 새로운 왕조의 성립을 준비하는 데 참여하였다.

교단과 국가의 갈등(403-404년)

따라서 환현의 쿠데타로 인한 막간극은 정치적 관점에서는 전혀 중요하지 않았다. 그럼에도 불구하고 그 내용을 자세히 다룬 것은 환현이 의식적으로 일관된 반反불교적 정책을 취한 극소수의 독재자이고, 그러한 정책으로 인해 그가 교단의 지도자들 – 특히 혜원 – 및 자기 정파 내부의 친불교적 구성원들과 갈등을 빚었기 때문이다. 이것이 세속 권력과 교단 사이의 두 번째 충돌을 발생시켰다(첫 번째 충돌은 340년에 일어났다. 앞의 p.106 참조). 340년에 비하여 이때에는 승려들이 지배자에게 경의를 표하는 문제를 둘러싸고 더 폭넓은 심각한 논쟁으로 발전하였다. 다른 반反교단적인 정책들은 부수적이었고, 기본적인 [p.157] 논쟁점은 두 경우 모두 동일하였는데, 결국 교단이 다시 승리를 거두었다. 환현이 승단을 숙청하고 그들의 음모와 부패를 일소하려한 시도들이 성공하지 못하였음을 보여주는 문서가 있다. 《홍명집》제6권에 수록되어 있는 석도항釋道恒의 《석박론釋駁論》이라는 호교적 논설이다. 이것은 405년에 두 명의 건강 고관이 제기한 논설에 대한 반론으로 쓰여졌다. 고관들은 자신들의 글에서 불교 승려들을 사회의 '다섯 가지 파괴적 요소[五橫]' 중 하나로 묘사하고 있다.388) 석도항의 글에 등장하는 가상의 대론자들은 당시 수도 승려들의 행동을 생생하게 묘사하고 있다. 승려들은 상업행위에 종사하면서 부를 축적하였고, 약을 팔고, 점과 관상 등을 봐주고 있다고 하였다(5장의 내용도 참조).

당시의 주요 논쟁자 중 한 사람인 혜원의 생애와 사상은 이 장의 영역에서 벗어나므로 402-404년의 논쟁의 전체적 경과에 대해서는 다음 장에서 검토하기로 하자.

동진東晉의 마지막 시기(405-420년)

'진왕조의 부흥자' 유유는 자연스럽게 환현의 계승자가 되었다. 건강의 황위를 곧바로 노렸던 환현과 달리 그는 위대한 환온의 사례를 모방하였다. 즉 자신의 궁극적 바람을 실현하기 전에 그는 북쪽 왕조에 대한 폭넓은 공격을 단행함으로써 이미 상당하였던 자신의 권위와 군사적 명성을 더욱 높였다. 환온과 달리 그의 군사적 성공은 단명에 그쳤지만 대단히 화려하였다. 북쪽의 정치적 상황은 그러한 시도에 우호적이었다. 선비족, 흉노족, 티베트족 지배자들에 의해 수립된 후 불안정하게 유지되고 있던 왕국 혹은 제국을 자처하던 여러 정치세력들은 끊임없이 서로 전쟁을 벌이고 있었다. 동쪽에서는 398년에 탁발씨의 선비족에 의해 수립된 위魏나라가 선비족의 모용씨에 의해 통치되던 연燕나라 후계 국가들의 영향력을 침식하고 있었고, 서쪽에서는 티베트계 후진의 능력있는 지배자 요흥姚興이 흉노족 군장 혁련발발赫連勃勃 - 그는 산서성 북쪽에 대하大夏를 건립한 후 위魏 분지로 진출하려 하고 있었다 - 의 군대와 전쟁을 벌이고 있었다.

408-410년의 '후연'에 대한 첫 번째 성공적인 원정에서 유유는 모용씨 지배자들의 힘을 효과적으로 무너뜨렸다. 하지만 그는 군대를 이끌고 급히 건강으로 돌아오지 않으면 안 되었다. 노순(p.155 참조)이 자신의 근거지인 광동에서 북쪽으로 진군하여 강서지역을 지나 양자강 하류까지 장악한 후 수도를 점령하겠다고 위협하고 있었던 것이다. 요흥의 사망 이후 장안 지역의 정치적 혼란을 틈타 유유는 416년에 후진을 상대로 한 대규모 원정을 벌일 수 있는 기회를 갖게 되었다. 이 원정은 418년까지 이어졌다. 유유는 장안과 낙양 두 지역을 모두 회복하면서 환온이 이전에 이루었던 것 이상의 성과를 거두었다. 하지만 주력 부대가 물러난 후 방어선은 붕괴되었고, 두 도시는 혁련발발의 흉노족 군대에 넘어갔다. 그들은 후진이 남긴 공백 지대 거의 대부분을 장악하였다.

이와 같이 418년에 유유가 승리자로서 건강에 돌아왔을 때에는 이미 그의 대규모 군사작적은 실패로 돌아간 상태였다. 하지만 앞에서 이야기한 것처럼 그의 화려한 군사작전이 가져온 심리적 효과는 북쪽 지역 전체를 효과적이고 장기적으로 정복하려는 비현실적 이상보다도 훨씬 값진 것이었다. [p.158]

수도에 돌아온 후 유유는 곧바로 다음 단계를 진행하였다. 419년에 안제를 죽이고 안제의 동생 공제恭帝를 황제의 자리에 앉혔다. 공제는 국새와 황제의 자리를 420년에 유유에게 넘겨주었고, 이후 그는 송왕조의 무제(재위 420-422)가 되었다.

유유가 승려들과 긴밀한 관계를 가졌음을 보여주는 자료들이 있다. 그는 승려 혜엄慧嚴과 승도僧導를 존경하였고,389) 그가 혜원을 칭송하는 이야기가 《고승전》에 기록되어 있다.390) 그가 즉위하기 전에 '상서로운 징조'를 조작한 사람들 중에는 기주冀州 출신의 승려 석법칭釋法稱도 포함되어 있었다.391) 하지만 종교에 대한 그의 태도에 관해서

더 자세한 내용은 알려져 있지 않으며, 그가 사원 건립과 같은 종교
적 행위를 하였다는 기록도 전해지고 있지 않다. 이는 직전의 황제들
도 마찬가지였다. 안제의 경우 혜원을 칭찬하는 편지를 보냈다는 사
실이 《고승전》에 기록되어 있는 것을 제외하면 404-419년 사이에 이
'심약한' 황제가 친불교적인 행위를 하였다는 자료는 전혀 보이지 않
고 있다. 진왕조의 마지막 황제인 공제는 겨우 17개월간(419년 2월 2
일부터 420년 7월 6일까지) 통치하였는데,

> "(공제는) 불교의 가르침을 깊이 믿었다. 그는 천만 전의 동전을
> 녹여서 청동 장육(불)상을 만들라고 (명령하였고), (건강의) 와관사
> 에 (불상이 봉안되는 것을) 맞이하기 위하여 10여 리를 불상을 따라
> 걸었다."392)

황제의 자리에서 퇴위시키고 1년여가 지난 421년 11월 13일에 유유
는 이 전임 황제를 죽였다. 진 황실의 계보가 단절되는 이 극적인 장
면에서 사마씨 집안사람들에게 미친 불교의 영향력의 모습이 드러나
고 있다.

> "(경비병이) 공제에게 독약을 주자 그는 '부처는 자살한 사람은 사
> 람의 몸을 받을 수 없다고 가르치셨다'면서 이를 마시려 하지 않
> 았다. 이에 그들은 황제를 침대보 밑에 집어넣어 질식시켰다."393)

결어

이상으로 진나라 수도와 동부 지역에서의 불교의 발전에 대한 검토
를 마치려고 한다. 불교 교단에 대한 황실의 후원과 관련해서 지금까

지 검토한 내용을 정리하면 다음과 같다.

초기의 믿을 만한 자료들에서는 300년 이전에 불교 승려와 황족들이 접촉하였다는 어떠한 증거도 발견할 수 없다. 300년 이후 불교는 비교적 소수의 교양있는 중국인 사족 출신 승려들에 의하여 궁정에서 성공적으로 가르침을 펼 수 있었다. 원제와 명제(317-325)는 이러한 활동을 장려하였으며, 특히 후자는 보살계를 받았다고 전해진다. 황족들의 불교 후원 모습이 거의 보이지 않고, 남쪽의 사족 불교의 중심지가 회계로 옮겨갔던 40여 년간의 과도기를 지난 후 불교는 애제 즉위 때(362년)부터 화려하게 다시 등장하였다. 이후 불교 의례는 궁정 생활의 구성요소가 되었다. 381년에는 효무제가 불교로 개종하였고 궁궐 안에 정사가 건립되었다. 왕조의 마지막 40여 년(380-420)은 황궁에서 점차 커져가는 교단의 정치적 영향력과 개종한 황후, 궁정 여성, 비구니 등 여성들의 역할이 두드러지게 나타나고 있다. [p.159]

대체적으로 지금까지 검토한 시기에 황족과 승려들 사이에는 다음과 같은 형태의 교류가 있었음을 알 수 있다.

(1) 예의 바른 대화, 토론, 논쟁, 청담과 문장 창작
(2) 궁정에서의 설법과 불경 - 주로 ≪반야경≫ - 해석의 청취
(3) 비구 및 비구니와의 서신 왕래
(4) 돈과 불상의 시주, 탑과 사원의 건립
(5) 불교에의 귀의와 보살계 수지, 작은 절과 대규모 사원의 방문
(6) 질병과 흉조에 관한 승려들의 자문

1) 江統(310년 사망)의 《西戎論》, 《晉書》 권56 1a 이하에 인용되어 있다.
2) 《晉書》 권97 10a. 이들 이주민 집단의 대단히 복잡한 초기 역사와 그들의 확산 과정 및 그들의 이주 경로에 대해서는 唐長孺의 뛰어난 2편의 연구(「魏晉雜胡考」「晉代北境各族'變亂'的性質及五胡政權在中國的統治」『魏晉南北朝史論叢』, 北京, 1955, pp.127-142 382-450)를 참조하라.
3) 劉淵의 조상 계보에 대해서는 Peter A. Boodberg, "Two Notes on the History of the Chinese Frontier", HJAS I, 1936, pp.208-307, 특히 pp.291-294 참조.
4) 《진서》 권100 2b 이하에 나오는 張昌의 반란이 전형적인 예이다. 303년에 江夏(현재의 호북성 安陸)지역은 풍년이 들었고 그에 따라 수천 명의 유랑자들이 이곳에 모여들었다. 지역의 모험가였던 장창은 혁명운동을 조직하고, 자신의 이름을 李辰(노자의 후손으로 자처하기 위해서?)으로 바꾼 다음 정부군을 모두 격파하고 강하를 자신의 거점으로 삼았다. 그는 '성인이 인민들의 왕으로 나타날 것'이라고 주장한 후 이를 실현시키기 위하여 어느 관료의 이름을 劉尼라고 바꾸고 그가 한나라 황실의 후예인 성인이라고 소개하였다. 그의 성공은 놀라운 것이었다. 그는 붉은 모자를 쓰고 가짜 수염을 붙인 3만 명의 '不死'의 정예 군대를 조직하였다. 몇 달 안에 혁명은 다섯 지역으로 확산되었다. 그렇지만 같은 해(303)에 진나라 장수 陶侃이 장창의 부대를 공격하여 지도자들을 모두 처형하였다. 혁명운동은 처음 시작될 때와 마찬가지로 급속하게 붕괴되었다.
5) 번역은 W. B. Henning, "The date of the Sogdian ancient letters", BSOAS XII, 1948, pp.605-606.
6) 대부분의 공구서들에는 王導의 생년을 267-330으로 표시하고 있는데, 이는 그가 咸和 5년(330)에 64세(중국식 나이 계산법, 실제로는 63세이다)로 죽었다는 《진서》 권65 5b(왕도의 전기)의 내용에 의거한 것이다. 그런데 연대기(《진서》 권7)에는 330년 이후에도 그가 여러 차례 등장하고 있으며(5a=335년, 6a=338년), 339년에는 그의 죽음이 정확한 날짜(7월 경신일, 양력으로는 9월 8일) 및 장례식, 사후의 명예 추증 등의 내용들과 함께 자세히 기록되어 있다(같은 책, 6b). 전기의 咸和는 咸康의 명백한 잘못으로, 함강 5년이 339년이 된다.
7) 顧榮, 記瞻, 賀循 등의 인물로 《진서》 권68에 전기가 수록되어 있다.
8) 《자치통감》 권90 1065b. 이 숫자는 그 해에 제정된 관료체계의 모든 자리들 - 실무자와 기원후 까지 포함하는 - 을 가리키는 것이 분명하다. 그렇지 않으면 이 막대한 숫자는 납득하기 어렵다. 《진서》 권6(원제본기)과 권24(백관지)에는 관련되는 내용이 보이지 않는다.
9) 湯用彤, 「言意之辨」『魏晉玄學論稿』 (北京, 1957), pp.26-47, 특히 p.34 참조.
10) 현학의 창시자 중의 鍾會와 何晏 등은 고위관료이자 정치가였고, 王弼은 고위직에 오르기 전에 요절하였지만 이미 관직에 진출해 있었다. 또한 하안은 의례 전문가였다. 그들의 이론의 실용적인, 즉 정치적이고 사회적인 측면에 대해서는 蕭公權

의 『中國政治思想史』(개정본, 臺北, 1954)와 대단히 편향된 任繼愈의 소책자 『魏晉玄學中的社會政治思想略論』(上海, 1956) 참조.

11) 《抱朴子》外篇, 25장(疾謬, pp.146-150) 및 27장(刺驕, pp.151-154) 참조. 중국 중세사 상계에서 갈홍의 위치에 대해서는 唐長孺, 「讀抱朴子推論南北學風之異同」『魏晉南北朝史論叢』pp.351-381 및 侯外廬 外, 『中國思想通史』제3책, pp.263-306 참조. 도교적 종교와 유교적 전통주의를 흥미롭게 혼합시킨 갈홍은 중국 중세사상계의 주류적 흐름 바깥에 존재하였다. 위에 언급한 《포박자》의 두 개 장에서 그는 예의범절과 도덕적 행위를 무시하면서 시끄럽게 모여서 '《노자》와 《장자》를 잘못 인용하고 있는' 상류층 게으름뱅이들을 비난하고 있다. 그는 '淸談'이라는 말을 '사회적 비판'이라는 예전의 의미로 사용하고 있다.

12) 현학의 초기 역사 일반에 대해서는 『魏晉玄學論稿』에 수록된 湯用彤의 9편의 논문을 비롯해서 馮友蘭(Derk Bodde 번역), *History of Chinese Philosophy* (Princeton, 1953), vol.II pp.168-236; 唐長孺, 「魏晉玄學之形成及其發展」, 위의 책, pp.311-350; 侯外廬 外, 위의 책, pp.38-62와 95-122; 賀昌群, 『魏晉淸談思想初論』(제2판, 上海, 1947) 등을 참조. 우리는 3세기 말에서 4세기 초의 현학의 발전에 관심이 있기 때문에 후한대까지 올라가는 이러한 사상적 흐름의 초기 모습에 대해서는 언급하지 않을 것이다. 현학의 초기 단계와 2세기 말에서 3세기 초의 시기에 荊州의 古文연구의 중심이었던 劉表의 저택 사이에 역사적 관련성이 있음은 분명하다. 湯用彤, 「王弼之周易論語新義」『圖書集刊』4 (1943), pp.28-40(『魏晉玄學論稿』pp.84-102에 재수록; HJAS X, 1947, pp.124-161에 W. Liebenthal에 의한 번역 수록)과 王瑤, 『中古文學思想』(그의 『中古文學史論』제1권, 제6판, 北京, 1953) pp.44-79 특히 p.51 이하 참조. 《역경》과 《논어》를 결합시킨 연구 경향은 후한대까지 소급된다. 유명한 馬融 (79-166)은 《도덕경》에 대해 - 명백히 유교적인 - 주석서를 쓴 최초의 유학자였다 (賀昌群, 위의 책, p.14 이하 참조).

13) 《역경》권1, 첫 번째 괘[乾]의 文言. ['先天而天不違 後天而奉天時']. 번역은 Legge, p.417.

14) 《역경》〈繫辭傳〉上 (注疏本, 28b) "易有太極 是生兩儀" 번역은 Legge, p.373.

15) 〈계사전〉의 '大衍之數五十 其用四十有九'에 대한 韓伯(385년경 사망)의 주석에 인용되어 있는 王弼의 이야기(注疏本, 20a). 湯用彤, 「王弼大衍義略釋」『魏晉玄學論稿』, pp.62-71; 馮友蘭/Bodde(역), 권2, p.182 이하 참조.

16) 《역경》〈계사전〉上 (注疏本, 26b) "開物成務" 번역은 Legge, p.371.

17) 《진서》권43 8a. (王衍의 전기)

18) 《역경》〈계사전〉上 (注疏本, 11a) "一陰一陽之謂道"에 대한 주석; 馮友蘭/Bodde(역), 권2, p.183 참조.

19) 《역경》제24괘[復]에 대한 왕필의 주석(注疏本, 권3 19b).

20) 冥(어두움, 잠재, 희미함, 감춤)은 현학의 기본 용어 중 하나이다. 이것은 현상 그 자체에 대한 '이름없는' 모든 현상의 근원, '기능'에 대한 '본질' 등을 의미하며 성인의 마음, 움직임이 없는 성인의 내적 상태, 자연의 과정과의 직관적 동일성 등

을 가리킨다. 侯外廬, 앞의 책, pp.232-233에 많은 용례가 제시되어 있다.
21) 《역경》〈계사전〉上 (注疏本, 30b) '子曰 書不盡言 言不盡意 然則聖人之意 其不可見乎'. 번역은 Legge, p.376.
22) 위의 책, 31a. 양측의 논쟁에 대해서는 歐陽建(300년 사망)의 〈言盡意論〉(《藝文類聚》 권19 7b 및 《세설신어》 주석 권1하 15b에 인용)을 참조하라.
23) 何劭가 지은 왕필의 전기에 나오는 왕필의 유명한 말[聖人體無 無又不可以訓 故不說也] (《삼국지》 魏志 권28 337b에 수록)과 곽상의 《장자주》 서문에 나오는 곽상의 말[莊生 雖未體之 言則至矣]을 참조. 중세 중국사상에서 언어와 사고의 관계에 대해서는 주석 9번에 인용한 湯用彤의 논문을 보라.
24) 예를 들면 '선생님이 (사람의) 본성과 天道에 대해 말씀하시는 것을 듣지 못하였다'(《논어》 公冶長 12절)는 문장이나, '나는 차라리 말을 하지 않겠다', '하늘이 말을 하던가?'(《논어》 陽貨 19절), '나의 가르침은 하나(의 원칙)으로 일관한다[吾道一以貫 之]'(《논어》 里仁 15절 1; 衛靈公 2절 3)는 공자의 말 등이다. 마찬가지로 사람에 따라서 '효'에 대해 서로 다르게 정의하고 있는 내용(《논어》 學而 5절-8절), 子路와 冉有에게 서로 반대되는 대답을 한 이후에 '求(=염유)는 조심하기 때문에 그를 격려하였고, 由(=자로)는 보통 사람 이상의 열정을 가지고 있으므로 그를 누른 것이다'라고 이야기하는 내용(《논어》 先進 21)과 '최상의 학문은 보통 이상의 재능을 가진 사람들에게만 이야기될 수 있고' 재능이 없는 사람들에게는 이야기하면 안 된다는 공자의 주장(《논어》 雍也 19절) 등에서도 공자의 방편적 가르침의 모습이 찾아지고 있다.
25) 裴頠(267-300)의 전기에 실려 있는 그의 〈崇有論〉(《진서》 권35 5b 이하)을 참조.
26) 향수와 곽상의 철학 및 《장자주》의 실제 저자에 대한 복잡한 문제에 대해서는 馮 友蘭의 Zhuangzi, a new selected translation (上海, 1933)의 부록으로 실려 있는 "Some characteristcs of the philsophy of Guo Xiang"(pp.145-157); 馮友蘭/Bodde(역), vol.II pp.205-236; 侯外廬, 앞의 책, pp.208-262 등을 참조.
27) 阮籍의 〈達莊論〉(《全三國文》 권45 9a)과 嵇康이 〈卜疑〉에서 노자와 장자의 가르침을 서로 비교하는 내용 [寧如老聃之淸淨微妙 守玄抱一乎 將如莊周之齊物變化 洞達而放乎](《嵇康集》 권3 2a, 魯迅편집원고의 영인본, 北京, 1956) 참조. 또한 혜강과 《莊子注》의 실제 저자인 향수의 논쟁을 참조하라. 이와 관련된 자료의 번역은 D. Holzman, La vie et la pensée de Hi Kang (Leiden 1957), p.92 이하에 실려 있다.
28) 分이라는 용어의 특별한 사용은 이미 《장자》 자체에서 여러 차례 나타나고 있다. 예를 들면 '以道觀分而君臣之義明'(권5 1a). P. Demiéville의 Annuaire du Collège de France, 48me année에 수록된 논문의 p.159와 侯外廬, 앞의 책, p.244에 이하에 수록된 많은 사례들 참조.
29) 예를 들면 '故乘天地之正者…'(《장자주》 권1 5a), '遺彼忘我…'(3a), 성인은 '萬物性分之 表'(19a) 등. 인용은 四部備要本《莊子注》에 의함. 여러 판본에 대한 비평적 주석은 王叔岷의 《郭象莊子注校理》, 中國科學院叢書 33 (上海, 1950) 참조.
30) 《장자주》 권1 15a.

31) 遣之又遣之 以至於無遣. (《도덕경》48장 '損之又損之 以至於無爲' 참조)
32) 《장자주》권1 18a.
33) 《장자주》권1 6a.
34) 所以 및 迹과 所以迹의 용례에 대해서는 후외려, 앞의 책, p.230 이하에 자세히 논의되고 있다. 分과 마찬가지로 迹과 所以迹은 《장자》에서 이미 사용되고 있다 (권5 26b).
35) '無旣無矣 則不能生育'(《장자주》권1 11b) '請問夫造物者 有邪無邪…' (25a) '非唯無不能化 而爲有也…' (권7 29a). 이러한 형식의 추론이 후대에 중국의 승려 지식인들이 중관학파 스콜라철학을 열정적으로 수용하고 연구하는 토대가 되었다.
36) 《장자주》권3 6b.
37) 《장자주》권7 27a '物物者無物'. '物物'이라는 용어도 《장자》에 나오는 것이다.
38) '天地者萬物之總名也 天地以萬物爲體'(《장자주》권1 5a), '故天也者萬物之總名也'(11b).
39) '物各自然…'(《장자주》권1 12a-b), '夫趣之所以異…'(3a).
40) 《장자주》권1 6a, 21b, 권4 11b 등. 侯外廬, 앞의 책, pp.232-233에 여러 예문들이 제시되어 있다.
41) 《장자주》권1 5b, 6a, 6b, 8a; 권2 15a; 권3 11b; 권4 15b; 권5 12b; 권9 17a 등.
42) 《장자주》권2 3b.
43) 《장자주》권1 13a.
44) 《장자주》권2 21a. '夫物皆前有其命…'(《장자주》권8 29b), '物無非天也…'(권3 1b) 등도 참조.
45) '至於自然之報…'(《장자주》권2 7b). 운명이라고 하는 자연의 흐름은 완전히 자의적으로 작용한다. 殷浩(?-356)는 청담의 모임에서 토론의 주제로 "자연이 (우리에게 선천적 자질을) 부여할 때 아무런 의도가 없다면 어째서 좋은 사람은 대단히 적고 나쁜 사람은 대단히 많은 것인가?"를 제시하였다(《세설신어》권1下 22b) 戴逵(?-396)는 〈釋疑論〉에서 업보의 존재를 의심하면서 '지혜와 어리석음, 선과 악, 장점과 결점, 성공과 실패 이 모든 것은 (과거의) 축적된 행위의 결과가 아니라 운명[本命]'이라고 주장하였다(《광홍명집》권18, 大正藏52 221.1.21).
46) 여기에서도 청담의 초기 역사나 후한대의 '淸議'와의 관련성에 대해서는 언급하지 않고 가능한 우리가 고찰하려는 시기, 즉 4세기에 행해졌던 청담에 대한 간략한 요약을 제시하고자 한다. 이 주제에 대한 포괄적 연구로는 劉大杰, 『魏晉思想論』(上海, 1939) 특히 pp.167-220; 陳寅恪, 『陶淵明之思想與淸談之關係』(北京, 1945); Et. Balazs, "Entre révolte nihiliste et ébasion mystique", Etudes Asiatiques (1948), pp.27-55; 주석 12번에서 인용한 賀昌群과 王瑤의 연구들; 唐長孺, 앞의 책, pp.289-298(「淸談與淸議」); 侯外廬, 앞의 책, 제3권 pp.26-45 및 74-94 등을 참조.
47) 劉義慶(403-444)의 《世說新語》와 그에 대한 劉峻(劉孝標로 더 많이 알려져 있음. 462-551)의 주석서. 이 책의 원래 제목은 《世說》혹은 《世說新書》였으며, 애초에

는 8권 혹은 10권으로 나뉘져 있었다. 현재의 제목은 송대에 붙여진 것으로 보인다. 이 책은 36개의 주제로 분류되어 있는 950개 이상의 일화들의 모음집으로, 현재는 - 아마도 1138년의 董弁 편집본부터 - 3권(각권은 上下 2편으로 나누어져 있으며 이 책에서는 卷1上, 卷1下 등으로 표시한다)으로 나뉘어져 있다. 여기에서는 袁褧이 1535년에 편집한 四部叢刊本의 영인본을 사용한다. 더 많은 서지학적 정보는 W. Hung의 하버드 엔칭연구소 《世說新語索引》(색인시리즈 12, 北京, 1933)의 서문과 V. T. Yang, "About Shih-shuo hsin-yü", *Journal of Oriental Studies* II(1955), pp.309-315 참조. 이 책의 역사적 배경에 대해서는 宇都宮淸吉, 『漢代社會經濟史硏究』(東京, 1955) 12장(p.473 이하); W. Eichhorn, "Zur chinesischen Kulturgeschichte des 3. und 4. Jahrhunderts", *ZDMG* XCI (1937), pp.452-483; 주석 46번에 인용한 Et. Balazs의 연구; 吉川幸次郎, 「《世說新語》とその文体」『東方學報』 10 (1939) pp.86-110 등을 참조. 《세설신어》의 텍스트는 대단히 불완전하게 전해졌으며, 현행본은 唐代의 불완전한 필사본(文學古籍刊行社의 두 번째 책으로 영인됨. 北京, 1956)이나 이른 시기의 문헌들에 인용되어 있는 문장들(袁褧이 자신이 1535년에 편집한 책에 붙인 서문 및 W. Hung이 제시힌 사례들)과의 비교를 통해 분명하게 알 수 있는 것처럼 많은 부분이 후대에 바뀌거나 새로 쓰여졌다. 그럼에도 불구하고 《세설신어》와 그 주석서는 중세 중국 문화사의 가장 중요한 자료임에 틀림없다. 불행하게도 상당한 숫자의 일화들 - 주로 명구들, 당시의 사람들과 사건을 가리키는 짧고 일부러 알기 어렵게 표현한 이야기와 대화의 단편들 - 은 이해하고 번역하기에 대단히 어려우며, 그러한 어려움은 일반인들이 잘 사용하지 않는 표현과 문장 구조로 한층 더 심화되고 있다. 솔직히 말하여 서양의 중국학자들은 잘해야 이 책의 3분의 1 정도밖에 이해할 수 없으며, 역사와 어휘에 대한 충분한 지식을 가진 중국의 학자가 자세한 《세설신어》 주석본을 새로 만들어준다면 중국 중세사 연구에 대단히 중요한 공헌을 하게 될 것이다.
48) 淸談에서 인물 평가의 역할에 대해서는 唐長孺, 앞의 책, pp.289-297과 侯外廬, 앞의 책, 제3권 p.86 이하 참조. 인물 평가는 '공공'(즉 사족)의 의견에 영향을 미치기 위한 수단으로서 여전히 중요하였다. 관직 경력에 있어서 이러한 '공공 의견'의 일차적 중요성에 관해서는 趙翼이 편찬한 《卄二史箚記》 권8 (九品中正篇) 6a 이하 (廣雅叢書版)에 수록된 많은 사례들을 참조.
49) 《세설신어》 권2下 3a.
50) 《세설신어》 권2下 4b.
51) 《세설신어》 권2下 6a.
52) 《세설신어》 권2下 16b.
53) 《세설신어》 권2下 16b.
54) 《세설신어》 권2下 36b.
55) 《세설신어》 권1下 44b.
56) 《세설신어》 권1下 45a.
57) 이 시구는 《漢魏六朝百三名家集》에 수록되어 있는 郭璞의 시들에는 보이지 않는다.

58) 《세설신어》 권1下 32a.
59) 《세설신어》 권3下 11b.
60) 麈尾는 사슴 꼬리로 만든 '더러운 것'을 치우는 도구로써 청담 전문가들이 늘상 지니는 것이었다.
61) 《세설신어》 권1下 15b-16a.
62) 《세설신어》 권1下 25b-26a.
63) 《진서》 권98 1b(王敦傳).
64) 《진서》 권73 2b(庾亮傳). 《자치통감》 권93 1097b.
65) 《진서》 권73 4b.
66) 《진서》 권77 4a(何充傳).
67) (낭야 왕씨라는 표현은) 중세 사회에서 또 하나의 강력한 집안이었던 太原(산서성) 王氏와 구별하기 위하여 사용되었다. 후한에서 당대에 이르는 태원 왕씨의 부침에 대해서는 守屋美都雄, 『六朝門閥の一研究』(東京, 1951) 참조.
68) 《고승전》 권4 350.3.11.
69) 그의 이름은 모든 《고승전》 이본들에 竺道潛으로 되어 있지만 고려대장경본에는 竺潛으로 되어 있다. 아래에서 인용할 《세설신어》의 내용에서는 그를 僧法深, 竺法深, 深公 등으로 일컫고 있다. 그의 생애에 관한 기본 자료는 《고승전》(권4 347.3.14)과 《세설신어》 주석 (卷1上 10b)이다. 후자의 경우 근거가 밝혀져 있지 않지만 같은 책의 축도잠에 대해 언급하고 있는 다른 부분(卷1上 34b, 卷2上 18b)에 인용되고 있는 《高逸沙門傳》으로 생각된다. 《고승전》에 의하면 그의 생년은 286-374로서 88세(중국식으로는 89세)까지 살았다. 《세설신어》 주석 (卷1上 10b)에서는 그가 죽을 때에 79세였다고 이야기하고 있지만 잘못된 것이다. 《고승전》(권4 348.1.9)에 孝武帝(373-397)가 그의 장례 때에 錢 10만을 하사하면서 내린 詔書가 인용되고 있는 것으로 볼 때 축도잠은 373년 혹은 그 보다 조금 후에 죽은 것이 분명하다. 한편 그는 아직 북쪽에 살고 있던 24세 때에 - 永嘉 년간의 초기 즉 307-310년 무렵 - 경전 강의를 시작하였다고 하는데, 이에 의하면 그의 생년은 284-287년 경이 된다. 이상의 사실들은 《고승전》에서 이야기하는 286-374라는 생년과 정확하게 일치하고 있다.
70) 《고승전》 권4 347.3.17.
71) 《세설신어》 권1上 10b. 여기에서 桓彝는 자신의 부친(=桓穎)과 축도잠의 교유관계에 대하여 이야기하고 있다. 한편 자세한 행적이 알려져 있지 않은 환이 부친의 이름은 《진서》(권74 1a)에는 桓顥로 나오고 있다.
72) 《고승전》 권4 347.3.22.
73) 《세설신어》 권2上 18b.
74) 《고승전》 권4 350.3.17. 《명승전초》 7b-8a도 참조. 363-365년의 시기에 그는 수도를 떠나 백여 명의 제자들과 함께 始寧(현재의 절강성 동북쪽 上虞 남쪽)의 岇山에 정착하였다가 375년에 다시 효무제의 부름을 받고 수도로 돌아갔다(아래의

p.151 참조).
75) 《고승전》 권4 347.1.2.
76) 《세설신어》 권1上 35b-36a.
77) 《세설신어》주석 권1上 36a, 권1下 36a-b에 《人物論》이라는 이름으로 인용되고 있다. 후자에는 저자의 이름을 庾法暢으로 밝히고 있는데, 庾는 틀림없이 康을 잘못 필사한 것으로 생각된다. 陸澄은 이 책을 언급하고 있지 않지만 664년에 편찬된 《大唐內典錄》(T2149 3장 p.248.3,21 10장 330.1.13)에는 등장하고 있다. 《고승전》에는 4세기 후반에 泰山(산동성)에서 활동하였던 북조의 승려 支曇敎가 저술한 같은 이름을 가진 아마도 비슷한 성격의 책도 언급되고 있다(권5 354.2.26).
78) 《고승전》에서 그에 대한 언급은 겨우 몇 단어에 그치고 있다(권4 347.1.6). 《세설신어》에는 그에 대해 하나의 이야기가 수록되어 있지만 사실성은 의심스럽다(권3 下 27b, 아래의 주석 88 참조). 《세설신어》주석에서는 孫綽(주석 262 참조)이 쓴 《明德沙門題目》과 《愍度贊》과 성격이 명확하지 않은 제3의 자료 등에 수록되어 있던 지민도에 대한 찬사들을 인용하고 있다. 그의 목록과 가르침에 대해서는 아래의 주석 79번과 85번을 참조하라. 그의 이름은 敏度(《고승전》《출삼장기집》), 愍度(《세설신어》), 慜度(고려대장경본《세설신어》권7 49.1.17) 등으로 다양하게 나타나고 있는데, 愍이 본래의 것이고 敏과 慜 등은 唐의 避諱로 인해 바꿔 쓴 글자로 생각된다(湯用彤, 『불교사』 p.266 참조).
79) 林屋友次郞, 『經錄硏究』 pp.305-325 및 같은 저자의 「支愍度錄」, 小野玄妙 編 『佛書解說大辭典』 권4 p.168 참조.
80) 〈합수능엄경기〉(《출삼장기집》 권7 49.1.16); 〈합유마힐경기〉(권8 58.2.21) 그가 편찬한 이들 합본 경전들은 승우의 《출삼장기집》(권2 10.1.11)에도 언급되고 있는데, 거기에서 승우는 각기 8권과 5권으로 구성되어 있다고 밝히고 있다. 지민도 자신의 말에 의하면 《유마경》 합본은 지겸본, 축법호본, 축숙란본 등 3종의 번역본에 의거하고 있으며, 《수능엄삼매경》 합본은 지참번역본, (이를 실질적으로 개정하고 '다듬은') 지겸본, 축법호본, 축숙란본 등 4종의 번역본에 의거하였다.
81) 가장 최초의 사례는 지겸이 편찬한 세 종류의 다라니 텍스트의 합본으로 이 책의 서문이 《출삼장기집》(권7 51.3.18)에 수록되어 있다.(《合微密持陀遘尼摠持三本》) 湯用彤, 『불교사』 p.132 참조.
82) 支敏度는 《수능엄경》 합본의 題記에서 '이제 越(=지겸)이 정리한 것을 母, 護(=축법호)가 번역한 것을 子로 삼고, 蘭(=축숙란)이 번역한 것을 거기에 덧붙인다(今以越所定者爲母 護所出爲子 蘭所譯者繫之)'. 라고 이야기하고 있다(《출삼장기집》 권7 49.2.10).
83) 4세기의 또 다른 합본의 사례로는 道安이 편찬한 《合放光讚略解》(서문은《출삼장기집》 권7 49.1.1)과 지둔의 《大小品對比要抄》(서문은 《출삼장기집》 권8 55.1.13) 등이 있다.
84) 이 문헌들의 다양한 이본들에 대해서는 Edward Conze, *Literary History of the Prajñāpāramitā* (타이프 인쇄된 사적 유통본, London, 1954)를 보라. 이 책의 한문 번역본과 주석서들에 대해 다룬 부분(pp.109-115)은 부정확하거나 부족한

부분이 적지 않으며, 이 점은 Matsumoto Tokumyo, *Die Prajñāpāramitā-Literatur* (Bonner Orientalishe Studien, Heft I, Stuutgart, 1932)도 마찬가지이다. Hikata Ryusho가 편찬한 *Suvikrānatavikrāmi-paripṛcchā-prajñāpāramitā-sūtra*의 서문 (Fukuoka, 1958, pp.XIII-LI) 중의 반야바라밀 문헌 및 그 발전과정에 대한 뛰어난 개관도 참조하라. 일반적으로 불교학자들은 한문 번역본들에 대해 주로 인도 문헌들의 텍스트 형성사나 변화과정을 파악하기 위한 2차적 자료로써 관심을 가져왔다. 지금까지 중국 초기 중국 불교의 이론 발전과정 연구를 위한 귀중한 자료로써 초기의 한문 번역본들에 대하여 검토한 사람은 아무도 없었다.

85) 陳寅恪,「支愍度學說攷」Academia Sinica (蔡元培 기념호, Beijing, 1933) 1부; 湯用彤,『불교사』, pp.266-272; W. Liebenthal, *The Book of Chao* (Beijing, 1948), pp.149-152; 馮友蘭/Bodde(역) vol. II, pp.252-256; 湯用彤,『魏晉玄學論考』, pp.48-61 특히 pp.57-58.

86)《放光經》(T221) 제2품 大正藏 권8 4.3.18.

87) 지민도의 이론이 영원한 자아는 존재하지 않는다[無我]는 불교의 주장과 아무런 관련이 없다는 점을 명확히 할 필요가 있다. 그는 영혼이나 神의 존재를 부정하지 않고, 단지 고요하고, 太虛와 같이 툭 트여 있는[豁如太虛]성인의 마음에 있는 의식적 생각[心]만을 부정하였다. 지민도의 생각은 無我보다는 三昧(samatha)에 가깝다. 이 문제에 대한 湯用彤의 논의에는 약간의 혼란이 있다(『魏晉玄學論考』 p.58).

88)《세설신어》권3下 27b 및 그 주석에는 "僧 愍度는 북쪽 출신의 동료와 함께 양자강을 넘었다. 그들은 함께 '만일 우리가 舊義만을 가지고 남쪽에 간다면 우리는 제대로 먹고살기 어려울 것이다'고 생각해서 心無義를 만들어냈"으며, 나중에 두 승려가 풍요롭게 살게 된 후 같이 온 승려가 지민도에게 이제 자신들이 먹을 것이 충분한데도 계속 그런 술수를 부린다면 부당하고 불경스럽지 않느냐고 이야기하였지만 지민도는 자신의 새 이론을 계속 주장하였다고 이야기하고 있다. 이 이야기는 물론 아무런 역사적 근거가 없고, 아마도 지민도 이론의 경쟁자들로부터 나왔을 것이다. 또 다른 형태의 반박들이 형주에서의 曇一과 心無義 지지자 道恒 사이의 열띤 논쟁(365년경,《고승전》권5 354.3.13), 현재《肇論》에 수록되어 있는 409년의 劉遺民(劉程之)과 僧肇가 주고받은 서신 논쟁(W. Liebenthal, *The Book of Chao*, p.90 이하; 塚本善隆 외,『肇論研究』, p.36 이하 참조) 등에 보이고 있다.

89)《고승전》권4 346.3.28의 내용. 더 자세한 내용은《세설신어》권1下 23a, 권3上 17a, 권3下 6b 참조.

90)《세설신어》권1下 23a. 여기에는 그 토론하였다는 사실만 언급되어 있고,《고승전》(권4 347.1.9)과 같이 불경과 세속문헌에 대하여 토론하였다는 내용은 나타나지 않고 있다.

91)《세설신어》권3下 6b. (《고승전》권4 347.1.11에도 같은 내용이 있음) [瑯琊王茂弘 以鼻高眼深戲之 淵曰 鼻者面之山 眼者面之淵 山不高則不靈 淵不深則不淸 時人以爲名答]

92) 아마도 345년에 예장으로 유배되었던 庾爰之 혹은 庾方之로 추정된다. 湯用彤,

『불교사』 p.170 참조.
93) 《세설신어》 권3上 17a. 《고승전》 권4 347.1.13도 참조.
94) 竺法蘊 (혹은 竺法溫으로도 씀)이다. 아래 p.139 참조.
95) 전기는 《고승전》 권1 327.3.12와 《출삼장기집》 권8 98.3.17. 또한 《세설신어》 주석 권2下 5a와 권3上 50b에 인용되어 있는 《高座傳》 및 같은 책 권1上 32a에 인용되어 있는 《高座別傳》; 湯用彤, 『불교사』 p.171 등도 참조. 그의 이름의 표기 방식은 여러 가지로, 《고승전》에는 帛尸梨密多羅, 《출삼장기집》에는 尸梨蜜, 《고좌별전》에는 尸黎蜜이다. 한편 《고승전》에는 吉友로 意譯하였고, 《고좌별전》에서는 高座(道人)로 칭하고 있다. (《세설신어》 주석 권1上 32a에 인용되고 있는) 《塔寺記》에서는 高座가 시리밀라의 묘소에 붙여진 이름이라고 이야기하고 있는데, 元帝가 - 《고승전》처럼 成帝가 아니라 - 이 묘소에 刹(caitya)을 세워 장엄하였다고 하는 것은 명백한 오류이다.
96) 《太平御覽》(653.3a) 중의 시리밀라의 전기. 아마도 《세설신어》 주석에 인용되어 있는(주석95 참조) 《고좌전》 및 《고승전》(권1 327.3.14)에서 '傳'으로 언급되고 있는 것과 같은 내용으로 생각된다.
97) 《세설신어》 권1上 32a 참조. "승려 高座는 중국말을 하지 않았다. 누군가가 그 이유를 묻자 (나중에 황제가 된) 簡文帝가 '대답하는 수고를 줄이려고 그러는 것이다'고 말하였다."
98) 《고승전》 권1 328.1.11. 《고승전》 권1 328.1.3에는 자신을 따르던 신자 周顗가 죽었을 때 시리밀라가 직접 그 고아들을 방문하여 외국어 노래 3곡[胡唄三契]을 부르고 다시 큰 소리로 수 천 단어의 '주문'을 외운 후 마지막으로 눈물을 닦고 떠났다고 하는 흥미로운 내용을 전하고 있다. 같은 이야기가 《출삼장기집》 권8 99.1.5에도 실려 있으며, 《세설신어》주석 권1上 32a에 인용된 《고좌별전》에는 축약된 내용이 전한다.
99) 《출삼장기집》 권2 10.1.16에 의하면 그는 Mahāmāyūrī-vidyā-rājñī(《孔雀明王》)의 두 가지 번역본인 《大孔雀王神呪》와 《孔雀王雜神呪》을 번역하였다고 하는데, 두 책 모두 이른 시기에 사라졌다(《개원석교록》 권3 503.1.5 참조). 후대에 밀교의 기본 경전 중 하나가 된 Mahāmāyūrī-vidyā-rājñī (望月信亨, 『佛教大辭典』 p.688 孔雀明王經法 항목 참조)는 중국에서 밀교가 유행하기 훨씬 이전부터 중국 불교계에서 인기가 높았다. 大正大藏經에는 4세기에서 8세기 사이에 번역된 7종의 번역본이 수록되어 있다(T982-988). 번역자가 명확하고 번역 시기를 비교적 정확하게 알 수 있는 가장 오래된 것은 구마라집 번역본(T988)이다. 하지만 《출삼장기집》(권2 10.3-11.1)에 실려 있는 구마라집의 35종의 번역서에는 보이지 않고 있는 점도 유의해야 한다. 후대의 경전목록들(《역대삼보기》《개원석교록》 등)에는 현존하는 眞言集인 《灌頂經》(T1331 大正藏21, ?Mahābhiṣekamatra)을 시리밀라의 번역이라고 이야기하고 있지만 이는 잘못일 가능성이 대단히 높다(아래의 pp.316-317 참조).
100) 《고승전》 권1. 328.1.12.
101) 《출삼장기집》 권9 81.2.27 (필자미상의 題記) 참조. 覺歷이 위조한 율장은 594년

에 편찬된 法經의 《衆經目錄》에도 언급되고 있다(T2146 大正藏55 권5 141.1.5).
102) 《세설신어》 권1下 5a. 또한 《法苑珠林》(권38 585.3)에 수록된 王導와 나이 많은 승려와의 일화도 참조(전거는 밝혀져 있지 않음).
103) 《출삼장기집》 권8 99.1.8 "(王導) 外國正當有君一人而已耳, (尸梨蜜羅) 若使我如諸君 今日既得在此" 《고승전》은 내용을 약간 축약하고 문장을 다듬었다. "(王導) 外國有 君一人而已, (尸梨蜜羅) 我如諸君 既得在此" 《大唐內典錄》(권3 244.3.8)의 문장도 약간 다른 표현으로 되어 있다.
104) 《고승전》 권1 328.1.15 이하. (《출삼장기집》에는 없음)
105) 《辯正論》 권3 502.3.15. 法琳은 같은 글(504.2.8)에서 불교를 지원한 여덟 명의 왕들 - 책봉된 황제의 가까운 친척들 - 을 열거하고 있다. 이들 중 여섯 명은 법림이 구체적 이름을 밝히지 않은 채 단순히 '왕'이라고만 언급하고 있기 때문에 어떤 사람들인지 확인되지 않는다. 나머지 두 사람은 司馬攸(248-283, 전기는 《晉書》 권38 6b-9b)와 司馬柬(262-291, 전기는 《晉書》 권61 1a)인데, 두 사람은 물론 다른 초기 司馬씨 왕들의 전기에는 법림의 이야기를 뒷받침하는 내용은 보이지 않고 있다.
106) 《고승전》 권5 354.3.25. 및 권8 410.1.18.
107) 《辯正論》 권3 502.3.16.
108) 《출삼장기집》 권2 11.3.9 및 《고승전》 권2 335.2.29.
109) 《출삼장기집》 권2 11.3.26.
110) 《比丘尼傳》 권1 936.2.13.
111) 《法苑珠林》 권42 616.2.5. 한편 같은 책의 권29 526.2에서는 거의 같은 이야기가 《南京寺記》의 내용으로 인용되고 있다.
112) 《장자》〈齊物論〉 p.6 비유를 인용하고 있다.
113) 《弘明集》 권7 76.3.23. 《고승전》 권5 352.2.24 (道安傳) 참조.
114) 《古畵品錄》(美術叢書 III·6, p.109) (영어)번역은 W. Acker, Some T'ang and Pre-T'ang Texts on Chinses Painting (Leiden, 1954), p.29.
115) 張彦遠, 《歷代名畵記》(847년 완성) 권5. (叢書集成本, p.173. Acker의 책에는 수록되어 있지 않다)
116) 裴孝遠, 《貞觀公私畵史》. (주로 과거 隋 황실 소장품 중의 그림에 대한 서술로서 639년의 서문을 가지고 있다)(美術叢書 II·3, p.7)
117) 《晉書》 권77 7b-8a.
118) 《藝文類聚》 권63; 《全晉文》 권38 6b.
119) 法琳에 의하면 성제 때에 수도에 두 개의 사찰 - 中興寺와 鹿野寺 -을 창건하고 번역과 주석에 뛰어난 승려 백 명(혹은 천 명)을 이곳에 모여 살게 하였다고 한다.(《辯正論》 권3 502.3.18) 이 중흥사는 아마도 선사 담마밀다(曇摩密多, 347-443)가 남쪽의 수도를 처음 방문하였을 때 머물렀던 사찰로 생각된다(425년경, 《고승전》 권3 343.1.1). 한편 또 다른 중흥사가 劉宋 孝武帝(454-465) 때에 완성되었다(《출삼장기집》 권14 106.1.22, 《개원석교록》 권5 529.3.4 참조). 녹야사는 내가 아는 한

457년 이전에는 언급되지 않고 있다(《출삼장기집》권5 39.1.23. 《대당내전록》권4 261.1.20 및 《중경목록》권4 138.3.25 참조).
120) 《고승전》권4 347.3.24.
121) 《고승전》권4 348.2.24. 아래의 p.117 참조.
122) 《홍명집》권7 79.2.12 이하 및 《集沙門不應拜俗等事》(T2108 大正藏52) 권1 443.18 이하에 수록된 글들. 이들은 신원 미상의 편집자에 의한 짧은 서문, 하충 일파가 올린 첫 번째 탄원서, 이 탄원서에 대한 회답으로 (황제를 대신하여) 유빙이 공포한 칙령, 하충의 두 번째 탄원서, 유빙에 의한 두 번째 칙령, 하충의 세 번째 탄원서 등 모두 여섯 편의 글로 구성되어 있다.
123) 《晉書》권77 7a-9b의 蔡謨傳.
124) 《광홍명집》권6 126.3.7. 〈列代王臣滯惑解〉
125) 癸이 맞는 글자인데 《홍명집》에는 모두 翌으로 나오고 있다.
126) 字는 謀遠이며 전기는 《晉書》권77 5b-6b에 수록되어 있다. 그는 하충 일파인 褚裒(p.109 참조)의 삼촌이기도 하다.
127) 字는 道名이며 전기는 《晉書》권77 11a-12a에 수록되어 있다. 《세설신어》권2上 39a 및 권2下 5a 도 참조.
128) 《세설신어》권1下 19a.
129) 《晉書》권77 5a. (何充傳)
130) 《세설신어》주석 권3下 12b.
131) 건립연대 미상. p.150 참조.
132) 《세설신어》권3下 6b.
133) 《세설신어》권3下 12b. 하충의 불교에 대한 헌신 및 잦은 사찰 방문에 관해서는 《晉書》의 顧衆(274-346)의 전기(권76 11a)도 참조.
134) 《晉書》권93 5b.
135) 《비구니전》권1 935.3.16.
136) 《비구니전》권1 936.1.6.
137) 《비구니전》권1 935.3.28.
138) 《고승전》권4 350.1.19. 361년에 목제가 죽어가자 그를 치료하기 위하여 (于)法開가 초빙되었다. 그런데 우법개는 황제의 맥을 짚어보자마자 곧바로 (황제가) 다시 일어날 수 없음을 알고 다시 가려고 하지 않았다(치료 불가능한 환자를 포기하는 일반적 습관에 의거한 것이다). (*Hobogirin*『法寶義林』, 'byo'(病) 항목 p.232.1 및 P. Demiéville의 *BEFEO* XLIV, 1954에 수록된 논문 p.401의 주석 3번 참조) 화난 황후는 '황제가 몸이 조금 불편하여 곧바로 于스님을 불러 맥을 짚게 하였는데, 그는 온갖 비겁한 핑계들만 대면서 겨우 문까지만 나오고 더 이상 나오려 하지 않았다. 그를 체포하여 법관에게 넘기라'는 칙령을 내렸다. 그런데 그때 황제가 실제로 죽었으므로 우법개는 겨우 처벌을 피할 수 있었다. 이후 그는 剡山 지역(절강성)에 있는 石城山으로 은퇴하였다.

139) 《비구니전》 권1 936.1.23. 그녀의 전기에 의하면 僧基의 생년은 330-397년인데, 해당 사찰이 15살짜리 어린 승려를 위하여 건립되었다고는 생각되지 않으므로 이 기록에는 약간의 문제가 있다고 생각된다. 승기의 생년이 더 빠르거나 사찰이 345년 이후에 건립되었을 수 있으며, 혹은 이 사찰이 승기를 위하여 건립되지 않았을 가능성도 있다.
140) 《고승전》 권7 366.3.6.
141) 《고승전》 권7 367.1.1. 이름의 변경은 430년보다 이전에 있었을 수도 있다. 《출삼장기집》 권3 21.1.28(=《대당내전록》 권4 257.3.16)에 의하면 佛陀什이 423/424년에 龍光寺에서 《彌沙塞部和醯五分律》(T1421 大正藏22, Mahīśāsakavinaya)를 번역하였다고 한다.
142) 《辯正論》 권3 502.3.18.
143) 《晉書》 권32 3b(=《자치통감》 권103 12.15). 《태평어람》 권99 4b에는 《續晉陽秋》를 인용하고 있다.
144) 《建康實錄》(湯用彤, 『불교사』 p.349에 인용).
145) 桓氏는 현대의 안휘성 懷遠에 해당하는 龍亢 출신으로, 이 집안은 후한대의 고관 桓榮의 후손이라고 주장하지만(《晉書》 권74 1a. 桓彝傳) 이러한 전승은 신뢰하기 힘들다. 환영에서부터 환이의 아버지 桓顥(혹은 桓顗라고도 함. 앞의 주석 71번 참조)에 이르는 8세대에 대하여는 아무것도 알려진 것이 없다. 실제로 402년에 황위를 찬탈하였던 桓玄은 당시에 '증조부 이전의 조상들의 이름과 직위가 분명하지 않기 때문에' 종묘에 필요한 수만큼의 조상들의 신주를 모실 수 없었다(《晉書》 권99 8a. 桓玄傳).
146) 《晉書》 권73 12b 庾翼傳. 《자치통감》 권71 1146a 참조.
147) 371년과 유씨가 다시 세력을 회복하려고 시도한 372년. 《晉書》 권73 9b 庾希傳.
148) 《晉書》 권98 11a. (桓溫傳)
149) 《晉書》 권98 11a. 《자치통감》 권99 1175a.
150) 이 유명한 전투에 대한 자세한 설명은 李季平, 『淝水之戰』(上海, 1955) 참조.
151) 《고승전》 권4 (支遁傳) 348.2.10. 여기에서 王濛은 지둔에 대하여 '미세하게 분석하는 능력이 輔嗣 즉 王弼에 못지 않다[造微之功 不減輔嗣]'고 이야기하였다. 같은 내용은 《세설신어》 권2下 12a-b에도 보이며, 해당 부분의 주석에서는 '王仲祖(=王濛) 稱其微之功 不異王弼' 이라는 《支遁別傳》의 내용을 인용하고 있다. 마찬가지로 왕몽은 지둔의 강의를 듣는 승려들을 '발우를 든 왕필과 하안 같은 인물들[鉢釪後王何人也]'이라고 칭찬하였다(《세설신어》 주석 권2下 13b-14a에 인용되어 있는 《高逸沙門傳》의 내용). 《고승전》(권4 349.1.4)에는 약간 다른 내용으로 나타나고 있다.
152) 《세설신어》 주석 권3下 22a에 인용된 《支遁傳》(=《고승전》) 하지만 《세설신어》 권3下 22a에 의하면 謝安 본인은 그와 같은 말을 한 것을 부정하면서 裵啓 - 현전하지 않는 《세설신어》와 같은 일화집인 《語林》(362)의 저자 - 가 그러한 이야기를 꾸며냈다고 밝혔다고 한다. 자세한 문헌학적 설명[章句] 없이 고전을 순식간에 읽는 능력을 이상시하는 것은 4세기에 크게 유행하였다. 이것은 문자로 된 텍스

트는 성인의 숨겨진 지혜를 불완전하고 임시적으로 표현한 것에 불과하므로 학자들은 텍스트의 문자 자체를 자세하고 힘들게 분석하는 것보다 언어의 심층에 있는 전체적인 원리[理]를 파악하려고 노력하여야 한다는 당시 유행하던 현학의 생각과 일치하는 것이었다. 이러한 풍습에 대해서는 湯用彤, 『魏晉玄學論稿』, pp.30-31 참조.

153) 이 자료에 支遁이 처음 수도에 머무르는 동안에 사귄 친구로 언급되는 인물 중에는 郗超(336년 출생), 王坦之(330년 출생) 등이 있지만 이는 있을 수 없는 사실이다. 마찬가지로 축도잠의 전기(《고승전》 권4 348.1.6)에서는 하충이 哀帝(재위 362-366)의 집권기에 축도잠과 대화를 나누었다고 기록되어 있지만, 그때는 하충이 죽은 지 적어도 17년이 지난 후이다.

154) 《세설신어》는 지둔의 전기적 정보를 제공하는 데 있어서 《고승전》 못지않게 중요하다. 《고승전》에 수록된 그에 관한 28개의 짧은 일화들(권4 348.2.8-349.3.20) 중 단지 여덟 개만이 《세설신어》나 그 주석에 보이지 않는다. 반대로 《세설신어》에는 지둔에 대하여 이야기하거나 그를 언급하는 문장이 82개나 수록되어 있는데, 그들 중 대부분 《고승선》에 보이지 않고 있다. 《세설신어》 주석에 인용되고 있는 전기 자료들은 《支遁別傳》(주석 권2下 11a, 12a-b), 《支遁傳》 권2下 33a, 권3上 11a-b, 12a, 22a), 《支遁法師傳》(권1下 20a) 등인데 이들 중 적어도 하나는 지둔의 사후 郗超가 쓴 전기(《고승전》 권4 349.3.7)와 동일한 것으로 생각된다. 그밖에도 《高逸沙門傳》(권1上 38b-39a, 권1下 21a-b, 21b, 22a, 권2上 32a-b, 권2下 13b-14a, 권3下 8a), 《語林》(권1下 22a, 권3上 5b-6a, 권3下 21b) 및 지둔의 글 일부(권1上 42b, 권1下 18b-19a, 19b) 등이 인용되고 있다. 湯用彤, 『불교사』, pp.177-181 참조.

155) 《광홍명집》 권30 350.1.17.

156) 湯用彤, 『불교사』, p.178 참조.

157) 하나는 沃州(新昌의 동쪽, 절강성)의 산지에 있었는데, 지둔은 여기에서 제자들을 훈계하고 격려하기 위하여 〈座右銘〉을 지었다(내용은 《고승전》 권4 348.3.10 참조). 두 번째는 石城山에 건립한 棲光寺로 그의 주요한 저술들 대부분은 이곳에서 저술되었다(《고승전》 권4 348.3.221).

158) 《태평어람》에 인용되고 있는 《建康實錄》에서는 허순이 山陰과 永興에 있던 자신의 두 저택을 사찰로 바꾸었는데, 둘 다 크고 아름다운 건물들이었다고 한다(다른 자료에 보이는 은둔자로서의 허순의 '가난한' 모습과 대조되는 흥미로운 사실이다). 그는 건물 개조를 마친 후에 그 사실을 孝武帝(재위 373-393)에게 공식적으로 보고하였다. 현재 전해지기는 하지만 쉽게 구하기 힘든 《建康實錄》(許嵩 편찬, 30권) 자체는 참조하지 못하였다.

159) 《세설신어》 권2下 15b "王敬仁是超悟人." '超悟'라는 표현은 後秦의 황제 姚興이 구마라집에게 사용하였다. ['大師聰明超悟 天下莫二…'(《고승전》 권2 332.2.11)] 王脩는 王濛의 아들로서 어린 나이에 벌서 뛰어난 서예가이자 청담 전문가였고, 23세에 죽었다. 《晉書》 권93 6b) 불교와의 관련되는 모습은 會稽의 西寺에서 열린 지둔이 주관한 모임에서 許詢과 뜨거운 논쟁을 벌인 것(《세설신어》 권1하 20b-21a)과 建康의 瓦官寺

에서 僧意라는 승려와 유명한 玄學의 문제인 '聖人에게 감정이 있는지 없는지'를 토론한 것(《세설신어》 권1下 26a-b) 등이 있다.
160) 《세설신어》 권2下 16b.
161) 《세설신어》 권2下 32a.
162) 《세설신어》 권2下 11a.
163) 《세설신어》 권1上 38b-39a, 《고승전》 권4 348.2.23.
164) 《세설신어》 권1上 42b, 《고승전》 권4 348.2.25.
165) 東陽에 있는 長山을 몇 구절로 묘사하였고(《세설신어》 권1上 45a), 예리한 은유로써 북쪽과 남쪽 학문의 근본적 차이를 이야기하였고(《세설신어》 권1下 17a), 자신과 謝奕의 끝없는 대화와 장기 두는 것을 재미있게 표현하였고(《세설신어》 권1下 21b; 권3上 34a), 王坦之를 조롱하였고(《세설신어》 권3下 21b), 王徽之와 王獻之를 풍자하였고(《세설신어》 권3下 23b), 王濛이 자기 분수를 알게 하였다.(《세설신어》 권1下 21b, 권2下 11b 및 《고승전》 권4 349.1.2 참조)
166) 都講에 대해서는 湯用彤, 『불교사』, p.117 참조.
167) 《세설신어》 권1下 21a-b. 《고승전》 권4 348.3.25.
168) 《세설신어》 권1下 20a-b. 《고승전》 권4 348.3.25에서는 이 내용이 위의 인용문과 뒤섞여 있다. 《수능엄삼매경소》(아래 p.140 참조)의 서문을 쓴 지둔의 이름 모를 제자는 '三乘'을 지둔 가르침의 기본 주제 중 하나로 이야기하고 있다. 이에 대해서는 좀 더 밝혀져야 할 것이다. 《세설신어》 해당 부분의 주석에서는 《法華經》에 나오는 三乘의 차이에 대하여 꽤 긴 내용을 인용하고 있지만 출전은 분명하게 잘못되었다. 해당 내용은 중국인에 의한 이른 시기의 논서 혹은 주석서의 단편임에 틀림없는데, 여기에서는 지둔 본인이 쓴 글로써 제시되고 있다. 첫 부분의 '法華經曰'은 '法華注曰' 혹은 '法華(經)論曰'의 잘못일 가능성이 높다. 陸澄의 《法論》(《출삼장기집》 권7 83.1.4 이하)에는 지둔의 저술목록이 들어 있는데(아래 주석 213번 참조), 그중에는 《辯三乘論》이 들어 있다. 더욱이 이 책은 저자미상의 《法華經論》과 지둔의 다섯 종류의 저술 사이에 들어 있다. 《세설신어》 주석에서 인용하고 있는 단편은 이 글들 중 하나의 일부분임에 틀림없을 것이다. 이 단편의 내용은 주로 聲聞, 緣覺, 菩薩의 의미를 정의하는 것으로써, 이론적으로는 그다지 흥미롭지 않다. 삼승에 대한 보다 자세하고 흥미로운 설명은 동시대의 불교학자 謝敷가 쓴 - 그 역시 지둔의 그룹에 속하였다 - 《安般守意經疏》 서문(《출삼장기집》 권6 44.1.14)에 보이고 있다(아래 p.136 및 주석 283번 참조). 중국 불교에서의 삼승과 보살의 단계에 대한 자세한 분석은 横超慧日, 『肇論研究』, pp.184-186 참조.
169) 재능[才]과 천성[性]의 관계 - 여기에 대해서는 네 가지 관점[四本]이 존재하였다 - 는 3세기의 가장 중요한 토론과 연구의 주제였다. 4세기에 들어와서도 이 주제는 - 더욱 추상적이고 이론적인 방식으로 - 청담의 가장 인기 있는 토론 주제였다.(《세설신어》 권1하 19b, 23b-24a, 27a 참조) 唐長孺, 앞의 책, pp.298-310 및 D. Holzman, *La vie et la pensée de Hi Kang*, pp.8-9 참조.

170) 《세설신어》 권1下 23b-24a.
171) 《장자》 제29장.
172) 《세설신어》 권1下 25a-b.
173) 《세설신어》 권1下 20b-21a.
174) 《세설신어》 권1下 22a-b, 권3下 12b-13a.
175) 《세설신어》 권3上 5b-6a에 인용된 《語林》의 내용.
176) 원문은 '七尺之軀'이다. 한나라 때의 1尺은 약 23cm이다. 이 표현은 《荀子》 제1장 pp.7-8에 처음 보이고 있다.
177) 《세설신어》 권3下 11a.
178) 《세설신어》 권3下 23b.
179) 원문은 繢布單衣. 繢의 뜻은 어떤 사전에도 나오지 않는다.
180) 유명한 유교 학자이자 주석가인 鄭玄(127-200)을 가리킨다.
181) 《세설신어》 권3下 21b. 《세설신어》 주석에서도 《語林》을 인용하여 같은 내용을 이야기하고 있지만 여기에는 주석 179번의 표현은 없다.
182) 《세설신어》 권3下 22b.
183) 《세설신어》 권2下 32b.
184) 《晋書》 권75 4a-5a의 그의 전기에 인용된 《廢莊論》 참조.
185) 《세설신어》 권1下 18b-19a.
186) 《세설신어》 권1下 20a. 《고승전》 권4 348.3.4
187) 《晋書》 권80 4a.
188) 《晋書》 권80 4a.
189) 모든 물질적 정신적 감정의 무상함을 주제로 하는 전형적 현학 작품인 〈蘭亭集序〉는 王羲之의 전기(《晋書》 권80 4a-b)에 수록되어 있으며, 이를 축약한 약간 다른 이본이 《세설신어》 주석(권3상 8b)에 〈臨河序〉라는 이름으로 인용되어 있다. 여러 古文集에 수록되어 있는 것은 《晋書》의 내용이다. 번역으로는 Zottoli, *Cursus litteraturae Sinicae* (Shanghai, 1880), vol. IV, pp.295-297; W. Grube, *Geschichte der chinesischen Literatur*, pp.253-254; G. Margouliès, *Le Kou-wen chinois* (Paris, 1926), pp.126-128 등이 있다.
190) 《고승전》 권4 349.1.2.
191) 《고승전》 권4 349.1.12 이하.
192) 승려로서 지둔은 황제에게 이야기할 때 臣이라고 칭하는 대신 자신의 이름을 일컬을 특권을 가지고 있었다. 다른 사람들은 아주 예외적인 경우를 제외하고는 臣이라고 칭해야 했다. 이와 같이 臣을 칭하지 않는[不稱臣] 습관은 승려들이 세속적 권력과의 관계에서 독립적이고 脫俗的인 위치에 있는 것을 상징하였다.
193) 원문의 彫涼[순수함을 새긴다, 본래 순수하고 단순한 것으로 장식한다]은 의미가 잘 통하지 않으며, 특히 다음 구절의 反朴과 잘 어울리지 않는다. 텍스트에 문제가 있다고 생각된다. 【大正藏 및 그 저본이 된 高麗大藏經에는 彫純으로 되어 있다-역자】

194) 내적으로는 성인의 뛰어난 지혜를 가지고 있으면서 바깥 세계에서는 완전한 정부의 '교화'를 실행한다는 內聖外王은 군주의 이상이었다.《장자》제28편(天下), p.216 및 郭象의《장자주》서문 참조. 또한 馮友蘭(Bodde역), col.II, pp.172-173 참조.
195)《고승전》권4 348.2.25에는 지둔이 자신을 떠나 剡 지역으로 가지 못하도록 설득하기 위하여 謝安이 보낸 편지가 수록되어 있으며, 같은 책, 349.3.1에는 생애 말년에 지둔이 둘 사이의 우정을 회상하는 내용이 실려 있다.《세설신어》권1上 25a-b에는 그들이 王濛의 집에서 열린 청담 모임에 함께 참여한 사실이 있고, 같은 책, 권2下 32b-33a에서는 사안이 지둔에 대한 평론을 하고 있다.(《고승전》권4 349.1.6 및《세설신어》권2하 33b, 34b, 36a 등도 참조)
196)《左傳》의 내용을 언급한 것으로,《좌전》襄公 27년(注疏本, 권38 12a)에 '其祝陳信於鬼神無愧辭'라는 기사가 나온다(Couvreur, vol.II, p.488). 孔穎達 의 주석에 의하면 이 구절은 '그(=范武)의 제관[祝]들이 (그의 행위를 칭찬하기 위하여) 귀신에게 진실을 이야기하고[陳信於鬼神], (그 기도 내용에는 범무가) 부끄러워할 일은 이야기하지 않았다[無愧辭]'고 해석해야 한다. 그런데 지둔의 '去陳信之妖誣'라는 구절은 '진신(陳信)의 사악한 주술을 제거하라'고밖에 해석되지 않는다. 지둔은 陳信을 예언자의 이름으로 간주하고,《좌전》의 기사를 '(그의 제관인 陳信이 귀신에게 부끄러움을 모르는 말을 (하였다)'고 해석한 것이 된다. 이것은 아마도 지둔의 '경전을 단박에 이해하는' 태도를 보여주는 사례라고 할 수 있을 것이다.(앞의 주석 152번 참조)
197)《論語》述而 34절 '子曰 丘之禱久矣' 참조.
198)《道德經》39장 '神得一以靈 … 王侯得一以爲天下貞' 참조.
199) 圓丘는 圓壇이라고도 하며 황제가 동지 때에 하늘에 제사를 올리는 둥근 제단이다.《廣雅》의 釋天 항목 참조.
200) 元亨은《易經》의 첫 번째 乾掛의 '乾 元亨利貞'에 나오는 말이다. 첫 번째 陽의 掛인 乾은 최고의 권위를 상징하는데 여기에서는 晉왕조의 새롭게 되는 영광을 상징하고 있다.
201)《고승전》권4 385.1.16. 번역은 A. F. Wright, *HJAS* XI (1948), p.351.
202)《고승전》권4 385.2.13. 번역은 A. F. Wright, *HJAS* XI (1948), p.352.
203)《고승전》권3 431.1.1 이하. P. Dmiéville, "Le Bouddhisme et la Guerre" in *Mélanges publiés par l'Institut des Hautes Etudes Chinoises* I (1957), pp.347-385의 내용도 참조.
204)《道德經》제35장 '執大象 天下往' 참조.
205)《論語》陽貨 19절 '天何言哉 四時行焉' 참조.
206)《고승전》에는 餞,《세설신어》에는 送.
207) 이 정자에 대해서는《세설신어》주석 권2上 32a-b 참조.
208)《세설신어》주석 권2上 32a-b.《고승전》권4 349.2.19.
209)《고승전》권4 349.2.22.
210) 그가 죽은 장소와 관련된 문제에 대해서는 아래의 주석 212번 참조.

211) 《고승전》 권4 349.3.8.
212) 《세설신어》 권3上 12a(=《고승전》 권4 349.3.12) 374년에 지둔의 묘를 방문했던 王珣(王導의 손자, 350-401)의 〈法師墓下詩序〉에도 비슷한 문장이 있다(《세설신어》 주석의 해당 부분에 인용). 《고승전》에 의하면 지둔이 죽은 장소에 대하여는 서로 다른 전승이 있다. (《고승전》저자인) 慧皎는 餘姚 근처의 塢山에 그의 무덤이 있다는 견해를 따랐지만 다른 사람들은 -《세설신어》주석(권3上 12a)에 인용된 《支遁傳》- 그가 剡에서 죽었다고 하였다. 후자의 견해는 王珣이 (지둔 사후 겨우 8년 뒤에 지은) 앞의 글에서 "나는 剡의 石城山에 갔는데 여기에는 法師의 묘소가 있다 …"고 한 내용과 일치하고 있다.
213) 《고승전》(권4 349.3.18)에서는 지둔의 저술을 모은 책 10권이 있다고 이야기하고 있으며, 《(沙門)支遁集》이라는 책이 《隋書》와 新·舊《唐書》의 예문지에 수록되어 있다. 《수서》에서는 8권이라고 하면서 '梁錄(아마도 阮孝緖가 523년에 편집한 目錄을 가리키는 것으로 생각된다)에 의하면 13권'이라고 이야기하고 있고, 新·舊《당서》는 《고승전》과 마찬가지로 10권이라고 하고 있다. (《唐書藝文合志》 p.337) 지둔의 문집은 틀림없이 그의 모든 논설과 시, 그리고 현재 《홍명집》과 《광홍명집》에 수록되어 있는 짧은 글들, 《고승전》과 《세설신어》 주석 등의 책에 일부가 인용되고 있는 글을 모두 모은 것일 것이다. 현존하는 모든 단편 자료들이 嚴可均에 의하여 정리되었다(《全晉文》 권157 3b-15a). 徐幹의 《徐氏叢書》(1886년과 1888년 간행, A. F. Wright, in HJAS XI, 1948, p.326 주석 16번에 언급)에 수집되어 있는 단편들은 보지 못하였다. 이전에 북경의 국립도서관에 있던 편자 미상의 明代 필사본 《支遁集》(의회도서관 마이크로필름 500/592-618)은 불완전하고 틀린 곳이 많다. 5세기의 3사분기에 陸澄이 편집한 방대한 중국 불교 문헌 모음집인 《法論》에는 지둔의 저술 중에서 18개의 논설과 교학적 성격의 편지가 수록되어 있다. 그 제목은 다음과 같다(《출삼장기집》 권12 83.1.4 이하).
(1) 〈卽色遊玄論〉(王洽의 편지와 그에 대한 지둔의 답서가 붙어 있다) 《세설신어》 주석에 인용되고 있는 〈文道林集妙觀章〉은 같은 글이 아닌 것으로 보인다(湯用彤, 『불교사』, p.259 참조).
(2) 〈辯著論〉
(3) 〈釋卽色本無義〉(王幼恭의 편지와 그에 대한 지둔의 답서가 붙어 있다. 왕유공이 어떠한 인물인지는 확인되지 않는다. 아마도 《세설신어》 권2하 34b와 36a에서 지둔과 개인적으로 교유하고 있는 王濛의 손자 王恭(398년 사망)의 착오일 가능성이 높다.
(4) 〈郗(超)與支法師書〉
(5) 〈支(遁)書與郗嘉賓〉
(6) 何敬의 질문과 지둔의 대답이 붙어 있는 〈道行指歸〉. 何敬은 敬和 즉 王洽의 착오로 생각된다. 실제로 그의 편지(134쪽 참조)에서는 이 글과 法師의 설명에 대하여 이야기하고 있다.
(7) 〈法華經論〉(저자의 이름이 없지만 지둔의 것으로 생각된다. 앞의 주석 168 참조)

(8) 〈辯三乘論〉
(9) 〈座右銘〉 (앞의 주석 157번 참조. 내용이 《고승전》 권4 348.3.10 이하에 실려 있다)
(10) 〈道學誡〉
(11) 〈切悟章〉 (친구 法虔이 죽었을 때인 365년에 쓴 글, 아래의 p.140 참조)
(12) 〈答謝長遐書〉 (謝長遐가 어떤 인물인지는 알 수 없음)
(13) 〈般若臺衆僧集議節度序〉 [般若(寺?)의 여러 승려들이 節度에 대하여 논의한 내용을 모은 글에 붙인 서문] (주제가 무엇인지 알 수 없는데, 아마도 지둔이 참여하였던 율에 대한 토론과 관련된 문서로 생각된다)
(14) 〈本起四禪序并注〉 《修行本起經》(T184 大正藏3, 2권, 京都本 14-3, 231A1) 혹은 《太子瑞應本起經》(T185 大正藏3, 1권, 京都本 14-3, 237A1)에 나오는 四禪에 관한 내용에 대해 설명하는 글. 이 경전의 내용은 지둔이 석가모니의 생애를 묘사한 내용 중의 安般(ānāpāna)를 요약하여 설명하는 자료가 되었다.
(15) 〈本業略例〉 이 글의 제목은 王弼의 《周易略例》와 비슷하다. 대상이 되는 경전은 지겸이 번역한 《菩薩本業經》(T281 大正藏10)이나 아니면 그보다 후대의 攝道眞이 번역한 《諸菩薩求佛本業經》(T282 大正藏10)일 것이다.
(16) 〈本業經注序〉
(17) 〈支(!)法護像讚〉 이 글의 일부 내용이 《고승전》 권1 326.3.21 (축법호전기)에 인용되고 있다.
(18) 〈與高(句)驪道人序〉 (《고승전》과 《세설신어》 주석에 인용, 아래의 주석 301번 참조) 한편 《고승전》의 지둔 전기에서는 더 많은 책들을 언급하고 있다.
(19) 〈聖不辯智論〉 (《대당내전론》 권3 24.3.25에도 수록되어 있는데, 여기에는 智 대신 知로 되어 있다)
(20) 〈釋矇論〉 (이 글도 《대당내전론》 권3 24.3.25에 수록되어 있다)
(21) 〈安般經注〉
(22) 앞의 주 120 이하에서 언급한 지둔이 365년에 올린 탄원서.
이상의 글 중 두 편 - (9)와 (22) - 만이 전해지고 있으며, 다섯 편 정도의 - (1) 중의 두 편, (7), (8), (17) (18) - 단편이 알려져 있다. 한편 陸澄의 책과 《고승전》에는 언급되고 있지 않은 다음 글들의 단편 혹은 전체 내용이 전해지고 있다.
(23) 于法蘭의 초상에 대한 讚 (《고승전》 권4 350.1.8의 우법란 전기에 인용)
(24) 于道邃의 초상화에 대한 銘 (《고승전》 권4 350.2.22에 인용)
(25) 〈逍遙論〉 (《세설신어》 주석 권1下 19a 인용)
(26) 〈大小品對比要抄序〉 (《출삼장기집》 권8 55.1-56.3 수록. 아래의 p.124 이하 참조)
(27) 〈釋迦文佛像讚并序〉 (《출삼장기집》 권8 55.1-56.3 수록. 아미타불과 문수보살, 미륵보살, 유마거사 및 다른 보살들에 대한 讚文 총 13편이 《광홍명집》 권15 195.3-196.2에 수록되어 있다)
(28) 佛誕日, 禁食, 산에서의 생활, 삼매에 든 禪僧 등을 주제로 한 총 17편의 다양한 詩 모음(《광홍명집》 권30 349.2-351.2 수록)
(29) 〈天台山銘〉 손작의 〈遊天台山賦〉에 대한 李善의 주석에 서문의 일부가 인용되어 있다(《文選》 권9, 萬有文庫本, p.224).

이른바 〈支道林法師與桓玄論州符沙門名籍書〉(《광홍명집》 권12 85.3)는 399년에 쓰여진 것으로서 지둔의 저술이 될 수 없다(앞의 p.16의 (14) 및 4장의 주석 177번 참조). 마지막으로 일부 불경 목록집[《古今譯經圖記》(권2 356.1.7)와 高麗大藏經本을 제외한 모든 판본의 《大周刊定衆經目錄》(권2 385.3.1, 권4 392.2.14)]에서 지도림을 두 경전의 -《阿閦佛利諸菩薩學成品》과《方等法華經》- 번역자로 이야기하고 있는 것에 대하여 살펴보도록 하자. 여기의 지도림은 잘 알려지지 않은 支道根의 착오로, 《대당내전록》에 의하면 그는 326-343년에 이들 경전을 번역하였다. 두 경전은 이미 《開元釋教錄》(730년) 편찬 당시에 전해지지 않고 있었다(권14 626.3.19, 628.3.27 참조).

214) 〈妙觀章〉(위 주석 (1),《세설신어》주석 권1下 19b 참조) 지둔의 이론에 대해서는 湯用彤,『불교사』, pp.254-263; W. Liebenthal, *The Book of Chao*, pp.152-157; 馮友蘭(Bodde역), vol.II, pp.248-252 등을 참조)
215) 卽色是空 非色敗空. 이것은 《維摩詰經》(지겸 번역본, 大正藏 14책 531.2.7)의 내용[(유마힐로부터 不二의 성질에 대하여 이야기하라고 요구받은) 愛觀菩薩이 '이 세상은 空과 같으며, (일부러) 空을 만드는 것이 二이다. 色은 空이다. 空(에 도달하기) 위하여 色을 없앨 필요가 없고 色의 본질 자체가 공이다. (다른 陰들도 마찬가지로서) 識은 空이며, 空(에 도달하기) 위하여 識을 없앨 필요가 없고 識의 본질 자체가 공이다. 이러한 5陰의 본질을 깨닫는 것이 不二에 들어가는 것이다'라고 이야기하였다]을 바꿔 표현한 것으로《유마힐경》의 원문은 '色空不色敗空'이다. 구마라집의 번역본(大正藏 14책, 551.1.1)에서 지둔의 표현과 거의 비슷한 '色卽是空 非色滅空'이라고 표현한 사실이 주목된다. 구마라집의 협력자와 교정자들이 - 그들은 僧肇처럼 당시의 중국 불교의 해설서들에 대하여 잘 알고 있었을 것이다 - 이러한 표현을 만들었을 것이다.
216) 色不自色. 첫 번째 인용문의 첫 문장에 맞추어서 '不自色' 세 글자를 더한 湯用彤의 해석(『불교사』, p.259)을 따랐다.
217) 慧達의 《肇論疏》(6세기 후반)에 인용된 〈妙觀章〉(續藏經 2-1-1 53.b2, 京都)
218) 僧肇의 〈不眞空論〉(《肇論》, 大正藏45 152.1)에 정리되어 있는 이 학파 추종자의 입장. W. Liebenthal, *The Book of Chao*, pp.58-59;《肇論研究》, p.15 참조.
219) 《莊子注》권7 27a. 앞의 p.92 참조.
220) 《肇論》(大正藏45) 152.1 '此眞語(元康의 《肇論疏》에는 悟) 色不自色 未領色之非色也【여기에서는 다만 色이 스스로 色이 아니라는 것만을 이야기하고 있을(깨달았을) 뿐 色이 色이 아닌 것은 이해하지 못하였다-역자】, 元康의 이 구절에 대한 해설 (《肇論疏》T1859 大正藏45, 권1 171.3) 참조.
221) 《출삼장기집》권8 55.1-56.3
222) 《도덕경》제1장 '玄之又玄 衆妙之門' 참조.
223) 《출삼장기집》권8 55.1.14
224) 원문은 '十住之稱 興乎未足定號 般若之智 生乎教迹之名'인데 대구로 볼 때 定은 之의 잘못이 분명하다.
225) 원문은 '名生於彼'인데 彼는 '저것', '다른 것'으로서 是(이것) 혹은 我(나, 주체)의

상대어이다. 《장자》 제2편(〈齊物論〉), p.8 '非彼無我 非我無所取' 및 p.10 '是亦彼也 彼亦是也 … 果且有彼是乎哉 果且無彼是乎哉 彼是莫得其偶 謂之道樞' 참조.
226) 《장자》 제2편(〈齊物論〉), p.10 '物固有所然 物固有所可 無物不然 無物不可' 참조.
227) 《출삼장기집》 권8 55.1.24.
228) 《출삼장기집》 권8 55.1.29.
229) 《출삼장기집》 권8 55.2.3.
230) 이 용어의 변화과정에 대해서는 P. Demiéville, "La pénétration du Bouddhisme dans la tradition philosophique chinoise", *Cahiers d'Histoire Mondiale*, vol.III, no.1 (Neuchatel, 1956), 특히 p.28 이하 참조.
231) 《출삼장기집》 권8 55.2.22.
232) 《출삼장기집》 권8 56.1.2.
233) 《출삼장기집》 권8 55.3.20.
234) 《출삼장기집》 권8 55.2.9.
235) 支遁의 〈善思菩薩讚〉 (《광홍명집》 권15 197.1.29)
236) 〈喩道論〉 (《홍명집》 권3 16.2.18)
237) 《도덕경》 제14장 및 6장에 대한 왕필의 주석 참조. (앞의 p.89에 번역을 수록하였다)
238) 《고승전》의 지둔전기 (권4 348.3.22). 다른 자료에는 보이지 않는다.
239) 《홍명집》 권13 89.1.21. (부록 B p.175 참조)
240) 〈善思菩薩讚〉(《광홍명집》 권15 197.2.1) 【마지막 구절의 원문은 '冥知無照功'인데 冥知를 원서처럼 冥(아득함)과 知(앎)으로 나누어 보는 것보다 冥知(성인의 아득한 앎)으로 해석하는 것이 더 적절하다고 생각된다-역자】
241) 〈阿彌陀佛像讚〉(《광홍명집》 권15 196.2.28)
242) 대부분의 판본은 '五末'인데 의미가 잘 이해되지 않는다. (일본) 宮內廳本의 '五味'가 타당하다고 생각하며, 이것은 불교적인 의미(pañcarasa, 望月信亨, 『佛敎大辭典』, p.1299b 참조)가 아니라 《도덕경》 12장('五味令人口爽')과 같이 감각적 즐거움을 상징하는 것으로 해석된다. 【五末은 五濁惡世의 末世를 가리키는 것으로 생각된다-역자】
243) 아마도 支謙이 번역한 《阿彌陀三耶三佛薩樓佛壇過度人道經》을 가리키는 것으로 생각된다. (T362 大正藏12)
244) 〈阿彌陀佛像讚〉(《광홍명집》 권15 196.3.9)
245) 《法苑珠林》 권42(616.2.15)에 인용되어 있는 신뢰성이 의심스러운 王琰의 《冥祥記》(5세기 말)에 의하면 衛士度, 그의 스승 闕公則(다른 자료에 보이지 않음), 위사도의 모친은 모두 아미타신앙자였다. 하지만 《고승전》의 그의 전기(권1 327.3.7)에서는 이에 대하여 언급하고 있지 않다. 어쨌든 이 신앙에 대하여 전체적으로 혹은 부분적으로 이야기하고 있는 경전 및 아미타불과 그의 낙원을 명상하는 수행은 2세기 말 이후 중국에 존재하였다(塚本善隆, 『支那佛敎史硏究-北魏篇』, 東京, 1942, p.619 이하 참조).
246) 《고승전》 권6 358.3.21에서는 長安에서 행하였던 것으로 잘못 이야기하고 있

다. 湯用彤, 『불교사』, pp.217-218 참조.
247) 《출삼장기집》 권15 109.3.16; 《고승전》 권6 358.2.12.
248) 《고승전》 권4 348.2.21. 그의 〈소요유〉편 주석의 요지는 《세설신어》 주석(권1下 18b-19a)에 인용되어 있는 그의 《逍遙論》 중의 긴 문장을 통하여 확인할 수 있다. 이 글에 드러난 그의 사상이 왕희지의 우정과 인정을 받는 요인 중 하나였을 것이다. (《세설신어》 주석 권1下 20a) 이 글은 그의 〈소요유〉편 주석과는 같지 않으며 그에 대해서는 다음 주석에서 검토한다. 孫綽이 《道賢論》에서 지둔을 向秀와 비교한 것은 그의 《장자》에 대한 해석 능력 때문이었다. 지둔의 〈소요유〉편에 대한 해석 및 그와 向秀, 郭象과의 관계에 대해서는 陳寅恪, 「逍遙遊向郭義及支遁義探原」 『清華學報』 13-2 (1937) 및 候外廬 外, 앞의 책, 제3책, pp.260-262 참조.
249) 四部備要本 권1 2a(支遁云 謂有坳垤形也), 2b(支遁云 檜突也), 3a(支遁云 冢間也), 3b(支遁云 一名舞英 朝生暮落), 4b(崔 云 成也), 5a(支云 大地四時之氣), 9b(支云 伺彼怠傲). 이러한 단편들로 볼 때 지둔의 주석은 철학적일 뿐 아니라 개별 단어와 표현의 의미를 설명하는 문헌학적인 것이기도 하였음을 알 수 있다.
250) 《세설신어》 권1下 22a. 이 문장의 잠정적 해석은 다음과 같다. "불교의 경전에 의하면 성인은 정신적 정화[祛練神明]를 통하여 도달될 수 있다. (이 때문에) 簡文帝는 '(의식적인) 지식으로부터 해방된 사람들(만)이 최상의 경지에 이를 수 있다. 하지만 다른 (모든) 경우에 있어서 자기 수련 행위들을 (실체를) 결여한 것으로 간주할 수는 없다'고 말하였다."
251) 《광홍명집》 권15 195.3.11-196.2.3.
252) 《牟子》 첫 번째 단락(《홍명집》 권1 1.3.2-2.1.1, 번역은 Pelliot, *TP* XIX, 1920, p.289 이하)과 손작《喩道論》의 마지막 부분(《홍명집》 권3 17.2.24-17.3.13)
253) 桓溫은 한 차례 尸梨蜜羅의 인물평을 한 적이 있다(《세설신어》 권2下 5a, 《고승전》 권1 327.3.14). 《冥祥記》의 허구적 이야기(《法苑珠林》 권33 545.1.22에 인용. 《晉書》 권98 14a의 桓溫傳에는 훨씬 짧은 내용으로 수록되어 있다)에 의하면 그는 인생의 마지막에 독실한 불교 신자가 되어 신비한 이적으로 帝位 찬탈 음모를 중단하라고 경고한 비구니와 교유하였다고 한다.
254) 《세설신어》 권1하 22a. 여기에서는 殷浩가 사용하였던 《소품반야경》 사본이 5세기 전반 劉義慶【《세설신어》의 편찬자 - 역자】의 시대까지도 전해지고 있었다고 덧붙이고 있다. 이 부분의 주석에 인용되어 있는 《高逸沙門傳》의 내용도 거의 같다. 은호는 애매한 문장들에 대하여 지둔과 토론하고자 하였지만 망설이고 질질 끌다가 결국 실행하지 못하였으며, '그 정도로 (지둔은) 명성과 학식을 갖춘 (사족들에게) 존경받았다'. 하지만 裵啓의 《語林》(362년 완성. 같은 부분에 인용. 이 책의 시기에 대해서는 《세설신어》 권3下 22b 참조)에 보이는 내용은 상당히 다르며 지둔을 일방적으로 찬미하고 있지 않다. 그 내용에 의하면 은호는 해당 문장들의 해석을 부탁하기 위하여 지둔을 초청하였다. 지둔은 가려고 하였지만 왕희지가 '淵源(=은호)의 생각은 깊고 풍부하여서 쉽게 상대하기 어렵습니다. 또한

그가 이해하지 못하는 것을 법사께서 다 설명할 수 있는 것은 아닙니다. 법사가 (논쟁에서) 그를 이긴다고 하여도 법사의 명성이 더 높아지지 않지만 만약 법사가 흥분하여 (그와) 의견이 어긋난다면 법사는 십여 년간 지켜온 것 - 명성? 아니면 우정? - 을 잃게 될 것입니다. 가지 않는 것이 좋습니다'라고 만류하였다. (지도)림 법사는 이에 동의하여 결국 있던 곳에 그대로 머물렀다.

255)《세설신어》권1下 26b.
256)《세설신어》권1下 16a. '理亦應阿堵上' '阿堵'는 중세 문헌에 종종 등장하는 전형적인 속어적 표현으로, 그 의미는 대략 彼(그것)에 해당하고 자주 경멸적인 문맥에서 彼처럼 사용되었다. 裴學海,《古書虛字集釋》(上海, 1934), 9장 p.764 에서는 阿를 添頭語로 보고 堵는 者[=此(이것)의 의미]의 異形으로 간주하고, 朱起風,《辭通》(上海, 1934), p.2060.3 에서는 阿堵를 這個와 같은 것으로 보고 있다. 한편《辭海》, p.1416.5에서는 이《세설신어》의 구절을 '理應在阿堵上'으로 완전히 반대의 의미 (이치는 여기에 들어 있음에 틀림없다)로 잘못 인용하고 있다.
257)《세설신어》권1下 23b. 초기 사족 불교에서의《유마힐경》의 중요한 역할에 대해서는 塚本善隆,『支那佛教史硏究-北魏篇』, 6장(pp.35-42) 참조.
258) 구마라집도 (구마라집, 僧肇, 道生의 주석을 모은) 5세기의《유마경》주석서인《注維摩經》권10 (大正藏38 414.1.1)에서 '此經略敍衆經要義明簡易了'라고 이야기하고 있다.
259)《세설신어》주석 권1下 21a-b(《高逸沙門傳》의 인용).
260)《세설신어》권1下 19b. 지둔과 王坦之의 대화.
261)《歷代名畫集》권180 및 183 (顧愷之篇) 참조. 이 책에서는 또한《京師寺記》를 인용하여 이 그림의 원래 기능에 대한 (이 그림을 보러 오는 방문객들의 입장료로 자금을 마련하려 하였다는) 믿어지지 않는 이야기를 전하고 있다. O Sirén, *Chinese Painting* (London, 1956), vol. I, p.28도 참조. 이 그림은 瓦官寺 북쪽의 작은 건물에 그려져 있던 벽화였다.
262) 孫綽 및 그의 작품에 대해서는 *Liebenthal Festschrift, Sino-Indian Studies* vol. V (Visvabharati, Santiniketan, 1957)에 수록된 M. H. Wilhelm의 글(pp.261-271) 과 *Silver Jubilee Volume of the Zinbun-Kagaku-Kenkyusho* (Kyoto, 1954)에 수록된 A. F. Wright의 글 p.428 주석 6번 참조. 손작의 작품의 단편들은 《全晉文》권62 1a-10b에 수록되어 있다.《세설신어》주석 권1下 34a에 인용되어 있는 檀道鸞(5세기 중엽)의《續晉陽秋》에 의하면 孫綽과 許詢은 - 그보다 조금 전에 郭璞이 처음으로 현학의 용어들을 시에 도입하였던 것처럼 - 처음으로 불교적 주제와 표현을 시에 사용하였다. 王瑤,「玄言, 山水, 田園 -論東晉詩」『中古文學風貌』제3권 (제6판, 北京, 1953), pp.47-83 참조.
263)《홍명집》권3 16.2-17.3 내용은 M. H. Wilhelm의 앞의 글 pp.269-271에 요약되어 있다.《고승전》권4 350.2.26에 인용되어 있는 문장이 빠져 있는 것을 볼 때 현재의 텍스트는 불완전한 것으로 생각된다.
264)《홍명집》권3 16.2.12. 대부분의 이본에 寰中('세상 가운데' 혹은 더 정확하게는 '제국 가운데')으로 되어 있지만 고려대장경본의 寞中(어두움 속)이 오히려 의미가 더

잘 통한다. 여기에서는 寰中을 環中의 잘못으로 파악하였다. 《장자》 제2편(〈齊物論〉), p.10 ('始得其環中 以應無窮') 참조.
265) 〈老子讚〉(《初學記》 권23 3b)
266) 《광홍명집》 권28 323.1. 《세설신어》 권2下 14b와 《고승전》 권5 355.1.6에서는 王洽을 - 道安과 함께 수학하였던 북쪽 출신의 유명한 설법가로서 365년에 建康으로 이주해 온 - 竺法汰(320-387)의 추종자로 이야기하고 있지만 이는 잘못이다. 《晉書》 王洽傳(권65 6b)에 의하면 그는 358년에 35세의 나이로 죽었다고 하는데, 《中興書》(5세기에 郗紹가 지은 東晉의 역사서, 《세설신어》 권2하 14b에 인용)에서는 이와 달리 그가 죽을 때 25세였다고 이야기하고 있다. 《진서》의 전기에서 그가 많은 관직을 연이어 역임하였다고 이야기하는 것을 고려할 때 후자는 신뢰하기 힘들다. 더욱이 그의 큰아들 王珣이 350년에 태어났는데(《晉書》 권65 7b) 그 당시 그가 17세라는 것은 - 27세가 아니라 - 비록 불가능하지는 않지만 가능성이 희박하다고 생각된다.
267) 《晉書》에는 전기가 없다. 그의 전기에 관한 정보는 《세설신어》 주석 권1上 40a에 인용되어 있는 《續晉陽秋》에 들어 있다.
268) 《세설신어》 권1下 33b-34a 및 해당 부분의 주석.
269) 《세설신어》 권3上 17b에서 그가 산속의 동굴에 살면서 지역 귀족들의 선물을 자유롭게 받고 있는 모습을 볼 수 있다. 극초는 여러 명의 '은둔한 피보호자들'이 있었으며 누군가가 '은거 士人'이 되고자 한다는 말을 들으면 많은 돈을 주고 집을 지어주어 후원하였다. 그의 후원을 받은 사람 중에는 은거 화가인 戴逵(《세설신어》 권3上 17b-18a)가 있다. 그의 부친 郗愔은 은거한 불교학자 謝敷의 후원자였다(아래의 p.136 참조). 4세기의 사족 사이에서 유행이 된 목가적인 '은거생활'에 대해서는 王瑤,「論希企隱逸之風」『中國文人生活』(제6판, 北京, 1953), pp.77-109 참조. 상층의 사족들로부터 같은 방식으로 후원을 받았던 지둔 같은 사족 승려들도 당시의 이러한 습관의 혜택을 보았다. 이민족 치하에 있던 북쪽 지역에서도 이러한 독특한 풍조가 존재하였다. 괴상한 은자로서 《역경》의 전문가였던 楊軻가 관직을 여러 차례 거절하여 화가 나 있던 石虎(재위 333-349)에게 (佛圖澄의 제자인) 승려 道進은 '(뒷날의) 趙나라 역사책에서 隱遁傳을 없애려고 하십니까?'라고 말하여 양가의 행동을 정당화해 주었다. 이 이야기에 감동된 흉노족 황제(=석호)는 양가가 편안하게 살도록 허락하는 한편 그의 은자로서 생활을 유지할 수 있도록 정기적으로 선물을 내려주었다[《고승전》 권9 386.1.17 (번역은 A. F. Wright, *HJAS* XI, 1948, p.360) 및 《晉書》楊軻傳 (권94 14a) 참조].
270) 《세설신어》 권1下 20b-21a, 권1下 21a-b (=《고승전》 권4 348.3.25), 권1下 25a-b.
271) 《진서》 권67 12b.
272) 《고승전》 권4 349.1.9.
273) 《세설신어》 권1上 42b.
274) 《세설신어》 권3下 ; 《진서》 권67 10b.
275) 《세설신어》 권3上 3b. 이 승려 의사는 환자(=郗愔)가 많은 분량의 도교 주문을

적은 종이들을 먹어서 변비에 걸렸음을 알고 속으로 고소하게 여겼을 것이다.
276) 《세설신어》 권3下 21b.
277) 《진서》 권67 12b.
278) 《고승전》 권1 (曇摩難提傳) 328.3.20.
279) 湯用彤의 『불교사』 pp.257-258에 제시되어 있는 16편의 제목들 - 대부분 교리적 주제에 대한 편지들 - 참조. 이 글들 중 《奉法要》는 온전하게 전해지고 있지만 나머지는 孫綽의 〈遊天台山賦〉에 대한 李善의 주석[《文選》 권9 p.227. 단 이 萬有文庫本에서는 郗이 郄으로 잘못되어 있다]에 인용되어 있는 謝敷에게 보낸 편지 중의 몇 문장을 제외하고는 전해지지 않고 있다. 그밖의 극초의 글로써 이름이 알려지지 않은 친구에게 보낸 편지[지둔에 관한 내용으로 《고승전》 권4 349.1.9에 인용됨]와 《세설신어》 권2上 32b(=《고승전》 권5 352.3.8)에 구체적 내용은 없이 언급만 되고 있는 道安에게 보낸 긴 편지를 추가할 수 있다.
280) 《三國志》 魏志 권28 337b(鍾公傳의 주석)에 인용되어 있음.
281) 《세설신어》 권3 18a의 주석에 인용되어 있음. 또한 《명상기》를 인용하고 있는 《법원주림》 권18 418.1도 참조.
282) 謝敷와 戴逵는 모두 5세기 초의 長安에 있던 後秦의 궁정에서 유명한 불교도로 알려져 있었다. 《광홍명집》 권9 74.2의 姚興의 편지 참조.
283) 《출삼장기집》 권5 43.3.25 이하. 사부는 이 서문에서 스스로 자신의 주석서가 이 禪[dhyāna] 문헌에 나오는 숫자들에 대한 설명이라고 이야기하면서 비슷한 종류의 다른 경전들[《대안반수의경》 《수행도지경》 등]의 관련되는 문장들을 옮기고 있다(44.2.22). 《출삼장기집》 권7 49.1.17의 僧祐의 주석에 의하면 사부는 세 종류의 《수능엄경》을 개관한 지민도의 글[〈合首楞嚴經記〉]에 대한 주석서도 지었다고 한다.
284) 王儉의 〈褚淵碑文〉에 대한 李善의 주석[《文選》 권58 1266]에 인용되어 있음.
285) 《後漢記》 권10 5a (《後漢書》 권72 4b의 李善의 주석에 인용되어 있음)
286) 《고승전》 권4 348.3.26.
287) 湯用彤, 『불교사』, pp.251-252; Liebenthal, The Book of Chao, pp.157-162, 馮友蘭/Bodde vol.Ⅱ, pp.246-247 등 참조.
288) 《고승전》 권4 348.2.5. 道安이 濩澤(산서성)에 머물던 4세기 중엽쯤에 도안에게 《陰持入經》을 강의하였던 太陽 출신의 竺法濟 와 같은 인물로 여겨진다(《고승전》 권5 351.3.25의 도안의 전기 및 《출삼장기집》 권6 45.1.8의 도안의 〈陰持入經序〉 참조). 湯用彤은 太陽을 大陽으로 보고 있는데(『불교사』, p.198), 大陽(산서성 남쪽의 현재의 平陸 근처)이 상대적으로 濩澤에 가깝다. 축법제는 4세기 후반에 산서성으로부터 동남지방으로 옮겨가 그곳에서 '동쪽지역'의 뛰어난 승려들의 전기를 수록한 《高逸沙門傳》을 편찬했던 것으로 생각된다.
289) 《대당내전록》(T2149) 권3 248.3.24 및 권10 330.2.5에도 언급되어 있다. 축도잠, 지둔, 우법개에 관한 내용은 《세설신어》 주석에도 여러 차례 인용되고 있는데, 인용된 내용들 중 가장 후대의 사실은 지둔의 죽음(366년)에 대한 것으로써,

그가 죽은 지역을 낙양이라고 잘못 이야기하고 있다. 이러한 종류의 이상화된 전기 모음집은 4세기에 유행하였던 것으로써, 《高逸沙門傳》은 皇甫謐의《高士傳》, 虞槃左의《高士傳》, 孫綽의《至人高士傳讚》, 習鑿齒의《逸人高士傳》, 葛洪의《隱逸傳》, 袁宏의《名士傳》 등을 모범으로 하였을 것이다.

290) 《세설신어》 주석 권1上 10b 및 39a. 또한 이 책은 축도잠이 89세가 아니라 79세에 죽었다고 이야기하고 있다(앞의 주석 69번 참조). 그런데 이것은 아마도 필사자의 실수에 의한 것으로 보인다.
291) 《고승전》 권4 348.2.2.
292) 張彦遠, 《法書要錄》(叢書集成本) 권1 7b 및 10a 참조.
293) 위의 책, 10a.
294) 《고승전》 권4 348.2.5. 거의 비슷한 시기에 북쪽의 낙양에서도 유명한 서예가 −승려−의사인 安慧則이 출현하였다. 그는 미세한 불경을 만드는 데 뛰어났으며, 그 불경들은 높게 평가되었다. 그는 한 권의 종이에 《2만5천송반야경》 전체를 모두 쓸 수 있었다(《고승전》 권10 389.2.14). 그의 승려 성씨[安]는 한때 중국 불교의 기빈을 형성하였던 파르티아 출신 승려들을 기억나게 하는 바, 그는 이 승려 성씨를 갖는 마지막 승려였다.
295) 《法書要錄》 권1 10a. 사부가 쓴 불경에 대한 이야기는 《명상기》를 인용하고 있는 《법원주림》 권18 418.1 참조.
296) 《고승전》 권4. 348.1.25. 여기에는 그의 출신지는 나타나 있지 않다. 그가 4세기 중엽에 축도잠의 제자였다는 점에서 300년에 쓰여진 저자미상의 경전 題記에 보이는 낙양의 竺法友(《출삼장기집》 권7 48.3.5, 〈賢劫經記〉)와는 같은 사람이 아닌 것으로 생각된다.
297) 《고승전》 위와 같은 부분.
298) 《고승전》에서는 그[法藏]에 대하여 단 한 문장만 이야기되고 있다. (권4, 348.1.2) 吉藏의《中觀論疏》(T1824 大正藏42) 卷2下와 安澄의《中觀疏記》(T2255 大正藏65) 卷3 94.2에는 法溫이다. 두 이름이 동일인물을 가리키는 것은 명확하다. 宗性의《名僧傳抄》(京都本, II 2.7.1) 2A1의 목차에는 '중간' 형태인 竺法蘊으로 나오고 있다.
299) 湯用彤,『불교사』, p.299; Liebenthal, p.151; 馮友蘭/Bodde, v.II, pp.252−253 참조.
300) 《고승전》 권4, 348.1.10. 《세설신어》 주석 권3下 8a에는 《고일사문전》의 내용을 인용하고 있다.
301) 《고승전》 권4, 348.1.12. 《세설신어》주석 권1上 10b(원 자료가 언급되어 있지 않지만 마찬가지로 《고일사문전》으로부터의 인용으로 생각된다).
302) 《세설신어》 권1下 18a-b.
303) 지둔의 글은 《세설신어》 권3上 11a-b 및 《고승전》 권4 349.3.14. 축법태가 제자 曇二를 위해 지은 문장은 《고승전》 권5 355.1.14 참조.
304) 《출삼장기집》 권7 48.3.17.

305) 위의 책 49.1.11.
306) 《고승전》권4 350.2.13. 손작의 《유도론》의 문장 - 《고승전》권4 350.2.26에 인용, 《홍명집》에 수록되어 있는 현재의 《유도론》에는 보이지 않는다 - 에서는 于道邃와 낙양에서 활동한 북쪽지역의 승려 竺法行을 당시의 유명한 고승으로 칭찬하고 있다. 이 내용은 분명히 그가 남쪽으로 여행을 떠나기 이전에 쓰여졌을 것이다.
307) *Hobogirin* 『法寶義林』, byo(病) 항목(P. Demiérville 집필), pp.224-245 (특히 p.244); 陳寅恪, 「三國志曹沖華陀傳與印度故事」『淸華學報』6-1; 賀昌群, 『魏晉淸談思想初論』(上海, 1947), pp.2-4 등 참조. 지둔 자신도 의술에 관심을 가지고 있었던 것으로 보인다. 지둔에게 보낸 편지(《고승전》권4 348.2.29 인용)에서 사안은 吳의 산지에서 발견되는 약초들에 대하여 이야기하고 있으며, 지둔 자신도 〈八關齋詩序〉(《광홍명집》권30 350.1.20)에서 '4일째 아침에 모든 귀인들이 떠났지만 나는 외로운 거주지의 고요함을 좋아하고, 또한 약초를 캐려는 뜻이 있었기 때문에 홀로 그곳에 남았다…'고 이야기하고 있다. 《고일사문전》(《세설신어》주석 권1下 22b)에 의하면 지둔의 의술 활동은 우법개 학파와의 경쟁 요소의 일부이었다. '나중에 (우법개는) 지둔과 논쟁을 벌였고 그 때문에 지둔은 섬산 지역에 살면서 의술을 공부하게 되었다.' 최상층 사족 출신의 최초의 진지한 재가신자였던 은호 역시 의술로 유명하였다는 사실(p.130 이하의 내용 참조) - 인생의 후반기에는 그 기술을 활용하지 않았지만(《세설신어》권3上 32a) - 역시 중요한 의미를 갖는 것으로 생각된다.
308) 《세설신어》권3上 31b; 같은 곳의 주석에 인용되어 있는 《晉書》(같은 이름의 책 중 어떤 것인지 특정하지 않았다); 《고승전》권4 350.1.15.
309) 《고승전》권4 350.2.9.
310) 《고승전》권4 388.1.16. 《고승전》 기역전의 자료는 틀림없이 《명상기》이다. 《법원주림》권28 491.2 참조.
311) 吉藏의 《中觀論疏》(T1824 大正藏42) 권2下 29로부터의 인용. 湯用彤, 『불교사』, pp.263-265; Liebenthal, pp.162-165; 馮友蘭 Bodde, vol.II, p.256 참조. 마지막 구절은 축법호가 번역한 《普曜經》으로부터의 인용이다(京都本, I.8, 권4, 제13품, 725A2).
312) 이상은 无叉羅가 번역한 《2만5천송반야경》(T221 大正藏6, 권1 1.1.17)에 나오는 용어들이다. 여기에 제시된 한자 용어들은 현재 전해지는 범본 제1장의 용어들과 일치하지 않는다. 이 용어들에 해당하는 산스크리트 단어들은 māyā, svapna, pratisrutkā, pratibhāsa, chāyā, nimāṇa, budbuda, pratibimba, marici, (u)dakacandra 등으로 생각된다. 다른 비유어들로는 khapuṣpa(허공의 꽃), gandharvanagara(건달바 성), ākāśa(허공) 등이 있다.
313) 《莊子》〈齊物論〉, p.16. 이 부분에 대한 향수/곽상의 주석(권1 23b)에서는 성인을 大覺者로 부르고 있다.
314) 후대에 우법개의 이론을 표현한 識含이라는 용어 역시 宗炳의 〈明佛論〉의 문장(《홍명집》권2 10.2.11)에 의거하고 있다. 湯用彤, 『불교사』, p.265 참조.

315)《홍명집》권2 10.3.9. '無身而有神 法身之謂也'
316)《세설신어》권1下 22a-b.《고승전》권4 350.1.22. 지둔은 우법란과도 교류하였던 것으로 보인다.《고승전》권4 350.1.8에 의하면 그는 자신의 명령에 의해 만들어진 우법란의 초상화에 대한 贊을 짓고 있다. 지둔은 또한 극초가 만든 우도수의 초상화를 기념하는 글을 짓고 있다.(《고승전》권4 350.2.21에 인용)
317)《세설신어》권1下 22a-b.《고승전》권4 360.1.25.
318)《출삼장기집》권7 83.1.10.
319)《고승전》권4 350.2.29.
320) 전기는《宋書》권93 5b 및《南史》권75 5b.
321)《고승전》권4 350.3.11. 목록집들에는 언급되지 않고 있다.
322)《고승전》권5 357.1.8.
323)《고승전》에는 '千像'이라고 하였는데 아마도 '十像'의 오류로 생각된다.
324) 湯用彤, 『불교사』, pp.265-266; Liebenthal, pp.165-166; 馮友蘭/Bodde, vol.II, p.257 참조.
325)《고승전》권8 413.3.5.
326) 위의 자료. 앞의 曹植에 대한 부분 (p.56)도 참조하라.
327) 전기는《고승전》권5 356.3.7.
328)《고승전》권5 357.1.29 이하 (竺道壹의 전기 중 일부)
329)《고승전》권5 357.2.5. 번역문에서 '태고의 백성'이라고 한 것은 원문의 '上皇民'을 옮긴 것이다. 이 용어는 '최초의 황제의 시대의 백성', 즉 전설적 황제인 복희 - 전통적으로 기원전 3천년초로 간주되고 있다 - 가 다스리던 원초적인 단순함과 훼손되지 않은 행복을 누리던 시대의 사람들을 의미한다.
330)《고승전》권9 395.3.5. 그는 曇光이라고도 불리었다.
331)《고승전》권9 385.2.27. 慧皎가 기록한 다른 전승에 의하면 사악한 별은 축담유가 아니라 백승광에 의하여 퇴치되었다고 한다.《법원주림》권39 594.3에 기록된 내용은 아마도 축담유 혹은 백승광과 동일한 인물의 행적을 기록한 것으로 생각된다.
332)《고승전》권9 396.3.10.
333)《고승전》권5 355.2.5.
334) 위의 책, 355.2.17.
335) 위의 책, 355.2.21. '有形便有數 有數則有盡 神旣無盡 故知無形矣.' 이와 같이 계속해서 변화하는 제한된 실체[數]와 상대되는 정신적 원리를 제기하는 반론은 현학적 사고와 일치하는 것이다.《易經》繫辭傳上의 '陰陽不測之謂神'에 대한 韓伯의 주석을 참조(注疏本, 권7 13b). 여기에서는 神은 비물질적이고 영원한 자연의 질서와 자유로움의 원리로 설명되고 있다.
336) 위의 책 355.2.25.
337)《고승전》권5 355.3.1. 축승부의《神無形論》은 陸澄의《法論》(《출삼장기집》권7

82.3 이하)에는 보이지 않지만 《대당내전록》(T2149 大正藏55, 664) 권3 248.3.2 및 권10 330.1.11에는 언급되고 있다.

338) 전기는 《고승전》 권5 354.2.29에 있으며, 같은 책 (도안전) 351.3.26; 《세설신어》 주석 권1하 24b-25a에 인용되어 있는 〈安法師傳〉 등에도 관련 내용이 들어 있다. 〈漸備經十住胡明幷書叙〉(《출삼장기집》 권9 62.3.9)에는 376년에 襄陽에서 建康으로 《十住經》사본을 보내는 것과 관련하여 楊州道人竺法汰로 언급되고 있다.

339) 《고승전》 권5 (도안전) 352.1.13. 《세설신어》 권2下 14b에는 車頻의 《秦書》(趙整의 미완성본에 기초하여 451년에 車頻이 완성한 티베트족 왕조 前秦의 역사책. 吳士鑑의 〈補晉書經籍志〉《二十五史補編》, 제3권 3862c 참조)를 인용한 약간 다른 내용이 실려 있다.

340) 《고승전》에는 '荊州刺史 桓溫'이라고 하고 있지만 湯用彤이 밝힌 것처럼(『불교사』, p.204) 이것은 365년 당시 해당 직책을 맡고 있던 桓豁의 잘못이다.

341) 《고승전》 권5 354.3.13.

342) 陸澄의 《法論》목록(《출삼장기집》 권7 83.1.11)에는 桓玄의 《心無義》 및 그에 대한 王謐의 반론(360-407), 환현의 재반론 등이 보이고 있다.

343) 《고승전》 권5 355.1.15에 서신 왕래 사실이 언급되어 있다. 축법태의 가르침의 내용을 전하는 자료는 《세설신어》 권1下 24b-25a에 있는 짧은 문장이 유일한데, 여기에서 그는 6神通과 3明은 같은 것을 다르게 표현한 것일 뿐이라고 이야기하고 있다. 하지만 이 고립된 주장은 그의 다른 사상들을 이해할 수 있는 실마리를 주지 못하며, 그가 주장했다고 하는 이론과도 특별한 관련을 갖지 않는 순전히 현학적인 내용이다. 축법태는 6신통이 3明과 마찬가지로 三世(과거, 현재, 미래)의 완전한 앎의 획득을 상징하는 것이라고 주장한 것이다. 즉 天耳通, 天眼通, 神足通, 他心智通, 漏盡通 등은 현재와 관련되고 漏盡明과 일치한다. 한편 天眼通은 미래의 일들을 볼 수 있는 능력을 의미하므로 미래와도 관련된다. 반면에 6신통의 여섯 번째와 3明의 세 번째, 즉 宿命通, 宿命明은 과거와 관련된다. 이러한 축법태의 설의 근거가 무엇인지는 알 수 없다. Abh. Kośa VII 108에서는 3明이 6신통 중의 뒤의 세 가지 즉 숙명통, 천안통, 누진통 등과 같으며, 이들이 각기 과거, 미래, 현재의 잘못된 생각을 없앤다고 이야기하고 있다.

344) 《출삼장기집》 권9 80.1.7. (저자미상의 〈比丘尼戒本所出本末序〉)와 같은 책 81.2.13 (竺曇无蘭의 〈比丘大戒二百六十事〉, 381)

345) 《고승전》 권5 355.1.2.

346) 《고승전》 권5 355.1.13.

347) 《고승전》 권7 366.2.24(=《출삼장기집》 권15 110.3.13)

348) 《고승전》 권4 349.2.19.

349) 《고승전》 권4 347.3.28. 축도잠이 (명제의 사위인) 궁정관리 劉惔으로부터 상층 귀족들과의 교제에 대하여 비난받은 것은 그가 수도에 두 번째로 머물던 바로 이 시기였던 것으로 보인다. 유담이 그에게 '왜 그대는 승려의 신분으로서 붉은 칠을 한 (귀족의 저택의) 문에 자주 드나드는가?'라고 질책하자 축도잠은 '당신에

게는 붉은 칠을 한 문으로 보일지 모르겠지만 가난한 승려인 나에게는 단지 (누추한 초가의) 풀로 만든 문으로 보인다'는 유명한 대답을 하였다(《세설신어》권1上 34b=《고승전》권4 348.1.4).《세설신어》의 같은 부분에는 축도잠의 상대자가 유담이 아니라 卞壺였다는 다른 전승을 기록하고 있는데 이는 맞지 않다. 고관이자 왕도의 친한 동료였던 卞壺는 328년에 죽었는데, 당시 회계왕 司馬昱 – 그의 면전에서 앞의 대화가 행해졌다 – 은 겨우 8살에 불과하였다.

350)《고승전》권4 350.3.5.
351)《고승전》권5 357.1.17.
352)《고승전》권5 354.3.25 및 권13 410.1.18.《고승전》에서 축승부(p.147 참조)가 西晋의 말년 즉 315년경에 와관사에 머물렀다고 한 것은 잘못이다.(《고승전》권5 355.2.16) 이것은 아마도 元帝 때에 이미 이 사찰이 건립되었다고 이야기한 法琳의 진술(앞의 p.141 참조)에서 비롯되었을 것이다.
353)《고승전》권8 (慧受傳) 410.2.11.
354)《고승전》권5 354.3.21.
355)《진서》권13 (天文志) 12a.
356)《세설신어》권1上 37b.《자치통감》권103 1217a 참조. 축법광에게 제시된 황제의 요구에 대해서는《고승전》권5 356.3.29 참조. 堂邑태수였던 曲安遠은 이러한 징조 및 퇴마와 관련된 문제의 전문가였던 것으로 보인다. 같은 건문제 때 까마귀들이 太極殿에 집을 지었을 때에도 그에게 이 현상의 의미를 설명하라는 요구가 있었다(《비구니전》권1 936.2.22).
357) 애제의 도교적 경향에 대해서는《진서》권8 (본기) 8a 참조. 황제의 자리에 오르기 전에 건문제는 수도에서 王濮陽으로 일컬어진 유명한 '淸水道士'를 섬겼고, 회계에 있는 자신의 저택에 그를 머물게 하기도 하였다(《비구니전》권1 936.2.12). 그는 또한 왕희지와 긴밀한 관계를 맺고 함께 약초를 캤던 유명한 道士 許邁(《진서》권80 5b 王羲之傳, 8a 許邁傳)의 충고를 듣기도 하였다(《진서》권31, 6b. 李皇后傳).
358)《진서》권9(연표) 1a.《자치통감》권103 1217a 및《세설신어》의 여러 곳에는 많은 청담의 모임들이 회계에 있는 그의 저택에서 개최된 사실이 나타나 있다.
359)〈辯正論〉권3 502.3.19.
360)《광홍명집》권60 202.2.13.
361)《고승전》권8 409.2.17.
362)《진서》권32 7a.《비구니전》권2 938.1.9에 의하면 道瓊尼는 '太元(376-396) 연간에 황후의 존경을 받았다'고 하는데 이때의 황후는 王황후를 가리키는 것으로 생각된다.
363)《진서》권84 3a. 처형에 앞서서 불경을 암송하는 행위는 이미 324년의 周嵩의 처형에서도 확인되고 있다(《진서》권61 3b). 자료에는 이것이 부처의 이름 혹은 三歸依를 암송함으로써 도움을 구하는 기도인지 아니면 죽음을 맞이하는 정신적 준비인지 잘 드러나지 않고 있다.

364) 포고문의 내용은《고승전》권4 348.1.19.
365)《고승전》권4 350.3.28.
366)《고승전》권5 355.1.9.〈太元起居注〉(태원연간의 궁정일기)에 기록된 축법태의 죽음을 애도하는 칙령(《세설신어》주석 권11下 14b에 인용) 참조.
367)《고승전》권4 350.3.26.
368) 도안에게 보낸 편지는《고승전》권5 352.3.20에 수록되어 있으며, 379년 양양이 함락되고 도안이 장안으로 호송되기 전에 쓰여졌다. 令宗尼에게 보낸 편지는《비구니전》권1 936.3.10에 수록되어 있다.
369)《고승전》권8 409.2.27.
370)《진서》권9 6b.《자치통감》권104 1233에 의하면 尙書左丞 王雅가 정사의 건립에 반대하였지만 받아들여지지 않았다.
371)《고승전》권8 413.3.3.
372)《고승전》권5 357.1.5.
373)《광홍명집》권3 110.1.7 이하.
374)《辯正論》권3 502.3.21에는 曇摩撮로 나온다.
375)《고승전》권8 410.2.3 (慧力傳)에는 이 불상이 건강의 와관사에 봉안되었다고 이야기하고 있다.《梁書》권54 11a (南蠻傳)=《南史》권78 11a; S. Lévi, "Les missions de Wang Hiusen-ts'e dans l'Inde", J. As. 1900, p.316 이하, p.411 (여기에서는 스리랑카 승려의 이름을 曇摩撮遠이라고 잘못 적고 있는데, 마지막의 遠은 분명히 다음 문장의 '遠獻此佛'을 잘못 붙인 것이다), p.414 (여기에서는《양서》의 문장을 武帝紀의 기사로 잘못 밝히고 있다), pp.422-423; 法琳의〈辯正論〉권3 502.3.21 등 참조. 스리랑카 사절의 이야기에 관한 가장 이른 시기의 (지금은 없어진) 자료는《출삼장기집》권7 92.3.2에 수록되어 있는《法苑雜緣原始集》의 목록에 언급되고 있는〈晉孝武世師子國獻白玉像記〉이다. 이 글이 雜圖錄篇의 목록에 들어 있는 것으로 볼 때 이 글은 옥불을 바치는 모습 혹은 불상 그 자체의 모습을 그림으로 묘사한 것이거나 해당 내용을 글과 그림으로 함께 묘사한 성격의 책으로 생각된다.
376)《高僧法顯傳》(T2085) 865.3.24;《출삼장기집》권4 21.1.14.
377) 법현은 같은 구간의 여행을 1년 이내에 마쳤으며, 그중 5개월 이상을 자바에서 보냈다. 5세기 전반 자바에서 廣州까지의 정상적인 여행 기간은 50일이었다(《고승법현전》866.1.29; Beal (역), Records vol.I p.LXXX; Giles, p.79).
378)《진서》本紀의 義熙 연간 기록에 '南蠻'으로부터의 공물에 대하여 전혀 기록하고 있지 않는 사실이 주목된다. 반면에 413년에 다음과 같은 기사가 있다. '이 해에 한국, 일본과 서남지방의 이민족들, 銅頭, 大師 등이 모두 토산물을 바쳤다.' (《진서》권10 7b) 우리가 알고 있는 바로는 大師라는 이름은 다른 곳에는 보이지 않는다. 하지만 이것이 大師(之國) 즉 세일론을 가리키는 것이고, 413년의 공물을 사문 담마억의 도착과 관련하여 해석하는 것이 비합리적이라고만은 할 수 없다. 이 경우 그가 세일론을 출발한 것은 400년보다 훨씬 뒤가 된다. 이 가설은 가장 오래된 기록(《고승전》권8)에서 사절이 의희 연간에 도착하였다고 언급

하고,《양서》에서처럼 출발 시점을 기록하지 않고 있는 사실과도 일치한다. 불상을 보낸 스리랑카의 국왕을 확인하는 것은 불가능하다. S. Lévi (앞의 책, p.423)는 그를 우파티싸Upatissa 2세(Geiger의 연대기, 서문의 번역본 Cūlavaṃsa p.XI에 의하면 522-524년에 재위하였다)로 추정하고 있지만 이 국왕은 428년에 劉宋의 문제에게 편지와 사절을 보낸 剎利摩訶南(《宋書》권97 4b)으로 동일시되는 마하나마Mahānāma보다 후대의 인물이다. 주로 중국 문헌의 부족한 자료들(앞에서 언급한 마하나마Mahānāma의 편지,《법원주림》권29에 인용되고 있는 王玄策의〈行傳〉등)에 의거하고 있는 Geiger의 연대기를 따르면서 메가반나Meghavaṇṇa가 362-389년 사이에 재위했다는 전통적 견해를 받아들인다면, 메가반나 Meghavaṇṇa의 뒤를 이은 세 사람의 국왕인 젯타티싸Jeṭṭhatissa 2세, 붓다다사Buddhadāsa, 우파티싸Upatissa 1세 – 이 세 사람이 389-409년 시기에 통치하였다고 전해진다 – 중의 한 사람이 해당 국왕이 될 것이다.

379) 원문은 '늙은 여인'을 의미하는 잘 사용하지 않는 姏母(『辭通』p.1321;『辭海』p.383.2)이다. 궁정에서 영향력 있는 이 여성들은《진서》권27(五行志 第一) 5b에도 (같은 맥락에서) 언급되고 있는데, 이들은 乳母를 가리키는 것이 분명하다. 許榮의 칙령(후술)에 의하면 이들은 비구 및 비구니들과 함께 '당파에 참여하였다.' 궁정에서 유모들의 영향력은 전례없는 것이 아니었다.《후한서》권5 19b 및 권10下 1b-2a에 의하면(Husewé, Han Law, p.165의 9번 참조) 기원후 125년에 乳母 王聖이 반대 정파의 행위에 가담하였다고 하여 추방되었는데, 당시 그녀의 죄명은 '大不道'였다. 여기에 언급된 유모(들)의 이름을 확인할 수 없으며, 그들이 어떠한 행위를 하였는지도 알 수 없다.

380)《진서》권64 8a. 사마도자는 주술 전문가인 竺僧法을 위하여 治城寺를 건립하였고(《고승전》권12 406.3.19), 妙音을 위하여 비구니 사찰인 簡靜寺를 세웠다.(후술) 이미 380년에는 건강에 中寺(궁정 사원?)를 창건하였었다[《예문유취》권77 4b에 인용되어 있는 王僧孺(465-522)의 기념비 참조].

381) 주석 379번 참조. 여기에서는 일반적으로 사용되는 乳母라는 단어를 사용하고 있다.

382)《晉書》권64 8b.

383)《비구니전》권1 936.3.20.

384) 같은 책, 936.3.24.

385) 같은 책, 936. 3.27. 마지막 구절은 상투어구로 보인다. 같은 내용이 '검은 옷을 입은 재상[黑衣宰相]' – 424-453년의 시기에 궁정에서의 막대한 영향력으로 인하여 그렇게 불리었다(《자치통감》권120 1418a 元嘉 3년(426년) 참조) – 慧琳의 전기(《송서》권97 8b)에도 이야기되고 있다. 같은 구절은 이미《한서》에서도 상투어구로써 – 모두 커다란 명성과 영향력을 나타내기 위하여 – 빈번하게 사용되고 있다.

386)《비구니전》권1 936.3.27.

387)《진서》권64 8b.

388)《홍명집》권6 35.1 이하. 시기적으로 볼 때《釋駁論》의 저자는 앞의 p.148에서

언급한 같은 이름의 승려로는 볼 수 없다. 그의 전기(《고승전》 권6 364.2.23)에 의하면 그의 생몰년은 346-417이어서 365년에는 19살에 불과하였다. 같은 자료에 의하면 그는 이때 비로소 (어머니가 돌아가신 이후에) - 아마도 북쪽 지역에서 - 승려가 되었다.
389) 《고승전》 권7 367.2.22.
390) 《고승전》 권7 371.2.3.
391) 《南史》 권1 13a.
392) 《진서》 권10 10a.
393) 《宋書》 권52 8b. 彭城王 劉義康(409-451)이 같은 이유로 독약을 마시기 거부하다가 같은 결과에 처해졌음을 기록한 《송서》 권68 5b 참조.

[p.160]

부록 A : 340년의 논쟁에 관한 자료들

[원문은 《홍명집》 권12 (타이쇼대장경 제52책, 79.2.12 이하) 및 《집사문불응배속등사集沙門不應拜俗等事》 권1 (같은 책, 443.3.18 이하)에 수록되어 있다.]

서문

진晉나라 함강咸康 6년(340), 어린 성제成帝의 재위시에, 섭정을 맡고 있던 유빙庾氷은 승려들이 군주에게 공경의 예를 다해야 한다고 하였고, 상서령尙書令 하충何充 등은 공경의 예를 하지 않아도 된다고 주장하였다. 예관禮官에서 이 문제에 대하여 논의하게 하였는데, 박사博士는 하충의 주장에 동의하였지만 문하門下는 유빙의 뜻을 따라 이를 비판하였다. 이에 상서령 하충, 복야僕射 저익褚翌과 제갈회諸葛恢, 상서尙書 풍회馮懷1)와 사광謝廣 등이 승려가 (군주에게) 공경의 예를 표할 필요가 없다고 아뢰었다.

첫 번째 상주문

"상서령 관군무군冠軍撫軍 도향후都鄕侯2) 신臣 (하)충, 산기상시散騎常侍 좌복야左僕射 장평백長平伯 신臣 (저)익, 산기상시 우복야右僕射 건안백建安伯 신臣 (제갈)회, 상서 관중후關中侯 신臣 (빙)회, 수守상서 창안자昌安子 신臣 (사)광 등은 아룁니다. 세조世祖 무武황제께서는 뛰어난 밝으심으로 천명을 바꾸(어 왕조를 개창하)셨고, 숙조肅祖 명明황제께서는 신성한 총명함으로 신비한 가르침을 살피셨습니다.3) 당시에 어째서 승려들이 무릎을 꿇도록 바꾸지 않고4)° 그들이 선善을 닦는 (특별한) 풍습을 그대로 두었겠습니까? 그것은 천하의 모든 사람들과 같은

° 周一良 교수는 이 문장을 '이 황제들이 승려들을 무릎 꿇게 하는 것이 더 쉽지 않겠습니까?'로 해석하는 것이 더 낫다고 고쳐주었다—저자보주

350 불교의 중국 정복

생각이셨기 때문입니다. 저희들의 어리석은 생각으로는 앞 황제님들의 전례를 따라야 하며 이것이 의리에 마땅하다고 생각합니다."

유빙이 성제의 이름으로 공포한 조칙

"옛부터 (세상의) 많은 나라들은 서로 다른 풍습을 가졌으며 종교적 행위[神道]는 구별하기[辨]5) 어렵다. 그러나 여러 (가르침에) 두루 통달한 사람에게는 이상하게 생각되는 일은 없다. 하물며 무릎 꿇고 절하는 (외형적인) 예절을 중요하게 생각할 필요는 없다.

하지만 옛 임금님들이 그 (공경하는 행위를) 중시한 이유를 생각해야 할 것이다. 어찌 단순히 이러한 몸을 굽히고 무릎을 꿇는 것6)을 (보는 [p.161] 것을) 좋아하였기 때문이겠는가. 반드시 그러지 않을 것이다. 군주와 신하의 질서는 아비와 자식의 공경함으로부터 비롯된다. 법도를 만들고 의례와 등급을 높이는 것이 어찌 의미 없는 일이겠는가? 틀림없이 이유가 있을 것이다. 이유가 있는 것을 어떻게 없앨 수 있겠는가? (바른) 이름과 의례를 만든 것이 어찌 사람들의 감정과 어긋나겠는가?

또한 부처는 실제로 존재하는가 아니면 존재하지 않는 것인가? 만일 존재한다면 그 가르침은 어찌되었든 퍼질 것이고, 존재하지 않는다면 그 가르침을 따를 필요가 없을 것이다. 참된 것이라고 하여도 그것은 이 세상 바깥의 것이다. 세상 바깥의 것을 어째서 세상의 안에서 본받아 몸을 손상시키고 일상적 의무를 어기며, 예전禮典을 바꾸고 (올바른) 이름의 가르침을 버리려 하는가? 이것을 나는 몹시 의아하게 생각한다.

(유교의) 이름의 가르침[名敎]은 오래된 내력이 있는 것으로, 백 대에 걸쳐 충실히 지켜져 왔다. (역사의) 새벽에는 훌륭하게 드러났는데 후세의 사람들이 오히려 제대로 따르지 않고 있다. 제대로 따르지 않는 것은 잘못된 일인데 그러한 잘못이 생겨난 까닭은 밝히기 어렵다.

지금 (불교도들은) 멀리 흐릿하고 분명하지 않은 것을 숭상하여 하루아침에 예절을 버리고 당장 우리의 가르침을 없애야 한다고 주장하며 어리석은 사람들로 하여금 법과 제도를 무시하도록 하고 있다. 이것 또한 내가 몹시 의아하게 생각하는 것이다.

설혹 [부처의 가르침이] 참된 것이고 실제로 있는 것이라고 하여도 그것은 정신에 통하고 가슴에 얻는 것일 뿐이다. 규율과 법률의 훌륭한 제도는 지금 왕조7)에서 없앨 수 없다. 이 (승려의) 무리들도 모두 진晉나라 백성[신하]들이다. 그 재주와 지혜를 살펴보면 또한 보통 사람에 불과하다. 그런데도 자신들의 이해할 수 없는 가르침에 의거하여 승복을 내세워 복종하지 않고, 외국의 풍속으로 예의를 무시하며, 만승萬乘의 황제 앞에 몸을 똑바로 세우려 한다면 이것을 또한 나는 받아들일 수 없다.

그대들은 모두 '나라의 그릇(國器, 능력있는 신하)'이다. (사적인) 이야기를 나눌 때에는 (불교 가르침의) 깊고 은미한 내용을 이야기해도 좋지만 나라의 다스림에 대해서 논할 때에는 마땅히 나라의 기본적 원칙들을 중시해야 한다. 만일 그렇게 하지 않는다면 내가 무엇을 더 이야기할 수 있겠는가?"

하충, 조익, 제갈회, 풍회, 사광 등의 두 번째 상주문

"앞의 조서詔書를 (저희들은 받들었습니다.) 저희 신하들은 어리석고 생각이 짧아서 성지聖旨를 제대로 이해하고 그 크신 뜻을 드러낼 수 없습니다. 밝은 조칙을 삼가 받들며 두려움과 흥분으로 떨면서 다 같이 즉시 그 내용을 자세히 살펴보려고 합니다.

부처가 있는지 없는지 하는 것은 진실로 신들이 결정할 수 없는 것입니다. 하지만 그 남긴 경전을 살펴서 그것들의 핵심적 뜻을 찾아보면 (불교의 재가신자들을 위한) 다섯 가지 계율은 실제로 군주의 (문명의) 교화를 돕(는 것 같)습니다. (불교의 가르침은) 쓸데없는 겉치레의 명예와 평판을 가볍게 여기고 몰래 행해진 드러나지 않은 선행을 귀하게 여깁니다. (불교에 따르면) 덕의 실행은 자기 자신을 잊는 것과 마음을 맑고 오묘하게 집중하는 것에 있습니다.

또한 처음 한나라 때 (나타난) 이래 지금에 이르기까지 (부처의) 가르침은 비록 성쇠가 있었지만 요망한 행동으로 타락한 적은 없었습니다. 정신적 가르침[神道]으로써 이보다 더 오래된 것은 없었습니다. [p.162] (사악한) 저주[詛]는 해를 끼치지만 (불교 승려들의) 축원[祝]은 반드시 이익이 있습니다. 신들은 정성을 다하여 (그러한 축원을 통해) 실제로 솟아오르는 태산[嵩岱]에˚ 티끌을 더하고 작은 물방울이라도 더하기를 바라며•, 구구한 축원8)으로 황제의 통치가 완전하게 되는데 기여할9) 수 있기를 바랍니다.

이제 (승려들로 하여금 군주에게) 절을 하도록 명령하시면 그들의 가르침은 망가지게 될 것입니다. 선행을 닦는 풍속이 이 성스러운 시대에 없어지고 속된10) 행동이 불변하는 원칙이 된다면 반드시 (이 훌륭한 시대를) 슬픔과 두려움으로 가리게 될 것입니다. 신들의 마음은 이 때문에 편안하지 못합니다.

신들이 무지하고 어리석지만 어찌 감히 치우친 생각으로 폐하의 총명11)하심을 의심하겠습니까? 다만 3대(한, 위, 진)를 지나면서 (불교의) 사람들이 더욱 현명하고 지혜로워졌으므로°°, 이제 그들을 규제

˚ '솟아오르는 태산'보다 '숭산과 태산'이 더 나은 해석으로 생각된다-저자보주
• 원문은 '實願塵露之微 增潤嵩岱'인데 《홍명집》에는 '嵩岱'가 '嵩海'로 되어 있다. 이에 따르면 '높은 산에 티끌을 더하고 바다에 물방울을 더하기를 바라며'로 해석되는데, 이것이 더 자연스럽다고 생각된다-역자
°° 周一良 교수가 이 문장[世經三代 人更明聖]은 대구로 보아서 '세상은 세 왕조가 바뀌었고, 사람은 현자와 성자가 거듭나셨습니다'로 해석하여야 한다고 이야기해 주었다-저자보주

하지 않는다면 나라의 법률에 어그러짐이 없고 (나아가 불교 가르침의) 신비로움에 이르는 길도 막히지 않게 될 것이라고 생각하는 바입니다. 이 때문에 (신들은) 거듭하여 어리석은 정성을 아뢰며 다시 살펴보시기를 부탁드립니다. 삼가 아룁니다."

유빙이 성제의 이름으로 공포한 두 번째 조칙

"생각을 진술한 (상주문의) 내용을 살펴보았다. 그윽하고 심오한 일은 진실로 비유하는 말로는 다 표현될 수 없다. 하지만 대략적으로 말하면 그것은 사람과 신 (사이)의 크고 변함없는 법도이며,12) 다시 다양한 형태로 나눠질 수 있다. 대개 많은 (과거의) 왕들이 제도와 법을 만들 때에 시대에 따라서 거칠고 세련됨의 차이는 있었지만, 누구도 외국의 풍습으로 통치를 어지럽히거나 허황하고 과장된 말을 (왕자의) 교화에 섞지는 않았다. 어찌 옛 신성한 (통치자들이) 현명하지 못하였고, 이 타락한 시대의 성인13)들이 더 통달하였다고 할 수 있는가?

또한 (불교) 5계의 보잘 것 없는14) 선행이 (유교의) 인륜과 조금 비슷하다고 해서 통치자에 대한 예의와 공경(이라는 기본적 덕행)을 없앨 수 있는가? 예의는 중요하고, 공경은 커다란 것이다. 모든 통치의 기본 원칙들은 이것들로 이루어져 있다. 만승의 군주를 높이고 지역의 백성들을 낮추는 것을 좋아하여서가 아니다. 하지만 높음과 낮음(의 차이)가 분명하게 제시되지 않으면 군주의 교화 (활동)은 혼란스러워진다. 하나(의 정부의 원칙)만이 있어야 하기 때문이다. 하나가 둘이 되면 어지러움이 생겨나게 된다.15)

이것이 옛 성인들이 제도를 만들고 나라를 다스린 방식으로, 이를 의심하여서는 안 된다. 다방면의 능력을 가진 사람이 넓은 범위(의 다양한 가르침)에서 (좋은 것을) 고르고, 그것을 온전하게 실행할 수 있을 것이다.16) 그들이 개인적으로 집에서 그렇게 실행한다면 괜찮지만 국가와 조정에서 그렇게 실행해서는 안 된다. 어찌 우활한 (행동방식이) 아니겠는가?

상주문을 살펴보니 너희들도 또한 (부처가) 존재하는지 하지 않는지 알지 못한다. 설혹 너희들이 안다고 하여도 (불교로) 통치를 어지럽히지 않을 것인데, 하물며 (부처가) 없다면 두 가지를 실행하는17) 것은 더욱 안 될 것이다."

하충과 동료들의 세 번째 상주문 [p.163]

"신들이 비록 어리석어서 심오한 (조칙의) 의미를 이해하지 못하지만, 공손히 아침부터 저녁까지 노력하며 군주의 다스림을 따르려고18) 노력합니다. 어찌 좁은 생각에 사로잡혀서 위대한 (인)륜을 어지럽히려고 하는 것이겠습니까? 다만 생각건대 한과 위부터 진나라에 이르기까지 누구도 (기존 상황을) 바꾸려는 의견을 제시하지 않았지만 – 즉 승가를 정부의 권위에 복종시키려 하지 않았지만 – 높음과 낮음, 제도와 법률은 잠시도 어그러지지 않았습니다.

지금 승려들은 계율을 엄격히 지키고 의례의 실행에 있어서도 완전히 하나가 되었습니다.19) 계율을 엄격하게 지켜 목숨을 잃는 것도 아깝게 여기지 않는데, 어찌 (이런 성실한 사람들이) 자신들의 몸 때문에 의례와 공경을 무시하는 것이겠습니까? (승려들이) 향을 사르고 기도를 드릴 때에는 언제나 국가를 (복을 기원하는 대상의) 처음에 두고서 커다란 복을 누리도록 기원하고 있으니, (군주에 대한) 정은 다함이 없습니다.

윗사람을 받들고 복종(의 덕)을 높이는 것은 사람의 타고난 성품에서 나온 것으로서 예의의 본질적 요소이며, 그것이 순일한 마음으로 법을 지키는 것입니다. 그렇기 때문에 옛 성인 군주들이 (그들의 생활방식을) 그대로 지속하도록 하고 바꾸지 않았습니다.

'하늘의 그물은 모든 것을 품기 때문에 그물눈이 성겨도 아무것도 놓치지 않습니다'[20) 신들은 진실로 (승려들에게) 절하도록 명령하지 않는다면 법에는 아무런 어그러짐도 없을 것이라고 생각합니다. 그들이 이롭게 여기는 바에 따라 은혜를 베풀어주시면 지혜롭고 어리석음을 막론하고 누구도 정성을 다하지 않음이 없을 것입니다. 그렇게 되면 위로는 (황제의 통치가) 하늘과 땅이 (모든 생령들을) 덮어주고 실어주는 것 같은 은혜를 베풀게 되고, 아래로는 사람들이 선행을 닦는 데 집중하게 될 것입니다. 삼가 저희들의 어리석고 얕은 생각을 아뢰오니 살펴봐 주시기를 간청합니다."

부록 B : 봉법요(奉法要, 가르침의 요체) [p.164]

[원문은 《홍명집》 권13 (타이쇼대장경 제52책 86.1 이하)]

삼자귀三自歸*

삼자귀는 부처님에 대한 귀의, 12부部 경전에 대한 귀의21), 비구승가에 대한 귀의, 즉 과거·현재·미래 삼세世의 시방十方의 부처님[佛]에 대한 귀의, 삼세의 시방의 경법經法에 대한 귀의, 삼세의 시방의 승가[僧]에 대한 귀의이다. 모든 예배와 참회에서 모두 지극한 마음으로 (이 세 가지에) 귀명歸命22)해야 하며, 동시에 모든 살아 있는 생명체에 대해 자비심을 갖고 그들이 해탈을 얻기 바라야 한다. 외국어로는 남무南無라 하고, 중국[漢]어로는 귀명이라고 한다.23) 부처는 중국어로 각覺이고24), 승가는 중국어로 중衆이다.

오계五戒 및 그 공능

(재가신자의) 오계는 다음과 같다. 첫 번째는 죽이지 않고, 다른 사람을 시켜 죽이지 않는 것으로, 목숨이 다할 때까지 항상 이것을 지켜야 한다.25) 두 번째는 도둑질하지 않고, 다른 사람을 시켜 도둑질하게 하지 않는 것으로, 목숨이 다할 때까지 항상 이것을 지켜야 한다. 세 번째는 음행婬行을 하지 않고, 다른 사람을 시켜 음행을 하지 않는 것으로, 목숨이 다할 때까지 항상 이것을 지켜야 한다. 네 번째는 속이지 않고, 다른 사람을 시켜 속이지 않게 하는 것으로, 목숨이 다할 때까지 항상 이것을 지켜야 한다. 다섯 번째는 술 마시지 않고, 술을 다른 사람에게 베풀지 않는 것으로, 목숨이 다할 때까지 항상

---

* 《봉법요》 원문에는 단락 구분과 제목은 붙어 있지 않다. 단락 구분과 단락의 제목은 저자가 붙인 것이다-역자

이것을 지켜야 한다. 만약 술을 약으로 사용할 때에는 그 용량을 잘 헤아려서 취하지 않게 해야 한다. 술 취함에는 36가지 잘못[26]이 있어 경전에서 엄격하게 경계하고 있다. 죽이지 않으면 오래 살 수 있고, 도둑질하지 않으면 항상 평안하고, 음행을 하지 않으면 청정하고, 속이지 않으면 항상 공경과 믿음을 얻게 되고, 술에 취하지 않으면 정신이 맑고 안정된다.

재齋[27]

오계를 실천하기로 (결정)한 (재가신자는) 반드시 1년에 세 차례의 장재長齋와 한 달에 여섯 차례의 재일齋日을 지켜야 한다. 1년에 3차례의 장재는 정월 1일부터 15일까지, 5월 1일부터 15일까지, 9월 1일부터 15일까지이고, 한 달에 여섯 차례의 재일은 매달 8일, 14일, 15일, 23일, 29일, 30일이다.

모든 재일에는 생선과 고기를 먹지 않으며, (신자들은) 반드시 해가 중천에 뜨기 전에 식사를 해야 한다. 해가 중천을 지난 후에는 맛있고 아름다운 음식은 조금도 맛볼 수 없다. (재의 기간에는) 마음을 씻고 도를 생각하여야 하며, 세 존귀한 존재 – 부처, 법, 승가 – 에 귀명歸命하여 죄를 반성하고 자신을 책망하면서 네 가지 커다란 마음[四等心, 모든 것을 포용하는 사랑과 자비][28]을 실행해야 한다. (여인의) 방을 멀리하여 여섯 가지 욕망에 붙잡히지 말아야 한다. (재일에는) 채찍이나 몽둥이로 (사람과 동물을) 때리거나 욕하여서는 안 되며, 마차나 말을 타거나 무기를 지녀서도 안 된다.

여성(신자)들은 또한 향수, 꽃, 화장품, 기타 장식물들을 멀리해야 하며 단정한 마음과 바른 생각으로 (여성의 덕인) 부드러움과 순종을 힘써 지켜야 한다.

재를 행하는 신자들은 모든 죽었거나 현재 살아 있는 자신의 아는 사람과 친척, 그리고 일체 중생을 위하여 이를 행해야 한다. 언제나 이 (재)로써 정성을 다하고 드러나지 않는 생각으로 (그들의 마음을) 감동시켜 일으키도록29) 해야 한다. (그들이) 마음을 일으키면 영원히 죄와 고통에서 벗어나게 된다. 그래서 충성스럽고 효성스러운 선비들은 모든 사람들을 돕는 공덕을 행하기 위하여 (재를 지키는 데) 최선을 다한다. 단지 자기 자신만을 위하지 않는다.

재일에는 생각을 오로지 현관玄觀에 집중하고 가르침의 말을 암송해야 한다. 공空의 명상을 실행할 수 없으면 여섯 가지 생각[六思念]을 익혀야 한다.

육사념六思念과 십선十善

육사념30)은 염불念佛, 염경念經, 염승念僧, 염시念施, 염계念戒, 염천念天31)이다.

염천念天은 무엇인가? 10선善과 4보사普思 등의 실천으로, 천신(혹은 하늘)의 (뜻 혹은 지위)에 맞는 행동이다. 또한 힘이 미치는 대로 중생을 구제하는데 힘쓰는 것이다.

10선32)은 몸으로는 살생[殺], 도둑질[盜], 음행[淫]을 범하지 않고, 마음으로는 미움[嫉], 화냄[恚], 어리석음[痴]을 일으키지 않고, 입으로는 거짓말[妄言], 꾸미는 말[綺語], 헐뜯는 말[兩舌], 험한 말[惡口]를 하지 않는 것이다.

살생을 하지 않는 것은 어떤 것인가? 모든 살아 움직이는 것들을 불쌍히 여겨서 비록 그것들이 해를 끼치더라도 끝내 죽이지 않고, 모든 중생들이 어려움에 처해 있을 때에는 마음을 다하여 구해주며, 물이나 뭍 등 그들이 편안히 여기는 곳에 살게 해주는 것이다. 자기를 위해 죽였다고 생각되는 고기는 받아서는 안 된다.

도둑질을 하지 않는 것은 어떤 것인가? 무릇 크던 작던 자신의 것이 아닌 물건을 취하는 것과 관직을 맡아서 청렴하지 않은 것을 모두 도둑질이라고 한다.

음행을 하지 않는 것은 어떤 것인가? 모든 집착을 다 음행이라고 한다.33) 육체적 욕망의 경우 바른 배우자가 아닌 사람과 행하면 (음행을) 범하는 것이다.•

미움이라는 것은 시기하는 것이다. 다른 사람의 좋은 점과 덕행을 보면 마땅히 그를 위해 즐거워하고, 경쟁하거나 미워하고 시기하는 마음을 가져서는 안 된다.

화냄이라는 것은 마음에 화를 품는 것이다.

어리석음이라는 것은 큰 가르침을 믿지 않고 경전의 내용을 의심하고 잘 알지 못하는 것이다.

거짓말이란 무엇인가? 없는 것을 있다고 하고 거짓을 날조하는 것이다.

꾸미는 말이란 무엇인가? 그럴듯하게 세련되고 꾸미고 화려하지만 진실되지 못한 말이다.

헐뜯는 말이란 무어서인가? 사람들 앞과 뒤에서 서로 다르게 말하고, 이 사람에게 저 사람에 대해 (그리고 반대로도) 이야기하는 것이다.

험한 말이란 무엇인가? 욕설하는 것이다. 또한 남의 좋지 않은 일을 말하여 남들도 그 죄를 알게 하는 것도 험한 말이 된다.

[p.166]

무릇 이 열 가지는 잠시라도 마음에서 일어나서는 안 된다. 이것이 10선이며 10계라고도 한다. 5계가 몸을 규율한다면 10선은 마음을 다스리는 것이다.

• 원문에 있는 '또한 몰래 남의 것을 훔치면 도둑질도 아울러 범하는 것이다(又私竊不公 亦兼盜罪)'는 구절이 누락되어 있다―역자

오도五道

(계율을 지키는) 일에 세밀함과 거침이 있기 때문에 업보에도 가볍고 무거운 것이 있다. 이 세상34) 전체를 삼계三界35)라고 한다. 삼계 안에는 다섯 가지의 존재 방식이 있다. 첫째는 천신, 둘째는 인간, 셋째는 축생, 넷째는 아귀36), 다섯째는 지옥(의 중생)이다. 5계를 잘 지키면 사람의 모습을 갖추고, 10선을 잘 지키면 천당에 태어난다. 하나의 계만 잘 지켜도 사람이 될 수 있다. 사람들의 높고 낮음과 수명의 장단이 같지 않은 것은 모두 (지키는) 계의 많고 적음에 의한 것이다.37)

10선의 반대를 10악이라고 한다. 10악을 모두 범하면 지옥에 들어간다. 포악하고 사나우며 진실한 충고를 듣지 않거나, 사악한 마음을 품고 자신의 이익을 위해 남을 속이는38) 사람은 가축이나 뱀, 독사로 태어난다. 인색하고 탐욕스러워 항상 부족하게 여기는 사람은 아귀로 떨어진다. 그 죄가 심하거나 많지 않아도 몰래 자신만을 위하고 공정하지 않은 사람은 모두 귀신으로 떨어진다. 작은 복을 받을 수는 있어도 고통을 면할 수는 없다. 이것을 3도道라고 하는데 혹은 3악도惡道39)라고도 한다.

오음五陰40)

색(色: 볼 수 있는 사물), 통양(痛痒: 고통, 즐거움 등의 감각), 사상(思想: 생각과 기억), 생사(生死: 정신작용의 생겨나고 사라짐), 식(識: 회상) 등이 5음陰41)이다.

모든 바깥의 사물로서 형체가 있어 볼 수 있는 것이 색이다.

무엇을 잃었을 때 괴로워하는 것이 통痛이고, 얻었을 때 즐거워하는 것이 양痒이다.

일어나지 않은 일을 미리 생각하는 것이 사思이고, 지나간 일을 기

억하는 것이 상想이다.42)

마음의 생각이 처음 일어나는 것이 생生이고, 생각이 기억으로 사라지는 것이 사死이다.

마음에 일어난 것이 저장되어 잊혀지지 않는 것이 식識이다. 식은 여러 겁을 지나도 여전히 마음속에 싹을 피우고 있다. 그 기원은 알지 못해도 뿌리에 남아 있다. 처음에는 아주 작은 것으로 시작하지만 나중에는 산이나 골짜기같이 크게 된다. 따라서 배우는 사람들은 익히는 데 힘써야 한다.

오개五蓋43)

5개(蓋, 장애)는 첫째는 탐음貪淫, 둘째는 진에瞋恚, 셋째는 우치愚癡, 넷째는 사견邪見, 다섯째는 조희調戲이다.

나누어서 이야기하면 욕심을 내는 것이 탐貪이고 그것에 탐닉하여 집착하는 것이 음淫이다. 또 겉으로 드러나는 것이 진瞋이고, 안에서 굳어지는 것이 에恚이다.

집착에 묶이고 참된 이치와 어긋나 전도되고 미혹되는 것이 우치愚癡이다. 어리석음은 생사 인연의 근본이고, 모든 집착은 어리석음에서 비롯된다.

지옥의 가혹한 고통은 대부분 에恚에서 비롯된다. 경전에서 말하기를 "급작스런 싸움에 사람을 죽인 것, 그 죄는 오히려 가볍지만 몰래 나쁜 생각을 품으면 (그 벌은) 여러 겁이 지날수록 더욱 쌓여서 벗어날 때가 없다."44)고 하였다.

육정六情45)

육정六情은 육쇠六衰라고도 하고, 또 육욕六欲이라고도 한다. 즉 눈은 색色을 지각하고, 귀는 소리[聲]를 지각하고, 코는 냄새[香]을 지각하고, 혀는 맛[味]을 지각하고, 몸은 부드러움과 매끄러움 (같은 촉감)을 지각하고, 마음[心]은 식識을 지각한다. 식은 앞에서 이야기한 (5음 중의) 식음識陰이다.46)

5음과 6욕이 생사의 근원이고 기반이며 모든 죄와 고통의 원천이다. 이것들을 막고 없애는 방법은 모두 여러 경전에 실려 있다.

마음 : 위험하고 알기 어려운 것

경전에서 말하기를 '마음이 천신을 만들고, 마음이 사람을 만들고, 마음이 지옥을 만들고, 마음이 축생을 만든다. 나아가 도를 얻는 것도 또한 마음이다.47)

마음[心]에서 나오는 모든 생각[念]들은 업보를 받는다. 비록 일이 구체적으로 실행되지 않았어도 숨은 (업의) 과보는 어둠 속에서 이루어진다. 감정과 생각은 신속하게 움직여서 잠깐의 사이도 없이 곧바로 드러나고, 작은 움직임이 곧바로 우주 전체에 퍼진다. (미래의) 벌과 복, (몸의) 형체와 태어날 곳[道]이 그것으로부터 비롯되지 않는 것이 없다. 좋은 일과 나쁜 일 후회와 부끄러움이 눈 깜짝할 사이에 정해진다. 이 때문에 도를 행하는 사람들은 언제나 '혼자 있는 것을 삼가야 함'48)을 마음에 새겨서, 미세한 (나쁜 생각)을 막고 시작될 때에 알아차린다. (가르침의) 지극한 이치를 제방으로 삼아 항상 근본을 거느리고 말단을 통제하며, 아직 드러나지 않은 일에 대해 성급하게 생각을 일으키지 않는다. 어찌 단지 '말이 집 밖을 나가면 천 리(나 떨어진 곳)에서 듣고,49) 드러나지 않는 곳에서 하는 일처럼 잘 보이는 것이 없다50)'고 하여 (생각은 통제하지 않고) 몸(의 행동)만을 삼갈 뿐이겠는가?

이역본《십이문경十二門經》에서 말하기를 '사람은 좋은 점은 감추고, 나쁜 점은 드러내야 한다'51)고 하였다. 무릇 군자의 마음은 어떤 것을 지향하여서도 거슬러서도 안 된다.52) 잘못이 있으면 반드시 후회하여야 마음이 편안할 것이다. 나서거나 숨는 것을 상황에 따라서 하니 어찌 (자신을) 숨기거나 드러내려고 일부러 노력하겠는가? 그러나 (불교의) 가르침은 (보통 사람들의) 일상적인 일에 적용되도록 해야 할 것이다.53)

[p.168] **착한 일은 감추고 나쁜 행실은 드러내야 한다.**

벌과 복을 주는 (업보에 관한) 자연의 이치를 살펴보면 (착하거나 나쁜 의도를) 겉으로 드러내면 드러낼수록 (그 보상이) 더욱 가벼워지고, (그 의도를) 안으로 쌓으면 쌓을수록 (그 보상이) 더욱 무거워진다. 그 행적이 사람들에게 드러나면 그 보이지 않는 (업보의) 보답은 반드시 적어진다.

또한 선행을 자랑하고 노고를 드러내는 것은 모든 사람들의 큰 바람이고, 잘못을 감추고 결점을 꾸미려는 것은 모든 중생들이 다 마찬가지이다. 선행이 드러나면 행적이 빛나게 되고, 행적이 빛나면 명예가 모이게 된다. 하지만 칭찬과 비난에54) 마음이 얽매이고 바깥에 명예를 쌓으려고 하면 욕심이 마음속에 가득 차게 된다.

또한 '사람들 사이에서의 군자는 하늘에서는 소인'55)이라는 말이 있다. 하물며 어진 덕이 아직 완전하지 않고 명예가 실제보다 지나친 사람은 어떠하겠는가? 그들은 (나중에) 틀림없이 어둡고 감춰진 벌을 받게 될 것이다. 덕이 온전히 갖춰지지 않으면 반드시56) 결점이 있을 것이다. (그 결점을) 솔직하게 털어놓고 드러낸다면 그것들은 일과 함께 흩어질 것이다. 만약 마음속에 이치에 어긋난 생각을 품고 있으면서 겉으로 선량한 모습을 꾸며57) 다른 사람의 비난을 면하고 세상의 명예를 얻고자 한다면 그것은 하늘의 이치를 어지럽히는 것이니 자연의 원리를 침해하는 것이 더욱 무겁지 않겠는가? 그러므로 장자가 말하기를 '비밀스럽게 잘못을 하여도 귀신들은 알고서 벌을 준다'고 하였다.[58]

또한 사람의 감정은 (자신이 어지럽히는) 이치에는 부끄러워하지 않고 사람들에게 부끄러워한다. 잘못이 드러나면 비난이 생겨나고, 비난이 생기면 치욕을 느낀다. (그래서) 마음을 고치게 되면 잘못이 쌓이지 않게 된다. (잘못이) 드러나지 않음을 믿으면 끝내 고칠 수 없게 된다. 그래서 하늘을 어긋나는 마음이 안으로 가득하게 되면 (그것이) 겉으로 드러나는 것을 두려워하게 된다. 그러면 수많은 걱정으로 괴로워하고 교묘하게 감추는 방법이 더욱 치밀해지게 된다. 평생 이렇게 (감추는 데에) 힘을 쏟지만, 끝내는 하늘의 재앙과 물질의 괴로움이 반드시 갑자기 닥치게 될 것이다. 이것은 모두 싹틀 때 막아서 처음에 대비하지 않고서 잘못을 감추고 잘한 일만을 드러낸 결과이다.

다른 사람의 좋은 점을 이야기하라.

《정재경正齋經》에서 말하기를 '다른 사람의 백 가지 좋은 점을 이야기하고, 다른 사람의 한 가지 나쁜 점도 이야기하지 말라'고 하였다.[59] 다른 사람의 좋은 점을 이야기하면 좋은 마음이 곧 생겨나고 다른 사람의 나쁜 점을 이야기하면 원망하는 마음이 생겨나게 된다. 그 생각이 처음에는 비록 작아도 점점 쌓이게 된다. 그러므로 한 번의 좋은 (생각)이 무한한 좋은 (생각)을 낳고, 하나의 잘못(된 생각)이 무한한 잘못(된 생각)을 낳는다.

업보는 친척에게는 미치지 않는다.

옛 사람이 말하기를 '군인 집안의 융성은 3대를 가지 못한다'[60]고

하였고, (장군) 진평陳平 또한 '내가 많은 음모를 세우면 나의 자손은 번창하지 못한다'61)고 하였다. 이 말들은 가르침이 되는 것으로써 널리 퍼뜨려야 한다. 하지만 제齊나라와 초楚나라의 폭군들은 여러 대
[p.169] 동안 제사를 향유하였고, 안회와 염경冉耕 (같은 현인)은 (일찍 죽어서) 후대에 좋은 보답을 받지 못하였다.62) 이 모든 일들은 사실로 드러난 것들로서 별도로 추리해서 밝힌 것이 아니다. 또한 곤鯀은 쫓겨났지만 (그 아들인) 우禹가 발탁되었고,63) 올챙이와 개구리는 모습이 다르다.64) 네 가지 중죄65)를 (친척들에게) 미치지 않는 것이 백 대의 일정한 원칙이다. 현명한 임금이 세상을 다스릴 때에도 (형벌을 씀에) 지나침이 없었는데 하물며 자연의 신비한 응보는 어떠하겠는가? 상황을 고려하지 않고 벌과 상을 뒤섞어서 착한 사람과 나쁜 사람을 구분하지 않는다면 참된 이치를 어그러뜨리는 것이 진실로 심각한 것이다.

또한 진秦나라의 가족을 함께 처벌하는 제도[收孥之刑]66)도 범인 본인을 주범으로 하여 주범을 벌한 이후에 그 가족들에게 책임이 미쳤던 것뿐이다. 만약에 그 (범죄자의) 몸은 처벌하지 않고 가족에게 재앙이 미친다면 그러한 제도는 성인들의 가르침 용납될 수 없을 뿐 아니라 신불해申不害나 한비자韓非子 (같은 법가)조차도 틀림없이 받아들이지 않을 것이다. 그래서《니원경》에서 '아버지가 지은 나쁜 업보를 그 아들이 대신 받을 수 없고, 아들이 지은 나쁜 업보를 아버지가 받을 수 없다'67)고 하였다. 좋은 일로 생기는 복은 자신이 받고, 나쁜 일로 인한 복도 스스로 받는다. 이 말은 참으로 훌륭하다. 마음과 이치에 합당하다.

하지만 (집단적으로 처벌하는) 세속의 가르침이 생겨난 이유를 살펴보면, 상황을 고려하지 않고서 죄를 지은 본인에만 국한하지 않고 모두 다 처벌하여 형벌이 미치는 대상이 넓어질수록 삼가고 두려워하는 마음이 더 커지기 때문이 아니겠는가? 그래서 (옛 통치자들은) 진짜 이

유는 감추고서 늘 모두에게 벌을 주어 조금 나아갈 수 있도록 통제하였다. (이것은) 벌 주고 권하는 원칙에 어긋나지 않고 적합한 방식이었다. (사람들의 안녕을) 생각하는 사람은 겉으로 드러난 것이 아니라 (성인의) 심오한 가르침과 숨은 의도를 이해해야 할 것이다. (법의) 조항에만 얽매여서 그것을 변화시킬 줄 모르면 그 가르침을 베푼 상황을 이해하지 못하고서 맹목적으로 따르는 것과 같다. 그러한 마음으로 이치를 따른다면 외형적인 것이 아니겠는가?

업보는 조금의 차이도 없이 그대로 받게 된다

(법도에) 어긋나고 순종함에 따라서 벌과 복을 받는 것은 피할 수 없고 틀림이 없다. 이 원칙을 알지 못하면 옳고 그른 것을 구분하지 못하고 마음을 제멋대로 하게 된다. 그런데 현재의 생애에서 살펴보면 믿음이 충만한 사람이 제대로 보답받지 못하고, 이치를 조금도 어기지 않아도 제대로 인정받지 못하는 경우가 있다. 그렇다면 과거(의 삶)에서 비롯되었거나 미래(의 삶)에 영향을 미칠 것으로 생각할 수 있지 않겠는가. 그래서 (업보의) 이치에 주의를 기울이는 사람은 (업보가) 그림자나 메아리와 같이 속이기 어렵다는 것[68]을 확신하게 되어 드러난 현상을 중시하지 않고 보이지 않는 것을 따르게 된다. (또한) '하늘의 그물이 크고 넓다'[69]는 것을 알기 때문에 어떤 것도 (업보에서) 벗어날 수 없음을 기대하고 (업보가) 끊임없이 이어짐을 알게 된다. 그래서 만 겁의 시간을 하루에 섞고 (과거, 현재, 미래의) 3세를 오묘하게 통합하며 (행위의 결과가) 반드시 올 것을 기약하게 된다. 어찌 (업보가) 현재에 분명히 드러나고 드러나지 않음과 (업보의 나타남의) 빠르고 느림으로 생각을 바꾸겠는가? 이것이 깊은 믿음의 첫 뿌리이고 업에 묶인 마음이 깊이 기대하는 바이다.

[p.170]

자만과 욕심, 화냄의 대치법

《십이문경》에서 말하기를 '스스로 자신의 몸이 훌륭하다고 생각될 때에는 곧바로 자신의 몸이 단지 간과 창자, 위와 폐, 뼈와 피, 똥과 오줌을 가지고 있는 것에 불과함을 생각하라. 거기에 어떤 훌륭함이 있는가? 또한 다른 사람의 몸에 있는 나쁜 것에 대해서도 이와 같이 생각하라.'고 하였다.70)

만약 욕심이 생겨나면 마땅히 재물과 보배들을 태어날 때에 가져오지 않았고, 죽을 때에도 가져갈 수 없음을 생각하라. 수많은 굴곡이 있는 삶에서는 (이러한 것들을) 아침부터 저녁까지의 짧은 시간 동안에도 지키는 것이 쉽지 않다. 몸은 오래 지속되지 못하고, 사물에는 영원한 주인이 없다. (그러므로) 바로 지금 은혜를 베풀어서 가난한 사람에게 재물을 나눠주고 병든 사람을 약으로 구해주면서 하루 종일 즐거운 마음으로 (모든 이를) 돌보는 데 힘써야 한다.

만약 성나는 마음이 일어나면 마땅히 (누구도 미워하지 않는) 평등의 감정에 집중하며 아울러 10계를 지켜야 한다[10계, 즉 10선(법)에 대해서는 앞의 p.165 참조].

인욕忍辱의 덕행

《차마갈경差摩竭經》에서 말하기를 '보살이 실천하는 것 중에 인욕[忍辱; 글자의 뜻은 치욕을 참는 것이다]이 가장 위대하다. 꾸짖고 욕하는 사람이 있으면 조용히 그에 대꾸하지 말고, 때리고 찌르는 사람이 있으면 따지지 말고 참으라. 성내고 미워하는 사람이 있으면 자비로운 마음으로 그를 대하고, 비난하는 사람이 있으면 그 (말의) 좋지 않음에 대해 생각하지 말라'고 하였다.71) 《법구경》에서도 '치욕을 받아들이는 마음은 땅과 같고, 인욕을 행하는 것은 문지방이다'72)라고 하였다. 이것은 (땅과 문지방이) 먼지를 품고 더러운 것을 받아들이면서 하루 종일 밟는 것을 감내하고 있기 때문이다.

《성구경成具經》에서 말하기를 '다른 사람이 자신에게 네 가지 잘못(된 말)을 범하면, 곧 입이 범하는 잘못을 깨닫고 좋고 상냥한 말로 정성스럽고 꾸밈없이 답하라'73)고 하였다. 네 가지 잘못은 위에서 이야기한 거짓말[妄言], 꾸미는 말[綺語], 헐뜯는 말[兩舌], 험한 말[惡口]이다.

남이 나에게 악행을 하면 나는 선행으로 응하라. 마음은 나무나 돌이 아니므로 진리에 감동하지 않을 수 없다. 다만 항상 그러한 태도를 갖지 못할까, 가르침을 펴는 것이 쌓이지 못할까만을 걱정하라. 모든 일마다 인욕을 생각하면 현세에는 후회와 아쉬움이 사라지고 내세에는 복의 과보가 드러나게 될 것이다. 《현자덕경賢者德經》에서 말하기를 '(자신의) 마음에 편하지 않은 것을 다른 사람에게 베풀지 말라'74)고 하였다. (이것은) 가깝게 이야기하면 (유교의) '충서忠恕'75)의 도이고, 크게 발전시키면 네 가지 커다란 마음[四等]이 된다.

네 가지 커다란 마음[四等(心)]76)

네 가지 커다란 마음은 무엇인가? 자애로움[慈], 불쌍히 여김[悲], 즐거워함[喜], 보호함[護]이다.

무엇이 자애로움인가? 중생을 불쌍히 여겨서 나와 남을 똑같이 여기며 나의 입장에서 남을 배려하고, 모두가 평안하기를 바라는 마음으로 사랑이 곤충에까지 미치며 (모든 존재에게) 차이 없는 마음을 갖는 것이다. [p.171]

무엇이 불쌍히 여김인가? 두루 사랑하며 모두를 구원하려 하고 눈물을 흘리며 불쌍히 여기는 마음을 갖고서, 실제로 도움을 주면서도 그것을 드러내지 않고 그러한 마음을 갖는 것이다.

무엇이 즐거워함인가? 기뻐하고 부드러우며 베풀면서 아까워하지 않는 것이다.

무엇이 사랑하고 보호함인가? 적절한 방법으로 모든 존재들을 잘 구해주고, 세상의 나루와 다리가 되어주고, 두루 구원하려고 노력하는 것이다.

천상세계에 태어나는 것을 구하지 말고 다만 열반을 중하게 여기라

네 가지 커다란 마음을 행하는 사람은 삼계에서 가장 존중받는 존재이다. 하지만 마음을 (진리에) 그윽하게 두어 아무런 조짐이 없는 상태[無兆]가 되지 않으면 언젠가는 끝나게 될 수數(의 영역)[77]에 남아 있게 된다. 그래서 《본기경》에서 말하기를 '여러 천상세계는 즐거운 곳이지만 (쌓아놓은) 복이 다하면 또한 (그것을) 잃게 된다, 대단히 귀한 곳이지만 도를 알지 못하면 지옥과 문을 마주하고 있는 것이다'[78]라고 하였다. 《성구경》에서도 또한 '복에도 고통이 있고, 끝이 있고, 고생이 있고, 가고 옴이 있다'[79]고 하였다. 《니원경》에서는 '5도五道는 모두 편안하지 않고, 오직 무위(=열반)만이 행복하다'[80]고 하였다.

생각을 없애고 인과를 밝게 이해하여 열반을 준비하라

경전에서 도를 행하는 사람은 먼저 세속의 여덟 가지 일을 버리라고 이야기하고 있다. 이익과 손해, 명예와 치욕, 칭찬과 비난, 괴로움과 즐거움이다.[81] (자신에 관한) 좋은 말을 들어도 즐거워하지 않고, 나쁜 말을 들어도 두려워하지 않아야 한다. (그런 사람은) 신심이 자연히 굳어지므로 칭찬과 비난이 그 뜻을 움직일 수 없고, 마음속에 뿌리를 내렸으므로 바깥의 사물이 생각을 번거롭게 하지 못한다.

또한 지금 일어나는 일들은 반드시 전생의 인연에 의한 것이며, 전생의 인연이 그윽하게 작용하는 것은 사계절(이 이어지는 것)과 같아서 오는 것을 막을 수 없고 가는 것을 잡을 수 없다. 마땅히 편안히 그것을 따르고 즐겁게 마쳐야 한다. 열심히 도를 익히는 데 힘쓰고 나쁜 생각들을 없앨 것을 기약하라.82) 몸의 업보를 모두 없앤 후에 큰 편안함을 얻게 될 것이다.

이치는 마음에 근본하고 있고, 업보는 일에 나타난다. 형체가 바르면 그림자가 곧고 소리가 조화로우면 메아리가 호응하는 것과 같다. 이것은 저절로 오묘하게 조응하는 것으로 누가 일부러 그렇게 할 수 있는 것이 아니다.83)

그러므로 신성한 도에 마음을 계합하려면 마땅히 이치에 통달하기를 기약해야 한다. 멀고 큰 것에 힘쓰면서 마음을 비우고 스스로를 바르게 하며, 바깥의 도움을 바래서는 안 된다. 구차하게 이룰 수 없으며 억지로 노력해서 구할 수 있는 것이 아니다. 이것이 마음속에 담아두어야 할 핵심이고, 배우는 사람이 명심해야 할 것이다.

마음으로 구하는 것

혹자는 말하기를 마음으로 구하는 것이 반드시 보답을 받는 그 이치는 (형체에) 그림자가 생기고 (소리에) 메아리가 생기는 것과 같으므로 다만 스스로(의 깨달음)을 구할 뿐이고, 굳이 (현세 바깥의) 그윽하고 초월적인 것에 힘쓸 필요가 없다고 한다. 그런데 무릇 경전의 가르침을 베푼 것은 모두 스스로(의 깨달음)을 구하게 하려고 한 것으로, 스스로(의 깨달음)을 구하는 방법은 가르침이 아니면 깨달을 수 없다. 깨달음이 가르침에 의한다면 (깨달음의) 공은 신성한 도에서 비롯되는 것이다. 마음속에 즐거운 마음이 생기면 반드시 바깥의 일로 드러나게 되고, 노래를 부르는 것으로 (감정의 표현이) 부족하면 손으로 춤을 추게 된다.84) 그러므로 (초월적인 진리를) 받들고 높이는 것이다. 이치상 꼭 그래야 하는 것은 아니지만 감정상 그러지 않을 수 없는 것이다.

마땅히 스스로를 발전시켜 가르침의 뜻을 깊게 체득하며, 모든 생

[p.172]

각을 잊고 (가르침을) 즐겁게 생각하라. 스스로 중생들을 이끌고 중생들을 두루 구제하려고 하라. 그렇게 하면 새로 (믿음에) 참여한 (사람들의) 뜻을 굳게 하며 마음을 확실하게 할 수 있게 할 것이다.

괴로움과 무너짐

경전에서 말하기를 '태어나는 것이 괴롭고, 늙는 것이 괴롭고, 병드는 것이 괴롭고, 죽는 것이 괴롭고, 미워하는 사람을 만나는 것이 괴롭고, 좋아하는 사람과 헤어지는 것이 괴롭고, 구하는 것을 얻지 못하는 것이 괴롭다'[85]고 하였다. 이러한 여러 괴로움을 당하면 마땅히 깊이 그러한 (괴로움이 생기는) 인연작용[緣對][86]을 살펴보고 아울러 그것이 마귀가 꾸며낸 것임을 깨달으라. 크게 생각함으로 (이해를) 확대하고 평등한 마음으로 (자비를) 두루 펼쳐라.

또한 짧은 일생은 (말이 벽 사이의) 틈을 지나가는 것 같이 짧다.[87] 삶의 내용은 다를지라도 끝내는 모두 썩고 부패하게 된다.[88] 성공과 실패의 많고 적음은 헤아릴 필요가 없다. (운명의) 많은 길을 알게 되면[89] 이 (세속에 얽매이는) 마음은 스스로 그치게 될 것이다.

또한 아직 도에 들어오지 않았으면 즐거움과 슬픔이 교차하고, (재물의) 쌓임과 흩어짐*이 오고 가며, 현명함과 어리석음이 나란히 간다. 그래서 경전에서 말하기를 '편안한 곳에 위험이 있고, 얻는 곳에 잃음이 있고, 모이는 곳에 헤어짐이 있고, 탄생이 있는 곳에 죽음이 있다'[90]고 하였다. 이것은 자연의 일정한 흐름이고 반드시 이르게 될 정해진 원칙이다. 이 (생각)을 확대하여 거기에 만족하면[91] 어디에 가든 편안하지 않음이 없다.

《유마힐경》에서 말하기를 '모든 존재는 생각으로부터 생겨난다'[92]

• 원문은 '聚散'인데 재물의 쌓임과 흩어짐보다 삶과 죽음을 가리키는 것으로 생각된다-역자

고 하였다. 그러므로 조짐이 처음 (생각에서) 시작되어 (그 생각의 결과로써 구체적인) 일이 나타나게 된다. 생각이 일어나면 생겨나고 생각이 사라지면 없어진다. 생각이 편안하면 처하는 일이 모두 편안해지고, 감정이 어지러우면 가는 곳마다 막히지 않는 곳이 없다.93)

그러므로 모든 막힘과 통함은 나에게 달려 있고, 바깥 사물에 달려 있지 않다. 마음속에 걱정이 생겨나면 재앙[釁]94)이 바깥에서 생겨나고, 바깥에서 재앙이 생기면 안의 두려움은 더욱 커지게 된다. 잃는 것을 두려워하면 어떤 일이든 생겨날 수 있다. 그래서 경전에서 말하기를 '장부가 두려워하면 귀신이 그 틈을 탄다'95)고 하였다. 진실로 이치로 마음을 안정시키고 안의 타고난 요새를 굳건히 하면 사람과 귀신이 틈을 엿보지 못하고 인연작용이 저절로 그치며, 수많은 존재들이 얽어매지 못하고 모든 삿된 것들이 공격할 수 없게 된다.

영원하지 않은 것

네 가지 영원하지 않은 것非常96)은 다음과 같다. 첫째는 무상無常, 둘째는 고苦, 셋째는 공空, 넷째는 비신非身이다.

어릴 때와 컸을 때의 모습이 달라지고, 언덕이 계곡으로 바뀌는 것을 무상이라고 한다. [p.173]

융성과 쇠퇴가 교차하고, 즐거움이 극에 달하여 슬픔으로 바뀌는 것을 고라고 한다.

일체의 존재들이 마침내는 없어지는 것을 공이라고 한다.

영혼이 일정한 곳에 머물지 않고 쉼 없이 옮겨 다니는 것을 비신이라고 한다.

경전에서 말하기를 '미혹된 즐거움에 처하여서 괴로움이 반드시 찾아올 것을 깨달아야 한다'고 하였다. 무릇 오고 감이 번갈아 일어나는 것을 미루어 즐거움이 가면 슬픔이 온다는 것을 알 수 있는 것이다.

그러므로 편안할 때에 위태로움을 걱정하고 세속의 영화97) 속에서 근심스런 저녁98)을 보내야 한다. 고통에 대해 깊이 아는 것을 진리[諦]를 보았다고 하며, (이런 사람은) 마음이 있으면 장애가 있고, 장애가 있으면 고통이 있다는 것을 깨닫는다. 인간세계와 천상세계에서 고귀하게 태어나고 대단히 높은 지위에 있는 사람들은 존귀한 대접을 받는 만큼 자부심도 매우 강하다. (이러한 것들은) 세속의 감정으로는 즐거운 것들이지만 진리의 측면에서 보면 더욱 고통스럽게 되는 것이다. 그래서 경전에서 말하기를 '3계는 모두 고통스럽고 즐거워할 수 있는 것이 없다'99)고 하였고, 또 '5도의 중생들이 모두 다 함께 큰 지옥 안에 있다'고 하였다. 마음이 존재에 얽매여 있는 한 죄와 복은 서로 연결되어 있는 것이다. 그래서 3계를 하나의 큰 감옥이라고 이야기하는 것이다.

부처님이 제자들에게 '무엇을 무상이라고 하는가?'라고 물으셨을 때 한 사람이 '하루 동안(의 삶)도 보장할 수 없는 것이 무상입니다'라고 대답하자 부처님은 '나의 제자가 아니다'라고 하셨다. 다른 사람이 '한 끼 밥을 먹는 동안100)(의 삶)도 보장할 수 없는 것이 무상입니다'라고 대답하자 부처님이 다시 '나의 제자가 아니다'라고 하셨다. 또 다른 사람이 '숨을 내쉬고 다시 들이마시지 못하는 사이에101) 곧 다음 삶[後世]이 되는 것이 무상입니다'라고 대답하자 부처님이 '참된 나의 제자이다'라고 하셨다.102)

무상의 분명한 증거들이 매일같이 눈앞에 널려 있지만 수많은 시간이 흘러가도록 아무도 깨닫지 못하고 있다. 잠깐 동안의 편안함도 없으면서 영원(한 행복)을 계획하고, (사람들과의) 사귐이 없을까 두려워하면서103) 모든 일에는 게으르다. 이런 식으로 덕을 쌓으려 한다면 조금의 공도 없게 되고,104) 이런 식으로 마음을 닦는다면 평소 하는 방식을 벗어나지 못하게 된다.

그래서 도를 닦은 선비는 짧은 시간[105]이 가는 것을 안타까워하며 항상 뒤에 처지지 않도록 시간을 아끼며 스스로 노력한다. (그렇게 하느라) 시간이 부족하므로 어지러운 생각과 (그로 인해 생기는 잘못의) 업보가 일어날 틈이 없다.

육도六度

6도度[106]는 첫째 보시[施], 둘째 계행[戒], 셋째 인욕, 넷째 정진, 다섯째 일심一心, 여섯째 지혜이다.

쌓은 것을 베풀어 중생들을 윤택하게 하는 것이 보시이다.

10선을 삼가 지키며 정성으로 삿됨을 막는 것이 계행이다.

괴롭혀도 다투지 않고 아랫사람에게 늘 잘 대하는 것이 인욕이다.

배운 바를 열심히 실천하며 아침부터 저녁까지 게으르지 않는 것이 정진이다. [p.174]

마음을 집중하고 생각을 지켜 어지러운 생각을 통제하는 것이 일심이다.

이 다섯 가지를 마음을 가지고 실천하는 것을 세속의 바라밀[俗度]라 하고, 완전한 잊음[107]으로 실천하는 것을 도의 지혜[道慧]라고 한다.

반야의 지혜로 해탈을 얻음

《본기경》에서 말하기를 '96가지의 (이단적) 가르침[108]은 각자의 주장을 따르면서, 모두 삶을 즐겁고 편안하게 여긴다.[109] 누구도 (자신들이) 미혹되어 있음을 알지 못한다'[110]라고 하였다.

무릇 얻는 것을 즐거워하고 잃는 것을 싫어하며 삶을 즐거워하고 죽음을 슬퍼하는 것은 길 잃은 어린아이[111]의 일반적인 잘못이고, 생명 있는 존재가 다 같이 느끼는 것이다. 하지만 보이지 않는 힘이 가

만히 사라지게 하는 것은 애착과 미련으로 멈출 수 있는 것이 아니다. 업보가 이르러 나타나는 것이니 어찌 지혜를 써서 막을 수 있겠는가?

그래서 배우는 사람은 반드시 교화의 근본에 마음을 돌이키고 오묘한 이치[玄宗]를 바라본다. (그것들을) 즐기고 향유하면 모든 생각들이 저절로 없어지고, (생각이) 없어지면 잊음의 상태가 되고, 잊음의 상태가 되면 인연이 끊어지게 된다. 인연의 업보가 끊어지게 된 후에 무생無生의 경지에 들어가게 되고, 다시 태어남이 없으므로 죽음이 없게 된다.112)

그래서 《보요경》에서 말하기를 '생겨난 곳이 없고 만들어내지 않은 것이 없으며, 만들어진 것들 중에 (실제로) 만들어진 것이 없다'113)고 하였고, 《니원경》에서는 '마음이 쉬면 태어남도 없고 죽음도 없다. 마음은 씨앗이고 행위는 땅이며, 업보는 열매이다. 심은 종자와 같이 그 종류대로 때가 되면 생겨나니 막을 수 없다'114)고 하였다. 10선계를 심어서 (천상에) 태어나는 업보115)는 앞에서 자세히 이야기하였다. 선禪, 커다란 마음[等], 사공四空116)의 씨앗을 심으면 천상에서 가장 존귀한 존재가 될 것이다. 사공과 선禪은 여러 경전에서 그 뜻을 설명하고 있다.

아라한과 부처의 열반

제1천으로부터 제18천에 이르기까지117) 상황에 맞추어 실행하여 복을 배로 늘리고 비상非常과 선禪, (4성)제의 씨앗을 뿌리는 것은 모두 유有를 등지고 무無를 취하는 것으로서 아라한의 열반을 얻는다.

유위有爲118)에 구속되지 않고 공관空觀에도 구속되지 않으며 이치에 은밀하게 통하여 집착하거나 의지하지 않는 것은 씨앗을 뿌리는 바가 없는 것이다. 씨앗을 뿌리는 것이 없으므로 업보를 받는 것도 없다. 툭 트이고 오묘하게 없애버렸으니 부처의 열반이다. 열반은 중국말로는 무위無爲라고 하고 또 멸도滅度라고도 한다.

외도外道의 가르침

유마힐이 말하기를 '저 여섯 (외도의) 스승들은 잘못된 가르침을 도라고 이야기하고 있다. 이 스승을 따르는 사람들은 여러 견해에 집착하여 극단에 떨어지고 팔난八難에 빠지므로 생사의 길을 벗어날 수 없다'119)고 하였다. 그윽한 마음을 거듭 닦더라도 조그마한 (정신적) 흔들림만 있어도 저 여섯 스승과 마찬가지로 하나의 실체(라는 잘못된 생각)에 빠지게 된다. 하물며 삶을 탐내며 잘못된 생각을 가지고 나[我]에 집착하면서 조화를 거부하는 사람들이겠는가? 비록 산과 강보다 큰 복을 쌓고 삼계의 높은 지위를 차지하더라도 (존재의) 소용돌이에 의지하면 마침내는 죄의 고통에 떨어지게 된다. 어찌 정신을 평안하게 하는 큰 성취와 고요하고 오묘한 편안함을 얻을 수 있겠는가? [p.175]

공空 : 유무를 초월하는 내적 경험

살아 있으면 반드시 감정이 생기는 것은 자연스러운 일이고, 선에 머무르지 않으면 반드시 악이 있게 된다. 그러므로 처음 도를 실행하는 사람은 반드시 의지처가 있어야 한다. (그런데) 의지처는 반드시 존재[有]에서 생겨나고, 존재는 반드시 번뇌와 연결되어 있다. 그래서 경전에서 말하기를 '공중에 궁실을 짓고자 하면 끝내 이룰 수 없다. 부처님 나라를 공空에서 취할 수는 없다'120)고 하였다. 그러므로 다섯 바라밀[五度]과 네 가지 커다란 마음[四等]은 없을 수 없다. 다만 상황에 맞추어 사용하면서 (그것에 붙어 있을 수 있는) 소란스러운 마음을 버려야 한다. 부처님에게 귀의하면서도 부처를 염두에 두지 말고 계율에 귀의하면서도 계율의 공덕을 기대하지 말아야 한다.121) 그렇게 되면 선(을 통해 깨달은) 진리와 5음五陰이 함께 흐릿해지고 지엽적 작용과 근본적 이해가 함께 사라진다. (그런 상태에서는) 다시 여러 행위를 하여도 공空에서 공空을 행할 뿐이다.

어떤 사람은 '공空은 아무런 행위가 없고, 행위는 공이 아니다. 이미 행위를 하면 공을 잃어버리는 것이 아닌가?'라고 생각할지도 모른다. (하지만) 공은 생각을 잊는 것을 말하는 것이고 집(과 같은 건물)이 없는 것을 말하는 것이 아니다. 무는 진실로 없는 것이다. 무 자체를 고집하면 막히고 한계가 있게 된다. 유는 실제로 있는 것이다. (유와 무) 둘을 잊으면 그윽한 이해(玄解; 혹은 벗어남?)가 생겨난다. 그러므로 유와 무는 마음[方寸]122)에서 생겨나고 바깥의 사물에 구애되지 않는다. 수행함에 있어서는 기물과 형상을 사용한다 하여도 느낌이 끊어지면 이치에 그윽하게 부합된다. 어찌 유를 없앤 이후에 무가 있고 조금씩 줄여나가서 완전한 없음에 이르는 것이겠는가? 이런 입장에서 말하자면 유는 그 자체가 장애가 아니고 유를 장애로 보는 것이 근본 이치를 거스르는 것이다. 흐름을 거슬러 근본으로 돌아가야 한다. 근본에 의지하면 스스로 (지혜가) 밝게 된다.

그래서 보살[開士]123)의 깊은 실천은 하나의 원리로 통한다.124) (현상 세계의) 모든 것들이 항상 흐릿함[冥]을 깨달아 상황에 따라 그윽하게 인도하며, 다가올 이치들이 본래 공空인 것을 알아서 하나로 귀결됨을 보면서 언제나 편안하다. (또한) 네 가지 물질[四色]이 실체가 없음[無朕]을 깨달아서125) 근본[本際]126)을 따라 모두 버리며, 눈에 보이는 모든 현상이 저절로 그리함을 살피므로 일을 하여도 자취가 없다.

방등方等127)의 깊은 경전에서는 (과거·현재·미래의) 삼세를 합쳐 하나로 하였고, 현재를 실제로 있는 것이라고 하지 않았다. 공空에서 공空을 행한다는 뜻이 여기에서 드러난다.128)

부록 C : 지둔支遁의 〈석가문불상찬서釋迦文佛像贊序〉 [p.177]

[원문은 《광홍명집》 권15 (타이쇼대장경 제52책 195.3-196.2)]

부처의 탄생과 어린 시절

사람을 세우는129) 도道는 인仁과 의義이다. 그러므로 인과 의에는 근본이 있으니, 그것은 도道와 덕德이다.

옛날 희주(姬周) 말엽에130) 부처라고 하는 큰 성인이 계셨다.

천축국 석가족 백정白淨왕의 태자였지만, 그곳의 풍습대로 어머니의 성을 따라 구담裘曇이라고 하였다.131)

신성한 계보를 우러러 계승하였고132) 큰 지혜의 남기신 자취를 이어받았네.

고요하고 조화로운 큰 교화를 들이마시고133) 백정왕의 훌륭함134)을 물려받았네.

오른쪽 옆구리에서 태어났고 어려서 능히 말을 하였네.135)

타고난 존귀함136)이 있으니 (지상의) 귀함을 중히 여기지 않고, 큰 복을 타고났으니 풍족함을 원하지 않았다.

그래서 높은 지위에 있으면서도 항상 근심하고137) 궁궐을 (잠깐 머물) 나그네 숙소138)로 생각하였다. 태자궁을 슬퍼하며139) 세상 바깥140)으로 나가려 하였다.

부모와 이별하고 도를 구함

이윽고 멀리 나아가 교외를 두루 살펴보고자 하여 네 차례 왕궁의 문을 열고 나가 세 차례는 아프고 고통 받는 사람들을 보았다.

시인141)이 말을 하여 태자의 마음을 일으키니 즐거운 마음으로 받아들이고 거스르지 않았다.

뛰어난 사람142)에게 큰 가르침143)을 물었지만 이러한 수행이 쓸모 없음만 알게 되었네.144)

마침내 날이 밝자145) 멀리 떠나가 조용하고 한가로운 곳에 머물렀네. 태자의 무거운 보석을 벗고 기다림 없는 것을 구하여 가볍게 일어 섰고,146) 화려한 곤룡포를 벗어 산속에서 입을 갈옷과 바꾸었네.

따라온 무리가 절벽에서 돌아가자, (구르는) 돌과 달리 뜻을 굳게 하고147) 산에서 인仁을 편안히 하기로148)

무성한 풀 위에 똑바로 앉아 마음을 다잡고 맹세했네.149)

[p.178] 안반安般으로 호흡을 고르며 열을 헤아려 마음을 조절하였네.

사주四籌와 팔기八記를 함께 운용하여[倂運]150) 이수二隨를 따라 가볍게 돌리고[簡巡], 나가고 들어오는[逆送] 두 순간을 끊어서 코끝에 오묘한 한 순간을 경험하며, 삼지三止의 싹을 틔워 사관四觀을 아울러 하나로 합하였네.151)

5음五陰152)을 본래 있던 곳으로 돌리고153) 6정六情154)은 고요한 숲에서 텅 비웠네.

다섯 감각기관[五內]155)의 욕망의 불을 식히고 본래의 갖추고 있던156) 큰마음을 넓히었네.

반야에 목욕하여 덕을 높이고 (보살의) 칠주七住157)에 잠기어 현묘함을 갖추었네.

육절六絶158)에서 어두운 물고기를 찾아159) 나이 서른160)에 통발을 없앴다.

깨달음

만 겁 동안 쌓아온 습習161)을 씻어내고 이제 (성인의) 타고난 지혜162)와 같게 되었다.

다섯 혼탁함163)을 덮어 빛을 드러내고 여섯 부처164)를 이어 은밀

하게 전하였다[微傳].165)

　장육丈六166)의 위대한 모습에 온 몸에는 원광圓光을 두르고, 먼지 속에서 교화하고 구제하니[啓度黃中]167) 얼굴빛은 붉은 금색으로 빛나네.168)

　움직임은 허공을 날고 눈 깜짝할 사이[倏忽]169)에 멀리 오가네.

　팔음八音170)이 향기를 퍼뜨리고 편안한 모습이 아름다운 빛을 발하네.171)

조화造化의 능력

　조짐이 있기 전에172) 오묘하게 살피는 것은 (《역경》의) 육위六位173)를 크게 넘어섰고,

　두루 이루어줌174)이 이미 드러났으니 교화의 힘은 삼황과 오제[三五]175)를 능가한다.

　비어 있음은 태허太虛176)보다 크고 정신은 하늘과 땅[二儀]177)를 덮으며

　편안함과 단순함178)은 (그를) 기다려 모습을 이루고 큰 조화로움179)은 그를 본받아 이루어진다.

　(점을 치기 위한) 둥근 시초蓍草는 그의 정신의 고요함을 상징하고 네모난 (《역경》의) 괘들은 부처의 지혜의 완전함을 본받았다.

교화

　(전생에) 쌓은 공덕으로 (현세에) 복이 넘침을 보여주고
　전세의 삶에 근거하여 교화를 베푸셨네.
　혹은 덕과 의를 꼼꼼하게 펴시고
　혹은 텅 비움으로 풀어주셨네.

매일의 새로움180)으로 몸의 무상함을 밝혀주시고
끝없는 (열반으로) 최고의 오묘함을 이루셨네.
파랑이 쪽색보다 더 푸른 것처럼181)
백 번을 다듬어 순수함에 이르렀네.
만물을 이끌어 근본으로 돌아가니

[p.179] 요堯와 공자孔子도 미치지 못한 것을 이루었네.
8억의182) 무한한 가르침을 말하시고
모든 문헌을 망라하여 경전으로 삼으셨네.
《도행경》의 삼무三無183)를 지으셔서
노자와 장자의 가르침을 잇고 더욱 그윽하게 하셨네.184)
신비한 교화를 서역에 드러내셨으니
양곡暘谷185)에 떠오르는 아침 해와 같았다.
백성들이 모습을 우러르며 가르침을 실천함이
궁宮과 상商186)이 조화를 이룸과 같다.
그때에, 들리지 않는 것을 듣고, 보이지 않는 것을 봄은187) 복희를 능가하고
신성하고 탁월함은 황제 헌원[皇軒]188)보다 뛰어났다.
아름다운 모습은 주공과 요임금보다 훌륭하고
아름다운 말씀은 공자와 맹자189)보다 뛰어나다.
진실로 신비한 조화의 으뜸이요
제왕의 모범이라 할 수 있네.

열반

나이 칠십190)을 넘어 열반으로 자취를 없애셨네.
무릇 성인은 때를 따라 행하고 때를 따라 그치며
이곳에서 숨고 저곳에서 드러내네.

사바세계[191]에서 자취를 감추고
가빌라[維衛][192]에서 조용히 돌아가셨네.
세속은 불멸을 숭상하여 놀랍게 여겼지만
존망(存亡)의 가르침[193]으로 안정시켜 주셨네.
신령한 깨달음의 본성(을 가지신 분을)•
삼계에서 다 같이 슬퍼하네.
강이 넘친 듯 비어 있고
하늘이 무너진 듯 황량하네.
백성들은 긴 밤과 같이 어둡게 되고
그윽한 흐름은 마른 나루터와 함께 끊어졌네.
육도六度[194]는 무너져 모두 사라지고
삼승三乘[195]은 굴대가 끊어지고 고삐를 잃어버렸네.[196]
문도들은 피눈물을 흘리며 상례를 치르고
신들은 슬픔을 머금고 안타까움을 느끼네.
무릇 도가 높은 사람은 낮은 사람을 감동시키고, (부처를) 따르는 사람들은 (스승의) 명예를 친근히 여기니 울지 않으려 해도 통곡을 하게 되네.
어찌 온 천하를 잊는 것은 쉽지만 천하가 나를 잊게 함은 어려움이 아니겠는가?[197]

• 원문은 '靈覺之性'인데, 뒷 구절의 내용과 연결하여 생각하면 '영혼을 가지고 있는 중생들이'로 해석하는 것이 타당하다고 생각된다-역자

1) 《弘明集》에는 憑인데 馮의 잘못이다.
2) 都鄕侯는 後漢代에 도입된 실제 領地가 주어지지 않는 爵號의 하나이다. 이러한 작호들은 3-4세기에 매우 다양하게 발전하였다. Maspero-Escarra, *Institutions de la Chine*, pp.78-79 및 秦錫田, 〈補晉異姓封爵表〉(《二十五史補編》 제3책, pp.3355-3372)와 그 서문(p.3355) 참조.
3) 明帝의 불교에 대한 관심을 언급한 것에 틀림없다. p.105 참조.
4) 원문은 '豈于時沙門不易屈膝'로서 '당시에 승려들은 무릎을 꿇어야 하는 풍습에서 벗어나(=易, 무시하다?) 있지 않았습니까?'로 번역될 수도 있을 것 같다.
5) 대부분의 《홍명집》 이본들에 舜 대신 辨으로 되어 있다.
6) 원문槃辟. 이 단어의 의미에 대해서는 A. Waley, *Analects*의 원문 주석 16권 4번 참조.
7) 원문은 正朝(바른 - 정통성 있는 - 조정)인데, 일본 宮內省本에는 王朝로 되어 있다. 【여기서의 朝는 왕조보다는 조정으로 보는 것이 낫다고 생각된다. 周一良 교수는 正朝를 '정통 조정'의 의미라고 하였는데, 그에 의하면 이 문장은 비록 북쪽의 이민족 지배자들은 불교를 숭상하지만 정통성을 가진 晉의 조정에서는 추방되어야 한다는 의미로 해석될 수 있다. 따라서 (宮內省本)의 王朝는 따르기 힘들다-저자보주】
8) 《집사문불응배속등사》는 (《홍명집》의) 況이 아닌 祝이다.
9) 《집사문불응배속등사》는 (《홍명집》의) 卑나 俾가 아닌 裨이다.
10) 대부분의 《홍명집》 판본에 實이 아닌 俗이다.
11) 원문의 聖聽은 聖聰의 잘못으로 생각된다.
12) 《집사문불응배속등사》는 (《홍명집》의) 及이 아닌 乃이다.
13) 《집사문불응배속등사》는 (《홍명집》의) 來聖이 아닌 末聖이다.
14) 《집사문불응배속등사》는 (《홍명집》의) 才가 아닌 小이다.
15) 이 부분은 《홍명집》과 《집사문불응배속등사》 모두 착오가 있다. 《집사문불응배속등사》에는 '王敎○○○○○○則亂'이고 《홍명집》에는 '王敎不得不一二之則亂'이다. 둘을 정리하여 다음과 같이 하는 것이 맞다고 생각된다. '王敎則亂 不得不一 二之則亂'
16) 《집사문불응배속등사》에는 (《홍명집》의) 往備其事가 아닌 往往備修之이다. 다음 구절도 《홍명집》의 修之家可以(일부 판본은 矣) 대신 《집사문불응배속등사》의 修之身修之家加矣를 따랐다.
17) 《홍명집》의 兩行을 따랐다. 《집사문불응배속등사》에는 南行(指南과 비슷한 표현으로 행위의 안내의 의미)으로 되어 있다.
18) 대부분의 《홍명집》 판본에 修가 아닌 循이다.
19) '今沙門之愼戒專然矣 及爲其禮一而已矣'. 잠정적인 번역이다. 《집사문불응배속등사》에는 專然이 아닌 專然이다.
20) '天網恢恢 疏而不失'. 《도덕경》 제73장에 나온다. 번역은 Duyvendak, p.151 참조.

여기에서는 이상적 군주는 관대하여서 신민들이 자신들의 하고 싶어 하는 바를 추구하도록 허락한다는 의미이다.
21) 첫 번째 부분은 우바새(upāsaka, 재가신자)가 되는 공식적 선언에 대하여 기술하고 있다. 조금 복잡하였던 설일체유부에서는 삼자귀(三自歸, triśaraṇa)를 말하고 오계(五戒, pa caśila)를 받는 절차를 이행해야 했는데, 이는 단지 삼자귀를 말함으로써 우바새가 되었던 팔리 경전에 정해진 의식과는 달랐다. 이 점은 여러 부파의 많은 학자들 사이에서 논란의 대상이 되었다. Abh. Kośa IV 71-76 및 Lamotte, Traité, p.829 참조. 고전적인 삼자귀[삼귀(三歸, trigamana)]의 형태는 다음과 같다.
(1) 歸命佛(兩足尊) [Buddhaṃ śaraṇaṃ gacchāmi (dvipādānām agryam)]
(2) 歸命法(離欲尊) [dharmaṃ śaraṇaṃ gacchāmi (vriāgāṇām agryam)]
(3) 歸命僧(衆中尊) [saṅghaṃ śaraṇaṃ gacchāmi (gaṇānām agryam)]
郗超는 三世十方佛이라는 '복수형'을 사용하고 法을 12部經으로 나타냄으로써 이를 대승불교적으로 표현하고 있다.
22) 歸命은 보다 높은 권위에게 자신의 생명 혹은 자신의 운명을 맡기는 것을 의미한다. 중국의 불교 문헌들에서는 이것을 '(부처의) 명령[혹은 권위, 命]에 따름[歸]'으로 해석하기도 한다.[法藏의《대승기신론의기》권1 T1846 大正藏44, 246.3.27]
23) 南無(고대 중국어 nām.mju)는 명사 여격과 함께 '…에게 경의를 표하는', '…에게 인사드리는'의 의미로 사용되는 namas 혹은 (유성자음 앞에 사용되는) namo이며, 이는 매우 빈번하게 사용되는 표현이다. 南無에 대한 중국의 僞書에 보이는 그럴듯한 해석[남쪽에 아무도 없었다]에 대해서는 아래 p.301 참조.
24) 孫綽의《喩道論》(앞의 p.133)과 于法開(앞의 p.142) 참조.
25) 五戒는 三歸와 함께 재가자의 신앙을 이루며, (1)殺生, (2)偸盜, (3)邪婬, (4)妄語, (5)飮酒를 하지 않는 것이다.
26) 36가지 잘못에 대해서는《大智度論》권13 (T1509 大正藏25)158.2와 Lamotte, Traité, pp.817-819, 그리고 그곳에 인용된 자료들을 참조. 중국에서 飮酒의 금지는 3세기 초 道敎 집단에서 처음 등장하며, 이는 틀림없이 불교의 영향이다. (福井康順, 『道敎の基礎的研究』, p.91 및 130 참조).
27) 祭祀의 참석자가 供獻하기 전에 실행해야 하는 정화행위나 '사악한 것들(과의 접촉)을 피하고, 욕구를 억제하며 음악을 듣지 않(아야 하)는'[《禮記》권12, 祭統, 縮刷本 49.4b; 번역은 Couvreur 11.324] 자기 정화의 기간을 의미하는 고대 용어였던 齋가 불교 문헌에서는 재가신자들의 1달 중 6일간의 단식 - 8일, 14일, 15일, 23일, 29일, 30일 - 과 1년 중 3개월의 단식[長齋; 본래 인도에서 각 계절의 첫 번째 달, 즉 1월, 5월, 9월에서 비롯되었다]을 의미하는 uposatha(upavasatha, (u)poṣadha)의 번역어로 사용되었다(Abh. Kośa IV 65-69 참조). 단식일에 재가신자들은 보통의 5戒 대신에 8戒(Aṣṭānaaśīla)를 지켰다.《大智度論》에 인용되어 있는《天地本起經》내용 중에 한 달 중 이 여섯 날이 단식일로 선택된 재미있는 이유가 설명되고 있다[大正藏13(T1509) 160.1. 현전하는 해당 경전의 번역본에는 이 내용이 나오지 않고 있다; 번역은 Lamotte, Traité p.835 이하]. 이날들에 귀신들이 특별히 더 사악해진다는 것

이다. (u)poṣadha 등의 용어에 대해서는 S, Lévi, "Observations sur une langue précanonique du Bouddhisme", *J. As.* 1912.2 p.501 이하 참조.
28) 四等心은 네 가지 무한한 마음(apramāṇa)로서 보통 四無量이라고 불린다. 아래의 주석 76번 참조.
29) 대부분의 판본에 나오는 '玄想感發'에 의거하여 해석하였다. 【大正藏에는 '各相發心'이다 — 역자】
30) 六念 혹은 六思念은 특히 在家者들의 종교 생활과 관계된 것으로써 부처, 가르침, 승단, 계율, 보시, 천신 등에 대한 念(anusmṛti)하는 것이다. *Mvy.* 1148-1154 참조. 다른 8念, 10念 등에 대해서는 望月信亨, p.4223.1 및 2346.2 참조. 각 항목에 대한 자세한 설명은 제36품 전체가 (思)念에 대해 설명하고 있는 (《2만5천송반야경》의 첫 부분에 나오는 8念에 대해 설명하고 있다)《大智度論》권21 참조. 郗超는 여기에서도 가르침을 경전으로 번역하고 있다(주석 21번 참조).
31) 念天은 天神들의 즐거운 세계와 자신이 종교적 계율들을 지킴으로써 그곳에 태어나는 것에 대하여 생각하는 것이다. 《大智度論》같은 곳 참조. 일반 중국인들에게 天은 天神과 그들이 사는 天宮, 비인격적인 원리로서의 하늘, 자연 등 다양한 의미를 갖는다.
32) 十善은 몸과 입과 마음의 죄를 금지하는 부정적인 규율로, 몸의 행위에 관한 ①殺生(prāṇātighāta) ②偸盜(adattādāna) ③邪淫(kāmamithyācāta), 말에 관한 ④妄語(mṛṣāvāda) ⑤惡口(pāruṣya) ⑥兩舌(paiśunya) ⑦綺語(saṃbhinna-pralāpa), 마음에 관한 ⑧貪慾(abhidhyā) ⑨瞋恚(vyāpāda) ⑩邪見(mithyādṛṣṭi) 등을 하지 않는 것이다. 구마라집이 번역한 중국어 표현을 일반적인 순서대로 제시하였다) 물론 郗超는 자신이 제시한 단어들의 산스크리트어를 알지 못하였다. 여기에서는 당시의 중국 지식인들이 번역하였을 것으로 생각되는 단어들을 제시하였다. 극초는 마음에 관한 행동들[嫉=貪慾, 恚=瞋恚, 痴=邪見]을 말에 관한 것들 앞에 두었다.
33) 이 문장의 뜻은 명확하지 않다. Kāmamithyācāra[淫]는 모든 性과 관련된 죄를 가리킨다(*Abh. Kośa* IV. 146 이하; 같은 책, 157에는 네 가지가 정의되어 있다).
34) 원문은 '凡在有方之境'. 有方이라는 표현은 慧遠의 《沙門不敬王者論》 2장 (《홍명집》 권5 30.3.1)에도 보인다. "凡在有方同稟生於大化"
35) 三界(trailokya)는 欲界(kāmadhātu, 6欲天과 인간세계부터 지옥까지), 色界(rūpadhātu), 無色界(ārūpyadhātu)로 이루어져 있다.
36) 餓鬼=preta.
37) 戒의 일부만을 지키는 것에 대해서는 望月信亨, p.1118.3 이하; Lamotte, *Traité*, p.821; *Abh. Kośa* IV.73 이하 참조(하나 혹은 두 개의 계율만을 지키는 다른 종류의 재가신자들의 존재를 經量部는 반대하였지만 毗婆沙部는 인정하였다).
38) 원문은 殆이지만 明나라 大藏經本을 따라 紿로 해석하였다.
39) 三惡道=durgati는 축생, 아귀, 지옥(의 중생)이다.
40) 陰은 skandha('我'를 구성하는 다섯 가지 요소)의 古譯이다. 덩어리, 양, 결합 등을 의미하는 skandha를 陰으로 표현된 이유는 명확하지 않다. 이 글자는 중국 불교

문헌에서는 陽의 상대어로는 사용되지 않고 있다. 어쩌면 인간의 영혼을 덮고 있는 '어두움, 그늘, 어두운 요소[陰(=蔭)]' 때문일 수도 있을 것이다. 湯用彤, 『불교사』 p.139 및 識을 陰으로 표현하면서 '볼 수 없다(莫睹其形)'이라고 설명하고 있는 3세기 초의 《陰止入經註》(T1694 大正藏33 권1 9.3.8) 참조.

41) 五陰은 色(볼 수 있는 사물), 受(감각), 想(이해), 行(의지의 경향이나 행위), 識(의식)이다. 【원서에는 行과 識에 대한 설명이 바뀌어 있지만 수정하여 번역하였다-역자】 물론 대략적인 불완전한 해석이다. 중국어 단어는 구마라집이 번역한 것이다. 郗超가 사용한 용어는 支讖의 《道行經》(T224 大正藏8)에 나오는 것으로써 이 경전의 영향으로 4세기 초에 널리 사용되던 것으로 생각된다.

42) 이와 같이 受(vedanā)와 想(saṃjñā)을 각기 둘로 구분하여 설명하는 것은 두말할 필요도 없이 중국식 설명법이다. 이러한 기묘한 설명법은 《道行經》을 비롯한 다른 경전에 대한 支遁의 주석서에 나타나고 있다.

43) 五蓋는 貪慾(kāmacchanda), 瞋恚(vyāāpāda), 惛沈睡眠(styānamiddha), 掉擧·調戱(auddhatyakaukṛtya; 여기에서는 auddhatya가 일반적인 '건방짐, 경멸'의 의미로 사용되지 않았다. Edgerton, p.161b 참조), 疑(vicikitsā)이다. Abh. Kośa V.98 참조. 郗超는 貪欲을 貪淫이라고 하였으며, 네 번째와 다섯 번째의 순서를 바꾸어놓았다. 또 styānamiddha와 vicikitsā를 愚癡와 邪見으로 부적절하게 번역하였다.

44) 이 내용의 출전은 확인되지 않는다. 행위[業]에 대한 불교의 이론에 의하면 중요한 것은 善, 惡, 無記이다. 모든 身業과 口業은 無表業과 함께 意業의 결과이며 따라서 意業이 모든 행위의 근본이 된다. Abh. Kośa IV.2 이하 및 Et. Lamotte, "Le Traité de l'Acte de Vasubandhu, Karmasiddhiprakaraṇa", MCB IV, p.151-288의 업보의 행위와 과정에 대한 여러 부파들의 의견 (특히 이 주제에 대한 說一切有部의 견해는 p.154-160) 부분을 참조. 이미 불교가 들어오기 이전에 중국의 유교 지식인들은 (신체적) 행위와 의도 중에 어떤 것을 처벌해야 하는지에 대해 서로 다른 의견을 가지고 있었다. 후자의 입장이 - 후대에 불교에 의해 종교적으로 정당화되는 것과는 다르다 - 《鹽鐵論》 제55장 刑德 (四部備要本 권10 3a)에 분명하게 나타나고 있다. Hulsewé, Remnants of Han Law I, p.251 이하 참조.

45) 六情은 다섯 감각기관과 그 대상 (眼-色, 耳-聲, 鼻-香, 舌-味, 身-觸)과 여섯 번째 감각기관인 意(여기에서는 心으로 번역하였다) 및 그 대상으로서의 정신적 현상[法]이다.

46) 郗超는 중국식 용어 때문에 잘못 생각하고 있다. 6欲 중의 識은 manas(意)이지만 5陰 중의 識은 vijñāna(識)이다.

47) 역자미상의 《般泥洹經》(T6 大正藏1 권1 181.1.26)에 비슷한 내용이 나온다. "心作天 心作人 心作鬼畜生地獄 皆心所爲也" 異本으로 생각되는 帛遠譯 《摩訶般若泥槃經》(T5 大正藏1 권1 165.3.10)의 "心取羅漢 心取天 心取人 心取畜生蟲蟻鳥獸 心取地獄 心取餓鬼 作形貌者 皆心所爲 ⋯"도 참조.

48) 《中庸》 제1장 2절의 '故君子愼其獨也'를 인용한 것이다.

49) 《易經》 繫辭上 (注疏本 권7 17b) '君子居其室 出其言善 則千里之外應之' 참조.

50) 《中庸》 제1장 2절 '莫見乎隱 莫顯乎微' 참조.
51) 道安은 자신의 目錄에서 大本과 小本, 두 종류의 《十二門經》을 언급하고 있다. 둘 다 安世高가 번역한 1卷本이다(《출삼장기집》 권2 5.3.26-27). 그는 두 종류 모두에 대한 주석서를 지었고, 이것은 6세기 초까지도 전해지고 있었다(《출삼장기집》 권5 39.3.8). 하지만 《衆經目錄》(602)에서는 두 종류 모두 '佚失'된 경전 속에 언급되고 있다(大正藏55 권5 178.1.12). 자신이 쓴 大本의 주석서에 대한 도안 자신의 서문은 전해지고 있고(《출삼장기집》 권6 45.2.26 이하), 宇井伯壽에 의해 일본어로 역주되었다(『釋道安研究』, 東京, 1956, p.94 이하). 이 서문에 의하면 이 경전은 주로 禪定에 관한 내용으로 생각된다. 다른 곳(아래의 p.170)에서 郗超는 大本인지 小本인지 밝히지 않고 《十二門經》을 인용하고 있다. 여기에서 그가 異譯本[異出]이라고 밝히고 있는 것은 그가 이 경전에 두 종류가 - 道安이 언급한 것과 동일함에 틀림없다 - 있는 것을 알고 있었음을 보여주는 것이다.
52) 《論語》 里仁 10절 "子曰 子君于天下也, 無適也, 無莫也, 義之與比"를 인용한 것이다.
53) 이 문장의 의미는 명확하지 않다. 앞의 구절에서 작자는 불교의 가르침에 의하면 우리들이 마음이 위험한 움직임을 늘 의식하면서 그 위험한 행동을 통제하여야 한다고 이야기하였다. 이는 불교 신자들이 - 孔子가 보여주고 있는 것 같은 유교적 이상과 달리 - 의식적으로 '마음을 어떤 (좋은) 일을 하거나, 어떤 (나쁜) 일을 하지 않는 데' 두어야 함을 의미한다. 그래서 郗超는 여기에서 번역한 것과 같이 자기계발의 예비적 단계로써의 불교도들의 정신 수련은 유교적 성인인 君子의 정신적 자유와 무의식적인 '자연적' 도덕보다 낮은 것이라고 생각한 것이 아닌가 한다.
54) 원문은 沮勸으로 '(좋지 않은 것을) 못하게 하고, (뛰어난 것을) 격려한다'는 의미이다.
55) 원문은 '人之君子 猶天之小人'으로 어느 곳에선가의 인용문처럼 보이지만 出典을 확인하지 못하였다.
56) 高麗大藏經本에 의거하여 安이 아니라 必로 해석하였다.
57) 高麗大藏經本에 의거하여 懇이 아니라 貌로 해석하였다.
58) 《莊子》 제23장 庚桑楚 p.150 "爲不善乎顯明之中者 人得而誅之 爲不善乎幽閒之中者 鬼得而誅之"
59) 《正齋經》이라는 이름의 경전은 여러 종류가 있는데, 여기에 인용된 것은 《大唐內典錄》(T2149 大正藏55 권1 222.3.28)과 후대의 목록들에서 安世高가 번역하였다고 하는 것으로 생각된다. 《開元釋教錄》(T2154 大正藏55 권1 480.3.12)에는 佚失편에 수록되어 있다. 이 외에 竺法護가 번역한 두 종류의 《菩薩齋經》 혹은 《菩薩齋法(經)》이 있는데, 이 경전의 많은 별칭들 중 하나도 《(菩薩)正齋經》이다. 이 두 경전의 書誌史는 명확하지 않다. 僧祐는 《菩薩齋經》을 《菩薩正齋經》 및 《持齋經》의 별칭, 《菩薩齋法(經)》을 《賢首菩薩齋經》의 별칭이고, 후자는 전해지지 않는다고 이야기하고 있다(《출삼장기집》 권2 83.3.3 및 9.2.26). 하지만 法經의 《衆經目錄》(T2146 大正藏55 권5 139.2.12)에는 두 경전이 전해지는지에 대하여는 언급하고 있지 않다. 666년의 靜泰의 《衆經目錄》(T2148 大正藏55 권5 214.3.16)에는 둘 다 佚失된 것으로 나오고, 《大唐內典錄》(권2 234.1.12 및 235.2.19)과 《古今譯經圖記》(T2151 大正藏55 권2

353.3.16 및 354.1.6)에는 現存하는 것으로 되어 있다. 최종적으로《大周刊定衆經目錄》(T2153 大正藏55 권12 443.2.24)에는 확실하게 佚失된 것으로 되어 있다. 또 다른 경전으로는 法經의《衆經目錄》(권4 138.3.9) 이후의 목록들(彦悰의《衆經目錄》T2147 大正藏55 권55 74.2.15 등)에 僞經으로 언급되고 있는《佛說正齋經》이 있다. 이 경전을 언급하고 있는 마지막 목록은 799-800년에 편찬된《貞元新定釋敎目錄》(T2157 大正藏55 권28 1020.3.25)이다.

60) "兵家之興 不過三世" 인용문처럼 보이지만 出典을 확인하지 못하였다.
61) 陳平(기원전 178년 사망)은 漢 초대 황제의 장군이자 참모로서, '좋은 계책'으로 유명하였다(전기는《史記》 권56 1a 및《漢書》 권40 12a). 郗超는《史記》에 인용된 陳平의 말을 요약한 것이다.
62) 孔子의 애제자인 顔回(기원전 514-483)는 젊은 나이에 죽었고(《論語》雍也 2절, 子罕 20절, 先進 6·8·9·10절,《史記》 권67 2a), 공자의 또 다른 제자인 冉耕은 무서운 병에 걸려 요절하였다(《論語》憲問 8절,《史記》 권67 3a). '패권주의'적인 齊나라와 秦나라에 대한 儒敎의 비판에 대해서는《論語》憲問 16절 및《孟子》梁惠王下 7.1 참조.
63)《書經》I.ii.12(舜典) "殛鯀于羽山"(注疏本 3.14b) 및 II.17 "帝曰 兪 咨禹 汝平水土 惟時懋哉"(注疏本 3.21a);《書經》IV.iv.3(洪範) "鯀則殛死 禹乃嗣興"(注疏本 20.2b);《史記》 권2 1b 참조.
64) 대부분의 異本들에는 鮮인데, 鯀는 드문 이체자이다. 高麗本의 盻는 의미가 통하지 않는다.
65) 四罪는 舜이 네 명의 중죄인에게 내린 네 가지 벌을 가리킨다.《書經》I.ii.12(舜典) 참조.
66) '收孥之刑'은 일반적으로 法家의 창시자인 商鞅이 기원전 4세기 중엽 제후국 秦의 수상이 되었을 때 제정한 것으로 생각되고 있다. E. G. Pulleyblank, "The Origins and Nature of Chattel Slavery in China", *Journal of Economic and Social History of the Orient* I (1958), p.185-220 참조.
67) 역자미상의《般泥洹經》(T6 大正藏1 권1 181.2.1)으로부터의 인용.
68)《書經》I.iii.5(大禹謨) "惠迪吉 從逆凶 惟影響"(注疏本 권4 3b)의 내용을 暗喩한 것이다.
69)《道德經》73장 "天網恢恢 疏而不失"을 暗喩한 것이다. 아무것도 빠져나갈 수 없는 '하늘의 그물'은 보편적이고 예외가 없는 업보를 의미한다.
70) 이 (전해지지 않는) 경전에 대해서는 앞의 주석 51번 참조. 이 구절에서 다루는 주제는 몸의 더러움에 대해 - 보통 9重으로 행하는 - 명상하는 '不淨觀'이다.
71)《差摩竭經》(T533 大正藏14)은《菩薩生地經》으로도 불리는 忍辱에 대해 설하고 있는 짧은 경전이다. 支謙이 번역하였으며, 道安의 목록에 이미 수록되어 있다(《출삼장기집》 권2 7.1.2). 여기에 인용된 구절은 大正藏14 814.1.17 이하의 내용이지만 거기에는 '인욕이 가장 위대하다(忍辱爲大)'가 아니라 '인욕이 근본이다(忍辱爲本)'로 되어 있다.
72)《法句經》(T210 大正藏4, 권2 제36 泥洹品 573.3.8) "受辱心如地 行忍如門閾" 郗超는 閾 대신 閫으로 쓰고 있는데 두 글자 모두 문지방의 의미이다. 티베트본에는 상응하

는 구절이 없다['涅槃'편의 2번째 싯구(번역은 W. W. Rockhill, Udānavarga p.116) 역시 인욕에 대해 다루고 있지만 전혀 다른 내용이다]. 大正藏《법구경》의 편집자들은 Dhammapada 95(Fausböll 편집본, p.18 : Pathavīsamo no virujjhati/ indakhīlūpamo tadi subbato …)에 해당한다고 이야기하고 있지만 그것은 비슷한 비유를 사용하고는 있지만 忍辱이 아니라 경건한 승려에 관한 내용이다.

73) 《成具經》은 3세기 초에 支曜가 번역한《成具光明定意(혹은 三昧)經》(T630 大正藏15)이다. 이 경전은 道安이 언급하고 있고(《출삼장기집》권2 6.3.1) 4세기에 대단히 인기 있었던 것으로 보인다. 道安의 전기(《출삼장기집》 권15 108.1.8=《고승전》 권5 351.3.12)에 의하면 이 경전은 도안이 사미 시절에 암송하였던 경전 중의 하나이다. 이 번역본 외에 竺法護가 번역한 또 다른 번역본이 있었던 것 같다[《출삼장기집》 권2 6.2.16), 道安은 언급하고 있지 않고(같은 책, 15.1.8), 靜泰의《衆經目錄》(T2148 大正藏55 권5 213.2.15)에는 佚失本으로 나온다]. 郗超가 인용한 문장은《成具光明定意經》(大正藏15 453.1.12)에 나온다.

74) 《賢者德經》은《출삼장기집》(권2 7.1.13)과 후대의 목록들(《大唐內典錄》권2 2228.2.7;《古今譯經圖記》권1 351.3.6)에서 支謙 번역본 중의 하나로 언급하고 있는 1卷本 경전이다.《開元釋敎錄》(권2 489.1.14)에서는 佚失本으로 이야기되고 있다. 여기에 인용된 내용은 놀랍게도 孔子의 恕에 대한 정의와 대단히 비슷하다(《論語》衛靈公 13절 '己所不欲 勿施於人').

75) 《論語》里仁 15절 '夫子之道 忠恕而已矣'

76) 四無量心 혹은 四梵行이라고도 하며 원한, 냉혹, 불만, 집착 등을 치유하는 네 가지 수행법인 慈, 悲, 喜, 捨이다. 郗超의 흥미로운 四等의 네 번째 항목이 어디에서 비롯된 것인지는 알 수 없다.

77) 여기에서의 數의 의미에 대해서는 앞의 p.147 및 주석 335번 참조.

78) 支謙이 번역한《太子瑞應本起經》(京都本 권1 236A1),《法句經》(大正藏4 권1 566.2.3)의 다음 구절도 참조하라. "世皆有死 三界無安 諸天雖樂 福盡亦喪"(Dhammapada의 Lokavagga에는 상응하는 구절이 보이지 않는다)

79) 《成具光明定意經》(주석 73번 참조; 453.1.12) "夫福者 有盡有苦有往來有煩勞有食飮"

80) 《泥洹經》권2 189.2.21에 나오는 부처 열반 후 마하가섭이 한 말을 약간 바꾼 것이다. "有生輒死 死則有生 五道無安 唯泥洹樂" 여러 異本들 모두 '生有輒死'로 되어 있지만 郗超가 읽은 방식이 타당하다고 생각된다. 郗超의 인용문에서는 마지막 글자를 樂 대신 快로 하였는데, 이는 아마도 같은 경전의 다른 구절 - 권2 187.1.22 '無生不死 死而不滅 唯泥洹快' - 과 혼동한 것으로 생각된다.

81) 《太子瑞應本起經》(앞의 주석 78번; 京都本 권1 236A2)으로부터의 인용이다.

82) '期諸妄心'. 高麗本에는 '期諸忘心'인데, 이 경우에는 '(모든) 생각들을 잊는 것을 기약하라'로 해석된다.

83) 向秀(혹은 郭象)가 거의 같은 용어로 모든 자연 현상들의 - 基體나 創造者가 없는 - 자발성에 대하여 이야기하고 있다(앞의 p.92). 이것은 초기 중국 불교의 문헌들에서 業報(karman)를 바꿀 수 없는 '자연의 운행'이라는 중국의 개념과 동일시하고

있음을 보여주는 분명한 사례이다.
84) 원문은 '詠歌不足 係以手舞'로《詩經》序文(注疏本 I.i p.5a)의 내용을 바꾸어 이용한 것이다.
85) 四聖諦 중 첫 번째인 苦諦에 대한 고전적 설명이다.
86) 緣對는 번역 경전에 사용되는 일반적인 불교 용어는 아니다. 여기에서는 원인과 결과의 과정을 가리키는 것으로 생각되어 임의적으로 해석해 보았다. 緣對라는 말이 道安의〈十法句經序〉(《출삼장기집》권10 70.1.13)에 보이고 있는데, 여기에서는 부처가 '세속에 맞추어 **처방에 따라** 약(=가르침)을 주었다(從俗故緣對而授藥)'라는 의미로 사용되고 있다. 하지만 이것은 전혀 다른 의미로 사용된 것이다.
87) 유명한《莊子》제29장 (盜跖) 구절(忽然無異麒麟之馳過隙也; 천지에 비교했을 때 인생의 짧음을 이야기한 것)을 본뜬 것이다.
88)《列子》제7장 (楊朱)의 '生則堯舜 死則腐骨 生則桀紂 死則腐骨 腐骨一矣 孰知其異' 참조 (p.78).
89) 원문은 '該以數涂'. 該는 備, 傳, 兼의 뜻이고, 數涂는 서로 다른 길이 같은 목적지를 향한다는 의미로 종종 사용되는 殊涂[《易經》繫辭下 '天下同歸而殊涂]의 의미로 사용되었다고 생각된다. 이 경우 같은 목적지는 '죽고 부패하는 것'이다.
90) 이 구절은 아마도《太子瑞應本起經》(京都本 권1 236B1 '物生有死 事成有敗 安則有危 得則有亡 萬物紛擾 皆當歸空')의 내용을 본뜬 것으로 생각된다.
91) '推而安之'. '(그 본성을) 추구하여 거기에 만족한다'로 해석할 수도 있을 것이다.
92) 支謙譯本《佛說維摩詰經》(T474 大正藏14 권1 523.1.25) '又一切諸法加見者如水月形 一切諸法從喰生形'을 인용한 것이다. 구마라집 번역본《維摩經》(T475 大正藏14 권1 541.2.26)도 참조. 玄奘 번역본《說無垢稱經》(T476 大正藏14 권1 563.3.9)은 훨씬 자세한 (혹은 더 '발전된?') 내용이다.
93) 원문의 '無往不滯'는 명확히 잘못되었다. 의미상 앞 구절의 '觸遇而夷'와 대구가 되어야 한다. 앞에 나오는 '無往不夷'와 혼동하여 잘못 쓴 것으로 생각된다. 아마도 不이 而의 잘못일 것이다.
94) 釁의 본래 의미는 '다툼의 원인, 위반'이다.
95) 支謙譯本《佛說維摩詰經》권2 528.3.1 '譬如大丈夫畏時 非人得其便'을 인용한 것이다. 구마라집 번역본(권2 548.1.3)과 현장 번역본(권4 573.3.8)도 같다. 非人은 緊那羅 (kimnara)의 표준적인 번역어이다.
96) 초기의 불교 문헌들에서는 anitya의 번역어로서 非常과 無常이 혼용되었다. 四非常은 일반적인 고대의 불교 용어가 아니다. 하지만 康僧會가 번역한《六度集經》 (T152 大正藏3)에 보이고 있다. 여기에서 열거하고 있는 四非常의 항목들은 실제로는 苦諦의 네 가지 양상들 즉 非常, 苦, 空, 非我이다.
97) 원문은 '榮觀'.《道德經》제26장에 보이는데 거기에서는 '망루[觀]가 있는 군영[營]' (榮=營, 高亨,『老子正詁』제2판, 上海, 1948년, pp.62-63; Duyvendark 번역본 p.65) 의 의미이다. 하지만 맥락으로 볼 때 중세 중국에서는 위에 제시한 것처럼 해석하였다고 생각된다. 僞書인 河上公 주석서에서는 宮闕로 해석하고 있다. 王弼의 주

석서에는 설명이 없다.
98) 원문은 '夕惕'.《易經》의 첫 번째 괘[乾]의 설명에 보인다. "君子終日乾乾 夕惕若萬"
99) 아마도《太子瑞應本起經》(京都本 권1 234B1) "三界皆苦 何可樂者"의 인용으로 생각된다.
100)《論語》里仁 5절에 '終食之間'이라는 표현이 보인다.
101) 원문은 '出息不報'인데 임의적으로 이렇게 해석하였다. 報의 의미가 명확하지 않은데 아마도 保의 誤字가 아닌가 생각된다. 이 경우 '(한 차례) 숨을 내쉬는 동안도 보장할 수 없다'는 의미가 될 것이다.
102) 이 부분은 틀림없이 중국에 최초로 번역된 불경인《四十二章經》(앞의 p.29 참조)의 한 章으로부터의 인용 혹은 모방이다. 郗超가 제시한 문장은 현재 전해지는 것의 제38장(T784 大正藏17 724.1; 번역은 Hackmann, p.234)의 내용과 기본적으로 일치하고 있지만 문장의 순서에는 많은 차이가 있다. 〈郗超〉 '佛問諸弟子 何謂無常 一人曰 一日不可保 是謂無常 佛言 非佛弟子 一人曰 食頃不可保 是謂無常 非佛弟子 一人曰 出息不報 便就後世 是謂無常 佛言 眞佛弟子'《經文》(高麗本) '佛問沙門 人命在幾間 對曰 數日間 佛言 子未能爲道 復問一沙門 人命在幾間 對曰 飯食間 佛言 子未能爲道 復問一沙門 人命在幾間 對曰 呼吸間 佛言善哉 子可謂眞道矣'
103) 원문은 '懼不在交'인데 의미는 잘 알 수 없다.
104) 원문은 '覆匱'.《論語》子罕 18절의 '譬如平地雖覆一簣進吾往也'의 暗喩이다.
105) 원문은 '寸陰'.《淮南子》제1장 (原道) p.5의 '聖人不貴尺之璧而重寸之陰'의 暗喩이다.
106) 바라밀의 번역어로서의 度에 대해서는 앞의 2장의 주석 140번 참조.
107) 원문은 '兼忘'.《莊子》제14장 (天運) p.88의 '兼忘天下易 使天下兼忘我難'의 暗喩이다.
108) 96종류의 (불교 이외의) 이단적 가르침은 6명의 스승[六師外道] 및 그들 각각으로부터 15개씩의 분파들을 총칭하는 상투적인 표현이다.
109) '皆樂安生'《本起經》원문에는 '皆樂生求安'이다.
110)《太子瑞應本起經》(京都本 권2 239B1)으로부터의 인용.
111) 원문은 '弱喪'.《莊子》제2 (齊物論) p.16의 '子惡乎知惡死之非弱喪而不知歸者也'의 暗喩이다.
112) 태어남의 중단이 不滅(不死)의 획득이라는 중국적인 결론에 주목하라!
113) 竺法護 번역본《普曜經》(京都本 9-8, 권4 제13품, p.725A2)의 '不處生死 不住泥洹 便不退轉菩薩決 無所從生 靡所不生 於諸所生 悉無所生'을 참조. 이 부분은 산스크리트본과 티베트본에는 빠져 있다. 중국 불교도들에게 이 구절은 菩薩의 이상에 대한 거의 격언적인 표현이었던 것 같다. 于法開의〈惑識二諦論〉(앞의 p.142 참조)와 慧遠의〈達摩多羅禪經序〉(《출삼장기집》권9 66.1.9)에도 인용되고 있다.
114)《般泥洹經》(大正藏1 권1 181.1.21) '心識情休則不生不復生'.
115) 원문은 '種十善戒善則受生之報'. 두 번째의 善은 불필요하다고 생각된다.
116) 四空 혹은 四空定은 禪定의 12단계[十二門] 중 마지막의 가장 높은 단계로써 無色界의 四空天 즉 ①空無邊處 ②識無邊處 ③無所有處 ④非有想非無想處에 대응된다.
117) 色界의 18天을 가리킨다.

118) 有爲는 본래 道敎의 용어로서 佛敎에서는 Saṃskṛta의 번역어로 사용된다. 이 경우에는 도교적 의미로 사용된 것인지 불교적 의미로 사용된 것인지 분명하지 않다. 《奉法要》의 저자가 불교의 용어들을 잘 알고 있었다고 보이지 않고, 그가 이러한 차이점을 명확하게 구분하고 있지 않는 점으로 볼 때 도교적으로 즉 無爲에 대한 단순한 상대어로서 有爲를 사용하였다고 생각된다.
119) 支謙譯本《佛說維摩詰經》권1 522.2.12 '又賢者 彼師說猗爲道 …邊際 不及佛處 爲歸八難 爲在衆勞不信之垢 不得離生死之道'구마라집 번역본(권1 540.3.4)과 현장 번역본(권1 562.2.17)은 내용이 조금 더 자세하다.
120) 支謙譯本《佛說維摩詰經》권1 520.1.14 '譬如有人欲度空中造立宮室 終不能成 如是童子菩薩欲度人民故願取佛國 願取佛國者非於空也'의 인용. 구마라집 번역본(권1 538.1.26)과 현장 번역본(권1 559.1.23)은 내용이 조금 더 자세하다.
121) 앞의 네 가지 바라밀의 실행은 완전한 진리의 차원에서 布施와 戒行 등의 종교적 실천을 포함한 모든 행위의 非實在性을 깨닫게 하고, 이를 통해 수행자들로 하여금 자신의 행위와 신앙 대상의 공덕에 대한 집착을 없앨 수 있게 하는 반야(바라밀)에 의해 정화된다.
122) 方寸의 본래적 의미는 四方 1寸이다.
123) 開士, 즉 '(진리를) 여는 선비'는 菩薩의 옛 번역어이다.
124) 원문은 '一貫'.《論語》里仁 15절 '吾道一以貫之'의 暗喩이다.
125) 四色과 無朕은 분명히 四大와 無我를 약간 변형시킨 것이다.
126) 本際는 實際의 변형으로 생각된다.
127) 方等은 일반적으로 반야바라밀 경전들을 가리킨다.
128) 마지막 문장의 취지는 분명하지 않다. 저자는 반야바라밀 경전들에서 현재는 과거나 미래와 마찬가지로 (실체가 없는) 허구적임을 이야기하려고 한 것이 아닌가 생각된다.
129) '立人'.《論語》雍也 28절의 '夫仁者己欲立以立人 己欲達而達人'라는 구절을 보살의 이상에 대한 표현으로 활용한 것이다.
130) 姬周는 '姬姓의 周왕실'이다. 전승에 의하면 姬는 周 왕실의 시조인 后稷이 칭한 것이다.(《史記》권4 1b 참조) 支遁은 연대를 구체적으로 제시하지는 않았지만 '주나라 말엽'이라고 하였으므로 西周(기원전 1127-771) 말엽을 의미한 것이다. 부처의 탄생 시기에 대한 중국인들의 추정에 대해서는 뒤의 p.271 이하 참조.
131) 마야부인은 석가족에 속하였고(Oldenberg, Buddha, p.118), Gautama는 (석가족의) 種性(gotra)의 공동의 이름으로서 같은 조상의 후손들 모두가 사용하였다(E. J. Thoma, Life of Buddha, p.22). 따라서 부처가 어머니의 성을 따랐다고 하는 지둔의 설명은 잘못된 것이다. 또한 Gautamī는 일반적으로 마야부인이 아니라 부처의 이모(Mahāprajāpatī)를 가리키는 호칭이었다.
132) '丕承'.《書經》제4 16.18 (君奭) '惟文王德 丕承無疆之恤'(Couvreur, p.305; 'magnopere suscipias') 및 같은 책, 제4 25.6 (君牙) '丕承哉武王烈'(Couvreur, p.371; 'late subsecuta sunt Ou regis opera') 참조.

133) '吸中和之誕化'. 《中庸》 제1장 4절 '喜怒哀樂未發謂之中 發而皆中節謂之和' 참조. (中和로) 인도(=중국)를 표현한 것은 《牟子》(《홍명집》 권1 1.3.26; 번역은 Pelliot, p.291 및 p.343 주석 55번)와 뒤의 p.266 참조. 이 구절과 다음 구절은 도솔천에 있던 보살이 母胎에 들기 전에 자신의 마지막 탄생지를 고르기 위해 때와 대륙, 나라, 집안 등 네 가지를 살펴보는 것을 이야기한 것이지만 잘 드러나지 않는다.
134) 대부분의 異本에 '顯然'이다. 高麗本의 '浩'는 (顯의) 대체 글자인 皓를 잘못 쓴 것으로 생각된다.
135) '弱而能言'. 이 표현은 《史記》 권1 2a에는 黃帝에 대한 묘사로 나오고 있다. (宗炳은 《史記》의 같은 표현을 이용하여 黃帝를 비롯한 태초의 문화 영웅들이 실제로는 보살들이었음을 주장하고 있다. 뒤의 p.270 참조) 여기에서는 부처가 출생 직후에 한 처음한 獅子吼 같은 말을 가리키는 것이다.
136) '天爵'. 《孟子》 제6 A.16.1 참조.
137) '夕惕'. 앞의 주석 98번 참조.
138) '逆旅' 여관을 가리키는 옛 표현이다. 《左傳》 僖公 2년 (注疏本 권12 6b; Couvreur, vol.I, p.235) '保於逆旅'
139) '紆軫'. 《楚辭》九章 措誦 '心鬱詰而紆軫' 참조. 王逸의 注에서는 屈, 隱의 의미로 해석하였다.
140) '區外'. '구역 바깥'의 뜻이지만 여기에서는 《莊子》 제6 (大宗師) p.44의 '彼遊方之外者也'에 보이는 方外(세상 바깥)를 변형시킨 것으로 생각된다.
141) '風人'. 일반적으로 詩人의 의미이다. 태자가 詩人을 만났다는 내용은 확인되지 않는다. 당시 부처의 전기 중 가장 널리 읽혔던 《太子瑞應本起經》 권2 (京都本 235B2)에 나오는 싯달타에게 왕궁을 떠나라고 권유한 天神을 가리키는 것으로 생각된다.
142) '有道'.
143) '大猷'. 《詩經》(小雅 小旻之什 巧言) '秩秩大猷 聖人莫之' 참조.
144) 부처가 6년 동안의 苦行을 시작하기 전에 금욕주의자 Ārāḍa (팔리어 Āḷāra) Kālāma, Udraka Rāmaputra (팔리어 Uddaka Rāmaputta)와 함께 수행한 것을 가리킨다. 【내용상 부처가 宮城을 떠나기 이전의 일로 보인다-역자】
145) '明發'. 《詩經》(小雅 小旻之什 小宛) '明發不寐 有懷二人' 참조.
146) '希無待而輕擧'. 無待는 《莊子》 제1 (逍遙遊) p.3 '猶有所待者也', 輕擧는 道敎의 神仙들에 대한 표현으로 자주 사용된다. 한편으로는 불교적 의미를 담아 사용되기도 한다. p.149의 道壹의 편지 참조.
147) '抗志匪石'. 《詩經》(北風 柏舟) '我心匪石 不可轉也' 참조.
148) 《論語》 里仁 2절 '仁者安仁 知者利仁' 및 제6 23 '知者樂水 仁者樂山'을 인용한 것이다.
149) 깨달음을 얻을 때까지 앉아 있는 곳을 떠나지 않겠다는 맹세. 이야기가 이미 '깨달음의 장소[道場, bodhimaṇḍa]'에 이른 것까지 나아가고 있다.
150) 元나라 本과 明나라 本에는 倂이다. 運은 불필요한 글자이고 대구를 깨뜨린다.

151) 이 문장은 분명히 安般수행(ānāpānasmṛti)에 대한 묘사이지만 자세한 내용은 알기 어렵다. 四籌는 상가라차(Saṅgharakṣa)의 《瑜伽師地論》에 이야기되고 있는 이 호흡법의 네 가지 방법을 가리키는 것이다(P. Demiéville in BEFEO 44(1954) p.414 참조). 여기에 제시되고 있는 것은 다른 자료들 － 《달마다라선경》《大正藏15권1 306.1.26 이하 및 Abh. Kośa VI 154-155 등 － 에 언급되고 있는 연속적인 여섯 가지 방법 중 다섯 가지, 즉 ①數 ②隨 ③止 ④觀 ⑤轉 ⑥淨 중 ①, ②, ④ 및 ⑤와 ⑥을 합친 것이다. 초기의 인기 있던 부처 전기 중 하나인 《修行本起經》(京都本 권1 237A1)에도 '一數二隨三止四觀五還六淨'의 연속적인 방법이 나오고 있는데, 이것이 다음 구절에서 支遁이 이야기하는 二隨와 三止, 四觀의 원천일 수도 있다. 하지만 이 용어들이 사용되는 방식 및 四籌, 五陰, 六情, 五內 등과 대구로 사용되는 것을 고려하면 지둔은 두 가지 隨, 세 가지의 止, 네 가지의 觀 등으로 이해하였던 것으로 생각된다. 逆送은 二隨의 대구로서 (호흡의) 날숨과 들숨으로 생각된다. (호흡의) 나가고 들어옴이고, 簡巡은 정확한 의미를 알기 어려워 임의적으로 해석하여 보았다. 隨(anugama)는 숨이 몸 안과 바깥으로 들어가고 나가는 것을 좇아 집중하는 것이다. 八記의 의미는 알 수 없다.
152) skandha의 번역어로 陰을 사용하는 것에 대해서는 앞의 주석 40번 참조.
153) '還府'. 글자 본래의 뜻은 '(장관의) 관청에 돌려보낸다'로 관료 생활과 관련된 은유라고 할 수 있다.
154) 六情에 대해서는 앞의 주석 46번 참조.
155) 五內는 지각의 물질적 기반이 되는 다섯 감각기관인 － 눈, 귀, 코, 혀, 몸 － 五根의 변형으로 생각된다. 五內의 일반적 의미인 五臟은 이 글의 맥락으로 볼 때 적합하지 않다.
156) '太素'. 《列子》권1 (天瑞)에 제시된 우주론['太初者氣之始也 太始者形之始也 太素者質之始也']을 참조.
157) 七住는 보살 수행의 일곱 번째 단계로서 여러 자료에 의하면 無生法忍을 얻고, 肉身 대신에 法性生身을 얻는 '결정적' 단계이다. 이것은 般若經典의 교리에 의한 것으로(《放光經》T221 大正藏5 권14 27.3.9; 구마라집 번역의 《摩訶般若婆羅蜜經》T223 大正藏5 권6 257.2.14; 《大智度論》T1509 大正藏25 권10 132.1.25 = Lamotte, Traité, p.588; 같은 책, 권29 p.73.2.17; 僧肇의 《注維摩詰經》T1775 大正藏38 권6 382.2.15 등), 支遁도 틀림없이 같은 생각을 가지고 있었을 것이다. 그를 찬양하는 전기(《世說新語》권1下 20a의 주석에 인용되고 있는 《支法師傳》; 郄超 찬술로 생각됨)에 의하면 그는 실질적 깨달음을 7住에서 얻을 수 있다고 하였다. 또한 그 글의 작자가 이와 관련하여 頓悟라는 용어를 사용하고 있는 것도 주목된다. (法師硏十地 則知頓悟於七住 尋莊周 則辯聖人之逍遙) 글의 대구로 볼 때 '十地'를 경전의 이름으로 볼 수도 있지만 확실하지는 않다. 《十住經》(Daśabhūmika)이 아닌 것은 틀림없다. 이 경전은 支遁의 시대에는 아직 중국에 전해지지 않았을 뿐만 아니라 여기에서는 여덟 번째 단계[8地(住) = 不動]를 '결정적' 단계로 제시하고 있기 때문이다. (Daśabhūmika VIII B p.64; 번역본은 구마라집역의 《十住經》T286 大正藏10 권3 521.2-522.1; Boddhisattvabhūmi

p.348.18; L. de la Vallée Poussin, "Carrière de Bodhisattva" (app. *Siddhi*), p.736; S. Lévi, *Sūtrālaṃkāra* vol.II, p.123의 주석 참조).
158) 六絶은 6바라밀을 가리키는 것으로 생각된다.
159) '冥魚'. 중국 불교에서 교리의 임시적 성격을 표현하기 위하여 종종 사용되는 《莊子》제26 (外物) p.181의 '筌者所以在魚 得魚而忘筌 … 言者所以在意 得意而忘言'을 暗喩한 것이다.
160) '齒旣立'. 《論語》 爲政 4절 '三十而立'을 인용하여 30세를 나타낸 것이다.
161) 習은 vāsanā의 번역어이다.
162) '生知'. 《論語》 季氏 9절 '生而知之者上也'를 가리킨 것이다.
163) '五濁'. 일반적으로 한 劫이 끝나갈 때의 다섯 가지 나쁜 모습들을 – 命濁(수명의 단축), 見濁(잘못된 견해), 煩惱濁(타락함), 衆生濁(중생들의 괴로움), 劫濁(겁의 붕괴) – 가리키는 용어이다. *Mvy* 2335-2340 참조.
164) 석가모니 앞의 여섯 부처인 毗婆尸佛, 尸棄佛, 毗舍浮佛, 拘留子佛, 拘那含牟尼佛, 迦葉佛을 가리킨다. 앞의 세 부처는 현재의 賢劫이 아니라 바로 앞의 莊嚴劫에 속한다. *Hobogirin* 『法寶義林』, Butsu(佛) 항목 p 195-196 참조.
165) 혹은 微 대신 徵으로 읽어 '(여섯 부처들의 전통을) 분명하게 (전하였다)'로 해석할 수도 있다.
166) 丈六은 부처의 化身의 일반적인 크기이다.
167) '啓度黃中'. 이 해석은 임의적인 것이다. 문맥상으로 볼 때 부처의 신체적 특징에 대한 내용이 되어야 한다. '黃中'은 《易經》에서는 (卦의) 가운데 爻를 가리키지만 ('君子黃中通理') 이 글의 맥락과 맞지 않는다. 글자의 순서를 바꾼 中黃도 마찬가지이다. 黃中을 모든 도량형의 기본이 되는 黃鐘으로 생각해 볼 수도 있다.(《漢書》권21上 15b '길이의 단위는 黃鐘부터 시작하여 …, 量의 단위는 黃鐘부터 시작하여 …, 무게의 단위는 黃鐘부터 시작하여 …', 번역은 H. H. Dubs, *HFHD* I, p.276-277) 이 경우 이 구절은 '(佛身을) 黃鐘에 맞추어 헤아린다'고 해석될 수도 있을 것이다. 하지만 고대 중국어에서 中과 鐘의 발음이 크게 차이가 있었다는 점에서 그다지 가능성이 있어 보이지 않는다.
168) 금빛은 부처의 32相 중의 하나이다.
169) 倏忽에 대해서는 《楚辭》 天問의 '倏忽焉在'(王逸은 번개로 해석하였다. 실제로 대단히 빠른 것이다) 및 《楚辭》 九歌 少司命의 '倏而來兮 忽而逝' 참조. 《莊子》 제7 (應帝王) p.51에는 倏과 忽이 상상의 군주로 등장하고 있다.
170) 八音은 부처의 목소리의 여덟 가지 특성을 가리킨다. 다양한 八音의 내용에 대해서는 『法寶義林』, Bonnon(梵音) 항목 p.133-135 및 望月信亨, 『佛敎大辭典』 p.4204 참조. 梵音을 가지고 태어난 것도 부처의 32相 중의 하나이다.
171) 32相 중의 하나로서 부처의 몸을 감싸는 1丈의 身光 혹은 탄생, 성도, 경전의 설법 등과 같은 부처 생애의 중요한 순간에 나타나서 전 우주에 퍼지는 찬란한 불빛을 가리킨다.
172) '未兆'. 《道德經》 제20장 '我獨怕兮其未兆' 참조.

173) 《易經》乾卦 '六明終始 六位時成' 참조.
174) '曲成'. 《易經》繫辭上 p.3a '曲成萬物而不遺'(韓伯注 '曲成者 乘變以應物 不系一方者也') 참조.
175) 三五는 먼 과거의 전설적 군주인 三皇과 五帝의 약칭이다.
176) 《莊子》제22 (知北遊) p.143의 '是以不過乎崑崙 不遊乎太虛' 및 孫綽의 〈遊天台山賦〉(《文選》권11 224)의 '太虛遼廓而無閡'(李善注 '太虛 天也) 참조.
177) 二儀는 陰陽을 의미한다.
178) '簡易'. 《易經》繫辭上 p.1b '乾以易知 坤以簡能' 참조.
179) '太和'. 《易經》乾卦 彖辭 '保合太和乃利貞' 참조.
180) '日新'. 《易經》제26卦 象辭 '日新其德' 및 《大學》제2장 1 '苟日新 日日新' 참조. 여기에서는 모든 존재들의 찰나성이라는 다른 의미로 사용되었다.
181) '美旣靑而靑藍'. 제자가 스승보다 뛰어남을 일컫는 유명한 '靑出於藍(而勝於藍)'이라는 말에 의거한 것이다. 여기에서는 이 말의 출전이 되는 《荀子》에서와 마찬가지로 학습을 통하여 본성을 향상시킨다는 의미로 사용되었다(《荀子》권1 p.1 '靑取之於藍而靑於藍 氷水爲之而寒於水', 번역은 H. H. Dubs, p.31).
182) 佛經이 '八億四千萬卷'에 달한다고 한 《牟子》의 내용과 마찬가지로 잘못된 이해이다. (Pelliot, TP XIX (1920) p.241의 주석 참조) 두 경우 모두 三藏의 가르침이 84,000部에 달한다고 한 전승에 의거한 것이다(H. Kern의 《法華經》번역본 Saddharmapuṇḍarīka (Oxford, 1909) p.241의 주석 참조).
183) 《道行經》(T224 大正藏8)에는 三無가 보이지 않는다. 支遁은 아마도 반야바라밀의 근본 내용으로서 이런 종류의 문헌에 무한히 다양한 형태로 반복되는 모든 존재들의 三世(과거, 현재, 미래)에서의 비실재성[無]을 이야기한 것이 아닌가 생각된다.
184) '曾玄'. 曾은 增의 의미로 사용되었다.
185) 暘谷은 《書經》堯典 '分命羲和宅嵎夷曰暘谷' 참조.
186) 宮商은 중국 고대 음악에 사용되는 5음階의 처음 음들이다.
187) '希夷'. 《道德經》제14장 '視之不見名曰夷 聽之不聞名曰希'를 가리킨다. 이 맥락에서 卜羲는 《易經》의 근본이 되는 八卦를 만든 유명한 인물로서 언급된 것이다.
188) 黃帝의 이름이 軒轅이다.
189) '鄒魯'. 孟子와 孔子가 태어난 고장을 가리킨다.
190) '從心'. 《論語》爲政 4절 '七十而從心所欲不踰矩'에서 비롯된 70살을 가리키는 용어이다.
191) '忍土'(참음의 세상). 우리들이 살고 있는 사바세계(sahā-lokadhātu)의 意譯語이다.
192) Kapilavastu를 維衛로 표현하는 것에 대해서는 뒤의 p.301 참조.
193) '모든 연기하는 존재는 멸한다'고 한 부처의 마지막 가르침을 가리키는 것으로 생각된다.
194) 여섯 나룻터로 6바라밀의 은유적 표현이다.
195) 聲聞, 緣覺, 菩薩.

196) 이 일련의 부처의 죽음에 관한 은유들은 정신이나 형식면에서 非중국적인 것으로 생각된다. 또한 이들은 그 사건을 상징하는 전형적인 인도의 이미지들과도 - 불꺼진 法의 등불, 닫힌 세계의 눈, 시든 법의 나무 등 - 다르다.
197) '兼忘天下易 使天下兼忘難'. 앞의 주석 107번 참조. 여기까지가 支遁이 묘사한 부처의 삶이다. 여기에는 번역하지 않은 서문의 마지막 부분에서 지둔은 부처를 만날 수 없는 슬픔을 표현하고 존경의 감정을 표현하기 위하여 석가모니에 대한 贊詩를 지었다고 밝히고 있다. 그 뒤에 贊詩가 이어지고 있는데, 구체적 정보가 담겨 있는 것이 아니고 해석도 쉽지 않다.

제 4 장

양양襄陽, 강릉江陵, 여산廬山의 불교 중심지와 북조 불교의 영향

진晉제국 동쪽에서의 사족 불교와 궁정불교의 등장을 살펴보았으므 [p.180]
로 이제는 진나라 영토 안의 다른 주요한 불교 중심지 세 곳의 발전
을 살펴보는 것으로써 이 연구의 역사적 측면에 대한 검토를 마치고
자 한다. 세 곳의 중심지는 365-379년 사이에 도안의 지도하에 번창
하였던 양양(襄陽, 호북성 북부 한수漢水 연안)의 공동체와 그만큼 화려
하지 않았지만 마찬가지로 중요하였던 같은 시기의 강릉(江陵, 호북성
남부 양자강 연안)의 공동체, 그리고 약 380년경에 성립되어 그 건설자
혜원(慧遠, 337-417)이 죽을 때까지 존속하였던 여산(廬山, 강소성 북부)
의 공동체이다.

이 중심지들에 관한 가장 중요한 사실은 그들이 북쪽에서 비롯되었
다는 것이다. 그들은 앞 장에서 검토된 전형적인 남쪽의 현학 불교와

뚜렷하게 구별되는 공통적 성격을 가지고 있었다. 양양 및 양양과 긴밀한 역사적 관련을 가지고 있던 다른 두 중심지에서는 불상의 사용과 결부되어 있는 뚜렷한 헌신적 신앙 경향, 동남지역의 사족 불교에는 거의 나타나지 않는 선정에 대한 강조, 그리고 불교의 참된 가르침을 이해하기 위하여 중국 전통사상의 구속으로부터 벗어나려는 과감한 노력 등을 볼 수 있다. 이러한 특성들은 상당 부분 이 공동체들의 가장 주요한 구성원들이 북쪽 출신이고, 북쪽지역과 긴밀한 관계를 유지한 점들로부터 설명될 수 있다. 세 중심지는 다 함께 중국 중부지역에 이식된 북쪽 불교의 지파였으며 그곳에서 문헌 연구, 우아한 예술, 불교와 세속 양측면의 철학적 탐구를 중시하는 남쪽의 신앙과 융합되었다. 그들의 신앙은 본질적으로 북쪽의 선정과 남쪽의 반야사상의 혼성물로써, 건강과 회계 지역에서 번성하였던 유력자의 저택과 학자의 서재에서 행해졌던 청담 모임의 부산물(인 남쪽의 불교)와는 뚜렷하게 구별되었다.

　이 중심지들에서 행해졌던 신앙과 수행의 배경을 이해하기 위해서는 당연히 3세기에서 4세기 초 사이의 북쪽 지역 불교의 발전에 대하여 이해해야 하는데, 이것은 이 장의 통일성을 흩뜨리고 독자들의 관심을 분산시켜 혼란스럽게 할 수도 있다. 하지만 양양에서의 도안의 활동은 그의 인생 초기 단계 – 업鄴에서의 수학과 북쪽 지역에서의 편력 – 와 연결하여 살펴볼 때에만 제대로 이해될 수 있다. 양양에서의 활동 이후에 도안은 북조의 수도인 장안에 거주하면서 번역자와 주석가들의 학파 – 이것은 얼마 후에 이 분야에서 전에 없던 활동을 한 구마라집 학파의 모태가 되었다 – 를 형성하기 위하여 노력하였다. 그리고 이 북쪽의 학파는 나중에는 여산에 있는 혜원과 그 추종자들에게 지속적으로 심대한 영향을 미쳤다. 이러한 이유로 앞으로의 서술에서는 – 가능한 간략하게 하려고 노력하겠지만 – (이민족에게) 점령당한 동시대 북쪽

[p.181]

지역에서의 신앙의 발전에 대하여 검토하기 위해 거듭해서 기본 주제에서 벗어나게 될 것이다.

북쪽 지역의 사건들에 대한 서술은 대부분 미개척 분야로 앞 장에서 검토한 주제에 비해 간략하게, 그리고 조심스럽고 세밀하게 검토될 것이다. 도안과 혜원의 경우에는 확실한 기초 연구가 있다. 아서 라이트 Arthur F. Wright의 불도징에 대한 뛰어난 연구¹⁾는 도안이 업에서 그 고승주술사의 제자로서 지냈던 초기 출가자 시절의 특별한 지적 분위기를 잘 보여주고 있다. 탕용동에 의해 훌륭하게 정리된 도안의 전기 자료들은²⁾ 최근의 여러 주요 연구들의 주제가 되었다.³⁾ 또한 비록 위대한 조사인 혜원에 대한 전문 저술은 아직 나오지 않고 있지만, 그의 생애에 대한 여러 측면들 역시 적절하게 연구되었다.⁴⁾ 어쨌든 뛰어난 전문가들이 이 매력적이면서도 대단히 복잡한 주제에 대해 많은 연구를 해두었으므로 여기에서는 그들을 따라가면서 필요한 곳에서는 자세한 내용은 그들의 연구를 참고하라고 이야기하면서 단지 충분히 중시되지 못했거나 그들의 관심에서 벗어났다고 생각되는 측면 및 사실들에 대하여 조금 자세하게 이야기하고자 한다.

양양襄陽과 업鄴의 불교, 312-349년경

예상할 수 있는 것처럼 강력한 갈羯족 통치자 석륵(石勒, 재위 319-333)과 석호(石虎, 재위 333-349)가 통치하던 4세기 전반 후조 제국의 수도 양국(襄國, 호북성 남부 형대邢臺 서남쪽)과 업(鄴, 호북성 남부 臨漳 근처)에서는 불교가 대단히 발전하였다(p.85 참조). 4세기 초 북쪽에서 가장 뛰어난 승려들인 축법아, 축법태, 도안 등은 유명한 – 쿠차 출신으로 보이는 – 고승 불도징의 제자들이었다(349년 입적).

불행하게도 이민족 왕조가 점령하고 있던 북쪽 지역에서의 320-380년 사이 교단의 흥망성쇠에 대한 정보는 대단히 단편적이다. 한때 번성하였던 중심지 장안과 낙양의 상황에 대해서는 거의 아무것도 알려져 있지 않다. 실질적으로 알 수 있는 정보의 대부분은 하북성에 대한 것이고, 산서와 산동에 관한 일부의 정보가 남아 있다.

불도징은 위에 언급한 두 갈족 통치자의 궁정 사제였고, 초기 중국 불교에서 가장 흥미롭고 색다른 인물이었다. 그는 유총劉聰의 침략군에 의해 낙양이 완전히 파괴되기(p.84 참조) 직전인 310년에 이 도시에 도착하였다가 곧바로 이 쇠퇴한 도시를 떠나 강력한 반란군이자 미래의 군주인 석륵에 합류하였다. 그는 최초의 유력한 신자이자 보호자였던 어떤 장군에 의해 – 본래 노예 출신이었던 – 대단히 똑똑하지만 완전한 문맹인 이민족 군주에게 소개되었다. 그 군주는 불도징의 주술과 점술, 그리고 전쟁의 결과를 예측하는 능력에 크게 감명받아 그를 자신의 곁에 두었다. 그리고 330년의 최후의 승리로 황제의 자리를 차지한 후에는 자신의 가족 모두와 함께 불도징의 종교를 적극적으로 신봉하였다. 유례없는 공포정치를 시행했던 사이코패스인 석호의 치세에 불도징의 지위는 더욱 높아졌다. 특히 업으로 천도(335년)한 이후에는 과도할 정도의 명예가 그에게 부여되었다.5) 이 시기에 그는 황족 및 궁정의 많은 구성원들과 친밀한 관계를 맺었고, 수백 명의 제자들 – 그들 중에는 중앙아시아는 물론 인도 출신도 있었다 – 을 양성하였다.6)

[p.182]

여기에서 가장 주목되는 사실은 이 반半중국화된 이민족과 그들의 중국인 관료층에 불교가 대단히 빠르게 퍼져갔다는 사실이다. 이것은 남조 궁정의 상류층 사이에서 불교의 가르침이 느리고 힘들게 발전한 것과 비교하면 더욱 두드러진다. 312년경에 석륵과 그 주변의 일부 사람들이 처음으로 불교와 접하고 20년 정도 지난 후 불교는 석륵이 어린 아들들 대부분을 사찰에서 자라게 하고 매년 4월 초파

일에 절에 가서 관욕을 하면서 자신의 수양아들을 위하여 기도할 정도로 발전하였다.7) 몇 년 후에 불도징은 '국가의 보배'로 선포되었고, 양국襄國에 이미 여러 사찰들이 건립되었다.8) 업에서는 수백 명의 승려들이 도시에 살았고, 황제의 명령으로 화려한 재물로 장식된 불상이 만들어졌다.9) 그렇게 될 수 있었던 이유들을 불도징의 전기 자료에서 찾아볼 수 있다. 자신의 전생을 알고 스스로 죽을 날짜를 예견하며, 발우에서 푸른 연꽃을 만들어내고 말라버린 샘에서 용을 불러낼 뿐 아니라, 자기 가슴에 난 작은 구멍을 통해 내장을 끄집어내는 이 신비한 노인에 대한 미신적인 존경과 두려움이 하나의 이유가 될 것이다. 하지만 한편으로는 군사 작전의 결과를 예견하고, 음모를 찾아내며, 질병을 치료하는 샤먼을 활용하려는 실용적인 이유도 있었다. 불도징이 이러한 역할을 담당하였던 유일한 인물은 아니었다. 그 이외에도 비슷한 종류의 고승들을 발견할 수 있다. 돈황 출신의 중국인 승려 단도개(單道開, 일부 자료에는 善道開로도 나옴)10) – 그는 금식, 축지법, 귀신들과의 교류 등과 같은 도교적 수행에도 열심이었다 – 는 불도징과 마찬가지로 의술 전문가로서 특히 눈의 질병을 잘 다스렸다. 그는 346년에 업에 나타났고, 그 후 근처의 임장臨漳에 정착하였다. 그는 석호로부터 크게 존숭되었으며 황제의 아들 중 한 사람의 눈병을 고쳐주었다. 단도개는 후진의 멸망 직전에 남쪽의 허창(許昌, 하남성 중부)로 옮겨갔고, 다시 그 뒤(359년)에 건강으로 갔다가, 최종적으로 광주 근처에 있는 나부산羅浮山으로 가서 인생의 마지막 시기를 은사로 지냈다. 이와 같이 그는 서북쪽 끝에서 동남쪽 끝까지 중국 전역을 횡단하였다. 또 다른 순수한 도교적 주술사로는 업에서 불도징 문하에서 공부하였던 축불조竺佛調11)가 있다. 그는 사나운 동물들을 다스리는 힘이 있었다고 전해지며 사후에는 자신이 살았던 상산(常山, 호북성 북부)의 산악지대를 배회하는 신선으로 숭배되었다. 나중에 그의 무덤을 열어보니 – 전형적인 도교적 모습으로 – 옷과 신발만 남겨둔 채 시신은 사라지고 없었다.12) 일반 역사서에는 석호를 위해 예언과 정치적 자문을 해주었던 것으로 보이는 오진吳進이라는 승려의 이름도 보이고 있다. 그는 348년에 이민족 군주에게 이민족의 운이 쇠하고 있다면서 '진나라 백성들을 괴롭혀서 그들의 기운을 억압하라'고 충고하였다.13)

이와 같이 그의 전기에 일련의 주술적 업적과 기적들이 가득한 것을 고려할 때 불도징은 훌륭한 전도자로 볼 수 있을 것이다. 하지만 [p.183] 그는 주석이나 번역 작업을 할 기회나 능력이 – 어쩌면 능력도 – 없었다. 그의 전기 작자는 깊은 지혜를 가지고 있던 불도징이 일부러 종교의 심오한 문제에 대해서는 이야기하지 않고 동지자를 교화하기 위한 수단으로 주술을 사용하면서 그를 통해 백성들의 고통을 덜어주었다고 이야기하고 있다. 일부 현대의 연구자들도 그와 같은 견해를 공유하고 있지만,14) 불도징이 자신의 내면 혹은 제자들로 구성된 내부 조직에서《반야경》의 가르침을 설하는 위대한 스승이었음을 보여주는 어떠한 증거도 없다. 그의 위대함은 지칠 줄 모르는 전도 사업에 있었다. 그는 무식한 일반 대중들에게 호소할 수 있는 매우 단순하고 적절한 방법으로 불교의 가장 기본적인 모습들을 직접적으로 전파하였다. 그의 과업은 대중들에 대한 포교였다. 자료에 의하면 그는 893개의 (작은) 절과 (큰) 사원들을 건립하도록 하였으며, 그 이전에 불교의 가르침에 접한 적이 없던 융戎족과 맥貊족을 대규모로 개종시켰다. 또한 만여 명의 제자들을 가르쳤다. 석륵 밑에서 처음 활동을 시작하던 당시에 그는 이미 '중주中州에 사는 거의 대부분의 이민족과 중국인들이 부처를 숭배하게 하였다'고 칭해지고 있다. 대중들 사이에서의 불교의 놀라운 전파는 왕도王度와 왕파王波, 두 궁정 문인들이 불교의 금지를 요구하는 유명한 청원서를 올리게 된 이유가 되었다(다음

장 참조). 그들이 불교를 음사(淫祀, 종종 황제에 대한 저주나 다른 충성스럽지 못한 시도들을 의미했다)로 규정한 것도 석호에 대한 반란운동 지도자 중 한 사람이 스스로 '부처의 황태자'라고 자처하면서 '소진(小秦, 중국을 의미한다)의 왕이 되기 위하여 대진(大秦, 먼 서쪽 나라를 의미한다)에서 왔게'고 주장했던 사실[15]을 고려하면 쉽게 이해될 수 있다. 그것을 불교도들이 주도한 반란이라고 이야기할 수는 없지만 그 이상한 칭호는 대중들에게 호소력이 있다고 생각되었을 것이다.

나아가 불도징이 보다 완전한 계율을 도입하였을 가능성도 있다.[16] 그는 또한 중국 땅에서 비구니 조직의 성립을 주도하기도 하였다.[17]

셀 수 없이 많은 불도징의 제자 중에서 단지 몇 사람의 이름만이 알려져 있다. 그들 중에는 나중에 그 시대를 대표하는 학자와 주석가들이 포함되어 있다. 그들의 이름은 앞에서 언급하였다(p.181). 그들은 중국의 교양있는 집안 출신이거나 – 도안은 유가 학자 집안 출신이라고 한다[18] – 문학 교육을 받은 사람들이었다. 앞에서 이야기한 것을 고려하면 – 도안이 자신의 저작에서 여러 차례 스승을 대단히 친밀하게 언급하고 있기는 하지만 – 후일 그들을 유명하게 한 주석 방법이나 철학적 이론들이 불도징의 가르침과 관련되었을 가능성은 거의 없다.

그들이 업에서 어떠한 다른 감화를 받았는지는 알 수 없다. 아마도 이민족 군대에 의해 (장안과 낙양) 두 수도가 함락된 후에 스승과 함께 업으로 왔던 축법호 학파의 오래된 영향이 남아 있었을 가능성이 높다. 실제로 불도징의 전기에는 법수法首라는 이름의 제자가 언급되고 있는데, 294년에 쓰여진 한 제기題記에는 축법수竺法首라는 인물이 축법호의 제자로 나타나고 있다.[19] 또한 도안은 자신이 업에서 학승 백법거帛法巨를 만났다고 이야기하고 있는데, 그의 이름은 308년에 축법호가 번역한 《보요경》의 제기에서 확인되고 있다.

[p.184] **격의格義**

업에 있던 불도징의 제자들 중 학문 승려들의 활동과 사상에 대해서는 거의 알려져 있지 않다. 주된 자료는 《고승전》 권4의 축법아竺法雅의 전기로써 여기에는 다음과 같은 유명하지만 이해하기 힘든 내용이 들어 있다.

> 축법아는 하간(河間, 하북성) 출신이다.[20]… 젊었을 때에는 세속의 학문에 뛰어났지만 나이 들면서 불교 교리에도 정통하게 되었다. 사족 가문의 젊은이들이 모두 그를 따르며 배우기를 청하였다. 당시에 (법)아를 따르던 제자들은 세속의 경전에는 해박하였지만 불교의 가르침은 아직 잘 몰랐다. (법)아는 그들을 이해시키기 위한 방법을 강구하여 강법랑康法朗[21] 등과 함께 경전의 숫자와 관련되는 개념[事數]들을 골라서 세속의 문헌(의 용어들)에 견주었다. 이것을 '의미를 견준다'[格義]고 하였다…. (이와 같이) 그는 세속의 경전과 불교 경전들을 대비하여 설명하였다. 그는 도안 및 축법태와 함께 자신들이 모은 것들 중에서 의심나는 부분을 해설하였고, 그들은 함께 경전의 핵심 내용들을 철저하게 (연구)하였다.[22]

문제는 여기에서 말하는 불교와 세속의 경전들의 '의미를 견주는[格義]' 것이 어떠한 것이었는가 하는 것이다. 그것은 아마도 최초에 번역된 중국 불경들에서 나타나는 보리=도道, 아라한=진인眞人, 열반=무위無爲 등의 형태로 (불교와 중국의 용어들을) '등치'시키는 번역 방식을 가리키는 것은 아니었을 것이다. 더욱이 축법아와 같이 원전에 정통하지 못한 사람들은 그것이 '등치'라고 생각하지도 않았을 것이다. 그것은 또한 흔히 격의라고 이해되고 있는, 불교의 개념을 중국 사상 – 주로 《노자》《장자》《역경》 등의 사상 – 의 개념을 사용하여 표현하는 보다 일반적인 방식을 가리키는 것도 아니었다고 생각된다. 도안 스스로 후대에 격의가 '(불교의) 가르침에서 일탈된 방법'이라며 반대하며 더 이상 사용하지 않았고,23) 구마라집의 제자 혜예慧叡는 이 방식을 쓰는 사람들은 불교의 가르침을 '오염시키고' '왜곡하는' 것이라고 하였다24)(그 결과 한 세기 뒤에는 '격의'의 방법이 완전히 사라져서《출삼장기집》을 편찬한 승우는 그 말의 의미를 제대로 이해하지 못하였던 것으로 보인다).25) 하지만 일반적으로 '격의'라고 생각되는 방식, 즉 불교의 개념을《노자》《장자》《역경》의 용어로 설명하는 방식은 도안의 후기 저술뿐 아니라 혜예를 비롯한 구마라집 학파 사람들의 저술에도 풍부하게 보이고 있다. 그들이 자신들이 이야기하고 있는 방식이 무엇을 의미하는지 몰랐다고는 생각하기 힘들다. 따라서 그들이 격의라고 이야기한 것은 특정한 해석 방법이었다고 생각해야 할 것이다. 이런 점에서 북쪽에서 널리 유행하였고 도안이 초기 단계에 열심히 공부하였던 것이 초기의 선정 및 아비다르마 문헌에서 보이는 사수事數, 즉 숫자와 관련되는 개념을 이용한 설명방식이라는 사실을 주목할 필요가 있다.

북쪽에서의 도안道安 및 그 제자들(349-365년)

349년에 석호가 죽고 권력 투쟁이 이어지면서 중국 문헌들에서 '석씨의 혼란[石氏之亂]'이라는 적절한 호칭으로 불리고 있는 상태로 들어가게 되었다. 349년에 네 명의 황제가 연이어 제위에 올랐다가 살해되었다. 다음 해(350년)에 석호의 중국인 수양 손자인 석민(石閔, 원래의 이름은 염량冉良)은 이름을 염민冉閔으로 바꾸고 석씨 집안을 포함한 업에 있는 모든 갈羯족을 죽이라고 명령하였다(p.111 참조). 염민과 그의 왕조는 처음에는 양국에 남아 있던 석씨와, 다음에는 중국 서북지 [p.185]

역으로 영토를 확장할 기회를 갖게 된 연燕나라와 계속해서 전쟁을 벌이다가 결국 후자에 의해 352년에 황폐화되고 인구가 크게 감소한 나라를 남기고 멸망하였다.

불도징이 죽기 직전에 예언하였던 이 비참한 사건이 일어나기 직전 및 직후에 승려들 중 가장 뛰어난 사람들은 멸망하게 된 수도와 그 인근 지역에서 탈출하였다. 앞에서 본 것처럼(p.182 참조) 축불조는 상산으로, 단도개는 건강으로 갔다. 장안 출신으로 역시 불도징 밑에서 공부하였던 축승랑(竺僧朗, 315-400경)26)은 산동으로 가서 351년에 태산泰山에 중요한 사원을 설립하였다. 이 사원의 건립은 이 지역에서의 불교의 시작으로 간주되고 있다. 그는 이 산에서 적어도 50년 이상 살았던 것으로 보인다.27)

불도징의 제자들 중 다수는 호택(濩澤, 산서성 양성陽城현 서쪽)으로 피난하여 그곳에서 공동체를 구성하였다. 350년쯤에 그곳에는 뒷날 교단의 지도자가 될 도안과 축법태(앞의 p.148 참조), 나중에 최초로 사천 지방에서 불교 가르침을 펴게 되는 법화法和, 도안의 미륵신앙을 형주에 전파하게 되는 축승보(竺僧輔, p.147에서 언급한 축승부竺僧敷와는 다른 인물이다) 등이 있었다. 그리고 조금 뒤에는 다른 지역에서 온 학식있는 지담강支曇講과 《고일사문전》의 저자일 가능성이 높은 축법제 竺法濟 등도 그곳으로 왔다(p.138 참조).28)

도안은 곧 이 승려 집단에서 이견의 여지가 없는 지도자가 되었다. 그는 바로 이곳 호택에서 자신의 종교와 학문, 사원 조직 분야의 탁월한 재능을 계발하였고, 이것은 훗날 양양에서의 활동의 기초가 되었다. 호택은 단지 일시적인 경유지였다. 그가 349년에 여기에 정착한 이후 얼마나 오랫동안 이곳에 머물렀는지는 알려져 있지 않다. 도안의 초기 활동과 관련된 사건들의 구체적 시기에 대해서는 자세히 검토하지 않을 것이다. 《출삼장기집》과 《고승전》의 그의 전기에 나오는 내용들은 대단히 혼란스럽다. 그리고 도안의 편력 과정에 대한 연대기를 만들려는 작업이 이미 여러 차례 시도되었다.[29] 다음의 16년 동안 도안은 계속해서 늘어나는 제자 및 업이래의 오랜 동료들과 여러 지역을 전전하였다. (가장 확실하다고 생각되는) 탕용동의 연대기에 의하면 그는 호택에서 근처의 왕옥(王屋, 낙양 북쪽)으로 옮겼다가, 다시 비룡산(飛龍山, 호북성 마성麻城현 북쪽)으로 가서 절과 사원들을 설립하고 대규모의 전법 활동을 벌였다.[30] 그 후 다시 항산(恒山, 산서성 북부)으로 옮겼는데, 이곳에서 그의 강의에 크게 감명받은 가賈라는 이름의 젊은 유학자가 동생과 함께 사문이 되어 승단에 참여하였다. 그의 법명은 혜원이었고, 나중에 남쪽 교단의 지도자가 되었다. 항산에서 다시 무읍(武邑, 하북성) 지역 지방관의 초청을 받아 그곳으로 옮겼고, 357년에는 다시 업으로 돌아가서 그 도시 서북쪽에 있는 견구산牽口山에 정착하였다. 이후 육혼(陸渾, 현재의 하남성 북부 숭嵩현 근처)으로 옮겼다가 365년에 육혼이 연나라 침략군에 의해 위협받게 되자 그는 일행과 함께 마지막으로 남쪽으로 피난하였다. 그는 양양으로 가는 길 중간의 신야新野에서 일부 동료에게 약간의 제자들 – 아마도 해당 동료의 추종자들이었을 것이다 – 을 맡겨 중국의 다양한 지역으로 파견하였는데, 이것은 불교가 (중국의) 동남부와 서남부에 확산되는데 중요한 역할을 하였다. 40여 명과 함께[31] 진나라 수도 건강이 있는 양주로 떠났던 축법태는 그곳에서 가장 중요한 불교 전파자 중 한 사람이 되었다(p.148 참조). 법화는 촉(사천성)[32]으로 가서 머무르다가 379년에 도안의 주도하에 수행된 대규모의 번역 작업에 참여하기 위하여 장안으로 들어왔다(후술). 그리고나서 도안은 4백 명 – 5백 명이라고도 한다 – 이상의 제자들과 함께 양양에 도착하여 이후 14년간 이곳에 주석하였다. 그는 이곳에 도착하기 이전에 이미 유명한 학승이었지만, 이곳에 화려한 불교 센터를 건설하면서 명성이 중국 북부와

[p.186]

남부 지역 모두에 더욱 널리 퍼지게 되었다.

앞에서 이야기한 것처럼 349-365년 사이의 도안의 행적에 대한 설명은 간략하고 혼란스럽다. 하지만 그의 '강북' 지역에서의 삶에 관한 정보를 제공하는 몇 가지 문서들이 전하고 있다. 도안이 호택 - 및 북쪽의 다른 지역들 - 에 머물 때에 지은 여러 주석서의 서문들인데, 해당 주석서들 자체는 거의 전해지지 않고 있다.[33] 뒷날 양양에서의 활동과 관련하여 보면 이들 초기 문서들에는 상당한 정도로 훗날의 활동을 예견하는 세 가지 특별한 내용이 보이고 있다.

첫 번째는 도안이 가장 이른 시기의 경전들 - 특히 안세고와 그의 학파(2세기)에 의한 짧고 시원적이며 때때로 의미가 불명료한 문헌들 - 에 대해 깊은 관심을 가지고 연구하였다는 점이다. 앞에서 이야기한 것처럼(p.33), 이 논서와 경전들은 주로 - 색계부터 색구경천까지의 - 여러 선정의 단계들을 준비하기 위한 정신적, 육체적 훈련에 대하여 이야기하고 있다. 이 시기에 도안의 관심이 선정에 대한 연구에 집중되고 있었다는 사실은 그가 주석하기 위해 고른 문헌들 - 《도지경道地經》(T607, 타이쇼대장경 제15책, Saṅgharakṣa의 *Yogācārabhūmi*의 안세고역), 《음지입경》(T603, 타이쇼대장경 제15책), 대본과 소본의 《십이문경》(일실), 《인본욕생경》(T14, 타이쇼대장경 제1책), 그리고 이런 성격의 문헌 중에 가장 인기 있었던 《안반수의경》(T602, 타이쇼대장경 제15책) - 에도 나타나고 있다. 이 문헌들은 주로 선정과 관련된 분류 용어 및 개념 - 선수禪數 - 들로 구성되어 있으며, 이 '선수'에 대한 연구와 번역이 - 적어도 북쪽 지역에서는 - 한대 이래의 연구자들의 기본적 임무였다. 이 문헌들 중 하나인 《십법구의十法句義》의 서문[34] - 아마도 도안의 '북쪽지역' 시기 최초의 저술로 생각된다 - 에서 그는 '선수'에 대한 연구를 불교 연구에 있어서 가장 기초적인 것으로 이야기하면서, 그것을 '모든 경전의 핵심[35]이고 종교 생활의 축[衆經之喉襟 爲道之樞極]'이라고 이야기하고 있다. 더 나아가 이 '선수'에 대한 자신의 지식을 장황하게 이야기하고 있는데, 이로 인하여 이 서문은 일부 단순하고 진지한 자전적 문장을 제외하면 초기 중국 불교 문헌들 중에서 가장 읽기 어려운 글이 되고 있다.36) 선정에 대한 도안의 관심은 양양에서 시들해진 것으로 보인 [p.187] 다. 당시에는 《반야경》에 대한 비교 분석과 주석에 그의 관심이 온통 쏠려 있었다. 하지만 탕용동이 올바르게 지적하고 있는 것처럼37) 도안의 《반야경》에 대한 해석에는 이전의 선정에 대한 관심의 흔적이 보이고 있다. 또한 그의 초기 서문들에 보이는 선정에 대한 묘사에는 역시 탕용동이 언급한 것처럼 《반야경》의 영향 – 물론 현학적 개념에 의한 – 이 분명히 보이고 있다.38) 실제로 도안이 이미 초기에 《반야경》을 공부했다는 사실을 보여주는 자료들이 남아 있다.39)

두 번째로 이 시기의 문서들은 도안의 경전의 수집 및 목록 찬술에 있어서의 놀라운 천재성을 보여주고 있다. 그는 사본의 출처와 제기들을 베낌으로써 경전의 기원과 전래과정에 대한 자세한 정보를 제공하고,40) 어떤 경전이 누구에 의해 번역되었는지 신중하게 파악하고자 한 첫 번째 인물이었다.41) 또한 도안이 365년 이전에 이미 나중에 그의 유명한 불경 목록 편찬의 자료가 되는 불경 번역과 번역자들에 관한 정보를 모으고 있었을 가능성이 높다.

마지막으로 그러한 학자적 정신과 사실을 수집하고 구체적 내용들을 해명하려는 의지가 도안으로 하여금 다양한 주석서들을 쓰게 하였다고 생각된다. 전기 자료들의 내용을 믿는다면 그는 당시 일반적으로 행해지던 것처럼 경전의 전체적 내용에 대하여 개괄적으로 설명하고 본문 내용을 반복하는 형식 대신 각 문장에 대하여 자세하고 조심스럽게 주석을 단 첫 번째 인물이었다. "각 품의 순서가 제대로 정리되면 문장의 내용을 제대로 이해될 수 있고, 경전의 의미를 (완전하게) 깨달을 수 있다. 이것은 도안에게서 시작되었다." 초기 불교 문헌에 보이는 - 각 문장들을 정확하게 구분하고 짧은 어학적 혹은 철학적 설명을 붙이는 - 순차적 해석은 도안의 시대에 처음 시도되었던 것으로 보인다. 현재 전해지는 그의 유일한 주석(주석 33번 참조)은 위의 설명 방식과 부합하며 그의 주석 방법의 구체적 모습을 잘 보여주고 있다. 하지만 동시대의 다른 주석서들이 하나도 전해지고 있지 않기 때문에 당시 불교학자들의 주석서들과 어느 정도 달랐던 것인지는 쉽게 판단할 수 없다.

전기에 의하면 도안은 자신의 주석이 경전의 본래 의미와 정확하게 일치하는지 끊임없이 염려하였다고 한다. 이것은 초기의 불완전한 번역과 중국 전통 사상의 영향으로 왜곡된 가르침의 원래 의미를 발견하려고 한 그의 바람을 잘 보여주는 것이다. 물론 그 역시 중국 전통 사상의 영향으로부터 완전히 자유롭지 못하였지만 그가 이미 비룡산에서 격의의 방법으로 불교 문헌들을 해석하는 것을 단호하게 부정한 것이나 서문들 중 하나에서 중국에서의 《반야경》에 대한 과도한 관심은 도가 철학과의 유사성 때문이라고 이야기한 것[42] 등은 초기 중국 불교사에서는 대단히 찾아보기 힘든 비판적 정신을 보여준 것이라고 할 수 있다.

도안道安의 양양襄陽에서의 활동 - 사원 생활과 조직

도안과 제자들은 처음 백마사(白馬寺, 같은 이름의 많은 사찰들이 있었다)에 머물렀지만 그들의 규모에 비해 너무 작았으므로 곧바로 - 아마도 도착했던 365년에[43] - 다른 곳으로 옮겼다. 옮긴 곳은 청하(淸河, 하북성) 출신의 장은張殷의 저택이었다. 이 집을 시주한 인물은 지방관이었던 듯하지만 그의 이름은 다른 곳에 보이지 않고 있다. 자신의 저택을 승려들에게 시주하여 사원으로 쓰게 하는 것은 일반적으로 행해지는 일이었다. 앞에서 본 것처럼(2장 주석 57번) 이런 모습은 아주 초기부터 있었다. 도안은 이 새 사원을 단계사檀溪寺로 명명하였는데, 이는 아마도 그 저택에 있던 정원의 이름과 관련되는 것으로 생각된다.44) 이 사찰은 곧바로 '대부와 고관'들의 동조와 경제적 후원하에 확장되고 꾸며져서, 5층탑과 400명을 수용할 수 있는 승방을 갖추게 되었다. 구리 승로반(承露盤, 탑의 꼭대기에 두는 평평한 원반)을 만드는 비용을 마련하는 일은 당시 강릉(호북성)에 있던 옛 동료 축법태에게 맡겼던 것으로 보인다. 양주(凉州, 감숙성)자사 양홍충(楊弘忠, 다른 곳에는 보이지 않음)이 승로반을 만드는 데 사용하라고 구리 만 근을 보냈을 때, 도안은 그 임무는 축법태에게 맡겼다면서 그 재료로는 장육존상을 만들자고 제안하였다.45) 제안대로 불상이 만들어진 후, 이 단계사 구리 불상은 당시의 가장 유명하고 존경받는 불상이 되었다. 혜원은 이 불상의 찬문을 지었는데,46) 그것은 나름대로의 이유가 있었다. 이 불상은 저절로 움직이고 공중에 떠오르는 신비한 능력을 가지고 있었던 것이다. (단계사의) 또 다른 불상은 사리를 가지고 있어서 대중들을 놀라게 하였는데, 그 사리는 도안의 지시에 의해 머리에서 육계를 떼어냈을 때 발견되었다. 또 다른 신앙의 대상들은 장안에 있던 전진의 군주 부견(苻堅, 재위 357-387)의 시주물들이었다. 도안의 전기에 나열되고 있는 그 시주물들의 내용은 미술사적으로 흥미로운 내용을 담고 있다. '외국에서 만든 금칠을 한 7척의 와(불)상,47) 금으로 만든 좌상, 진주를 들고 있는 - 혹은 진주로 만든? - 미륵상, 금으로 수놓은 불상, 비단으로 짠 불상 등이 각각 하나씩이었다.' 모든 종교 의식 때마다 도안은 이 불상들을 번당幡幢들과 함께 일렬로 늘어놓았는데, 이는 그 의식에 참석한 모든 사람들에게 깊은 감명을 주었다.

365년 양양에 도착할 당시에 도안 제자의 규모는 이미 상당하였다. 《고승전》에서는 400명, 《출삼장기집》에서는 500명이라고 이야기하고 있고, 당시의 자료들에도 수백 명에 이르렀던 것으로 나타나고 있다.48) 그러한 다수의 대중을 부양해야 하는 경제적 문제는 대규모의 현물 시주에 의해 해결되어야 했다. 실제로 시주자 극초 - 지둔의 신봉자이자 《봉법요》의 저자인 그에 대해서는 이미 살펴보았다 - 는 동쪽 지역에서 도안에게 천 곡斛 즉 1만 두斗의 쌀을 보냈고, 효무제(재위 373-379)는 도안에게 '왕공과 같은 액수의 급료를 그가 거주하는 지역에서 현물로' 제공하도록 했다.49)

많은 승려들의 숫자는 다른 조직상의 문제점들도 발생시켰다. 보다 완전한 율(律, Vinaya)의 사본을 구하려는 도안의 노력에도 불구하고 사원 생활을 위한 규칙인 율은 아직 대단히 불완전하게 알려져 있었다. 이 때문에 도안은 세 가지로 분류된 많은 규칙들로 구성된 사원 규율을 만들었고, 이것은 곧 전국의 사원들에 수용되었다고 전해진다. 이 세 가지 종류의 규율들에 대한 《고승전》의 설명은 매우 간략하고 상당히 애매하다. 분향焚香, 송경誦經, 행도行道, 음식 등에 관한 규율들을 포괄하고 있는 처음의 두 부류는 설교나 예배 같은 일상적인 행위들에 관한 것인 반면 세 번째 부류는 주로 2주마다 행하는 재계齋戒와 포살布薩에 관한 것이다.50) 도안은 자신의 공동체에서 엄격한 규율을 시행하였고, 이미 양양을 떠난 과거의 제자까지도 벌하였다고 한다.51) 양양에서 도안에 의해 도입된 또 하나의 전통은 승려들의 성씨로 석釋씨를 사용하는 것이었다. 이것은 축竺, 지支, 강康 등의 종족에 기초하고 있던 이전의 승려 성씨를 대체하였다. 당시에 보편적으로 받아들여지고 현재까지도 일반적으로 행해지고 있는 이 도안이 제시한 방식의 사상적 배경에 대해서는 다음 장에서 검토하고자 한다.

이와 같이 양양은 몇 년 지나지 않아서 - 비상한 스승 겸 학자이자 조직가였던 인물의 지도하에 - 대단히 유명한 번창하는 불교 중심지가 되었다. 앞에서 인용한 비교적 상세하고 구체적인 정보 덕분에 양양은, 비록 애매하기는 하지만, 중국 불교공동체의 일상생활과 활동에 대해 알 수 있는 가장 이른 시기의 사례가 되고 있다. 이 공동체와 그 지도자에 대한 재가 지식인 신자들의 칭송은 당대 자료인 습착치習鑿齒가 유명한 사안(謝安, p.112 참조)에게 보낸 – 아마도 사안이 권력을 장악한 (373년) 이후의 – 편지에 잘 나타나고 있다. 습착치가 직접 경험했던 다른 불교 사원들과 양양의 불교공동체 사이에 여러 활동 및 일반적 분위기에 있어서 큰 차이가 있다는 사실을 강조하고 있는 것이 주목된다.

"저는 이곳에 와서 석도안을 보았습니다. 그는 틀림없이 대단히 뛰어난 사람이며 범상한 승려가 아니었습니다. 스승과 제자는 수백을 헤아렸는데, 그들은 전혀 싫증 내지 않고 재계齋戒와 (경전) 연구에 몰두하고 있었습니다. 그들은 일반인들의 눈과 귀를 미혹시킬 수 있는 신비한 술수를 부리지 않고, 많은 소인배들의 방자한 행동을 바로잡기 위하여 (일부러) 위엄과 권위를 드러내지도 않았습니다. 선생과 제자들은 그 숫자가 대단히 많음에도 불구하고 엄숙하게 서로를 존경하고 있습니다. 이러한 모습은 제가 전에 본 적이 없던 것입니다. 그 사람(=도안)은 조직하는 데 경험이 많고 자신의 감정을 조절하는 데 뛰어났습니다. 안(=불교)과 바깥(=세속)의 책들을 거의 대부분 읽었으며, 음양[52]과 산수에도 정통하였습니다. 또한 불경(에 담긴) 신비한 가르침들도 완전히 익히고 있었습니다. 이론에 있어서는 법란[53], 법도法道[54]와 비슷하였습니다. 당신이 함께 그를 볼 수 없었던 것이 대단히 안타깝습니다. 그 역시 거듭하여 당신과 이야기를 나누고 싶다고 하였습니다."[55]

양양襄陽에서의 사족 및 왕실과의 교류

앞에서 살펴본 것처럼 동남부(수도 건강과 오吳와 회계 등의 지역) 사회 상류층에의 불교의 침투는 느리고 점진적인 과정이었다. 도안이 양양에 거주하고 있던 370-380년 사이에 불교는 궁정에서 확고한 지위를 확보하는 데 성공하였다. 건문제가 지둔과 축법태의 설법을 듣고, 우바새 황제였던 효문제가 궁궐에 정사를 건립한 것이 이 시기였다(앞의 p.151 이하 참조.) 한편 도안 자신도 사상 형성기의 수 년간을 궁중 불교와 황제의 후원을 받고 있는 업鄴에서 보냈었다. 그는 이러한 혼란기에는 지배자와 상층 계급의 보호를 받을 때에만 가르침이 발전할 수 있다고 굳게 확신하였다. 그가 365년에 다수의 제자들을 여러 곳으로 보낼 때에 이와 같이 말했다고 한다. "우리는 지금 재난의 시기를 맞이하고 있다. 우리가 나라의 통치자에 의존하지 않는다면 가르침의 일들은 확고하게 되기 어려울 것이다." 같은 때에 그는 축법태에게 수도 지역으로 가라고 하면서 다음과 같이 말하였다. "그곳에는 많은 귀족들이 있다. 그들은 (교양있는 승려들의) 세련된 태도[風流]를 인정해 줄 것이다."56)

이와 같이 도안은 의심의 여지없이 양양 및 외곽 지역에서의 교단과 귀족들의 교류를 장려하였다. 그가 양양에 도착한 직후에 곧바로 자신의 새 사원을 확장하는 데 필요한 기금을 지방의 사족들로부터 얻어내는 모습은 이미 앞에서 살펴보았다. 양양의 가장 저명한 인물 중 한 사람이었던 습착치(390년경 사망)는 유명한 역사가이자 청담 전문가로서 환온의 가까운 동료였다(p.110). 그는 이미 365년에 도안에게 편지를 보냈고,57) 나중에 도안과 사귀게 되었다. 이후 두 사람은 유명한 청담의 명구들을 주고받았다.58) 마지막으로 그 이전부터 도안과 친밀한 관계를 맺고 있던 주서朱序는 377년에 양양에 설치된 양주涼州의 자사가 되자 도안을 가까이 두기 위하여 강릉에서 돌아오게 하였고(377년, 아래 내용 참조), 2년 후인 379년에 이 도시가 전진의 군대에 의해 포위되었을 때에도 도안이 양양을 떠나지 못하게 하였다.59)

도안은 또한 양양 이외 지역의 저명한 귀족들과도 교유하였다. 그의 사원을 위하여 구리 – 아마도 현금으로 보냈을 것이다 – 를 보내준 양주의 자사(앞의 내용 참조), 373년과 377년 사이에 도안을 강릉(호북성)에 있는 자신의 저택으로 초빙하였던 형주자사 장군 환활桓豁60), 유명한 건강의 신자 극초, 강릉에 있는 자신의 저택을 장사사長沙寺(장사현의 사찰)로 바꾸고 도안의 제자 중 한 사람을 그곳의 주지로 보내달라고 요청하였던 장사長沙태수 등함滕含61) 등이다. 양양에 머물던 시기의 도안의 동진東晉 및 전진前秦 황제와의 교류에 대해서는 이미 살펴보았다.

이런 모든 교유관계에도 불구하고 도안과 그의 공동체는 당시의 정치적 음모와 사건들에서 벗어나 있었던 것으로 보인다. 양양은 수도로부터 멀리 떨어져 있었을 뿐 아니라 해당 시기 대부분의 기간 동안 독재자 환온의 절대적 지배하에 – 373년에 그가 죽을 때까지 – 있었다. 그리고 그 이후에는 부견 제국의 영토 확장을 경계하여야 했다. 북쪽으로부터의 증대되는 위험성 앞에서 다양한 정파 사이의 갈등은 일시적으로 중단되었다.

양양襄陽에서의 종교적 활동

양양에 있으면서 도안의 관심은 선정에서 반야바라밀로, 즉 개괄적으로 말하면 소승에서 대승으로, 도교의 수행과 결합된 불교적 요가 수행에서 중국의 현학을 배경으로 한 불교적 인식론으로 옮겨간 것으로 보인다. 도안의 관심이 이와 같이 변화되는 데에는 남쪽 지역의 현학적 불교 사상 및 그것의 여러 이론[義]들의 영향이 있었다.

[p.191]   실제로 남쪽 수도 지역의 교리연구자들과 도안 사이에는 일정한 관계가 있었고, 그의 옛 동료인 축법태(320-387)가 매개자 역할을 하였다. 앞에서 이미 《신무형론神無形論》의 저자인 반야사상 전문가 축승부의 생애와 이론에 대해서는 살펴보았다(p.147). 그리고 도안과의 관계와 관련하여 (a) (아마도 도안의 옛 제자로서 수도에 갔던) 도숭道嵩이라는 승려가 도안에게 축승부의 이론에 대해 편지를 썼으며 그중 한 문장이 《고승전》에 인용되어 있다는 사실과 (b) 축법태 역시 축승부에게 크게 감명받아서 도안에게 보내는 여러 편지들에서 – 그 편지들은 《고승전》을 편찬할 당시(6세기 초)에는 전해지지 않고 있었다 – 축승부의 이론들에 대하여 설명하였다는 사실에 대하여도 언급하였다. 도안이 수도 지역으로 옮겨간 축법태와 이론적 주제들에 관하여 서신 왕래를 지속하고 있었다는 사실은 《출삼장기집》 중의 도안의 저작 목록에 들어 있는 〈법태의 힐난에 답한다[答法汰難]〉[62]는 제목의 글들을 통해서도 확인된다. 또한 365년 혹은 그 직후에 수도로 가는 길에 병이 난 축법태를 수발하기 위하여 양양에서 강릉으로 보내졌던 혜원 – 당시 그는 이미 도안의 가장 뛰어난 제자 중 한 사람이었다 – 이 심무의心無義의 신봉자와 길고 열띤 논쟁을 벌이기도 하였다(앞의 p.148 참조).

이상의 사실들은 도안과 그의 제자들이 동남부 지역에서 수십 년간 발전하였던 주요 이론과 사상들에 대하여 충분히 알고 있었음을 보여 주는 것이다. 그런데 그 이론과 사상들은 모두 주로 《반야경》에서 설명되고 있는 '무(혹은 공)와 현상세계'의 개념, 다른 말로 하면 절대적 진리와 현상적 진리의 관계를 해명하는 것을 목적으로 하고 있었다.

이런 점에서 도안의 활동에서 반야계 경전에 대한 설명이 매우 중요한 역할을 하였다는 것은 당연한 것이었다. 15년 동안 그는 《방광경》(무라차無羅叉가 번역한 《2만5천송반야경》) 전체를 매년 두 차례씩 강의하였고, 이것은 장안으로 옮긴 379년 이후에도 계속되었다.[63] 그는 다양한 종류의 반야계 경전에 대하여 많은 주석서와 이론서들을 지었고[64], 중국 본토에서는 없어졌지만 376년에 양주(감숙성)에서 축법호에게 보내져 그곳에서 계속 유통되고 있던 축법호 번역의 《광찬경光讚經》사본을 구하는 데 성공하였다.[65]

도안은 독자적인 해석 '이론'을 확립하였던 중국의 초기 고승 중의 한 사람이었다. 후대의 학술문헌에서는 그의 이론을 '본무론本無論'으로 부르고 있다.[66] 탕용동이 증명하고 있는 것처럼(『불교사』, p.238 이하), 이 용어는 실제로는 반야경의 보편적 무(공)라는 이론 전체를 의미하는 보다 넓은 의미를 내포한다. 이 용어는 반야경의 가장 이른 시기의 두 번역본에서 타타타(thathatā, 如, 眞如)를 번역하기 위하여 사용되었고,[67] 그 두 번역본의 합본에 대한 지둔의 서문에 여러 차례 등장하고 있다(앞의 p.124 참조). '본무'라는 용어는 불경에서 처음 사용되었지만, 그 단어 자체는 도가적 혹은 현학적 기원을 갖는 것으로 보인다.[68]

초기의 '학설'들과 마찬가지로 도안의 본무론의 내용은 거의 알려져 있지 않다. 그의 논술 중 한 문장은 그가 (근원적인) '본무本無'의 상 [p.192] 태와 (현재의) '말유末有'의 상태가 일시적인 관계를 맺고 있다고 생각하였음을 보여주고 있다. '무無는 최초의 변화 앞에 있고, 공空은 많은 형상의 시작이다.' 이 근원적인 상태는 자연自然으로 묘사되었으며, '일시적인 (현상적) 변화(의 과정)[權化]'의 기초 혹은 근원을 이룬다. (인간을 '말유'의 영역에 국한시키고 있는) 장애[累]로부터의 해방은 '마음을 본무에 둠으로써[宅心本無]' 실현될 수 있다.

본래의 '형체 없는' 상태에서 다양한 구체적 현상세계로 타락했다고 하는 우주론은 도가 철학자들이 주장한 일부 개념들과 매우 비슷하며69), 도안이 현상세계에 선행하는 '본무'에 정신을 집중할 것을 주장하는 것은 '(근원적) 하나에 대한 집중[守一]' 같은 도가의 명상 수행법과 유사한 것이다. 탕용동이 이야기하고 있는 것처럼(『불교사』, p.247) 도안이 이전에 선정에 집중하였던 것이 그의 반야바라밀 이론에 대한 해석에 영향을 미쳤을 가능성이 높다.

하지만 한편으로 이러한 도가적 개념과의 유사성을 지나치게 강조해서도 안 된다. 도안의 '본무'는 도가 사상가들이 이야기하는 변화하는 세계의 근본에 있는 불변의 바탕이 되는 원시적 혼돈과는 근본적으로 다르다. 도안 자신이 같은 문장에서 이야기하고 있는 것처럼 '그것은 수많은 형상들이 그것으로부터 생겨나는 비어 있는 공간을 의미하는 것은 아니다.' 즉 '본무'는 모든 현상의 참된 본성이고, 세속적 진리의 바탕에 있는 절대적인 것이다. 후대의 학자들은 도안의 주장이 구마라집에 의해 밝혀진 반야 이론의 참된 의미에 가장 가까운 해석이었고, '본무'와 '묘유妙有'를 동시에 이야기하는 것은 도안의 제자 혜원의 다음과 같은 말에서 시작되었다고 강조하고 있다. "인연(의 차원)에서 존재하는 것은 본무(의 차원)에서는 존재하지 않는다."70) 도안의 개념은 '하늘과 땅이 생기기 이전에 모든 것이 섞여 있었다'(《도덕경》25장)고 하는 도가의 이상화된 혼돈과 본래[本, svabhāvataḥ] 비어 있는 [無, śūnya] '모든 존재[法]의 참된 성질'이라는 대승불교 개념의 혼합물이었다. 그는 여전히 '본무'와 '말유'를 구분하면서 마음에서 후자를 제거함으로써 전자에 도달하고자 하는데, 이런 점에서 그는 구마라집과 그 학파에 의해 중관계 논서들이 소개됨으로써 비로소 중국의 주석가들이 이해하게 된 무[공]와 현상, 열반과 윤회의 절대적 동일성을 아직 완전하게 깨닫지 못하였다고 할 수 있다.

반야바라밀에 대한 도안의 해석은 양양과 장안에서 쓴 여러 번역본에 대한 서문들에서 보다 분명하게 드러나고 있다. 이론적 측면에서 가장 중요한 자료는 의심의 여지없이 무라차의 《방광경》과 축법호의 《광찬경》 합본에 대한 자신의 주석에 붙인 서문 - 〈합방광광찬약해서合放光光讚略解序〉 - 이다.71) 도안은 두 책의 전래과정에 대해 설명에 이어서 반야바라밀의 근본 취지에 대해 이야기하고 있는데, 이는 대승불교와 현학이 혼합된 고전적인 사례를 보여주고 있다.

도안에 의하면 여(如, tathatā), (부처의 초월적인) 법신(法身, dharmakāya), 진제(眞際, bhūtakoṭi)라는 세 가지 측면이 합쳐져서 '최상의 완전한 길 [無上正眞道]'을 깨닫는 기초가 되는 완전한 지혜인 반야바라밀을 이룬다고 한다. 그리고 이 세 가지 측면에 대해서는 다음과 같이 정의하고 있다. [p.193]

(1) 여(如, tathatā)는 그러한 것이다. 이것은 처음부터 끝까지 그러한 (상태로) 있는 것이며 어떤 것도 다른 어떤 것이 되게 할 수 없다. 부처들이 출현하였다가 사라져도 이것은 끊임없고 어떤 것에 의지함 없이 '영원히 (그렇게) 계속 유지된다'(《도덕경》6장 및 32장) 그래서 이것을 여如라고 한다.

(2) 법신(法身, dharmakāya)은 하나[一, 통합된 전체로써의 하나]이다. 이것은 영원히 청정하다. (여기에서는) 존재하는 것과 존재하지 않는 것이 모두 정화되며 '이름을 가진 것'(《도덕경》 1장)에 의해 (영향받지 않는다.) 그러므로 계율을 지킴에 있어서는 계율도 없고 위반도 없으며, 정신집중[定]을 실행함에 있어서는 집중도 없고 흩어짐도 없다. 또한 지혜에 있어서는 지혜로움도 없고 어리석음도 없다. 깊이 잠겨서 모든 (차별을) 잊었으며, (통합되어 있어) 모든 '두 가지'나 '세 가지'는 그치게 된다. 밝고 어두움이 없으므로 청정하다고 한다. '영원한 길[常道]'(《도덕경》 1장)이다.

(3) 진제(眞際, bhūtakoṭi)는 모든 집착으로부터 벗어난 (상태)이다. 이

것은 '정박한 배처럼 움직이지 않고[泊然不動]'(《도덕경》 20장), 심원하여 '신비하게 같다[玄齊].' 이것은 '일부러 하는 것이 없으면서[無爲]' '하지 않는 것이 없다[無不爲]'(《도덕경》 37장). 모든 존재들은 다 '함[有爲]'이 있지만72) 이 법은 깊은 침묵에 잠겨 있다. 그러므로 이것은 있음이 아니며, 참된 존재이다.

그리고 나서 늘 그런 것처럼 (진리의) 방편적 드러남과 진리 그 자체를 구별하고 있는데, 이것은 경전에 적용할 경우 문헌에 쓰여진 표현과 그것이 표현하고자 하는 깊은 의미 혹은 다양한 가르침과 모든 다양성이 사라진 근원적 가르침의 차이이고, 보살의 수행에 적용할 경우에는 보살의 현상적 지식(존재에 관한 지혜, 法慧)과 초월적 지혜[眞慧]의 차이이다. 특히 후자의 구별에 대한 도안의 설명에는 유명한 《도덕경》 첫 구절에 대한 4세기의 불교적 해석이 드러나고 있어 대단히 흥미롭다.

"5온五蘊(의 구별)에서 일체지一切智에 이르는 (모든 개념들이) 보살이 수행해 가는 과정에서 깨달아가는 법혜法慧를 이룬다. 이것이 '이야기될 수 있는 도[可道之道]'이다. (실제로는) 아무런 특성이 없는 하나의 특성[一相無相, 모든 존재가 공유하고 있는 공의 특성](에 대한 통찰)이 보살이 수행해 가는 과정에서 깨닫게 되는 참된 지혜[眞慧]를 이룬다. 이것이 보살의 '영원한 길[常道]'에 대한 이해이다… 이 두 (가지 통찰이) 함께 지혜라고 불리며[同謂之慧, 《도덕경》 1장의 同謂之玄을 참조], 하나가 없으면 다른 하나도 있을 수 없다…"

379년 이후 도안은 장안에서 《방광경》 전체를 1년에 두 차례씩 강의하였고, 382년에는 투르판에서 또 다른 《8천송반야경》의 범어 사본을 구하였다. 이것의 중국어 번역본을 통하여 도안은 자신의 이해를 완성시키고 많은 점을 수정할 수 있었다. 구마라집이 보다 정확한 자신의 번역을 통하여 제자들에게 반야계 경전들의 정확한 의미를 가르치려고 노력하던 402년 이후에도 도안의 《반야경》 주석서들은 장안에서 여전히 권위를 가지고 있었다고 생각된다.

신앙

[p.194]

공空[무無]에 대한 이론의 해석에 있어서 도안은 상당히 전통적 방식을 따르고 있었다. 양양에서의 종교적 활동의 모습 중에는 더욱 놀라운 것이 있는데, 그것은 불교의 신앙적 측면의 강조, 특히 미래불인 미륵에 대한 신앙의 강조이다. 도안의 경우 이 미륵신앙은 그의 주석 활동 즉 그의 강의나 주석작업과 긴밀하게 연결되어 있었다. 그의 전기에는 그가 경전의 내용을 왜곡할지 모른다는 두려움을 항상 가지고 있었는데, 빈두로賓頭盧 존자가 꿈에 나타나 안심시켜 주었다는 내용이 기록되어 있다.[73] 미륵은 부처가 되기 위하여 사바세계에 태어날 때까지 도솔천에 머물고 있다고 생각되고 있다. 그는 주석가들의 후원자이자 불교학자들에게 영감을 주는 존재로 간주되었다. 유명한 대학자들이 교리상의 문제들에 관하여 그에게 질의를 하였다는 전설들도 전해지고 있다.[74] 도안 당시에는 전체적 혹은 부분적으로 미륵과 그의 미래의 성불에 관해 이야기하는 경전들이 이미 많이 번역되어 있었으며,[75] 영감을 주는 존재로서의 미륵에 대한 신앙은 도안과 그 제자들에 한정되지 않았다. 하지만 이러한 신앙을 의식으로 만든 사람은 도안이 처음이었던 것 같다.

그 자신의 전기와 보다 자세한 내용을 담고 있는 제자의 전기에 의하면,[76] 도안은 일곱 명의 제자를 미륵상 앞에 모으고 이 천상의 학자로부터 끊임없이 지도와 영감을 받기 위하여 도솔천에 태어나기를 집단적으로 서원하게 하였다고 한다.

이 흥미로운 의식과 30년 후(402년) 혜원과 백여 명의 신자들이 아미타불상 앞에서 행한 서원 사이에는 간과할 수 없는 관계가 있다. 둘 다 특정한 부처 – 도안의 경우에는 미래불 – 앞에서의 집단적 의식인 동시에 내세에 특정한 구체적 정토에 태어나고자 하는 같은 종류의 서원이었다. 도안과 제자들의 서원은 이 세상에 있으면서 미륵과 그가 살고 있는 천상세계를 관상觀想하기 위한 일정한 정신집중[명상]과 함께 행해졌을 가능성이 있다. 실제로 《고승전》에는 385년 2월 22일에 그들이 도솔천의 모습을 관상한 사실을 기록하고 있는데,77) 이는 비록 도안의 신비한 능력을 묘사한 것이지만 동시에 이러한 측면을 보여주는 것일 수도 있다. 어쨌든 혜원의 서원은 자신을 비롯한 신앙 집단의 구성원들이 삼매[정신집중] 중에 부처의 모습을 그려냄으로써 부처를 직접 보려고 한 것과 밀접한 관련이 있다.

하지만 한편으로는 양양에서의 여덟 명의 미륵신앙 예배자와 여산에서의 다수의 아미타신앙 예배자 사이에는 참가자의 숫자 이외에도 중요한 차이점이 있다. 도안의 서원은 사원 안에서 행해진 개인적인 신앙이고 순전히 승려들의 일이었던데 반하여 혜원의 집단은 승려와 함께 여산에 모인 – 중요한 지식인들을 포함한 – 재가신자들로 구성되어 있었으며, 혜원의 지도하에 스승과 함께 집단적으로 서원하였다. 후자의 경우 사원은 더 이상 격리된 곳이 아니었고, 교양있는 속인들이 적극적으로 종교 생활에 참여하였다. 그 의식은 승려들의 학문적 배경 – 주석상의 문제를 해결하는 데 필요한 미륵의 영감을 기원하는 것 같은 – 과 무관하였고, 승려가 아닌 사람들을 포괄하는 대규모의 이질적 집단으로 확장되었다. 혜원은 여덟 명의 미륵신앙 예배자 중의 한 사람이었을 수 있지만 자료에서는 이와 관련하여 그의 이름을 언급하고

있지는 않다. 어찌되었든 혜원은 미륵신앙 형식을 계승하는 한편으로 [p.195]
그 목적과 적용 범위를 바꾸어 재가 불교의 가장 영향력 있는 신앙으로 만들었다. 이것은 혜원의 독립정신과 독창성 – 이것은 그가 자신의 스승과 공유하고 있던 특성이다 – 을 잘 보여주는 사례이다. 한편으로 열심히 미륵신앙을 실천하고 있던 덜 독창적인 도안의 옛 제자도 있었다. 누가 그에게 왜 아미타불에게 기도하여 정토에 태어날 것을 바라지 않느냐고 묻자 그는 이전의 도안의 문하에서 그렇게 행했기 때문이라고 대답하였다.[78]

요약하면 《반야경》에 대한 주석과 미륵에 대한 예배로 대표되는 도안의 양양에서의 종교적 활동은 그의 삶의 한 단계를 특징짓고 있는데, 이것은 한편으로는 동남부 지역의 현학적 불교와의 접촉에 의해서, 또 한편으로는 그의 이전 선정 수행과의 관계에서 설명될 수 있다. (종교적 활동의) 두 가지 모습은 그의 제자들 특히 이어지는 시기에 그의 계승자로서 남쪽 교단의 지도자가 될 혜원에게 심대한 영향을 미쳤다.

양양襄陽에서의 학술 활동

독자들은 이 절의 제목을 조금 감안하여 받아들여야 할 것이다. 도안이 양질의 완전한 경전 사본들을 구하기 위해 노력하고, 뛰어난 불교 번역문헌 목록 편찬을 통하여 뛰어난 학자적 능력을 보여주었다는 것은 사실이다. 하지만 이러한 활동들의 근본 동기는 반드시 그러한 역사적, 문헌학적 관심에 있었던 것은 아니었다. 그러한 두 가지 활동은 부처님의 말씀을 가장 완전하고 왜곡되지 않은 형태로 확보하고, 신성한 가르침을 담고 있는 개별 경전들을 평가하기 위한 수단으로서 과거 번역자들의 작품들을 서술하고 분류하려는 종교적 욕구에서 추구되었던 것이다. 여기에서 다시 특정한 방식 - 이 경우에는 세속의 문헌 정리법 - 이 수용되고 새로운 내용에 맞추어 적용되었다. 도안이 목록을 편찬할 때 세속의 문헌 목록, 예를 들어 《한서》〈예문지〉와 같은 것의 사례를 따랐음은 의심의 여지가 없다.79) 그의 전기에 의하면 도안은 유학자집안 출신이었으며, 역사문헌들에 대해서도 잘 알고 있었음에 틀림없다.

도안의 《종리중경목록》에 대해서는 앞에서 이미 언급하였으므로 (p.30 및 2장의 주석 65번 참조), 그에 관한 구체적 내용과 참고문헌들에 대해서는 반복하지 않으려 한다. 이 목록은 374년에 완성되었으며, 약 6백 종의 문헌 제목을 수록하고 있다. 번역문헌에 대한 더 오래된 기초적인 목록들이 도안의 시기에 이미 있었을 것이다. 또한 시민도가 4세기 전반에 남쪽에서 편찬한 목록도 있었지만(p.99 참조) 이것은 도안이 결코 참조할 수 없었다. 따라서 《종리중경목록綜理衆經目錄》이 편찬되었다는 사실 자체보다는 그 편찬 과정에 활용된 비판적이고 학문적 방법에 주목할 필요가 있다. 모든 수록 문헌들은 직접 검토한 것들이므로 후대의 대부분의 목록에 들어 있는 '일실逸失' 항목은 포함되어 있지 않다. 또한 도안은 자신이 검토한 모든 경전들 - 불완전한 것들까지도 - 에 대하여 기록하였다. 텍스트에 번역 시기와 상황을 알려주는 제기가 있는 경우 도안은 이것들을 자신의 목록에 그대로 옮겨 적었다. 경전들의 번역자를 정할 때에는 이러한 제기나 번역자의 이름을 담고 있는 제목에 의거하였지만, 때로는 문체와 어휘들을 기준으로 삼기도 하였다. 그렇지만 후대의 많은 덜 비판적인 목록 [p.196] 편찬자들과 달리 그는 많은 번역들을 '역자미상[失譯]'으로 처리하는 것을 망설이지 않았다. 그는 또한 이 '역자미상' 경전들을 '고대의 번역본', '양주(감숙성)에서의 번역본', '관중지역[장안] 번역본' 등 세 부류로 구분하였다. 또한 검토 결과 위조로 보이는 경전 제목들을 모아 그것들을 별도의 항목으로 분류하였다.80) 그는 세속의 문헌 목록들과는 다른 자신만의 분류방법을 고안하여야 했으며, 그 과정에서 모든 후대의 불교 문헌 편찬자들이 따르게 될 기준을 제시하였다.

도안이 더 많은 양질의 경전 사본들을 구하기 위하여 노력하는 동안에 일부 사본들이 멀리 떨어진 양주에서 그에게 보내졌다. 양양에서 쓰여진 한 통의 긴 편지 – 비록 《출삼장기집》에는 작자미상이라고 되어 있지만 도안 자신이 썼음에 틀림없다81) – 는 이와 관련된 대단히 흥미로운 자료 중 하나이다. 이 글에는 같은 주제를 다루는 다양한 경전들의 내용상의 차이에 대한 그의 세밀한 관심, 구할 수 있는 텍스트들의 불완전함에 대한 불만과 보다 나은 텍스트를 구하려는 소망, 특정 텍스트의 번역과 전래과정에 대한 역사적, 문헌학적 세부사항에 대한 자세한 서술, 중국의 다른 지역 출신의 승려들과의 교류, 종교 생활에 있어서의 계율의 일차적 중요성에 대한 강조 등 도안의 활동 및 관심사에 대한 여러 측면들이 명확하게 나타나 있다.

이 편지는 《십주경》 – 도안은 축법호 번역본(《점비일체지덕경漸備(一切智德)經》)의 사본을 구하였다 – 에 의한 보살 수행의 열 단계[十地] 각각의 명칭을 중국어로 열거하는 것으로 시작하고 있다. 십지의 명칭들은 다음과 같다. ① 열예(悅豫, Pramuditā, 즐거움이 가득한), ② 이구(離垢, Vimalā, 더러움이 없는), ③ 흥광(興光, Prabhākari, 빛을 주는), ④ 휘요(輝耀, Arciṣmatī, 빛을 발하는), ⑤ 난승(難勝, [Su]durujayā, 제압하기 힘든), ⑥ 목전(目前, Abhimukhī, 눈앞에 있는), ⑦ 현묘(玄妙, Dūraṅgamā, 멀리 가는/ 신비하고 놀라운), ⑧ 부동(不動, Acalā, 흔들리지 않는), ⑨ 선재의(善哉意, Sādhumatī, 좋은 생각의), ⑩ 법우(法雨, Dharmameghā, 가르침의 구름/가르침의 비).

도안은 틀림없이 편지를 받는 사람을 위하여 혹은 그의 요청에 의하여 이 이름들을 열거하였을 것이다. 도안은 (《십주경》이) 번역된 시기와 경전의 분량에 대해서도 이야기하고 있는데, 안타깝게도 첫 번째 권이 전해지지 않지만 언젠가 이 누락된 부분을 채울 수 있을 것이라는 기대를 표시하고 있다. 그는《십주경》에서의 십지에 대한 설명이《본업경》(지겸역, T281 타이쇼대장경 제10책; 혹은 섭도진역의《제보살구불본업경(諸菩薩求佛本業經)》, T282 타이쇼대장경 제10책)이나《대품반야경》의 설명에 비하여 훨씬 자세할 뿐 아니라 약간의 차이가 있다면서, 이와 같이 중요한 경전이 왜 양주(감숙성)에 그토록 오랫동안 알려지지 않았는지 이해할 수 없다고 이야기하고 있다. 이전에 양주에는 학문연구와 신앙을 위해 이 경전의 사본들을 구하였을 것으로 생각되는 서교도釋敎道나 축법언竺法彦과 같은 승려들이 있었지만 그들은 이 경전의 존재에 대하여 언급하지 않았다. 도안은 이《십주경》이 분량이 많고 대단히 중요한 경전이라는 점에서 이러한 사실을 더욱 중요하게 생각하고 있다. 이전에 그는 업에서 학식있는 승려인 백법거帛法巨와 이야기를 나눈 적이 있는데, 그 역시 이 경전에 대해 알지 못하였다고 이야기하고 있다.

[p.197] 도안은 이어서《십주경》번역자의 제기를 베끼고, 축법호를 가장 뛰어난 대승경전 번역자 중 한 사람이라고 칭송하고 있다. 하지만 도안에게는 축법호가 번역한《2만5천송반야경》-《광찬경》- 이 이전의 학자들에게 거의 연구되지 않았다는 사실도 의문이었다. 이 점은 이 경전을 이해하기 위한 도안 자신의 노력에 의하여 어느 정도 해결되게 되었다. 또 다른 불행한 사실은《십주경》제1권이 일실되었다는 것이었다. 이 경전은 보살의 모든 행위에 대한 체계적 정리의 측면에서 다른 경전들과 전혀 다른 내용을 많이 포함하고 있기 때문에 도안은 이 경전을 철저하게 연구하려고 노력하였는데, 제1권의 일실로 인하여 많은 어려움을 느끼고 있었다.

《대품반야경》의 축법호 번역본인《광찬경》은 길고 복잡한 역사를 가지고 있다. 이 책은 무라차가 번역한 《방광경》보다 겨우 8-9년 일찍 번역되었고, 《방광경》 출현(286년) 이후에는 곧바로 사라져서 오직 양주 지역에서만 유통되었다. 이전에 북쪽 지역에 있을 때에 도안은 이 경전 중의 한 권을 보았는데, 거기에는 축법호 동료들의 이름을 기록한 제기가 있었다. 그 동료들은 모두 장안 출신이었으므로 도안은 이 경전이 그곳에서 번역되었다고 생각하였다. 아마도 축법호는 자신의 번역본이 장안에서 널리 알려지기 전에 그 텍스트를 양주로 가지고 가서 그곳에 퍼뜨렸던 것으로 생각된다. 위에서 언급한 제기의 정보는 혜상慧常 등이 양주에서 도안에게 보내준 《광찬경》 텍스트의 제기의 정보와 정확하게 일치하고 있다.[82] 혜상은 도안에게 모두 4종류의 경전 – 《광찬경》, 《십주경》, 양주에서 막 번역된 《수능엄삼매경》 (주석 82번 참조), 축법호역의 《수뢰경須賴經》 – 을 보냈다. 이들은 모두 그때까지 도안이 알고 있던 다른 번역본들에 비해 훨씬 자세하였으므로 지식을 얻는 데 중요한 기여를 할 것으로 생각되었다. 편지에는 이 경전들이 양주에서 양양으로 오는 과정에 대해 매우 자세하게 설명하고 있으며, 그것들이 순차적으로 양양에 도착한 날짜들을 기록하고 있다. 《광찬경》이 도착하였을 때에는 3백 명의 승려들이 참석하였으며, 석승현釋僧顯이라는 승려에게 그것을 베껴 수도의 축법태에게 전해주도록 하였다. 도안은 알 수 없는 이유로 아직 양양에 이르지 못한 《오백계五百戒》의 완전한 텍스트가 틀림없이 아직 그곳(=양주)에 있을 것이며, 그것이 가장 절실하게 필요하다는 말로 편지를 마치고 있다. 승려 공동체의 네 집단(비구, 비구니, 사미, 사미니)을 위한 계율이 완전하지 않다면 교리의 실천은 불완전하며, 계율이야말로 승려들의 행동의 기반이 되고 궁극적으로는 반야바라밀의 가르침도 그 기반 위에 있다고 말하고 있다. 도안은 늘 계율의 불완전함 때문에 고민하였으며, 그것을 구할 수 있는 모든 기회를 놓치지 않으려고 하였다.

이와 같이 간략하면서 약간 복잡한 이 편지에는 정형화된 내용을 가진 그의 전기나 습착치의 수사적인 표현보다 도안의 주된 활동과 관심사들 – 새로운 경전의 탐색, 문헌학적 지식과 재능, 계율에 대한 강조 등 – 이 훨씬 더 분명하게 나타나고 있다.

양양襄陽 함락과 공동체의 분산

북쪽에서 357년 이래 티베트계 전진前秦의 군주였던 부견과 그의 가장 가까운 중국인 협력자 왕맹王猛은 그 사이에 중국 모델을 모방한 중앙집권적 정부기구와 강력한 군대 – 일부는 중국인들을 징발하였고, 일부는 동맹을 맺은 비非중국계 군장들의 군대로 구성되었다 – 를 만들었다. 10년 이상의 내부적 조직화와 통합작업을 거치고 나서 부견은 370년에 갑자기 모든 방향으로의 영토 확장 정책을 시작하였다. 그리고 그 결과 몇 년 만에 북중국의 대부분 지역과 서남부 지역의 상당 부분을 지배하게 되었다. 정복전쟁은 빠른 속도로 진행되었다. 370년에는 전연前燕 – 산서/하남에서 요녕에 이르는 동북부 지역을 차지하고 있었다 – 을 정복하였고, 3년 후에는 사천 북부지역을 지나서 성도成都 지역을 차지하였다. 376년에는 전진의 군대가 양주(감숙성)의 총독으로 중앙아시아 교역로를 장악하고 있던 장천석張天錫 세력을 깨뜨렸고, 같은 해에 선비족 탁발씨가 설립한 최초의 독립왕국 대代를 멸망시켰다.

이러한 인상적인 군사적 성공을 거둔 이후에 부견은 중국을 완전히 통합하기 위한 최종 단계로써 남쪽의 진晉에 대한 결정적 공격을 준비하였다. 하지만 383년에 그의 군대가 비수淝水를 향해 가던 중 부견에게 닥친 재난과 그로 인한 제국의 갑작스런 붕괴로 인해 이 공격이 예기치 못하게 중단된 것에 대해서는 앞에서 살펴보았다(p.112).

378년 3월/4월에 부견의 아들 부비苻丕를 총사령관으로 하는 네 개의 군대가 서로 다른 길을 통해 남쪽으로 향하였다. 한수漢水 상에 있는 전략적 위치로 인해 양양이 첫 번째 공격 대상이 되었다. 양양의 방어전은 이 어지러운 시기에 있었던 영웅적 일화 중의 하나이다. 방어군 사령관이었던 주서朱序의 태만 덕분에 전진의 군대는 한수를 건너 외성을 함락시킨 후, 수륙의 모든 접근로를 차단하고 내성을 포위하였다. 부비의 군대를 공격하고 양양을 구원하라는 명령에도 불구하고 동진의 다른 장군들은 망설이며 움직이지 않았다. 이처럼 고립되고 버림받았지만 양양은 만 1년 동안 포위 공격에 저항하였다. 하지만 379년 4월 7일 마침내 이 도시는 배신자에 의해 함락되었다. 사령관 주서는 포로가 되어 장안으로 보내졌고, 그는 그곳에서 곧바로 부견의 신하가 되었다.

378년 초, 전진의 군대가 양양을 향하고 있다는 놀라운 소식이 전해지자 도안은 많은 제자들과 함께 다시 이전의 편력 생활을 재개하려고 생각하였다. 하지만 그의 탈출 계획은 그를 강제로 양양에 머물게 한 주서에 의해 좌절되었다(앞의 주석 59번 참조). 주서가 그렇게 한 이유는 명확하지 않지만 위대한 고승의 존재로 인해 적으로부터 도시가 보호된다는 신비한 상징으로 이용하려 한 것일 가능성이 있다.

이러한 곧 닥쳐올 위기의 순간에 제자들의 운명을 가장 중요하게 생각한 것은 도안의 감정과 책임감으로 볼 때 당연한 것이었다. 자신이 남아 있어야 한다는 사실을 알게 된 후 그는 제자들을 각기 다른 곳으로 보냈다. "그는 곧바로 많은 제자들을 여러 그룹으로 나누어 각자의 길을 가도록 하였다. 출발에 앞서 대표적 승려들은 모두 그로부터 – 어디로 가라는 – 지시를 받았다. 오직 혜원만은 한 마디도 듣지 못하였다. 이에 혜원은 무릎을 꿇고 말하였다. '저만이 선생님의 충고와 도움을 받지 못하였습니다. 저는 다른 사람들만 못한 것입니까?'

[p.199] 이에 대해 도안은 '내가 너와 같은 사람까지도 걱정해야 한단 말인가?'라고 대답하였다."83) 적군이 도착하기 전에 대부분의 제자들은 각각의 지도자를 따라서 모두 흩어졌다. 그 지도자들 중 십여 명의 이름을 알 수 있는데, 그들 대부분은 북쪽 출신으로 도안의 문하에서 오랫동안 지냈던 사람들이었다.

강릉江陵의 불교 거점

도안이 형주자사의 저택에 머물면서 강릉과 관계를 맺었던 사실에 대해서는 이미 앞에서 살펴보았다(p.190 참조). 티베트 출신으로 도안의 제자였던 덤익曇翼84)이 깅릉에 있던 유명한 징사사長沙寺의 주지로 있었다. 도안의 제자 중 일부가 양양을 떠난 후 이곳에 피난처를 마련한 것은 이러한 이유 때문이었다.

도안의 가장 오래된 동료 중 한 사람인 업 출신의 축승부85)는 강릉의 상명사上明寺로 가서 도안이 시작하였던 미륵신앙 의례를 계속하였다. 태수 왕침王忱은 그를 존숭하여 자신의 정신적 스승이 되어줄 것을 요청하였고, 가족과 함께 축승부에게서 계율을 받았다.

양양에 있을 때부터 의양(義陽, 하남성 남부) 태수 완보阮保의 특별한 존경을 받았던 석법우(釋法遇, 앞의 주석 51번 참조)는 양양이 함락된 이후 과거 동료였던 담익이 주지로 있는 강릉의 장사사로 갔다. 그곳에서 그는 경전에 대한 설법으로 명성을 얻었고, 4백 명 이상의 제자들을 모았다. 후에 장안에 있던 도안은 그가 계율을 지키지 못하였다는 이야기를 듣고 그에게 벌을 내리기도 하였다. 법우는 또한 여산에 있는 혜원과 서신 왕래를 지속하였던 것으로 보인다.86) 그는 여기에 언급한 다른 승려들과 마찬가지로 인생의 나머지 시기 동안 강릉에서 지냈다.

378년에 강릉으로 간 사실이 알려져 있는 네 번째 제자는 담휘曇徽[87]인데, 그는 도안의 첫 번째 제자였던 것으로 생각된다.[88] 그는 축승부와 마찬가지로 상명사에 정착하였고, 그곳에서 미륵신앙 의례를 행하였다. 담휘가 이 사찰에 봉안되어 있던 스승의 초상화에 경의를 표하였고, '그 후 강릉의 모든 사족 남녀들이 "인수보살印手菩薩"[89] (=도안)에게 경의를 표한' 것으로 볼 때 이 사찰은 '도안 숭배'의 거점이 되었던 것으로 보인다. 담휘는 능력있는 학자였고 세속의 문장에도 능하였다. 그의 전기에는 그가 쓴 학술 논서들의 제목을 열거하고 있다.[90] 그는 395년에 강릉에서 72세로 입적하였다.

다른 제자들은 동쪽으로 더 멀리 나아갔다. 혜영慧永[91]은 처음에는 혜원 및 그 동생 혜지慧持와 함께 광주廣州 근처의 나부산羅浮山에 정착하기로 약속하였지만, 도안이 혜원을 '만류하였기' 때문에 – 아마도 367년 이전일 것이다 – 혼자서 떠나게 되었다. 심양(潯陽, 현재의 강서성 북부의 구강九江)에 이르렀을 때 그 지역 신자로부터 머물러 달라는 부탁을 받고 여산의 서림사西林寺라는 작은 사찰에 정착하였고, 그곳에서 414년에 입적하였다. 혜원과 동생은 처음 얼마 동안은 강릉의 상명사에 있다가 혜영과 합류하기 위해 나부산으로 향하였다. 그들이 동남쪽으로 가는 도중 심양을 지날 때 여산의 아름다움에 반하였는데, 그곳에서 옛 동료인 혜영을 다시 만나게 되었다. 혜영은 그들과 그 제자들을 위해 새 절을 지어달라고 지방관에게 부탁하였다.

다른 제자들

[p.200]

도안의 제자 중 일부는 스승과 함께 양양에 남아 있다가 자신의 제자들과 함께 도안을 따라 장안으로 갔다. 《대품반야경》과 3현(三玄, 《노자》《장자》《역경》)에 대한 지식으로 유명한 석도립釋道立[92]은 도안과

함께 장안에 갔다고 전해지는데, 한편으로는 제자들과 함께 건강 동
북쪽에 있는 복주산覆舟山에서 선정수행을 했다고도 한다. 이 산의 이
름이 다른 자료들에 보이지 않는 장안 근처의 지명이 아니라면 그는
나중에 - 전진 멸망 이후? - 남쪽으로 돌아와 수도 근처에 정착하였다
고 보아야 할 것이다. 또 다른 제자인 석담계(釋曇戒, 주석 76번 참조)는
도안이 입적할 때까지 장안에 남아 있었던 것이 확실하다. 그는 본래
남양(南陽, 하남성 남부) 출신으로 탁잠卓潛이라는 지방관의 동생이었고,
임천臨川왕 사마보(司馬寶, 재위 373-420년경)의 후원을 받았다.[93] 그
에게서 다시 미륵신앙과 관련되는 '선행'과 헌신에 대한 강조를 볼 수
있다. 담계는 매일 불상 앞에서 5백 번 절하였고, 미륵의 이름을 암송
하기를 그치지 않았다. 그는 69세에 장안에서 입적하여 도안의 무덤
옆에 묻혔다.

이와 같이 378/379년의 양양 공동체의 분산은 4세기 말에서 5세기
초의 시기에 남조의 수도 바깥에 있던 세 곳의 중요한 불교 거점들을
형성시키거나 그들의 성장을 장려하였다. 강릉(이곳에 대해서는 앞에서
언급한 사실들 이외에 별로 알려진 것이 없다), 장안, 여산의 세 곳의 불
교 거점들 중 강릉과 장안은 초기부터 불교의 거점이었다. 혜영은 여
산에 거주한 최초의 승려로 알려져 있고, 그가 주석하였던 사찰은
367년에 특별히 그를 위하여 건립되었다.[94] 이로 볼 때 그 이전에 이
곳에는 불교공동체가 없었던 것으로 보인다.

장안長安 시절의 도안道安(379-385년)

도안의 생애 마지막 단계의 활동, 즉 티베트계 군주 부견 지배하에
있던 북쪽 수도 장안에서의 활동은 엄격하게 이야기하면 남조 불교를
다루는 본 연구의 영역에서 벗어난다. 따라서 여기에서는 이 시기에

있었던 그의 삶의 중요한 사건들만을 이야기하고자 한다.

장안으로 옮겨온 이후에 나타난 인생의 근본적 변화들은 그가 처한 새로운 환경의 성격에서 비롯되었다고 볼 수 있다. 첫 번째로 장안은 양양과 달리 전진의 궁정이 위치하고 있는 황제의 거소였다. 이제 도안은 후원자인 황제 바로 가까이에 살게 되었고, 그 결과 그의 지위도 독립적인 불교 고승에서 과거 그의 스승 불도징이 그랬던 것처럼 '나라의 보배'로 과도하게 존경받는 인물이 되었다. 이제 그는 개인적으로 매우 밀접한 관계를 가지고 있는 강력한 군주의 보호와 감독하에 살게 되었다. 두 번째로 장안은 동아시아에서 가장 강력한 국가의 수도였다. 공간적으로 이 도시의 영향력은 중앙아시아의 오아시스 왕국들에까지 미쳤고, 시간적으로는 쿠샨왕조 후기의 서북 인도지역과 신성한 부처의 나라인 굽타제국에서 – 이곳에서 얼마 후에 유명한 날란다 사원이 설립되었다 – 불교가 크게 발전하던 시기와 거의 일치하였다. [p.201] 이로 인하여 이 시기는 다양한 국제 교류, 서역 원정, 중앙아시아와 북부 인도지역으로부터의 새로운 불교 승려들의 유입, 그리고 그에 수반되는 광범위한 번역활동 – 이때 처음으로 궁정의 후원을 받았고, 역시 처음으로 중국인 고승이 주도하였다 – 등과 같은 특색을 갖게 되었다.

장안 궁정과의 관계

도안과 궁정의 관계는 대단히 밀접하였다. 그의 전기에 의하면 부견은 부비에게 양양을 점령하면 도안을 장안으로 데려오라고 명령하였으며, 마침내 도안과 습착치가 자신의 수중에 들어오게 되었을 때 대단히 만족하였다고 한다.[95] 이것은 아마도 불교 전기작가의 창작일 것이다. 하지만 그의 전기의 다른 구절들에서는 도안이 부견과 함께 황제의 수레를 타는 특권을 누렸으며, 이때 복야 권익權翼이 승려에게 그와 같은 영예를 부여하는 것에 대해 항의하자 부견은 오히려 그에게 도안이 수레에 오를 때에 부축하게 하였다는 내용들도 기록하고 있다. 이 일화는 진나라 역사서인 《진서》에도 보이고 있는데,96) 여기에는 부견의 말과 권익의 항의 내용이 훨씬 자세하게 기록되어 있다. 《진서》의 내용을 《고승전》에 의거한 것으로는 보기 힘들다.97) 《고승전》보다 《진서》에 자세하게 기록되어 있는 - 부견의 영토 확장 정책에 반대하는 궁정 관료들의 요청을 받고 - 황제에게 위험한 남조 원정을 중단하라고 설득하려 했다는 이야기도 마찬가지의 경우라고 생각된다.98) 또한 《진서》는 도안이 383년에 같은 문제를 둘러싸고 궁정에서의 정치적 토론에 참여하였음을 언급하고 있는데, 이 내용은 《고승전》에는 보이지 않고 있다.99) 이로 볼 때 도안이 실제로 종교적 활동과는 별개로 정치적 문제에 관해 부견의 신뢰받는 참모로 활약하였음을 알 수 있다. 그가 반복해서 황제의 남조 정벌 계획에 반대한 사실을 - 탕용동이 이야기한 것처럼 - '애국심'에서 비롯된 것이라고는 할 수 없다. 부견의 궁정에 있던 다른 많은 정치인들과 마찬가지로 - 그들 대부분은 이민족 출신이었다 - 그는 그러한 일을 하기에는 시기가 무르익지 않았다고 생각하였던 것이다. 일시적으로 수도를 낙양으로 옮겨 작전을 수립하고, 그곳에서 건강 정부에 최후통첩을 한 후 동진이 항복하지 않으면 그때에 공격하자고 한 그의 제안을100) 열렬한 애국심의 증거로 해석하기는 힘들다.

   도안은 문장 능력과 역사 및 금석문에 대한 지식으로 인해 더욱 존경받았다. 부견과 그의 중국인 동료 왕맹 아래에서 전진은 완전히 '유교화' 되었다. 궁정 안에 학교들이 설립되고 '박사'들이 그곳에서 고전을 학생들에게 가르쳤다. 유교 정통주의가 불교에 대한 후원과 공존하는 이상한 경향 - 14세기 초 몽골 황제들의 태도와 매우 비슷하다 - 은 《노자》와 《장자》 그리고 (부분적으로 도가적인) 도참에 대한 공부를 금지시켰다.101) 이와 같은 세속 학문의 부흥에는 도안도 중요한 역할을 하였던 것으로 보인다. 그의 전기에 의하면 '장안에서 시를 짓는 상류계급의 젊은이들[衣冠子弟]은 자신들의 평판을 높이기 위하여 모두 그의 충고를 따랐고,'102) 부견은 공식적으로 모든 학자들에게 불교나 세속의 문헌에 관한 질문을 도안에게 제출하라고 명령하였다.103) [p.202] 《고승전》에는 또한 고대 금석문과 골동품들에 대한 그의 뛰어난 지식을 보여주는 일화들을 수록하면서104) 아무도 능가할 수 없는 도안의 박식함을 노래한 짧은 글귀를 인용하고 있다. 이 사례로 본다면 그의 박식함은 궁정과 장안의 지식인들 사이에서 대단히 유명하였음을 알 수 있다.

번역 활동

앞에서 말한 것처럼 380-385년의 시기에는 외국 승려들의 유입과 주요 경전들의 번역이 활발히 행해졌다. 외국 승려들 중 일부는 소승불교 중 설일체유부說一切有部의 본거지인 카시미르에서 직접 들어왔다. 이 학파의 특성인 아비다르마에 관한 광범한 이론적 체계화는 아직 중국에는 알려져 있지 않았다. 중국에 이 분야의 문헌을 처음으로 전한 승려로는 381년경에 장안에 도착한 아비다르마 전문가 승가제바僧伽提婆와 승가발징僧伽跋澄105)이 있었다. 중앙아시아의 불교국가들에서 온 외국 승려로는 '서역' 출신의 계율 전문가 담마시(曇摩侍, Dharmdhī?), 토카라 출신의 아함 전문가 담마난제(曇摩難提, Dharmanandin), 투루판 국왕 미디[彌第]의 국사로서 382년에 조공사신의 일원으로 장안의 궁정에 파견되었던 아비다르마학자 구마라보리鳩摩羅菩提 등이 있었다. 대부분의 승려들은 중국에 도착하였을 때 중국어를 전혀, 혹은 거의 알지 못하였다. 그들은 자신들이 암기하고 있거나 사본을 가지고 온 산스크리트 문헌들을 암송하거나 읽었으며, 이들을 중국 번역팀이 일단 번역한 다음 나중에 다시 개정하였다. 이 시기에 비로소 번역의 주요 과정이 중국화된 외국인이 아니라 외국어에 능통한 중국인에 의하여 행해지게 되었다. 오랫동안 번역팀에서 핵심적 역할을 담당했던 인물은 축불념竺佛念106)이었다. 그는 몇 세대에 걸쳐 변경지역인 양주에 살았던 집안 출신으로 그러한 지역적 조건과 여행 등을 통하여 산스크리트와 여러 중앙아시아 언어에 능통하였다. 교리연구 [義學] 분야에서의 능력은 평범하였지만 – 어느 시대나 중국 승려들이 잘 갖추고 있지 못하였던 – 외국어에 대한 지식으로 인해 중요한 역할을 맡게 되었다. 이 시기의 거의 모든 번역은 실제로 그에 의한 것이었다. 외국 승려들은 주로 원본을 – 암송 혹은 필기를 통하여 – '내놓는 [出]' 정보제공자의 역할을 하는 데 그쳤다. 대단히 전문적이고 이론적인 어려운 경전들의 번역과 관련된 많은 어려움과 그가 번역한 양 – 200권 이상이다 – 을 고려할 때 축불념은 초기의 위대한 번역가 중 한 사람이자 – 아마도 그가 아직 생존해 있던 – 402년에 중국에 도착하였던 구마라집의 선구자로 인정하지 않을 수 없다.

이 번역팀에서 도안의 역할은 '총괄자'이자 고문이었다. 그는 외국 승려들에게 그들이 '내놓을[出]' 수 있는 모든 텍스트를 암송해 달라고 부탁하고, 동료들과 함께 번역상의 문제에 관해 토론하고, 잘못된 번역들을 물리치고, 일단 '쓰여진[筆受]' 중국어 번역문을 고치고, 현재까지도 당시 북조 불교 교단의 역사에 관해 가장 중요한 정보가 되는 경전의 서문들을 썼다. 이 모든 과정에서 그는 오래된 동료 법화法和나 재능있는 제자 혜예慧叡와 같은 승려들뿐 아니라 능력있는 재가신자인 조정趙整이라는 고위 관료의 헌신적 도움을 받았다. 부견이 신뢰하는 참모 중 한 사람이었던 조정은 열렬한 불교신자로서 승려가 되고자 했지만 부견은 이를 허락하지 않았다. 385년 부견의 갑작스런 죽음 이후 그는 법명을 도정道整으로 하고 출가하여 본래의 바람을 이루었다. 그의 종교적 열정을 보여주는 자료들은 적지 않다. 네 개의 제기와 서문에 그의 이름이 번역팀의 일원으로 나오고 있으며, 《고승전》 담마난제전에는 그의 생애가 간략하게 서술되어 있다.107)

도안은 번역 작업 자체에는 참여할 수도 없었고 참여하지도 않았다. 하지만 그는 산스크리트 텍스트를 중국어로 옮기는 과정의 문제점들을 매우 잘 알고 있었다. 그는 경전의 서문들에서 불교 번역가들이 늘 직면하게 되는 딜레마 – 중국 독자들의 취향에 맞는 간략하고 세련된 의역을 할 것인가 아니면 원문에 충실하게 반복되는 내용을 글자 그대로 옮겨 읽기 힘든 번역을 할 것인가 – 에 대한 자신과 조정, 혜상의 의견을 언급하고 있다.108) 또한 반야경의 새 번역본에 대한 서문(382년)에는 번역자가 원본과 다르게 해도 괜찮은 경우[오실본五失本]와 반드시 산스크리트 텍스트를 충실하게 따라야 하는 경우[삼불역三不易]의 원칙을 규정한 대단히 흥미있는 내용을 이야기하고 있다.109) 이 원칙은 장안에서 매우 권위있게 통용되었던 것으로 보이는데, 동시대 작자미상의 제기도 이 원칙을 제시한 도안의 서문을 인용하면서 이것에 대해 언급하고 있다.110) 이 원칙은 5세기 초의 구마라집 학파에서도 여전히 영향력이 있었다.111)

만년에 도안은 새로 번역된 문헌들을 통하여 많은 정보를 접하게 되었다. 그 경전과 논서들의 성격과 기원, 문헌 변천사, 중국어 번역 방식, 중국에서의 해석 등은 각각 별도로 연구되어야 할 과제들로서, 여기에서는 개별 문헌 하나하나에 대해 언급하지는 않을 것이다. 전체적으로 볼 때 이들은 불교 경전과 준準경전급 문헌들 중 세 가지 중요한 분야에 해당하는 것들이었다.

첫 번째로 도안은 보다 만족스러운 계율 문헌들, 특히 설일체유부의 비구와 비구니 바라제목차 의식과 관련된 문헌들을 구할 수 있었다. 이 문헌들은 모두 4권 이하의 짧은 문헌들이었지만 – 5세기 초 이전에는 어느 부파의 완전한 계율도 중국에 전해지지 않았다 – 그럼에도 불구하고 도안은 그 서문들에서 대단한 즐거움과 만족을 표현하고 있다. 경전의 원칙에 따라 사원 생활을 규율하려는 것은 그의 오래된 중요한 소망이었고, 승려가 수백 명 정도에 불과했던 양양에서와 달리 그 숫자가 수천 명으로 증가한 장안에서는112) 보다 정비된 조직제도를 갖출 필요성이 더욱 절실하였을 것이다.

두 번째로는 소승불교의 아비다르마 문헌들이 다수 소개되었다. 이들 또한 설일체유부의 것뿐이었는데, 이것은 교리적 관점에서 매우 중요한 점이었다. 승가발징이 번역한 12권(혹은 14권)짜리《비바사론 毘婆沙論》113)과 승가제바가 번역한《아비담심론阿毘曇心論》114)을 비롯한 작은 분량의 문헌들이 있었지만 가장 중요한 것은 이 학파의 기본적 아비다르마 문헌인《아비담팔건도론阿毘曇八犍度論》이었다.115) 불교 경전들에 있는 숫자와 관련된 용어나 개념 범주인 수數에 대한 연구는 - 특히 북조에서 - 항상 활발하였다. 그런데 이러한 연구는 언제나 짧고 기본적이며, 때로는 단순히 용어들을 나열하고 있는, 불완전하고 애매한 문헌들에 의거하였다. 이제 도안은 기존의 모든 불교 문헌 - 비슷한 종류의 중국 세속문헌까지도 - 을 훨씬 능가하는, 불교 세계관에 관한 모든 사항을 설명하고 있는 거대한 체계의《신학대전》이라고 할 수 있는 인도 학계의 기념비적 저작을 갖게 되었다.

세 번째는 두 종류의 아함경(āgama, 팔리어 니카야nikāya에 해당하는 네 종류의 소승불교 경전 모음집) - 중아함(中阿含, Madhyamāgama)과 증일아함(增一阿含, Ekottarāgama) - 에 대한 완전한 번역본들로, 모두 담마난제가 번역하였다. 현재의 대장경에 수록되어 있는 것116)은 담마난제의 번역본을 4세기 말에 승가제바가 개정한 것으로 생각된다.

이 늙은 고승이 - 도안은 382년에 70세였다 - 이러한 새로운 발견들에 몹시 감격한 것은 놀라운 일이 아니었다. 그는 서문들에서 이 문헌들의 중요성에 대하여 반복해서 이야기하고 있고, 자랑스럽게 1년 동안에 번역된 문헌들의 권수를 헤아리고 있다. 그는 또한 반복해서 인생의 말년에 이르러서야 이 문헌들을 접하게 된 아쉬움을 표현하고 있다. "내 나이 일흔둘에 비로소 이 경전을 보게 되어 안타깝기 그지없다…"117) 그리고 때로는 유명한 《논어》의 구절들을 인용하여 자신의 심경을 표현하고 있다. "아아, 나는 너무 늙어서 '(몇 길이나 되는 높은) 그 문을 엿볼 뿐'이다. 나는 아마도 '종묘宗廟의 아름다움과 백관들의 아름다움을 보지 못할' 것이다."118)

또한 그의 관심이 이러한 활동에 온통 쏠려서 이전처럼 《반야경》 주석에 몰두하지 않게 된 것도 당연하다고 할 수 있다. 그는 1년에 두 차례씩 《방광(반야)경》 전체에 대해 강의하는 것을 중단하지 않았고, 382년에 《반야경》에 대한 새로운 중국어 번역119)이 만들어졌을 때에는 그것을 기존의 번역본들과 비교하고 서문을 쓰기도 하였다. 하지만 이 서문에서 번역과 관련된 일반적인 문제들에 대해 길게 논의하고 있는 것은 그의 관심이 장안에서의 불교 활동 중의 이러한 측면에 집중되어 있었음을 보여주는 것이다.

비수淝水의 전쟁에서 패하고 장안 지역이 전쟁과 선비족 군대의 침입으로 황폐화된 후인 384/385년까지도 경전 번역팀과 도안은 여전히 활동하였다. 중국 불교의 발전에 그 이전의 누구보다도 크게 공헌하였던 고승 도안은 385년 초에120), 자신의 후원자인 황제(=부견)보다 6개월 앞서서, 73세의 나이로 입적하였다.

석혜원釋慧遠(334-417년)121)

4세기 말에서 5세기 초에 활동한 혜원과 그의 공동체에 대한 설명으로 이 역사적 검토를 마치는 것은 일정한 이유가 있다. 혜원과 그의 승·속 제자들은 중국 초기 사족 불교의 완전히 발전된 모습, 즉

[p.205] 지금까지 우리가 그 시작단계부터 추적해 온 전개 과정의 마지막 단계를 대표하고 있다. 지금까지 살펴본 것처럼 불교를 부분적으로 흡수하려는 여러 가지 모습들이 있었다. 불교적 색채를 띠는 도교 수련법, 불교 사상이 혼합된 현학적 사고, 사원의 이상적 모습에 심취된 지식인들의 은거생활, 불교의 청정과 자비에 관심을 갖는 유교 도학자 등등. 남조에서는 이와 같이 불교의 이론과 생활방식 중의 특정한 요소들을 부분적으로 흡수하는 모습이 – 중국 지식인들의 세계관을 근본적으로 변화시키지 않은 채 – 계속 진행되었다. 하지만 도안이 양양에 북방 불교를 옮겨놓은 근거지를 만들면서 이러한 흐름이 중단되었고, 그 새로운 영향이 그곳에서 제국의 다양한 지역으로 퍼져갔다. 도안은 계속해서 유동적이었던 그의 인생만큼이나 다양하게 학문적 관심과 신앙 내용을 변화해 갔기 때문에 – 업에서는 순수한 샤머니즘(적 불교), 하북에서는 선정, 양양에서는 반야사상과 미륵신앙, 장안에서는 아비다르마 연구 – 그가 특정한 어떤 '신앙'을 퍼뜨렸다고 이야기하기는 힘들다. 하지만 도안은 탁월하고 독창적인 정신을 통해 외래의 가르침과 자신이 그 안에서 태어나고 교육받아 온 중국의 문화전통 사이에 근본적 차이가 있다는 점을 깨달았으며, 이를 깨달은 이후 평생에 걸쳐 그 가르침의 참된 내용을 밝히기 위해 노력하였다는 사실이 무엇보다도 중요하다. 불교와 중국 전통사상과의 차이에 대한 인식과 함께 이 가르침을 중국의 교양계층이 이해할 수 있도록 하려는 욕구는 도안의 가장 재능있는 제자인 혜원에게 더욱 두드러졌다. 여산에 있던 – 승려와 재가신자들로 구성된 – 혜원의 불교공동체에서는 가장 전형적인 사족 불교의 모든 모습들과 함께 기본적으로 '불교적'인 – 비록 교양있는 중국 재가자들에 의해 실천되었지만 기존의 중국의 사상이나 습관과 직접적으로 관련되거나 영향받지 않은 – 잘 체계화된 신앙형태가 보이고 있다. 이것은 새롭고 대단히 중요한 현상으로, 이후 중국 불교계의 가장 유

명한 흐름 중 하나의 등장을 예고하는 것이었다.

또 다른 분야에서도 혜원의 활동은 교단이 새로운 시대에 들어섰음을 보여주었다. 승려들의 지위와 존재 의의에 대한 이전의 논쟁들이 지배관료층 혹은 궁정에서 행해졌던 것과 달리 혜원법사는 그를 방문한 독재자 환현과 이 문제에 대하여 두 차례나 토론할 기회를 가졌고, 이를 통하여 초기 중국 불교의 역사에서 가장 위대한 신앙의 수호자가 되었다. '초楚'의 황제를 자처했던 환현이 자신의 짧은 통치 기간 동안에 반포한 칙령에서 불교 승려들의 독립성 – 승려들이 '군주에게 존경을 표하지 않아도 되는' 권리 – 을 공식적으로 인정하였다는 사실은 5세기 초경에 교단이 획득한 특권적 지위와 함께 혜원의 막대한 영향력과 명성을 보여주는 것이다.

마지막으로, 여산에서 혜원의 활동은 위대한 번역자이자 주석가인 구마라집과 그의 중국인 제자들이 장안에 새로운 사상과 경전들로 중국 불교를 완전히 새롭게 변화시키는 활동을 하고 있던 것과 시기적으로 일치하였다. 스스로 이러한 새로운 변화의 첫 단계를 목격하였던 혜원은 구마라집과의 긴밀한 교류 및 그가 번역한 문헌들에 대한 연구와 해설을 통하여 이 새로운 지식을 남중국에 가장 먼저 전파하였다.

이와 같이 혜원의 생애는 여러 가지 측면에서 중국 불교의 다음 시대의 단초가 되고 있을 뿐 아니라 본 연구의 주제가 되는 앞 시대의 가장 완전한 마지막 모습을 보여주고 있다.

양양襄陽에서의 젊은 시절(334-378년) [p.206]

혜원의 본래 성씨는 가賈씨였으며, 334년에 안문(鴈門, 산서성 북부)의 가난한 지식인 집안에서 태어났다.[122] 그의 유년시대는 후조

(319-352)에 의한 북부와 중부 지역의 통합 및 석호에 의한 고전 교육 부흥기와 일치한다. 그 결과 이 유망한 소년은 345년 혹은 346년에 삼촌을 따라 허창과 낙양에 가서 옛 학문의 중심지인 태학에서 유학을 공부하였다. 그가 초기에 세속의 학문을 공부하던 때에는 불교에의 관심은 없었던 것으로 보인다. 하지만 먼 훗날 자신의 사상적 발전의 다양한 단계에 대해 이야기하고 있는 편지에서[123] 그는 처음에는 유교 경전들을 '우리 시대의 (가장 훌륭한) 즐거움'이라고 생각하였지만 《노자》와 《장자》를 읽고 나서 '유교의 가르침이 알맹이 없는 이야기'에 불과함을 깨달았다고 이야기하고 있다. 이러한 관심의 변화는 아주 젊었을 때의 일로 보이며, 그의 현학에 대한 열렬한 수용은 – 당시에는 아마도 현학이 그의 고향인 북쪽 국경지대까지는 미치지 못하였을 것이다 – 많은 동시대 사람들이 그러했던 것처럼, 그가 나중에 불교로 전향하는 길을 닦아주는 것이었다. 현학에 대한 연구를 통해 《반야경》의 오묘함을 이해할 수 있는 지적인 준비를 하였지만, 그로 하여금 '은둔생활'을 결심하게 한 것은 349-354년 사이의 혼란과 비참함이었다. 중부 지역은 여러 차례의 전쟁으로 황폐화되어 있었다. 352년에 진나라 장군 장우張遇가 반란을 일으킨 후 허창에서 요양姚襄과 격렬한 전투를 벌였다.[124] 353년에는 은호가 북조에 대한 원정을 시도했다가 요양에게 격파되어 실패로 귀결되었다.[125] 354년 2월/3월에는 장군 주성周成이 낙양을 포위공격 하였고,[126] 같은 해 3월 22일에는 환온이 북조에 대한 대규모 공격을 시작하였다(앞의 p.111 참조). 이러한 상황에서 이 지역에서 학문적 활동을 지속하는 것은 거의 불가능하였다.

 20세가 되던 354년에 그는 예장(豫章, 강서성)에서 범선范宣과 함께 '운둔생활'을 하기 위하여 양자강을 건널 결심을 하였다. 정통 유학자로서 작은 농장에서 '은자' 생활을 하고 있던 범선은 젊은 나이에도 불구하고 – 혜원보다 나이가 많지 않았음에 틀림없다 – 당시 이미 상당히 유명하였다.[127] 하지만 354년 그 해의 정치적 혼란으로 인하여 혜원은 뜻을 이루지 못하고 북쪽, 아마도 고향인 안문으로 돌아갔다. 그가 하북성 서쪽을 지나가다 도안을 만난 것이 그의 인생에 있어서 결정적 계기가 되었다. 당시 도안은 항산에 절을 세우고 가르침을 크게 펼치고 있었다. 그의 전기에 의하면 젊은 혜원은 곧바로 도안의 인격에 감화되었고, 얼마 후 '도안의 《반야경》 강의를 듣고서' 동생과 함께 삭발하고 도안의 제자가 되어, 혜원과 혜지慧持라는 법명을 받았다.[128] 곧바로 도안의 가장 뛰어난 제자로 인정받은 혜원[129]과 그의 동생은 24년간 스승을 따라 견구산牽口山, 육혼陸渾, 양양襄陽 등을 편력하며 그의 곁에 머물렀다.

양양의 단계사檀溪寺에서 지냈던 13년 동안의 혜원의 생애에 대해서는 거의 아무것도 알려져 있지 않다. 《고승전》의 전기에 언급되어 있는 이 시기의 유일한 일화도 양양 바깥에서 일어난 일이었다. 365년에 도안은 옛 동료인 축법태와 그 제자들을 동남쪽으로 보냈는데, 형주의 중심지이자 중요한 불교 거점인 강릉에서 축법태가 병들어 쓰러졌다. 이에 도안은 곧바로 혜원을 양양에서 강릉으로 보내어 그의 시중을 들게 했다. 이미 앞에서(p.148) 그때에 심무의心無義를 주장하는 도항과 축법태 제자 사이의 논쟁에 혜원도 참여하였음을 살펴보았다. 이 일은 혜원이 당시 남조에서 유행하고 있던 다양한 《반야경》에 대한 현학적 해석 이론들 – 도안과 축법태 등이 적극적으로 참여하였고, 혜원 역시 당시 큰 관심을 가지고 있었다 – 에 대하여 잘 알고 있었음을 보여주는 것이다. 하지만 불교적 현학 '학파'들의 논쟁에 대한 혜원의 관심은 이후에는 시들해졌던 것으로 보인다. 그가 그러한 초기 해석 이론들의 주창자로 등장하지 않는다는 사실에 주목할 필요가 있다.

[p.207]

고승과 산의 관계

큰 도회지 – 진나라 때 양양에는 2만 2천 7백호가 살고 있었다[130] – 에 있던 도시적인 불교공동체는 혜원이 바라던 '은둔생활'과 맞지 않았던 것으로 보인다. 그는 태항산에 있던 도안의 사찰에서 불교에 접하였으며, 그의 종교생활의 이상은 아마도 세속의 소란스러움과 청정하지 못함으로부터 멀리 떨어진 산속 초가에서의 생활이었을 것이다. 어쨌든 양양에 도착한 직후(365년)에 혜원은 도안의 다른 제자인 혜영과 함께 도안을 떠나 남쪽 멀리 가서 유명한 불교와 도교의 중심지인 나부산(광주 근처)에서 살자고 약속하였다. 하지만 당시에 혜원은 도안에 의해 '붙잡혔고' 혜영만 홀로 떠났다.[131] 불교 사원과 산 – 특히 '신성한' 산 – 이 긴밀하게 연결되어 있는 것은 전형적인 중국적 현상이라는 사실을 명심할 필요가 있다. 자료상으로는 3세기 중엽 이후 산에 사는 불교 승려에 대한 언급이 보이고 있으며, 앞 장에서 검토한 내용들에서도 몇 사람의 전형적인 사례가 있었다. 이러한 습관의 배경은 의심할 바 없이 도가적인 것이며, 도안의 경우에도 마찬가지였다. 《포박자》에서는 '《선경仙經》에 의거하여' 특별히 명상 수행과 불사약을 만들기에 적합한 27개 산들의 이름을 나열하고 있다.[132] 그런데 양양에 오기 이전에 도안이 순차적으로 머물렀던 왕옥산王屋山, 여궤산女几山, 항산恒山은 모두 그 속에 포함되어 있다.[133] 원래 혜원과 혜영이 머물고자 하였고 일찍이 불교적 도사이자 주술사인 단도개(p.182 참조)가 머물렀던 나부산, 이후에 혜지가 은둔생활을 영위하고자 했던 사천지역의 아미산峨眉山,[134] 축승랑이 50년 이상 머물렀던 산동지역의 신성한 태산(p.185 참조) 등도 그 산들에 포함된다. 이러한 습관은 때때로 가상의 인도의 모델들을 거론하면서 불교적 동기에서 비롯된 것으로 이야기되기도 하였다. 사령운(385-433)은 찬문 중 하나에서 여산에 있는 혜원의 정사의 신령스러움을 부처님이 많은 경전을 설했다고 전해지는 왕사성 근처의 '영취산' 정사와 비교하고 있다.135) 실제로 중국 전역의 여러 산들이 – 그리드라쿠타(Gṛdhrakūṭa)의 전통적 번역어인 – 영취산靈鷲山으로 불리고 있는데,136) 이들 중 하나는 이미 5세기 초에 그러한 이름으로 나타나고 있다.137)

혜영은 심양(潯陽, 강서성 북부, 현재의 구강九江)에 이르러서 – 아마도 367년일 것이다(p.199 참조) – 지방관의 요청을 받아들여 여산의 서쪽에 그를 위해 세워진 정사에 머물렀다. 다시 한 번 고대의 유명한 도교 은둔자들의 기억이 스며 있는 산이 불교의 거점으로 선택되었다. 380년경에 여산에 정착하러 온 혜원이 이 산의 '주술적' 분위기를 잘 알고 있었음은 그가 지은 〈여산기廬山記〉의 전해지는 내용에 명확하게 나타나고 있다. 이 글에서 그는 이 산의 유명한 장소들과 거기에 얽힌 다소간 신비한 사건들에 대하여 이야기하고 있다.138) 아름답고 '순수한' 산의 경치에 대한 혜원의 묘사에는 4세기 초 이래 사족 문화의 특성인 자연에 대한 황홀한 즐거움이 나타나 있다. 하지만 그는 이와 함께 먼 옛날에 이 산에 신선이 살았으며 그 신선이 머물던 장소가 아직도 남아 있다고 이야기하고 있다. 한나라 때에 산 위에 살던 위대한 도사가 3백 살이 되어 신선들의 세계로 올라갔는데 그때 그의 얼굴은 서른 살 정도로밖에 보이지 않았다고 한다. 그런데 여기에서 다시 도교적 전승에 불교적 색채가 나타나고 있다. "이전에 (나) 야부野夫는 (이곳에서) 사문의 옷을 입고 있는 사람을 본 적이 있다. 그는 구름 위로 똑바로 올라가 산꼭대기에 이르러 그곳에 웅크리고 앉아 있었다. 한참 시간이 지난 후에 그는 구름과 뒤섞여서 보이지 않게 되었다. 그 사람은 도道를 얻은 사람이었던 것 같다. 당시에 (나와 함께 이 산에 있던) 문장이 뛰어난 사람들은 모두 그에 대해 탄복하였다."《고승전》에도 기록되어 있는139) 이른 시기의 전승에서는 남쪽으로 가상의 여행을 하고 있던 안세고가 여산에서 지역의 사원 혹은 묘당에서 신으로 받들어지고 있던 괴물 뱀 – 그의 전생 동료의 화신 – 을 귀의시켰다고 이야기하고 있다. 이 전설은 이미 4세기에 존재하고 있던 것인데, 불교의 영향하에 '안세고'로 다시 명명된 산의 신선에 대한 대중적 신앙은 혜원이 이 산에 머물 당시에도 활발하게 행해지고 있었다. 〈여산기〉에서 혜원은 여산의 남쪽 지역에 있는 궁정宮亭140) 이라는 신묘神廟를 언급하면서 '이곳에 모시고 있는 신선은 안공安公'이라고 말하고 있는데, 안공은 바로 안세고이다. 이와 같이 여산은 도교와 불교 전통 모두에서 신성시된 산으로, 아름다운 경치에 신성하고 초자연적인 분위기가 덧붙여진 곳이었다. 마지막으로, 중요한 도시 – 혜원의 아저씨141)가 높은 관직에 있던 심양 – 와 가까운 위치에 있다는 사실도 혜원의 여산 정착에 일정한 영향을 미쳤을 것이다. '여산의 순수하고 고요하여 마음을 가라앉힐 수 있음을 보고서' 이곳에 정착하기로 결심하였다는 혜원 전기의 단순한 – 그대로 믿기 힘든 – 문장을 읽을 때에 우리는 위의 모든 사항들을 염두에 두어야 할 것이다.

혜원의 공동체 : 동료, 제자, 재가신자

혜원이 언제 심양에 도착하였는지는 알 수 없다. 다른 곳에서 이야기한 것처럼(p.199) 혜원은 동생 혜지 및 '수십' 명의 제자들과 함께 전진의 군대가 양양을 공격하려 하던 378년에 그곳을 떠나 강릉에 있는 유명한 상명사에서 한때를 보냈다.

혜원의 본래 의향에 따라서 두 형제는 이후 동남쪽(나부산)으로 길을 떠났다. 하지만 심양에 이르렀을 때 그들은 여산의 신비한 경치에 매료되어, 그곳에 – 아마도 혜영의 요구에 응하여 – 용천정사龍泉精舍를 짓고 제자들과 함께 정착하였다. 《고승전》은 이와 관련하여 그가 이곳에 도착한 직후에 행한 두 가지 이적 – 둘 다 정사의 이름과 관련되어 있다 – 에 대하여 기록하고 있다. 하지만 정사의 이름에 대한 가장 합리적인 설명은 혜원 자신의 여산에 대한 설명 중에 보이고 있다. 정사 옆에는 용처럼 생긴 이상한 바위가 있었고, 그 용의 머리에서는 샘물이 솟아나고 있었다.

이 전설들을 제외하고는 혜원과 그 동료들의 용천정사에서의 활동에 대한 아무런 정보도 전해지지 않고 있다. 얼마 후 – 아마도 몇 년 후에 – 여전히 서림사西林寺에 살면서 심양의 최고위 지방관들과 교유하고 있던 혜영은 형주자사 환이桓伊를 설득하여 혜원을 위한 보다 큰 새 절을 짓게 하였다. 이것이 혜원에 의해 남조 불교의 가장 유명한 불교 거점이 되고 그의 사후 수 세기에 걸쳐서 대단히 중요한 역할을 담당하게 되는 동림사東林寺의 기원이다. 초기의 자료에는 정확한 건립 시기가 기록되어 있지 않지만 환이의 활동 연대를 고려하면 – 그는 384년부터 392년경에 죽을 때까지 형주자사로 있었다[142] – 도안이 장안에서 입적한 다음 해인 384년에 이 절이 건립되었다고 하는 후대의 전승[143]은 나름대로 사실을 전하고 있는 것으로 볼 수 있다.•

초기 자료들은 승려들의 규모와 조직, 사원의 숫자 등에 관한 구체적 사실들을 기록하고 있지 않다. 동림사에서의 생활에 대해 이야기하고 있는 극소수의 당대 기록들도 대부분 혜원의 위대한 지혜와 열정, 그리고 그 공동체에 퍼져 있는 순수한 기풍과 생기 넘치는 분위기에 대한 찬사들로써[144] 그러한 측면들에 대해서는 거의 아무런 정보를 제공하고 있지 않다.

혜원은 불교 이론을 강의하거나 해석하는 새로운 방법을 도입하였고, 그것은 후대에 일반적인 방법으로 활용되었다. 하지만 불행하게

• 저자가 연도를 착각하였다. 도안은 385년에 입적하였으므로 384년은 도안의 입적 1년 전이 된다–역자

도 이러한 혁신에 대해 언급하는 유일한 자료는 이에 대해서 애매하게 표현하고 있다. 《고승전》 편찬자 혜교는 창도唱導편 뒷부분의 총론(권8 417.3.7)에서 중국 불교의 초기 단계에는 종교적 모임에서 실제 설법을 행하는 습관은 없었다고 이야기하고 있다. 당시의 법회는 주로 엎드려 절하면서 부처의 이름을 반복하여 외우거나 경전을 암송하는 것이었다. 법회의 모든 참가자들이 지칠 때쯤에 마지막으로 나이 든 스님들이 고좌高座로 올라와 교훈적인 이야기들을 통하여 법法의 가르침을 해설하는 설법을 행하였다. 혜원은 이러한 상황을 바꾸었다.

[p.210] 재식齋式이 있을 때마다 그는 스스로 고좌에 올라 앞장서서 설법을 하였다. 먼저 삼세의 인과(작용)에 대하여 설명한 후 (현재 진행하는) 모임의 의미에 대하여 이야기하였다. 후대의 사람들이 (이러한 설법 방식을) 전하여 마침내 모두가 따르는 기준이 되었다.

다른 자료들은 이 사실에 대하여 아무런 언급을 하고 있지 않다. 혜교가 어떠한 자료에 의거하여 이러한 언급을 하였는지도 알 수 없다. 따라서 혜원의 설법이 당시 일반적으로 행해지던 것과 달랐는지 어떤 측면에서 얼마나 많이 벗어난 것이었는지는 명확하지 않다.

혜원의 동림사 제자들은 양양에서의 도안의 제자들만큼 많지는 않았다. 그 숫자는 결코 백여 명을 넘었던 것 같지 않다.145) 한편 승려들 사이에 매우 일반적이었던 유학(遊學, 배움을 찾아 떠돌아다니는 것)의 일환으로 여산에 단지 몇 년 머무르고 다른 곳으로 이동하였던 사람들도 많이 있었다. 이처럼 왔다 갔다 하면서 동림사에 머물렀던 사람들의 숫자는 약 3천 명 정도로 파악되고 있다.146)

여산에는 서림사와 동림사 이외에도 다른 종교 거점들이 있었다.

혜원이 살아 있는 동안에도 다른 불교 사원이 그곳에 건립되었다. 5세기 초에 학식있는 승려 혜안慧安은 많은 제자들과 함께 능운사凌雲寺에 거주하였다.147) 또한 《고승전》에는 과거 부견 군대의 사령관이었다가 386년경에 이미 혜원의 제자가 되었던 '불행한' 담옹曇邕이 정사를 세운 사실도 보이고 있다. 강한 육체적 인내심과 용기를 가지고 있던 그는 종종 여산과 장안 사이를 왕복하면서 혜원의 편지를 구마라집에게 전하고 다시 그의 답장을 혜원에게 가져다주는 역할을 하였다. 수 년간 이런 식으로 공동체를 위하여 봉사하였던 그는 작은 잘못 때문에 혜원에게서 내쫓김을 당하였다. 하지만 그는 자신의 제자들과 함께 계속 여산의 작은 정사에 머무르면서 선정을 닦고 동림사에서 하는 일들을 멀리서나마 따라하였다.148) 또 다른 제자인 법안法安은 선정 전문가이자 퇴마사로서 근처에 있는 흔양訢陽의 정사에서 주석하였다. 이 정사는 원래 지역의 신을 모시는 신당이었다가 법안이 이 지역을 괴롭히던 호랑이들을 쫓아낸 후에 불당으로 바뀐 것이었다. 법안은 이곳에서 두 개의 오래된 동종을 캐낸 후 그중 하나를 혜원에게 보내 녹여서 불상을 만들도록 하였다.149)

  여산의 명망있는 승려들은 때때로 다른 지역을 방문하여 그곳의 종교적 행사에 참여하기도 하였다. 재미있는 사례가 혜원의 동생인 혜지의 전기에 기록되어 있다. 그는 397년 혹은 그 직전에 고모인 도의道儀 비구니를 장사에서 수도로 모시고 갔다. 혜지와 혜원 도의는 심양태수의 부인이었지만 21세에 과부가 되었다. 어린 과부는 '세속의 모든 속박을 던져버리고' 출가하였다(아마도 두 유명한 조카들의 영향이 컸을 것이다).150) 그녀는 건강에서 불교가 번성하고 있다는 말을 듣고서 수도에 가서 '(가르침이) 세상을 교화시키는 모습을 보고[觀化]'자 하였다. 이와 관련하여 바로 이 시기에 수도에서 일부 비구니들이 유력한 지위를 차지하고 있었음을 상기할 필요가 있다. 앞에서 언급하였던 것처럼(p.153) 이때 유명한 묘음妙音 비구니가 궁정의 음모에서 중요한 역할을 담당하고 있었다. 그녀를 건강으로 모시고 간 – 이후 그녀는 계속 그곳에 살았다 – 혜지는 한동안 수도의 동안사東安寺에 머물렀다. 여기에서 그는 이 시기의 가장 저명한 시주 중 한 사람인 왕순(王珣, 350-401, 왕도의 손자)과 가깝게 교류하였다.151) 397/398년에 승가발징과 승가제바가 왕순의 요청으로 《중아함경》을 번역할 때 혜지는 번역문을 윤문하였고, 그 이후에 여산으로 돌아왔다.152) 이 일로 혜지는 상층 사족들 사이에서 명성을 얻게 되었고, 그들은 그와 그의 유명한 형을 청담식으로 비교하여 각자의 특성을 드러내고자 하였다.153) 2년 후(399년) 혜지는 다시 여산을 떠났는데 이번에는 서쪽을 향하였다. 그는 성도(사천성)에 정착하여 지방관과 그 지역에 새로 설립된 불교공동체 지도자들의 존경을 받았다. 그는 이곳의 용연사龍淵寺에서 412년에 입적하였다.154)

이곳저곳 돌아다니던 자신의 동생이나 다른 동료, 제자들과는 달리 혜원 자신은 인생의 마지막 수십 년 동안 한순간도 여산을 떠나지 않았다. '호계虎溪 너머로는 나가려 하지 않았다'는 것은 그의 모든 전기에 강조되고 있는 내용 중 하나이다. 399년에 권력자 환온이 산을 방문했을 때나, 404년에 안제가 심양을 지나갈 때에도 그는 이 원칙을 어기려 하지 않았다.155) 그의 전기에는 혜원이 이렇게 스스로를 유폐시킨 동기가 언급되어 있지 않고, 이 시기의 다른 승려들의 생애에서도 비슷한 모습을 발견하기 힘들다. 하지만 이것은 사원 생활의 중요한 측면인 바깥 세계와의 모든 접촉을 피함으로써 '청정함'을 유지하는 것, 혹은 혜원 자신이 이야기한 '(인간) 세계 너머의 이방인(으로 산다)[方外之賓]'156)는 승려의 이상을 표현하는 상징적 행위로 볼 수 있을 것이다.

궁정 및 사족과의 교류

혜원은 산을 전혀 떠나지 않았고 세속과 관계를 맺으려고 적극적으로 노력하지도 않았지만, 세계가 그에게 다가왔다. 그리고 그가 이를 기꺼이 받아들였다고 볼 충분한 이유가 있다. 그의 제자들 중에는 출신을 알 수 없는 사람들 외에 최상층 사족 집안 출신들이 보이고 있다. 승철(僧徹, 383-452)은 태원 왕씨 출신이고,157) 뛰어난 음악가이자 서예가인 도온(道溫, 397-465경)은 유명한 학자 황보밀(皇甫謐, 215-282)의 후손이었다.158) 두 사람 모두 15세에 혜원의 제자가 되었는데, 혜원이 의식적으로 귀족 집안의 젊은이들을 승려가 되도록 유인하였음을 보여주는 모습들이 보이고 있다.

도안과 마찬가지로 그는 건강에 있는 중국 궁정과 장안에 있는 북쪽 '이민족' 제국의 궁정 양쪽 모두와 관계를 가졌다. 부견의 몰락과 전진 제국의 붕괴 직후인 384년에 '티베트족' 장군 요양姚襄이 장안에 자신의 왕조인 후진(後秦, 384-417)을 세웠다. 그는 전진의 중심부를 자신의 지배하에 통합하는데 성공하였다. 하지만 동북쪽(대략 현재의 산서, 하북, 산동성 지역)은 선비족의 수중에 있었고, 서북쪽(감숙성)은 403년까지 부견의 장군으로 서쪽 정복군 책임자였던 후량後涼의 여광呂光이 점령하고 있었다. 황족인 요씨 집안의 일부 구성원들은 불교를 적극적으로 후원하였는데, 아마도 부견 궁정과 수도 승려들 사이의 긴밀한 관계의 결과일 것이다. 불교에 대한 황실의 후원은 요양의 계승자인 요흥(姚興, 재위 394-416)의 시기에 정점에 달하였다. 그는 401년에 그때까지 여광에 의해 양주에 억류되어 있던 구마라집을 소환하였다. 황제의 보호와 직접적인 감독하에서 이 유명한 고승과 그의 중국인 동료들은 번역과 주석 작업을 수행하였다. [p.212]

티베트계의 지배 가문 구성원들은 혜원을 대단히 높게 평가하였다.

혜원에게 구마라집의 장안 도착을 알리는 편지를 보낸 것은 요흥의 동생인 '좌장군左將軍' 요숭姚嵩이었고,159) 황제 스스로도 혜원을 존경하여 '그를 칭송하는 편지를 보냈고, 그의 편지와 선물들이 끊임없이 (도착하였다).' 티베트계 지배자들은 또 부견이 도안에게 보냈던 것과 같은 특별한 종교적 선물을 혜원에게 보냈는데, 이것은 당시 북조에서 일반적인 일이었던 것으로 보인다. "(요흥은) 자기 감정의 진실함을 표현하기 위하여 그에게 경전의 다양한 장면들을 수놓은 것을 보냈고, 또한 요숭에게도 진주로 장식된 불상을 선물하게 하였다."160) 요흥이 혜원을 대단히 높이 인정하였음은 406년에 용수가 지었다고 하는 - 실제로는 그가 짓지 않았다 - 중관학파의 기념비적 논서인 《대지도론大智度論》이 번역되었을 때 그에게 서문을 지어달라고 직접 요청한 사실에서도 나타난다. 한편으로 이 황제에 대한 혜원의 영향력은 그가 요흥에게 선정 수행자 불타발타라를 부당하게 추방한 결정을 취소해 달라고 요청한 사실에서 확인된다(아래 서술).

남조의 수도에서는 불교가 이전에 볼 수 없을 정도로 성행하였다(앞의 p.153 이하 참조). 독재자 사마도자와 황실의 다른 구성원들, 그리고 수도의 사족을 대표하는 인물들이 불교를 후원하였다. 교단의 가장 중요한 후원자는 이번에도 낭야 왕씨 집안이었다. 왕도의 손자들 중에는 적어도 다섯 명의 승단 후원자가 있었고, 그들 중 일부는 불교의 이론적 측면에도 깊이 관심을 가지고 있었던 것으로 보인다.161)

하지만 여산의 개별 승려들과 수도의 사족들 사이에 개인적인 관계가 존재하고 있었음에도 불구하고162) 환현이 수도로 진군하여 독재자가 된 402년 이전까지 혜원 본인은 동진 궁정 및 건강의 유력한 후원자들과 어떠한 직접적 관계도 맺고 있지 않았던 것으로 보인다. 이것은 물론 당시의 정치적 상황의 결과였다. 앞에서 살펴본 것처럼 (p.113) 4세기 말 궁정의 권위는 '동쪽지역', 즉 수도와 그 동쪽의 영토 너머에는 미치지 못하였다. 동진의 중부 지역은 당시에 환현과 그 동맹자들에 의한 반대파의 거점이었다. 자발적으로 산에 고립되어 있던 혜원은 우선 자신의 공동체의 운명에 직접적으로 영향을 미칠 수 있는 영향력 있는 장군 및 고위 관원들과 관계를 가져야 했다. 그런데 그 관계는 – 아래에서 보듯이 – 항상 우호적인 성격만은 아니었다.

이러한 상황은 혜원의 전기(이 장의 부록으로 번역하여 수록하였다)에 분명하게 반영되어 있다. 먼저 404년 이전에는 궁정과의 어떠한 접촉도 없었으며, 황제로부터 어떠한 칭송하는 편지도 없었고, 도안이 양 [p.213] 양에서 받았던 것과 같은 선물이나 봉록도 없었다. 그와 반대로 지방 유력자들과는 긴밀한 관계를 맺고 있었다. 혜원을 위해 동림사를 지어준 것은 환桓씨였고(p.209 참조), 환현의 동맹자인 은중감(殷仲堪, p.113 참조)은 환현에게 배신당하여 살해당하기(399년) 직전에 여산으로 그를 방문하였다. 399년에는 환현 자신이 혜원을 방문하였다. (은중감과 환현) 두 사람은 모두 혜원의 동생 혜지를 대단히 칭송하면서 그에게 사천에 가지 말고 그들과 함께 강릉에서 지내자고 설득하였었다.163) 반란군 지휘관 중 한 명인 왕공(王恭, ?-348)은 혜원과 혜지 두 사람과 교류하였던 것으로 보이며,164) 혜원은 환현의 가장 신뢰하는 조력자 왕밀과 서신을 교환하였다. 왕밀은 몇 년 후(402년)에 교단의 특권을 지키는 데 있어서 대단히 중요한 역할을 하였다.165)

물론 이러한 관계들은 다양한 깊이를 가지고 있었다. 398년에 형주자사로 임명되었을 때 혜원을 방문했던 은중감은 청담과 현학의 전문가로서 자신의 이 분야에 대한 관심을 '3일간 《도덕경》을 읽지 않으면 혀가 뻣뻣해진다'는 말로 표현하던 사람이었다.166) 그와 혜원의 대화 주제는 전형적인 현학의 주제인 《역경》의 근본 취지[易體]'에 관한 것이었고, 《세설신어》에 남아 있는167) 몇 구절 안 되는 그들의 토론 내용에는 불교의 영향은 보이지 않고 있다. 그에게는 – 또한 다른 많은 사람들에게도 - 혜원은 위대한 현학 전문가이자 사족 학자로서 - 마치 한 세대 전에 지둔이 수도에서 그러하였던 것처럼 - 재치있고 심오한 답변과 멋진 행동으로 인해 존경의 대상이 되었다.

반대로 왕밀(360-407)은 그 시기의 가장 유력한 우바새(재가신자) 중 한 사람이었다. 그는 불교적 환경에서 자랐다. 아버지 왕소王劭는 건강 지원사枳園寺의 설립자였고,168) 사촌인 왕민과 왕순은 유명한 신자였다.169) 혜원에게 보낸 편지 - 혜원의 전기에 인용되어 있다 - 를 제외하면 그의 여산과의 관계에 대한 구체적 내용은 알려져 있지 않다. 후에 환현의 억압적 조치로부터 승려들을 보호하려고 노력한 것을 보면 그는 개인적으로 혜원의 추종자였을 가능성이 높다. 어쨌든 왕밀은 불교 이론에 깊은 관심을 가지고 있었다. 남조에서 종교적 문제에 대한 대답을 얻기 위하여 그와 같이 많은 노력을 한 사람은 보기 힘들다. 구마라집이 장안에 도착하자(402년초) 왕밀은 매우 많은 교리적 질문이 담긴 편지를 그에게 보냈는데, 그중 27통이나 되는 편지가 구마라집의 답장과 함께 《법론》 목록에 나열되어 있다.170) 이 편지 중 남아 있는 것은 한 통도 없지만 - 왕밀이 어떤 주제에 대하여 설명을 요구했는지 보여주는 - 그 제목들만으로도 충분히 많은 사실을 알려주고 있다. 그것들을 통하여 왕밀의 불교에 대한 관심과 지식의 범위와 성격을 알 수 있기 때문이다.171)

다른 동시대의 많은 사족 신자들과 마찬가지로 왕밀은 주로 반야, 즉 초월적 지혜의 성격에 흥미를 가지고 있었던 것으로 보인다. 하지만 구마라집의 활동에서 비롯된 불교 사상의 전환은 이 편지들의 제목에서도 분명하게 감지되고 있다. 반야를 현학의 용어로 설명하면서 세속의 철학에서 대응되는 것들을 찾았던 극초, 손작, 지둔 등과 달리 [p.214] 왕밀은 구마라집이 밝힌 새로운 이론의 전체적 틀 속에서 반야 개념의 의미를 찾으려고 노력하였다. 그는 반야의 방법[般若法](?), 반야라는 용어의 의미[般若稱], 그리고 반야와 방편[權智同異], 전지전능(일체지)[般若薩婆若同異], 보살의 무생법인無生法忍, 실상[般若是實相智非] 등의 관계에 대하여 질문하고 있다[주석 171번의 (6), (7), (9), (10), (11), (14)]. 보살의 성불 방법, 법신, 삼승의 상호 관계와 같은 주제들[(5), (16), (17), (18), (20)]은 혜원이 구마라집과 주고받은 편지의 주제들과 매우 비슷하다[후술]. 한편 하나의 주제[(23)]는 여산에서 실행되었던 관불觀佛 수행을 언급하는 것으로 생각된다. 마지막으로 세 통의 편지는 잘 알려진 주제인 (영원한) 신神에 관한 것인데, 여기에서는 열반, 심(心, citta), 의(意, manas), 식(識, vujñāna) 등과 같은 불교적 개념들과 관련지어 나타나고 있다[(2), (25), (27)]. 이처럼 불행히도 그 편지들은 모두 없어졌지만 제목들만으로도 남조 불교에 대한 구마라집의 – 그가 아직 살아 있을 당시의 – 지대한 영향, 보다 구체적으로는 중국 불교의 새로운 시대가 시작되던 당시에 새로운 지식이 한 저명한 학식 있는 재가신자에게 미친 영향을 살펴볼 수 있다.

399-402년의 시기에 혜원의 논쟁자였던 환현이 사상으로서의 불교에 무관심한 것은 아니었다. 그의 동료이자 희생자인 은중감과 마찬가지로 그는 주된 군사적 경력에도 불구하고 교양있는 사람이었다. 그는 열정적으로 그림과 글씨를 수집하였고, 현학 학자였다. 자료에 의하면 그는 20권에 달하는 문집과 함께《역경》의 〈계사〉에 대한 주석서172)를 지었다고 한다. 그는 당시 유행하고 있던 현학불교의 해석 이론들에 대해 관심을 가지고 있었던 것으로 보인다.173) 실제로《세설신어》에는 그가 도요道曜라는 다른 곳에 보이지 않지만 이름으로 볼 때 불교 승려로 생각되는 인물과《도덕경》에 대하여 토론하는 모습이 보이고 있다.174) 순전히 이론적 측면에서 혜원, 혜지, 도조道祖 (347-419) 등에 대해 찬탄한 사실도 그들 각각의 전기에 보이고 있는데,175) 진심에서 우러나온 것으로 생각된다. 하지만 한편으로 현실

정치가였던 환현은 앞 시기의 정치적 음모와 궁정 투쟁에서 승려들이 담당하고 있던 의심스러운 역할에 대해서도 잘 알고 있었으며, 앞에서 살펴본 것처럼(p.154) 자신의 야망을 실현하기 위하여 정부와 관련되어 있는 수도 지역 승려들의 영향력을 이용하기도 하였다. 그는 빠르게 세력을 확대되는 동안 - 처음에는 중부 지역의 가장 강력한 지방관이었고(399-402), 이어서 고숙姑孰의 독재자(402-404)가 되었다 - 에 반反승려적인 다양한 정책들을 스스로 제안하거나 공포하였다. 저명한 승려들을 환속시켜 자신에게 봉사하도록 노력하였고,176) 승려들을 철저하게 선별하여 환속시켰으며[沙汰], 승려들이 '군주에게 예를 표해야 하는가'라는 오래된 문제에 대해 새롭게 논쟁을 일으켰다. 또한 양주 지역의 모든 승려들을 등록시키려 하였다.177) 혜원은 이러한 정책들로부터 승단을 보호하는 데 중요한 역할을 하였다. 앞에서 이야기한 것처럼 지배자(=환현) 자신이 혜원을 불러 교단의 대변자로서 의견을 제시하게 한 것은 승가의 힘과 권위가 확대되는 것을 보여주는 것이었다. 이러한 세속 정부와의 관계에 있어서의 승려들의 위상에 대한 논쟁에 대해서는 뒤에서 살펴보게 될 것이다.

[p.215] 환현의 몰락과 진왕조의 부흥(404년)은 새로운 지배자의 등장만이 아니라 새로운 시주자의 출현도 의미하였다. 뚜렷한 이유를 가지고 혜원과 그의 동료들은 사마씨의 복위를 환영하였다. 환현 지배하에서의 불안정한 지위는 그들로 하여금 황실에 대한 감정과 충성심을 고양시켰음에 틀림없다.178) 진의 황제가 405년 초에 수도로 돌아가는 길에 여산을 들렀을 때 처음으로 혜원은 황제와 접촉하게 되었다. 하지만 이때의 접촉은 서로 칭송하는 편지를 교환하는 정도에 국한되었다(편지 내용은 그의 전기에 실려 있다. 이 장의 부록 참조). 비록 새 통치자 유유의 동지 중 한 사람이 혜원에게 절을 떠나 황제를 만나라고 강력히 요구하였지만, 혜원은 이를 거절하고 '세속의 이방인'으로서

의 자신의 역할을 굳게 지켰다. 새 정권의 일부 지도자들 – 유명한 시인이자 불교신자인 사령운謝靈運179)과 어리지만 대단히 탁월하였던 유준劉遵180) – 과도 교류하였다.

유유 자신도 – 그의 불교에 대한 호의적 태도는 명확하게 나타나지 않고 있다 – 410년에 반란군 우두머리 노순盧循에 대한 마지막 공격 중에 여산 근처에 이르게 되자 혜원에게 사람을 보내어 돈과 쌀을 선물하였다. 혜원의 전기에 들어 있는 이 일화는 그동안 간과되어 온 혜원 및 그 공동체의 이러한 측면의 모습을 보여주는 것으로써 매우 흥미롭다.

'도적'의 우두머리라는 말에서 떠올리게 되는 이미지와 달리 노순은 훌륭한 가문 출신이었다. 그는 후한대의 고위 관료 노식(盧植, 192년 사망)의 직계 후손이었고, 현학 학자이자 석호 밑에서 중서시랑을 역임했던 고위 관료 노심(盧諶, 284-350)의 증손자였다.181) 노순 자신도 재능있는 서예가였다. 그는 '주술사'이자 반란군 지도자인 손은(p.154 참조)의 여동생과 결혼하였고, 그 결과 손은의 계승자가 되었다. 410년에 그는 유유에게 패한 후 일가족이 모두 독약을 먹고 자살하였다. 《고승전》의 혜원 전기에 의하면 혜원은 일찍이 노순의 부친 노하盧嘏와 함께 공부한 적이 있었다.182) 혜원은 미래의 반란자가 아직 어렸을 때에 그를 알고 있었던 것으로 보인다. 《진서》의 노순 전기는 (사람의 성격에 대하여) 명확한 통찰력을 가지고 있던 사문 혜원이 그를 보고 '너는 (근본적으로) 순수하고 단순한 성격의 사람이지만 너의 야망은 불법적인 일과 관련되어 있다'고 말하였다고 적고 있다. 혜원이 '노순에게 보낸 편지'의 일부가 남아 있는데, 거기에서 혜원은 노순이 보내준 음식 선물에 대해 감사를 표하고 있다.183) 이것은 혜원이 중앙정부의 가장 위험한 적과 우호적인 관계를 맺고 있었음을 보여주는 것이다. 북쪽으로의 대규모 공격을 감행하는 과정에서 심양에 주둔하게 된 노순은 혜원을 방문하여 오랫동안 대화를 나누었다. 혜원에게 있어서 이것은 물론 위험한 일이었다. 한나라에서 당나라 혹은 그 이후까지도 범죄자 혹은 도망자에게 어떠한 종류의 도움이라도 준 경우에는 처벌의 대상이었다.[184] 더군다나 당시 노순은 정부군에게 여러 차례 패배하였고, 그의 수도에 대한 공격도 실패하여 몰락이 예견되는 상황이었다. 일부 승려들이 혜원에게 '(노)순은 나라의 도적인데 그와 그렇게 친밀한 관계를 맺는 것이 위험하지 않'느냐고 경고하자, 혜원은 '나는 불교의 가르침에서는 (어떠한 사람도) 특별히 선택하거나 거절하지 않는다고 생각한다. (그러한 사실을) 사람들이 어찌 알지 못하겠는가? 걱정할 필요 없다'고 대답하였다. 실제로 조금 후에 유유가 심양에 왔을 때 사람들이 그에게 혜원이 도적과 교류하였다고 경고하였지만 유유는 '(혜)원법사는 세상 바깥의 분이다. 그는 (누구의) 편이 아니다'고 대답하고 그에게 편지와 앞에서 이야기한 선물들을 보내었다고 전해진다.

[p.216]

비슷한 사례가 또 있었다. 399년에 환현은 주변 사람들이 그에게 혜원이 자신의 적인 은중감과 교류하였다고 충고하였음에도 불구하고 혜원을 방문하여 경의를 표하였다. 유유 일파의 사람들 역시 혜원이 환현과 관계를 가졌음에도 불구하고 그를 존경하였다. 마지막으로 혜원은 남조의 유유가 요흥에 대한 전쟁을 준비하던 시기에 (북조의) 통치자와 개인적인 서신을 교환하기도 하였다.[185]

혜원은 생애 내내 이와 같은 중립적이고 어느 편에도 속하지 않는 태도를 견지하였는데, 이것은 대단히 중요하였다. 전쟁과 혼란이 지속되고 상층 사족들이 파벌 사이의 갈등으로 몰락하고 숙청되는 이러한 시기에 여산의 공동체는 현실의 정치적 싸움 바깥에 존재하(는 척하)였던 것이다. 위에 이야기한 사실들로 볼 때 그들은 실제로 '중립적'이고 세속의 일에 관여하지 않는 것으로 여겨졌던 것으로 보인다.

실제로 혜원은 자신의 호교적 글들에서 이 사실을 반복하고 있고, 아마도 이 때문에 환현은 불평분자와 반역분자들의 잠재적 회합장소가 될 수 있는 모든 사원들에 대해 실시했던 '사태沙汰' 정책을 여산에 한해서 면제해 주었을 것이다(5장 참조).

관료 생활은 위험한 일이었다. 잘못된 정파에 가담하는 것은 면직 혹은 심한 경우 죽음을 의미하였고, 운명은 적절한 순간에 입장을 바꿀 수 있는 능력에 달려 있었다. 이러한 기회주의는 운명의 흐름을 볼 수 있는 군자의 타고난 통찰력이라는 유교적 이상으로 합리화되었다. 무사하게 지낼 수 있는 가장 좋은 방법인 어느 편도 들지 않는 '중립적' 태도는 관계의 바깥, 즉 관직을 갖지 않는 '은둔' 생활을 영위하는 경우에 가능하였다. 중세의 초기에 '은거'가 사족들의 최상의 이상이 되어 서로 다른 요소들을 모두 포함하게 된 데에는 그만한 이유가 있었다. 《노자》와 《장자》의 세속에 대한 무관심은 고대의 주술적 종교적 배경과 분리된 채 사족들의 용어로 재해석되어 그 철학적 기반을 제공하였고, '순수함'과 '고결함', 목가적 '청빈함' 등이 도덕적 정당성을 제공하였다. 그리고 시와 그림, 음악, 서예와 같은 문학과 예술에 대한 탐구가 그 영역으로 들어오게 되었다. 앞에서 우리는 4세기 초 이래로 이러한 다양한 요소들이 사원의 이상과 결합되었고, 그 결과 이 모든 요소들이 사원에 들어와 집단적으로 실행되면서 은거하는 사족의 삶에 – 세속적 이상들은 그대로 유지한 채 – 새로운 종교적 의미와 심화된 사상적 정당성이 추가되는 것에 대하여 살펴보았다.

여산의 승려들에게서 이 모든 요소들 – 불교 철학과 현학, 선정과 초자연적인 것에 대한 신앙, 자연과 금욕적 생활의 아름다움, 청담 및 학문과 예술 활동, 세속에 대한 무관심과 정치적 중립성 – 이 매우 발달된 형태로 나타나고 있다. 불교에 대해 어느 정도 알고 있으면서 관직을 떠나려는 마음이 있는 많은 상류계급 구성원들에게 여산은 지혜와 함께 휴

[p.217] 식과 안전이 있는 이상적인 은신처로 여겨졌음에 틀림없다. 그들 중 다수는 혜원의 재가제자로서 종교적 삶을 영위하기 위하여 여산에 들어왔다. 혜원의 전기에서 경건하게 신비한 불상의 영향으로 설명하고 있는 많은 교양있는 일반인들의 유입은 종교적 장소와 불교에 관심을 갖고 있는 지식인들의 집단적 은신처의 성격과 결합되어 있는 여산의 역할을 염두에 둘 때 제대로 이해될 수 있다.

여산廬山에 있던 혜원의 재가 추종자들

여산에 정착한 재가신자들의 숫자는 알 수 없다. 초기 자료들에는[186] 여덟 명의 이름이 언급되어 있고, 그중 다섯 명에 대해서는 구체적인 역사적 정보가 다양한 자료들에 보이고 있다. 여기에서는 진순유陳舜兪가 편찬한 11세기의 《여산기廬山記》[187]에 수록되어 있는 작자미상의 《십팔현전十八賢傳》같은 진위가 의심스러운 전승들은 참고하지 않을 것이다.

유유민劉遺民으로 더 잘 알려져 있는 유정지(劉程之, 354-410)는 한나라 건국자 동생의 후손이라고 주장하는 팽성 유씨 출신이다. 《진서晉書》에는 그의 전기가 실려 있지 않지만 《광홍명집》에 수록되어 있는 - 정확한 시기는 알 수 없지만 매우 이른 시기의 것으로 보이는 - 자료에 약간의 정보가 들어 있다. 이 자료는 혜원이 여산에 있던 재가 추종자들에게 보낸 편지와 그 앞뒤의 주로 유정지의 생애에 관해 설명하는 내용들로 이루어져 있다.[188] 그는 의창(宜昌, 호북성 남부)과 채상(柴桑, 현재의 구강九江 남쪽, 여산 이웃 지역)의 지방관을 연이어 역임하였지만, 그의 관직은 여기에서 끝났다. 그는 관직을 버리고 (혜영이 머물고 있던) 서림사 옆에 선방禪坊을 세운 후, '편안하게 머물면서 뜻을 기르고, 물질적인 이익을 추구하지 않으면서 가난함을 편안하게 여기는' 종교적 생활에 전념하였다. 그는 생애의 남은 15년을 여산에서 보냈다. 위의 자료에 의하면 그는 여산에 들어온 최초의 사족 '은둔자'였던 것으로 보인다. 그가 실제로 410년에 죽었다면 – 이 연대는 후대의 자료189)에만 보이고 있다 – 그는 396년에 산에 들어온 것이 된다. 유정지의 종교적 열정에 대해서는 여산에서의 아미타신앙과 관련하여 아래에서 살펴볼 것이다. 얼마 되지 않는 자료를 통해 알 수 있는 바로는 그는 성실한 신자이고 참된 귀의자로서, 구마라집의 유명한 제자 승조에게 보낸 편지에서 스스로 이야기하고 있는 것처럼, 여산에서 자신의 모든 소망을 이룬 인물이었다.190) 이 편지와 함께 그가 지은 다른 자료들이 전해지고 있다. 402년의 혜원과 공동체 구성원들의 집단적 맹세 때의 발원문 –《출삼장기집》과《고승전》의 혜원 전기에 수록되어 있음 – 도 그가 지었다.

알려진 혜원의 다른 재가 동료들도 모두 이른바 '은일'의 범주에 속하는 사람들이다(실제로 그들의 전기는 공식 역사책의 은일편에 수록되어 있다). 그들은 생애 전 기간 동안 관직을 회피하였고, 여산에서 청춘기의 몇 년을 보냈다. 그들 중 일부의 경우 겨우 소년기를 벗어났었다는 중요한 사실에 주목할 필요가 있다. 아미타불 앞에서의 맹세를 행하였던 402년에 주속지周續之는 25세, 종병宗炳은 27세, 뇌차종雷次宗은 16세에 불과하였다. 그런데 사족 은둔자들은 일반적으로 이른 나이에 '은둔 생활'을 시작하였던 것 같다. 혜원 자신이 은둔 유학자 범선에 합류하려 할 때의 나이가 스무 살이었다. [p.218]

뇌차종(386–448)191)은 – 자신의 가족에게 보낸 편지에서 이야기하고 있는 것처럼192) – 소년 시절에 벌써 세속으로부터 벗어나려는 생각을 가지고 있었다. 그리고 위에서 말한 것처럼 매우 이른 나이에 혜원의 공동체에 참여하였다. 유정지나 종병과 달리 그는 여산에서 세속의 학문 – 유학 – 에 전념하였던 것으로 보이며, 이는 혜원 전기 중의 홍미로운 구절에 나타나고 있다(이 장의 부록 참조).

혜원의 《예기》에 대한 해설을 기록한 – 전기에는 나중에 그가 자신의 이름으로 발표하였다고 한다 – 덕분에 그는 이 분야의 전문가로 유명하게 되었고, 죽을 때까지 그러하였다. 혜원 사후에는 개인 학당을 세워 백 명 이상의 학생들을 가르쳤고, 말년에는 황태자에게 상복喪服에 관한 의례 규범을 가르치는 영예를 누렸다. 그것은 이전에 혜원이 그에게 설명해 주었던 내용으로 현존하는 일부 단편적 자료들에 – 아마도 혜원의 설명과 동일한 – 그의 해석이 전하고 있다.193) 더욱 흥미로운 것은 위에서 언급한 편지에 그의 여산에서의 초기 시절과 이 어린 유학자를 매료시킨 불교공동체의 여러 생활상이 자세하게 드러나고 있다는 점이다.

"…나는 석釋 화상(=혜원)을 섬겼다. 그때 우리의 스승이자 동료이신 그분은 깊은 속내를 가지고 가르침과 도를 펴시는 데 힘쓰셨다. 나는 외적으로는 (그곳에 퍼져 있는) 상호 평등(의 분위기를) 사모하였고, 내적으로는 나의 마음을 이해받아 가르침을 받고자[悱發]194) 하였다. 이처럼 나는 정신을 깨끗이 하고 (유교) 경전을 즐겁게 공부하였다. 밤낮으로 노력을 다하고 부지런히 공부하였다. 또한 산수의 아름다움과 이야기를 나누는 즐거움이 있어 실로 (진리의) 이치를 깨닫고 (나의) 품성을 보충하게 하기에 족하였다…"195)

주속지196)(377-423) 또한 '5경五經과 위후緯候,' 《노자》, 《장자》 등을 두루 읽은' 뛰어난 유학자였다. 그의 저술 일문들에는 뇌차종과

• 緯候는 讖緯 사상으로 유교 경전을 해석한 緯書를 총칭한다. 緯는 七經緯, 候는 《尚書中候》를 가리킨다 – 역자

마찬가지로 '상복에 관한 예절'에 특별한 관심이 나타나고 있는데, 이 또한 혜원의 가르침의 영향이었을 것으로 생각된다.197) 하지만 한편으로 금욕적 혹은 불교적 태도는 뇌차종보다 훨씬 더 많이 나타나고 있다. 그는 평생 결혼하지 않았으며, 수수한 옷을 입고 채식을 엄격하게 지켰다. 이는 사족 '은둔자'의 생활양식에 불교의 계율이 영향을 미친 확실한 사례이다. 그가 여산에서 얼마나 생활하였는지는 알 수 없지만 396년198)부터 아미타불 앞에서의 맹세에 참여하였던 402년까지 적어도 6년 동안은 있었던 것으로 보인다.

종병(375-443)199)은 예술적 측면을 대표한다. 학자이자 고위 관료 집안 출신인 그는 당시의 대표적 화가이자 서예가, 그리고 유능한 음악가이자 청담 전문가로 알려져 있다. 여기에 언급된 다른 신자들과 마찬가지로 그 역시 관직을 갖지 않았고, 처음 여산에서 혜원과 생활하다가 나중에 (형제들의 '돌아오라는 요구' 때문에) 강릉으로 옮겨서 그곳의 승려들과 계속 관계를 유지하였다. 그가 여산에서 얼마나 오래 [p.219] 머물렀는지는 알 수 없지만, 어쨌든 그는 독실한 불교신자가 되었고, 나중에는 – 전해지는 그의 글들에 나타나는 것처럼 – (불교) 가르침의 가장 설득력있는 옹호자였다. 433년경에 쓴 《명불론明佛論》은 초기 사족 불교의 가장 중요한 자료이다.200)

초기 자료에 보이는 다른 재가 추종자들에 대해서는 거의 아무것도 알려져 있지 않다. 장야張野201)(후대의 자료에 의하면 350-418)는 심양에 살던 가난한 학자 겸 시인이었다고 한다. 그의 글 중 일부가 전해지고 있는데, 그중 혜원을 위해 쓴 '명銘'202)은 혜원의 생애에 관한 가장 시기가 앞서는 자료로서 대단히 중요하다. 장전(張詮, 11세기의 자료에 장야의 친척으로 나오고 있다)에 대해서는 더욱 알려진 내용이 없는데, 그 역시 관직에 나가지 않았고 자신의 농장에서 목가적인 소박한 생활을 하였다.203) 한편 신채新蔡 출신으로 《출삼장기집》과 《고승전》에 혜원의 동료로 언급되어 있는 필영지畢穎之는 '연사蓮社'에 관한 후대의 자료들에는 보이지 않고 있다. 그는 틀림없이 교양있는 집안 출신일 것이다. 《진서》에는 같은 신채 출신의 필탁畢桌의 전기가 수록되어 있는데, 그는 3세기 말에서 4세기 초에 활동한 인물로 당시의 유명한 술꾼이자 괴팍한 학자였다.204) 마지막으로 낭야 왕씨 출신인 왕제지王齊之가 있었다. 그는 여산에서 《광홍명집》에 수록되어 있는 재미있는 불교 시들을 지었지만,205) 그의 행적에 대해서는 거의 아무 것도 알려져 있지 않다.

'선정禪定' 수행과 아미타신앙

402년 9월 11일에 혜원은 공동체의 승려와 재가신자들을 산의 북쪽에 있는 정사의 아미타불상 앞에 모으고, 그들과 함께 극락 – 이 부처님이 다스리는 서쪽의 낙원 – 에서 다시 태어날 것을 맹세하였다. 이 일은 《출삼장기집》과 《고승전》의 혜원 전기에 유정지가 지은 발원문 – 혜원의 요청으로 작성되었다 – 과 함께 서술되어 있다.

후대에는 이 '아미타불 앞의 맹세'가 – 이때 혜원에 의해 만들어진 백련사白蓮社를 계승한 것으로 여겨지는 – 정토종의 시작이며, 혜원은 정토종의 초대 조사라고 생각되었다. 혜원과 후대 정토종 조사 사이에는 직접적인 '사자상승' 관계가 보이지 않기 때문에 이러한 생각은 옳다고 할 수 없지만, 어쨌든 이 의식은 중국 초기불교에서의 중요한 이정표였다. 이것은 여산의 승려와 재가신자 모두가 실천하면서도 명확하게 후자의 요구와 생활방식에 맞춘 – 혜원의 종교 활동의 가장 흥미로운 측면이 되는 – 특정한 헌신적 신앙을 드러낸 것이었다.

이 신앙에 관한 최초의 자료는 물론 이 맹세 때의 발원문인데, 여기에는 불교와 도교의 개념이 뒤섞여 있어 애매한 표현들이 적지 않다. 하지만 수많은 수사적 어휘들로부터 핵심적 내용을 뽑아낸다면 유용한 정보를 얻을 수 있다. 맹세에 참여한 사람은 모두 123명인데, 다른 자료에 언급되고 있는 혜원의 공동체의 규모(주석 145번 참조)로 볼 때, 이 숫자는 그의 제자 모두가 참여하였음을 보여주는 것이다. [p.220] 맹세는 아미타불상 앞에서 행해졌으며 향과 꽃 - 혹은 향기 나는 꽃[香華] - 의 공양이 함께 행해졌다. 참가자들은 '서방', 즉 극락에 다시 태어나려는 바람과 이 목적을 함께 이루겠다는 의지를 천명하였다. 하지만 개인마다 업보가 다르기 때문에 현재 동료로서 함께 있는 사람들도 내생에는 헤어지게 되며, 이에 따라 집단적인 맹세는 서원(誓願, prṇidhāna; 보살 정신을 실천하겠다는 보살의 뜻을 드러내는 맹세)이 아니라 극락에 도달할 수 있도록 서로 돕자고 하는 참여자들 사이의 엄숙한 서약이 되었다. 만일 참가자 중의 한 사람이 다른 사람들보다 먼저 서방 극락세계에 들어가게 되면 그는 '결코 어두운 골짜기에 (남겨져 있는) 사람들의 구원을 잊어버리고, 산꼭대기에서 자신의 행운을 혼자만 즐기지' 않을 것이다. '먼저 들어간 사람과 뒤에 올라가는 사람이 함께 나아간다는 원칙을 명심하고 노력한다면 (결국에는 모두) 다같이 (아미타불이) 출현하여 순수한 빛으로 그들의 마음을 열어주는 것을 보게 될 것이다.' 이 서약에는 극락에 들어가기 위해 서로 협조하는 형이상학적 집단, 정신적으로 '서로 돕는 집단'이 나타나고 있는데, 이는 관료기구의 상층부를 독점하고 있는 사족 정치가들 사이의 투쟁에 대한 종교적 대안이라고 할 수 있다. 이것은 매우 흥미로운 현상이고, 또한 혜원과 그의 추종자들 특히 그의 재가 동료들에 의해 보급된 신앙의 매우 단순하면서도 구체적인 성격을 잘 보여주는 일이다.

　감각기관으로 느낄 수 있는 구체적인 예배 대상에 대한 추구는 여산 불교의 특성이었다. 혜원의 저술과 전기 여러 곳에서 명상을 위한 불상의 활용, 아미타불의 형상화, '불영굴佛影窟'에 대한 찬송, 부처와 보살의 법신(초월적 몸) 등과 같은 시각적 측면에 대한 강조를 볼 수 있다. 이러한 흥미로운 특성은, 비록 부분적으로는 혜원이 북쪽 출신이라는 점과 도안의 미륵신앙 의례(p.194 참조)의 영향에 기인하는 것이겠지만, 주로는 혜원 공동체 내부의 재가신자들의 존재로 설명될 수 있다. 이들은 힘든 정신집중 과정이나 소승적인 명상에 비해 단순하고 훨씬 '실용적'인 방법, 즉 '가정에 머물러 있으면서 삼매에 들 수 있는 방법[在家習定法]' – 육징이 언급한 작자미상의 편지206)의 주제이다 – 을 요구하였다.

그 방법은《반주삼매경》207)에 이야기되고 있는 것처럼 아미타불을 '염(念, anusmṃti)'하는 수행에서 찾아졌다. 이 중요한 경전의 주제는 신자로 하여금 모든 부처들이 '자신의 눈앞에 있는 것처럼' 볼 수 있게 하는 일종의 정신집중[現在佛悉在前立三昧]이었다. 그러한 재주는 일반적으로는 초자연적인 능력을 가진 사람들만이 가능한 것이지만, 여기에서는 그것이 천안天眼이나 천이天耳, 혹은 사후에 아미타불의 나라에 윤회재생함으로써가 아니라, 지금 여기에서 부처님의 위신(威神, adhiṣṭhāna) 및 수행자의 정신집중[삼매]과 축적된 공덕의 힘에 의해서 가능하다고 분명하게 이야기하고 있다.208) 따라서 이 '단순한 방식'은 어떠한 복잡한 예비적 수행도 필요로 하지 않았다. 신자들은 3개월 동안 마음을 순수하게 유지해야 하는데, – 이 기간 동안에는 단 한 순간도 음식이나 의복, 물질적 안락에 대하여 생각하면 안 된다 – 이러한 노력이 부처를 볼 수 있는 조건을 만들어준다.209) 이 경전의 두 번째 품(=행품行品)에는 (염불)삼매를 위한 방법이 설명되어 있다. 비구, 비구니 혹은 남녀 재가신자는 모든 계율을 충실하게 지켜야 하며, 한적한 (격리된) 장소에 가서 하루 낮, 하루 밤, 혹은 일주일 동안 밤낮으로 마음을 아미타불에 집중하여야 한다. 일주일이 지나면 부처님이 마치 꿈속의 모습, 혹은 거울 속의 영상과 같이 그의 눈앞에 나타나

가르침을 설하실 것이다.210)

혜원은 〈염불삼매시집서念佛三昧詩集序〉에서 이 삼매의 뛰어남에 대하여 현학적 용어로 극찬하고, 수많은 삼매가 있지만 '염불(삼매)가 가장 성과가 뛰어나고 들어가기 쉽다[功高易進 念佛爲先]'고 이야기하고 있다.211) 그런데 이렇게 나타난 (부처의) 모습의 본질이 무엇인지는 – 꿈에 비유되고 있는 것처럼 – 분명하지 않다. 혜원 자신도 구마라집에게 보낸 편지에서(아래에 서술) 그러한 모습의 원천이 무엇이며, 그것이 단순히 마음이 그려낸 것은 아닌지 묻고 있다.

초기의 전기 자료들에는 혜원의 추종자들이 실천한 아미타신앙에 관한 여러 재미있는 내용들이 보이고 있다. 유정지는 이와 관련하여 특별한 열정을 보이고 있다.

"1년 동안 마음을 집중하고 선정을 행한 후에 그는 삼매에서 부처님을 보았다. 길을 가다가 불상을 만나면 언제나 부처님이 공중에 나타났다. (부처님의) 빛이 하늘과 땅을 비추는데 모두 금색이었다. 또 (자신이) 가사를 입고 (극락의) 보배 연못에서 목욕하는 것을 보았다. 삼매에서 깨어난 후에 승려들에게 경전을 읽어달라고 부탁하였다.212) (이후로) 그는 (현재의) 목숨을 가능한 한 빨리 버리기를 원하였다…. 그는 자신이 죽을 날짜를 (미리) 알았다. 승려들에게 작별을 고했지만 그때에도 아무런 병과 고통이 없었다. (예정된) 때가 되자 서쪽을 바라보며 반듯이 앉아 손을 모으고 숨을 거두었다. 나이 57세였다.213)

유정지의 죽음에 대한 이야기는 그가 마지막 순간에 아미타불을 보았음을 암시하고 있는데, 다른 혜원의 추종자들의 죽음에 대한 이야기를 통해서도 이러한 모습이 확인된다. 이러한 신앙의 원천은 《반주삼매경》이 아니라 《무량수경》(혹은 《아미타경》)의 초기 중국 번역본 중의 하나로써, 3세기 초에 지겸이 번역한 것일 가능성이 높다.214) 이 경전은 주로 완전한 행복의 나라를 만들려는 – 미래의 아미타불인 – 법장비구의 서원과 그렇게 해서 만들어진 불국토의 영광을 묘사하고 있는데, 그중에 아미타불의 신자가 죽음이 가까웠을 때 많은 성중을 거느린 이 여래를 보게 되면 반드시 극락에 태어나게 되며, 혹 꿈속에서라도 아미타불이 나타나면 같은 결과가 있을 것이라는 내용이 보이고 있다.215) 이와 같은 임종 시의 (부처의) 현현 및 이와 연결된 종교적 의례의 모습이 혜원의 제자 승제僧濟가 여산에서 죽을 때의 상황을 기록한 다음과 같은 홍미로운 기록에 보이고 있다.

[p.222]

조금 뒤에 큰 병에 걸리자 그는 서방세계(에 태어나기)를 간절히 원하고 아미타불을 마음속으로 그렸다[想像]. 혜원이 그에게 촛불을 주면서 '너는 마음을 극락으로 옮기고[運]216) (물)시계에 (너의 명상의 시간을) 맞추라'고 하였다. 승제는 촛불을 잡고 책상에 기댄 채 마음을 멈추고 어지럽지 않게 하였다. 그는 또한 승려들에게 밤에 모여 자신을 위해 《무량수경》을 읽어달라고 부탁하였다. 5경更에 이르러 승제는 촛불을 동료에게 주고 승려들 사이에 함께 가 있으라고 하였다. 그리고 나서 잠깐 누웠는데 꿈에 스스로 촛불 하나를 들고 허공으로 날아오르는 것을 보았다. (또) 무량수불이 자신(혹은 촛불?)을 손바닥에 놓고 시방의 여러 세계를 두루 돌아다니는 것(혹은 부처님의 빛이 시방세계에 두루 퍼지는 것)을 보았다. 곧바로 잠에서 깨어 시중들던 사람들에게 꿈의 내용을 모두 말하였다. (그들은 그의 죽음이 다가왔다는 것에) 한편으로 슬프고 (그가 그러한 모습을 보았다는 것에) 한편으로 안심이 되었다. (승제는) 스스로 자신의 몸217)에 병과 고통이 없어진 것을 느꼈다. 다음날 밤에 갑자기 신발을 찾아 신고 일어나, 마치 무엇인가를 바라보는 듯 눈이 허공을 향하였다. 조금 있다가 다시 누웠을 때 얼굴에는 즐거운 표정이 있었다. (침대) 곁에 서 있는 사람들에게 '나는 떠나간다'고 말하고 오른쪽으로 돌아누웠다. 말과 기운이 함께 끊어졌다.218)

비슷한 내용이 《고승전》의 414년의 혜영(p.199)의 죽음에 대한 서술에서도 보이고 있다.

병이 위중하였지만 그는 계율을 열심히 지켰다…. 조금 후에 그는 마치 무엇을 보고 있는 것처럼 갑자기 옷을 찾고[斂衣/斂衣]219) 합장하면서 신발을 찾아 일어나려고 하였다. 승려들이 모두 놀라서 (무엇을 보느냐고) 묻자 '부처님이 오셨다'라고 대답하였다. (그) 말을 마치고 바로 (생을) 마치니 나이 83세였다.220)

적어도 초기의 자료에는 혜원의 죽음에 관하여 이러한 내용이 나오지 않고 있음에 주목할 필요가 있다. 그가 죽을 때의 상황은 전기에 자세히 묘사되어 있다(이 장의 부록 참조).

이와 같이 재가신자와 승려들은 다 같이 그들의 서방 낙원에서의 윤회재생을 보장해 주는 아미타신앙과 염불念佛을 실행하였다. 혜원은 재가 추종자에게 보내는 편지에서 '여러분들은 모두 여래의 훌륭한 제자들로서, 여러분의 이름은 이미 오래전에 신부神符에 새겨져 있었습니다'라고 이야기하였다. 아마도 이들 재가신자들에게 있어서 여산에서의 염불 실천은 그들의 꿈 혹은 몰입상태에서 여래를 '직접' 만나봄으로써 즐거운 윤회재생과 미래의 행복을 확인하는 방법이었을 것이다.

혜원에게 있어서 '선정'은 그 이상의 것이었다. 후대에 지은 서문들 중에서 그는 선정을 초월적 지혜, 즉 반야의 대응물로 이야기하고 있다. 선정[禪]은 모든 정신적 활동이 사라진 고요함[寂]으로써, 최고의 경지에 도달하기 위해서는 반야를 필요로 한다. 반야는 논리를 떠나 진리를 체득하는 (직관적인) 비춤[照]으로써, 심오함에 이르기 위해서는 선정을 필요로 한다. 참된 앎은 '비춤이 고요함과 분리되지 않고, 고요함이 비춤과 떨어지지 않을 때' 비로소 얻어지게 된다.221) 또 다른 곳에서는 '삼매라는 것은 생각을 집중하여 정신이 고요함을 말하는 것이다. 집중하면 뜻은 하나가 되어 나눠지지 않고, 고요하면 기氣는 텅 비고 정신은 밝게 된다. 기가 텅 비면 지혜의 비춤이 고요해지고, 정신이 밝아지면 깨닫지 못할 신비함이 없게 된다'고 하였다.222) 몰입상태와 정신집중은 위험하고 붙잡기 어려운 마음의 움직임을 안정시키며 – 이것이 중국 초기 불교의 공통된 주제이다223) – 이를 통하여 [p.223] 물질적 육체에 얽매여 있는 정신 – 지혜와 깨달음의 영원한 원리 – 을 정화시키며, 정신은 이를 통하여 생사의 굴레에서 '해탈'한다. 삼매는 '시체와 같(이 움직이지 않)는 상태로 모든 것을 잊은 채 앉아 있음으로써 마음을 고요하게 하여 지극한 상태에 이르는 것'224)으로서, '정신이 삶을 더 이상 얽매이지 않는'225) 최종적 해탈의 상태를 일시적으로나마 경험하게 하는 방법이다. 혜원은 아미타신앙 및 염불과 연결된 기초적이고 '대중화된' 것 이상의 선정 수행에도 관심을 가지고 있었다. 그는 제자들을 서쪽에 보내어 경전을 구해오게 하였는데, 그의 전기에 의하면 이것은 전해지는 선정과 계율 문헌의 불완전함 때문이었다. 그는 또한 한 편의 서문에서 선정 문헌의 부족에 대해 불평하고 있으며, 구마라집이 이 분야의 문헌을 번역하였을 때 대단히 기뻐하였다.226)

여산에서의 엄격하고 금욕적인 소승의 선정에 대한 연구가 410년 불타발타라의 도착으로 더욱 활성화되었음은 의심의 여지가 없다. 4

세기 말에서 5세기 초의 대부분의 외국인 전법가들과 마찬가지로 불타발타라는 그의 고향인 카시미르와 서북인도의 여러 지역에서 발전하고 있던 설일체유부에 속하였다. 그는 유명한 선사인 불타선나의 제자로서, 409년 장안에 도착한 이후에 그의 사상을 전파하였다. 후진後秦 조정의 지원을 받는 구마라집 학파의 '공적인' 승려들과 갈등을 빚은 직후 그는 장안에서 추방되었다. 410년에 그가 40여 명의 제자들과 함께 여산에 도착하자, 혜원은 그가 전공한 경전들 중 하나인 달마다라가 지었다고 하는 (약간의 대승적 성격이 섞여 있는) 짧은 소승의 선정 문헌을 번역해 달라고 요청하였다.227) 412년에 불타발타라는 건강으로 가서 429년에 죽을 때까지 활동하였다. 불타발타라가 가르쳐 준 선정의 원리가 어느 정도까지 혜원과 그 추종자들에게 이해되고 받아들여졌는지는 알 수 없다. 어쨌든 앞에서 이야기한 것처럼 이것은 엄격한 승려들의 일로서 사원에서 고립되어 생활하는 전문가들이 실행하기 위한 요가의 체계이며, '가정에서' 생활하는 일반인들의 영역을 완전히 넘어서는 것이었다. 이론적 측면에서 그러한 선정 수행 기술 및 그에 대해 이야기하고 있는 문헌들은 매우 흥미롭지만, 본 연구 주제와 관련하여서는 앞에서 이야기한 헌신적 신앙 및 실천 수행들 – 이들은 그 구체성과 단순함으로 인하여 중세 사족 문화의 필수적 부분이 되었다 – 만큼 중요하지 않다.

불신佛身

여산의 종교생활에서 가장 눈에 띄는 요소는 불상의 중요성에 대한 강조와 빈번한 사용이다. 여기에서도 도안의 영향 – 미륵불상 앞에서의 맹세, (의식 때의) 사원의 모든 불상들의 전시, 혜원이 찬문을 쓴 양양의 신비한 불상 등(p.188 참조) – 을 느낄 수 있다. 여산에는 혜원의 전기에서 동림사 융성의 원인으로 언급하고 있는 신비한 불상을 비롯해서 402년에 그 앞에서 맹세를 했던 아미타불상, 상제常啼보살상228)(이 보살은 틀림없이 부처에 대한 관상觀想과 관련이 있다), 불영佛影을 그린 그림 등이 있었다.

이러한 불상들의 기능에 대해서는 의심의 여지가 없다. 적어도 이들 중 일부는 선정을 위해 사용되었음에 틀림없다. 혜원과 재가신자 왕제지(주석 228번 참조)*가 쓴 이 불상들에 대한 찬문들에도 그러한 모습이 나타나고 있지만 '길을 가다 불상을 만날 때마다' 부처님이 나타났다고 하는 유정지의 열정을 묘사한 글(p.221 인용문 참조)에 가장 분명하게 나타나고 있다.

'불영佛影'에 관한 일화는 혜원의 생애에서 확인 가능한 가장 마지막 사건이다(412년). 아직 도안의 제자로 있을 때에 혜원은 여러 경전들에 언급되어 있는 이 유명한 유적에 대해 들었다(후대의 법현法顯, 송운宋雲, 현장玄奘이 각기 399년, 520년, 630년에 이것을 보았고, 현대의 고고학적 조사에 의해 재발견되었다229)). 이것은 나가라하라(현재의 잘랄라바드) 남쪽에 있는 산에 있는 굴로서 부처님이 고팔라 용왕에게 계를 준 후 그의 청을 받아들여 자신의 그림자[影](라기보다는 상(相, lakṣaṇa), 호(好, anuvyañjana)와 후광을 모두 갖춘 몸 전체의 반영)를 벽에 남겼다는 것이다. 모든 묘사들은 그 모습이 어느 정도 떨어진 거리에서는 분명하게 보이지만 벽에 가까이 다가가면 점차 희미해져서 마침내 보이지 않게 되는 신비한 현상을 강조하고 있다. 이러한 사실은 혜원의 전기에 나타난 설명에도 보이고 있다. 도안이 볼 수 있었던 경전들에는 이 유적에 대해 설명하는 것이 없었는데 그가 어떻게 이것에 대하여 알게 되었는지는 알 수 없다. 하지만 그는 서역에 관한 구전 자료들을 수집하였던 사실이 알려져 있으므로 – 틀림없이 편력하는 승려와

---

* 주석 228번에는 王齊之에 관한 내용이 없다. 205번의 착오로 생각된다.–역자

외국 전법가들로부터 수집하였을 것이다 – 이에 관한 내용도 현전하지 않는 그의 《서역지西域志》230)에 들어 있었을 것이다.

혜원은 〈불영명佛影銘〉 서문에서 자신이 '계율에 밝은 카시미르에서 온 선사와 남쪽 출신의 승려'로부터 불영에 대한 자세한 설명을 들을 기회가 있었으며, 그때 그들의 설명에 따라 불영을 그렸다고 이야기하고 있다.231) 명문의 발문에 의하면 그 영상 – 벽화가 아니라 비단에 그린 그림으로 생각된다232) – 을 봉안한 법당의 엄숙한 낙성식은 412년 5월 27일에 거행되었다. 이 날짜는 '카시미르에서 온 선사'가 다름 아닌 411년경에 여산에 머물렀던 불타발타라임을 보여주는 것이다. 이 사실은 그 그림의 실제적 기능을 알 수 있는 흥미로운 실마리를 제공하고 있다.

불타발타라는 무엇보다도 《관불삼매(해)경觀佛三昧(海)經》의 번역자였다. 이 경전은 제목이 나타내고 있는 것처럼 주로 부처에 대한 관상觀想, 즉 염불삼매에 관한 것이며, 이것은 혜원의 추종자들 사이에서 성행하였던 정신집중과 같은 성격이었다. 비교적 후대의 자료233)에 의하면 이 경전은 송대, 즉 420년 이후에 번역되었다고 하지만 그다지 신뢰성은 높지 않다. 설혹 그것이 사실이라고 할지라도 불타발타라가 여산에 머무르는 동안에 혜원에게 이 경전의 내용에 대하여 구두로 이야기하였을 가능성이 높다. 《관불삼매경》제7권234)에는 불영의 기적에 관한 긴 내용이 있으며, 그 뒤에는 부처님의 열반 이후에 부처님이 앉아 계시던 모습을 알고자 하는 부처님의 제자들을 위한 불영의 관상[觀佛影]에 관한 매우 흥미로운 내용이 이어지고 있다. 거기에는 모든 초자연적인 특성(=상호相好)을 가진 불신佛身을 관상하는, '수십만 겁의 삶 동안 저지른 모든 죄를 없애는'235) 정신집중을 위한 자세한 방법들이 제시되고 있다. 후대의 전승에서 불타발타라 본인이 나가라하라 출신으로 나오고 있는 것도236) 추가적인 중요한 [p.225]

사실이다. 그는 본래의 불영에 대한 현지의 전승은 물론 현지에서의 불영에 대해 행해졌던 예배와 관불의 모습에 대해서 잘 알고 있었을 것이다. 혜원의 지시로 412년에 만들어진 복제품은 단순히 부처의 모습에 대한 회화적 묘사가 아니라 – 413년에 이것에 대한 명문을 썼던 사령운에게는 그렇게 느껴졌던 것으로 보인다237) – 염불의 실천과 긴밀하게 관련되는 구체적 기능을 가지고 있었던 것이다.

혜원은 부처의 드러난 몸[화신化身, nirmāṇakāya]의 '그림자'에도 관심을 가지고 있었지만 부처의 진짜 몸, 즉 초월적 진리(dhrmatā)의 구체화 혹은 인격화된 것이자 (최종적으로 잘 알려진 것처럼 3신(三身, trikāya)설로 정리된) 대승불교의 '부처론'의 근본 개념인 '법신(法身, dharmakāya)'의 신비를 이해하는 데 더 많은 의욕을 가지고 있었다. 여기에서는 (경전에 담겨진) 가르침의 '몸(총체, 집합)'이라는 의미였던 소승불교의 법신 개념이 《대지도론》 – 이 주제에 대한 혜원과 구마라집의 기본 자료였다 – 에 보이는 것 같은 비교적 단순한 중관학파의 '화신'과 '법신'이라는 구분법을 거쳐서 후대의 대승불교의 이론들에 보이는 것처럼 다시 여러 하위 구분을 갖는 복잡한 3신설로 전개되는 과정을 자세히 검토할 여유는 없다.

4세기 말 이전의 초기 중국 불교에서는 법신에 대한 논의는 보이지 않는다. 도안이 한 편의 서문에서 이에 대하여 언급하고 있는 것(p.193 인용문)이 최초의 사례이지만, 그의 이 개념에 대한 이해는 자세히 알기 어렵다. 대승불교의 불신 개념에 대한 갑작스러운 관심은 의심할 바 없이 장안에서의 구마라집의 활동 결과이다. 이 주제는 본질적으로 여러 경전 문헌들에 확정되지 않은 채 떠돌고 있던 이론과 개념들을 잘 정리하고 체계화하려 한 학술적 문헌에 들어 있는 것이다. 중국 불교에 끼친 구마라집의 가장 큰 공헌은 이러한 대승불교의 학술적 문헌, 특히 반半전설적인 용수(龍樹, Nāgārjuna)에서 비롯된 중관

[Mādhyamika; 혹은 공관(Śūnyavāda)]학파의 문헌들을 소개한 것이다. 그가 번역한 중관 이론에 대한 가장 자세한 해설서이자 가장 중요한 불교 문헌 중 하나인 (《2만5천송반야경》의 주석서인) 방대한 《대지도론》(부록의 주석 95번)에서 중국인들은 처음으로 법신의 성격 및 그와 관련된 부처론 전체를 처음으로 접하게 되었다. 그들은 또한 《대지도론》을 통하여 보다 흥미있고 신기한 또 다른 개념에 대해서도 알게 되었다. 최종적으로 성불이 확정되고 모든 세속의 구속과 욕망들이 사라진 보살 수행의 여덟 번째 단계[地]에 이르러 획득하게 되는 보살의 오묘한 몸도 《대지도론》에서는 법신이라고 불렀다.

현대의 학문으로 무장한 서양의 학자들도 이러한 이론을 이해하기 어렵다면, 5세기 초의 중국인들은 더욱더 이해하기 어려웠을 것이다. 매 단계마다 그들은 오해와 혼란을 일으키는 이론들을 접해야 했다. 보살의 '법신'과 도교 성인 – 도를 체득하여 자연, 즉 우주 전체의 흐름과 [p.226] 함께 하는 현학에서의 현인 – 의 오묘한 몸의 차이, '불멸하는 신神'이라는 옛 관념과 정신[神]이 완전히 '정화된' 궁극적 상태인 열반 개념의 관계 등등. 이러한 모든 의사擬似 불교적 개념 혹은 불교적 이론에 대한 불완저한 이해들이 뒤섞여서 그들에게 제시된 이론들을 이해하는 것을 방해하였다. 더욱이 전통적으로 구체적이고 경험적 사고에 익숙한 중국인들에게 (불교 이론을) 난해한 변증법적 철학으로 만든 극도의 추상화는 대단히 낯선 것이었다. 이러한 사실을 염두해 둔다면 혜원이 그러한 이론들을 제대로 이해하지 못했다고 비난할 수는 없다. 오히려 구마라집에게 보낸 그의 편지들에는 이론적 문제점들에 대한 이해와 비판적 정신, 예리한 관찰력 등이 보인다는 사실에 주목할 필요가 있다.

이 분야에 대한 혜원의 생각을 알 수 있는 주요한 자료는 405년경부터 409년 무렵 사이에 그가 구마라집에게 보냈던 18통의 편지이다.

이 편지들은 5세기 말에서 6세기 말 사이에 구마라집의 답장과 함께 《대승대의장大乘大義章》에 수록되었다.238)

구마라집은 350년에 쿠차의 귀족 부모 밑에서 태어났다. 그의 외가는 쿠차의 왕실과 연결되었다. 소년 시절에 그는 카시미르에서 수학하여 설일체유부의 이론에 정통하게 되었다. 하지만 3년 후 카시가르[沙勒]에서 나중에 장안에서 다시 만나게 될 불타야사佛陀耶舍를 만나 대승으로 전향하게 되었다. 불교학자로서, 그리고 (베다와 점술을 포함한) 여러 분야에 걸친 학자로서 그의 명성은 중국에까지 전해졌다. 384년 부견의 장군 여광呂光은 쿠차를 정복한 후 이 불운한 고승을 가지 있는 전리품으로 삼아 데리고 다니면서 전투 과정에서 그의 충고를 활용하는 한편 그다지 유쾌하지 않은 농담의 대상으로 삼았다. 여광이 독립국가[후량後涼]를 수립하였던 양주(감숙성)에서 지냈던 17년간의 구마라집의 행적은 거의 알려져 있지 않다. 401년에 후진의 '티베트계' 군주 요흥이 후량을 정복하면서 구마라집의 주군이 바뀌게 되었다. 402년 초 구마라집은 장안에 도착하여 후진의 국사가 되어 황족들로부터 최고의 존경을 받는 한편 제국 전역에서 모여든 수천 명의 제자들을 이끌게 되었다.239)

그의 전기에 의하면 혜원은 구마라집의 도착 소식을 후진 황제의 동생 요숭(부록의 주석 75번)으로부터 전해 들었다. 혜원과 구마라집이 서로 칭송하는 편지와 시가를 처음으로 주고받은 것은 그 다음 해로서 아마도 405년 혹은 406년이었다.240) 두 번째 편지에서 혜원은 구마라집이 본국으로 돌아가려 한다는 놀라운 소문을 들었다면서 '수십 가지 주제에 대해 개략적인 질문을 할 테니 약간의 시간을 내어 그것들 하나하나에 대해서 설명해 주시기 바랍니다. 이 문제들이 비록 경전에 나타나는 중요한 문제라고는 할 수 없지만 당신이 설명해 주시기를 바랍니다'라고 이야기하고 있다.

이것이 앞에서 이야기한 서신 왕래의 시작이었다. 이 편지들 대부분은 현재까지 전해지고 있다. 5세기 중엽에 편찬된 《법론》목록에 언급되고 있는 것 중에서 《대승대의장》에 들어 있지 않은 편지는 단 1편뿐이다.241) 이 편지들은 초기 중국 불교의 역사뿐 아니라 인도불교 [p.227] 특히 중관사상의 연구에 있어서도 대단히 중요한 자료들이다. 위에서 이야기한 것처럼 구마라집은 《대지도론》에 기초하여 설명하고 있으며, (편지의 대부분을 차지하고 있는) 그의 대답들은 이 책의 주석으로 간주될 수 있다. 일부 주제들, 즉 보살의 소위 '법신'(혹은 법계신法界身, dharmadhātujakāya; 법계에서 태어난 몸)과 같은 어려운 문제들에 대해서 구마라집은 – 알려진 바로는 – 다른 곳에는 보이지 않는 정보들을 제공하고 있다. 불행하게도 여기에서는 그 서신들의 내용에 대하여 분석할 여유는 없다. 그것은 대단히 '전문적인' 주제들로써 별도의 연구를 필요로 할 뿐 아니라 본 연구의 범위를 벗어나기 때문이다.242) 하지만 혜원이 제기한 문제들을 살펴보는 것은 그의 관심의 범위와 불교 이론에 대한 그의 통찰력의 장단점을 보여준다는 점에서 흥미로울 것이다. 아래에서는 혜원이 구마라집에게 보낸 편지들의 개요를 현재의 《대승대의장》에 수록된 순서에 따라서 살펴보고자 한다. 이 절에서는 특히 혜원의 (부처와 보살의) 법신 – 혜원은 양자를 계속하여 혼동하고 있다 – 개념에 대해서 검토하고 있기 때문에 전체적 혹은 부분적으로 그 주제와 관련되는 편지들 앞에는 별표(*)를 붙여두었다.

*(1) 부처님께서는 법신243)의 상태에서 보살들에게 설법하셨다고 한다. 그렇다면 법신은 볼 수 있고, 들을 수 있는 것이어야 한다. 그런데 한편으로 그것은 영원하고 변함없으며 열반과 같다고 한다. 어떻게 이러한 것이 가능할 수 있는가?

*(2) 깨달음은 모든 과거로부터의 습기[習, vāsanā]을 없애는 것을 의

미하며, 업보의 과정이 끝나는 것이다. 이것은 보살수행의 여덟 번째 단계에서 일어나며 이 단계에서 '법계신'을 받게 된다. 하지만 모든 연기작용이 끝나고 4대四大의 역할이 없어진다면 이 몸은 어떻게 생겨날 수 있는가? 음양의 바깥에 있는 또 다른 종류의 형성작용[化]이 있는 것인가? 모든 영상은 물질적 원인이 있는 것이므로 (구마라집이 이전의 대답에서 이야기한) 이 몸과 그것의 비춰진 영상이라는 비교는 맞지 않다.

*(3) 부처의 화신은 전륜성왕의 몸과 마찬가지로 32가지 특성[相]을 갖는데, 이것은 속인들을 교화하기 위한 방편에 불과하다고 한다. 그런데 부처는 왜 그것이 더 이상 필요하지 않은 최상의 단계에 있는 보살들에게 가르침을 설할 때에도 똑같은 상(相, lakṣaṇa)을 나타내고 있는가?

*(4) 보살, 특히 열 번째 단계에 있는 보살의 '법신'의 수명에 대하여. (보살의) 마지막 태어남의 동기는 무엇이며, 이 단계의 보살은 단지 천 번만 더 태어난다는 말은 결코 열반에 들지 않겠다는 보살의 맹세와는 어떻게 조화될 수 있는가?

*(5) 32상相은 (아직 업보의 결과인) 육신에 나타나는가, 아니면 법신에 나타나는가? 전자가 맞다면 낮은 단계에서는 이 상相들을 얻을 수 없다는 문제가 있으며, 후자가 맞다면 법신은 모든 업보의 과정이 끝났는데 어떻게 과거의 덕행의 업보로서 이러한 상相을 얻을 수 있는가?

*(6) 보살이 미래에 부처가 된다는 수기(受記, vyākaraṇa)를 받는 것에 대한 질문. 만약 부처에 의해서 보장되었다면 최종 단계에 이른 것이 무슨 의미가 있는가?

*(7) 감각 기능과 관련된 - 천안天眼 등의 - 신통(神通, abhijña)은 물질적인 기반을 가지고 있는데, 법신에는 그것이 결여되어 있다. 따

라서 법신은 자신을 드러내기 위해서는 어떤 식으로든 물질적이어야 한다. 그 물질은 대단히 미세해서 감각 능력이 아직 충분히 발달하지 못한 낮은 단계의 보살들은 볼 수 없다.

*(8) 보살과 아라한의 (번뇌의) 습기習氣(vāsanā)는 어떻게 다른가?《법화경》의 가르침이 맞다면 아라한과 보살은 차이가 없다. 또 참된 법신을 가지고 있는 부처[眞法身佛]는 마지막 번뇌의 습기를 열반의 순간에 없앤다고 이해해야 하는가?

(9) 영상에 대한 거듭된 질문. 영상은 물질[色, rūpa]인가? 이것은 4대四大에 의존하고 있으므로 특별한 형태의 파생된 물질[造色, bhautika rūpa]이어야 한다. 이것은 논리적인 원칙이다. 모든 물질[色]은 형상[象, varṇa]을 가지고 있고, 모든 형상은 물질을 가지고 있기 때문이다.244)

(10)《법화경》에서 이야기하고 있는 아라한의 미래 성불에 대한 질문. 그들은 모든 연기작용을 없애서 더 이상 싹을 낼 수 없는 마른 씨앗과 같은데 어떻게 그것이 가능한가? 이것은 믿을 수 없다. "우리가 믿음을 가져야 하지만 이해는 또한 이성적 원칙[理]에 의거해야 한다. 원칙들이 이해될 수 없다면 어떻게 믿을 수 있겠는가?"

(11)《반주삼매경》에서는 '염불'을 행할 때(p.220 이하 참조)에 나타나는 부처 모습이 때때로 꿈과 관련되기도 한다. 그렇다면 그 모습은 단순히 우리의 마음이 만들어낸 것이 아닌가? 한편으로 그러한 모습이 우리의 기원에 대한 대답으로 온 것이 아니라면 이것은 신자의 신통의 결과가 아닌가?

(12) 모든 존재[法]의 네 가지 모습 – 생生, 주住, 이異, 멸滅 – 의 성격에 대한 긴 설명 및 (중관사상에서 부정된) 이 이론과 관련된 문제들.

*(13) 첫째, 본질적으로 동일한 법성(法性, dharmatā), 여(如, thathatā),

진제(眞際, bhūtakoṭi)에 대하여 왜 늘상 다르게 정의하고 있는가? (이들에 대한 도안의 정의는 p.193에 인용되어 있다!) 둘째, 법신은 영원히 머물러 있다[常住]고 하는데 이때의 머무름[住]은 존재를 의미하는가, 존재하지 않는 것을 의미하는가? 두 가지 모두 – 상견常見과 단견斷見으로서 – 잘못된 견해이므로, '존재'나 '비존재'와는 다른 제3의 것이 있어야 한다.

(14) 물질의 기본적인 네 가지 측면 – 색色, 향香, 미味, 촉觸 – 과 파생된 물질[造色]의 네 가지 측면 사이의 관계에 대한 질문.

(15) 극미(極微, paramāṇu) 이론과 모든 존재의 '공성空性'은 어떻게 조화될 수 있는가? 존재하는 실체를 끝없이 나눔으로써 비非존재에 이를 수 있는가? "존재와 비존재의 경계는 어디에 있는가?"

(16) 모든 존재[法]의 '찰나성'에 대한 비판. 만약 실제로 한 순간[念], 한 순간[念]이 연결되어 있지 않고 서로 다른 섬광들이 연이어 일어나는 것과 같다면 무엇인가를 기억하는 일이 어떻게 가능한가?245)

(17) 보살의 수행 단계 및 그것과 나머지 이승二乘과의 관계에 대한 다양한 질문들.

(18) '무량겁無量劫'에 이른다는 부처와 보살의 오랜 수명은 법신에 대한 것인가 아니면 변화신變化身에 대한 것인가? 전자의 경우 (법신은) 영원한 것이므로 '오랜 수명'이라고 말할 수 없고, 후자의 경우에는 언제나 세계의 조건에 따르는 것이므로 일반적인 수명을 초과할 수 없다. 혹시 인도의 용어를 잘못 번역한 것이 아닌가? 마지막으로 멸진정滅盡定에 들었을 때에 한 겁劫동안 지속될 수 있다는 '생명[命根]의 정지'의 성격에 대한 질문.

이 18통의 편지 중에서 적어도 10통 이상이 부분적 혹은 전체적으로 법신에 관한 것이다. 두 토론자가 계속해서 상대방을 오해하고 있는 것도 흥미로운 일이다. 구마라집은 혜원이 제기한 문제의 핵심을 보지 못하고 많은 인용문, 나아가 서로 상반되는 이론들과 전문적 의견들을 현란하게 나열하는 것으로 대답하였다. 하지만 이러한 추상적 답변에 만족하지 못한 혜원은 법신이 아무리 미세하다고 하더라도 결국은 어떤 '재료'로 만들어진 것이 아닌가, (따라서) 그것은 보고 들을 수 있으며 감각적 기능을 가져야 하지 않는가 등등의 질문을 계속하여 제기하였다. 구체적이고 근본적인 무엇인가를 추구하려는 경향 — 혜원과 그가 전파한 신앙의 특징이라고 할 수 있다 — 이 (남중국 불교계 안에서) 혜원의 공동체가 동남부 지역과 수도에서 성행하였던 지식인들의 유사—불교적 사상과 구별되는 가장 근본적인 특성이었다. 이 자료에 대한 정밀한 연구는 그들의 실제 의미를 더 잘 밝혀낼 수 있을 테지만 여기에서는 혜원의 편지를 간략하게 요약하는 데 그칠 수밖에 없었다. 하지만 이러한 요약도 당시에 이미 70세가 넘은 구도자인 혜원의 비범한 명석함과 그의 이론의 성격과 영향에 대한 대체적인 윤곽은 제공할 수 있을 것이다.

다른 종교적 활동들 : 계율과 아비다르마

계율 분야에서의 혜원의 활동에 관해서는 그다지 많이 알려져 있지 않다. 전기에 의하면 그는 전해지는 율장律藏의 불완전함을 고민하다가 계율과 선정 문헌을 구하기 위해 제자들을 서쪽으로 파견하였다고 한다. 아마도 그는 도안이 양양에서 시작한 세 종류의 계율(p.188 참조)을 사용하였을 것이다. 어쨌든 그는 당시 남중국에서 유행하고 있던 성격 불명의 '절도節度', '외사승절도外寺僧節度', '법사절도法社節度', '비구니절도比丘尼節度' 등과 같은 기초적 계율들에 많은 관심을 쏟았던 것으로 보인다. 불행하게도 그가 이 계율들에 붙인 서문들은 이미 이른 시기에 일실되었다.246) 그는 계율을 엄격하게 지켰고, 제자들이 모여 경전을 암송할 때에도 최선의 노력을 다하도록 요구하였다.247) 그 스스로 계율을 엄격하게 지킨 것은 전기에 나오는 죽을 때의 장면에서 잘 나타나고 있다(이 장 부록의 번역 참조). 다른 많은 경우와 마찬가지로 장안에서 실행된 번역 사업은 보다 나은 계율 관련 문헌을 구하려는 그의 바람을 충족시켜 주었다. 구술자 중 한 사람의 사망으로 중단되었던 《십송율十誦律》 번역이 그의 요구에 의하여 재개되어 완성되었다.

여산에서의 아비다르마 연구는 처음 장안에서 중국인에게 설일체유부의 훌륭한 학술 문헌을 가르쳐 주었던 승가제바(p.202 참조)의 도착으로 더욱 활발해졌다. 그는 부견 정권의 몰락(385년) 이후 여생을 주요한 불교 거점들을 방문하고 돌아다니면서 지냈다[낙양(385-391), 여산(391-397), 건강(397-?)]. 그가 어디에서 언제 죽었는지는 알려져 있지 않다. 그는 여산에 머무는 동안에 - 그는 산 남쪽에 자신의 정사를 가지고 있었다248) - 《아비담심》(Abhidharmahṛdaya)을 4권으로 초록하여 번역하였다. 이 책과 아마도 승가제바의 강의가 당시 여산에 있던 승려들에게 큰 영향을 미쳤을 것이다. 혜원은 이후에 쓴 《삼보론三報論》249)에서 《아비담심》에 나오는 것이 분명한 이론을 설명하고 있다. 심지어 그의 제자들 중 몇몇은 스승의 가르침보다 설일체유부의 학설에 크게 감동된 나머지 대승불교의 경전들을 '악마의 책[魔書]'으로 부정하기까지 하였다.250) 나중에 - 아마도 구마라집의 영향하에 - 혜원은 아비다르마에 대한 연구를 중단하였고, 그 이후에 쓴 편지와 글들에서는 이에 대해 전혀 언급하고 있지 않다.

학문적 활동

혜원의 작품들, 혹은 보다 정확하게 현전하는 소수의 문장들은 그의 순수한 종교적 활동과 상당히 일치하는 특징을 보여주고 있다. 그것은 '대중화'인데, 물론 여기에서는 학식있는 사족들에게 불교를 대중화하는 것을 의미한다. 도안과 달리 그는 '내부용' 주석서를 찬술하지 않은 대신 수많은 포교 혹은 호교적 목적의 논설과 편지들을 썼다. 대중화를 위하여 교리를 '이해할 수 있는' 형태로 제공하려 한 것이 확실하게 의도된 노력이었음은 구마라집과 주고받은 순수한 '불교적' 편지와 다른 논설들 사이의 내용, 어휘, 문체상의 완전한 차이를 통해 알 수 있다(이에 대해서는 앞의 p.12 참조). 논설들에서 그는 사족들 사이에서 가장 논쟁적이고 뜨겁게 논의되고 있는 개념들에 대하여 이야기하고 있다. 즉 이론적 차원에서는 서로 떨어질 수 없는 '윤회재생 – (정)신의 불멸성 – 업보'의 3각관계에 대해서, 사회적 차원에서는 승가의 세속의 권위에 복종하지 않는 특권에 대해서 – 이 주제에 대해서는 아래에서 보다 자세히 검토할 것이다 – 논하고 있다.

주목되는 것은 세속적 공부와 학문이 중요한 역할을 하고 있다는 것인데, 이것은 물론 여산에 있는 지식층 세속인들의 역할과 그러한 요소들을 끌어들이려고 노력한 혜원의 노력과 관련이 있다. 실제로 그가 불교 이외의 학문을 하였음은 재가 지식인들과의 관계에서 나타나고 있다. 젊었을 때 그는 이미 《노자》와 《장자》의 전문가로 알려졌고, 앞에서 살펴본 것처럼 도안은 그가 《장자》를 이용하여 불교 개념들의 의미를 설명하는 것을 허락했었다(p.12). 그의 논설들의 언어는 현학의 기본 경전들로부터 차용한 표현들로 가득하며, 그중 하나인 《역경》에 대해서는 399년에 은중감과 토론을 벌이기도 하였다 (p.213 참고).

하지만 한편으로 유교도 그의 학술 활동에 중요한 역할을 하였다.
[p.231] 이와 관련하여 그가 청년시절 초기에 범선과 함께 유교의 '예禮'에 대한 연구에 몰두하기 위하여 세속으로부터 벗어나려는 생각을 가지고 있었음을 기억할 필요가 있다. 그는 실제로 재가제자인 뇌차종에게 〈상복례喪服禮〉(《예기禮記》의 한 편)에 대하여 설명하여 주었는데, 범선 역시 이 주제에 뛰어난 식견을 가지고 있었다고 한다. 혜원은 또한 주속지와 뇌차종에게 《시경詩經》을 강의하기도 하였다.[251]

불교에 대한 헌신과 세속 학문을 결합한 점에서 그는 도안의 훌륭한 계승자였다. 도안의 또 다른 특징인 문학 활동과 목록 편찬 작업 등이 여산에서 성행한 것도 당연하다고 할 수 있다. 번역 경전들을 정리한 중요한 목록 – 실제로는 위魏, 오吳, 진晉, 하서(河西=감숙성) 등의 시대별 혹은 지역별 목록집들 – 은 혜원의 제자 도류道流에 의해 시작되어 – 그의 때 이른 죽음 이후에 – 그 제자인 도조道祖에 의해 완성되었다. 현재는 전해지지 않지만 초기 목록들에 자주 인용 혹은 언급되고 있는 이 목록은 혜원이 입적한 직후인 419년에 완성되었다.[252]

승가의 지위를 둘러싼 402년의 논쟁

환현의 반反승려 정책(p.214 참조)은 그가 고숙(姑孰, 안휘성 동부)의 독재자로 있던 402년 4월/5월에서 최종적으로 황위를 찬탈한 404년 1월 2일 사이에 정점에 달하였다. 399-402년에 일부 저명한 승려들을 환속시키고, 승려들을 명부에 등록하였으며, 승가에 대한 철저한 조사와 선별작업을 실시하였다. 이어서 그는 402년 초 이전의 섭정 유빙庾冰이 생각하였던(340년, p.106 이하 참조) 승려들로 하여금 '군주 앞에 절하게' 하는 – 즉 그들을 세속 권력에 복종하게 하는 – 정책을 실행에 옮기려고 하였다. 이 계획은 한편에서는 환현과 그의 일파(특히 왕밀) 사이의, 또 한편에서는 환현과 혜원 사이의 논쟁을 촉발시켰다. 이 논쟁에 관해서는 22점 이상의 자료들이 남아 있기 때문에 그 전개 과정을 비교적 잘 살펴볼 수 있다.253) 이것은 340년 논쟁의 연장이 었지만 주제는 한층 확대되었다. 찬성과 반대의 주장들이 보다 다양해지고 흥미로워졌으며, 특히 404년에 유명한 《사문불경왕자론沙門不敬王者論》으로 자신의 견해를 최종적으로 정리한 혜원의 참여로 인하여 논쟁은 한층 더 수준 높게 전개되었다. 승가와 세속 정부 사이의 관계에 대한 일반적인 문제들에 대해서는 다음 장에서 자세히 검토하도록 하고, 여기에서는 단지 주요 자료들의 내용을 간략하게 정리하고자 한다. 그것만으로도 충분히 논쟁의 가장 흥미로운 점들을 드러낼 수 있을 것이다. 다음에 살펴보겠지만 이 논쟁은 – 340년의 논쟁과 마찬가지로 – 순수하게 사회적 측면의 문제들에만 국한되지 않고 본래의 주제에서 벗어나 관련된 주제로 확대되었고, 그 과정에서 때때로 순수하게 이론적, 사상적 주제에 관한 청담적 토론으로 변질되기도 하였다.

환현은 이 문제에 큰 중요성을 부여하였다. 그는 한 편지에서 이것을 '이 시대의 중요한 문제'라고 부르기도 하였다. 이 점은 그가 고숙에서 세력을 확립한 후 곧바로 이 논쟁을 시작했다는 사실에서도 알 수 있다. 첫 9점의 자료는 모두 402년 봄에 쓰여진 것들이다.254) 그는 첫 번째로 팔좌(八座, 여덟 명의 재상 즉 6부의 장관 및 상서성의 장관과 차관; 부록의 주석 106번 참조)에게 편지를 보냈다. 이 편지에서 그는 340년에 있었던 친불교 재상 하충과 섭정 유빙 사이의 논쟁에 대해 언급하면서 논쟁자들 중 '유빙의 생각은 군주에 대한 존경심에서 비롯되었지만 그의 주장은 충분하지 못하였고, 반면 하충은 (종교적인) 편견에서 시작하여 명분과 실재를 혼동하였다'고 평가하고 있다.255) 이어서 환현은 불교의 가르침은 비록 크고 심오하기는 하지만 그 근

[p.232]

본에 존경[敬]이 있으며, 따라서 존경[敬]과 공손함[恭]을 버려서는 안 된다고 주장하고 있다. 그리고 왕자의 권위는 지상에서 최고의 원칙으로써, 노자는 왕자를 도道, 천天, 지地와 함께 사대四大에 포함시키기도 하였다.256) 그것은 '생명을 태어나게 하는 것[生]은 하늘과 땅의 큰 덕이고, (이) 생명을 태어나게 하는 존재와 소통함으로써 사물들을 다스리는 것[通生理物]이 왕자의 임무'이기 때문이다. 따라서 그는 그 존재 자체가 왕자의 은혜로운 활동에 의존하고 있는 승려들이 '어떻게 그의 덕(의 혜택)을 받으면서 예절을 소홀히 할 수 있으며, 그의 은혜를 입고 있으면서 경의를 표하지 않을 수 있는가'라고 이야기하고 있다. 이러한 이유로 논쟁을 다시 시작하게 되었으니 사족들은 자신들의 의견을 이야기하라고 하였다.

이에 대해 의도적으로 매우 애매하게 쓰여진 답변257)이 재상들의 대변자로 볼 수 있는 중군장군상서령의양개국공中軍將軍尙書令宜陽開國公 환겸桓謙258)에 의하여 제출되었다. 그는 매우 조심스러운 어조로 불교는 일반적인 행동 규범과 다를 뿐 아니라 때로는 반대되며, 따라서 그러한 관점에서는 승려들이 일반적 관습으로부터 벗어날 수 있다고 주장할 수도 있다는 사실을 강조하고 있다. "불교는 노자나 공자와는 다른 길을 갑니다. (세속의) 예교禮敎는 (그들의 이상과는) 크게 어긋나고 있습니다. (일반) 사람들은 머리카락과 피부를 중요하게 여기지만 승려들은 머리카락을 자르는 데 조금도 망설이지 않습니다. 그들은 부모를 봉양하는 것을 효도라고 생각하지 않고서 쉽게 부모와 가족을 저버립니다. 그들은 몸을 흙이나 나무처럼 하여 욕망을 끊고 (모든) 다툼을 그칩니다. 그들의 궁극적 목적은 (이) 한 번의 생(에서 충족될 수 있는 것)이 아니고 무한한 시간 동안 행복을 누리는 것입니다. 세속에서 귀하게 여기는 것들을 모두 하찮게 여기고, 예교에서 중요하게 여기는 것들을 모두 저버립니다. 부모를 봉양하고 군주를 섬기는 것은 자연의 관계에서 가장 지극한 것이지만 그들은 (이미) 자신의 가족에 대한 사랑도 저버리는 사람들이니 어찌 (나아가) 만승의 황제에게 경의를 표하도록 할 수 있겠습니까?" 하지만 그는 스스로 책임을 지고자 하지는 않았다. "저희는 불교에 대해 잘 모르는 미천한 관리들로서, 저희들의 의견은 크게 참고가 되지 못할 것입니다. 이에 대해 더 잘 답변할 수 있는 사람들이 있습니다. 왕밀(p.213 참조)은 개인적으로 답변을 올리려 하고, 공국孔國259)과 장창張敞260)도 자신들의 생각을 말씀드리려 하고 있습니다. 또한 도보道寶261)와 다른 승려들도 자신들의 의견을 제출할 것입니다."

해당 자료의 대부분은 환현과 왕밀이 주고받은 편지들(7통)로 이루어져 있다. 첫 번째 편지에 여러 가지 주장들(가, 나, 다, 라, 마)이 제시되어 있고, 이것은 그 다음 편지에 의해 모두 반박되고 있다. 그리고 세 번째 편지에는 다시 그것에 대한 재반박이 들어 있다. 명확하게 하기 [p.233] 위해 여기에서는 이러한 과정을 지루하게 반복하지 않고 개개의 주장과 그에 대한 반론을 함께 요약함으로써 이 편지들의 내용을 주제별로 검토하고자 한다.

하지만 먼저 이 논쟁의 단초를 제공하였던 왕밀이 환현에게 보낸 첫 번째 편지262)에 언급되고 있는 다섯 가지 주요 주장들을 제시하여야 할 것이다.

> (가) "승려들이 (군주에 대하여) 깊은 존경심을 (속) 마음에 품고 있다고 하더라도 그들은 몸을 굽혀 예를 표하는 (습관을) 가지고 있지 않습니다. 그들의 겉에 드러난 행동이 다른 모든 백성들263)과 똑같이 보일지라도 그들의 포부는 (사람들의) 세계를 초월해 있습니다."
> (나) 외국의 군주들은 '도가 있는 곳에 귀함이 있다'고 하여서 모

두 승려들에게 경의를 표합니다.
(다) 불교가 중국에 들어온 지 4백 년이 넘었고[264], 세 왕조에서 번영을 누렸지만 규제 조치를 받은 적이 없었습니다.
(라) 그것은 청정한 가르침인 불교가 세상의 풍습에 좋은 영향을 미치고 국가의 안정과 발전에 해를 끼치지 않기 때문입니다.
(마) 마지막으로 "아주 큰 공에는 (어떠한 보답도 그와 같을 수 없기 때문에) 보답을 할 수 없고, 아주 큰 은혜는 잊게 되는 법입니다. 비록 (승려들이) 엎드려 절한다고 하여도 어찌 족히 (군주의) 모든 존재들을 돕고 (지도하는) 덕에 충분히 답할 수 있겠습니까?"

(가): 환현은 왕밀에게 보낸 첫 번째 답장[265]에서 승려들이 내적 정신성으로 인해 어떠한 외적 존경의 표현도 하지 않는다는 생각을 반박하고 있다. 절하고 무릎 꿇는 것은 모든 종교 의식의 일부로써 특히 참회의 표현으로 활용되고 있으며, 승려들은 일반적으로 자신의 스승에게 이러한 형식으로 존경을 표시하고 있다. 왜 그러한 경우에는 존경의 표시를 하면서 군주에 대한 예절은 무시하는가? 또한 불교의 스승들은 사람들이 깨달음을 얻도록 도와줌으로써 스승으로 존경받는데, '생명을 태어나게 하는 존재와 소통하는' 군주의 일은 훨씬 더 근본적인 것이다. 4대의 하나로서의 왕권이라는 개념(앞의 주석 256번 참조)은 최고의 원리이다.

왕밀[266]은 '공경'이 실제로 승려생활의 주요 원리라는 사실은 인정하고 있다. 하지만 승려들이 살아가는 방식은 세속과는 완전히 다르며, 따라서 세속의 공경의 방식을 그대로 따를 필요는 없다고 한다. 승려들이 스승과 선배에게 공경을 표하는 이유는 사실상 승단 '내부사정'이다. 그들은 최고의 원리[宗致]에 대한 열망을 공유하고 있는 같은 마음을 가진 개인들의 집단이며, 그러한 집단 내부에서는 나이와 경험의 차이에 대한 구별은 자연스러운 것이다. 세속 군주의 덕에 대해서는 다음과 같이 이야기하고 있다. 군주는 '생명을 태어나게 하는 존재와 소통'할 수 있으므로 그의 역할은 (자연의) 창조하는 힘[造化]과 동일하며 따라서 그와 마찬가지로 훌륭하고 위대하다. 그런데 왜 우리들은 '(모든 자연의) 원리들의 기초'가 되는 창조하는 힘에 감사를 표현하지 않는가? 그것은 '어둑한 (창조의) 기반은 감추어져 있고 접근할 수 없어서, 어떠한 구체적 형상으로도 표현될 수 없기 때문이다.' 그 신비한 작용은 우리들의 (감사와 공경이라는) '거친 행동'으로는 보답될 수 없다. 공자가 '사람들은 이것(즉, 자연의 흐름)에 따르게 할 수는 있어도 이것을 알게 할 수는 없다'267)고 한 것은 이 때문이다. [p.234]

환현268)은 왕밀의 주장을 이용하여 반박하고 있다. 군주의 지위가 자연의 창조자의 지위와 같고, 그것이 실제로 '모든 신비한 성취와 가장 심오한 원리라고 한다면 부처의 교화(의 힘)이 어떤 점에서 그것을 능가할 수 있는가?' 또한 불교에서 제자들이 최고의 원리[宗致]를 얻게 해주기 때문에 스승들을 존경한다고 하는 것도 옳지 않다. 그 '최고의 원리'라는 것은 무엇인가. 그것은 (불교에서 말하는) 공부와 일치하지 않는다. (불교에서는) 공부라는 것은 단지 자신의 타고난 능력을 계발하는 것으로써, 스승은 애초부터 언제나 거기에 있던 보석을 '윤내주는' 마지막 작업을 할 뿐이라고 이야기한다. 그렇다면 승려들은 왜 스승만을 존경하고 그 근원이자 그것을 지탱해 주는 존재 – 즉 인간과 하늘을 매개하는 최고 사제로서의 군주 – 에게는 존경을 표하지 않는가?

왕밀269)은 종교적 생활의 실천과 그 기반이 되는 최고 원리를 구분하는 것에는 동의하고 있다. 하지만 그럼에도 불구하고 점차적으로 진리에 도달하는 방법으로써 '공부'는 필요하다고 이야기하고 있다.

최종적으로 환현은 그의 마지막 편지에서 이 주제에 관한 자신의 결론을 다음과 같이 요약하고 있다.270) 불교는 정신[神]만을 귀하게 여기며, 그러한 정신성이 승려들의 상호 존경의 기반을 형성한다. 하지만 모든 개인들은 깨달음에 대한 '기본적 몫[本分]'을 가지고 있으며, 그것은 (몫을 나누어 주는) 자연에 기반을 두고 있다(p.90 참조). 불교의 스승은 단지 자연이 나누어 준 재료를 가공하는 것으로써 그는 기껏해야 '윤을 내줄' 수 있을 뿐이다. 만약 돌의 품질이 낮다면 그의 모든 노력은 헛수고가 될 뿐이다. 모든 존재들을 지탱하게 하는 임무를 맡고 있는 군주의 역할이 훨씬 더 중요하다. '군주의 도는 (불교의) 스승(의 도)를 포함하지만 스승(의 도)는 군주(의 도)를 포함할 수 없다. 가르침으로 계발하고, 법으로 고르게 하는 것271), 그것이 군주의 도이다.'

(나): 두 번째 주제는 보다 구체적이다. 환현은 승려들이 외국 군주들에게 존경받았다는 왕밀의 주장을 부정하였다.272) "외국의 군주들을 (사례로) 제시하여서는 안 된다." 불교의 진짜 성격은 전혀 다르다. 그것은 실제로는 아주 특별한 방법이 아니고서는 마음을 바꾸거나 '길들이기' 어려운 야만족들의 요구에 맞춘 종교이다. 그러므로 불교는 귀신들에 대한 두려움과 내생의 행복에 대한 희망에 기초하고 있는 거대한 미신이다. '도가 있는 곳

에 귀함이 있다'는 왕밀의 주장에 대하여 환현은 승려의 복장만으로는 '도가 그곳에 있다'고 보증할 수 없다고 반박하고 있다. 그리고 결국은 '성인(=공자)의 도가 최고의 도인 것이다.'

왕밀은 이에 대해 분연히 반박하고 있다.273) 환현이 거대한 미신이라고 생각한 것들이 실제로 불교의 핵심들이다. 만약 3세(과거, 현재, 미래) 윤회의 원리를 '허황된 거짓말'이라 하고 인과응보의 이론을 '겁주는 것'으로 여긴다면 불교의 모든 가르침은 기초를 잃게 된다. 하지만 세속의 가르침에 그러한 요소들이 빠져 있는 것은 일정한 이유가 있다. 유교는 성인이 당시의 가장 무거운 죄악을 없애기 위해 가르친 것이며, 따라서 이번 한 생의 세속적 일들에만 논의를 국한하였다. 하지만 성인의 가르침에는 그가 보다 높은 진리를 알고 있었음을 보여주는 분명한 모습들이 보이고 있다. 따라서 왕자의 지위를 최상의 것이라고 하는 것은 맞지만 그것은 세속이라는 자신의 영역 속에서 그러한 것이다. 왕자에게 존경을 표해야 한다는 원리는 유교에만 국한된 것이며, 승려들은 예의를 표하지 않을 수 있도록 허락되어야 한다.

[p.235]

환현은 이전의 입장을 견지하였다.274) 유교가 현재의 방편적 쓰임에 맞는 단순한 이론이고 쉬운 방법이라는 주장은 옳지 않다. 오히려 그와 반대로 "이상하고 신비한 방법을 사용하여 포교하면 그 가르침은 쉽게 받아들여진다. 이것은 (유교에서) 인仁과 의義(라는 이상으)로써 사람들을 가르치고 오로지 인간의 일에만 관심을 갖도록 한 것과는 매우 다른 것이다. 그래서 황건적이 주술의 속임수로 (사람들을) 속였을 때 수많은 신자들이 구름처럼 모여들었다. 만약 (그러한 초자연적인 가르침이) 실제로 진리라면, 더욱이 쉽게 받아들여지는 가르침인데, 왜 성인(=공자)께서는 쉽게 (가르칠) 수 있는 참된 가르침을 버리고 받아들여지기 어려운 부차적인 방법을 취하셨겠는가?" 존경의 원리가 유교에만 국한된다고 하는 것은 잘못된 것이다. 통치권에 대한 존경은 사람이 타고난 자연적인 감정으로서 어떤 특정한 가르침에 속하는 것이 아니다.

왕밀은 다음과 같이 이야기하고 있다.275) 실제로 불교와 유교의 겉으로 드러난 가르침에는 큰 차이가 있지만 그러한 가르침의 배후에 있는 기본적 의도[宗]를 살펴보면 둘 사이에는 – 유교의 인仁 및 선善의 실천과 불교의 불살생 계율과 같이 – 비슷한 점이 있다. 하지만 불교가 신비한 성격 때문에 쉽게 받아들여질 수 있다는 환현의 주장은 잘못된 것이다. 오히려 그와 반대이다. 유교에서는 '선'과 '악'은 이 세계의 개념이며, 선행과 악행의 결과도 현생에서 받는다고 한다. 하지만 그럼에도 불구하고 많은 사람들이 죄를 짓는다. 우리들의 행동의 결과가 먼 미래에 드러나고 현재의 짧은 생에서 지은 일의 결과가 세상이 끝날 때까지 지속된다고 하는 불교의 가르침이 훨씬 더 믿기 어려울 것이다. "이것을 받아들이고 믿는 것이 더 어렵지 않겠는가?"(유교의 이성주의와 종교적 '믿으려는 의지' 사이의 갈등의 결과로써의 '신앙의 다툼'에 관한 이러한 진술은 대단히 흥미롭다. 초기 사족 신자들의 글에서는 이러한 모습이 거의 보이지 않고 있다.) "이 때문에 (불교의) 교화가 중국에 미친 이후에 그것을 깨달은 사람은 매우 적었다."

(다): 불교가 어떠한 방해도 받지 않고 4백 년 동안 번성해 왔다는 왕밀의 주장에 대하여 환현은 상황이 달라졌다고 반박하고 있다.276) 전에는 불교를 믿는 중국인들이 많지 않았고, 신자들은

대부분 군주와 직접적 관계가 없는 이민족들이었다. 현재는 황제까지도 부처를 섬기고 개인적으로 종교 행사에 참여하고 있다. 상황이 이전과는 같지 않다.

왕밀도 이에 동의하고 있다.277) 이민족들은 궁정과 관계가 없었고, "과거의 (문인들이) 불교에 대해 전혀 논의하지 않았던 것도 그 때문이 아니겠는가?" 이것은 정곡을 찌른 역사적 관찰이라고 할 수 있다.

(라): 왕밀이 불교가 국가에 미친 좋은 영향을 강조한 데 반하여 환현은 가르침과 교단을 구분하고 있다.278) 불교의 '청정한' 가 [p.236] 르침은 실제로 '(군주의) 교화를 돕지만', 그것은 불법佛法 그 자체의 공덕이고 승려들의 허황된 이야기[傲誕]와는 관계 없는 것이다. 만약 승려들이 군주에 대한 존경심을 강화한다면 그들이 제공한다고 이야기하는 '도움'이 보다 더 효과적인 것이 될 것이다.

왕밀은 이에 반대하고 있다.279) 사문의 도는 특별한 것이라고 할 수 있지만 허황된 이야기라고 할 수는 없다. 천 년이 지난 현재 불교 본래의 청정한 풍조가 타락하고 많은 승려들이 승복에 맞지 않는 행동을 하는 것은 자연스러운 일이라고 할 수 있다. 하지만 우리는 승려 개인이 아니라 그 가르침과 원리들에 대해 주목해야 한다.

(마): 환현은 '아주 큰 은혜는 잊게 되는 법'이고, 그것이 승려들이 통치자에 대한 존경을 표하지 않는 이유라는 왕밀의 마지막 주장에 나타나는 궤변을 인정하고 있다.280) 먼저 감사와 존경은 의식적으로 계산되지 않는 즉각적인 감정이다. 그렇다면 부처의 은혜는 어떠한가? 만약 (부처의 은혜가) 작다고 한다면 (군주

와 신민 사이의) 커다란 인간관계에 대한 논의와 비교할 필요가 없을 것이다. 하지만 (세속의 군주의 은혜와 마찬가지로) 큰 것이라면, 왜 승려들은 부처에만 경의를 표하고 군주는 무시하는가?

이에 대해 왕밀은 승려들이 부처를 숭배하는 것은 미래에 좋은 과보를 가져올 최상의 공덕과 최고의 선행을 쌓는 방법으로써 필요하다고 이야기하고 있다.[281]

환현은 이를 부정하고 있다.[282] 부처와 그 가르침에 대한 존경이 반드시 공덕과 선행을 쌓는 것[行功]이라고는 할 수 없다. 선행의 공덕은 그것을 실행하는 데 필요한 노력과 수고의 양에 따라 헤아려진다. 어떻게 단지 석가모니를 숭배하는 일이 최상의 공덕을 쌓는 일이라고 할 수 있는가? 더욱이 신민들의 군주에 대한 존경은 앞에서 이야기한 것처럼 특정한 은혜에 대한 감사의 문제가 아니라 자연스런 감정의 결과이다.

왕밀은 부처에 대한 숭배가 많은 공덕[puṇya]을 쌓는 방법 중의 하나에 불과하며 또한 최상의 방법이 아니라는 점을 인정하고 있다.[283] 신민들의 군주에 대한 태도도 실제로 자연스런 감정에 기초하고 있다. 하지만 바로 그 이유로 그러한 감정의 외적인 표현을 생략할 수 있는 것이다. 먼 고대의 이상 사회에서는 통치자와 신민들이 자연적으로 서로를 사랑하였지만 경의를 표하는 규칙은 존재하지 않았다. 존경에 대한 공식적 표현은 내면의 감정과 일치하지 않으며, 의식적인 규율들은 타락한 시대의 요구에 맞추어 후대의 성인들이 만든 것이다.

바로 이 단계에서 왕밀의 약간 혼란스럽고 왔다 갔다 하는 주장에 불만을 가진 환현은 이 모든 문제들을 혜원에게 제시하고 판단을 청하기로 결정하였다. 그는 자신과 '여덟 재상'이 주고받은 편지들을 혜원에게 보내면서 아울러 혜원 자신의 의견을 담은 답신을 형주자사를 통하여 자신에게 보내달라고 하였다.284)

그 직전에 환현이 승려들을 '선별[沙汰]'할 것을 결정하였을 때 혜원은 이미 논의에 참여하여 가혹한 도태 작업을 어느 정도 완화시키는 데 성공하였었다. 승려에 대한 조사와 도태 작업에서 여산이 공식적으로 제외된 것에서 알 수 있듯 환현은 혜원과 그의 공동체를 대단히 존경하였다. 한편 혜원은 이때에 독재자의 반反승려 정책에 대하여 충분히 알고 있었을 것이다. 혜원이 환현에게 보낸 답신은《홍명집》에 수록되어 있다285)(그의 전기에도 실려 있지만 분량이 적고 내용도 크게 차이 나고 있다). 이 편지에는 나중에 그의 〈사문불경왕자론〉에서 보다 발전되고 다듬어진 형태로 제시되는 – 그에 대해서는 아래에서 살펴볼 것이다 – 주장들이 담겨 있다. 두 자료 모두 불교 신앙은 두 종류의 완전히 다른 개인들의 집합으로 구성되어 있다는 주장으로 시작하고 있다. 한 부류는 세속에 살면서 현세의 법과 권위에 복종하고 있는 재가신자들로, 환현의 주장은 그 자체로는 모두 옳지만 그것은 단지 이 부류의 개인들에게만 적용될 수 있다. 또 다른 부류는 '가정을 떠나' 세속에서 이방인처럼 생활하면서 세속 바깥의 것 – 윤회로부터의 해탈과 최상의 원리[宗]의 실현 등 – 을 추구하는 사람들로, 이들은 자신들이 모든 관계를 단절하고 있으므로 세속의 권위에 복종할 필요가 없다. 승려는 세속을 벗어나 살고 있지만 세속에 혜택을 주고 있다. 그의 고결한 모범적 모습은 나라에 퍼지게 되며, 그의 이러한 행동은 완전한 정부의 이상과 일치한다.

《출삼장기집》의 전기286)에 의하면 혜원은 '위대한 가르침이 몰락할까 걱정하여 (승가를 위한) 간절한 내용의 답신을 보내었다.' 실제로 혜원은 이 편지에서 환현에게 대단히 특별하고 개인적 부탁을 하고 있다. '단월'(!)인 당신이 최근에 승가를 정화하고 엄격히 선별하였으므로 이제 모든 승려들은 이전보다 훨씬 진지하고 부지런하게 되었습니다. 당신은 이미 그러한 일을 통하여 불교의 발전에 크게 기여하였습니다. 하지만 불교의 풍습, 즉 교단의 의례도 그대로 보존되어야 합니다. "빈도貧道는 이미 인생의 황혼기에 접어들어 남은 시간 동안 마지막을 기다리고 있을 뿐입니다. 어찌 나 자신을 위하여 안타깝게 여기고 내가 가진 것을 아깝게 여기는 것이겠습니까? 다만 (불교의) 삼보가 이 위대한 시절에 새롭게 발전하여, 그 밝은 덕이 백 대 후까지도 그 아름다움을 퍼뜨릴 수 있기를 바랄 뿐입니다. (당신이 계획하는) 이 정책이 시행되는 그날부터 부처님의 가르침은 영원히 쇠퇴하고 여래의 위대한 교리도 즉시 가라앉아 없어져서, 신과 인간들이 안타까워하고 세속(의 사람들)이 (좋은) 생각을 바꾸게 될 것입니다. 그렇게 되면 빈도가 매우 간절하게 원하였던 (불교의 부흥에 대한) 희망을 누구에게 기대할 수 있겠습니까? 당신의 두텁고 어진 보살핌을 생각하여 (감히) 저의 생각을 (편지에) 개진합니다. (이 글을 쓰기 위하여) 붓을 잡으면서 슬프고 안타까운 마음에 자기도 모르게 눈물이 얼굴을 덮습니다."

환현이 마침내 포기한 이유는 명확하지 않다. 혜원의 전기에 의하면 혜원의 답신을 받고나서 '망설이다가 결행하지 못하였다'고 한다. 아마도 혜원의 주장과 환현의 가장 가까운 동료인 왕밀의 항의가 궁극적으로 그의 계획을 바꾸었을 수 있다. 어쨌든 그는 황위에 오르자마자 - 혹은 그보다 며칠 앞서서287) - 즉 404년 1월에 승가에게 세속의 군주에게 경의를 표하지 않을 특권을 부여하는 칙령을 반포하였다.288)

[p.238]　두 명의 관료, 시중 변사지卞嗣之와 원각지袁恪之는 여러 차례 글을 올려 이 갑작스런 정책 변경에 항의하였다. 하지만 환현은 그 문제가

이미 종결되었음을 강조하는 답신을 보냈고, 결국 그들도 더 이상 항의하지 않고 굴복하였다.289) 그 상주문과 황제의 답신은 404년 1월 1일부터 22일 사이에 주고받은 것이었다.

항의한 신하들의 이름은 다른 자료에는 보이지 않고 있다. 그런데 환현 일파 중에는 (환현이 죽는 순간까지도 그에게 충성을 다하였던 유일한 인물인) 변범지卞範之290)라는 인물이 있다. 변卞씨가 드물고, 이름의 형식이 비슷한 점으로 볼 때 변사지는 이 유명한 고관 겸 장군의 동생(혹은 사촌)이었음에 틀림없다. 원각지의 경우도 비슷하다. 앞에서 묘음 비구니와 그녀의 궁정 음모와 관련하여 살펴본 것처럼 사마도자 일파 중에 원열지袁悅之라는 인물이 있었다(p.154 참조). 그는 환현이 권력을 장악하기 전에 살해되었지만 열悅과 각恪 두 글자의 - 철자는 물론 의미상의 - 유사성으로 볼 때 이 역시 '항렬'로 볼 수 있다. 두 원씨는 형제 혹은 사촌으로 추정해도 무리가 없을 것이다. 맨 처음 환현 자신이 제안한 정책에 대해 믿었던 왕밀이 반대하였고, 다시 그것을 철회하자 다른 주요한 일파들이 항의하였다는 사실은 이 중요한 문제에 대하여 수도에 있는 단일한 정파 내부에서조차도 의견이 일치되지 않았음을 보여주는 것이다.

혜원이 그의 가장 중요한 호교 문헌인《사문불경왕자론》을 쓴 것은 환현이 '초楚'의 황제로 재위하고 안제가 심양에 유배되어 있던 3개월 사이였다. 이 글에 대한 자세한 연구로는 최근에 출판된 레온 허비츠 Leon Hurvitz씨의 뛰어난 번역291)이 있어 참고가 된다. 이 글에 대해서는 다음 장에서 반복해서 검토하고 인용할 것이다. 여기에서는 논의의 개요만을 이야기하고자 한다. 이 글은 다섯 부분으로 구성되어 있다[이 장 부록의 혜원의 전기 참조]. 처음 두 부분은 본질적으로 위에서 자세히 검토한 혜원이 환현에게 보낸 편지와 같은 내용으로 재가 신자와 출가한 승려들의 포부와 생활방식, 사회적 지위의 차이에 대해 이야기하고 있다. 나머지 세 부분은 보다 이론적 주제에 관한 것으로써, 일반적으로 그러하듯이 가상의 대론자와의 토론 형식으로 논의를 전개하고 있다. 세 번째 부분은 군주는 인간과 하늘의 중재자로서 모든 인간들이 따라야 하는 자연의 변화를 구체화하는 위대하고 모든 것을 포괄하는 권위와 존엄을 가지고 있다는 환현의 주장에 대한 반박이다. 가상의 토론의 주인공[主]인 혜원은 정신[神]이 욕망과 감정의 구속으로부터 벗어나는 정화와 해탈을 거쳐 최종적으로 열반에 도달하는 과정에 대한 매우 흥미로운 묘사로 대답하고 있다. 이것은 세속의 군주가 가져다 줄 수 없는 것이며, '생명을 주지만 살아 있는 것들을 죽지 않게 할 수는 없는' 하늘과 땅도 할 수 없는 것이다. 네 번째 부분의 주제는 앞부분의 내용과 논리적으로 이어지고 있다. '대론자'는 그러한 신비한 업보의 과정이 실제로 존재한다는 구체적 증거가 없다고 이야기하고 있다. 지식인들이 이해할 수 있는 것 이외에 이해될 수 있는 것은 사실상 아무것도 없고, 과거 중국의 성인들이 밝힌 것 이외의 더 이상의 진리는 없다는 것이다. 이에 대해 혜원은 그 성인들은 부처의 방편적 현현으로서 그들과 부처는 실질적으로 동일하다는 흥미로운 이론을 제시하고 있다(이 이론에 대해서는 다음 장에서 보다 자세히 살펴볼 것이다). 이 이론은 여전히 윤회와 중국 불교인들이 말하는 '정신[神]의 불멸성'을 전제하고 있으며, 이것이 이 글에서 이론적으로 가장 흥미로운 마지막 부분의 주제가 되고 있다. 혜원은 정신을 인간에게 있는 대단히 미묘하고 비非물질적이며 영원히 존재하는 원리로 정의하고 있다. 이것(=정신)은 정의될 수 없다. 이것에 대해 이야기하는 것은 '말할 수 없는 것을 말하는 것'이다. 이것은 바깥 세계의 사물에 반응[應]하는 성질을 가지고 있는데, 이것이 바로 미묘함의 증거인 동시에 정신에 뿌리를 두고 있으면서 정신을 '변화'시키는 즉 윤회의 과정에서 벗어나지 못하게 하는 감정[情]에 구속되게 하는 원인이 된다. 하지만 정신은 없어지지 않는다. '이것(=정신)은 사물에 반응하기는 하지만 사물이 아니기 때문에, 사물이 변화하여도 (이것은) 사라지지 않는다.' 감정에 의해 영혼이 존재하는 한 영혼은 불이 하나의 장작개비에서 다른 장작개비로 옮겨가는 것처럼 하나의 육신에서 다른 육신으로 옮겨갈 뿐이다. 이 글은 저자가 다시 한 번 구도자들의 위대한 공덕과 세속이 그들을 받들어야 함을 강조하는 맺음말로 끝나고 있다.

'불영(佛影)'의 일화(412/413년)는 혜원의 생애에 대해 확인 가능한 마지막 사건이다. 구마라집은 이미 3년 전(409년)에 입적하였고, 충실한 추종자 왕밀은 그보다 먼저(407년)에 죽었다. 《고승전》의 혜원전기에는 혜원의 죽음 – 초기 자료들에는 416년 혹은 417년으로 서로 다르게 나타나고 있다292) – 에 관한 어떠한 성인전설적 윤색도 보이지 않지만, 후대의 전기들에는 그러한 내용들이 서둘러 추가되었다.293) 그는 생애의 마지막 수십 년을 보냈던 여산 동림사 근처에 묻혔고, 이곳에는 아직도 사당(caitya)이 서 있다.

그의 죽음은 본 연구의 하한으로 상정하고 있는 동진의 멸망(420년)보다 겨우 몇 년 앞섰다. 하지만 본 연구를 혜원에서 끝내는 것은 그러한 연대적 일치 때문은 아니다. 이 장의 도입부에서 이야기한 것처럼 그의 생애 – 보다 정확히는 그의 죽음 – 는 중국 불교의 새로운 시대의 시작을 알리는 것이었다. 이 시대에 불교는 마침내 (유송 왕조의) 황실과 신심있는 관료들로부터 무식한 일반 대중에 이르기까지 중국 사회의 모든 계층에 뿌리를 내리고, 중국 문화의 필수 불가결한 부분이 되었다. 이 시대는 또한 교리 연구에 있어서 옛 중국적 개념들이 영향력을 잃게 된 시대, 전문적인 연구와 양질의 번역이 이루어진 시대, 지식이 늘어나고 환상이 줄어든 시대였다. 혜원은 형성단계에 있던 사족 불교의 모든 특징적 요소들을 자신의 인격과 가르침에 통합하였던 마지막 고승이었다. 따라서 지금까지의 그의 생애에 대한 대단히 간략한 묘사는 우리가 추적해 온 위대한 종교에 의한 위대한 문화의 정복이라는 4백 년에 걸친, 신비하고 멋진 현상에 대한 역사적 검토의 적절한 귀결이 될 수 있을 것이다.

1) Arthur F. Wright, "Fo-t'u-teng, a Biography", in *HJAS* XI, 1948, pp.321-371.
2) 『불교사』, pp.187-228 및 pp.242-251.
3) 宇井伯壽, 『釋道安研究』(東京, 1956); Arthur E. Link(미시간대학)의 도안의 삶의 여러 측면에 대한 특별한 연구가 예고되었다(*TP* XLVI, 1958, p.2); 도안의 인생에 대한 기본 자료인《高僧傳》道安傳 (권5 351.3 이하)의 비평적 번역이 *TP* XLVI, 1958, pp.1-48에 게재되었다. 《고승전》과 《출삼장기집》의 도안 전기에 대한 비교는 Arthur E. Link, "Remarks on Shin Seng-yu's *Ch'u sang-tsang chi chi* as a source for Hui-chial's *Kao-seng chuan* as evidenced in two versions of the biography of Tao-an". *Oriens* X(1957), pp.292-295 참조.
4) 아래의 주석 121번 참조.
5) 《고승전》 권9 384.2; 번역은 Wright, p.346.
6) 《출삼장기집》과《고승전》에 자신들의 전기가 들어 있는 道安과 竺法雅 이외에 불도징의 전기에 언급되고 있는 중국인 제자들은 法首(Wright 번역, p.341에는 '다른 곳에 보이지 않'는다고 하였지만 뒤의 p.183을 참조하라), 法佐, 法祚(2장의 주석 272번 참조), 法常과 僧慧(다른 곳에 보이지 않음) 등이다. 佛調(Buddhadeva)와 須菩提(Subhūti)는 인도와 소그드 출신으로 언급되어 있는데, (쯤)佛調는《고승전》 권9 387.3에 간략한 전기가 있지만 거기에는 그가 중국 출신이 아니라는 것에 대하여 아무런 언급이 없다. 아래 p.182 내용 참조.
7) 《고승전》 권9 3894.2.25; Wright 번역, p.346. 이 기사 및 다른 곳에서의 불도징의 전기의 내용은 A. F. Wright의 훌륭한 번역을 인용하였다.
8) 불도징의 전기에서는 官寺('관청' 혹은 '정부'의 사원? Wright 번역 p.343 주석 21번 참조)와 中寺를 언급하고 있다. 335년 이후 불도징은 제자들과 함께 鄴의 中寺에 머물렀고(《고승전》 권9384.3.8; Wright 번역 p.347 주석 43번), 도안의 전기(《고승전》 권5 351.3.15)에는 도안 또한 중사에서 불도징과 함께 있었다고 이야기하고 있다. A. E. Link는 "Biography of Shi Dao'an", *TP* XLVI, 1958, p.7에서 中寺를 '중앙 사원'으로 번역하고 있는데, 그보다는 '내부의 절(혹은 사원)', 즉 궁정 사원으로 번역하는 것이 보다 적절할 것이다. 업에 있던 또 다른 사찰인 官寺 역시 宮寺의 잘못이라고 추정된다. 官과 宮은 서로 쉽게 혼동될 수 있다. 襄國과 鄴의 불교에 관한 모든 점을 고려할 때 羯族 통치자 가문 구성원의 후원을 받는 '궁정 사원'이 관료를 연상시키는 '관청 사원'보다 더 타당하다고 생각된다. 《법원주림》(T1222, 권14 388.1.14)에 '建武 6년(340) 庚子年에 官寺의 승려 法新과 道行(僧行?)이 만들었다'는 명문을 가진 石虎 시대의 청동 불상에 대하여 언급하고 있는 것은 사실이지만 437년에 불가사의하게 출현한 불상을《법원주림》의 저자가 직접 본 것 같지는 않다. 또한 일반적으로 명문 불상에 대한 초기 불교 저자들의 기록은 매우 신뢰하기 힘들다.
9) 석호의 과대망상적 건축 사업과 부의 과시에 대해서는 《鄴中記》(文英殿聚珍版叢書) 10a 참조. 승려를 표현하는 움직이는 인형들로 둘러싸인 신기한 불상에 대한 묘사는

위의 책, 10a 참조.
10) 그의 전기는 《고승전》 권9 387.2 및 《진서》 권97에 수록되어 있다. 번역은 M. Soymié, "Biographie de Chan Tao-k'ai", in *Mélanges publiés par l'Institut des Hautes Etudes Chinoises*, I (1957), pp.414-422.
11) 앞의 주석 6번 참조.
12) 도교 신선들의 '신체의 사라짐[尸解]'에 대해서는 《抱朴子》 권2 p.6 및 H. Maspero, "Les procèdes de 'nourrir le principe vital' dans la religion daoiste ancienne", *J.As*. 1937, pp.177-152 특히 p.178 이하 그리고 *Le Taoïsme*, pp. 84, 85, 196, 218 참조.
13) 《晉書》 권107 1b. "胡運將棄 晉當復興 宜苦役晉人 以壓其氣"
14) A. F. Wright, 앞의 책, p.325에서 "…그리고 덜 혼란스러운 시기에 (중국에) 도착하였다면 의심의 여지 없이 위대한 번역자이자 주석가가 되었을 것이다"고 이야기하고 있고, Arthur E. Link, 앞의 책, p.7의 주석 6번에서는 "불도징의 제자들이 탐구한 학문으로 보건대 불도징의 전문 분야는 《반야경》 문헌들이었던 것으로 보인다"고 말하고 있다.
15) 《진서》 권106 4a-b.
16) 〈比丘大戒序〉(《출삼장기집》 권9 80.2.1)의 작자는 초기에 중국에 계율이 불완전하였음을 이야기하고 나서 '징화수(澄和首=불도징)에 이르러 바르게 된 것이 많다. 나는 이전에 鄴에서 그에게 배웠다[至澄和首 多所正焉 余昔在鄴少習其]'고 이야기하고 있다.
17) 비구니 淨檢과 安令首의 전기 (《비구니전》 권1 934.3-935.1) 및 A. F. Wright, "Biographies of the Nun An Lingshou", *HJAS* XV (1952), pp.193-197 참조.
18) 《고승전》 권5 351.3.3.
19) 《聖法印經》의 題記(《출삼장기집》 권7 50.2.4 및 51.1.27). 《晉書》 권107 9a(冉閔의 전기)에는 法饒라는 승려가 352년에 鄴에서 벌어진 염민과 燕 사이에 벌어진 결정적 전투에 대하여 거짓 예언을 한 사실 - 불도징 이전에 행해진 똑같은 성격의 예언 - 이 기록되어 있다. 승려의 이름은 282년에 호탄에서 낙양으로 《2만5천송반야경》 범어 사본을 가져온 弗如檀이라는 승려(2장의 주석 201번 참조)의 漢字 번역 이름과 일치한다. 하지만 비록 법요라는 이름이 드문 것이기는 하지만 연대로 볼 때 두 사람을 동일한 인물로 보기는 힘들다. 마스페로는 불도징의 제자인 法祚를 帛遠의 동생인 帛法祚와 동일 인물로 보고 있지만(2장 주석 272번 참조), 따르기 힘들다.
20) 불도징의 전기(《고승전》 권9 387.1; Wright 번역본, p.367)에는 그가 현재의 하북성 定縣 출신이라고 이야기하고 있다.
21) 中山 출신이며 전기는 《고승전》 권4 347.1. 또한 2장의 주석 204번 참조.
22) 《고승전》 권4 (竺法雅傳) 347.1. 湯用彤, 『불교사』, pp.235 이하 및 塚本善隆, 『支那佛敎硏究』(東京, 1942), p.25 이하 참조.
23) 《고승전》 권5 (釋僧光傳, 光은 先이라고도 함) 355.1.25; 번역은 A. E. Link in *TP* XLVI (1958), p.43.

24) 《喩疑論》(《출삼장기집》 권5 41.2.12; 번역은 Liebenthal, p.90). 明나라 本에만 格義이고 다른 이본들에는 裕義이다.
25) 《출삼장기집》 권14 (구마라집전) 1012.15 "支竺所出 多滯文格義." 湯用彤, 『불교사』, pp.237-238 참조.
26) 竺僧朗의 전기(《고승전》 권5 354.2) 및 불도징의 전기에는 그가 불도징 밑에서 공부하였다는 내용이 없다. 하지만 《水經注》(王先謙編) 권8 13a-b에는 그가 불도징의 제자 중 한 사람이라고 이야기하고 있다. 宮川常之, 「晉의 泰山竺僧朗의 事蹟」『東洋史硏究』 3, pp.184-209 참조. 다음 주석의 내용도 참조.
27) 그의 전기에 나오는 유일한 연도는 그가 태산에 정착한 351년이다. 하지만 축승랑과 관계되는 다른 자료들을 통하여 그의 대략적인 생몰년을 확인할 수 있다. 《광홍명집》 권35에는 당시 남쪽과 북쪽 왕조의 여러 군주들이 선물을 첨부하여 승랑에게 보낸 10통의 칭송하는 편지 및 그에 대한 승랑의 의례적인 답장이 수록되어 있다. 만일 이 편지들이 진짜라고 한다면 - 형식과 문장 내용이 놀랍도록 비슷한 점에서 상당히 의심스럽다 - 이들은 여러 통치자들이 이 유명한 승려의 환심을 사려고 노력하는 모습을 보여주는 - 그들은 모두 그의 환심을 사는 동시에 그를 등용하려고 노력하였으며, 이는 그의 전기에서도 확인되고 있다 - 대단히 흥미로운 자료들이다. 편지들에는 다음과 같은 군주들의 이름이 붙어 있다. (1) 拓跋珪(386년에 북위의 왕이 되고, 398년부터 황제를 칭하였으며 409년에 죽었다). (2) 司馬昌明(晉의 孝武帝, 재위 376-396. 그가 본명으로 불리고 있다는 사실은 이 편지들이 실제로 - 동진의 군주들을 '정통이 아니'라고 간주하였던 - 북쪽에서 수집되고 간행되었음을 보여주는 것일 수 있다). (3) 苻堅(前秦의 황제, 재위 358-384). (4) 慕容垂(南燕의 황제, 재위 400-405). (6) 姚興(後秦의 황제, 재위 394-416). 慕容德의 편지 및 그에 대한 승랑의 답장은 승랑의 몰년의 상한을 분명하게 보여주는 것으로, 승랑은 400년 이후에 죽었음이 분명하다. 당시 그는 여전히 태산에 살고 있었으며, 그가 이곳에 도착한지 50년 쯤 되었다. 한편 그는 84세에 죽었다고 하는데 그렇다면 그의 생몰년은 대략적으로 315-400년으로 정해진다. 아마도 몇 년 뒤까지 살았을 수 있다. 【《광홍명집》의 내용과 비교할 때 (5) 慕容德(南燕의 황제, 재위 405-410)이 보낸 편지가 누락되어 있다. 아마도 편집상의 착오로 생각된다-역자】
28) 釋法和의 전기는 《고승전》 권5 354.1; 竺僧輔의 전기는 같은 책, 355.2; 支曇講은 道安의 〈陰持入經序〉(《출삼장기집》 권6 45.1.8)와 도안의 전기(《고승전》 권5 351.3, 여기에는 그의 이름이 이름 중 講이 講講으로 두 번 반복되고 있는데, 이는 찬자 慧皎의 잘못이 아니라 필사 과정에서 흔하게 보이는 실수이다; A. E. Link, 앞의 책, p.11의 주석 4번 참조)에 언급되고 있다.
29) 《고승전》에서는 도안의 濩澤, 飛龍山, 恒山, 武邑에서의 활동을 石虎의 몰락과 石尊에 의한 華林苑 - 石尊이 이곳을 확대하여 사원으로 만들었다 - 으로의 초빙 사이에 위치 짓고 있다. 이것은 이 모든 지역들에서의 활동이 349년 1년 이내에 일어났음을 의미하는 것인데, 이는 湯用彤, 『불교사』, p.194에서 명확하게 이야기하고 있는 것처럼 불가능한 일이다. 宇井伯壽(앞의 책, p.6)는 호택에서의 활동을 도안이 불도징의 제자가 되기 이전 - 즉 그가 출가한 때(宇井에 의하면 331년경)로부터 鄴

에 들어올 때(335년 직후)까지 - 의 일로 상정하고 있다.《고승전》의 도안 전기에서는 도안의 - 알려지지 않은 - 최초의 스승이 '그에게 비구계를 주고서 공부를 위하여 다른 지역을 돌아다니'라고 하였다고 이야기하고 있는데, 비구계는 일반적으로 19살 무렵에 받는 것이므로 도안의 전기에는 약 5년 동안의 공백이 있게 된다. 하지만 호택에서의 시기를 349년경에서 330년경으로 옮김으로써 이 공백을 메워야 할 이유는 없다. 실제로 도안의 젊은 시절에 대해서는 전기의 첫 줄에 나오는 일반적인 내용 - 원래의 성씨, 가족, 출신지 - 를 제외하면 확실한 것은 아무 것도 알려져 있지 않다. 그가 책을 암기하는 데 비상한 능력을 가졌다는 내용 역시 실제 사실로 받아들이기는 어렵다. 한편 석존이 왜 도안을 鄴의 화림원에 새로 건설한 사원으로 초빙하였는지도 분명하지 않은데, 해당 내용이 업의 어느 사찰에 있던 도안이 황제에 의해 새로 설립되었거나 확대된 사원으로 초빙되었음을 의미하는 것이 아니라면 이는 도안이 그 이전에 보다 안전한 지역으로 물러나서 349년 당시에는 업에 있지 않았음을 의미하는 것으로 볼 수 있다. 이와 관련된 석존의 건축 활동에 대해서 더 구체적인 내용은 알려져 있지 않다. 화림원 자체는 석호의 초대형 건설 사업 결과물 중 하나로서 347년 직후에 설계되었고, 16만 명의 사람들이 건설에 필요한 흙을 운반하는 데 동원되었다(《鄴中記》, p.5;《진서》권107 1b). 도안의 초기 시절의 활동에 대해서는 가장 타당하다고 생각되는 湯用彤이 제시한 연대기(『불교사』, p.195 및 pp.197-200)를 따르고자 한다.

30)《고승전》권5 351.3.28(Link, 앞의 책, pp.12-13) "於太行恒山創立寺塔 改服(출가시켰다는 의미이다)從化者中分河北."
31)《고승전》권5 (축법태전) 354.3.5;《고승전》도안전과 車頻이 편찬한《秦書》도안전(440년경,《세설신어》주석 권2下 14b에 인용)에는 축법태 제자들의 숫자가 제시되어 있지 않다.
32)《고승전》권5 354.1.19의 그의 전기에 의하면 그는 이미 349년의 '石氏의 혼란' 때에 제자들과 함께 촉으로 갔다고 한다. 하지만《고승전》권5 352.1.14의 도안의 전기 내용(번역은 Link, p.15)을 참조하라.
33) 안세고가 번역한《人本欲生經》에 대한 도안의 주석서는 전해지고 있다(T1693 大正藏33, 1권. 이 책의 서문은《출삼장기집》권5 4.5.1).《출삼장기집》에는 다음과 같은 그의 초기 주석서들의 서문이 수록되어 있다: 〈道地經序〉(《출삼장기집》권10 69.1), 〈陰持入經序〉(권6. 44.2), 〈安般注序〉(권6 43.3), 〈了本生死經序〉(권6 45.2), 〈十二門經序〉(권6 45.2), 〈大十二門經序〉(권6 46.1), 〈十法句義(經)序〉(권10 70.1). 도안의 저술 일반에 대해서는 宇井伯壽, 앞의 책, pp.52-63을 보라. 宇井은《출삼장기집》권9 62.1에 '필자 미상'으로 수록되어 있는 〈漸備經十住梵名幷書序〉를 제외하고 있지만 내용으로 볼 때 틀림없이 양양에 머물 당시에 도안이 쓴 것이다. 아래 p.196 참조.
34)《출삼장기집》권10n 70.1.20 이하. 이 글에 대해서는 宇井伯壽, 앞의 책, p.102 참조.
35) 직역하면 '목구멍[喉]과 가슴[襟]'이다.
36) 도안 문체의 구체적 사례에 대해서는 Arthur. E. Link, "Shy Daw-an's Preface

to the *Yogācārabhūmi-sūtra* and the Problem of Buddho-Daoist Terminology in Early Chinese Buddhism", *JAOS* 77 (1957) pp.1-14 참조. '禪數'를 수사적으로 묘사하는 좋은 사례는 〈人本欲生經序〉(《출삼장기집》 권6 45.1)에 잘 보이고 있다.

37) 『불교사』, pp.247-249.

38) 그의 〈安般守意經序〉(《출삼장기집》 권43.3.8)가 좋은 예이다. "다른 과정(=안반의 여섯 가지 실천)에 의하여 점점 덜어나가서 無爲의 상태에 이른다(《道德經》 48장). 다양한 단계(=선정의 네 단계)에 의하여 점차로 잊어 無欲의 경지에 이른다(《도덕경》 1장). 無爲이므로 (자신의 마음에) 맞지 않는 상황이 없고, 無欲이므로 이루지 못하는 일이 없다. (자신의 마음에) 맞지 않는 상황이 없으므로 '사물들을 이해하게 되고[開物]'(《易經》 繫辭上, 26b), 이루지 못하는 일이 없으므로 (깨달음의) '일을 이루게 된다[成物]'(《역경》, 같은 곳). '일을 이룬' 사람에게는 수많은 (현상의) 존재들이 저절로 구분되고[自彼], '사물들을 이해한' 사람은 '이 세상이 모두 그를 잊게 한다' (《莊子》 제14장 天運篇, p.88)." 《人本欲生經注》(T1693 大正藏33 9.1.20)에서의 '滅生 (nirodha-samāpatti)'에 대한 현학적 설명도 참조하라.

39) 도안 스스로 〈合放光光讚略解序〉(《출삼장기집》 권7 48.1.19)에서 자신이 이전에 '趙와 魏(대략 산서성과 하남석 북부 지역)'에 있을 때에 축법호가 번역한 《2만5천송반야경》의 일부를 구하였다고 이야기하고 있다. 慧遠은 354년에 恒山에서 도안의 《반야경》에 대한 해설을 듣고서 불교로 개종하였다고 한다.(《고승전》 권6 慧遠傳 358.1.2)

40) 그의 〈大十二門經序〉(《출삼장기집》 권6 46.2.8)를 보라.

41) 그의 〈人本欲生經序〉(《출삼장기집》 권6 45.1.)와 〈十二門經序〉(같은 책, 45.2)를 보라.

42) 道安이 지은 《(戒因緣經》鼻奈耶》의 서문(T1464 大正藏22, 815.1.9); "經流秦土有自來矣 隨天竺沙門所持來之經 遇而便出 於十二部 毘曰羅(vaipulya, 즉 반야경)部最多 以斯邦人 老莊敎行 與方等經(vaipulya)兼忘相似 故因風易行也".

43) 《名僧傳抄》에서는 道安이 52세(중국식 나이 계산법으로 364년에 해당한다)에 檀溪寺를 창건했다고 하고 있는데, 湯用彤은 이를 수정하여 도안이 襄陽에 도착한 53세(즉 365년) 때로 보고 있다(『불교사』, p.196).

44) 《名僧傳抄》 권5 5a. 檀은 紫檀으로 생각된다. A. E. Link, *TP* XLVI (1958) p.19, 주석 4번 참조. 하지만 栴檀이 454년에야 향나무의 의미로 문헌에 등장한다고 한 – 이 주석에 인용되고 있는 – E. H. Scharfer의 주장은 맞지 않다. 이 단어는 이미 그러한 의미로서 지둔이 당시 수도(=建康)에 머물고 있던 – 즉 362년 직후에 – 축도잠에게 보낸 名句 속에 나타나고 있다(《세설신어》 권1下 18b; p.149 참조). 번역 경전에서 이 단어는 훨씬 일찍 나타나고 있다. 2세기 후반에 번역된 《반주삼매경》 (T417 大正藏13 900.1.19 = T418 大正藏13 907.1.19)에 이미 보이고 있다.

45) 《고승전》 권5 352.2.8; Link, 앞의 책, p.20. 丈六에 대해서는 3장 부록의 주석 166번 참조.

46) 《광홍명집》 권15 198.2. 이 신비한 불상에 대해서는 《광홍명집》 권15 202.2.27 및 《법원주림》 권13 384.2.도 참조. 후자의 (전설적 성격이 강한) 설명에 의하면

이 불상은 아미타불을 묘사한 것으로 보인다.
47) Link가 이야기하고 있는 것처럼(앞의 책, p.21 주석 4번), 이 金箔倚像은 일반적으로 臥佛이라고 부르는 – 부처의 열반을 상징하는 – 불상을 가리킬 가능성이 높다. 이 자료는 중국 문헌에서의 이러한 종류의 불상에 대한 두 번째의 언급이다. 최초의 언급은 절에서 '臥佛'을 본 庾亮의 이야기를 전하고 있는 《세설신어》권1下 32b의 내용이다. "이 사람은 (중생을 위한) 나루터와 다리의 역할을 하느라 지쳤다[此子疲於津梁]." 또 다른 4세기 중엽의 부처의 열반 모습(벽화?)에 대한 언급이 《세설신어》권1上 35b에 보이고 있다.
48) 아래에 인용할 習鑿齒의 편지의 내용 "스승과 제자들이 수백 명에 달하였다[師徒數百]"; 《출삼장기집》권9 62.3.8에 수록된 도안의 〈漸備經十住梵名并書叙〉의 내용 "襄陽時齊僧有三百人" 등 참조.
49) 《고승전》권5 352.3.22; Link, 앞의 책, p.27.
50) 해당 규율들의 내용에 대한 설명은 湯用彤, 『불교사』, pp.213-217 및 宇井伯壽, 앞의 책, pp.24-27 참조.
51) 379년에 江陵에 머물고 있던 釋法遇는 계율을 제대로 준수하지 못하였다고 하여 당시 장안에 살고 있던 道安으로부터 하나의 筒을 받았는데, 거기에는 그가 벌을 받아야 함을 상징하는 가시나무 가지가 들어 있었다. 법우는 공손하게 이를 실천하였다고 한다. 《고승전》권5 356.1의 전기 참조. 번역은 A. E. Link, 앞의 책 (부록), pp.45-47.
52) 陰陽은 여러 종류의 유사과학들을 포괄한다. '占術'이라는 번역(Link, 앞의 책, p.26)은 너무 특정화시킨 것이다.
53) 대부분의 판본에는 法簡이지만 高麗大藏經本의 法蘭 – 《출삼장기집》권15 108.2와도 일치한다 – 이 정확하다. 이 法蘭은 틀림없이 1세기에 활동한 전설적인 竺法蘭이 아니라 于法蘭(앞의 p.140)이다(A. E. Link, 앞의 책, p.26 주석 2번 참조).
54) 다른 자료에는 보이지 않는다. 《출삼장기집》, 권15 108.2에는 法祖로 나오는데, 이는 아마도 白遠(字 法祖)를 가리키는 것으로 생각된다. 그에 대해서는 앞의 p.76 참조.
55) 《고승전》권5 352.3.10 이하; 《출삼장기집》권15 108.2.12; 번역은 Link, 앞의 책, pp.25-26.
56) 《고승전》권5 352.1.14. '彼多君子 好尙風流' 《세설신어》 주석 권2下 14b에 인용된 車頻의 《秦書》에는 '彼多君子 上勝可投'로 나오고 있다.
57) 《고승전》권5 352.2-3의 道安傳에 인용되어 있다(번역은 Link, pp.22-24). 《홍명집》권7 76.3에도 편지 내용이 온전하게 실려 있다.
58) 《고승전》권5 352.2.5; 《출삼장기집》권15 108.2.8: "그들이 자리에 앉은 후 (습착치가) 말하였다. '四海(를 차지하고 있는) 習鑿齒입니다.' 이에 대해 도안은 '하늘에 가득찬[彌天] 釋道安입니다'라고 대답하였다." 湯用彤은 이 이야기를 후대에 만들어졌다고 보고 있지만(『불교사』, p.206) 그의 주장 – '彌天'이라는 용어는 습착치의 편지에 보이고 있으므로 (앞의 주석 참조) 이 일화 전체가 그 용어에 맞추어 꾸며진 것이라

고 한다 - 은 설득력이 없다. 첫째로 도안은 습착치의 편지를 받았으므로 그의 재치 있는 대답은 그 편지의 내용을 인용하려 한 것으로 볼 수 있다. 둘째로 명구를 이용하여 자신을 소개하는 흥미로운 방식은 청담계에서는 이미 3세기 말부터 시행되고 있었다. 예를 들어《세설신어》권3下 4b에는 유명한 청담 전문가 陸雲(字 士龍, 262-303)이 張華(232-300)의 집에서 젊은 荀隱(字 鳴鶴)을 만났을 때의 다음과 같은 일화가 소개되어 있다. "육은이 손을 들고 '구름 사이[雲間]의 陸士龍입니다'라고 하자, 순은이 '태양 아래[日下]의 荀鳴鶴입니다'라고 대답하였다." 이어서 두 사람은 서로의 이름을 놀리는 토론을 주고받았다. 같은 이야기가《晉書》권54 9a 의 陸雲傳에 동일한 문장으로 표현으로 있다.

59)《고승전》권6 慧遠傳, 358.1.17. '道安爲朱序所拘 不能得去'
60)《고승전》권5 352.2.4(번역은 Link, pp.18-19).《고승전》에서 桓豁은 征西將軍으로 나오고 있는데, 이 직위는 373년에 획득한 것이다(《晉》 권9 4a). 그는 377년에 죽었다(《晉書》권9 5b).
61)《고승전》권5 釋曇翼傳 355.3.8; 또한 아래 p.199 참조. 사찰에 현의 이름을 붙이는 다른 문헌에 보이는 사례들에 대해서는 湯用彤,『불교사』, p.203 참조. 滕含은 《晉書》권57 2b, 고려대장경본의《고승전》,《법원주림》권13 385.1.15의 글자를 따랐다.《법원주림》에서는 이 사건이 永和 2년(346)의 일이라고 이야기하고 있지만 이는 분명히 太和 2년(367)의 잘못이다.
62)《출삼장기집》권5 40.1. 道安의 저술 중에는〈答沙(?)汰難二卷〉〈答竺法將難一卷〉 등이 있는데, 沙는 분명히 法의 誤字이다. 陸澄의《法論》목록(《출삼장기집》권7 83.2 및 84.3)에는 축법태가 도안에게 보낸 편지의 제목들이 들어 있다(각기 三乘, 六通, 神의 의미에 대한 묻고 있다). 같은 자료에는 伏玄度 즉 유명한 관료이자 역사가였던 伏滔가 도안에게 보낸 편지도 언급되고 있다. 그는 太元연간(376-396)에 건강의 궁정에서 다양한 역할을 맡았으며, 이 편지를 보낼 때에는 江陵에서 桓豁의 막료로 활약하고 있었다.《晉書》권92 18b의 그의 전기 참조.
63)〈摩訶鉢羅若波羅蜜經抄序〉(382년 장안에서 서술,《출삼장기집》권8 52.2.10) 참조; '昔在漢陰(=襄陽) 十有五載 講放光經 歲常兩遍 及至京師(=長安) 漸四歲矣 亦恒歲二 未敢墮息.'《고승전》권5 352.3.18(Link, p.26)에는 표현이 약간 다르다; '安在樊沔十五載 每歲常再講放光般若 未嘗闕廢.'
64) 이에 관한 가장 이른 시기의 목록은 도안 자신이 작성한 것으로서,《출삼장기집》권5 39.2 이하에 수록되어 있다. 거기에는 9종류의 주서와 이론서의 제목 및 다른 주제에 대한 다섯 가지 글 -《三界諸天錄》, 그의 유명한 번역 경전목록인《綜理衆經目錄》, 편지들(앞의 주석 63번 참조),《西域志》- 이 들어 있다. 여기에는 여러 종류의《반야경》에 대한 6종의 주석서 - 축법호역《光讚經》주석서 2종, 무라차역《放光經》주석서 2종, 지루가참역《道行經》주석서 1종 - 가 언급되어 있다. 도안이 이《반야경》주석서들을 훨씬 이전에 찬술하였던《十二門經》등의 선정 경전에 대한 주석서보다도 앞세워 목록의 가장 앞부분에 제시하고 있는 사실이 주목된다. 이 목록에서 문헌들은 도안의 관점에서의 이론의 상대적 중요성에 따라 나열된 것으로 보인

다는 점에서 이러한 사실은 이 목록이 만들어진 양양 시기에 도안의 관심이 선정에서 반야바라밀로 바뀐 것을 입증하는 것이라고 할 수 있다. 후대의 목록에는 여기에 제시된 것보다 더 많은 저술들이 들어 있다. 宇井伯壽, 앞의 책, pp.52-63 및 湯用彤, 『불교사』, pp.242-243 참조.
65) 도안의 〈合放光光讚略解序〉(《출삼장》 권7 48.1 이하, 376년 혹은 그 직후 찬술) 및 〈漸備經十住梵名幷書叙〉(《출삼장》 권9 62.1 이하, 비슷한 시기 찬술, 아래의 p.196 이하) 등을 참조.
66) 도안의 本無 이론 및 그 학파에 대해서는 湯用彤, 『불교사』, pp.242-251; W. Liebenthal, *The Book of Zhao*, pp.157-161; 馮友蘭/Bodde, 중국철학사, Vol.II, pp.244-246 참조.
67) 이것은 지루가참역《도행경》열네 번째 품과 무라차역《방광경》열한 번째 품의 제목에서도 tathatā의 번역으로서 사용되었다. 같은 의미로서 3세기 초에 번역된《中本起經》에서도 사용되고 있다(T196 大正藏4 권1 155.2.14; '今已入本無 無憂無喜想.').
68) 本無 용어의 기원 및 초기의 용례에 대해서는 湯用彤의 「中國佛敎史零篇」『燕京學報』 (1937), p.8 이하; 「魏晉玄學流別略論」(『魏晉玄學論稿』所收), pp.50-52; 『불교사』, pp.240-241 등을 참조.
69) 예를 들어《도덕경》25장 (有物混成 先天地生 云云); 같은 책, 42장 (道生一 一生二 二生三 三生萬物 云云);《열자》제1장(天瑞篇), p.2 (有太陽 有太衍 有太始 云云); 특히《장자》제12장(天地篇), p.73 (泰初有無 無有無名 一之所起 有一而未形 云云) 등.
70) 惠達(6세기 후반)의《肇論疏》(大日本續藏經 IIB 23.4)에 인용되어 있는 慧遠의 저술(아마도 그의 전기에 언급되고 있는 〈法性論〉일 것이다) 중의 한 문장.
71)《출삼장기집》권7 48.1 이하.
72) 有爲는 불교 술어 saṃskṛta에 해당하지만 여기에서는 오히려 앞의 문장에 쓰인 無爲에 대응되는 본래의 중국적 의미의 有爲로 사용되고 있다.
73)《고승전》권5 353.1(번역은 Link, p.35). 賓頭盧(Piṇḍola) 尊者는 미륵불이 이 세상에 올 때까지 佛法을 보호하기 위하여 자발적으로 이 세상에 머물고 있는 羅漢으로 여겨지고 있다. 보살 사상의 전조를 보여주는 이 신앙 내용 및 중국 문헌에서의 이 신앙의 초기 모습에 대해서는 Sylvain Lévi and Ed. Chavannes, "Les Seize Arhat protecteurs de la Loi", *J.As.*, (1916), II, pp.205-275 및 P. Demiéville, in *BEFEO* XLIV (1954), p.373 이하 참조.
74) 소승불교권의 카시미르 지방에서 발전된 것으로 생각되는 이 신앙에 대해서는 P. Demiéville, "La Yogācārabhūmi de Daṅgharakṣa", in *BEFEO* XLIV (1954), pp.339-436 특히 p.376 이하 참조.
75) 湯用彤의『불교사』, p.218에는 경전들의 제목이 열거되어 있다. 하지만 伊藤義賢은『支那佛敎正史』(東京, 1923), pp.192-193에서 도안의 미륵에 대한 신앙은 이들 경전에 의거한 것이 아니라 당시 중국에서 유행하던 구두 전승에 의거하였을 것이라고 결론짓고 있다. 미륵신앙에 관한 문헌에 대한 종합적인 검토는 Et.

Lamotte, *Traité*, p.4 주석 3번 참조.
76) 《고승전》 권5 (道安傳) 353.1.27(번역은 Link, p.36); 《名僧傳抄》 5a; 《고승전》 권5 (曇戒傳) 356.3.3; 湯用彤, 『불교사』, pp.217-219; P. Demiéville, in *BEFEO* XLIV (1954), p.377 참조.
77) 《고승전》 권5 353.2(번역은 Link, pp.36-37). P. Demiéville, (앞의 책, pp.379-380) 에는 삼매를 통하여 도솔천과 접하는 여러 사례들이 제시되어 있다.
78) 주석 76번의 曇戒傳.
79) 《漢書》 권30. 문헌학자 劉向(기원경 8년 사망)에 의해 편찬되어 그의 사후 아들 劉歆(기원후 23년 사망)에 의해 완성된 皇室 도서관의 서적들의 분류 목록인 《七略》에 의거하고 있다. 경전들의 목록을 편찬하는 아이디어는 인도나 중앙아시아에는 없는 확실히 중국적인 것으로써, 불교가 관료적 국가에 침투하는 과정에서 생겨난 부산물이다. 세속의 문헌 목록에서는 어떠한 이념적 차원의 동기를 찾기 힘들다. 이것은 모든 종류, 모든 시대, 모든 학파의 사상과 관련된 내용을 담고 있는 책과 자료들을 배열하고 분류하려는 순전히 실용적인 시도였다. 중국 문헌 목록이 처음 등장할 때부터 실용적 성격을 가지고 있었음은 유향 이전에 만들어진 알려진 최초의 문헌 목록이 군사전략 관련 문헌들에 대한 것이었다는 사실에서도 드러난다. 姚名達, 『中國目錄學史』 (中國文化叢書 第2輯, 上海, 1938), p.23 이하.
80) 湯用彤, 『불교사』, pp.208-210 참조.
81) 《출삼장기집》 권9 62.1 이하. 도안이 이 편지를 썼음을 보여주는 증거들은 다음과 같다. 필자는 자신이 이전에 鄴에 있었다고 이야기하고 있다[昔鄴中亦與周旋…]; 특정 경전의 번역과 관련된 문헌학적, 역사적 세부 사항에 대하여 대단히 강조하고 있다; 필자는 또한 이전에 북쪽 지역에 살았고[吾往在河北唯見一卷…], 현재는 양양에 살고 있다; 필자는 계율의 중요성을 강조하고 있으며, 특히 '此乃最急'이라는 표현을 쓰고 있는데 이것은 도안의 〈增一阿含經序〉(《출삼장기집》 권9 64.2.25)에서의 계율에 대한 표현 - 此乃此邦之急者也 - 과 비슷하다; 필자는 涼州의 釋慧常과 관계를 가지고 있는데, 도안의 〈合放光光讚略解序〉(《출삼장기집》 권7 48.1.21 이하)에도 그러한 관계가 보이고 있다.
82) 道安의 〈合放光光讚略解序〉에 의하면 373년에 인도를 향해 출발했던 - 아마도 도안의 제자로 생각되는 - 慧常, 進行, 慧辯 등 세 명의 승려가 중앙아시아로 가는 길에 통과해야 했던 涼州에서 그에게 《光讚經》을 베껴 보내주었다(慧常은 그 이전에는 잘 사용되지 않았다가 불과 몇 년 전에 襄陽에서 도안에 의해 유행되었던 종교적 성씨인 釋을 사용하고 있다). 혜상은 379년에 장안에서 《比丘尼戒本》 번역팀의 일원으로 언급되고 있는 것으로 보아(《출삼장기집》 권9 81.2.24) 인도에 가지는 않았던 것으로 생각된다. 혜상과 진행은 龜玆 출신의 帛延이 373년 양주에서 번역한 《수능엄삼매경》의 題記에도 보이고 있는데(《출삼장기집》 권7 49.2.27), 이 편지에서 언급되고 있는 것처럼 그들은 번역이 끝난 직후에 이 경전의 사본도 양양의 도안에게 보냈다.
83) 《고승전》 권4 (慧遠傳) 358.1.17. 뒷부분의 p.241 참조.
84) 전기는 《고승전》 권5 355.3.2. 뒷부분의 p.240 참조.

85) 전기는《고승전》권5 355.2.5 이하.
86) 慧遠에게 보낸 편지 중의 道安의 덕을 칭송하는 내용이《고승전》그의 전기의 말미에 인용되어 있다.
87) 전기는《고승전》권5 356.2.3 이하.
88) 1장의 주석 32번 참조.
89) [寶]印手[菩薩](Ratnamudrāhsata)은《유마경》의 첫부분(구마라집역, T475 大正藏14, 권1 537.2.5; 지겸역, T474 大正藏14, 권1 519.2.8)에 언급되는 보살의 이름이다. 道安은 왼쪽 팔뚝의 피부가 늘어져서 위아래로 움직였으며, 이러한 특징 - 기형이 아니라 중국 역사가들이 특별한 사람들에 대해 묘사하는 신체적 특성 중 하나로 여겨졌다(佛道澄의 경우에 대해서는 위의 p.182 참조) - 때문에 '印手菩薩'로 불렸다. 여기에서의 印은 물론 도장을 의미하는 것이 아니다. 이 보살의 이름은 구마라집이 자신의《유마경》주석서 -《注維摩經》(T1775 大正藏38), 권1 330.3.5에서 제시한 두 가지 해석 중 첫 번째인 '손으로 보석(을 만들어내는) 동작을 취하고 있는 보살'로 번역되어야 할 것이다. 구마라집은 印을 相(lakṣana)로 해석하였다. "印者相也. 手有出寶之相 亦曰 手中有寶印也." 구마라집 스스로 도안을 '동방의 성인'으로 불렀다고 한다(《고승전》권5 354.1.2). 塚本善隆의《(魏書)釋老志》에 대한 주석 [번역은 L. Hurvitz, in *Yün-kang*, vol. XVI, 부록 p.50(§36)] 참조.
90)《고승전》권5 356.2.15. '立本論九篇 六識旨歸十三首' 이 논서들은 陸澄의 목록이나 다른 목록들에는 보이지 않고《대당내전록》권2 248.3.26과 권10 330.2.8에만 보이고 있다.
91) 전기는《고승전》권6 362.1.11.
92) 전기는《고승전》권5 356.2.17.
93)《晉書》권64 7b 참조.
94) 湯用彤, 『불교사』, p.346 참조.
95)《고승전》권5 352.3.26 (번역은 Link, pp.27-28)
96)《진서》권114 3b.
97) 이 이야기에 대한 보다 자세한 내용들은《세설신어》주석 권1下 24b 및 권2上 32b에 인용되어 있는 〈安和尙傳〉 혹은 〈安法師傳〉 같은 도안의 초기 전기들에 기록되어 있었던 것으로 생각된다.《고승전》의 내용은 이것들을 축약한 것이고,《진서》에는 이야기 전체가 전재되었던 것으로 보인다. 이 이야기가《진서》의 해당 부분을 편찬하는데 자료로 쓰였던 前秦의 연대기 자료에 기록되어 있었을 수도 있다.
98)《고승전》권5 353.1(번역은 Link, p.32 이하);《진서》권114 3b.
99)《진서》권114 5a.
100)《진서》권114 4a;《고승전》권5 253.1(번역은 Link, p.34).《진서》의 내용은 다음과 같다. "可暫幸洛陽 明授勝略 馳紙檄于丹陽 開其改迷之路 如其不庭 伐之可也"
101)《진서》권113 9b. 圖讖에 대한 금지는 물론 정치적 의도에 의한 것이었다. 이러한 종류의 수상한 문헌들이 선동가들에 의해 활용되거나 만들어졌다.

102) 《고승전》 권5 353.1.5(번역은 Link, p.29).
103) 《고승전》 권5 353.1.14(번역은 Link, p.31).
104) 《고승전》 권5 353.1.6(번역은 Link, p.30).
105) 僧伽跋澄가 Saṅghabhadra로 복원되는 것에 대해서는 P. Demiéville in *BEFEO* XLIV (1954), p.364 주석 8번 참조.
106) 전기는 《출삼장기집》 권13 99.2 및 《고승전》 권1 329.1.
107) 아래 p.296의 내용 참조.
108) 道安의 견해는 그의 〈摩訶鉢羅若波羅蜜經抄序〉(《출삼장기집》 권8 52.2.23 이하)와 필자미상의 〈僧伽羅刹經(Yogācārabhūmi)序後記〉(같은 책, 권10 71.3.2) 참조; 趙整의 견해는 도안의 〈鞞婆沙序〉(같은 책, 권10 73.3.15) 참조; 慧常의 견해는 도안의 〈比丘大戒序〉(같은 책, 권11 80.2.10 이하) 참조. 竺佛念의 견해는 그의 〈王者法益壞目因緣經序〉(같은 책, 권7 51.3.12)에 나온다.
109) 주석 108번의 첫 번째 글 참조.
110) 《출삼장기집》 권10 71.3.2[주석 108번의 두 번째 글] "(道安) 許其五失胡本 出此以外 毫不可差." 橫超慧日,「釋道安の飜論」『印度學佛教學研究』 2 (1957), pp.120-130 참조.
111) 慧叡의 〈大品經序〉(《출삼장기집》 권8 53.1.29) 참조. 이 글 저자의 이름에 대해서는 A. F. Wright, "Seng-jui alias Hui-jui: a biographical bisection in the Kao-seng chuan", *Sino-Indian Studies, Liebenthal Festschrift*, pp.272-294 및 橫超慧日,「僧叡と慧叡は同人なり」『東方學報』 13 (1942), pp.203-231 참조.
112) 《고승전》 권5 352.3.26(번역은 Link, p.28).
113) T1547 大正藏28. 《대비바사론(Mahāvibhāṣa)》의 축약본으로써 저자는 중국어로 尸陀槃尼라는 이름을 갖지만 어떠한 인물인지 아직까지 명확하지 않다.
114) T1550 大正藏28. 설일체유부 아비다르마의 요약본으로서 저자는 法勝(Dhrmottara 혹은 Dhrmaśri)으로 전해진다.
115) T1543 大正藏26. 30권이며 역시 僧提婆가 譯出하였다. 저자는 祖師 迦旃延子(Kātyāyana 혹은 Kātyāyanīputra)이다.
116) 《中阿含經》(T26 大正藏1, 60권); 《增一阿含經》(T125 大正藏2, 51권).
117) 《출삼장기집》 권9 64.3.17 "但恨八九之年始遇此經"; 같은 책, 권10 73.3.25 "恨八九之年 方闚其牖耳"
118) 《論語》 子張 23.3 "夫子之牆數刃 不得其門而入 不見宗廟之美 百官之富" 참조.
119) 아마도 《摩訶般若鈔經》(T226 大正藏8)로 생각된다.
120) 《고승전》 道安傳에 의하면 그는 385년 3월 5일에 죽었다고 한다. 하지만 이것은 잘못된 것으로 보인다. 湯用彤, 『불교사』, pp.196-197 참조.
121) 慧遠의 초기 전기 자료는 다음과 같다. 《세설신어》 주석 권1下 27a-b에 인용되어 있는 張野(혜원의 재가신자 중 한 사람, p.219 참조)가 쓴 〈遠法師銘〉; 《출삼장기집》 권15 109.2 이하의 慧遠傳; 《고승전》 권6 357.3 이하의 慧遠傳(번역을 이 장의 부록에 수록하였다). 현존하는 그의 저술의 단편들은 嚴可均이 《全晉文》 권

161-162에 모았다(혜원이 구마라집에게 보낸 편지들 - 《鳩摩羅什法師大義》(T1856 大正藏45) - 은 실려 있지 않다). 그의 생애와 가르침에 대해서는 湯用彤, 『불교사』, pp.341-373; 常盤大定, 『支那における佛敎と儒敎道敎』(東京, 1937), pp.56-57; 塚本善隆, 『支那佛敎史硏究』, p.613 이하(아미타신앙의 초기 전개) 및 p.630 이하(혜원과 念佛); 井上以智爲, 「廬山文化と慧遠」『史淵』 9 (1934), pp.1-34; Ščuckji, "Ein Dauist im chinesischen Buddhismus"(W. A. Unkrig에 의한 러시아어 번역), Sinica XV (1940년), pp.114-129; W. Liebenthal, "Shih Hui-yüan's Buddhism as set forth in his writings", JAOS LXX (1950), pp.243-259. 혜원의 '神不滅'論에 대해서는 1장 주석 40번에 언급한 자료들을 참조. 혜원의 〈沙門不敬王者論〉의 번역으로는 Leon Hurvitz, "'Render unto Caesar' in Early Chinese Buddhism", in the Liebenthal Festschrift, Sino-Indian Studies V, (Santiniketan, 1957), pp.80-114가 있다.

122) 張野의 〈遠法師銘〉(《세설신어》 주석 권1下 27a) 참조; "世爲冠族." 그의 가난함에 대해서는 그의 전기에 나오는 양초를 사지 못한 일화(번역은 부록 p.240)를 참조. 鴈門의 賈氏는 큰 집안이 아니었다. 저명한 사족 집안으로서의 賈氏는 平原(산동성) 출신이었다. 王伊同, 앞의 책, 권2의 표30 참조.
123) 《광홍명집》 권27 304.1.25 이하; 편지 내용 중 일부는 아래의 p.311에 번역하였다.
124) 《晉書》 권8 3b.
125) 《晉書》 권8 4a. 또한 앞의 p.111의 내용도 참조.
126) 《晉書》 권8 4b.
127) 뒤의 부록의 주석 6번 참조.
128) 慧持의 생몰년은 337-412년, 전기는 《고승전》 권6 361.2.
129) 357년 혜원 23세 때에 도안은 이미 그가 세속의 문헌을 참고하여 불교 경전을 강의하는 것을 허락하였다(앞의 p.12 참조). 혜원의 전기에 나오는 도안의 혜원에 대한 평가(《출삼장기집》 권15 109.2.23 =《고승전》 권6 3589.2.9)도 참조; "使道流東國其在遠乎"
130) 《晉書》 권15 (地理志) 4a.
131) 《고승전》 권6 (慧永傳) 362.1.13.
132) 《抱朴子》 권4 (進舟篇) pp.20-21; 번역은 Eugene Feifel in Mon. Ser. IX (1944) pp.30-31.
133) 葛洪이 이 책에서 '현재 (이민족이 점령하고 있는) 中國의 유명한 산들에는 접근하고 힘들다'는 이유로 4세기 초 이후 사족 불교의 본거지 중 하나인 會稽를 도가적 수행에 적합한 산악 지역으로 강조하고 있는 것은 흥미로운 사실이다.
134) 《고승전》 권6 (慧持傳) 361.3.6 이하.
135) 謝靈運의 〈廬山慧遠法師誄〉(《광홍명집》 권23 267.1.17)
136) 예를 들어 『中國古今地名大辭典』 p.1400.2-3에는 6개 이상의 靈鷲山이 보이고

있다.
137) 광동성 曲江 북쪽에 있는 산으로, 원래의 이름은 虎市山이었는데 釋僧律이라는 승려가 義熙년간(405-418)에 이곳에 머물면서 산의 이름이 靈鷲山으로 바뀌었다. 《水經注》(王先謙編) 권38 21a 참조.
138) 《세설신어》 권2下 44b(여기에는 〈遊廬山記〉라는 이름으로 인용되고 있음);《太平御覽》 권41 3b 및 권41 6a;《수경주》(王先謙編) 권39 19a; 陳舜兪의《廬山記》(T2095 大正藏51) 권1 1027.3 및 1031.6;《全晉文》 권162 6b;《예문유취》 권7 20b;《文選》 주석 권12 256, 권22 480, 권26 583.
139) 《고승전》 권1 323.2.26 이하.
140) 《고승전》(위와 같은 곳)에 보이는 郴亭湖廟가 맞는 것으로 생각된다. 支曇諦(411년 입적)의 〈廬山賦〉 逸文(《예문유취》 권7 22a 인용) 참조;‘世高重化於郴亭'
141) 나중에 비구니 道儀가 되는 혜원의 고모의 남편 解直이다.《비구니전》 권1 937.1.9 및 아래 p.210 내용 참조.
142) 《晉書》 권81 (桓伊傳) 6b.
143) 11세기에 찬술된 陳舜兪의《廬山記》(T2095 大正藏51) 권1 1027.3.19.
144) 劉遺民(본명 劉程之)이 僧肇에게 보낸 편지와 그에 대한 승조의 답신[둘 다 409년에 쓰여졌다.《肇論》제4장,『肇論研究』 p.36 이하]; 번역은 Liebenthal, p.87 이하] 및 雷次宗의 편지(p.218) 참조.
145) 《고승전》 권6 (道祖傳) 363.1.26 '又有法幽道恒道授等 百有餘人…'; 같은 책 (慧永傳) '從者百餘…' 402년의 '誓願'에 참여한 123명(p.219 참조)이 당시 여산에 있던 혜원의 승려 및 속인 제자들의 전체 숫자였던 것으로 생각된다. 작자미상의 〈阿毘曇心序〉(《출삼장기집》 권10 72.2.24)에서는 승가제바가 391년에 이 논서를 번역하였을 때 80명의 승려만이 모였다고 기록하고 있다.
146) 《고승전》 권6 (慧持傳) 361.2.21 참조.
147) 전기는《고승전》 권7 370.1.19.
148) 전기는《고승전》 권6 361.2.14 및《명승전초》 11b.
149) 《고승전》 권6 (法安傳) 362.2.
150) 《비구니전》 권1 937.1.10 및《고승전》 권4 (慧持傳) 361.2.21.
151) 王導의 손자 중 한 사람인 王珣(350-401, 전기는《晉書》 권65 7a)은 桓溫과 孝武帝의 측근이었다.《晉書》 권65 8b(王珉傳)에 의하면 그의 어릴 때의 字는 불교식 이름인 法護이었다. 그의 후원을 받은 승려들로는 道壹《고승전》 권5 357.1.10;《세설신어》 주석 권1上 46a에 인용되어 있는 王珣의 〈遊巖陵漱詩序〉에도 언급되고 있다), 竺法汰(《고승전》 권5 355.1.6), 僧伽提婆와 僧伽跋澄(《출삼장기집》 권9 64.1.7,《고승전》 권1 329.1.15 및 권6 361.2.24), 慧持(《고승전》 권6 361.2.24) 등이 있다. 동생인 王珉과 함께 그는 승가제바의 아비다르마 강의에 참석하였다(《세설신어》 권1下 28a,《고승전》 권1 329.1.19,《晉書》 권65 7b-8a). 그가 혜원과 혜지의 성품에 대하여 范寧 (337-401)에게 보낸 두 통의 편지가《고승전》 권6 361.2.28에 인용되어 있다.

그가 쓴 〈林法師墓下詩序〉(《세설신어》 주석 권3上 12a, 그는 374년에 支遁의 묘를 참배하였다)와 〈孝武帝哀策文〉(《예문유취》 권13 20b) 등도 참조.
152) 《고승전》 권6 361.2.25 및 道慈의 〈中阿含經序〉(《출삼장기집》 권9 64.1.9) 참조.
153) 王珣이 范寧에게 보낸 편지 2통과 범녕이 왕순에게 보낸 편지 1통(앞의 주석 151번 참조); 王恭(?-398)이 승려 僧檢에게 보낸 편지 1통(《고승전》 권6 361.3.2).
154) 399년 이전인 365-379년의 시기에 道安의 동료 法和가 蜀(지금의 사천성)에 불교를 전파하였다(《고승전》 권5 354.1.20). 하지만 이 지역에서 그의 활동에 관해서는 거의 알려져 있지 않다. 혜지의 전기는 400년경에 이 외곽 지역에 불교가 이미 번성하고 있었음을 보여준다. 혜원의 제자로 비슷한 시기에 成都에 정착하여 고위 지방관들과 가깝게 교류하였던 道汪의 전기 내용도 이러한 사실을 잘 보여주고 있다(《고승전》 권7 371.3).
155) 뒤의 혜원의 전기 번역문 p.249 및 p.252 참조.
156) 方外之賓은 〈沙門不敬王者論〉 2장에 나온다(《홍명집》 권5 30.2.6).
157) 《고승전》 권7 370.3.3.
158) 《고승전》 권7 370.2.28.
159) 뒤의 혜원의 전기 번역문 p.246 참조.
160) 뒤의 혜원의 전기 번역문 p.249 참조.
161) 王珣(350-401, 주석 151번 참조); 그의 동생 王珉(351-398, 전기는 《晉書》 권65 7b)은 어렸을 때의 字가 僧彌로 帛尸梨蜜多羅(Srimtra)에 대한 글을 썼고(《고승전》 권1 328.1.15), 道壹의 숭배자였다(《고승전》 권5 357.1.10). 또한 아비다르마에 대한 많은 지식을 가지고 있었으며 승가제바의 이론을 추종하였다(《세설신어》 권1下 28a-b, 《고승전》 권1 329.1.19, 《晉書》 권65 7b-8a); 王謐(360-407, 아래 p.213 참조); 王黙(전기는 《晉書》 권65 8b, 혜원과의 관계에 대해서는 《고승전》 권6 359.2.1=《출삼장기집》 권15 110.1.9 참조); 王穆[전기에 관한 자료는 《晉書》 권65 8b, 《佛祖統紀》(T2035 大正藏 49) 권26 261.2.26에 의하면 402년경에 여산으로 혜원을 찾아가 念佛三昧에 대한 詩를 지었다].
162) 397/398년에 수도를 방문하였던 慧持 외에 《고승전》에는 5세기 초에 유명한 建康의 瓦官寺로 옮겨간 혜원의 제자 道祖(《고승전》 권6 363.1)와 비슷한 시기에 수도에 살다가 혜원의 제자가 되기 위하여 여산에 들어온 道汪(《고승전》 권7 371.3)에 대한 언급이 있다.
163) 《고승전》 권6 361.3.11 이하.
164) 위의 주석 161번 참조. 【161번에는 王恭에 관한 내용은 없다. 153번의 착각으로 생각된다 -역자】
165) 뒤의 혜원의 전기 번역문 p.246 참조.
166) 《세설신어》 권1下 27b-28a.
167) 《세설신어》 권1下 27a.
168) 《광홍명집》 권16 211.1.22 (沈約의 〈南齊僕射王奐枳園寺刹下石記〉, 488). 이 글에 의하

면 枳園寺는 王劭가 창건하였고, 488년에 그의 증손자인 王奐에 의해 확장되었다. 하지만《고승전》권3 339.2.22와《출삼장기집》권15 112.3.17[《개원석교록》(T2154 大正藏55) 권5 525.2.2도 참조]은 모두 420년 이후에 왕소의 막내아들(이고 왕밀의 동생)인 王恢가 선정 전문가 知嚴을 위해 수도의 동쪽 교외에 이 사찰을 창건하였다고 이야기하고 있다. 王恢의 전기(군사적 경력)는《晉書》권65 8b.

169) 주석 151번과 161번 참조.
170)《출삼장기집》권12 83.1-84.3.
171) (1) 問實相(實相은 무엇인가); (2) 問涅槃有神不(열반 이후에도 神은 존재하는가); (3) 問滅度權實(열반은 방편인가 진리인가); (4) 問淸淨國([부처의] 청정한 나라는 어떤 것인가); (5) 問佛成道何用(부처는 어떻게 道를 이루었는가); (6) 問般若法(반야의 가르침은 어떤 것인가); (7) 問般若稱(반야라는 용어는 무엇인가); (8) 問般若知(반야라는 앎은 어떤 것인가); (9) 問般若是實相智非(반야는 實相에 대한 앎인가 아닌가); (10) 問般若薩婆若同異(般若와 一切智의 차이는 무엇인가); (11) 問無生法忍般若同異(무생법인과 반야의 차이는 무엇인가); (12) 問禮事般若(의례와 반야의 문제에 대한 질문); (13) 問佛慧(부처의 지혜에 대한 질문); (14) 問權智同異(방편과 지혜의 차이는 무엇인가); (15) 問菩薩發意成佛(보살의 成佛을 이루려는 發心에 대한 질문); (16) 問法身(법신은 무엇인가); (17) 問成佛時斷何累(성불할 때 어떠한 속박을 끊는가); (18) 問得三乘(삼승의 획득에 대한 질문); (19) 問三歸(삼귀는 무엇인가); (20) 問辟支佛(벽지불은 무엇인가); (21) 問菩薩生五道中(보살이 5道에 윤회하는 것에 대한 질문); (22) 問七佛(과거)7불에 대한 질문); (23) 問不見彌勒不見千佛(미륵과 千佛을 보지 못하는 것에 대한 질문); (24) 問佛法不老(佛法이 不老術이 되는가에 대한 질문?); (25) 問精[혹은 釋]神心意識(정신의 마음, 의식, 인식에 대한 질문); (26) 問十數法(10의 수를 갖는 法들에 대한 질문?); (27) 問神識(정신의 인식 - 혹은 의식 - 기능에 대한 질문).
172) 2권 혹은 3권 분량. 文廷式의《補晉書藝文志》(二十五史補編 제3권) 3705.1 및 秦榮光(같은 책, 3802.1), 吳士鑑(같은 책, 3852.1), 黃逢元(같은 책, 3897.3) 등이 편찬한 같은 이름의 책들 참조.
173) 앞의 p.148 내용 참조.
174)《세설신어》권3下 15b.
175) 慧持,《고승전》권6 361.3.14; 道祖, 같은 책, 363.1.13.
176) 그는 혜원에게 종교적 삶을 포기하라고 설득하였다.《고승전》권6 (慧遠傳) 360.2.16 (번역은 p.260); 환현이 혜원에게 보낸 편지 및 그에 대한 혜원의 답신(《홍명집》권9 75.1.6) 참조. 그는 404년에 道祖에게도 같은 시도를 하였다(《고승전》권6 363.1.16).
177)《홍명집》권12 85.3.6에 隆安3년 4월 5일 즉 399년 5월 25일에 승려들을 등록하는 것에 대해 항의하기 위해 支道林(支遁)이 환현에게 보냈다고 하는 편지가 수록되어 있다(《支道林法師與桓玄州符(府?)求沙門名籍書》). 앞에서 살펴본 것처럼(p.17) 이 제목은 잘못된 것이다(지둔은 366년에 입적하였다!). 하지만 편지 자체가 위조된 것으로 볼 이유는 없다. 실제로 편지 첫머리에서 필자는 자신들을 '수도의 승

려들인 저희는…'으로 밝히고 있다. 하지만 승려 등록과 관련하여 환현이 어떤 역할을 하였는지는 확인하기 힘들다. 399년 5월에 그는 司馬道子에 대항하는 군사정권의 지도자로서 강릉에 머물고 있었다. 당시에 그가 중부 지역에서는 가장 강력한 권력을 가지고 있었지만 수도에 있는 당국자들의 승려들에 대한 정책에는 어떠한 영향도 미칠 수 없었다. 혹 승려들은 중부 지역에 있는 자신의 동료들에게 행해진 정책에 항의하기 위하여 편지를 썼던 것일까? 편지의 내용은 대단히 애매하여 이에 대해 긍정도 부정도 할 수 없다. 어쨌든 이 편지가 진짜이고 그러한 등록 정책이 실제로 399년에 계획 혹은 실행되었다고 한다면, 그것이 환현에 의한 것이었음은 거의 틀림없다.

178) 자신의 〈沙門不敬王者論〉에 붙인 혜원의 題記(《홍명집》 권5 32.2.9) 참조. 여산에 있던 그와 그의 동료들은 안제의 치욕을 깊이 안타까워했고, 그러한 이유로 − 즉 환현에 대한 항의로서 − 이 글을 지었다고 말하고 있다.
179) 부록의 주석 125번 참조.
180) 생몰년은 392-473년. 劉宋 왕조의 가장 탁월한 황족 구성원 중 한 사람이다. 전기는 《宋書》 권51 11b. 그는 혜원의 제자 曇順과 교류하였고, 그를 위해 강릉에 절을 건립하였다(《고승전》 권6 363.1.23 참조).
181) 盧循의 1전기는 《晉書》 권100 15b 이하. 盧諶의 전기는 같은 책, 권44 6a.
182) 《晉書》 권100 16b의 盧循傳 마지막에 언급되어 있다.
183) 《예문유취》 권87 20b 및 《태평어람》 권972 7b에 인용.
184) 漢代의 규정에 대해서는 《後漢書》 권60 3b(또한 《漢書》 권72 25a) 및 '도망자 은닉'과 관련된 사례들(《漢書》 권60 3b; A. F. P. Hulsewé, Remnants of Han Law I, p.261 9번과 주석 20번, p.266)을 참조.
185) 410/411년에 혜원은 불타발타라의 추방건을 해명하기 위하여 姚興에게 편지를 보냈다(p.223 참조). 《출삼장기집》 권14 (佛陀跋陀羅傳)=《고승전》 권2 335.2.15.
186) 《출삼장기집》 권15와 《고승전》 권6에 수록된 혜원의 전기, 《광홍명집》 권30 351.3.8 이하에 수록되어 있는 王齊之의 詩, 《宋書》 권93에 수록되어 있는 혜원의 재가제자들의 전기 등.
187) T2095 大正藏51 수록. 이들 후대의 전승에 대해서는 湯用彤, 『불교사』, pp.366-371 참조.
188) 〈與隱士劉遺民等書〉 (《광홍명집》 권27 304.1)
189) 〈十八賢傳〉(《廬山記》 권3, 大正藏51 1039.3.18)과 더 시대가 뒤인 (13세기의) 《佛祖統紀》 권26(大正藏49, 268.1). 그런데 이들 자료에서는 유정지가 12년 동안 여산에 머물렀다고 하고 있으며, 이를 따를 경우 그는 399년에 산에 들어온 것이 된다.
190) 위의 주석 144번 참조.
191) 전기는 《宋書》 권93 3b; 《南史》 권75 7a. 《廬山記》 권3 1039.3 참조. 그의 글들은 《全晉文》 권29 9a 이하에 수록되어 있다.
192) 《송서》 위와 같은 부분.

193) 袁悠의 喪服에 대한 질문에 대한 대답(《通典》 권92 501.1)과 蔡廓의 질문에 대한 喪禮에 대한 설명(《通典》 권103 546.3).
194) 悱發은 《논어》 제7편 8절에 나오는 '不悱不發', 즉 '자신의 마음을 드러내지[悱] 않는 사람(의 마음)은 계발시키지[發] 않는다'는 구절을 암시한 것이다.
195) 《宋書》 권93 3b.
196) 전기는 《宋書》 권93 3b, 《南史》 권75 6a, 《廬山記》 권3 1039.3. 저술은 《全晉文》 권142 7a에 수록되어 있다.
197) 《通典》 권97에 여러 逸文들이 전하고 있다. 《全晉文》 권142 7a-b 및 『玉函山房輯逸書』 권79 참조.
198) 그가 혜원의 요청으로 戴逵의 〈釋疑論〉에 대한 반박문(《출삼장기집》 권17 222.2 이하)을 지었을 때 그는 이미 여산에 살고 있었던 것으로 보이는데, 이 일은 대규가 죽은 396년 이전에 있었음에 틀림없다.
199) 전기는 《宋書》 권93 2b, 《南史》 권75 3b, 《廬山記》 권3 1040.1. 저술은 《全晉文》 권20, 권21에 수록되어 있다.
200) 《明佛論》(《홍명집》 권2 9.2-16.1)에 대해서는 앞의 p.15 참조.
201) 《十八賢傳》(《廬山記》 권3 大正藏51 1040.1)
202) 《세설신어》 주석 권1下 27a-b에 인용되어 있는 〈遠法師銘〉.
203) 《十八賢傳》(《廬山記》 권3 大正藏51 1042.2)
204) 畢桌의 전기는 《晉書》 권49 2b.
205) 《광홍명집》 권30 351.3.8 이하에 琅邪 王齊之가 지은 〈念佛三昧詩四首〉와 薩陀波倫보살, 曇無竭보살 및 諸佛을 위한 4편의 讚文이 수록되어 있다. 앞의 4편의 詩는 W. Liebenthal, *The Book of Chao*, pp.193-195에 번역되어 있다. 《廬山記》(권4 1042.3.9)와 《불조통기》(권26 261.3.17)에는 臨賀縣令 王喬之로 나오고 있다. 이름으로 볼 때 그는 같은 집안의 다른 계파와 달리 거의 대부분 之로 끝나는 두 글자의 이름을 갖는 王正의 3代孫에 속하는 것으로 생각된다. 417년에 죽은 道恒이 그가 죽었을 때 '弔詞'를 썼다고(《고승전》 권6 365.1.7) 하는 것으로 볼 때 왕제지는 417년 이전에 죽었을 것이다.
206) 《출삼장기집》 권12 84.2.5.
207) T417/418(大正藏13). 앞의 p.35 및 P. Demiéville in *BEFEO* XLIV (1954), p.355 이하 특히 p.357 주석 8번 참조.
208) 《般舟三昧經》(T418 大正藏13) 권1 行品, 905.1.6 이하(=T417, 899.1.11)
209) 같은 책, 四事品 906.1.17 이하(=T417, 899.3.12)
210) 같은 책, 行品 905.1.23 이하(=T417, 899.2.18)
211) 《광홍명집》 권30 351.2.21.
212) 후대의 전승에는 《法華經》을 읽어달라고 하였다고 나온다(P. Demiéville, 앞의 책). 하지만 그 경전은 《아미타경》이었을 것이다. 아래에 나오는 僧濟 入寂 당시의 서술 참조.

213) 《광홍명집》 권32 304.2.8 이하.
214) T362(大正藏12 수록) 2권본《阿彌陀三耶三佛薩樓佛檀過度人道經》(別名《大阿彌陀經》).
215) 위의 책 권2 310.1.3 이하; Sukhāvatīyuūha 27-28[번역은 F. Max Müller, in Buddhist Mahāyana texts (SBE, vol. XLIX, Oxford, 1894), 2부, pp.45-46].
216) 運은 고려대장경에는 建이다. 이 경우는 '마음을 극락에 두라'고 해석된다.
217) 원문에는 四大이지만 여기에서는 육체를 의미하는 것으로 생각된다. 혹은 四支(=四肢) 즉 몸의 네 부분의 잘못일 수도 있다. 이 부분을 보다 철학적으로 '(그는) 살펴보고서 (허상에 불과한) 네 가지 요소는 결코 병에 걸리거나 고통을 느낄 수 없음을 (깨달았다)' 해석할 수도 있을 것이다. 하지만 劉程之의 죽음에 대한 묘사(위에 인용)에서도 그는 아무런 병과 고통 없이 세상을 떠났다고 이야기하고 있음을 참조하라.
218) 《고승전》 권6 362.2.17 이하.
219) 대부분의 이본들에는 斂(거두다, 숨기다) 대신 歛(바라다, 빌다)으로 나오고 있다.
220) 《고승전》 권6 362.2.5 이하.
221) 〈廬山出修行方便禪經統序〉(불타선나의《禪經》에 대한 서문,《출삼장기집》 권9 65.2.28)
222) 〈念佛三昧詩集序〉(《광홍명집》 권30 351.2.11).
223) 康僧會의 〈안반수의경서〉(3세기 중엽,《출삼장기집》 권6 43.1.6이하) 및 같은 경전에 대한 謝敷의 서문(같은 책, 43.3.26이하) 참조. 謝敷에 대해서는 위의 p.136 참조.
224) 〈念佛三昧詩集序〉(《광홍명집》 권30 351.2.16)
225) 원문은 '不以生累其神'《沙門不敬王者論》 제3절 (《홍명집》 권5 30.3.14) 참조.
226) 〈廬山出修行方便禪經統序〉(《출삼장기집》 권9 65.3.18)
227) 2권 17장으로 이루어진《達磨多羅禪經》(Yogācārabhūmi, T618 大正藏15). 이 책 끝부분의 念佛에 관한 대승적 내용에 대해서는 P. Demiéville, 앞의 책, p.363 참조.
228) 常嗁菩薩의 지혜 추구 및 曇無竭菩薩과의 대화에 관한 이야기는 小品과 大品《반야경》의 마지막 품들에 보이고 있다. 이 부분은 대화체이고 매우 생생한 문체로 되어 있어서 지겨울 정도로 단조로운 다른 품들과는 크게 차이가 나고 있지만, 초기부터 8천송과 2만5천송《반야경》에 들어 있었던 것으로 보인다.《반야경》에 대한 최초의 중국어 번역본인 竺法護의《道行經》(28-29품)과 無叉羅의《放光經》(88-89품)을 비롯하여 구마라집의《小品般若波羅蜜經》(27-28품)과《摩訶般若波羅蜜經》(88-89품), 그리고 산스크리트본 Aṣṭasāhasrika 30-31(번역은 E. Conze, p.327 이하) 등에 모두 보이고 있다. 常嗁(Sadāprarudita, 薩陀波崘)보살은 공중에서 오로지 반야바라밀의 깨달음에 헌신하라는 말을 듣고서 그렇게 하기 위하여 동쪽으로 갔다. 하지만 그 말을 듣고 너무 기뻐하다가 자신이 어디로 가야 하는지 물어보지 않았고, 따라서 목소리가 사라지자 그는 슬픔과 후회로 어찌할 바를 몰랐다. 그는 7일 동안 밤낮으로 반야바라밀을 얻기 위해 어디로 어떻게 가야 할지에 대해 마음을 집중하였다. 7일 후 모든 佛身의 특징을 모두 갖춘 부처님이 그의 앞에 나타나 그의 열정을 칭찬하고 간다바티(Gandhavatī)성에 가서

曇無竭菩薩을 만나 그의 가르침을 들으라고 하였다. 그때 상제보살은 많은 삼매에 통달하여 있었는데, 삼매에 들 때마다 수많은 부처들이 나타나 그를 격려하고 담무갈보살에게 가라고 이야기해 주었다. 하지만 삼매에서 깨어나면 그 부처들이 모두 사라져버리는 것에 대해 고민하게 되었다. 그래서 그는 이 부처들의 모습이 어디에서 와서 어디로 갔는가 하는 문제에 대해 깊이 생각하였고, 담무갈보살을 만났을 때에도 맨처음 이 문제에 대하여 물어보았다. 이에 대해 담무갈보살은 초월적인 佛身인 法身에 대하여 설명해 주었다. 이 이야기와 念佛을 통한 부처의 觀想[觀佛] 사이의 관련성은 명확하다. 실제로 상제보살이 품었던 의문들 ─ 삼매에서 나타난 부처의 모습의 본질과 기원 ─ 은 혜원이 구마라집에게 보낸 편지에서 제기한 문제들 중의 하나였다(아래 p.228 11번 참조). 상제보살상과 담무갈보살상에 대한 찬문에 대해서는 위의 주석 205번 참조.

229) 나가하라의 佛影(窟)에 대해서는 J. Przyluski, "Le Nord-ouest de l'Inde dans le Vinaya des Mūla-Sarvāstivādin et les textes apparentés", *J.As*, (1914) pp.565-568; Et. Lamotte, *Traité*, pp.551-553 및 거기에 언급된 자료들 참조. 廬山의 '(佛)影'에 대해서는 주석 121번에 언급한 井上以智爲의 논문과 湯用彤, 『불교사』, pp.346-347 참조. 그에 관한 기본 자료는 혜원의 〈佛影銘〉(《광홍명집》 권15 197.3-198.4)이며, 이 銘의 5수의 贊과 약간 다른 형태가 《고승전》 혜원전에 보이고 있다(부록 p.242, 번역은 《광홍명집》에 의거하였다). 또한 謝靈運의 銘文도 전하고 있다(아래 주석 237번). 고려대장경본을 제외한 대부분의 이본들에는 혜원의 명문을 〈萬佛影銘〉이라 하고 있지만, 萬은 틀림없이 중복된 글자이다. 바로 앞의 支遁이 지은 〈月光童子贊〉이 '凌風振奇芳'으로 끝나고 있는데, 芳을 옮겨 적는 과정에서 万(=萬)으로 잘못 베끼고, 이것을 다음 작품의 제목에 덧붙인 것으로 생각된다.

230) 《출삼장기집》(권5 40.1.6 및 8)의 道安의 저술목록 중에 들어 있다.

231) 《광홍명집》 권15 198.1.10 이하. 혜원이 말한 禪師가 누구인지는 알 수 없지만 法顯은 아니다. 그는 413년에 귀국하였으며 廬山을 방문한 사실이 알려져 있지 않다.

232) 혜원의 네 번째 贊의 제6행의 '運微輕素'(작은 움직임이 가벼운 비단(에 나타난다)는 구절 참조. 輕素는 前行의 毫端(=붓)과 대구를 이루므로 그림과 관련되는 것이 틀림없다.

233) 《역대삼보기》 권7(T2034 大正藏49 71.1.10).

234) T643(大正藏15) 680.3 이하; 229번에 언급한 J. Przyluski의 글에 일부 내용이 번역되어 있다.

235) 위 책, 681.3.3.

236) 《출삼장기집》(권9 103.2.28)에 의하면 불타발타라는 '북인도' 출신이고, 구체적 출생지는 밝혀져 있지 않다. 《고승전》(권2 334.2-3)에는 두 가지 전승이 기록되어 있다. 그의 전기의 앞부분에서는 그가 석가의 삼촌인 甘露飯王의 후손인 석가족의 일원으로써 迦維羅城에서 태어났다고 이야기하고 있는데, 이것은 불교

창시자와의 개인적 관련성을 강조함으로써 불타발타라의 신성함을 높이기 위한 성인전설적 서술로 보인다. 《고승전》의 또 다른 곳(334.3.17)에서는 그가 여러 세대에 걸쳐 불교를 믿어온 那呵利城(=나가라하라)의 귀족 집안 출신이라고 이야기하고 있다.

237) 《광홍명집》 권15 199.2-3. 이 글은 서문에 언급되고 있는 法顯의 귀국 이후에 쓰여졌다. 陸澄은 顔延年이 쓴 또 다른 佛影에 관한 글(5세기 초)을 언급하고 있다 (《출삼장기집》 권7 83.3.3).

238) T1856 大正藏45, 3권. 혜원이 陸澄의 《法論目錄》에는 구마라집에게 보낸 편지들이 각기 서로 다른 곳에 들어 있는데(《출삼장기집》 권7 83.1.1이하), 이것은 《法論》이 편찬된 465년경까지는 이 편지들이 하나의 책으로 모아져 있지 않았음을 보여주는 것이다. 이 편지들은 594년의 《衆經目錄》에 처음으로 모아져 나타나고 있다(T2146 大正藏55, 권6 147.1.26; '答問論二卷 羅什答 慧遠問').

239) 물론 이와 같은 짧은 서술로는 구마라집의 생애를 제대로 설명하기 힘들다. 그의 생애에 대한 기본 자료는 《고승전》(권2 330.1-331.1)에 수록되어 있는 그의 전기이다[번역은 J. Nobel in *Sitzungsberichte der Prussischen Akademie der Wissenschaften, Phil.-hist.Kasse*, 1937 참조]. 그의 생애와 행적에 대한 가장 훌륭한 최근의 논의로는 塚本善隆, 『肇論研究』, pp.130-146가 있다. 여기에서는 구마라집의 생몰년을 350-409으로 설득력있게 증명하고 있다. 湯用彤, 『불교사』, pp.278-340 및 境野黄洋, 『支那佛敎精史』(東京, 1935), pp.341-417도 참조.

240) 처음으로 주고받은 편지의 내용은 《고승전》 慧遠傳에 수록되어 있다[번역은 p.246 이하]. 이 편지들은 《大乘大義章》에는 수록되어 있지 않고 《法論目錄》에도 언급되고 있지 않은데, 이는 아마도 이론적 측면에서 중요하게 생각되지 않았기 때문일 것이다.

241) 《法論目錄》에서 언급되고 있는 〈問論神〉(《출삼장기집》 권7 84.3.27, 구마라집의 답신은 없다)은 《大乘大義章》에는 들어 있지 않다. 반대로 《大乘大義章》에는 陸澄이 언급하지 않는 한 통의 편지가 수록되어 있다[(6)〈次問受決法〉]. 《大乘大義章》의 (17)번 편지는 적어도 한 통 이상의 내용이 합해진 후대의 개정본이다. 실제로 陸澄은 같은 주제를 다루는 두 통의 편지(〈問遍學〉과 〈重問遍學〉)를 언급하고 있다 (84.2.24). 陸澄이 〈問法身非色〉이라고 언급한 것은 틀림없이 《大乘大義章》의 (9)번 편지(〈問造色法〉)에 해당할 것이다.

242) 《大乘大義章》에 대한 주석적 연구가 塚本善隆이 주도하는 京都大學 人文科學研究所의 연구팀에 의해 준비되고 있다. 훌륭한 『肇論研究』에 대응하는 결과물(『肇論研究』, 序文 p.2 참조)이 곧 간행되기를 기대한다. 【이 연구의 결과물은 『慧遠研究』(京都大人文科學研究所, 1971)로 간행되었다-역자】

243) 《대지도론》의 부처론에서는 化身과 法身만을 인정하는데, 후자는 부처의 法身뿐 아니라 보살들이 지각하는 부처의 아름다운 몸 - 다른 곳에서는 報身(saṃbhogakāya)라고 한다 - 도 의미한다. 이것이 이 개념에 대한 혜원의 이해에 혼란을 가중시켰다.

244) 이 문제에 대한 혜원의 관심은 아마도 三昧 중에 나타나는 영상의 본질에 대한 자신의 생각과 관련되었을 것이다.
245) 혜원이 이 편지에서 中觀의 추론방식을 사용하고 있다는 사실은 대단히 흥미롭다.
246) 부록의 주석 132번 중 (6)-(9) 참조.
247) 《세설신어》 권2下 44b-45a.
248) 〈阿毘曇心序〉(《출삼장기집》 권10 72.2.26, 391)에 의하면 王羲之의 아들로서 부친과 같이 유명한 서예가였고, 道敎(=五斗米道) 신자였던 王凝之(?-399)가 창건한 것이다. 《晉書》 권80 6a 참조.
249) 《홍명집》 권5 34.2-3. 三報라는 용어에 대해서는 부록의 주석 47번 참조.
250) 范泰(355-427) 〈與生觀二法師書〉(《홍명집》 권7 78.2.18). 湯用彤, 『불교사』, p.355 참조.
251) 陸德明(陸元朗, 550-626), 《毛詩音義》(注疏本 詩經, 권1上 3a); 又案周續之與雷次宗同受慧遠法師詩意. 湯用彤, 『불교사』, p.360 참조. 주속지의 《시경》 주석의 逸文 모음집으로는 《玉函山房輯佚書》 권16 참조.
252) 《魏世錄》, 《吳世錄》, 《晉世雜錄》, 《河西錄》 등이다. 편찬 시기에 대해서는 P. Pelliot in TP XXII (1923), p.102 및 《고승전》 권6 363.1.의 道流와 道祖 전기 참조.
253) (1) 환현이 여덟 재상[八座]에게 보내는 편지(《홍명집》 권7 80.2.=《集沙門不應拜俗等事》 권1, T2108 大正藏52, 444.3); (2) 여덟 재상[八座]의 답서(《홍명집》 80.2.=《집사문불응배속등사》 445.1); (3)-(11) 王謐과 桓玄이 주고 받은 (9통의) 편지(《홍명집》 80.3-83.2=《집사문불응배속등사》 445.1-447.3); (12)-(14) 桓玄이 慧遠에게 보낸 편지, 혜원의 답장, 환현의 재답신(《홍명집》 83.2-84.1=《집사문불응배속등사》 권1, 447.3-448.3); (15) 승려들에게 '不敬王者'의 특권을 인정한 환현의 勅令(《홍명집》 84.2); (16)-(22) 이 칙령에 대한 항의문들 및 그에 대한 환현의 답변. (7건, 《홍명집》 84.2-95.1)
254) 이 편지들에서 桓玄은 太尉로 불리고 있는데, 그는 402년 5월부터 403년 2월 사이에 이 직위에 있었다[《晉書》 권10 3b]. 한편 관료들이 제출한 항의문 중 마지막 것에는 작자가 수도에서 멀리 떨어진 곳에서 근무하느라 '지난 봄[去春]'에 그러한 논쟁이 벌어졌다는 것을 알지 못하였다는 내용이 보인다. 이 글은 403/404년 12월에 쓰여진 것이므로 '지난 봄'은 틀림없이 402/403년 봄을 가리키는 것이 된다. 아마도 402년 5월일 것이다.
255) 《홍명집》 권12 80.2.14=《집사문불응배속등사》 권1 444.3.19.
256) 《道德經》 제25장 '道大 天大 地大 王亦大 域中有四大 而王居其一焉'
257) 《홍명집》 권12 80.2.28=《집사문불응배속등사》 권1 444.3.19.
258) 환현 일파의 고관으로 전기는 《晉書》 권74 9a에 수록되어 있다. 《晉書》 권10 3b에 의하면 그는 여기에 나오는 직위(尚書令 吏部尚書 領軍將軍)를 402년 4월/5월에 제수받았다.

259) 다른 곳에는 보이지 않는다. 아마도 司馬道子 일파 중 한 사람인 孔安國(408년 사망, 《晉書》권78 2b에 짧은 전기 수록)이 아닌가 한다.
260) 아들 張裕의 전기(《宋書》권53 1a)에 侍中, 尙書, 吳國內史 등의 칭호로 언급되고 있다.
261) 다른 곳에 보이지 않는다. 물론 앞의 p.97에서 언급한 釋道寶와는 다른 인물이다.
262) 《홍명집》권12 80.3.19=《집사문불응배속등사》권1 445.1.25.
263) 원문은 率土로서 《詩經》(〈小雅〉北山)에 나오는 '率土之賓 莫非王臣'을 가리킨 것이다. 아래의 p.256 참조.
264) 기원 전후에 불교가 들어왔다는 의미인데, 그렇다면 王謐은 기원전 2년의 月氏의 사자가 불교를 전하였다는 전승을 따르는 것인가?
265) 《홍명집》권12 80.1.16=《집사문불응배속등사》권1 445.2.18.
266) 《홍명집》권12 80.2.22=《집사문불응배속등사》권1 445.3.21.
267) 《論語》泰伯 9절 '民可使由之 不可使知之'
268) 《홍명집》권12 82.1.25=《집사문불응배속등사》권1 446.2.17.
269) 《홍명집》권12 82.3.1=《집사문불응배속등사》권1 446.3.21.
270) 《홍명집》권12 83.2.1=《집사문불응배속등사》권1 447.2.20.
271) 《論語》爲政 3절 '道之以政 齊之以刑 則民免而無恥' 등.
272) 《홍명집》권12 81.1.25=《집사문불응배속등사》권1 445.2.26.
273) 《홍명집》권12 81.3.12=《집사문불응배속등사》권1 446.1.8.
274) 《홍명집》권12 82.2.9=《집사문불응배속등사》권1 446.2.29.
275) 《홍명집》권12 83.3.13=《집사문불응배속등사》권1 447.1.3.
276) 《홍명집》권12 81.2.4=《집사문불응배속등사》권1 445.3.5.
277) 《홍명집》권12 82.1.1=《집사문불응배속등사》권1 446.1.26.
278) 《홍명집》권12 81.2.10=《집사문불응배속등사》권1 445.3.11.
279) 《홍명집》권12 82.1.10=《집사문불응배속등사》권1 446.2.1.
280) 《홍명집》권12 81.2.14=《집사문불응배속등사》권1 445.3.14.
281) 《홍명집》권12 82.1.18=《집사문불응배속등사》권1 446.2.10.
282) 《홍명집》권12 82.2.24=《집사문불응배속등사》권1 446.3.15.
283) 《홍명집》권12 83.1.2=《집사문불응배속등사》권1 447.1.21.
284) 《홍명집》권12 83.3.2=《집사문불응배속등사》권1 447.3.19. 짧고 약간 다른 내용이 《고승전》慧遠傳에 수록되어 있다[번역은 p.250].
285) 《홍명집》권12 83.3.10=《집사문불응배속등사》권1 447.3.28.
286) 《출삼장기집》권15 110.2.26.
287) 환현의 칙령 직후에 관료들이 올린 최초의 上奏文은 '太享二年十二月三日'이라는 흥미로운 날짜를 달고 있다. 이 年號는 다른 어떤 역사자료에도 언급되고 있지 않다. 《晉書》권10 3b에서는 단지 元興 2년 11월 庚辰(403년 12월 21일)에 安帝가 王謐에게 國璽를 넘겨주었고, 이것이 다시 환현에게 건네진 후 같은 해 12월 4

일(404년 1월 2일)에 환현이 제위에 올라 永始라는 연호를 사용하였다고 이야기하고 있다. 太享은 그가 독재자로 있을 때 사용하였던 私的인 연호일지도 모른다. 어쨌든 최초 上奏文의 날짜(12월 3일)는 환현이 실제로 즉위하기 하루 전인 404년 1월에 해당하며, 또한 이 글에는 황제를 부를 때에 일반적으로 사용하는 의례적 용어가 사용되고 있다. 마지막 上奏文의 날짜는 '始元元年十二月二十四日'인데 여기에도 같은 문제가 있다. 하지만 이 경우에는 始元은 元始 혹은 永始의 잘못일 수 있다. 어쨌든 이 날짜는 환현의 찬탈로부터 20일이 지난 404년 1월 22일에 해당한다.

288) 《홍명집》 권12 84.2.25
289) 《홍명집》 권12 84.3.1-85.1.1
290) 전기는 《晉書》 권99 12a.
291) 앞의 주석 121번 참조.
292) 張野의 〈遠法師銘〉(《세설신어》 주석 권1下 27a)에서는 정확한 연대 제시 없이 83세로, 謝靈運의 贊(《광홍명집》 권23 267.1.20)에서는 84세인 417년으로, 《출삼장기집》 권15 110.3.3에서는 83세인 義熙末年(-419)으로, 《고승전》 권6 361.2.1에서는 83세인 416년으로 이야기하고 있다.
293) 《往生西方淨土瑞應傳》(T2070 大正藏51, 104.1.16), 《淨土往生傳》(T2071 같은 책, 1102.8 이하), 《往生集》 권1(T2072 같은 책, 127.2.6 이하) 등을 참조.

[p.240]

부록 : 혜원慧遠의 전기

[원문은《고승전》권6 (타이쇼대장경 제50책, 357.3-361.2)에 수록되어 있다. 【 】 안의 내용은《출삼장기집》권15의 혜원 전기(타이쇼대장경 제55책, 109.2-110.3)에는 나오지 않는 내용이다.]

석혜원釋慧遠의 본래 성은 가賈씨이고 안문雁門[1] 누번婁煩 사람이다. 어려서 책을 좋아하였고 뛰어난 재질로 유명하였다. 13세[2]에 외삼촌 영호令狐씨를 따라 허창許昌[3]과 낙양에서 공부하였다. 그래서 어린 나이에 (태학의) 학생이 되어 6경經을 두루 공부하였고,《장자》와《노자》에 특히 뛰어났다. 타고난 능력이 탁월하고 식견이 뛰어났으므로 나이 든 선비와 이름난 사람들도 모두 그의 깊은 이해에 탄복하였다. 21세[4]에 강동江東[5]으로 건너가 범선자范宣子[6]와 함께 (은둔하기로) 약속하였다.[7] 그런데 마침 석호石虎가 죽은 후 중원이 전란으로 어지러워져 남쪽으로 가는 길이 막히게 되어 뜻을 이루지 못하였다.[8]

【이때 사문 석도안釋道安[9]이 태행太行의 항산恒山에 절을 세우고[10] 불교의 가르침[像法][11]을 널리 펼치며 명성을 날리고 있었다.】 혜원도 찾아가 보고 귀의하게 되었다. 처음 보자마자 공경을 다하고 '진짜 나의 스승'이라고 생각하게 되었다. 【후에 도안의《반야경》강의를 듣고 분명하게 깨닫고 '유교와 도교 등의 아홉 학파[九流]가 모두 찌꺼기에 불과하다'[12]고 탄식하였다. 곧바로 동생 혜지慧持와 함께】 비녀를 뽑고 머리를 자른 후[13] 목숨을 바쳐[14] 공부하였다.

일단 도에 들어오자 무리들 가운데 탁월하게 드러났다. 항상 가르침의 핵심을 모두 파악하려하고 가르침을 퍼뜨리는 것을 자신의 임무로 생각하였다. (경전의 내용을) 깊이 생각하고 암송하면서 손에서 놓지 않았고,° 밤에도 (등불 아래에서) 낮과 같이 쉬지 않고 공부하였다.

° 원문('精思諷持')의 '持'를 '(경전을) 암송하다'로 번역하였는데, 이에 대해 周一良 교

가난하여15) 돈이 없었으므로 옷에 넣을 솜도 없었지만 형제는 성실히 공부하며 조금도 게을리 하지 않았다. 사문 담익曇翼16)이 매번 등불을 켤 비용을 대주었는데, (도)안공이 이를 듣고 기뻐하며 '도사(=담익)가 참으로 사람을 알아본다'고 하였다. 혜원은 전생에 닦은 지혜와 이해력을 가진데다가 끝없이 공부하려는 훌륭한 마음을 가졌으므로 정신이 매우 밝고 생각이 대단히 깊었다. (도)안공이 늘 칭찬하기를 '도를 동쪽(=중국)에 흐르게 하는 일이 혜원에게 달려 있다'고 하였다.

【24세에 (도안의) 강의를 들으러 갔는데, 강의를 듣는 사람 중에 [p.241] 실상의實相義17)에 대하여 질문을 하는 사람이 있었다. (도안이) 여러 차례 설명을 해주어도 여전히 잘 이해하지 못하였다. 이에 혜원은 《장자》의 내용 중에 비슷한 것을 끌어서 설명해 주었더니 이해하지 못하던 사람이 깨닫게 되었다. 이후로 도안은 특별히 혜원이 세속의 책을 읽는 것을 허락해 주었다.18) 도안에게는 제자 법우法遇와 담휘曇徽19)가 있었는데 모두 재주가 뛰어나고 뜻과 실천이 맑고 열심이었다. (그런데) 그들도 모두 (혜원을) 칭찬하고 인정하였다.】

후에 도안을 따라 남쪽으로 번성樊城과 면양沔陽을 돌아다녔다.20) 위진僞秦(=전진) 건원建元 9년(373)에 진秦의 장수 부비符丕가 양양襄陽을 공격하였을 때,21)【도안은 주서朱序에게 구속되어 떠날 수 없게 되었다. 이에 (도안은) 제자들을 나누어 각자 가고 싶은 곳으로 가게 하였다. 길을 떠날 때에 여러 대표적 제자들은 모두 가르침을 받았지만 혜원은 한 마디도 듣지 못하였다. 이에 혜원은 무릎을 꿇고 '저 혼자 가르침을 받지 못하니 다른 사람과 달리 대우하시는 것 같습니다'라고 아뢰었다.】 도안은 '그대와 같은 사람을 어찌 걱정할 필요가 있겠는가?'라고 대답하였다. 혜원은 이에 제자 수십 명과 함께 남쪽의 형

수는 산스크리트어 'dhṛ'를 축어적으로 옮긴 것으로 생각된다고 - dhāraṇī를 持明으로 번역한 것처럼 - 이야기해 주었다-저자보주

주荊州로 가서 상명사上明寺에 머무르게 되었다. 후에 다시 나부산羅浮山에 가려고 하였지만 심양潯陽에 이르러 여산廬山의 봉우리가 맑고 고요하므로 마음을 쉴 수 있다고 생각하여 【비로소 용천정사龍泉精舍에 머무르게 되었다. 이곳은 물로부터 멀리 떨어져 있었는데, 혜원이 지팡이 땅을 두드리면서 '만일 이곳이 머무를 만한 곳이라면 마땅히 땅에서 샘이 솟아날 것이다'라고 하였다. 말이 끝나기 무섭게 맑은 물이 솟아 나와 곧 계곡을 이루었다. 그 후 얼마 안 되어 심양이 크게 가물자 혜원은 물가에 가서 《해룡왕경海龍王經》22)을 읽었다. 그러자 곧바로 큰 뱀이 물에서 나와 하늘로 올라갔다. 얼마 안 되어 큰 비가 내리고 큰 풍년이 들었다. 이로 인하여 정사의 이름을 용천사龍泉寺라고 하였다. 당시에 사문 혜영慧永23)이 서림사西林寺에 머물고 있었는데, 혜원과는 동문으로 이전부터 좋은 사이였다. 그래서 혜원을 불러 함께 지내려고 하였다. 혜영이 자사 환이桓伊24)에게 말하기를 "(혜)원공이 바야흐로 도를 펼치려고 하는데 지금 제자들이 이미 많고 또 찾아오는 사람들도 점차 많아집니다. 빈도가 머무는 곳은 좁아서 함께 머무를 수가 없습니다. 어떻게 하면 좋겠습니까?"라고 하였다.】

환이가 이에 혜원을 위하여 다시 산의 동쪽에 승방과 불전을 지어 주었다. 동림사東林寺가 바로 이것이다. 혜원이 정사를 만들 때에 산의 아름다움을 다 이용하고자 하였다. (그래서) 향로봉25)을 등지고 폭포 골짜기 옆에 자리 잡았다. 또한 바위들이 쌓여 있고, 그 위에는 소나무가 울창하였다.° 맑은 샘물이 계단을 둘러싸고 흰 구름이 건물에 가득하였다. 다시 절 안에 선림禪林을 별도로 두었는데 숲의 나무

° 원문('仍石壘基 卽松栽構')이 대구라는 것을 알아차리지 못하였다. 대구로 해석하면 '바위들을 쌓아 기단을 만들고, 소나무들을 잘라 (건물을) 만들었다'로 될 것이다. 周一良 교수는 원문의 '仍'과 '卽'이 사용된 것은 慧遠이 정사를 지을 때 산에서 구할 수 있는 모든 재료를 사용하였음을 나타낸 표현인 것이라고 이야기해 주었다-저자보주

들에는 안개가 모이고 돌길에는 이끼가 덮였다. (이곳을 찾아) 살펴보고 걸어본 사람들은 모두 정신이 맑아지고 기운이 엄숙해졌다.

혜원은 천축의 불영佛影에 대하여 들었다.【이것은 부처님이 독룡 [p.242] 을 교화하기 위하여 그림자를 남겨둔 곳으로 북천축 월지국月氏國 나갈가성那竭呵城 남쪽의 옛 선인의 석실 가운데에 있었다. 사막流沙으로 부터 서쪽으로 빨리 가면26) 1만 5천 8백 5십리였다.】(혜원이) 늘 이에 대해 생각하면서【찾아가 우러러보고 싶어하였다. 때마침 서역에서 온 도사가 그 (불영의) 신광神光의 모습을 묘사하였으므로, 혜원은】곧 산을 등지고 계곡을 마주한 곳에 감실龕室을 만들었다. (그리고) 매우 뛰어난 화공으로 하여금 그 모습을 엷게 그리게 하였다. 색은 허공을 쌓은 듯하여 멀리서 보면 아지랑이 같았고 신광은 보이는 듯 보이지 않는 듯 빛났다.【혜원이 여기에 다음과 같은 명銘을 붙였다.27)

첫 번째 ; 넓도다, 큰 (부처의) 모습28)이여!
　　　　이치가 그윽하여 이름이 없네.
　　　　몸은 신이 되어 변화의 세계로 들어갔고
　　　　그림자만 떨어뜨려 형체에서 벗어나 있네.
　　　　(영상의) 빛이 여러 층의 바위를 감싸고
　　　　뭉쳐진 빛이 빈 건물을 비추네.
　　　　그늘에 있어도 어둡지 않고
　　　　어둠 속에서 더욱 밝게 보이네.29)
　　　　나비가 껍질을 벗듯 아름답게 움직이며
　　　　수많은 신들을 불러 모으네.
　　　　(중생들의 요구에) 감응하는 방법은 하나가 아니지만
　　　　드러남과 절대(적 경지)는 어둑하여 보이지 않네.30)

두 번째 ; 넓고 넓은 우주는
    권할 것도 없고 장려할 것도 없네.
    맑고 빈31) 그림 속 (부처님의) 모습은
    허공을 만지며 모습을 전해주네.
    형상은 갖추었지만 실체는 미미하고
    텅 빈 모습이32) 스스로 빛을 내네.
    백호(白毫)33)가 빛을 발하니
    어두운 밤에도 밝게 비추네.
    바람이 지극하면 감응이 있으니
    진심으로 두드리면 울림이 나온다.
    소리는 산봉우리에 머물러 있고
    깨달음의 나루에서 그윽히 즐기네.
    만져 볼 기회가 있으니
    그 공덕은 과거의 것이 아니네.
세 번째 ; 돌아오는 길에는 공경함을 잊게 되고
    생각도 사라지고 앎도 사라지네.
    (해, 달, 별의) 세 빛[三光]도 빛을 잃고
    삼라만상이 단지 한 모습일 뿐.
    정원과 건물은 어둑어둑하여
    돌아오는 길을 제대로 찾지 못하네.
    (선정의) 침착함34)으로 깨닫고
    (지혜의) 힘으로 깨우네.35)
    지혜의 바람이 비록 멀지만
    티끌은 그로 인해 그치네.
    이36) 신비한 앎이 아니라면
    누가 그 지극함을 펼칠 수 있겠는가?
네 번째 ; 들을 수 없는 소리[希音]37) 멀리까지 퍼져서 동쪽으로 들어왔네.
그 덕을 기뻐하고 그 도를 사모하여
그윽한 가르침을 우러러 본받았네.
오묘함이 붓끝에서 완전히 발휘되어
미묘하게 움직이며 가벼운 모습 드러내네.
색채를 허공에 쌓으니
안개처럼 은은히 빛나네.
(보여지는) 자취로38) 참 모습을 그려내니
(그 속에 감춰진) 이치가 의미를 더해주네.
특별한 모습이 마음을 열게 하고
상서로운 바람이 길을 이끄네.
맑은 기운이 건물을 둘러싸고
어둠과 밝음이 교차하는 때, 새벽은 아직 오지 않았네.
신성한 모습을 그대로 그려내니
흐릿한 가운데 참(모습)을 만난 것 같네.39)

다섯 번째 ; 명銘을 짓고, 그림을 그리면서
무엇을 이루고, 무엇을 구하는가.
신성하게 여기고, 귀 기울이면서
너의 수행을 돌아보라.
이 세속의 모범으로
저 그윽한 흐름을 비춰보자.
신령한 연못에서 감정을 씻고
지극한 부드러움의 조화를 머금자.40)
빈 것을 비추고 단순함에 응하며
지혜를 덜면 거의 이루어진다.
그윽한 머무름을 깊이 생각하고
저녁에는 정신의 움직임을 살펴보라.

생명이 다할 때 한 번 만나서
온갖 근심을 모두 떨어버리세.

    또 이전에 심양의 도간陶侃이 광주廣州의 사령관을 지낸 적이 있었다.41) 그때 (그곳의) 어부가 바다에서 매일 밤 신비한 빛이 나오는데, 열흘이 지나면서 더욱 강렬해졌다. 의아하게 생각하여 도간에게 아뢰었다. 도간이 가서 자세히 살펴보니 곧 아육왕이 만든 불상이었다.42) 곧바로 가지고 돌아와 무창武昌의 한계사寒溪寺로 보냈다. 한계사의 주지 승진僧珍이 하구夏口에 갔다가 꿈에 절에 불이 났는데 이 불상을 모신 건물만 용신이 둘러싸고 있는 것을 보았다. 승진이 놀라 절에 달려와 보니 절은 이미 모두 타버렸고, 오직 이 불상을 모신 건물만 온전하였다. 도간이 후에 다른 곳으로 부임하면서 이 불상에 영험함이 있다고 생각하여 수십 명을 시켜 물가로 들고 가 배에 실었다. (하지만) 배가 다시 뒤집어졌다. 심부름하던 사람이 두려워하여 다시 (한계사에) 돌려놓으려 하였지만 끝내 할 수 없었다. 도간은 어려서부터 무예에 뛰어났지만 평소에 믿음의 마음은 두텁지 못하였다. 그래서 형주荊州와 초주楚州 지역에서는 (불상의 일이 있은 후) 다음과 같은 노래를 지어 불렀다.

도간은 칼의 영웅,
불상은 정신을 드러냈네.
구름 위를 날고, 진흙 속에 파묻히니
어찌 그리 멀리 떨어졌는가.
정성으로 오게 할 수는 있지만
힘으로 오게 할 수는 없다네.

혜원이 절을 완성한 후 지성으로 (그 불상을) 받들기를 청하자 갑자기 가볍게 되어 (불상을 가지고) 돌아옴에 아무런 어려움이 없었다. 비로소 혜원의 신비한 감응이 민중들의 노래에 나타났던 것을 알게 되었다.43) 이에 무리를 거느리고 행도行道함에 밤이나 낮이나 그침이 없었다. 석가의 남은 교화가 여기에서 다시 일어나게 된 것이다.】 조금 지나자 계율을 삼가 지키며 마음을 쉬게 하는 선비와 세속을 끊고 맑은 믿음을 행하는 손님들이 기약하지 않았지만 찾아오고 명성을 사모하는 사람들이 멀리서 모여들었다. 팽성彭城의 유유민劉遺民,【예장豫章의 뇌차종雷次宗,】 안문雁門의 주속지周續之, 신채新蔡의 필영지畢穎之, 남양南陽의 종병宗炳,【장채민張菜民 장계석張季碩 등44)이 모두 세속의 영화를 버리고】 혜원을 의지하여 찾아와 머물렀다. 혜원은 이에 정사의 무량수상無量壽像45) 앞에서 재를 행하고 함께 서방세계에 갈 것을 서원하면서 유유민에게 그 (서원)문을 짓게 하였다. (그 글은 다음과 같다.)

"섭제攝提46)의 해 가을 7월 무진戊辰의 초하루로부터 28일째인 을미乙未일에 – 402년 9월 11일이다 – 법사 석혜원은 깊고 그윽한 (이치에) 감응하여 오랫동안 가져온 생각을 일으켰습니다. 이에 마음을 편히 하면서 곧은 믿음을 가지고 있는 선비 123명을 불러 여산 북쪽 반야대般若臺정사의 아미타상 앞에 모으고, 앞장서서 향과 꽃을 올려 경의를 표하며 이 자리에 참여한 사람들과 함께 서원합니다.

　연기의 작용에 대한 이치가 이미 밝아졌으므로 (영혼이) (과거, 현재, 미래의) 삼세를 전해간다는 것이 분명하게 되었고, (업보에 의해) 옮겨 태어나는 것이 확인되었으므로 선악 업보의 필연성을 알게 되었습니다. 어떤 것이라도 결국은 없어질 수밖에 없음을 생각하고, 모든 것의 존재가 일시적임을 알고, 세 가지 형태의 업보47)가 서로 이어짐을 깨닫고, (우리들의) 위험한 성향을 없애기 어려움을 알기 때문에,° 여기 모인 뜻을 같이 하는 사람들은 저녁에 근심하고 아침에 부지런히 힘쓰며 (고통의 삶을) 건널 방법을 찾으려 하고 있습니다. 무릇 신神이라는 것은 감응하여 통할 수는 있어도 (구체적인) 흔적으로는 구할 수 없습니다.48) 감응함에 있어 이끌어주는 사물(혹은 사람)이 있다면49) 어두운 길도 지척이지만, 인도하는 사람 없이 찾는다면 나루터가 어디인지도 모른 채 어둠 속을 헤매게 됩니다.

지금 다행히 (서로) 도모하지 않았는데도 모두 마음을 서방정토(=극락)에 두게 되었습니다. 책을 펼쳐50) 믿음을 열고 밝은 마음이 저절로 일어나니, 사모하는 (부처님의) 모습이 잠잘 때나 꿈꿀 때에 항상 나타나고51) 즐거운 마음은 아들이 (아버지를) 찾는 것52)보다 백배나 더합니다.

[p.245] 이제 신령스런 그림이 훌륭한 모습을 드러내니 그림자가 신과 함께 이르렀습니다.53) 공덕은 진리로 말미암아 생겨난 것이고 일은 사람의 힘으로 이룬 것이 아닙니다. 이것은 진실로 하늘이 그 정성을 (우리들에게) 열어 보이고, 그윽한 운들이 모여든 것입니다. (그러니) 사사로운 마음을 이겨내고 거듭하여 정밀하게 생각하여 마음을 확실하게 다지지 않을 수 있겠습니까?

그러나 이 사람들의 크고 빛나는 업적은 들쑥날쑥하며 공덕도 한결같지 않습니다. 비록 새벽에 기도하는 것은 같다 하더라도, 저녁에 돌아가는 시간은 크게 차이가 있습니다. 이는 곧 우리 스승이자 벗(=혜원)의 마음에 매우 슬퍼할 만한 일입니다. 그래서 (그가) 강개한 마음을 가지고, (이 사람들에게) 법당에서 옷깃을 바

° 원문('知險趣之難拔')의 '趣'는 (윤회 중의) 좋지 않은 곳, 즉 3악도三惡道를 가리키는 것으로도 생각된다-저자보주

로하고 다 같이 한 마음이 되어서 그윽한 최상(의 진리)에 마음을 집중하고 이 동지들과 함께 멀리 떨어진 (극락) 세계에서 함께 노닐기를 맹세하게 하였습니다.

혹시 무리 중에서 뛰어난 사람이 있어 가장 먼저 (극락의) 신령한 세계에 오르게 된다면 신성한 산봉우리54)에서 홀로 즐기면서 깊은 계곡에서 함께 하자던 맹세를 잊어서는 안 될 것입니다. 앞서 나아간 이들과 뒤에 올라올 이들은 다 같이 함께 나아갈55) 도리를 힘써 생각하여야 할 것입니다. 그런 후에56) 비로소 (부처님의) 훌륭한 모습을 기적과 같이 뵐 수 있게 되면 마음이 순수하게 밝아져서 깨달음으로 지혜가 새로워지고 (부처님의) 교화로 몸이 바뀔 것입니다. 흐르는 물속에서 연꽃 위에 앉아 있거나 옥 나뭇가지57) 그늘에서 시를 읊고, 구름옷을 입고 팔방을 돌아다니며 향기로운 바람에 떠다니면서 삶을 다 마칠 것입니다. 몸은 편안함을 구하지 않지만 더욱 평안해지고, 마음은 즐거움을 생각하지 않지만 저절로 기쁘게 될 것입니다. 3(악)도58)에 가까이 가게 되더라도 멀리 그곳을 벗어나고, 하늘 궁전을 기껍게 생각하지 않고 영원히 이별할 것입니다. 뭇 (극락) 신령들의 뒤를 따라 그 법도를 잇고, (열반이라는) 궁극의 휴식[太息]을 기약하게 될 것입니다. 이 길을 추구하는 일이 어찌 크지 않겠습니까?"

【혜원은 분위기가 엄숙하고 행동거지가 바르고 곧아서 바라보는 이들은 누구나 마음과 몸이 떨리고 두려워하지 않음이 없었다. 한번은 어느 사문이 대나무로 만든 여의如意59)를 (혜원에게) 바치려고 산에 가지고 왔다. 이틀 밤을 묵었지만 끝내 이야기하지 못하고 가만히 (혜원의) 자리 모퉁이에 놓고서 말없이 그곳을 떠났다. 혜의慧義60) 법사는 강직하고 올바른 이로서 두려워하는 일이 적었다. (혜원을 보러) 산으로 가면서 혜원의 제자 혜보慧寶61)에게 "그대들은 범용한 재주를

지닌 사람들이라서, (혜원의) 풍모만 바라보고도 높이고 복종하였다. 이제 시험 삼아 내가 어떻게 하는지 한번 보라!"고 말하였다. 산에 이르렀을 때 혜원이 마침 《법화경》을 강의하고 있으므로 매번 어려운 질문을 하고자 하였다. 하지만 그때마다 마음이 떨리고 땀이 흘러내려서 끝내 감히 말하지 못하였다. (산에서) 나와 혜보에게 말기를 "이 분은 정말로 놀라운 분일세"라고 하였다. 그가 남들을 굴복시키고 대중들을 압도하는 것이 이와 같았다.

은중감殷仲堪이 형주로 가는 길에62) 이 산을 지나다가 (찾아와) 경의를 표하였다. 혜원과 함께 북쪽 계곡에서 역易의 본체에 대하여 논하며 그림자가 옮겨갈 때까지 있었지만63) 싫증내지 않았다. 이에 찬탄하면서 "식견이 진정 깊고도 밝구나. 참으로 그와 같이 되기란 어려운 일이다"라고 하였다.64)】 사도司徒 왕밀王謐65)과 호군護軍 왕묵王默66) 등도 모두 그의 풍모와 덕을 공경하고 사모하여, 멀리서 스승으로 공경하는 예를 표하였다. 왕밀이 편지를 보내어 "나이는 이제 막 40줄에 접어들었지만, 노쇠하기는 60세67) 노인과 같습니다."라고 하자, 혜원이 회답하기를 "옛사람들은 크기가 한 자나 되는 구슬을 아끼지 않고 매우 짧은 순간순간을 중히 여겼습니다만 그들이 소중하게 생각한 것이 장수하고자 하였던 것은 아닙니다. 시주께서는 순리를 밟아 본성에 노닐고, 부처의 이법을 타고 마음을 부리시니, 이로써 미루어 생각하면 다시 어찌 오래 사는 것을 부러워할 필요가 있겠습니까? 잠깐이라도 이러한 이치를 생각하신다면 이미 오래전에 (이것을) 터득하셨을 것입니다. 보내신 글에 답하여 말씀드릴 뿐입니다."라고 하였다.

【노순盧循이 처음 남쪽으로 내려와 강주江州68) 성에 있을 때, 산에 들어와 혜원에게 인사하였다. 혜원은 어릴 때 노순의 부친인 노하盧嘏와 함께 서생으로 지냈으므로 노순을 만나자 기뻐하면서 옛 이야기를

나눴다. 그리고 아침저녁으로 소식69)을 주고받았다. 승려 중에 혜원에게 "노순은 나라의 도적입니다. 그와 교분을 두터이 나누시면 의혹을 사지 않겠습니까?"라고 간하는 사람이 있었지만, 혜원은 "우리 불법에서는 감정으로 취하고 버리는 법이 없다. 어찌 알 만한 이들이 살피지 못하겠는가? 이는 두려워할 만한 것이 못 된다"라고 하였다. 그 후 송宋의 무제(武帝; 유유劉裕, 앞의 p.158 참조)가 노순을 토벌하고자 뒤쫓아 와서 상미桑尾70)에 장막을 설치하였다. 측근들이 "혜원은 평소 여산의 주인인데, 노순과 교유가 두터웠습니다"라고 하였지만, 무제는 "혜원은 세상 밖의 사람으로 반드시 우리 편과 상대 편을 구별하지 않는 사람이다"라고 말하고 곧 사신을 보내 편지를 가지고 가서 공경을 표시하고 아울러 돈과 쌀을 보냈다. 이에 멀고 가까운 곳에서 비로소 혜원의 밝은 견해에 탄복하였다.】

처음 경전이 강동 지방에 전해질 때에는 미비한 점이 많았다. 선법禪法은 전하여지지 않았고 율장은 누락된 것이 많았다. 혜원은 불교의 가르침에 결함이 있는 것을 개탄하여 곧 제자 법정法淨,【법령法領】등을 시켜 멀리 가서 경전들을 구해 오도록 하였다. (그들은) 사막과 설산을 넘어, 여러 해가 지난 후에 비로소 돌아왔는데, 모두 범어梵語 원본을 구해와서 번역해 낼 수 있었다.71)

【예전에 도안 법사가 관중(關中; 장안)에 있을 때, 담마난제曇摩難提에게 《아비담심론阿毘曇心論》을 번역할 것을 요청하였다. 하지만 그는 중국말을 잘하지 못하여 의심나고 막히는 곳이 많았다.72) 그 후 계빈국 사문 승가제바僧伽提婆가 있었는데, 여러 경전에 박식하였다. 진晉 태원太元 16년(391)에 심양潯陽에 이르렀다. 혜원은 그에게 《아비담심론》과 《삼법도론三法度論》73)을 다시 번역해 줄 것을 요청하였다. 이에 두 (경전에 관한) 학문이 일어나게 되었다. (혜원이) 두 문헌 모두에 서문을 지어 학자들에게 그 종지를 드러내 주었다.74)】

부지런히 도를 실천하고 불법을 펴는 데 힘썼으며, 매번 서역에서 오는 사람을 만나면 언제나 간곡하게 정성을 다하여 물어보았다. 【구마라집[鳩滅什]이 관중에 들어왔다는 말을 듣자 곧바로 다음과 같은 편지를 보내 인사하였다.

"석혜원은 머리 숙여 아룁니다. 지난해에 요좌군姚左軍75)의 편지를 받아 당신의 덕행과 안부에 대해 자세히 들었습니다. 당신[仁者]은° 전에는 다른 지역에 계셨는데 (근래에) 국경을 넘어서 (중국에) 들어오셨습니다. 당시에 (곧바로) 편지를 주고받지는 못하였지만 당신이 오셨다는 이야기를 전해 듣고 기뻐하였습니다. 다만 강과 호숫가(에 있는 나의 정사)를 벗어나기 어려워 (지리적) 상황이 좋지 않음을 안타까워할 따름이었습니다.°° 아직 서로 연락하지 못하고 있을 때에76) (승려) 회보懷寶가 이곳에 와서 머무르게 되었습니다.77) 질문을 하고나면 하루에 아홉 번 달려가 (소식이 왔나) 살펴보지만 단지 (당신의) 아름다운 분위기를 느낄 뿐 달려가 보고픈 (나의 마음을) 펼칠 길이 없습니다. 눈을 들어 멀리 길을 바라보면서 우두커니 기다리는 고단함만 더할 따름입니다. 늘 큰 가르침이 베풀어져서 세 지역[三方]78)이 함께 만나기를 기대합니다. 비록 시운은 말세이지만 (불법의) 가르침은 옛날과 같습니다. 진실로 아직 미묘한 문으로 들어갈 길을 찾아서 (부처님께서) 남기신 신령한 가르침과 완전하게 교감할 수 없습니다. 그렇지만 가슴을 비우고 그러한 날이 오기를 바라는 마음은 하루도 그렇지 않

° 원문 '仁者'에 대해서 周一良 교수는 산스크리트 muni의 번역어라고 – 석가모니釋迦牟尼를 능인能仁으로 번역하는 것처럼 – 이야기해 주었다. 하지만 여기에서는 일반적으로 사용되는 '당신'의 의미로 생각된다–저자보주

°° 周一良 교수는 원문('但江湖難冥 以形乖爲歎耳')의 '江湖'는 지리적 장애를 가리키고, '形'은 '직접/몸소'의 의미로 해석하는 것이 낫다고 이야기해 주었다. 그에 의하면 '강과 호수가 건너기 어려워 (우리들의) 몸이 직접 만나지 못함을 안타까워할 뿐입니다'로 해석해야 할 것이다–저자보주

은 날이 없습니다. 무릇 전단나무를 옮겨 심으면 다른 물건도 함께 향기가 몸에 배고, 마니보주摩尼寶珠가 빛을 토하면 뭇 보배들이 스스로 쌓입니다. 이것은 오직 가르침에 들어맞는 도리로서79) 마치 빈손으로 갔다가 가득 채워 돌아오는 것과 같습니다. 하물며 형상이 없는 하나의 원리에 의거하며 감정으로 감응하지 않는 가르침이겠습니까? 그런 까닭에 큰 가르침을 짊어진 사람은 반드시 보답을 바라지 않는 것으로 마음을 삼고, 어진 마음으로 벗을 사귀는 사람은 공덕을 자기 것으로 내세우지 않습니다. 만약에 법륜이 8정도正道의 길80)에서 수레바퀴를 멈추지 않고 삼보가 이 세상이 다하는 때에도 소리를 멈추지 않는다면, 만원滿願81)이 홀로 시대에 다시없는 아름다움을 독차지하지 못할 것입니다. 용수龍樹가 어찌 과거에 홀로 훌륭함을 자부할 수 있겠습니까? 지금 어림짐작으로 옷을 만들어 보내니, 원컨대 높은 자리에 오르실 때 입으시기 바랍니다. 아울러 빗물을 여과濾過시키는 그릇82)을 보냅니다. 이러한 물건들은 법물法物로써 단지 저의 마음을 표시하고자 할 뿐입니다."

(이에 대해) 구마라집이 다음과 같이 회답하였다.

"구마라집이 화남和南83)합니다. 아직 직접 만나서 말하지 못하였고, 또한 글도 서로 달라서 마음을 전할 길이 없거니와, 뜻을 얻을 인연도 얻지 못하였습니다. 사람을 보내 전해온 선물을 통하여 덕스런 풍모에 대해서 조금 알게 되었습니다. 근래의 안부는 또한 어떠하십니까? 하나를 들으면 반드시 백 가지를 덮을 수 있는 재능을 갖추셨다고 생각됩니다. 경전에서 '말세에 동방에 반드시 호법護法의 보살84)이 있을 것'이라고 하였습니다. 힘쓰십시오. 당신은 그 일을 훌륭히 달성하실 것입니다. 무릇 재주에는 다섯 가지를 갖추어야 합니다. 복, 계율, 너른 견문[博聞], 좋은 말솜씨[辯才], 깊은 지혜[深智]입니다. 이것들을 겸비한 사람은 도를 융성하게 하지만, 갖추지 못한 사람은 의심하고 막히게 됩니다. 당신은 이것을 갖추셨습니다. 그런 까닭에 마음을 담아 호의를 전하고, 통역을 통해 뜻을 전하고자 합니다. 어찌 뜻을 다할 수 있겠습니까.85) 다만 보내오신 뜻에 조금이라도 보답할 따름입니다. 짐작하여 만들어 보내주신 옷을 조금 손보아 법좌에 오를 때 입어서 보내주신 뜻에 맞추고자 합니다. 다만 사람이 물건에 값하지 못하는 것이 부끄러울 따름입니다. 이제 평소에 사용하시도록 놋그릇으로 만든 쌍구雙口의 조관澡灌86)을 보내니, 법물의 수에 갖추셨으면 합니다. 아울러 게송 1장章을 지어 보냅니다.

[p.248]
이미 더럽게 물든 즐거움을 버린다면
마음을 훌륭히 거둘 수 있지 않겠는가?
만약 (마음을) 치달려 흩어지지 않게 한다면
깊이 실상實相에 들어갈 수 있지 않겠는가.
필경 공空의 모습에는
그 마음 즐거워할 곳 없어라.
만약 선禪과 지혜를 즐긴다면
이는 법성이라서 비출 곳조차 없으리라.
허망한 거짓 등은 참이 아니고
또한 마음을 머물 곳이 아니다.
그대가 터득한 법의
요체를 보여주기 바랍니다."

혜원이 다시 구마라집에게 다음과 같은 편지를 보냈다.
"날이 점차 서늘해지는데 요즘은 또 어떻게 지내고 계십니까? 지난 달 이곳에 온 법식法識 도인으로부터 그대가 본국으로 돌아가고자 한다는 이야기를 듣고[87] 마음이 서글펐습니다. 앞서 듣기로는 그대가 바야흐로 대규모로 경전들을 번역할 것이라고 하였으므로, 앞으로 장차 물어보고 배우려 하였습니다. 만약 지금 전해 들은 바가 잘못이 아니라면 모든 사람들이 크게 안타까워 할 것입니다. 지금 문득 수십 여 항목의 일에 대해 묻고자 합니다. 여가가 있을 때에 한두 가지라도 풀어주기 바랍니다. 이것은 비록 경전 가운데 나오는 크게 어려운 문제들은 아니지만 그대로부터 문제를 해결하고자 할 따름입니다. 아울러 게송 1장(章)을 지어 (보내온 게송에) 답합니다.

> (존재의) 근본 원리[本端]는 필경 무엇에서 생겨나는가?
> 생겨남과 스러짐은 끝이 있는가 없는가?
> 한 티끌(의 움직임)은 (모든) 경계의 움직임에 관계되니
> 발전하여 나가면 산을 무너뜨리는 기세를 이루리라.
> 미혹된 생각들이 거듭하여 서로 일어나고
> 이치에 어긋나니 저절로 막힘이 생겨난다.
> 인연에는 비록 주체가 없지만
> (내생의) 길을 여는 것은 한 생애만으로 결정되는 것이 아니다.
> 지금 세상에 깨달은 종사 없다면
> 누가 장차 그윽한 깨침을 잡을 수 있으리.
> 간절히 바라며 물음을 보내니
> 남은 생 동안 서로 함께 하기를 바랍니다."]

그 후 불야다라(弗若多羅)가 관중(關中)으로 들어와 《십송률》 범본을 외우고, 구마라집이 이것을 중국어로 번역하였다. 3분의 2를 마쳤을 때 불야다라가 세상을 떠났다. 혜원은 항상 그 작업이 완성되지 못함을

안타깝게 여겼는데, 담마류지曇摩流支가 (후)진에 들어와 다시 그 책을 잘 암송한다는 이야기를 듣고 곧【제자 담옹曇邕88)을 시켜】글을 보내어 관중에서 남은 부분을 다시 번역해 주기를 청하였다. 그래서 《십송률》 전체가 모두 갖추어져 빠진 것이 없게 되었고,89) 동(진)에서 이 번역본을 구하여 지금까지 이어지고 있다. 파미르 고원의 현묘한 경전과 관중의 훌륭한 이론들이 이 (남쪽의) 땅에 모이게 된 것은 혜원의 노력 덕분이었다. 외국의 많은 승려들은 모두 중국 땅에 대승大乘의 도사道士가 있다고 칭송하면서 매번 향을 피우고 예배할 때에 곧 동방을 향해 머리를 조아리면서 마음을 여산에 두었다.90) 그의 신령한 이법의 자취는 그러므로 이루 다 헤아릴 수가 없다.

【이에 앞서 중국 땅에는 아직 '열반상주涅槃常住'의 가르침91)이 전해지지 않았고 다만 (부처의) 수명이 대단히 길다는 말만 있었다. 혜원은 이에 "부처는 지극한 존재인데, 지극하면 변화가 없다. 변화 없는 이치가 어찌 다함이 있을 수 있겠는가"라고 탄식하였다.】이로 인하여 《법성론法性論》을 지어서【"지극함은 변하지 않음을 본성으로 하고, 본성을 얻음은 지극함을 이룸을 근본으로 삼는다"고 하였다.】구마라집이 이 글을 보고서 "변두리 나라 사람이 아직 경전도 없는데,92) 문득 모르는 사이에 이치와 합치되었으니 어찌 절묘하다고 하지 않을 수 있는가."라고 찬탄하였다.

후진의 임금 요흥姚興93)이 (혜원의) 덕과 명성을 흠모하고 그의 재주와 생각을 찬탄하였다. 편지를 보내 마음을 표하였고, 편지와 선물이 끊이지 않았다. 구자국龜玆國의 가는 실로 짠 다양한 변상變像들을 보내어 자기의 간곡한 마음을 드러내었고, 또한 요숭姚嵩을 시켜 가지고 있던 옥으로 만든 불상을 바치게 하였다.94) 《석론釋論》(= 대지도론)95)이 처음 번역되자, 요흥이 이 논서를 보내면서 (다음과 같은) 편지를 함께 부쳤다.

"《대지도론大智度論》의 새로운 번역이 완료되었습니다. 이 책은 용수보살이 지은 것이며, 또한 대승경전들의 지귀旨歸입니다. 마땅히 한 편의 서문을 지어서 지은이의 뜻을 펴야 할 것입니다. 하지만 이곳의 여러 도사들은 모두 서로 다른 사람을 추천하고 사양하면서 감히 지으려 하지 않고 있습니다. 법사께서 서문을 지어 후세의 배우는 이들에게 남겨주는 것이 좋겠습니다."

이에 혜원은 (다음과 같은) 회신을 보냈다.
"저에게 《대지도론》의 서문을 짓게 하여 지은이의 뜻을 펴라고 하셨습니다. 하지만 빈도가 듣기에 큰 것을 담으려 할 때에 작은 주머니에는 넣을 수가 없고, 깊은 우물을 길으려 할 때에 짧은 두레박줄로는 어림조차 할 수 없다고96) 하였습니다. (보내오신 글을) 펴 보던 날, 높은 명령(을 감당할 수 없음)에 부끄러운 마음이 들었습니다. 또한 몸이 약하고 병이 많아 부딪치는 일마다 그만두고 다시 뜻을 내지 못한 지 오래되었습니다. 그렇지만 사람을 보내 말씀하신 어려움을 생각하여 마음속에 품은 바를 거칠게 엮어보았습니다. 그 뜻을 온전하게 잘 드러내기 위해서는 마땅히 다시 눈 밝은 대덕들에게 기대하셔야 할 것입니다."

그의 명성의 높음과 멀리 알려진 것이 본래 이와 같았다. 혜원은 늘 《대지도론》의 문구가 번잡하게 많아서 처음 배우는 사람들은 뜻을 찾기 어렵다고 생각하였다. 이에 그 요점을 초록하여 20권으로 편찬하였다. 순서가 잘 정리되고 이치와 내용이 깊고 올바르게 되어 배우는 사람들의 수고를 반으로 줄일 수 있었다.97)
【후에 환현이 은중감을 정벌할 때 군대가 여산을 지나가게 되자 혜

원에게 호계虎溪 밖으로 나오라고 하였다. 혜원은 병을 핑계 대고 나가지 않았다. 이에 환현이 스스로 산에 들어왔다. 측근들이 환현에게 "예전에 은중감이 산에 들어가 혜원에게 예를 갖추었습니다. 공은 그를 공경하지 말기를 바랍니다"라고 말하였지만, 환현은 "어찌 그런 이치가 있을 수 있겠는가? 은중감은 원래 죽은 사람일 뿐이다"라고 대답하였다.

산에 이르러 혜원을 보자 자신도 모르게 공경을 표시하였다. 환현이 "(부모에게서 받은 몸은) 함부로 헐거나 다칠 수 없는데,° 어째서 수염을 깎고 머리를 잘랐습니까?"라고 물었다. 혜원은 "몸을 세워 도를 행하기 위해서입니다."98)라고 대답하였다. 환현은 훌륭하다고 칭찬하고, 평소에 제기하고자 생각하였던 질문들은 감히 다시 이야기하지 못하였다. 이어서 은중감을 토벌하는 뜻을 설명하였지만 혜원은 아무런 대답을 하지 않았다. 환현이 다시 "어떻게 하기를 바라십니까?"라고 묻자 혜원은 "(나의 소원은) 시주께서도 평안하고, 그도 아무 탈이 없는 것입니다"라고 대답하였다. 환현이 산에서 나와 측근들에게 말하기를 "참으로 태어나서 아직 보지 못한 인물이다"라고 하였다.]

환현은 이후에 임금조차도 두려워하는 세력을 떨치면서 (혜원을) 모시려고 애썼고, 편지와 사람을 보내어 설득하면서 벼슬에 나오기를 요청하였다.99) 그러나 혜원의 대답은 굳고 바르며 확고부동하여 바꿀 수 없었다. 그 지조가 단석丹石보다 굳어100) 끝내 마음을 움직일 수 없었다. 얼마 후 환현은 승려들을 선별[沙汰]하고자 관료들에게 다음과 같이 명령하였다.

"경전의 가르침을 펴서 진술하고 의리를 유창하게 설법할 수 있거

° 원문('不敢毁傷)은 《효경》제1장 '身體髮膚 受之父母 不敢毁傷 孝之始也'의 인용이다-저자보주

나, 혹 행실을 삼가고 반듯하게 닦는 사문들은 큰 교화의 베풂에 기여할 수 있지만 이와 어긋나는 자들은 모두 그만두게 하여 돌려보내도록 하라. 오직 여산만은 도덕이 있는 사문이 머무르는 곳이므로 조사하여 검사하는 대상으로 삼지 말라."101)

【(이에 대해) 혜원이 환현에게 (다음과 같은) 편지를 보냈다.

"부처의 가르침이 허물어지고 더럽게 뒤섞여진 지 오래되었습니다. 그런 것을 만날 때마다 분개하는 마음이 가슴에 가득하였습니다. 항상 뜻하지 않은 운수를 만나 부처의 가르침이 사라지는 일이 생길까 두려워하였습니다.102) 가만히 보건대, 청정한 여러 도인들의 가르침은 진실로 저의 본심과 일치합니다. 무릇 경수涇水와 위수渭水가 갈라져서103) 맑은 물과 탁한 물의 형세가 달라집니다. 굽은 마음을 곧은 마음으로 바로잡으면 어질지 않은 것은 스스로 멀어집니다. 이렇게 명령을 내리신다면 이 두 가지 이치를 반드시 얻을 수 있습니다. 그런 후에 거짓을 꾸미는 사람들은 거짓으로 통하는 길을 끊고, 진실한 생각을 품은 사람들은 세속을 저버리는 혐의가 없게 될 것이니, 도인과 세속이 함께 일어나고 삼보가 다시 융성할 것입니다." 이어서 승단의 조례와 규제의 개정안을 제시하자, 환현은 그에 따랐다.104)】

예전에 성제成帝가 아직 어렸을 때 유빙庾氷이 정치를 보좌하였다. 그는 '승려들이 마땅히 왕자王者에 대해 공경하는 예를 표해야 한다'고 여겼지만 상서령尙書令 하충何充과 복야僕射 저욱褚昱, 제갈회諸葛恢 등은 '승려는 왕자에 절하지 않아야 한다'고 아뢰었다. 관리들의 논의는 대부분 하충과 같았지만 유빙의 뜻을 받든 문하성에서 이를 비판하여서 의견이 분분하고 끝내 결정할 수 없었다. 그 후 환현이 고숙姑熟에 있을 때105)에 (승려들이) 모두 공경을 표하게 하려고 하면서 혜원에게 다음과 같은 편지를 보냈다.

【"승려가 왕자를 공경하지 않는 것은 이미 마음에 개운하지 않은

것이고 이치적으로도 이해할 수 없는 것입니다. 한 시대의 중요한 문제인데 그 바탕을 확실하게 하지 않으면 안 될 것 같습니다. 근래에 여덟 대신106)들에게 편지를 띄웠고, 이제 그대에게도 보내니 그대는 (왕자를) 공경하지 않아야 한다는 이유를 이야기해 주기 바랍니다. 이것은 곧바로 실행해야만 할 일입니다.107) 생각하는 바를 자세하게 진술하여, 의심스러운 바를 반드시 풀어주기 바랍니다."]

혜원은 (이에 대해) 다음과 같은 답장을 보냈다.108)

【"무릇 사문이라 칭하는 것은 무엇 때문입니까? 어두운 세속의 캄캄함을 열어주고, 세상을 교화하는 그윽한 길을 트여주어, 바야흐로 나와 남을 잊는 겸망兼忘의 도로써, 천하와 더불어 같이 갈 수 있는 존재를 일컫는 것입니다. 높은 경지를 희구하는 사람으로 하여금 그 유풍에 고개 숙이게 하고, 개울물에서 양치질하는 사람109)으로 하여금 그 남은 물을 맛보게 합니다. 그렇다고 한다면 비록 (성불의) 큰일을 성취하지는 못하였다 하더라도, 그 초연한 발걸음의 자취를 볼 때 깨달음이 이미 큰 것입니다. 또한】 가사袈裟는 조정에서 입는 옷이 아니고, 발우鉢盂는 종묘에서 사용하는 그릇이 아닙니다. 【사문은 속세 바깥의 사람이니 왕자에게 공경을 표하게 하는 것이 마땅하지 않습니다."

환현은 비록 곧바로 남을 따르기를 부끄럽게 생각하여 자신의 옛 견해를 고집하였지만, 혜원의 생각을 알게 되었으므로 쉽게 결단을 내리지 못하였다. 얼마 안 되어 환현이 제왕의 자리를 찬탈하고,110) 곧 다음과 같은 글111)을 내렸다.112)

"불법은 크고 위대하여 헤아릴 수 있는 것이 아니다. 군주를 받드는 (승려들의) 마음을 헤아려 그들이 (자신들 방식으로) 공경을 표하는 것을 허락한다.113) 지금은 일이 이미 내 자신에게 달려 있으니, 마땅히 겸양함으로써 더욱 빛나는 태도를 다하겠다.114) 그러므로 모든 도인들은 다시 왕자에게 (공경의) 예를 표하지 말도록 하라."]

혜원은 이에 《사문불경왕자론沙門不敬王者論》을 지었다. 【모두 다섯 편이다. 첫 번째 편은 〈재가在家〉인데, 다음과 같은 내용이다. "집안에 있으면서 법을 받드는 사람은 임금의 교화를 따르는 백성이다. 그들의 감정은 아직 세속과 다르지 않고, 그들의 행적은 현실 세계의 사람들과 같다. 그런 까닭에 부모[天屬]에 대한 애정과 군주를 받드는 예절이 있어야 한다. 예법과 공경에는 근본이 있기에,115) 그것에 의거하여 가르침을 이룬다."

두 번째 편은 〈출가出家〉인데, 다음과 같은 내용이다. "출가라 하는 것은 세상을 등짐으로써 자기 뜻을 구하고, 세속을 변화시켜 그 도를 이루는 사람을 말한다. 세속을 변화시키면 복장도 세상의 전례典禮와 같지 않고, 세상을 등지면 마땅히 그 자취를 고상하게 하여야 한다. 그렇기 때문에 번뇌에 빠진 속인들을 번뇌의 흐름 속에서 구제할 수 있으며,116) 거듭되는 겁劫에서 어두운 근기를 뽑아 올릴 수 있다. 멀리는 삼승의 나루와 통하고 가깝게는 인천人天 세계의 길을 열어준다.117) 만일 한 사람이 덕을 온전하게 하면 그 도가 육친六親에 미치고 은택은 천하에 흐른다. 비록 왕후王侯의 자리에 처하지 않더라도, 본래부터 이미 천자의 도리와 일치하여 생민을 편안하고 관대하게118) 해줄 것이다. 그런 까닭에 안으로는 천륜天倫의 무거운 의리에 어긋나(는 것 같)지만, 효도를 거스르는 것이 아니고, 밖으로는 군주를 받드는 공손함이 없(는 것 같)지만, 그 공경을 잃은 것이 아니다."

세 번째 편은 〈구종불순화求宗不順化〉[진리를 추구하는 사람은 세상의 교화를 따르지 않는다]인데, 그 내용은 다음과 같다. "근본으로 돌아가 진리를 추구하는 사람은 삶 때문에 정신이 괴롭지 않고, 속세의 경계를 초월한 사람은 감정 때문에 삶을 괴롭히지 않는다. 감정 때문에 삶을 괴롭히지 않는다면 그 삶을 끊을 수 있다. 삶 때문에 정신이 괴

[p.252] 롭지 않다면 그 정신이 명합冥合할 수 있다. 정신이 명합하면 (외계의) 대상이 끊어지는데, 이를 열반이라 한다. 그런 까닭에 사문은 비록 만승萬乘의 천자와 대등한 예를 행하면서 고상하게 행동하지만 왕후王侯의 지위를 갖지 않고 그 은혜를 입는다."

네 번째 편은 〈체극불겸응體極不兼應〉[진리를 체득한 사람은 동시에 (서로 다른 일을) 행하지 않는다]인데, 그 내용은 다음과 같다. "부처님과 주공周公·공자는 비록 출발점과 귀착점은 다르지만, 보이지 않는 가운데 서로 영향을 미친다. 출처出處가 모두 다르지만 마지막에 지향하는 것은 반드시 같다. 그러므로 비록 길이 다르다고 말하지만 돌아가는 곳은 같다. 불겸응不兼應이라는 것은 (두 가지 일을) 동시에 행할 수 없음을 말한다.119)"

다섯 번째 편은 〈형진신불멸形盡神不滅〉[육체는 없어지지만 정신은 없어지지 않는다]인데, 그 내용은 다음과 같다. "정신이 (거짓된 감각을 따라서) 사방으로 계속 치달린다.120)"

이것이 논서의 주요한 뜻이다. 이때부터 사문들은 세상 밖에서의 자취를 온전히 할 수 있었다(즉 세속의 권력에 복종하지 않게 되었다).

환현이 서쪽으로 달아나고 진晉의 안제安帝가 강릉江陵에서 수도로 돌아올 때에121) (여산 근처를 지나게 되자) 보국장군輔國將軍 하무기何無忌122)가 혜원에게 황제를 뵙고 문후를 드리라고 권유하였지만 혜원은 병을 핑계로 나가지 않았다. 황제가 사신을 파견하여 위로하고 안부를 물었다. 이에 혜원은 다음과 같은 편지를 올렸다.

"저 혜원은 머리 조아려 아뢰옵나이다. 화창하고 따뜻한 양월陽月123)에 수라가 입맛에 잘 맞으시기를 바랍니다. 빈도는 전에 무거운 병에 걸렸는데, 나이가 들면서 더욱 심해졌습니다. 분수에 넘치는 자애로운 조서詔書를 내려 곡진하게 영광스러운 위로를 내려주시니 감사함과 두려움이 실로 마음에 백배나 더합니다. 다행히 경사스러운 때를 만났지만 제 몸을 스스로 움직일 수 없습니다. 이 마음과 감개를 진실로 무엇으로도 표현할 수가 없습니다."

황제가 조서로 회답하였다.

"봄기운을 느끼면서도 그대가 앓는 병이 아직 좋아지지 않았음을 알았으니 마음이 안타깝다. 지난달에 강릉을 떠났는데,124) 도중에 온갖 좋지 않은 일이 많아 더디기가 보통 때보다 두 배나 더하였다. 본래는 그곳을 지나갈 때에 서로 만나려고 하였지만 법사가 이미 산림에서 원기를 보양하고 있고, 또한 앓는 병이 아직 낫지 않았다고 하니, 아득히 다시는 인연이 없을 듯하여 한탄만 더할 뿐이다."】

진군陳郡의 사령운謝靈運125)은 재주를 믿고 세상을 우습게보면서 추앙하고 우러러보는 사람이 거의 없었다. (하지만 혜원을) 한번 만나보고는 숙연히 마음으로 감복하였다.

【혜원은 안으로는 불교의 이치에 뛰어나고, 밖으로는 뭇 서적의 내용에 정통하였다. 무릇 그의 문하에 참여한 사람들은 모두가 의지하고 모방하지 않음이 없었다. 한때 혜원이《상복경喪服經》126)을 강의하자, 뇌차종雷次宗과 종병(宗炳, 앞의 p.231 참조) 등이 모두 책을 잡고 그의 강의를 들었다. 뇌차종은 나중에 따로 (그 책의) 의소義疏를 지으면서 책머리에 뇌씨雷氏(의 의소)라고 붙였다. 이에 종병이 다음과 같은 편지를 보내어 조롱하였다. [p.253]

"예전에 그대와 함께 석화상(釋和尙 =혜원) 밑에서 직접 이 내용의 강의를 들었는데, 지금 책머리에 곧바로 뇌씨雷氏 붙일 수 있는가?" 그의 교화가 도인과 속인에 아울러 행해진 이러한 사례는 한두 가지가 아니었다.127)】

혜원은 여산의 언덕에 은거하고 나서 30여 년 동안 그림자도 산 밖으로 내보내지 않고128) 발자국을 세속으로 들여 밀지 않았다. 매번 손님을 보내거나 노닐며 밟는 땅은 호계虎溪로 경계를 삼았다.

【진晉 의희義熙 12년(416년) 8월 초에 움직임이 흐트러졌다. 6일째가 되자 더욱 상태가 심해졌다. 이에 대덕과 나이 많은 노승들이 모두 이마를 조아리며 된장을 넣은 술을 마시기를 권하였다. 그러나 허락하지 않았다. 다시 쌀 즙 마시기를 청하였으나 그것조차 허락하지 않았다. 다시 꿀물을 타서 장聚으로 만들어 드시게 하니, 곧 율사律師를 시켜 책을 펼쳐 마셔도 되는지를 찾아보게 하였다. 책의 절반도 넘기지 않았을 때】 세상을 마쳤다. 이때 나이는 83세였다.129)

【문도들이 마치 부모를 잃은 것처럼 통곡하였고, 도인과 속인들이 달려오느라 수레바퀴가 이어지고 어깨와 어깨가 잇따랐다. 혜원은 범부들의 정을 자르기 어렵다고 여겨 7일장으로 치르게 하고】 시신을 소나무 밑에 드러내 놓으라고 유명遺命하였다. 얼마 후에 제자들이 (시신을) 거두어 묻었다.

【심양태수 완간阮侃130)이 여산 서쪽 고개에 묘를 만들고,】 사령운이 그를 위하여 비문을 지어 남긴 덕을 새겼으며,131) 【남양南陽의 종병이 절 문에 비를 세웠다.】

본래 혜원은 문장을 잘 지었는데, 글의 기운이 맑고 우아하였다. 자리에서의 담론은 의리가 정밀하고 요점을 잘 간추렸다. 【이에 더하여 용모가 단정하고 풍채가 시원하고 깨끗하였다. 그래서 그의 모습을 그려 절에 걸어놓고, 멀고 가까운 곳의 사람들이 우러러보았다.】

지은 논論·서序·명銘·찬贊·시詩·편지 등을 모아서 문집을 만드니, 10권 5십여 편이었다. 세상에서 중히 여겼다.132)

1) 현재의 山西省 북부 代縣 서북쪽에 있다.
2) 346년. 張野의 〈遠法師銘〉(《世說新語》 권1下 주석 27a-b에 인용, 앞의 주석 121번 참조)에서는 이 일을 慧遠 12세, 즉 345년의 일로 기록하고 있다.
3) 河南省 중부의 許昌縣.
4) 354년. 서양식으로 계산하면 20세가 된다.
5) 양자강 하류의 남쪽 지역을 가리킨다.
6) 隱士인 范宣은 - 宣子는 字이다 - 禮의 전문가로 유명하였다. 그의 전기(《晉書》 권91 8b-9a)에 의하면 정통 유학자로서 당시 사족들 사이에 유행하고 있던 《노자》와 《장자》에 대한 학습과 反禮敎的 경향에 반대하였다. 玄學의 전문가였던 慧遠이 豫章 (현재의 江西省 南昌)에 있는 소박한 농장에서 생애 대부분을 보내며 禮敎를 공부하고 있던 예학자와 함께 하려 했다는 사실이 주목된다. 범선은 여러 최상층 사족들의 존경을 받았으며 물질적인 후원도 받았다. 나중에 376년 이후에 그는 유명한 范寧 (또 다른 전통적 유학자로서 그 무렵부터 豫章太守로 있었다)과 함께 강서성 지역에서 유교 고전 연구를 부흥시키기 위하여 많은 노력을 하였다. 범선은 53세에 죽었는데, 그의 아들 范輯이 - 범선의 전기에 행적이 전한다 - 義熙 연간(405-418)에 이미 여러 중요한 벼슬을 역임한 것으로 볼 때 범선은 4세기 말 이전에 죽은 것으로 보인다. 따라서 혜원이 그와 합류하려 했던 354년에 그는 혜원과 비슷한 연배의 젊은이였다고 생각된다. 혜원이 그와 합류하려 했다는 사실은 이미 張野의 〈遠法師銘〉(《世說新語》 권1下 주석 27a)에 보이고 있다.
7) '共契'. 《출삼장기집》 권15 109.2.15에는 '共契嘉遁'. 《고승전》의 경우는 高麗本에만 뒤의 두 글자가 나타나고 있다. 嘉遁은 嘉遯의 변형이다. 《易經》 제33괘의 다섯 번째 陽爻에 대한 象에서 '嘉遯 貞吉 以正志也' 참조.
8) 《출삼장기집》 권15 109.2.15에는 '王路가 막혔다(値王路屯阻)'고 되어 있다. 王路 - 일반적으로 정부 혹은 제국의 상황을 의미한다 - 에 대해서는 《書經》 권4.4 (洪範) '無有作惡 遵王之路' 참조. 《고승전》에서는 石虎의 사망 이후에 일어난 石氏의 亂을 혜원이 남쪽으로 갈 수 없었던 원인으로 잘못 이야기하고 있다. 석씨의 난은 실제로는 352년까지였고, 그 이후 북쪽의 정세는 안정되었다. 354년 경에 許昌과 洛陽은 또 다른 전쟁의 무대가 되었다(앞의 p.206 참조). 張野의 〈遠法師銘〉에서는 단지 '길이 막혀 갈 수 없었다(道阻不通)'고만 이야기하고 있다.
9) 시대착오적인 내용이다. 道安은 襄陽에 머물 때, 즉 365년 이후에 비로소 釋이라는 종교적 성씨를 사용하였다. 앞의 p.189 참조.
10) 《고승전》 권6 362.2.16(慧遠의 동생 慧持의 전기)에 의하면 354년의 일이다. 이 연대의 문제에 대해서는 湯用彤, 『불교사』, p.344 참조. 혜원은 양자강을 건너려던 계획이 실패한 이후에 다시 북쪽, 아마도 고향인 雁門으로 향하였고, 그 도중에 河北省 서쪽에서 도안을 만났던 것으로 생각된다. 《출삼장기집》에서는 구체적인 장소를 명시하지 않고 '於關左遇見道安'이라고만 이야기하고 있다.
11) 像法 = pratirūpaka-dharma에 대해서는 E. Chavannes and S. Lévi, in *J. As.*

(1916) p.194 및 P. Pelliot in *TP* XXV p.92-94 XXVI, pp.51-52 참조. 이 '모방의 가르침'은 실제로는 가르침의 쇠퇴 과정의 두 번째 단계로써 천 년 동안의 '正法' 시대와 가르침이 완전히 세상에서 사라지는 마지막 '末法' 시대의 사이에 위치한다. 여기에서는 일반적인 부처님의 가르침이라는 의미 이외의 특별한 의미를 갖는 것으로는 보기 힘들다.

12) 慧皎가 慧遠이 했다고 기록하고 있는 이 말은 《출삼장기집》과 張野의 〈遠法師銘〉에는 보이지 않고 있다. 九流라는 용어는 《漢書》藝文志에 다양한 학파들을 표현하기 위하여 사용되고 있다.

13) 삭발하였다는 의미이다.

14) '委命'. 《출삼장기집》에는 '委質(=스스로를 (삼보의) 볼모로 바치다)'로 되어 있다.

15) 원문은 '貧旅'이지만 '貧族'의 誤字로 생각된다. 【周一良 교수에 의하면 六朝시대에는 일반적으로 '가난한 집안'이라는 의미로는 '貧族'이 아니라 '寒族'이 사용되었다고 한다. 그렇다면 '貧旅'가 맞는 것으로 보아야 할 것이다-저자보주】

16) 이 승려에 대해서는 앞의 p.199 참조.

17) 實相을 Et. Lamotte의 *Traité*의 여러 곳에서는 bhūtalakṣaṇa(?) 혹은 satyalakṣaṇa(?)로 再構하고 있지만 그 증거를 확인할 수 없었다. 이 용어는 구마라집의 경우 dharmatā 혹은 dharmadhātu의 번역어로서 (法性과 함께) - 특히 諸法實相이라는 표현으로 - 빈번하게 사용되고 있다. 『印度學佛敎學硏究』 4-2 (1956년 3월)에 실린 白土わか의 논문 참조.

18) 이것은 다른 제자들이 그렇게 하는 것은 허락하지 않았다는 것으로써, 道安의 格義에 대한 반감을 보여주는 것으로 생각된다(앞의 p.184 참조).

19) 이 제자들에 대해서는 앞의 p.199 참조. 이들과 관련된 일화는 이미 張野의 〈遠法師銘〉(《世說新語》 권1下 주석 27a)에서부터 보이고 있다.

20) 《고승전》 道安傳의 '安在樊沔十五載' 및 Links의 번역본, p.26, 주석 4번 참조.

21) 잘못되었다. 符丕는 378년에 襄陽을 공격하여 379년에 이곳을 장악하였다. 앞의 p.198 참조. 《출삼장기집》에는 '晉太元之初…'로 나오고 있다. 【太元은 376년부터 396년까지이다-역자】

22) 竺法護 번역의 《佛說海龍王經》(T598 大正藏15; 285, 《출삼장기집》 권2 7.2.24 참조)이다. 이 경전에서의 龍들의 중요한 역할을 제외하면 특별히 退魔나 祈雨에 관한 내용은 보이지 않는다. 祈雨를 위해 《해룡왕경》을 읽은 또 다른 초기의 사례로는 《法苑珠林》 권63 764.2에 인용되어 있는 《冥祥記》의 내용을 참조. 《法苑珠林》(764.3)에 인용된 《冥祥記》에는 慧遠이 행한 두 가지 기적도 수록하고 있는데, 그 내용은 慧皎의 책을 베낀 것이 틀림없다.

23) 전기는 《고승전》 권6 362.1.11. 앞의 p.199 참조. 그가 머물던 西林寺는 367년에 陶範이 그를 위해 건립해 준 것이다. 湯用彤, 『불교사』, p.346 참조. 陶範은 陶侃의 많은 아들들 중 하나였다(아래의 주석 41번 참조). 그의 이름은 아버지의 전기에 보이고 있지만 (《晉書》 권66 6b), 그밖의 행적은 전해지지 않고 있다.

24) 淝水의 전투에서 중요학 역할을 하였던 장군 桓伊는 384년에 荊州刺史(治所는 潯陽

가 되었고, 392년에 죽을 때까지 이 직책을 맡았다. 《晉書》 권81 5b-7a의 전기 참조. 湯用彤이 이야기하고 있는 것처럼(『불교사』 p.346) 동림사가 386년에 창건 되었다는 후대의 전승은 맞는 것으로 생각된다.

25) 香爐峰은 廬山의 북쪽 정상으로 꼭대기는 항상 연무가 덮여 있다. 《文選》 권12 256의 李善의 注에 인용되어 있는 慧遠의 〈廬山記〉 중의 구절 참조. '香爐山孤峰獨秀 氣籠其上 則氤氳若香煙'

26) 원문은 '經道取'이지만 내용상 '徑道取'로 해석하였다. 慧遠의 〈佛影銘〉 小標題 중의 '度流沙從徑道去此一萬八千五十里 …'(《광홍명집》 권15 197.3.9) 참조. 〈佛影銘〉에 대해서는 앞의 4장의 주석 229번 참조.

27) 이 佛像과 그 기능에 대해서는 앞의 p.224 참조. 이하의 銘文 내용은 《광홍명집》 권15 197.3 이하에 수록된 내용과는 약간 차이가 있다. 《광홍명집》의 편찬자가 혜원의 문집에서 직접 이 명문을 보았다고 생각되기 때문에 번역은 주로 이것에 의거하였다. 이 난해하고 수식이 화려한 문장의 번역은 물론 대단히 가설적인 부분이 적지 않다. 애매하고 대단히 부자연스럽기는 하지만 이 명문은 초기 불교에서의 '형이상학적 시문'의 사례로써 대단히 중요한 자료이다.

28) '大象'. 《道德經》 제35장 '執大象 天下往' 및 같은 책, 41장 '大象無形 道隱無名' 참조.

29) 異本의 대부분에 '逾明'이 아닌 '愈明'으로 나오고 있다.

30) 《광홍명집》의 대부분의 異本들에 의거하여 '(迹絶)兩冥'으로 해석하였다. 《광홍명집》 高麗本과 대부분의 《고승전》 異本들에는 '(迹絶)而冥'이고, 《고승전》 高麗本에는 '(迹絶)杳冥'이다.

31) 《고승전》과 《광홍명집》 高麗本에는 '淡虛'이고, 《광홍명집》의 다른 異本들에는 '談虛'이다. 후자는 필사상의 잘못이 틀림없다.

32) 다른 異本들의 '中姿' 대신 《고승전》의 '冲姿'에 의거하여 해석하였다.

33) 白毫[ūrṇā(keśa)]는 32相의 하나로 부처의 눈썹 사이에 말려져 있는 하얀 털을 가리키며, 항상 혹은 특별한 상황에 빛을 낸다고 한다. Hobogirin(『法寶義林』) byakugo(白毫) 항목 참조.

34) 다른 異本들의 '靜' 대신 《고승전》의 '靖'에 의거하여 해석하였다.

35) 다른 異本들의 '開' 대신 《광홍명집》의 '震'에 의거하여 해석하였다.

36) 다른 異本들의 '聖' 대신 《광홍명집》의 '伊'에 의거하여 해석하였다.

37) 《道德經》 제14장 '聽之不聞曰希', 같은 책, 41장 '大音希聲' 참조.

38) 다른 異本들의 '(迹)似' 대신 《광홍명집》과 《고승전》 高麗本의 '(迹)以'에 의거하여 해석하였다.

39) 《광홍명집》에서는 네 번째 首의 마지막 4行이 銘文 전체에 유지되고 있는 4字句의 틀에서 벗어나서 6字 혹은 5字로 되어 있다. 《고승전》에서는 각 행에서 1字 혹은 2字를 생략하여 다른 행들과 마찬가지로 4字句를 유지시키고 있다. 이렇게 규칙적으로 만드는 모습은 이 자료가 2차적이고 덜 신뢰할 수 있는 자료라는 점을 보여주는 것이다.

｜《광홍명집》淸氣迥於軒宇　　《고승전》淸氣迥軒
｜　　　　昏明交而未曙　　　　　　昏交未曙
｜　　　　髣髴鏡神儀　　　　　　　髣髴神容
｜　　　　依俙若眞遇　　　　　　　依俙欽遇

40) '飮和至柔'. 《道德經》 제78장 '天下莫柔弱於水' 참조.
41) 이 일화는 — 사실성은 의심스럽지만 — 慧遠이 廬山에 들어가기 적어도 6년 전의 일이다. 西晉 말에서 東晉 초의 유명한 장군이자 고관인 陶侃(259-334)은 315년에 廣州의 군사지휘관이 되었다(《晉書》 권66 4a 이하의 그의 전기, 특히 6b와 5a 참조). 자료들에는 그가 불교 승려와 관계를 맺었다는 내용은 보이지 않고 있다. 하지만 그의 아들 중 한 사람이 潯陽에서 慧永을 후원하였던 것으로 보인다(앞의 주석 23번 참조). 이 佛像에 관한 이야기는 《法苑珠林》
(권13 386.3)에 더 자세하고 신비하게 묘사되고 있는데, 거기에서는 근거를 제시하지 않은 채 해당 불상을 문수보살상으로 이야기하고 있다. 《광홍명집》에 수록된 道宣의 덜 신비적인 서술(권15 203.1.22 이하)과 아래의 p.279의 내용도 참조.
42) 중세 중국에서의 아쇼카왕과 관련되는 유물들에 대해서는 아래의 p.277 참조.
43) 민중들의 노래와 이야기들은 사건이 일어난 이후에 징조로 해석되곤 한다. 그러한 노래들의 모음집으로는 杜文瀾, 『古謠諺』(1861년; 北京, 1958년 再版)가 있다.
44) 이 인물들에 대해서는 앞의 p.217 이하 참조.
45) 無量壽는 일반적으로 Amitābha(無量光)로 알려진 부처의 중국인들에게 훨씬 호소력이 있는 異名인 Amitāyus의 번역어이다. 후자가 이 부처로부터 나오는 무한한 빛을 강조하는 데 반하여 전자는 이 부처와 그의 淨土에 거주하는 사람들의 무한한 수명을 강조한다. Sukhāvativyūha에는 Amitāyus도 나타나지만(제31장, F. Max Müller 번역본, p.47), 이 경전에서는 모든 곳에 편재하는 빛의 주인으로서 Amitābha를 더욱 강조하고 있다. Sukhāvativyūha 제12장(F. Max Müller 번역본, p.29-30)에 나오는 그의 여러 다른 異名들도 모두 빛을 의미하는 용어들을 담고 있다(Amitābha, Amitaprabha, Amitaprabhāsa, Asamāptaprabha 등).
46) 攝提는 호랑이 해를 의미한다. 이 기간 중의 이에 해당하는 해는 390년, 402년, 414년인데, 402년으로 추정된다(湯用彤, 『불교사』 p.342 참조).
47) '三報'. 세 가지 형태의 業報, 즉 현재 생에서 받게 될 즉각적 업보인 現報, 다음 생에서 받게 되는 生報, 훨씬 뒤의 생에서 받게 되는 後報 등이다(Abh. Kosa IV.115 및 V.216 참조). 慧遠은 이러한 업보의 과정에 대하여 학문적으로 많은 관심을 가지고 있었다. 그가 근거한 문헌은 아마도 僧伽提婆(Saṅgadeva)가 391/392년에 廬山에 머물 때에 혜원의 요청으로 번역하고, 나중에 혜원이 교정한 說一切有部의 강요서 《阿毗曇心論》(4권본, T1550 大正藏28)으로 생각된다. 이 주제에 관한 혜원의 짧은 논서인 《三報論》이 전해지고 있다(《홍명집》 권5 34.2, 앞의 p.16의 10번 참조).
48) 慧遠 자신의 《沙門不敬王者論》 제4장의 다음 표현을 참조. '夫幽宗曠邈 神道精微 可以理尋 難以事詰' (《홍명집》 권5 31.1.4, 번역은 Hurvitz, p.25)
49) '必感之有物'. 잠정적으로 번역해 보았다.

50) '叩篇'. '(경전의) 각 篇들을 살펴본다'는 의미(?).
51) 부처님에 대한 정신집중[般舟三昧]을 통하여 아미타불의 모습이 수행자의 명상 혹은 꿈 중에 나타나는 '觀想' 수행을 가리키는 것으로 생각된다.
52) '子來'. 《詩經》大雅 文王之什 靈臺 '經始勿亟 庶民子來' 참조.
53) '影俸神造'. 잠정적으로 번역해 보았다. ('신령스런 그림'은 다른 異本들의) 雲圖 대신 《출삼장기집》 권15 109.3.25의 '靈圖'에 의거하여 해석하였다. (여기의 그림자는) 이 의식이 있고 나서 약 9년 뒤에 비로소 완성된 (앞에 언급한) 佛影을 가리키는 것이 될 수 없다.
54) (다른 異本들의) 雲崎 대신 대부분의 《출삼장기집》(권15 110.1.2) 異本들의 '靈崎'에 의거하여 해석하였다.
55) '彙征'. 《易經》泰卦 첫 번째 陽爻의 '拔茅茹以其彙征吉'을 가리킨 것이다. 王弼은 풀의 뿌리들이 서로 얽혀 있어서 하나를 뽑으면 다른 것들이 함께 뽑히는 것처럼 君子가 높은 지위에 올라가서 그의 옛 동료들을 잊지 않는다는 의미라고 해석하였다.
56) (다른 異本들의) 然復 대신 《출삼장기집》(권15 110.1.4)의 '然後'에 의거하여 해석하였다.
57) '瓊柯'. 崑崙山 정상에 있는 옥으로 된 신비한 나무로 不死의 묘약이 들어 있는 보석 열매가 맺힌다. 둘레가 300步, 높이가 1,000尺이다. 《楚辭》 離騷 (四部備要本 권1 31b 및 44a) 참조. 이 나무에 대한 고대 중국의 신앙은 Sukhāvativyūha 제16장 (F. Max Müller 번역본, p.33 이하)에 자세하게 서술되고 있는 불교 측의 극락의 신비한 나무들에 - 금, 은, 유리, 수정, 산호, 赤珠, 마노 및 이들이 합해진 보석들로 된 나무들이 있다 - 대한 묘사와 비슷하다. 극락과 도교 이상향의 - 역시 서쪽에 있는 것으로 이야기되고 있다 - 유사성에 대해서는 H. Maspero, Les religions chinoises, p.72 참조. 湯用彤은 연꽃에 앉은 사람들에 대한 묘사를 단순한 수식적인 것으로 보면서도 동시에 후대의 '蓮社'의 성립이라는 전승이 이것에서 비롯되었을 것이라고 이야기하고 있다(『불교사』 p.368).
58) '三塗'. 지옥, 아귀, 축생을 가리킨다.
59) 불교의 대표적 상징물인 如意(승려들이 說法할 때 손에 드는 막대기)는 뜻밖에도 세속적인 이유에서 비롯된 것이다. 이것은 손이 닿기 어려운 등 뒤의 가려운 곳을 긁기 위한 도구였다.('내 마음대로[如意]'라는 이름도 여기에서 비롯되었다!) 이 도구는 세속의 자료에서 처음 보이고 있다. 《世說新語》 권2下 5b에는 王敦(266-324)이 鐵如意를 사용한 것이 보이고, 《晉書》 권33 12a에는 石崇(249-300)이 이것을 사용한 모습을 이야기하고 있다. 시기가 앞서지만 신뢰하기 어려운 자료인 《拾遺記》(현재 전해지는 것은 4세기 말에 王嘉가 편집한 원본의 자료들을 모은 것이다)에 의하면 孫權(181-252)과 孫和(224-252)가 귀중한 재료로 만든 如意를 가지고 있었다고 한다(漢魏叢書本 권8 3b 및 6b). 이 모든 경우에 있어서 如意는 등 긁개가 아니라 모임에 있는 사람을 가리키거나 노래할 때 박자를 맞추거나 여러 물건들을 두들기는 용도의 '놀이 도구'로 사용되고 있는데, 이는 淸談 때의 麈尾 사용 방식과 거의 비슷하였다(앞의 p.95 참조). 麈尾와 마찬가지로 중국의 如意는 4세기의 상류층 승려들에 의해 사용되었던 것으로 보인다. 한편 등 긁개는 불교 승려들의 소지품 목록에

항상 등장하는 물품이었다. 竺佛念이 4세기 말에 번역한 《四分律》(T1428 大正藏22)에 如意는 승려 소지품으로 언급되고 있으며(권19 694.1.6), 11세기 초의 《釋氏要覽》(T2127 大正藏53; 1019년 道誠撰)에는 그러한 도구의 산스크리트 명칭이 阿那律(anuruddha; 완화시켜 주는, 편안하게 해주는)로 나오고 있다(권2 279.2.28). (기본형인) anurodha는 '남을 도와주다', '바라는 것을 이루어주다'와는 뜻으로 如意의 본래 의미와 일치하고 있다(이 단어의 사전적 의미 중에 '등 긁개'는 나오지 않는다). 그리고 어떻게 이런 도구가 불교 승려들의 가장 공경받는 물품이 되었는지는 명확하지 않다. 아마도 인도의 불교 및 불교 이외의 전설들에서 중요한 역할을 하는 如意寶와 어떤 형태로건 연결되었던 것이 아닌가 한다.

60) 다른 곳에는 보이지 않는다.
61) 다른 곳에는 보이지 않는다.
62) 殷仲堪은 398년 11월에 荊州刺史가 되었다(앞의 p.113 참조).
63) '移景(=影)'. 移晷와 마찬가지로 오랜 시간이 지났다는 의미이다.
64) 《世說新語》 권1下 27a-b 및 앞의 p.213 참조.
65) 생몰년은 360-407년. 王謐과 그의 護敎家로서의 역할에 대해서는 앞의 p.213 및 232 이하 참조.
66) 다른 곳에는 보이지 않는다.
67) '耳順'. 《論語》 爲政 4.5 '六十而耳順'을 인용한 것이다. 王謐이 360년 출생이므로 이 편지는 桓玄이 정권을 잡기 직전인 399년에 쓰여진 것이다.
68) 곧 潯陽이다. 盧循은 409/410년에 荊州와 수도에 대한 대규모의 공격을 감행하였다. 앞의 p.157 참조.
69) '音問'. 일반적으로 '서신 왕래'를 의미한다. 高麗本을 제외한 모든 異本에 '音介'로 되어 있지만 介는 問의 草書體의 誤字임에 틀림없다.
70) 어느 지역의 이름으로 생각되지만 정확한 위치는 확인할 수 없다.
71) 《출삼장기집》 권15 110.1.16에는 法淨의 이름만을 들고 있지만, 그에 관한 그밖의 행적은 전해지지 않는다. 法領은 호탄에 가서 많은 문헌들을 수집하였다. 그중에는 나중에(418-420) 佛陀跋陀羅에 의해 남조의 수도에서 번역되게 되는 3만6천송의 《華嚴經》 梵本도 들어 있었다(《출삼장기집》 권9 6.1.1의 〈華嚴經記〉; 《고승전》 권2 335.3.3 이하의 佛陀跋陀羅 전기 참조). 그는 408년에 - 아마도 구마라집의 옛 스승인 佛陀耶舍와 함께 長安으로 돌아왔다. 境野黃洋, 『支那佛敎精史』 (東京, 1935), p.537-540; 湯用彤, 『불교사』, p.306; 『肇論研究』 p.43; W. Liebenthal, *The Book of Chao*, p.98의 주석 382번 및 383번 참조.
72) 曇摩難提(Dharmanandin)가 이 문헌을 잘못 번역하였다는 내용은 다른 자료에는 보이지 않는다. 현재 전해지는 이 문헌은 法勝(Dharmttara 혹은 Dharmaśrī)이 지은 說一切有部의 아비다르마에 대한 불완전한 강요서이다. 僧伽提婆가 384년에 洛陽에서 처음으로 이 문헌을 완전하게 번역하였다(《출삼장기집》 권2 10.3.10). 하지만 이 16권(혹은 13권)본은 唐代 이후 전해지지 않고 있다. 여기에서 이야기되고 있는 것처럼 그는 廬山에 머물던 391/392년에 慧遠의 요청으로 《아비담심론》의

두 번째 번역을 하였다. 하지만 이것은 실제로는 원본의 요약본으로써, 현재 大藏經(T1550 大正藏28)에 전해지는 것은 바로 이 3권본이다.

73) 山賢(Vasubhadra)과 僧伽先(Saṅghasena)가 찬술한 또 다른 說一切有部의 3권본 강요서이다(T1506 大正藏25).

74) 《출삼장기집》 권10에는 僧伽提婆가 391/392년에 번역한 《아비담심론》에 대한 서문 두 편과 - 한 편은 작자미상(62.2.16 이하), 다른 하나는 혜원이 지은 것(62.3.1 이하) - 혜원이 지은 《삼법도론》 서문 한 편(63.1.1 이하)이 수록되어 있다.

75) 姚興의 동생으로 열렬한 불교 신자인 姚嵩을 가리킨다. 그는 長安에서의 번역 활동에도 적극적으로 참여하였다. 당시 그의 직책은 司隷校尉左將軍安城侯였다[《출삼장기집》 권8 57.3.12의 僧叡 〈法華經後序〉(406) 참조]. 《출삼장기집》 권11 僧肇 〈百論序〉(404)에는 단지 司隷校尉安城侯로만 나오고 있으므로, 그가 혜원에게 편지를 쓴 것은 左將軍의 직위를 얻은 404년 이후로 생각된다. 그와 姚興이 교리상의 문제에 대하여 주고받은 편지가 《광홍명집》 권18 228.1-230.1에 수록되어 있다.

76) '承否通之會'. 잠정적인 번역이다. 여기에서 否는 보통 쓰이는 不을 대체한 것으로써, 아마도 《易經》의 열두 번째 괘[否]를 암시한 것으로 생각된다. '否'卦 象의 '天地不交而萬物不通也', 번역은 Legge, p.224 참조. [否와 通은 서로 반대되는 의미를 갖는다. 이 구절은 '(서로) 막혀서 만날 수 없는[否] 상황이 서로 만날 수 있는[通]로 바뀌게 되어'로 해석되어야 할 것이다-저자보주].

77) '懷寶來遊至止'. 번역을 어떻게 해야할지 알 수 없다. 일단 懷寶를 사람의 이름으로 번역하였다. 물론 '당신(구마라집)이 보배를 품고 이곳에 와서 머물고 있습니다.'라고도 해석할 수 있지만 그 경우 앞뒤의 문장과 잘 연결되는 것 같지 않다. [周一良 교수는 내가 원문의 句讀를 잘못 나누었음을 알려주었다. 원문의 '至止'를 뒤에 오는 '有問'(=소식의 의미이다)과 붙여서 '당신이 가슴에 보배를 품고 (중국에) 오셨으므로 (우리들은) 당신의 활동에 대한 소식을 얻게 되었습니다'로 해석되어야 한다-저자보주].

78) 三方이 어느 지역을 가리키는지 알 수 없다.

79) '敎合之道'. 무슨 뜻인지 정확히 알 수 없다.

80) '八正之路'. 八正道의 다른 표현이다.

81) 반야바라밀의 가르침을 받는 인물로 종종 등장하는 富婁那尊者를 가리킨다.

82) '天漉之器'. 불교 승려들이 물에서 살아 있는 생명체들을 거르기 위해 사용하는 여과 용기를 - 보통 漉水袋라고 한다 - 가리키는 것으로 생각된다. 여기에 虛辭처럼 사용된 天은 水의 誤字일 수 있다.

83) 和南=vandanam(복종, 예배). 인사의 한 형태로서 중국 승려들이 서신에서 일반적으로 사용하던 용어이다.

84) 구마라집이 말하는 경전이 어떤 경전인지, 또 어떤 보살을 염두에 둔 것인지 알 수 없다. 경전에는 가르침 전체 혹은 특정 경전의 수호자로 묘사되는 수많은 보살과 신, 야차 등이 보이고 있다. 혹은 구마라집이 혜원이 그러한 보살에 해당한다고 말하려던 것일까? 그렇다면 혜원의 전기에 나오는 - 이미 張野의 〈遠法師銘〉에 보이고 있다 - 외국(서역)의 승려들이 모든 종교의식에서 여산의 법사에게 경의

를 표하였다는 흥미로운 구절(아래의 p.248)과 관련이 있을 것이다. 구마라집이 이 편지를 쓸 당시에 - 405년경 - 혜원은 이미 환현의 反佛敎 정책에 대항하는 교단의 수호자로서 유명하였으므로 '護法菩薩'은 바로 그에게 적용될 수 있다. '보살'이라는 용어로 불교 승려를 가리키는 것에 대해서는 앞의 p.32 참조. 道安에게 보살이라는 용어가 사용된 것은 앞의 p.199 참조.
85) '因譯傳意, 豈其能盡'. 일반적으로 그에 대해 이야기되는 것과 달리 구마라집이 중국어에 상당한 어려움을 겪고 있었고, 따라서 여전히 혜원이나 王謐 같은 중국인들과 서신을 교환하기 위하여 통역에 의존하여야 했음을 보여주는 중요한 자료이다.
86) 서양에 撒水甁(sprinklerbottle)로 알려져 있는 인도 물병인 淨甁(kuṇdi, 혹은 kiṇḍikā)을 가리키는 것에 틀림없다. 이 물병은 두 개의 주둥이를 가지고 있는데, 어깨 부분에 있는 측면의 것은 물을 채우는 용도이고, 목 부분의 좁고 약간 휘어진 것은 물을 마시기 - 입에 물을 뿌리기 - 위한 용도이다. *Hobogirin*(『法寶義林』) Byō (甁) 항목 p.265 이하 및 Anada K. Coomaraswamy and Francis Stewart Kershaw, "A Chinese Buddhist water vessel and its Indian prototype", Artıbus Asıae 1928/1929, p.122-141 참조. 뒤의 논문에서 필자들은 인도에서 마우리야 왕조 혹은 그 이전 시기부터 나타나고 있는 kuṇdi가 극동에서는 8세기 이전의 고고학 및 미술 자료에 보이지 않고 있다고 이야기하고 있다. 하지만 여기에 인용한 자료는 중앙아시아나 북인도의 외국 승려들에 의해 도입된 이러한 종류의 용기가 적어도 5세기 초에는 중국에서 사용되었음을 보여주고 있다.
87) 구마라집의 전기는 물론 다른 자료들에도 보이지 않는 흥미로운 사실이다.
88) 曇邕에 대해서는 앞의 p.210 참조. 혜원이 曇摩流支에게 보낸 편지는 《고승선》(권2 333.2.1 이하)의 曇摩流支 전기와 《출삼장기집》(권3 20.2.5 이하)의 이 문헌의 번역에 대한 僧祐의 기록에 들어 있다.
89) 《출삼장기집》 위의 기사 및 《고승전》 권2의 弗若多羅 전기(333.1.14 이하), 曇摩流支 전기(333.2.14 이하), 卑摩羅叉 전기(333.2.26 이하) 참조. 《十誦律》(T1435 大正藏23 총61권)의 앞부분은 弗若多羅가 암송한 것을 구마라집이 중국어로 번역하였는데, 번역은 404년 12월 3일에 시작되었다. 문헌의 3분의 2를 번역하였을 때 弗若多羅가 죽었고, 이후 구마라집이 남은 부분을 '만들어내지'(즉 암송하지) 못하여 번역 작업은 중단되었다. 405년 가을에 長安에 도착한 曇摩流支가 혜원의 편지를 받은 후 이 문헌의 암송을 다시 시작하였고, 구마라집이 다시 이를 번역하였다. 하지만 전체 61권 중의 58권만이 번역되었고, 번역문도 완전하게 윤문되지 않은 상태에서 구마라집이 죽었다. 최종적으로 또 다른 카시미르 출신의 律師인 卑摩羅叉가 구마라집이 죽은 직후인 406년에 장안에 들어와 나머지 세 권의 번역을 추가하였다. 얼마나 엄청난 작업이었던가…!
90) 이 이야기는 이미 張野의 〈遠法師銘〉에 보이고 있다.
91) (대승의)《大般涅槃經》에 이야기되고 있는 모든 개인들에게 내재되어 있는 '佛性'의 영원성에 대한 가르침을 가리키는 것으로 생각된다.
92) 구마라집이 이야기한 경전이 정말로 (대승의)《大般涅槃經》이라면 - 혜원의 취지로

볼 때 그러할 가능성이 대단히 높다 - 이 이야기는 사실일 수 없다. 구마라집이 이 '혁명적인' 경전에 대해 전혀 알지 못하였다고 생각할 충분한 근거들이 있다.

93) 姚興과 慧遠의 교류에 대해서는 앞의 p.212 참조.

94) 姚嵩에 대해서는 앞의 주석 75번 참조. 40년쯤 전에 苻堅이 道安에게 보낸 선물들에 대해서는 앞의 p.188 참조. 《출삼장기집》권15 110.2.4에서는 姚興이 보낸 선물을 '龜玆國細縷雜變石像(구자국의 세밀하게 새긴 다양한 돌로 만든 변상들)'로 밝히고 있다.

95) 龍壽가 지었다고 하는 - 근거는 없다 - 《2만5천송반야경》에 대한 거대한 주석서로 구마라집이 번역하였다. 중국어 번역본(100권)은 406년 2월1일에 완성되었다 (《출삼장기집》권10 74.3에 수록된 僧叡의 序文 및 같은 책 75.2에 수록된 작자미상의 題記 참조). 이 책은 현존하고 있으며 약 3분의 1가량이 Et. Lamotte에 의해 譯註되었다(Le Traité de la Grande vertu de Sagesse de Nāgārjuna, Louvain, 1944-1949). 인도의 원본은 - 실제로 있었는지 알 수 없지만 - 완전히 인멸되어서 제목조차도 정확하게 알 수 없다. 이 책은 대승불교에 관한 진정한 자료의 寶庫임에도 불구하고 인도의 불교 문헌 어디에도 언급되거나 인용되고 있지 않으며 티베트어로도 번역되지 않았다. 또한 또 다른 중국어 번역본도 없으므로 구마라집의 번역본이 이 문헌의 유일한 모습이다. 이 책의 작자는 說一切有部의 인물로 당시 서북인도에서 흥성하고 있던 이 학파의 아비다르마에 정통하였고, 나중에 이 책에서 대단히 자세하게 설명하고 있는 中觀사상으로 전향하였던 인물임에 틀림없다. 스스로 이와 비슷한 사상적 전환 경험이 있는 구마라집은 그가 머물렀던 쿠차나 다른 西域 지역에서 이 책을 접하였던 것으로 생각된다. 이 책이 중앙아시아 지역에서 만들어졌다고 하면 위에서 언급한 이 책에 관한 이상한 문제들이 해결될 수 있다. Le Traité의 두 번째 권에 대한 P. Demiéville의 자세한 서평(J.As., 1950, p.375-395) 참조. 《大智度論》의 저자 문제에 대해서는 최근 干潟龍祥이 자신이 편집한 Suvikrāntavikrāmi-paripṛcchā의 서문(Fukuoka, 1958, p.LII 이하)에서 상당히 자세하게 논의하고 있다. 그는 자신이 보기에 龍樹가 지은 것이 틀림없는 원래의 핵심 부분과 후대에 (구마라집과 다른 사람들에 의해) 덧붙여진 부분을 분리하려고 시도하고 있다.

96)《莊子》제18 (至樂) p.11의 '褚小者不可以懷大 綆短者不可以汲深'을 변형시킨 것이다. 《출삼장기집》에는 褚 대신 渚로 되어 있다.

97) 姚興의 요청에 의해 혜원이 지은《大智度論》의 서문은 전해지지 않고 있고, 陸澄의《法論》중의 혜원의 저술 목록(《출삼장기집》권12 83.1 이하)에도 보이지 않는다. 하지만《大唐內典錄》(권3 248.1.23)에는 언급되고 있다.《대지도론》초록본에 대한 혜원의 서문은《출삼장기집》에 수록되어 있다(권10 75.2〈大智論抄序〉). 이 20권짜리 초록본은《般若經問論集》《大智論要略》《釋論要抄》등의 제목으로도 알려져 있으며,《출삼장기집》권2 13.3.12와 38.1.18 그리고 다른 여러 후대의 목록들에 수록되어 있다. (法鏡의《衆經目錄》(504) 권6 145.1.1;《大唐內典錄》(664) 권3 248.1.15 및 권10 330.1.25;《開元釋敎錄》(730) 권4 515.3.9;《貞元新定釋敎目錄》(800) 권6 812.3.1) 하지만

98) '立身行道'. 《孝經》 첫 번째 장의 '立身行道 揚名於後世 以顯父母 孝之終也'의 인용이다(注疏本 권1 3a; 번역은 Legge, p.466). 불교적 관점에서는 – 호교 문헌들에 반복적으로 제기되고 있다 – 사원에서의 생활이야말로 孝의 최상의 형태라고 하였다. 아래의 p.283 참조.
99) 桓玄이 慧遠에게 환속할 것을 권유한 편지는 그에 대한 혜원의 답서와 함께 전해지고 있다(《홍명집》 권11 75.1-6 이하).
100) '丹可磨而不可奪其赤 石可破而不可奪其堅'이라는 말을 暗喩한 것이다. 이 말은 《魯氏春秋》 권12 제4 p.119에 처음 나온다(번역은 Wilhelm, p.149).
101) 桓玄이 대신들에게 보낸 편지의 전체 내용은 《홍명집》 권12 85.1.12 이하에 수록되어 있다. 桓玄의 廬山 공동체에 대한 호의적인 묘사와 관련해서는 泰山의 竺僧朗의 사원에게 면역의 혜택을 준 苻堅(337-384)이 비슷한 조치들(《고승전》 권5 354.2.14)을 참조하라.
102) 이 부분을 《고승전》에서는 '淪渭將及'이라고 하였고, 《홍명집》에 수록된 혜원의 편지(권12 85.2.2)에서는 '混然淪渭'라고 하였다 두 문헌 모두에 나타나는 '淪渭'는 '淪胥'(함께 잃다)의 誤字이다. 《詩經》 小雅 祈父之什 雨無正 '若此無罪 淪胥以鋪' 참조.
103) 《詩經》 北風 谷風 '涇以渭濁'을 暗喩한 것이다.
104) 桓玄이 보낸 편지의 전문은 《홍명집》 권12 85.1.29 이하에 수록되어 있다. 慧遠이 제시한 규제책에 대해서는 아래의 p.260 참조.
105) 402년 4월/5월부터 404년 1월 2일까지의 기간이다. 앞의 p.155 참조.
106) '八座'. 後漢 이후 尙書令, 僕射, 六曹의 장관 등을 통칭하는 용어이다.
107) 高麗本 《고승전》과 《홍명집》 권12 83.3.5에 의거하여 '此便當行之事'로 읽었다.【다른 異本들에는 뒤에 '一二'가 더 붙어 있다–역자】
108) 여기에 인용된 慧遠의 편지는 《홍명집》 권12 83.3.10 이하에 수록된 편지와 크게 차이가 있다. 앞의 p.237 참조.
109) '漱流'. 은거하는 사람을 가리키는 관용적인 표현이다.
110) 404년 1월 2일이다. 앞의 p.156 참조.
111) 桓玄은 이미 帝位에 올랐으므로 그가 내린 글은 詔이다. 《고승전》에서 '書'라고 표현한 것은 아마도 그의 통치의 不法性 때문일 것이다. 하지만 《홍명집》 권12 84.2.25에는 실제로 이 글이 〈桓楚許道人不致禮詔〉로 나오고 있다(楚는 단명에 그친 桓玄의 王朝 이름이다).
112) 《홍명집》 위에서 제시한 부분에 전혀 다른 내용의 桓玄의 詔가 수록되어 있다.
113) 《고승전》의 '故輿其敬'은 전혀 의미가 통하지 않는다. 《홍명집》의 '故寧與其敬耳'에 의거하여 해석하였다. 번역은 잠정적인 것이고, 與는 許(허락한다)의 의미로 해석하였다.【故輿其敬'은 '따라서 그들이 공경을 표하도록 한다'로 해석하면 의미가 통한다–저자보주】
114) '謙光'. 《易經》 제15괘 (謙)의 '謙尊而光'을 가리킨 것이다.

115) '禮敬爲本'(Hurvitz, p.20에서는 '예절과 공경은 여기에 근본이 있다'라고 잘못 해석하였다). 《禮記》曲禮上 제일 앞부분의 '(曲禮曰) 毋不敬'을 암시한 것이다.
116) 元나라 本과 明나라 本, 그리고《홍명집》에 의거하여 '大德故' 대신 '夫然故'로 해석하였다.
117) '近開…'.《홍명집》에 수록된《沙門不敬王者論》에는 '廣開…'로 되어 있다.
118) '在宥'.《莊子》제11 (在宥) p.62 '聞在宥天下 不聞治天下也'를 인용한 것이다. 글자의 의미는 '(자유롭게) 지내고 관대하게 대해준다'는 뜻이다.
119) '物不能兼受也'. 慧皎가 어떤 이야기를 하려고 한 것인지 잘 알 수 없다. 아마도 儒敎와 佛敎를 겸할 수 없다는 뜻이 아닌가 생각된다.
120) '識神馳騖 隨行東西'. 이 구절은《홍명집》권5 31.2.10 이하에 수록되어 있는《사문불경왕자론》에는 보이지 않는다.
121) 404년 3월/4월. 아래의 주석 123번 참조.
122) 何無忌는 劉裕의 일파로써 404년에 劉裕가 桓玄을 공격할 때 중요한 역할을 하였고, 그 일로 여기에 언급되고 있는 輔國將軍에 임명되었다. 그는 410년의 盧循과의 싸움에서 사망하였다.《晉書》권85 6a 이하의 그의 전기 참조. 그는 불교도가 아니었던 것으로 보인다.《홍명집》권5 32.3에는 慧遠의〈沙門袒服論〉과 함께 그가 이에 대해 難을 제기한 편지가 수록되어 있다.
123) 陽月은 일반적으로 음력 10월을 가리킨다. 하지만 安帝가 潯陽을 지나던 때와 시기적으로 맞지 않는다. 안제는 405년 3월 22일에 江陵를 떠나 4월 29일에 建康에 도착하였다(《晉書》권10 5a). 따라서 여기에서의 陽月은 春月, 즉 봄을 의미한다고 생각된다. '春'字는 建文帝의 皇后인 鄭氏의 이름이었으므로 371년부터 避諱되었다. 같은 이유로 그때부터 晉나라가 망할 때까지의 사이의 역사문헌들에는 春을 피하고 있다. 孫盛의《晉陽秋》나 習鑿齒의《漢晉陽秋》, 檀道鸞의《續晉陽秋》와 같이 春秋를 陽秋라고 하였다.
124) 405년 3월 22일. 앞의 주석 참조.
125) 謝靈運(385-433, 전기는《宋書》권67 1a)은 당시의 가장 유명한 시인이자 서예가이다. 그의 관력은 劉裕 통치기에 시작되었다. 宋朝 초기의 여러 고위직을 역임한 이후 그는 반역을 도모했다고 의심되어 433년에 처형되었다. 謝靈運은 열렬한 지식층 불교신자로서 5세기 초의 불교계에서 제기된 사상적 논의, 특히 頓悟에 관한 논의에 적극적으로 참여하였다. 그는 또한 번역(의 운문)과 주석 분야에서도 활동하였다. 그의 활동 대부분은 이 책이 다루는 중국 불교의 범위에서는 벗어나지만 다음과 같은 자료들의 목록을 제시함으로써 그의 불교적 관심사의 강도를 알 수 있을 것이다. (1) 謝靈運은 여러 불교 승려들과 교류하였다. 竺道生과의 관계는 그의《辨宗論》에 수록된 축도생의 頓悟에 대한 설명(《광홍명집》권18 224.3.25)에서 드러나고 있다. (2) 같은 주제에 대해 다른 승려들과 주고받은 여러 통의 편지들(위와 같음) (3) 그는 慧遠과 曇隆의 誄를 지었다(《광홍명집》권23 226.2.3 이하). (4)〈無量壽佛頌〉(《藝文類聚》권76 11a) (5)〈和范光祿祇洹像贊〉(范泰가 그린 祇洹 그림에 대한 찬문)과〈維摩經十譬贊〉(《광홍명집》권15 200.1.12 이하) (6)

〈佛影銘〉(《광홍명집》 권15 199.2.6) (7) 慧嚴, 慧觀과 함께 曇無讖이 번역한《(大乘)大般涅槃經》36권(南本, 大正藏12)을 개정하였다. (8) 그가 지은《金剛般若經注》가 王巾의 〈頭陀寺碑文〉에 대한 李善의 주석에 인용되어 있다(《文選》권59 p.271). (9) 慧叡와 함께 산스크리트 用語集인 《十四音訓序》(漢字로 되어 있지만 산스크리트 알파벳의 14(母)音 순서로 되어 있다)를 편찬하였다.(《고승전》권7 367.2.14; 湯用彤,『불교사』下 p.339; Richard Mather, "The Landscape Buddhism of the Fifth-Century Poet Xie Ling-yün", *Journal of Asina Studies* 18-1 (1958년 11월), p.67-79 특히 p.72; A. F. Wright in *Sino-Indian Studies* V (1957) p.279; P. Deiméville in *TP* XLV (1957) p.243 참조.
126)《禮記》의 喪服大記(注疏本 제45권)를 가리킨다.
127) 廬山에서의 세속 학문연구에 대해서는 앞의 p.230 참조.
128) 張野의 〈遠法師銘〉에서는 慧遠이 60세 이후에 즉 생애의 마지막 23년 동안 산을 떠나지 않았다고 이야기하고 있다.
129) 謝靈運의 글(〈廬山慧遠法師誄〉,《광홍명집》권23 267.1.20)에서는 慧遠이 義熙 13년 8월 6일 즉 417년 9월 2일에 84세로 죽었다고 이야기하고 있다. 한편 張野의 〈遠法師銘〉에서는 慧遠이 83세로 죽었다고 이야기하고 있다.
130) 다른 자료에는 보이지 않는다. 慧遠의 무덤은《廬山記》권1에 기록되어 있다(大正藏51 29.1.25 이하).
131) 謝靈運이 쓴 碑文은 張野의 序文과 함께 陳舜兪의《廬山記》권5에 수록되어 있다(大正藏51 1048.2.9).
132)《大乘大義章》로 묶여 별도로 전해진 慧遠이 구마라집에게 보낸 편지들은 제외되었다. 陸澄의《法論》목록에는 다음과 21편의 論과 편지들이 언급되어 있는데, 이중 9편이 현재 전해지고 있다. (1) 法性論 (2) 〈論眞人至極〉이라는 저자미상의 편지에 대한 慧遠의 答書 (3) 妙法蓮華經序 (4) 無三乘統略 (5) 三法度經序 (6) 法社節度序 (7) 外寺僧節度序 (8) 節度序 (9) 比丘尼節度序 (10) 與桓玄三信(禮에 대하여 논의하였음이 분명하다) (11) 答復桓玄沙汰僧人 (12) 沙門不敬王者論 (13) 沙門袒服論 (14) 禪經序 (15) 釋神足 (16) 阿毘曇心序 (17) 釋三報論 (18) 明報應論 (19) 辯心意識 (20) 釋神名 (21) 驗寄名. 慧遠의 전기에서는 또한 그의《大智度論》요약본(앞의 주석 97번 참조)을 언급하고 구마라집에 보낸 처음 두 통의 편지 내용(앞의 p.246-248 참조)과 그의 〈佛影銘〉(앞의 p.242-243 및 주석 27번 참조) 전체를 인용하고 있다. 또한《홍명집》권11 75.1에는 〈答桓玄勸罷道書〉가 수록되어 있고,《광홍명집》권15 198.2에는 〈襄陽丈六金像贊〉, 권18 222.2에는 戴逵의 편지에 대한 答書, 권27 304.1에는 〈與隱士劉遺民等書〉, 권30 351.2에는 〈念佛三昧詩集序〉가 수록되어 있다. 그의《廬山記》일문들은《世說新語》권2下 44b의 주석,《文選》권12 256, 권22 480, 권26 583의 주석,《藝文類聚》권7 20b,《水經注》권39 19a,《廬山記》(陳舜兪撰) 권1 (大正藏51 1027.3 및 1031.6),《太平御覽》권41 3b 6a에 인용되어 있고, 반란군 두목 盧循에게 보낸 편지의 단편들은《藝文類聚》권87 20b 와《太平御覽》권972 7b에 인용되어 있다.

제 5 장

신앙의 수호 :
4세기에서 5세기 초 시기의 반反승려주의 및 불교옹호론

사족 사회의 불교 배척 : 반反승려주의의 유형들 [p.254]

앞에서 이야기했던 것처럼 중국에서의 불교는 – 다른 지역들에서와 마찬가지로 – 사유방식 혹은 철학적 체계가 아니라 생사의 구속에서 해방[vimokṣa, 해탈]시켜주는 – 특히 폐쇄적이고 독립적인 종교 공동체인 승가[saṅgha, 衆]의 구성원들이 추구하는 – 생활방식, 즉 고도로 규정된 행동 규범이었다. 이와 같이 불교는 사원의 이상과 긴밀하게 연결되어 있었고, 이는 필연적으로 중국 지배층의 강력한 배척을 불러일으킬 수밖에 없었다.

불교는 먼 옛날부터 '종교적 생활'[범행梵行 brahmacaryā]이 제도화되고, 종교 공동체가 세속 지배자에 복속되지 않고 병존하며, 국왕이 도망 노예 출신의 승려에게까지도 경의를 표하는 국가[=인도]에서 기원하여 그 고유한 형태를 완성시켜 갔다.[1] 중국에 들어온 불교는 절대적인 정부 – 이론상으로는 황제 – 의 권위하에서 국가 내부의 반사회적이고 생산 활동에 종사하지 않는 자치적 집단이 용납되지 않는, 또한 종교적 혹은 형이상학적 가치보다는 실제적 효용성에 따라 사상체계가 평가되는 사회에서 인정받아야 하였다.2)

또한 중국에서는 승려나 성직자는 결코 특별한 사회적 집단으로 존재하지 않았다.3) 기원후 184년에 도교 주술사 장각張角의 지도하에 한 제국을 거의 붕괴시킬 뻔했던 혁명을 일으켰던 유명한 반半종교적이고 반半정치적인 대중운동인 황건黃巾 집단을 '사제' 조직으로 생각할 수도 있을 것이다. 하지만 자선시설[의사義舍]의 설립, 분향, 예배, 참회, 죄의 고백, 불음주, 합창에 의한 독경[도습都習] 등과 같은 제도와 수행4)에도 불구하고 황건 집단의 지도자들을 사제 조직이나 계층으로 볼 수 있을지는 대단히 의심스럽다. 그들의 의무는 종교적인 동시에 세속적이었고, 그들의 칭호가 나타내고 있는 것처럼 고위직책자 중의 다수는 이 종파의 복잡한 계층적 지역적 행정조직 내부에서 군사 및 행정적 역할을 담당하였던 것으로 보인다.5) 덧붙여 이야기하면 후대의 불교 작가들은 황건 및 그와 유사한 집단들을 대단히 철저하게 비판하였는데, 거기에는 충분한 이유가 있었다. 황건 집단의 활동은 정부의 권위에 대항하는 것으로써, 황건 집단과 불교 교단 사이에 조금이라도 비슷한 점이 있다면 그것은 지배층의 반反승려적 감정을 증대시킬 수 있는 것이었다.6)

이 장에서 살펴보게 될 여러 종류의 반反승려주의는 교양이 없는 일반 대중들에게는 존재하지 않았을 것으로 생각되며, 따라서 이 새로운 신앙의 확산도 그들 사이에서 두드러졌음에 틀림없다. 후대의 자료들에 의하면 – 당시의 자료들에서는 구체적인 정보를 얻을 수 없다 – 265년에서 316년 사이에 두 수도[낙양과 장안]에는 180(혹은 182)개의 사원과 3천7백 명의 비구와 비구니들이 존재하였다.7) 316년 당시 낙양에 있던 사원의 숫자는 42개 혹은 32개로 다르게 나타나고 있지만8) 317년에서 420년 사이에 (동)진의 영토 내에 있던 사원과 승려들의 숫자는 각기 1천768과 2만4천으로 이야기되고 있다.9)

이와 달리 사족들에 대한 교화는 매우 힘든 일이었다. 다른 사회적 집단들보다 훨씬 전통에 얽매여 있고, 정신적으로 고전적 중국 문화의 좁은 영역에 갇혀 있던 사족들은 유서 깊은 이상과 자기 계급의 기득권을 위협하는 어떠한 요소에 대해서도 반대하고, 필요하면 절멸시킬 준비가 되어 있었다. 4세기 초 이후 지속적으로 국가 내부의 조직된 집단으로서의 승가의 활동과 목적, 그리고 개별 승려의 생활방식에 대한 강한 반反승려적 정서들이 나타나고 있다.

인도에서 승가가 주로 성격이 비슷한 다른 종교 집단들과 경쟁했던 것과 달리 중국에서는 불교 교단이 사족, 즉 제국의 관료나 정부 자체와 갈등하여야 했다는 것은 초기 중국 불교의 특성을 이루는 가장 중요한 사실이다. 이하에서는 그러한 불교 교단과 세속 권력 사이의 사상적 갈등의 여러 요소들, 즉 상류층 사이에 보편적이었던 다양한 종류의 반승려주의와 정형화된 불교 측의 반론들에 대하여 살펴볼 것이다.

대체적으로 이야기하면 반승려주의에는 다음과 같은 네 가지 형태가 있었다.

1) 교단의 활동은 다양한 면에서 정부의 권위와 국가의 안정과 번영에 해롭다[정치, 경제적 측면의 논의].
2) 사원 생활은 이 세상에 어떠한 구체적 결실도 가져오지 못하며 따라서 쓸모없고 비생산적이다[실용적 측면의 논의].
3) 불교는 '이민족'의 신앙으로써 문명화되지 못한 외국인들의 필요에 부합하는 것이다. 옛 태평성대의 기록에는 불교에 대한 언급이 없으며 과거의 성인들도 불교에 대해 알지 못하고 필요로 하

지 않았다[문화적 우월성에 기반한 논의].
4) 사원생활은 사회적 행위에 관한 자연스럽고 신성한 원칙을 침해하는 것이며, 따라서 이것은 대단히 부도덕한 것이다[도덕적 측면의 논의].

한편 불교의 옹호자들은 다음의 사실들을 증명하기 위하여 다양한 주장들을 하였다.
1) 승려들은 세속의 권력에 복종하지 않는다고 하여도 결코 충성스럽지 않은 것은 아니다. 실제로 불교 교단은 평화와 번영을 유지하는 데 도움이 되며, 그 구성원 중 일부 소수의 잘못된 행동 때문에 교단 전체가 비난받아서는 안 된다.
2) 사원 생활로 얻어지는 이익이 비록 이 세상에서 쓸 수 있는 실용적인 것은 아니지만 그렇다고 해서 쓸모없는 것은 아니다.
3) 불교가 외국에서 비롯되었다는 것이 그것을 거부할 이유는 되지 못한다. 중국이 외국의 사물들을 차용하여 큰 성과를 거둔 사례들이 있다. (더 기발하고 흥미로운 해결방식으로써는) 불교는 결코 새로운 것이 아니다. 불교는 아쇼카왕 혹은 그 이전부터 중국에 알려져 있었다.
4) 불교 교단에서 이야기하는 덕행과 유교의 기본 원리 사이에는 근본적인 차이가 없다. 불교는 유교와 도교의 가장 완성된 형태이다.

(1) 반反승려주의: 정치적 경제적 측면의 논의

'사문은 국왕에게 예를 표하지 않는다.10)' 그는 '(인간) 세계 바깥(에 머무는) 이방인'11)이므로. 승가가 사문의 친족이 된다. 삭발한 그의 머리와 가사는 그와 사회의 완전한 분리를 상징한다.12) 즉 승가는 세속의 권위에 대해 어떠한 의무도 지지 않고 국가의 감독을 받지 않는 자율적인 조직임을 주장한다. 승가의 이러한 태도가 유교 국가원리의 가장 근본적 개념(의 정당성)에 대해 도전임은 두말할 필요도 없다. 외래 침략자에 의해 중국의 왕조가 남쪽으로 쫓겨나고 황제 자신이 거의 중요하지 않은 존재로 전락해 있던 4세기 동안에도 유교 정치가, 학자, 장군 - 이 세 집단은 크게 중복되었다 - 들은 여전히 황제의 권위라는 허구를 주장하였고, 실제 상황을 완전히 무시하면서 '넓은 하늘 아래에 왕의 것이 아닌 땅은 없으며, 그 영역 안에 왕의 신하가 아닌 사람은 아무도 없다'13)고 반복하여 주장하였다. 정치적 방편 혹은 통합과 계서제라는 전통적 이상으로써 주창된 이러한 태도는 - 심지어 오늘날에도 중국 사상의 특성으로 남아 있다 - 4세기에서 5세기 초의 시기에 거듭해서 교단과 국가의 대립을 야기하였다. 앞의 장들에서는 이러한 입장 차이로 인해 340년에 발생한 섭정 유빙庾氷과 친불교적 대신 하충何充 (및 그들의 당파) 사이의 논란, 그리고 60여 년 뒤에 같은 주제로 독재자 환현桓玄과 왕밀王謐 사이에 발생한 논쟁에 대하여 살펴보았다.14) 거기에서 이 논쟁들의 내용과 340년의 논쟁의 배경이 되었던 정치적 요소들에 대하여는 분석하였으므로 여기에서 그 내용을 반복할 필요는 없을 것이다. 340년과 402년의 사건들은 여러 세기에 걸쳐 주기적으로 반복되어 제기되었던 승려의 지위에 대한 논란의 시작이었다. 자율성을 추구하는 불교 교단과 본질적으로 전체주의적인 유교국가 사이의 지속적인 긴장관계 - 이러한 논쟁들에 주기적으로 드러나는 긴장관계 - 는 중국 불교의 가장 근본적 모습들 중 하나였다.

 이러한 논쟁에서는 세속 권력의 입장에서 사회 내부의 반反사회적이고 비생산적인 공동체의 존재를 부정하는 실용적 측면만이 아니라

제5장 신앙의 수호 571

사상적 요인들이 주요한 주제였고, 특히 후자가 더욱 중요하였다. 이러한 논쟁들은 언뜻 보기에는 종교 공동체의 정신적 이상주의와 종교적 성향을 찾아보기 힘든 정치인 집단의 냉소적 유물주의 사이의 갈등으로 보일 수 있다. 하지만 그 정치가들의 주장을 잘 살펴보면 그들이 전통으로 신성화된 명확한 세계관의 주창자로서 정치·도덕적 [p.257] 요소와 함께 상당한 정도의 종교적 요소가 담겨 있는 사상을 옹호하고 있다는 사실을 알 수 있다. 국가는 우주의 본질적 요소 중 하나로써 여러 집단과 개인, 계급과 신분으로 이루어진 질서 있는 사회 이상의 것이며, 국가의 행복과 불행은 자연의 운행에 반영된다고 생각하였다. 통치자도 종교적 분위기에 둘러싸여 있었다. 모든 신민들의 생활을 가능하게 하는 것은 통치자 본인이며(앞의 p.232 참조), 그 자신이 자연의 창조적 힘[造化, p.233 참조]의 화신이므로, 그의 임무는 교화[化] – 이 용어는 자연의 운행 자체를 의미하는 것이다 – 시키는 것이었다. 통치자에 대한 반항이나 그 영향력으로부터 벗어나는 것은 단순히 불법적이거나 반反사회적인 것만이 아니었다. 그러한 행위는 – 승가의 자율성에 대한 토론과정에서 분명하게 제시된 것처럼 – 신성모독적인 것이었다. 앞의 장들에서 설명한 논쟁들을 이해하기 위해서는 이론적 요소들을 염두에 둘 필요가 있다. 논쟁들은 교단과 국가의 갈등이 순수한 정치적, 종교적 차원 이상의 문제와 관련된 것임을 분명하게 보여주고 있다. 그것은 두 사상 사이의 대립이었다. 그러한 논쟁들의 이상한 – 끊임없이 두 가지 서로 다른 차원에서 동요하면서, 불교 측 논쟁자만이 아니라 유교 측 논쟁자까지도 구체적 상황과 분명하게 연관되지 않는 이론적 논의에 깊숙이 빠져들고 있는 – 성격도 이러한 측면에서 이해될 수 있다. 그들의 주장을 단순히 과장된 말이나 권력투쟁을 위한 수단으로써 계획적으로 제시된 형식적 주장으로만 여기는 것은 근시안적인 이해방식이다.

통치자(즉 정부)는 모든 신민들의 어떠한 형태의 사회적 행동이든 규제하고 감독하였으며, 사회적 행위의 전통적 규범에 조금도 변화를 일으키지 않는 특정한 이론만이 수용될 수 있었다. 이 때문에 논쟁에서도 종교적 믿음 즉 신앙으로서의 불교에 대한 비판은 드물었고, 오히려 끊임없이 '불교의 가르침'과 종교적 생활, 즉 그 자체로서는 받아들일 수 있는 이론의 '순수함'과 용납할 수 없는 승려들의 생활방식을 구분하려 하였던 것이다. 그러한 명확한 사례를 404년 1월에 궁정 관료 변사지卞嗣之와 원격지袁恪之가 환현의 불교 교단에 대한 정책 변경에 반대하면서 거듭하여 제기한 다음의 주장들에서 볼 수 있다.

"'왕의 영역 안에 있는 사람으로서 왕의 신하가 아닌 사람은 아무도 없'으며 따라서 모두 (정부의) 교화를 따라야 합니다. 승려의 가사를 걸친 사람들은 만승萬乘의 천자(에 대한) 예의를 무시하고 있으며, 따라서 저희들은 불안해하고 있습니다. 어떻게 (군주에 대해) 예의를 갖추는 것이 (그들의) 이론을 훼손시키는 것이 될 수 있습니까? 존귀한 것과 낮은 것 사이의 중요한 질서(를 규율하는) 원리는 절대로 훼손되어서는 안 됩니다…"15)

"승려들이 따르는 (가르침은) 특별할 수 있지만 그들의 (일반적인) 행동은 세속을 초월하고 있지 않습니다. 그런데 어떻게 일반 사람들과 다르게 대우받을 수 있습니까?"16)

앞에서 이야기한 것처럼 그러한 구분은 불가능한 것이며, 따라서 반승려적인 중국 관료들의 견해는 불교의 본질을 이해하지 못하였음을 보여주고 있다.

초기의 논쟁들에서 불교를 옹호한 재가신자들은 이러한 점을 주장

하지 못하였다. 그들의 주장은 문제의 핵심을 건드리지 않은 채 적당
[p.258] 히 타협하려 한 미약한 시도들로서, 과거의 역사적 사례들을 들어서
이방인 군주들이 불교에 대해 우호적이었던 사실, 승려들의 '내면적
복종'과 외면적인 공경의 부질없음, 그리고 특별히 국가의 안녕을 위
한 불교의 유익한 영향을 언급하는 데 그쳤다.

종교적 생활의 목적을 편지와 논설로 분명하고 비타협적으로 이야
기한 것은 혜원이 처음이었다. 그는 역사적 사례나 실용적 목적이 아
닌 불교의 가르침, 그 자체의 근본적 원리의 결과로 필연적으로 도출
되는 입장에 기초하여 교단의 영역과 세속 영역의 한계와 구분을 명
확하게 글로 표현하였다. 혜원을 중국 불교사에서 최초의 위대한 신
앙의 옹호자로 간주하는 것은 그의 호교적 활동의 성과보다도 – 그것
들은 전혀 다른 이유로 달성되었다 – 바로 이러한 점 때문이라고 할 수
있다.

혜원의 글은 – 비록 우아한 수사로 가득차고 대단히 공손하게 표현되고
있지만 – 확고하고 비타협적인 입장을 보여주고 있다. 승가는 이 세상
에 속하지 않는, 스스로의 이상과 행동 규범을 갖는 조직으로 존재해
야 한다는 것이다.

> "불교 경전에서 이야기되고 있는 것처럼 (불교도들에는) 두 종류의
> 사람들이 있습니다. 세속에 머물면서 가르침을 널리 펴는 (재가의)
> 사람들과 가정을 떠나 도를 닦는 (출가의) 사람들입니다. 세속에
> 머무는 사람들은 상급자를 받드는 예를 지키고 (손위의) 친척들을
> 공경해야 합니다. (통치자에게) 충성하고 효도를 해야하는 의무가
> (유교) 경전에 분명하게 밝혀져 있고, 세 가지 위대한 것들과 함
> 께[17] (군주가 위대하다는) 가르침이 성인의 글에 드러나 있습니다.
> 이것은 〈왕제王制〉[18]에 규정된 내용과 부절符節처럼 일치하고 있

습니다…

하지만 가정을 떠난 (출가의) 사람은 이 세상 (인간관계의) 바깥에 있는 이방인으로서, 그의 행동은 (다른) 존재들과는 구분됩니다. 그가 따르는 가르침은 그로 하여금 (모든) 근심과 고통이 몸을 가진 것에서 비롯되었으며,[19] 몸에서 벗어남으로써 고통을 그치게 할 수 있음을 깨닫게 하였습니다. 끊임없이 태어남[生生][20]은 (자연)의 조화에 의한 것이고, 조화(의 작용)를 따르지 않음으로써 비로소 (최상의) 진리를 구할 수 있음을 그는 알고 있습니다…. 그의 원칙은 세상과 어긋나며 그의 도는 세속과 반대입니다. 따라서 모든 출가자들은 은거하면서 바라는 바(의 성취)를 추구하고, 세속의 행동을 바꾸어 도를 이루어야 합니다. 세속의 행동을 바꾸었으므로 그들은 세속의 원칙과 같은 예를 행할 수 없고, 은거하므로 행동을 고상하게 해야 합니다. 오직 이렇게 함으로써 비로소 깊은 물에 빠진 세상을 구하고 영겁에 잠긴 (존재의) 감춰진 뿌리를 드러낼 수 있으며, 멀리 3승의 나루를 헤치고 나가 사람과 천인天人들의 길을 넓게 개척할 수 있습니다.[21] 그러므로 (가족의) 안에서는 자연적 관계에 대한 존중에서 벗어나지만 효도에 어긋나지 않고, (가족의) 바깥에서는 군주를 받드는 공손함에서 벗어나지만 (군주에 대한) 공경을 잃지는 않습니다."[22]

승려는 자유로워야 한다. 세속의 권위에 대한 복종은 그를 세상의 그물에 걸리게 하여 자신과 모든 중생들을 구제하지 못하게 한다. 한편으로 혜원은 다른 곳에서는 군주가 승가를 부양할 도덕적 의무가 있다고 주장하기도 했다. 사문은 떠돌이이며 [이 세상을 위한] 사명을 가지고 있다. 따라서 그가 사명을 맡아 위하고 있는 이 세상이 그에게 모든 떠돌이 생활에 필요한 물품을 제공하는 것은 당연한 일이다. [p.259] 그에게는 황제의 명령을 이 세상의 먼 지역에 전하러 떠나는 사절과 마찬가지로 음식과, 탈 것, 의복 등이 제공되어야 한다.23) 그가 군주로부터 어떠한 것을 받더라도 그가 이 세상에 돌려주는 무한한 이익에 견주면 보잘 것 없다. 그것은 '작은 물방울과 같은 은혜로, 말할 가치조차도 없다'.24)

마지막으로 혜원은 – 이론의 여지없는 남중국 승단 지도자로서의 절대적인 명성에 의지하였음이 틀림없다 – 환현에게 보낸 한 편지(402년)에서 또 다른 견해 – 당시의 교양있는 중국 사람들의 눈에는 신성모독에 가깝게 보였을 견해 – 를 주장하고 있다. 승려들은 자신들만의 독자적인 예를 가지고 있다는 것이다. 승가는 그 자체로 하나의 세계이며, 물론 중국 세계와는 다르다. 그리고 두 세계 사이의 접촉에서 비롯되는 오염은 바람직하지 않을 뿐 아니라 해로운 것이므로 승려의 세계는 고립을 유지할 필요가 있다.

"비록 도道가 실현되지 않았더라도 그 예는 지켜져야 한다.25) 예가 지켜지면 가르침[法]은 널리 퍼뜨려질 수 있고, 가르침이 펴뜨려지면 도道는 추구될 수 있다…. 또한 가사는 조정의 (사람들이 입기 위한) 옷이 아니고, 발우는 궁궐(에서 사용하기 위한) 그릇이 아니다. 군인과 관료들은 서로 다른 모습을 하(여야 하)며, 외국인과 중국 사람은 섞여서는 안 된다. 만약 머리를 깎고 몸을 훼손한 사람들(의 사원의 예법)이 중국의 예법과 섞이게 되면 이것은 서로 다른 부류가 뒤섞이는 모습으로써 편안하지 못한 것이다."26)

또 다른 전형적인 반反승려적 주장은 정부의 통제에서 벗어나 있는 자치적 집단이 쉽게 도적, 조세회피자, 그리고 무엇보다도 유민(앞의 p.5 참조)과 같은 바람직하지 않은 부류들의 은신처가 될 수 있다는 위험성에 의거하고 있었다. 그에 따라 일괄적인 시험을 통해 지식과 행실이 요구되는 기준에 미달하는 승려들을 강제로 환속시키는 승려 선별[沙汰]이 반복적으로 시도되었다. 4세기부터 5세기 초의 시기에 다섯 차례의 이러한 승려 선별이 있었음이 확인되고 있다.27) 하지만 이러한 행위들이 종교적 관점에서 사회를 순수하고 타락하지 않은 상태로 유지시키려는 정부의 의도에서 비롯된 것이 아님은 분명하다. 오히려 이러한 행위들은 빠르게 증가하는 승려들의 숫자 – 의심할 바 없이 주로 농민들로부터 충원되었다 – 및 그만큼의 납세자와 부역노동자들의 감소가 이미 경제생활에 심각한 영향을 미치고 있었음을 보여주는 것이었다. 승려들에 대한 선별작업은 계속 확대되는 농촌 민중들의 세금과 부역노동 탈루에 대한 중앙정부의 끊임없는 투쟁 중 하나에 불과하였다. 비슷한 시기 북조의 초기 이민족 군주들에 의한 승가 정화 – 즉 그 규모를 줄이려는 – 시도들은 이러한 위험한 흐름이 북쪽과 남쪽에서 다같이 나타나고 있었음을 보여준다. 흉노족 군주 석호(재위 335-349)가 반포한 승려를 선별하라는 포고문의 내용은 다음과 같다.

"근래 승려들이 너무 많으며, 그들 중에는 불량배와 요역을 회피하려는 사람들이 있다. 또한 (종교적 의무를 행하기에는) 적절하지 않은 사람들이 많다. 승려들을 조사하고 검토하여 (개별 승려들의) 참과 거짓을 자세히 살피도록 하라…."28)

같은 문서에서 이 흉노족 군주는 다음과 같은 질문도 제시하고 있다.

"아무런 관작을 가지고 있지 않는 마을의 일반인들이 불교를 믿도록 허락해야 하는가, 하지 말아야 하는가?"29) [p.260]

환현의 명분은 보다 확실하게 제시되고 있다.

제5장 신앙의 수호 577

"수도의 (승려들이) 사치와 방탕함을 서로 앞다투고 있으며, 그들의 화려한 모습이 조정과 도시에 혼란을 일으키고 있다. 황제의 창고는 그로 인해 고갈되고, (국가의) 귀한 그릇들은 그 때문에 더 럽혀지고 있다. 노역을 피하려는 사람들이 백여 리에 걸쳐 모여들고, 세금을 내지 않으려는 사람들이 사원을 가득 채우고 있다. 심지어 한 지역에 수천 명이 모여들어 제멋대로 정착지와 촌락을 이루기도 한다. 도시에는 부랑자들이 떼를 지어 모여들고 시골에는 무뢰배들이 모여들고 있다…."30)

400년경 승가에 대한 선별 작업을 시행하면서 (위의 p.214 참조) 환현은 다음과 같은 세 부류의 승려들만 종교 생활을 지속하게 하라고 명령하였다.

1) 경전에 깊은 지식이 있어서 그 의미를 설명할 수 있는 사람
2) 계율을 엄격히 지키면서 항상 아란야[=암자]에서 생활하는 사람
3) '산에 살면서 뜻을 기르고 세속의 일에 종사하지 않는 사람'31)

환현의 이러한 선별작업에 대한 답서를 보면 혜원은 승가를 '정화'하려는 환현의 주장에는 적극적으로 동의하고 있는 것으로 보인다. 그는 그러한 방법이 필요함을 인정하고 있다. 하지만 쉽게 결정할 수 없는 많은 사례들이 있다고 이야기하고 있다. 어떤 승려들은 행동은 그런 것처럼 보이지 않지만 '내면적으로 계율을 준수하고' 있으며,32) 또 다른 승려들은 경전을 설명할 수는 없지만 열심히 읽고 암기하고 있다. 또한 비록 환현이 제시한 세 가지 부류에는 속하지 못하지만 어떤 중요한 잘못도 범하지 않은 정직한 나이 많고 경험 있는 승려들도 있다. 이러한 사례들은 최대한 관대하게 처리되어야만 한다. 혜원

은 그러한 사례들이 하급 관료들에 의해 결정되어서는 안 되고 환현 스스로 결정할 것을 제안하였다. 혜원은 흥미로운 이야기로 이 편지를 끝맺고 있는데, 이는 혜원 – 뿐 아니라 불교 교단 전체 – 이 사족들의 관심을 끌기 위해 얼마나 많은 노력을 하고 있는지를 보여주고 있다. 그는 '평민 집안33)이 아닌 좋은 가문 출신의 젊은이가 혹은 대대로 불교를 받드는 (환경에서 자랐거나) 혹은 어려서 저절로 깨달아서 세속을 버리고 도에 들어와 승려가 되려고 하는 경우에'34) 문제들이 발생하지 않도록 하기 위해 편지를 썼다고 이야기하고 있다.

399년에 아마도 환현에 의해 시도된 것으로 보이는 승려 등록 정책 역시 이러한 '선별'을 위한 목적을 위한 것이었다. 많은 사문들은 글자 그대로 유민, 즉 '떠돌아다니는 사람'들이었다. 이 시대의 많은 고승들의 전기를 읽어 보면 그들의 삶이 하나의 사원에서 제국 전체에 퍼져 있는 또 다른 사원으로 쉬지 않고 옮겨 다니는 거의 끊임없는 방랑 생활로 특징지어지는 것을 쉽게 알 수 있다. 환현에게는 이러한 중국 문화와 대립되는 '방랑하는 금욕주의'라는 인도의 불교적 이상은 틀림없이 단순한 방랑벽으로 보였을 것이다. (승려 등록) 정책은 남조 수도(=건강)의 승려들 사이에 커다란 동요를 불러일으켰다. 그들(환현과 혜원)이 주고받은 편지에는 승려들이 자유롭고 움직임에 있어서 어떠한 방해도 받지 않아야 함도 역시 강조되고 있다.

"사문들이 이 세상에 살아가는 것은 빈 배가 큰 물줄기 위에서 (떠돌아다니는) 것과 같다. 그는 아무런 목적 없이 오며, 떠날 때에도 마음대로이다. 사해 안에 그는 정해진 거처가 없다. 나라가 어지러워지면 석장을 짚고 홀로 떠돌고, 도가 행해지면 기뻐하며 함께 모인다…"35) [p.261]

승려들을 선별하려 한 환현의 정책이 어느 정도나 성공하였는지는 알 수 없다. 하지만 약 30년 후에 - 435년 직후 - 또 다른 선별 정책이 행해졌다. 유송 왕조 효무제(孝武帝, 재위 454-465)의 칙령에서 사원은 '세금 회피자들의 피난처이자 나아가 방탕한 행위가 반복해서 발견되는' 곳으로 언급되고 있다. 사원의 책임자들은 자신들의 감독하에 있는 모든 승려들의 성실성에 책임을 져야 했으며, 장래에 (사원에 피난하는) 죄를 짓는 사람은 발각되면 엄한 처벌을 받아야 했다.[36]

정치, 경제적 배경에서의 반불교적 정서는 점차 증가하는 불교 교단의 경제력에 비례하여 5세기 동안에 점점 더 확대되어 갔다. 단양丹陽의 지방관 소모지(蕭暮[혹은 摹]之)는 435년 6월에 황제에게 올린 글에서 계속해서 늘어나는 사원의 수 및 그것으로 인해 발생하는 농촌의 백성들에 대한 압력, 토지의 손실, 구리와 건축 재료의 부족 등에 대해 불만을 토로하고 있다. 그는 계속해서 다음과 같이 말하고 있다.

"(폐하께서) 앞으로는 구리로 불상을 만들려는 사람들은 누구나 관청에 가서 (그러한 계획을) 보고하고, 탑이나 사원, 정사 등을 세우(고자 하)는 사람들은 먼저 태수[二千石]에게 나아가 (그들의 의도를) 처음부터 끝까지 설명하고, 이러한 일들이 적절한 절차에 따라 해당 지역의 장관에게 보고되고, 반드시 허가를 받은 이후에야 (공사를) 시작하(라고 명령하시)기를 간청합니다. 허가 없이 구리로 상을 만들거나 사원과 정사를 건설하는 사람들은 모두 황제의 명령을 지키지 않은 규정에 따라 처벌받고 (해당 공사에 사용된) 모든 구리와 건물, 목재와 기와들은 모두 몰수하여야 합니다."[37]

최상급 경제세력으로서의 교단과 제국 정부 사이의 다툼의 시작이었다. 이 다툼의 이후의 전개과정은 제르네Gernet에 의해 훌륭하게 검토되었으므로38) 여기에서는 자세히 살펴보지 않을 것이다. 이러한 형태의 반反종교주의가 4세기라는 이른 시기에 이미 분명하게 나타나고 있다는 사실을 이야기하는 것으로 충분하다.

마찬가지로 주로 경제적 영역에 속하는 또 다른 비판들이 전체 승려들의 '사악한 행위들', 특히 다양한 상업 활동에 종사하고 있는 승려들에 대해 제기되었다. 《모자》에서 가상의 대론자는 다음과 같이 이야기하고 있다.

"오늘날 승려들은 술을 탐닉하고 처자를 거느리고 있으며, (물건들을) 싼값에 사서 비싸게 파는 등 속임수를 쓰고 있다. 그들은 이 시대의 가장 큰 위선자들이다. 불교도들이 이야기하는 무위無爲란 바로 그런 것인가?"39)

389년에 장군 허영許禜은 상주문에서 불교 승려들을 '비천하고 무례하며, 사악하고 술과 여자에 빠져 있다'고 묘사하면서 그들이 '백성들을 억압하고 착취하며, 부의 축적을 지혜로 여긴다'고 불평하고 있다.40) 가장 솔직한 비판은 도항道恒의 《석박론釋駁論》(405-417년 찬술) [p.262]에 나오는 승려들의 행동에 대한 '(불교)비판자'의 통렬한 비난이다.

"그들의 이상이 (그처럼) 높고 고상한데 그들의 행동이 (그와 같이) 천박하고 보잘 것 없는 것은 무엇 때문인가? 그들은 끊임없이 무언가를 추구하면서 잠시도 쉬지 못한다. 어떤 사람들은 땅을 개간하고 밭을 경작하여 농사꾼처럼 행동하고, 어떤 사람들은 상인이 되어 장사하면서 사람들과 이익을 다투고, 어떤 사람들은 의술을 자랑하면서 무모하게 차갑고 뜨거운 (약을) 짓고 있다. 또 어떤 사람들은 교묘하게 이상한 기계들을 조작하여 생계를 꾸리고,41) 어

떤 사람들은 관상과 점을 치며 좋고 나쁜 일이 일어날 것을 이야
기하는 등 함부로 길흉을 논한다. 잘못된 방법과 임시적 술책으로
동시대 사람들의 환심을 사려하고, (재산을) 축적하고 많은 음식을
쌓아놓으며, 백성들의 (음식을) 먹으면서 쓸모없는 말이나 하고 있
다…. 이런 모든 것들은 지금의 정치에 아무런 도움이 되지 않고
올바른 원칙을 손상시키는 것들이다. 이것이 바로 법을 지키는 사
람들의 불만과 국가를 다스리는 사람들의 근심의 원천이다. 세상
에는 다섯 가지 위험 요소들이 있는데42) 승려가 그중의 하나이
다…."43)

모든 경우에 있어서 불교 측의 반론은 항상 똑같았다. 비교적 소수
의 잘못된 승려들의 행동을 근거로 전체 승가 – 불교의 가르침 자체는
말할 것도 없고 – 를 비난해서는 안 된다. 타락한 유학자들이 있다는
이유만으로 유교 경전을 없앨 수는 없지 않은가?44) 요 임금이 사악
한 아들 단주丹朱의 성격을 고치지 못했다고 해서 그의 가르침을 잘못
되었다고 할 수 있는가?45) 혹은 혜원이 환현에게 보낸 편지에서 이
야기했던 것처럼 '개인들의 행위를 근거로 그들을 물리칠 수는 있지
만, 개인들 때문에 가르침[道]을 없앨 수는 없다.'46)

(2) 반反승려주의 : 공리주의적 논의

불교는 쓸모없고 국가의 번영이나 개인의 행복을 보장하지 못하며,
따라서 시간과 돈을 어리석게 사용하는 것이다.

"수도 낙(양)에는 많은 승려들이 있지만 그들이 황제의 수명을 연
장시킬 수 있다는 것은 들어보지 못하였다. 위로는 – 즉 통치자에
게는 – 음양을 조화시켜서 풍년을 가져오고 백성들을 부유하게 하

거나 자연재해를 면하고 전염병을 없애줌으로써 고통과 혼란을 가라앉힐 수 없다. 아래로는 – 즉 그들 자신에게는 – 곡식을 먹지 않을 수 없고, 호흡을 정화시킬 수 없으며, (모든) 고통을 견뎌낼 수 없고 잠시라도 생명을 연장시킬 수 없다…."47)

(같은 책에서) 이어서 말한다.

"승려들은 사람들로부터 (돈을) 거두어서 커다란 탑과 과도하게 장식된 사찰을 짓는다. 이는 돈을 전혀 쓸데없는 곳에 낭비하는 것이다."

공리주의는 중국 사상계에 깊이 뿌리박혀 있다. 사상들에는 구체적이고 눈에 보이는 현세의 성과 – 질서와 평화, 번영, 마음의 조화, 육체적 불멸 등의 성취 – 를 가져올 것이 요구되었다. 인도 불교에서는 사상의 '실용성'이라는 문제가 전혀 제기되지 않았었다. 아쟈타사투왕이 부처를 방문하여 '고행의 과실(samaññaphala)'이 무엇인지 물었을 때, 부처의 대답은 도덕적 수련, 정신집중, 완전한 깨달음의 성취 등과 같은 종교적 성취에 대하여 설명하였다.48) 밀린다왕이 사람들이 종교적 삶을 사는 이유에 대해 물었을 때, 나가세나 스님은 고통을 없애고 열반을 얻기 위해서라고 대답하였다.49) 종교적 삶은 어떠한 외부적 정당화를 필요로 하지 않았고, 이 세상 바깥에 위치한 공동체로부터는 당연히 어떠한 세속적 이익도 기대되지 않았다. 이는 다음과 같은 중국인들의 일반적인 태도와는 크게 대립되는 것이었다. [p.263]

"옛 성현이 말하기를 '삶도 모르는데 어떻게 죽음을 알겠는가'라고 하였다.50) 일생 동안 몸과 정신을 고통스럽게 하고서 사후의 신비한 세계에서 행복을 추구하는 것은 (참된 가르침인 유교의) 위대한 교화의 영향을 전혀 알지 못하는 짧은 소견이다. '길을 잃고서 돌아올 줄 아는 사람은 (바른) 길로부터 멀리 떨어진 것이 아니다'51)고 하였다. 거듭해서 생각해야 할 것이다."52)

그러한 가르침은 쓸모없을 뿐 아니라 증명될 수도 없는 '인민의 아편'과 같은 것이었다.

"(승려들은) 사람들이 착한 일을 하게 하기 위하여 그들에게 (사후의) 낙원을 추구하게 하는데, 올바름을 따라서 (바른) 길을 걷도록 가르치는 것이 더 낫지 않겠는가? 또 행동을 삼가도록 하기 위하여 지옥을 두려워하게 하는데, 이치로 (설명하여) 마음을 똑바로 갖도록 하는 것이 낫지 않겠는가? 죄를 짓지 않기 위해서는 예법을 지키고 존중해야지 (종교적인) 경외심과 두려움이 필요한 것이 아니다. (천상에서) 백배의 보답을 받기 위하여 하나를 베푸는 것은 (참된) 관대함에 의한 것이 아니다. 열반의 즐거움을 찬미하는 것은 게으름과 방종을 낳고, 법신의 뛰어남을 노래하는 것은 쓸데없는 호기심을 자극한다. 현세의 욕망이 없어지기 전에 (내세의) 멀리 있는 이익에 대한 (새로운 욕망이) 벌써 생겨난다. 보살은 욕망이 없다고 이야기하지만 보통 사람들은 틀림없이 (욕심을) 가지고 있으며 (그러한 약속들로 인해 타락하게 된다.) …"53)

앞에서 이야기한 것처럼 모든 중국의 학파들은 자신들의 존재 이유를 사회를 다스리는 실제적 효율성, 즉 다스림[治]과 교화敎化에서 구하였다. 불교의 '효용성'과 존립의 필요성을 증명하기 위하여 호교론자들은 이러한 사고방식에 순응하였다. 승려들의 권리를 옹호하는 상주문에서 하충은 다음과 같이 이야기하고 있다(앞의 p.161 참조).

"(불교 재가신자들의) 5계는 통치자들의 '교화'에 실질적인 도움이 된다."54)

혜원은 불교 가르침의 교화 효과가 이상적 국가의 효과와 동일하다고 생각하였다.

"출가자들 중에는 네 가지 부류가 있다.55) 가르침을 펼치고 모든 중생들을 포용하는 그들의 공덕은 황제나 국왕의 공덕과 같다. 그들의 교화 또한 국가의 참된 원리(의 결과)와 같다. 풍속을 감화시키고 세상을 깨닫게 하는 일에 대해서는 그들이 (그러한 일을) 하지 않는 때가 없다…. 한 사람이 (깨달음을 얻어서) 완전한 덕을 갖추게 되면 도는 그의 여섯 친척들56)에게 두루 미치고 그 은택은 온 천하에 퍼지게 될 것이다. 그가 왕이나 제후의 자리에 있지 않아도 (그의 행동은) 황극(皇極, 이상적인 통치)과 완전하게 일치하여 불간섭과 관대함[在宥]으로 백성들을 다스리는 것이다."57)

이러한 입장에서는 두 사상의 협조는 결코 불가능한 것이 아니며, 실제로 두 사상은 같은 목적을 지향하는 것이었다. 종병은 《명불론》에서 다음과 같이 이야기하고 있다.

"(통치자가) 백성을 기르기 위하여 주공과 공자(의 가르침)에 의거하고 정신을 기르기 위하여 부처의 가르침을 맛본다면, 살아 있을 때에는 밝은 군주가 되고 사후에는 밝은 신이 되어 영원히 왕이 될 것이다…. (불교의 기본적 덕행을 위해서) 그 도를 존경하고 가르침을 믿으며, 무상無常과 모든 현상 세계가 공空이라는 것을 깨닫고 자애롭게 다스리며, 높고 힘있는 사람들이 마음대로 (다른) 생명체의 목숨을 죽이지 못하게 하며, 자격 없는 사람이 (자신들의)

[p.264]

분수에 맞지 않는 자리를 차지하지 않게 하는 것들이야말로 (공자가 말한) '덕으로 이끌고 예로써 가지런하게 하면 천하가 어질게 된다'는 것을 온전하게 실현하는 것이 아니겠는가?"58)

같은 논리가 도항의 《석박론》에도 보이고 있다. 다양한 불교 이론들이 세속의 규범과 일치된다. 5계는 6경의 가르침에, (깨달음을 방해하는) 8난難59)은 형벌에, 삼장三藏 전체의 내용은 율령에, 반야바라밀은 노자와 장자의 가르침에 각기 대응한다. 하지만 불교는 모든 세속의 규범들보다 훨씬 뛰어나며, 모든 경우에 있어서 세속의 것들은 불교의 대응물에 비하면 하찮은 것이다.60)

통치에 있어서 불교의 실제적 유용성은 불교의 가치를 둘러싼 435년의 궁정 토론회에서 하상지(382-460)가 제시한 주장에 가장 잘 나타나고 있다. 그는 불교를 홍포하고 제국의 백성 전체가 개종하면 도덕이 전체적으로 향상되고 악행이 사라져서 형벌이 없어지게 될 것이고,61) 궁극적으로 태평한 시대가 오게 될 것이라고 주장하였다. 하상지는 자신의 주장을 입증하기 위한 사실을 제시하고 있다. 서역의 많은 크고 작은 불교 국가들이 상호 침입 없이 늘 평화적으로 지냈었다. 그들이 중국에 정복된 이후에 도덕이 타락하였지만 백성들은 여전히 평화를 사랑하고 공격적이지 않은 것으로 알려져 있는데, 이는 의심할 바 없이 불교의 영향이다. 또 다른 사실으로는 한 세기 전에 이민족들이 북중국을 침략하였을 때 수많은 한족 사람들을 학살하였다. 하지만 흉노족의 석호나 티베트족의 부건苻揵°의 경우처럼 그런 짐승 같은 인물들도 어느 정도는 통치 방식을 바꾸었는데, 이 역시 불교 승려들의 자비로운 영향에 의한 것이 분명하다.62)

° 揵은 판본에 따라 健으로도 나온다. 부견苻堅을 가리키는 것으로 생각된다-저자보주

(3) 반反승려주의 : 문화적 우월의식

민족주의도 나름대로의 역할을 하였다. 중국인들의 문화적 우월의식과 자부심은 대단히 강하였다. 더욱이 이민족들이 중국 영토에 침입하여 실질적으로 북중국 전역을 지배하게 된 4세기에는 지식인들 사이의 반反외국 정서가 대단히 고양되어 있었다. 불교는 외국에서 비롯되었다는 약점을 가지고 있었고, 전체적으로 중국 문화와는 다른 성격을 띠고 있었다. 《모자》에 나오는 가상의 – 물론 실제로 있었을 것으로 생각되는 – 대론자는 다음과 같이 이야기하고 있다.

"공자는 '오랑캐는 군주가 있다고 하여도, (군주가) 없는 하(夏, 중국인) 사람들보다 열등하다'[63]고 하였고, 맹자는 진상陳相이 허행許行의 (오랑캐의) 기술을 배워 (진로를) 바꿨다고 비판하면서 '사람들이 중국(의 방식)을 이용하여 오랑캐를 변화시켰다는 것은 들었어도 오랑캐를 이용하여 중국을 변화시켰다는 것은 듣지 못하였다'[64]고 하였다. 당신은 젊었을 때[65]에는 요와 순, 주공과 공자의 도를 공부하였는데, 지금에 이르러 그것을 버리고 (진상과 같이) 이민족의 가르침을 공부하고 있으니 어리석은 것이 아닙니까?"[66]

[p.265]

불교는 중국에 아무런 가치가 없다. 만약 그렇지 않다면 옛 성인들은 틀림없이 그것을 이용하거나 적어도 그에 관하여 말하였을 것이다. 하지만 유교의 경전 어디에도 그에 대한 단 하나의 언급도 찾아볼 수 없다.

"불교가 (그와 같이) 존경할 만하고 훌륭한 것이라면 왜 요와 순, 주공과 공자는 그것을 닦지 않았는가? 7경經[67] 어디에도 그에 대

한 언급을 찾아볼 수 없는데 당신은 어떻게 그러한 불교의 이단적
인 가르침을 좋아할 수 있는가."68)

중국 문화와 '오랑캐' 문화의 차이는 하나의 체계나 사상이 다른 것
보다 우월하다는 것 이상의 의미를 가지고 있었다. 거기에는 타고난
천성의 '종족적'인 근본적 차이가 있었다. 《예기》에서는 '중국과 융戎
·이夷, 5방方의 사람들은 모두 (자신들의) 타고난 성질을 가지고 있으
며, 그것은 바뀔 수 없다'69)고 이야기하고 있으며, 주석가 정현(鄭玄,
127-200)은 그것이 그 지역의 '땅의 기운[地氣]'에 의한 것이라고 설명
하고 있다.

"중국과 오랑캐는 본질적으로 다르다. 왜 그런가. 중국인의 타고
난 성질은 맑고 조화로워서 인仁과 일치되고 의義를 품고 있다. 그
래서 주공과 공자는 그들에게 성품(의 본래적 순수함)과 닦음(의 차
이)의 가르침70)을 설명하였다. 외국의 사람들은 강하고 완고한
성품을 타고나서 욕심과 미움, 사나움이 많다. 그래서 석가모니는
(재가신자의) 5계로 그들을 엄격하게 규제하였다…"71)

불교의 도덕적 가르침과 초자연적인 것에 대한 강조는 그 우월함을
증명하는 것이기는커녕 그 사상이 출현하였고 그것을 통해 변화시키
려고 하였던 원시적 환경을 증명하는 것이었다. 환현은 왕밀에게 쓴
글에서 다음과 같이 이야기하고 있다.

"불교가 어떻게 생겨났는지는 잘 알 수 있다. 여섯 오랑캐[六夷]72)
들이 교만하고 완고하여 보통의 가르침으로는 교화할 수 없어서
(부처가) 신비하고 이상한 (이론들을) 고안하여 두려워하고 복종하

게 하고, 그렇게 한 후에 규범을 따르게 하고자 한 것이 아니겠는가? 이 (사상은) 귀신에 대한 두려움과 (선행에 대한) 보상으로 복을 받으려는 (바람에) 근거한 것이 아니겠는가? 어떻게 최고의 현묘함에 이르는 길이 될 수 있는가?"73)

문화적, 종족적 입장에서의 가장 흥미로운 반反불교적 주장은 궁중에서 문장을 담당하던 왕파王波와 왕도王度가 흉노 군주 석호에게 – 335년경에 – 올린 유명한 상주문에 보이고 있다. 여기에서 그들은 종교와 의례, 풍습적 측면에서의 중국과 '오랑캐'의 조화될 수 없는 차이를 매우 강한 어조로 이야기하면서 이 ('오랑캐!') 군주를 설득하여 조趙나라의 모든 백성들에게 이 종교를 믿지 못하게 하고, 이를 어길 때에는 이단적 종교를 신앙하는 것과 같은 중죄로 다스리며, 더 나아가 이미 승려가 된 자들을 모두 환속시키고자 하였지만 성공하지 못하였다.74)

사족 계층의 이와 같은 중국 중심적인 문화적 고립주의는 하승천(370-447)의 다음과 같은 말에서 잘 드러나고 있다.

"외국의 것은 중국 사람이 공부해서는 안 된다."75)

'민족주의적' 주장들을 요약하면 불교는 다음과 같은 세 가지 비판 [p.266] 을 방어해야 하였음을 알 수 있다.

(1) 불교는 외국의 신앙이다.
(2) 불교는 고대의 성현들이 언급하지 않았으며, 따라서 이단이고 앞으로도 그러해야 한다.
(3) 불교는 터무니없고 신뢰할 수 없는 것이다.

첫 번째 비판에 대해서는 많은 반론이 제시되지 않았다. 불교가 중국에서 유래하지 않았다는 사실은 - 적어도 불교도들에 의해서는 - 의문시되지 않았다. 하지만 그들은 중국도 때때로 외국에서 차용하였으며, 이러한 차용이 중국 문명을 크게 풍부하게 하였고, 실제로 과거의 위대한 현인과 정치가들 중에는 외국 출신들이 있었음을 지적하였다. 위대한 우 임금은 동쪽의 야만족에서 태어났고, 진秦나라 목공穆公은 융족 출신 유여由余의 조언 덕분에 패자가 될 수 있었다.76) 문왕은 서쪽 오랑캐 사이에서 자랐고, 흉노 출신의 김일제金日磾는 한나라에 봉사하였다.77) 또한 우리들은 그들이 중국 출신이 아니라고 해서 훌륭한 탁발족의 (북)위 군주들을 거부해야 하는가?78)

외국의 풍속과 제도들이 중국의 것보다 뛰어날 수도 있는데, 시대가 타락하면서 없어진 초기의 도덕이 변경 지역에 남아 있을 수 있기 때문이다.

"중국에서 없어진 것을 (외국의) 낯선 풍속에서 발견할 수 있다. 그곳 사람들은 변화가 적기 때문에 도가 없어지지 않았을 수 있다."79)

전체적인 문화적 우월의식과는 대조적으로 지식층 신자들 사이에서는 외국 문명을 이상화하려는 경향을 볼 수 있는데, 이는 중국 역사에서 처음 나타난 현상이었다. 그들에게는 중국은 더 이상 야만족이 사는 불모지에 둘러싸여 있는 고립된 문화적 섬이 아니었다. 그들은 '하늘과 땅의 중간이고 평정과 조화 속에 있는'80) 인도야말로 진짜 '가운데 나라[中國, Madhyadésa]'81)이고, 모든 과거의 부처들이 깨달음을 성취하였던 '금강좌'가 있는 부다가야가 우주의 정확한 중심이라는 것을 알게 되었다. 그리고 반론을 펼 때 이 지식을 이용하였다. 또한 이것을 증명할 '확실한 사실'들을 수집하지 않았다면 그들은 중국인이라고 할 수 없었을 것이다. 모자는 북극성의 위치로부터 중국이 하늘의 한가운데 아래에 있는 것이 아니라고 결론지었고,[82] 도선은 중국이 바다의 한쪽 편에 위치하고 있고 태양이 긴 그림자를 비추고 있음을 지적하면서 중국이 아니라 인도야말로 '3천 개의 해와 달 및 수많은 세계의 중심'이라고 하였다.[83]

　옛 성현들이 부처에 대해 언급하거나 옹호하지 않았음에도 불구하고 부처가 이단이 아니라는 것을 증명하는 데 있어서는 조금 덜 구체적인 내용이 주장되었다. 중국 중세 사상계에서는 – 한나라 때의 지배적 견해와 달리 – 유교의 가르침을 영원한 가치를 가진 고정불변의 원칙이 아니라 필요에 따라 제시된 일종의 임시적 규범으로 간주하였다. 성인도 위대한 즉흥시인과 같이 생각되었다. 그와 동일시되었던 자연과 마찬가지로 성인은 세상을 개선하기 위하여 의식적으로 행동하는 것이 아니라 단지 그때그때의 요구에 따라 반응하고 응답하였다. 도와 동일시된 그의 내면의 성품은 '고요'하고 '비어' 있으며, 그의 드러난 행동, 즉 자취[迹]는 세상에서 그에게로 온 자극에 대해 반응하는 반향에 불과하였다. 움직임을 일으키도록 감응되지[感] 않았을 때에는 그는 자연과 오묘하게 결합된 움직이지 않는 상태를 유지하였다. 현학과 사족 불교에서 근본적인 중요성을 갖는 성인에 대한 이러한 개념에 대해서는 이미 앞 장에서 어느 정도 살펴보았다(p.91 이하 참조). 따라서 공자가 예를 확립하고, 인과 의라는 기본 원리를 설명하며, 사회적 행동에 관한 다양한 규범을 정한 것은 단지 자신이 살던 시대의 타락하는 사회를 구하기 위한 수단에 불과하였다. 그러한 구체적 상황에 대한 그의 '대응'은 매우 제한되고 실용적인 성격을 갖는 것이었다. 따라서 성인이 업, 윤회재생, 깨달음과 열반 등의 주제에 대하여 언급하지 않았다는 이유만으로 불교를 '이단'으로 거부하는 것은 현명하지 못한 일이다. 공자는 수행해야 할 다른 과제를 가지고 [p.267]

있었고, 형이상학적 문제에 대하여 자세히 이야기할 기회도 희망도 가지고 있지 않았다. 이러한 방식의 추론은 이후에 거의 상투화된 주장을 만들어내었다.

"주공과 공자의 사상은 (그들이 살던 시대가) 크게 타락하는 것을 구하기 위한 것이었다. 그들의 말과 외면적 행동은 오직 한 차례의 삶(의 문제들)에 관한 것이었고, 만 겁劫에 관한 길을 열지는 않았다."84)

공자는 실제로는 부처가 출현할 수 있는 기반을 닦아놓았다. 서로 대립되기는커녕 두 성인은 서로 동질적이었다. 비록 활동 영역은 서로 달랐지만 그들의 의도 - 인류의 구원 - 는 똑같았다.

"주공과 공자가 부처이고, 부처가 주공과 공자이다! 이름(의 차이)는 단지 내면과 외면(의 가르침)을 나타내는 것일 뿐이다.85) … 세상에 반응하고 (모든 존재들을) 인도하는 데 있어서 그들은 모두 그들의 시대(의 요구)를 따랐다. (차이점은) 단지 주공과 공자는 타락이 극도에 달했을 때 구원하려 한 것이고, 부처는 근본 원리를 드러낸 것이다. 그들은 머리와 꼬리 처럼 서로 합하여서 (상호보완적으로) 존재하며, 그들의 (근본) 목적은 하나이고 똑같다."86)

이러한 감정은 초기 및 후대의 모든 불교 작가들의 글에서 발견된다. 대다수의 지식층 신자들에게 불교는 - 외국에서 비롯되었음에도 불구하고 - 중국 고대 성인들의 가르침과 일치되고 심지어는 그들에 의해 부분적으로 예견된 것이었다. 하지만 불교는 그것들보다 훨씬 더 종합적이고 심오하였고, 지금까지 오직 희미하게만 밝혀졌던 진리를 완전하게 드러낸 것이었다. 오직 유교에만 매달린 사람들은 어리석고 한쪽으로 치우친 사람들로 간주되었다. 이러한 입장은 불교 이론의 '과장된 이야기들'이 원시적 성격의 증거이거나 사람들을 오도하는 교활한 술책이라고 하는 불교에 대한 세 번째 비판에 대한 반론으로 연결되었다.

불교 교리의 주장들이 증명될 수 없고 - 중국인들의 눈에 - 완전히 허황된 것이라는 사실은 실제로 지속적인 곤혹의 원천이었다. 승려들은 '(성인의) 가르침 바깥에 있는 글에 속은' 바보이거나87) 파렴치한 사기꾼으로 여겨졌다.88)

> "네가 주장하는 이론은 (완전히) 허무하고 황홀하다. 그 (바탕에 있는) 의도를 알 수 없으며, 사실을 지적할 수 없다. 왜 (이처럼) 성인의 말씀과 다른가?"89)

인도의 풍부한 상상력의 결과는 높이 평가되지 못하였다. 왜 부처의 몸은 반드시 32상 80종호를 가져야 하는가?90) 아무도 수미산의 엄청난 높이와 불국토의 무한한 넓이, 우주의 시간의 헤아릴 수 없는 [p.268] 범위를 믿을 수 없을 것이다.91) 터무니없이 많은 경전의 종류와 엄청난 분량에 대한 이야기는 허황된 말이다.92) 누구도 부처의 성스러운 빛과 기적적인 행적을 조금도 보지 못하였으며, 가장 독실한 불교신자도 부처의 얼굴을 보지 못하였다.93) 눈으로 볼 수 있는 현상세계 너머에 무엇이 있다고 생각할 어떠한 이유도 없다.

> "지혜로 이해하지 못하는 것이 없고, 그 외에 더 이해해야 할 것이 없다. (성인의 가르침의) 원리가 다 궁구하지 못한 것이 없고, 그 외에 더 궁구해야 할 것이 없다."94)

이에 대해서는 똑같은 정형화된 반론이 활용되었다. 호교론자들은 비판자들을 근시안적이고 편협하며 용렬하다고 비난하였다. 비판자들은 우물 안의 개구리이며,95) '예의는 잘 알면서 사람의 마음은 잘 모르는 군자'96)에 불과하였다. 호교론자들이 그렇게 주장하는 것도 당연하다고 할 수 있다. 확실히 불교는 반대자들의 눈에는 '허황되게' 생각된 바로 그러한 개념들을 소개함으로 해서 지식층 신자들의 정신적 영역을 확대하였고, 어느 정도는 순전히 사회 철학에만 사로잡혀 있던 중국 사상을 해방시키는 데에도 성공하였다. 불교는 그들에게 무한한 천문학적 시간과 엄청나게 확대된 우주, 현실에만 관심을 가지고 있던 모든 중국의 전통적 성인들을 능가하는 선천적 지혜와 사랑, 완전한 능력을 갖춘 초인간적인 (불교의) 성인, 우주의 고통 및 그것으로부터 벗어날 수 있는 자세하고 체계적인 도덕적이고 논리적인 (것처럼 보이는) 설명 등을 제시해 주었다. 불교에 의해 도입된 무한한 상상과 넓혀진 시각을 통해 중국 사상사는 새로운 시대에 들어서게 되었고, 그 모습은 초기 불교 작가들의 논서들에 잘 드러나고 있다. 다음과 같은 종병의 《명불론》의 열정적인 문장을 보면 누구라도 그것을 알 수 있을 것이다.

"발목에서 정수리까지 만져보고 생각 속에서 (위로 계속) 끝없이 올라가 보라. 그러면 사방과 상하가 무한(함을 알게 될 것)이다. 삶은 개별적으로 만들어진 것이 아니고, 반드시 (이전의 존재로부터 현재의) 이 상태로 전해져 왔다. (과거를) 올려 보면서 전해져 온 것을 좇으면 시작이 없는 것과 같고, (미래를) 따라가 보면 무한한 세대가 잇달아 생겨나서 끝이 없다. 이 (나의) 몸97)은 매일매일 무한한 실체를 사용하면서 시작이 없는 곳에서 와서 끝이 없는 곳으로 간다. 이러한 한량없고 무한한 공간과 시작도 없고 끝도 없는 시간 속에서 사람은 진실로 함께 건너면서 편안하게 지낸다. 그래서 (고대의 추연騶衍이 말한 것처럼 중국 사람들은) 붉은 대륙[赤縣98)]에 살면서 (세상의 경계를 이루는) 팔극八極99)에 대해서는 의심하지 않았었다. 하지만 이제 3천의 해와 달과 1만2천의 세계100)가 있고, 갠지스 강의 모래알로 헤아려야[閱] 할 많은 나라101)와 먼지의 숫자로 기록해야[紀] 할 많은 수의 겁劫이 있다는 것을 알게 되었으므로, 어둑한 조화 속의 모든 (삶이) 보잘 것 없고 불완전하다는 것을 알게 되었다. 그런데 어떻게 우리 (중국의 전통)에는 만족하면서 그들의 (가르침)을 의심하는가? …

세상에서 크게 여기는 것이 도道의 입장에서는 작다. 사람에게 멀게 여겨지는 것이 하늘의 입장에서는 가깝다. 사람들이 '헌원[軒轅]102) 이전은 얼마나 멀고먼가!'라고 이야기하지만 하늘의 도를 체득하여 살펴보면 그것은 겨우 어제의 일에 불과하다. '먼 과거를 안다'103)고 칭송되는 《서경》도 당(唐, 요임금)과 우(虞, 순임금) 이전으로 가지 않으며, 《춘추》에서 다루는 것도 왕업(을 이룬 이후의 일)에 불과하다. 《예기》와 《악경》의 '선량함'과 '공경함', 《시경》과 《역경》의 '온화함'과 '깨끗함'이 있지만, (우주의) 무궁함 속에서 3천의 해와 달이 빛나 빛을 발하고 만2천의 세계가 드러나 (자연의) 참된 모습104)을 보여주고 있음을 생각하면, 주공과 공자의 글은 단지 (매우 작은 나라인) 만蠻과 촉觸105)을 잘 다스리고자 하는 소박한 요구에 대한 반응이며, 또한 겨우 살아 있는 동안(의 사람들)을 평화롭게 하고자 한 것이다.106) 그들은 (세속의) 삶을 벗어나는 것들은 무시하면서 '(그 문제들은) 그대로 두고서 논하지 않았'던 것이다."107)

[p.269]

하지만 불교가 '외래'의 것이 아님을 증명하기 위해서는 보다 구체적인 다른 증거들이 필요하였다. 고대 중국에서 혁신의 정당성을 증명하는 유일한 효과적인 방법은 그것이 혁신이 아니라 이미 옛 황금시대에 있었음을 입증하는 것이었다. 이와 같이 역사적으로 이미 존재하였음을 통하여 정당화하려는 필요에서 불교계에는 다양한 이상한 이론들이 생겨났다. 그러한 주장들을 터무니없게 되어가는 순서대로 나열하면 다음과 같다.

(1) 불교는 실제로는 옛 사람들에 의해 언급되었다.
(2) 불교는 공자보다 훨씬 이전에 알려져 있었다.
(3) 중국은 아쇼카왕 시대에 불교를 받아들였다.
(4) 공자와 노자는 부처의 제자 혹은 화현이다.

초기의 호교론자들은 불교가 고대 중국에 알려져 있었거나 널리 받아들여졌음을 증명하기 위하여 다양한 주장을 고안해 냈다. 그 가르침이 '동쪽으로 간' 시기를 둘러싸고 다양한 의견이 – 전설적인 황제 黃帝의 시대에서 진시황제의 통치기까지, 즉 기원전 2,700년경에서 기원전 3세기 말까지 – 제시되었다.

탕용동은 그의 『불교사』 제1장에서 이 흥미로운 이론들 대부분을 정리하고 나아가 그 잘못들을 지적하고 있다. 여기에서는 그 이론들을 '연대순'으로 나열한 후 조금 자세히 검토하고자 한다. 이것들은 역사적 선례를 통한 불교 측 반론으로서의 중요성 외에도 '중국 고대사에 대한 불교적 해석'이라는 대단히 흥미로운 모습을 보여주고 있다.

1) 종병의 이론

보다 일반적인 성격의 이론을 처음으로 다룰 필요가 있다. 그것은 종병(375-443)의 저술에 반복해서 나타나는 것으로, 실제로 이 유명한 화가 겸 학자이자 불교 옹호자에게서 비롯된 이론이다. 그에 의하면 불교가 고대에 알려져 있지 않았다는 비판자들의 주장은 단지 증거가 없다는 것일 뿐이다. 유교 경전들은 주로 정부와 사회생활에 관한 실용적 주제들을 다루고 있기 때문에 거기에는 비세속적이고 초월적인 문제들을 다룰 수 없었다. 또한 역사 기록들의 경우, 반복되는 과거 문헌에 대한 대규모 말살과 역사가들의 편견으로 인하여 중국 고대사에 관해 활용할 수 있는 정보들이 매우 파편화되어 있으므로 이 기록 [p.270] 들에서 불교에 대해 아무런 언급을 하고 있지 않다는 것은 아무것도 증명할 수 있는 것이 아니다. 실제로 고대의 역사와 철학 문헌에 보이는 일부 이상한 구절이나 표현들은 – '정확하게' 해석될 경우 – 중국에 매우 이른 시기에 불교가 존재하였음을 보여주는 것이다. 그는 《명불론》(433년)에서 다음과 같이 이야기하고 있다.

"사관 (사마)천은 5제에 대해 설명하면서 그들이 모두 '초자연적인 지능을 가지고 태어나서 갓난아이 때에 말을 하거나'108) '(태어나자마자) 자신들의 이름을 말하는'109) 등 '덕이 있고, 심오하며, 뛰어난 이해력을 가지고'110) 있었고, 신과 같은 지혜를 타고났다고 이야기하고 있다. 이런 점에서 그들은 (사람의 몸으로) 변화, 화현하여 (이 세상에) 태어난 대승의 보살들과 비슷하다. (《사기》에서 이 제왕들이) '헌원軒轅의 언덕에 머무르고'111), 공동崆峒과 범凡, 대岱의 산112)에 오르고, 유릉幽陵과 반목蟠木을 떠돌면서113) 완전한 자유 속에 노닌 것이 여래의 도를 따른 것이 아니라고 어떻게 알 수 있는가? … 광성廣成[자(子)]가 말한 것 중에서 '지극한 도의 핵심은 감추어져 흐릿하다'114)고 한 것은 곧 수능엄삼매115)를 가리킨 것이고, '나의 도를 얻은 자는 위로는 황제가 되고 아래로는 왕이 될 것이다'116)고 한 것은 (자연의) 변화를 따라 오르내리면서 '날아다니는[飛行] 황제'117) 혹은 전륜성왕이 되는 것을 의미하며, '나의 도를 잃은 자는 위로는 빛을 보고 아래로는 흙이 될 것이다'118)고 한 것은 천상과 인간세계에서 태어나고 죽는 사람들을 가리킨 것이다. [황제黃帝가] 대외大隗의 교화에 감동되어 (그를) '하늘의 스승[天師]이라 부르고 물러났'119)는데, (이것은) 또한 (부처의) 십호十號120) 중의 하나이다… 이와 같이 (불교는) 이미 삼(황)·오(제)의 시대121)에 분명히 알려져 있었다. 우리나라의 문헌들에 기록되지 않았다는 것이 의심할 만한 근거가 될 수는 없다. 삼대(三代, 요·순·우)로부터 공자와 노자에 이르는 시대에 관한 것으로서 역사 기록에 남아 있는 (극소수의) 기록들을 제외하고서 확인할 수 있는 것이 얼마나 되겠는가?"122)

같은 글에서 또 다음과 같이 말하고 있다.

"더욱이 가장 오래된 기록들123)은 없어져 버렸고, (후대의) 범속한 학자들이 편찬한 것은 오로지 다스림의 실용적 문제들에 관한 것들뿐이다. (이) 세상을 초월하는 말들은 역사 기록에서 사라졌거나 (진시황의) 분서갱유로 없어져 버렸다…. 그런데도 학자들은 오직 (이 세상을) 구원하기에 부족한 엉성한 문헌들만을 묵수하고 있다. 《서경》과 《예기》(의 가르침)에만 국한되어서 정신을 궁구하고 여러 겁에 걸친 (이 가르침의) 멀리 미치는 교화에 대해서는 귀를 닫고 있다.124)

이와 같이 종병은 불교의 가르침이 중국의 과거의 성인들에 의해 수행되었을 것이라고 – 했을 수 있다는 것이 아니다 – 생각하였다. 하승천에게 보내는 편지(433년경)에서 종병은 다음과 같이 이야기하고 있다.

"이 (나라의) 가장 뛰어난 (성인들)은 시대의 상황에 따라 다양한 사상을 포용하였고, 불교도 그들 중의 하나였다. 실제로 이락伊洛 [p.271] 에서 법성法性을 획득하고, 수사洙泗에서 진제眞諦에 참여한 사람들이 있었을 것이다. 단지 사관 일佚125)이 다스림의 원칙과 관계가 없다고 하여 (그러한 사실들을) 기록하지 않았고, 복상卜商126)은 유교의 가르침에 어긋난다고127) 하여 그것들을 편집하지 않았을 뿐이다. 또한 겹 벽 속에 (감추어져 있던) 세속의 문헌들 중에 들어 있던 (기록들)조차도 진시황에 의해 불태워졌다. (이런 것들을 고려하면) 주공과 공자가 (불교에 관해) 전혀 이야기하지 않았던 것이 결정적 증거가 될 수는 없다."128)

종병의 이론은 큰 성공을 거두었던 것으로 보인다. 불교에 관한 내용은 터무니없지만, 중국의 전통적 역사 기록의 편파성과 한계에 대한 예외적인 예리한 지적이라고 할 수 있다. 그의 주장은 후대의 호교론자들에 의해 반복되었고,129) 마침내 《수서隋書》〈경적지經籍志〉에 수용되게 되었다.130)

2) 《산해경山海經》

《산해경》 중의 한 구절이 불교가 아주 먼 옛날에 중국에 알려져 있었다는 사실에 대한 전형적인 '증거들' 중의 하나가 되었다. 우禹의 유명한 '구정九鼎'에 새겨져 있던 지도들에 대하여 설명하고 있는 이 책은 늦어도 기원전 1세기 무렵에는 (기원전 22세기(!)의 인물들인) 순舜의 아들 백익伯益과 우禹가 편찬한 것으로 알려지고 있었다. 해당 구절은 -틀림없이 한나라 때의 것으로 생각되는-〈해내경海內經〉 부분에 있는데, 그 내용은 다음과 같다.

"동해 바다의 북쪽 모퉁이 (근처)에 조선朝鮮과 천독天毒이라는 나

제5장 신앙의 수호 599

라들이 있다. 이 나라의 주민들은 바다(가)에 살고 있으며, 사람들에게 친절하고 애정으로 대한다."131)

곽박(郭璞, 276-324)의 주석에서 천독은 천축(天竺=인도)로 비정하고 있으며, 그가 바로 이어서 불교에 대해서 이야기하고 있는 것으로 볼 때 그는 아마도 – 다른 후대의 불교 옹호론자들과 마찬가지로 – 사람들에게 애정이 많다는 천독 사람들의 성격에 대한 설명을 자비라는 불교의 이상에 대한 설명으로 간주하였던 것으로 생각된다. 그리고 그러한 해석이 잘못된 것이 아닐 수 있다.132) 4세기와 5세기 이후로 《산해경》은 확실한 초기 하夏 왕조(전설적으로 기원전 2205-1766) 때의 문헌으로 여겨졌으므로, 해당 구절은 상고시대의 중국 성현들에게 불교가 어느 정도 알려져 있었음을 증명하는 자료로 확실하게 이용될 수 있었다. 하지만 중국인 불교 옹호자들조차도 해당 구절이 그다지 신빙성 있지 않다는 것을 알고 있었다. 무엇보다도 조선(=한국)과 인도를 동북쪽 바다에 있는 인정 넘치는 바닷가 사람들이 사는 두 개의 섬으로 함께 분류한 것 자체가 지리적 정확성의 측면에서 크게 잘못된 것이었다. 이 때문에 불교 옹호론자들은 이 구절을 있는 그대로 인용하지 않고 축약된 형태로 영리하게 제시하였다. 예를 들면 종병은 《명불론》에서 다음과 같이 이야기하고 있다.

"백이가 지은 《산해경》에서는 '천독天毒의 사람들이 남에게 친절하고 애정으로 대한다'고 하였고, 곽박은 이에 대한 주석에서 '옛 사람들이 천독이라고 한 지역은 천축과 같으며, 곧 불교가 생겨난 곳이다'라고 하였다.133) '(여기에 보이는) 친절하고 애정으로 대한다'는 말은 여래의 큰 자비의 가르침을 가리키는 것이다."134)

도선 역시 같은 방식으로 원래 문장 중의 몇 단어만을 인용하면서, 더 나아가 천독을 신독身毒으로 바꾸고 있다.135)

3) 주나라 장왕莊王

불교가 주나라 초기 혹은 중기에 중국에 알려졌다는 - 혹은 적어도 소문이 들렸다는 - 이론은 부처의 탄생과 열반에 대한 중국인들의 추론과 긴밀하게 관련되어 있었다. 이 두 사건의 시기에 대해서는 일반적으로 두 가지 이론이 있었다. 첫 번째는 석가모니가 주나라 장왕莊王 10년(기원전 686) 4월 8일에 태어났다는 것이고, 두 번째는 소왕昭王 24년(《죽서기년》에 의하면 기원전 958) 4월 8일에 태어났다는 것이다. 두 가지 이론 중에 첫 번째가 보다 오래된 것으로 보인다. 한악韓鄂이라는 정체불명의 당나라 때 인물이 지은 《세화기려歲華記麗》라는 책에서는 사승(謝承, 3세기 전반)이 지은 현재는 전해지지 않는 《후한서後漢書》를 인용하여 부처가 탄생한 해를 기원전 686년, 갑인년 - 잘못된 것이다 - 으로 이야기하고 있다.136) 이 해를 취한 이유는 추정하기 어렵지 않다. 《춘추》의 노나라 장공莊公 7년 기사에는 다음과 같은 내용이 있다.

[p.272]

"여름 4월의 신묘일 저녁에 항성恒星이 보이지 않았다. 한밤중에 별들이 비처럼 쏟아졌다."137)

이 기사에 대해 《좌전》에서는 다음과 같이 이야기하고 있다.

"'여름에 항성이 보이지 않'은 것은 밤이 (특별히) 밝았기 때문이다."138)

결론은 분명하다. 인도의 전승에 의하면 부처의 수태는 – 탄생이 아니라139) – 한여름 축제 때인 4월 8일에 일어났다. 이 사건은 (다른 부처의 생애의 주요한 사건들과 마찬가지로) 많은 신비한 상서들을 동반하였는데, 하늘 전체가 맑은 가운데 눈부신 빛이 우주 전체에 퍼지는 것도 그중 하나였다.140) 이미 2세기 말 혹은 3세기 초에 일부 지식층 불교신도들은 불경에 묘사된 부처 '탄생'의 날짜 및 상황과 《춘추》의 기사 사이의 특별한 유사성에 주목하였는데, 둘 사이의 미세한 차이는 신묘일이 4월의 여덟 번째 날이 아니라 다섯 번째 날이라는 것뿐이었다. 지겸이 중국에서 가장 이른 시기의 부처의 전기 중 하나인 《태자서응본기경》(222-229년 번역)을 번역하면서 앞에서 인급한 《좌전》의 구절과 똑같은 단어들 사용하여 '4월 8일, 밤이 밝을 때[夜明]에 부처가 태어났다'고 한 것은 우연이라고 할 수 없다.

이러한 연대론은 5세기 후반 및 6세기 초까지도 일반적으로 받아들여졌던 것으로 보인다. 같은 내용이 《위서》〈석로지〉에 보이며,141) 도안은 《이교론二敎論》(570-571년 저술)에서 대단히 복잡한 연대 계산을 통하여 《춘추》에 기록된 사건은 부처의 수태가 아니라 그의 깨달음과 일치하는 것이라고 결론짓고 있다.142) 사승이 제시한 주장의 근거가 되었던 정체불명의 자료는 불교적 이론을 꾸며내는 데 활용되었던 중국 고전 문헌의 첫 번째 사례 중 하나라고 할 수 있다.

《춘추》의 내용은 쉽게 문학적으로 활용되었다. 이 이야기를 활용하여 만들어졌던, 주나라 왕궁에서의 맑으면서도 별이 없던 밤에 관한 전설이 – 현재는 전해지지 않고 있지만 – 6세기에 존재하였음은 도안의 《이교론》에 실린 다음의 인용문을 통하여 확인되고 있다.

"장왕의 비공식적인 전기 –《장왕별전莊王別傳》– 에 의하면 왕이 (궁중의 점술사들에게) 《역》에 의거하여 점을 치게 하였더니, 그들은 '서쪽 지역에서 구리 빛깔의 사람이 세상에 출현하였기 때문에 밤이 밝게 되었습니다. 이것은 중국의 재앙을 나타낸 것이 아닙니다'라고 하였다."143)

4) 소왕昭王과 목왕穆王

[p.273]

이런 종류의 사이비 역사문헌과 관련하여서 부처의 탄생 연대에 대한 두 번째 이론에 대하여 살펴보아야 할 것이다. 그런데 이 이론은 훨씬 후대에 만들어진 것으로, 이 책이 검토하는 시대에서 벗어나 있다. 《속고승전》은 520년에 탁발족 (북)위 왕조의 궁정에서 개최된 불교도와 도교도 사이의 논쟁에 관한 내용을 수록하고 있다.144) 불교도의 대표로 참여한 담모최曇謨最는 정확한 부처의 탄생과 입적 시기에 대한 진술을 요구받자 《주서이기周書異記》와 《한법본내전漢法本內傳》에 의거하여 부처가 소왕 24년(연대기《죽서기년》에 의하면 기원전 958) 4월 8일에 태어나 목왕 52년(기원전 878) 2월 15일에 열반에 들었다고 주장하였다. 두 책은 유명한 불교계 위서로서 오직 6세기 이후의 불교계 호교 문헌들에만 인용되고 있다. 520년의 북위 궁정의 토론회에서의 언급이 현재까지 확인된 가장 오래된 인용사례라는 사실은 이 책들이 북조에서 기원했을 가능성을 보여주는 것이다.145) 《주서이기》로부터의 인용문 중 하나에는 소왕과 목왕 대의 전설적 이야기가 들어 있다.

"주나라 소왕이 즉위한 지 24년째 되는 갑인년 4월 8일에 강과 샘들이 갑자기 넘쳐오르고 모든 우물의 물이 범람하였다. 궁궐 건물과 인가, 산과 강, 대지가 모두 크게 흔들렸다. 그날 밤에 5색의 불빛이 태미성을 뚫고 지나가 (하늘의) 서쪽을 파란색과 붉은색으로 가득 채웠다. 주나라 소왕이 태사太史 소유蘇由에게 '이것은 무슨 징조인가?'라고 묻자, 소유는 '위대한 성인이 서쪽에서 태어나서 이러한 상서가 나타난 것입니다'라고 대답하였다. 소왕이 '(그것이) 세상에 어떤 영향을 미치게 될 것인가?'라고 묻자 소유는 '당장은 아무런 일이 없습니다만 천 년 후에 그 목소리(로 설한) 가르침이 이 땅에 미칠 것입니다'라고 대답하였다. 이에 소왕은 그에게 (일어난 일들을) 돌(비석)에 새겨 (수도의) 남쪽 교외에 있는 하늘에 제사 지내는 제단 앞에 묻게 하였다 ⋯. 목왕이 즉위한 지 32년째 되는 해에 (하늘의) 서쪽에서 여러 차례 불빛이 보였다. (왕은) 소유의 설명에 대하여 들은 바가 있어서 서방에 성인이 살고 있다는 것을 알고 있었다. 하지만 목왕은 그 가르침을 이해하지 못하였으므로 (그의 존재가) 주나라의 도道에 좋지 못할까 두려워하였다. 이에 상국 여후呂侯와 함께 서쪽으로 들어가 도산塗山에서 제후들을 모아 불빛의 나쁜 기운을 정화하려 하였다.146) 목왕 52년 임신년 2월 15일 새벽에 폭풍이 갑자기 일어나서 사람들의 집을 부수고 나무들을 부러뜨렸고, 산과 강, 대지가 모두 크게 흔들렸다. 오후에 하늘은 검은 구름으로 흐려지고 서쪽에는 12줄의 흰 무지개가 북에서 남으로 움직이면서 한밤중까지도 없어지지 않았다. 목왕이 태사 호다扈多에게 '이것이 무슨 징조인가?'라고 묻자, 호다는 '서방에 있는 성인이 멸도滅度하므로, (그 떠남에 따라) 이러한 쇠퇴하는 모습들이 나타난 것일 뿐입니다'라고 대답하였다⋯."147)

여기에서는 목왕이라는 낭만적 인물이 – 당시에 이미 그는 주요한 전설적 영웅 중 한 사람이었다 – 불교의 신성한 허구와 선전의 세계에 활용되고 있음을 볼 수 있는데, 더 후대의 이야기에서는 그가 독실한 불교신자로 바뀌어 향을 피우고 사찰을 건립하는 것으로 그려지고 있다.148)

이 두 번째 연대기 및 그에 기초한 전설은 또 다른 고대의 역사문헌인 《죽서기년竹書紀年》에서 비롯되었음에 틀림없다. 물론 여기에서 [p.274] 는 이 책의 발견 및 문헌 형태, 이 책의 일실 시기와 현재 이 제목을 가지고 있는 책의 성격 등에 관한 문제들에 대해서는 논할 여유가 없다. 《주서이기》의 내용과 고대의 《죽서기년》의 내용에 대한 비교는 이 장의 부록을 참고하기 바란다.

부처의 탄생과 열반 시기에 대한 두 가지 이론들은 모두 비슷한 발전 경로를 밟았다. 중국 고대 연대기의 내용 - 《춘추》와 《죽서기년》 - 을 이 사건들을 언급한 것이라고 하는 해석은 부처의 탄생과 입멸을 보여주는 동쪽에서의 초자연적인 현상들 및 그에 대한 중국 황제들의 반응이라는 핵심 주제를 갖는 전설의 출발점이 되었고, 이 전설들이 문학적으로 발전하여 마침내 불교의 두 위서인 《장왕별전》과 《주서이기》에 수록되게 된 것이다.

5) 공자와 서방의 성인

공자 스스로 불교의 존재와 우월성을 알고 있었고, 심지어 그가 한 차례 부처를 언급한 적이 있다는 사실이 《열자》의 다음과 같은 문장 속에 나타나고 있다.

"상商 (왕실의 후손이 다스리고 있던 송宋의 최고 재상) 태재太宰가 공자를 찾아와 물었다. '구丘 당신은 성인입니까?' 공자가 대답하였다. '어떻게 이 구丘가 성인일 수 있겠습니까? 사실 나는 (단지) 널리 공부하고 많은 지식을 가지고 있을 뿐입니다.'"(그러자 태재는 3왕, 5제, 3황을 비롯하여 먼 과거의 지혜와 덕행의 모범이 될 수 있는 모든 인물들이 성인이냐고 물어보았고, 공자는 모두에 대해 성인이라고 부를 수 없다고 하였다.) "상의 태재는 매우 놀라서 물어보았다. '그렇다면 누가 성인입니까?' 공자는 용모를 바르게 한 후 잠깐 있다가 말하였다. '서방의 사람들 중에 성인이 있습니다. 그는 말하지 않지만 저절로 신뢰받고, 사람들을 교화하지 않아도 저절로 (가르침이) 실현됩니다. 매우 크고 커서 사람들은 그의 이름을 붙일 수도 없습니다.'"149)

도선은 이 문장을 약간 바꾸어서 자신이 편찬한 《광홍명집》의 서두 부분에 인용한 후, 다음과 같은 결론을 끌어내고 있다.

"이것으로 판단컨대 공자는 부처가 위대한 성인이라는 것을 잘 알고 있었다. 하지만 당시에는 (그 가르침을 설명할) 인연이 무르익지 않았기 때문에 알고서도 조용히 있었던 것이다 …."150)

이 자료를 어떻게 평가해야 할까? 탕용동은 해당 구절이 부처가 아니라 - 조금 뒤에 살펴볼 - '서쪽으로 간' 노자와 그 곳에서의 그의 교화를 가리킨다고 생각하고 있다.151) 그러나 탕용동은 《열자》를 비교적 후대의 위서로 간주하면서도 불교의 영향이나 불교도에 의한 삽입의 가능성은 상정하지 않고 있다. 하지만 《열자》 속의 불교적 요소의 존재는 단순한 가능성이 아니라 입증된 사실이다.

기원전 5세기에 만들어졌다고 주장하는 《열자》의 현존 텍스트 중 적어도 일부가 기원후 3세기나 4세기 초에 위조된 것이라는 사실은 잘 알려져 있다. 해당 텍스트는 4세기 중엽에 장담張湛이라는 인물에 의해 편집되었는데, 그는 이 책에 대한 주석과 서문도 아울러 지었다. 이 인물에 대해서는 서문에 나오는 내용 이외에 아무런 사실도 알려져 있지 않다. 서문에서 그는 자신의 조부가 기원후 311년에 남쪽으로 피난 올 때 이 책의 일부를 구해왔으며, 남쪽에서는 다른 수장가들의 집에서《열자》의 나머지 부분을 찾을 수 있었던 사실을 자세히 이야기하고 있다.

계선림季羨林은 「《열자》와 불경 -《열자》의 작자와 편찬연대」(Studia Serica IX.1, pp.18-32, Peking/Ch'engtu)라는 논문에서 이 책의 진위에 대한 당대 이후의 많은 중국학자들의 견해를 잘 정리하고 있다. 그는 또한 - 설득력은 떨어지지만 - 이 책을 위조한 인물이 다름 아닌 장담 본인임을 증명하려고 시도하고 있다. 더 나아가서 그는《열자》의 일부 내용(권5 61. 목왕과 기계인간에 관한 이야기)에 주목해서, 그 내용이 불교의 영향이거나 불교도에 의해 삽입된 것임을 밝히고 나아가 그 근거도 제시하고 있다. 이 기계 인간에 관한 이야기는 거의 축자적으로 285년에 축법호가 번역한 부처의 전생담을 모은《생경生經》(大正藏3 88.1.13 이하 = Chavannes, *Cinq cents contes et apologues* III. 166-175) 중의 〈불설국왕오인경佛說國王五人經〉의 24번째 이야기에 대응하고 있다.

하지만 이 책의 편찬 시기를 거의 정확하게 보여주는 다른 사례가 있다. (《열자》의) 권3 32 이하에서는 목왕이 서쪽으로 여행하여 신비한 서왕모를 방문한 일을 이야기하고 있는데, 그 내용은《목천자전穆天子傳》의 여러 문장들과 정확히 일치하고 있다. 다양한 당대 및 후대의 자료들에 의하면 - 그러한 전승을 의심할 이유는 없다 - 이 책은 279/280년에 급군(汲郡, 하남성)에 있는 위나라 양왕(기원전 3세기경)의 무덤에서 다른 많은 문헌들과 함께 발견된 것이다.152) 그 문헌들은 모두 단편들만 남았지만, 오직《목천자전》만은 일군의 학자들에 의해 281년 직후, 즉 축법호의《생경》한문 번역이 끝난 지 4년이 채 안 되어서, 예서로 정성스럽게 필사·편집되었다.

장담 스스로《열자》의 서문에서 많은 문장들이 불경의 가르침과 친연성을 보이고 있다고 이야기하고 있는데, 만약 그가 이 책의 내용을 직접 지은 것이라면 그와 같이 말하지는 않았을 것이다. 장담이 주석서에서 확실하게 밝히고 있는 《목천자전》의 경우도 마찬가지다. 해당 인용문들은 기원전 300년경 이 책이 묻히기 이전에 《열자》에 수록되어 있었음을 보여주는 것이다. 만약 장담 자신이 이 문장을 지어내기 위해서 최근에 발견된 《목천자전》을 도용하였다면 그 사실에 사람들이 관심을 갖도록 일부러 해당 자료의 이름을 이야기하지는 않았을 것이다. 이러한 사실들은 - 장담의 주석서에 전혀 불교의 영향이 보이지 않는다는 사실을 포함하여 - 현행본 《열자》의 진위에 대한 계선림季羨林의 이론이 타당하지 않다는 것을 보여준다. 어쨌든 여러 문장들에 불교의 이론과 주제들이 담겨져 있다는 사실은 이미 오래전부터 알려져 있었다. 모든 생명과 물질들이 환영[幻, māyā에 대한 표준적인 한자 번역어, 한대 이전의 도교 문헌에서는 이 글자가 이러한 의미로 사용되지 않았다]이라는 주장,153) 위에서 인용한 공자의 서역 성인에 대한 칭송, 목왕과 먼 서쪽에서 온 마법사[化人, māyākāra에 대한 표준적인 한자 번역어]의 이야기154) 등등. 이 중의 마지막 전설은 내가 아는 한 많은 다양한 변형태들이 인도와 이슬람 문헌들에서 보이고 있다는 점에서 특별히 흥미롭다.155)

해당 문장들은 3세기 말이나 4세기 초에 만들어진 것으로 생각해도 좋을 것이다. 하지만 텍스트 전체가 위조되었다거나 한나라 이후의 것이라고 간주하는 것은 명백히 잘못이다. 이 책의 여러 장들에는 《장자》 및 다른 고대의 철학적 문헌들156)에 보이는 것과 동일한 형태의 매우 오래된 내용들이 수록되어 있으며, 현행본 《열자》가 한 대의 여러 문헌들에 인용되고 있음도 확인되고 있다.157)

이러한 사실들로 볼 때 《열자》에 나오는 공자와 서방의 성인에 관한 문장은 《열자》의 최종 편집이 완료되기 전에 불교도들에 의해 삽입된 종교적 선전물이라는 가능성을 생각해 볼 수 있다.

6) 연燕의 소왕昭王

조금 시대가 내려와서는 – 기원전 4세기경이지만 – 연燕의 소왕(昭王, 기원전 311-279)과 시라(尸羅, Śīla?)라는 이름의 신비한 방문자에 관한 이야기가 전해지고 있다. 왕가(王嘉, 390년경 사망)가 편찬한《습유기拾遺記》에 연왕의 재위 7년에 있었던 일로 기록되고 있다.

> "목서沐胥국 (사신들이) 왕궁으로 찾아왔다. 이것(=목서)은 인도의 다른 이름이다. 일행 중에 시라尸羅라는 이름의 도술을 행하는 사람이 있었다. 나이를 물어보자 130살이라고 하였다. 그는 쇠(고리들)이 달려 있는 (승려들의) 지팡이를 짚고 바리때•를 들고 있었으며 자기 나라를 떠난 지 5년 만에 연의 수도에 도착했다고 이야기하였다. 그는 마술에 능하였는데, 손가락을 튕김으로써 3척 높이의 10층탑을 만들어냈다."158)

《습유기》완본은 매우 이른 시기에 없어졌고, 현재의 텍스트는 6세기 초에 소기蕭綺가 단편들을 모아 편집한 것이다. 탕용동(『불교사』 p.5)은 위의 내용을 6세기 전반에 삽입된 것으로 의심하고 있지만 그렇게 생각해야 할 근거는 없다. 편찬자인 왕가는 유명한 도교의 기인이었다. 그는 곡물을 끊고 남루한 옷을 입고 돌아다녔으며, 산속의 동굴에서 수백 명의 제자들과 함께 살았다. 나중에 그는 장안 근처로 옮겨와서 티베트족 군주 부견(357-384) 및 그의 신하들과 많은 교류를 하였다. 그러한 관계는 그로 하여금 당시 부견이 큰 관심을 가지고 있던 불교와 접할 수 있게 하였을 것이다. 또한《진서》에 수록된 그의 전기159)와《고승전》160) – 한 문장 전체가 그의 생애에 대해 이야기하고 있다 – 의 내용을 통해서 그가 당시의 가장 중요한 승려였던 도

• 《습유기》 원문에는 정병淨瓶이다–역자

안(312-385)의 친한 친구였다는 것을 알 수 있다. 따라서 위의 내용을 6세기에 삽입된 것으로 생각할 이유가 없다. 열렬한 신앙심을 가지고 있던 궁정 사람들과 긴밀한 관계를 맺고 있던 도사는 – 왕가와 같이 – 불교에 일정한 양보를 하여야 했을 것이다. 비슷한 도교적 혼합을 《부자符子》라는 도교 문헌을 지은 부견의 조카 부랑符朗의 경우에서도 볼 수 있다. 이 책은 전해지지 않고 있지만, 전해지는 일부 단편들에서는 진지하게 '석가모니가 노자'라고 이야기하고 있다.161) 이 연나라 소왕의 이야기는 승려 마술사가 중국에 왔음을 보여주고 있기 때문에 관련되는 이야기를 모두 망라한다는 차원에서 언급한 것이다. 하지만 이 《습유기》 단편에 보이는 이야기를 불교를 옹호하기위한 이야기로까지 해석할 수는 없다. 외형상의 유사성에도 불구하고 이 이야기는 지금까지 검토해 온 다른 문헌들과는 같은 범주에 속하지 않는다.

7) "아쇼카왕의 유물"

지금까지 살펴본 문헌들 및 그에 대한 불교적 해석보다도 훨씬 흥미로운 것은 적어도 4세기 초 이후 계속해서 자료들에 빈번하게 나타나고 있는 또 다른 현상, 즉 '아쇼카왕의 유물' 탐사이다. 종교적 선전이 그러한 행위들의 유일한 동기는 아니었지만, 일차적으로는 중국 땅에 이른 시기부터 불교가 존재하였음을 증명하려는 욕구의 결과였다.

불교 문헌들에 보이는 이상화된 아쇼카왕의 모습이 중국의 지식인들에게 커다란 영향을 미쳤다는 것은 충분히 이해할 수 있는 일이다. 고대 성인들의 가르침을 따름으로써 백성들에게 평화와 번영을 가져다주고, 마침내 온 세상을 자신의 권위에 복종하게 한다고 하는 전통적인 중국의 신성 군주의 이상은 종교적 헌신과 모든 인류에 대한 사랑과 동정을 통해 자신의 통치를 염부주 전체로 확대해 간다고 하는 불교의 법왕法王 개념과 매우 비슷하였다. 이미 5세기 말 이전에 부분적으로 혹은 전체적으로 아쇼카왕의 삶을 거의 완전하게 전설화하고 있는 상당히 많은 종류의 경전들이 중국어로 번역되었다. 그들 중 다수는 전해지지 않고 있고, 대부분의 경우 번역연대가 추정되고 있을 뿐이다.162) 아쇼카왕의 삶에 대한 가장 중요한 초기의 성인전설은 7권으로 된 《아육왕전阿育王傳》으로, 이 책은 후대의 목록들에 의하면 306년에 파르티아 출신의 안법흠安法欽이 번역한 것이다.163)

이 문헌들에서 언급되고 있는 두 가지 사실은 이 책의 주제와 관련하여 대단히 중요하다. 첫 번째는 아쇼카왕이 염부주 대륙 전체를 통치했다는 것이고, 둘째는 아쇼카왕이 야차들(yakṣas)의 도움을 받아서 하루 동안에 대륙 전체에 8만4천이나 되는 탑을 세워서 부처의 사리를 나누어 봉안하였다는 것이다.164) 중국인들은 자연스럽게 (1) 염부주의 일부인 중국도 과거에 아쇼카왕의 제국에 속하였으며, 따라서 이 왕의 치하에서 불교를 받아들였을 것이고, (2) 중국 땅에서도 자세히 살펴보면 그 불교의 황금시대의 흔적, 즉 탑의 유적이나 신성한 부처님의 사리, 그 자체와 같은 것들이 어느 정도는 나타날 수 있을 것이라고 생각하였다.

이러한 생각은, 아마도 4세기 전반기 이후부터, 대단히 독특한 고고학적 발굴을 발생시켰다. 2백 년 동안에 19개 이상의 유적이 발견되었고, 수많은 탑의 기단부, 명문을 가지고 있거나 가지고 있지 않은 고대의 불상, 그리고 부처의 사리가 발굴되었다.

이 책에서 검토하는 시기 동안에는 적어도 9개의 그러한 발견 사례들이 보고되고 있다.

(1) 후대의 전승에 의하면 초楚국의 수도이자 초기 중국 불교 중심지 중 하나였던 팽성彭城에 1세기 중엽에 아육왕사가 있었다고 한

다.165) 이 사찰은 틀림없이 유명한 초왕 유영(劉英, 위의 p.26 참조)이 건립한 것인데, 사찰의 이름은 이 절이 아쇼카 시대의 옛 탑 자리에 세워졌음을 의미함에 틀림없다. 후대의 '아쇼카왕 사찰들'의 목록에는 그렇게 이야기되고 있다.166) 하지만 이 절의 이름 및 그와 관련된 전설이 그렇게 이른 시기까지 거슬러 올라간다고 생각할 이유는 전혀 없다.

[p.278] (2) 두 번째 사례도 마찬가지로 의심스러운 것이다. 《고승전》167)에 의하면 강승회는 248년 오나라의 수도 건업에 도착한 뒤 곧바로 통치자 손권에게 불려갔다. 손권이 불교의 초자연적 능력에 대한 가시적인 증거를 요구하자, 강승회는 '부처님의 유골과 사리는 사방으로 빛을 냅니다. 옛날에 아쇼카왕이 (그 사리를 봉안한) 8만 4천이나 되는 탑을 세웠습니다…'라고 대답하였고, 3주 후에 빛을 내고 파괴할 수 없는 사리가 갑자기 출현하였다. 손권은 이 기적을 보고서 불교로 개종하고 건업에 건초사建初寺를 세웠다. 강승회의 전기, 특히 사리의 갑작스러운 출현에 관한 내용이 성인전설의 영역에 속한다는 것은 다시 말할 필요가 없다. 같은 전기에서 오나라의 후대 군주인 손호(孫浩, 264-280)가 얻었다고 하는 '아쇼카왕의 금불상'에 관한 이야기도 마찬가지이다.168) 이 이야기들은 그러한 '사리'를 찾는 풍습이 언제부터 시작되었는지를 보여준다는 주는 점에서 중요한데, 그 가치는 물론 강승회 전기의 토대가 된 자료들의 시기에 달려 있다. 손권의 개종 이야기를 담고 있는 현존하는 가장 오래된 자료는 3세기 중엽의 것이다.169)

(3) 수도를 업(鄴, 현재의 하남성 임장臨漳)에 두었던 흉노족 군주 석호(335-349)의 통치기에 발견된 몇 가지 물건들은 아마도 역사적 사실일 것이다. 《고승전》의 불도징(?-348) 전기에는 수도의 승

려들이 사찰을 세울 때에 승로반(承露盤, 탑 꼭대기의 금속 쟁반)을 만들 수 있는 재료와 자금을 구하지 못하자 불도징이 그들에게 임치(臨淄, 산동성 광요廣饒 근처) 성벽 안쪽 어딘가에 있던 옛 아쇼카왕의 탑의 자리를 보여주었다는 이야기가 보인다. 그는 옛 건물의 유물들을 발견할 수 있는 정확한 위치를 알려주는 지도를 그려주었다. 유물들은 땅속 깊이 묻혀 있었고, 그 위에는 풀이 무성하게 자라 덮여 있었지만 신앙심 깊은 발굴자들은 마침내 승로반과 불상 1구를 발견할 수 있었다.170) 이 탑의 유물들의 발견에 관한 이야기는 5세기 중엽의 글들에도 거의 똑같은 내용으로 나오고 있다.171) 임치의 유적은 도선의 《광홍명집》에 아육왕 사찰들 중의 하나로 열거되고 있고, 거기에도 이 발견의 이야기가 요약되어 있다.172)

(4) 그보다 조금 빠른 313년에 한 어부가 송강(松江, 현재의 상해 부근) 입구에서 2구의 석불상을 발견하였다. 이야기에 의하면 불상들은 물 위에 떠올랐으며, 은거하고 있던 불교학자 주응朱膺에 의해 물가로 끌어내졌다고 한다. 이 불상들의 뒷면에는 글자가 새겨져 있었는데, 하나는 이름이 유위(惟衛, Vipaśyin)였고, 다른 하나는 가섭(迦葉, Kāśapa)이었다. 이 불상들이 아쇼카 시대의 것이라고 이야기되고 있지는 않지만 문맥으로 볼 때 그들이 그렇게 생각되었음이 분명하다173)(혜달이 이 불상들을 참배한 것에 대해서는 아래의 (6)을 참조). 두 불상은 오군(吳郡, 현재의 소주)에 있는 통명사通明寺에 봉안되었다.

(5) 《고승전》 중의 건타륵建陀勒 전기에 의하면 이 고승은 ― 그에 관해서는 이것 외에는 거의 알려진 것이 없다 ― 낙양의 승려들에게 낙양으로부터 동남쪽으로 100리쯤 떨어져 있는 반치산槃鵄山174) 중의 옛 절이 있던 장소를 알려주었다고 한다. 승려들은 그곳을 파보

[p.279] 았고, 거기에서 탑의 초석을 발견하였다. 곧바로 이곳에 절이 다시 건립되고, 건타륵이 주지를 맡게 되었다.175)

(6) 《고승전》 제8권에는 혜달(慧達, 4세기 후반)이라는 승려의 전기가 수록되어 있다. 그의 출가 이전 이름은 유살아(劉薩阿, 혹은 薩阿/薩訶)인데, 이미 불교의 영향이 나타나는 인도적인 이름이었다. 그는 출가 후에 남은 생애를 아쇼카왕의 신앙과 관련된 유적들을 찾는 데 바치기로 결심하였다.176) 그는 회계의 오군에 있는 아쇼카의 탑과 불상들(불상들에 대해서는 (4)번 참조. 탑에 대해서는 다른 곳에 언급되어 있지 않다)을 보고나서 373년 직후에 동진의 수도 건강으로 갔다. 이곳에 있는 장간사(長干寺, 간문제가 371-373년에 창건)에서는 목탑 아래 약 열 자쯤 밑에서 석함이 발견되었는데, 그 안에는 은함이 들어 있었다. 그 안에는 다시 금함이 들어 있었고, 금함 안에는 부처의 사리 세 알이 들어 있었다. "이것은 그러므로 주나라 선왕(宣王, 기원전 800년경)• 때에 아쇼카왕이 세운 8만4천 개 탑 중의 하나이었다."177)

장간사의 보물은 그것이 전부가 아니었다. 538년에 목탑을 다시 세울 때에 다른 많은 유물들이 발견되었다. 양나라 무제는 이 발견과 관련하여 엄숙한 조칙을 내렸는데,178) 그보다 한 달 전에는 절강의 상우上虞에서도 놀라운 유물의 발견이 있었다.

'이것은 아쇼카왕의 넷째 딸이 만든 것이다[是育王第四女所造]'는 중요한 명문을 가지고 있는 330년경에 발굴된 장간사의 동 불상179)을 보고나서 혜달은 회계로 돌아갔다. 이곳에서는 사람들이 몌현(鄭縣, 현재의 절강성 근현[鄞]縣 동쪽)에 있는 아쇼카왕 탑의 기단부를 발견하였는데,180) 혜달은 이를 복원하였다. 이 탑은 후에 몌현의 현령이었던 맹의孟顗에 의해 더 크게 중수되었다.

• 《고승전》의 다른 이본들에는 경왕(敬王)으로 되어 있다-역자

(7) 도선에 의하면 태원太元(376-396) 초에 강릉(하북성)의 성벽 북쪽에서 갑자기 금으로 만든 불상이 나타났다.181) 그 광배에는 '아쇼카왕이 만들었다[育王所造]'라는 명문이 있었다. 이 상은 강릉의 장사사長沙寺에 봉안되었다가, 후에 양 무제에 의해 건강으로 옮겨졌다. 그런데 도선이 이 일을 태원초라고 한 것은 잘못된 것으로 보인다. 똑같은 기적이 두 차례 일어난 것이 아니라면 - 기적들 중에는 그런 경우도 있을 수 있지만 - 그 불상은 《고승전》 중의 담익曇翼의 전기에 이야기되고 있는 불상일 것이다.182) 담익은 도안의 제자로서 4세기 말에 장사사의 주지였다. 394년 3월 25일에 불상이 강릉의 성벽 북쪽에서 나타났다. 거기에는 산스크리트 명문이 쓰여 있었는데, 나중에 그것을 해독한 카시미르 출신의 승가난타가 승려들에게 그 불상이 실제로 아쇼카왕이 만든 것이라고 이야기 해 주었다.

(8) 4세기 초 무창에 있는 한계사寒溪寺에는 광주(광동성) 앞바다에서 발견된 아쇼카왕이 만들었다고 하는 불상이 있었다. 자사 도간(陶侃, 259-334)이 이것을 무창으로 옮겨서 이 절에 두었다. 얼마 지나지 않아 한계사가 불탔지만 불상은 온전하였다. 도간이 임기를 마치고 떠나면서 이 불상을 가지고 가려고 하였다. 그런데 불상을 실은 배가 가라앉아 버렸고, 누구도 그것을 꺼낼 수 없었다. 마침내 혜원이 이것을 꺼내어 여산의 동림사로 가져갔는데, 그것은 4세기 말 무렵이었다.183) 7세기 중엽 도선의 시대까지도 불상은 그곳에 있었다.184) [p.280]

(9) 티베트 황제 요흥의 숙부 요서姚緒가 포판(浦坂, 현재의 산서성)의 군사지휘관을 맡고 있을 때(396년 혹은 그 직후; 《자치통감》 권108 1280b) 오래전부터 '아쇼카왕의 절이 있던 곳'으로 알려진 곳에서 불빛이 나왔다. 그곳을 파보니 석함이 나왔는데, 그 안에 들어

있는 은함에는 부처의 유골 일부가 담겨 있었다.185) 이 탑이 있던 곳도 도선의 《광홍명집》에 들어 있는 아쇼카왕의 유적 목록에 언급되고 있다.186)

발견은 계속되었다. 도선은 16건에 달하는 아쇼카왕 사찰의 목록과 함께 그러한 유적들의 발견과 관련된 신비한 이야기들을 기록하고 있고, 도세道世는 자신이 편찬한 《법원주림》 제38권에서 그러한 유적 19곳을 열거하고 있다.187)

이러한 행동들의 동기를 종교적 선전과 역사적 증거의 필요성만으로 생각하는 것은 잘못일 것이다. 무엇보다도 탕용동이 올바르게 이야기하고 있는 것처럼188) 발견된 것들 중의 다수는 아마도 가짜가 아니라 실제로 옛 건물들의 자취였을 것이다. 먼 옛날부터 중국 문명의 중심지였던 북중국 평원이나 절강성 북부 지역의 땅을 팠을 때, 실제로 아무것도 발견되지 않는 경우는 있기 힘들다. 이 사례들 중의 일부는 의도적으로 증거자료들을 만들어내려는 욕구보다는 쉽게 믿는 마음과 무지가 종교적 열정과 결합된 결과들일 것이다.

한편으로 이러한 발견들은 상서로운 의미를 갖는 물건들의 발견을 통치자의 덕의 증거로써 궁정에 보고하는 잘 알려진 전통과 관련하여 고려할 필요가 있다. 이러한 전통은 하늘이 통치자의 행위에 대해 찬성 혹은 반대를 표현한다고 하는 전통적인 '조짐'에 대한 믿음의 한 측면이다. 늦어도 한나라 때 이후로는 그러한 '발견들'이 자세히 기록되어 있다. 오래된 도장과 같은 왕권의 상징물, 부적, 글자가 새겨진 돌, 옥이나 청동기 등의 발견은 상서로 받아들여졌고, 그러한 물건들이 발견된 장소들에는 빛이 비치거나 다른 초자연적인 현상들이 나타났다고 이야기되고 있다.189) 많은 '아쇼카왕의 유물'이 궁정과 긴밀한 관계를 가지고 있는 사람들에 의해 발견되었다는 것은 주목할 만한 사실이다. '아쇼카왕의 유물' 및 그들의 발견과 관련된 기적적인 사건들은 이중의 목적을 가진 것이었다고 생각할 수 있다. 그들은 고대 중국 역사 속에 불교시대가 있었음을 증명하여 불교 승려들에게 필요한 전통을 제공함으로써 그들의 권위를 높이는 동시에 세속 군주의 덕행에 의해 유발된 상서로도 해석될 수 있었다. 불교적 기적 중에서 후자의 측면이 수나라 때에 매우 중요하게 되었다.[190]

네 번째이자 가장 독특한 불교 측의 반론, 즉 공자, 노자, 안회 및 다른 과거 중국의 위대한 성현들이 실제로는 부처의 제자 혹은 화신으로서, 중국인들을 교화시키기 위하여 동쪽으로 파견되었거나 중국에서 모습을 드러낸 것이라고 하는 이론에 대해서는 다음 장에서 이른바 화호化胡 논쟁과 관련하여 검토될 것이다.

(4) 반反승려주의 : 도덕적 측면에서의 논의

[p.281]

가족은 고대 중국사회의 기반이었고 따라서 모든 사회 윤리의 초석이었다. 효도의 궁극적 기능은 개인을 가족의 이익에 종속시키는 것이었으며, 부계 혈통을 존속시키는 수단으로서 결혼은 당연히 중시되었다. 불교가 들어오기 이전의 중국에 독신생활은 알려져 있지 않았다. 유교의 경전 중 하나인 《효경》은 오로지 효에 관한 내용만을 다루고 있는데, 거기에서 '불효'는 가장 큰 죄였고,[191] 후손이 없는 것이 가장 큰 재앙이었다.[192] '부모로부터 받은' 몸은 효행의 살아 있는 증거로써 고이 보존되어야 했다.[193]

그 구성원들이 '가정에서 벗어나서 집이 없는 상태로 들어갈 것'을 선언하고, 모든 사회적 관계를 단절하고, 생애 내내 엄격한 독신생활을 지키고, 머리를 밀고, 여러 가지 형태의 육체적 고통을 즐기는 공동체가 중국 윤리의 가장 기본적인 원칙과 충돌하였다는 것은 말할 필요가 없을 것이다.

가족과 사회로부터의 이탈만이 아니라 친족집단과 세상의 관습으로부터 벗어나는 것을 상징하는 승려의 외형적 모습들에 대해서도 비판이 제기되었다. 낯설고 이상한 옷,194) 웅크리고 앉아 식사하는 것,195) 본래의 이름을 버리고 법명을 쓰는 것 등이다. 마지막 모습은 3세기 초 이래의 흥미로운 현상이었다(앞의 2장의 주석 213번 참조). 4세기 후반 이전에 승가에 들어오는 사람들은 자신의 원래 성씨를 스승의 성씨로 바꾸었다[스승이 외국인인 경우 실제로는 성씨가 아니라 일종의 종족 호칭이었다. 파르티아인은 안安씨, 월지인은 지支씨, 인도인은 축竺씨, 우전인은 우于씨, 소그드인은 강康씨, 쿠차인은 백帛씨(쿠차 왕실 성씨) 등과 같이]. 이러한 관습은 도안에 의해 변화되었다. 그는 양양에 있을 때에 모든 불교 승려의 표준적 성씨로 (석가釋迦를 나타내는) 석釋씨를 도입하였다.196) 몇 년 후(385)에 이러한 혁신은 《증일아함》 중의 한 구절에 의해 정당성이 입증되었고,197) 보편적인 관습으로 자리잡았다. 434년에 입적한 유명한 축도생은 자료에서 확인되는 구식의 승려 성씨를 가지고 있는 마지막 인물 중 한 사람이었다.198) 이름을 바꾸는 것이 사소한 것처럼 보일지 모르지만 가족 및 그와 관련되는 모든 것들이 무엇보다도 신성한 사회에서는 그것은 대단히 중요한 의미를 갖는 상징적 행위였다.

승려들의 '신체 훼손'은 - 비록 삭발에 불과하였지만 - 중국 사회 구성원들의 도덕적 기준을 크게 위반하는 것으로서 또 다른 반反승려주의의 상투적 근거가 되었다. 중국인들에게 있어서 삭발은 중노동을 하는 무거운 형벌에 처해진 사람들을 연상시키는 것이었다. 가벼운 형벌을 받은 사람들은 '(머리를) 그대로' 둘 수 있었다.199) 중형에 처해진 사람들은 턱수염과 콧수염을 잘라야 했고, 때때로 머리카락까지도 밀어야 했다.200) 기원후 2세기에는 갓 석방된 죄수 – 실제로는 중노동에 처해졌던 남자들 – 는 조상의 묘소를 찾아보지 못하게 하는 관습이 있었다. 그 이유는 '형벌을 받아서 머리를 밀고, 수염을 깎고, 몸에는 고문을 받았기' 때문이었다.201)

하지만 이보다 훨씬 심각한 '훼손'의 사례들이 있었고, 심지어는 종교적 자살로까지 이어지는 경우들이 종종 있었다. 물론 종교적 자살은 적극적으로 극단적인 자해행위를 부정하는 불교의 정신에 위반되는 것이었다. 다른 생명체를 위하여 자신의 몸을 희생하는 보살에 관한 수많은 이야기들 – 자타카 문학에서 유명한 예들을 볼 수 있다 – 은 불교 성인들의 완전한 마음의 평안[kṣānti, 忍]과 무한한 자비라는 이상을 고양시키는 데 기여하였다. 그러한 이야기들은 인도 불교에서는 결코 현세에 사는 불교 승려들이 따라야 할 행위의 기준으로 제시되지 않았다.202) 하지만 중국의 경우 '신체의 희생'이 그와 같이 해석되고, 또한 그러한 방식으로 실행된 꽤 많은 사례들을 볼 수 있다. [p.282]

유신遺身 즉 '몸을 버리는' 관습은 하나의 명확한 문헌 자료로 소급될 수 있다. 그것은 《법화경》 제12장에 이야기되고 있는 일체중생희견보살一切衆生喜見菩薩의 이야기에 영감받은 것이었다.203) 다음 생에 약왕보살藥王菩薩이 되는 이 보살은 과거 여러 겁劫 이전에 일월정명덕여래日月淨明德如來를 섬기며 헌신한 결과로 현일체신색삼매現一切身色三昧를 얻게 되었다. 보살은 감사의 마음을 표현하기 위하여 수많은 기름과 향료를 몸에 바른 후 살아 있는 등불로 삼아 자신의 몸을 태웠다.

4세기에는 이러한 '사신(捨身, ātmabhāvaparityāga)'의 사례가 단 한 차례 있었다. 승려 법우法羽는 '약왕보살의 모범을 따르고자' 자신의 몸을 불태우기로 결심하고서 현재의 산서성 포판浦坂 지역의 군사사령관이었던 요서(姚緒, 티베트족 군주 요흥의 숙부)에게 허락을 요청하였다.204) 조금도 지체하지 않고 요서는 그의 계획을 실행에 옮길 수 있도록 허락하였다. 법우는 곧바로 자신의 몸에 기름 먹은 천을 두르고 《법화경》〈약왕보살본사품〉을 암송하면서 몸에 불을 붙였다.205)

    5세기를 지나면서 자신의 몸을 소신燒身하는 섬뜩한 행위는 일종의 유행이 되었다. 425년에 혜소慧紹는 약왕보살의 모범에 감동받아 많은 사람들이 지켜보는 가운데 자신의 몸을 불태웠다.206) 455년에는 승유僧瑜가 같은 경전에 의거하여 수많은 승려와 신자들을 모아놓고서 장작더미 위로 올라간 후 불길이 자신의 머리까지 이르러 목소리가 사라질 때까지 《법화경》을 암송하였다.207) 그 자리에 있었던 평남平南의 지방관 장변張辯이 이 광경을 보고 지은 찬贊이 《고승전》에 전하고 있다.208) 459년에 22세의 승경僧慶이 '성도成都 무담사武擔寺 서쪽의 유마거사상 앞에서' 공개적으로 소신할 때에는 구경꾼들 중에 촉蜀의 자사도 들어 있었다.209) 4년 후에는 황제와 왕자, 후궁들은 다른 많은 고귀한 사람들과 함께 혜익慧益이 오랫동안 준비를 통해 자신의 옷을 기름에 찌들게 한 후 거기에 불을 붙인 후 숨을 거둘 때까지 〈약왕보살본사품〉을 암송하는 것을 바라보았다.210) 《고승전》 권7과 《속고승전》 권27에는 이러한 보기 역겨운 사례들에 대한 묘사가 다수 수록되어 있다.

    도덕적 이유에 의거한 비판이 반대파들의 가장 강력한 무기가 되었다. 그러한 주장들은 계속해서 반복되었고, 불교 옹호자들은 납득할 수 있는 반론을 발견하는 데 있어 매우 많은 노력을 하여야 했다. 다음과 같은 하나의 예를 살펴보는 것으로 충분할 것이다.

[p.283]   "사문들의 행위는 자신을 낳아준 부모를 저버리는 것이다. 그는 친척들에게 등을 돌리고 낯선 사람들에게 향한다. 수염과 머리카락을 깎고 타고난 몸을 훼손시킨다. (부모가) 살아계실 때에는 '좋

은 모습으로'211) 봉양하는 것을 하지 않고, 돌아가신 후에는 (그 영혼에게) 제사를 올리는 것을 중단한다. 골육의 친척들을 길에서 만나는 낯선 사람과 똑같이 여긴다. 올바른 이치를 어기고 인간의 감정을 어그러뜨리는 것이 이보다 심한 것이 없다!"212)

불교 측의 옹호자들은 출가를 중국의 이상적인 사회적 행동기준과 일치시키기 위하여 다양한 논의들을 고안하였다. 사원 생활을 아름답게 묘사한 최초의 중국어 자료는 강승회가 지은 《법경경法鏡經》 서문이었다(3세기 중엽). 이 흥미로운 글에서 세속생활, 특히 가족과의 생활은 모든 악과 부정의 원천으로 비판되고 있다. 그리고 그에 이어서 강승회는 사원의 생활을 전통적인 중국의 – 보다 구체적으로는 도가의 – 평온함과 청정함, 자연과의 신비한 합일이라는 이상적 모습으로 그리고 있다.

"고요한 생각에 잠긴 채 세속으로부터 멀리 떨어져 지내는 것은 명석하고 지혜로운 사람이 나쁜 (상황을) 피하는 것과 같다. 머리를 깎고 몸을 훼손시키면서 승복[法服]을 귀하게 여긴다. 사원의 건물에 고요히 지내면서 감정을 정화하고 더러운 것을 털어버린다. 도를 품고 덕을 펼침으로써 귀먹고 눈먼 사람들을 인도한다. 혹은 산과 물가에 숨어 지내면서 바위를 베개 삼고 계곡물로 입을 헹군다. 마음을 집중하여 더러운 것들을 씻어내고, 정신은 도와 합일된다. 욕망이 사라져서 무명無名의 경지에 이르고, 밝은 (마음에 의한 자비로운) 교화는 모든 존재에 미친다."213)

여기에서는 사원생활과 효가 양립 불가능하다는 점에 대해서는 언급하지 않고 있다. 가족은 여전히 모든 악의 근원이며 진정한 목표는 거기에서 벗어남으로써 비로소 이루어질 수 있다고 이야기하고 있다.

후대의 호교 문헌들에서는 다른 주장이 등장하고 있다. 혜원은 유명한 《사문불경왕자론》(위의 p.238)의 첫 번째 부분에서 두 개념 사이의 관계를 강조하고 있다.

"따라서 석가(모니)의 가르침을 좋아하는 사람들은 곧바로 먼저 부모를 섬기고 군주를 존경해야 한다. 세속의 생활을 바꾸고 비녀를 던져버리는 사람들 - 즉 삭발하고 승려가 되려는 사람들 - 은 반드시 먼저 (군주와 부모의) 허가를 기다리고 그에 따라야 한다. 만일 군주나 부모가 의심함이 있으면 물러나 (군주와 부모가) 함께 깨닫고 (허락할 때까지) 자신의 뜻을 이룰 수 있도록 노력히여야 한다."214)

혜원의 주장은 충분한 근거가 있는 것이었다. 출가에 관한 규정에 의하면 왕에게 봉사하고 있는 사람들, 특히 군인들이나 부모로부터 승가에 들어가는 것을 허락받지 못한 사람들은 출가할 수 없었다.215) 하지만 율의 규정 자체는 '인도적'이었지만 그것의 해석과 적용은 상당히 '중국적'이었다. 이 규정의 본래적 의도는 승가와 다른 이익집단 혹은 요구자들 사이의 갈등 가능성을 없애기 위한 것이었고 - 같은 이유로 도망노예들도 받아들여지지 않았다 - 효나 국왕에 대한 충성과는 [p.284] 실제로는 아무런 관련이 없는 것이었다.

이 문제에 관한 가장 상세한 논의이면서 불교의 해탈을 효의 가장 완전한 실천이라고 하는 주장은 손작(300-380년경)의 《유도론》에 나오고 있다. 작자는 세 가지 주장을 하고 있는데, 요약하면 다음과 같다.

첫째로 표준적인 사회적 의무를 실천하는 것보다 더 높고 더 효과적인 효의 형태가 있다. 부모와 자녀들은 하나의 전체이므로, 그들은 같은 육체이고, 손작의 표현에 의하면 같은 기운[동기同氣]이다. '아버지와 아들은 같은 운명으로 맺어진 하나의 몸이다' 아들의 지위의 변화는 아버지의 위치에도 영향을 미치고, 그 반대의 경우도 마찬가지이다. '수많은 사람들에게 존경받는' 자리인 최상의 경지[=부처]에 이르는 것은 동시에 최상의 효행이 되는 것이다.

둘째로 작자는 유교에서도 서로 다른 사회적 덕행 사이에는 명확한 모순이 있음을 지적하고 있다. 극단적인 사례로써 (군주를 위해 우리의 목숨을 버리라고 하는) 충忠은 (가족을 위하여 목숨을 보존하라고 하는) 효孝와 서로 양립할 수 없다.

셋째로 손작은 다음과 같은 핵심적 주장을 하고 있다. 부처님 스스로 아버지를 개종시키는 최상의 효행의 모범을 보이셨다. 석가모니의 궁궐로부터의 탈출과 숲 속에서의 고행과 명상, 깨달음에 대하여 간단하게 설명한 후, 손작은 다음과 같이 이야기하고 있다.

"… 그는 본국으로 돌아와서 사람들을 교화하였다. 널리 가르침의 소리를 퍼뜨렸다. 부왕도 감동하여 (가르침을) 이해하고 또한 깨달음의 자리[道場, boddhimaṇḍa]에 올랐다. 어떠한 효행이 이와 같이 부모를 영광스럽게 하는 것보다 더 클 수 있는가? 그러므로 후대의 독실한 선비들이 (승려의) 옷을 입고 (부처의) 가르침을 퍼뜨리면서 (부처님의) 귀한 행적과 같이 하려고 하는 것은 모두 부모(의 결정)을 따르고, 숭상하는 바를 어긋나지 않으면서 즐겁게 허락하는 마음을 얻은 이후에 그렇게 (승려로서) 행동하는 것이다. 또한 (돌봐야 할) 나이 어린 동생들이 있을 때에는 (승려가 된 후에도) 의복과 음식을 제공하는 것을 중단하지 않는다. 그들이 (종교적 삶의) 큰 임무를 충실히 수행할 때조차도 (어린 동생들에게 대한) 은혜는 중단되지 않는다. 나아가 돌아가신 (부모님)에게는 천상에 태어나는 행복을 갖도록 한다. 그러므로 (조상의 영혼들은) 세속의 제사를 더 이상 돌아보지 않게 된다…. 불교에는 12종류의 경전이 있는데, 그중의 네 가지는 오로지 효를 권장하는 내용이다.216) (이 경전들에 이야기되고 있는 효행에 대한) 은근한 뜻은 완전하다고 말할 수 있을 것이다."217)

같은 방식으로 《모자》에서는 모든 부친의 재산을 나누어주고, 조국을 멸망시키고, 마침내 아내와 자식들까지도 희사하였던 – 그래서 모자의 '대론자'로부터 비정한 사람이라고 비난된 – 수나다 보살에 대해서 실제로는 (후세에 석가모니로 태어나서) 깨달음을 얻는 순간에 자신의 가족들을 개종시킴으로써 최상의 효행을 실행한 것이라고 이야기하고 있다.218)

강승회는 종교적 생활의 '고요한' 측면을 강조하고 있는데, 이것은 틀림없이 '은둔'의 새로운 이상으로써 중국인들에게 호소력이 있었을 것이다. 혜원은 출가의 규정을 승려들이 가족과 군주에 대한 효와 충의 태도를 갖고 있음을 보여주는 증거로 제시하고 있다. 손작과 모자는 부처가 부모를 개종시킨 일을 승려 생활의 궁극적 목적인 성불이 사회적 덕행을 가장 완전한 형태로 실현하는 것임을 증명하는 데 활용하고 있다.219) 이 모든 경우에 있어서 논의는 인도 불교에서는 부차적이었던, 하지만 새로운 문화적 환경에 이식되어 새로운 중요한 기능을 갖게 된 요소들에 기초하여 전개되고 있다.

이상이 4세기와 5세기 초의 교양있는 상류층 사람들 사이에 나타나고 있던 반反승려주의의 다양한 형태 및 그에 대한 불교 측의 옹호론들이다. 사원의 생활방식 및 그와 관련된 것들에 대한 사족들의 반대야말로 중국에 유입된 지 300년이 넘은 4세기 초 무렵까지도 사족계층에 불교가 매우 낮은 비율로 전해지고, 그에 따라 일부 예외적 사례들을 제외하고는 전혀 나타나지 않는 이유일 것이다.

이 초기의 기간 동안에 불교는 사족 전체에 의해 무시되거나 경멸되었던 것으로 보인다. 불교가 격리되어 있는 사원에 머물러 있거나 역시 고립되어 있는 중국 도시의 외국인 구역의 '이민족' 종교로 존재하는 동안에는 중국 지식인들의 관심을 끌 수 없었다. 상류 계층과 접촉하였던 극소수의 외국인 화상들은 완전히 중국화되었거나 아니면 놀라움과 의심, 경탄이 복합된 감정을 갖게 하는 특별한 이국적 존재였다.

불교가 사족들의 생활과 사상에 침투하는 것은 실제로는 4세기의 위대한 중국인 고승들의 출현으로 시작된다. 즉 불교 교단의 지도자들이 순수한 중국 지식인으로 이루어졌을 때 비로소 누구나 이해할 수 있고 받아들일 수 있는 주장과 중국화된 형태로 가르침을 펴고 방어할 수 있게 되었다.

1) *Dīgha* 11.36 pp.60-61; *Dialogues* I p.77;《長阿含》(大正藏1) 권17(27) 109.1.24.
2) 古典 시기 및 그 이후 시기의 중국 철학의 모든 학파들은 우선적으로 동일한 근본적인 질문에 관심을 가졌다. 그것은 '이 세계가 어떻게 통치되어야 하는가?'였다. 이 질문에 대한 각각의 대답은 M. Granet가 '일종의 문명화의 수용'(*La pensée chinoise*, p.17)이라고 표현한 것을 드러내고 있다.
3) H. Maspero, La *Chine antique* (제2판), p.163 참조. 조상에 대한 제사는 각 개별 집안의 사적인 의무로써 오직 죽은 사람의 직계 후손에 의해서만 거행될 수 있었다. 유교에서는 본래 종교적이었던 군주의 역할을 상당한 정도 세속화하였다. 최고제사장(황제 본인)은 동시에 제국의 관료 조직의 최고 권위자가 되었다.
4) 이러한 요소들은 틀림없이 불교의 영향 혹은 의도적인 불교제도의 모방에서 비롯된 것으로 생각된다. 福井康順, 『道教の基礎的研究』 (東京, 1952) p.112 이하 참조.
5) H. Maspero, *Le Taoisme*, p.44 및 152 이하. 福井康順, 위의 책, pp.1-02 참조.
6) 한편으로 張道陵의 가르침이 '불교에서 기원하였음'을 증명하려는 많은 시도들도 있었다. 아래의 pp.319-320 참조.
7) 法琳,《辯正論》(626년 찬술) 권3 (T2110 大正藏52) 502.3.9. 및《釋迦方志》권2 (T2088 大正藏51) 973.3 이 숫자들의 기원은 분명하지 않다. 쟁론서인 법림의 저술은 더 신뢰하기 힘들다. 앞의 장들에서 이미 이 책에 담긴 내용의 명백한 잘못들을 볼 수 있었다. 더욱이 비구니가 언급되고 있다는 사실이 더욱 의심스럽게 한다.《比丘尼傳》권1(T2063 大正藏50, 934.3.2)에 최초의 중국인 비구니로 나타나고 있는 淨檢은 313년보다 몇 년 뒤, 즉 법림이 제시한 기간 중의 가장 마지막 시기에 출가하였다.
8) 楊衒之,《洛陽伽藍記》(547년경)의 서문 1a 및 4장 3b 참조. 42라는 숫자는 魏收의《魏書》釋老志 (권114 3a)에서도 확인된다[번역은 Ware, p.123; Hurvitz, p.47].
9)《辯正論》권3 503.2.1; J. Garnet, *Aspects économiques* p.3 참조.
10) '沙門不敬王者': 慧遠의 글의 제목. 앞의 p.15의 (6) 참조.
11) '出家則是方外之賓': 慧遠,《沙門不敬王者論》2장(《홍명집》 권5 30.2.6).
12) 위의 글, 30.2.11 이하.
13) '溥天之下 莫非王土 率土之濱 莫非王臣'.(《詩經》小雅, 北山)
14) 위의 p.106 이하 및 p.231 이하를 보라. 禮에 대한 논쟁은 본질적으로 南朝의 현상이었다. 北朝에서는 국가의 후원을 받는 교단의 대표자들이 세속의 권력에 대한 복종에 이의를 제기하지 않았을 뿐 아니라 때로는 승려들에게 '통치자에게 경의를 표할 것'을 권장하기까지 하였다. 가장 대표적인 사례는 北魏 太祖의 宮庭僧이었던 法果(420년 사망)의 경우로 그는 "태조는 현명하고 道를 좋아하신다. 그는 현세의 여래이므로 사문들은 모두 그에게 경의를 표해야 한다"고 말하였다. 이후 그는 항상 (황제에게) 경례하였고, 다른 사람들에게 "道를 펼칠 수 있는 (즉 종교를 발전시킬 수 있는) 사람은 군주이다. 나는 황제에게 절하는 것이 아니라 부처님에게 경의를 표하는 것이다"고 이야기하였다[《魏書》 釋老志 (권114 3b), 번역은 Ware,

p.128; Hurvitz, p.53].
15) 《홍명집》 권7 84.3.3 = 《집사문불응배속등사》 권2 451.2.21.
16) 《홍명집》 권7 84.3.14 = 《집사문불응배속등사》 권2 451.3.1.
17) 《道德經》제25장 참조. '道가 위대하고, 하늘이 위대하고, 땅이 위대하며, 왕 또한 위대하다. 이 세상에 네 가지 위대한 것이 있는데 왕은 그중의 하나이다. 왕은 땅을 본받으며, 땅은 하늘을 본받고, 하늘은 도를 본받으며, 도는 자연을 본받는다'(번역은 Duyvendak, p.65).
18) 〈王制〉는 《禮記》세 번째 篇의 이름이다.
19) 《道德經》 제13장 참조. '내가 큰 근심을 갖는 것은 내가 몸을 가지고 있기 때문이다. 나에게 몸이 없게 되면 어떠한 근심이 있을 것인가?'(번역은 Duyvendak, p.43).
20) 여기에서 업과 윤회의 우주적 질서를 의미하는 용어인 生生은 《易經》에서와 마찬가지로 우주적인 변화의 과정을 의미한다. '生生之謂易'
21) 즉 다른 존재들이 천인이나 인간으로 다시 태어나고 낮은 길로 환생하지 않게 한다는 의미이다.
22) 《홍명집》 권9 83.3.19 = 《집사문불응배속등사》 권2 448.1.8.
23) 《홍명집》 권5 32.1.25 = 《집사문불응배속등사》 권2 451.1.26.
24) 《홍명집》 권5 32.2.6 = 《집사문불응배속등사》 권2 451.2.8.
25) 이 편지의 앞 부분에서 혜원은 《논어》 제3장 17절에 나오는 子貢이 초하루를 알리는 고대 의례인 곡삭告朔 의례 중 유일하게 남아 있는 羊을 바치는 의식을 없애려 한 것 때문에 孔子에게 꾸지람을 들은 일화를 예로 들면서 이 원칙을 이야기하고 있다.
26) 《홍명집》 권12 84.1.23.
27) (1) 石虎(재위 335-349)의 통치기 (《고승전》 권9 385.2.28. 王導가 탄원서를 올리기 직전에 승가를 조사하라는 명령이 있었으므로 335년으로 추정된다. 아래의 주석 74번 참조); (2) 苻堅(재위 357-385) 통치기 (《고승전》 권5 354.2.14); (3) 桓玄 통치기 (402년 직전. 위의 p.214 및 250 참조); (4) 劉宋의 孝武帝 통치기 (435년 혹은 그 직후. 《宋書》 권97 6a); (5) 扶柳(절강성)의 지방관 杜霸가 사적으로 단행한 지방에서의 沙汰(4세기 전반의 어느 시기. 《비구니전》 권1 935.1.29).
28) 《고승전》 권9 385.3.2.
29) 《고승전》 권9 385.2.29.
30) 《홍명집》 권7 85.1.17. 이에 대한 혜원의 답서는 같은 책, 85.1.29.
31) 《홍명집》 권7 85.1.14.
32) '내면의 신성함[內聖]'이라는 개념은 중국 사상의 특성이다. 大乘에서의 聖人의 '方便'이라는 이론 역시 이러한 태도를 정당화하는 데 기여하였다. "중국인 승려의 계율에 대한 일반적인 태도를 드러내는 것은 다음과 같은 사고방식이다. 즉 누구도 신성함이 어디에 감추어져 있는지 알 수 없다. 그것은 아마도 종교적 상식과는 완전히 어긋나는 가장 비속한 곳에 존재할 것이다"(Gernet, *Aspects économiques*

de Bouddhisme, p.241).
33) 원문은 役門(부역 노동을 해야만 하는 집안)으로, 상층의 부유한 사회 계층은 부역노동을 면제 받기 때문에 낮은 계급을 의미한다.
34) 《홍명집》 권7 85.2.1.
35) 《홍명집》 권7 85.3.14.
36) 《광홍명집》 권24 272.2.8. 《송서》 권97 6a 참조. 처벌의 엄격함이 주목된다. 황제의 칙령에 따르지 않는 것은 - 적어도 漢代에는 - 死刑에 처해질 수 있는 (神의 뜻을 거스리는) 不敬罪에 해당하였다(Hulsewé, Han Law, pp.187-189 참조).
37) 《홍명집》 권11 69.1.13. 《송서》 권97 5b. 420년 경의 구리의 부족 및 불상 제작에 있어 구리 사용의 금지에 대해서는 《고승전》 권13 410.3.23 및 411.1.4 이하 참조.
38) Gernet, 앞의 책, p.227 및 pp.13-24.
39) 《모자》 제16장 (《홍명집》 권1 4.1.15, 번역은 Pelliot, p.306) 無爲는 불교 문헌들에서 涅槃을 의미하는 말로 종종 사용되었다. 중국 독자들에게 이 용어는 틀림없이 아무것도 하지 않는다는 사상과 연결될 것이므로 여기에서 無爲는 승려들의 비난받아 마땅한 '활동[爲]'에 대칭되어 표현된 것이다.
40) 《진서》 권64 8b.
41) "或機巧異端以濟生業" 이 문장의 의미는 분명하지 않다. '異端'이라는 용어는 일반적으로 '올바르지 못한 가르침'(《論語》 爲政 16절)을 의미하지만, 小道 즉 '열등한 방법 혹은 직업'의 뜻으로도 쓰인다.(《論語》 子張 4절에 대한 何晏의 주석, 注疏本 권19 2a) 여기에서는 후자의 의미로 쓰였다고 생각된다.
42) 이 글의 서문(《홍명집》 권6 35.1.7)에서 道恒은 義熙연간(405-418)에 袁과 何라는 두 선비가 당시의 다섯 가지 악덕에 대해 글을 쓰면서 韓非子의 유명한 〈五蠹〉를 모방하여 〈五橫〉이라고 하였다고 이야기하고 있다. 도항은 그 글에서의 불교 승려들에 대한 묘사가 '당시 사람들의 현혹시켜서 영원히 잘못된 생각을 갖지 않도록' 하기 위하여 《釋駁論》을 지어 그러한 주장들의 잘못을 증명하고자 하였던 것이다. 여기에서의 袁과 何가 누구인지는 알 수 없는데, 湯用彤은 何를 죽기 직전에 승려들의 복장의 잘못에 대하여 慧遠과 논쟁을 벌였던(앞의 p.16의 주석 8번 참조) 장군 何無忌(?-410)로 추정하고 있다(『불교사』 p.350). 이와 달리 何를 의희년간에 太學의 博士를 역임하였던, 따라서 도항이 언급하고 있는 도덕적 문장을 편찬하기에 훨씬 적절하다고 생각되는 수도에서의 직책을 맡고 있던 何承天(370-447, 《송서》 권64 7a)으로 추정하기도 한다. 그는 열렬한 불교 비판자였다(《홍명집》 권3 18.1.19 이하 및 《광홍명집》 권18 224.1.22 참조).
43) 《홍명집》 권6 35.2.6.
44) 《모자》 16장 (《홍명집》 권1 4.1.24) 번역은 Pelliot, p.306.
45) 같은 책 (《홍명집》 권1 4.1.22).
46) 《홍명집》 권12 84.1.14.

47) 《正誣論》[p.15의 2번 참조] (《홍명집》 권2 8.2.22) 마지막 부분의 표현은 避【辟?-역자】穀, 生氣, 行氣 등과 같은 잘 알려진 도교적인 음식 및 호흡의 수행을 가리키는 것으로, 이러한 수행을 통하여 신비하고 파괴할 수 없는 육체와 영생불멸을 얻을 수 있다고 믿어졌다. H. Masepro, "Les procédés de 'nourrir le principe vital' dans la religion toïste ancienne", *J.As.* 229, 1937, pp.177-252 및 353-430; 같은 저자의 *Le Taoïsme*, p.98 이하 참조.
48) *Digha* II 40 p.62; *Dialogues* I p.78; 《장아함경》 권17(27) (大正藏1, 109.2.7; 훨씬 짧은 형태이다).
49) *Milindapañha* 번역은 Rhys Davids, p.49 및 Finot, p.67; 한문본(《那先比丘經》)은 T1670A 권1(大正藏 32, 597.1.4), T1670B 권1(같은 책, 707.1.24)이며 번역은 P. Demiéveille, in *BEFEO* 24, 1924, pp.94-95.
50) 《論語》 先進 "不知生 焉知死". 번역은 Legge, p.104.
51) "迷而知反 去道不遠" 이 말은 인용문으로 생각되지만 출전을 찾지는 못하였다. 비슷한 문장이 《三國志》 魏志 권6 26b(袁術傳, '若迷而知反 …')과 《南史》 권61 2b(陳伯之傳, '迷途知反…')에 보인다.
52) 《홍명집》 권9 75.1.13.
53) 《白黑論》[p.15의 5번 참조] (《宋書》 권97 7b) 번역은 Liebenthal, p.370.
54) 《홍명집》 권12 80.1.1.=《집사문불응배속등사》 권1 444.2.3.
55) 부처, 독각, 보살, 성문
56) 六親 : 아버지, 어머니, 형(누나), 동생(여동생), 부인, 아이들 (《漢書》 권48 6b의 顔師古의 주석에 인용되어 있는 應劭의 용어 풀이) 하지만 六親에 대한 다른 설명들도 있다. 『辭海』 158c의 六親 항목 참조.
57) 《홍명집》 권5 30.1.11 및 30.2.15. 번역은 Hurvitz, p.19 및 22. 마지막 문장의 在宥라는 말은 《장자》 제11장의 제목인데, 郭象은 '(통치자가) 관대하여 (사람들이) 마음대로 하도록 하면 그들은 (저절로) 질서있게 된다'는 뜻으로 해석하였다. 《莊子集解》 권3 p.62에서 王先謙은 在에 대하여 ① 察(살펴본다), ② 存(지킨다)는 두 가지 다른 해석을 제시하고 있다.
58) 《홍명집》 권2 16.1.6. 마지막 문장은 《논어》 爲政 제3장 참조.
59) 八難, aṣṭāv akṣaṇāh, 여덟 가지의 불행한 출생, 즉 부처를 만날 수 없는 상황이나 부처의 가르침을 이해하고 받아들일 수 없는 정신적 능력을 가지고 태어난 것을 의미한다. 자세한 내용은 *Mvy*(翻譯名義大集) 2299-2308 참조.
60) 《홍명집》 권6 36.2.10.
61) 형벌의 폐지[刑錯(而不用)]는 이상적 통치의 결과 중 하나로서 관용적인 표현이다. Dubs 外, *History* 제2권, p.36, n.5.1. 참조.
62) 《홍명집》 권11 69.3.9. 일부 내용은 《광홍명집》 권1 100.1.17 및 《고승전》 권7 367.3.23에도 나온다. 何尙之는 열렬한 불교 신자인데, 이에 대해서는 436년에 쓰여진 法慈의 〈勝鬘經序〉(《출삼장기집》 권9 67.2.16 이하)를 참조하라.

63) 《논어》 八佾 (Legge, p.20) : "夷狄之有君 不如諸夏之亡也." Legge는 朱熹를 따라서 '동쪽과 북쪽의 야만족들은 군장들을 가지고 있어서, 그것을 가지고 있지 않은 우리 위대한 나라와 다르다'고 번역하고 있다. 何晏(注疏本 권3 4a)은 不如를 일반적인 의미로 해석하고 있다: '오랑캐는 군주가 있다고 하여도, 무정부 상태의 중국보다 열등하다.'
64) 《맹자》 滕文公上 4장 12절, Legge, p.129
65) 弱冠, '관을 쓰고 있던 젊은 때'라는 의미인데, 20살 정도의 젊은이를 가리키는 표현이다. 《예기》 권1(曲禮 7장 27절)의 '人生十年曰幼學 二十曰弱冠'(注疏本 권1 12a; Legge, p.65; Couvreur, p.8)에서 비롯되었다.
66) 《모자》 14장 (《홍명집》 권1 3.3.10) 번역은 Pelliot, TP 19 (1920), p.350, 주석 90번.
67) 七經의 표현에 대해서는 Pelliot, TP 19(1920), p.350, 주석 90번의 설명을 보라.
68) 《모자》 7장 (《홍명집》 권1 2.2.26) 번역은 Pelliot, p.295
69) 《예기》 권3(王制, 3장 14절) '中國戎夷五方之民皆有性也 不可推移' (注疏本 권12 26b; 번역은 Couvreur, p.295)
70) '成習之教'는 유명한 공자의 말(《논어》 陽貨 2상)을 가리킨다. "性相近 習相遠也." 이 글의 작자인 何承天에 의하면 孔子는 이민족을 포함한 모든 사람들의 본성이 본래 비슷하다고 이야기한 것이 아니라고 한다. 이것은 중국 사람들에만 해당하는 것으로써 그러한 중국 민족성의 우월함으로 인하여 그가 그러한 관대하고 인도주의적인 사상을 제시할 수 있었던 것이다. 하승천이 공자의 정신을 훼손시키고 있음은 두말할 필요가 없을 것이다. 이민족이 야비하고, 무례하며, 폭력적이어서 본받을 것이 없는 것은 틀림없지만 '그들 사이에 군자가 살게 되면 거기에는 어떠한 야만이 있겠는가?'(《논어》 子罕, 13상 2절). 일단 중국 문화의 영역에 들이온 것은 이민족의 기원을 가지고 있다하여도 수용될 수 있는 것이다.
71) 宗炳에 대한 何承天의 答書 (p.15, 5번 참조) (《홍명집》 권3 19.3.27). 중국인과 이민족이 근본적으로 다르다는 이론은 – 어떠한 민족적 편견을 띠지 않고 – 頓悟가 중국인의 기질과 타고난 능력에 더 적합하다는 道恒의 주장을 옹호한 謝靈運(358-433)에 의해서도 활용되고 있다(《광홍명집》 권18 224.3.25).
72) 六夷는 글자 그대로 하면 '여섯 (종류의) 동쪽 오랑캐'가 된다. 오래된 문헌들에서는 四夷(《맹자》 梁惠王上 7장 16절, 여기에서의 四는 '네 지역, 모든 지역'을 의미한다)와 九夷(《논어》 子罕 13장; 《爾雅》 釋地, 注疏本 권7 8b)가 보이고 있다. 여기에서의 夷는 일반적인 '오랑캐'를 의미한 것이 분명하다.
73) 《홍명집》 권12 81.1.25.
74) 《고승전》 권9 385.3.4=《진서》 권95 12b. 이 상주문을 올린 시기에 대해서는 (《자치통감》 권95 1122b에 의거한) H. Maspero, "Copmmunauté et moines Bouddhistes chinois aux IIe et IIIe siècles", BEFEO X, 1910, p.223의 주석 1번 참조.
75) 《홍명집》 권3 21.3.5.
76) 《모자》 14장(《홍명집》 권1 3.3.19; 번역은 Pelliot, p.304) (자신의 조국을 배신하고 秦나라 편이 되었던) 由余에 대해서는 《韓非子》 권3, 49및 《史記》 권5 12a 이하(Chavannes,

Mém. Hist. II, pp.39-43) 참조.
77) 金日磾는 흉노 休屠부족장의 아들이었다. 武帝 때에 궁정 관료가 되어 황제의 총애를 받았다. 기원전 88년에는 단검을 들고 황제의 침실로 들어가던 馬何羅(사후에 莽으로 성이 바뀌었다)를 쓰러뜨려 황제의 생명을 구하였다. 기원전 87년에 侯로 봉해졌고 얼마 후 죽었다. 《漢書》(권68 20b 이하)에 수록된 그의 전기를 보라.
78) 道宣, 〈列大王臣滯惑解〉(664년, 《광홍명집》 권6 127.1.3).
79) 慧遠, 《沙門袒服論》[p.16의 8번] (《홍명집》 권5 32.2.19).
80) 《모자》 1장 (《홍명집》 권1 1.3.25) 번역은 Pelliot, p.291.
81) 《42장경》에 이미 이 번역어가 보이고 있다(大正藏17, 723.3.26).
82) 《모자》 14장 (《홍명집》 권1 3.3.21) 번역은 Pelliot, p.304.
83) 道宣, 앞의 글, 126.3.18.
84) 王謐이 桓玄에게 보낸 答書(《홍명집》 권7 81.3.15).
85) '蓋內外名之耳'는 '…之名'으로 읽어야 하지 않을까? 內敎는 불교이고 外는 모든 세속의 가르침을 가리킨다.
86) 孫綽, 《喩道論》[p.133 참조](《홍명집》 권3 17.1.7).
87) 혜원의 《사문불경왕자론》 4장(《홍명집》 권5 31.1.2 =《집사문불응배속등사》 권2 450.1.3)에 보이는 비판(p.238 참조). 번역은 Huvitz, p.25.
88) 《모자》와 《석박론》에 보이는 비판(p.262 참조).
89) 《모자》 4장 (《홍명집》 권1 2.1.20) 번역은 Pelliot, p.293.
90) 위의 책, 8장 (《홍명집》 권1 2.3.9) 번역은 Pelliot, p.296.
91) 宗炳, 《명불론》[p.15의 3번] (《홍명집》 권2 9.2.6)
92) 《모자》 5장 (《홍명집》 권1 2.2.3) 번역은 Pelliot, p.293 (Pelliot는 비판자의 마지막 말[僕以爲煩而不要矣]을 '나는 그것을 싫어하고 원하지 않는다'고 잘못 번역하였다. '要'를 '원한다'고 하는 것은 현대어이다. 해당 문장은 '나는 그것이 번잡하고 본질(을 드러낸 것)이 아니라고 생각한다'고 번역하여야 한다.
93) 《백흑론》(《송서》 권97 7b) 번역은 Liebenthal, p.369.
94) 혜원의 《사문불경왕자론》 4장(《홍명집》 권5 30.3.27 =《집사문불응배속등사》 권2 449.3.29)에 보이는 비판(p.238 참조). 번역은 Huvitz, p.25.
95) 《백흑론》[p.15의 5번](《송서》 권97 7b), 《장자》 17장 達生 (p.100)의 내용을 언급하고 있다.
96) 宗炳, 《명불론》[p.15의 3번] (《홍명집》 권2 9.2.13) 번역은 Liebenthal, p.379. 《장자》21장 田子方(p.129) 참조.
97) '是身也' 여기에서는 분명히 육체를 가리킨 것이 아니다. Liebenthal 번역 p.380 참조.
98) 赤縣=赤縣神州는 騶衍(기원전 4세기)의 이 세상 구분법에서 '中國'의 이름이다. 《史記》 권74 2a 참조.
99) 八極은 《淮南子》(권4 地形訓 p.58)에 의하면 이 세상의 끝에 있는 바람의 문을 가지

고 있는 여덟 개의 산이다.
100) 이 숫자들은 잘 알 수 없다. 宗炳이 보통 엄청난 크기를 표현하는 '三千大千世界'(Abe Rémusat는 trichiliomegachiliocosmos라고 번역하였다)라는 용어를 오해하였다고 생각한 Liebenthal의 견해가 맞다고 생각된다(Liebenthal, p.380의 주석 190번). 종병은 이 용어를 3x1000개의 세계로 번역하고, 다시 네 방향 각각에 있다고 이러한 수의 세계가 있다고 해서 4를 곱한 것으로 보인다. 인도 불교의 우주론은 이보다는 훨씬 더 거대하였다. 네 개의 대륙, 하나의 달, 하나의 해, 그리고 여러 개의 천상세계와 지옥들로 이루어진 세계 천 개가 '小千世界'를 이루고, 이러한 세계 천 개가 모여서 '中千世界'가 된다. 다시 이러한 세계 천 개가 합하여서 '大千世界'가 되는데, 이것은 결국 십만 개의 세계로 이루어져 있다. Abh. Kośa IV, p.170. 한편으로 '三千日月萬三(sic)千世界'라는 표현이 이미 후한대에 번역된 《修行本起經》에 보이고 있음도 주목된다(京都本 14,3 p.226.A.1).
101) '恒河閱國界' 불교의 恒河沙世界, 즉 갠지스 강의 모래 숫자만큼 많은 세계를 가리킨다. 閱은 다음 구절의 紀(기록한다)와 대구로써 '헤아린다(=數)'로 해석하였다. Liebenthal의 번역(p.381)은 분명히 잘못되었다. 이 문장은 대구를 이루는 두 개의 독립된 구절로 이루어져 있다. 첫 번째 구절은 이 '큰 세계'에 있는 수많은 세계의 숫자들을 가리키고, 두 번째 구절은 마찬가지로 엄청나게 큰 지나간 우주적 시간의 숫자를 가리킨다. 이 문장 – 실제로는 뒷구절만이 그렇지만 – 이《법화경》〈化城喩品〉의 시작 부분을 언급한 것으로 본 Liebenthal의 견해는 타당하다.
102) 軒轅은《사기》(권1, 2a)에 의하면 黃帝의 이름이다.
103) 이 표현 및 뒤에 이어지는 여러 경전들의 특징을 이야기하는 표현은《예기》권 23 (禮器)에 의한 것이다. Couvreur, vol.II, p.353.
104) '貞觀'.《역경》繫辭傳下 (注疏本 권8 3a; Legge, p.380)에 나오는 이해하기 어려운 표현이다('天地之道貞觀者也 日月之道貞明者也 天下之動貞夫一者也'). Legge는 매우 자유롭게 번역하고 있다: '같은 원리에 의해서 하늘과 땅의 움직임을 통하여 (가르침을) 계속하여 제시하고, 해와 달은 계속하여 빛을 발하고, 하늘 아래의 모든 움직임은 항상 이 하나의 동일한 원리를 따른다.' 원문에 충실하게 글자 그대로 번역해 보면 '하늘과 땅의 (자연의) 도는 그들의 살펴봄 – 모습(?) – 을 굳고 바르게 하는 데 있고, 해와 달의 도는 그들의 밝음을 굳고 바르게 하는 데 있고, 이 세상의 (모든) 움직임은 하나로 – 혹은 통합되어(?) – 굳고 바르게 하는 것이다.' 그 의미는 명확하지 않다. 가장 어려운 것은 여기에서는 '굳고 바르게'(모든 중국 주석서에서는 貞正으로 풀이하고 있다)라고 번역하고 위의 인용문에서는 '참된'으로 번역한 '貞'의 정확한 의미를 알 수 없다는 점이다. 이 말은 乾괘의 彖辭에 다른 고대의 占卜 용어와 함께 보이고 있지만, 그 용어들은 모두 분명하지 않다. 현재의 우리의《역경》에 대한 지식으로는 – 이 주제에 대해서는 모든 진지한 학자들이 지금까지 세심하게 회피하여 왔다 – 여기에서 제시한 것보다 더 분명한 번역을 하는 것은 시기상조일 것이다.
105)《장자》 25장 (則陽 p.170)에 나오는 각기 달팽이 뿔 위에 자리잡고 있으면서 서

로 끊임없이 싸우는 두 개의 매우 작은 나라 - 전국시대의 나라들에 대한 재미있는 풍자 - 를 가리킨다.
106) 모든 판본에서 이 구절은 '蓋於蠻觸之域應求治之麤感且寧乏於一生之內耳'로 이해하기 어렵다. Liebenthal은 '寧'과 '耳'를 무시하고서 '… 하지만 한번 삶의 문제를 풀기에도 부족하다.'로 해석하였다(p.381). 寧을 접속사나 '차라리'라는 의미의 부사로 해석하는 것은 옳지 않다. 나는 이 글자 본래의 뜻이 '평안하게 하다, 안정시키다'는 의미로 해석하였다. 이것이 옳다면 '乏'은 분명히 '之'(그것들)의 誤字로써 호전적인 작은 나라들 혹은 일반적인 사람들을 가리킬 것이다. '且'는 '姑且(임시로)'의 의미이다.
107) 宗炳, 《명불론》(《홍명집》권2 9.2.9 이하). 마지막 문장에 관해서는 《장자》 제2장 齊物論 p.13 참조.
108) '生而神靈 弱而能言'[《史記》권1 7a (Mém. Hist. I p.26)] 黃帝(전설상 기원전 2697-2597 BC)에 대해 이야기한 것이다.
109) '自言其名'[《史記》권1 7b (Mém. Hist. I p.40)] 帝嚳(전설상 기원전 2435-2365C)에 대해 이야기한 것이다.
110) '懿淵疏通'[《史記》권1 7a (Mém. Hist. I p.37)의 '靜(sic)淵以有謀 疏通而知事' 참조] 顓頊에 대해 이야기한 것이다.
111) '居軒轅之丘'[《史記》권1 6a (Mém. Hist. I p.34)] 軒轅의 언덕은 전통적으로 河南省 新鄭縣 북쪽에 있다고 이야기되고 있다.
112) '崆峒'[《史記》권1 4a (Mém. Hist. I p.30)], '凡'(혹은 丸)·'岱'[《史記》권1 4a (Mém. Hist. I p.29) '登丸(혹은 几·凡)山及岱宗' 참조] 崆峒山은 전통적으로 하남성 臨汝縣 근처에 있는 같은 이름의 산으로 비정되었다. 凡(혹은 丸)山은 (산동성) 瑯琊에 있고, 岱宗은 산동성 泰山의 동쪽 봉우리이다. 여기에서 宗炳이 언급한 것은 아마도 《列子》(권5 湯問 p.54)의 이야기로 생각된다.
113) 《史記》권1 7a (Mém. Hist. I p.37-38) '北至于幽陵 南至于交阯 西至于流沙 東至于蟠木' 참조. 顓頊이 여행다닌 곳을 말한 것이다. 마찬가지로 道宣은 王邵(6세기 후반)의 설명을 인용하여 《列子》(권2 13절)에 나오는 黃帝가 꿈속에 찾아갔던 전설상의 나라 華胥를 인도로 비정하고 있다(《광홍명집》권1 98.3.1 및 권6 127.1.13).
114) '至道之精 窈窈冥冥'[《장자》제11장 p.65].
115) 首楞嚴三昧는 佛性과 동일한 것으로 이야기되었으므로 宗炳은 이 삼매를 '至道之精'이라고 하였다.
116) '得吾道者上爲皇下爲王'[《장자》제11장 p.66]
117) '飛行皇帝'는 보통은 바로 뒤에 나오는 轉輪聖王으로 번역되는 cakravartirāja의 옛 번역어이다. 이 문장은 《修行本起經》의 '從上來下 爲轉輪聖王飛行皇帝[大正藏3, 2세기 말 竺大力과 康孟詳의 번역, 京都本 14下 225B1]를 연상시킨다. 이 문장은 支謙譯 《太子瑞應本起經》(大正藏3, 222-229년 번역, 京都本 14下)에도 나온다.
118) '失吾道者上見光下爲土'[《장자》제11장 p.66].
119) '感大隗之風 稱天師而退'[《장자》제24장 p.157] 뒤의 구절만 그대로 옮긴 것이다. 《장

자》에 의하면 大隗는 具茨山에 사는 神人이다. 黃帝가 그를 찾아가려 할 때 말을 돌보는 소년에게 길을 물었다가 소년의 대답에 감동을 받아 '두 번 절을 하고 땅에 머리를 조아리며 그를 天師라 부르고 물러나' 大隗를 찾아가는 것을 중단하였다고 한다. 天師를 宗炳은 부처의 10號[다음 주석 참조] 중 하나인 天人師의 약칭으로 해석하고 있다.

120) 十號는 불경에 빈번하게 나타나는 부처에 대한 표준화된 열 가지 호칭이다《법화경》등, E. Lamotte, *Le traité de la gande vertu de sagesse*, p.115 이하 참조) ① 如來, ② 應供, ③ 正偏知, ④ 明行足, ⑤ 善逝, ⑥ 世間解, ⑦ 無上師, ⑧ 調御師, ⑨ 天人師, ⑩ 佛世尊이며, 이와 같은 漢譯語는 5세기 전반 구마라집에 의해 사용되었다《法寶義林》'Butsu(佛)' 항목 p.192 참조).
121) 三皇五帝의 시대는 전통적으로 기원전 2852-2205로 생각되었다.
122)《홍명집》권2 12.2.4 이하.
123) '墳典' 즉 3황5제 때의 사실을 기록한 (가상의) 三墳五典을 가리킨다.
124)《홍명집》권2 9.3.20 이하. 번역은 Liebenthal, p.382
125) '史佚'[《史記》권4, 10a (*Mém. Hist.* 1 p.328) 참조] 전승에 의하면 그는 周王朝(전통적으로 기원전 1100년 무렵) 초기 成王 시대에 사관으로 활동하였다고 한다.
126) 卜商은 子夏로 더 잘 알려진 孔子의 제자로《논어》先進 제2장 (및 子張 4·5·6·13장)에 그의 문장 능력이 칭찬되고 있다.
127) 원문의 '皆'를 '背'로 고쳐 해석하였다.
128)《홍명집》권3 20.3.16 이하.
129) 예를 들면《광홍명집》권4 115.1.13 및 권11 166.1.2 등.
130)《隋書》권35, 18b.
131) '東海之內 北海之隅 有國曰朝鮮天毒 其人水居 偎人愛人'《山海經箋疏》四部備要本 권18 1a) 이 책에서는 – 1809년의 판본을 따라서 – '愛之'로 되어 있지만 주석자인 郝懿行은 復注에서 '愛人'으로 옳게 바로잡고 있다. 그의 주석이 옳음은 앞 시기의 인용문들을 통해서 확인된다.
132) 실제로 '毒'이라는 글자는《史記》(권123 5b)에서 서북 인도를 가리키는 용어인 '身毒'에도 사용되고 있으며, 顏師古(581-645)는《漢書》(권96上 10a)에 대한 주석에서 身毒을 天篤=天竺과 동일시하고 있다.《史記》(권123 5b)에 대한 索隱注에서 司馬貞(8세기)은 身毒은 乾篤과 발음이 같았을 것이라고 이야기하고 있지만, 이는 명백히 잘못된 견해이다. 해당 단어들의 上古音과 古代音을 비교하면 다음과 같다.
天竺 : t'ien tiōk(上古), t'ien t'iuk(古代)
天毒 : t'ien tōk(上古), t'en tuok(古代)
身毒 : śiĕn d'ōk(上古), śiĕn d'uok(古代)
乾毒 : kān tōk(上古), kān tuok(古代)
이로 볼 때 身이 – 天이나 乾의 발음이 아니라 – 통상적인 발음이었음이 분명하다.
133) 郭璞의 실제 주석 내용은 다음과 같다. '天毒은 곧 天竺이며, (이곳 사람들은) 道德을 귀하게 여긴다. (독자적인) 글이 있고, 금과 은(의 화폐)가 있다. 불교는 이 나라

에서 나왔다….'(《山海經箋疏》같은 부분).
134) 《홍명집》 권2 12.2.27.
135) 《광홍명집》 권1 98.3.5.
136) 《歲華記麗》 권3 (《說郛》 1647년판 권69)
137) '夏四月辛卯 夜恒星不見 夜中星隕如雨' 번역은 Legge, pp.79-80, Couverur, vol.I, p.140.
138) '夏恒星不見 夜明也'
139) TP XIX(1920)에 실린 Pelliot의 글, p.337 주석 37번 참조.
140) 예를 들면 《修行本起經》 권1 (京都本) p.226.B.1 및 《太子瑞應本起經》 권1 (京都本) p.234.B.1.
141) 《魏書》 권114 2a. 번역은 Ware, p.117; Hurvitz, p.40
142) 《광홍명집》 권8 142.1.14.
143) '莊王別傳曰 王遂卽易笠之 云西域銅色人出世 所以夜明 非中夏之災也' '구리 빛깔의 사람'은 물론 부처의 32相 중의 하나인 '金色'을 의미하는 것이다. 《文選》 권59 (p.1273)에 수록된 王巾 (505년 사망)의 〈頭陀寺碑〉 중의 구절['周魯二莊 親昭夜景之鑒'] 및 그에 대한 李善의 주석도 참조하라.
144) 《속고승전》 권23 62.3.26 = 《광홍명집》 권1 100.3.10.
145) 앞의 p.22의 내용 및 같은 곳의 주석 23번 참조.
146) 이 塗山의 모임에 대해서는 이 章의 부록 p.286 참조.
147) 《周書異記》[法琳의 《破邪論》(622년 찬술) 大正藏52 478.2.6에 인용 = 《法苑珠林》(大正藏 53) 권12 378.2 및 권10 1028.1-2].
148) 이 이야기는 유명한 율사 道宣(596-667)과 관련되는 꾸며낸 이야기들을 모은 《道宣律師感通錄》(혹은 《感通傳》)에 수록되어 있으며(大正藏52 436.2.17 이하), 湯用彤의 『불교사』pp.3-4에 제시되어 있다. 이야기의 내용은 다음과 같다. 秦穆公(기원전 659-621)이 佛像을 얻은 후 마구간에 넣어 더럽혔다가 병이 들었다. 이에 참모인 由余(위의 주석 76번 참조)가 목공에게 주나라 穆王 때에 불교가 중국에 들어온 사정을 이야기하였다. 옛날에 목왕에게 불교의 神이 모습을 바꾼 化人[마법사]들이 찾아왔다. 왕은 그들을 위해 예배할 수 있는 高臺를 만들어주었고, 독실한 불교 신자가 되어 많은 선행을 행하였다. 化人들은 다름 아닌 문수와 목건련으로서, 왕을 교화하기 위하여 동쪽으로 온 것이었다. 이 이야기는 틀림없이 《열자》에 나오는 서쪽의 化人들이 목왕을 찾아왔다는 이야기(아래의 주석 155번 참조)에 근거한 것이다. 《감통전》은 중국의 문헌 목록에 전혀 보이지 않는데, 매우 이른 시기에 중국에서 사라진 것으로 보인다. 하지만 圓仁(794-864)이 일본으로 가져온 불교 문헌 목록들에 언급되고 있는 것으로 볼 때[《日本國承和五年入唐求法目錄》(839, 大正藏55 1075.2.27), 《慈覺大師在唐送進錄》(840, 大正藏55 1077.2.28), 《入唐新求聖敎目錄》(847, 大正藏55 1086.3.18)] 9세기 초 이전의 문헌임이 분명하다.
149) 《列子》 권4 41.

150) 《광홍명집》 권1 98.2.16.
151) 湯用彤, 『불교사』 pp.4-5.
152) 이 책의 발견과 편집에 대해서는 神田喜一郎, 「汲塚書出土始末考」 『支那學說林』 p.10.32(1934) 참조. 《穆天子傳》에 대한 연구사 정리 및 번역은 Zheng Dekun(鄭德坤), JNCBRAS LXIV, 1933, p.124를 보라.
153) 《열자》 권3 33.
154) 《열자》 권3 31.
155) 앞에서 살펴보았던[주석 148번] 이 이야기는 진짜 불교적 전설로 한층 발전되었다. 《열자》에 나오는 이야기의 개요는 다음과 같다. 먼 서쪽에서 온 마법사가 목왕을 찾아왔다. 그는 중국의 왕으로부터 풍성하게 대접받았다. 중국의 왕은 그를 위해 먼진 궁전을 지어주려고 하였다. 마법사는 그러한 세속의 훌륭함 불완전성을 보여주기 위하여 왕을 '中天'에 있는 아름다운 궁전으로 데리고 갔다. 이곳에서 왕은 천상의 즐거움 속에 10년을 지냈다. 다시 마법사는 왕을 해와 달, 바다와 강이 보이지 않는 어둠과 침묵의 장소를 데리고 갔다. 목왕은 두렵고 혼란스러워져서 마법사에게 자신을 지상으로 데려다 달라고 부탁하였다. 바로 그 순간에 그는 자신의 궁전에 돌아와 있었다. "그는 (여행을 떠나기) 바로 전의 그 장소에 앉아 있었고, 같은 시종들이 시중을 들고 있었다. 자신의 앞을 바라보고서 (자신의 잔에 있는) 술이 아직 마르지 않았고 고기도 여전히 축축하였다. 왕이 시종들에게 언제 그가 돌아왔냐고 묻자 그들은 '폐하께서는 계속 이곳에 조용히 (앉아) 계셨습니다'라고 대답하였다." 나중에 마법사가 놀라고 있는 왕에게 설명해 주었다. "저는 폐하와 함께 정신의 여행[神遊]를 하였습니다. 군이 몸을 움직일 필요가 있겠습니까?" 이 이야기는 본질적으로 중국에서 기원한 것이 아니다. 시간적 현상과 그 상대성은 중국 사상가들에게 거의 주목받지 못하였다. 하지만 – 비록 몸을 움직이지 않고서 아주 먼 거리를 다녀올 수 있는 '神遊'라는 개념이 Milindapañha III.33(번역은 Rhys Davids vol.I pp.126-127, Finot p.136)과 비슷하긴 하지만 – 불교 문헌에서 비교할 수 있는 주제를 찾지는 못하였다. 이 모티브는 실제로 후대의 인도 문학, 예를 들어 Kṣemendra의 Bṛhatkathā(18번째 이야기, 번역은 U. Uhle in Vetala-Pantschavinsati, die fünfundzwanzig Erzählungen eines Dämons, München 1924, p.175 이하)와 Somadeva의 Kahtāsaritsāgara 92절(번역은 Tawney-Penzer vol.VII, p.71 이하)에 나오는 실패한 마술사 Candrasvāmin의 이야기들에 나타나고 있다. 자신이 편집한 Tawney의 Kahtāsaritsāgara 번역본 7권 부록에서 N. M. Penzer는 아랍 문학 중의 여러 비슷한 이야기들, 특히 '40인의 大臣' 이야기 중의 일부와 《아라비안 나이트》 중의 바그다드의 마술사와 어린 요리사 이야기(Penzer, 위의 책, p.224 주석 3번 참조)에 대해 언급하고 있다. 《열자》의 이야기와 놀랍도록 비슷한 것은 예언자 모하메드의 신비한 승천의 전설이다. 이 전설에 의하면 모하메드가 침대로부터 나오자 "위대한 신은 그에게 7개의 천국과 8개의 낙원, 7개의 지옥을 보여주고 그와 9만 단어의 이야기를 나누었다. 다시 그가 원래의 자리로 돌아왔을 때 그는 침대가 여전히 따뜻하고 자

신이 엎질렀던 물병에서 물이 다 흐르지 않은 것을 보고서, 곧바로 바다에 있는 물병을 집어 들었다." Gibb과 Penzer 모두 이 모티브의 기원을 '해시시 같은 환각제'에 의한 환상에서 구해야한다고 믿고 있다. 3세기 후반의 중국 문헌에서 같은 주제가 나타나는 것은 그렇게 이른 시기에 인도나 근동 지역에서 그런 종류의 약물이 사용되었다고 가정하지 않는 한 그러한 설명에 따를 수 없다. S. Thompson, *Motiv-index of Folk-literature*, (제2판, Copenhagen 1955) vol.II no. D2012도 참조하라.

156) 王叔岷, 『列子補正』(北京, 1947), 1권, p.1a 참조.
157) 예를 들면 《회남자》 권7 106 =《열자》 권2 22; 《회남자》 권10 164 =《열자》 권8 89; 《회남자》 권20 348 =《열자》 권8 90 등. 楊朱의 '쾌락주의적' 이론들이 전개되고 있는 〈楊朱〉편은 《漢書》 권20 23.1.1(=《열자》 권7 6a, 四部叢刊本)에 자세히 인용되고 있다. Hulsewé, *Han Law*, p.351 주석 5번 참조. 그럼에도 불구하고 馮友蘭은 季羨林이나 湯用彤과 마찬가지로 현재의 《열자》 텍스트 전체를 한대 이후의 위서로 간주하면서, 자신의 『中國哲學史』(영역은 Derk Bodde, vol. II pp.195-205)에서 10페이지에 걸쳐 기원후 3세기의 비관주의와 쾌락주의의 훌륭한 예(!)로써 〈楊朱〉편의 내용에 대하여 설명하고 있다.
158) 《拾遺記》(祕書二十八種本) 권4 2b.
159) 《晉書》 권95 17a.
160) 《고승전》 권5 (道安傳) 353.3.12 이하.
161) 아래의 p.313 참조.
162) 6세기 초에 편찬된 僧佑의 《출삼장기집》에는 다음의 문헌들이 언급되고 있다. ①《阿育王於佛所生大敬信經》(1권, 역자 미상, 《출삼장기집》 권4 25.2.3) ②《阿育王獲果報經》(1권, 역자 미상, 《출삼장기집》 권4 25.2.3) 695년의 《大周刊定衆經目錄》에서는 이상의 두 문헌을 축법호의 번역이라고 하고 있는데, 당시에는 이미 이 문헌들은 전해지지 않는 상태였다. ③《阿育王供養道場樹經》(1권, 《출삼장기집》 권4 25.2.4)에는 역자 미상으로 되어 있지만 《大唐內典錄》(권3 245.2.27에서는 4세기후 반의 쯔曇無蘭의 번역으로 되어 있다) 이 책도 《大周刊定衆經目錄》 편찬 당시에는 이미 전해지지 않았다. ④《阿育王作小兒時經》(1권, 《출삼장기집》 권4 33.3.27에 역자 미상의 일실된 경전으로 이야기되고 있다) ⑤《小阿育王經》(1권, 위와 같음) ⑥《阿育王捨施還贖取緣記》(1권, 《출삼장기집》 권4 25.2.5에는 역자 미상으로 되어 있지만 《大周刊定衆經目錄》(권9 428.1.28)에서는 道安의 목록을 인용하여 축법호 번역으로 하고 있다). 이 문헌은 《大周刊定衆經目錄》 편찬 당시에 이미 전해지지 않고 있었다. ⑦《阿育王太子(息)[法益]壞目因緣經》(1권, 쯔佛念의 序文, 쯔佛念과 曇摩難提가 391년에 長安에서 번역, 《출삼장기집》 권2 10.3.4 및 권7 51.2.14 참조) 《大唐內典錄》(권3 252.1.16)과 《開元釋敎錄》(권4 511.2.18 및 512.1.15)에서는 쯔佛念 번역본과 曇摩難提 번역본이 별도로 있는 것으로 잘못 이야기하고 있다. 이 문헌은 현재 전해지고 있으며(大正藏50), 축불념의 서문에 의하면 343偈로 구성된 Kunāla(*Divyāvadāna* p.405 이하 참조) 이야기를 포함하고 있는 산스크리트 원문의 운문체 번역이다. ⑧《阿育王傳》(다음 주석 참

조) ⑨《大唐內典錄》(권50 224.1.1)에서는《출삼장기집》을 인용하여 2세기 말경에 이미 支讖이 번역한《阿育王太子壞目因緣經》이 있었다고 이야기하고 있다. 하지만《출삼장기집》에는 이 번역본에 대해 언급하고 있지 않다.

163) 安法欽은《고승전》이나《출삼장기집》의 전기편에 보이지 않고 있다.《출삼장기집》(권5 38.3.5)에서 승우는 道安이 疑經으로 분류한 1권짜리《大阿育王經》에 대해 언급하고 있다. 현재의《阿育王傳》은《大唐內典錄》(권2 236.1.12)에는 安法欽이 번역한 5권의《大阿育王經》이라는 제목으로 되어 있다. 안법흠의 번역이라는 것은 5세기 초에 竺道祖가 편집한《晉世雜錄》을 인용하고 있다. (P. Pelliot in TP XXII, 1923, p.102 참조)《아육왕전》전체는 J. Przyluski, La Légende de l'Empereur Açoka, Paris 1923, p.225 이하에 번역되었다. 두 번째 중국어 번역본인 512년의 僧伽婆羅 번역의 10권본《阿育王經》(大正藏50)도 전해지고 있다.

164)《阿育王傳》권1 102.1.14 이하(번역은 Przyluski, p.242);《阿育王經》권1 153.1.12 이하;《阿育王息壞目因緣經》179.2.14;《善見律毘婆沙》(大正藏24, Samantāsādikā, 488/489년 僧伽跋陀羅 번역) 권1 681.2.5 이하.

165)《水經注》권23 20b.

166)《魏書》권114 (釋老志) 2b (번역은 Ware, p.119 및 Hurvitz, p.42) =《광홍명집》권2 101.3.6.

167)《고승전》권1 325.2.12 =《출삼장기집》권8 96.2.12.

168)《冥祥記》(《法苑珠林》권8 383.2에 인용);《고승전》권1 326.1.1;《광홍명집》권15 202.1.27.《법원주림》(권8 386.2)에 인용되어 있는《명상기》의 내용에 의하면 그 불상은 建康의 궁성문 근처에서 405년에 다름 아닌 王謐(위의 p.213 참조)에 의해 다시 발견되었다.

169) 李淼와 승려 法明, 道高가 주고받은 편지(《홍명집》권11 71.3.18).

170)《고승전》권9 385.2.22.

171)《홍명집》권11 72.1.10(주석 169번 참조) 및 宗炳의《明佛論》(《홍명집》권2 12.3.11)

172)《광홍명집》권15 202.1.9.

173)《고승전》권8 409.3.18.《광홍명집》권15 202.2.1 및《명상기》를 인용하고 있는《法苑珠林》권12 379.2과 383.2도 참조.

174) 이 산은 다른 자료들에는 언급되지 않고 있다.

175)《고승전》권10 388.3.19 [《명상기》에 의거함(《법원주림》권28 492.1)].

176)《고승전》권8 409.2.17 이하. 劉薩阿의 초기 생애는 이미 5세기 초 이전에 전설로 발전되어 있었다. 그가 많은 죄를 지어서 지옥에 떨어졌다가 그곳에서 관음의 구원을 받아 참회하고 다시 살아났다는 이야기가 王琰이 편찬한《冥祥記》(479년 이후)에 자세하게 실려 있다[Arthur F. Wright, "Huijiao's Lives of Eminent Monks"(혜교의《고승전》) p.418 참조].《명상기》의 내용은《법원주림》권31 516.3 및 권86 919.2에 길게 인용되고 있다. 魯迅,『古小說鉤沈』(『魯迅全集』권8, pp.596-598)도 참조.《고승전》중의 慧達傳의 첫머리에는 이 전설이 간략하게 이야기되고 있다. 한편 그의 인생의 나머지 부분은 그와 같은 전설적 요소는 없었던 것 같

다. 『東洋學報』 19(1921)에 수록된 大谷勝眞의 논문(pp.69-101, 특히 p.95 이하)도 참조.
177) 《고승전》 권8 409.2.24.
178) 《광홍명집》 권15 203.3.11.
179) 《명상기》(《법원주림》 권13 383.3 및 385.1에 인용)의 내용 참조.
180) 《고승전》 권8 410.1.1.
181) 《광홍명집》 권15 202.2.4.
182) 《고승전》 권5 355.3.28.
183) 《고승전》 권6 358.3.3. 앞의 p.243 (혜원의 전기) 참조.
184) 《광홍명집》 권15 203.1.22.
185) 《홍명집》 권11 72.1.13.
186) 《광홍명집》 권15 202.1.12.
187) 《법원주림》 권38 584.3-585.1.
188) 湯用彤, 『불교사』 p.6.
189) 이른 시기의 그와 같은 조짐들의 활용 및 형태에 대해서는 陳槃, "On the fuying符應 as used during the Qin and Han dynasties", ZYYY 16(1947), p.1-67 참조.
190) 王劭의 〈舍利應驗記〉(《광홍명집》 권17 223.2.25 이하) 및 칙령에 의해 제국 전역에 설립된 44곳의 성소들로부터 궁정에 보고된 놀라운 기적들의 내용들(같은 책, 216.3.7 이하) 참조. 두 자료는 모두 602년의 것으로, 이때에 갑작스럽게 매우 중요한 지역들에서 많은 '사리들'이 발견되었다. 601년에 황제와 황후는 반복해서 그들이 먹고 있던 음식 속에서 사리들을 발견하였다!(같은 책, 216.2.28) 발굴에 의해 발견되었거나 그 성소들의 내부나 주변에서 발견되었다고 보고된 물건들 중에는 사리와 돌이나 구리로 만든 불상들, 사리나 불상을 담고 있는 석함과 같은 불교적 물건들뿐 아니라 글씨가 새겨진 돌, 빛의 발산, 감로, 상서로운 동물 – 백학, 거북이, 공작 등 – 같은 전통적인 중국의 조짐들도 있었다.
191) 《孝經》 권11(注疏本 권6 3a; 번역은 Legge, p.481) "五刑之屬三千 而罪莫大於不孝." 비슷하게 《周禮》 권10 26a에서는 不孝에 대한 형벌을 八刑의 첫 번째에 두고 있다.
192) 《孟子》 4上 26장 1절 (번역은 Legge, p.189) 참조. 후손의 부재는 제사의 종말을 의미하였고, 이것은 결과적으로 조상 전체에 대한 죄악이었다.
193) 《孝經》 권1(注疏本 권1 3a; 번역은 Legge, p.466).
194) 앞의 p.16의 (8)번 및 《牟子》 11장 《홍명집》 권1 3.1.23; 번역은 Pelliot, p.300) 규범에 따라 옷을 입는 것[法服]이 유교적 행위 규범의 원칙 중 하나였다. 《효경》 4장 (注疏本 권2 3a; 번역은 Legge, p.469) 참조.
195) 《홍명집》 권12 77.2-792의 자료 참조.
196) 《고승전》 권5 352.3.29. 종교적 성씨로서 釋氏를 사용하는 것의 선례가 없었던 것은 아니다. 이미 4세기 전반에 建康에서 활동하고 있던 釋道寶가 있었다(《고승

전》권4 350.3.12; 앞의 p.97 참조).
197) 《增一阿含》 권21 (大正藏2 658.3.10) "아나바탑타(Anavatapta) 호수에서 흘러나오는 네 강이 바다에 들어갈 때에 그 이름을 잃어버리고 단지 '바다'라고 불리는 것과 마찬가지로 그들의 가족에서 나와서 여기에 들어온 네 카스트의 구성원들은 자신들의 성씨를 잃어버리고 오직 '사문, 석가의 아들[沙門釋迦子]'로 불려야 한다." 이 유명한 구절 중의 마지막 단어인 '沙門釋迦子'는 'śramaṇa-Śākyaputrīyāḥ'의 잘못된 번역으로서 실제로는 '사문, 석가의 아들'이 아니라 '석가(족)의 아들에게 속하는 사문', 즉 부처의 추종자라는 뜻이다. 여기에서는 마찬가지로 일반적인 숙어인 佛子(buddhaputra)나 jinaputra[最勝子]와 같은 용어로 사용되었다. Hobogirin(『法寶義林』) p.171, 佛子(Busshi) 항목 참조.
198) 《고승전》 권7 366.2. 그는 역시 중국인이었던 스승 竺法汰(320-387)의 성씨를 따랐다. 축법태는 釋氏를 칭하기 이전에 竺氏를 승려 성씨로 사용하였던(같은 책, 254.1.16) 도안과 함께 수학하였다(같은 책, 354.2.29).
199) Hulsewé, Remnants p.335.
200) 위의 책, pp.128-130.
201) 위와 같음.
202) 불교 승려들의 종교적 자살이라는 개념은 인도 불교에서도 있었지만 전혀 다른 방식이었다. 인도에서는 결코 단순한 현학적인 문제 이상의 것이 아니었다. 수행자가 아라한의 경지에 도달하는 바로 그 순간에 자살을 한다면 그 과보는 어떻게 되는가와 같은. 가장 유명한 사례는 여섯 차례 '잠깐 동안의 해탈상태(sāmayikī vimukti)'를 경험한 후 일곱 번째의 순간에 자살을 하였던 고디카의 자살이다(Saṃyutta I. 120, 번역은 Rhys Davids I. 149-153; 異本은 《雜阿含》(大正藏2) 권39 109; Abh. Kośa VI. 262). 法賢의 《佛國記》에 나오는 '세 명의 강도'로부터 벗어나기 위하여 스스로 목을 자른 비구의 이야기[大正藏51 863.1.17, 번역은 Beal p.LXI; Giles p.52]는 아마도 고디카의 자살에 근거하였을 것이다. 법현은 그 사건이 일어났던 장소라고 생각되고 있던 옛 왕사성에서 동쪽으로 약 3里 정도 떨어진 곳을 방문하였다. 이 사례들에서 자살은 윤회로부터 벗어나기 위한 수단으로 이용되었다. 하지만 대승불교의 헌신 개념에 영향받았던 중국 불교의 경우 종교적 자살은 본질적으로 부처님에게 경의를 표하는 자기공양이었다. 인도 불교에서의 자살의 개념에 관해서는 Et. Lamotte, Traité vol.II pp.740-742도 참조.
203) 〈藥王菩薩本事品〉 Dutt 편집본 p.271 이하; 번역은 Burnouf p.242; 《正法華經》 (大正藏9) 권6(23) 53.1=《妙法蓮華經》 권9(21) 125.1=《添品法華經》 권6(22) 187.3.
204) 396년 혹은 그 직후이다. 《자치통감》 권108 1280b 참조.
205) 《고승전》 권12 404.3.11 이하.
206) 같은 책, 404.3.22.
207) 같은 책, 405.1.11.
208) 같은 책, 405.1.25.

209) 같은 책, 405.3.5.
210) 같은 책 405.2.3. 종교적 자살의 행위는 근대까지도 행해지고 있었다. J. McGowan, "Self-immolation by fire in China" in *Chinese Recorder*, Octover-Novemver 1888 (저자 자신이 몇 사례를 직접 보았다) 및 J. J. Matignon, "L'auto-crémation des prêtres bouddhistes", in *Superstition, crime et misere en Chine* (Lyon, 1899), pp.161-176.
211) 원문은 色養으로《논어》II 8장에 나오는 말이다.
212)《홍명집》권3 17.1.19. 孫綽의《喩道論》중에 나오는 가상의 비판자의 이야기이다.
213)《출삼장기집》권6 46.2.27.
214)《홍명집》권5 30.1.28, 번역은 Hurvitz, p.21.
215) 예를 들면 *Mahāvagga*, (Oldenberg 편집본) I 54 (p.83), 번역은 I. B. Horner (*SBB* XIV, *Book of the Discipline*) IV p.104. Oldenberg, *Buddha* p.394; Renou-Filiozat, *Inde classique* p.558, §2369 참조.
216) 十二部經은 '부처님의 말씀의 열두 부분(dvādaśaṅgabuddhavacana)' 혹은 '가르침의 열두 번의 선언(dvādaśadharmapravacana)'의 중국어 번역이다. 산스크리트 불교 문헌들에서는 전통적인 경전들의 12가지 분야를 의미하는데, 이중 일부는 팔리 경전의 아홉 분야[支, aṅgas]와 일치한다. 이러한 분류들은 실제 경전의 구분과는 일치하지 않는다. 산스크리트 용어에 대해서는 *Mvy* 1266-78, 중국어 개념에 대해서는 望月信亨, 『佛敎大辭典』2337.3 참조. 이 분류 중 네 가지가 전적으로 효행을 권장하기 위한 것이라는 孫綽의 주장은 매우 놀라운 것이다. 어떤 것들이 그에 해당하는지는 파악할 수 없다. 위에서 '그중의 네 가지'로 번역한 '其四部'는 四를 第四가 생략된 것으로 하여 '그중의 네 번째'로 해석될 수도 있다. 하지만 그 경우에도 그것이 어떤 종류를 의미하는지 알 수 없다. 12종류의 순서는 목록들에 따라 다양하게 나타나고 있다. 더욱이 산스크리트 명칭들 - sūtra, geya, vyākaraṇa 등 - 은 일반적으로 音寫될 뿐 번역되지 않고 있다. 손작은 그들에 대하여 전혀 알지 못하였을 가능성이 높다. 아마도 다른 곳에서 전해들은 것을 그대로 옮겼거나 아니면 반대자들이 반박하지 못하도록 지어낸 것으로 생각된다.
217)《홍명집》권3 17.1.27 이하.
218)《牟子》15장,《홍명집》권1 4.1.12; 번역은 Pelliot, p.305.
219) 후자의 논의는《魏書》〈釋老志〉(권114 1b; 번역은 Ware, p.113와 Hurvitz, p.33; 塚本善隆, 앞의 책 서문 참조)에도 보이고 있는데, 여기에서는 불교의 五戒를 유교의 사회적 덕목들(仁義禮智信)과 동일시하고 있다.

부록 : 《주서이기周書異記》와 본래의
《죽서기년竹書紀年》
[앞의 p.274 참조]

　《죽서기년竹書紀年》은 기원전 4세기 말 이래의 위魏나라 연대기에 – 아마도 비슷한 시기의 – 진晉나라 연대기와 아주 이른 시기 이래의 [주周나라] 제국 전체의 역사 기록이 덧붙여진 책이다. 이 책은 문학 작품으로서는《준주》와 같은 대단히 간결한 형식으로부터 현재의《좌전》을 구성하는 대단히 발전된 이야기체 연대기들 사이의 과도기적 단계를 보여주고 있다. 이 작품은 279/280년에 (하남성) 급군汲郡에 있는 기원전 3백년경의 한 왕릉에서 다른 고대의 문헌들과 함께 발견되었다(앞의 p.275 참조). 원본은 12세기까지도 전해져서, 당시에 나필羅泌은 자신의《노사路史》– "선사시대의 역사"(Giles) – 에서 많은 내용을 인용하고 있다. 그 이후 이 책은 없어졌으며, 현재 전해지고 있는《죽서기년竹書紀年》이라는 이름의 책은 오래전부터 위조된 것으로 여겨지고 있다. 하지만 현재의 텍스트에 옛 문헌의 일부 요소들이 – 대부분은 상당히 왜곡되고 훨씬 후대의 신뢰할 수 없는 자료들과 뒤섞인 채이긴 하지만 – 들어 있는 것도 사실이다.[1]

　원래의《죽서기년》에 들어 있던 내용 중 4백 구절 이상이 – 모두 역사문헌과 주석서, 백과사전들로부터 발견되었다 – 주우증朱右曾에 의해서 수집되었는데, 이후 왕국유(王國維, 1877-1927)에 의해서 증보·개정되면서 풍부한 주석이 붙여졌고, 최종적으로는 그의 유작집 제3집인『고본죽서기년집교古本竹書紀年輯校』로 간행되었다.[2]

본래의 《죽서기년》 일문들 중에서 《태평어람》(674.4b)에 들어 있는 한 문장은3) 앞에서 번역하였던 《주서이기周書異記》의 문장과 정확하게 일치하고 있다.

"소왕昭王 마지막 해, 맑은 저녁에[夜清, 다른 본에는 밤중에[夜有]] 5색의 빛이 자미紫薇성을 뚫고 나왔다."4)

유일한 차이점은 《주서이기》에는 자미紫薇성이 다른 별인 태미太微성으로 바뀌어 있다는 것과 이 사건이 소왕 - 전통적 연대기 및 《죽서기년》에 의하면 51년을 통치하였다 - 의 마지막 해가 아니라 재위 24년 때에 일어났다는 것이다.5) 그 위조된 책(=《주서이기》)의 다른 구절들을 보다 면밀하게 검토하면 이러한 변경의 이유를 명확하게 알 수 있다. 그 책에는 소왕의 후계자인 목왕穆王 재위 32년으로부터 얼마 후에 왕은 서쪽에 있는 성인의 존재가 나라에 해가 될까 두려워 나쁜 기운을 없애기 위해 '제후들을 도산塗山에 소집하였다[會諸侯于塗山]'고 이야기하고 있다. 그런데 현재의 (위조된) 《죽서기년》에는 다음과 같은 기사가 들어 있다.

"39년, (목)왕이 제후들을 도산塗山에 소집하였다.[三十九年 王會諸侯于塗山]"6)

왕국유는 《좌전》의 소왕 4년의 '목왕 때에 도산塗山의 모임이 있었다[穆有塗山之會]'7)는 기사를 인용하면서 이것이 위서 《죽서기년》의 편집자가 해당 기사를 만들 때 의거한 자료라고 추정하였다. 하지만 《주서이기》 - 적어도 6세기 초에는 만들어진 - 에 동일한 구절이 있는 것으로 볼 때 해당 구절은 실제로 고대의 《죽서기년》에 있던 내용이

[p.287]

고, 위조된 (혹은 '확대된')《죽서기년》의 편찬자가 훨씬 간략하고 문법적으로 구조가 다른《좌전》의 문장이 아니라 본래의《죽서기년》의 내용을 인용한 것이라고 추론하는 것이 타당할 것이다.

이러한 가정이 타당하다면 한 걸음 더 나아갈 수 있을 것이다.《주서이기》의 이야기가 본질적으로 고대의《죽서기년》의 일부 기사들에 의거하거나 발전시킨 것이라면 '목왕 재위 52년'이라는 구절은 다른 문헌들에 인용되어 있지 않고 현재의 위서《죽서기년》에도 보이지 않는《죽서기년》중의 어떤 기사 – 아마도 12줄기의 무지개의 출현 기사 – 때문에 부처의 열반 시기로써 선택되었을 가능성이 있다. 부처의 열반을 목왕 52년으로 설정한 적절한 이유가 있었음에 틀림없다. 그런데 한편으로 불교의 전승에서는 모두 부처가 80세에 입적하였다고 이야기하고 있으므로《주서이기》의 작자는 '숫자를 헤아려서' 부처의 탄생을 80년 앞에 두지 않을 수 없었을 것이다. 이 때문에 원본《죽서기년》에 '소왕의 마지막 해'로 되어 있던 것이 – 정확하게 목왕 재위 52년의 80년 이전이 되는 – '소왕 재위 32년'으로 변경되었던 것이다.[8]

1) 僞書《竹書紀年》은 J. Legge의 *Chinese Classics* III, *The Shoo king*(《書經》)의 서론 4장 pp.105-183에 번역되어 있다. Ed. Biot는 Legge에 앞서서 프랑스어로 번역하였다(in *J.As.*, 1841, pp.537-578 및 1842, pp.381-431).
2) 『海寧王忠慤公遺書』제3집, 1928년; 최근에 范翔雍에 의해서 개정·증보된 『古本竹書紀年輯校訂補』(北京, 1957)이 간행되었다.
3) 《太平御覽》(983년 완성)은 비교적 후대에 편집된 것이지만 이 인용문은 아마도 훨씬 오래된 자료에 있던 것을 옮긴 것으로 생각된다. 《태평어람》의 편찬자들은 당나라 이전 시기의 내용에 대해서는 이전에 있던 백과사전들 특히 516-524년 사이에 편집된 《華林遍略》의 내용을 거의 그대로 轉載하고 있다. Tjan Tjoe Som, *Po Hu T'ung* vol.I (Leiden, 1949) pp.60-61 참조.
4) 王國維, 『古本竹書紀年輯校訂補』p.7a.
5) 현재의 (僞書)《죽서기년》에는 다음과 같은 구절이 들어 있는데, 이는 의심할 바 없이 원래의 기사가 확대된 것이다. "十九年春有芓于紫薇"(王國維, 『今本竹書紀年疏證』(遺書 제3집) 권2 p.6a; 번역은 Legge p.149) 원본《죽서기년》에 의거하고 있는《주서이기》와《태평어람》에 인용되고 있는 문장 모두 이 상서가 일어난 해를 '19년'이라고 이야기하고 있지 않는 것으로 볼 때 이 구절이 본래의 텍스트에 없었던 것이 분명하다고 생각된다.
6) 王國維, 『今本竹書紀年疏證』권2 p.7b; 번역은 Legge, p.151.
7) 《左傳》昭公 4년; 번역은 Legge p.597, Couvreur vol.III p.80.
8) 보충적으로 초기 중국 자료에 보이는 부처의 열반 시기에 관한 세 번째 이론을 소개하자면, 法賢은 실론에 머물 때(412년)의 상황을 이야기하면서 부처가 입적하고서 당시까지 1497년이 흘렀다는 (싱할리의?) 전승을 이야기하고 있다(大正藏51 8651.27; 번역은 Beal, p.lxxv 및 Giles, p.71). 이러한 전승의 기원은 명확하지 않으며, 이 이론은 중국에서 전혀 받아들여지지 않았다. 《法苑珠林》(大正藏53 권100 1028.3)에서는 이 이론에 대해서 경전적 근거가 없다고 엄하게 비판하고 있다.

제 6 장

화호化胡 :
불교-도교 갈등의 초기 역사

"도교道敎"   [p.288]

 앞의 장에서는 4세기부터 5세기 초까지의 시기에 사족 계층 일반에 지배적이었던 다양한 종류의 반反승려주의에 대하여 살펴보았다. 그러한 반反승려주의적 성격의 정치적, 경제적 조치 및 반反불교적 이론들은 전체적으로 불교에 대한 유교의 대응이라고 볼 수 있다. 이 장에서는 정확하게 언제 생겨났는지는 알 수 없지만 늦어도 4세기 초 이후부터 – 강한 반反불교·반反외국적 민족주의 정서와 결합되어 – 외국의 종교에 대항하는 무기로 등장하여 몽골 왕조가 시작될 때까지 줄곧 불교와 관련된 토론과 논쟁에서 중요한 역할을 담당하였던 매우 독특한 이론의 초기 발전사를 살펴보고자 한다.

 앞장에서 검토한 반불교적 논의들과 이 이론의 근본적인 차이점은 이 이론이 사족들 중 상대적으로 소수의 사람들, 즉 도교 신자들이 속한 특별한 지적 환경에서 비롯되고 전래되었다는 것이다.

'도교'라는 말은 중국 중세 문화에 관한 연구에서 구체적인 정의 없이 사용되면 대단히 애매하게 된다. 글자 그대로 하면 이 말은 아무런 의미도 없는 것이 된다.[1] 왜냐하면 '도道', 즉 '(올바른) 길'은 거의 모든 중국 철학 학파들의 목표로서 서로 다른 의미를 가지면서 국가, 개인, 자연 전체에 다양하게 적용되고 있기 때문이다. 좁은 의미로는 노자와 장자의 가르침에 기원하거나 그와 관련되는 사고방식을 의미하지만, 이 역시 매우 복잡한 현상들을 아우르고 있다. 사상적으로는 3세기 철학자들의 존재론적인 사고로부터 연금술 문헌에 보이는 신비한 가르침에 이르기까지 다양한 모습으로 나타나고 있으며, 신봉자들도 신비주의적 성향의 은거하는 학자들로부터 2세기와 4세기 '도교 반란자들'의 도적 집단까지 천차만별이다.

'철학적' 도교와 '대중적' 도교라고 하는 단순하고 편리한 구분은 매우 잘못된 것이다. 이 용어들은 '철학적' 도교는 사회의 상층계급에 유행하는 '도교'로써 순수하게 지적인 활동이고, '대중적' 도교는 도교적 샤먼이나 주술사들의 지도하에 있는 다수의 무식한 대중들에게 국한된 것이라는 식으로 사회적 등급과 결합된 사상 분류 방식을 암시하기 때문이다. 그러한 생각의 전반부는 어느 정도 옳다고 할 수 있다. 이른바 '철학적' 도교의 기반이 되는 초기 도가 철학에 대한 연구 및 해석 작업은 어디까지나 학식있는 사족들에 국한된 일이었기 때문이다. 하지만 앞에서 살펴본 것처럼 중세 초기에 중국 사상계에서 가장 영향력 있는 학파 중 하나였던 '현학'을 여전히 '도교'에 속하는 것으로 볼 수 있는지에 대해서는 의문의 여지가 있다. 현학은 실제로는 본래 이론의 가장 근본적인 원리들을 철저하게 재해석한 초기 도가 철학의 유교적 변형으로써, 이들을 '철학적 도교' 혹은 '신新도교'[2]라고 부르는 것은 대단히 적절하지 않다.

여기에서는 '도교'라는 용어를 황제黃帝, 팽조彭祖, 서왕모西王母, 노자老子 및 그 밖의 많은 신비적 혹은 반¥신비적인 인물들에 기원한다고 주장하는 여러 종교적, 신체수련적인 수행과 신앙의 혼합물로써, 현재의 중국 자료들에 '도술道術', '선도仙道', '황로(지술)[黃老(之術)]', '도교道敎' 등으로 나타나는 것 전체를 가리키는 것으로써 사용하고자 한다.

조직화된 종교적 운동으로의 도교는 후한 시대에 비롯되었다. 그 근본 목적은 살아 있는 동안에 일정한 육체적, 도덕적 실천을 통하여 가볍고 파괴되지 않는 '천상의 몸'을 얻어 영원한 축복 속에 살아가는 불사의 존재인 신선이 되어 육체적 불멸을 얻는 것이었다. 이러한 상태를 성취하게 된다고 믿어진 방법들 중에서 가장 중요한 것들은 약물 – 특히 수은을 기초로 한 화학적 혼합물들 – 의 복용, 호흡법과 성생활에 관한 규범들을 포함하고 있는 복잡한 체력 단련법, 죄의 고백과 사회적 덕행 특히 자선의 실천, 황홀경에 빠지고 때로는 광란 상태에 이르게 하는 대중의례의 빈번한 개최 등이었다. 도교 만신전의 헤아릴 수 없이 많은 신들은 거대한 계서적 조직을 형성하였고, 그것이 소우주적인 규모로 각 개인들의 몸속에 그대로 재현되고 있다고 믿어졌다.[3] 매우 다양한 경전들에 담겨 있는 가르침은 대부분의 경우 노자의 재현이라고 여겨지는 스승들에 의해 주기적으로 반복되어 계시된 것들이었다. 고대의 도가 문헌들 중에서 오직 《도덕경》만이 근본적 중요성을 유지하였지만, 이 문헌 역시 대단히 신비적인 방식으로 해석되었다.[4]

이 종교를 지식있는 상층 계급의 생활 방식 및 종교적, 철학적 믿음과 분리되거나 혹은 대립하는 오로지 '대중들'만의 운동으로 생각하는 것은 매우 잘못된 것이다. 종교적 이론 혹은 사회적 현상으로서의 도교를 한 사람 혹은 다수의 도사나 '주술사'들에 의해 주도되었던 – 하지만 언제나 그랬던 것은 아니고 그렇지 않은 경우가 대부분이었다 – 대규모의 농민 반란이라는 화려한 부산물을 통해서 평가해서는 안 된다. 그러한 사건들에서 도교가 정확히 어떤 역할을 담당했는지는 여전히 검토의 대상이다.5) 그러한 반란들에서의 순수한 도교적 요소는 태평천국의 난 후기 단계에서의 기독교적 요소와 비슷한 수준이라고 해도 전혀 놀라운 것이 아니라고 생각된다.6) 이런 측면에서 도교 공동체들이 해마다 쌀 다섯 말씩 '하늘의 세금[천조天租]'를 거둠으로써 구성원들 스스로 교단의 존립을 보장하게 하는 일종의 자립적 단위들을 구성하였다는 점에 주목할 필요가 있다. 이와 같이 도교 교단은 비록 - 불교가 그랬던 것처럼 - 종교적 이유에서 독립을 주장하지는 않았지만 상당한 정도의 실질적인 자치를 누렸으며, 그 때문에 정치적으로 불안정한 시기에는 쉽게 반란 운동의 근거지가 될 수 있었다. 그리고 도교 교단과 결합된 그러한 운동들은 정치적 위장을 위하여 이 종교(및 특히 그 교리 속에 들어 있는 일종의 '구세주적' 개념)를 활용하였다. 하지만 도교가 본래는 조직으로서건 구원의 이론으로서건 어떠한 선동적 혹은 '혁명적' 성격도 갖고 있지 않다는 것도 사실이다.

[p.290]

도교 그 자체를 사회의 하층부와 연결시키는 것은 매우 잘못된 것이다. 황건적 종교(2세기 중엽)의 유명한 창시자인 장릉은 지방관 집안 출신이었고,7) 그 종교 운동의 마지막 지도자였던 장로張魯가 조조에게 항복한 후에 다섯 명의 아들들과 함께 제후로 책봉된 것은 그의 세력이 상당하였음을 보여준다.8) 위나라와 진나라(220-420) 궁정에서 도교의 영향력은 상당하였으며, 한 명 이상의 황제가 도교 수행에 헌신하였다. 앞으로의 서술에서도 화려한 사족 가문 출신의 열렬한 도교신자들을 여러 명 볼 수 있을 것이다. 그뿐만이 아니다. 도교 전문가들의 생활을 규율하는 복잡한 규정들을 엄격하게 준수하고, 매우 비싼 약물과 역시 대단히 돈이 많이 드는 연회와 정화의식을 빈번한 개최하는 것은 - 재가신자들에 관한 한 - 그러한 도교적 생활방식의 요구를 충족시킬 수 있는 시간과 물질적 수단 모두를 가지고 있는 극소수 선택된 사람들의 특권이었다.

3세기 말에서 4세기 초의 시기에 매우 특별한 성격의 불교-도교 논쟁이 처음으로 나타나는 것도 바로 이러한 도교 지도자들과 지식층 신자들의 범위 내부에서였다. 아래에서는 이러한 논쟁의 초기 역사를 따라가 보고자 한다. 하지만 초기의 신뢰할 만한 자료들이 극히 빈약하기 때문에 상당 부분은 가설적인 성격을 면치 못할 것이다.

화호化胡설

불교는 노자가 서역으로 가서 '이민족들을 교화[화호化胡]'하기 위하여 설법한 것에 불과하다는 화호설은 2세기 후반 도교도 그룹에서 시작되었음에 틀림없다. 후대에 불교의 비판자들, 특히 도교도들은 이 전설을 불교 교단에 대항하는 무기로 활용하였다. 그들은 외국의 가르침(=불교)은 미개한 사람들의 요구에 맞추어 혹은 그들을 절멸시킬 목적으로 도교를 변질시키고 타락시킨 것에 불과하며, 따라서 옛 스승들의 가르침이 원래의 순수한 형태로 보존되어 있는 중국에 도입되는 것은 매우 적절하지 않다고 주장하였다. 화호설의 최초의 모습에 대해서는 거의 알 수 없지만, 현재 활용할 수 있는 극소수의 단편적 정보들로 볼 때 이 이론이 논쟁의 수단으로써 고안된 것이 아니라는 점은 분명하다.

(1) 이 전승의 출발점은 물론 《사기》 노자전에 수록되어 있는 유명한 이야기이다.9) 주나라 왕실의 덕이 타락하는 것을 보고 노자는 세속을 벗어나려고 결심하였다. 그는 서역으로 가는 길에 관문을 지키던 윤희尹喜를 만났고, 그의 요구에 의해 후대에 《도덕경》이

라고 불리게 되는 두 편의 글을 써주었다. '그리고 나서 그는 길을 떠났고 그가 어디에서 죽었는지는 아무도 모른다.' 펠리오가 지적하고 있는 것처럼10) 이 전승은 아마도 사마천의 시대보다 더 오래된 것으로 생각된다. 장자는 노자의 죽음에 대하여 이야기하고 있으며,11) 《수경주》는 현재의 섬서성 괴리槐里 근처에 있는 노자의 무덤에 대해 언급하고 있다.12)

[p.291] (2) 화호설은 166년에 양해襄楷가 올린 유명한 상주문에 처음으로 언급되고 있다. 이 상주문은 앞에서 살펴본 것처럼(p.37) 불교를 언급하고 있는 최초의 중국 문헌들 중 하나이다. 양해가 불교를 호의적으로 묘사하고 있는 이 상주문 중의 한 구절에 다음과 같은 내용이 보이고 있다.

"어떤 사람들은 노자가 이민족(의 지역)으로 가서 부처가 되었다고 이야기합니다."13)

(3) 《열선전》[유향(劉向, 기원전 77-6)의 저술로 잘못 전해지고 있지만 이 문헌이 언급되고 있는 것은 기원후 2세기 초부터이다]에도 화호 전설에 관한 내용이 보인다. 관령關令 윤(희)의 전기 내용 중에 그가 《도덕경》을 얻은 후 '노자와 함께 사막 지대[유사流沙]를 돌아다니며 이민족들을 교화하였다'고 이야기하고 있다.14)

다른 많은 도교 문헌들과 마찬가지로 현재의 《열선전》 중에는 후대에 개작되고 첨가된 흔적이 많이 보이고, 11세기 전반에 도장道藏에 수록되면서 비로소 텍스트의 내용이 확립되었다는 사실은 잘 알려져 있다.15) 앞의 구절 중의 '이민족들을 교화하였다[化胡]'는 말은 초기의 인용문들에는 보이지 않고 있으며, 따라서 후대에 첨가된 것이 틀림없다고 생각된다.16)

(4) 배송지裵松之의 귀중한 《삼국지》 주석서(429년)에는 3세기 중엽경에 어환魚豢이 편찬한 《위략魏略》〈서융전西戎傳〉으로부터의 긴 인용문이 수록되어 있다.17) 인도에 관한 내용18) 중에는 다음과 같은 수수께끼 문장이 있다.

"불교 (경전)에 기록된 내용은 중국의 노자의 경전(에 들어 있는 가르침)과 비슷하다. 실제로 (노자가) 서쪽 관문으로 나가 서역을 지나 인도[天竺]에 간 후 그곳에서 이민족들을 가르치고 부처가 되었다고 믿어진다."19)

(5) 법림法琳의 《변정론辯正論》(타이쇼대장경 제52책, 626년) 및 이에 대한 진자량(陳子良, 7세기 전반기로 추정)의 주석에도 《《위략》〈서역전〉의 내용이 일부 인용되어 있다[이것이 배송지가 인용하고 있는 《위략》〈서융전〉(앞의 (4)번)과 같은 책인지에 대해서는 뒤에서 살펴볼 것이다]. 그중 두 구절에 이 장의 주제와 관련된 내용이 들어 있다.

"〈서역전〉에서 '노자가 카시미르에 와서 불교 사찰(에 있는 불상)을 보았다. 그를 (직접) 만날 수 없어서 슬픔에 잠긴 그는 (부처를) 칭송하는 게송을 짓고 불상 앞에 서서 자신의 감정을 표현하였다:
    왜 나는 이렇게 늦게 태어났는가?
[진자량의 주석 : 새로운 책에는 '부처는 왜 그렇게 늦게 태어났는가?'로 되어 있다]
    부처는 왜 그렇게 빨리 나셨는가?
[진자량의 주석 : 새로운 책에는 '열반은 왜 그렇게 빨리 오는가?'로 되어 있다]
    석가모니를 보지 못하니
    마음이 끊임없이 괴롭도다."20)

《화호경》에 대해서 살펴볼 때에 이 구절과 장자량이 이야기하고 있는 '새로운 책[新本]'의 문제에 대해서 다시 검토할 것이다.

〈서융전〉으로부터의 두 번째 인용문은 룸비니에서의 부처의 탄생에 관한 내용인데, 배송지가 인용하고 있는 《위략》의 내용과 흥미로운 유사점을 보이고 있다. 두 문장 모두 샤반느에 의해 번역되었으며 레비와 펠리오에 의해 검토되었다.21) 진자량의 인용문은 다음과 같다.

"《위략》〈서역전〉에서 다음과 같이 이야기하고 있다. '룸비니의 왕이 아들이 없어서 부처에게 제사를 드렸다. 왕비 마야부인이 흰 코끼리의 꿈을 꾸고 임신을 하였다. 태자가 태어날 때에 마찬가지로 (즉, 부처와 마찬가지로) 오른쪽 옆구리에서 나왔다. 그는 날 때부터 머리에 돌출된 부분이 있었다.22) 땅에 닿자 그는 일곱 걸음을 걸었다. (이와 같이) 그의 신체적 특징은 부처와 같았다. 부처에게 제사를 드려 얻었으므로 (왕은) 태자의 이름을 부처라고 하였다.' 이 (룸비니) 나라에는 사율沙律이라고 하는 선인이 있었다.23) 나이가 매우 많고 흰 머리를 하였으며, 모습이 노자老子와 비슷하였다. 그는 항상 사람들을 가르쳐 불교 신자가 되게 하였다. 근래에 황건의 무리들이 사율이 흰 머리를 가지고 있는 것을 보고서 그를 노담老聃이라고 바꾸었다. 이처럼 그들은 왜곡된 방법으로 조용하게 이 세상을 속일 수 있었다…. 불교(경전)에 기록된 것은 도교 경전(의 내용)과 비슷하다.• … "24)

부처와 외모와 행동이 비슷하였다는 태자의 이야기는 아직 잘 해명되지 않고 있다. 아마도 매우 왜곡된 형태라고 생각되는 〈서역전〉 전설의 원래 모습은 다른 자료들에서는 확인되지 않고 있다.

• 원문은 '浮圖所載 略與道經 相出入也'로 불교 경전과 도교 경전 약간의 차이가 있다[出지는 의미가 된다-역자

황건적들에 의해 사율(=사리불)이 노자와 동일시되었다는 사실은 또 다른 수수께끼이다. 후대의 화호설에서 노자는 부처의 스승이나 부처 본인, 혹은 가섭과는 동일시되고 있지만 부처의 다른 제자와 동일시되는 일은 결코 없다.25)

(6) 황보밀皇甫謐의《고사전高士傳》중의 두 이야기가 법림의《변정론》에 인용되고 있다. 첫 번째는 두 문헌을 자료로 제시하고 있는 것으로 볼 때 직접적인 인용이라기보다 개략적인 인용이라고 볼 수 있는 일반적인 이야기이다.

"《위서》〈외국전〉 – 《위략》〈서융전〉일 것이다 – 과 황보밀의《고사전》에서 '사문들의 불교 경전은 노자에 의해 만들어졌다[桑門浮圖經老子所作]'고 한다."26)

두 번째 인용문은 보다 구체적인 정보를 담고 있다.

"황보밀이 '노자는 관문을 나가서 인도[天竺國]에 들어가 이민족의 왕을 가르치고 부처가 되었다'고 하였다."27)

이 두 문장은 현재의《고사전》에는 들어 있지 않지만, 현재의 텍스트는 주로《태평어람》과 다른 자료들로부터 발췌한 단편들을 모은 후대의 편집으로서 원래의 72권(12세기 중엽 경의 이석李石의《속박물지續博物志》에 언급됨28))이 96권으로 확대된 것이다.29) 또한 사문과 부처를 고형의 상문桑門과 부도浮圖로 쓰고 있는 것도 이른 시기의 것임을 보여준다.

두 번째 인용문은 후대의 화호설들 중 적어도 하나의 중심 주제인

제6장 화호化胡 657

이민족(즉 인도) 국왕의 교화에 대한 언급이 처음으로 보이고 있다는
[p.293] 점에서 매우 흥미로운 자료이다.

이상과 같은 초기의 단편들로 볼 때 화호설이 본래는 반反불교적 전략에 의한 것이 아니었다고 결론지을 수 있다. 적어도 한 사례 – 양해의 상주문 – 에서는 화호설이 불교의 열등함이나 거짓됨을 증명하기 위해서가 아니라 오히려 고대 중국 성인의 이름과 연결시킴으로써 이 순수하고 인도주의적 가르침의 우월성을 강조하기 위해 활용되었다. 화호설은 실제로 도교의 사상 및 수행과 불완전하게 이해된 불교 개념이 철저하게 혼합된 한나라 시기 불교계의 한 요소이었다. 외국 사상과 자신들의 사상 사이의 명확한 유사성을 느낀 도교도들이 전통적인 노자의 '서행西行' 이야기에서 그런 특별한 유사성을 그럴듯하게 설명할 수 있는 열쇠를 발견한 것은 그다지 놀라운 일이 아니다. 더욱이 탕용동이 이야기하고 있는 것처럼30) 이 이론은 한편으로는 도교도들에게 불교의 수행법과 제도들을 – 비록 외국의 것처럼 보일지라도 – 노자 본인에게서 비롯된 요소들로써 포섭할 수 있게 하고, 또 한편으로는 불교가 '도교의 외국 지파'라고 홍보함으로써 중국 대중들에게 보다 매력적일 수 있게 하였다는 점에서 성장하는 도교 교단과 초기 불교공동체 지도자들 모두에게 환영받았을 가능성이 높다.

보편적이고 영원한 스승으로서의 노자의 모습은 이미 후한대에 성립되어 있었다. 화호설이 처음으로 이야기되고 있는 양해의 상주문과 거의 같은 시기인 165/166년에 변소邊韶가 지은 〈노자명老子銘〉에서 그러한 모습이 분명하게 표현되고 있다. 명문에서는 노자에 대해 '(복)희와 (신)농 시대 이래 … 성인들의 스승으로 활동하였다'31)고 이야기하고 있다. 그리고 《후한서》의 전기 중에 변소가 환제 때에 궁정의 여러 직책을 맡았던 것으로 기록되어 있는 것32)을 볼 때 화호설이 변소의 〈노자명〉에 이야기되고 있는 노자의 화현들을 배경으로 하고

있다고 추정하는 것이 억측만은 아닐 것이다. 조금 더 추론해 보면, 환제는 – 166년의 상주문은 그에게 올려진 것이다 – 부처와 노자에 대한 공동의 제사를 올렸으며[앞의 p.37 참조], 그러한 – 화호설에 의하면 실제로는 동일한 인물인 – 두 성인에 대한 예배 행위는 노자가 서쪽의 이민족들 사이에서 교화 활동을 하였다는 이야기와 모종의 관련이 있을 가능성이 있다.

그런데 300년경부터 이러한 전승이 논쟁으로 바뀌었다. 다양한 자료들 – 가장 이른 것이 5세기 초이다 – 에 의하면 도사 왕부王浮 – 혹은 도사 기공차基公次라고도 한다 – 가 유명한 중국33) 승려 백원(帛遠, 字는 법조法祖)과의 논쟁에서 거듭하여 패한 후에 《(노자)화호경》이라는 위경을 꾸며냈다고 한다. 이 일은 네 개의 자료에 보이고 있다.

(1) 혜교의 《고승전》(권1 327.2.16)

"(백원이 죽은) 직후에 이통李通이라는 사람이 죽었다가 다시 살아 [p.294] 났다. 그는 (지하의) 염라대왕의 거처에서 (백법)조 법사가 염라대왕에게 《수능엄(삼매)경》을 설법하는 것을 보았다고 하였다…. 그는 또한 제주祭酒34) 왕부(혹은 도사 기공차라고도 한다)가 쇠사슬과 수갑을 차고서 (백법)조에게 도와달라고 간청하는 것도 보았다고 하였다. 이전에 살아 있을 때에 법사는 (왕부와) 이단과 정통[邪正]의 문제에 관하여 논쟁을 벌였었다. 왕부는 (논쟁에서) 계속 지자 분해하였고, 이를 참을 수 없어서 불교의 가르침을 비난하기 위하여 《노자화호경》을 지어냈다."

(2) 《진세잡록晉世雜錄》(5세기 초)35)

"도사 왕부는 사문 백원과 논쟁을 벌였는데, 거듭 패배하였다. 이에 〈서역전〉을 고쳐서 (윤)희와 (노)담(=노자)이 이민족들을 교화하고 부처가 되었으며, 불교는 거기에서 비롯되었다는 내용의 《화호경》을 만들었다."

(3) 배자야裴子野(467-528)의 《고승전》36)

"진나라 혜제(慧帝, 재위 290-306) 때에 사문 백원(자는 법조)이 제주 왕부(혹은 도사 기공차라고도 한다)와 이단과 정통(의 문제)에 관하여 논쟁하였다. (왕)부는 거듭하여 패하자 분해하였고, (패배를) 참을 수 없어서 불교의 가르침을 비난하기 위해 〈서역전〉에 기초하여 《화호경》을 지어냈다. (이 위조된 책이) 즉시 세상에 널리 퍼졌다."

(4) 유의경劉義慶(403-444)의 《유명록幽明錄》 인용문.37) 이 문장은 (1)의 내용을 약간 압축하고 거기에 이통이 섬서성 포성蒲城 출신이라는 것을 추가하였다.

이와 같이 후대 도교도와 불교도 사이의 결코 완화될 수 없는 다툼에서 대단히 중요한 역할을 담당하게 되는 특별한 문헌의 기원에 대해 거의 동일한 내용을 전하는 네 가지 자료가 있다. 하지만 이 자료들은 분명히 서로 독립적이지는 않았다. 현존하는 가장 오래되고 가장 덜 허구적인 것은 《진세잡록》(2)이다. 이것은 배자야 책(3)의 근거가 되었는데, 특히 왕부가 〈서역전〉을 고쳤다는 내용이 그러하다. 선행과 악행의 업보에 관한 종교 설화집인 《유명록》(4)은 보다 전설적인 내용 – 이통의 지옥 방문, 지옥에서 왕부가 벌을 받는 반면 백원은 행복하게 있는 것 등 – 의 원천이었을 것이다. 그리고 이 두 가지 성격의 이야기가 《고승전》(1)에 결합되어 나타나는데, 아마도 이것은 《명승전》(앞의 p.11의 4번)의 내용을 베낀 것으로 생각된다.38)

```
?  →  《진세잡록》  →  배자야의 《고승전》 ┐
                                          ├ 《명승전》 → 《고승전》
?  →  《유명록》 ─────────────────────────┘
```

《진세잡록》과 배자야 책의 내용으로만 국한하여도 – 비록 빈약하기 [p.295] 는 하지만 – 그 사건이 일어난 시기와 지역에 관한 정보를 얻을 수 있다. 그 일은 혜제 재위 기간(290-306) 동안에 일어났으며, 백원은 304년에 죽었다. 따라서 《화호경》은 290년에서 304년 사이에 위조되었음이 틀림없다. 이 무렵에 백원은 장안에서 활동하고 있었다. 뒤에 보듯이 약 80년 뒤에 화호설에 대한 불교적 재해석이 일어난 듯한 흔적도 장안에서 발견되고 있다.

《진세잡록》과 배자야의 《고승전》 모두에서 왕부가 〈서역전〉에 의거하여 혹은 그것을 고쳐서 《화호경》을 꾸며냈다고 이야기하고 있는데, 앞에서 그 일부 내용을 인용한 바로 그 책임에 틀림없다[앞의 p.291 (5)번]. 그 문장들 중 적어도 한 구절은 배송지가 인용하고 있는 《위략》의 내용 – 진자량은 그것을 《위략》의 〈서역전〉이라고 이야기하고 있다 – 과 일치하고 있음을 볼 수 있다. 그 인용문들이 실제로 같은 책의 것이라고 한다면 진자량의 인용문이 – 배송지가 압축되고 때로 거의 이해하기 힘들게 요약하고 있는 – 《위략》의 원래 모습을 잘 반영하는 것이라고 생각된다.

다만 여기에서 문제는 [배송지가] 《위략》의 〈서역전〉이 아니라 〈서융전〉에서 인용하였다고 이야기하고 있는 점이다. 이 때문에 샤반느는 법림과 진자량이 인용하고 있고, 《진세잡록》에서 왕부가 《화호경》으로 발전시켰다고 이야기하고 있는 〈서역전〉을 배송지가 인용하고 있는 《위략》의 〈서융전〉과 구별하고 있다.39) 샤반느의 견해는 이 문제에 대해 자세하게 검토한 펠리오에 의해 비판되었다[BEFEO VI (1906), pp.377-379]. 그의 주장이 설득력이 있기 때문에 이를 반복할 필요는 없을 것이다. 전적으로 동의할 수 있는 그의 견해는 다음과 같이 요약할 수 있다. "왕부가 이용한 〈서역전〉이 《위략》의 것이 아닐 가능성이 있다. 하지만 그것을 증명할 수는 없다. 실제로 《위략》

의 〈서역전〉 중에는 노자가 불교의 나라에 갔다고 하는 내용이 있다. 왕부가 이 증거를 '조작'해서 자신의 책에 이용하였을 수 있다."(위의 글, p.379) 왕부가 〈서역전〉의 문장을 조작한 모습을 보여주는 것으로 볼 수 있는 흥미로운 구절이 있다. 앞에 제시한 법림이 인용하고 있는 〈서역전〉 인용문 중의 첫 번째 부분(p.291 (5); 노자가 불상 앞에서 게송을 지었다는 내용)을 살펴보면, 진자량은 이에 대한 주석에서 해당 게송 첫 두 줄의 '새로운 이본'을 제시하고 있다. 두 게송을 비교하면 다음과 같다.

옛 책:
"왜 나는 이렇게 늦게 태어났는가?　　　我生何以晚
부처는 왜 그렇게 빨리 나셨는가?　　　佛出一何早
(석가모니를 보지 못하니　　　　　　　不見釋迦文
마음이 끊임없이 괴롭도다.)"　　　　　心中常懊惱

[p.296]　　새 이본:
"부처는 왜 그렇게 늦게 태어났는가?　佛生何以晚
열반은 왜 그렇게 빨리 오는가?"　　　泥洹一何早

이와 같이 진자량은 법림이 인용한 '옛 책'과 내용이 바뀐 '새 책'의 두 가지 이본의 〈서역전〉을 알고 있었다.

견란甄鸞의 《소도론笑道論》(570년) – 실제로는 칙령으로 원본은 파괴되었고 일부 내용이 《광홍명집》(권9)에 수집되어 전해지고 있다 – 은 화호설 및 다른 종류의 도교 측 주장들을 반박하는 유명한 논쟁서이다. 여기에는 《화호경》 같은 초기 도교계 위서들로부터의 인용문이 다수 수록되어 있다. 하지만 여기에 수록된 인용문들이 모두 왕부의 원래 글이라고 할 수는 없다. 《화호경》은 매우 다양한 성격의 내용들이 후대에 점차로 추가, 삽입된 혼합물이기 때문이다. 하지만 《소도론》에도 다음과 같은 내용이 인용되고 있다.

> 《화호경》에서는 … 또한 이렇게 말하고 있다:
> "부처는 왜 이렇게 늦게 태어났는가?   佛生何以晚
> 열반은 왜 그렇게 빨리 오는가?   泥洹何以早
> 석가모니를 보지 못하니   不見釋迦文
> 마음이 매우 괴롭도다."40)   心中大懊惱

두 가지 중요하지 않은 차이점들 – 감탄사적 성격이 강한 일하—何가 의문사 하이何以로, 항상[常]이 매우[大]로 바뀌었다 – 을 제외하면 이것은 진자량이 인용하고 있는 〈서역전〉의 새로운 – 변경된 – 이본과 일치한다. 사소한 차이점들은 부주의한 필사 과정에서 생겼을 수도 있다. 약 50년 뒤에 법림의 《파사론破邪論》(622년)에도 같은 《화호경》의 게송이 인용되고 있는데, 이 경우에는 〈서역전〉의 새 이본과 정확하게 일치하고 있다.41) ㉮ 왕부가 〈서역전〉을 고쳤고, 그것을 이용하여 《화호경》을 만들었다고 이야기되고 있고, ㉯ 진자량이 옛 것과 새 것 등 〈서역전〉의 두 가지 이본을 이야기하고 있고, ㉰ 새 이본이 왕부의 《화호경》에 나온다는 등의 사실들을 고려하면 게송의 앞부분을 고친 사람이 다름 아닌 왕부 자신이었다고 결론짓는 것이 무리는 아닐 것이다.

그런데 같은 구절이 훨씬 이른 시기의 텍스트에 매우 독특하게 인용되고 있다. 《고승전》 제1권에 수록된 인도 출신 설법가이자 번역가인 축법도(竺法度, Dharmanandin, 4세기 중엽)의 전기 뒤에는 티베트 군주 부견(357-384)의 궁정에서 활약하였던 고위 관료 조정(趙政[혹은 整], 자字는 문업 文業)의 짧은 전기가 부록으로 붙어 있다.42) 조정은 중요한 불교 신자였고 장안에서 행해진 역경 사업의 후원자였다. 그의 이런 모습은《고승전》의 전기 자료뿐 아니라《출삼장기집》에 수록되어 있는 여러 경전들의 서문과 제기에도 잘 나타나고 있다.43) 부견의 몰락과 제국의 붕괴 이후, 즉 385년 혹은 그 직후에 조정은 승려가 되기로 결심하였다. 그는 도정道整이라는 법명을 갖고서, 종교적 삶을 살려는 바람을 나타내기 위하여 다음과 같은 게송을 지었다:

"부처는 왜 그렇게 늦게 태어났는가?　佛生何以晚
열반은 왜 그렇게 빨리 오는가?　　　泥洹一何早
석가모니에게 귀의하여서　　　　　　歸命釋迦文
앞으로 큰 가르침을 따르리라."44)　　今來投大道

앞의 두 행과 세 번째 행의 뒷부분은《화호경》에 나오는 노자의 게송과 정확하게 일치하고 있는데, 우연히 이렇게 일치한다는 것은 있을 수 없는 것이다.

이 게송들을 번역하는 것은 쉽지 않다. 〈서역전〉에 나오는 '옛 이본'의 내용는 쉽게 이해된다. 인도에 도착한 노자가 이미 열반에 든 부처를 만나기에는 너무 늦었으므로, 그는 '왜 나는 이렇게 늦게 태어났는가? (다른 식으로 표현해서) 부처는 왜 그렇게 빨리 나셨는가!'라고 안타까움을 표현하였던 것이다. 그러나《화호경》의 내용은 의미가 잘 통하지 않는다. 첫 번째 행은 자신이 부처보다 훨씬 먼저 태어나서 부처를 볼 수 없다는 노자의 안타까움을 표현하는 것이 분명하다. 도교 위경들의 초기 인용문들에 들어 있는 '화호설'들은 이러한 해석을 뒷받침해 주고 있다. 뒤에 살펴보겠지만 한 텍스트에서는 노자가 실제로 부처의 출현을 예언하고 있고, 또《화호경》중의 적어도 한 이본에서는 노자가 부처의 열반이 가까이 온 것을 알게 된 노자가 부처의 임종의 순간에 참석하여 마지막 질문을 하기 위하여 스스로 가섭으로 환생하였다고 이야기하고 있다. 이러한 해석이 옳다면 《화호경》의 게송은 다음과 같이 번역되어야 할 것이다.

"부처는 왜 그렇게 늦게 태어나는가? (그리고 부처는 단지 인간의 수명만을 살기 때문에) 열반은 매우 빨리 올 것이다!"

하지만 이것은 단순한 추측이고, 그다지 만족스럽지 못한 해석이다. 하지만 현재로서는 이 수수께끼 같은 구절을 더 그럴듯하게 해석할 수 없다.

더 혼란스러운 것은 같은 내용이 - 그것이 '화호설'과 관련을 가지고 있음에 틀림없는데 - 부견의 조정에서 가장 열렬한 불교신자 중 한 사람이었던 조정에 의해서 반복되고 있다는 사실이다. 이런 점에서 '부처[佛]'는 '나[我]'를 잘못 쓴 것이 아닌가 추정해 볼 수도 있다. 실제로 명나라 대장경본 《고승전》에는 그렇게 되어 있다[타이쇼대장경 제50책 p.328 교감주석 23번 참조]. 하지만 이것은 수수께끼 같은 구절을 합리적으로 해석하기 위하여 후대에 텍스트를 '수정한' 것이 분명하다.

조정은 이 구절을 불교적 입장에서 해석하였음이 분명한데, 하나의 가설적인 해석은 다음과 같다.

"왜 (미래의) 부처는 그렇게 늦게 태어나는가. (그리고 한편으로, 석가모니의) 열반은 왜 그렇게 빨리 왔(고, 그래서 나로 하여금 부처가 없는 시대에 살게하)는가!"

이 게송의 의미가 어떤 것이 되었든, 385년경의 텍스트에 이 두 행이 나타나고 있다는 것은 중요한 사실이다. 이것은 당시에 장안 상류층 사이에서 《화호경》이 잘 알려져 있고, 일정한 영향을 미치고 있었음을 보여주는 것이다. 왕부가 백원과 논쟁을 하고 《화호경》을 만든 곳이 장안이었고, 뒤에 살펴보듯이 그에 대한 불교 측 반발의 초기 흔적들이 보이는 것도 북쪽 지역에서였다는 사실을 주목할 필요가 있다.

이후의 《화호경》의 역사에 대해서는 간략하게 줄이고자 한다. 한 권으로 되어 있던 왕부가 만든 원래의 《화호경》은 다음 몇 세기 동안에 계속해서 확대, 수정의 과정을 거쳤다. 화호 전설은 아마도 불교의 반박 이론들에 자극받으면서 다양한 이본으로 발전되어 갔다. 수나라(581-618) 때에 이미 두 권짜리 텍스트가 나왔고, 8세기 초에는 불교 측 작가들에게 시대와 출처가 다른 이질적이고 상호 모순되는 내용을 갖는 일화들의 모음집이라고 조롱받는 10권 혹은 11권짜리 문헌으로 발전되었다. 이 무렵에는 이 위서 전체의 내용이 '오랑캐들을 교화한다'는 주제를 중심으로 체계화되어 있었다.

당나라 고종 때인 668년에 《화호경》은 금서로 정해졌다. 하지만 696년에는 도사들이 측천무후를 설득하여 이 결정을 철회시켰다. 9년 후인 705년에는 승려 혜징惠澄이 이 책의 금지를 요구하는 상주문을 올렸고, 같은 해에 친도교적 관료들의 항의에도 불구하고 《화호경》 및 비슷한 성격의 다른 문헌들이 다시 공식적으로 금지되었다. 하지만 이러한 금지는 성공하지 못하였고, '화호' 문헌들은 송나라 때에 이르러 더욱 발전하였다. 하지만 최종적 승리는 불교 교단의 것이었다. 13세기 중엽의 몽골 궁정에서 특권적 지위를 차지하고 있던 불교 교단은 황제를 설득하여 문헌들을 검열하여 모든 종류의 '화호' 문헌을 엄격하게 금지하고 나아가 그런 종류의 모든 책들을 완전하게 없애는 명령을 내리게 할 수 있었다[1258년, 1281년, 1285년의 칙령들]. 이때의 금령은 효과가 있었다. 초기 문헌들, 특히 불교의 호교 문헌들에 들어 있는 맥락을 알 수 없는 일부 인용문과 돈황에서 발견된 후대의 매우 흥미로운 《화호경》 이본들 - 그중 하나에는 마니교 영향의 흔적이 보이고 있다 - 에 들어 있는 일부 내용들을 제외하면 《화호경》류의 문헌들은 모두 사라져 버렸다.45)

6세기 이후의 불교 측 논쟁서들에는 상당한 양의 《화호경》 내용이 인용되어 있다. 하지만 그 인용문들이 4세기 초 당시 《화호경》의 핵심적 부분들이었는지는 알 수 없다. 일부 인용문들은 명확히 후대에 첨가된 내용들이다.46)

그런데 왕부가 만든 원래 텍스트에 들어 있었음에 틀림없는 두 문장이 있다. 여러 자료들에 의하면 왕부의 텍스트는 후대에는 《명위화호경明威化胡經》으로 알려져 있었다.47) 당나라 이전 및 당나라 초기의 불교 문헌들 중에 이러한 이름의 문헌이 인용된 사례는 단 하나뿐이다. 제목뿐 아니라 문체와 내용에 있어서 이 인용문은 후대에 '부풀려진' 것이 분명한 《화호경》들과는 현저하게 다르다. 해당 인용문의 내용은 다음과 같다.

"이민족의 왕이 노자(의 가르침)를 믿지 않자 노자는 신이한 힘으로 그를 굴복시켰다. 그러자 (왕은) 용서를 구하면서48) 잘못을 참회하였다. 스스로 (머리카락을) 밀고, (수염을) 자른 후 자신의 잘못과 죄를 인정하였다. 노군老君은 큰 자비심으로 그의 어리석은 생각을 불쌍히 여겨 임시적 가르침[權敎]을 설하여 상황에 따른 금지 및 제약 사항들을 알려주었다. (이민족들의) 잔인하고 완고한 마음을 억제하기 위하여 모두 금욕[頭陀]과 걸식을 행하게 하고, (그들의) 사납고 포악한 본성을 꺾기 위하여 (죄수들이 입는 것과 같은) 붉은 옷49)과 불완전한 복장50)을 하도록 하였다. 또 몸을 훼손해서 얼굴에 문신하고 코를 자르게 했고, 부인과의 성관계를 갖지 못하게 해서 반역의 종자를 끊었다. 이것은 무거운 병에는 극약

[p.299] 처방을 해서 배를 가르거나 내장을 씻고, 무거운 죄에는 엄한 벌을 가해서 죄인의 친척을 처벌하거나 후손을 근절시키는 것과 같다."51)

문체의 측면에서 이 문장은 다른 《화호경》 혹은 같은 성격의 문헌들의 인용문과 뚜렷한 차이를 보이고 있다. 그 인용문들의 경우 단순하고 때로는 어떠한 문학적 수식도 없는 일반적인 불교 경전의 산문 부분과 같은 소박한 문체인데 반하여, 이 문장은 수사적 문체가 크게 유행하고 있던 4세기 초 무렵의 논쟁서들에서 보이는 것과 똑같은 세련되고 수사적인 '변려문'으로 되어 있다.

여기에서는 '화호' 계통의 초기 도교 위경들의 일문들과 한 구절 한 구절 비교해 가면서 이 중요한 텍스트의 의미를 밝혀보고자 한다. 7세기 말 이후 편찬된 문헌들에 인용되고 있는 일문들과는 비교하지 않았는데, 그것들은 단지 화호설의 전체적 흐름 – 위에 인용한 문장도 그중의 한 부분이다 – 을 드러내고, 이 전설의 각 이본들이 서로 어떤 점에서 어떻게 다른지를 보여줄 뿐이다. 일문들 중의 어떤 것도 – 《화호경》의 일문이라고 되어 있다고 할지라도 – 그것들이 처음 인용되고 있는 문헌보다 훨씬 오래된 것이라고 단정할 수 없다는 사실을 거듭해서 강조할 필요가 있다.

(1) "이민족의 왕이 노자(의 가르침)를 믿지 않자 … "

노자가 이민족(=인도)의 왕을 교화한다는 내용이 이미 (현존하지 않는) 3세기의 전기 자료집 중 한 편에 이야기되고 있음은 앞에서 살펴 보았다(p.292, 6번). 인도 – 후대의 자료들, 그리고 아마도 원래의 《화호경》에서는 보다 구체적으로 계빈(=카시미르)으로 나오고 있다 – 궁정에서의

668 불교의 중국 정복

노자의 활동에 관한 오래된 전승이 있었음이 분명하며, 이것이 왕부에 의해 자신이 편찬한 《화호경》에 포함되었다.

일문들은 이야기의 중간에서부터 시작된다. 노자는 이미 – 혼자 혹은 윤희와 함께 – 인도에 도착해 있고, 다른 전승에 의하면 실제로 부처가 되었다(아래의 (4) 참조). 모든 텍스트들에서 왕은 노자의 가르침을 받아들이려 하지 않은 것으로 되어 있으며, 일부 텍스트에서는 그가 노자를 불태우고, 삶고, 혹은 물에 빠뜨리려고 하였다고 이야기되고 있다. 텍스트(c)에는 이 잔인한 국왕이 – 그는 인도식으로 꾸민 분타력(憤陀力, Puṇḍarīka)이라는 이름을 가지고 있다 – 전생에 노자의 부인이었다는 일종의 자타카적 이야기가 들어 있다.

다음의 세 텍스트들에는 노자의 중국 출발과 인도로의 여행, 인도 국왕과의 첫 번째 만남 등에 관한 내용이 담겨 있다.

> (a) 《초기初記》에서 다음과 같이 이야기하고 있다. "노자는 주나라 유왕(幽王, 기원전 781-771)의 덕이 쇠하는 것을 보고 (국경의) 관문을 지나 서쪽으로 가고자 하였다. 그는 윤희와 3년 후에 장안의 시장에 있는 검은 염소의 간 속에서 다시 만나기로 약속하였다. 노자는 그때에 황후의 뱃속에 (다시) 태어났다. 약속된 날에 (윤)희는 (장안의 시장에서) 어떤 사람이 검은 양의 간을 파는 것을 보고, (그 상인을) 통해 노자를 찾았고 … [이 부분에서 텍스트의 결락이 있는 것으로 생각된다] … (노자가) 어머니의 뱃속에서 나오는 것을 보았다. 노자는 머리 숱이 많고 하얗게 세어 있었으며, 키는 16자나 되었다.52) 그는 하늘의 관을 쓰고 쇠 지팡이를 짚고 있었다. 그는 윤희를 데리고 이민족을 교화하러 떠났다. (인도에 도착한 후) 그는 자줏빛 구름으로 뒤덮여 있는 수양산首陽山에 은거하였다. 이민족의 왕은 그를 마

[p.300]

법사로 의심하여 솥에 집어넣고 삶으려 하였지만 (물이) 덥혀지지 않았다…."53)

(b) 《문시전文始傳》에서 다음과 같이 이야기하고 있다. "상황(上皇, 가공의 연호) 원년에 노자는 지상에 내려와 주나라 (왕실)의 스승이 되었다. 무극無極 원년에 그는 검은 소가 끄는 얇은 판자로 만든 수레를 타고 관문을 넘어갔다. 그는 윤희를 위하여 (《도덕경》) 5천언을 이야기한 후 '나는 하늘과 땅 사이를 돌아다닌다. 너는 아직 도道를 얻지 못하였으므로 나를 따를 수 없다. (《도덕경》) 5천언을 1만 번 암송하고, 귀로는 모든 것을 두루 들을 수 있(는 능력을 갖추)고, 눈으로는 모든 것을 두루 볼 수 있(는 능력을 갖추)어야 한다. 그러면 몸은 날아 움직일 수 있고, 여섯 가지 초자연적 능력54)과 네 가지 성취55)를 얻게 될 것이다.' 그들은 성도成都에서 만나기로 약속하였다. (윤)희는 노자의 말대로 하여 (도를) 얻은 후 노자를 찾아가 만났다. 그들은 계빈(=카시미르)의 단특산(檀特山, Daṇḍaka)에 이르렀다. 나중에 [원문은 내지乃至인데 이야기가 생략된 것을 의미한다] 왕은 노자를 물에 빠뜨리고 불로 태우려고 하였다…."56)

(c) 《광설품廣說品》에서는 다음과 같이 이야기하고 있다. "처음에57) 왕은 천존天尊이 가르침을 설하는 것을 듣고서 부인 및 자식들과 함께 수다원과를 얻었다. 청화국淸和國의 왕이 이것을 듣고서 신하들과 함께 천존이 계시는 곳으로 가보니, 그들은 모두 밝은 태양이 비추는 하늘로 올라가 있었다. (수다원과를 얻은) 왕은 범천의 우두머리가 되어 현중법사玄中法師로 불리었다. 그 부인도 가르침(의 설명)을 듣고 함께 (하늘로) 올라가 묘범천왕妙梵天王이 되었다. 그녀는 나중에 카시미르에서 분타력憤陀力이라는 이름의 왕으로 (다시) 태어났는데, 많은 사람을 죽이고 (모든 면에서) 도리를 지키지 않았다. 현중법사는 그를

교화하고자 하여 이李씨 여인의 태속에 다시 들어가서 82년을 지난 후에 오른쪽 옆구리를 가르고 나왔는데 날 때부터 머리가 하얗게 세어 있었다. 3개월 후에 그는 흰 사슴을 타고 윤희와 함께 서쪽으로 가서 단특산檀特山에 은거하였다. 3년 후에 (전생에 그의 부인이었던) 분타력왕이 사냥하다 그를 보고서 곧바로 불로 태우고 물에 빠뜨려 죽이려 하였다. 노자는 죽지 않았다…."58)

(2) " … 노자는 신이한 힘으로 그를 굴복시켰다."

두 종류의 일문에서 노자가 초능력을 발휘하여 왕을 개종시킨 것을 이야기하고 있다. 둘 다 6세기 후반 경의 문헌인 《문시전》(앞의 주석 56번 참조)에 수록된 것들이다.

(a) "…노자는 (불속과 물속에서도) 연꽃 위에 앉아서 이전과 마찬가지로 경전을 계속 암송하였다."59)
(b) "노자가 계빈(=카시미르)에 있을 때, 손가락을 튕기자 (곧바로) 모든 천왕, 아라한, 5신통을 가지고 있는 비천飛天들이 (노자가 머무르는 곳으로) 왔다."60)

《초기初記》와 《조립천지경造立天地經》 – 둘은 아마도 이름만 다른 같은 위서로 생각된다 – 에서는 노자가 훨씬 과감한 교화 방법을 이용하였다고 이야기하고 있다.

(c) "노군老君은 크게 화를 냈다. 그는 이민족 왕의 일곱 아들과 백성들의 10분의 1을 죽였다.61) 그때서야 왕이 굴복하였다…."62)   [p.301]

《화호경》의 다른 이본에서는 왕은 노자의 남인도에서의 성공적인 교화를 통해 굴복된 것으로 나타나고 있다.

> (d) 《화호경》에서 다음과 같이 이야기하고 있다. "노자가 이민족들을 교화하였지만 이민족의 왕은 가르침을 받아들이려 하지 않았다. 노자가 말하였다. '폐하께서 (제 말을) 믿지 않으신다면 제가 남쪽의 인도로 가서 (그곳에 있는) 모든 나라(의 사람)들을 교화하겠습니다. 이곳으로부터 남쪽[南]에서는 부처[佛]보다 더 존경받는 사람이 없게[無] 될 것입니다.' 이민족의 왕은 여전히 믿지 않았지만 다음과 같이 이야기하였다. '당신이 (정말로) 남쪽에서 인도를 교화할 수 있다면 나는 땅에 머리를 조아리고 (당신이 말한) 남 – 무 – 불(南無佛 =부처님께 귀의함)을 외우겠소.'"63

(3) "왕은 용서를 구하면서 잘못을 참회하였다. 스스로 (머리카락을) 밀고, (수염을) 자른 후 자신의 잘못과 죄를 인정하였다."

《초기》(a)에 의하면 아들을 잃은 왕은 큰 피해를 입은 백성들에게 불교를 믿으라고 명령하고 있다. 《광설품》(b)의 이야기는 더욱 기괴한데, 전생에 노자의 부인이었던 분타력왕은 완성되기 이전의 불교에 귀의하여서 그 자신이 다름 아닌 석가모니가 되었다.

> (a) "왕은 그때서야 비로소 굴복하고서 백성들에게 (노자의) 가르침을 받아들여 머리를 깎고 성관계를 갖지 말고 250조의 계율을 지키라고 명령하였다."64
> (b) "왕은 (노자에게) 굴복하여 머리를 깎고 옷을 바꿔 입고, 성을 석釋으로 하고 이름을 법法으로 하고 스스로를 사문으로 칭하

였다. 그는 (깨달음의) 열매를 얻어 석가모니불이 되었다. 한漢나라 때에 이르러 (그의) 가르침이 동쪽의 중국으로 퍼졌다."65)

(4) "노군老君은 큰 자비심으로 그의 어리석은 생각을 불쌍히 여겨 임시적 가르침[權敎]을 설하여…."

이 자료에서는 부처가 되어 서쪽의 이민족들에게 직접 가르침을 설하는 인물이 분명히 노자 자신이었다. 앞에서 열거한 가장 이른 시기의 문헌들(p.291 이하)에 보이는 것처럼 이것이 '화호' 전설의 원형이었음이 틀림없다. 이것은 또한 도교도 고환(顧歡, 470년경)의《이하론夷夏論》66)에 인용되어 있는《현묘내편玄妙內篇》중의 문장을 통해서도 확인된다. 해당 문장은 화호 계통 문헌 중의 인용문으로서는 가장 이른 시기의 것으로써, 그 내용은 다음과 같다.

"노자는 (국경의) 관문에 들어가서 천축의 유위국(維偉國, Kapilavastu)67)으로 갔다. 이 나라 국왕의 부인은 이름이 청묘淸妙였다.68) 노자는 그녀가 낮잠을 자는 틈을 타서 태양의 기운[日精]을 타고 청묘의 입으로 들어갔다.69) 그는 다음 해 4월 8일 한밤중에 그녀의 오른쪽·겨드랑이70)를 가르고 태어났다. 그는 땅에 내려오자마자 일곱 걸음을 걷고, 팔을 들어 하늘을 가리키면서 다음과 같이 말하였다. '하늘 위와 아래(의 모든 존재들 중)에서 나 혼자만이 고귀하다. 삼계三界는 고통으로 가득차 있는데, (그중에) 무엇이 즐거워할 수 있는 것인가?'71) 그때부터 불교가 생겨났다."72)

견란의《소도론》(570년)에서는 "《화호경》과《소빙경消氷經》73) 모두 [p.302]

• 내용상 왼쪽의 잘못이다.《광홍명집》원문에도 왼쪽[左]으로 되어 있다-역자

노자가 계빈(=카시미르)을 교화한 후에 스스로[身自] 부처가 되었다고 한다"고 이야기하고 있다.74)

이와 다른 두 가지 전승이 비교적 이른 시기에 형성되었다. 그중 하나는 노자를 따라 서쪽으로 왔던 윤희가 노자에 의해 명광유동明光 儒童이라는 이름의 부처로 (선발)되었다는 것이다. 이런 입장의 발전된 형태는 6세기 후반 이전에 성립된 것으로 보기 어려운《문시전》중의 인용문에 보이고 있다. 여기에서는 인도의 왕이 자신의 잘못을 뉘우친 후에

"노자는 윤희를 그들의 스승으로 정하고 왕에게 말하였다. '나의 스승은 부처라고 하며, 부처는 최고의 도[無上道]를 섬긴다.' 왕은 (윤희를) 따라서 교화를 받았다. 남자와 부인들은 머리를 깎고 결혼하지 않았다. 이렇게 하여 부처의 은혜 속에75) 최고의 도가 이루어지자 윤희를 명광유동明光儒童이라는 이름의 계빈국의 부처•로 삼았다."76)

고 되어 있다.

그런데 이러한 내용은 훨씬 오래전부터 있었다. 앞에서 인용하였던 《진세잡록》(p.294의 2번) - 왕부가《화호경》을 만들었다고 이야기하고 있는 5세기 초의 문헌 - 에 들어 있는 인용문에는 왕부가 '(윤)희가 (노)담과 함께 이민족들을 교화하고 부처가 되었다'고 이야기하였다고 되어 있는데, 이것은 윤희가 부처가 되었다는 전승이 늦어도 5세기 초 이전에 존재하였고, 그때에《화호경》에 포함되었음을 알려준다. 윤희가

• 《광홍명집》 원문에는 스승[師]으로 되어 있다-역자

노자에 의해 '금인金人'으로 변화되어 서쪽에 남아 부처가 되었다는 《화호경》의 실제 인용문은 초기 문헌들에서는 확인되지 않고, 1341년에 편찬된 《불조역대통재佛祖歷代通載》에 비로소 보이고 있다.77) 하지만 이 전설이 8세기의 《화호경》에 들어 있었다는 사실은 프랑스 국립도서관 펠리오문고에 들어 있는 돈황에서 발견된 두 사본의 내용들에서 확인된다.78) 펠리오3404 사본의 내용은 다음과 같다.

> "노자가 말하였다. '부처는 나의 제자 윤희이다. 나는 그에게 현재의 교화(의 임무)를 맡겼다. 비록 지극한 경지에 도달하지는 못하였지만 그도 또한 성인이다…'"79)

또 펠리오4502 사본의 내용은 다음과 같다.

> "환桓왕이 다스리던 때, 갑자년(기원전 716) 첫 번째 음陰의 달(음력 5월을 가리킨다)에 나는 윤희로 하여금 달의 정기를 타고서 중천축국으로 가라고 하였다. 그는 (거기에서) 앞으로 태어날 백정白淨왕 부인의 입 속으로 들어가 거기에서 머물렀다. 그는 이름을 싯달타[悉達]라 하고, 태자의 자리를 버리고 산속으로 들어가 도를 닦을 것이다. (그래서 마침내) 최고의 도를 성취하여 부처라고 이름할 것이다…"80)

이로 볼 때 윤희의 역할에 관해서 다양한 전승이 있었음을 알 수 있다. 윤희가 노자와 함께 서쪽으로 가서 그곳에서 부처로 활약하였다는 하나의 전승은 4세기 초의 《화호경》까지 거슬러 올라갈 수 있다. 이것은 앞에서 인용한 《현묘내편》의 문장(p.301)과 내용이 비슷한 [p.303] 펠리오4502 사본에도 보인다. 다만 《현묘내편》에서는 석가모니가 되는 것은 윤희가 아니라 노자 본인이다. 다른 돈황 사본(펠리오3404)에는 윤희가 카필라성에서 부처로 태어나는 것이 아니라 훨씬 후대의 《불조역대통재》에서와 마찬가지로 노자에 의해 그곳에서 부처로 변화되어 그 지역의 백성들을 위하여 남겨진 것으로 이야기되고 있다. 윤희가 석가모니가 아니라 명광유동불로 된다고 하는 《문시전》도 같은 성격이다. 펠리오4502 사본에는 이 일화가 보다 복잡한 구조를 갖는 이야기의 일부로 나오고 있다. 무대는 호탄으로 바뀌어 있다. 노자는 기원전 1028년에 중앙아시아와 인도의 80여 개 나라의 신과 국왕들을 비마毘摩라는 곳에 모은 후 자신의 미래의 81종류의 화신에 대하여 이야기하고 있다. 그 화신들에 관한 이야기 중 하나에 위에서 언급한 윤희의 환생 이야기가 나오고 있다. 이 사본에는 지명들이 현장이 사용한 표기법으로 기록되고 있는데,[81] 이로 볼 때 이 이야기는 그러한 표기법이 옛 표기법을 대체하기 시작한 7세기 후반 이전의 것이 될 수 없다. 하지만 호탄은 적어도 한 세기 전에 노자의 부처로의 화생과 관련된 지역으로 나오고 있다. 즉《위서》권90의 호탄[和闐]전에 다음과 같은 내용이 수록되어 있다.

> "호탄 서쪽으로 5백 리에 비마比摩라는 사원이 있다. 이곳은 노자가 이민족들을 교화하고 부처가 된 곳이라고 이야기되고 있다."[82]

현재의 단계에서는 '화호' 전승에서 윤희의 역할에 대하여 더 이상 알 수 없다. 앞으로 이용할 수 있는 모든 자료들을 검토한 체계적 연구에 의하여 이 복잡하고 혼란스러운 이본과 전승들의 미로를 헤칠 수 있는 길이 열리기를 바랄 뿐이다. 이 주제는 아래에서 《정무론正誣論》에 대해 논할 때에 다시 한 번 살펴보게 될 것이다.

노자가 부처가 되었다는 전승, 그리고 윤희가 석가모니(혹은 명광유동불)가 되고 노자는 부처의 스승이라는 전승 이외에 노자가 석가모니의 주요 제자 중 한 명으로서 석가모니 사후 제자들을 이끌게 된 (마하)가섭이 되었다는 세 번째 전승이 있다. 이 전승은 아마도 도교의 주장에 대한 불교 측의 반박에서 비롯된 것으로 생각된다. 따라서 이 전승은 다른 불교 측의 '반反화호' 이론들과 관련하여 검토하고자 한다.

(5) "… 상황에 따른 금지 및 제약 사항들을 알려주었다. (이민족들의) 잔인하고 완고한 마음을 억제하기 위하여 모두 금욕[頭陀]과 걸식을 행하게 하고, (그들의) 사납고 포악한 본성을 꺾기 위하여 … 또 … 반역의 종자를 끊었다."

여기에서는 대단히 독특한 불교에 대한 이해를 볼 수 있다. 노자-석가는 서쪽의 이민족들을 생사의 고통으로부터 구원하고 해방시키기 위해서가 아니라 그들에게 굴욕감을 주고 약화시키며, 나아가 절멸시키기 위하여 가르침을 베풀었다는 것이다. 초기의 도교와 불교 논쟁서들에는 유사한 문장들이 그대로 혹은 개략적으로 인용되고 있다.

"이민족들에게는 어진 마음83)이 없다. 강하고 완고하고 예의가 없어서 짐승과 다를 바 없다. (그러한 짐승들은) (형상이 없는) 공空과 무無를 믿을 수 없어서 노자가 (서쪽 변경의) 관문을 넘어가 형상을 만들어 그들을 교화하였다."84) [p.304]

"이민족들은 원시적이고 야만적이어서 (노자가) 악의 종자를 없애려고 하였다. 그래서 (노자는) 남자에게는 장가가지 말고 여자에게는 시집가지 말라고 명령하였다. (이민족의) 온 나라 사람들이 그 가르침에 따르면 자연히 모두 없어지게 된다."85)

"이민족들은 흉폭하고 야만적이다. 그래서 (노자가) 그들을 불교로 교화하여, (머리를) 깎고 붉은 옷을 입으며 자손을 갖지 못하게 하였다."86)

현존하는 가장 오래된 중국의 불교 논서인 저자미상의 《정무론》(앞의 p.15 (2) 참조) 중의 다음과 같은 문장에 대하여 특별한 관심을 가져야 할 것이다. 이 글은 현재는 전해지지 않는 도교 측의 글을 반박하기 위하여 쓰여진 논쟁서이다. 각각의 반대자의 주장이 모두 '운운云云'으로 끝나고 - 때로는 중간에도 나오고 있다 - 있는데, 이는 그것들이 불교를 비판하는 논서들로부터 축약되어 《정무론》에 인용된 것임을 보여주는 것이다. 《정무론》이 4세기 중엽의 것으로 생각되므로, 거기에 인용되어 있는 반反불교적 논서들은 그것보다는 오래된 것이고, 따라서 왕부가 《화호경》을 만들고 나서 불과 수십 년 후에 지어진 것들임에 틀림없다. 《정무론》의 제1부에는 반대자의 글로부터 세 구절을 인용하고 있는데, 그 글은 위에서 번역한 《화호경》의 문장에서 직접적으로 영감을 받은 것이 분명하다.

"'윤문자尹文子는 신통력을 가진 사람이었는데, 이민족들을 불쌍하게 여겼다. 그들은 아버지와 아들이 같은 부인을 거느리고,87) 욕심이 많으며, 완고하고 포악하며, 이익을 위해서는 부끄러운 줄도 모르고 목숨을 걸고, (다른 사람들의 권리를) 침해하면서도 만족할 줄 모르며, 모든 생명들을 죽이고 (그들의 몸을) 찢었다…' 그리고

'그는 도를 얻은 한 제자에게 그들을 변화시키고 교화하라고 명령하였다….' 그리고 '그는 그들에게 생명을 죽이는 것을 금하고, 결혼을 하지 못하게 하여 자손을 갖지 않도록 하였다. 이민족을 공격하는 데 있어서 이보다 더 좋은 방법이 무엇이 있겠는가?…'"88)

이 문장의 자세한 내용은 대단히 애매한 부분이 많다. 특히 기원전 4세기 말의 사상가인 윤문자를 언급하고 있는 것은 이해가 되지 않는다. 곧바로 이 문장을 다른 것과 관련하여 살펴볼 때에 윤문자는 윤희를 잘못 쓴 것이라는 확실한 증거를 볼 수 있을 것이다.

어쨌든 앞에서 제시한 《화호경》 구절과의 관련성은 명확하며, 이는 앞에서 제시한 《화호경》의 문장이 왕부가 만든 원래 문헌에 있던 것으로 볼 수 있는 또 다른 증거가 된다.

탕용동은 이전에 4세기와 5세기의 일부 작가들이 이 전승의 영향을 받았고, 그것이 인도의 '이민족들'에 대한 중국인들의 전통적인 태도 및 평가에 변화를 가져왔다는 흥미로운 사실에 주목하였었다(『불교사』, p.464).

초기 자료들에서는 인도 사람들은 친근하고 약간은 여성적인 사람들로 간주되었다. 그들은 '친절하고 사람들에 대한 애정이 풍부하다.'89) 그들은 '부처를 숭상하기 때문에 남을 죽이거나 공격하지 않는다.'90) 그들은 '약하고 전쟁을 두려워한다.'91) 《화호경》으로부터의 인용문과 위에 소개한 《정무론》의 해당 문장은 이미 4세기 전반에 그러한 생각이 바뀌었음을 보여주고 있다. 이어지는 문장들에도 – 그중 일부는 앞장에서 이미 제시하였다 – 인도 사람들의 특성에 대한 동일한 태도와 [p.305] 불교를 그들의 종족적 악덕에 대한 사상적 해독제로 보는 비슷한 생각이 보이고 있다.

왕밀이 초기 중국 역사가들의 인도 사람들에 대한 우호적인 진술들을 이야기하여 불교를 옹호하려고 하였을 때 환현은 다음과 같이 대답하였다.

"여섯 이민족들이 오만하고 완고하여 보통의 가르침으로는 교화되지 않기 때문에 (부처가) 신비하고 교묘한 (이론들을) 만들어서 (그들을) 두렵게 하여 굴복시킨 것이 아니겠는가? 굴복한 다음에야 그들이 규율을 따르게 될 것이다."(앞의 p.265 참조)

433년경에 하승천은 종병에게 다음과 같은 글을 보냈다.

"외국의 사람들은 강하고 완고한 성질을 타고 났으며 나쁜 욕심과 미움, 포악함이 가득하다. 그래서 석가모니가 다섯 가지 계율로 그들을 엄격하게 규제하였다."(앞의 p.265 참조)

그리고 약 40년 후에 도사 고환은 다음과 같이 이야기하고 있다.

"… 또한 불교가 서쪽 이민족 사이에서 생겨난 것은 그 이민족들의 풍습이 본래 좋지 않았기 때문이 아니겠는가? 도道가 중국에서 일어난 것은 중국의 도덕이 본래 좋았기 때문이 아니겠는가?"[92]

4세기 초부터 강한 민족주의와 인종주의, 그리고 배외적 감정이 '화호' 논쟁에서 일정한 기능을 하였다는 사실로 볼 때 문체나 내용면에서 앞에서 살펴본 것과 완전하게 일치하고 있는 또 다른 《화호경》 일문도 – 역시 견란의 《소도론》에 인용되어 있다 – 원래의 《화호경》에 들어 있던 것으로 볼 수 있을 것이다. 이 일문은 앞에 제시하였던 문장의 마지막 구절과 논리적으로 이어지고 있다. 노자가 서쪽의 이민족에게 설한 '불교'의 가르침이 실제로 단지 그들을 억압하고 절멸시키기 위한 것이라면 그러한 위험한 무기를 중국에 들여오는 것처럼 어리석은 일은 없다는 것이다.

"《화호경》에서 다음과 같이 이야기하고 있다. '불교는 이민족 지역에서 생겨났다. 서쪽은 쇠의 기운[金氣]이 우세하므로 (그 지역 사람들은) 강하고 예의가 없다. 신주(神州=중국)의 사족들이 그들의 의례를 본받고 불교 사원을 세우고 있으며, 모든 곳에서 불교 경전을 숭상하고 있다. 이것은 근본을 버리고 부차적인 것을 좇는 것이다. 그들의 말은 터무니없고 (도교의) 오묘한 가르침과 맞지 않는다. 그들은 군주와 백성들을 속이기 위하여 경전을 장식하고 불상을 새긴다. 그 결과 세상은 홍수와 가뭄을 겪게 되고, 무기들이 (끊임없이) 서로 공격하고 있다. 10년 사이에 재난이 도처에서 일어나고 별들이 정해진 궤도를 벗어났으며, 산이 무너지고 강이 말라버렸다. 왕(=정부)의 교화가 편안하(게 실현되)지 않은 것은 모두 불교(가 일으킨) 어지러움 때문이다. 황제와 국왕들은 종묘에 제사를 섬기지 않고, 일반인들은 조상에게 제사를 지내지 않는다. 그 때문에 하늘과 땅의 신들과 (자연의) 도와 기운이 질서를 (조절하지 혹은) 회복하지 못하고 있다."93)

이 일문이 노자의 서쪽에서의 활동에 관한 나머지 이야기들과의 관계에서 어떤 성격을 띠는지는 명확하지 않다. 화자는 분명히 노자가 [p.306] 아니라 자기 시대의 안타까운 사건들을 묘사하고 있는 4세기 초《화호경》의 작자이다. 전체적인 인상으로는 이 일문은 서문이나 제기 중의 일부로 생각된다.

이 문장에서는 또 다른 흥미로운 주장이 제시되고 있다. 서쪽의 가르침으로서 여성 원리[음陰] 및 강하고 치명적 요소인 쇠[금金]와 연결되어 있는 불교의 '자연에 어긋난' 도입으로 인해서 우주의 질서와 안정이 손상되었다는 것이다. 이러한 생각은 (훨씬 더 정교한 형태로) 후대의 비슷한 성격의 문헌들의 일문들에서도 보이고 있다.

"〈노자서老子序〉에서 다음과 같이 이야기하고 있다. '음양의 도는 변화를 통하여 만물을 만들어낸다. 도(교)는 동쪽에서 생겨나서 나무[木]와 양이 되고, 불교는 서쪽에서 생겨나서 쇠[金]와 음이 된다. (따라서) 도교는 아버지 불교는 어머니, 도교는 하늘 불교는 땅, 도교는 생명 불교는 죽음이다. 도교는 근본 원인[因]이고, 불교는 부차적 원인[緣]이다. 둘은 서로 음과 양이 되어 분리될 수 없다. 불교는 도교로부터 생겨났지만 도(교)는 저절로 존재하고 다른 것으로부터 생겨나지 않았다.94) 불교의 모임은 큰 자리를 사용하는데 그것은 네모진 것으로써 땅을 본떴고, 도교의 모임은 작은 자리를 사용하는데 그것은 둥근 것으로써 하늘을 본떴다. 불교 승려들이 무기를 차지 않는 것은 음의 기운이 여인을 상징하기 때문이다. 그래서 (서쪽=음=여성과 연결된 승려들에게는) 군역이나 부역을 부과하지 않는다. (이런 점에서) 도교의 도사들이 군인이 되는 것은 이해될 수 있다. 승려들이 천자와 제후를 보고서 절을 하지 않는 것은 여인들이 깊은 (격리된) 궁 안에 있으면서 정치에 관여하지 않는 것을 상징한다. 도사들이 천자를 알현하여 그 명령을 따르고 절을 하는 것은 그들이 정치에 관여하면서 신료로 활동하기 때문이다. 도교의 모임에서는 술을 마시는 것은 죄가 아니지만 불교의 모임에서 죄가 되는 것은 여자가 술을 마시는 것이 일곱 가지 쫓겨날 수 있는 죄95)에 해당하기 때문이다. 도교의 모임에서 금식을 하지 않는 것은 (도교가) 기본적으로 생명에 관한 것이고 생명은 음식을 필요로 하기 때문이다. 불교의 모임에서 금식을 하는 것은 불교가 기본적으로 죽음에 관한 것이고 죽음은 음식을 먹지 않음에서 비롯되기 때문이며, 또한 여인은 음식을 조절하기 때문이다. 승려들이 혼자 자는 것은 여인들이 정조를 지켜야96) 하기 때문이다. 도사들은 함께 잠을 자며 따라서 (이와 관련하여 지켜야 할) 금지사항이 없다.'"97)

같은 책의 다른 구절의 내용은 다음과 같다.

"도교는 주로 생명과 관계하고 불교는 죽음과 관계한다. 도교는 더러운 것을 삼가지만 불교는 삼가지 않는다. 도교는 양과 생명, 더러움을 피하는 것에 속하지만 불교는 그와 반대이다. 이와 같이 깨끗함과 더러움이 하늘(과 땅)처럼 떨어져 있고, 죽음과 삶(에 관한 가르침)이 크게 나뉘어져 있다. 어찌 깨끗하고 비어 있는 큰 도를 따르지 않고 삶과 죽음의 더러움과 악함이 있는 불교(를 따르기)를 원하는가?"98)

마지막으로 《문시전》의 인용문은 다음과 같다.

"도교는 동쪽에서 생겨났으므로 나무[木]와 남자에 대응한다. 불교는 서쪽에서 생겨났으므로 쇠[金]와 여자에 대응한다."99)

《화호경》의 초기 이본들의 형성 및 이 문헌들의 발전과정에 관한 문제는 너무 복잡해서 이 장에서는 충분히 검토하기 힘들다. 이 문제 [p.307] 들은 별도의 연구에서 보다 자세히 검토되어야 할 것이다.

여기에서는 민족주의적이고 배외적 성격을 띠는 반反불교적 주장들이 4세기 초 무렵의 '화호' 전승에서 상당히 중요한 역할을 하였고, 그것이 《화호경》 그 자체의 구성과 4-5세기의 반불교적 저자들의 여러 글들에 나타나고 있다는 사실을 밝히는 것에 목적이 있다.

300년경의 역사적 상황을 배경으로 하여 생각하면 이러한 감정들은 쉽게 이해될 수 있으며, 또한 중요한 것이다. 흉노족과 티베트족의 점진적인 중국 영토로의 침입과 곧 이어진 북중국 점령은 중국 사족들의 배외적 감정을 심화시켰음에 틀림없다. '이민족[戎]의 추방[徙]'을 주장하는 강통江統의 글[《사융론徙戎論》(299년)]을 읽어보면 두려움과 공포의 분위기와 심각한 위험 의식을 느낄 수 있다.100) 거기에는 충분한 이유가 있었다. 그 무렵에 이민족들이 섬서성 인구의 반을 차지하고 있었고, 중국 군벌들 군대의 대부분은 외국인 용병들로 구성되어 있었다. 북쪽에서는 흉노의 족장 유연劉淵이 다섯 부족을 통합한 후 307년에 스스로 황제를 칭하고 자신이 한제국의 정통 후계자임을 자처하면서 섬서성 정복을 시작하려 하고 있었다. 같은 해에 상층 사족들의 엑소더스가 시작되었고, 북부 지방은 야만족 침입자들에게 넘어갔다.

당시 사족들의 배외적 감정이 주로 – 아직은 불교의 영향을 거의 받지 않고 있던 – 북쪽의 부족들에게 향하였던 것은 사실이지만, 그럼에도 불구하고 그러한 감정이 – 위에서 인용한 문장들에서 확인되는 것처럼 – 곧 중앙아시아와 인도 사람들을 포함한 모든 '이민족'들로 확대되었던 것으로 생각된다.

불교-도교 논쟁의 초기 역사를 연구할 때에 고려해야만 하는 다른 두 가지의 요소가 있다. 첫째는 농촌 지역에서의 불교의 점진적인 확산이 도교 교단의 영향력을 침식해 갔다는 점이다. 이것이 궁정의 도사 및 그 대변자들의 반反불교적 태도를 심화시켰음에 틀림없다. 둘째는 불교가 궁정 귀족 및 황족 등의 사회 상류층과 사족들 사이에 영향력을 갖게 된 것 역시 300년 무렵부터라는 점이다. 이것이 필연적으로 두 집단 사이의 강한 경쟁관계를 만들게 되었다. 후대의 도교와 불교의 갈등은 주로 궁정에서 발생하였다. 이런 점에서 ①《화호경》의 저자로 전해지는 왕부가 도교의 고위 성직자였고, ② 그 책을 만들게 된 논쟁이 (임시) 수도에서 있었고, ③ 불교 측 논쟁자인 백원이 최소한 한 명 이상의 황실의 주요 구성원과 긴밀한 관계를 가지고 있었다(p.76을 보라)는 것 등은 주목될 필요가 있다.

불교 측의 반응

그들의 눈에는 더할 나위 없는 신성모독으로 비춰졌을 이러한 이론에 대한 불교도들의 반응은 두 가지로 구분될 수 있다.

첫 번째는 – 시기적으로는 더 늦지만 – '화호설'을 일정한 합리적 근 [p.308] 거를 가지고 부정하는 것으로 예를 들면 도교 측 주장의 터무니 없음을 증명하는 것이다. 이러한 논쟁 방식은 6세기 이전에는 보이지 않는다. 육징陸澄의 《법론法論》과 승우의 《법원잡연원시집法苑雜緣原始集》 (《출삼장기집》 권12) 등에 수록되어 있는 초기의 문헌 목록들에는 – 제목으로 볼 때 – 화호설을 부정하는 것은 보이지 않고 있다. 불교 논쟁자들이 이 위험하고 모욕적인 이론에 주목하여 이에 대한 체계적이고 상세한 반박의 필요성을 느끼게 된 것은 불교에 대한 도교 측의 공격이 더욱 과격해진 6세기 이후였다.

불교 측의 두 번째 반응은 성격이 달랐다. 아주 이른 시기에 이미 – 아마도 《화호경》이 만들어진 직후 – 불교도들은 반대자들의 방법을 활용하여 도교도들의 '비난'을 무력화시키려 시도하였다. 그 결과 흥미로운 불교 측의 초기 위경들, 그리고 그에 기초한 노자와 불교의 관련성, 도교와 유교의 불교 기원설, '세 성인이 동쪽으로 갔다[三聖東行]'는 이야기에 관한 다양한 이론들이 생겨나게 되었다.

불교의 위경이 언제 처음 출현하였는지는 알 수 없다. 내용이 남아 있는 최초의 불교 경전 목록인 도안의 《종리중경목록》(374년)의 〈의경록疑經錄〉에는 26부 30권의 문헌 이름이 수록되어 있다.[101] 7세기 초에 《출삼장기집》을 편찬하였던 승우는 도안의 목록에 20여부를 추가하여 총 46종 56권을 수록하였다.102) 한 세기가 채 지나지 않은 594년에 편찬된 《중경목록》에는 '위경[僞妄]' 53부 93권과 '의경[疑惑]' 29부 31권이 열거되고 있다.103) 다양한 종류의 불교 위경들에 관한 전체적 논의에 관해서는 탕용동의 뛰어난 정리를 참조할 수 있다(『불교사』, pp.594-600).

다양한 불전 목록 편찬자들의 이야기를 비롯하여 후대의 문헌에 인용되어 전하는 단편들, 돈황에서 발견된 소수의 실제 문헌들로 판단컨대 초기의 불교 위경들은 서로 이질적이었던 것으로 보인다. 일부는 몽환 상대에서 영감을 받아 쓰여졌다고 말해지고, 다른 '경전들'은 (5계와 같은) 불교의 핵심 교리들을 5행行이나 5방方과 같은 중국 철학적 요소와 결합시킨 사이비 불교적인 내용들로 뒤섞여 있다. 또 다른 부류는 중국의 참서讖書들을 모방한 '예언서'적 경전들이다. 이 위경들은 – 비록 진지한 불교학자들은 이단적이고 잘못된 것으로 무시할지 모르지만 – 본래는 거의 대부분 포교를 위한 것들이었다.

이러한 중국 불교의 주변적 문헌들에서 – 내용과 정교함의 정도가 다양한 – 도교의 화호 전승에 상대되는 불교 측 이론, 즉 노자가 불교의 창시자가 아니라 실제로는 비록 모든 점에서 불교의 가르침에는 미치지 못하지만 그것이 최종적으로 드러나는 데 기여할 수 있는 가르침을 전파하기 위하여 부처에 의해 동쪽으로 파견된 석가모니의 화신 혹은 제자라는 주장을 볼 수 있다. 일부 문헌들에는 유교도 포함되어서 노자와 공자, 안회, 그리고 심지어는 전설 시대의 제왕들까지도 보살로 간주되고 있다.

이 주제를 다룸에 있어서는 앞에서 했던 것처럼 먼저 이용할 수 있는 극소수의 3세기부터 5세기 초까지의 자료에서 시작하여 그 초기 자료의 핵심 내용들을 조금 후대의 보다 풍부한 자료들에 비추어 해석하는 방법을 취하고자 한다.

화호 전승은 기존의 도교적 전설 내용, 즉 노자의 (가상의) 서방 여행에 기초한 것이었다. 비슷한 방식으로 불교 측의 주장은 부처의 무한한 방편법문(方便法門, upāya kauśalya)과 불보살들이 현세에서 '화신(化身, nirmāṇa kāya)'으로 출현한다는 대승불교의 일부 기본적 개념들에서 정당화의 근거를 발견하였다.

부처의 본질에 관한 다양한 대승불교의 사고방식은 – 비록 가장 이른 시기의 경전들까지 거슬러 올라갈 수도 있지만 – 대중부 중의 설출세부(說出世部, Lokottaravādin)의 교학에서 가장 두드러졌던 특별한 개념들을 계승하고 이를 더욱 발전시킨 것이었다. 이러한 믿음과 관련된 경전들뿐 아니라 대승불교 학자들의 저술에서 부처는 모든 인간적 특성들을 상실하였다. 부처는 궁극적 실재의 정수로서 그 본질은 모든 현상의 진정한 본질인 여여(如如, tathatā)였다. 즉 부처는 존재하는 것도 아니고 존재하지 않는 것도 아니며, 일시적인 것도 아니고 영원한 것도 아니며, 긍정적인 성격과 부정적인 성격 둘 다 결여되어 있는, 모든 추론이나 상상을 완전히 벗어나 있는 절대 그 자체의 체현이었다. 그는 모든 면에서 세속을 벗어나[出世] 있으므로 부처가 이 세상에 나타내 보인 모습은 화현에 불과하다. 인간의 몸을 가진 스승이라는 그의 모습은 사람들의 마음이 만들어낸 환상으로서, 부처는 이 세상의 환경에 맞추는 동시에 인간 인식의 한계를 고려하여 태어나고, 늙고, 병들고, 죽어가는 모습을 보이면서 다양한 청중들의 필요와 이해 수준에 맞추어 무한히 다양한 – 본질적으로 '치료술'인 – 가르침을 설하는 것이다.

보살에 관한 이론에도 이러한 발전의 흔적이 보인다. 상상할 수 없을 만큼 긴 깨달음을 향한 길에서 미래의 부처는 자기 뜻대로 다른 모습을 취할 있는 힘을 갖게 되고, 이를 이용하여 그는 설교와 전도의 임무를 실행한다. '방편법문'을 통하여 그는 자신의 가르침을 특정한 상황과 교화대상의 지적 특성에 맞출 수 있다.

중국 불교도들에게 역사시대 및 선사시대의 존경받는 중국 성인들이 부처나 보살들의 화신으로 생각되게 된 것은 당연하다고 할 수 있다. 이것은 매우 이른 시기에 시작된 것 같다. 현존하는 중국어로 된 가장 이른 시기의 부처 전기인 《태자서응본기경》(T185 타이쇼대장경 제3책, 222-229년 번역)에는 후대의 불교 측 논쟁서 저자들이 자신의 주장을 입증하기 위하여 종종 인용하는 다음과 같은 흥미로운 내용이 들어 있다.

"그 화신은 시대(의 상황)에 맞추어 나타난다. 때로는 성인 제왕으로, 때로는 학자들의 종장[儒林之宗]이나 도사들 중의 국사[國師道士]로, 처하는 곳에 따라 헤아릴 수 없이 많은 화신을 드러내었다."104)

[p.310] 혜원은 자신의 〈사문불경왕자론〉 중에서 이 주제를 다음과 같이 더욱 발전시키고 있다.

"나는 항상 부처의 가르침과 유교[名教], 여래와 요·공(堯孔, 요임금과 공자)이 출발점[發致]은 비록 다르지만 은밀히 서로 통하고, 나가는 곳[出處]105)은 같지 않지만 결국은 같다고 생각하였다. 이치 중에는 처음에는 서로 일치하지만 나중에 어긋나는 것이 있고, 처음에는 어긋나지만 나중에 합쳐지는 것이 있다. 처음에 일치하고 나중에 갈라지는 (혹은 달라지는) 것은 많은 부처-여래가 각각 사람(으로 나타나는 것)이다. 처음에는 다르지만 나중에 일치하는 것은 역대의 군주와 제왕, 최상(의 진리)를 깨닫지 못한 임금들이다. 어떻게 이를 설명할 수 있는가?

경전에서 '부처는 본래적으로 (모든) 중생들을 방편[權]으로 교화할 수 있는 신묘한 가르침을 가지고서 처한 상황에 두루 맞춘다. 때로는 신령한 선인이나 신성한 전륜성왕이 되고, 때로는 재상이나 국사國師, 도사道士가 된다.'106)고 하였다. 이러한 화신들은 어디에서나 나타나고 있지만, 여러 제왕과 위대한 사람들은 자신이 (실제로) 누구인지를 알지 못한다. 이것이 내가 '(처음에) 일치하고 나중에 갈라진다'고 한 것이다.[해설 : 동일한 성인의 여러 화신들이 서로 다른 교화를 제시하는 것과 같다]

(한편으로) 큰 임무를 실행하고 있지만 (설교를 통한) 교화의 공업을 아직 이루지 못한 (보살들이) 있다. (아직 불완전하기 때문에) 그들의 드러난 행적에는 차이가 있으며 (보상으로) 받는 것도 같지 않다. 혹은 사후에 그 공덕(의 보상)을 받고, 혹은 현재에 드러난 보상을 받는다. 이러한 (보살들)을 본받아 가르침을 완수한 신성한 군주들 역시 헤아릴 수 없이 많다…. 이것이 내가 '(처음에는) 다르지만 나중에 일치한다'고 한 것이다.[해설 : 서로 다른 보살들의 다양한 가르침은 – 비록 서로 다르고 불완전한 법문을 사용하지만 – 모두 같은 곳을 향하는 것이다] …"107)

이런 종류의 글들이 으레 그런 것처럼 주장은 최대한 애매하게 표현되고 있다. 수식 속에 묻혀 있는 근본 주장을 밝혀보면 그것은 혜원이 두 가지 과정을 구분하고 있다는 것이다. 즉 하나는 부처 자신이 위대한 국왕, 재상, 스승으로 나타나 도덕의 발전을 인도하는 것이고, 다른 하나는 비록 불완전한 방법이기는 하지만 이 세상에 거듭 태어나면서 같은 임무를 수행하고, 이를 통해 '신성한 군주들'의 스승 혹은 모범이 되는 보살들의 자비로운 활동이다.

혜원이《태자서응본기경》의 구절을 개략적으로 인용하면서 부처의 화신 중에 '도사'(물론 노자를 가리킨다)를 거론하고 있는 것은 그가 자신의 이론에 도교도 포함시키고 있음을 보여준다. 하지만 다른 곳에서와 마찬가지로 여기에서도 그는 불교와 유교 사이의 근원적인 일치, 즉 두 가지 사고방식이 우연히 약간의 동일함을 보여주는 것이 아니라 같은 원천을 갖는 두 사상이 결국 다시 만나 합해지는 것에 주로 관심을 가지고 있었다. 혜원은 이러한 사상의 뛰어난 주창자로서, 현존하는 저술들에는 이런 주장이 여러 차례 반복되어 나오고 있다.

[p.311] 하지만 그 과정에서 그가 앞 사람들의 말이나 의견을 단순히 반복한 것만이 아니라는 점에 주목할 필요가 있다. 그의 경우 이것은 평생에 걸친 사상 발전의 최종적 결과였던 것이다. 혜원이 재가제자인 유정지劉程之에게 보낸 편지 – 초기 중국 불교의 문헌들 중 가장 흥미로운 자료 중 하나이다 – 에서 그는 이러한 발전 과정을 다음과 같이 이야기하고 있다.

> "나는 매우 오래전 (허창과 낙양에서 학생으로서) 세속(=유교)의 경전을 공부할 때 그것이 이 시대의 가장 훌륭한 것이라고 생각하였다. 그 후 노자와 장자(의 가르침)을 보고서 유교는 (시대가 요구하는) 변화에 따르는 빈 이야기라는 것을 알게 되었다. 지금 (나의 입장)에서 보자면 깊고 신비한 뜻으로써 불교의 가르침보다 우선하는 것이 있을 수 있겠는가? 하지만 이 (가르침)들을 (한) 집안의 사람들과 같이 조화시킨다면 백 가지 학파가 동일한 본질을 가지고 있는 것이다."108)

지금까지는 보다 보편적인 관점에 대하여 살펴보았다. 그런데 유교와 도교의 성인들을 먼 과거 불교 성인들의 화신으로 간주하려는 쉽게 이해할 수 있는 이러한 경향은 지금부터 살펴보려고 하는 불교의 독특한 주장, 구체적으로 '반反화호' 입장의 배경으로도 기능하였다.

4세기 중엽에 그러한 이론의 모습이 처음으로 보이고 있다. 저자미상의 《정무론》(앞의 p.304)에서는 윤문자尹文子가 '이민족들을 교화시키고' 마침내 불교를 만들었다고 하는 – 이것은 주목되는 주장이다 – 도교측 논쟁자의 주장에 대해 다음과 같이 대답하고 있다.

"윤문자는 노자의 제자였고, 노자는 부처의 제자였다."[109]

(같은 책에서) 또 이렇게 말하고 있다.

"그러므로 그 경전에서 '그(=노자)가 축건(竺乾, 인도)에서 도(의 해설)을 들었다. (그 나라에는) 고(古, 혹은 옛날의) 선생이 있었는데 훌륭하게 열반에 드셨다.* 시작도 없고 끝도 없으며 영원히 존재할 것이다. 축건(이라는 나라)는 인도[천축]이다…'라고 이야기하고 있다. 만약 부처가 노자보다 앞선 사람이 아니라면 왜 (노자가) 선생이라고 불렀겠는가. 또 노자가 윤문(자)보다 앞선 사람이 아니라면 어째서 (윤문(자)이 노자에게) 《도덕경》을 부탁하였겠는가?"

두 번째 인용문의 마지막 문장은 이 자료와 앞의 인용문(p.304)에 보이는 윤문자가 윤자尹子 즉 노자로부터 《도덕경》을 얻었고, 여러 종류의 화호 전승에서 노자를 따라 서쪽으로 갔다고 전해지는 변경의 관문지기 윤희의 잘못이라는 것을 확실하게 증명하고 있다.

이 자료에 나타나는 중요한 사실은 노자가 서쪽 성인 –《정무론》의 저자는 분명히 부처와 동일시하고 있다 – 의 제자로 나타난다는 것이다. 이 자료에 인용되고 있는 정체미상의 경전을 반드시 불교의 위경이라

---

* 원문('聞道竺乾有古先生善入泥洹')의 '聞道'는 '도를 들었다'가 아니라 그냥 '들었다'는 뜻으로 해석하는 것이 타당하다고 생각된다. 이 경우 전체 문장은 '인도에 옛 선생이 있는데 훌륭하게 열반에 드셨다고 들었다'로 해석해야 할 것이다–역자

고 할 수는 없다. 그것은 도교의 문헌을 불교식으로 해석한 것일 수도 있다. 실제로 이 '문제의 경전'이 다름 아닌 후대의 불교 논서들에 자주 인용되는 도교계 화호 문헌인《서승경西昇經》의 초기 이본이라고 볼 수 있는 유력한 증거가 있다.110)

[p.312]   또 다른 중요한 사실은 노자가 이 자료뿐 아니라 앞으로 검토할 많은《화호경》의 문장들에서 부처의 제자, 보다 구체적으로는 마하가섭으로 나타나고 있다는 것이다. 이 문장들은 당연히 불교 논쟁자들에게 크게 환영되었고, 그들은 이것을 도교의 화호설을 반박하는 결정적 근거로 활용하였다.

이 이야기가 나머지 화호 전승들로과 크게 다르고 심지어 서로 배치되는 것은 말할 필요도 없다. 한편으로는 부처 혹은 그의 스승, 다른 한편으로는 부처의 주요 제자가 되는 서로 다른 두 종류의 노자의 화신이 있었다고 가정하더라도 – 실제로 일부 자료들에서는 그렇게 이야기하고 있다 – 어쨌든 노자가 부처보다 낮은 수준이라는 사실은 남게 된다. 뿐만 아니라 이 자료들에서 노자는 명확하게 부처를 칭송하는 게송을 읊고 있다. 이 문제를 풀 수 있는 유일한 해결책은 노자의 서방에서의 행적을 기술하면서 노자를 부처의 제자인 가섭으로 그리고 있는 불교 측의 문헌이 있었고 그것이 원래의《화호경》및 비슷한 성격의 문헌들에 슬쩍 끼워 넣어지거나 추가되었다고 생각하는 것이다. 그러한 예로서《소도론》과 후대 불교 논서들이 쓰여질 당시의《화호경》에 들어 있던 – 적어도 그 저자들은 그렇게 주장하고 있다 – 다음의 문장들을 살펴보도록 하자.

(1) "《화호경》에서 '세상의 위대한 가르침[術]들 중에 불교의 가르침이 제일이다'라고 하였다."111)

(2) "《화호경》에서 '노자가 계빈(=카시미르)을 교화하여 그곳 사람들

이 모두 (노자가 설한) 불교를 받들었다. 노자는 『내가 떠난지 100년 후에112)(지금) 도솔천에 있는 진짜 부처가 사위국113) 백정왕의 궁궐에 태어날 것이다. 그때에 내가 또 윤희를 (지상으로) 내려 보내서 부처님을 따르고 12부경을 지을 아난다라는 부처의 제자로 삼을 것이다』라고 하였다. 100년 후에 노자가 떠나고 사위국의 왕이 정말로 태자를 낳았다. (태자는) 6년 동안 고행하여 도를 이루고 이름을 부처, 자字를 석가문이라고 하였다. 부처가 49세에114) 열반에 들려 할 때, 노자가 가섭이라는 이름으로 세상에 다시 나타나서 (사라) 쌍수 사이에서 많은 (그 자리에 있던 제자, 보살, 신 등의) 대중들을 위하여 여래에게 36가지 질문을 하고 대답을 들었다.115) 대답을 마치고 부처가 열반에 들자, 가섭보살이 부처의 시신을 화장하고, 사리를 모아 (여러) 나라에 나누어 탑을 만들었다. 아쇼카왕이 또 8만 4천의 탑을 만들었다…'고 하였다."116)

(3) "《화호경》에서 주나라 장왕 때인 본초(本初, 가상의 연호) 3년 병진년에 백정왕의 아들이 깨달음을 얻고 부처 석가(모니)라고 칭하였다. 노자는 그 (부처)가 세상을 떠나게 되면 사람들이 나태해질까 걱정하였다. 그래서 다시 다라多羅 마을에117) 내려와 가섭이라고 이름하였다. 그는 부처를 가까이 모셨고, (부처가 열반에 들자) 시신을 태워 유골을 모았다. 그리고 탑을 세워 온 나라에 나누었다'고 하였다."118)

(4) "《화호경》에서 '우담바라119) 꽃을 따고120) 싶네,
　　　　　전단향을 사르고 싶네,
　　　　　1천 부처의 몸에 공양하고
　　　　　정광定光불에게 머리 숙여 예를 표하기 위하여'라고 하였다."121)

[p.313]

제6장 화호化胡　693

(5) "《화호경》에서 '부처는 왜 이렇게 늦게 태어났는가!
열반은 왜 이렇게 빨리 왔는가!
석가모니를 보지 못하여
마음이 항상 괴롭도다'라고 하였다."

(이 게송의 여러 이본 및 그 가설적 해석에 대해서는 앞의 p.295 이하 참조)

(6) "《화호경》에서 '노자는 부처가 열반에 들려는 것을 알고 가섭이라는 이름으로 다시 이 세상에 돌아왔다. 그는 (부처가 열반에 들고 있는) 사라 숲에서 대중을 위하여 질문을 하였다'고 하였다."122)

(7) "《노자서승경》에서 '나의 스승은 천축을 돌아다니며 교화(한 후 열반에 들었)다'고 하였다."123)

(8) "부자(符子, =부랑符朗, 4세기 후반)124)가 '노자의 스승은 석가문이라고 한다'고 하였다."125)

위에서 이야기한 것처럼 이 내용들은 불교측에서 만들었다고 생각된다. 열렬한 불교 신앙을 가지고 있던 전진의 젊은 왕족이었던 부랑의 책에 서술된 내용(위의 (8))과 노자를 마하가섭과 동일시하는 것이 불교 측 주장임이 명백한 – 뒤에 살펴보게 될 – '삼성三聖' 및 그와 관련된 이야기들의 기본 특성이라는 사실은 이러한 추론을 뒷받침한다.

고대 중국의 성인들이 다름 아닌 '중생들을 성숙시키는' 신성한 임무를 수행하는 부처와 보살의 화현이라는 주제는 앞에서 이야기한 것처럼 《태자서응본기경》의 유명한 내용에서부터 나타나고 있다(p.309 참조). 늦어도 4세기 말 이후에는 이러한 생각이 많은 불교 위경들에서 다양한 방식으로 발전되고 있다.

이 흥미로운 문헌들 중 온전하게 전해지는 것은 하나도 없다. 하지만 그들은 6세기와 7세기의 문헌들에 자주 인용되고 있다. 즉 《청정법행경清淨法行經》《수미사역경須彌四域經》《수미상도산경須彌像圖山經》《노자대권보살경老子大權菩薩經》《십이유경十二遊經》《공적소문경空寂所問經》 등의 내용이 인용되고 있다.

남아 있는 인용문의 내용으로 볼 때 이 위경들은 노자, 공자, 그리고 대부분의 경우 공자의 애제자인 안회가 실제로는 불교의 성인이라는 주장을 어느 정도 발전시켜 서술하고 있다는 공통점을 가지고 있으며, 때때로 역사의 여명기에 인류 문명의 기초를 만들었다고 이야기되는 전설상의 '제왕들'에 대해서도 비슷하게 이야기하고 있다. [p.314]

하지만 그 이야기들이 동일한 것은 아니다. 이 위경들 대부분은 각기 독창적인 내용을 이야기하고 있고, 위에 언급한 문헌 중 가장 중요하다고 보이는 《청정법행경》의 경우 전혀 다른 내용의 이본들이 존재하고 있다. 유일하게 공통된 점은 모든 문헌들에서 노자를 가섭과 동일시하고 있다는 점이다. 이 문헌들에 통일성이 부족한 것은 다음 4종의 문헌에 보이는 인물 대응 양태의 차이에서 분명하게 나타난다.

	공자	안회	노자
청정법행경	유동(儒童)보살	광정(光淨)보살	가섭
청정법행경(이본)	광정(光淨)보살	월광(月光)보살	가섭
공적소문경	유동(儒童)보살	광정(光淨)보살	가섭
제목미상 (뒤의 (1), 470년 자료에 인용됨)	광정(光淨)동자	-	가섭

왜 다른 불교 성인이 아닌 이 인물들이 노자, 공자, 안회와 동일시되었는지는 명확하지 않다. 마하가섭은 부처의 제자들 중 가장 나이가 많고 존경되었던 인물이다. 불교의 전승에 의하면 그는 부처의 열반 이후 승단의 실질적 지도자였으며, 그 자격으로 '왕사성 결집'을 주재하였다고 한다. 그의 많은 나이가 그를 노자와 연결시키는 유일

한 동기였다고 생각된다. 확인되는 바로는 성격이나 활동내용 면에서 마하가섭과 이 중국 성인 사이에 비슷한 면은 보이지 않는다.

유동보살과 공자의 동일시는 전혀 다른 이유에서 비롯되었다. '젊은이' 특히 바라문 출신의 젊은 사람을 의미하는 마나바(카)[Māṇava(ka)]의 중국어 번역인 유동儒童은 보통 불교 전생담 중의 가장 유명한 주제 중 하나의 주인공인 수메다Sumedha(혹은 수마티Sumati) 보살을 의미하였다. 아주 먼 옛날에 브라만 출신의 젊은이 수메다는 돈을 모두 털어서 연등불에게 올릴 일곱 송이의 파란 연꽃을 샀다. 부처님 주위에 모인 수많은 신자들로 인해 부처님께 가까이 갈 수 없었던 수메다는 꽃을 하늘로 던졌고, 꽃들은 땅에 떨어지지 않고 공중을 날아 연등불의 몸에 닿았다. 이 신비한 모습에 감동한 수메다는 자신의 긴 머리카락을 땅에 펼쳐 부처님이 그것을 밟고 지나갈 수 있게 하였다. 그 후 그는 연등불로부터 나중에 석가모니라는 이름의 부처가 될 것이라는 수기를 받았다.126)

이 유명한 전생담 중에는 마나바와 공자가 동일시될 수 있는 어떠한 단서도 발견할 수 없다. 두 인물의 동일시는 儒라는 글자에서 비롯되었음이 분명하다. 마나바를 유儒로 번역한 것은 아마도 이 글자가 '젊다. 약하다'라는 뜻을 갖는 유懦의 이체자였기 때문이라고 생각되지만, 이것은 곧바로 이 글자의 본래 의미인 '유교', '유학자'의 뜻으로 해석되게 되었다. 심지어 '유동儒童'이라는 번역어가 본래부터 '젊은/유교 소년'이라는 의미를 의도한 것일 가능성도 배제할 수 없다. 본래의 산스크리트어는 바라문 집안의 젊은이를 의미하였고, 이것을 중국인 편찬자가 학자 집안의 소년을 의미하는 것으로 이해했을 수 있다. 인도의 단어를 번역하면서 유儒라는 특별한 글자를 사용한 이유에 관해 지겸의 주석에서 단서를 찾을 수 있을 것이다. 그는 석가모니라는 호칭을 '능유能儒'라고 풀이하면서, '석가는 능能이고, 모

니는 (유)학자'라고 구체적으로 나누어 설명하고 있다.127)

월광[동자]보살은 중국과 특별한 관련이 있었던 것으로 보이지만, 안회와 관련이 있는 것은 아니었다. 이 성인은 메시아적 존재로서 그가 장래 중국에 나타날 것이라는 예언이 여러 경전들에 보이고 있다. 이들 중 일부는 이미 승우의 《출삼장기집》〈의혹疑惑〉편에 보이고 있다. 《관월광보살기觀月光菩薩記》와 《불발경佛鉢經》(혹은 기記)이 그것으로 후자는 승우에 의하면 '갑신년의 큰 홍수와 월광보살의 출현'에 관한 내용을 담고 있다고 한다.128) 법경法經의 《중경목록》에도 《수라비구견월광동자경首羅比丘見月光童子經》이라는 문헌이 〈위망僞妄〉편에 보이고 있다.129)

현재도 2종의 경전에 이 예언이 나오고 있다. 《월광동자경》의 또 다른 이름인 《신일경申日經》(축법호역으로 되어 있지만 실제는 지겸역으로 생각된다)130)에는 월광태자가 타락한 부왕이 부처를 독살하려는 것을 막고, 부처 열반 천년 뒤에 가르침이 타락하여 없어지려 할 때 중국의 국왕으로 태어나서 불교의 영광을 되찾고 중국과 주변의 이민족 국가의 백성들을 불교에 귀의하게 할 것이라고 부처가 예언하는 내용이 서술되어 있다.131) 동일한 예언이 6세기 중엽에 나련제야사(那連提耶舍, Nairendrayaśa)가 번역한 《덕호장자경德護長者經》에 훨씬 발전된 형태로 나오고 있다.132) 경전 이외의 문헌에 보이는 월광이 중국에 출현한다는 전설 혹은 예언의 가장 빠른 사례는 습착치가 도안에게 보낸 편지(365년, 위의 p.189 참조)이다. 여기에서 습착치는 도안의 지혜와 열정을 칭송한 후 '이것이 이른바 월광이 장차 나타날 때 성스러운 발우가 내려온다는 것입니다!(所謂月光將出靈鉢應降)'라고 이야기하고 있다[《고승전》권5 352.2.28, 번역은 Link, p.23].

이처럼 월광과 중국의 관련성은 일찍부터 확립되어 있었다. 하지만 왜 이 보살이 공자의 가장 뛰어난 제자로서 스승을 따른 지 몇 년 만에 33세의 나이로 요절한 안회와 동일시되었는지는 알 수 없다.

공자나 안회를 광정(光淨, Vimalaprabha?) 보살과 동일시한 배경에 어떤 전설이 있었는지는 확인되지 않는다[《화엄경》에 같은 이름의 보살이 나온다(Suzuki-Idzumi 편집본 3.15)].

[p.316] 위에서 열거한 불교 위경들 중에 가장 중요한 것은 《청정법행경》이었던 것 같다. 이 경전은 법경의 《중경목록》(594년) 및 후대의 일부 목록들에 '의심되는 경전' 중 하나로 언급되고 있다.133) 《출삼장기집》에는 '실역잡경록(失譯雜經錄, 번역자를 알 수 없는 기타 경전 목록)'에 수록되어 있는데,134) 이는 이 경전이 승우가 이 목록 편찬을 위해 자료를 수집하고 있던 5세기 말에 이미 존재하였음을 보여주는 것이다. 《청정법행경》은 도안이 정리한 26종의 위경 명단에는 들어 있지 않다.

이 경전 자체 혹은 최소한 마나바-공자, 가섭-노자의 동일시가 늦어도 승우보다 1세기 이전에 존재하였음을 증명하는 내용이 다른 자료에 보이고 있다. 《광홍명집》 권24에 수록되어 있는 유명한 화가 겸 은사인 대규(戴逵, 396년 사망)가 혜명(惠[혹은 慧]命) 선사에게 보낸 감사 편지가 그것이다. 이 편지의 첫 번째 문장 중에는 다음과 같은 중요한 구절이 들어 있다.

"이처럼 궐리(闕里, 공자의 고향)의 마나바(보살)은 수洙와 제濟에서 《예경》을 열었고, 고현(苦縣, 노자의 고향)의 가섭은 유사(流沙, 고비사막)를 넘어 오묘한 가르침을 옮겼습니다…."135)

이 사소한 하지만 놓칠 수 없는 언급은 – 이 자료의 신뢰성에 문제가 없다면 – 그러한 불교 측의 주장이 4세기 후반으로 거슬러 올라갈 수 있음을 보여준다. 그런데 이 편지의 제목에 등장하는 혜명 스님은 양梁

나라 때의 가장 유명한 선사로서, 《고승전》(권17 561.1.8)에 의하면 그는 529년, 즉 대규가 죽은 뒤 130여년 이후에 태어났다. 혜명은 선성산仙城山의 사찰에 살았는데, 《광홍명집》에 수록된 편지에서도 '선성산 혜명'이라고 이야기하고 있으므로 동명이인일 가능성은 없다.

조금 더 시대를 거슬러 돌아가서 4세기 초기 수십 년 동안에 건강에서 활약하였던 쿠차 출신의 유명한 설법가 백시리밀다라帛尸梨蜜多羅가 번역한 만다라 모음집 《관정경灌頂經》의 문장에 이러한 주장의 기원이 있다고 생각될 수도 있다. 이 경전의 제6권에는 다음과 같은 내용이 들어 있다.

"염부제 안에는 진단(震旦, Cīnasthāna=중국)이라는 나라가 있다. 나는 그 나라에 세 성인을 보내어 (그곳 사람들을) 교화하여, 사람들을 부드럽고 자애로우며 예절과 의리를 온전하게 갖추도록 하겠다…"136)

하지만 불행하게도 백시리밀다라를 《관정경》의 번역자로 보기는 힘들다. 초기의 문헌 목록들에는 이 경전이 전혀 보이지 않고 있다. 597년의 《역대삼보기》와 664년의 《대당내전록》이 이 경전을 수록한 가장 이른 시기의 목록인데, 이 목록들에서는 현존하지 않는 《진세잡록晉世雜錄》(5세기 초)을 인용하여 백시리밀다라를 역자로 이야기하고 있다.137) 하지만 승우의 《출삼장기집》(515년경 편찬)과 법경의 《중경목록》(594년)에는 백시리밀다라의 《관정경》이 보이지 않는다. 반대로 승우와 법경은 2권본 《관정경》을 〈의경〉으로 분류하면서 이 경전이 457년에 승려 혜간慧簡에 의해 만들어졌다고 덧붙이고 있다.138) 이런 [p.317] 사실들로 볼 때 《관정경》의 연대는 유보할 필요가 있다. 결국 불교의 성인들이 동쪽으로 왔다는 주장을 언급하고 있는 가장 이른 시기의 자료는 습착치의 편지이다.

앞에서 살펴본 나머지 불교 위경들은 분명히 그보다 뒤의 것들로서 5세기나 6세기의 문헌들이다. 이 경전들에 대해 여러 불전 목록들로부터 수집한 서지적 정보들은 아래의 해당 문장의 번역에 대한 주석에 제시할 것이다.

거의 모든 사례에서 경쟁하는 두 사상체계의 조사인 공자와 노자에 불교 측의 주장이 적용되고 있고, 때때로 공자의 애제자 안회가 포함되어 중국인의 모습을 한 세 사람의 불교 성인으로 나타나고 있다.

(1) "그러므로 경전에서 '마하가섭은 그곳(=중국)에서 노자로 불렸고, 광정동자는 그곳에서 중니(=공자)로 불렸다'라고 하였다…. 그러므로 노자와 공자는 (실제로는) 부처가 보낸 인물들이다."[139]

(2) 그러므로 여래는 보현보살로 하여금 위엄있게 서쪽으로 가게 하고,[140] (같은 방식으로) 세 성인이 함께 동쪽의 수도로 가서 (사람들을) 인도하게 하였다. 그래서 경전에서 '가섭 대보살은 노자이다'라고 하였다. (가섭은) 5천의 가르침을 교묘하게 펴서 주나라 시대(의 사람들)을 보호하고 가르쳤다. 교화의 임무를 마치고 인도로 돌아갔는데, 이때 (중국의) 관문에 등을 돌리고 서쪽으로 물러나는 모습[141]을 보였다. 중국 사람들이 이를 계기로 《화호경》을 지었다."[142]

(3) "《청정법행경》에서 말하기를 '부처가 중국으로 세 명의 제자를 보내 (사람들을) 교화하게 하였다. 유동보살은 공자이고, 광정보살은 안연이고, 마하가섭은 노자이다'라고 한다."[143]

(4) "《(청정)법행(경)》에서 말하기를 '(부처가) 먼저 세 현자를 보내어 세속의 가르침으로 차츰차츰 교화한 후 나중에 불경으로 잘못된 생각을 고쳐 바른 이치를 좇게 하였다'고 한다."[144]

(5) "《공적소문경》에서 말하기를 '가섭은 노자, 유동(보살)은 공자, 광정은 안회이다'라고 하였다."145)
(6) "《내전천지경內典天地經》에서 '부처가 세 성인을 보내어 동쪽의 나라를 교화하였다. 가섭보살이 노자이다'라고 하였다."146)
(7) "《노자대권보살경》에서 '노자는 가섭보살로서 중국을 돌아다니며 (사람들을) 교화한다'고 하였다."147)

이러한 전승들 중에 또 다른 유교의 성현으로서 기원전 12세기 후반에 주나라의 정치제도를 체계화하였다고 전해지는 주나라 때의 정치가 주공周公이 안회의 위치를 대신하는 딱 하나의 사례가 있다. 양나라 무제가 반포한 504년 5월 2일의 칙령 중에 다음과 같은 내용이 보이고 있다.

"노자와 주공, 공자가 비록 부처의 제자들이지만 그들은 단지 이 세상에 좋은 것(을 홍포하는 것)에 그쳤으므로 겉으로 드러난 그들의 가르침에는 잘못된 것들이 있다."148) [p.318]

신앙심 깊은 이 황제가 어떤 경전에 의거하였는지는 알 수 없다. 아마도 '3성' 전승의 또 다른 이본이 담긴 불교 위경의 내용을 인용하거나 요약한 것이기보다 유명한 공자-노자-안회의 주제를 자유롭게 변형시킨 것이 아닌가 생각된다. 불교 위경의 작자들은 유교와 도교의 시조들을 불교 성인전설의 영역에 끌어들이는 데 그치지 않고 같은 방법을 중국 설화에서 상고시대에 인류 문명의 가장 기본적 요소들을 도입시켰던 두 명의 반신반인적 존재들에까지 적용하였다. 《역경》의 8괘와 목축, 어로, 수렵 등의 기술을 가르쳐 준 복희(卜羲, 전설상 기원전 2852-2737)와 복희의 여동생으로서 혼인 제도와 악기의 발명가로 전해지는 여와女媧가 그들이다.

(1) "《수미사역경》에서 '보응성寶應聲보살이 복희, 보길상寶吉祥보살이 여와이다'라고 하였다."149)
(2) "(같은 경전에서) '응성應聲보살이 복희이고, 길상吉祥보살이 여와이다'라고 하였다."150)

여기에 이르러 불교 측의 역사 재해석은 마지막 단계에 이르고 있다. 유교와 도교뿐만이 아니라 중국 문화의 기반 자체가 먼 과거의 불교 성인들의 '교화의 힘'으로 소급되는 것이다.

그렇다면 이 보살들은 어떤 인물들인가? 여와는 당연히 보살의 여성 화신과 동일시되어야 하였고, 실제로 그렇게 되었다. (보)길상(천)은 다름 아닌 불교 경전들에서 대세지보살의 화신으로 종종 등장하는 길상(吉祥, Śrīmahādevī), 즉 여신 락쉬미(Lakṣmī)였다.151) 이 대세지보살은 극락의 부처님인 아미타불과 관련되는 두 보살 중의 하나로, 나머지 한 보살은 관세음보살이다.152) 다음 인용문에서 이야기되듯이 아미타불이 파견한 두 보살이 복희와 여와가 되었다. 따라서 수수께끼 같은 (보)응성은 관세음보살의 다른 자료에 보이지 않는 자의적인 번역어가 된다(관음의 산스크리트어 Avalokiteśvara를 Avalokitasvara (=소리를 찾다)로 읽고, 앞부분[찾다]을 응應(반응하다)으로 잘못 번역하고, 뒷부분[소리]을 음音 대신 성聲으로 번역한 것이 된다).

다음 인용문은 – 분명히 두 불교 위경의 내용을 개략적으로 인용하였거나 요약한 것이다 – 같은 주제를 보다 발전된 형태로 이야기하고 있다. 이것은 인도와 중국의 요소들을 혼합함으로써 새로운 중국의 불교 전설이 형성되는 방식에 관한 대단히 흥미로운 사례이다. 먼저 복희와 여와라는 화신들이 활약하는 무대가 되는 새로운 우주가 만들어질 때의 세계의 전개과정에 관한 인도 불교의 이론에 대해 간단히 설명할 필요가 있다.

불교 우주론에 의하면 첫 번째 단계는 다음과 같이 요약될 수 있다. [p.319]
바로 앞의 '붕괴의 겁[壞劫]' 뒤의 과도기에는 범천들의 세계에 이르기까지 아무것도 존재하지 않는다. 이 기간의 마지막에 처음으로 최초의 바람이 불어오면서 생성이 시작된다. 이후 모든 존재의 총체적 업業으로 힘을 점점 모아가면서 새로운 기세간(器世間, 생명체가 살아갈 공간)의 기초가 되는 우주적 회오리바람[풍륜風輪]이 형성된다. 아직 물과 암흑뿐인 이 혼돈의 세계에 상층 세계로부터 광음천光音天들이 하생한다. 그들은 빛나는 비물질적 몸을 가지고 매우 긴 시간 동안 행복하게 살아간다. 일정한 시간이 되면 바다에서 먹을 수 있는 흙이 표면 위에 거품처럼 생겨나기 시작한다. 광음천들이 이것을 먹기 시작하면서 빛을 잃게 되고, 그 후에 해와 달이 생겨난다. 이것이 사회 조직을 필요하게 하는 도덕적 타락 과정의 시작이 된다.153)

이제 관음-복희, 대세지-여와의 동일시가 인도 불교 우주론의 용어와 함께 서술되고 있는 다음의 인용문을 살펴보도록 하자.

(3) (법림의 《변정론》)
"복희 황제는 응성대보살이고, 여와 황후는 길상보살이다."
(진자량의 주석, 7세기 전반)
"《수미상도산경》과 《십이유경》에서 다음과 같이 이야기하고 있다. '만들어지는 겁[성겁成劫]'이 지나가고 '유지되는 겁[주겁住劫]'이 되고 다시 7소겁小劫이 지나면 광음천들이 내려와 땅의 기름덩이를 먹는다. 이 신들은 목 뒤와 등에 빛이 나며, 멀고 가까운 곳에서 서로를 비춘다. 땅의 기름덩이를 먹으면서 마음에 욕심이 점점 생겨나고 마침내 빛을 잃게 된다. 사람들은 이를 슬퍼한다. 이때에 서방의 아미타불이 보응성, 보길상 두 대보살에게 『저 (사람)들에게 가서 해와 달을 만들어 눈을 뜨게 하고, 법과 제도를 만들어주라』고 하셨다. 보응성은 복희로 나타났고, 보길상은 여와로 나타났다. 후에 그들은 주어진 수명을 다한 후에 서방으로 돌아가는 모습을 보였다."154)

이 장을 끝마치기 전에 다시 한 번 《화호경》으로 돌아가도록 하자. 앞에서 이미 분명하게 '친불교적인' 성격의 - 그렇기 때문에 불교측 논쟁서들에서 화호설을 비판하기 위해 인용되고 있는 - 《화호경》의 문장들은 실제로는 불교측에서 삽입하였을 것이라는 가설을 제시하였었다. 그러한 문장들 중에는 유명한 도교 교단의 창시자인 장릉이 부처를 예배하고 여러 불교의 신들과 긴밀한 관계를 가졌다는 내용들도 들어있다. 이 문장들 특히 아래 인용문 중의 네 번째 것이 불교에서 만든 것이라는 점은 분명히 알 수 있다. 마하가섭으로부터 한나라 때의 도사들에 이르는 도교의 계보에 대하여 - 이 계보는 모든 연대적 선후관계를 완전히 무시하고 있다 - 요약한 후 유명한 기원후 64년의 명제의 꿈 [p.320] 과 중국에의 불교 전래가 가섭에 의해 예언되고 있다. 여기에서 불교는 분명히 타락한 도사들의 가르침을 대체하기 위한 우월한 가르침으로 묘사되고 있다.

(1) "《노자승현경老子昇玄經》에서 '천존天尊이 (장)도릉에게 동방으로 가서 부처를 만나 가르침을 받으라고 말하였다'고 하였다."155)
(2) (같은 경전으로부터의 인용) "동방의 여래가 선승善勝 대보살을 태상(太上=노자)에게 보내 '여래께서 그대가 장릉에게 가르침을 설했다는 것을 들으시고 나를 보내 그대를 만나도록 하였다'고 말하게 하였다. 그리고 장릉에게 말하기를 '나를 따라 부처님이 계

신 곳으로 가자. 그대가 보지 못했던 것을 보게 하고, 들어보지 못했던 것을 듣게 하겠다'고 하였다. 장릉은 곧바로 대보살에게 예를 표하고 그를 따라 부처님이 계신 곳으로 갔다."156)

(3) "《도사장릉별전》에서 말하기를 '곡명산鵠鳴山157)에 있을 때 금으로 만든 불상에 공양하고 불경을 읽었다'고 하였다."158)

(4) "《화호경》에서 다음과 같이 말하였다 : 가섭보살이 '여래의 열반 500년 뒤에 내가 동쪽으로 가서 한평자韓平子에게 도를 전하고 한낮에 하늘로 올라갈 것이다. 다시 2백 년 뒤에는 (내가) 장릉에게 도를 전하고, 다시 2백 년 뒤에는 (내가) 건평자建平子에게 전하고, 다시 2백 년 후에 (내가) 오실午室에게 도를 전할 것이다.159)• 그 후 한나라 말기에는 (믿음이) 해이해져서 (사람들이) 나의 가르침을 따르지 않게 될 것이다. 한나라 영평 7년(64년) 갑자년에 별이 한낮에 서쪽에 보이고 밤에 명제가 키가 1장 6척이나 되고 목에는 태양의 빛이 있는 신인을 보게 될 것이다. 새벽에 여러 신하들에게 물어보면 부의傅懿가 서쪽 이민족 왕의 태자가 도를 이루고 부처라 이름하였다160)고 대답할 것이다. 이에 명제는 곧 장건 등을 보내고, 그들은 (황)하의 끝을 넘어 36국을 지나 사위성에 도착할 것이다. 그때에 부처는 이미 열반에 들었으므로 (그들은) 60만 5천 자에 달하는 경전을 베껴서 영평 18년(75년)에 돌아올 것이다'라고 말씀하셨다."161)

• 원서에서는 가섭이 직접 한평자, 건평자, 오실 등에게 도를 전한 것으로 해석하고 있지만, 원문의 내용으로 볼 때 '가섭→한평자→장릉→건평자→오실'로 이어지는 傳法을 이야기한 것으로 생각된다-역자

1) H. G. Creel, "What is Daoism?", *HJAS* 76 (1956), pp.137-152 참조.
2) 馮友蘭은 '新道敎'를 이러한 의미로 사용하고 있다[*Short History of Chinese Philosophy* (New York, 1948), p.211 "道敎의 재생이라는 것은 道家 철학의 재생을 의미한다. 재생한 도가 철학을 나는 新道敎라고 부르겠다"]. 新道敎라는 용어는 그 이전에 Pelliot에 의해서 黃巾賊의 도가적 종교를 가리키는 정반대의 의미로 사용되었었다(*TP* XIX, 1920, p.414 주석 385번 참조). 앞의 p.45 및 p.87의 내용도 참조하라.
3) H. Maspero, *Taoïsme*, p.116 이하 참조.
4) 신비한 '想爾注'라는 이름의 《道德經》 초기 주석서가 대영박물관 소장 돈황 사본들 중에서 발견되었다. 이 텍스트(S6825)는 의심할 바 없이 초기 도교 이론에 관한 현존하는 가장 포괄적이고 신뢰할 수 있는 자료이다. 饒宗頤가 『敦煌六朝寫本張天師道陵著老子想爾注校箋』(香港, 1956)이라는 이름으로 주석본을 출판하였다[陳世驤, 「想爾老子道經敦煌殘卷論證」『淸華學報』(新版) I.2 (臺北, 1957년 4월), pp.41-62도 참조]. 이 주석서는 다름 아닌 도교 교단의 첫 번째 조사인 張陵(2세기 중엽)이 지은 것으로 되어 있지만, 饒宗頤처럼 이를 그대로 받아들이기는 어렵다. 무엇보다도 이 책은 張陵의 사후 5세기 이후까지 어디에도 언급되고 있지 않다. 하지만 이 문헌의 전체적인 내용은 도교의 초기 단계에 관한 다른 자료들의 영성한 정보들과 정확하게 일치하고 있다. 또한 이론이나 용어상에서 불교의 영향이 나타나지 않는 것도 매우 오래되고 대단히 귀중한 문헌임을 입증하는 것으로 생각된다.
5) Vincent Y. C. Shi (施友忠) "Some Chinese Rebel Ideologies", *TP* XLIV (1956), pp. 156-226, 특히 pp.163-170 참조. 이 글은 이 문제들을 잘 정리하고 있으며, 중국 역사에서의 주요한 반란 운동들에 대한 비교 연구를 위한 최초의 시도이다.
6) Howard S Levy, "Yellow Turban Religion and Rebellion at the end of Han", *JAOS* 76 (1956), pp.214-227, 특히 p.215.
7) 같은 글, p.223.
8) 215년의 일이다. 《三國志》 魏志 1.24B 참조.
9) 《史記》 권63 2a.
10) *BEFEO* VI (1906), p.388 주석 1번.
11) 《莊子》 제3 (養生主) 20절.
12) 《水經注》(王先謙 편집본) 권19 1b.
13) 《後漢書》 권60下 18b; "或曰 老子入夷狄爲浮圖"
14) 《列仙傳》 권101 번역은 M. Kaltenmark, *Le Lie-sien tchouan* (Peking, 1953), p.65.
15) M. Kaltenmark, 앞의 책, pp.1-4.
16) 福井康順, 앞의 책, pp.260-261.
17) 裴松之의 《三國志》 권30 366에 대한 注. 번역은 Ed. Chavannes, "Les Pay d'Occident d'après le Wei lio", *TP* VI (1905), pp.519-576.

18) 앞의 제2장 주석 32번 참조.
19) "蓋以爲西出關 過西域 之天竺 敎胡(爲)浮圖". 이 뒤에 '屬弟子別號爲二十九'가 이어지고 있는데, 문장이 어디에서 끝나는지 확실하지 않다. 샤반느는 '···인도에 도착하여 이민족들을 교화하였다. 부처에 속하는 제자들의 다른 이름은 모두 29명이다'라고 번역하고 있지만 그의 끊어 읽기나 해석에는 동의하기 힘들다. '浮圖屬弟子'를 '부처에 속하는 제자'라고 해석하는 것은 억지스럽다. 그렇게 해석하려면 '屬浮圖(之)弟子'가 되어야 할 것이다. 텍스트 그대로 받아들인다면 가장 그럴듯한 해석은 '···부처가 제자로서 (노자를) 따랐다'가 될 것이다. 후대의 化胡說에서 노자의 제자인 尹喜를 부처라고 이야기하고 있는 것을 고려하면 납득될 수 있다. 그러나 湯用彤이 지적하고 있는 것처럼[앞의 책, pp.49-50 및 p.61], 《위략》의 원문은 아마도 '敎胡爲浮圖'이었음에 틀림없다. 부분적으로 1255년과 1258년의 《化胡經》 및 다른 도교 위경들의 축출에 대하여 다루고 있는 이전의 논문["Inscriptions et pièces de chancellerie chinoises de l'époque mongole", TP V (1904), pp.357-447]에서 샤반느는 적어도 후대의 자료에 보이는 '爲浮圖'나 비슷한 표현들 - 成佛, 爲浮圖化 - 을 '불교신자로 만들었다'고 해석하면서도 원래의 의미는 '부처가 되었다'일 수도 있다고 덧붙이고 있다. 후자의 해석이 이 문장뿐 아니라 앞에서 인용한 襄楷의 상주문의 번역으로서 더 잘 부합한다고 생각된다. 노자는 직접 이민족들을 교화하였다고 표현되고 있으며, 따라서 노자가 윤희로 하여금 부처가 되게 하였다는 이론이 3세기 무렵에 이미 등장하였다는 증거는 없다. 柴田宣勝, 「老子化胡經僞作者傳に就いて」『史學雜誌』 44 (1933) pp.59-81 및 p.200-232, 특히 p.218 이하 참조.
20) 《辯正論》 권5 大正藏52 522.2.13 이하.
21) Ed. Chavannes, in TP VI (1905) p.540 이하; S. Lévi in I.As. (1897) pp.14-20 및 (1900) pp.451-463; P. Pellopt, in BEFEO VI (1906) p.377 이하.
22) 원문은 髻(상투)이다.
23) S. Lévi는 이 沙律[上古 sa.bljwət 〉 古代 sa.ljuĕt]에 대해서 사리불(Sāriputra)이나 그것의 프라크리트인 Sariyut의 古形을 轉寫한 것이라고 설명하고 있다[J.As. (1897) p.16 및 (1900) pp.461-462].
24) 《辯正論》 권5 大正藏52 522.2.17.
25) 《위략》의 해당 부분과 그 문장의 특별히 신비한 구절에 대한 샤반느의 해석에 대해서 조금 더 언급하고자 한다. 裴松之가 인용하고 있는 《위략》에서는 부처의 탄생에 대해 이야기한 후에 다음과 같은 내용을 덧붙이고 있다. "인도[天竺]에는 沙律이라는 성인이 있었다. 과거 漢 哀帝 元壽 원년(기원전 2)에 博士弟子 景盧가 使命을 띠고 대월지에 파견되었다(이 전승에 대해서는 앞의 p.24 참조). 그곳의 왕은 태자로 하여금 구두로 경로에게 불경의 내용을 가르치게 하였다. '다시 나타났다[復立]'고 이야기되는 사람이 바로 그 사람이었다···. 불교 경전에 기록된 내용은 ···과 비슷하였다···."[이하 앞의 (4)번과 같음] 샤반느의 해석에 의하면 '다시 나타났다[復立]고 이야기되는 사람이 바로 그 사람이었다(曰復立者其人也)'라는 구절은 부처가 '老子의 화현 혹은 그 제자 중 한 사람'을 의미하는 것이 된다. 하지만 이것은

타당하지 않다. 해당 구절을 그것과 이어져 있음이 분명한 앞의 구절과 관련하여 읽으면 '다시 나타났다'고 이야기되는 사람은 다름 아닌 중국 사신에게 불교 경전에 대해 가르쳐준 태자라는 느낌을 받지 않을 수 없을 것이다. 물론 이것도 분명하지는 않다. 하지만 우리들이 없어진 전승의 왜곡된 단편들을 검토하고 있다는 사실을 명심해야 한다. 그런데 나의 해석은 배송지가 인용하고 있는 뒤죽박죽된 인용문보다 - 실제로 〈서융전〉과 동일한 것이라고 한다면 - 아마도 훨씬 더 원문에 가깝다고 생각되는 陳子良의 〈서역전〉 인용문에 의해서 타당한 것으로 증명된다. 〈서역전〉에서는 태자가 (부처와) 마찬가지로 어머니의 오른쪽 옆구리에서 태어났을 뿐 아니라 신체적 특징도 부처와 비슷하고, 룸비니에서 태어나는 등의 다른 상황도 비슷하여서 '부처'로 이름 붙여졌다고 이야기하고 있다. 그렇다면 이는 - 배송지의 인용문과 같이 - 석가모니에 대하여 이야기하는 것이 아니라 그 복제물 혹은 환생자, 즉 '다시 나타났다'고 이야기되는 사람에 대한 이야기이다. 이 전설과 경로의 대월지국 궁정 방문 사이에 어떠한 관계가 있는지는 알 수 없다. 하지만 배송지 인용문의 맥락과 진자량의 인용문이 제공하는 추가적 정보로 볼 때 일정한 관련이 있었음은 분명하다. 또한 이 '다시 태어난[復立]' 사람의 이야기를 化胡說과 관련지을 이유도 없다.

26) 《辯正論》권6 534.3.17(=《광홍명집》권8 185.2.2) "魏書外國傳皇甫謐高士傳並曰 桑門浮圖經老子所作"
27) 《辯正論》권6 552.2.7 "皇甫謐云 老子出關入天竺國 敎胡王爲浮圖"
28) 《續博物志》(秘書二十八種本) 권7 5b.
29) 《四庫全書總目》권57 6a 참조.
30) 湯用彤, 『불교사』, p.59.
31) 〈老子銘〉의 텍스트에 관해서는 趙明誠(12세기 중엽)의 《金石錄》(1762년 盧見曾 (1609-1768) 편집) 권15 11a 및 洪适(1117-1184)의 《隷釋》(四部叢刊本) 권3 1a 참조. 이 명문이 새겨진 비석은 이미 麗道元(6세기 초)의 《水經注》에 언급되고 있는데, 여기에서는 황제의 명령으로 管霸가 제사를 지낼 때에 邊韶가 이 명문을 지었다고 이야기하고 있다. 趙明誠과 洪适도 명문의 작자를 邊韶라고 이야기하고 있다. 비록 명문 자체에는 작자의 이름이 나타나 있지 않지만 작자에 관해서는 명확한 근거가 있었던 것으로 생각된다. 《후한서》에 의하면 桓帝는 165년 1월/2월에 中常侍 左悺으로 하여금 老子의 고향인 하남성 苦縣(이 지명의 발음에 관해서는 《史記》 권63 1b에 대한 索隱을 참조)에 가서 노자에게 제사를 지내게 하였고(권7 12a), 165년 12월/166년 1월에는 같은 목적을 위해 管霸를 파견하였다(권7 13a). 苦縣은 陳國의 수도였고, 전기에 의하면 邊韶는 당시 혹은 그 이전에 그곳의 재상[相]이었다(《후한서》 권110上 16a). 이러한 사실과 변소의 전기에 그가 '銘'을 지었다고 기록되어 있는 것 등으로 볼 때 그가 〈老子銘〉을 지은 것은 확실한 것으로 생각된다. 하지만 한 가지 문제점이 있다. 이 명문이 새겨진 비석을 보고서 그 내용을 자신의 《集古錄》(《歐陽文忠公集》四部別要本 권135 2a)에 보다 자세하게 수록하였던 歐陽脩 (1007-1072)는 이 글의 작자로 邊韶를 지목하지 않을 뿐 아니라 오히려 많은 사람

들이 유명한 학자인 蔡邕(133-192)의 작품으로 여기고 있다고 전하고 있다. 실제로 채옹을 저자로 보는 것에도 약간의 근거가 있다. 채옹의 전기(《후한서》 권90下 10b)에 의하면 그를 추천하였던 - 그리고 자연히 그와 긴밀한 관계에 있었을 - 대신들 중의 한 사람이 165년 초에 노자에 대한 제사를 지내도록 하남성에 파견되었던 유력한 환관 左悺이었다. 채옹은 그 글을 썼을 가능성이 있다고 생각된다. 그는 당시 가장 유명한 서예가였고, 그의 가장 유명한 작품은 166년에 石經을 새기기 위하여 석판에 붉은색 안료로 썼던 큰 隷書體의 5經 혹은 6經 본문이었다. 하지만 구양수는 명확하게 일부 사람들이 채옹이 '지었다[作]'고 한다고 이야기하고 있는데, 이것은 단순히 쓴 것이 아니라 지은 것을 의미하는 것이다. 노자가 여러 차례 다시 태어났다고 하는 생각은 아마도 불교의 영향하에 2세기에 형성되었을 것이다. 東方朔이 黃帝의 시대부터 여러 차례 다른 모습으로 태어난 것을 이야기하고 있는 應劭(149-206년경)의 《風俗通義》의 내용(Center Franco-Chinois 편집본, 北京, 1943, p.16)도 참조하라.

32) 《後漢書》 권11上 16a.
33) 《고승전》의 帛遠 전기(권1 327.1.13)에 의하면 그의 본래 姓은 萬이었다. 그는 중국인이었을 뿐 아니라 萬威達라는 유명한 儒學者의 아들이었다. 이에 관해서 Pelliot가 '그의 姓은 帛이고, 萬은 잘못 쓴 것'이라고 이야기하는 이유를 알 수 없다. 帛遠에 대해서는 앞의 p.76 참조.
34) 祭酒는 본래 잔치에 초대된 손님들 중의 최고 연장자에 대한 존칭으로서, 그는 제사 때에 올리는 술을 따를 수 있는 권리를 가졌다. 漢代에는 여러 뛰어난 사람들에게 붙이는 準公式的 호칭이었다(2장의 주석 91번 참조). 晉에 와서 이것은 國子監 장관의 공식 호칭이 되었고, 이는 20세기의 淸代 말까지 이어졌다. 唐代에는 祭酒가 궁궐에서 거행하는 의례의 책임자를 가리키기도 했다(des Rotours, Traité des fonctionaires, vol.I, p.442, 주석 5번 참조). 하지만 2세기 후반에는 祭酒라는 호칭이 전혀 다른 의미를 띠기 시작하였다. 張魯가 이끄는 '東部' 黃巾賊의 神政官의 최고위직 호칭 중의 하나가 된 것이다. 이 조직에서 '제주들'은 각기 큰 교구를 감독할 권한을 가진 일종의 지역 감독자들이었다. 그들의 서열은 '天使君'인 장로 바로 다음이었다. 후대에 이 칭호는 道師가 관리하는 일종의 지역 교구의 구성원인 훨씬 낮은 등급의 도교 성직자를 가리키게 되었다. 여기에서의 제주는 바로 이런 의미로 사용되었음에 틀림없다. Maspero, Le Taoisme, p.153 및 p.45; 福井康順 앞의 책, pp.36, 53, 59, 114; Kenneth K. S. Ch'en, "Buddho-Daoist mixtures in the Pa-shi i hua t'u", HJAS IX(1945-1947), pp.1-12, 특히 p.4 참조.
35) 道流가 편찬하였고 竺道祖(419년 입적)가 완성하였다. 法琳의 《辯正論》(권5 大正藏52 522.2.24)에 인용되어 있다.
36) 《衆僧傳》이라고도 하며 20권이다(《梁書》 권30 3a). 《辯正論》 제5장에 대한 陳子良의 주석에 인용되어 있다(大正藏52 522.3.1).
37) 이에 대해서는 Arthur F. Wright, Huijiao's Lives of Eminent Monks, p.417,

VI을 참조하라. 이 문장은《辯正論》에 대한 陳子良의 주석에 인용되어 있다(위와 같음).

38)《고승전》이《출삼장기집》의 帛遠傳(권10 107.2.29)을 베끼지 않았다는 것을 주목할 필요가 있다. 李通의 지옥 방문과 王浮의 활동에 관한 내용은 오직 高麗本《출삼장기집》에만 보이는데, 그 내용이《고승전》과 정확하게 일치하고 있는 것으로 보아 그것을 베낀 것으로 보인다. 이와 달리 宋本, 元本, 明本에는 이 이야기가 전혀 나오지 않고 있다. 앞에서 인용하였던 柴田宣勝의 논문(주석 19번)에서는 - 충분한 근거 없이 - 앞에서 인용한 裴子夜의《고승전》,《幽明錄》,《晋世雜錄》의 자료적 가치를 부정하고 이들은 모두 慧皎의《고승전》에 기초하여 꾸며 넣었거나 후대에 첨가된 것이라고 주장하고 있다. 이런 입장에서 그는 王浮에 관한 이야기는《고승전》에 처음 나온 것이고, 따라서 완전한 허구로 보고 있다. 이것은 지나친 견해이다. 그는 왕부에 관한 모든 이야기들이 아무런 역사적 근거가 없는 후대의 이야기들이라는 굳은 믿음에서 출발하였고, 따라서 그에 반대되는 모든 자료들을 위작으로 부정함으로써 이를 증명하였다고 생각하지 않을 수 없다. 이린 빙식으로는 이띤 것노 승명될 수 없다.

39) TP VI (1905), pp.539-544.
40)《광홍명집》권9 152.1.1.
41)《광홍명집》권11 162.2.13.
42)《고승전》권1 328.3.6 이하 및 앞의 p.203 참조.
43)《출삼장기집》권9 64.2.10; 권10 71.2.18; 72.1.1; 73.2.29.
44)《고승전》권1 328.3.18.
45)《화호경》의 후대의 역사에 대해서는 福井康順, 앞의 책, pp.267-324; Ed. Chavannes in TP V(1904), pp.375-385 VI(1905), pp.539-542; P. Pelliot in BEFEO III(1903), PP. 318-327; Chavannes-Pelliot, Traité Manichéen, p.116 이하 등을 참조.
46) 吉岡義豊은 불교 논서들에 인용되고 있는 (《화호경》을 포함한) 도교 경전들의 제목들의 목록을 잘 정리하고 있다(『道敎經典史論』, 東京, 1955년, pp.407-422).
47) 大正藏52《集沙門不應拜俗等事》권5 470.1.25에 인용되어 있는《秦代雜錄》; 大正藏52《辯正論》권6 534.3.28 및 大正藏50《法琳別傳》권2 209.2.7. 제목의 의미에 대해서는 福井康順, 앞의 책, pp.266 참조.
48) 원본의 求에 哀를 추가하여 해석하였다.《광홍명집》권9 145.3.18(《笑道論》에 인용되어 있는《文始傳》) "王求哀悔" 참조.
49) 원문은 赭服(혹은 赭衣)으로 죄수들이 입는 적갈색 옷을 가리킨다. 이러한 관습은 漢代 이전으로 거슬러 올라가며 이미《荀子》(제18 正論; p.218)에도 '상징적 형벌[象刑]'의 예로 언급되고 있다.《태평어람》에 인용되어 있는《風俗通義》의 逸文에서는 秦始皇이 도망자들이 눈에 잘 띄도록 만리장성을 쌓기 위해 징발된 노동자들에게 붉은 옷을 입혔다고 이야기하고 있다(Centre franco-chiois 편집본, 北京, 1943년, p.110) .Chanvannes, Mém. hist., vol.II, p.156 주석 1번 참조. Dubs,

HFHD, vol.II, 부록II, p.123 이하의 "Punishments by altering the clothing"; Karlgren, "Glosses on the Book of Documents", *BMFEA* XX(1948), p.87, 용어 1267번; Wilbur, *Slavery in China during the Former Han Dynasty*, p.273 주석 5번; Hulsewé, *Remnants of Han Law*, p.347 등도 참조.

50) 원문은 偏衣로서 왼쪽 어깨를 드러낸 승려의 겉옷(=가사)을 가리킨다.
51) 大正藏52《辯正論》권6 535.1.10=《광홍명집》권8 185.2.13 이하. 마지막 구절['이것은 무거운 병에는 …']은 《광홍명집》에 수록된 《변정론》에만 나온다.
52) 원문은 丈六으로 부처의 化身의 크기이다.
53) 《笑道論》 중의 인용문(《광홍명집》 권9 144.2.14 이하).
54) 원문은 六(神)通(ṣaḍ-abhijñā)로 부처나 아라한, 최고 단계의 보살이 획득하는 여섯 가지 초자연적 능력[①如意, ②天眼, ③天耳, ④他心智, ⑤自識宿命, ⑥漏盡智]을 가리킨다. 마지막 것을 제외한 五(神)通이 더 자주 이야기된다. Lamotte, Traité, pp.328-333 참조. 다른 명칭들 및 각 용어에 대한 자세한 설명은 Har Dayal, *Bodhisattva doctrine*, pp.106-134 참조. 道士들의 초월적인 인식 능력(洞視, 洞聽)과 나르는 능력飛行이 불교 성인의 다섯 혹은 여섯 가지 신통력, 특히 天眼, 天耳 및 如意(네 종류의 신비한 이동 능력의 하나로 하늘을 날아다니는 능력을 포함하고 있다)와 결합된 것은 당연하다고 할 수 있다. 실제로 3세기 초에 支謙이 번역한 《太子瑞應本起經》에는 天眼과 天耳를 徹視와 洞聽으로 번역하고 있다.
55) 원문은 四達인데 아마도 부처가 깨달음의 순간에 획득하는 세 가지 지혜, 즉 앞의 주석에서 이야기한 신통력 중 세 가지[天眼, 自識宿命, 漏盡智]인 三達의 잘못으로 생각된다. Har Dayal은 三達을 5(신)통 혹은 6(신)통의 출발점으로 보고 있지만 (앞의 책, p.108), 이러한 불교의 개념들의 초기의 이론적 정교화 과정을 검토하는 것은 그다지 의미없는 일이다. 수행의 과정에서 승려들이 획득하는 '초인간적인 자질들'은 가장 이른 시기의 불교 경전들(Pātimokkha)에도 보이고 있다. 그러한 초월적인 능력 및 그것을 획득하기 위한 방법들은 – 그 숫자나 분류 방식과 관계없이 – 틀림없이 가장 이른 시기의 불교의 핵심적 내용이었을 뿐 아니라, 어쩌면 가장 본질적인 것은 아니지만 적어도 초기 교리의 필수적 부분 중 하나였던 요가의 영역에 속하는 불교 이전 단계의 이론이었을 것이다(L. de la Vallée Posssin, *Nirvāṇa*, Paris, 1925년, p.10 이하 참조). 이 자료에 나오는 四達은 아마도 三達을 《道德經》제10장의 '明白四達 能無知乎(사방을 두루 통달하였는데, 어찌 앎이 없을 수 있는가?)' [Duyvendak의 번역(p.36 및 39 참조)을 따라서 爲 대신 知로 해석하였다] 등에 보이는 四達과 혼동한 것일 수 있다. 그런데 이 《文始傳》의 경우는 문맥상으로 볼 때 – 六通과 대구를 이루는 – 四達은 '네 (갈래) 길'로 해석하는 것이 타당하다고 생각된다. 《周禮》(권15 23a)에 나오는 四達('凡爲邑者 以四達戒其功者')은 이것과는 무관한 것이다.
56) 《笑道論》 중의 인용문(《광홍명집》 권9 145.3.11) 尹喜의 성인전설에 6세기 후반 이후 여러 내용이 추가된 道教 僞書인 《文始傳》에 대해서는 福井康順, 앞의 책, p.291 이하 및 H. Maspero, *Le Taoisme*, p.176 주석 3번 참조.

제6장 화호化胡 711

57) 명나라 판본에 의거하여 始老 대신 始者로 해석하였다.
58) 《笑道論》 중의 인용문. (《광홍명집》 권9 145.3.22)
59) 같은 책, 145.3.17.
60) 같은 책, 151.1.17.
61) 《初記》의 인용문에서는 '考殺'로 되어 있지만 여기에서는 《造立天地經》에 의거하여 '打殺'로 해석하였다. 考(攷)는 打의 誤字로 생각된다.
62) 같은 책, 144.2.20. 《造立天地經》은 같은 책, 150.1.4.
63) 같은 책, 147.2.16. 이와 관련하여 도교의 위서들에 이와 같은 산스크리트 단어에 대한 허구의 어원론적 설명이 종종 보인다는 사실에 주목할 필요가 있다. 優婆塞에 대해서는 도적 떼들 때문에 관문(塞)을 지켜야 하는 아들에 대해 근심하는 [憂!] 인도의 왕에 관한 이야기로 설명되고 있다(婆는 설명되지 않고 있는데, 《소도론》의 작자는 이에 대해서 '婆婆(=장모)'는 어디에서 온 것이냐고 놀리고 있다). 優婆夷에 대해서도 비슷한 설명이 제시되고 있다[《광홍명집》(권9 147.2.26) 중의 《소도론》에 인용]. 불교도들은 자신의 신체를 '해치기[屠害]' 때문에 부처의 옛날식 이름인 浮屠에는 '屠'가 들어가고, (桑門=사문의 옛 표현인) 喪門은 '죽음(의 슬픔)에 들어가는 문'의 뜻이라는 등으로 설명하고 있다[劉勰의 《滅惑論》에 인용되어 있는 道敎側 논쟁서인 張融(?-497)의 《三破論》의 내용].
64) 《소도론》에 인용(《광홍명집》 권9 144.2.21).
65) 같은 책, 146.1.1.
66) 이 책의 성격과 시기에 대해서는 湯用彤, 『불교사』, p.462 이하 참조.
67) 維衛는 일반적으로 Vipaśin의 轉寫이다(앞의 p.278 (4) 참조). 하지만 여기에서는 분명히 부처의 출생지인 Kapilavastu – 보통 迦維羅衛, 迦夷衛, 維耶 등으로 轉寫되었다 – 를 의미한다. 赤沼智善, 『印度佛敎固有名詞辭典』(名古屋, 1931) 제1권, p.281.1 참조.
68) 《南齊書》(권54 4a)와 《南史》(권75 11a)의 인용문에는 淸妙 대신 淨妙로 되어 있다. 이 왕비의 이름은 얼핏 석가 모친의 이름인 마야(Māyā)와는 아무런 관련이 없는 도교적 이름으로 보인다. 하지만 《태자서응본기경》 권1(大正藏3 222-229 支謙譯; 京都本 234 A2)에는 마야부인의 이름이 妙로 轉寫되고 있다. 《현묘내편》의 내용이 《태자서응본기경》의 부처의 탄생에 관한 이야기에 기초하고 있음은 확실하다. 두 텍스트가 대응되고 있음은 분명하다.

《玄妙內篇》	《太子瑞應本起經》
[老子入關]之于天竺維衛國	託生天竺維迦羅衛國
國王夫人名淸妙	夫人曰妙 節義溫良
老子因其晝寢	菩薩初下 化乘白象冠日之精
乘日之精入淸妙口中	因母晝寢而示夢焉 從右脇入
後年四月八日夜半時	至四月八日夜明星出時
剖右腋而生	從右脇生
墜地卽行七步擧手指天曰	墜地卽行七步擧手住而言

天上天下 唯我爲尊　　　　　　天上天下 唯我爲尊
　　三界皆苦 何可樂者　　　　　　三界皆苦 何可樂者

69) 부처 탄생의 전설에 의하면 보살은 마야부인이 夏至祝祭 기간 중 낮잠을 자고 있을 때 여섯 개의 상아를 가진 하얀 코끼리의 몸으로 그녀의 자궁에 들어갔다고 한다. 부처의 생애에 대한 중국 초기 문헌들(《修行本起經》《太子瑞應本起經》)의 설명에서는 미래의 부처가 하얀 코끼리를 타고 도솔천으로부터 내려온다고 되어 있다. 같은 내용이 《牟子》와 法賢의 여행기에도 보인다(Pelliot, in *TP* XIX(1920), p.336 주석 35번 참조). 하지만 이 이야기에서는 그러한 내용은 보이지 않는다. 원래의 전설 중 유일하게 보이는 요소는 왕비가 '낮잠을 자고 있을 때' 노자가 뱃속으로 들어갔다는 것이다. 도사로서 몸을 변화시키는 능력을 가지고 있던 노자는 왕비의 몸을 비추고 있던 햇빛으로 변신하였던 것이다. 입을 통해 들어간다는 관념은 뛰어난 인물의 출생에 관한 많은 중국의 이야기들에 나타나는 주제로써, 그러한 이야기들에서는 어떤 물건, 특히 알을 삼킴으로써 임신하게 된다. 《詩經》제25편 (大雅 II.1; Legge, p.465, Couvreur, p.347, Karlgren, p.260), 《史記》 권3 1a(*Mém Hist.* I 173-174), 《史記》 권5 1a(*Mém Hist.* II 1-2) 참조.

70) 《玄妙內篇》(혹은 《玄妙經》)의 원래 텍스트는 아마도 룸비니에서의 보살의 신비한 출생에 관한 인도의 전승과 같은 '오른쪽 겨드랑이[右腋]'였을 것이다. 이 구절이 보이는 초기의 문헌들(《홍명집》(권6 37.2.17)에 인용되어 있는 470년경의 《夷夏論》 및 《南齊書》 권54 4a = 《南史》 권75 11a)에는 오른쪽으로 되어 있는데, 같은 책을 인용하고 있는 후대의 문헌(《笑道論》)에는 老子가 淸妙부인의 왼쪽에서 태어난 것으로 되어 있다. 오른쪽에서 왼쪽으로의 변화는 이해할 수 있다. 일반적으로 왼쪽이 남성성[陽]의 방향이다(M. Granet, *Pensée*, p.369 참조). 노자는 남자이자 스승으로 태어났으며 태양의 정기를 화신으로 이용하였다. 한편 다른 僞書들에서는 도교의 가르침과 불교를 陽과 陰으로 대조시키고 있다. 그런데 노자가 (중국인) 어머니의 왼쪽 옆구리에서 태어났다는 전승은 6세기 훨씬 이전부터 있었다. 葛洪(4세기 중엽)이 편찬한 《神仙傳》 중의 老子 전기에 이미 '어머니의 왼쪽 겨드랑이를 가르고 태어났다'고 되어 있다(《說郛》 권1 1a).

71) 이 게송은 물론 미래의 부처가 출생 직후에 이야기하는 것으로 되어 있는 유명한 구절을 도교식으로 고친 것이다. 불교의 전승 및 부처의 최초의 이야기에 대한 많은 異本들에 대해서는 P. Mus, *Barabuḍur*, p.475 이하 참조. 중국 자료들에 대한 추가적인 정보는 Et. Lamotte, *Traité*, p.6 주석 3번 참조. 여기에 나오는 老子가 읊은 싯구의 내용은 支謙이 번역한 《太子瑞應本起經》(앞의 주석 68번 참조)에 수록된 것과 같다. 모든 다른 異本들에 보이는 '是最末後身(이것이 나의 마지막 몸이다)'는 구절은 《현묘내편》과 《태자서응본기경》 모두에 들어 있지 있다.

72) 顧歡의 《夷夏論》에 인용되어 있는 《玄妙內篇》[《광홍명집》(권9 147.2.26) 중의 《소도론》에서는 《玄妙經》으로부터의 인용으로 되어 있다]. 같은 내용이 ①明僧紹(6세기 초)의 《正二敎論》(《홍명집》 권6 37.2.15), ②《南齊書》 권54 4a, ③《南史》 권75 11a 등에 재인용되고 있으며, 《광홍명집》 권9 146.1.9, 148.2.24, 148.3.19에 관련된 내용이

인용되어 있다.
73) 이 경전은《笑道論》에 인용되고 있는 몇 개의 짧은 문장으로만 알려져 있다. 제목의 의미는 알 수 없는데,《消氷經》이외에《消水經》이라는 제목이《唐書經籍藝文合志》(北京, 1956년, p.181)에 보이고 있다. 福井康順은 氷이나 水 대신 玄이 되어야 할 것이라고 이야기하고 있다(앞의 책, p.290).
74)《소도론》중의 인용문(《광홍명집》권9 146.1.6).
75) 원문은 'buddhasya (혹은 buddhānām) adhiṣṭhānena(부처(들)의 힘을 조절(혹은 유지)하는)'의 표준적 번역어인 承佛威神이다. 하지만 이 문장에서는 이 유명한 구절에 어떤 의미가 담겨 있는지 명확하지 않다.
76)《소도론》중의 인용문(《광홍명집》권9 145.3.18)
77)《佛祖歷代通載》권27 719.1; Ed. Chavannes in *TP* V(1904), p.376 주석 1번 참조.
78) Pelliot 3404《奴子化胡經受道》卷第八;『敦煌秘籍留眞新編』제2권, pp.34-48)과 Pelliot 4502 (=T2139,《老子西昇化胡經》序說; Chavannes-Pelliot, *Traité Manichéen*, p.144 주석 1번 및 福井康順, 앞의 책, p.267 이하 참조)이다.
79)『敦煌秘籍留眞新編』(臺北, 1947), 제2권, p.45 제4단.
80)《老子化胡經》(大正藏54) 1267.2.9 이하.
81) 福井康順, 앞의 책, p.258 및 Chavannes-Pelliot, *Traité Manichéen*, p.126 참조.
82)《魏書》권102 3a=《北史》권97 3b.
83) 원문은 '無二'이지만 湯用彤(『불교사』, p.464)을 따라서 '無仁'으로 해석하였다.
84) 張融(?-497)의《三破論》[劉勰의《滅惑論》(6세기 초)에 인용;《홍명집》권8 50.3.20].
85)《홍명집》권8 50.3.23.
86)《化胡經》[승려 神淸의《北山錄》(9세기 초) 권9에 인용; 大正藏52 602.1.17].
87) 원문은 聚塵이지만 元나라 본, 明나라 본, 宮本 등에 의거하여 聚麀로 해석하였다. 聚麀라는 표현에 대해서는《禮記》권1 (曲禮 注疏本 권1 11a, 번역은 Couvreur I.7)의 "夫惟禽獸無禮 故父子聚麀"(날짐승과 들짐승은 예절이 없기 때문에 아비와 아들이 같은 암컷을 거느린다)라는 구절을 참조.
88)《正誣論》권1 (《홍명집》7.1.24 이하)
89)《山海經》(앞의 p.271)
90)《後漢書》권118(西域傳)에 인용되어 있는 漢나라 장군 班勇의 말. 范曄이 이를 약간 바꾸어 인용하고 있다(같은 책, 10a "修浮圖道不殺伐"). 앞의 p.26 참조.
91)《後漢記》권10 5a.
92)《南齊書》권54 5a =《南史》권75 12b에 인용.
93)《소도론》중의 인용문(《광홍명집》권9 149.1.25).
94) "佛者道之所生 [大乘守善] 道者自然無所從生" 여기에서 '大乘守善'은 의미가 통하지 않을 뿐 아니라 대구에 어긋난다. 필사 과정에서 실수로 잘못 삽입된 것으로 생각된다.
95) '七出'[《孔子家語》(同文書局版) 권6 11b].《大戴禮記》권13 (제80절 本命) 6a의 '七去'[번역은 R.

Wilhelm, *Das Buch der Sitte*, p.248]와 같은 내용이다. 양쪽 모두에 술을 마시는 것은 포함되어 있지 않다. 아마도 淫 (=방탕)의 하부 요소에 해당할 것이다.
96) '守一'. 본래는 정신집중의 특정한 상태를 가리키는 도교 용어로써 초기의 불경 번역에서는 dhyāna의 의미로 사용되었다. 이 말은 아마도《莊子》의 '我守一以處其 和' 혹은《道德經》제10장의 첫 구절인 '戴營魂抱一'에서 비롯되었을 것이다. 湯用形, 『불교사』, pp.110-111 및 饒宗頤, 『老子想爾注校牋』(香港, 1956), pp.63-65 참조. 하지만 여기에서는 '하나의 마음으로 (정조를) 지킨다'는 전혀 다른 의미로 사용되었다.
97)《소도론》중의 인용문(《광홍명집》권9 146.3.2) 불교의 사상을 중국의 전통적 우주론 – 陰陽五行 – 으로 설명하는 것은 도교에만 국한된 것이 아니었다. 이런 모습은 북조 교단의 유명한 조직가였던 曇曜가 460년경에 만든《提謂波利經》이라는 僞經에 훨씬 발전된 형태로 보이고 있다. 여기에는 불교의 5戒가 5星, 5岳, 5腸, 5行, 5帝, 5色 등에 대응된 것이라는 기묘한 분류법이 나오고 있다. 塚本善隆, 「支那の在家佛敎特に庶民佛敎の一經典」『東方學報』3 (1941), pp.313-369, 특히 p.331 이하.
98) 같은 책, 152.1.6.
99) 같은 책, 146.3.16.
100) 앞의 p.81의 주석 1번 참조.
101)《출삼장기집》권5 38.2.7 이하.
102) 같은 책, 38.3.17 이하.
103)《衆經目錄》(T2146 大正藏55) 권4 138.1.8 이하.
104)《太子瑞應本起經》권1 (京都本) 234A2 "及其變化 隨時而現 或爲星帝 或作儒林之宗 國師道士 在所現化 不可稱記". 비슷한 내용이 역자미상의 4세기 초의《般泥洹經》(T6 大正藏1) 권1 182.2.9에도 보이고 있다.
105) 원문의 '出處'는 앞 구절의 '發致'와 대구를 이루며 따라서 상반복합어('나감[出]-머무름[處]')이 아니라 복합 형용사('나가는[出]-곳[處]')으로 해석되어야 한다. Hurvitz(p.27)는 '…사적인 삶에서 나가는 것과 거기에 머무는 것은 정말로 다르다'라고 잘못 번역하였다.
106) 혜원은 앞에서 인용한 『태자서응본기경』의 문장을 약간 바꾸어 인용하고 있다.
107)《沙門不敬王者論》권4 (《홍명집》권5 31.1.18) 번역은 Hurvitz, pp.27-28.
108)《광홍명집》권27 304.1.26.
109)《홍명집》권1 7.2.1.
110) 福井康順, 앞의 책, pp.294-296 참조. 道藏에 서쪽으로 떠나기 전에 노자가 윤희에게 한 이야기를 기록하였다고 하는《西昇經》1종이 수록되어 있다(道藏 346-347 및 449-450). 이 문헌은 실제로 '노자가 서쪽으로 올라가 竺乾에서 道를 열었고[聞이 아니라 開이다!]. (그곳에서) 古先生이라고 불리었다. 훌륭하게 열반에 들었으며, 시작도 없고 끝도 없으며 영원히 존재할 것이다[老子西昇 開道竺乾 號古先

生善入無爲不終不始永存綿綿].' 하지만 현존하는 나머지《西昇經》들에는 화호 전설에 관한 내용이 전혀 보이지 않기 때문에 이 경전을 불교의 논쟁서들에서 화호 전승의 주요 논거로 인용되고 있는 고대의《西昇經》과 동일시할 수는 없다. Pelliot in *BEFEO* III, pp.323-327, IV, p.379 및 VIII, pp.515-519; K. S. Ch'en in *HJAS* IX, p.2의 주석 4번 참조.
111) 《笑道論》에 인용된 내용(《광홍명집》권9 152.1.13). 같은 내용이 道安의《二敎論》(《광홍명집》권8 139.3.6)과 法琳의《辯正論》(大正藏52 524.1.18)에는《老子西昇經》의 내용으로 인용되고 있다.
112) 원문에는 却後이지만 去後의 잘못으로 생각된다. 다음 구절에 '老子去後百年'이 보인다.
113) 舍衛(Śrāvastī)는 維衛(Kapilavastu)의 착오로 생각된다(앞의 p.301 및 주석 67번 참조).
114) 이 숫자는 명백한 잘못이다. 모든 문헌들이 부처가 80세에 열반에 들었다고 이야기하고 있다. 四十九는 七十九의 착오일 것이다.
115) 이 구절은 (大乘의)《大般涅槃經》권3(T374 人正藏12, 414-419년 曇無讖譯, 379.3-380.1)의 내용에 의거한 것이 틀림없다. 거기에는 가섭보살의 30여가지 질문이 22구절로 표현되고 있다. 하지만 그 내용에서 32가지 이상의 질문을 헤아릴 수 없다. 36이라는 숫자는 잘못된 것으로 보인다. 노자가 사갈라(Sāgala) 출신의 나이든 장로인 제자 마하가섭과 동일시 된 것이 아니라《대반열반경》에만 등장하는 가섭이라는 이름의 보살과 동일시된 것을 주목할 필요가 있다. 이 경전에서 그는 多羅(Tāla?) 마을에서 태어난 바라문 집안 출신의 젊은이로 묘사되고 있다.
116) 《笑道論》에 인용된 내용(《광홍명집》권9 148.2.27).
117) 多羅 마을은《大般涅槃經》에 가섭보살의 탄생지로 언급되고 있다(위의 주석 115번 참조).
118) 《笑道論》에 인용된 내용(《광홍명집》권9 149.1.2).
119) 優曇花는 우담바라(uḍumbara) 나무의 꽃으로 매우 드물기 때문에 부처가 이 세상에 출현하는 것을 상징한다(이 나무는 꽃이 없이 열매를 맺는다고 한다). 望月信亨,『佛敎大辭典』, p.224.2
120) 원문에는 將이지만《破邪論》을 따라 採로 해석하였다.
121) 《笑道論》(《광홍명집》권9 151.3.28); 法琳의《破邪論》권1(T2109 大正藏52, 477.3.17 =《광홍명집》권11 162.2.12).《法苑珠林》권55 706.1에는 이 게송과 다음의 게송이 나눠지지 않고 하나의 게송으로 인용되고 있다.
122) 法琳의《辯正論》권5(T2110 大正藏52, 524.1.19)에 인용.
123) 甄鸞의《笑道論》(《광홍명집》권9 152.1.14); 法琳의《破邪論》권1(T2109 大正藏52, 477.3.9 =《광홍명집》권11 161.3.2).《法苑珠林》권55 705.3도 참조.
124) 苻朗의 字는 元達이고 티베트족 국가 前秦의 왕 苻堅의 형의 아들이다.《晉書》권114 7a에 간략한 전기가 있다. 부견 때에 鎭東將軍兼靑州刺史에 임명되었다. 티베트 군대가 괴멸당한 유명한 淝水 전투(383) 때 晉에 항복하였고(《晉書》권9 7b에 의하면 383년 11월에 항복하였다), 곧바로 建康의 晉 궁궐로 보내져 궁궐의 명예직

에 임명되었다. 학자적 재능과 淸談의 능숙함, 미식가로서의 명성 등으로 이 티베트 왕자는 중국 궁궐에서 매우 유명하였다. 그와 사건 인물 중에는 승려 竺法汰(《세설신어》권3下 14a 주석에 인용되어 있는 《秦書》; 《晉書》권114 7a)가 있다. 얼마 후 강력한 군벌인 王國寶의 미움을 받아 처형되었다. 《晉書》권114 17b에 의하면 그는 왕국보의 동생 王忱이 荊州刺史로 임명된 직후에 - 《자치통감》권107 1266a에 의하면 390년 8월/9월이다 - 처형되었다. 부랑은 《莊子》를 모방한 《苻子》(30권, 혹은 20권, 당나라 후기 이후 逸失)의 저자이다. 嚴可均이 약 50개의 일문들을 모아 - 대부분은 초기의 백과사전에 인용된 것들이다 - 자신의 《全晉文》권152에 수록하였다(이 권에 대한 그의 서문 참조). 여기에 인용한 구절을 제외하면 전해지는 《부자》일문 중에 불교에 관한 것은 없다. 하지만 처형되기 직전에 지은 '絶命詩' 첫 구에는 불교의 영향이 분명하게 보인다. '四大는 어디에서 생겨났는가/ 모였다 흩어짐에 끝이 없네(四大因何生 聚散無終期)' 불교 문헌들에서는 《苻子》를 모두 풀초머리[++]가 아닌 대죽머리[竹]의 '符子'로 쓰고 있지만 별개의 책은 아니다. 실제로 《隋書》(권34 2b), 《舊唐書》(권27 3a), 《新唐書》(권49 3a)의 經籍志 및 《자치통감》(권107 1266a)에서도 같은 글자를 쓰고 있다. 모든 목록집에서 《苻子》는 道家類에 속해 있다.

125) 《笑道論》(《광홍명집》권9 152.1.13); 法琳의 《破邪論》권1(T2109 大正藏52, 478.3.6 = 《광홍명집》권11 161.3.3); 道宣의 《광홍명집》권1 98.3.27, 《法苑珠林》권55 705.3 도 참조.

126) 수메다에 관한 가장 오래된 중국 전승은 2세기 후반에 번역된 《修行本起經》권1(T184/大正藏3; 京都本 224B2 이하)에 보인다. 이 주제에 관한 자세한 문헌 목록은 Lamotte, Traité, vol.I, p.248 2번 참조.

127) 《太子瑞應本起經》권1 (T185 大正藏3, 223-229년 번역; 京都本 234A1) 후대의 공자와 불교 성인들 동일시의 잔존 혹은 재흥이라는 흥미로운 주제에 관해서는 18세기 북경의 라마사원의 의식에 대해 서술하고 있는 Ferdinand D. Lessing, "Boddhisattva Confucius", *Oriens* X(1957), pp.110-113 참조.

128) 《출삼장기집》권5 39.1.15; 法經의 《衆經目錄》권2 (T2146 大正藏55, 126.3.30)와 [彦悰의]《衆經目錄》권4 (T2147 大正藏55, 173.3.4)에는 僞經으로 수록되어 있다.

129) 法經의 《衆經目錄》권2 (T2146 大正藏55, 126.3.19)와 또 다른 《衆經目錄》권4 (T2147 大正藏55, 173.2.20)에도 보이고 있다.

130) 현재의 경전 중에는 이른 시기의 두 종류의 이본이 있다. ①《月光童子經》(T534 大正藏14)으로 이것은 모든 자료에 竺法護譯으로 되어 있으며, 여기에는 月光이 중국에 태어난다는 예언 내용은 없다. ②《申日經》(T535 大正藏14)은 약간 축약된 (혹은 덜 발전된) 이본으로, 大正藏에는 앞의 것과 마찬가지로 竺法護譯으로 되어 있지만 경전 마지막 부분의 작자미상의 題記에서는 실제로는 支謙이 번역하였다고 이야기하고 있다. 축법호가 같은 경전을 두 번 번역하였을 가능성이 거의 없고, 초기의 목록들에서 지겸이 《月明童子經》(같은 경전의 異名이 분명하다)을 번역하였다고 하는 것으로 볼 때(《출삼장기집》권2 6.3.26; 法經의 《衆經目錄》권1 115.3.22

등) 지겸의 번역이 맞는 것으로 생각된다. 또한《申日經》에는 旃羅法(Candraprabha)이라는 태자의 이름에 대해 '漢言月光童子'라는 번역자(혹은 편집자)의 주석이 붙어 있는데, 佛經 번역에 있어서 중국어를 가리킬 때에 일반적으로 '某(당시 왕조)言'이라고 표현하는 것을 고려할 때 이 주석의 내용은 해당 경전이 漢代 혹은 그 직후에 번역되었음을 보여주는 것이라고 할 수 있다. 쓰法護의 활동 시기는 西晉 (265-316) 시기와 거의 겹친다. 이러한 번역자에 대한 추정이 옳다면 月光이 미래에 중국 국왕으로 화현할 것이라는 주장은 이미 3세기 전반에 알려져 제시되어 있던 것이 된다. 이 주장이 반드시 중국에서 만들어졌다고는 할 수 없다. (Mahā)cīna(=중국)라는 나라가 인도의 불교 문헌에 산발적으로 보이고 있으므로, 기원전 2세기에 중국이 아시아 대륙으로 세력을 팽창한 후에 인도나 중앙아시아 불교계에서 이러한 종류의 '예언'이 생겨났을 수 있다. 하지만 이 경전에 보이는 외국 및 이민족들의 이름(鄯善, 烏長, 歸玆, 疏勒, 大宛, 于闐 及諸羌虜夷狄)이 의심할 바 없이 중국식인 것으로 볼 때 현재의 내용은 분명히 전형적인 중국적 전설이다.《申日經》의 초기 異本들에 관한 자세한 논의는 林屋友次郎, 『異譯經類の研究』(東京, 1945) 제8장 pp.410 435 참조.

131)《申日經》(大正藏14 819.2.1).
132)《德護長者經》권2 (T545 大正藏14 849.2.20)
133)《淸淨法行經》(1권)은 僧祐의《출삼장기집》권4 29.1.21에는 '譯者 미상[失譯]'의 경전으로 언급되고 있다.《大唐內典錄》권1 (T2149 大正藏55, 225.3.14)와《古今譯經圖記》권1(T2151 大正藏55, 351.1.4)에도 같은 성격의 경전으로 나타나고 있다. 法經의《衆經目錄》권2 (T2146 大正藏5, 126.2.17)과 彦悰의《衆經目錄》권4 (T2147 大正藏55, 172.3.8),《開元釋敎錄》권1 및 권20(T2154 大正藏55, 485.1.21, 669.3.6),《貞元新定釋敎目錄》권28 (T2157 大正藏55, 1015.3.2; 여기에는 '記說孔老顔回事'라는 설명이 붙어 있다) 등에는 '의심되는[疑僞]' 경전으로 파악되고 있다. 이 책의 번역자를 밝히고 있는 유일한 목록은《大周刊定衆經目錄》권7 (T2153 大正藏55, 411.1.14)으로, 편집자들은《達鬱多羅錄》(Dha[rm]ottara의 목록?)이라는 수상한 목록을 인용하여 축법호가 번역한 것이라고 이야기하고 있다. 이 수상한 목록은《大周刊定衆經目錄》에만 여러 차례 인용 혹은 언급되고 있으며, 편찬 시기나 편찬자에 관한 그밖의 정보는 알 수 없다. 물론 여기에서 말하는 번역자는 신뢰하기 힘들다.
134)《출삼장기집》권4 29.1.21.
135)《광홍명집》권24 279.3.6 "是以闕里儒童 闡禮經於洙濟 苦縣迦葉 遷妙道於流沙"
136)《灌頂經》(T1331 大正藏21, 279.3.6) "閻浮界內有震旦國 我遣三聖在中化道 人民慈哀禮義具足"
137)《歷代三寶記》권7 (T2034 大正藏55, 69.1.10);《大唐內典錄》권3 (T2149 大正藏55, 244.2.26)
138)《출삼장기집》권5 39.1.21;《衆經目錄》권4 (T2146 大正藏55, 138.3.25)
139) 慧惠通(5세기 말)의《駁顧道士夷夏論》에 인용된 내용[《홍명집》권7 45.3.9].
140) "使普賢威行西路" 普賢이 서쪽에서의 교화활동과 관련된 모습은 확인되지 않는

다. 오히려 보통 동쪽 지역과 관련되고 있다.
141) 원문에는 邈이지만 貌로 해석하였다.
142) 僧敏의 《戎華論》(5세기 말)[《홍명집》 권7 47.2.11]
143) 道安의 《二教論》에 인용된 내용[《광홍명집》 권8 140.1.6] 같은 '경전'의 異本의 내용이 天台大師 智顗(547-606)의 《維摩經玄疏》(604년) 권1에 인용되고 있는데, 여기에서는 月光菩薩이 顔回, 光淨菩薩이 孔子, 迦葉이 老子와 동일시되고 있다(大正藏 38 523.1.16).
144) 僧順의 《析三破論》(5세기 말)에 인용된 내용[《홍명집》 권8 53.3.1].
145) 法琳의 《辯正論》(大正藏52 530.1.11에 인용된 내용[=《광홍명집》 권8 181.1.8]《空寂所問經》은 法經의 《衆經目錄》 僞妄편에 수록되어 있으며(大正藏55 126.3.16), 다음과 같은 언급이 덧붙여져 있다. "法滅盡(經)이라고도 한다. 이 경전은 분명히 僞經이고, 확실히 竺法護가 번역한 것이 아니다." 축법호가 번역했다는 다른 제목의 경전은 僧祐의 《출삼장기집》의 축법호 번역 경전 목록 중의 '《法沒盡經》一卷 或云 《空寂所問經》'이라는 기록에서 확인된다. 대부분의 《출삼장기집》 異本들에는 이 기록 뒤에 '太熙元年二月七日出'이라는 내용이 추가되어 있다. 太熙는 아마도 光熙의 잘못으로 생각되며, 그렇다면 306년 3월 8일에 해당된다. 法經은 하나의 경전에 두 가지 이름이 있다고 이야기하고 있지만, 僞妄편에는 두 제목의 경전이 따로 수록되어 있다(권2 大正藏55 126.3.16과 127.1.2). 彦悰의 《衆經目錄》의 경우도 마찬가지이다(권4 大正藏55, 173.1.2와 173.2.15). 더욱이 法經은 竺法護가 번역한 경전 목록 중에도 《출삼장기집》에 언급된 《法沒盡經》을 수록하고 있다(번역 시기는 이야기하고 있지 않다). 이러한 사실들로부터 늦어도 5세기 말까지는 竺法護가 번역한 두 가지 제목을 갖는 이 경전이 실제로 존재했음을 알 수 있다. 승우와 법경의 목록 모두에서 별다른 설명 없이 이 경전을 竺法護의 번역 중에 포함시키고 있는 것으로 볼 때 이 경전은 法經이 가짜인 것 같다는 조심스런 언급과 함께 僞妄편에 수록하고 있는 같은 제목의 僞經(들)이나 그가 다른 곳에서 언급하고 있는 같은 이름의 축법호역의 경전과는 다른 것으로 생각된다.
146) 法琳의 《破邪論》(大正藏52 478.3.8)에 인용된 내용. 《內典天地經》에 관한 서지적 정보는 확인되지 않는다.
147) 法琳의 《破邪論》(大正藏52 477.3.22)에 인용된 내용[=《광홍명집》 권11 162.2.17 및 《法苑珠林》 권60 706.1]. 《老子大權菩薩經》에 관한 서지적 정보는 확인되지 않는다.
148) 이 칙령은 《梁書》에는 보이지 않고 《광홍명집》 권4 112.1.27에만 수록되어 있다 (〈捨事李老道法詔〉).
149) 道安의 《二教論》에 인용된 내용[《광홍명집》 권8 140.1.18]. 《須彌四域經》은 法經의 《衆經目錄》 중의 僞妄편에 수록되어 있으며(권2, 大正藏55 127.1.10), 다른 22部의 경전들과 함께 竟陵王 蕭子良이 지은 것이라는 설명이 붙어 있다. 소자량(460-494)은 南齊 武帝(483-494)의 둘째 아들로서 문학 애호가이자 후원자였으며 열렬한 불교 신자였다. 그의 전기는 《南齊書》 권40 1a와 《南史》 권44 3a에 수록되어 있다. 《須彌四域經》은 彦悰의 《衆經目錄》 권4(大正藏55 173.3.12), 《大唐內

典錄》 권10(같은 책, 334.3.28), 《大周刊定衆經目錄》 권15(같은 책, 472.2.28), 《開元釋教錄》 권18(같은 책, 675.3.24), 《貞元新定釋敎目錄》 권28(같은 책, 1020.1.13 및 1022.1.10)에도 수록되어 있다.

150) 法琳의 《辯正論》(大正藏52 521.2.2)에 인용된 내용[=《광홍명집》 권13 181.1.7]. 또한 智顗의 《維摩經玄疏》(604)에 인용되어 있는 《造立天地經》의 내용('寶應聲聞菩薩示號卜義以上皇之道來化此國')도 참조.

151) 望月信亨, 『佛敎大辭典』 p.528.2 참조.

152) (廣本) *Sukhāvatīvyūha*(=《無量壽經》) 34, 번역은 Max Müller, p.52; T360 大正藏12.

153) *Agañña-sutta*(《阿含經》), *Dīgha* III.30; *Dialgoues* III, p.81 이하; *Abh. Kośa* (《俱舍論》) III. 181 이하.

154) 《辯正論》 권5 (大正藏52 521.2.3).

155) 法琳의 《破邪論》 권1 (大正藏52 477.3.3)에 인용된 내용[=《法苑珠林》 권60 705.3].

156) 같은 책, 477.3.5

157) 鵠(혹은 鶴)鳴山은 成都(사천성)에서 약 2백 리쯤 떨어진 곳에 있는 산의 이름이다. 전설에 의하면 이곳에 살면서 '道를 닦았다'고 한다. 福井康順, 앞의 책, p.16 참조.

158) 法琳의 《破邪論》 권1 (大正藏52 477.3.4)에 인용된 내용[=《法苑珠林》 권60 705.3].

159) 韓平子와 建平子가 어떤 인물인지는 확인되지 않는다. 午室은 일반적으로 于吉로 불렸던 초기 도교 교단 太平道(2세기 전반)의 창시자인 于(혹은 干)室(혹은 吉)의 誤字가 분명하다. 그의 이름의 다양한 표기에 대해서는 福井康順, 앞의 책, p.63 참조.

160) 원문에는 佛號이지만 號佛로 해석하였다.

161) 《笑道論》에 인용된 내용[《광홍명집》 권9 147.3.15].

참 고 문 헌

본문과 주석에서 언급되거나 인용된 문헌들만을 제시하였다. 우연히 언급되었거나 이 책의 중심 주제와 관련 없는 문헌들은 생략하였다. 『대정신수대장경大正新修大藏經』이나 Dīgha-nikāya, 『문선文選』 등과 같은 전집류에 포함된 문헌들은 제외하고, 해당 전집류만을 제시하였다.

1. 약어표

Abh. Kośa	=	Abhidharmakośa, see s.v. Vallée Poussin, L. de la-
As. Maj.	=	Asia Major.
BEFEO	=	Bulletin de l'Ecole française d'Extrême-Orient.
BMFEA	=	Bulletin of the Museum of Far Eastern Antiquities.
BSOAS	=	Bulletin of the School of Oriental and African Studies.
Dialogues	=	Dialogues of the Buddha, see Rhys Davids
HFHD	=	History of Former Han Dynasty, see Dubs and collaborators.
HJAS	=	Harvard Journal of Asiatic Studies.
JAOS	=	Journal of the American Oriental Society.
J. As.	=	Journal Asiatique.
MCB	=	Mélanges chinois et bouddhiques.
Mém. Hist.	=	Mémoires Historiques, see Chavannes.
MSOS	=	Mittelungen des Seminars für Orientalische Sprachen.
Mvst.	=	Mahāvastu.
T.	=	大正一切經
TP	=	T'oung Pao.
ZDMG	=	Zeitschrift der Deutschen Morgenländischen Gesellschaft.
ZYYY	=	中央研究院歷史語言研究所集刊
京都本	=	大日本校訂大藏經 (전318卷) 京都, 1902-1905년.
『佛教史』	=	湯用彤, 『漢魏兩晉南北朝佛教史』 全2卷, 上海, 1938년.

2. 중국어 문헌

《抱朴子》葛洪(약 250-330년), 諸子集成本, 北京, 1954년.
《曹集銓評》丁晏輯評, 1865년. 北京, 1957년 重刊.
《初學記》古香齋袖珍十種本.
《大戴禮記》漢魏叢書 涵芬樓本.
《道德經》諸子集成本, 北京, 1954년.
《東觀漢記》四部叢刊本.
《爾雅》十三經注疏本.
《法書要錄》張彦遠(약 847년), 叢書集成本.
《風俗通義》應劭(2세기 후반), Centre franco-chinois d'études sinologiques, Pékin, 1943년.
《漢書》同文書局本, 1903년.
《漢魏六朝百三名家集》1877년 편찬.
《後漢記》袁宏(328-376년), 四部叢刊本.
《後漢書》四部備要本.
《淮南子》諸子集成本, 北京, 1954년.
《集古錄》歐陽脩(1007-1072년) 歐陽文忠公集, 四部備要本.
《晉書》四部備要本.
《梁書》四部備要本.
《列子》諸子集成本, 北京, 1954년.
《禮記》十三經注疏本.
《隷釋》洪适(1117-1184년), 四部叢刊本.
《論語》十三經注疏本.
《洛陽伽藍記》楊衒之(약 547년), 四部備要本.
《呂氏春秋》諸子集成本, 北京, 1954년.
《孟子》十三經注疏本.
《南史》四部備要本.
《廿二史箚記》趙翼, 廣雅叢書本.
《三輔故事》작자미상(3세기 말) 二酉堂叢書本, 1821년.
《三國志》四部備要本.
《山海經》四部備要本.
《史記》四部備要本.

《詩經》十三經注疏本.

《十三經注疏》(全8冊) 1815년 南昌本의 영인본, 臺北, 1955년.

《世說新語》劉義慶(403-444), 劉峻(462-521)注, 四部叢刊本.

《拾遺記》王嘉(4세기 말) 漢魏叢書 涵芬樓本.

《水經注》王先謙, 1892년.

《宋書》四部備要本.

《太平御覽》1812년 宋板覆刻本.

《魏書》四部備要本.

《文選》蕭統(501-531년)編 萬有文庫本, 上海, 1939년.

《嵇康集》魯迅編, 手稿의 영인본, 北京, 1956년.

《孝經》十三經注疏本.

《荀子》諸子集成本, 北京, 1954년.

《全上古三代秦漢三國六朝文》嚴可均(1762-1843년)編, 1900년본.

《顏氏家訓》顏之推(531-595년) 諸子集成本, 北京, 1954년.

《鹽鐵論》桓寬(기원전 1세기 후반), 四部叢刊本.

《鄴中記》陸翽(4세기) 武英殿聚珍版叢書本.

《易經》十三經注疏本.

《藝文類聚》華陽玄達堂本, 1882년.

《玉函山房輯佚書》馬國翰(1794-1857년)編, 1883년본.

《中庸》十三經注疏本.

《周禮》十三經注疏本.

《莊子》諸子集成本, 北京, 1954년.

《莊子注》向秀/郭象 (p.90 참조), 四部備要本.

《資治通鑑》四部備要本. (대형판, 全9卷, 第99-107)

《左傳》十三經注疏本.

『國學季刊』北京, 1923년 ―.

『清華學報』北平, 1926년 ―; 臺北, 1956년 ―.

『燕京學報』北京, 1927년 ―.

『中央研究院歷史語言研究所集刊』北京, 1928년 ―.

『圖書季刊』北京, 1934년 ―.

『中國社會經濟史集刊』重慶, 1944년.

『北京大學學報』北京, 1954년 ―.

『慶祝蔡元培先生六十五歲論文集』 2卷, 北平, 1933년
『二十五史補編』 全6卷, 上海, 1935년.
『敦煌秘籍留眞新編』 全2卷, 國立臺灣大學, 1947년.
『唐書經籍藝文合志』 北京, 1956년.

陳寅恪, 『陶淵明之思想與淸談之關係』 北京, 1945년.
范祥雍, 『古本竹書記年輯校訂補』 上海, 1957년.
高亨, 『老子正詁』 2판, 上海, 1948년.
顧詰岡編, 『古籍考辨叢刊』 北京, 1955년.
賀昌群, 『魏晉淸談思想初論』 제2판, 上海, 1947년.
侯外廬外, 『中國思想通史』 全3卷. 北京, 1957년.
胡適, 『論學近著』 上海, 1935년.
李季平, 『淝水之戰』, 上海, 1955년.
梁啓超, 『佛學硏究十八篇』 全2卷, 제3판, 上海, 1941년.
劉大杰, 『魏晉思想論』 上海, 1939년.
魯迅[周樹人, 1881-1936], 『魯迅全集』 全20卷, 1938년.
饒宗頤, 『(敦煌六朝寫本張天師道陵著)老子想爾注校箋』 香港, 1956년.
唐長孺, 『魏晉南北朝史論叢』 北京, 1955년.
湯用彤, 『漢魏兩晉南北朝佛敎史』 全2卷, 上海, 1938년.
湯用彤, 『魏晉玄學論稿』 北京, 1957년.
湯用彤·任繼愈, 『魏晉玄學中的社會政治思想略論』 上海, 1956년.
王國維, 『海寧王忠慤公遺書』, 1928년.
王國維·羅振于, 『流沙墜簡』 (제2개정판, 연대미상, 1935년 직전).
王叔岷, 『郭象莊子注校記』 中央硏究院歷史語言硏究所專刊 33, 上海, 1950년.
王瑤, 『中古文學史論』 제6판, 北京, 1953년.
王伊同, 『五朝門弟』 (南朝의 정치, 경제, 사회적 유력 가문에 관한 연구) 全2卷, 金陵大
　　學 中國文化硏究所, 成都, 1943년.
蕭公權, 『中國政治思想史』 재판본, 臺北, 1954년.

3. 기타 언어 문헌

a. 서양언어

Abhandlungen der königlichen preussischen Akademie der Wissenschaften, Berlin.
Acker, W., *Some T'ang and pre-T'ang texts on Chinese Painting*, Leiden, 1954.
Acta Orientalia, Leiden, 1922 ——.
Artibus Asiae, Dresden, 1925 ——: Ascona, 1945 ——.
Asia Major, Leipzig, 1924 ——; London, 1949 ——.
Bagchi, P. C. *Le canon bouddhique en Chine*, 2 vols., Paris, 1927-1938.
Bareau, A., *Les sectes Bouddhiques du Petit Véhicule*, paris, 1955.
Beal, S. *Bouddhist Records of the Western World*, 2 vols., London, 1884.
————, *A Catena of Buddhist Scriptures*, London, 1871.
————, *Texts from the Buddhist Canon, commonly known as Dhammapada, with accompanying narratives, traslated by* ——; London, 1878.
Biot, E., *Le Tcheou-li*, 2 vols., Paris, 1951.
Bodhisattvabhūmi, ed. U. Wogihara, Tokyo, 1930.
Bulletin de l'École fraçaise d'Extrême-Orient, Hanoï, 1901 ——.
Bulletin of the Museum of Far Eastern Antiquities, Stockholm, 1929 ——.
Bulletin of the School of Oriental and African Studies, London, 1917 ——.
Cahiers d'Histoire Mondiale, paris, 1953 ——.
Canon, see Bagchi.
Chavannes, Ed., *Cinq cents Contes et Apologues extraits du Tripiṭka chinois*, 4 vols. Paris, 1910-1934.
————, Les mémoires historiques de Se-ma Ts'ien, 5vols., Paris, 1895-1905.
————, and Pelliot, P., *Un traité manichéen retrouvé en Chine, traduit et annoté par* ——(J. As., 1911, 1913).
Conrady, A., *Die chinesischen Handschriften-und Kleinfunde Sven Hedins in Lou-lan*, Stockholm, 1920.
Conze, Edward, *Literary History of the Prajñāpāramitā* (typed copy privately distributed), London, 1954.
————, *The Perfection of Wisdom in Eight Thousand Lines, translated by* ——

    (typed copy privately distributed), London, 1951.
Couvreur, S., *Cheu-king, texte chinois avec une double traduction en fraçaise et en latin*: Sien Hsien, 1934.
────, *La chronique de la principauté de Lôu* (《春秋》와 《左傳》의 번역), 3 vols., (re-edition) Paris, 1951.
────, *Mémoires sur les bienséances et les cérémonies* (《禮記》의 번역), 2 vols., (re-edition) Paris, 1950.
Daśabhūmika, ed. J. Rahder, Louvain, 1926.
Dhannapada, ed. V. Fausböll, Leipzig, 1855.
Dīgha = *Dīghanikāya*, ed. T. W. Rhys Davids and E. J. Carpenter, 3 vols. (PTS), London, 1890-1911.
Dubs, H. H., *A Roman City in Ancient China*, the China Society, London, 1957.
──── and collaborators, *History of the Former Han Dynasty*, 3 vols., Baltimore, 1938, 1943, 1955.
Duyvendak, J. J. L., *Tao Te Ching, The Book of the Way and Its Virtue*, London, 1954.
Edgerton, F., *Buddhist Hybrid Sanskrit Dictionary*, New Haven, 1953.
Etudes Asiatiques (Asiatische Studien), Bern, 1947 ──.
Finot, L., *Les questions de Milinda, traduit du Pali avec introductionet note par* ──, Paris, 1923.
Feng Youlan, *Zhuangzi, a new selected translation*, Shanghai, 1933.
────, *Short History of Chinese Philosophy* (ed. by Derk Bodde), New York, 1948.
────, *History of Chinese Philosophy*, trsl. by Derk Bodde, 2 vols., Princeton, 1953.
Geiger, W., *Cūlavaṃsa*, trsl. by ──, London (*PTS*, Translatin Series, No. 20), 1930.
Gernet, J., *Les adpects économiques du bouddhisme*, Paris, 1956.
Giles, H. A., *The Travels of Fa-hsien (399-414 AD), or Record of the Buddhistic Kingdoms*, re-translated by ──, Cambridge, 1923.
Gradual Sayings, see Woodward.
Granet, M., *La pensée chinoise*, Paris, 1934.
Gulik, R. H. van ──, *Siddham, an Essay on the History of Sanskrit Studies*

in China and Japan, Nagpur, 1956.

Har Dayal, The Boddhissttva Doctrine in Buddhist Sanskrit Literature, London, 1932.

Havard Journal of Asiatic Studies, Cambridge, Mass., 1936――.

Hikata Ryusho, Suvikrāntavikrāipariplṛcchā-prajñāpāramitā-sūtra, Fukuoka, 1958.

Hōbōgirin, Dictionnaire encyclopédique du Bouddhisme d'après les sources chinoise et japonaises (Rédacteur en chef: P. Demiévile), Paris, since 1929.

Holzman, D., La vie et la pesnée de Hi Kang, Leiden, 1957.

Hulsewé, A. F. P., Remnants of Han Law, vol. I, Leiden, 1955.

Jones, J. J., The Mahāvastu, translated from the Buddhist Sanskrit by ――, 3 vols., London(SBB), 1949-1956.

Journal Asiatique.

Journal of the American Oriental Society.

Journal of Asian Studies (1956년 9월까지는 Far Eastern Quaterly), Berkeley, 1941 ――.

Journal of Economic and Social History of the Orient, Leiden, 1958――.

Journal of Oriental Studies 『東方文化』, Hong Kong, 1954――.

Kaltenmark, M., Le Lie-sien tchouan, Beijing, 1953.

Krlgren, B., The Books of Songs, Stockholm, 1950.

Lamotte, Et., see Traité.

Legge, J., The Chinese Classics, 7 vols., 제2판, Oxford, 1893 (중국에서의 재판본, 1939)

――――, The Yî king, in SBE XVI, Oxford, 1882.

Liebenthal, W., The Books of Chao, Monumenta Serica, Monograph XII, Peiping, 1948.

Mahāvyutpatti, ed. Sakaki Ryosaburo, 2 vols., Kyoto, 1918.

Maspero, H., La Chine antique, 제2판, Paris, 1955.

――――, Les documents chinois de la troisieme expédition de Sir Aurel Stein en Asie centrale, London, 1953.

――――, Le Taoïme, in Mélanges posthumes, vol. II, Paris, 1950.

――――, and Escarra, J., Institutions de la Chine, essai historique, Paris, 1952.

Matsumoto Tokumyo, Die Prajñāpāramitā-literatur (Bonner Orientalistische

Studien no. 1), Stuttgart, 1932.
Mélanges chinois et bouddhisques, Bruxelles, 1931-1951.
Mélanges Pulliés par l'Institu des Hautes Etudes Chinoises, Paris, 1957―.
Milindapañha, ed. V. Trenckner, London, 1880.
Mitteilungen des Seminars für Orientalische Sprachen, Berlin, 1898-1938.
Mon. Nipp. = *Monumenta Nipponica*, Tokyo, 1938―.
Mon. Ser. = *Monumenta Serica*, Tokyo, 1935―.
Müller F. Max――, *The Largest Sukhāvatī-vyūha and The Smaller Sukhāvativyūha*, trsl. by――, in SBE vol. XLIX, Oxford, 1894.
Oldenberg, H., *Buddha, sein Leben, seine Lehre, seine Gemeinde*, 제7판; Stuttgart-Berlin, 1920.
Oriens, Leiden, 1948―.
Przyluski, J., *La légende de l'Empereur Açoka*, Paris, 1923.
Rhys Davids, C., and Woodward, F. L., *Kindred Sayings*, 5vols. (*PTS*), London, 1917-1930.
Rhys Davids, T. Wl, *Dialogues of the Buddha* (SBB no. 2, 3, 4), London, 1899-1921.
――――, *The Questions of King Milinda, translated from the Pāli by*――, 2 vols. (SBE vol. 35, 38), Oxford, 1890, 1894.
Rockhill, W. W., *The Life of the Buddha*, London, 1884.
――――, *Udānavarga, ... being the Northern Buddhist version of Dhammapada, translated from the Tibetan of the Bkah-hgyru by*――, London, 1892.
Rotours, R. des, *Traité des fonctionnaires et traité de l'armée*, 2 vols., Leiden, 1947.
Samyuttanikāya, ed. L. Feer, 6 vols., London(PTS), 1884-1904.
Silver Jubilee Colume of the Zinbun-Kagaku-Kenkyusho, 2 vols., Kyoto, 1954.
Sinica, Frankfurt, 1927―.
Sino-Indian Studies, Santiniketan, 1944―.
Stein, M. Aure, *Ancient Khotan*, Oxford, 1907.
Sukhāvatīvyūha, ed. F. Max Müller and Bunjiu Nanjio, Oxford, 1883.
Takakusu, J., *A Record of te Buddhist Religion as practised in India and the Malay Archpelago* (A.D. 671-695), *by I-tsing, translated by*――;

Oxford, 1896.

Thoma, E. J., *The History of Buddhist Thought*, 제2판, London, 1933.

──────, *The Life of Buddha as Legend and History*, London, 1950.

Tjan Tjoe-som, *Bo Hu T'ung, the Comprehensive Discussions in the White Tiger Hall*, 2 vols., Leiden, 1949 and 1952.

T'oung Pao, Leiden, 1890 ──.

Traité = Et. Lamotte, *Le traité de la Grande Vertu de Sagesse de Nāgārjuna*, 2 vols., Louvain, 1944 and 1949.

Vallée, Poussin, L. de La ──, *Abhidahrmakośa de Vasubandhu*, trad. et ann. par──, 6vols., Paris, 1923-1931.

──────, *l'Inde aux temps des Mauryas et des Barbares, Grecs, Scythes, Parthes et Yue-tchi*, Paris, 1930.

──────, *Nirvāṇa*, Paris, 1925.

Wilbur, M., *Slavery in China during the Former Han Dynasty*, Chicago, 1943.

Wilhelm, R., *Die Frühlings-und Herbstannalen des Lü Bu We*, Jena, 1928.

──────, *Li Gi, das Buch der Sitte des älteren und Jünneren Dai*, Jena, 1930.

Woodward, F. L. and Hare, E. M., *Gradual Sayings*, 5 vols. (*PTS*), London, 1932.

Yün-kang, the Buddhist cave-temples of the fifth century, A.D. in North China, ed., Seiichi Mizuno and Toshio Nagahiro, Kyoto (Jinbungakukenkyusho), 16 vols., 1952 ──.

Zach, E. von, *Übersetzungen aus dem Wenxuan*, Batavia, 1935.

Zeitschrife der Deutschen Morgenländischen Gesellschaft, Wiesbaden, 1847 ──.

b. 일본어

大正一切經(大正新修大藏經) 高楠順次郎編, 全55冊, 東京, 1924-1929.

『印度學佛教學研究』東京, 1952 ──.

『東方學報』東京, 1931 ──.

『東洋學報』東京, 1911 ──.

『東洋史研究』京都, 1935 ──.

『史淵』福岡, 1929 ──.

『史學雜誌』東京, 1889 ──.

『史林』京都, 1916 ─.

福井康順, 『道敎の基礎的硏究』, 東京, 1952.

羽溪了諦, 『西域之佛敎』(賀昌群에 의한 중국어 번역본), 재판본, 上海, 1933.

林屋友次郎, 『經錄硏究』 東京, 1941.

伊藤義賢, 『支那佛敎正史』 東京, 1923.

望月信亨, 『佛敎大辭典』 제2판. 全8卷, 京都, 1954.

守屋美都雄, 『六朝門閥の硏究』 東京, 1951.

小野玄妙, 『佛書解說大辭典』 제2판, 全12卷, 東京, 1936.

境野黃洋, 『支那佛敎史講話』 全2卷, 東京, 1927.

─────, 『支那佛敎精史』 東京, 1935.

常盤大定, 『後漢より宋齊に至る釋經總錄』 東京, 1938.

─────, 『支那に於ける佛敎と儒敎道敎』 東京, 1937.

塚本善隆, 『支那佛敎史硏究: 北魏篇』 東京, 1942.

塚本善隆外, 『肇論硏究』 京都, 1955.

宇井伯壽, 『釋道安硏究』 東京, 1956.

宇都宮淸吉, 『漢代社會經濟史硏究』 東京, 1955.

吉岡義豊, 『道敎經典史論』 東京, 1955.

역자 후기

이 『불교의 중국 정복』 *Buddhist Conquest of China*은 네덜란드 출신의 중국학자인 에릭 쥐르허Erik Zürcher (1928-2008; 네덜란드 라이덴대학 교수 역임)가 지은 중국의 초기 불교사에 대한 고전적 연구서이다. 불교가 처음 수용된 한漢나라 때부터 시작하여 '중국적인' 불교가 형성된 동진東晉 시대까지를 대상으로 해서 외래의 종교인 불교가 어떻게 중국인들의 종교로 자리잡아 가는지를 다양한 시각에서 검토하고 있다. 저자는 특히 중국 지식층들이 가지고 있던 기존의 사상과 문화가 불교와 접촉하면서 어떠한 상호작용을 일으켰고, 그 결과 어떠한 새로운 사상과 생활문화가 형성되었는지에 주목하고 있으며, 이를 통하여 중국불교에 대한 이해의 폭을 크게 확장한 것으로 평가되고 있다.

저자 쥐르허는 19세기의 서구 동양고전 연구의 전통을 충실하게 계승하여 한문漢文 문헌은 물론 인도의 범어梵語 문헌에도 능통하였으며, 20세기를 대표하는 동양학자 중 한 사람이다. 이 책에서도 역사서와 불교 관련 한문 문헌들을 세밀하게 분석하는 한편 관련되는 범어 문헌들과도 꼼꼼하게 대조하여 과거의 역사상을 보다 완전하고 풍부하게 재현하고 있다. 이 책의 수많은 각주들은 문헌학적 측면에서도 대단히 높은 학문적 수준을 보여주고 있으며, 현대 아카데미즘이 달성한 대표적 성과로 여겨지고 있다.

이 책은 1959년에 처음 출판되었으며, 1972년에 일부 내용을 수정 보완한 개정판이 나왔다. 이 책은 간행 직후부터 서구학계에서 나온 중국불교에 대한 가장 중요한 연구서로 인정받았으며, 이후 적지 않은 연구 성과가 축적된 현재까지도 서구학계에서 중국불교에 관한 가장 권위있는 저술로 평가되고 있다. 서구의 중국 및 동아시아불교 연구자들의 필수적인 입문서로서 활용되고 있으며, 1995년과 1998년에는 각기 일본어와 중국어로 번역되기도 하였다. 중국 초기 불교에 대한 현재의 개설적인 이해들은 이 책의 성과에 의거한 것이 많으며 - 물론 중국과 일본학자들의 연구에도 의거하고 있지만 - 이 책에서 다룬 내용들 중 더욱 발전, 계승되어야 할 주제들도 적지 않다.

『불교의 중국 정복』이 꼭 번역되어야 할 훌륭한 책이라는 생각은 일찍부터 가지고 있었지만 역자 자신이 이 책을 번역하게 되리라고는 생각하지 못하였다. 2007년 봄 오래간만에 연락이 닿은 한 선배로부터 신생 출판사의 출판도서로 이 책을 추천하였으니 그 번역을 맡으라는 강요에 가까운 권유를 받고서 이 책이 번역되어야 한다는 명분 때문에, 그리고 개인적으로는 과거에 마치지 못했던 숙제를 한다는 마음에서 고민 끝에 번역을 맡겠노라고 약속하게 되었다. 박사과정에 재학 중이던 90년대 중반 지도교수님께서 이 책의 중요성을 말씀하시면서 가능하면 공부할 겸 번역을 해보라고 하신 적이 있었던 것이다. 당시 앞부분 일부를 번역하다가 능력의 한계를 느끼고 중간에 그만두면서 누군가 중국 불교에 정통한 사람이 번역해 주기만을 기대하고 있었는데, 다시 번역을 권유받게 되니 이전에 완료하지 못했던 일을 마쳐야 한다는 생각이 들었다. 10여 년이 지났지만 이번에도 번역 작업은 쉽지 않았다. 중국 불교는 물론 인도와 중국의 여러 사상에 대한 해박한 지식에 기초한 서술을 번역하기에는 아직도 필자의 능력에 부족함이 많았다. 여섯 차례의 방학 기간을 거의 모두 바치고서야 겨우 번역을 마치게 되었지만 아직도 아쉬운 부분이 적지 않다.

한국사상사 전공자인 역자가 능력의 한계를 무릅쓰고 이 책을 번역한 것은 중국 초기 불교에 대한 연구서로서 중국 불교의 기본적 특성을 제시한 이 책의 내용이 중국 불교와 밀접한 관련 속에 발전해 온 한국 불교에 대한 이해를 심화시킬 것이라는 기대와 함께 이 책의 연구 시각과 방법론, 서술 태도 등에 공감하는 바가 적지 않았기 때문이다. 불교를 종교나 철학적 측면뿐 아니라 정치, 경제적 측면과 밀접하게 관련되는 사회 현상으로 살펴보려는 시각, 문헌 자료들에 대한 면밀한 검토를 중시하면서도 동시에 문헌자료의 한계를 의식하면서 자료가 말하지 못하는 내용을 읽어내려는 노력, 그리고 사회사를 지향하면서도 사상사적 서술 못지않게 개별 승려와 학파의 사상적 특징을 분명하게 설명하고자 하고, 중국 불교의 기본 특성에 담겨 있는 외국문화와 다른 전통 사상체계의 영향에 대해 끊임없이 주의를 환기하는 자세 등은 사상사 연구의 중요한 모범이라고 하지 않을 수 없다. 이러한 연구 시각과 방법, 서술 태도 등은 한국 사상사 연구에 있어서도 중요한 전범이 될 수 있을 것이다.

이미 90년대에 간행된 일본어와 중국어 번역본에 비하여 한국어 번역본은 한참 뒤늦은 것이라고 할 수 있다. 저자도 이미 고인이 되어 한국어판에 부치는 저자의 서문도 수록할 수 없게 되었다. 하지만 뒤늦은 지각생으로서의 이점도 없지는 않다. 1972년의 제2판을 대본으로 한 일본어판 및 중국어판과 달리 한국어 번역본은 2006년에 간행된 제3판을 대본으로 하였다. 여기에는 프린스턴대학에서 불교와 중국 종교학을 전공하고 있는 스티븐 타이저Stephen F. Teiser 교수가 『불교의 중국 정복』의 연구사적 위치와 저자 에릭 쥐르허의 학문 세계에 대해 자세하게 정리한 해제가 수록되어 있다. 저자와 책에 대한 독자들의 이해를 한층 높여줄 수 있을 것이다. 한편 일본어판에는 생략되어 있고 중국어판에는 현대어로 번역하지 않고 한문원전을 그대로 제시하고 있는 3장, 4장, 5장의 부록들도 이번 한국어 번역본에는 원서의 형태대로 온전하게 번역하였다. 일본처럼 해당 자료들에 대한 충실한 번역본이 별도로 존재하지도 않고 중국처럼 한문원전을 그대로 읽을 수 없는 한국의 상황을 고려한 것이다. 부록은 저자가 각 장의 내용과 관련되는 핵심 자료로 제시한 것으로서 중국 초기 불교의 실상을 이해하는 데 적지 않은 도움을 주고 있다. 부록을 비롯한 한문원전 인용 부분은 원서의 영어 번역과 한문원전을 모두 참고하여 저자의 의도와 한문원전의 의도를 모두 살리고자 하였다. 저자의 번역이 한문원전의 본래 의미와 다르다고 생각되는 경우에는 역자주로 표시하였다.

책의 출판에 임하여 그동안 방학 때마다 번역을 핑계로 컴퓨터 앞에 앉아 지낸 역자를 너그러운 마음으로 이해해 준 가족에게 깊은 고마움과 미안함의 마음을 전하고자 한다. 이 책이 가족의 인내에 값하는 책이 되기를 진심으로 소망한다. 이 책의 번역을 강권하였던 정상보 형과 출판을 선뜻 찬성해 준 도서출판 씨아이알의 김성배 사장에게도 고마움을 표하고 싶다. 두 분의 열의로 오랫동안 미루었던 과제를 마칠 수 있게 되었다. 인문학 출판의 발전을 위해 적극적으로 노력하고 있는 도서출판 씨아이알이 부디 초심을 잃지 않고 한국 출판문화의 큰 기둥이 되어주길 기대한다. 귀찮은 교정 작업의 연속에도 불구하고 항상 밝은 모습으로 응대해 준 편집부의 한지윤님에게도 감사를 드린다. 아무런 지원 없이 시작한 번역이었지만 번역 후반기에 사단법인 불교학연구지원사업회의 불교연구총서로 선정되어 번역지원을 받을 수 있었다. 이 책을 불교연구총서로 선정해 준 불교학연구지원사업회와 김종환 사무국장에게 심심한 감사의 인사를 드린다. 마지막으로 이 책의 중요성을 처음 일깨워 주고 번역을 권유해 주셨던 은사 최병헌 선생님께 이 책을 뒤늦은 과제물로서 바친다.

-2010년 9월
목포대 연구실에서 **최연식**

색 인

아라비아 숫자만으로 된 것은 페이지를 표시하고(원서의 페이지), 로마 숫자와 아라비아 숫자를 함께 쓴 것은 로마 숫자 장의 아라비아 숫자 번호의 주석을 가리킨다 [예: Ⅲ–115) → 3장의 주석 115번, Ⅳ부록–23) → 4장 부록의 주석 23번]. 승려들의 이름의 경우 승려성씨인 '석釋'은 제외하였다.

1. **사람 이름**
   (부처·보살, 불경 속의 인물 포함)

가섭迦葉 292, 297, 303; Ⅵ-115)
가섭迦葉 (불상명문) 278
가황후賈皇后 (진晉) 58
간문제簡文帝 (진晉) 86, 104, 106, 110, 112, 117, 118, 130, 134, 143, 148, 150, 189; Ⅲ-250)
갈홍葛洪 56-57, 87; Ⅲ-11), Ⅳ-133), Ⅵ-70)
감택闞澤 Ⅱ-150)
강거康巨 32, 36
강량루지疆梁婁至 71; Ⅱ-258)
강맹상康孟祥 23, 32, 36, 50
강법랑康法朗 141; Ⅱ-204)
강법식康法識 138-139
강법창康法暢 99, 102, 106
강승개康僧鎧 55, 56
강승연康僧淵 79, 102-103, 106, 131
강승회康僧會 23, 36, 43, 47, 48, 51-55, 61, 74, 278, 283, 284-285; Ⅱ-149), 150), Ⅳ-222)
강제康帝 (진晉) 86, 96, 107, 109
강통江統 307; Ⅲ-1)
강흔康昕 138
거빈車頻 Ⅲ-339), Ⅳ-31), 56)
건타륵建陀勒 278
건평자建平子 320
견란甄鸞 296, 302, 305
경려景廬, 경익景匿 → 경로
경로景廬 24-25
계선림季羨林 275
고개지顧愷之 94, 132; Ⅲ-261)
고디카 Ⅴ-202)
고형高亨 Ⅲ부록-98)
고환顧歡 301, 305
곡안원曲安遠 150; Ⅲ-356)
곤鯤 (우왕의 아버지) 169
공국孔國 232
공순지孔淳之 143

공안국孔安國 IV-258)
공융孔融 56
공자孔子 90; III-24)
공자孔子 (불교 성인과의 동일시) 133, 252, 267, 269, 309-318
공자孔子와 서쪽의 성인 274-276
공제恭帝 (진晉) 86, 158
곽거병霍去病 21
곽박郭璞 94, 271; III-57), 262)
곽상郭象 46, 73, 79, 87, 90, 102, 123, 125, 129, 136
(곽)자벽(郭)子碧 35
광무제光武帝 (후한後漢) 26
광음천光音天 319
광일光逸 79
구나발타라求那跋陀羅 105, 122
구마라보리鳩摩羅菩提 202
구마라집鳩摩羅什 12, 65, 66, 69, 72, 102, 114, 143, 146, 192, 193, 202, 202, 205, 210, 212, 213-214, 225-227, 229, 230, 239, 246-249; II-245), II-159), 215), 258), IV-89), 238), IV부록-17), 84), 85), 89)
구양건歐陽健 III-22)
구양수歐陽脩 VI-31)
권익權翼 201
극담郄曇 109, 135
극소郄紹 III-266)
극음郄愔 109, 135, 135
극초郄超 17, 112, 113, 120, 121, 122, 127, 130, 134-135, 137, 143, 145, 148, 150, 188, 190; III-153), 154),

269), 316)
극회郄恢 111, 135
급상汲桑 84
기다라祇多羅 (祇多蜜, 기타미트라) 62, 67
기역耆域 67, 141
길상천吉祥天 318, 319
길장吉藏 138; II-182), III-311)
김일제金日磾 266; V.85
나진옥羅振玉 II-180)
나필羅泌 286
나함羅舍 16, 135-136
남조監調 (번역자?) II-219)
노간勞榦 II.30, 40, 148
노순盧循 155, 157, 215, 246
노식盧植 215
노신魯迅 V-176)
노심盧諶 215
노자老子 6장의 여러 곳
노필盧弼 II-151)
노하盧蝦 215, 246
뇌차종雷次宗 17, 217, 218, 231, 244, 252-253
단도개單道開 182, 185
달마실리達磨室利 23; II-279)
담가가라曇柯迦羅 55, 56
담계曇戒 6, 7, 8, 200
담륭曇隆 IV부록-125)
담마난제曇摩難提 202, 204, 246, IV부록-72)
담마류지曇摩流支 248; IV부록-89)
담마시曇摩侍 202
담마억曇摩抑 152
담모최曇謨最 273

담무갈曇無竭 (보살) IV-205), 228
담무란曇無蘭 (4세기후반) 55 [축법란도 참조]
담(무)제曇(無)諦 55, 56
담무제曇無諦 55, 56
담순曇順 IV-180
담옹曇邕 6, 210, 248
담이曇二 149
담익曇翼 199,240, 279
담일曇一 148-149; III-88)
담비曇備 (비구니) 109
담휘曇徽 9, 199, 241; I-32)
당장유唐長孺 III-2), 11), 13), 46), 48), 169)
대규戴逵 17, 122, 136, 316; III-45), 269), 282), IV-197)
대세지보살大勢至菩薩 318
대엄戴儼 94
도간陶侃 16, 243, 279; III-4), IV부록-23), 41)
도겸陶謙 (후한後漢) 27
도경道琼 (비구니) III-362)
도고道高 V-169)
도류道流 231, II-164)
도립道立 9, 200
도범陶範 IV부록-23)
도보道寶 (4세기 초) 7, 8, 97-98, V-196)
도보道寶 (5세기 초) 232
도선道宣 13, 20, 107, 266, 274
도숭道嵩 147, 191
도안道安 (4세기) 8, 9, 10, 12, 30, 48, 53, 55, 64, 66, 67, 68, 70, 72, 99, 103, 105, 114, 128, 146, 147, 148, 151, 180, 181, 183, 184-204, 205, 206, 207, 224, 225, 240, 241, 246, 276, 281, 308; II-181), III-83, III부록-51), 73), IV-129)
도안道安의 주석서 IV-33)
인수보살印手菩薩 (=도안) 199; IV-89)
도안道安 (6세기) 272
도온道溫 211
도왕道汪 IV-154), 162)
도요道曜 214
도용道容 (비구니) 105
도융道融 9
도일道壹 IV-151), 161)
도의道儀 (비구니) 210-211; IV-141)
도자道慈 IV-152)
도정道整 (조정의 법명) 135, 203, 296
도조道祖 214, 231; II-164), IV-162, 176
도진道進 III,269
도항道恒 (심무의 주창자) 148, 207; III-88), 388)
도항道恒 6, 157, 262, 264; III-388), V-42)
도형道馨 71
동방삭東方朔 20
동탁董卓 36
두문란杜文瀾 IV부록-43)
두패杜覇 V-27)
등함橕舍 190; IV-61)
락쉬미 (여신) 318
마야부인 292; III부록-131, IV-68), 69)
마하가섭 → 가섭

만위달萬威達 8, 76
맹복孟福 35
맹의孟顗 279
멱력覓歷 103
명감明感 (비구니) 109
명광유동明光儒童 (보살) 302, 303
명제明帝 (한漢) 22, 27, 31, 49, 320
명제明帝 (위魏) 57
모둔冒頓 83
모리야 미츠오 守屋美都雄 III-67)
모용희慕容熙 IV-27)
모치즈키 신코 望月信亨 II-61), 109), III-99)
목공穆公 (진秦) 266
목왕穆王 (주周) 273, 275, 276, 286-287; V-155)
목제穆帝 (진晉) 86, 96, 109, 149; III-138)
묘음妙音 (비구니) 153-154, 210
무제武帝 (진晉) 57, 58
무제武帝 (양梁) 279, 317
무제武帝 (송宋) 158
무차라無叉羅 (무라차無羅叉) 62, 63, 70, 131, 191
문수文殊 II-18)
문왕文王 266
미야가와 히사유키 宮川尙之 IV-26)
미제彌第 (투르판 왕) 202
민제愍帝 (진晉) 86, 95, 96, 97, 98, 104-105, 158
밀密 (주석가) 54
밀린다왕 262-263
바이로차나 (카시미르 출신 승려) II-185)

반부인潘夫人 II-129)
반용班勇 25-26; VI-90)
반초班超 25
배경인裵景仁 VI-124)
배계裵啓 III-152), 254)
배송지裵松之 24, 71
배외裵頠 III-25)
배효원裵孝源 III-116)
백도유帛道猷 144, 145
백법거帛法炬 70, 76, 183, 196; II-233)
백법교帛法橋 II.204
백법조帛法祚 8, 76, 77; II-263), 272), IV-19)
백법조帛法祖 → 백원帛遠
백승광帛僧光 145-146; III-331)
백원帛遠 8, 76-77, 98, 293, 294, 295, 297; II-263), VI-33)
백원신帛元信 69
백정왕白淨王 302
범녕范寧 150; IV-151), IV부록-6)
범선范宣 206, 231; IV부록-6)
범태范泰 IV부록-125)
법건法虔 140
법구法教 223
법도法道 189
법령法領 246, IV부록-71)
법립法琳 104, 110, 150, 291, 296; V-7)
법립法立 70
법명法明 V-169)
법상法常 IV-6)
법상法上 IV-114), IV부록-72)
법수法首 IV-6)

색인 739

법승法乘 67, 68
법식法識 248
법안法安 210
법요法饒 (弗如檀) 63; II-201, IV-19)
법우法友 III-119)
법우法遇 199, 24; IV-51)
법우法羽 282
법위法威 143
법의法義 245
법자法慈 V-70)
법정法淨 246
법좌法佐 (혹은 법조法祚) IV-6)
법칭法稱 158
법현法顯 62, 105, 152, 224; III-377), IV-230), V-203), VI-69)
법호法護 → 축법호
법화法和 185, 186, 202; IV-154)
변범지卞范之 155, 238
변사지卞嗣之 238, 257
변소邊韶 293; VI-31)
변호卞壺 94, 96, 104; III-349)
(보)길상(寶)吉祥 (보살) 318, 319
(보)응성(寶)應聲 (보살) 318, 319
보창寶昌 10, 11
보현普賢 VI-140)
복상卜商 270
복도伏滔 (복현도伏玄度) IV-62)
복희伏羲 293, 318-319
부견苻堅 111, 112, 114, 146, 188, 197, 198, 200-202, 264, 276; IV-27), V-27)
부랑苻朗 276, 313; VI-124)
부루나富樓那 IV부록-81)

부비苻丕 198, 201
부의傅毅 320
부하傅遐 8
분타력憤陀力 299, 300, 301
불도징佛圖澄 67, 114, 121, 146, 148, 181-183, 278; II-206)
불도징 제자들 184-185; II.272
불약다라弗若多羅 248; IV부록-89)
불타발타라佛馱跋陀羅 212, 222, 224, 225; IV-184), 235), IV부록-71)
불타사나佛陀斯那 223
불타야사佛陀耶舍 226; IV부록-71)
비마라차卑摩羅叉 IV부록-89)
빈두루 194; IV-73)
사곤謝鯤 79
사광謝廣 107, 160
사령운謝靈運 207, 215, 225, 252, 253; IV-228), 291)
사마굉司馬紘 105
사마도자司馬道子 86, 112-113, 153, 154, 212
사마등司馬騰 83
사마보司馬寶 200
사마염司馬炎 44
사마예司馬睿 59, 85
사마옹司馬顒 67, 76
사마욱司馬昱 → 건문제
사마원현司馬元顯 113, 155
사마의司馬懿 44
사마종司馬綜 149
사마종司馬綜 편찬으로 전해지는 한대 목록 II-2)

사마탐司馬耽 64
사마혁司馬奕 86, 109, 110, 112
사만謝萬 109, 112, 117, 118, 122
사부謝敷 136-137, 139, 145; III-168),
    282), 283), IV-222)
사상謝尙 94, 95, 112
사섭士燮 51
사안謝安 86, 94, 112, 116, 117, 118,
    121, 134, 141, 144, 189: III-152)
사율沙律 (사리불?) 292; VI-24), 25)
사일史佚 270
사정謝靜 139
사카이노 코요 境野黄洋 II-61), 92), 201),
    205), IV-238), IV부록-71)
사혁謝赫 105
사혁謝奕 112
산현山賢(?) IV부록-73)
상제常啼보살 223; IV-228)
서왕모西王母 289
서간徐干 III-213)
석가모니
    중국 초기 문헌에 묘사된 석가모니
        의 생애 133
    지둔의 《석가모니찬》 177-179
석륵石勒 85, 85, 146, 181, 182, 183
석숭石崇 IV부록-59)
석준石遵 IV-29)
석호石虎 85, 111, 146, 181, 182, 183,
    184, 259-260, 264, 265, 278; II-206),
    269), V-27)
선재동자善財童子 284
섭도진聶道眞 66, 68

섭마등聶摩騰 22, 30
섭승원聶承遠 68, 69, II-238)
성제成帝 (진晉) 86, 96, 104, 106, 160;
    III-119)
소공권蕭公權 III-10)
소기蕭綺 276
소모지蕭暮(摹)之 261
소왕昭王 (주周) 273, 286-287
소왕昭王 (연燕) 276
소유蘇由 273
소자량蕭子良 VI-149)
소준蘇峻 96
손권孫權 43, 46, 49, 51, 52, 278; IV
    부록-59)
손등孫登 49
손량孫亮 49, 50
손림孫琳 52
손방孫放 I-64)
손성孫盛 16, 95, 109, 135-136
손육당孫毓棠 II-40)
손이양孫詒讓 13
손은孫恩 113, 154-155
손작孫綽 15, 77, 117, 122, 126, 130,
    132-134, 140, 141, 284, 285; II-198),
    III-78), 248), 262), V-216)
손태孫泰 154
손호孫皓 52, 278
손화孫和 49; IV부록-59)
수보리須菩提 (불도징 제자) IV-6)
순은荀隱 IV-58)
순제順帝 (한漢) 38
슈쇼宗성 11; III-298)

습착치習鑿齒 72, 105, 189, 190, 315, 317; IV-48), 58)
승가개僧伽鎧 55, 56
승가나찰僧伽羅刹 (승가발징僧伽跋澄) 66, 211; IV-151)
승가난타僧伽難陀 279
승가발징僧伽跋澄 202
승가선僧伽先 IV부록-73)
승가제바僧伽提婆 16, 202, 203, 204, 211, 230, 246; IV-151), IV부록-47), 72)
승검僧檢 IV-153)
승경僧慶 282
승기僧基 (비구니) 110; III-139)
승도僧導 158
승략僧䂮 8, 9
승율僧律 IV-137)
승우僧祐 10, 13, 55, 66, 68, 99, 184, 308; III-375)
승유僧瑜 282
승의僧意 III-159)
승제僧濟 9, 221-222
승조僧肇 6, 124, 138, 146, 217; I-69), III-88), 215), 218)
승진僧珍 243
시라토리 쿠라키치 白鳥庫吉 II-13)
시리밀다尸梨蜜多 65, 103-104, 106, 316; III-95, 97, 98, 103
시바타 노리카츠 柴田宣勝 VI-19), 38)
시우충施友忠 VI-5)
시타반니尸陀槃尼 IV-113)
신농神農 293

실리방室利防 20
심약沈約 IV-168)
아난阿難 312
아미타불阿彌陀佛 50, 128, 145, 194, 219-223, 244-245, 318, 310; III-245), IV부록-45)
아사세왕阿闍世王 262
아소카
　아소카와 실리방室利防 20, 71
　아소카의 유적 150, 243-244, 277-280, 312
　아소카 관련 초기 문헌 V-162)
아카누마 치센 赤沼智善 II-69), VI-67)
악광樂廣 78
안법현安法賢 55
안법흠安法欽 70, 277; V.163
안세고安世高 23, 30, 32-34, 47, 53, 54, 139, 186, 208; II-82), 85)
안제安帝 (진晉) 86, 113, 156, 158, 211, 238, 252; IV-178)
안사고顔師古 II-13), 14)
안연년顔延年 IV-236)
안지추顔之推 21
안청安淸 → 안세고安世高
안쵸 安澄 139
안현安玄 23, 32, 34, 53
안회顔回 169; III부록-62)
안회顔回 (불교 성인의 화신) 309-318
애제哀帝 (한漢) 24
애제哀帝 (진晉) 104, 106, 109, 110, 119, 137, 141, 149, 158; III-157)
약왕藥王 (보살) 282

양가楊軻 III-269)
양계초梁啓超 13, 20, 26; II-1), 61), 62)
양만羊曼 79
양연승楊聯陞 II-174), 181)
양해襄楷 21, 30, 36-38, 291, 293
양흔羊欣 138
어환魚豢 24, 56, 291
엄가균嚴可均 IV-121), VI-124)
엄경망嚴耕望 II-91)
엄불조嚴佛調 34, 53
여가석余嘉錫 13
여광呂光 226
여백강呂伯强 77
여와女媧 318-319
연등불燃燈佛 313, 314
염경冉耕 169; III부록-62
염민冉閔 184; IV-19)
영제靈帝 (한漢) 23, 48
영종永宗 (비구니) 151
오노 겐묘 小野玄妙 II-1), 11), 258), III-79)
오실午室 (=우길于吉) 20
오진吳進 182
오쵸 에니치 橫超慧日 I-69), III-168)
오타니 세신 大谷勝眞 II-50), 54), 71), 79), 82), 109)
완간阮侃 253
완방阮放 79
완보阮保 199
완부阮孚 79, 94
완유阮裕 109, 118
완적阮籍 79, 90; III-27)
완첨阮瞻 78

완효서阮孝緖 151-152
왕가王嘉 276; IV부록-59
왕공王恭 113, 151, 154, 213; IV-153)
왕국보王國寶 112-113, 154
왕국유王國維 286; Ii-179), 180)
왕도王導 8, 85, 86, 94, 95-96, 97, 98, 102, 103, 104, 106, 110, 113, 134, 212; III-6), 102), 103)
왕돈王敦 8, 77, 86, 95-96, 97, 104; IV부록-59)
왕맹王孟 197
왕목王穆 IV-161)
왕몽王濛 8, 95, 116, 118, 134; III-151)
왕묵王默 245; IV-161)
왕미王彌 83, 84
왕민王珉 104, 213; IV-151), 161)
왕밀王謐 16, 72, 113, 155, 156, 213-214, 231-236, 238, 245-246, 256; III-342), IV-161)
왕밀王謐이 구마라집에게 보낸 편지 IV-171)
왕복양王濮陽 III-357)
왕부王浮 77, 293-298, 302, 307
왕서王緖 113
왕성王聖 III-379)
왕소王劭 (4세기말) 213; IV-168)
왕소王劭 (7세기초) V-190)
왕수王修 94, 117; III-159)
왕숙민王叔珉 III-29)
왕순王珣 211, 213; III-212), IV-151), 161)
왕술王述 95, 119
왕승건王僧虔 138

왕아王雅 150, 154; III-370)
왕연王衍 94
왕염王琰 105; V-176)
왕요王瑤 III-12), 46), 262), 269)
왕위지王褘之 119
왕응지王凝之 IV-248)
왕이王廙 105
왕이동王伊同 I-5), III-60), IV-122)
왕제지王齊之 219, 224; IV-185), 204)
왕침王忱 199
왕탄지王坦之 119, 141, 143, 150; III-153
왕파干波 183, 265; II-46)
왕표王表 (신인神人) 53
왕필王弼 46, 87, 89-90, 91, 95, 116, 124, 126, 136; III-10), 23)
왕헌지王獻之 94, 119
왕환王奐 IV-168)
왕회王恢 IV-168)
왕회王薈 144
왕휘지王徽之 94, 118, 119
왕호지王胡之 117
왕흡王洽 116, 130, 134; III-266)
왕희지王羲之 110, 117, 119, 129, 132; III-254), 357)
요명달姚名達 IV-79)
요서姚緒 280, 282
요숭姚嵩 212, 226, 246, 249; IV부록-75)
요시가와 코지로 吉川幸次郎 III-47)
요시오카 요시토요 吉岡義豊 VI-46)
요양姚襄 111, 112, 206, 211
요종이饒宗頤 VI-4), 96)

요흥姚興 146, 157, 212, 216, 226, 249; III-282), IV-27)
용수龍樹 101, 212, 225, 249; II-182, IV부록-95)
우禹 169, 266
우길于吉 38; VI-159)
우도수于道邃 140-141; II-135), III-306), 316)
우법개于法開 110, 135, 140-143, 149; III-138
우법란于法蘭 50, 140-141, 189; II-135), III-316, IV-53)
우이 하쿠주 宇井伯壽 III부록-51), IV-3), 29), 33), 34), 64)
우츠노미야 키요요시 宇都宮清吉 II-40), III-47)
원각지袁恪之 238, 257
원굉袁宏 122, 137
원열지袁悅之 154, 238
원제元帝 (진晉) 85, 86, 95, 96, 97, 98, 104, 158; III-95)
월광(동자)月光(童子) 314, 315, 317
유동보살儒童菩薩 314-315, 317
위사도衛士度 6, 7, 78, II-263), III-245)
위수魏收 20-21, 57, V-8)
위요韋曜 49; II-150)
유계지劉系之 129
유기난維祇難 47, 48, 50, 55
유근劉瑾 94
유담劉惔 94, 95; III-349)
유대걸劉大杰 III-46)
유두劉斗 150
유량庾亮 86, 95, 96, 97, 98, 99, 012,

104, 106; II-135), IV-47)
유뢰지劉牢之 155
유방지庾方之 110; III-92)
유비劉備 43
유빙庾氷 86, 96, 98, 106-108, 160-162, 231-232, 250, 256
유살아劉薩阿 279; V-176)
유악劉岳 II-206)
유애庾敳 79, 94
유여由余 266; V-84)
유연劉淵 58, 83-84
유영劉英 26-27, 32, 277
유외劉隗 96
유요劉曜 84-85; II-206)
유원모劉元謀 78
유원지庾爰之 110; III-92)
유원진劉元眞 77-78, 98
유유劉裕 86, 155, 156, 157-158, 215, 216; IV부록-121)
유유민劉遺民 → 유정지
유의강劉義康 III.393
유의경劉義慶 294; III-47)
유익庾翼 86, 96, 97
유정지劉程之 217, 219, 221, 244, 311; III-88)
유준劉峻 21; III-47)
유준劉遵 215
유중옹庾仲雍 II-71)
유천庾闡 106
유총劉聰 84
유향劉向 21, 291; IV-79)
유협劉勰 VI-63)

유황후庾皇后 (진晉) 96
유흠劉歆 IV-79)
육덕명陸德明 129; IV부록-250)
육운陸雲 IV.58
육징陸澄 → 《법론法論》
육혼陸渾 185-186
윤희尹喜 290, 291, 294, 299-300, 302, 304, 311, 312
은융殷融 116
은중감殷仲堪 113, 154, 213, 216, 230, 245, 249
은중문殷仲文 155
은호殷浩 95, 102, 110-111, 116, 118, 130-132, 206; III-45), 254), 307)
응소應劭 2; II-112), V-64)
의정義淨 II-53)
이계평李季平 III.150
이노우에 이치이 井上以智爲 IV-121), 228)
이타노 초하치 板野長八 I-40)
이토 기켄 伊藤義賢 IV-75)
이묘李淼 V-169)
이존伊存 24
이통李通 294
일체중생희견보살一切衆生喜見菩薩 282
장건張騫 20-21, 22, 251, 320
장광張光 77
장담張湛 274-275
장련張蓮 35
장로張魯 290; VI-34)
장릉張陵 290, 319-3201 VI-4)
장변張辯 282
장보張輔 76-77

장안張晏 21
장야張野 219, 244; IV-121), 291), IV부록-2), 6, 19), 84, 128),131)
장언원張彦遠 105; III-115), 261)
장왕莊王 (주周) 271-272
장우張遇 206
장융張融 VI-63)
장은張殷 188
장전張銓 219, 244
장진張津 51
장창張昌 III-4)
장창張敞 232
장천석張天錫 198
장형張衡 29
장화張華 IV-58)
저부褚裒 107, 109, 110
저삽褚翜 107, 160, 250
저褚 황후 107, 109-110, 112, 151, 153
전계展季 29; II-58)
정검淨檢 (비구니) V-7)
정현鄭玄 119, 265
제갈회諸葛恢 107, 160, 250
조비曹丕 43
조비曹毗 20
조식曹植 51, 56-57
조익趙翼 III-48)
조정趙整 135, 203, 296; III-339)
조조曹操 43, 44, 56, 290
조협刁協 94, 96
종병宗炳 15, 20, 21, 143, 217, 218-219, 244, 252-253, 263-264, 268-269, 269-272, 305; II-18), III-314), V-79)

종회鍾會 87; III-10)
주공周公 (불교 성인의 화현으로서) 133, 252, 267, 317-318
주백곤朱伯昆 I-40)
주부朱符 14
주사행朱士行 61-63, 141; II-183), 191), 198), II-2)
주서朱序 190, 198
주성周成 206
주속지周續之 17, 217, 218, 231, 244
주숭周嵩(周仲智) 15; III-363)
주우증朱右曾 286
주의周顗 III-98)
중산왕中山王 64; II-206)
지강양접支疆梁接 71; II-258)
지겸支謙 (지월支越, 지공명支恭明) 23, 24, 36, 47, 48-51, 54, 55, 61, 65, 74, 76, 116, 146, 272; II-125), 136), 138), 141), 162), III-81), IV-130)
지공명支恭明 → 지겸支謙
지담강支曇講 185
지담돈支曇敦 III-77)
지담약支曇龠 144, 151
지담제支曇諦 IV-140)
지둔支遁(지도림支道林) 8, 16-17, 77, 103, 106, 107, 109, 116-130, 131, 132, 134-135, 136, 137, 138, 139, 140, 141, 143, 149, 177-179, 189, 191; II-182), III-83), 151), 154), 165), 168), 212), 248), 254), 307), 316), III부록-157), IV-151)
지둔支遁의 저술 III-213), 248), 249),

316), IV-177)

지둔支遁의 주석서 129; III-248), 249)

지량支亮 32, 36, 48, 76

지루가참支婁迦讖 32, 35-36, 48, 50, 61, 65, 78, 131

지민도支愍度 99-102, 103, 123, 126, 195; III-78), 80), 87), 88)

지법령支法領 62

지법호支法護 65

지엄知嚴 IV-168)

지요支曜 32; III부록-73)

지월支越 → 지겸支謙

지효룡支孝龍 78-79, 98; II-205), 210)

진경(헌)秦景(憲) → 경로

진륜秦倫 51

진석전秦錫田 III부록-2)

진시황제秦始皇帝 20, 21, 269, 270

진인각陳寅恪 101; III.46, 85, 248, 307

진자량陳子良 291, 295, 296, 319; VI-25)

진평陳平 168; III부록-61)

진행進行 IV-82)

진혜陳慧 36, 53, 54

착융笮融 27-28; II-56)

채계蔡系 122

채모蔡謨 105, 107

채옹蔡邕 VI-31)

청묘清妙 (마야부인) 301; VI-68)

추연鄒衍 V-98)

(축)담과(竺)曇果 32, 36

축담유竺曇猷 146, 150

축대력竺大力 32, 36

축도림竺道林 145

축도생竺道生 149, 281; IV부록-125)

축도성竺德成 68

축도일竺道壹 144, 145, 149

축(도)잠竺(道)潛 8, 77, 98-99, 102, 103, 104, 106, 109, 116, 137, 138, 139-140, 149, 151; III-69), 153), 349)

축도호竺道護 48

축력竺力 69

축문성竺文盛 68

축법광竺法曠 7, 144, 150, 151

축법란竺法蘭 (1세기?) 20, 22, 30, 32, 49; IV-53

축법란竺法蘭 (3세기?) 49-50; II-213)

축법수竺法首 183

축법숭竺法崇 13-144

축법심竺法深 → 축도잠竺道潛

축법아竺法雅 8, 12, 181; II-204)

축법언竺法彦 196

축법온竺法溫 (축법온竺法蘊) 139; III-298

축법우竺法友 136, 139

(축)법익(竺)法益 63

축법의竺法義 99, 151

축법적竺法寂 II-210

축법제竺法濟 138, 185; III-288)

축법태竺法汰 103, 144, 147-149, 150, 151, 181, 184, 186, 188, 190, 191, 197, 207; III-266), 338), IV-62, 151), VI-124)

축법행竺法行 III-306)

축법호竺法護 14, 23, 64, 65-70, 76, 98, 183, 196-197, 275; II-221, VI-130, 145)

축불념竺佛念 202
축불삭竺佛朔 → 축삭불竺朔佛
축불조竺佛調 182, 185; IV-6)
축삭불竺朔佛 32, 35
축숙란竺叔蘭 23, 63, 64, 78, 98; II-279), 282)
축승도竺僧度 6, 7
축승랑竺僧朗 185, 207; IV-26), 27)
축승법竺僧法 III-380)
축승보竺僧輔 185, 199
축승부竺僧敷 148-148, 191; III-335), 352)
축장염竺將炎 48, 48, 55
츠다 소키치 津田左右吉 I-40)
츠카모토 젠류 塚本善隆 I-40), 69), II-13), 173), III-88), 245), 257), IV-22), 121), 238), 241)
카스가 레치 春日禮智 11
타카쿠스 준지로 高楠順次郎 II-53)
탁발규拓跋珪 IV-27)
탁잠卓潛 7, 8, 200
탕용동湯用彤 13, 15, 18, 20, 21, 22, 25, 26, 49, 67, 101, 181, 185, 187, 191, 192, 201, 269, 274, 276, 280, 293, 304, 308 및 주석 여러 곳
태무제太武帝 (북위北魏) V-27)
토키와 다이조 常盤大定 13, 15; II-2), 61), 65), IV-121)
팽조彭祖 289
풍우란馮友蘭 III.12, 15, 18, 26, 85, 194, 214, 311, IV.66, VI.2
풍회馮懷 107, 119, 129, 160
피업皮業 36

필영지畢穎之 244
필탁畢卓 79, 219
하간(왕)河間(王) (사마옹) 76
하무기何无忌 16, 252; IV부록-121), V-42)
하묵何默 143
하상지何尙之 264; V-70)
하승천何承天 15, 265, 270, 305; V-42), 79)
하안何晏 46, 87, 89, 95; III-10), V-41), 71)
하야시야 토모지로 林屋友次郎 II-2), 19), 65), 95), 219), 220), 232), III-79)
하준何准 109
하창군賀昌群 II-1), III-2), 46), 307)
하충何充 86, 96, 98, 106-110, 116-117, 120, 130, 149, 153, 160-163, 250, 256; III-133), 153)
하타니 료타이 羽溪了諦 II-1), 13), 185)
하황후何皇后 (진晉)
한림韓林 36
한백韓伯 89; III-335)
한악韓鄂 272
향수向秀 46, 73, 87, 90, 102, 122, 123, 125, 129, 133, 136
해직解直 IV-141)
허매許邁 III-357)
허순許詢 117, 118, 130, 132, 134; III-158), 262)
허영許榮 153
허창許昌(인명) 32; II-57)
혁련발발赫連勃勃 157
혜강嵇康 87, 90; III-27)

혜관慧觀 II-245), IV부록-125)
혜교慧皎 10, 138
혜달慧達 151, 278, 279
혜담慧湛 (비구니) 109
혜력慧力 104, 149-150
혜림慧琳 15; III-385)
혜명惠(慧)命 316
혜변慧辯 IV-82)
혜보慧寶 245
혜상慧常 197; IV-82)
혜소慧紹 282
혜수慧受 150
혜안慧安 210
혜엄慧嚴 158; IV부록-125)
혜영慧永 199, 200, 207, 209, 217, 222, 241; IV부록-41)
혜예慧叡 6, 184, 203; II-56), 198), 245), IV부록-125)
혜원慧遠 6, 8, 12, 15, 17, 114, 128, 148, 157, 158, 180, 181, 191, 192, 194, 195, 198, 199, 204-253, 258-259, 260, 262, 263, 280, 310, 311; IV-39)
    혜원의 저술 IV부록-132)
    혜원慧遠에 의한 설교방식의 변화 209-210
혜익慧益 282
혜제惠帝 (진晉) 67, 76
혜지慧持 8, 199, 206, 207, 209, 210-211, 213, 240; IV-151)
혜통慧通 13
호다扈多 273
호모보지胡母輔之 79

호법보살護法菩薩 IV부록-84
호응린胡應鱗 13
호적胡適 13; II-148)
환겸桓謙 232
환영桓穎 (혹은 환호桓顥) 98; III-71), 145)
환온桓溫 86, 94, 95, 96, 104, 110-112, 119, 130, 156, 206; III-253)
환이桓伊 209, 241; IV부록-24)
환이桓夷 79, 98, 104, 110
환제桓帝 (한漢) 26, 293; VI-31)
환현桓玄 15, 16, 17, 72, 86, 94, 107, 110, 147, 148, 153, 154-157, 205, 211, 212, 213, 214-215, 231-238, 249-251, 252, 256, 259, 260, 261, 265, 305; III-145), 342), IV-177), IV부록-84), V-27)
환활桓豁 148, 190; III-340), IV-60)
황보밀皇甫謐 211, 292
황제黃帝 269, 289; III부록-135)
효무제孝武帝 (진晉) 86, 109, 112, 113, 144, 145, 150, 151-153, 154, 158, 188, 189; III-158), IV-27)
효무제孝武帝 (송宋) 261; V-27)
후외려候外廬 III.11, 12, 20, 26, 28, 34, 40, 46, 48, 60, 248
(후)정약(候)征若 66
후쿠이 코준 福井康順 13; II-47), 55), 56), 106), 148); III부록-26), V-4), VI-34), 45), 47), 56), 73), 110), 157), 159)
휴도왕休屠王 21; II-13)
히카타 류쇼 干潟龍祥 III-84), IV부록-95)

색 인 749

Acker, W. B. III-114)

Bagchi, P. C. 32; II-19), 74), 79), 258), 279)

Bailey, H. W. II-168), 187)

Balazs, Et. III-46), 47)

Bareau A. II-168)

Beal, S. II-1), 63), 119)

Biot, E. IV부록-1)

Boodberg, P. A. II-30), III-3)

Chavannes, Ed. 24-25, 275, 292, 295; II-13), 30), 32), 35), 39), 47), 140), 150), 156), 157), 160), 178), 179), 180), 190); IV-73), IV부록-11), VI-17), 19), 21), 25), 45), 49)

Conrady, A. II-180)

Conze, E. III-84), IV-227)

Coomaraswamy, A. K. IV부록-86)

Creel, H. G. VI-1)

Demiéville, P. II-19), 84), 221), 223), 242), III-28), 138), 203), 230), 307), III부록-151), IV-73), 74), 76), 77), 105), 206), 211), 226), IV부록95), 125)

Dubs, H. H. II-4), 13), 30), 69), IV-49)

Duyvendak, J. J. L. III부록-98), V017), 19)

Eichhorn, W. III-47)

Feeer, L. II-62)

Franke, H. I-6), 17)

Franke, O. 20, 21; II-32)

Geiger, W. III-378)

Gernet, J 261; I-2), V-9), 32), 37), 38)

Granet, M. V-2), VI-70)

Grube, W. III-189)

Gulik, R. H. van I-1)

Hackmann, H. II-63), III부록-102)

Har Dayal VI-54)

Harlez, C. de II-63

Henning, W. B. III-5)

Holzman, D. III-27), 169)

Hulsew, A. F. P. III-379), III부록-44), V-36), 199), VI-49), 51)

Hurvitz, L. 16, 238; I-40), II-11), 46), 173), IV-121), IV부록-115), V-8), 54), 61), VI-105)

Kaltenmark, M. V-14), 15)

Karlgren, B. VI-49)

Lamotte, Et. II-140, 182; III부록-21), 26), 27), 37), 44), 157), IV-75), 228), IV부록-17), 95), V-120, 202, VI-71), 126)

Legge, J. V 부록-1)

Lévi, S. 292; II-32, 118, 124, 185, 186, 258, III-375, 378, III부록-27), 157), IV-73), IV부록-11), VI-21), 23)

Levy, H. S. VI-6)

Liebehthal, W. 15, 16, 17, 101; I-40, 60, 61, 69, II-56), 198), III-12), 85), 88), 214), 218), IV-24), 66), 121), 144), 204), IV부록-71), V-53), 60), 96), 100), 101), 106)

Link, A. E. IV-3), 8), 14), 23), 28), 30), 32), 36), 44), 51), 95), 98), 100), 102), 103), 104), 112), IV부록-20)

Margouliès, G. III-189)

Maspero, H. 13, 14, 20, 21, 22, 32, 33, 38-39, 55; II-19), 20), 21), 23) 42), 47), 54), 55), 57, 63), 104), 165), 179), 180), 190), 272), III부록-2), IV-12), 19), IV부록-57), V-3), 5), 47), 82), VI-3), 34), 56)

Mather, R. IV부록-125)

Matsumoto, Tokumyo II-92), 279), III-84)

Müller, F. Max IV-211), IV부록-45), 57), VI-152)

Mus, P. VI-171)

Nanai Vandak 84

Nobel, J. IV-238)

Oldenberg, H. III부록-131)

Pelliot, P. 13, 14, 290, 292, 295; I-38), 39), 46), 47), II-23), 33), 47), 54), 63), 141), 164), 165), IV-251), V-39), 59), 75), 163), VI-2), 21), 33), 45)

Przyluski, J. IV-228), V-163)

Pulleyblank, E. G. I-4), III부록-66)

Rockhill, W. W. II-185), III부록-72)

Rotours, R. des II-107), VI-34)

Ščuckij, J. 12; IV121)

Sirén, O. III-261)

Soymi, M. IV-10)

Stein, Sir Aurel II-178), 179), 180), 185)

Terrien de Lacouperie II-1)

Thomas, E. J. III부록-131)

Tjan Tjoe-som V부록-3)

Unkrig, W. A. 12

Vallée Poussin, L. de la VI-55) [《아비달마구사론阿毗達磨俱舍論》도 참조]

Wallesser, M. II-182)

Ware, J. R. II-2), 13), 15), 276); V-8)

Whitaker, K. P. K. 56; II-169), 170)

Wieger, L. II-80)

Wilbur, M. VI-49)

Wilhelm, M. H. III-262), 263)

Wright, A. F. 10, 11, 181;II-204), 206), 272), III-213), 262), 269), IV-1), 6), 7), 8), 14), 17), IV부록-125), V-176), VI-37)

Zach, E. von II-58)

2. 문헌 이름

《개원석교록開元釋敎錄》 30, 66, 68, 70

《갱생론更生論》 16, 135-136

《건강실록建康實錄》 III-158)

《경론도록經論都錄》 99

《고(경)록古(經)錄》 20

《고사전高士傳》 292; III-289)

《고승전高僧傳》 (혜교慧皎 찬) 10, 138, 201, 209-210, 276, 293-294 및 주석 여러 곳

《고승전高僧傳》 (배자야裴子野 찬) 294

《고일사문전高逸沙門傳》 138, 139, 185; III-151), 154), 254), 259), 289), 307)

《고좌별전高座別傳》 III-95), 98)

《고좌전高座傳》III-95)
《고화품록古畵品錄》105
《공작왕잡신주孔雀王雜神呪》III-99)
《공적소문경空寂所問經》313, 317; VI-145)
《관불삼매(해)경觀佛三昧(海)經》224-225
《관세불형상경灌洗佛形像經》II-53)
《관월광보살기觀月光菩薩記》315
《관정경灌頂經》316-317; III-99)
《광설품廣說品》300, 301
《광찬경光讚經》67, 68, 70, 191, 192, 197; II-182), IV-64), 82)
《광홍명집廣弘明集》13, 20
《금강반야경주金剛般若經注》IV부록-125)
《기세인본경起世因本經》I-30)
《나선비구경那仙比丘經》V-49)
《낙양가람기洛陽伽藍記》V-8)
《남경사기南京寺記》III-111)
《난정집서蘭亭集序》119; III-189)
《노모경老母經》(《老女人經》) 54
《노사路史》286
《노자대권보살경老子大權菩薩經》313, 317
《노자명老子銘》293; VI-31)
《노자서老子序》306
《노자승현경老子升玄經》320
《노자의문반신老子疑問反訊》136
《노자찬老子贊》134
《노자화호경老子化胡經》→《화호경》
《논서論書》138
《논어論語》90, 99, 204
《니원경泥洹經》169, 171, 174
《달욱다라록達郁多羅錄》VI-133)

《달장론達莊論》III-27)
《담무덕율부잡갈마曇無德律部雜羯磨》56; II-168)
《대공작왕신주大孔雀王神呪》III-99)
《대당내전록大唐內典錄》24
《대명도경大明度經》54, 61, 65; II-140)
《대반열반경大般涅槃經》105, 131; IV부록-91), 92), VI-115)
《대승대의장大乘大義章》226-229; I-41), II-245), IV-241)
《대지도론大智度論》65, 212, 225, 227, 249; II-182), III부록-26), 27), 30), 31), IV-242), IV부록-95)
《대지도론초大智度論抄》(혜원 찬) IV부록-97)
《덕호장자경德護長者經》315
《도덕경道德經》9, 12, 30, 46, 48, 75, 77, 79, 87, 89, 137, 149, 193, 201, 214, 230, 240, 289, 290, 300; II-62)
《도사장릉별전道士張陵別傳》320
《도지경道地經》54, 66, 186; III부록-151)
《도행(반야)경道行(般若)經》35, 61, 65, 79, 120, 131, 147, 149; II-92), 182), III부록-41), IV-64)
《도행지귀道行指歸》134
《도현론道賢論》122, 132; III-248)
《돈진(타라소문여래삼매)경㥁眞(陀羅所問如來三昧)經》35, 54
《동관한기東觀漢記》II.47
《마하찰두경摩訶刹頭經》II-53)
《멸혹론滅惑論》VI-63)
《명덕사문제목明德沙門題目》132; II-78)

〈명덕사문찬明德沙門贊〉 132
《명불론明佛論》 15, 20, 143, 219, 268, 270, 271; Ⅱ-18), Ⅲ-314)
《명보응론明報應論》 16
《명상기冥祥記》 105; Ⅱ-135), 195), 198), 204), 205), 279), Ⅲ-245), 253), 295), 310), Ⅴ-176)
《명승전名僧傳》 10, 294
《명승전초名僧傳抄》 11, Ⅲ-298)
《명위화호경明威化胡經》 298
《모자牟子》 12, 13-15, 52, 130, 261, 264, 266, 284, 285; Ⅱ-259), Ⅵ-69)
《목천자전穆天子傳》 275
《묘법연화경妙法蓮華經》(《법화경法華經》) 69, 70, 98, 99, 131, 141, 143-144, 145, 228, 282; Ⅱ-245), 246), Ⅲ-168), Ⅳ-211), Ⅴ-101)
《문자文子》(위서) 12
《문수사리반열반경文殊師利般涅槃經》 Ⅱ-18)
《문수사리정율경文殊師利淨律經》 67
《문시전文始傳》 300, 302, 303; Ⅵ-56)
《미륵여래감응초彌勒如來感應抄》 11
《반주삼매경般舟三昧經》 32, 35, 39, 220-221, 228
《방광경放光經》 63-65, 70, 77, 78, 79, 101, 131, 139, 147, 149, 191, 192, 193, 197, 204; Ⅱ-182), 206), 210), Ⅳ-64)
《방언方言》 Ⅱ-88)
《백흑론白黑論》 15; Ⅴ-53), 63)
《법경경法鏡經》 34, 53, 54, 283

《법구경法句經》 47, 48, 50, 55, 62, 170; Ⅱ-118), 119), Ⅲ부록-72)
《법론法論》 10, 13, 72, 134, 136, 213, 226, 308; Ⅲ-168), 213), 342), Ⅳ-62), 237), 240)
《법멸진경法滅盡經》 Ⅵ-145)
《법성론法性論》 249
《법원잡연원시집法苑雜緣原始集》 308; Ⅲ-375)
《법화삼매경法華三昧經》 71
《법화의소法華義疏》 144
《법화종요法華宗要》 Ⅰ-245)
《변도론辨道論》 57
《변정론 辯正論》 104, 291, 292, 319; Ⅴ-7)
《보살지菩薩地》 Ⅲ부록-157)
《보요경普曜經》 67, 174; Ⅱ-223), 311), Ⅲ부록-113)
《본기경本起經》 → 태자서응본기경
《본업경本業經》 196
《봉법요奉法要》 17, 127, 132, 135, 137, 164-176; Ⅲ-279)
《북산록北山錄》 Ⅵ-86)
《불발경佛鉢經》 315
《불설국왕오인경佛說國王五人經》 275
〈불영명佛影銘〉(혜원 찬) 224, 225, 242-243; Ⅳ-228), Ⅳ부록-26), 27)
〈불영명佛影銘〉(사령운 찬) 225; Ⅳ-228), Ⅳ부록-125)
〈불영명佛影銘〉(안연년 찬) Ⅳ-236)
《불조역대통재佛祖歷代通載》 302, 303
《불조통기佛祖通記》 Ⅱ-129), Ⅳ-161), 188), 204)

색인 753

《불퇴전법륜경不退轉法輪經》 66
《부자苻子》 276, 313; VI-124)
《비각사부서목록祕閣四部書目錄》 151-152
《비구니계본比丘尼戒本》 IV-82)
《비구니전比丘尼傳》 10, 105
《비바사毗婆沙》 203
《사기史記》 25, 290
《사문단복론沙門袒服論》 16
《사문불경왕자론沙門不敬王者論》 15, 231, 237, 238-239, 250-252, 310; III부록-34)
《사부정위四部正僞》 13
《사분율四分律》 IV부록-59)
《사십이장경四十二章經》 14, 22, 29-30, 38, 50; II-62), 141), III부록-102), V-88)
《사융론徙戎論》 307; III-1)
《산문현의山門玄義》 139
《산해경山海經》 271
《살담분다리경薩曇芬陀利經》 II-246)
《삼국지三國志》 24, 27, 49, 71
《삼법도론三法度論》 IV부록-73
《삼보고사三輔故事》 20
《삼보론三報論》 16; IV부록-47)
《삼파론三破論》 VI-63)
《상이주想爾注》 VI-4)
《서경부西京賦》 29
《서승경西昇經》 311-312, 313; VI-110)
〈서역전西域傳〉(=〈서융전西戎傳〉?) 291, 292, 295-296, 297; VI-25)
〈서역전西域傳〉(《한서》 및《후한서》) 40
《서역지西域志》(도안道安 찬) 224
〈서융전西戎傳〉(《魏略》) 291, 292, 295; VI-25)
《석가방지釋迦方志》 V-7)
《석박론釋駁論》 157, 262, 264; V-42)
《석씨요람釋氏要覽》 IV부록-59)
《석의론釋疑論》(대규戴逵 찬) 17; III-45), IV-197)
《석의론釋疑論》(조식曹植 찬) 56-57
《선견율비파사善見律毗婆沙》 V-164)
《성구광명정의경成具(光明定意)經》 170, 171
《세설신어世說新語》 21, 71, 93-95; III-47), 154)
《세화기려歲華記麗》 272
《소도론笑道論》 296, 302, 305
《소빙경消氷經》 302; VI-73)
《소요편逍遙論》 129; III-248)
〈소요편逍遙篇〉(《莊子》) 119, 128-129
《속고승전續高僧傳》 273
《속박물지續博物志》 292
《속진양추續晉陽秋》 136; III-262)
《속집고금불도논형續集古今佛道論衡》 II-23), 150)
《수능엄삼매首楞嚴三昧經》 35, 36, 50, 63, 70, 76, 78, 99, 140, 197, 294; III-80), 82), 168)
《수뢰경須賴經》 197
《수미사역경須彌四域經》 313, 318; VI-149)
《수미상도산경須彌像圖山經》 313, 319
《수행본기경修行本起經》 36, 50; II-53, III부록-151), V-117)
《숭유론崇有論》 III-25)
《습유기拾遺記》 276; IV부록-59)

《승기계본僧祇戒本》(바라제목차) 56
《시경詩經》 9, 231
《신무형론神無形論》 148, 149, 191; III-337)
《신선전神仙傳》 VI-70)
《신이제론神二諦論》 144
《신일경申日經》 315; VI-130)
《십만송반야경十萬頌般若經》 II-182
《십법구의十法句義》 186
《십사음훈서十四音訓序》 IV부록-125
《십송율十頌律》 248; IV부록-89)
《십이문경十二門經》 48, 170, 186; III부록-51)
《십이유경十二游經》 71
《십이유경十二游經》(위경) 313, 319
《십지경》 196-197; II-233), III부록-157)
《십팔현전十八賢傳》 217; IV-188)
《아미타경阿彌陀經》 50, 70, 131, 145, 221; IV-211) 214), IV부록-45), 57)
《아비달마구사론阿毗達磨俱舍論》 II-140), III부록-21), 27), 33), 37), 43), 44), 151), IV부록-47), V-203), VI-153)
《아비담심론阿毗曇心論》 16, 203, 230, 246, IV부록-47), 72)
《아비담팔건도론阿毗曇八犍度論》 203
《아사세왕경阿闍世王經》 35
《아육왕전阿育王傳》 70, 277; V-163)
《아함경阿含經》 47, 202, 204
《아함구해阿含口解》 II-69)
《안반수의경安般守意經》 36, 53, 54, 127, 136, 186; III-186)
《안반해安般解》 54
《안법사전安法師傳》 IV-97)

《안씨가훈顔氏家訓》 21
《안화상전安和尙傳》 IV-97)
《어림語林》 III-152), 154), 254)
《언진의론言盡意論》 III-22)
《업중기鄴中記》 IV-9), 29)
《여산기廬山記》 (진순유陳舜兪 찬) 217; IV-188), 190), 195), 198), 200), 202), 204), IV부록-130), 131), 132)
《여산기廬山記》(혜원 찬) 208; IV부록-25)
〈여산부廬山賦〉 IV.140
《역경易經》 9, 12, 46, 88-89, 90, 95, 149, 178, 213, 230, 245; V-104)
《역대명화기歷代名畵記》 III-115), 261)
《역대삼보기歷代三寶記》 20, 24, 55, 66, 68, 70
《열선전列仙傳》 21, 291
《열자列子》 274-276; III부록-156)
《염철론鹽鐵論》 II부록-44)
《예기禮記》 231, 265; III부록-27), IV부록-115), V-103)
《오서吳書》 49, 150
《오서吳書》(위서) II-23), 150)
《오세록吳世錄》 II-164)
《오품吳品》 53; II-158)-159)
《요본생사경了本生死經》 54
《욕상공덕경浴像功德經》 II-53)
《육도집경六度集經》 14, 53, 54
《월광동자경月光童子經》 VI-130)
《위략魏略》 22, 24-25, 291, 292, 295; VI-17), 19), 25)
《위서魏書》 20, 57, 272
《위세록魏世錄》 II-164)

《위세춘추魏世春秋》 135, 136
《유도론喩道論》 15, 130, 132-134, 284; III-306)
《유마(힐)경維摩(詰)經》 35, 50, 54, 70, 78, 99, 114, 131-132, 172, 174, 175; III-80), 215), 257), 258), IV-89), IV부록-125)
《유명록幽明錄》 294
《윤문자尹文子》 304, 11
《융화론戎華論》 VI-142)
《음지입경陰持入經》 54, 186
《이교론二敎論》 272
《이만오천송반야경二萬五千頌般若經》 14, 61-65, 66, 101; II-182
《이원異苑》 56
《이출십이문경異出十二門經》 167; III부록-51)
《이하론夷夏論》 310; VI-70), 72)
《이혹론理惑論》 → 《모자》
《인물(시의)론人物(始義)論》 99; III-77)
《인본욕생경人本欲生經》 186
《의유론疑喩論》 II-56), 198), IV-24)
《잡비유경雜譬喩經》 53
《장왕별전莊王別傳》 272
《장자莊子》 9, 12, 46, 73, 75, 77, 79, 88, 118, 128-129, 137, 142-143, 201, 230, 240, 241, 290
《장자음의莊子音義》 129
《장자주莊子注》(향수向秀 - 곽상郭象 찬) 87, 90-92, 119, 129
《절오장切悟章》 140
《정관공사화사貞觀公私畵史》 III-116

《정무론正誣論》 15, 303, 304, 311; II-56), V-47)
《정상론正像論》 II-198)
《정이교론正二敎論》 VI-72)
《정재경正齋經》 168; III부록-59)
《조론肇論》 I-69), III-88), 218)
《조립천지경造立天地經》 300
《종리중경목록綜理衆經目錄》 10, 30, 70, 195-196, 308; II-65)
《좌전左傳》 272, 286, 287; III-196)
《주례周禮》 V-191)
《주서이기周書異記》 273, 286-287
《죽서기년竹書紀年》 272, 274, 286-287
《중경목록衆經目錄》(법경法鏡 찬) 77, 308; IV-237)
《중관론소中觀論疏》 III-311)
《중본기경中本起經》 36; II-99), 212)
《중심(정행)경中心(正行)經》 55
《중아함中阿含》 204, 211
《중흥서中興書》 III-266)
《즉색유현론卽色遊玄論》 134
《증일아함增一阿含》 204, 281
《지둔별전支遁別傳》 III-151), 154)
《지둔전支遁傳》 II-152), 154), 212)
《지법사전支法師傳》 III-154)
《진서秦書》(거빈車頻 찬) III-339), IV-31), 56)
《진서秦書》(배경인裵景仁 찬) VI-124)
《진서晉書》 71, 201, 276 및 주석 여러 곳
《진세잡록晉世雜錄》 294, 302, 316; II-164), V-163)
《진양추晉陽秋》 109, 135

《진중경부晉中經簿》 151
《집고록集古錄》 VI-31)
《집사문불응배속등사集沙門不應拜俗等事》 15
《차마갈경差摩竭經》 170; III부록-71)
《찬보살연구범패讚菩薩連句梵唄》 51
《채고래능서인명采古來能書人名》 138
《청정법행경清淨法行經》 313, 314, 316, 317; VI-133)
《초기初記》 299-300, 301
《초일(명)삼매경超日(明)三昧經》 68
《춘추春秋》 272
《출삼장기집出三藏記集》 10, 308
《치혹론治惑論》 13
《칠략七略》 IV-79)
《칠록七錄》 151
《탑사기塔寺記》 III-95)
《태원기거주太元起居注》 III-366)
《태자서응본기경太子瑞應本起經》 13, 50, 171, 174, 272, 309, 310; III부록-151), V-117), VI-54), 68), 71)
《태평경太平經》 38; II-106)
《태평어람太平御覽》 V부록-3)
《파사론破邪論》 296
《팔천송반야경八千頌般若經》《도행반야경道行般若經》) 35, 50, 53, 54, 61, 65, 78, 101, 149, 150; II-182), 254)
《폐장론廢莊論》 III.184
《포박자抱朴子》 56-57, 87, 207; III-11), IV-12)
《풍속통의風俗通義》 VI-31), 49)

《하서록河西錄》 II-164)
《한록漢錄》 (주사행朱士行 찬)
《한무고사漢武故事》 II-15)
《한법본내전漢法本內傳》 22, 63, 273; II-23)
《한서漢書》 25
《한서》〈예문지藝文志〉 195
《한서음의漢書音義》 21
《향수곽상주向秀郭象注》 → 《장자주莊子注》
《해룡왕경海龍王經》 241; IV부록-22)
《현겁경賢劫經》 67
《현묘내편玄妙內篇》 301, 303; VI-68), 70), 72)
《현자덕경賢者德經》 170; III부록-74)
《현종론顯宗論》 77
《형주기荊州記》 II.71
《혜인(삼매)경慧印(三昧)經》 54
《혹식이제론惑識二諦論》 142
《홍명집弘明集》 13
《화림편략華林遍略》 V부록-3)
《화엄경華嚴經》 62; IV부록-71)
《화진다라소문여래삼매경化眞陀羅所問如來三昧經》 35, 54
《화호경化胡經》 77, 293 이하 곳곳
《화호경化胡經》의 금지 298; VI.19
《황로(권)黃老(卷)》 26, 27, 37, 53, 289; II-42)
《회남자淮南子》 II-30)
《효경孝經》 30, 281; IV부록-98), V-191)
《후한기後漢記》(의 불교에 대한 서술) 137; II-47)
《후한서後漢書》(범엽范曄 찬) 20, 25, 37
《후한서後漢書》(사승謝承 찬) 272; II-216)

색인 757

3. 나라, 종족, 왕조, 지역, 사찰 이름

가빌라성 (迦維羅衛) II-99)
가빌라성 (維衛) VI-67)
가상사嘉祥寺 (약야산) 144
간정사簡靜寺 (건강) 153; III-380)
갈족羯族 82, 84, 85, 111, 181, 185
갈현산葛峴山 143
강릉江陵 113, 114, 148, 156, 180, 188, 190, 199, 207, 209, 218, 279; IV-180)
강족羌族 81
건강建康 (317년 이전에는 건업) 59, 65, 74, 85, 102, 103, 104
건복사建福寺 (건강) 109
건업建業 24, 36, 43, 45, 46, 48, 51, 52, 59
   건강으로의 개칭 59
건초사建初寺 (건업) 52, 278
견구산牽口山 185
경현涇縣 27
계빈罽賓 (카시미르) 66, 67, 202, 224, 246, 299, 300, 301, 302
고구려高句麗 III-378)
   고구려승高句麗僧 77, 116, 140
고려高麗 → 고구려
고숙姑孰 155, 214, 231, 250
고현苦縣 37; VI.31
곤륜산崑崙山 IV부록-57)
곤명호昆明湖 20
관사官寺 (양국襄國) IV-8)
광릉廣陵 27-28, 112
광주廣州 71, 243
괴리槐里 290

교주交州, 교지交趾 13, 23, 36, 43, 51-52, 71, 141
궁륭산穹隆山 49
급군汲郡 78
나가라하라 224, 225, 242; IV-22
나부산羅浮山 114, 182, 199, 207, 209, 241
낙양洛陽의 불교 22, 28-36, 57, 59, 66, 67, 68, 69, 78, 114, 141, 181, 255, 262
   낙양 함락 (311년) 84, 85
   낙양 수복 (356년) 111-112
   유유劉裕의 낙양 공격 (418년) 157
남해南海 (광주廣州) 43
날란다 200
낭야瑯琊 26, 38, 154
녹야사鹿野寺 (건강) III-119)
누번樓煩 240
능운사凌雲寺 (여산) 210
니야 (精絶) 62; II-179), 180), 190)
다라多羅 312; VI.115
단계사檀溪寺 (양양襄陽) 188, 206
단양丹陽 27, 104
단특산檀特山 300
당읍堂邑 150
대국代國 (선비족 왕국) 198
대완大宛 (페르가나) 57, 58
대진大秦 (동로마제국) 51
도량사道場寺 (건강) 104-105
도산塗山 286
돈황敦煌 23, 59, 65, 66, 67, 68, 182
동림사東林寺 (여산) 209, 210, 213, 239,

758 불교의 중국 정복

241, 280; IV부록-24)
동안사東安寺 (건강) 120, 149, 211
동완東莞 148
동진東晉 왕조
    성립 95
    시기구분 86
    왕조의 회복(404년) 86
롭노르 (鄯善) 82
말레이반도 26
멱현鄭縣 279
목서국沐胥國 276
무읍武邑 185
무창武昌 46, 47, 96, 243
민지澠池 67
반우番禺 (광동廣東) 26
반치산槃鴟山 278
백련사白蓮社 219
백마사白馬寺 (낙양) 22, 31-32, 69; II.71
백마사白馬寺 (건강) 107, 119, 129
백마사白馬寺 (양양) 187
법태사法台寺 (섬산) 139
보살사菩薩寺 (낙양) II-71)
복주산覆舟山 200
부남扶南 45, 51, 57
북위北魏 157, 266
    북위에서의 불교 확산 114
불사佛寺 (낙양) 32
비룡산飛龍山 185
비마比(毗)摩 (호탄의 사찰) 303
비수淝水(의 전투) 6, 112, 198; III-150),
    VI-124)
사마르칸드 84

산음山陰 117, 143, 145
상림象林 141; II-135)
상명사上明寺 (강릉) 199, 209, 241
서광사栖光寺 (섬산剡山) 143; III-157)
서림사西林寺 (여산) 199, 210, 217; IV부
    록-23)
서사西寺 (회계) 134; III-159)
석성산石城山 141, 143, 146; III-57)
선비족鮮卑族 82, 83, 11, 157
선선鄯善 (롭노르) 57-58
섬산剡山 99, 106, 116, 117, 122, 137,
    140-141
성도成都 211, 282
소그드 (康居), 소그드인 23, 32, 51, 55,
    68, 79, 84, 102, 130, 138, 148; II-241
수남사水南寺 (창원倉垣) 63
수북사水北寺 (창원倉垣) 64
수양산首陽山 300
순양順陽 112
신독申毒 (인도) V-132)
신라新羅 116
신안信安 111, 131, 154
신야新野 186
신양新陽 210
신정강新亭岡 151
실론 (스리랑카) 152; III-375), 377), 378)
심양潯陽 156, 199, 208, 210, 215
아미산阿媚山 207
안락사安樂寺 (건강) 150
안문雁門 206, 240
안식安息 (=파르티아) 32
앙산仰山 137-138, 140

야칸드 (莎車) 62
약야산若耶山 144-145
양국襄國 85, 181-182
양양襄陽 70, 10, 112, 114, 128, 146, 180, 186, 187-198, 207
  양양襄陽 농성전 (378/379년) 198
양주涼州 (감숙성) 의 경전들 67; II-232)
  양주의 《광찬경光讚經》 70, 197
  양주의 다른 경전들 196-197
  부견苻堅의 양주 정복 198
  양주의 구마라집 226
언기焉耆 (카라샤르) 57, 58
업鄴 148, 181, 182, 183
여궤산女几山 207
여산廬山 114, 116, 128, 180, 199, 200, 207-208, 209
여항산余杭山 116
연국燕國 111, 157, 185
연흥사延興寺 (건강) 110
영안사永安寺 (건강) 109
영천穎川 36, 61, 79
영취사靈鷲寺 (섬산) 141
영취산靈鷲山 208
예장豫章 63, 102, 106, 206; IV부록-6)
오吳 (왕조) 43, 44-45
오군吳郡 26
오현吳縣 117
오환烏桓 83
오흥吳興 134
와관사瓦官寺 (건강) 104, 109, 133, 140, 147, 148-149, 150, 158l III-261), 352), 375), IV-162)

왕옥산王屋山 185, 207
용광사龍光寺 (건강) 110
용궁사龍宮寺 (건강) 104
용연사龍淵寺 (성도) 211
용천(정사)龍泉(精舍) (여산) 209, 241
원화사元華寺 (섬산) 140, 141, 143
월지月氏 22, 23, 24-25, 32, 36, 48, 65, 68, 71, 144; II-241)
(유)송(劉)宋의 성립 86
은구산隱丘寺 (석성산) 146
인도印度, 印度人 23, 30, 32, 51, 55, 65, 66, 67, 68, 78, 98, 114, 141, 182, 200-201, 242, 291, 304-305; II-241), V-132), 133)
인도차이나 26
일남日南 51
일본 III-378)
임려林廬 116
임읍林邑 (참파) 45, 51, 57
임장臨漳 182
임치臨淄 278
장간사長干寺 (건강) 150, 279
장사사長沙寺 (강릉) 190, 199, 279
장안長安 29, 59, 65, 66, 67, 68, 98, 114, 146, 181, 200-202, 226, 255
  장안의 함락(311년, 316년) 84
  유유劉裕의 장안 수복 (418년) 157
저족氐族 82
전조前趙 84
전진前秦 111, 197-198
정절精絶 → 니야
주천酒泉 59, 67, 68

중국中國(가운데 나라 → 인도) 266; III
　부록-133)
중산中山 64; II-204), IV-20)
중사中寺 (양국襄國 및 업鄴) IV-8)
중흥사中興寺 (건강) III-119)
지원사枳園寺 (건강) 213l IV-168)
진류陳留 59, 63, 79, 116
창오蒼梧 13
창원倉垣 63-64
천독天毒 (인도) 271
천수天水 77
청원사靑園寺 (건강) 110
초楚 (환현이 세운 왕조) 110, 156
촉蜀 (사천) 43
축건竺乾 (인도) 311
치성사治城寺 (건강?) III-380)
카시가르 (沙勒) 58, 62, 226
카시미르 → 계빈
캄보디아 45
쿠차 (龜玆), 쿠차인 57, 58, 65, 66, 68,
　69, 76, 103, 226; II-241), IV부록-95)
태산泰山 185, 207; IV-27)
투르판 193, 202
티벳족 82, 157, 199
파르티아 (安息), 파르티아인 23, 25, 32,
　33, 55, 70
팽성彭城 26-28, 29, 32, 109, 277
포판蒲坂 63, 280, 282
하비下邳 27, 28, 144
하후사何后寺 (건강) 109
한계사寒溪寺 (무창) 243, 279
한국[조선朝鮮] 271
항산恒山 185, 206, 207
허창許昌(지명) 182, 206, 240; II-57)
허창사許昌寺 (낙양) 32; II-57)
형주荊州 113, 148, 243
혜보사慧寶(寺) (무창) II-129)
호계虎溪 211
호구산虎丘山 144
호탄 (우전于闐) 14, 57-58, 62-63, 66,
　68, 303; II-185, IV부록-71)
호택濩澤 185; IV-29)
황흥사皇興寺 (건강) 104
회계會稽 26, 94, 106, 116, 117, 134,
　158; IV-133)
후조後趙 85, 11, 181
후진後秦 112, 156, 157
흉노匈奴 45, 58-59, 67, 74, 82-82, 157
흥성사興聖寺 (낙양) 67

4. 용어 및 기타 사항

가난함 (사족 집안) 7, 74
가난함 (승려) 7, 206, 240
가둔嘉遁 138
가명假名 101
가씨賈氏 IV.122
갈마羯磨 56
갈씨葛氏 47; II-119)
감응感應 52, 73, 91, 125-126, 132, 133,
　175, 266-267

색 인 761

감천궁甘泉宮 21
강康 (종족성씨) 102, 189, 281
겁劫 11, 20, 229, 310
격의格義 12, 184, 187; IV부록-18)
계율의 일부만을 지킴 III부록-37)
고苦 11, 136, 172, 173; III부록-85)
고문학파古文學派 45
고승高僧과 산 207-208
고역古譯의 중요성 34
　도안道安과 고역古譯 186
고좌高座 103, 209, 210; II-212)
공空 śūnyatā 35, 73, 100, 101-102,
　123-124, 127, 134, 139, 173, 175-176,
　191, 192, 228
　사공四空 174
　공관空觀 174
공물과 사절 23, 24-25, 57-58, 59, 66,
　152, 202; III-375), 378)
과거의 역사적 사실을 이용한 불교 옹호
　108, 133, 233, 235, 258
관불灌佛 28, 52, 182; II-53)
광승狂僧 79
광정光淨보살 314, 315, 317
교도敎道 196
교양있는 승려 6-9, 47, 52, 71, 74-75,
　97-104, 116-122, 137-145, 158, 183,
　195-196, 199, 206, 211, 230-231
교통로와 무역의 거점 40
교화敎化(부처의) 133
교화敎化(통치자의) 108
구리 (불상의 재료) 158, 190, 210
구리와 건축 자재의 부족 261

구세주救世主 관념 58, 308
구수口授 31
구해口解 31
국자감國子監 57
궁정宮亭 (여산의 사당) 208
궁정불교 (오吳) 53, 74
　(진晉) 61, 64, 98, 104-106, 110, 147-159,
　189
　(후조後趙) 61, 182-183
　(전진前秦) 200-204
　(후진後秦) 226
　(호탄) 62
권조자勸助者 31
귀류논증법 100
귀명歸命 III부록-22)
귀무貴無 90, 102
귀무貴無 90, 126
극락極樂 128, 219, 220, 221, 222, 244-245;
　IV부록-57)
극미極微 228
극씨郄氏 집안의 불교와 도교 수용 135
극형 121-122
금문학파今文學派 45
기세간器世間 319
깨달음[覺] 74, 100, 142-143, 178; IV-
　125
꿈속에 부처의 나타남 221, 222, 228
나무南無 164, 301; III부록-23)
낙현당樂賢堂 105
남방의 사족 74, 85, 95
남쪽으로의 대탈주 (4세기초) 59, 85
낭야琅琊 왕王씨 211; III-67)

내성內聖 90
다라니陀羅尼 103, 146
달達 78-79
담모姆姍 III-379)
담무덕율부曇無德律部의 경장經藏 II-168
담무덕율부曇無德律部의 율장律藏 IV부록-59)
대론對論 (불교 논서의) 93
　(《유마경》의) 132
대몽大夢 142-143
대승大乘
　대승과 소승의 공존 34
　대승의 전래자 지루가참 35, 72
　호탄의 대승 62-63
　대승과 현학 73
대홍려(경)大鴻臚(卿) 38
도가道家 철학 46, 79, 88-89, 288-289
도가용어道家用語
　불경佛經 번역에서의 활용 33, 184
　중국에서의 초기《반야경》이해에 미친 혼란 101
도강都講 118
도교道敎 교단의 자율성 289-290
도교道敎, 도술道術, 도사道士 26-27, 33, 37, 38, 53, 56-57, 63, 73, 77, 87, 109, 113, 114, 135, 136, 142-143, 150, 154, 182, 192, 201, 207-208, 226; III-275), 357), IV-12), 247), IV부록-57), V-47), 6장 도처.
도솔천 128, 194
도습都習 255
도시 (무역 거점으로서) 40

도시 (불교 거점으로서) 59
독경讀經 (처형에 임해서의) 151; III-363)
독신獨身 281, 298, 304, 306
돈오頓悟 III부록-157), IV부록-125)
리理 88, 90, 125-126
마음
　마음의 위험성 167
　모든 존재가 마음에서 비롯됨 172
말유末有 87, 192
망忘 126, 174
멸진정滅盡定 229
명가名家 46
명교名敎 86-87, 90, 93
명구名句 93, 94, 102, 117, 190; III-47), 58)
명冥 91, 92, 143, 174, 175; III-20)
모용씨慕容氏 111, 157
묘妙 101
묘妙 VI-68)
무량無量 → 사무량심四無量心
무無 73, 88-89, 90, 91-92, 139, 174, 175, 228
무상無相 101
무상無常 11, 172-173; III부록-87), 96)
무상신無常身 11
무생법인無生法忍 214; III부록-157)
무아無我 100, 173; III-87)
무위無爲 (=열반) 13, 37, 133, 174, 193
무위無爲 (현학의 용어) 73, 91, 92, 120, 121-122, 133
무작無作 101
무표(업)無表(業) III부록-44)

묵가墨家 46
문文 47
문벌門閥 5, 44, 57, 85-86, 156
문학교육文學敎育 (사족의 특성으로서) 4-5
　문학교육의 거점으로서의 사원 9, 138
　문학적 소양을 가진 승려 52, 65, 78, 116, 183, 206, 211, 230-231
문화적 우월의식 264-266
미륵彌勒신앙 128, 185, 194-195, 199, 200; IV-75)
민족주의 (인종주의) 83, 85, 111-112, 264-266
민중(대중) 불교 3, 28, 52, 146, 183 징조 52, 146, 150, 158; III-356), V-189), 190)
바라밀(다) 100, 173-174; II-140, III부록-121)
　세속의 바라밀 174, 175
반란, 폭동, 농민항쟁 58, 83-84, 113, 154-155, 183, 215, 289-290; VI-5), 6)
반反승려주의 논쟁 108, 156-157, 231-236, 254-285
반反예교주의 78-79, 87, 90, 122
반야 73, 74, 100, 124, 173, 174, 213, 222-223
반야바라밀(다) 35, 61, 65, 70, 78, 79, 98, 100-101, 102, 116, 120, 124-126, 131, 137, 139, 141, 143, 147, 148, 149, 187, 191, 196, 203, 206, 264
반야바라밀과 현학玄學 73, 101, 114, 124-126, 137, 187, 190, 191, 193; II-182), III-84), IV-39), 64), 227)

방등方等 14, 61, 137; IV-42)
방편方便 73, 90, 125, 132, 133, 139, 214, 266, 310; V-32)
방편선교方便善巧 309
백帛 (종족성씨) 281
백석신군비白石神君碑 II-91)
번뇌煩惱 228
번역, 번역팀 31, 202-203
　초기 번역의 중요성 34
　번역상의 문제점 47, 203; II-138
　지겸의 번역 50; II-136), 138)
　지루가참의 번역 66, 69-70
　국가 후원의 번역작업 114, 201, 202-203
　번역의 중심은 북조 146
　구마라집의 번역 114
　도안이 제시한 번역상의 원칙 203
범패梵唄 50-51, 56, 75, 144; III-98)
법가法家 46, 87, 88
법계法界 IV부록-17)
법계신法界身 (법성신法性身) 227, III부록-157)
법공法空 100
법성法性 (법이法爾) 101, 214, 225, 228, 270, 309; IV부록-17)
법신法身 130, 143, 193, 214, 220, 225-229; IV-227), 242)
법왕法王 277
법혜法慧 (진혜眞慧의 상대개념) 193
보리菩提 74, 142-143 [깨달음도 참조]
보살
　승려와 재가신자들에 사용되는 용어 32

보살과 아라한 228, 229
보살의 지혜 100-101, 175-176
보시布施 173
보신報身 IV-242)
본무本無 46, 87, 92, 137-138, 191-192; IV-66)
　본무이종本無異宗 137-138, 148
　본무종本無宗 191-192
부락部落 83
부部 (부족) 83
부정관不淨觀 33; III부록-70)
부처 (진리의 체현자) 130, 133
　부처와 중국 성인의 동일시 133 및 5장 여러 곳
　부처의 십호十號 VI-63)
　부처의 탄생일과 열반일에 관한 이론들 271-274, 286-287
　(일)불승(一)佛乘 (《법화경》의 용어) 69
북조北朝 정벌 (殷浩의) 110
　(桓溫의) 110-11
　(劉裕의) 157
북조의 불교 61, 114-115, 146, 180-187, 200-204
분分 90-92, 234; III-28), 45)
불교 문헌의 전사체계 및 그 기원 39-40
불교 탄압 (法難) 52
불교를 주제로 한 그림 75, 105-106, 218, 225; III-261, IV-231)
불교를 주제로 한 시문 III-262, IV부록-27)
불교에 대한 공리주의적 비판 262-264

불교에 대한 윤리적 비판 281-285
불교에 대한 윤리적 선양 137, 205
불교와 신자들에 대한 비난과 풍자 109, 118-119
불교와 의술醫術 141, 145, 182, 262; III-138), 275), 307)
불교의 이적들 22, 52, 53, 114, 145-147, 181, 182, 209, 241, 243-244, 278, 279, 280; III-253), V-190)
불교의 확산
　후한대 40
　서진西晉 59-60
　동진東晉 82
　북조 114-116
불로장생不老長生 (불사不死) 73, 87, 136, 143, 230, 239
불사리佛舍利 52, 150, 151, 188, 278, 279-280
불상佛像 28, 105, 128, 144, 145, 152, 158, 180, 182, 210, 219, 220, 223-225, 242-243, 243-244, 277-280, 282, 303-304; III-375, IV-8), IV부록-94)
불영佛影 220, 224, 242-243; IV-228
불전목록佛典目錄 10, 30-31, 66, 99, 187, 195-197, 231; II-65), 219), IV-79)
비구니 103, 109-110, 153-154, 159, 183, 210-211; III-253)
비구比丘 32
비구比丘 32
비밀의秘密義 II-245)
비悲 (四無量心) 171

비신非身 173
비유譬喩 142; III-312)
사념처四念處 33
사대四大 138, 176, 227, 228; IV-216), VI-124)
사마씨司馬氏 왕자들 사이의 다툼 58, 67, 72, 83, 85
사무량심四無量心 164, 170-171, 175; III부록-76)
사문沙門 32
사문沙門
　상문桑門 (沙門의 옛 번역어) 27, 32
　사문沙門의 어원과 관련한 전설 VI-63)
　(사문)석자(沙門)釋子 9; V-197)
사미沙彌 32
사미沙彌 32; II-88)
사미십혜沙彌十慧 II-88)
사숨 (경안輕安) 170, 173, 282
사상思想 (5온 중의 想과 같음) 166
사신捨身 249, 281-282, 283, 298
사신족행四神足行 33
사씨謝氏 86, 112
사예교위司隸校尉 48
사원공동체의 정치적 중립 215-217
사원과 사원생활
　낙양 22
　팽성 28
　사寺라는 용어의 유래 38-39
　세속학문의 교육장소로서의 사원 9, 74
　피난 장소로서의 사원 74, 259-261
　사원과 형이상학적 사고 126-127

　은둔으로서의 사원생활 6, 74, 97-98, 102-103, 143, 145, 216-217
　개인 저택의 희사를 통한 사원 설립 32, 150, 188
사음邪淫 III부록-33)
사족士族 불교의 합리주의 73, 127, 229
사족士族의 개념 4-6
사죄四罪 III부록-65)
사천四川으로의 불교 전파 185, 186, 211; IV-154)
사회도덕과 불교 133, 256, 281-285
사회의 재봉건화 44
삭발 55, 118, 249, 256, 281, 283, 298, 304
산스크리트 단어의 어원적 설명 VI-63)
산스크리트 지식 2, 51, 69, 76, 78, 202, 203; I-1), II-107), IV부록-125), V-216)
살파야薩婆若, 일체지一切智 214
삼계三界 III부록-35)
삼공비三公碑 II-91)
삼도三途 166
삼론종三論宗 131
삼매三昧 193, 194, 222, 223
삼명三明 III-343), VI-55)
삼보三報 244; IV부록-47)
삼성동래설三聖東來說 313-318
삼승三乘 118, 140, 214, 229; III-168), IV-62)
삼신三身 225
삼악도三惡道 III부록-39)
삼자귀三自歸 (三歸依) 164, 175; III부록-21)

삼천대천세계三千大天世界 V-100)
상교像教 IV부록-11)
상문桑門 27, 29
상법像法 IV부록-11)
상相 178, 227
상아 여섯 달린 코끼리 II-30)
색계色界 186
색구경천色究竟天 (유정천有頂天) 186
색色 102, 123, 134, 138, 139, 166, 228
서예 (교양있는 승려들의) 75, 138-139, 145, 211, 294
서원誓願 128, 182, 194, 217, 219-220, 244-245; IV-145
석釋 (종교성씨) 189, 281; IV-9), V-196)
선(정)禪(定) 18, 33, 35, 53, 54, 127, 141, 145-146, 173, 174, 175, 180, 186, 187, 190, 200, 210, 219-223, 229, 246; III부록-116), IV-64)
설일체유부說一切有部 202, 203, 230
성인聖人의 감정 (청담의 주제) 95; III-159)
세계世界 11
세팔사世八事 171
소승小乘
　소승과 대승의 공존 34
　호탄의 소승 62
　쿠챠에서 소승의 우위 62
소이所以 91, 125
소이적所以迹 91, 133; III-34)
속제俗諦 (세제世諦, 세속제世俗諦) 87, 142, 144
수기授記 227-228

수數 12, 88, 131, 139, 184, 186, 204; III-283), 335)
수술數術 141
수의守意 (=삼매) II-104), VI-96)
술, 음주 28, 78-79, 164, 254, 306; III부록-26)
숭유崇有 90, 92, 102, 126
습習 227, 228
승단의 자율성에 관한 논쟁 106-108, 120, 149, 160-163, 205, 230 231-238, 250-251, 254-259
승려들에게 관료가 되기를 강요함 75, 77, 214, 250
승려들의 강제 환속 75, 77, 214, 250, 259-260, 265
승려들의 본래 성씨 7
　출가 이후 성씨의 변경 65, 189, 281; II-86), 213), IV부록-9), V-197)
승려들의 선별 (沙汰) 214, 216, 231, 236-237, 250, 259-261; V-27)
승려들의 순례여행 59, 61-62, 65, 141, 229, 246; IV-82)
승려들의 악행惡行 261-262, 283
승려들의 점술 262
승려들의 점술 행위 262
승려들의 정치적 영향력 147, 153-154, 159, 201-202
승려들의 화폐 소유 68, 139
승려의 등록 17, 231, 260-261; IV-177)
승로반承露盤 28, 188, 278; II-50)
시라尸羅 (戒) 173
시라尸羅 (Sīla?) 276

색 인 767

시해尸解 IV-12)
식識 (5온 중의 하나) 166, 167, 229
식識 (의식) 142
식함종識含宗 142-143; III-314
신도교新道敎 VI-2)
신무형神無形 147
신선神仙 (도교의) 182, 289; IV-12)
신성한 물품은 불에 타지 않는다는 관념 63, 243
신神 11, 12, 73, 136, 143, 144, 147, 148, 222, 234, 238-239, 244; III-87), 335), IV-62)
신앙信仰(?) 73, 109, 114, 127-128, 171-172, 180, 194-195, 200, 205, 228, 235
신통神通 228; III-343), IV-62), VI-54)
실상實相 IV-17)
심무의心無義 100-102, 139, 191, 207; III-87), 88), 342)
십선(행)十善(行) 165-166, 168, 174; III부록-32)
십악十惡(行) 166
십이부경十二部經 164, 284; V-216)
아나율阿那律 IV부록-59)
아뇩다라삼먁삼보리 193
아도阿堵 (저것) III-256)
아비다르마 139, 202, 203-204, 230; IV-151)
아차리(화상) 32
안반安般 (수식관數息觀) 33, 53; III부록-151)
안安 (종족성씨) 281

안양安養 (=극락) 128
양씨楊氏 집권 58
언부진의言不盡意 89-90, 132
업(보)業(報) 11, 12, 52, 53, 73, 92, 133, 136, 137, 167, 168, 168-169, 169-170, 178, 227, 230, 234, 235, 319; III부록-44), 83)
업보는 친척에게 미치지 않음 168-169
업보業報 (우주적 정의로서의) 92
여여如如 74, 100, 125, 126, 191, 192-193, 228, 309; IV-67)
여의보如意寶 IV부록-59)
여의如意 245; IV부록-59)
여의如意 IV부록-59)
연기緣起 123-124, 227, 228
연좌형連坐刑 III부록-66)
열반涅槃 13, 74, 100, 133, 171, 174, 226, 227, 228, 238, 249, 252 [無爲도 참조]
염念 165, 220; III부록-30)
염라대왕 294
염불念佛 214, 220, 221, 224, 225, 228; III부록-30, IV-161), 226), 227), IV부록-51)
염천念天 III부록-31)
영가永嘉의 난亂 84
예禮 9, 75, 86, 95, 108, 218, 231, 237, 252, 259, 267
오개五蓋 166-167; III부록-34)
오계五戒 75, 105, 108, 120, 151, 153, 158, 164, 166, 175, 264; III부록-25)
오도五道 (윤회의) 166, 167, 171

오력五力 33
오륜五倫 (오상五常) 107-108
오吳의 불교 46-55
오탁五濁 III부록-163)
오행五行 88, 306, 308; V-42)
오형五刑 V-191)
온蘊 (건도犍度, 취聚) 33, 101, 102, 123, 166, 167, 175; III부록-40), 41)
왕王씨 (동진 효무제 후궁) 151
외도外道 174-175; III부록-108)
용龍 241, 242, 243; IV부록-22)
용用 87, 88, 89
용用 87, 88, 89
우담바라 313; VI-120
우바새優婆塞 27, 29
    이보색伊浦塞 (옛 번역어) 27
    우바새 어원에 관한 전설 VI-63)
우바이優婆夷의 금식 규정 165
    우바이 어원에 관한 전설 VI-63)
우于 (종족성씨) 281
우주의 몰락 192, 319
원기元氣 88
원씨현비元氏縣碑 35
위신威神 220
유가행파瑜伽行派 2
유교儒敎 45, 46, 87, 88, 137, 230-231, 234-235, 257, 267; V-78)
유나維那 56; II-168)
유민流民 5, 259, 260-261
유신遺身 282
유씨庾氏 86, 96, 106
유위(법)有爲(法) 193; III부록-118), IV-72)

유위有爲 193; III부록-118), IV-72)
유위惟衛 (불상명문) 278
유有 88-89, 90, 92, 174, 175, 176, 228
육신肉身 III부록-157)
육입六入 (육정六情, 육근六根, 육처六處, 육경六境) 33, 167; III부록-45)
윤회재생 11, 12, 73, 92, 136, 166, 230, 234
율律 32, 55-56, 103, 144, 148, 183, 188, 196, 197, 229-230, 246, 253, 283-284
융합 12-13, 134
은둔, 거사居士 6, 74, 97-98, 102-103, 114, 132, 134, 138, 143, 145, 205, 206, 216-217; III부록-269), IV부록-6), 7)
음사淫祀 27, 52, 183, 265; II-46)
음양陰陽 12, 45, 88, 89, 227, 262, 306; IV-52), VI-70)
음陰(=온蘊) 101; III부록-40)
응화신應化身 225, 309, IV-242)
의사義舍 254
의위경疑僞經 103, 196, 308-309
의위고사疑僞故事
    불교전래 관련 19-22
    강승회康僧會 관련 52
    조식曹植 관련 56
    불에 타지 않는 책 관련 63
의義 100, 116, 137, 142, 146
의義 100, 16, 123, 137, 142-143, 191-192, 207, 214
이치[理]와 변화[變] 125-126
인연화합因緣和合 123
인욕忍辱 170, 173, 282

일반 역사서를 모방한 불전 목록 195
일반 역사서에 보이는 불교 18, 269-271
일일逸 138
입증 불가능한 불교 교리들 234-235, 267-269
자기 평가 99
자복赭服 VI-49)
자살과 불교 158, 282, III-393), V-202)
자성自性 100
자字 (관습적인 명칭) 101
자慈(四無量心) 170-171
장씨張氏 집안 (凉州의 지배자) 58
장야長夜 142
재가신자 12, 38, 48, 68, 194, 211-219
재가在家 75
재계齋戒 (금식禁食) 27, 75, 164-165; III 부록-27)
재성才性 95, 118; III-169)
재이災異 퇴치 145-146, 150; III-331, 356, IV부록-22)
저씨褚氏 86, 107, 110, 149
적適 73
적迹 91, 133, 266
전독轉讀 50
전륜성왕轉輪聖王 270, 310; V-117)
전역傳譯 31
정관貞觀 V-104
정병淨瓶 IV부록-86)
정사精舍 76, 102-103, 208, 209; II-135), 204)
　궁궐 안의 정사 151, 158
정시正始 년간 87, 95

정진精進 173, 174
정토종淨土宗 219
제법실상諸法實相 101
제사祭祀 37; VI-31)
제사祭祀
　한대漢代 불교에서의 제사 26-27
　166년의 老子와 부처에 대한 제사 37; VI-31)
　비非불교적 제사의례의 모방 55
제주祭酒 35; II.91, VI.34
조색造色 228
존재론적 문제에 대한 관심 87
좌우명座右銘 III-157)
주미麈尾 95l III-60), IV부록-59)
주석서 (중국불교 초기의) 31, 53, 54, 65, 136, 140, 143-144, 186, 187, 191, 194; II-159), 161), 162), IV-33), 64)
주呪 103, 145, 146
죽림7현竹林七賢 78
중관中觀 65, 72, 10-101, 124, 142, 192, 212, 225, 228; III-35)
중국 내 외국인 거주지 59; II-30)
중국 내 외국인의 종교로서의 불교 23-24, 72
중국 내 외국인의 침투 82-83
중생상衆生相 309
중앙아시아 24-26, 29, 44, 47-58, 59, 62-63, 65, 66, 112, 114, 141, 182, 198, 200-201, 202; II-179), 180), 190), IV부록-86), 95)
중정中正 44, 93
즉색의卽色義 123-124, 132, 142; III-214,

215

지괴志怪 20
지地 196, 225; III부록-157)
지支 (종족성씨) 65, 189, 281
진제眞際 193, 228, 270
진제眞諦 (승의제勝義諦, 제일의제第一義
　諦) 87, 142, 144
질質 47
집단처벌 (收奴之刑) 169
징조로서의 민중들의 노래와 이야기 IV
　부록-43)
참讖 27, 308; IV-101
천록각天祿閣 21
천사도天師道 135
천안天眼 220
천이天耳 220
천태종天台宗 69
청담가들의 자유분방한 모습 78-79, 103,
　117
청담淸談 75, 76, 78, 87, 93-95, 99, 102,
　103, 116, 117-119, 130, 132, 134,
　141, 150, 190, 211; III-11), 45), 46),
　IV-58)
청정범행淸淨梵行 254
청정함 (불교의) 37, 98, 120, 137, 153,
　205, 211, 257; III-250
청정함 (은둔생활의) 90
체體 87, 88, 92, 123, 125
초기 중국 불교의 시기구분 72-73, 205
초기 중국불교의 학파들 99, 100, 123,
　137, 142-143, 148, 191-192, 207, 214
축竺 (종족성씨) 281

출가하기 위한 부모의 승낙 283-284
카스트(種姓) 9; I-30)
탁양궁灈陽宮 37
태극太極 88
태학太學 45, 57, 206, 240
통양痛痒 (5온 중의 受와 같음) 166
통역자 40, 103; II-112, 113, IV부록-85)
팔정도八正道 V-67)
팔형八刑 V-191)
패엽貝葉 63
편력하는 승려 118
평등성平等性, 무분별無分別 74
평등平等 73
포蒲 (성씨) 111
품평品評
　인물품평 43, 44-49, 99, 117, 141,
　　211; II-48), 151)
　자기품평 99
　목目 86, 93
풍륜風輪 319
프라크리트 II-190)
필수筆受 31, 69, 202
한대漢代 불교에 관한 초기 기록들 II-67)
한대漢代 예술에 보이는 불교의 흔적
　II-30
한문寒門 6, 7
합본合本(경전의) 99-100; III-80), 81),
　82), 83)
해탈解脫 254
현재불실재전립삼매現在佛實在前立三昧
　220
玄學에서의 聖(人) 73, 87-88, 91-92,

125, 129-130, 266-267
현학玄學 4, 46, 66, 73, 77, 87-92, 93,
    95, 100, 101, 114, 116, 124-126, 137,
    146, 205, 206, 213, 267, 289; III-12)
현학玄學의 숙명론적 성향 92
현玄 87, 89, 126, 136
현현顯現 33
    미륵의 현현 194
    아미타불 및 다른 부처들의 현현
        194, 214, 220, 221-222, 223;
        III-245), IV-227), 243), IV부록-51)
호교護敎 및 포교布敎 문헌 11-17, 71-72
홍려시鴻臚寺 39, 40; II.107, 112
화남和南 IV부록-83)

화남和南 IV부록-83)
화림원華林苑 IV.29
화상 [아차리] 32
화인化人 275
화호설化胡說 37, 280, 6장 곳곳
환씨桓氏 86, 98, 110, 113, 213; III-145)
환화종幻化宗 144
환幻 142, 275
황건적 38, 43, 154, 235, 254-255, 292;
    II-42, VI-2)
황실 도서관에 소장되어 있던 佛經 151-152
효孝와 불교 134, 281, 283-285; IV부록
    -98), V-191)

■■■ 저자

■ **에릭 쥐르허** (Erik Zürcher, 1928-2008)

　네덜란드 유트레히트 출신. 네덜란드 라이덴(Leiden) 대학 중국학과를 졸업하였고, 프랑스 극동학원(Ecole fraçaise d'Extrême-Orient) 등에서 중국 불교를 비롯하여 티베트어, 일본어, 불교학, 불교미술 등에 대해 공부하였다. 1959년 라이덴 대학에서 박사학위를 받은 후(학위논문이 『불교의 중국 정복』 *Buddhist Conquest of China*이다), 1961년부터 1997년까지 같은 대학 극동역사학 강좌 담당 교수로 재직하였다. 1975년부터 1990년까지 라이덴 대학 중국학연구소 소장을 역임하였고, 1975년부터 1992년까지는 유럽의 대표적 중국학 잡지인 『통파오通報』 *T'oung Pao*의 편집을 맡았다. 은퇴 이후에도 라이덴 대학의 명예교수로서 연구와 교육에 전념하였다. 주전공인 초기 불교의 역사를 비롯하여 고대부터 근대에 이르는 중국의 역사, 문학, 종교, 철학, 정치, 경제 등 다양한 분야에 대해 연구하였으며, 특히 불교와 기독교, 공산주의 등 외래사상과 중국 전통문화의 상호 작용에 대하여 주목하였다.

■■■ 역자

■ **최연식** (崔鈆植)

　1966년 전주 출신. 서울대학교 국사학과를 졸업하고 같은 학교 대학원에서 균여(均如)의 화엄사상을 주제로 박사학위를 취득하였다. 이후 일본학술진흥회 외국인특별연구원(Post-doc.)을 마치고, 금강대학교 불교문화연구소 전임연구원, 목포대학교 및 한국학중앙연구원 교수를 거쳐 현재 동국대학교 사학과 교수로 재직하고 있다. 한국을 중심으로한 고대 및 중세 동아시아 불교사상을 연구하고 있으며, 불교관련 고문헌과 금석문, 고문서 등의 자료에 대해서도 관심을 가지고 검토하고 있다.
저서 및 번역서로 『校勘 大乘四論玄義記』, 『역주 일승법계도원통기』, 『불교의 중국정복』, 『새롭게 다시 쓰는 중국禪의 역사』, 『대승불교와 동아시아』 등이 있다.

불교의 중국 정복
중국에서 불교의 수용과 변용

초판인쇄 2010년 9월 24일
초판2쇄 2011년 10월 10일
초판3쇄 2024년 2월 10일

저　　자　에릭 쥐르허 E. Zürcher
역　　자　최연식
펴 낸 이　김성배
펴 낸 곳　도서출판 씨아이알

책임편집　한지윤
디 자 인　김혜진, 박소현
제작책임　김문갑

등록번호　제2-3285호
등 록 일　2001년 3월 19일
주　　소　100-250 서울특별시 중구 예장동 1-151
전화번호　02-2275-8603(대표)　팩스번호 02-2275-8604
홈페이지　www.circom.co.kr

ISBN 978-89-92259-57-6 94220
　　　 978-89-92259-20-0 (세트)
정 가 38,000원

ⓒ 이 책의 내용을 저작권자의 허가 없이 무단전재 하거나 복제할 경우 저작권법에 의해 처벌될 수 있습니다.